中華大藏經編輯局編

中華大藏經

漢文部分

二二

中華書局

目録

過去莊嚴劫千佛名經　已

闕譯人名今附梁録

若有善男子善女人聞是三世三劫諸佛世尊名号歡喜信樂持諷讀誦而不誹謗或能書寫為他人説或能畫作立佛形像或能供養香華伎樂歎佛功德至心作礼者勝用十方諸佛國土滿中珎寶純摩尼珠積至梵天百千劫中布施者是善男子善女人等已曽供養是諸佛已後生之處歷侍諸佛至于作佛而無窮盡皆當為三世三劫中佛而所授決所生之處常遇三寶得生諸佛刹土六情完具不墮八難當得諸佛三十二相八十種好具足莊嚴若能五體投地作礼口自宣言我今普礼一切十方三世諸佛願三塗休息國豊民安邪見衆生迴向正道發菩提心持此功德願共六道一切衆生生無量壽佛國立大誓願使諸衆生悉生彼刹身諸相好智慧辯才如阿弥陁佛所獲果報巍巍堂堂壽命无量

南無人中尊佛　南無師子步佛
南無能仁化佛　南無大燄佛
南無曜聲佛　南無无限光佛
南無喜見佛　南無成就佛
南無寂上威佛　南無趣安樂佛
南無寶正見佛　南無供養廣稱佛
南無師子音佛　南無音施佛
南無妙香佛　南無電燈光佛
南無蓮華光佛　南無大燈光佛
南無淨聲佛　南無除孤疑佛
南無无量威神佛　南無月面佛
南無无量光佛　南無喜可威神佛
南無散疑佛　南無德鎧佛
南無善見佛　南無喜可威佛
南無不藏覆佛　南無无量藏佛
南無光遊戲佛　南無廣稱佛
南無捨憍佛　南無尊悲佛
南無普見佛　南無莫能勝佛
南無威光佛　南無堅固佛
南無憙廣稱佛　南無无量像佛
南無大悅佛　南無美意佛
南無不動勇步佛　南無无量淨佛
南無燄聚光佛　南無住覺佛

過去佛名經　第二張　已

南無堅固佛　南無懷解脫佛
南無无憂疾佛　南無普見事見佛
南無大乘道佛　南無普火佛
南無國供養佛　南無自在光佛
南無説寂恭敬佛　南無淨光佛
南無師子奮迅佛　南無除疑佛
南無善見佛　南無无終步佛
南無火光佛　南無奉敬稱佛
南無攝根敬悅聲佛
南無无能伏運佛　南無无終聲佛
南無思惟衆生佛　南無神足光佛
南無德王佛　南無无量像佛
南無大力佛　南無廣曜佛
南無无崖際見佛　南無師子香佛
南無普見佛　南無廣施佛
南無普現佛　南無善像佛
南無意稱佛　南無寶淨佛
南無上光佛　南無廣步佛
南無得淨佛　南無決覺佛
南無慧幢佛　南無无動覺佛
南無威儀意佛　南無普像佛
南無諦意佛　南無光音聲佛
南無善見佛　南無无量火光佛

過去佛名經　第三張　已

南無喜思惟佛　南無藏稱佛
南無華德佛　南無華光佛
南無難勝佛　南無須弥力佛
南無摩尼珠佛　南無金剛王佛
南無金上威佛

一百佛　過去

南無美音聲佛　南無善見佛
南無衆生所疑佛　南無大光佛
南無无滅出佛　南無悅意佛
南無美聲佛　南無火光佛
南無月燈明佛　南無慧華佛
南無德淨德光佛　南無慧事佛
南無見有世緒佛　南無懷見佛
南無无量光佛　南無人音佛
南無綿光佛　南無戒步佛
南無天中尊佛　南無敬懷談佛
南無无量光明佛　南無德施佛
南無大須弥佛　南無真悅佛
南無賢意佛　南無金上佛
南無大清淨佛　南無尊意佛
南無意淨佛　南無蓮華體佛
南無人乘力士佛　南無常勝意佛
南無无量光佛　南無師子聲佛

南無勝聲佛　南無憘解佛
南無德光佛　南無自光佛
南無相好佛　南無无濁利佛
南無尊光佛　南無成就意佛
南無无煩熱佛　南無除地重佛
南無寂談光佛　南無決思惟佛
南無直諦日佛　南無威光佛
南無剖華光佛　南無尊上自在佛
南無名稱幢佛　南無德悅佛
南無法燈明佛　南無威光悅佛
南無軍將敬像佛　南無師子遊步佛
南無思惟衆生佛　南無海意佛
南無蓮華體佛　南無盖聚佛
南無薩梨樹王佛　南無日光佛
南無解味佛　南無滅根佛
南無日光佛　南無華香佛
南無須弥光明佛　南無月明佛
南無敏步佛　南無正明眼丹佛
南無法光佛　南無戒悅佛
南無无量意佛　南無无量像佛
南無堅精進佛　南無益天佛
南無普解佛　南無威光佛
南無人中光佛　南無好德佛

南無見精進佛　南無名稱仙佛
南無名稱幡佛　南無談面佛
南無普悅佛　南無大明佛
南無決散佛　南無尊上德佛
南無調意佛
南無愛懷敬供養佛
南無普攝佛　南無道悅佛
南無思意佛　南無出意佛
南無山意佛　南無雜色光佛
南無雷聲佛　南無火光身佛
南無德巖佛　南無師子吼佛

二百佛　過去

南無无憂懷佛　南無天界佛
南無師子无量音佛
南無无量光佛　南無見敬懷佛
南無證燈鄉王佛　南無調幢佛
南無普方闡佛　南無敬懷明佛
南無月幢佛　南無无畏施佛
南無星王佛　南無月中天佛
南無光明日佛　南無大名稱佛
南無喜音佛　南無說敬壞懷丹佛
南無名稱體佛　南無天王佛
南無美悅佛　南無妙樂尼佛

南無思意佛　南無懷地佛
南無棄滅毀惡佛　南無慈調佛
南無尊中上佛　南無雜色光佛
南無普見佛　南無星王佛
南無離畏佛　南無悅意佛
南無散疑佛　南無見月佛
南無諸摩尊佛　南無大尊上佛
南無師子遊步佛　南無意光佛
南無普攝佛　南無調益遊佛
南無光日佛　南無現身佛
南無淨意佛　南無香感佛
南無悅意佛　南無德光佛
南無日燈明佛　南無豊光佛
南無說敬愛佛　南無善思益佛
南無普見善佛　南無師子幡佛
南無普仙佛　南無大遊步佛
南無曜蓮花光佛　南無日光佛
南無无量悅佛　南無无量像佛
南無天蓋佛　南無寶光佛
南無車乘佛　南無善見佛
南無支味（鄉甘露 宮支味）佛　南無車光（鄉蓮花光）佛
南無日眼佛　南無无尋眼佛
南無共遊步佛　南無大燈明佛

過去佛名經　第七張　已

南無威長佛　南無德悅佛
南無德體佛　南無法典佛
南無風敬佛　南無无畏敬懷佛
南無慧幡佛　南無威神光明佛
南無月施佛　南無德威佛
南無无量光佛　南無善事佛
南無名稱幢佛　南無光屈佛
南無普德佛　南無餧幢佛
南無人乘力士佛　南無寶悅佛
南無普思佛　南無善思意佛
南無善意佛　南無无量光佛
南無師子步佛　南無光音佛
南無天王佛　南無直正幢佛
南無善住意佛　南無无量天佛
南無尊華佛　南無大檀施佛
南無大幢佛　南無光中日佛
南無法讃佛
三百佛　過去
南無月光佛　南無善事佛
南無施天種佛　南無見以度佛
南無寶光佛　南無孔雀聲佛
南無普伏佛　南無豊光佛
南無无見死佛　南無名稱敬愛佛

過去佛名經　第八張　已

南無善攝佛　南無天中悅佛
南無无終步佛　南無天聚佛
南無深覺佛　南無无量遊步佛
南無月光佛　南無明聚佛
南無大重佛　南無大遊佛
南無勝天佛　南無調益遊步佛
南無月敬懷佛　南無師子聲佛
南無說悅佛　南無慧光佛
南無華光佛　南無華聚佛
南無神足光明佛　南無无量光明佛
南無无量光明（宮有德）佛　南無調體佛
南無光稱佛　南無寶幢佛
南無大力光佛　南無曰幢佛
南無大須弥佛　南無多所饒益佛
南無世聽聞佛　南無遊神足佛
南無寂上名稱佛　南無調益遊步佛
南無寶正佛
南無无能毀名稱佛
南無快光佛　南無大燈明佛
南無无諂意佛　南無獨步佛
南無无尋見佛　南無斷疑佛
南無大護佛　南無天幢佛
南無无迷步佛　南無天界佛

過去佛名經　第九張　已

南無善悅擇佛　南無華光佛
南無施光佛　南無懷天佛
南無解脫光佛　南無持德佛
南無潤意佛　南無道光佛
南無海豊（覺押）佛　南無道憘佛
南無大天佛　南無深覺佛
南無法自在佛　南無大悅佛
南無思意佛　南無慧光佛
南無无迷思佛　南無德上佛
南無无諂名稱佛　南無大淨佛
南無月光佛　南無天光明佛
南無悅稱佛　南無德敬佛
南無師子意佛　南無地悅佛
南無寶光佛　南無雜光佛
南無月敬哀佛　南無月蓋佛
南無普見佛　南無離垢佛
南無名稱上佛　南無月眼佛
南無龍天佛　南無德聚佛
南無德覺佛　南無華上佛
南無世敬哀佛　南無无盡受光佛
南無帝幢佛　南無光日佛
南無无量光佛　南無十力幢佛
南無龍自在王佛　南無梵自在王佛

四百佛　過去

南無說敬哀佛　南無寂敬愛佛

弟子自從无始以来至於今日有此心識常懷殘毒無慈愍心或因貪起殺因瞋因癡及以慢煞或興惡方便擔殺願殺及以呪殺或破決湖池焚燒山野畋獵漁捕或因風放火飛鷹走狗煞害一切如是等罪今悉懺悔或以檻穽坑撥扠戟弓弩彈射飛鳥走獸之類或以罘網罾釣料度水性魚鼈黿鼉蝦蜆螺蚌濕居之屬使水陸之與空行藏竄无地或畜養雞猪牛羊鵝鴨自供庖廚或貨他宰煞使其哀聲未斷毛羽脫落鱗甲傷毀身首分離骨肉銷碎剝裂屠割炮燒煑炙楚毒酸切横加无辜但取一時之快口得味甚寡不過三寸舌根然其罪報殃累永劫如是等罪今日至誠皆悉懺悔

又復无始以来至于今日或復興師相伐壃埸交諍兩陣相向更相殺害或自殺教煞聞殺歡喜或習屠膾債為刑戮烹宰他命行於不忍或恣忿

怒揮戈舞刃或斬或刺或推著坑塹或以水沉溺或塞穴壞巢土石堆壓或以車馬雷轢踐蹋一切衆生如是等罪無量無邊今日發露皆悉懺悔

又復无始以来或墮胎破卵毒藥蠱道傷殺衆生墾土掘地種植田園養蠶煑繭傷殺滋甚或打撲蚊蚋拍捏蚤虱或燒除糞掃開決溝渠枉害一切或噉果實或用穀米或水或菜横殺衆生或然樵薪或露燈燭燒諸虫類或食醬醋不看摇動或寫湯水澆殺虫蟻如是乃至行住坐卧四威儀中恒常傷殺飛空著地細微衆生弟子以凡夫識暗不覺不知今日發露皆悉懺悔

又復弟子无始以来至于今日或以鞭杖枷鎖桁械壓拉拷掠打擲手脚蹴蹹的縛籠繫斷絶水穀如是種種諸惡方便苦惱衆生今日至誠向十方佛尊法聖衆皆悉懺悔

願弟子等承是懺悔殺害等罪所生功德生生世世得金剛身壽命無窮永離怨憎无殺害想於諸衆生得一

子地若見危難急厄之者不惜身命方便救解令得解脫然後為說微妙正法使諸衆生覩形見影皆蒙安樂聞名聽聲恐怖悉除各礼一拜

弟子自從无始以来至于今日或盜他財寶興刃強奪或自怙恃身逼迫而取或恃公威或假勢力高桁大械枉押良善呑納姦貨考直為曲為此因緣身羅憲網或任邪治領他財物侵公益私侵私益公損彼利此損此利彼割他自饒口與心恡或竊沒租估偷度關稅匿公課輸藏隱使役如是等罪今悉懺悔或是佛法僧物不與而取或經像物或治塔寺物或供養常住僧物或擬招提僧物或盜取悞用恃勢不還或自借或貸人或復換貸漏忘或三寶物混乱雜用或以衆物穀米樵薪塩豉醬醋菜茹果實錢帛竹木繒綵幡蓋香花油燭隨情逐意或自用或與人或摘佛花果用僧鬘物因三寶財私自利已如是等罪無量无邊今日慙愧皆悉懺悔

南無地光佛　南無作德佛

南無華聚佛　南無多德佛
南無法燈明佛　南無普光明佛
南無淨音佛　南無大能佛
南無解脫日佛　南無堅精進佛
南無覺光佛　南無德名稱佛
南無善覺佛　南無无量淨佛
南無師子渴愛佛　南無德步佛
南無上天佛　南無現住佛
南無天所恭敬佛　南無電光佛
南無敬愛佛　南無須弥幡佛
南無華光佛　南無上意佛
南無香施佛　南無德步佛
南無持意佛　南無能仙悅佛
南無寶燈明佛　南無焰光佛
南無見衆佛　南無敬愛住佛
南無歡悅事佛　南無德調體佛
南無悅見佛　南無威神力佛
南無淨眼佛　南無慧光佛
南無不迷步佛　南無尊眼佛
南無好解脫佛　南無大音佛
南無寂上衆佛　南無散光佛
南無自上事佛　南無德悅佛
南無光明名稱佛　南無光明照佛

過去莊嚴劫千佛名經　第十四張　巳

南無親展佛　南無月賢佛
南無談音佛　南無德調佛
南無无著勝佛　南無相王佛
南無无煩熱意佛　南無尊敬佛
南無法臺佛　南無无盡德佛
南無无尋勝佛　南無无盡香佛
南無月光佛　南無雷聲佛
南無大善日佛　南無至无畏佛
南無敬慧佛　南無无迷意佛
南無敏敬佛　南無天自在佛
南無神足悅佛　南無无盖佛
南無龍光佛　南無威神步佛
南無法光佛
南無見生死衆際佛
南無慙愧面佛　南無焰色像佛
南無普明佛　南無德光佛
南無月尊上佛　南無常禪思佛
南無德幢佛　南無衆生中尊佛
南無无畏友佛　南無持意佛
南無勝慈佛　南無遊光步佛
南無調嚴佛　南無一相光佛
南無人乘力士佛　南無師子遊步佛
南無敬戒佛　南無世況焰佛

過去佛名經　第十六張　巳

南無師子奮迅佛　南無无濁意佛
南無名稱悅佛　南無決斷意佛
南無除過佛　南無光王佛
五百佛 過去
南無德身佛　南無持意佛
南無光好喜佛　南無直步佛
南無雜色佛　南無普放光佛
南無說悅佛　南無常忍佛
南無法蓋佛　南無无勝佛
南無輪天蓮花佛　南無普光佛
南無月光佛　南無尊威神佛
南無盈利意佛　南無護王佛
南無蓮華眼佛　南無思名稱佛
南無樹幢佛　南無淨護佛
南無師子步佛　南無德悅佛
南無德香悅佛　南無智者護（讚丹）佛
南無德度佛　南無慧光佛
南無慧燈佛　南無威力佛
南無威光佛　南無覺愴佛
南無勝怨悅佛　南無一切敬受佛
南無度衆疑佛　南無善思惟佛
南無大須弥佛　南無尊教授佛
南無慧悅佛　南無持覺佛

南無敬音佛　南無大能佛
南無師子娛樂佛　南無破諸軍佛
南無師子音佛　南無明伏佛
南無將衆佛　南無人月佛
南無泰調佛　南無日光佛
南無懷見佛　南無普世壞佛
南無至生死殊音佛　南無普娛樂佛
南無至寂滅佛　南無持名稱佛
南無梵天所敬佛　南無以敬佛
南無大屈佛　南無敬智慧佛
南無无際願佛　南無世光佛
南無好意見佛　南無大華佛
南無自成就意佛　南無意光佛
南無快解佛　南無施宿佛
南無堅聲佛　南無普現佛
南無月光佛　南無寂顏色佛
南無思祥思佛　南無遊戲德佛
南無懷寂佛　南無難勝佛
南無普觀佛　南無月燈明佛
南無敬寂上佛　南無月蓋佛
南無度世佛　南無喜德佛
南無上寶佛　南無善於慙愧佛
南無喜見佛　南無師子屈佛

南無大步佛　南無普懷佛
南無音聲器佛　南無懷上佛
南無普至佛　南無普覺佛
南無大遊步佛　南無月幢佛
南無堅固捨佛　南無淨供養佛
南無天所敬佛　南無成堅固佛
南無寂勝佛
南無一切功德俻具佛
南無堅解佛　南無寂光佛
南無大音聲佛　南無極上音聲佛
六百佛 過去
南無大力佛　南無大步佛
南無懷滅佛　南無覺步佛
南無依寂聲佛　南無成（宋下）豐佛
南無海步佛　南無大護佛
南無寂上光佛　南無寂覺佛
南無師子吼佛　南無善寶佛
南無諦住佛　南無日光佛
南無住寂滅佛　南無遊入覺佛
南無勝友佛　南無懷利佛
南無寂步佛　南無入中月佛
南無威極上光明佛
南無普光明藏佛　南無普光明佛

南無大莊嚴佛
南無師子奮迅步佛
南無懷香風佛　南無喜寂滅佛
南無大步佛　南無人音聲佛
南無德巖佛　南無珠月佛
南無懷明佛　南無廣名稱佛
南無喜寂上佛　南無淨覺佛
南無寶敬佛　南無好顏色光佛
南無滅然佛　南無勝軍佛
南無諦覺佛　南無无終光佛
南無常忍辱佛　南無勝月上佛
南無象步佛　南無懷智慧佛
南無懷諦佛　南無蓮花香佛
南無香上自在佛　南無金上佛
南無等擔佛　南無寂威佛
南無大明佛　南無雜種說佛
南無度淵佛　南無无量明佛
南無解慚愧佛　南無上所敬佛
南無雜音聲佛　南無德遊戲佛
南無淨住佛　南無好香熏佛
南無月光明佛　南無戒分佛
南無覺華佛　南無寂上意佛
南無宜受供養佛　南無門光明佛

南無喜上佛　南無雜色佛
南無懷覺佛　南無敬老佛
南無勝憂佛　南無神通明佛
南無威力佛　南無敬上佛
南無屈名稱佛　南無解脫光佛
南無度疑佛　南無知時王佛
南無聚華佛　南無上華佛
南無勝鬪戰佛　南無大天佛
南無大名稱佛　南無懷步佛
南無无終步佛　南無日光佛
南無月天聲佛　南無天幢佛
南無淨光明佛　南無除雲蓋佛
南無堅解佛　南無如樹華佛
南無上聲佛　南無无終燈佛
南無師子音佛　南無德天佛
南無衆智自在佛

七百佛　過去

南無普娛樂佛　南無无恐畏光佛
南無等正覺佛　南無无為磬聲佛
南無聽揉意佛　南無无导思惟佛
南無大焰佛　南無大明佛
南無滅思惟佛　南無精進懷佛
南無戒恭敬佛　南無伏然佛

南無快士懷佛　南無覺伏濤波佛
南無无滅慧佛　南無伏欲棘刺佛
南無梵天所敬佛　南無華仙佛
南無虛空慧佛　南無似思惟佛
南無慧力佛　南無普見佛
南無進巍巍聲佛
南無普音佛　南無淨願佛
南無无為聲佛　南無无鈌精進佛
南無大精進威光佛
南無普德佛　南無勝畏佛
南無天所敬德喜佛
南無法華佛　南無淨威佛
南無月喜佛　南無懷幢佛
南無善意成佛　南無无恐畏力佛
南無磬音佛　南無日華佛
南無澄住思惟佛　南無愛懷佛
南無月威佛　南無无為成佛
南無无吾我熱意佛
南無德度佛　南無諦聚意佛
南無普覺佛　南無喜樂知見佛
南無壞命佛　南無懷思佛
南無无煩佛　南無勝慧佛
南無大思惟佛　南無悵像佛

南無大精進懷佛　南無无恐畏佛
南無名覺(丹覺)音佛
南無大聲慧无缺失佛
南無戒富佛　南無威身佛
南無安樂光佛　南無尊光佛
南無以滅光佛　南無度疑佛
南無智慧佛　南無建威(丹本有德)佛
南無月内佛　南無淨光佛
南無大淨佛　南無喜音佛
南無祠施佛　南無諦精進佛
南無无量喜光佛　南無光威佛
南無懷見佛　南無懷光佛
南無出淤泥佛　南無損種種性佛(丹無損種性佛)
南無法華佛　南無大威佛
南無善思惟佛　南無德蓮華佛
南無天所敬佛　南無幢光佛
南無勝然佛　南無无為華佛
南無大勝光佛　南無无為光威佛
南無道威佛
南無淨思惟法華佛
南無大淨佛　南無世師(丹本有子)佛
南無寂意佛　南無須弥寂聲佛
南無自在懷佛　南無无為稱佛

過去佛名經　第二十二張　巳

南無淨音佛　南無尊意佛
南無大光明佛
南無帝釋幢十王佛
南無師子步佛
南無无量香光明佛
八百佛 過去
南無賢意佛　南無月中尊佛
南無憘施佛　南無相好華佛
南無不思議光佛
南無普飛廣戒堅視佛
南無離顧佛　南無无為華佛
南無及曜佛　南無大燈佛
南無惟大音佛　南無决斷音佛
南無除三塗龍施佛
南無雲雷佛　南無德光佛
南無德思佛　南無滿月佛
南無寶味佛　南無十光佛
南無離光佛　南無覺无尋音佛
南無天華佛　南無等見佛
南無月稱佛　南無天像佛
南無法意佛　南無大月佛
南無威慈力佛　南無月威光佛
南無趣懷佛　南無住善度佛

過去佛名經　第二十三張　巳

南無厚精進佛　南無光勇欲佛
南無寶離慧勇佛
南無菩提佛　南無成盈利佛
南無悅好佛　南無天所敬佛
南無覺滅意佛　南無大精進佛
南無光縛(丹有佛)像佛　南無持慧佛
南無德稱佛　南無須弥山威佛
南無快眼佛　南無大精進佛
南無无量思惟佛　南無淨戒佛
南無善度佛　南無端緒佛
南無寶光佛　南無善光敬佛
南無世光佛　南無世雄佛
南無淨音佛　南無威喜佛
南無善成就佛　南無燒怒佛
南無師子身佛　南無名稱佛
南無朋友光度佛　南無慧臺佛
南無普寶佛　南無日光佛
南無大焰佛　南無快士悅佛
南無恬惔思惟佛　南無善供養佛
南無德聚威佛　南無悅相佛
南無大焰聚威佛　南無光幢佛
南無快應佛　南無戒度佛
南無寂視佛　南無上光佛

過去佛名經　第二十四張　巳

南無大應佛　南無廣光明佛
南無无為悅佛　南無魏魏見佛
南無名稱十方佛　南無自在王佛
南無慧无涯佛　南無如千日威佛
南無必意佛　南無稱悅佛
南無上度佛　南無可觀佛
南無无量慧佛　南無大光佛
南無栴檀香佛　南無悅見佛
南無德王佛　南無攝根佛
南無思惟解脫佛　南無普悅佛
南無如淨王佛　南無難過上佛
南無莫能勝佛　南無妙見佛
九百佛 過去
禮三寶已次復懺悔
已懺地獄報竟今當復次懺悔三惡
道報經中佛說多欲之人多求利故
苦惱亦多知足之人雖卧地上猶以
為樂不知足者雖處天堂猶不稱意
但世間人忽有急難便能捨財不計
多少而不知此身臨於三塗深坑之
上一息不還便應墮落忽有知識營
切福德令修未來善法資糧執此慳
心无肯作理夫如此者極為愚惑何
以故佘經中佛說生時不賷一文而

過去佛名經　第二十五張　已

來死亦不持一文而去苦身積聚為
之憂惱於已無益徒為他有无善可
恃無德可怙致使命終墮諸惡道是
故弟子等今日稽顙懇到歸依於佛
弟子今日次復懺悔畜生道中无所
識知罪報懺悔畜生道中負重牽犁
償他宿債罪報懺悔畜生道中不得
自在為他斫剌屠割罪報懺悔畜生
無足二足四足多足罪報懺悔畜生
道中身諸毛羽鱗甲之內為諸小虫
之所唼食罪報如是畜生道中有无
量罪報今日至誠皆悉懺悔
次復懺悔餓鬼道中長飢罪報懺悔
餓鬼百千万歲初不曾聞漿水之名
罪報懺悔餓鬼食噉膿血糞穢罪報
懺悔餓鬼動身之時一切支節火然
罪報懺悔餓鬼腹大咽小罪報如是
餓鬼道中无量苦報今日稽顙皆悉
懺悔
次復懺悔一切鬼神脩羅道中諛諂
詐稱罪報懺悔鬼神道中擔沙負石
填河塞海罪報懺悔羅剎鳩槃茶諸
惡鬼神生噉血肉受此醜陋罪報如
是鬼神道中无量無邊一切罪報今

過去佛名經　第二十六張　已

日稽顙向十方佛大地菩薩求哀懺
悔悉令消滅
願弟子等承是懺悔畜生等報所生
功德生生世世滅愚癡垢自識業緣
智慧明照斷惡道身願以懺悔餓鬼
等報所生功德生生世世永離慳貪
飢餓之苦常飡甘露解脫之味願以
懺悔鬼神脩羅等報所生功德生生
世世質直無諂離邪命因除醜陋果
福利人天願弟子等從今以去乃至
道場决定不受四惡道報唯除大悲
為衆生故以誓願力處之无猒 禮一拜
南無東方大光曜佛
南無南方虛空住佛
南無西方金剛步佛
南無北方无邊力佛
南無東南方无邊佛
南無西南方壞諸怨賊佛
南無西北方離垢光佛
南無東北方金色光音佛
南無下方師子遊戲佛
南無上方月幢王佛

過去佛名經　第二十七張　已

如是十方盡虛空界一切三寶
南無聚自在佛　南無壞結鬉佛
南無无勝寫寂步佛　南無无為光佛
南無无為思惟佛
南無過倒見佛　南無名稱王佛
南無勝根佛　南無日見佛
南無德聚威光佛　南無法力佛
南無慧持群萌佛　南無自在悅佛
南無自在佛　南無慧意佛
南無德山佛　南無以淨音意佛
南無思寂尊意佛　南無淨德佛
南無戒自在佛　南無深觀思惟佛
南無香像佛　南無寂進思惟佛
南無火光佛　南無勤群萌香佛
南無寂樂佛　南無德所至佛
南無大精進文佛　南無離疑佛
南無決偶佛　南無須弥山意佛
南無淨身佛　南無尊威佛
南無上尊佛　南無大力佛
南無慧村佛　南無聽徹意佛
南無如天悅佛　南無思惟度佛
南無月賢佛　南無大身佛

南無雜華佛　南無尊自在佛
南無尊上所敬佛　南無覺善香薰佛
南無尊王所教佛　南無歡悅佛
南無蓮華人佛　南無蓮華意佛
南無自在德藏佛　南無人悅佛
南無尊意燈佛　南無威神所養佛
南無諦思惟佛　南無解脫慧佛
南無除三惡道佛　南無澤香夏寘佛
南無湍度佛　南無月光佛
南無意強自在佛　南無无畏娛樂佛
南無快覺佛　南無煞諸欲佛
南無勝華聚佛　南無大結髻佛
南無天自在六通音佛　南無如空佛
南無威神力佛　南無人名稱柔佛
南無覺光佛　南無審音聲佛
南無堅意佛　南無力通佛
南無眼如蓮花趣无為佛
南無快斷意佛　南無慧燈佛
南無喜音聲佛　南無大思惟佛
南無无悅佛　南無意見佛
南無強精進佛　南無上光佛
南無德聚佛　南無无垢思惟佛
南無聚音佛　南無无量悲佛

南無切巧捨惡趣佛
南無无為光貴佛　南無娛樂慶佛
南無湍渡佛　南無調辯意佛
南無煩教佛　南無意車佛
南無德善光佛　南無堅華佛
南無聚意佛
南無尼拘類樹王佛
南無无常中王佛　南無月威佛
南無色如栴檀佛　南無日內佛
南無德藏佛　南無須弥力佛
南無摩尼珠佛　南無金剛王佛
一千佛　過去

過去莊嚴劫千佛名經

壬寅歲高麗國大藏都監奉
勅雕造

過去莊嚴劫千佛名經

校勘記

一 底本，麗藏本。

一 此經南、徑、清與底本殊異，不校。以清爲別本附後。

一 凡經文中佛名次序校本與底本相異之處，均不出校。

一 凡底本經文中夾註，石、資、磧均無。

一 一頁上一行經名，資作「過去莊嚴劫千佛名經卷上」；磧作「三劫三千佛名經卷上」。資、磧於經名下有夾註「亦（磧作「一」）名集諸佛大功德山」。

一 一頁上二行譯者，資作「失譯」；磧作「失譯師名開元拾遺附梁録」。

一 一頁上三行首字「若」前，磧尚有「過去莊嚴劫千佛名經」一行。

一 一頁上三行第二字「有」，磧作「行」。

一 一頁上一九行「衆生生」，資、磧作「衆生皆生」。

一 一頁下一行第八字「懷」，資、磧作「悦」。

一 一頁下二行第五字「疾」，磧作「度」。

一 一頁下三行第五字「道」，磧作「導」。

一 二頁上六行「一百佛過去」，資、磧作「一百佛竟」，以下例同。

一 二頁中七行第三字「直」，磧作「真」。

一 二頁下一六行第三字「證」，資、磧作「燈」。

一 二頁下二一行第一〇字「壞」，資、磧作「懷」。

一 三頁上二二行第四字「眼」，資作「限」。

一 三頁上末行第一〇字「燈」，磧作「證」。

一 三頁中五行「德威」，資、磧作「威德」。

一 三頁中一三行第八字「直」，磧作「真」。

一 三頁中一九行第三字「月」，資、磧作「日」。

一 三頁下一一行第六字「明」，資、磧作「炎」。

一 三頁下一三行第五字「光」，資、磧作「光相」。

一 三頁下末行「天界」，資、磧作「華光」。

一 四頁上一行第五字「擇」，磧作「懌」。

一 四頁中三行首字「弟」至次頁上二二行末字「悔」，資、磧無。

一 六頁上一行第七字「佛」，資、磧作「遊佛」。

一 六頁上三行第八字「光」，資、磧作「天」。

一 六頁上四行「五百佛過去」，石作「五百佛竟」，以下例同。

一 六頁上一六行第一一字「護」，石、資、磧作「讚」。

一 六頁中一行第九字「能」，磧作「龍」。

一 六頁下二行第一〇字「上」，磧無。

一 六頁下三行第四字「至」，磧作「止」。
一 六頁下九行末字「佛」，石、資、磧作「佛六百佛竟」。
一 六頁下一一行「六百佛過去」，石、資、磧無。
一 六頁下末行第六字「藏」，資、磧無。
一 七頁上一七行第一〇字「明」，石作「眼」。
一 七頁上二一行第一〇字「分」，資、磧作「分別」。
一 七頁上末行第一〇字「門」，磧作「開」。
一 七頁中一九行「磬聲」，資、磧作「聲磬」。
一 七頁下一行第四字「士」，磧作「上」。
一 七頁下二〇行第一〇字「知」，資、磧作「如」。
一 七頁下二一行第三字「壞」，石、資、磧作「懷」。
一 八頁上二行第四字「覺」，石、資、磧作「譽」。
一 八頁上一三行「損種種」，資作「捐種種」；磧作「捐住種」。
一 八頁上二二行第四字「意」，資、磧作「如意」。
一 八頁中二〇行第八字「天」，磧作「大」。
一 八頁下一行第三字「厚」，資、磧作「淳」。
一 八頁下六行第四字「縛」，石、磧作「縛喜」；資作「傳喜」。
一 八頁下一四行第一〇字「恕」，石、磧作「怒」。
一 九頁上一四行首字「礼」至次頁上一行末字「寶」，石、資、磧無。
一 一〇頁上三行正文第七字「步」，資、磧作「妙」。
一 一〇頁上一七行第三字「决」，磧作「快」。
一 一〇頁上一八行第九字「感」，資作「成」。
一 一〇頁上二〇行第四字「村」，磧作「忖」。
一 一〇頁中二行「尊上」，磧作「如空」。
一 一〇頁中一一行第八字「熱」，資、磧作「離」。
一 一〇頁中一三行「南無如空佛」，石、資、磧無。
一 一〇頁中一八行第三字「快」，石作「决」。
一 一〇頁中二〇行第三字「无」，資、磧作「天」。
一 一〇頁中二〇行第八字「意」，資、磧作「竟」。
一 一〇頁下一行第四字「巧」，磧作「德」。
一 一〇頁下一三行經名，磧作「三劫三千佛名經卷上」。
一 一〇頁下一三行末字「經」，石作「經卷上終」；資作「經卷上」。

三劫三千佛緣起 出觀藥王藥上經　長三

宋　畺　良　耶　舍　譯

爾時釋迦牟尼佛告大衆言我曾往昔無數劫時於妙光佛末法之中出家學道聞是五十三佛名聞已合掌心生歡喜復教他人令得聞持他人聞已展轉相教乃至三千人此三千人異口同音稱諸佛名一心敬禮如是敬禮諸佛因緣功德力故即得超越無數億劫生死之罪初千人者華光佛爲首下至毗舍浮佛於莊嚴劫得成爲佛過去千佛是也其中千人者拘留孫佛爲首下至樓至佛於賢劫中次第成佛後千人者日光佛爲首下至須彌相佛於星宿劫中當得成佛佛告寶積十方現在諸佛善德如來等亦曾得聞是五十三佛名故於十方面各皆成佛若有衆生欲得除滅四重禁罪欲得懺悔五逆十惡欲得除滅無根謗法極重之罪當勤禮敬五十三佛名號

南無普光佛　南無普明佛　南無普淨佛　南無多摩羅跋栴檀香佛　南無栴檀光佛　南無摩尼幢佛　南無歡喜藏摩尼寶積佛　南無一切世間樂見上大精進佛　南無摩尼幢燈光佛　南無慧炬照佛　南無海德光明佛　南無金剛牢强普散金光佛　南無大强精進勇猛佛　南無大悲光佛　南無慈力王佛　南無慈藏佛　南無栴檀窟莊嚴勝佛　南無賢善首佛　南無善意佛　南無廣莊嚴王佛　南無金華光佛　南無寶蓋照空自在力王佛　南無虚空寶華光佛　南無瑠璃莊嚴王佛　南無普現色身光佛　南無不動智光佛　南無降伏衆魔王佛　南無才光明佛　南無智慧勝佛　南無彌勒仙光佛　南無善寂月音妙尊智王佛　南無世淨光佛　南無龍種上尊王佛　南無日月光佛　南無日月珠光佛　南無慧幢勝王佛　南無師子吼自在力王佛　南無妙音勝佛　南無常光幢佛　南無觀世燈佛　南無慧威燈王佛　南無法勝王佛　南無須彌光佛　南無須摩那華光佛　南無優曇鉢羅花殊勝王佛　南無大慧力王佛　南無阿閦毗歡喜光佛　南無無量音聲王佛　南無才光佛　南無金海光佛　南無山海慧自在通王佛　南無大通光佛　南無一切法常滿王佛

過去莊嚴劫千佛名經 一名集諸佛大功德山

開　元　拾　遺　附　梁　錄

經云若有善男子善女人聞是三世三劫諸佛名號歡喜信樂稱揚讚歎歸命頂禮復能書寫爲他人說或能畫作立佛形像或能供養香華妓樂歎佛功德志心作禮者勝用十方諸佛國土滿中珍寶純摩尼珠積至梵天百千劫中布施者是善男子善女人等已曾供養是諸佛已後生之處歷侍諸佛至于作佛而無窮盡皆當爲三世三劫中佛之所授決所生之處常遇三寶得生諸佛剎土六根完具不墮八難當得諸佛三十二相八十種好具足莊嚴若能五體投地作禮口自宣言我今普禮一切十方三世諸佛願三塗休息國豐民安邪見衆生回向正道發菩提心持

此功德願共六道一切衆生皆生無量壽佛
國立大誓願使諸衆生悉生彼刹身諸相好
智慧辯才如阿彌陀佛所獲果報巍巍堂堂
壽命無量
南無華光佛　南無人中尊佛　南無師子
步佛　南無能仁化佛　南無火奮迅通佛
南無曜聲佛　南無無限光佛　南無善
寂慧月聲自在王佛　南無成就佛　南無
最上威佛　南無趣安樂佛　南無寶正見
佛　南無供養廣稱佛　南無師子音佛
南無音施佛　南無寶中佛　南無電燈光
佛　南無蓮華光佛　南無大燈光佛　南
無淨聲佛　南無除狐疑佛　南無無量威
神佛　南無住阿僧祇精進功德佛　南無
護妙法幢佛　南無喜可威神佛　南無散
疑佛　南無德鎧佛　南無善見佛　南無
喜可威佛　南無不藏覆佛　南無無量藏
佛　南無光遊戲佛　南無廣稱佛　南無
捨播佛　南無尊悲佛　南無普見佛　南
無雲普護佛　南無金剛合佛　南無智慧
來佛　南無喜廣稱佛　南無無並像佛
南無大悅佛　南無美意佛　南無不動勇
步佛　南無動山嶽王佛　南無焰聚光佛
南無住覺佛　南無聲德佛　南無悅解
脫佛　南無無憂度佛　南無普見事見佛
南無大乘導佛　南無普火佛　南無國
供養佛　南無自在光佛　南無說最恭敬
佛　南無淨光佛　南無師子奮迅佛　南
無除疑佛　南無無勿成就佛　南無無終
步佛　南無無火光佛　南無奉敬稱佛
南無攝根敬悅聲佛　南無無能伏運佛
南無無終聲佛　南無思惟衆生佛　南無
神足光佛　南無德王佛　南無吼聲佛
南無千雲雷聲王佛　南無廣曜佛　南無
無崖際見佛　南無師子香佛　南無等善
佛　南無廣施佛　南無普現佛　南無善
像佛　南無意稱佛　南無寶淨佛　南無
上光佛　南無廣步佛　南無金剛齊佛
南無決覺佛　南無慧幢佛　南無無動覺
佛　南無威儀意佛　南無普像佛　南無
諦意佛　南無光音聲佛　南無成就娑羅
自在王佛　南無無量火光佛　南無喜思
惟佛　南無藏稱佛　南無法幢空俱蘇摩
王佛　南無難勝佛　南無須彌力佛　南
無摩尼珠佛　南無金剛王佛　南無金上
威佛

一百佛竟

南無美音聲佛　南無山勝佛　南無衆生
所疑佛　南無歡喜藏勝山王佛　南無無
減出佛　南無悅意佛　南無美聲佛　南
無梵聲龍奮迅佛　南無月燈明佛　南無
法海潮功德王佛　南無德淨德光佛　南
無慧事佛　南無見有世緒佛　南無懷見
佛　南無世間勝上佛　南無人音佛　南
無綿光佛　南無戒步佛　南無天中尊佛
南無敬懷談佛　南無無量光明佛　南
無德施佛　南無大須彌佛　南無真悅佛
南無賢意佛　南無金上佛　南無大清
淨佛　南無尊意佛　南無意淨佛　南無
蓮華體佛　南無人乘力士佛　南無常勝

意佛　南無勇猛山佛　南無師子聲佛
南無勝聲佛　南無喜解佛　南無善住諸
禪藏王佛　南無自光佛　南無相好佛
南無無濁利佛　南無尊光佛　南無成就
意佛　南無無煩熱佛　南無除地重佛
南無最焰光佛　南無決思惟佛　南無眞
諦日佛　南無聚集寶佛　南無剖華光佛
南無尊上自在佛　南無名稱幢佛　南
無德悅佛　南無法燈明佛　南無威光悅
佛　南無軍將敬像佛　南無師子遊步佛
南無離一切染意佛　南無海意佛　南
無散華莊嚴光佛　南無蓋聚佛　南無薩
梨樹王佛　南無金光明師子奮迅王佛
南無解味佛　南無滅根佛　南無月勝佛
南無華香佛　南無須彌光明佛　南無
月明佛　長二　南無敏步佛　六　南無政明佛　南
無法光佛　南無戒悅佛　南無普照積上
功德王佛　南無大自在佛　南無善住功
德如意積王佛　南無益天佛　南無普解
佛　南無成就義修佛　南無人中光佛

南無好德佛　南無見精進佛　南無名稱
仙佛　南無名稱擔佛　南無焰面佛　南
無普悅佛　南無身光普照佛　南無決散
佛　南無尊上德佛　南無調意佛　南無
愛懷敬供養佛　南無普攝佛　南無道悅
佛　南無思意佛　南無出意佛　南無山
意佛　南無雜色光佛　南無雷聲佛　南
無火光身佛　南無德巖佛　南無無垢慧
深聲王佛

二百佛竟

南無無憂懷佛　南無天界佛　南無師子
無董音佛　南無王金海佛　南無見敬懷
佛　南無樹王豐長佛　南無調幢佛　南
無普方聞佛　南無敬懷明佛　南無月幢
佛　南無無畏施佛　南無星王佛　南無
月中天佛　長三　南無光明日佛　七　南無大名稱
佛　南無喜音佛　南無說敬懷佛　南無
名稱體佛　南無三昧勝奮迅佛　南無美
悅佛　南無妙樂尼佛　南無衆生眼佛
南無懷地佛　南無棄成毀惡佛　南無悲

調佛　南無尊中上佛　南無廣大智佛
南無妙藥佛　南無功德輪佛　南無離畏
佛　南無法界身佛　南無虛空燈佛　南
無見月佛　南無諸摩尊佛　南無大尊上
佛　南無光明身佛　南無意光佛　南無
金藏佛　南無調益遊佛　南無光日佛
南無現身佛　南無常修行佛　南無香感
佛　南無瑠璃華佛　南無金色身佛　南
無日燈明佛　南無豐光佛　南無說敬愛
佛　南無善思益佛　南無普見善佛　南
無師子播佛　南無普仙佛　南無大遊步
佛　南無曜蓮華光佛　南無山吼自在王
佛　南無無量悅佛　南無無染佛　南無
天蓋佛　南無能作無畏佛　南無車乘佛
南無龍勝佛　南無支味佛　南無車光佛
南無日眼佛　南無無礙眼佛　南無共
遊步佛　南無大燈明佛　南無盛長佛
南無山積佛　南無德體佛　南無法典佛
南無風敬佛　南無無畏敬懷佛　南無
慧播佛　南無威神光明佛　南無月施佛

南無攝愛擇佛　南無無垢色佛　南無
菩事佛　南無甘露光佛　南無光屈佛
南無法洲佛　南無焰幢佛　南無無邊精
進佛　南無寶悅佛　南無普思佛　南無
善思意佛　南無護一切佛　南無作利益
長三　八
佛　南無須彌劫佛　南無光音佛　南無
智山佛　南無眞正幢佛　南無善住意佛
南無無量天佛　南無尊華佛　南無大
檀施佛　南無大幢佛　南無光中日佛
南無妙法光明佛

三百佛竟

南無照三世佛　南無智自在佛　南無施
天種佛　南無見以度佛　南無殊勝相佛
南無孔雀聲佛　南無普伏佛　南無虛
空雲佛　南無無見死佛　南無名稱敬愛
佛　南無善攝佛　南無天中悅佛　南無
智慧燈佛　南無大聚佛　南無深覺佛
南無無量遊步佛　南無彌留佛　南無明
聚佛　南無大重佛　南無大遊佛　南無
勝天佛　南無調益遊步佛　南無月敬懷
佛　南無頗海光佛　南無說悅佛　南無
慧光佛　南無智燈照曜王佛　南無華聚
佛　南無神足光明佛　南無不可勝奮迅
聲王佛　南無無量光焰佛　南無調體佛
南無光稱佛　南無寶幢佛　南無大力
長二　九
光相佛　南無日幢佛　南無無比慧佛
南無多所饒益佛　南無世聽聞佛　南無
遊神足佛　南無最上名稱佛　南無清淨
面月藏德佛　南無寶正佛　南無無能毀
名稱佛　南無快光佛　南無滿足心佛
南無無諂意佛　南無獨步佛　南無一念
光佛　南無無邊功德寶作佛　南無大護
佛　南無天幢佛　南無無迷步佛　南無
妙眼佛　南無善悅懌佛　南無樂說莊嚴
雲吼佛　南無施光佛　南無懷天佛　南
無解脫光佛　南無持德佛　南無潤意佛
南無道光佛　南無海豐佛　南無道喜
佛　南無廣大善眼淨除疑佛　南無樂說
山佛　南無世主身佛　南無法力自在勝
佛　南無法起佛　南無法體勝佛　南無
無迷思佛　南無德上佛　南無無諂名稱
佛　南無大淨佛　南無大衆自在勇猛佛
南無天光明佛　南無悅攝佛　南無一
切福德山佛　南無毗頭羅佛　南無地悅
佛　南無衆勝解脫佛　南無雜光佛　南
無月敬哀佛　南無示現無畏雲佛　南無
法勇猛佛　南無開示無量智佛　南無名
稱上佛　南無月眼佛　南無龍天佛　南
無摩醯首羅自在佛　南無德覺佛　南無
華上佛　南無世敬哀佛　南無無盡受光
佛　南無十力自在佛　南無三世華光佛
南無淨迦羅迦決定威德佛　南無十方
幢佛　南無龍自在王佛　南無梵自在王
佛

四百佛竟

長三　十
南無說敬哀佛　南無寂敬愛佛　南無地
光佛　南無作德佛　南無尊光明佛　南
無善處佛　南無天喜佛　南無普光明佛
南無淨音佛　南無大能佛　南無解脫
日佛　南無衆勝佛　南無覺光佛　南無

德名稱佛　南無善覺佛　南無散異疑佛　南無師子渴愛佛　南無德步佛　南無大親佛　南無現住佛　南無天所恭敬佛　南無海文飾佛　南無敬愛佛　南無須彌幢佛　南無淨王佛　南無智慧嶽佛　南無香施佛　南無寂靜然燈佛　南無持意佛　南無能仙悅佛　南無寶燈明佛　南無焰光佛　南無見衆佛　南無敬愛住佛　南無歡悅事佛　南無德調體佛　南無悅見佛　南無無畏親佛　南無淨眼佛　南無寂心佛　南無不迷步佛　南無尊眼佛　南無好解脫佛　南無覺悟本佛　南無最上衆佛　南無散光佛　南無自事佛　南無寂勝岸佛　南無光明名稱佛　南無光明照佛　南無親展佛　南無月賢佛　南無焰音佛　南無德調佛　南無無著勝佛　南無相王佛　南無無煩熱意佛　南無尊敬佛　南無法臺佛　南無無盡德佛　南無無礙勝佛　南無無盡香佛　南無寂勝佛　南無寂功德佛　南無大善月佛　南無至無畏佛　南無敬慧佛　南無無迷意佛　南無斂敬佛　南無天自在佛　南無神足悅佛　南無無蓋佛　南無龍光佛　南無威神步佛　南無彌留嶽佛　南無見生死衆際佛　南無慚愧面佛　南無焰色像佛　南無寶嶽佛　南無寂意佛　南無月尊上佛　南無常禪思佛　南無德幢佛　南無衆生中尊佛　南無無畏友佛　南無不動眼佛　南無勝然佛　南無遊光步佛　南無調嚴佛　南無一相光佛　南無世所尊佛　南無觀方佛　南無敬戒佛　南無世悅焰佛　南無師子奮迅遊佛　南無無濁意佛　南無名稱悅佛　南無決斷意佛　南無除過佛　南無善寂諸根佛

五百佛竟

南無德身佛　南無因藏佛　南無光好喜佛　南無直步佛　南無雜色佛　南無普放光佛　南無行勝佛　南無常忍佛　南無三界尊佛　南無無勝佛　南無輪天蓮華佛　南無堅奮迅佛　南無普賢佛　南無尊威神佛　南無盈利意佛　南無識王佛　南無蓮華眼佛　南無思名稱佛　南無樹幢佛　南無淨護佛　南無普照佛　南無寶法勝決定佛　南無德香悅佛　南無智者讚佛　南無德度佛　南無無畏王佛　南無慧燈佛　南無威力佛　南無普見王佛　南無覺憘佛　南無勝怨悅佛　南無一切敬愛佛　南無度衆疑佛　南無捨淨佛　南無金剛勝佛　南無尊教授佛　南無慧悅佛　南無持覺佛　南無斂音佛　南無大龍佛　南無普娛樂佛　南無普世懍佛　南無師子娛樂佛　南無破諸軍佛　南無勝眼佛　南無明伏佛　南無堅才佛　南無堅娑羅佛　南無泰調佛　南無善眼清淨佛　南無見寶佛　南無盡作佛　南無離漂河佛　南無持名稱佛　南無梵天所敬佛　南無以敬佛　南無大屈佛　南無敬智慧佛　南無無際願佛　南無捨漫流佛　南無好憘見佛　南無大

華佛　南無自成就意佛　南無憍光佛
南無快解佛　南無施宿佛　南無堅聲佛
南無須尼多佛　南無毗摩妙佛　南無
最顏色佛　南無思禪思佛　南無遊戲德
佛　南無懷最佛　南無善毗摩佛　南無
普觀佛　南無堅心佛　南無敬最上佛
南無善住功德摩尼山王佛　南無度世佛
南無喜德佛　南無上寶佛　南無善於
慙愧佛　南無照一切衆生光明佛　南無
師子王佛　南無大步佛　南無普懷佛
南無音聲器佛　南無懷上佛　南無普止
佛　南無普覺佛　南無威德大勢力佛
南無勝威德佛　南無堅固誓佛　南無淨
供養佛　南無天所敬佛　南無成堅固佛
南無最勝佛　南無一切功德備具佛
南無堅解佛　南無寂光佛

六百佛竟

南無甘露成佛　南無極上音聲佛　南無
歡喜增長佛　南無堅勇猛破陣佛　南無
懷滅佛　南無覺步佛　南無依最聲佛

南無成豐佛　南無淨步佛　南無歡喜面
佛　南無最上光佛　南無寂覺佛　南無
大聖佛　南無善實佛　南無諦住佛　南
無人自在佛　南無住寂滅佛　南無遊入
覺佛　南無勝友佛　南無懷利佛　南無
最步佛　南無人中月佛　南無威極上光
明佛　南無拘鄰佛　南無最勝王佛　南
無大莊嚴佛　南無師子奮迅步佛　南無
懷香風佛　南無喜寂滅佛　南無大稱佛
南無人音聲佛　南無阿㝹律佛　南無
珠月佛　南無懷明佛　南無廣名稱佛
南無憘最上佛　南無淨覺佛　南無實敬
佛　南無好顏色光佛　南無滅怨佛　南
無勝軍佛　南無諦覺佛　南無無終光佛
南無常忍辱佛　南無勝月上佛　南無
象步佛　南無懷智慧佛　南無懷諦佛
南無蓮華香佛　南無香上自在佛　南無
不猒足佛　南無等誓佛　南無最威佛
南無大光炎聚佛　南無雜種說佛　南無
度淵佛　南無實體佛　南無解慚愧佛

南無上所敬佛　南無雜音聲佛　南無德
遊戲佛　南無淨住佛　南無好香熏佛
南無月光明佛　南無戒分別佛　南無覺
華佛　南無最上意佛　南無宜受供養佛
南無曇無竭佛　南無喜上佛　南無月
光輪佛　南無懷覺佛　南無敬老佛　南
無勝憂佛　南無神通明佛　南無普寶蓋
佛　南無敬上佛　南無屈名稱佛　南無
那羅延光明佛　南無度疑佛　南無知時
王佛　南無聚華佛　南無上華佛　南無
勝鬪戰佛　南無師子乘光明佛　南無尼
尸陀佛　南無懷步佛　南無離一切憂惱
光明佛　南無堅固光明佛　南無月天聲
佛　南無雲王光明佛　南無淨光明佛
南無除雲蓋佛　南無無垢臂光明佛　南
無如樹華佛　南無上聲佛　南無無終燈
佛　南無成就義光明佛　南無德天佛
南無衆智自在佛

七百佛竟

南無無上妙法月佛　南無無恐畏光佛

南無等正覺佛　南無無爲聲磬佛　南無
普照輪月佛　南無普輪佛　南無聽採意
佛　南無無礙思惟佛　南無滅思惟佛
南無精進懷佛　南無戒恭敬佛　南無伏
怨佛　南無快上懷佛　南無覺伏濤波佛
南無無滅慧佛　南無伏欲棘刺佛　南
無到究竟佛　南無華仙佛　南無虛空慧
佛　南無似思惟佛　南無慧力佛　南無
炎勝海佛　南無進巍巍聲佛　南無普音
佛　南無碎金剛佛　南無無爲聲佛　南
無無缺精進佛　南無大精進盛光佛　南
無寂靜光明身佛　南無勝畏佛　南無天
所敬德憘佛　南無法華佛　南無淨盛佛
南無月憘佛　南無懷幢佛　南無善意
成佛　南無無恐畏力佛　南無磬音佛
南無日華佛　南無登住思惟佛　南無愛
懷佛　南無月盛佛　南無無爲成佛　南
無無吾我熱意佛　南無智照頂王佛　南
無諦聚意佛　南無智日普照佛　南無喜
樂如見佛　南無懷命佛　南無懷思佛

南無無煩佛　南無根本上佛　南無大思
惟佛　南無懷像佛　南無大精進懷佛
南無無恐畏佛　南無名譽音佛　南無大
聲慧無缺失佛　南無戒富佛　南無威身
佛　南無安樂光佛　南無法行深勝月佛
南無以滅光佛長三　南無法光明慈鏡象月十六
佛　南無波羅羅堅佛　南無逮威佛　南
無月內佛　南無常智作化佛　南無山王
勝藏王佛　南無破金剛堅佛　南無祠施
佛　南無諦精進佛　南無無量憘光佛
南無光威佛　南無法華高幢雲佛　南無
懷光佛　南無出遊泥佛　南無捐種姓佛
南無法海說聲王佛　南無大威佛　南
無法雷幢王勝佛　南無德蓮華佛　南無
法輪光明頂佛　南無幢光佛　南無法智
普光明佛　南無無爲華佛　南無大勝光
佛　南無無爲光威佛　南無道威佛　南
無淨思惟法華佛　南無法雲吼王佛　南
無虛空功德佛　南無最如意佛　南無須
彌最聲佛　南無自在懷佛　南無無爲稱

佛　南無法日智轉然燈佛　南無無礙普
現佛　南無帝釋幢王佛　南無無量香光
明佛

八百佛竟

南無清淨身佛　南無月中尊佛　南無喜
施佛　南無相長三好華佛　南無不思議光佛十七
南無普飛廣戒堅視佛　南無離願佛
南無勝賢佛　南無及曜佛　南無虛空心
佛　南無惟大音佛　南無決斷音佛　南
無除三塗龍施佛　南無雲雷佛　南無虛
空多羅佛　南無德思佛　南無無垢心佛
南無寶味佛　南無十光佛　南無超越
諸法佛　南無覺無礙音佛　南無天華佛
南無等見佛　南無月稱佛　南無大像
佛　南無不擾佛　南無大月佛　南無威
慜力佛　南無月威光佛　南無趣懷佛
南無住善度佛　南無淳精進佛　南無光
勇欲佛　南無寶離慧勇佛　南無菩提佛
南無成盈利佛　南無悅好佛　南無行
佛行佛　南無覺滅意佛　南無師子奮迅

心雲聲王佛　南無無縛喜像佛　南無持
慧佛　南無德稱佛　南無須彌山威佛
南無快明佛　南無諸方天佛　南無無量
思惟佛　南無淨戒佛　南無善度佛　南
無端緒佛　南無現面世間佛　南無善光
敬佛　南無具足意佛　南無世雄佛　南
無正音聲佛　南無威喜佛　南無善成就
佛　南無無礙意佛　南無無垢月幢稱佛
南無摩善住山王佛　南無朋友光度佛
南無慧臺佛　南無普寶佛　南無知衆
生平等身佛　南無大願勝佛　南無快士
悅佛　南無恬憺思惟佛　南無善供養佛
南無德聚威佛　南無悅相佛　南無大
焰聚威佛　南無光華種種奮迅王佛　南
無快應佛　南無戒度佛　南無最視佛
南無寂幢佛　長三　南無大應佛　十八　南無廣光明
佛　南無無爲悅佛　南無巍巍見佛　南
無名稱十方佛　南無降伏魔佛　南無慧
無涯佛　南無如千日威佛　南無必意佛
南無稱悅佛　南無上度佛　南無可觀

佛　南無無量慧佛　南無智炎勝功德佛
南無栴檀香佛　南無世間燈佛　南無
不可降伏幢佛　南無攝根佛　南無思惟
解脱佛　南無勝威德意佛　南無如淨王
佛　南無難過上佛　南無忍辱燈佛　南
無妙見佛
九百佛竟
南無聚自在佛　南無作諸方佛　南無無
勝最妙佛　南無無爲光佛　南無無爲思
惟佛　南無過倒見佛　南無名稱王佛
南無勝根佛　南無日見佛　南無德聚威
光佛　南無見平等不平等佛　南無慧持
群萌佛　南無自在悅佛　南無自在佛
南無慧意佛　南無德山佛　南無以淨音
意佛　南無思最尊意佛　南無淨德佛
南無戒自在佛　長三　南無深鼽思惟佛　十九　南無
拘蘇摩奮迅王佛　南無寂進思惟佛　南
無娑羅華上光王佛　南無勤群萌香佛
南無寂樂佛　南無德所至佛　南無大精
進文佛　南無離疑佛　南無決偶佛　南

無須彌山意佛　南無淨身佛　南無無垢
眼上光王佛　南無能度彼岸佛　南無毗
盧遮那功德藏佛　南無慧忖佛　南無聽
徹意佛　南無如天悅佛　南無思惟度佛
南無至大精進究竟佛　南無大身佛
南無雜華佛　南無尊自在佛　南無如空
佛　南無覺善香熏佛　南無尊上所敬佛
南無歡悅佛　南無蓮華人佛　南無蓮
華意佛　南無自在德藏佛　南無人悅佛
南無尊意燈佛　南無威神所養佛　南
無諦思惟佛　南無解脱慧佛　南無除三
惡道佛　南無澤香憂寘佛　南無湍度佛
南無摩尼清淨佛　南無意彊自在佛
南無無畏娛樂佛　南無快覺佛　南無離
諸欲佛　南無勝華聚佛　南無大結髻佛
南無天自在六通音佛　南無威神力佛
南無人名稱柔佛　南無斷一切衆生病
佛　南無最音聲佛　南無堅意佛　南無
力通佛　南無眼如蓮華趣無爲佛　南無
快斷意佛　南無喜音聲佛　南無天悅佛

南無竟見佛　南無𩍐精進佛　南無斷一切障礙佛　南無無垢思惟佛　南無聚音佛　南無無量怨佛　南無功德捨惡趣佛　南無無爲光豐佛　南無娛樂度佛　南無一乘度佛　南無調辯意佛　南無煩教佛　南無意車佛　南無德善光佛　南無堅華佛　南無聚意佛　南無尼拘類樹王佛　南無無常中王佛　南無色如栴檀佛　南無日内佛　南無德藏佛　南無毗婆尸佛　南無尸棄佛　南無毗舍浮佛

一千佛竟

過去莊嚴劫千佛名經

音釋

疊居良切　謗補曠切　跋蒲撥切　閦初六切　妓樂妓渠綺切
鎧苦亥切　崖五皆切　緒徐呂切　剖普后切　巖五緘切　擇
諂丑琰切　懌羊益切　憒虛里切　娛樂娛虞俱切　漂
濤徒刀切　漫莫半切　慙愧慙昨甘切愧俱位切　㝹奴侯切　磬苦定切
棘紀力切　剌七自切　譽羊茹切　逮徒耐切
捐與專切　擾而沼切　佛行佛行下五切　恬憺恬徒兼切憺徒覽切
㲉許救切　忖倉本切　湍他端切　䮝具良切

過去莊嚴劫千佛名經

校勘記

一　底本，清藏本。校以南、徑。

一　一三頁上一行夾註，南作「出得字函觀藥王藥上經」。

一　一四頁下一三行第九字「世」，徑無。

一　一五頁中一二行「王金」，南作「正念」。

一　一六頁下一二行「十方」，南作「十力」。

現在賢刧千佛名經 亦名集諸佛大功德山 巳

闕譯人名今附梁錄

尒時喜王菩薩白佛言世尊今此衆中頗有菩薩摩訶薩得是三昧亦得八万四千波羅蜜門諸三昧門陀羅尼門者不佛告喜王今此會中有菩薩大士得是三昧亦能入八万四千諸波羅蜜及諸三昧陀羅尼門此諸菩薩於是賢刧中皆當得阿耨多羅三藐三菩提除四如来於此刧中得成佛巳喜王菩薩復白佛言惟願加哀當宣此諸菩薩名字多所饒益安隱世間利諸天人為護佛法令得久住為護將来菩薩顯示法明求無上道心不疲懈佛告喜王汝今諦聽善思念之當為汝說唯然世尊願樂欲聞尒時世尊即以偈說諸佛名字拘鄰提佛為千佛上首

南無拘鄰提佛　南無拘鄰含牟尼佛
南無迦葉佛　南無釋迦牟尼佛
南無弥勒佛　南無師子佛
南無明燄佛　南無牟尼佛
南無華妙丹本妙華佛　南無華氏佛
南無善宿佛　南無導師佛
南無大辟佛　南無大力佛
南無宿王佛　南無修藥佛
南無名相佛　南無大明佛
南無燄肩佛　南無照曜佛
南無日藏佛　南無月氏佛
南無衆燄佛　南無善明佛
南無无憂佛　南無提沙佛
南無明曜佛　南無持鬘佛
南無功徳明佛　南無示義佛
南無燈曜佛　南無興盛佛
南無藥師佛　南無善濡佛
南無白毫佛　南無堅固佛
南無福威徳佛　南無不可壞佛
南無徳相佛　南無羅睺佛
南無衆主佛　南無梵聲佛
南無堅際佛　南無不高佛
南無作明佛　南無大山佛
南無金剛佛　南無將衆佛
南無无畏佛　南無華目佛
南無珎寶佛　南無軍力佛
南無華光佛　南無仁愛佛

南無大威徳佛　南無无量明佛
南無梵王佛　南無龍徳佛
南無堅步佛　南無不虛見佛
南無精進徳佛　南無歡喜佛
南無善守佛　南無不退佛
南無師子相佛　南無勝知佛
南無法氏佛　南無喜王佛
南無妙御佛　南無愛作佛
南無徳辟佛　南無香象佛
南無觀視佛　南無雲音佛
南無善思佛　南無善意佛
南無離垢佛　南無月相佛
南無大名佛　南無珠髻佛
南無无威猛佛　南無師子步佛
南無徳樹佛　南無歡釋丹本作歡佛
南無慧聚佛　南無安住佛
南無有意佛　南無鴦伽陀佛
南無无量意佛　南無妙色佛
南無多智佛　南無光明佛
南無堅戒佛　南無吉祥佛
南無寶相佛　南無蓮華佛
南無那羅延佛　南無安樂佛
南無智積佛　南無徳敬佛

從此巳上一百佛歸命懺悔
南無過現未來十方三世盡虚空界一切諸佛歸命懺悔　至心懺悔
弟子等從无量刧來至于今日於其中間造種種業夫業能莊飾世趣在在處處是以思惟求離世解脱所以六道果報種種不同形類各異當知皆是業力所作所以佛十力中業力甚深凡夫之人多於此中好起疑惑何以故今現見世間行善之者觸向轗軻為惡之者是事諧偶謂言天下善惡无分如此計者皆是不能深達業理何以故介經中說言有三種業何等為三一者現報二者生報三者後報現報業者現在作善作惡現身受報生報業者此生作善作惡來生受報後報業者或是過去无量生中作善作惡或於此生中受或在未來生中方受其報向者行惡之人現在見好者此是過去生報後報善業熟故所以現在有此樂果豈關現在作諸惡業而得好報行善之人現在見苦者是其過去生中生報後報惡業

熟故現在善根力弱不能排遣是故得此苦報豈關現在作善而招惡報何以知然現見世間為善之者為人所讚歎人所尊重故知未來必招樂果過去既有如此惡業所以諸佛菩薩教令親近善友共行懺悔善知識者於此得道中則為全利是故弟子今日至誠歸依諸佛

南無梵德佛　南無華天佛
南無寶積佛　南無善思議佛
南無法自在佛　南無名聞意佛
南無樂說聚佛　南無金剛相佛
南無求利佛　南無遊戲(丹本吉稱)佛
南無離闇佛　南無多天佛
南無弥樓相佛　南無衆明佛
南無寶藏佛　南無極高行佛
南無提沙佛　南無珠角佛
南無德讚佛　南無日月明佛
南無日月佛　南無星宿佛
南無師子相佛　南無違藍王佛
南無福藏佛　南無見有邊佛
南無電明佛　南無金山佛
南無師子德佛　南無勝相佛

南無明讚佛　南無堅精進佛
南無具足讚佛　南無離畏佛
南無應天佛　南無大燈佛
南無世明佛　南無妙音(丹本香)佛
南無持上功德佛　南無離闇佛
南無師子頰佛
南無寶讚佛　南無滅過佛
南無持甘露佛　南無喜見佛
南無莊嚴佛　南無人月佛
南無珠明佛　南無山頂佛
南無名相佛　南無法積佛
南無定義佛　南無施願佛
南無寶衆(丹本衆寶)佛　南無衆王佛
南無遊步佛　南無安隱佛
南無法差別佛　南無上尊佛
南無極高德佛　南無上師子音佛
南無樂戲佛　南無龍明佛
南無花山佛　南無大名佛
南無香自在佛　南無龍喜佛
南無天力佛　南無德鬘佛
南無龍首佛　南無目莊嚴佛
南無善行意佛　南無智勝佛
南無无量目佛　南無目(丹本日)明佛
南無寶語佛　南無定意佛

南無无量形佛　南無明照佛
南無寶相佛　南無斷疑佛
南無善明佛　南無不虛步佛
南無覺悟佛　南無花相佛
南無山主王佛　南無遍見佛
南無大威德佛　南無无量名佛
南無寶天佛　南無住義佛
南無滿意佛　南無上讚佛
南無无憂佛　南無无垢佛
南無梵天佛　南無花根佛
南無身差別佛　南無法明佛
南無盡見佛　南無德淨佛

從此已上二百佛歸命懺悔

南無過現未來十方三世盡虛空界一切諸佛歸命懺悔　至心懺悔

弟子等无始已來至于今日積惡如恒沙造罪滿天地捨身與受身不覺亦不知或作五逆深厚濁纏无間罪業或造一闡提斷善根業輕誑佛語謗方等業破滅三寶毀正法業不信罪福起十惡業迷真返正癡惑之業不孝二親反戾之業輕慢師長无礼敬業朋友不信不義之業或作四重六

現在千佛名經　第七張　巳

重八重障聖道業毀犯五戒破八齋業五篇七聚多缺犯業優婆塞戒輕重垢業或菩薩戒不能清淨如說行業前後方便汙梵行業月无六齋懈怠之業年三長齋不常修業三千威儀不如法業八万律儀微細罪業不修身戒心慧之業行十六種惡律儀業不拔不濟无救護業心懷嫉妬無度彼業於怨親境不平等業躭荒五欲无猒離業或因衣食園林池沼生蕩逸業或以盛年放恣情欲造眾罪業或善有漏迴向三有障出世業如是等業無量无邊今日發露向十方佛尊法聖眾皆悉懺悔

願弟子等承是懺悔無間諸業所生福善願生生世世滅五逆罪除一闡提惑如是輕重諸罪從今已去乃至道場誓不敢造恒習出世清淨善法精持律行守護威儀如渡海者愛惜浮囊六度四等常標行首戒定慧品轉得增明速成如來三十二相八十種好十力無畏大悲三念常樂妙智得八自在懺悔發願已歸命礼三寶

現在千佛名經　第八張　巳

南無月面佛　南無寶燈佛
南無寶相佛　南無上名佛
南無作名佛　南無无量音佛
南無違藍佛　南無師子身佛
南無明意佛　南無能勝佛
南無功德品佛　南無月相佛
南無得勢佛　南無无邊行佛
南無開花佛　南無淨垢佛
南無見一切義佛　南無勇力佛
南無富足佛　南無福德佛
南無隨時佛　南無功德敬佛
南無廣意佛　南無善寂滅佛
南無財天佛　南無淨斷疑佛
南無无量持佛　南無妙樂佛
南無不負佛　南無无住佛
南無得叉伽佛　南無眾首佛
南無世光佛　南無多德佛
南無弗沙佛　南無无邊威德佛
南無義意佛　南無樂王佛
南無斷惡佛　南無名德佛
南無善調佛　南無无熱佛
南無花德佛　南無勇德佛
南無金剛軍佛　南無大德佛

現在千佛名經　第九張　巳

南無寂滅意佛　南無香爲佛
南無郁羅延佛　南無善住佛
南無无所負佛　南無月相佛
南無電相佛　南無恭敬佛
南無威德守佛　南無智日佛
南無上利佛　南無須弥頂佛
南無治怨賊佛　南無蓮花佛
南無應讃佛　南無智知异次佛
南無離憍佛　南無郁羅延佛
南無常樂佛　南無不少國佛
南無天名佛　南無甚良佛
南無見有邊佛　南無多功德佛
南無寶月佛　南無師子相佛
南無樂禪佛　南無无所少佛
南無遊戲佛　南無德寶佛
南無應名稱佛　南無花身佛
南無大音聲佛　南無辯才讃佛
南無金剛珠佛　南無无量壽佛
南無珠莊嚴佛　南無大王佛
南無德高德佛　南無高名佛
南無百光佛　南無喜悅佛
南無龍步佛　南無意願佛
南無寶月佛　南無滅已佛

南無喜王佛　南無調御佛
南無喜自在佛　南無寶髻佛
南無善滅佛　南無梵命佛
南無離畏佛　南無寶藏佛
南無月面佛　南無淨名佛

從此已上三百佛一切賢聖

南無過現未來十方三世盡虛空界一切諸佛歸命懺悔　至心懺悔

弟子等今已總相懺悔一切諸業今當次第更復一一別相懺悔若總若別若麁若細若輕若重若說不說品類相從願皆消滅別相懺者先懺身三業次懺口四其餘諸障次第稍顯身三業者第一煞害如經所明恕已可為喻勿煞勿行杖雖復禽獸之殊保命畏死其事是一若尋此衆生從無始已来或是我父母兄弟六親眷屬以業因緣輪迴六道出生入死改形易報不復相識而今興害食噉其肉傷慈之甚是故佛言設得餘食當如飢世食子肉想何況食噉此魚肉耶又言為利煞衆生以錢納諸肉二俱是惡業死墮叫呼地獄故知煞害及

以食噉罪深河海過重丘岳然弟子等無始已来不遇善友皆由此業是故經言煞害之罪能令衆生墮於地獄餓鬼受苦若在畜生則受虎豹豺狼鷹鷂等身或受毒虵蝮蠍等身常懷惡心或受麞鹿熊羆等身常懷恐怖若生人中得二種果報一者多病二者短命煞生食噉既有如是无量種種諸惡果報是故弟子今日至誠歸依諸佛

南無威德寂滅佛　南無愛相佛
南無多天佛　南無須焰摩佛
南無天愛佛　南無寶衆佛
南無寶步佛　南無師子分佛
南無極高行佛　南無人王佛
南無善意佛　南無世明佛
南無寶威德佛　南無德乘佛
南無覺想佛　南無喜莊嚴佛
南無香濟佛　南無香爲佛
南無衆燄佛　南無慈相佛
南無妙香佛　南無堅鎧佛
南無威德猛佛　南無珠鎧佛
南無仁賢佛　南無善遊月佛

南無梵自在佛　南無師子月佛
南無福威德佛　南無正生佛
南無无勝佛　南無大精進佛
南無寶名佛　南無月觀佛
南無山光佛　南無德聚佛
南無供養名佛　南無施明佛
南無法讃佛　南無電德佛
南無寶語佛　南無善衆佛
南無善戒佛　南無救命佛
南無定意佛　南無破有闇佛
南無善勝佛　南無師子光佛
南無照明佛　南無利惠佛
南無上名佛　南無珠明佛
南無威光佛　南無不破論佛
南無光明佛　南無珠輪佛
南無世師佛　南無吉手佛
南無善月佛　南無寶燄佛
南無羅睺守佛　南無樂菩提佛
南無等光佛　南無至寂滅佛
南無世寂妙佛　南無无憂佛
南無十勢力佛　南無喜力佛
南無德勢力佛　南無得勢佛
南無大勢力佛　南無功德藏佛

南無真行佛　南無上安佛
南無提沙佛　南無大光佛
南無電明佛　南無廣德佛
南無珎寶佛　南無福德明佛
南無造鎧佛　南無成手佛
南無善華佛　南無集寶佛
南無大海佛　南無持地佛
南無義意佛　南無善思惟佛
南無德輪佛　南無寶火佛
南無利益佛　南無世月佛
南無美音佛　南無梵相佛
南無衆師首佛　南無師子行佛
南無難施佛　南無應供佛
南無明威德佛　南無大光佛

從此已上四百佛一切賢聖

南無過現未来十方三世盡虛空界一切諸佛歸命懺悔　至心懺悔

弟子等自從无始已来至於今日有此心識常懷瘮毒無慈愍心或因貪起煞因瞋因癡及以慢煞或興惡方便誓煞願煞及以呪煞或破决湖池焚燒山野畋獵漁捕或因風放火飛鷹走犬惱害一切如是等罪无量無

邊今日至誠皆悉懺悔或以擸搋坈撥扠戟弓弩彈射飛鳥走獸之類或以羅網罾鈎料度水性魚鱉黿鼉蝦蜆螺蜯濕居之屬使水陸之與空行藏竄无地或畜養鷄猪牛羊犬豕鵝鴨之屬自供庖廚或貨他宰煞使其哀聲未盡毛羽脫落鱗甲傷毀身首分離骨肉消碎剝裂屠割炮燒煮炙楚毒切害横加無辜但取一時之快口得味甚寡不過三寸舌根而已然其罪報殃累永劫如是等罪无量無邊今日至誠皆悉懺悔又復无始已来或墮胎破卵毒藥蠱道傷煞衆生墾土掘地種植田園養蚕煑繭傷煞滋甚或打撲蚊虻掐齧蚤虱或燒除糞掃開决溝渠枉害一切或啖果實或用穀米或水或菜横煞衆生或然蕉薪或露燈燭燒諸重類或食醬醋不看搖動或寫湯水澆煞重蟻如是乃至行住坐卧四威儀中恒常傷煞飛空著地細微衆生弟子等以凡夫識暗不覺不知今日至誠皆悉懺悔又復弟子无始已来至于今日或以鞭杖

枷鏁拷掠打擲手脚蹴踏的縛籠繫
斷絕水穀如是種種諸惡方便苦惱
衆生今日至誠皆悉懺悔願弟子等
承是懺悔煞害等罪所生功德生生
世世得金剛身壽命无窮永離怨憎
無煞害想於諸衆生得一子地若見
危難急厄之者不惜身命方便救解
令得解脫然後為說微妙正法使諸
衆生覩形見影皆蒙安樂聞名聽聲
恐怖悉除懺悔發願已歸命礼三寶

南無寶名佛　南無衆清淨佛
南無无邊名佛　南無不虛光佛
南無聖天佛　南無智王佛
南無金剛衆佛　南無善障佛
南無建慈佛　南無華國佛
南無法意佛　南無風行佛
南無善思名佛　南無多明佛
南無密衆佛　南無功德守佛
南無利意佛　南無无懼佛
南無堅觀佛　南無住法佛
南無珠足佛　南無解脫德佛
南無妙身佛　南無善意佛
南無普德佛　南無妙智佛

南無梵財佛　南無寶音佛
南無正智佛　南無力得佛
南無師子意佛　南無華相佛
南無智積佛　南無華齒佛
南無功德藏佛　南無名寶佛
南無希有名佛　南無上戒佛
南無无畏佛　南無日明佛
南無梵壽佛　南無一切天佛
南無樂智佛　南無寶天佛
南無珠藏佛　南無德流布佛
南無智王佛　南無无縛佛
南無堅法佛　南無天德佛
南無梵牟尼佛　南無安詳行佛
南無勤精進佛　南無燄肩佛
南無大威德佛　南無歡喜佛
南無薝蔔花佛　南無善衆佛
南無帝幢佛　南無大愛佛
南無須曼色佛　南無衆妙佛
南無可樂佛　南無勢力行佛
南無善定義佛　南無牛王佛
南無妙辯佛　南無大車佛
南無滿願佛　南無寶音佛
南無金剛軍佛　南無富貴佛

南無師子力佛　南無德光佛
南無淨目佛　南無迦葉佛
南無淨意佛　南無知次第佛
南無猛威德佛　南無大光明佛
南無日光曜佛　南無淨藏佛
南無分別威佛　南無无損佛
南無密口佛　南無月光佛
南無持明佛　南無善寂行佛
南無不動佛　南無大請佛
南無德法佛　南無嚴土佛
南無莊嚴王佛　南無高出佛
南無燄熾佛　南無花德佛
南無寶嚴佛　南無上善佛
南無寶上佛　南無利慧佛

從此已上五百佛一切賢聖
南無過現未來十方三世盡虛空界
一切諸佛歸命懺悔　至心懺悔
次懺劫盜之罪經中說言若物屬他
他所守護於此物中一草一葉不與
不取何況盜竊但自衆生唯見現在
利故以種種不道而取致使未來受
此殃累是故經言劫盜之罪能令衆
生墮於地獄餓鬼受苦若在畜生則

受牛馬驢騾駱駝等形以其所有身力血肉償他宿債若生人中為他奴婢衣不蔽形食不充命貧窮困苦人理殆盡劫盗既有如是苦報是故弟子等今日至誠歸依諸佛

南無海德佛　南無梵相佛
南無月蓋佛　南無多𦦨佛
南無邊藍王佛　南無智稱佛
南無覺想佛　南無功德光佛
南無聲流布佛　南無滿月佛
南無花光佛　南無善成王佛
南無燈王佛　南無電光佛
南無光王佛　南無光明佛
南無具足讚佛　南無華藏佛
南無弗沙佛　南無身端嚴佛
南無淨義佛　南無威猛軍佛
南無福威德佛　南無力行佛
南無羅睺天佛　南無智聚佛
南無調御佛　南無如王佛
南無花相佛　南無羅睺羅佛
南無大藥佛　南無宿王佛
南無藥王佛　南無德手佛
南無得叉伽佛　南無流布王佛

南無日光佛　南無法藏佛
南無妙意佛　南無德主佛
南無金剛衆佛　南無慧頂佛
南無善住佛　南無意行佛
南無梵音佛　南無師子佛
南無雷音佛　南無通相佛
南無慧音佛　南無安隱佛
南無梵王佛　南無牛王佛
南無梨陀目佛　南無龍德佛
南無實相佛　南無莊嚴佛
南無不沒音佛　南無花德佛
南無音德佛　南無莊嚴辞佛
南無勇智佛　南無花積佛
南無花開佛　南無力行佛
南無德積佛　南無上形色佛
南無明曜佛　南無月燈佛
南無威德王佛　南無菩提王佛
南無无盡佛　南無菩提眼佛
南無身充滿佛　南無惠國佛
南無寂上佛　南無清凉照佛
南無慧德佛　南無妙音聲佛
南無導師佛　南無无破藏佛
南無上施佛　南無大尊佛

南無智勢佛　南無大𦦨佛
南無帝王佛　南無制力佛
南無威德佛　南無善明佛
南無名聞佛　南無端嚴佛
南無无塵垢佛　南無威儀佛
南無師子軍佛　南無天王佛
南無名聲佛　南無殊勝佛
南無大藏佛　南無福德光佛
南無梵聲佛　南無燈王佛

從此已上六百佛一切賢聖

南無過現未來十方三世盡虛空界一切諸佛歸命懺悔　至心懺悔

弟子等自從无始已來至于今日或盗他財實興刃強奪或自恃身逼迫而取或恃公威或假勢力高桁大械枉押良善吞納姦貨拷直為曲為此因緣身羅憲網或枉邪治領他財物侵公益私侵私益公損彼利此損此利彼割他自饒口與心恡或竊沒租估偷度關税匿公課輸藏隱使役如是等罪无量無邊今日至誠皆悉懺悔或是佛法僧物或擬招提僧物或盗取悞用恃勢不還或自借或貸人

或復攙貸漏忘或三寶物混乱雜用
或以衆物穀米蕪薪塩豉醬醋菜茹
菓實錢帛竹木繒綵幡蓋香花油燭
隨情逐意或自用或與人或摘佛花
果用僧鬘物因三寶財私自利已如
是等罪无量無邊今日至誠皆悉懺
悔又復无始已來至于今日或作周
旋朋友師僧同學父母兄弟六親眷
屬共住同止百一所須更相欺罔或
於鄉鄰比近移籬拓墻侵他宅舍改
標易相攙掠田園因公託私奪人邸
店及以毛野如是等罪無量无邊今
日至誠皆悉懺悔又復無始已來或
攻城破邑燒村壞柵偷賣良人誘他
奴婢或復枉押無罪之人使其形沮
血刃身被徒鏁家業破散骨肉生離
分張異域生死隔絶如是等罪无量
無邊今日至誠皆悉懺悔
又復无始已來至於今日或商賈博
貨邸店市易輕秤小斗減割尺寸盜
竊分銖欺罔圭合以麁易好以短換
長巧欺百端悕望毫利如是等罪无
量無邊今日至誠皆悉懺悔

又復無始已來至于今日或穿踰墻
壁斷道抄掠抵捍債息負情違要面
欺心口或非道陵奪鬼神禽獸四生
之物或假託卜相取人財寶如是乃
至以利求利惡求多求无猒無足如
是等罪无量無邊今日至誠皆悉懺
悔願弟子等承是懺悔劫盜等罪所
生功德生生世世得如意寶常雨七
珎上妙衣服百味甘露種種湯藥隨
意所須應念即至一切衆生无偷奪
想一切皆能少欲知足不貪不染常
樂惠施行急濟道頭目髓腦如棄涕
唾迴向滿足檀波羅蜜懺悔發願已
歸命礼三寶

南無智頂佛　南無上天佛
南無地王佛　南無至解脫佛
南無金髻佛　南無羅睺日佛
南無莫能勝佛　南無牟尼淨佛
南無善光佛　南無金齊佛
南無功德王佛　南無法蓋佛
南無德辟佛　南無鴦伽陀佛
南無美妙慧佛　南無微意佛
南無諸威德佛　南無師子髮佛

南無解脫相佛　南無慧藏佛
南無智聚佛　南無威相佛
南無斷流佛　南無无导讃佛
南無寶聚佛　南無善音佛
南無山王相佛　南無法頂佛
南無解脫德佛　南無善端嚴佛
南無吉身佛　南無愛語佛
南無師子利佛　南無和樓那佛
南無師子法佛　南無法力佛
南無愛樂佛　南無讃不動佛
南無衆明王佛　南無覺悟佛
南無妙明佛　南無意住義佛
南無光照佛　南無香德佛
南無令喜佛　南無不虛行佛
南無滅恚佛　南無上色佛
南無善步佛　南無大音讃佛
南無淨願佛　南無日天佛
南無樂惠佛　南無攝身佛
南無威德勢佛　南無剎利佛
南無德乘佛　南無上金佛
南無解脫髻佛　南無樂法佛
南無住行佛　南無捨憍慢佛
南無智藏佛　南無梵行佛

南無栴檀佛　南無无憂名佛
南無端嚴身佛　南無相國佛
南無蓮花佛　南無无邊徳佛
南無天光佛　南無慧華佛
南無頻頭摩佛　南無智富佛
南無梵財佛　南無寶手佛
南無淨根佛　南無具足論佛
南無上論佛　南無弗沙佛
南無提沙佛　南無有月（明丹）佛
南無出泥佛　南無得智佛
南無上吉佛　南無讃（讃丹）羅佛
南無法樂佛　南無求勝佛
南無智慧佛　南無善聖佛
南無網光佛　南無琉璃藏佛
南無名聞佛　南無利寂佛
南無教化佛　南無月（日丹）明佛
南無善明佛　南無衆徳上明佛
南無寶徳佛　南無人月佛
從此已上七百佛一切賢聖
南無過現未來十方三世盡虚空界
一切諸佛歸命懺悔　至心懺悔
次懺貪愛之罪經中説言但為貪欲
閉在癡獄沒生死河莫之能出一切

衆生為是五欲因緣從昔已來流轉
生死一一衆生一刼之中所積身骨
如王舍城毗富羅山所飲母乳如四
海水身所出血復過於此父母兄弟
六親眷屬命終哭泣所出目淚如四
海水是故説言有愛則生愛盡則滅
故知生死貪愛為本所以經言婬欲
之罪能令衆生墮於地獄餓鬼受苦
若生人中妻不貞良得不隨意眷屬
婬欲既有如此諸惡果報是故弟子
今日至誠歸依諸佛
南無羅睺佛　南無甘露明佛
南無妙意佛　南無大（始丹）明佛
南無一切王（主丹）佛　南無樂智佛
南無山王佛　南無寂滅佛
南無徳聚力佛　南無天王佛
南無妙音聲佛　南無妙花佛
南無住義佛　南無功徳威聚佛
南無智无等佛　南無甘露音佛
南無善手佛　南無利慧佛
南無思解脱義佛　南無勝音佛
南無梨陁行佛　南無善義佛
南無无過佛　南無行善佛

南無花藏佛　南無妙光佛
南無樂説佛　南無善濟佛
南無衆王佛　南無離畏佛
南無樂知（智丹）佛　南無辯才日佛
南無名聞佛　南無寶月明佛
南無上意佛　南無无畏佛
南無大見佛　南無梵音佛
南無善音佛　南無恵濟佛
南無无等音（意丹）佛　南無金剛軍佛
南無菩提意佛　南無樹王佛
南無槃陁音佛　南無福徳力佛
南無勢徳佛　南無聖愛佛
南無勢行佛　南無琥珀佛
南無雷音雲佛　南無善愛目佛
南無善智佛　南無具足佛
南無徳積佛　南無大音佛
南無法相佛　南無智音佛
南無虚空佛　南無祠音佛
南無慧音差別佛　南無功徳光佛
南無聖王佛　南無衆意佛
南無辯才論佛　南無善寂佛
南無月面佛　南無无垢佛
南無日名佛　南無功徳集佛

南無花德相佛　南無辯才國佛
南無寶施佛　南無愛月佛
南無不高佛　南無師子力佛
南無自在王佛　南無无量淨佛
南無等定佛　南無不壞佛
南無滅垢佛　南無不失方(丹本 有懷)佛
南無无燒佛　南無妙面佛
南無智制住佛　南無法師王佛
南無大天佛　南無深意佛
南無无量佛　南無法力佛
南無世供養佛　南無花光佛
南無三世供(丹本 有養)佛　南無應日藏佛
南無天供養佛　南無上智人佛
南無真髻佛　南無信甘露佛
南無金剛佛　南無堅固佛
從此已上八百佛一切賢聖
南無過現未來十方三世盡虛空界
一切諸佛歸命懺悔　至心懺悔
弟子等自從无始已來至于今日或
通人妻妾奪他婦女侵陵貞潔汙比
丘尼破他梵行逼迫無道濁心邪視
言語嘲調或復耻他門户汙賢善名
或於男子五種人所起不淨行如是

等罪無量无邊今日至誠皆悉懺悔
又復無始已來至於今日或眼為色
惑愛染玄黃紅緑朱紫珎玩寶飾或
取男女長短黑白姿態之相起非法
想耳貪好聲宮商絃管伎樂歌唱或
取男女音聲語言啼笑之相起非法
想或鼻藉名香氳馥幽蘭欝金蘓合
起非法想或舌貪好味鮮美甘肥衆
生血肉滋養四大更增苦本起非法
想身樂華綺錦繡繒縠一切細滑七
珎麗服起非法想或意多乱想觸向
乖法有此六想造罪尤甚如是等罪
無量无邊今日至誠向十方佛尊法
聖衆皆悉懺悔
願弟子等承是懺悔婬欲等罪所生
功德生生世世自然化生不由胞胎
清淨皎潔相好光麗六情開朗聡利
分明了達恩愛猶如桎梏觀此六塵
如幻如化於五欲境決定猒離乃至
夢中不起邪想内外因緣永不能動
願以懺悔眼根功德願令此眼徹見
十方諸佛菩薩清淨法身不以二相
願以懺悔耳根功德願令此耳常聞

十方諸佛賢聖所說正法如教奉行
願以懺悔鼻根功德願令此鼻常聞
香積入法位香捨離生死不淨臭穢
願以懺悔舌根功德願令此舌常食
法喜禪悅之食不貪衆生血肉之味
願以懺悔身根功德願令此身披如
來衣著忍辱鎧臥无畏床坐四禪座
願以懺悔意根功德願令此意成就
十想洞達五明深觀二諦空平等理
從方便慧起十妙行入法流水念念
增明顯發如來大無生忍懺悔發願
已歸命礼三寶
南無寶肩(丹本 肩)明佛　南無梨陁步佛
南無隨目(丹本 日)佛　南無清淨佛
南無明力佛　南無功德聚佛
南無具足德佛　南無師子行佛
南無高出佛　南無花施佛
南無珠明佛　南無蓮花佛
南無愛智佛　南無脎陁嚴佛
南無不虛行佛　南無生法佛
南無相相佛　南無思惟樂佛
南無樂解脫佛　南無知道理佛
南無多聞海佛　南無持花佛

南無不隨世佛　南無善衆佛
南無孔雀音佛　南無不退没佛
南無断有愛垢佛　南無威儀濟佛
南無諸天流布佛　南無寶步佛
南無花手佛　南無威德佛
南無破怨賊佛　南無富多聞佛
南無妙國佛　南無花明佛
南無師子智佛　南無月出佛
南無滅暗佛　南無无動佛
南無次第行佛　南無音聲治佛
南無福德燈佛
南無憍曇佛　南無勢力佛
南無身心住佛　南無善月佛
南無覺意華佛　南無上吉佛
南無善威德佛　南無智力德佛
南無善燈佛　南無堅行佛
南無天音佛　南無樂安佛
南無日面佛　南無樂解脱佛
南無戒明佛　南無住戒佛
南無无垢佛　南無堅出佛
南無安闍那佛　南無增益佛
南無香明佛　南無違藍明佛
南無念王佛　南無蜜鉢佛
南無无导相佛　南無至妙道佛

南無信戒佛　南無樂寶佛
南無明法佛　南無具威德佛
南無大慈佛　南無上慈佛
南無至寂滅佛　南無甘露主佛
南無弥樓明佛　南無聖讃佛
南無廣照佛　南無威德佛
南無見明佛　南無善行報佛
南無善喜佛　南無无憂佛
南無寶明佛　南無威儀佛
南無樂福德佛　南無功德海佛
南無盡相佛　南無断魔佛
南無盡魔佛　南無過衰道佛
南無不懐意佛　南無水王佛
南無淨魔佛　南無衆上王佛
南無愛明佛　南無福燈佛
南無菩提相佛　南無智音佛

從此已上九百佛一切賢聖

南無過現未来十方三世盡虚空界
一切諸佛歸命懺悔　至心懺悔
已懺諸業障竟次復懺悔佛法僧間
一切諸障經中佛説人身難得佛法
難聞衆僧難值信心難生六根難具
善友難得而今相與宿殖善根得此

人身六根完具又值善友得聞正法
於其中間復各不能盡心精勤恐於
未来長溺万苦无有出期是故今日
至到慚愧皆悉懺悔
又復無始已来至于今日常以无明
覆心煩惱障意見佛形像不能盡心
恭敬輕蔑衆僧殘害善友破塔毀寺
焚燒形像出佛身血或自處華堂安
置尊像卑猥之處使其烟熏日曝風
吹雨露塵土汙坌雀鼠殘毀共住同
宿曾無礼敬或裸露像身初不嚴飾
或遮掩燈燭或開閉殿宇障佛光明
如是等罪今悉懺悔
又復无始已来至于今日或於法間
以不淨手把捉經卷或開閉箱篋垂
暾朽爛或首軸脱落部黨失次或繼
脱漏誤紙墨破裂自不修理不肯流
傳如是等罪无量無邊是故弟子今
日至誠歸依諸佛
南無善滅佛　南無梵命佛
南無智喜佛　南無神相佛
南無如衆王佛　南無持相佛
南無愛日佛　南無羅睺月佛

南無花明佛　南無藥師上佛
南無持勢力佛　南無福德明佛
南無喜明佛　南無好音佛
南無法自在佛　南無梵音佛
南無善業佛　南無音聲无錯佛
南無大施佛　南無名讚佛
南無世自在佛　南無德流布佛
南無衆相佛　南無德樹佛
南無世自在佛　南無无邊辯相佛
南無滅癡佛　南無辯意佛
南無善月佛　南無无量佛
南無梨陁法佛　南無應供養佛
南無度憂佛　南無樂安佛
南無世意佛　南無愛身佛
南無妙足佛　南無優鉢羅佛
南無華纓佛　南無无邊辯光佛
南無信聖佛　南無德精進佛
南無真實佛　南無天主佛
南無樂高音佛　南無信淨佛
南無婆耆羅陁佛　南無福德音佛
南無燄熾佛　南無无邊德佛
南無不動佛　南無信清淨佛
南無聚成佛　南無師子遊佛

南無行明佛　南無龍音佛
南無持輪佛　南無財成佛
南無世愛佛　南無法名佛
南無无量寶名佛　南無雲相佛
南無惠道佛　南無妙香佛
南無虛空音佛　南無虛空佛
南無天王佛　南無珠淨佛
南無善財佛　南無燈燄佛
南無寶音聲佛　南無人主王佛
南無羅睺守佛　南無安隱佛
南無師子意佛　南無寶名聞佛
南無得利佛　南無遍見佛
南無世華佛　南無高頂佛
南無師子牙佛　南無梨陁步佛
南無无邊辯才成佛　南無差別知見佛
南無福德佛　南無法燈蓋佛
南無目揵連佛　南無无憂國佛
南無意思惟佛　南無樂菩提佛
南無法天敬佛　南無斷勢力佛
南無極勢力佛　南無慧華佛
南無堅音佛　南無安樂佛
南無妙義佛　南無愛淨佛
南無慚愧顏佛　南無妙髻佛

南無欲樂佛　南無樓至佛

從此已上一千佛

南無過現未來十方三世盡虛空界
一切諸佛歸命懺悔　至心懺悔
弟子等從无量劫來至于今日於
其中間隨心造過逐意為愆是事乖
違觸途多犯行三障路入八邪林上
煩惱臺昇無明殿遂使禪池枯竭靡
引智慧之蓮戒樹摧殘不生三昧華
葉盛年放逸造過无量無邊无明覆
心為罪非一十惡五逆數若塵沙
三業六根愆咎難述由斯罪障殃累
後身報種來生墮於地獄於是牛頭
嘷吼牽就刀山獄卒皺眉駈上劍樹
一日一夜万死万生肉盡鑊湯之中
骨碎銅柱之側鐵觜之鳥鷗啄眼睛
銅狗利牙摣掣身首寒氷痛炭煮炙
炮燒碓擣磨摩犁耕鋸解如斯苦楚
无量無邊不可具陳不可具說弟子
等今對十方佛法僧前所有罪障捴
相披陳誠心懺悔已造之罪並願隨
懺消除其未造者自斯已後改往脩
來更不敢造懺悔發願已歸命礼三寶

此賢劫中諸佛出世名号如是若人聞此千佛名字不畏謬錯必得涅槃諸有智者聞諸佛名字應當一心勿懷放逸勤行精進若失是緣還墮惡趣受諸苦惱安住持戒隨順多聞常樂遠離具足深忍是人則能值遇千佛若持誦此千佛名者則滅无量阿僧祇劫所集衆罪必得諸佛三昧神通無㝵智慧及諸法門諸陁羅尼一切經書種種智慧隨宜說法皆當從是三昧中求修習此三昧當行静命勿生欺誑離於名利勿懷嫉妬行大和敬如是行者疾得三昧法也

現在賢劫千佛名經

癸卯歲高麗國大藏都監奉

勑雕造

[illegible] 第三十二張 巳

現在賢劫千佛名經

校勘記

一 底本，麗藏本。

一 此經南、徑、清與底本殊異，不校。以清爲別本附後。

一 凡經文中佛名次序校本與底本相異之處，均不出校。

一 凡底本經文中夾註，石、資、磧無。

一 二二頁上一行經名，石、資、磧作「賢劫千佛名經卷中」。

一 二二頁上二行譯者，石作「梁録失譯」；資、磧作「失譯」。

一 二二頁上一四行首字「護」，資、磧無。

一 二二頁上一七行「拘那提」，資、磧作「南無拘那提」。

一 二二頁上一八行第五字「上」，資、磧無。

一 二二頁中一行「華妙」，石、資、磧作「妙華」。

一 二二頁中一〇行第九字「鬘」，資、磧作「鬚」，下同。

一 二二頁中一二行第九字「盛」，資、磧作「成」。

一 二二頁下一四行「无威」，石、資、磧作「威」。

一 二二頁下一五行「歡釋」，石作「觀擇」。

一 二三頁上一行「從此已上一百佛」，石作「第一百竟」；資、磧作「一百佛竟」。

一 二三頁上一行「歸命」至同頁中八行「諸佛」，石、資、磧無。

一 二三頁中一三行末字「佛」，石作「相佛」。

一 二三頁中一九行「日月」，資、磧作「日明」。

一 二三頁下二行第一〇字「畏」，資、磧作「畏師」。

一 二三頁下四行第九字「音」，石作「香」。

一 二三頁下一三行「寶衆」，石作「衆寶」。

一二三頁下二三行第九字「目」，石作「日」。
一二四頁上一行「明照」，石作「照明」。
一二四頁上一〇行第九字「根」，石作「相」。
一二四頁上一二行第五字「佛」，石作「佛第二百竟」；資、磧作「佛二百佛竟」。
一二四頁上一三行「從此」至同頁中末行「三寶」，石、資、磧無。
一二四頁下五行第七字「無」，石、資、磧作「無無」。
一二四頁下一一行第五字「佛」，資、磧作「佛南無慶音佛」。
一二五頁上八行第八字「智」，石作「知」。
一二五頁上九行第一〇字「延」，資、磧作「達」。
一二五頁中三行「南無善滅佛　南無梵命佛」，資、磧無。
一二五頁中四行末字「佛」，資、磧作「佛三百佛竟」。
一二五頁中五行第五字「佛」，石作「佛第三百竟」。
一二五頁中六行「從此」至同頁下一〇行「諸佛」，石、資、磧無。
一二六頁上一〇行第九字「有」，資、磧作「直」。
一二六頁上一一行第三字「善」，石作「喜」。
一二六頁中一二行第三字「衆」，石無。
一二六頁中一三行末字「佛」，資、磧作「佛四百佛竟」。
一二六頁中一四行第六字「佛」，石作「佛第四百竟」。
一二六頁中一五行「從此」至次頁上一〇行「三寶」，石、資、磧無。
一二七頁上一八行第五字「佛」，資、磧作「佛南無光王佛」。
一二七頁中一行「寶音」，資、磧作「實音」。
一二七頁下一三行第五字「佛」，資、磧作「佛五百佛竟」。
一二七頁下一五行「從此」至次頁上五行「諸佛」，石、資、磧無。
一二八頁上二〇行末字「佛」，石作「天佛」。
一二八頁中七行「慧音」，資、磧作「惠隆」。
一二八頁中一一行第三字「不」，資、磧作「入」。
一二八頁中一二行第五字「佛」，石作「佛南無師子佛」。
一二八頁中一五行「無上」，石作「無無上」。
一二八頁中一九行「惠國」，資、磧作「慧國」。
一二八頁中二〇行第九字「涼」，資、磧作「淨」。
一二八頁中二一行末字「佛」，石作「佛第五百竟」。
一二八頁中二二行第九字「破」，石、資、磧作「礙」。
一二八頁下一行第三字「智」，石作

「智力」。

一 二八頁下七行末字「佛」，資、磧作「佛六百佛竟」。

一 二八頁下九行第四字「聲」，資、磧作「聞」。

一 二八頁下一〇行「從此」至次頁中一四行「三寶」，石、資、磧無。

一 二九頁中二〇行正文「功德王」，石作「衆德天王」；資、磧作「種德天王」。

一 二九頁中末行第一一字「髮」，資、磧作「髻」。

一 二九頁下二二行第三字「住」，石作「法」。

一 三〇頁上四行第八字「慧」，資、磧作「惠」。

一 三〇頁上九行「有月」，石、資、磧作「有日」。

一 三〇頁上一一行第八字「讃」，石作「謨」。

一 三〇頁上一六行正文「月明」，石作「目明」；資、磧作「日明」。

一 三〇頁上一六行末字「佛」，資、磧作「佛七百佛竟」。

一 三〇頁上一七行末字「佛」，石作「佛第七百竟」。

一 三〇頁上一九行「從此」至同頁中一一行「諸佛」，石、資、磧無。

一 三〇頁中一三行正文「大明」，石作「焰明」。

一 三〇頁中一四行「一切王」，石、資、磧作「一切主」。

一 三〇頁中二〇行第四字「手」，石無。

一 三〇頁下九行第五字「音」，石、資、磧作「意」。

一 三〇頁下二一行第五字「論」，資、磧作「輪」。

一 三一頁上六行「不失方」，石作「不失方便」。

一 三一頁上一二行「三世供」，石作「三世供養」。

一 三一頁上一三行末字「佛」，資、磧作「佛八百佛竟」。

一 三一頁上一四行末字「佛」，石作「佛第八百竟」。

一 三一頁上一六行「從此」至同頁下一二行「三寶」，石、資、磧無。

一 三一頁下一三行正文「肩明」，石作「扇明」。

一 三一頁下一四行「隨目」，石作「隨日」。

一 三一頁下二一行「相相」，資、磧作「相明」。

一 三二頁上一一行「南無福德燈佛」，資、磧無。

一 三二頁上一四行第四字「意」，資、磧作「音」。

一 三二頁中一行第九字「寶」，資、磧作「實」。

一 三二頁中四行第一一字「主」，資、磧作「王」。

一 三二頁中一三行第四字「懷」，資、磧作「壞」。

一 三二頁中一四行末字「佛」，資、磧作「佛九百佛竟」。

一 三二頁中一五行第五字「佛」，石作「佛第九百竟」。

一 三二頁中一六行「智音」，石作「智明」。

一 三二頁中一七行「從此」至同頁下一九行「諸佛」，石、資、磧無。

一 三二頁下二〇行「善滅」，石作「善寂」。

一 三二頁下二〇行「梵命」，資、磧作「梵相」。

一 三二頁下二一行「神相」，石作「神地」。

一 三二頁下二二行「持相」，資、磧作「持地」。

一 三三頁上一行第一〇字「上」，石無。

一 三三頁上九行「南無世自在佛」，資、磧無。

一 三三頁上一〇行「南無滅癡佛南無辯意佛」，資、磧作「南無斷疑佛」。

一 三三頁上二〇行正文「音佛」，石、資、磧作「意佛」。

一 三三頁中八行「善財」，資、磧作「善則」。

一 三三頁中九行「音聲」，石作「音」。

一 三三頁中一四行「无邊」，資、磧作「無偏」。正文「成佛」，石作「威佛」。

一 三三頁中一八行「思惟」，資、磧作「思」。

一 三三頁下二行「從此已上一千佛」，石作「賢劫一千佛名竟」；資、磧作「一千佛竟」。

一 三三頁下三行「南無」至末行「三寶」，石、資、磧無。

一 三四頁上一行「此賢劫中」至一三行「三昧法也」，石作「此賢劫中千佛出世名字如是若人聞名一心禮事不畏錯謬必得涅盤永離三塗生死之患安住深思具足多聞諸有智者聞諸佛名應當一心勿懷放逸勤行精進無失是緣不墮惡趣受諸苦惱安住持戒隨順多聞常樂遠離具足深忍若能受持而習誦者是人則必歷值千佛滅無量阿僧祇劫所集衆罪必得諸佛神通三昧無礙辯才諸大法門婆羅尼門一切經書種種智慧隨宜說法皆當從是三昧中求修習此三昧者當行淨命勿生欺誑離於名利勿懷嫉妬行六和敬如是行者疾得菩提三昧法也」。

一 三四頁上四行第八字「若」，資、磧作「無」。

一 三四頁上八行「得諸佛三昧」，資、磧作「當得佛諸三昧」。

一 三四頁上一一行末字「命」，資、磧作「行」。

一 三四頁上一三行第一二字「也」，資、磧無。

一 三四頁上一四行經名，石、資、磧作「賢劫千佛名經卷中」。

現在賢劫千佛名經 一名集諸佛大功德山 長四

開元拾遺附梁録

爾時喜王菩薩白佛言世尊今此衆中頗有菩薩摩訶薩得是三昧亦得八萬四千波羅蜜門諸三昧門陀羅尼門者不佛告喜王今此會中有菩薩大士得是三昧亦能入八萬四千諸波羅蜜及諸三昧陀羅尼門此諸菩薩於是賢劫中皆當得阿耨多羅三藐三菩提除四如來於此劫中得成佛已喜王菩薩復白佛言惟願如來宣此諸菩薩名字多所饒益安隱世間利諸天人爲護佛法令得久住爲將來菩薩顯示法明求無上道心不疲懈佛告喜王汝今諦聽善思念之當爲汝說唯然世尊願樂欲聞爾時世尊即說諸佛名字

南無拘留孫佛　南無拘那含牟尼佛　南無迦葉佛　南無釋迦牟尼佛　南無彌勒佛　南無師子佛　南無明焰佛　南無牟尼佛　南無妙華佛　南無華氏佛　南無善宿佛　南無導師佛　南無大臂佛　南無大力佛　南無宿王佛　南無修藥佛

南無名相佛　南無大明佛　南無焰肩佛

南無照曜佛　南無日藏佛　南無月氏佛　南無衆焰佛　南無善明佛　南無無憂佛　南無提沙佛　南無明曜佛　南無持鬘佛　南無功德明佛　南無示義佛

南無燈曜佛　南無興盛佛　南無藥師佛

南無善濡佛　南無白毫佛　南無堅固佛　南無福威德佛　南無不可壞佛　南無德相佛　南無羅睺佛　南無衆主佛

南無梵聲佛　南無堅際佛　南無不高佛

南無作明佛　南無大山佛　南無金剛佛　南無將衆佛　南無無畏佛　南無珍寶佛　南無華日佛　南無軍力佛　南無香焰佛　南無仁愛佛　南無大威德佛

南無梵王佛　南無無量明佛　南無龍德佛　南無堅步佛　南無不虛見佛　南無精進德佛　南無善守佛　南無歡喜佛

南無不退佛　南無師子相佛　南無勝知佛　南無法氏佛　南無喜王佛　南無妙御佛　南無愛作佛　南無德臂佛　南無香象佛　南無觀視佛　南無雲音佛　南無善思佛　南無善高佛　南無離垢佛

南無月相佛　南無大名佛　南無珠髻佛

南無威猛佛　南無師子吼佛　南無德樹佛　南無歡釋佛　南無慧聚佛　南無安住佛　南無有意佛　南無鴦伽陀佛

南無無量意佛　南無妙色佛　南無多智佛　南無光明佛　南無堅戒佛　南無吉祥佛　南無寶相佛　南無蓮華佛　南無那羅延佛　南無安樂佛　南無智積佛

南無德敬佛

一百佛竟

南無梵德佛　南無寶積佛　南無華天佛

南無善思議佛　南無法自在佛　南無名聞意佛　南無樂說聚佛　南無金剛相佛　南無求利益佛　南無遊戲神通佛

南無離闇佛　南無名天佛　南無彌樓相佛　南無衆明佛　南無寶藏佛　南無極高行佛　南無金剛楯佛　南無珠角佛

南無德讚佛　南無日月明佛　南無日明佛　南無星宿佛　南無清淨義佛　南無達藍王佛　南無福藏佛　南無見有邊佛　南無電明佛　南無金山佛　南無師子德佛　南無勝相佛　南無明讚佛　南無堅精進佛　南無具足讚佛　南無離畏師佛　南無應天佛　南無大燈佛　南無世明佛　南無妙音佛　南無持上功德佛　南無紺身佛　南無師子頰佛　南無寶讚佛　南無衆王佛　南無遊步佛　南無安隱佛　南無法差別佛　南無上尊佛　南無極高德佛　南無上師子音佛　南無樂戲佛　南無龍明佛　南無華山佛　南無龍喜佛　南無香自在王佛　南無寶焰山佛　南無天力佛　南無德鬘佛　南無龍首佛　南無因莊嚴佛　南無善行意佛　南無智勝佛　南無無量日佛　南無實語佛　南無持炬佛　南無定意佛　南無無量形佛　南無明照佛　南無最勝燈佛　南無斷疑佛　南無莊嚴身佛　南無不虛步佛　南無覺悟佛　南無華相佛　南無山主王佛　南無善威儀佛　南無遍見佛　南無無量名佛　南無寶天佛　南無滅過佛　南無持甘露佛　南無人月佛　南無喜見佛　南無莊嚴佛（長四）　南無珠明佛　南無山頂佛　南無到彼岸佛（四）　南無法積佛　南無定義佛　南無施願佛　南無寶聚佛　南無住義佛　南無滿意佛　南無上讚佛　南無慈德佛　南無無垢佛　南無梵天佛　南無華明佛　南無身差別佛　南無法明佛　南無盡見佛

二百佛竟

南無德淨佛　南無月面佛　南無寶燈佛　南無寶璫佛　南無上名佛　南無作名佛　南無無量音佛　南無達藍佛　南無師子身佛　南無明意佛　南無無能勝佛　南無功德品佛　南無海慧佛　南無得勢佛　南無無邊行佛　南無開華佛　南無淨垢佛　南無見一切義佛　南無勇力佛　南無富足佛　南無福德佛　南無隨時佛　南無慶音佛　南無功德敬佛　南無廣意佛　南無善寂滅佛　南無財天佛　南無淨斷疑佛　南無無量持佛　南無妙樂佛　南無不負佛　南無無住佛　南無得叉迦佛　南無衆首佛　南無世光佛　南無多德佛（長四）　南無弗沙佛（五）　南無無邊威德佛　南無義意佛　南無藥王佛　南無斷惡佛　南無無熱佛　南無善調佛　南無名德佛　南無華德佛　南無勇得佛　南無金剛軍佛　南無大德佛　南無寂滅意佛　南無無邊音佛　南無大威光佛　南無善住佛　南無無所負佛　南無離疑惑佛　南無電相佛　南無恭敬佛　南無威德守佛　南無智日佛　南無上利佛　南無須彌頂佛　南無淨心佛　南無治怨賊佛　南無離憍佛　南無應讚佛　南無智次佛　南無那羅達佛　南無常樂佛　南無不少國佛　南無天名佛　南無雲德佛　南無甚良佛　南無多功德佛　南無寶月佛　南無莊嚴頂髻佛　南無樂禪

佛　南無無所少佛　南無遊戲佛　南無
德寶佛　南無應名稱佛　南無華身佛
南無大音聲佛　南無辯才讚佛　南無金
剛珠佛　南無無量壽佛　南無珠莊嚴佛
　南無大王佛　南無德高行佛　南無高
名佛　南無百光佛　南無喜悅佛　南無
龍步佛　南無意願佛　南無妙寶佛　南
無滅已佛　南無法幢佛　南無調御佛
南無喜自在佛　南無寶髻佛　南無離山
佛　南無淨天佛

　三百佛竟

南無華冠佛　南無淨名佛　南無威德寂
滅佛　南無愛相佛　南無多天佛　南無
須焰摩佛　南無天威佛　南無妙德王佛
南無寶步佛（長四）　南無師子分佛（六）　南無最
尊勝佛　南無人王佛　南無栴檀雲佛
南無紺眼佛　南無寶威德佛　南無德乘
佛　南無覺想佛　南無喜莊嚴佛　南無
香濟佛　南無勝慧佛　南無離愛佛　南
無慈相佛　南無妙香佛　南無堅鎧佛

南無威德猛佛　南無珠鎧佛　南無仁賢
佛　南無善逝月佛　南無梵自在佛　南
無師子月佛　南無觀察慧佛　南無正生
佛　南無高勝佛　南無日觀佛　南無寶
名佛　南無大精進佛　南無山光佛　南
無德聚王佛　南無供養名佛　南無法讃
佛　南無施明佛　南無電德佛　南無寶
語佛　南無救命佛　南無善戒佛　南無
善衆佛　南無堅固慧佛　南無破有闇佛
　南無善勝佛　南無師子光佛　南無照
明佛　南無寶成就佛　南無利慧佛　南
無珠月光佛　南無威光佛　南無不破論
佛　南無光明王佛　南無珠輪佛　南無
金剛慧佛　南無吉手佛　南無善月佛
南無寶焰佛（長四）　南無羅睺守佛（七）　南無樂菩
提佛　南無等光佛　南無至寂滅佛　南
無世最妙佛　南無自在名佛　南無十勢
力佛　南無喜力王佛　南無德勢力佛
南無最勝頂佛　南無大勢力佛　南無功
德藏佛　南無真行佛　南無上安佛　南

無金剛知山佛　南無大光佛　南無妙德
藏佛　南無廣德佛　南無寶網嚴身佛
南無福德明佛　南無造鎧佛　南無成手
佛　南無善華佛　南無集寶佛　南無大
海智佛　南無持地德佛　南無義意猛佛
　南無善思惟佛　南無德輪佛　南無寶
光佛　南無利益佛　南無世月佛　南無
美音佛　南無梵相佛　南無衆師首佛
南無師子行佛　南無難施佛　南無應供
佛

　四百佛竟

南無明威德佛　南無大光王佛　南無金
剛寶嚴佛　南無衆清淨佛　南無無邊名
佛　南無不虛光佛　南無聖天佛　南無
智王佛　南無金剛衆佛　南無善障佛
南無建慈佛　南無華國佛　南無法意佛
　南無風行佛　南無善思明佛　南無多
明佛　南無寂衆佛　南無光王佛　南無
功德守佛　南無利意佛　南無無懼佛
南無堅觀佛　南無住法佛　南無珠足佛

南無解脱德佛　南無妙身佛　南無隨
世語言佛　南無妙智佛　南無普德佛
南無梵財佛　南無實音佛　南無正智佛
南無力得佛　南無師子意佛　南無淨
華佛　南無喜眼佛　南無華齒佛　南無
功德自在幢佛　長四　南無明寶佛　八　南無希有
名佛　南無上戒佛　南無離欲佛　南無
自在天佛　南無梵壽佛　南無一切天佛
南無樂智佛　南無可憶念佛　南無珠
藏佛　南無德流布佛　南無大天王佛
南無無縛佛　南無堅法佛　南無天德佛
南無梵牟尼佛　南無安詳行佛　南無
勤精進佛　南無得上味佛　南無無依德
佛　南無薝蔔華佛　南無出生無上功德
佛　南無仙人侍衛佛　南無帝幢佛　南
無大愛佛　南無須曼色佛　南無衆妙佛
南無可樂佛　南無勢力行佛　南無善
定義佛　南無牛王佛　南無妙臂佛　南
無大車佛　南無滿願佛　南無德光佛
南無寶音佛　南無光幢佛　南無富貴佛

南無師子力佛　南無淨目佛　南無觀
身佛　南無淨意佛　南無知次第佛　南
無猛威德佛　南無大光明佛　南無日光
曜佛　南無淨藏佛　南無分別威佛　南
無無損佛　南無容日佛　南無月光佛
南無持明佛　長四　南無善寂行佛　九　南無不動
佛　南無大請佛　南無德法佛　南無嚴
土佛　南無莊嚴王佛　南無高出佛　南
無焰熾佛　南無蓮華德佛　南無寶嚴佛

五百佛竟

南無高大身佛　南無上善佛　南無寶上
佛　南無無量光佛　南無海德佛　南無
寶印手佛　南無月蓋佛　南無多焰佛
南無順寂滅佛　南無智稱佛　南無智覺
佛　南無功德光佛　南無聲流布佛　南
無滿月佛　南無名稱佛　南無善戒王佛
南無燈王佛　南無電光佛　南無大焰
王佛　南無寂諸有佛　南無毗舍佉天佛
南無華藏佛　南無金剛山佛　南無身
端嚴佛　南無淨義佛　南無威猛軍佛

南無智焰德佛　南無力行佛　南無羅睺
天佛　南無智聚佛　南無師子出現佛
南無如王佛　南無圓滿清淨佛　南無羅
睺羅佛　南無大藥佛　南無清淨賢佛
南無第一義佛　南無德手佛　南無百光
明佛　南無流布王佛　南無無量功德佛
南無法藏佛　南無妙意佛　南無德主
佛　南無最增上佛　南無慧頂佛　南無
勝怨敵佛　南無意行佛　南無梵音佛
南無解脱佛　南無雷音佛　南無通相佛
南無慧隆佛　南無深自在佛　南無大
地王佛　南無大牛王佛　南無梨陀目佛
南無希有身佛　南無實相佛　南無最
尊天佛　南無不没音佛　南無寶勝佛
南無音德佛　長四　南無莊嚴辭佛　十　南無勇智
佛　南無華積佛　南無華開佛　南無無
上醫王佛　南無德積佛　南無上形色佛
南無功德月佛　南無月燈佛　南無威
德王佛　南無菩提王佛　南無無盡佛
南無菩提眼佛　南無身充滿佛　南無慧

國佛　南無最上佛　南無清淨照佛　南無慧德佛　南無妙音聲佛　南無無礙光佛　南無無礙藏佛　南無上施佛　南無大尊佛　南無智勢佛　南無大焰佛　南無帝王佛　南無制力佛　南無威德佛　南無月現佛　南無名聞佛　南無端嚴佛　南無無塵垢佛　南無威儀佛　南無師子軍佛　南無天王佛　南無名聲佛　南無殊勝佛

六百佛竟

南無大藏佛　南無福德光佛　南無梵聞佛　南無出諸有佛　南無智頂佛　南無上天佛　南無地王佛　南無至解脫佛　南無金髻佛　南無羅睺日佛　南無莫能勝佛　南無牟尼淨佛　南無善光佛　南無金齊佛　南無種德天王佛　南無法蓋佛　南無勇猛名稱佛　南無光明門佛　南無美妙慧佛　南無微意佛　南無諸威德佛　南無師子髻佛　南無解脫相佛　南無慧藏佛　南無娑羅王佛　南無威相佛　南無斷流佛　南無無礙讚佛　南無所作已辦佛　南無善音佛　南無山王相佛　南無法項佛　南無無能暎蔽佛　南無善端嚴佛　南無吉身佛　南無愛語佛　南無師子利佛　南無和樓那佛　南無師子法佛　南無法力佛　南無愛樂佛　南無讚不動佛　南無衆明王佛　南無覺悟衆生佛　南無妙明佛　南無意住義佛　南無光照佛　南無香德佛　南無令喜佛　南無日成就佛　南無滅恚佛　南無上色佛　南無善步佛　南無大音讚佛　南無淨願佛　南無日天佛　南無樂慧佛　南無攝身佛　南無威德勢佛　南無利利佛　南無衆會王佛　南無上金佛　南無解脫髻佛　南無樂法佛　南無住行佛　南無捨憍慢佛　南無智藏佛　南無梵行佛　南無栴檀佛　南無無憂名佛　南無端嚴身佛　南無相國佛　南無敬持佛　南無無邊德佛　南無天光佛　南無慧華佛　南無頻頭摩佛　南無智富佛　南無大願光佛　南無寶手佛　南無淨根佛　南無具足論佛　南無上論佛　南無不退地佛　南無法自在不虛佛　南無有日佛　南無出泥佛　南無得智佛　南無上吉佛　南無護羅佛　南無法樂佛　南無求勝佛　南無智慧佛　南無善聖佛　南無網光佛　南無瑠璃藏佛　南無善天佛　南無利寂佛　南無教化佛　南無普隨順自在佛

七百佛竟

南無堅固苦行佛　南無衆德上明佛　南無寶德佛　南無一切善友佛　南無解脫音佛　南無甘露明佛　南無遊戲王佛　南無滅邪曲佛　南無一切主佛　南無薝蔔淨光佛　南無山王佛　南無寂滅佛　南無德聚佛　南無具衆德佛　南無最勝月佛　南無善施佛　南無住本佛　南無功德威聚佛　南無智無等佛　南無甘露音佛　南無善手佛　南無執明炬佛　南無思解脫義佛　南無勝音佛　南無梨陀

行佛　南無善義佛　南無無過佛　南無
行善佛　南無殊妙身佛　南無妙光佛
南無樂說佛　南無善濟佛　南無不可說
佛　南無最清淨佛　南無樂知佛　南無
辯才日佛　南無破他軍佛　南無寶月明
佛　南無上意佛長四　南無友安衆生佛十三　南
無大見佛　南無無畏音佛　南無水天德
佛　南無慧濟佛　南無無等意佛　南無
不動慧光佛　南無菩提意佛　南無樹王
佛　南無槃陀音佛　南無福德力佛　南
無勢德佛　南無聖愛佛　南無勢行佛
南無琥珀佛　南無雷音雲佛　南無善愛
目佛　南無善智佛　南無具足佛　南無
華勝佛　南無大音佛　南無法相佛　南
無智音佛　南無虛空佛　南無桐音佛
南無慧音差別佛　南無月焰佛　南無聖
王佛　南無衆意佛　南無辯才輪佛　南
無善寂佛　南無不退慧佛　南無日名佛
南無無著慧佛　南無功德集佛　南無
華德相佛　南無辯才國佛　南無寶施佛

南無愛月佛　南無集功德蘊佛　南無
滅惡趣佛　南無自在王佛　南無無量淨
佛　南無等定佛　南無不壞佛　南無滅
垢佛　南無不失方便佛　南無無嬈佛
南無妙面佛　南無智制住佛　南無法師
王佛　南無大天佛　南無深意佛　南無
無量佛　南無無礙見佛　南無世供養佛
南無普散華佛　南無三世供佛　南無
應日藏佛　南無天供養佛　南無上智人
佛

八百佛竟

南無眞髻佛　南無信甘露佛　南無不著
相佛　南無離分別海佛　南無寶肩明佛
南無梨陀步佛　南無隨日佛　南無清
淨佛　南無明力佛　南無功德聚佛　南
無具足德佛長四　南無端嚴海佛十四　南無須彌
山佛　南無華施佛　南無無著智佛　南
無無邊座佛　南無愛智佛　南無槃陀嚴
佛　南無清淨住佛　南無生法佛　南無
相明佛　南無思惟樂佛　南無樂解脫佛

南無知道理佛　南無多聞海佛　南無
持華佛　南無不隨世佛　南無喜衆佛
南無孔雀音佛　南無不退沒佛　南無斷
有愛垢佛　南無威儀濟佛　南無諸天流
布佛　南無隨師行佛　南無華手佛　南
無最上施佛　南無破怨賊佛　南無富多
聞佛　南無妙國佛　南無熾盛王佛　南
無師子智佛　南無月出佛　南無滅闇佛
南無無動佛　南無次第行佛　南無音
聲治佛　南無憍曇佛　南無勢力佛　南
無身心住佛　南無常月佛　南無覺意華
佛　南無饒益王佛　南無善威德佛　南
無智力德佛　南無善燈佛　南無堅行佛
南無天音佛　南無福德燈佛　南無日
面佛　南無不動聚佛長四　南無戒明佛十五　南
無住戒佛　南無普攝受佛　南無堅出佛
南無安闍那佛　南無增益佛　南無香
明佛　南無違藍明佛　南無念王佛　南
無寄鉢佛　南無無礙相佛　南無至妙道
佛　南無信戒佛　南無樂實佛　南無明

法佛　南無具威德佛　南無大慈佛　南
無上慈佛　南無饒益慧佛　南無甘露王
佛　南無彌樓明佛　南無聖讃佛　南無
廣照佛　南無持壽佛　南無見明佛　南
無善行報佛　南無善喜佛　南無無滅佛
南無寶明佛　南無具足名稱佛　南無
樂福德佛　南無功德海佛　南無盡相佛
南無斷魔佛　南無盡魔佛　南無過衰
道佛　南無不壞意佛　南無水王佛　南
無淨魔佛　南無衆上王佛

九百佛竟

南無愛明佛　南無福燈佛　南無菩提相
佛　南無大威力佛　南無善滅佛　南無
梵命佛　南無智喜佛　南無神相佛　南
無如衆王佛　南無種種色相佛　南無愛
日佛　南無羅睺月佛　南無無相慧佛
南無藥師上佛　南無持勢力佛　南無焰
慧佛　南無喜明佛　南無好音佛　南無
不動天佛　南無妙德難思佛　南無善業
佛　南無意無謬佛　南無大施佛　南無

名讃佛　南無衆相佛　南無解脫月佛
南無世自在佛　南無無上王佛　南無滅
癡佛　南無斷言論佛　南無梵供養佛
南無無邊辯相佛　南無梨陀法佛　南無
應供養佛　南無度憂佛　南無樂安佛
南無世意佛　南無愛身佛　南無妙足佛
南無優鉢羅佛　南無華瓔佛　南無無
邊辯光佛　南無信聖佛　南無德精進佛
南無眞實佛　南無天主佛　南無樂高
音佛　南無信淨佛　南無婆耆羅陀佛
南無福德意佛　南無不瞬佛　南無順先
古佛　南無聚成佛　南無師子遊佛　南
無最上業佛　南無信清淨佛　南無行明
佛　南無龍音佛　南無持輪佛　南無財
成佛　南無世愛佛　南無提舍佛　南無
無量寶名佛　南無雲相佛　南無慧道佛
南無順法智佛　南無虛空音佛　南無
善眼佛　南無無勝天佛　南無珠淨佛
南無善財佛　南無燈焰佛　南無寶音聲
佛　南無人主王佛　南無不思議功德光

佛　南無隨法行佛　南無無量賢佛　南
無寶名聞佛　南無得利佛　南無世華佛
南無高頂佛　南無無邊辯才成佛　南
無差別知見佛　南無師子牙佛　南無法
燈蓋佛　南無目揵連佛　南無無憂國佛
南無意思佛　南無法天敬佛　南無斷
勢力佛　南無極勢力佛　南無滅貪佛
南無堅音佛　南無善慧佛　南無妙義佛
南無愛淨佛　南無慚愧顔佛　南無妙
髻佛　南無欲樂佛　南無樓至佛

一千佛竟

此賢劫中諸佛出世名號如是若人聞此千
佛名字歸命頂禮必得涅槃諸有智者聞諸
佛名字應當一心勿懷放逸勤行精進無失
是緣還墮惡趣受諸苦惱安住持戒隨順多
聞常樂遠離具足深忍是人則能值遇千佛
若持誦此千佛名者則滅無量阿僧祇劫所
集衆罪必當得佛諸三昧神通無礙智慧及
諸法門諸陀羅尼一切經書種種智慧隨宜
說法皆當從是三昧中求修習此三昧當行

淨行勿生欺誑離於名利勿懷嫉妬行六和敬如是行者疾得三昧法

現在賢劫千佛名經

音釋

臂（必至切）濡（汝朱切）鴦伽（鴦，於良切）楯（市尹切）紺（古暗切）頰（古協切）璫（都郎切）薝蔔（薝，陟廉切；蔔，蒲北切）蔓（無販切）佉（丘伽切）睺（胡鉤切）恚（於避切）琥珀（琥，呼古切；珀，普華切）嬈（而沼切）闍（視遮切）耆（巨支切）揵（巨言切）欺誑（欺，去奇切；誑，古況切）嫉妬（嫉，秦悉切；妬，當故切）

現在賢劫千佛名經

校勘記

一　底本，清藏本。校以南、徑。

一　四四頁下一三行「歸命頂禮」，徑作「不畏謬錯」。

未来星宿刧千佛名經 亦名集諸佛大功德山　巳

闕譯人名今附梁錄

夫修善福臻為惡禍徵明理皎然而信罪者鮮既共生此五濁惡世五陰煩惱三毒熾盛輪轉生死無有竟已昔佛在世時人民數如恒沙令漸凋微万不遺一何以故尒為善者少作惡者多死墮三塗悉為魚蟲畜生不復得人身故法花經云三惡道充滿天人衆減少刧盡不久長衷可悲是以如来隨方教化敎慈尚善不悋軀命勤行精進可得勉度礼拜儀頂之勞能刧无量刧罪罪滅福生以致無為此未来星宿刧中當有千佛出世名字如是若人聞名一心礼事不畏錯謬必得涅槃永離三塗生死之患安住慈忍具足多聞若能受持習誦之者是人則必歷值千佛獲滅无量阿僧祇刧生死重罪得諸佛神通三昧无㝵辯才諸大法門陁羅尼門一切經書種種智慧隨宜說法皆勿生欺誑離於名利勿懷嫉妬行六和敬一心奉持无失是緣如是行者疾得阿耨多羅三藐三菩提 丹本無前後長行

南無龍威佛　南無華巖佛
南無王中王佛
南無阿須輪王護佛
南無作吉祥佛　南無師子慧佛
南無寶意如来　南無成辮事佛
南無成辮事見根原佛
南無種姓華佛　南無高雷音佛
南無无比辯佛　南無智慧自在佛
南無師子牙佛　南無威懷步佛
南無福德光明佛　南無月燈明佛
南無目捷連性佛　南無无憂村佛
南無思惟智慧佛　南無意智如来
南無諸天供養法佛
南無勇悍如来　南無无限力佛
南無智慧華佛　南無疆音如来
南無歡樂如来　南無說義如来
南無淨懷如来　南無師子口佛
南無好結如来　南無相好如来
南無月光如来　南無无動如来
南無大淨如来　南無香音如来
南無常光明佛　南無栴檀相好佛

南無无限高佛　南無蓮華幢佛
南無蓮華化生佛　南無寶巖如来
南無阿竭留香佛　南無大勇如来
南無栴檀相好佛　南無海意如来
南無大海意佛　南無幡幢好佛
南無梵王德佛　南無大香熏佛
南無大勇現佛　南無寶輪如来
南無无量壽佛　南無大德如来
南無金寶覺佛　南無天輞如来
南無言從如来　南無常雨華佛
南無大好樂佛　南無師子上香佛
南無魔天相好佛　南無帝釋光明佛
南無大相好佛　南無師子華好佛
南無寂滅幢幡佛　南無持戒王佛
南無相好翼從佛　南無翼從面首佛
南無无憂相好佛　南無蓮華香佛
南無大地如来
南無大力龍翼從好佛
南無淨行王佛　南無大遊戲佛
南無蓮華威佛　南無放捨華佛
南無龍威如来　南無華巖如来
南無香象如来　南無常觀如来
南無作直行如来　南無善住如来

南無尼俱類樹王佛
南無无常中上佛　南無月威如来
南無栴檀色佛　南無日空如来
南無威相腹佛　南無須弥山力佛
南無摩尼珠腹佛　南無金剛王佛
南無難勝人佛　南無難勝伏佛
南無好觀如来　南無勇與如来
南無大海如来　南無翼從樹佛
南無狸牛威佛　南無天中天佛
南無師子幢佛　南無智慧威佛
南無无底威佛　南無德豊如来
南無厚德如来　南無德辭如来
南無德精進佛　南無德嚴如来
南無山德如来　南無出現如来
南無寶聚如来　南無服德如来
南無大講如来　南無普見如来
南無寶樹如来　南無普悲如来
南無德養如来　南無大轉如来
南無絕衆生疑王佛
南無寶德如来　南無普蓋如来
南無大蓋如来　南無寂德如来
南無千近如来　南無寶蓮華勇佛
南無厚德如来　南無幡幢如来

未來星宿佛名經　第四張　巳

南無寶月德佛　南無服樹王佛
南無尊德如来　南無普蓮華佛
南無等德如来　南無龍中客佛
南無寶淨如来　南無无量寶蓋佛
南無无表識佛　南無須弥身佛
南無虛空嚴佛　南無彊稱王佛
南無放光如来　南無无染濁佛
南無在華聚德佛
南無離恐衣毛不竪佛
南無旃檀香佛　南無雷目眼佛
南無寶室如来　南無香象如来
南無衆尊聚佛　南無山王身佛
南無一蓋如来　南無无能屈眼佛
南無旃檀宮佛　南無攝根如来
南無光網如来　南無紅蓮華佛
南無慧華寶光滅佛
南無善現光佛　南無散衆邑佛
南無須弥身佛　南無安王如来
南無法室如来　南無出十光佛
南無過千光佛　南無慧光如来
南無出顯光佛　南無无量光佛
南無无能屈聲佛　南無網光如来
南無寶智如来　南無无量淨佛

未來星宿佛名經　五

南無无量翼從佛　南無蓮華德佛
南無住慧如来　南無能仁仙佛
南無慧稱如来　南無諸樹王佛
南無寶樹如来　南無車乘如来
南無實寶如来　南無離愚稱佛
南無德現如来　南無名稱王佛
南無不唐精進佛　南無香動光佛
南無无能屈香光佛
南無衆彊王佛
南無出須弥山頂佛
南無從寶出德佛　南無蓮華上佛
南無從寶出佛　南無香光如来
南無稱遠方佛　南無藏香自在佛
南無雲雷王佛　南無无際光佛
南無无量慧成佛
南無種種无量行佛
南無无量德光王佛
南無尊取如来　南無覺華剖德佛
南無覺華剖上王佛
南無寶體如来　南無無唐稱佛
南無共發意佛
南無莊嚴一切意佛
南無蓋蓮華寶佛　南無光輪成王佛

未來星宿佛名經　第六張　巳

南無德王光佛　南無過一切德佛
南無燈光行佛　南無成作光佛
南無江仙如来　南無无畏如来
南無蓮華德佛　南無慧蓮華德佛
南無寶室如来　南無无量頞佛
南無无量聚會王佛
南無寶身如来　南無王中王佛
南無寶光如来　南無寶明如来
南無尊取如来　南無无量德鎧(丹燈)佛
南無世音如来　南無須弥山光佛
南無過上步佛
南無由寶蓮華德佛
南無作際如来
南無衆生所憘鎧(丹燈)佛
南無上寶蓋佛　南無尊取如来
南無无量蓋佛　南無翼從如来
南無月現德佛
南無即發意能轉輪佛
南無稱遠方佛　南無離曠野王佛
南無日輪光佛　南無寶上如来
南無慧切德佛
南無衆生王中立佛
南無无能屈眼佛　南無无畏如来

東京畢宿佛名經　第七張

南無慧取如来　南無无比鎧(丹燈)佛
南無光輪幢德王佛
南無因緣助佛　南無人乘力士佛
南無淨幢如来
南無金剛所須用佛
南無慧淨如来　南無善求如来
南無善討鎧佛　南無勝伏怨佛
南無蓮華德佛　南無名稱力王佛
南無无量光香佛　南無須弥山王佛
南無種種華佛　南無无量光佛
南無降化男女佛　南無寂香德佛
南無寶上王佛　南無須弥山(丹有香)王佛
南無可喜衆生覺見佛
南無无想音聲佛　南無慧德如来
南無音聲无屈导佛
南無一寶无憂佛　南無无動勇佛
南無種姓如来　南無觀諸欲趣佛
南無車乘如来　南無成就如来
南無現德如来　南無名稱如来
南無壞衆疑佛　南無慧德如来
南無仙江如来　南無星王如来
南無无量幢佛　南無清涼如来
南無光羅網佛　南無淨音如来

東京畢宿佛名經　第八張

南無无量德姓佛
南無於諸法无所著佛
南無於一切衆生揞鎧无脫佛
南無普見一切法佛
南無有无量德佛　南無慧上光佛
南無蓮華上佛　南無方上如来
南無有華德佛　南無衆華尊佛
南無慧光如来　南無慧取如来
南無離腹内解慧王佛
南無壞諸欲佛　南無寶輪如来
南無无量寶花(丹光)光明佛
南無常滅度佛　南無見一切法佛
南無不墮落佛　南無山王如来
南無栴檀清涼室佛　南無金面光佛
南無无量慧稱佛　南無清涼室佛
南無无比覺華剖佛
南無善住樹王佛　南無月光中上佛
南無車乘如来　南無須弥山身佛
南無廣名稱佛　南無名号興顯佛
南無名稱叉(丹支)佛　南無名稱寂尊佛
南無除憂如来
南無蓮華上德王佛
南無闐華幢佛　南無普放香花佛

東京畢宿佛名經　第九張　已

南無寂眼如来　南無放焰如来
南無遠方稱佛　南無須弥山光佛
南無寶光如来　南無火焰如来
南無三界雄勇佛　南無光輪如来
南無虚空雄巧佛　南無窮盡雄佛
南無天鼓音聲佛　南無普雄如来
南無慧稱如来
南無无畏輪壇界上佛
南無善住王佛
南無諸覺壇界應飾佛　南無覺寶德稱佛
南無衆德聚佛
南無慧上德佛
南無慧光王中上明佛
南無蓮花中出現佛
南無尊法雄佛　南無月半光佛
南無香象如来　南無无量光佛
南無蓮華中現德佛
南無執炬如来　南無寶上德佛
南無栴檀清涼德佛
南無寶嚴慧中上佛
南無德尊如来　南無光幢如来
南無无量德海佛　南無衆聚如来
南無一切德聚佛　南無蓮華應德佛

南無極上中王佛　南無星王如来
南無无量山王佛　南無虚空輪上佛
南無无量音佛　南無无量光佛
南無雜寶色華佛　南無寂聚如来
南無不捨弘誓鎧佛
南無金華如来　南無寶室如来
南無雜華色佛　南無放光如来
南無從蓮華出現佛
南無華蓋如来　南無被慧鎧佛
南無稱力王佛　南無淨音聲佛
南無大雄如来　南無无量聚會佛
南無車乘如来　南無无㝵眼佛
南無散衆步佛　南無壞疑如来
南無无想聲佛
南無无量德具足佛
南無有衆德佛　南無蓮華上德佛
南無寶尊如来
南無於去来今无㝵鎧佛
南無尊光如来　南無寶山王佛
南無日鎧中上佛　南無炬燈如来
南無无比光佛　南無德王光佛
南無長養如来　南無无量眼佛
南無祉江如来　南無諸遠方鎧佛

南無覺華有德剖佛
南無樹王如来　南無師子如来
南無寶山王佛　南無異觀如来
南無賢藥王佛　南無尊聚如来
南無无量香光明佛　南無普觀如来
南無善中上德佛　南無雄猛如来
南無香尊幢佛　南無香寂德佛
南無香幢如来　南無清涼室佛
南無无量精進佛　南無過十方光佛
南無覺華剖上佛　南無无量雄猛佛
南無蓮華恐畏過上佛
南無寶羅網佛　南無善住中王佛
南無香中尊王佛　南無致諸安樂佛
南無一切聚觀佛
南無不唐棄名稱佛
南無壞散諸恐畏佛
南無善住王佛　南無寶光如来
南無為諸衆生致佛
南無虚空无際佛　南無淨德如来
南無虚空幢佛
南無在无恐畏華德佛
南無尊善中德佛
南無无量雄猛形法佛

南無淨眼如来　南無大車乘佛
南無極寂德上佛　南無莫能勝幢佛
南無須弥山王佛　南無趣向常住佛
南無无量寂香佛　南無月輪稱王佛
南無尊須弥佛　南無寶德如来
南無尊德如来　南無无㝵眼佛
南無住无量集德佛
南無威神王佛
南無善思頤自調佛
南無淨輪王佛　南無慧上如来
南無慧嚴（丹嚴）如来　南無造成速方佛
南無會中尊佛　南無決斷如来
南無車乘如来　南無慧隱如来
南無極趣上德佛
南無衆生意欲所趣勇意視之佛
南無无量寶佛　南無无量佛
南無於一切諸愛中雄佛
南無光无㝵佛　南無无㝵（丹量）光明佛
南無寶蓮華剖上德佛
南無一切所趣中覺雄見諸覺身佛
南無好（丹稱有堅）如来　南無過化音聲佛
南無蓮花尊在諸寶德佛
南無海須弥王德佛

南無无盡慧佛　南無在慧華佛
南無極趣上威神冣佛
南無寂定如来　南無離雄如来
南無捨一切步佛
南無德不可思議佛
南無在於遊戲德佛
南無趣无畏德佛
南無香趣无量香光佛
南無雲鼓音佛　南無在福德佛
南無无量勇雄猛佛
南無須弥山身佛
南無寂香須弥身佛
南無无量光佛　南無光普見佛
南無恐畏如来　南無自至到佛
南無月燈如来　南無星燈如来
南無成熟如来　南無極趣上佛
南無尊會如来　南無金剛有佛
南無慧中自在王佛
南無慧力稱佛　南無寂安如来
南無德身王德佛　南無善眼如来
南無諸樹王佛　南無須弥山王佛
南無虛空須弥佛　南無十力王佛
南無師子步佛　南無施豈德佛

南無滿月如来　南無寶德如来
南無賢寂德佛　南無淨音聲佛
南無寶華如来　南無從蓮華佛
南無栴檀香佛　南無須弥意佛
南無尊思如来　南無寶盖如来
南無香象如来　南無无量雄佛
南無名稱不唐佛
南無德不可思議王光佛
南無雜華如来　南無安隱王佛
南無蓮華中上德佛
南無常自起覺寤佛
南無藥王如来　南無无量意佛
南無求善如来　南無无量雄佛
南無无量光佛　南無无量眼佛
南無色聲雄佛
南無无量虛空雄佛
南無星王如来　南無香寂德佛
南無虛空尊極上德佛
南無成方土佛
南無極趣上須弥佛
南無无㝵眼佛　南無大海如来
南無執炬如来　南無火幢如来
南無善无垢威光佛

南無慧聚如来　南無力稱王佛
南無德光王佛　南無慧光王佛
南無蓮花上有德佛
南無寶火如来　南無滌蓮花德佛
南無壞散衆疑佛　南無尊聚如来
南無拘留秦佛　南無幢王如来
南無從蓮花德佛　南無放光如来
南無慈氏如来　南無蓮花光明佛
南無尊王法幢佛　南無无量勇佛
南無海須弥佛　南無極志上佛
南無能仁仙佛　南無不唐觀佛
南無言辯音聲无导佛
南無无导德稱光佛
南無无稱不散擔鎧佛
南無无量光佛　南無善眼如佛
南無一寶无憂佛　南無无垢離度佛
南無於三世导擔鎧佛
南無无导華佛　南無无量光明佛
南無无导明佛　南無无量雄佛
南無无量勇佛　南無一蓋如来
南無蓋寶如来　南無寶蓋如来
南無星王如来　南無善星如来
南無光輪場佛　南無光明如来

未來星宿佛名經　第十六張　已

南無極上德佛　南無无导雄佛
南無无量雄勇佛　南無言音无导佛
南無大雲光佛　南無羅網光聚佛
南無覺華剖佛　南無蓮華雄佛
南無華山王佛　南無月聚自在佛
南無放光如来　南無攝身如来
南無離无愚觀佛
南無頂上極出王佛
南無蓮華頂上王佛
南無无愚稱佛　南無不唐勇佛
南無无唐雄佛　南无无愚光明佛
南無无量精進佛　南無薩梨樹王佛
南無寶樹如来
南無正覺蓮華步佛
南無師子音佛　南無禪思蓋佛
南無寶身如来　南無栴檀室佛
南無无量光明佛　南無光輪場佛
南無禪思須弥佛　南無无导眼佛
南無无涯際佛　南無有衆寶佛
南無一蓋如来　南無造鎧如来
南無一切德佛
南無覺剖花中德佛
南無善住意佛　南無无量勇佛

未來星宿佛名經　第十七張　已

南無无過德佛　南無寶通如来
南無无量擔鎧佛　南無无量禪德佛
南無虛空輪場光佛
南無无表識音聲佛
南無藥王如来
南無離恐衣毛不竪佛
南無德王光佛　南無觀意花出佛
南無虛空室佛　南無虛空聲佛
南無在虛空禪思佛
南無大眼如来　南無在尊德佛
南無覺蓮華德佛
南無師子德佛　南無成就義佛
南無師子護佛　南無師子頻頣佛
南無善中王佛　南無靜須弥佛
南無靜眼如来　南無无過勇步佛
南無香象如来　南無香德如来
南無香須弥佛　南無无量眼佛
南無香巖如来　南無寶室如来
南無寶須弥佛　南無善住如来
南無善住中王佛　南無淨須弥佛
南無薩梨樹王佛　南無光輪場佛
南無星燈如来　南無无過精進佛
南無善思惟擔鎧佛

未來星宿佛名經　第十八張　已

南無師子如来
南無於諸衆中尊佛
南無諸尊中王佛
南無无量國土中王佛
南無精進上中王佛
南無捨離疑佛　南無善星中王佛
南無造鎧如来　南無造化如来
南無須弥光佛　南無光輪場佛
南無各成就佛　南無帛蓋如来
南無香蓋如来　南無寶蓋如来
南無栴檀室佛　南無栴檀德佛
南無須弥身佛　南無寶光如来
南無薩梨樹王佛　南無淨德如来
南無淨眼如来
南無无畏離衣毛竪佛
南無攝身如来　南無寶尊如来
南無山王如来
南無轉化女揞鎧佛
南無无量揞鎧佛　南無无比光佛
南無羅網光中緣起中王佛
南無趣向諸覺身佛
南無无量趣觀諸覺身佛
南無成覺剖蓮花佛

未來星宿佛名經

南無羅網光佛
南無无量覺花開剖佛
南無寶薩梨樹佛
南無即發意轉法輪佛
南無慧明愛戒端正佛
南無華嚴（嚴丹）佛　南無丁光如来
南無无量光佛　南無无動勇佛
南無无量步勇佛　南無无量辯佛
南無无量顏佛　南無寶海如来
南無月光如来　南無金光明佛
南無金海如来　南無精進軍佛
南無无量雄佛　南無无決斷顛佛
南無內調如来
南無調化无休息佛
南無哀諸池涂佛
南無无趣向揞鎧佛
南無覺盧空德佛　南無成就義佛
南無成就揞鎧佛　南無火光如来
南無常精進佛　南無善住如来
南無无量揞鎧佛　南無善相善鎧佛
南無善言揞鎧佛　南無造鎧如来
南無一種姓佛　南無无量身佛
南無无量精進佛　南無羅網光佛
南無光輪場佛　南無尋觀如来

未來星宿佛名經

南無无名稱佛　南無散諸恐怖佛
南無无量德光王佛
南無除恐衣毛竪佛
南無伏一切怨佛　南無度諸魔界佛
南無无量花佛　南無无量執持佛
南無无量音聲佛　南無光嚴（嚴丹）如来
南無光德如来　南無離輪場後佛
南無无量光佛
南無覺華開剖光佛
南無无量音佛　南無須弥光佛
南無薩梨樹王佛　南無日面如来
南無善眼如来　南無尊德如来
南無寶華德佛　南無在諸寶佛
南無月華如来
南無一切群萌揞鎧佛
南無轉化一切牽連佛
南無无量辯才佛
南無无諍无恐佛　南無都趣衆辯佛
南無普香（光有丹）如来　南無香光如来
南無須弥香佛　南無香象如来
南無香雄如来　南無无量雄佛
南無香室如来　南無光輪場佛
南無光王如来　南無蓮花上王佛

未來星宿佛名經

南無覺雄如来　南無无量雄佛
南無无量香雄佛　南無極尊如来
南無聞德如来　南無華蓋寶佛
南無開華如来　南無香室如来
南無金華如来　南無香華如来
南無須弥王佛　南無導師如来
南無光造如来　南無一藏如来
南無過一切衆生擔鎧佛
南無轉化衆相佛　南無極遅擔鎧佛
南無善華如来　南無无量香佛
南無普開光佛　南無普放香熏佛
南無普放光佛　南無在蓮華德佛
南無寶羅網佛　南無極上中王佛
南無一界持覺刹佛
南無星王如来　南無善攝身佛
南無善住王佛　南無香熏如来
南無无量慧雄佛　南無无量擔鎧佛
南無无量觀佛　南無无我眼佛
南無難動如来　南無初發意佛
南無无王勇佛　南無无跡步佛
南無除一切憂佛　南無離憂如来
南無如娛樂在德佛
南無安隱王德佛

南無尊須弥威香山佛
南無大種姓佛　南無精進德佛
南無紅蓮華德佛
南無白蓮華威德佛
南無吼眼如来　南無尊聚如来
南無无邊際光佛　南無現月光佛
南無速方聲稱佛　南無月自在王佛
南無无量光明佛　南無香尊須弥佛
南無吉祥有德佛
南無在无量安隱德佛
南無在月光有德佛
南無一切以德自莊嚴佛
南無華光如来
南無莫能勝幢幡佛
南無尊隱藏光佛　南無從威華王佛
南無入在无邊際佛
南無一切尊佛
南無虛空輪靜王佛
南無聲音无表識佛
南無諸寶上德佛　南無靜天德佛
南無无量香烏佛　南無須弥光佛
南無造燈明佛　南無蓮華尊光佛
南無施安隱佛　南無名稱友佛

南無薩梨樹王佛　南無无量光明佛
南無大部分佛　南無金面光佛
南無善稱德威帝釋威幢光佛
南無普光威德佛　南無普光佛
南無精進伏怨勇佛
南無无导藥樹威德佛
南無寶蓮華勇佛
南無寶蓮花住薩梨樹王佛
南無求德如来　南無日輪場光佛
南無寶蓮勇佛
南無寶蓮花薩梨樹王佛
南無一寶盖佛　南無住禪思勇佛
南無寶幢威德佛　南無住无量勇佛
南無好香尊香熏佛
南無思惟尊象德佛
南無蓮花尊德佛
南無日輪場尊上德佛
南無一寶盖佛　南無思惟寂勇佛
南無寶華普光威佛
南無一寶盖佛　南無思惟寂勇佛
南無寶華普光威佛
南無住无比勇佛
南無无量寂中王佛

南無寶蓮華勇佛　南無大光明佛
南無寶輪威極上德佛
南無寶內如来　南無寶尊如来
南無百光如来　南無放光如来
南無大光如来　南無无量光佛
南無清徹光佛　南無光明王佛
南無極尊如来　南無蓮華上尊佛
南無華氏如来　南無寶月如来
南無寶焰如来　南無大焰身佛
南無无㝵光佛　南無須弥幡佛
南無寶幢如来　南無寶輪輞佛
南無天帝幢佛　南無栴檀香佛
南無善聚光蓮華部體佛
南無无量名稱德光佛
南無須弥巖佛　南無慧燈明佛
南無光極明佛　南無難勝如来
南無照曜如来
南無色幢幡星王佛
南無威自在王佛　南無正覺中王佛
南無尊寶如来　南無大海如来
南無十力王佛
南無寶場輪上尊王佛
南無无垢慧佛　南無寶幢如来

南無在寶如来　南無施无威佛
南無雜華如来　南無施寶光佛
南無悲慈意佛　南無无墮落佛
南無蓮花葉眼佛　南無名稱如来
南無哀眼如来　南無執敷飾佛
南無虛空意佛　南無世師如来
南無不墮落佛　南無普觀如来
南無施豐德佛　南無滿月如来
南無栴檀香佛　南無大光明佛
南無龍尊如来　南無快見如来
南無香上如来　南無大懷如来
南無德不墮落佛　南無大化如来
南無寶迴如来　南無大車花佛
南無美快德佛　南無師子如来
南無諸帝釋中王佛
南無戒味如来　南無花威如来
南無普威如来　南無普極上佛
南無海威如来　南無无量際威佛
南無大德如来　南無香威如来
南無上幢如来　南無安隱德佛
南無大光明佛　南無不墮落佛
南無顯現如来　南無寶威如来
南無在德如来　南無普德如来

南無增益如来　南無普威德佛
南無寶樹如来　南無海威如来
南無大化如来　南無悅音聲佛
南無施威如来　南無普月如来
南無辟月如来　南無尊威如来
南無寶威如来　南無香象如来
南無幢幡如来
南無屈枸類樹王佛
南無普德如来　南無普豐音佛
南無香尊如来　南無勝命如来
南無師子幢佛　南無幢威如来
南無聚威如来　南無蓮華香佛
南無喻寶如来　南無蓮華威佛
南無華威如来　南無大龍威佛
南無香烏佛　南無龍威佛
南無十力娛樂佛　南無大海如来
南無師子音佛　南無師子幢佛
南無天帝釋淨幢佛
南無栴檀雜香樹佛
南無喻如須弥山佛
南無雲中自在燈明佛
南無雲中自在王佛
南無除世畏覺寤佛
南無蓮華葉淨佛　南無星王華佛

南無寶上王佛　南無力士王佛
南無象鷲師子嚴雷難過上佛
南無寶臺如來　南無无終聲佛
南無大光如來　南無龍天如來
南無天力如來　南無師子如來
南無離垢光佛　南無威巖如來

從此以上一千佛未來

若有族姓子女聞是諸佛世尊名号歡喜信樂持諷誦讀而不誹謗或能書寫為他人說或能造作立其形像或能供養香華伎樂歎佛功德至心作礼者勝用十方諸佛國土滿中珎寶純摩尼珠積至梵天百千劫中而布施者是善族姓子女前已曾供養是如來已其人後生得此功德至于作佛而无窮盡皆當為賢劫中佛之所授決其人所生之處常遇三寶得生諸佛剎土六情完具不墮八難三十二相八十種好疾得具足若能一過五體投地而為作礼口自宣言我今普礼一切十方三世諸佛我今普礼一切十方三世諸佛至千過然後乃起所得福祐如上所說持此功德

未來星宿佛名經　第二十八張　己

願共一切五道衆生其无常者生无量壽佛國立大揞願使諸衆生悉生彼剎生彼剎已身諸相好智慧跡才如衆界尊阿弥陀佛所獲果報亦如大尊

未來星宿劫千佛名經

壬寅歲高麗國大藏都監奉
勅雕造

未來星宿佛名經　第二十九張　己

未來星宿劫千佛名經

校勘記

一　底本，麗藏本。

一　此經南、徑、清與底本殊異，不校。以清爲別本附後。

一　凡經文中佛名次序校本與底本相異之處，均不出校。

一　凡底本經文中夾註，石、資、磧均無。經名下夾註，石有；資、磧無。

一　四六頁上一行經名，資作「未來星宿劫千佛名經卷下」；磧作「三劫三千佛名經卷下」。

一　四六頁上二行譯者，石作「梁録失譯」；資作「失譯」；磧作「失譯師名開元拾遺附梁録」。

一　四六頁上三行首字「夫」前，磧有「未來星宿劫千佛名經」一行。

一　四六頁上三行首字「夫」至本頁中三行末字「佛」，石無。

一　四六頁下四行第六字「好」，資、磧作「好光明」。

一　四七頁上一行第五字「類」，資、磧作「律」。
一　四七頁上七行「勇興」，石作「勇捍」。
一　四七頁上一一行第六字「佛」，石作「佛一百佛竟」；資、磧作「佛一百佛」。
一　四七頁中一行「月德」，石作「月德王」。「服樹王」，石作「勝樹王」。
一　四七頁中九行第八字「竪」，石作「竪」。
一　四七頁中一〇行第九字「雷」，磧作「電」。
一　四七頁中一三行第九字「无」，資、磧無。
一　四七頁中一九行第四字「室」，資、磧作「空」。「十光」，資、磧作「千光」。
一　四七頁下七行「香動」，石作「香薰」；資、磧作「香勳」。
一　四七頁下一一行第四字「寶」，石作「實」。
一　四七頁下一八行第四字「堅」，石、資、磧作「聚」，下同。
一　四七頁下二〇行第九字「無」，石作「不」。末字「佛」，石作「佛二百佛竟」；資、磧作「佛二百佛」。
一　四八頁上六行第四字「量」，資、磧無。
一　四八頁上七行「王中王佛」，資作「樹王中王佛」；磧作「樹王中如來」。
一　四八頁上九行第一二字「鎧」，石作「燈」。
一　四八頁上一八行第三字「即」，磧作「以」。
一　四八頁上末行第六字「眼」，資、磧作「服」。
一　四八頁中一二行第一一字「山」，石、資、磧作「山香」。
一　四八頁中一七行第一二字「趣」，資、磧作「起」。
一　四八頁中一九行第四字「德」，磧作「得」。
一　四八頁下三行第七字「生」，資作「王」。
一　四八頁下一四行第八字「佛」，石作「佛三百佛竟」；資、磧作「佛三百佛」。
一　四八頁下一四行「南無金面光佛」，資、磧無。
一　四八頁下二〇行第五字「文」，石作「支」；磧作「友」。
一　四九頁上一一行「德稱」，石作「德備」。
一　四九頁上一五行「尊法」，磧作「普法」。
一　四九頁上一六行「如來」，磧作「如佛」。
一　四九頁上一九行「清涼德」，石作「清涼室」。
一　四九頁中四行「寶色華」，石作「色寶花」。
一　四九頁中七行「華色」，資作「色華」。
一　四九頁中一九行第九字「寶」，石

作「尊」。

一　四九頁下五行末字「來」，石作「來四百佛竟」；資、磧作「來四百佛」。

一　四九頁下一六行正文「恐畏」，石作「怖畏」。

一　五〇頁上三行「常住」，資、磧作「當住」。

一　五〇頁上五行第三字「尊」，石作「稱」。第五字「彌」，資、磧作「彌山」。

一　五〇頁上一六行第一〇字「量」，石、資、磧作「量寶王」。

一　五〇頁上一八行正文「无㝵光明」，石作「無量光明」。

一　五〇頁上二〇行「雄見」，資、磧作「離見」。

一　五〇頁上二一行正文「好如来」，石、資、磧作「如堅如来」。

一　五〇頁中一七行「有佛」，資、磧作「肩佛」。

一　五〇頁下一行「月如来」，石作「月如来五百佛竟」；資、磧作「月如来五百佛」。

一　五一頁上四行第九字「染」，資、磧作「維」。

一　五一頁上一五行第一一字「如」，石無。

一　五一頁上一七行「三世㝵」，資、磧作「三世無礙」。

一　五一頁上一八行及一九行「无㝵」，石、資、磧作「無量」。

一　五一頁上二一行第四字「實」，資、磧作「寶」。

一　五一頁中一一行「无愚」，石作「無量」。

一　五一頁中一五行第六字「佛」，石作「佛六百佛竟」；資、磧作「佛六百佛」。

一　五一頁中一八行第四字「思」，石作「恩」。

一　五一頁中一九行「无涯」，資、磧作「無垢」。

一　五一頁下四行首字「南」至五行末字「来」，磧無。

一　五一頁下一五行「无過」，石、資、磧作「無過」。

一　五一頁下一七行「彌佛」，資、磧作「如来」。

一　五二頁中五行「南無慧明愛戒端正佛」，資、磧無。

一　五二頁中六行正文第五字「佛」，資、磧作「如来」。

一　五二頁中八行第五字「步」，資、磧作「光」。

一　五二頁中九行「如来」，資、磧作「如来南無無量誓鎧佛七百佛」。

一　五二頁中一八行「火光」，資、磧作「大光」。

一　五二頁下一九行正文「普香如来」，資、磧作「普香光佛」。

一　五二頁下二一行「无量雄」，資、磧作「在諸寶」。

一　五三頁上二〇行「王勇」，資、磧作「勇王」。

一　五三頁上二一行末字「来」，資、磧作「来八百佛」。

一 五三頁中一二行第七字「自」，資、磧作「自在」。

一 五三頁下一行「無薩」，資、磧作「無無薩」。

一 五三頁下九行第一一字「塲」，資、磧作「塲德」。

一 五三頁下二〇行首字「南」至二一行末字「佛」，資、磧無。

一 五四頁上五行及六行「光佛」，資、磧作「如来」。

一 五四頁上一三行「華部」，資、磧作「華剖」。

一 五四頁上一九行第七字「佛」，資、磧作「佛九百佛」。

一 五四頁中一行「施无」，資、磧作「放天」。

一 五四頁中三行「无墮」，磧作「無隨」。

一 五四頁中四行末字「来」，資、磧作「佛」。

一 五四頁中五行第三字「哀」，資、磧作「懷」。

一 五四頁下一五行「南無香象佛南無龍威佛」，資、磧無。

一 五五頁上二二行「至千」，資、磧作「至千佛」。

一 五五頁中四行「衆界」，資、磧作「衆世」。

一 五五頁中五行「大尊」，資、磧作「世尊」。

一 五五頁中六行末字「經」，資、磧作「經卷下」。

未來星宿劫千佛名經一名集諸佛大功德山　長五
開元拾遺附梁録
夫修善福臻爲惡禍徵明理皎然而信悟者
鮮既共生此五濁惡世五陰煩惱三毒熾盛
輪轉生死無有竟已昔佛在世時人民數如
恒沙今漸凋微萬不遺一何以故爾爲善者
少作惡者多死墮三塗悉爲魚蟲畜生不復
得人身故法華經云三惡道充滿天人衆減
少劫盡不久長衰可悲是以如來隨方教化
敦慈尚善不悋軀命勤行精進可得勉度禮
拜懺頃之勞能却無量劫罪罪滅福生以致
無爲此未來星宿劫中當有千佛出世名字
如是若人聞名一心禮事不生懈怠必得涅
槃末離三塗生死之患安住慈忍具足多聞
若能受持習誦之者是人則必歷值千佛獲
滅無量阿僧祇劫生死重罪得諸佛神通三
昧無礙辯才諸大法門陀羅尼門一切經書
種種智慧隨宜說法不自欺誑離於名利勿
懷嫉妬行六和敬一心奉持無失是緣如是
行者疾得阿耨多羅三藐三菩提

南無日光佛　南無龍威佛　南無華嚴佛
南無王中王佛　南無阿須輪王護佛
南無作吉祥佛　南無師子慧佛　南無寶
意佛　南無成辦事佛　南無成辦事見根
原佛　南無種姓華佛　南無高雷音佛
南無無比辦佛　南無智慧自在佛　南無
稱成佛　南無威懷步佛　南無福德光明
佛　南無月摩尼光王佛　南無目揵連性
佛　南無無憂忖佛　南無思惟智慧佛
南無意智佛　南無諸天供養法佛　南無
勇悍佛　南無無限力佛　南無智慧華佛
南無彊音佛　南無歡樂佛　南無說義
佛　南無淨懷佛　南無師子口佛　南無
好結佛　南無不取諸法佛　南無波頭摩
上星宿王佛　南無上彌留幢王佛　南無
因陀羅幢王佛　南無香音佛　南無常光
明佛　南無栴檀相好佛　南無無限高佛
南無蓮華幢佛　南無蓮華化生佛　南
無微細華佛　南無阿竭留香佛　南無大
勇佛　南無栴檀相好光明佛　南無銀幢

蓋佛　南無大海意佛　南無旛幢好佛
南無梵王德佛　南無大香熏佛　南無大
勇現佛　南無寶輪佛　南無發行難佛
南無無所發行佛　南無金寶甕佛　南無
天輞佛　南無言從佛　南無常雨華佛
南無大好樂佛　南無師子上香佛　南無
魔天相好佛　南無帝釋光明佛　南無大
相好佛　南無師子華好佛　南無寂滅幢
旛佛　南無持戒王佛　南無相好翼從佛
南無翼從面首佛　南無無憂相好佛
南無普開蓮華身佛　南無大地佛　南無
大力龍翼從好佛　南無淨行王佛　南無
大遊戲佛　南無蓮華威佛　南無放捨華
佛　南無常觀佛　南無法體決定佛　南
無作直行佛　南無不定願佛　南無善住
諸願佛　南無無常中上佛　南無月威佛
南無栴檀色佛　南無日空佛　南無威
相腹佛　南無破煩惱佛　南無實法廣稱
佛　南無世間喜佛　南無寶稱佛　南無
雖勝伏佛　南無好觀佛　南無勇興佛

南無翼從樹佛　南無狸牛威佛　南無天
中天佛　南無師子幢佛　南無智慧威佛
南無無底威佛
一百佛竟
南無德豐佛　南無厚德佛　南無無念示
現諸行佛　南無無生佛　南無無上光佛
南無山德佛　南無出現佛　南無服德
佛　南無無量善根成就諸行佛　南無大
講佛　南無不住奮迅佛　南無寶樹佛
南無普悲佛　南無德養佛　南無大轉佛
南無絕衆生疑王佛　南無一道佛　南
無普蓋佛　南無大蓋佛　南無最德佛
南無千近佛　南無寶蓮華勇佛　南無離
世間佛　南無旛幢佛　南無寶月德佛
南無服樹王佛　南無尊德佛　南無普蓮
華佛　南無等德佛　南無龍中蜜佛　南
無大海深勝佛　南無無量寶蓋佛　南無
無表識佛　南無須彌身佛　南無虛空嚴
佛　南無彊稱王佛　南無放光佛　南無
無染濁佛　南無在華聚德佛　南無離恐

衣毛不竪佛　南無無相聲佛　南無電目
眼佛　南無寶室佛　南無虛空星宿增上
佛　南無衆尊聚佛　南無山王身佛　南
無一蓋佛　南無能屈服佛　南無栴檀宮
佛　南無波頭摩樹提奮迅通佛　南無光
網佛　南無紅蓮華佛　南無善現光佛
南無慧華寶光滅佛　南無散衆畏佛　南
無無垢光明佛　南無安王佛　南無法空
佛　南無出千光佛　南無過千光佛　南
無境界自在佛　南無出顯光佛　南無善
行佛　南無無能屈聲佛　南無遠離怖畏
毛竪佛　南無寶智佛　南無進寂靜佛
南無無量翼從佛　南無世間可樂佛　南
無住慧佛　南無能仁仙佛　南無慧稱佛
南無諸樹王佛　南無無垢雲王佛　南
無隨世間意佛　南無寶實佛　南無離愚
稱佛　南無德現佛　南無寶愛佛　南無
不唐精進佛　南無香熏光佛　南無無能
屈香光佛　南無衆彊王佛　南無出須彌
山頂佛　南無從寶出德佛　南無蓮華上

佛　南無從寶出佛　南無香光佛　南無
彌遠步佛　南無藏香自在佛　南無雲雷
王佛　南無無際光佛　南無無量慧成佛
南無種種無量行佛　南無無量德光王
佛　南無尊聚佛　南無覺華剖德佛　南
無覺華剖上王佛　南無寶體佛　南無無
唐稱佛
二百佛竟
南無共發意佛　南無莊嚴一切意佛　南
無蓋蓮華實佛　南無光輪成王佛　南無
德王光佛　南無過一切德佛　南無燈光
行佛　南無成作光佛　南無江仙佛　南
無寶形佛　南無勝護佛　南無慧蓮華德
佛　南無梵功德天王佛　南無無量顏佛
南無無聚會王佛　南無寶身佛　南無
樹王中王佛　南無羅網手佛　南無摩尼
輪佛　南無無量德鎧佛　南無世音佛
南無須彌山光佛　南無過上步佛　南無
由寶蓮華德佛　南無作際佛　南無衆生
所憍鎧佛　南無上寶蓋佛　南無無量蓋

佛　南無異從佛　南無月現德佛　南無
以發意能轉輪佛　南無通達義佛　南無
離曠野王佛　南無日輪光佛　南無解脫
威德佛　南無慧功德佛　南無衆生王中
立佛　南無無能屈服佛　南無虛空步佛
　南無俱蘇摩通佛　南無無比鎧佛　南
無光輪幢德王佛　南無因緣助佛　南無
曼陀羅佛　南無淨幢佛　南無金剛所須
用佛　南無慧淨佛　南無善求佛　南無
善討鎧佛　南無勝伏怨佛　南無淨聖佛
　南無名稱力王佛　南無無量光香佛
南無須彌山王佛　南無種種華佛　南無
法寶佛　南無降化男女佛　南無最香德
佛　南無寶上王佛　南無須彌山香王佛
　南無可喜衆生覺見佛　南無無想音聲
長五　六
佛　南無大人佛　南無音聲無屈礙佛
南無一寶無憂佛　南無無動勇佛　南無
種姓佛　南無觀諸欲起佛　南無淨宿佛
　南無現得佛　南無虛空莊嚴佛　南無
壞衆疑佛　南無不空見佛　南無善橋梁

佛　南無廣功德佛　南無無量幢佛　南
無清涼佛　南無光羅網佛　南無徧知佛
　南無無量德姓佛　南無於諸法無所著
佛　南無普見一切法佛　南無於一切衆
生誓鎧無脫佛　南無有無量德佛　南無
慧上光佛　南無不可數見佛　南無方上
佛　南無有華德佛　南無法光慈悲月佛
　南無海住持勝智慧奮迅佛　南無清淨
光明寶佛　南無離服內解慧王佛　南無
壞諸欲佛　南無行清淨佛　南無無量寶
華光明佛　南無常滅度佛　南無見一切
法佛　南無不墮落佛　南無栴檀清涼室
佛　南無法用佛

三百佛竟

南無無量慧稱佛　南無清涼室佛　南無
七
無比覺華剖佛　南無善住樹王佛　南無
長五
月光中上佛　南無閻浮光明佛　南無須
彌山身佛　南無千香佛　南無名號興顯
佛　南無名稱友佛　南無名稱最尊佛
南無除憂佛　南無蓮華上德王佛　南無

闍華幢佛　南無普放香化佛　南無最眼
佛　南無放焰佛　南無遠方稱佛　南無
降伏一切世間怨佛　南無法虛空勝王佛
　南無火焰佛　南無三界雄勇佛　南無
光輪佛　南無虛空雄巧佛　南無窮盡雄
佛　南無天鼓音聲佛　南無普雄佛　南
無一切衆生愛見佛　南無無畏輪疆界上
佛　南無善住王佛　南無衆德聚佛　南
無諸覺疆界應飾佛　南無覺寶德稱佛
南無慧上德佛　南無慧光王中上明佛
南無蓮華中出現佛　南無普法雄佛　南
無月半光佛　南無滿足百千德光幢佛
南無大如意輪佛　南無蓮華中現德佛
南無執炬佛　南無寶上德佛　南無栴檀
清涼德佛　南無寶嚴慧中上佛　南無德
尊佛　南無不二輪佛　南無無量德海佛
　南無衆聚佛　南無一切德聚佛　南無
蓮華應德佛　南無極上中王佛　南無法
照光佛　南無無量山王佛　南無虛空輪
上佛　南無善住清淨功德寶佛　南無善

住淨境界佛　南無雜寶色華佛　南無最
聚佛　南無不捨弘誓鎧佛　南無金華佛
南無雜色華佛　南無畢竟莊嚴無邊功
德王佛　南無月輪清淨佛　南無從蓮華
出現佛　南無華蓋佛　南無被慧鎧佛
南無稱力王佛　南無淨音聲佛　南無俱
蘇摩國土佛　南無無量聚會佛　南無一
切勝佛　南無精進仙佛　南無散衆步佛
南無壞疑佛　南無無想聲佛　南無無
量德具足佛　南無有衆德佛　南無蓮華
上德佛　南無寶尊佛　南無於去來今無
礙鎧佛　南無喜身佛　南無寶山王佛
南無日鎧中上佛　南無炬燈佛　南無無
比光佛　南無善生佛　南無長養佛　南
無無量眼佛　南無祉江佛　南無諸遠方
鎧佛　南無覺華有德剖佛　南無寶火圍
繞佛　南無慧國土佛　南無寂靜佛　南
無異觀佛　南無賢藥王佛　南無間悟菩
提智光佛　南無喜威德佛　南無波頭陀
智慧奮迅佛

四百佛竟

南無善中上德佛　南無雄猛佛　南無香
尊幢佛　南無香最德佛　南無香幢佛
南無善色藏佛　南無無量精進佛　南無
過十方光佛　南無覺華剖上佛　南無無
量雄猛佛　南無蓮華恐畏過上佛　南無
寶羅網佛　南無善住中王佛　南無香中
尊王佛　南無致諸安樂佛　南無一切聚
觀佛　南無不唐棄名稱佛　南無壞散諸
恐畏佛　南無能解縛佛　南無威德因陀
羅佛　南無爲諸衆生致佛　南無虛空無
際佛　南無住清淨佛　南無虛空幢佛
南無尊善中德佛　南無在無恐畏華德佛
南無無量雄猛形法佛　南無得世間功
德佛　南無大車乘佛　南無極最德上佛
南無莫能勝幢佛　南無離一切瞋恨意
佛　南無趣向當住佛　南無無量最香佛
南無月輪稱王佛　南無尊須彌山佛
南無住持多功德通法佛　南無勝積佛
南無心菩提華勝佛　南無住無量集德佛

南無威神王佛　南無善思願自調佛
南無淨輪王佛　南無慧上佛　南無慧嚴
佛　南無造成遠方佛　南無會中尊佛
南無決斷佛　南無華聲色王佛　南無慧
隱佛　南無極趣上德佛　南無無量寶佛
南無衆生意欲所趣勇意視之佛　南無
無量寶王佛　南無於一切諸愛中雄佛
南無光無礙佛　南無無礙光明佛　南無
寶蓮華剖上德佛　南無好堅佛　南無一
切所趣中覺離見諸覺身佛　南無過化音
聲佛　南無蓮華尊在諸寶德佛　南無海
須彌王德佛　南無無麤慧佛　南無在慧
華佛　南無極趣上威神聚佛　南無寂定
佛　南無離雄佛　南無捨一切步佛　南
無德不可思議佛　南無在於遊戲德佛
南無趣無畏德佛　南無香趣無量香光佛
南無雲鼓音佛　南無在福德佛　南無
無量勇雄猛佛　南無水月光明佛　南無
最香須彌身佛　南無破無明闇佛　南無
光普見佛　南無恐畏佛　南無自至到佛

南無寶諦稱佛　南無星燈佛　南無成熟佛　南無極趣上佛　南無尊會佛　南無金剛肩佛　南無慧中自在王佛　南無慧力稱佛　南無最安佛　南無德身王德佛　南無善思惟發行佛　南無世間自在佛　南無光明莊嚴佛　南無虛空須彌佛　南無十力王佛　南無虛空平等心佛　南無施豐德佛　南無火炎積佛

五百佛竟

南無寶華普照勝佛　南無賢最德佛　南無寶輪光明勝德佛　南無寶華佛　南無從蓮華佛　南無普明觀稱佛　南無須彌意佛　南無尊思佛　南無寶蓋佛　南無善清淨光佛　南無無量雄佛　南無名稱不唐佛　南無德不可思議王光佛　南無鴈王佛　南無安隱王佛　南無蓮華中上德佛　南無常自起覺悟佛　南無不離一切衆門佛　南無無相修行佛　南無求善佛　南無精進力成就佛　南無功德多寶海王佛　南無照一切處佛　南無色聲雄佛　南無無量虛空雄佛　南無見實佛　南無超境界佛　南無虛空尊極上德佛　南無成方土佛　南無極趣上須彌佛　南無飲甘露佛　南無護世間供養佛　南無善護諸門佛　南無火幢佛　南無善無垢威光佛　南無不可動佛　南無力稱王佛　南無德光王佛　南無慧光王佛　南無蓮華上有德佛　南無寶火佛　南無維蓮華德佛　南無壞散衆疑佛　南無拘留秦佛　南無具足一切功德莊嚴佛　南無幢王佛　南無從蓮華德佛　南無梵聲安隱衆生佛　南無慈氏佛　南無蓮華光明佛　南無尊王法幢佛　南無無量勇佛　南無海須彌佛　南無極志上佛　南無金枝華佛　南無不唐觀佛　南無言辯音聲無礙佛　南無無礙德稱光佛　南無無稱不散誓鎧佛　南無妙頂佛　南無不散心佛　南無常來佛　南無無垢離度佛　南無於三世無礙誓鎧佛　南無無量華佛　南無成就觀佛　南無平等須彌面佛　南無清淨功德相佛　南無畢竟成就大悲佛　南無般若齊佛　南無蓋寶佛　南無滿足意佛　南無內外淨佛　南無善星佛　南無光輪場佛　南無阿叔迦佛　南無極上德佛　南無無礙雄佛　南無無量雄勇佛　南無言音無礙佛　南無大雲光佛　南無羅網光聚佛　南無覺華剖佛　南無蓮華雄佛　南無華山王佛　南無月聚自在佛　南無寂諸根佛　南無無障無礙精進堅佛　南無離無愚觀佛　南無頂上極出王佛　南無蓮華頂上王佛　南無無愚稱佛　南無不唐勇佛　南無無唐雄佛　南無無愚光明佛　南無國土莊嚴身佛　南無娑婆華王佛　南無無念覺法王佛　南無正覺蓮華步佛　南無彌留燈王佛

六百佛竟

南無禪思蓋佛　南無智根本華王佛　南無栴檀室佛　南無化稱佛　南無一切無盡藏佛　南無禪思須彌佛　南無無邊覺海藏佛　南無無垢際佛　南無有衆寶佛

南無自性清淨智佛　南無藥王聲王佛
南無一切德佛　南無覺剖華中德佛
南無妙鼓聲王佛　南無毗尼稱佛　南無
無過德佛　南無寶通佛　南無無量誓鎧
佛　南無無量禪德佛　南無虛空輪場光
佛　南無無表識音聲佛　南無覺王佛
南無然法庭燎佛　南無觀意華出佛　南
無虛空室佛　南無虛空聲佛　南無在虛
空禪師佛　南無大眼佛　南無在尊德佛
南無覺蓮華德佛　南無梵聲王佛　南
無成就義佛　南無師子護佛　南無師子
頻頻佛　南無善中王佛　南無靜須彌佛
南無靜眼佛　南無無過勇步佛　南無
不可思議法身佛　南無不散佛　南無香
須彌佛　南無大智眞聲佛　南無香嚴佛
南無能與法佛　南無寶須彌佛　南無
大香行光明佛　南無藥樹勝佛　南無淨
須彌佛　南無散華莊嚴光明佛　南無得
度佛　南無雲聲王佛　南無無過精進佛
南無善思惟誓鎧佛　南無不動月佛

南無於諸衆中尊佛　南無諸尊中王佛
南無無量國土中王佛　南無精進上中王
佛　南無捨離疑佛　南無善星中王佛
南無功德寶勝佛　南無造化佛　南無普
現前佛　南無樂說莊嚴佛　南無各成就
佛　南無帛蓋佛　南無香蓋佛　南無性
日佛　南無不怯弱離驚怖佛　南無栴檀
德佛　南無義成就佛　南無無垢喜佛
南無厚堅固佛　南無世間求佛　南無勝
步行佛　南無無畏離衣毛竪佛　南無命
威德佛　南無住智德佛　南無大光明莊
嚴佛　南無轉化女誓鎧佛　南無眞金山
佛　南無深智佛　南無趣向諸覺身佛
南無羅網光中緣起中王佛　南無無量趣
觀諸覺身佛　南無成覺剖蓮華佛　南無
羅網光佛　南無無量覺華開剖佛　南無
寶薩梨樹佛　南無寶洲佛　南無即發意
轉法輪佛　南無千光佛　南無最後見佛
南無勝土佛　南無無量光勇佛　南無
無量辯佛　南無聖德佛　南無寶海佛

南無愛黠慧佛　南無勝修佛
七百佛竟
南無信如意佛　南無金光明佛　南無金
海佛　南無精進軍佛　南無無量境界佛
南無無決斷願佛　南無內調佛　南無
調化無休息佛　南無香風佛　南無無趣
向誓鎧佛　南無覺虛空德佛　南無攝取
衆生意佛　南無成就誓鎧佛　南無陀羅
尼自在王佛　南無常精進佛　南無攝取
光明佛　南無畢竟智佛　南無善相善鎧
佛　南無善言誓鎧佛　南無能思惟忍佛
南無光造佛　南無一藏佛　南無一種
姓佛　南無無量身佛　南無大衆上首佛
南無深王佛　南無智慧讚歎佛　南無
功德染佛　南無無名稱佛　南無散諸恐
怖佛　南無遠離諸疑佛　南無除恐衣毛
竪佛　南無伏一切怨佛　南無成就勝無
畏佛　南無善思惟勝義佛　南無無量執
持佛　南無無量音聲佛　南無光嚴佛
南無光德佛　南無離輪場後佛　南無趣

菩提佛　南無覺華開剖光佛　南無普寶
滿足佛　南無攝受稱佛　南無決定色佛
南無普照十方世界佛　南無方便修佛
南無勝報佛　南無寶華德佛　南無在
諸寶佛　南無月華佛　南無一切群萌誓
鎧佛　南無轉化一切牽連佛　南無無量
辯才佛　南無無諍無恐佛　南無都趣衆
辯佛　南無普香光佛　南無堪受器聲佛
南無須彌香佛　南無大貴佛　南無香
雄佛　南無大修行佛　南無香室佛　南
無捨諍佛　南無清淨莊嚴佛　南無蓮華
上王佛　南無覺雄佛　南無世間尊重佛
南無無量香雄佛　南無極尊佛　南無
聞德佛　南無華蓋寶佛　南無堅固自在
王佛　南無波頭摩莊嚴佛　南無清淨心
佛　南無香華佛　南無須彌王佛　南無
樹提佛　南無轉化衆相佛　南無過一切
衆生誓鎧佛　南無極遲誓鎧佛　南無一
切寶莊嚴色住持佛　南無無量香佛　南
無普開光佛　南無普放香熏佛　南無住

持無障力佛　南無在蓮華德佛　南無最
上天王佛　南無一界持覺剎佛　南無善
擲身佛　南無香熏佛　南無無量慧雄佛
南無無量觀佛　南無無我眼佛　南無
難動佛　南無初發意佛　南無無勇王佛
南無無跡步佛　長五　南無除一切憂佛　十六　南
無離憂佛

八百佛竟

南無如娛樂在德佛　南無安隱王德佛
南無尊須彌威香山佛　南無大種姓佛
南無無垢面佛　南無紅蓮華德佛　南無
白蓮華威德佛　南無吼眼佛　南無善安
衆生佛　南無無邊際光佛　南無現月光
佛　南無遠方聲稱佛　南無月自在王佛
南無隨意光明佛　南無香尊須彌佛
南無吉祥有德佛　南無在月光有德佛
南無在無量安隱德佛　南無一切以德自
在莊嚴佛　南無寶住持庭燎佛　南無莫
能勝幢幡佛　南無尊隱藏光佛　南無從
成華王佛　南無入在無邊際佛　南無一

切尊佛　南無普極上佛　南無海威佛
南無諸寶上德佛　南無靜天德佛　南無
無量香象佛　南無能降伏放逸佛　南無
造燈明佛　南無蓮華尊光佛　南無施安
隱佛　南無信心不怯弱佛　南無平等心
明佛　南無聞智佛　長五　南無大部分佛　十七　南
無金面光佛　南無普光威德佛　南無善
稱德威帝釋威幢光佛　南無普德光佛
南無精進伏怨勇佛　南無住持地力進法
佛　南無無礙藥樹威德佛　南無寶蓮華
住薩梨樹王佛　南無求德佛　南無日輪
場德光佛　南無寶蓮勇佛　南無一寶蓋
佛　南無住持妙無垢位佛　南無護根佛
南無住禪思勇佛　南無寶幢威德佛
南無住無量勇佛　南無好香尊香熏佛
南無思惟尊象德佛　南無蓮華尊德佛
南無日輪場尊上德佛　南無興成佛　南
無解脫乘佛　南無思惟最勇佛　南無寶
華普光威佛　南無住無比勇佛　南無無
量旅中王佛　南無華成就佛　南無自在

轉一切法佛　南無寶内佛　南無寶輪威
極上德佛　南無了意佛　南無勝華集佛
南無娑羅威德佛　南無離一切憂暗佛
南無心勇猛佛　南無地威德佛　南無
清徹光佛　南無無垢威德佛　南無離惡
道佛　南無蓮華上尊佛　南無無垢瑠璃
佛　南無無垢臂佛　南無無垢眼佛　南
無大焰身佛　南無虚空輪靜王佛　南無
聲音無表識佛　南無金剛杵勢佛　南無
波頭摩面佛　南無總持佛　南無寶輪輞
佛　南無天帝幢佛　南無善聚光蓮華剖
體佛　南無無量名稱德光佛　南無閻浮
燈佛　南無須彌巖佛　南無慧燈明佛
南無光極明佛　南無日威德莊嚴藏佛
南無色幢播星王佛　長五　南無不動光觀自在　十八
無量命佛　南無威德自在王佛
九百佛竟
南無正覺中王佛　南無尊寶佛　南無無
邊願佛　南無妙法佛　南無寶場輪上尊
王佛　南無瞻婆伽色佛　南無無垢慧佛

南無信衆生佛　南無在寶佛　南無放
天威佛　南無勝威德色佛　南無施寶光
佛　南無悲慈意佛　南無無諍行佛　南
無蓮華葉眼佛　南無得脱一切縛佛　南
無懷眼佛　南無執數飾佛　南無虚空意
佛　南無能與樂佛　南無歡喜王佛　南
無大積佛　南無發起一切衆生信佛　南
無至大佛　南無十方稱名佛　南無無對
光佛　南無龍尊佛　南無快見佛　南無
香上佛　南無大懷佛　南無不隨他佛
南無大化佛　南無寶回佛　南無大車華
佛　南無美快德佛　南無觀見一切境界
佛　南無諸帝釋中王佛　南無戒味佛
南無華威佛　南無普威佛　南無無量際
威佛　長五　南無能與眼佛　十九　南無香威佛　南
無上幢佛　南無安隱德佛　南無金剛遍
照十方佛　南無發一切衆生不斷修行佛
南無顯現佛　南無寶威佛　南無在德
佛　南無平等作佛　南無無比佛　南無
普威德佛　南無不可量實體勝佛　南無

華成功德佛　南無堅固衆生佛　南無悅
音聲佛　南無施威佛　南無普月佛　南
無臂月佛　南無尊威佛　南無不動心佛
南無一切法無觀佛　南無幢播佛　南
無俱蘇摩成佛　南無普豐音佛　南無香
尊佛　南無勝命佛　南無能爲主佛　南
無幢威佛　南無聚威佛　南無日輪光明
勝佛　南無踰寶佛　南無堅精進思惟成
就義佛　南無迦陵頻伽聲佛　南無大龍
威佛　南無十力娛樂佛　南無善寂成就
佛　南無稱一切衆生念勝功德佛　南無
天帝釋淨幢佛　南無常相應語佛　南無
栴檀雜香樹佛　南無踰如須彌山佛　南
無雲中自在燈明佛　南無雲中自在王佛
南無除世畏覺悟佛　南無蓮華葉淨佛
南無星王華佛　南無賢智不動佛　南
無力士王佛　南無寶臺佛　南無象鷲師
子巖雷難過上佛　南無普禪佛　南無聲
滿十方佛　南無功德成就佛　南無波樓
那天佛　南無十方上佛　南無離垢光佛

南無威嚴佛　南無須彌相佛

一千佛竟

若有族姓子女聞是諸佛世尊名號歡喜信樂持諷誦讀而不誹謗或能書寫爲他人說或能造作立其形像或能供養香花妓樂歎佛功德至心作禮者勝用十方諸佛國土滿中珍寶紺摩尼珠積至梵天百千劫中而布施者是輩族姓子女前已曾供養是如來已其人後生得此功德至于作佛而無窮盡皆當爲賢劫中佛之所授決其人所生之處常遇三寶得生諸佛刹土六情完具不墮八難三十二相八十種好疾得具足若能一過五體投地而爲作禮口自宣言我今普禮一切十方三世諸佛至千佛過然後乃起所得福祐如上所說持此功德願共一切五道衆生其無常者生無量壽佛國立大誓願使諸衆生悉生彼刹生彼刹已身諸相好智慧辯才如衆世尊阿彌陀佛所獲果報亦如世尊

未來星宿劫千佛名經

音釋

陰於禁切　悋良刃切　軀豈俱切　懈怠懈古隘切怠徒耐切　悍胡幹切　甕烏貢切　輞文紡切　翼從翼與職切從才用切　狸呂之切　剖普后切　闡昌演切　韁居良切　祉丑里切　穩烏本切　瞋盈之切　誹甫尾切

未來星宿劫千佛名經

校勘記

一　底本，清藏本。校以南、徑。

一　六七頁上三行「若有」至一八行末字「尊」，南無。

五千五百佛名神呪除障滅罪經卷第一　長

大隋北印度三藏闍那崛多　譯

如是我聞一時婆伽婆住王舍大城耆闍崛山中與大比丘衆千二百五十人俱復有菩薩摩訶薩衆一万二千人俱時阿逸多菩薩爲首

尒時世尊告弥勒菩薩言弥勒東方去此佛刹有十不可說諸佛刹土億百千微塵數等過是諸佛刹有一佛土名曰解脫王世界彼世界内有一佛名曰虚空功德清淨微塵等目端正功德相光明華波頭摩琉璃光寶體香最上香供養訖種種莊嚴頂髻无量無邊日月光明願力莊嚴變化莊嚴法界出生无障㝵王如来阿羅訶三藐三佛陁現在隨心欲行道逍遥在處說法若善男子善女人犯四波羅夷是人罪重假使如閻浮利地塵爲微塵一一微塵成於一刧是人有若干刧罪稱是一佛名号礼一拜者悉得滅除況復晝夜受持讀誦憶念不忘者是人功德不可思議彼世界中有一菩薩名曰難疋无障㝵王而如来授彼菩薩記當得成佛号曰毫相日月光明焰寶蓮華固如金剛身毗盧遮那無障㝵眼圓滿十方放光普照一切佛刹相王如来阿羅訶三藐三佛陁善逝世間解無上士調御丈夫天人師佛世尊然彼東方復更有佛名一切莊嚴無垢光如来阿羅訶三藐三佛陁亦應當稱彼佛名号恭敬尊重

南方有佛名曰辯才瓔珞思念如来阿羅訶三藐三佛陁亦應當稱彼佛名亦修恭敬亦須稱其名号亦須心念彼佛名号

西方有佛名曰无垢月相王名稱如来阿羅訶三藐三佛陁亦應當稱彼佛名亦修恭敬亦須稱其名号亦須心念彼佛名号

北方有佛名曰華莊嚴作光明如来阿羅訶三藐三佛陁亦應當稱彼佛名亦修恭敬亦須稱其名号亦須心念彼佛名号

東南方有佛名曰作燈明如来阿羅訶三藐三佛陁亦應當稱彼佛名亦修恭敬亦須稱其名号亦須心念彼佛名号

西南方有佛名曰寶上相名稱如来阿羅訶三藐三佛陁亦應當稱彼佛名亦修恭敬亦須稱其名号亦須心念彼佛名号

西北方有佛名曰無畏觀如来阿羅訶三藐三佛陁亦應當稱彼佛名亦修恭敬亦須稱其名号亦須心念彼佛名号

東北方有佛名曰無畏无怯毛孔不竪名稱如来阿羅訶三藐三佛陁亦應當稱彼佛名亦修恭敬亦須稱其名号亦須心念彼佛名号

下方有佛名曰師子奮迅根如来阿羅訶三藐三佛陁亦應當稱彼佛名亦修恭敬亦須稱其名号亦須心念彼佛名号

上方有佛名曰金光威王相似如来阿羅訶三藐三佛陁亦應當稱彼佛名亦修恭敬亦須稱其名号亦須心念彼佛名号

尒時佛告弥勒若有正信善男子正信善女人至心稱此十二諸佛名号之時經於十日當懺悔一切諸罪一切衆生所有功德皆當隨喜勸請一切諸佛久住於世以諸善根迴向法界是時即得滅一切諸罪得淨一切業障即得具足成就莊嚴一切佛土成就具足無畏復得具足莊嚴身相復得具足菩薩眷属圍遶復得具足无量陁羅尼復得具足无量三昧復得具足如意佛刹莊嚴亦得具足无量善知識速得成就如上所說不增不減在於煩惱中行阿耨多羅三藐三菩提而得端正可喜果報亦得財寶充足常生大姓豪族種姓之家身相具足亦得善和眷属圍遶尒時世尊欲重宣此義而說偈言

若有善男子　若善女人等　受持此佛名
生生世世中　得他人愛敬　光明威力大
生處為人尊　於後得成佛

南無婆伽婆帝可畏雷音妙威無垢光功德寶瞿鄉莊嚴頂顯赫開敷善生生功德毗盧遮鄉自在王如来

五千五百佛名經卷第一　第四張　長

南無婆伽婆帝無量功德寶光雜妙現金光師子吼王如来
南無白蓮華髻无导波焰王如来
南無婆伽婆帝　菩提道塲功德月如来
南無法炬焰功德日如来
南無法王淨功德月如来
南無法圓淨功德月如来
南無法眼甚深功德月如来
南無一切身形光明功德月如来
南無栴檀功德月如来
南無瞿鄉蓮花功德月如来
南無法網清淨功德月如来
南無法界意月如来
南無諸類利益願如来
南無光焰眼形月如来
南無種種焰幟明威月如来
南無諸願月如来　南無相嚴幢月如来
南無普曜月如来　南無無著意月如来
南無寂上日如来　南無供養月如来
南無无邊月如来　南無解脫月如来
南無大月如来　南無瞿鄉月如来
南無月王如来　南無似月如来

五千五百佛名經卷第一　第五張　長

南無月如来　南無涼冷如来
南無月面如来
南無無疑波羅蜜月如来
南無虛空下无垢智月如来
南無不思議功德照曜寂勝月如来
南無諸力威无垢月如来
南無精進力難降伏月如来
南無虛空无垢眼月如来
南無相燈難降月如来
南無諸身智形月如来
南無具足願化月如来
南無寶月如来　南無寶火如来
南無遍方如来　南無普德花威如来
南無地功德時節威如来
南無賢功德威如来
南無寶焰山功德威如来
南無功德威如来
南無諸法熏修所生威如来
南無山頂家上威如来　南無三世相威形如来
南無妙金虛空叫威如来
南無自在德威如来　南無甘露山威如来
南無寶山燈德如来　南無智日威如来
南無大威如来　南無世間主威如来

五千五百佛名經卷第一　第六張　号

南無日威如来　南無勝威如来
南無善威如来　南無威王如来
南無焰威如来　南無速疾威如来
南無不降伏威如来　南無微笑威如来
南無地威如来　南無威如来
南無命威如来　南無不可稱威如来
南無別威如来　南無寂勝威如来
南無色淨相威如来
南無日蓮花寂上威如来
南無無比寂妙德威如来
南無无上大福雲不可盡威如来
南無普智光法虚空燈如来
南無法界虚空遍滿熢燈如来
南無花焰海燈如来　南無法日雲燈如来
南無焰海面燈如来　南無忍圓燈如来
南無法面燈如来　南無寶頂焰燈如来
南無寶焰山燈如来　南無普山燈如来
南無法界智燈如来　南無駛流幢燈如来
南無法輪震聲如来　南無日月燈如来

一百佛名竟

南無日燈如来　南無火燈如来
南無虚空等智如来　南無婆娑迦羅燈如来
南無普燈如来　南無智燈如来

南無大燈如来　南無電燈如来
南無寂妙燈如来　南無火燈如来
南無焰開敷如来　南無弥留燈如来
南無功德熢如来　南無世間燈如来
南無法虚空燈如来　南無燈明如来
南無善燈如来　南無香燈如来
南無无导法界燈如来
南無普眼滿燈如来
南無一切智力虚空燈如来
南無寶須弥留燈如来
南無婆伽婆帝雲敷如来
南無雲聲如来　南無示現雲如来
南無雲沫如来　南無雲震如来
南無雲域如来　南無雲著衣如来
南無雲力如来　南無雲散如来
南無雲自在如来　南無雲得如来
南無雲示現如来　南無雲根如来
南無雲令喜如来　南無雲念如来
南無雲歡喜如来　南無雲乗衣如来
南無雲瞿耶如来　南無栴檀雲如来
南無普功德雲如来　南無光明雲如来
南無名稱山雲如来　南無法圓雲如来
南無頂藏如来

南無一切法光明圓雲如来
南無金剛堅海幢雲如来
南無法華相幢雲如来
南無普精進炬雲如来
南無普電雲如来
南無焰月眉間白毫相雲如来
南無智頂焰雲如来
南無焰月毫雲如来
南無法頂幢雲如来
南無普智震雲如来
南無無垢智功德雲如来
南無山功德雲如来　南無日功德雲如来
南無法寶蓮花開敷功德雲如来
南無法寶花功德雲如来
南無瞿耶遊戲功德如来
南無普明震聲雲如来
南無金光无垢日焰雲如来
南無智日蓮花雲如来
南無福雲雜色如来
南無婆伽婆帝除法功德海如来
南無法圓功德頂光明如来
南無無邊寶花光如来
南無無导法虚空光如来

南無相日輪普光如来
南無无邊瞿鄒海光如来
南無無垢瞿鄒焰光如来
南無焰瞿鄒冠智光明如来
南無三昧即无垢冠智光如来
南無世間帝主身光明形如来
南無明圓光如来　南無法界師子光如来
南無身光如来　南無三世光明如来
南無奮迅焰光明如来　南無智焰雲光明如来
南無寶花光明如来　南無法力光如来
南無无垢光如来　南無自身光如来
南無月光如来　南無香光如来
南無大光如来　南無金光如来
南無火光如来　南無甘露香光如来
南無善光如来　南無瞿鄒光如来
南無喜光如来　南無法光如来
南無寶光如来　南無帝釋光如来

二百佛已竟

南無勝波迦无垢光如来
南無不思議光如来　南無牢固光如来
南無淨光如来　南無焰光如来
南無網光如来　南無寶月光如来
南無智光如来　南無自光如来

南無如如光如来
南無普智功德瞿鄒幢王如来
南無无邊功德眼幢王如来
南無普智寶焰功德幢王如来
南無普聲名幢王如来
南無法力勇猛幢王如来
南無大悲幢王如来
南無十方廣化雲幢王如来
南無諸法精進速疾幢王如来
南無寶焰燈幢王如来
南無難降苦行幢王如来
南無瞿鄒焰幢王如来
南無福燈幢主如来
南無善行法幢王如来
南無寶月幢王如来
南無賢相幢王如来
南無自在瞿鄒幢王如来
南無叫名稱幢王如来
南無普眼遍滿法界幢王如来
南無寶聚幢王如来
南無寶焰面幢王如来
南無盡法海寶幢王如来
南無花幢王如来　南無瞿鄒幢王如来

南無師子幢王如来　南無金剛幢王如来
南無珎留幢王如来　南無法幢王如来
南無火幢王如来　南無齊幢王如来
南無妙幢王如来　南無不可量幢王如来
南無无垢威幢王如来
南無優波伍沙幢王如来
南無勇健如来　南無聲幢如来
南無帝釋幢如来　南無大幢如来
南無相幢如来　南無水幢如来
南無放光幢如来　南無聲聲幢如来
南無廣名智海幢如来
南無婆伽婆帝无垢炎寶光如来
南無明幢如来　南無觀智幢如来
南無善淨葉幢如来
南無金剛鄒羅延幢如来
南無王光明幢如来　南無法界音幢如来
南無金花焰幢如来　南無法鄒羅延幢如来
南無不可降伏力幢如来
南無法蓮花毗盧遮鄒佛幢如来
南無奢摩他幢如来　南無寶幢如来
南無大寶幢如来　南無無垢幢如来
南無世間幢如来　南無帝釋幢如来
南無焰幢如来　南無花幢如来

南無智幢如来　南無寶功德燈幢如来
南無普功德毗盧遮那幢如来
南無大幢如来　南無釋迦羅幢如来
南無毗盧遮那幢如来
南無相幢如来　南無法幢如来
南無一切利清淨瞿耶幢如来
南無人寂勝幢如来　南無無量力幢如来
南無無邊明焰自在幢如来
南無作光月幢如来
南無法自在智幢如来
南無華勝力普幢如来
南無寶燈普明幢如来
南無因陁羅寂勝意幢如来
南無寶幢如来
南無善化法界音幢如来
南無廣波若智功德幢如来
南無識幢如来　南無寂勝法幢如来
南無光幢如来　南無不可量幢如来
南無婆伽婆帝法寶花功德聲如来
南無普明法功德聲如来
南無梵聲如来　南無師子聲如来
南無寶聲如来
三百佛已竟

五千五百佛名經卷第一　第十三張　長

南無月聲如来　南無蓮華聲如来
南無寶聲如来
南無一切法三昧光聲如来
南無普門智毗盧遮那聲如来
南無金摩尼山聲如来
南無法炬寶帳聲如来
南無法海吼聲如来
南無熾焰海聲如来
南無世主寂勝光明聲如来
南無法界音聲如来　南無無量聲如来
南無已知聲如来　南無難勝聲如来
南無甘露聲如来　南無解脫聲如来
南無法海駃流功德王如来
南無寶燈王如来　南無齊光王如来
南無慈瓔珞功德王如来
南無毫毛功德王如来
南無念諸衆生名功德王如来
南無海功德王如来
南無天主驕摩尼珠耳璫胎藏如来
南無喜於衆生妙名功德者如来
南無天功德胎藏如来
南無婆伽婆帝實花瞿耶德海琉
璃真金山光明功德如来

五千五百佛名經卷第一　第十四張　長

南無月花威宿明功德如来
南無普照明勝鬪戰功德如来
南無瞿耶海圓形如来
南無法遊戲駃幢功德如来
南無火善香明功德如来
南無衆生正信定體功德如来
南無善說名功德如来
南無不退轉輪寶住處功德如来
南無日輪形上功德如来
南無阿僧祇行初發功德如来
南無無邊熾盛金光上功德如来
南無一切音聲功德如来
南無智慧燈明幢功德如来
南無耶羅延苦行須弥留功德如来
南無深法光王功德如来
南無流轉生死胎藏所生功德如来
南無化雲善音功德如来
南無諸法形像莊嚴功德如来
南無樹王增長功德如来
南無實炎山功德如来
南無智炎海功德如来
南無大願駃流功德如来
南無念幢王功德如来

五千五百佛名經卷第一　第十五張　長

南無因陁羅相幢王功德如来
南無三昧像寂上功德如来
南無多羅王寂上功德如来
南無佛寶生功德如来
南無法輪月寂上功德如来
南無法界形功德如来
南無智妙藏功德如来
南無琉璃胎藏寂上功德如来
南無毗盧遮那形功德如来
南無福德形功德如来
南無虛空雲功德如来
南無寂勝相功德如来
南無光明相王照幢功德如来
南無法海威功德如来
南無法燈功德如来　南無空體功德如来
南無摩尼王胎藏功德如来
南無法城光功德如来　南無光幢功德如来
南無寶王功德如来　南無意智功德如来
南無瞿鄃須弥留功德如来
南無瞿鄃海功德如来
南無摩尼須弥留功德如来
南無世燈功德如来
南無師子須弥留功德如来
五千五百佛名經卷第一　第十六張

南無聚集功德如来　南無月上功德如来
南無月勝功德如来
南無上蓮華功德如来
南無蓮花色功德如来
南無地威功德如来　南無寂上光功德如来
南無弥留幢功德如来　南無海功德如来
南無焰熾功德如来　南無水功德如来
南無不可獲功德如来　南無行功德如来
南無寶施功德如来　南無忍燈功德如来
南無風疾功德如来　南無寶焰功德如来
南無无上功德如来　南無無邊上功德如来
南無頂功德如来　南無聲功德如来
南無寂功德如来　南無無憂功德如来
四百佛已竟
南無弥留功德如来　南無雲功德如来
南無威功德如来　南無瞿鄃功德如来
南無衆功德如来　南無軍陁功德如来
南無不思議功德如来　南無瞿鄃寶功德如来
南無花功德如来　南無因陁羅功德如来
南無蓮花上遊戲功德如来
南無蓮花功德如来
南無赤優鉢羅功德如来
南無聞聲功德如来
五千五百佛名經卷第一　第十七張　長

南無佛花真體功德如来
南無香光明功德如来
南無寶上功德如来
南無蓮花上功德如来
南無寶花真功德智如来
南無月上功德如来
南無智真體功德如来
南無圓光威王功德如来
南無香上功德如来　南無智藏功德如来
南無無量真體功德如来
南無无邊德真體功德如来
南無花真體功德如来
南無真有功德如来
南無寶花功德如来
南無蓮花真體功德如来
南無蓮花寂上功德如来
南無虛空功德如来　南無梵功德如来
南無勝功德如来　南無佛蓮花功德如来
南無一切功德如来　南無雲功德如来
南無普光衆上功德如来
南無明蓮花功德如来
南無放蓮花真體功德如来
南無真體功德如来
五千五百佛名經卷第一　第十八張　長

南無无邊光功德如来
南無無畏真體功德如来
南無无邊上功德如来　南無實功德如来
南無賢上功德如来　南無至實功德如来
南無大功德如来
南無智傳鉢羅功德如来
南無寶優鉢羅功德如来
南無智上功德如来　南無寂上功德如来
南無初發心不退轉輪所生功德如来
南無無盡金剛功德如来
南無微妙聲功德如来
南無普照明大化網毗盧遮那功德如来
南無金色焰法海光雷音王如来
南無智山法界普威王如来
南無法海光雷王如来
南無無㝵德名稱解脫光王如来
南無法雲城光燈王如来
南無法虛空寂上功德王如来
南無法輪光震聲王如来
南無一切法海震音王如来
南無智威山王如来
南無法雲震聲王如来
南無智炬光明王如来

南無法海言說朗鳴王如来
南無法焰山幢王如来
南無山王功德胎藏王如来
南無雞轉方所光明王如来
南無智相師子幢王如来
南無普日光明王如来
南無法界城形智燈王如来
南無法月邊智光明王如来
南無諸法海寂上波王如来
南無諸方燈王如来
南無廣名法海波王如来
南無法焰熾威王如来
南無光圓山頂王如来
南無雲震名王如来
南無普明功德胎藏王如来
南無普毗盧遮那功德弥留王如来
南無無㝵虛空幢相王如来
南無廣大智焰王如来
南無光明散焰王如来
南無瓔珞蓋震鳴王如来
南無功德胎藏聚吼王如来
南無電燈幢王如来
南無无量上善行王如来

南無功德善燈藏王如来
南無正法護寶幢王如来
南無法宮殿震鳴王如来
南無諸燈光王如来
南無普智寶炎功德瞿耶幢王如来
南無閻浮檀威王如来
南無法輪焰威王如来
南無毗盧遮那功德胎藏王如来
南無寶妙功德王如来
南無諸花香自在王如来

五百佛已竟

南無諸花自在王如来
南無龍自在王如来　南無射光明王如来
南無千雲音王如来　南無諸法吼王如来
南無寶焰山功德威王如来
南無毗盧遮那功德威王如来
南無法月光王如来　南無普智光王如来
南無日威功德王如来
南無瞿耶鐵圍山王如来
南無諸衆生照明王如来
南無法因陁羅王如来
南無雲功德王如来　南無非一明光王如来
南無吼王如来　南無難伏幢王如来

南無陁羅尼自在王如来
南無寂上弥留王如来　南無師子遊戲王如来
南無月光王如来　南無一切法光明王如来
南無無上王如来　南無香焰雲功德王如来
南無鼓音王如来　南無勝王如来
南無香聚王如来　南無淨照王如来
南無波濤王如来　南無梵音王如来
南無天王如来　南無月王如来
南無摩尼王如来　南無瞿拏王如来
南無莊嚴王如来　南無齊王如来
南無捷疾王如来　南無樂王如来
南無無畏王如来　南無光焰王如来
南無醫王如来　南無毗琉奴王如来
南無婆羅王如来　南無照王如来
南無光王如来　南無乾闥婆王如来
南無樹王如来　南無瞿拏幢王如来
南無无垢喜悦微笑幢王如来
南無微妙音王如来
南無蓮花德子王如来
南無散炎王如来　南無香炎光王如来
南無弥留聚王如来
南無寶蓮花善住山帝釋王如来
南無瓔珞莊嚴王如来

南無海持意遊戲神通王如来
南無雲王如来　南無饒益王如来
南無金光威王如来
南無破散諸夜叉神浮多神等王如来
南無寶光莊嚴王如来
南無自在威聲王如来
南無花炎遊戲神通王如来
南無開敷花娑羅王如来
南無善寂智月乳音自在王如来
南無地王如来　南無幢王如来
南無初發心意震聲无怖畏寂上王如来
南無无驚怖間三昧寂上王如来
南無尼俱陁王如来
南無歡喜踊躍寶子摩尼聚王如来
南無衆主王如来　南無喜樂光王如来
南無金剛上王如来　南無弥留頂王如来
南無清光王如来　南無蓮花顯光王如来
南無刀杖上香光王如来
南無上舌王如来
南無不思議瞿拏光王如来
南無賢上王如来　南無蓮花上王如来
南無難伏上王如来　南無弥留光王如来

南無弥留燈王如来　南無婆羅自在王如来
南無鼓自在音王如来
南無強健軍將戰王如来
南無普光寂上功德聚王如来
南無正住摩尼聚王如来
南無法术清淨虛空无間王如来
南無普光明功德弥留王如来
南無普智幢音王如来
南無帝釋幢相王如来
南無善住山帝釋王如来
南無破散雲翳王如来
南無普瞻望蓮花遊戲王如来
南無寶功德光威王如来
南無寶月光明藥王如来
南無宿王如来　南無山因陁羅王如来

六百佛已竟

南無婆羅帝釋王如来
南無頂最上王如来
南無山頂寂上王如来
南無可畏蓮花寂上王如来
南無精進寂上王如来
南無无邊界寂上王如来
南無藥王如来　南無善住王如来

南無花敷王如来

五千五百佛名神呪除障滅罪經卷第一

庚子歲高麗國大藏都監奉
勅雕造

五千五百佛名經卷第一　第二十六張　長

五千五百佛名神呪除障滅罪經卷第一

校勘記

一　底本，麗藏本。

一　六八頁上二行譯者，資作「隋開皇年崛多笈多等於大興善寺譯」；磧、普作「隋開皇年崛多共笈多等於大興善寺譯」；南作「隋開皇年三藏崛多共笈多等於大興善寺譯」；徑、清作「隋三藏崛多共笈多等譯」。以下各卷同。

一　六八頁上一六行第七字「現」，資、磧、普、南、徑、清作「見」。

一　六八頁上一六行第一三字「道」，資、磧、普、南、徑、清無。

一　六八頁中一行末字「而」，磧、普、南、徑、清無。

一　六八頁中三行第一〇字「固」，資、磧、普、南、徑、清作「堅」。

一　六八頁中九行第七字及一二行第九字「亦」，資、磧、普、南、徑、清無。

一　六八頁中九行第一二字「佛」，資、磧、普、南、徑、清作「如來」。

一　六八頁中一二行末字至一三行首字「佛名」，資、磧、普、南、徑、清作「如來號」。以下一七行、二〇行末字至二一行首字，同頁下一行、五行末字至六行首字、九行、一四行、一七行、二一行末字至二二行首字同。

一　六八頁中一三行第二字至一四行第五字「亦修恭敬亦須稱其名號亦須心念彼佛名號」，資、磧、普、南、徑、清作「常念恭敬」。以下一七行第二字至一八行末字、二一行第二字至二二行末字、同頁下一行第一四字至三行末字、六行第二字至七行末字、九行末字至一一行末字、一四行第七字至一五行末字、一八行首字至一九行末字、二二行第二字至末行末字同。

一　六九頁上一行「彌勒」，資、磧、普、南、徑、清作「彌勒菩薩」。

一　六九頁上六行第一〇字至七行第

二字「淨一切業障即得」，資、磧、普、南、徑、清作「清淨業」。

一 六九頁上一四行第七字「喜」，資、磧、普、南、徑、清作「愛」。

一 六九頁上一五行「種姓」，資、磧、普、南、徑、清無。

一 六九頁上一六行「善和」，資、磧、普、南、徑、清作「和順」。

一 六九頁上一八行「若善女人等」，資、磧、普、南、徑、清作「及以善女人」。

一 六九頁上一九行「得他」，資、磧、普、南、徑、清作「常得」。

一 六九頁上末行第二字「生」，資、磧、普、南、徑、清無。

一 七〇頁上二行第一〇字「王」，資、磧、普、南、徑、清作「主」。

一 七〇頁上七行第三字「別」，資、普、南、徑、清作「叫」；磧作「門」。

一 七〇頁上九行第三字「日」，資、磧、普、南、徑、清作「白」。

一 七〇頁上一六行第四字「面」，資、磧、普、南、徑、清作「圓」。

一 七〇頁上一六行「焰燈如來」，資、磧、普、南、徑、清作「焰山燈如來南無燄海面燈如來」。

一 七〇頁上一八行第八字「来」，資、磧、普、南、徑、清作「来右一百佛」。

一 七〇頁上二〇行「一百佛名竟」，諸本無。

一 七〇頁上二二行「婆娑」，資、磧、普、南、徑、清作「娑婆」。

一 七〇頁中三行第三字「焰」，資、磧、普、南、徑、清作「燈燄」。

一 七〇頁下五行第三字「普」，諸本作「燄」。

一 七〇頁下一五行第八字「德」，磧、普、南、徑、清作「德雲」。

一 七一頁上一六行第三字「喜」，資、磧、普、南、徑、清作「普」。

一 七一頁上一七行第六字「來」，資、磧、普、南、徑、清作「來右二百佛」。

一 七一頁上一八行「二百佛已竟」，諸本無。

一 七一頁上末行第九字「自」，磧、普、南、徑、清作「自在」。

一 七二頁上二一行末字「来」，資、磧、普、南、徑、清作「来右三百佛」。

一 七二頁上末行「三百佛已竟」，諸本無。

一 七二頁中九行第四字「主」，石作「王」。

一 七二頁下末行第三字「念」，資、磧、普、南、徑、清作「金」。

一 七三頁上一七行第一三字「幢」，石無。

一 七三頁中一四行「四百佛已竟」，石無；資、磧、普、南、徑、清作「右四百佛」。

一 七三頁下八行「王功德」，磧、普、南、徑、清作「功德王」。

一 七四頁上二二行第四字及同頁中一四行第三字「雲」，資、磧、普、南、徑、清作「雷」。

一 七四頁下一行「功德」資、磧、普、南、徑、清作「巧」。

一　七四頁下一一行「五百佛已竟」，石無；資、磧、普、南、徑、清作「右五百佛」。

一　七五頁上九行第一〇字「瞿」，資、磧、普、南、徑、清作「摩」。

一　七五頁下八行末字「來」，磧、普、南、徑、清作「來南無散焰如來」。

一　七五頁下一一行「雲翳」，資、磧、普、南、徑、清作「翳雲」。

一　七五頁下一五行「六百佛已竟」，石無；資、磧、普、南、徑、清作「右六百佛」。

一　七五頁下一五行後，資、磧、普、南、徑、清換卷，爲卷第二。資、磧、普、南經名作「五千五百佛名經」；徑、清作「五千五百佛名神咒除障滅罪經」。以下各卷同。

一　七六頁上二行經名卷次，石作「五千五百佛名經卷第一」；資、磧、普、南、徑、清無（未換卷）。

五千五百佛名經卷第二　長

大隋北印度三藏闍那崛多譯

南無佛花敷王如来　南無虛空清淨王如来
南無智自在王如来　南無須弥王如来
南無震聲王如来　南無震上王如来
南無震下王如来　南無震聲力如来
南無迦陵伽王如来　南無瞿拏光明王如来
南無娑伽娑帝廣福藏普世間明如来
南無瞿拏光明如来　南無虛空光明如来
南無香光明如来　南無无量香光明如来
南無弥留光明如来　南無須弥光明如来
南無淨光明如来　南無清淨光明如来
南無普光明如来　南無無邊光明如来
南無廣光明如来　南無焰光明如来
南無大光明如来　南無日光明如来
南無月光明如来　南無法圓光明如来
南無智圓光明如来　南無閻浮檀光明如来
南無寶光明如来　南無金光明如来
南無日遊步圓普光明如来
南無法界光明如来　南無虛空光明如来
南無德王光明如来
南無諸法教威形可畏光明如来

南無日上光明功德威形如来
南無多饒種種功德威光明如来
南無熾威琉璃光明如来
南無功德藏摩尼光明如来
南無金光如来　南無寶光如来
南無娑伽娑帝十方廣瞿拏震聲
无盡光如来
南無歡喜海波瞿耶名自在光如来
南無不退瞿耶海光如来
南無解脫精進日光如来
南無諸攀緣淨无迷光如来
南無妙月願光如来　南無智上光如来
南無焰光如来　南無共善寶光如来
南無十上光如来　南無无量光如来
南無廣光如来　南無主藏光如来
南無月上光如来　南無照光如来
南無普放光如来　南無平等香光如来
南無无邊上光如来　南無千上光如来
南無虛空圓光如来　南無不空光如来
南無放光如来　南無无上光如来
南無佛花光如来　南無羅網光如来
南無大雲光如来　南無无邊際光如来
南無喜樂光如来　南無焰光如来

南無善焰光如来　南無華光如来
南無普光如来　南無多光如来
南無諸神通光如来　南無法光如来
南無香放光如来　南無法界電光如来
南無廣大智光如来
南無娑伽娑帝寶相莊嚴弥留如来
南無普智賢弥留如来
南無普門智賢弥留如来
南無普智光弥留如来
南無毗盧遮耶功德弥留如来
南無法燈功德弥留如来
南無功德善弥留如来
南無功德弥留如来
南無瞿耶須弥留如来

七百佛已竟

南無摩尼須弥留如来　南無弥留如来
南無寶弥留如来　南無大弥留如来
南無大須弥留如来　南無善相弥留如来
南無福弥留如来　南無最勝弥留如来
南無善弥留如来　南無寶焰山弥留如来
南無難伏弥留如来　南無最上弥留如来
南無虛空弥留如来　南無海弥留如来
南無香弥留如来　南無香勝弥留如来

南無淨弥留如来 南無无上弥留如来
南無勝妙弥留如来 南無梵弥留如来
南無分別弥留如来 南無樹山如来
南無相功德山如来 南無金山如来
南無寂光深聚如来 南無功德聚如来
南無法力功德聚如来
南無辯才聚如来 南無得金蓋聚如来
南無上聚如来 南無香聚如来
南無聚如来 南無一聚如来
南無寶花聚如来 南無華聚如来
南無光聚如来 南無无量光如来
南無廣光如来 南無健光如来
南無帝釋光如来 南無淨光如来
南無普光如来 南無最上光如来
南無廣光如来 南無寶光如来
南無寶蓮華光如来 南無寂光如来
南無金剛光如来 南無月圓光如来
南無不思議瞿耶光如来
南無无垢光如来
南無真金閻浮檀幢金光如来
南無普功德華威光如来
南無普法門面峯光如来
南無法焰弥留峯光如来

南無无垢法山智峯光如来
南無衆寶間錯色摩尼圓光如来
南無法海震聲意如来
南無光明幢王意如来
南無祭祀名施意如来
南無无盡意如来 南無无导意如来
南無白毫功德光明意如来
南無方處智光幢意如来
南無光意如来 南無慎法意如来
南無寂靜意如来 南無海意如来
南無无量幢意如来 南無智意如来
南無慇意如来 南無无攀緣意如来
南無无小意如来 南無天意如来
南無金剛意如来 南無思惟意如来
南無勝意如来 南無清淨意如来
南無意如来 南無善意如来
南無梵意如来 南無釋迦如来
南無婆伽婆帝諸世界自在如来
南無法自在如来 南無智自在如来
南無自在如来 南無大自在如来
南無最自在如来 南無世自在如来
南無師子自在如来
南無无畏觀視自在如来

南無瞿耶師子自在如来
南無法上龍自在如来
南無无迷法自在如来
南無人自在如来 南無威自在如来
南無梵威自在如来 南無衆自在如来
南無聲自在如来 南無廣化自在如来
南無月光自在如来

八百佛已竟

南無大自在如来 南無意自在如来
南無光明無垢胎藏如来
南無華胎藏如来
南無瞿耶蓮華功德胎藏如来
南無蓮華胎藏如来 南無胎藏如来
南無蘓利耶胎藏如来
南無蓮華功德胎藏如来
南無天主胎藏如来 南無天功德胎藏如来
南無金剛胎藏如来 南無日胎藏如来
南無功德華胎藏如来
南無普智光蓮華光明胎藏如来
南無法智所生普光明胎藏如来
南無百焰光明胎藏如来
南無无量焰化光胎藏如来
南無瞿耶寶威功德胎藏如来

南無主賠摩尼胎藏如来
南無種无光切德弥留胎藏如来
南無婆羅主王切德胎藏如来
南無寶蓮華光明胎藏如来
南無毗盧遮那切德胎藏如来
南無寶相莊嚴弥留名如来
南無寶焰山如来　南無寶上如来
南無寶所生如来　南無寶火如来
南無寶大眷屬如来　南無寶杖如来
南無寶焰如来　南無寶賠如来
南無寶積如来　南無寶勝如来
南無寶如来　南無寶山如来
南無寶瞿耶相莊嚴光如来
南無寶名如来　南無寶所得如来
南無寶形像如来　南無寶幟如来
南無光明如来　南無智焰海如来
南無瞿耶切德海如来　南無大海如来
南無瞿耶海如来　南無珊瑚海如来
南無勝意海如来
南無光無不利瞿耶海如来
南無一切波羅蜜无㝵海如来
南無香光憘力海如来
南無法海所生意如来　南無重海所生意如来

五千五百佛名經卷第二　第七張　長

南無瞿耶海如来　南無切德海如来
南無海門如来　南無福德海如来
南無苦行海如来
南無无破智光瞿耶海如来
南無婆伽婆智上如来
南無賢上如来　南無憶上如来
南無妙上如来　南無无畏上如来
南無龍上如来　南無日上如来
南無憶上如来　南無閻浮上如来
南無因陁羅上如来　南無法上如来
南無虛空上如来　南無鳴上如来
南無蓮華上如来　南無香上如来
南無勝上如来　南無寶上如来
南無善生如来　南無善出如来
南無善宿如来　南無善分別如来
南無善現如来　南無善住如来
南無善鬪戰如来　南無善行如来
南無善五宿如来　南無善聰明如来
南無憘善如来　南無善意如来
南無善定如来
南無善清淨瞿耶寶善住如来
南無善思如来　南無善梵如来
南無天垧力三昧遊步如来

五千五百佛名經卷第二　第八張　長

南無善寶瞿耶遊步如来
南無天慈遊步如来
南無寶形莊嚴光遊步如来
南無令不正意拔遊步如来
南無真如遊步如来　南無善遊步如来
九百佛已竟
南無師子遊步如来　南無金剛遊步如来
南無弥須遊步如来　南無蓮華遊步如来
南無寶蓮華遊步如来
南無難伏幢如来　南無勇力遊步如来
南無力天梵天如来　南無善梵天如来
南無寂上天如来　南無仙天如来
南無寶天如来　南無自在天如来
南無大帝釋天如来　南無婆素天如来
南無憂陁那天如来　南無毗貰法天如来
南無日天如来　南無水天如来
南無勝帝釋如来　南無无㝵力帝釋如来
南無明燈如来　南無大帝釋如来
南無人帝釋如来　南無天帝釋如来
南無焰大帝釋如来　南無衆帝釋如来
南無大衆帝釋如来　南無順帝釋如来
南無世帝釋如来　南無一切世帝釋如来
南無自帝釋如来　南無寶帝釋如来
南無月上如来　南無无害敢上如来

五千五百佛名經卷第二　第九張　長

南無醫上如来　南無法寂上如来
南無蓮華寂上如来　南無寂上上如来
南無智寂重上如来　南無寂上上如来
南無威寂上如来　南無法真體寂上如来
南無勝智法界寂上如来
南無一切福德彌留寂上如来
南無一切行光寂上如来
南無智德如来　南無金德如来
南無瞿鄉德如来　南無寶德如来
南無蓮華德如来　南無帝釋德如来
南無一切日法德如来　南無无邊福德德如来
南無光明德如来　南無金華德如来
南無善提分華德如来　南無法德如来
南無善身如来　南無淨身如来
南無種種身如来　南無焰圓身如来
南無寶開敷華身如来
南無敷身如来
南無寶蓮華開敷身如来
南無法蓮華開敷身如来
南無相莊嚴身如来
南無決了光開敷身如来
南無法光開敷身如来
南無善華身如来

南無婆伽婆帝梵音如来
南無雷音如来　南無慎色音如来
南無甚音如来　南無敵音如来
南無雲鼓音如来　南無虛空音如来
南無師子音如来　南無淨聲音如来
南無一切法震音如来
南無无邊智法界音如来
南無大焰聚如来　南無无量聚如来
南無法財峯聚如来
南無善堅智光焰形聚如来
南無高滿聚如来　南無娑羅帝釋聚如来
南無牟尼聚如来　南無不動聚如来
南無滿聚如来　南無月聚如来
南無普聚如来　南無華齒如来
南無毫相齒如来　南無上齒如来
南無善齒如来　南無善梵齒如来
南無梵德如来　南無婆聚德如来
南無祭祀德如来　南無龍德如来
南無佛德如来

一千佛已竟

南無健德如来　南無无邊寶如来
南無无邊廣如来　南無无邊无垢如来
南無无邊光明如来　南無无邊妙如来

南無无邊手如来　南無无邊坐如来
南無无邊寂上功德如来
南無无邊真如来　南無无邊蓋如来
南無無邊鳴如来
南無阿僧祇劫成就佛如来
南無无垢覺如来　南無清淨覺如来
南無廣覺如来　南無无量覺如来
南無月覺如来　南無虛空覺如来
南無无閡智善如来　南無生覺如来
南無師子光無邊力覺如来
南無開敷寶相月覺如来
南無法圓光明髻如来　南無普光明髻如来
南無佛虛空光明髻如来
南無普光明髻如来　南無香焰光明髻如来
南無焰幟髻如来　南無寶德髻如来
南無天帝釋髻如来　南無妙色髻如来
南無摩尼髻如来　南無可畏上如来
南無可畏意如来　南無善可畏意如来
南無可畏眼如来　南無可畏寂上如来
南無可畏現如来　南無可畏如来
南無可畏力如来　南無可畏焰如来
南無可畏鳴如来　南無化自在如来
南無一切化如来　南無花自在如来

南無智自在勝如来　南無威自在勝如来
南無无邊鳴勝如来　南無明勝如来
南無堅勝如来
南無天神智自在勝如来
南無寂根如来　南無寂意如来
南無寂靖如来　南無寂上如来
南無寂功德如来　南無寂靖如来
南無調伏如来　南無調伏上如来
南無善調如来　南無善調心如来
南無金剛如来　南無金剛内信如来
南無金剛淨如来　南無金剛智山如来
南無摩尼妙如来　南無金剛峯如来
南無金剛真體如来　南無金剛齊如来
南無金剛碎如来　南無金剛蓮華上如来
南無月上如来　南無蓮華上如来
南無梵上如来　南無分上如来
南無真體法上如来
南無金剛重蓮華上如来
南無名上如来　南無上如来
南無寂光幢上如来
南無无邊智明善步行師子如来
南無无畏金剛那羅如来
南無師子如来

南無法虚空愛光師子如来
南無一切三昧海光師子如来
南無法燈行步智師子如来
南無大悲師子如来　南無師子吼如来
南無師子聲如来　南無師子步如来
南無毗盧遮那如来
南無毗盧遮那淨王如来
南無毗盧遮那光莊嚴如来
南無法虚空功德毗盧遮那如来
南無不可得眼毗盧遮那如来
南無齒功德蓮華遊戲善毗盧遮那如来
南無无邊光音聲虚空毗盧遮那如来
南無婆伽拔帝勇步天行如来
南無善遊步善寂色行如来

一千一百佛已竟

南無行行如来　南無善行如来
南無到彼岸如来　南無除愛如来
南無寂到彼岸如来
南無無比威德如来
南無无量功德瞿那莊嚴過去莊嚴
劫波如来
南無瞿那寶功德莊嚴威積劫波如来
南無功德寶如来
南無熾威焰山功德莊嚴如来

南無山功德莊嚴如来
南無光明莊嚴如来
南無明莊嚴如来　南無大莊嚴如来
南無无盡福海寂勝莊嚴如来
南無名稱如来　南無大名稱如来
南無无邊名稱如来　南無名稱光如来
南無名稱初出如来　南無可畏名稱如来
南無喜賢名稱如来　南無無垢月名稱如来
南無那羅延金剛精進如来
南無大勢至精進如来
南無大精進如来　南無大精進如来
南無熾威精進如来
南無无邊精進如来　南無大精進主如来
南無一切世間愛見寂上大精進如来
南無善淨無垢焰如来
南無大坐焰如来　南無熾威熾如来
南無瞿那熾如来　南無王如来
南無難勝熾如来　南無放熾如来
南無多摩羅拔多羅栴檀香如来
南無諸香如来　南無熾面香如来
南無普香如来　南無不普香如来
南無香臼如来　南無饒香如来
南無无有香如来　南無香爲如来

南無香普善淨智花如来
南無法界花如来　南無熾燈花如来
南無寶花如来　南無散花如来
南無普花如来　南無花如来
南無花聚如来　南無莊嚴體如来
南無白體如来　南無愛體如来
南無不毀體如来　南無不化分如来
南無分如来　南無分别分如来
南無相妙開花分如来
南無一切義現如来
南無一切現如来　南無无导現如来
南無一義現如来　南無不空見如来
南無義見如来　南無寶見如来
南無法見如来　南無无畏如来
南無无處畏如来　南無无畏分如来
南無不可畏如来　南無除畏如来
南無胧一切畏如来
南無離畏切德毛竪如来
南無多勝如来　南無勝者如来
南無勝勝如来　南無勝中勝如来
南無光勝如来　南無不可不勝如来
南無一切瞿槨所生如来
南無普切德所生如来

南無无垢所生如来
南無諸方所生如来
南無日所生如来　南無善生如来
南無功德生如来
南無一切寶莊嚴色持如来
南無月炬持如来　南無大炬持如来
南無炬持如来　南無波持如来
南無无导力持如来　南無至持如来
南無无邊無导力如来
南無大功德力如来　南無大力如来
一千二百佛已竟
南無賢力如来　南無威力如来
南無法力如来
南無寶弥留師子力如来
南無法界廣智如来
南無一切衆生心體叫如来
南無聲智如来　南無叫智如来
南無智王如来
南無三昧弥留寂上智如来
南無普觀智如来　南無三世廣智如来
南無龍欣如来　南無寂欣如来
南無歡欣如来　南無華鬚欣如来
南無淨欣如来　南無法持如来

南無法地持如来　南無无导力持如来
南無天淨如来　南無清淨如来
南無虛空淨如来　南無音分淨如来
南無淨智者如来　南無清淨如来
南無音分健如来　南無普幢健如来
南無衆帝健如来　南無善法健如来
南無法界蓮華如来　南無法蓮華如来
南無同蓮華如来　南無蓮華鬚如来
南無分荼利如来　南無道分華如来
南無金華如来　南無開敷如来
南無意喜華如来　南無无邊華如来
南無善華如来　南無精進軍如来
南無金剛軍如来　南無熾盛軍如来
南無力軍如来　南無蓮華軍如来
南無迦羅毗羅軍如来
南無世帝威功德賢者如来
南無金摩丘山威賢者如来
南無本性身功德賢者如来
南無小賢者如来　南無賢者如来
南無賢身如来　南無勝者如来
南無大勝者如来　南無无邊勝者如来
南無降他勝者如来　南無難勝者如来
南無降化者如来　南無然燈如来
南無作無畏如来　南無作光如来

南無作歡喜如来　南無大意如来
南無拘物頭作開數如来
南無婆伽拔帝釋迦牟尼如来
南無金仙如来　南無龍仙如来
南無仙者如来　南無仙勝如来
南無清淨體眼如来　南無月眼如来
南無日面如来　南無梵面如来
南無善眼清淨面如来　南無金色者如来
南無梵色者如来　南無常色者如来
南無大天磨色者如来
南無瞻婆迦色者如来
南無堅牢如来　南無堅步如来
南無珊地如来　南無内堅信如来
南無堅健勇器扶捨如来
南無遊戲勇躍名稱如来
南無法上稱如来　南無寶稱如来
南無无邊稱如来　南無无垢辟如来
南無善辟如来　南無垂辟如来
南無瞿鄰辟如来　南無大辟如来
南無婆伽拔帝圓光如来
南無普智賢固如来　南無苦行固如来
南無泥摩耶如来　南無風泥摩耶如来
南無阿泥摩耶如来
五千五百佛名經卷第二　第十九張　具

一千三百佛已竟
五千五百佛名經卷第二
庚子歲高麗國大藏都監奉
勅雕造
五千五百佛名經卷第二　第二十張　具

五千五百佛名經卷第二
校勘記

一　底本，麗藏本。
一　七九頁上一行經名及二行譯者，資、磧、普、南、徑、清無（未換卷）。
一　七九頁上二行譯者，石作「隋天竺三藏闍那崛多等譯」，以下各卷同。
一　七九頁上六行第一二字「力」，資、磧、普、南、徑、清作「力王」。
一　七九頁中二一行第一〇字「羅」，石作「寶」。
一　七九頁中末行第三字「喜」，石作「善」。
一　七九頁下一五行「七百佛已竟」，石無；資、磧、普、南、徑、清作「右七百佛」。
一　八〇頁上七行第三字「詈」，諸本作「辯」。
一　八〇頁上八行第三字「上」，資、磧、普、南、徑、清作「山」。

一　八〇頁上二〇行第八字「幢」，磧作「釋」。
一　八〇頁上二二行第六字「面」，石作「西」。
一　八〇頁中九行第九字「慎」，諸本作「順」，下同。
一　八〇頁下六行末字「来」，資、磧、普、南、徑、清作「来右八百佛」。
一　八〇頁下八行「八百佛已竟」，諸本無。
一　八〇頁下一八行第六字「胎」，資、磧、普、南、徑、清無。
一　八〇頁下二二行第七字「光」，資、磧、普、南、徑、清作「光明」。
一　八一頁上一行第三字「主」，徑、清作「王」。
一　八一頁上四行第七字「明」，諸本無。
一　八一頁上末行第一五字「生」，諸本作「出」。
一　八一頁中一七行第四字「鬬」，諸本作「勝」。
一　八一頁中一八行「互宿」，石作「五伯」；普、南、徑、清作「氐宿」。
一　八一頁中二二行「善思」，石作「思惟」。
一　八一頁中末行第三字及本頁下二行第三字「天」，資、磧、普、南、徑、清作「無」。
一　八一頁下五行第八字「来」，資、磧、普、南、徑、清作「来右九百佛」。
一　八一頁下六行「九百佛已竟」，諸本無。
一　八一頁下八行「彌須」，石作「須彌」。
一　八一頁下一八行第九字「大」，資、磧、普、南、徑、清作「火」。
一　八一頁下一九行第一〇字「天」，資、磧、普、南、徑、清作「大」。
一　八二頁中一七行末字「来」，資、磧、普、南、徑、清作「来右一千佛」。
一　八二頁中二〇行「一千佛已竟」，諸本無。
一　八二頁下一七行第三字「摩」，石作「寶」。
一　八三頁上二行第一一字「明」，資、磧、普、南、徑、清作「眼」。
一　八三頁上四行第三字「天」，諸本作「大」。
一　八三頁上六行第四字及七行第一一字「靖」，資、磧、普、南、徑、清作「静」。
一　八三頁中七行第八字「至」，資、磧、普、南、徑、清作「王」。
一　八三頁中一一行末字「来」，資、磧、普、南、徑、清作「来右一千一百佛」。
一　八三頁中一五行「一千一百佛已竟」，諸本無。
一　八三頁下一一行第八至末字「南無大精進如来」，諸本無。
一　八四頁中八行末字「来」，資、磧、普、南、徑、清作「来右一千二百佛」。
一　八四頁中一一行「一千二百佛已竟」，諸本無。

一　八四頁下六行第一一字「法」，資、磧、普、南、徑、清作「活」。

一　八四頁下一三行第五字「軍」，磧、普、南作「宣」。

一　八五頁上一〇行「大天」，資、磧、普、南、徑、清作「紫」。

一　八五頁上一一行第六字「色」，資、磧、普、南、徑、清無。

一　八五頁上一五行第五字「勇」，資、磧、普、南、徑、清作「踊」。

一　八五頁上二一行末字「来」，資、磧、普、南、徑、清作「来右一千三百佛」。

一　八五頁上二一行後，資、磧、普、南、徑、清換卷，爲卷第三。

一　八五頁中一行「一千三百佛已竟」，資、磧、普、南、徑、清無。

一　八五頁中卷末經名卷次，資、磧、普、南、徑、清無（未換卷）。

五千五百佛名經卷第三　長

大隋北印度三藏闍那崛多譯

南無恭敬逮摩那如来　南無不隨瞿那所生如来
南無无量瞿那財如来　南無那聚集如来
南無大瞿那如来　南無善化者如来
南無寂者決了如来　南無吼者如来
南無雲藏如来　南無慾藏如来
南無普如来　南無仙藏如来
南無滿願如来　南無滿足妙如来
南無滿足一切瞿那如来
南無喜吼如来　南無踐踏如来
南無踐踏魔如来　南無頭陁塵如来
南無无塵如来　南無伏欲塵如来
南無善朋友如来　南無世友如来
南無可信友如来　南無善思義如来
南無雜利如来　南無不藏利如来
南無日如来　南無伏日如来
南無寂勝日如来　南無叫聲日如来
南無妙聲音如来　南無妙叫聲如来
南無无垢如来　南無无垢阿梨耶如来
南無无垢積如来　南無寂勝色如来
南無普端正如来　南無一切面開色如来

南無踣者如来　南無寶踣如来
南無多伽羅踣平等如来
南無无避如来　南無月者如来
南無吉祥如来　南無常吉祥如来
南無不可伏如来　南無幢不可降如来
南無帝沙如来　南無弗沙如来
南無商主如来　南無大商主如来
南無作利益如来　南無一切世利益如来
南無勝主如来　南無无主法行如来
南無无憂如来　南無除憂如来
南無普智光明勝如来
南無難伏無畏如来
南無不可撲如来　南無力士如来
南無无相智慧如来　南無虚空智如来
南無斷語言如来　南無語響如来
南無福德所生如来　南無福德所出如来
南無大仙如来　南無上意如来
南無地主如来　南無寄香音王如来
南無无量仙如来　南無天冠如来
南無明冠如来　南無意高上如来
南無不墮如来　南無不墮持如来
南無那羅延如来　南無渡彼岸如来
南無軋闥婆如来　南無鉢囉鼻迦耶如来

南無淨足下如來　南無虛空下如來
南無化者如來　南無善作者如來
南無妙勝如來　南無窮香善勝如來
南無薩多伽拔帝如來　南無寂靜拔提如來
南無寂意如來　南無善意如來
南無善思如來　南無虛空思如來
南無微妙語言如來　南無輪語言如來
南無敬供養如來　南無梵天供養如來
南無堅勇軍戎杖捨如來
南無捨波浪如來
一千四百佛已竟
南無如教如來　南無微妙如來
南無可喜如來　南無不被毀如來
南無法海所生意如來　南無迦葉如來
南無拘留孫大如來　南無初發心斷疑如來
南無拔煩惱如來
南無一切願度彼岸斷疑如來
南無至無畏如來　南無梵供養如來
南無月者如來　南無難降日如來
南無火者如來　南無毗沙門如來
南無水者如來　南無塵者如來
南無常涅槃者如來　南無无塵垢如來
南無顯赫者如來　南無梵者如來

南無憍陳如如來　南無阿荼婆夜如來
南無動牢固如來　南無戰勝如來
南無名無比如來　南無无愛性如來
南無大悲如來　南無常勇猛如來
南無悲者如來　南無翳月光如來
南無樂鼻陀羅香如來
南無常水震鳴善音宿王開敷神通
如來
南無令散疑意如來　南無無著處如來
南無勝行如來　南無金網莊嚴如來
南無可得瓔珞如來　南無婆多耶如來
南無燈明如來　南無栴檀如來
南無分明如來　南無大器如來
南無毗葉婆斯那如來　南無毗婆尸如來
南無怖魔如來　南無盧遮如來
南無衆生虛空心形像如來
南無調伏他如來　南無成熟如來
南無難調如來　南無音聲者如來
南無想者如來　南無智焰幟身如來
南無辟喻師子如來　南無生者如來
南無衆類愛如來　南無歡喜如來
南無喜增長如來　南無明照如來
南無遮婆那婆如來　南無樹者如來

南無閻浮威如來　南無種種作如來
南無寂上行如來　南無摩尼角如來
南無調御如來　南無智門音多藏如來
南無普智行無攀緣如來
南無妙寶如來　南無滅下如來
南無善圓滿月如來　南無難勝智至如來
南無功德如來　南無不可思議如來
南無難薩羅如來　南無頻申如來
南無智者如來　南無普行淨如來
南無烏耳如來　南無烏者如來
南無虛空藏如來　南無難破壞如來
南無栴檀星如來　南無无垢如來
南無思法者如來　南無法教藏如來
南無發行如來　南無日威莊嚴如來
南無鉢剌緣婆夜如來　南無入禪定如來
南無寶言如來　南無善住如來
南無蹴踏魔衆如來　南無散無明如來
南無威威如來　南無十方聞音盤如來
南無多摩羅拔如來　南無无邊遊戲如來
一千五百佛已竟
南無无相如來　南無勇行步爲如來
南無幢音如來　南無覩意如來
南無大震聲如來　南無水天如來

五千五百佛名經卷第三　第六張　長字号

南無提頭賴吒如来　南無毗樓勒如来
南無阿黎敎乇如来　南無奢弥多如来
南無閻浮鄰陁如来　南無牟羅耶如来
南無優鉢羅耶如来　南無阿沙羅如来
南無婆羅如来　南無智勝如来
南無毗多摩𡰱如来　南無薩地利捨如来
南無熾盛如来　南無寂靜如来
南無廣信如来　南無教化菩薩如来
南無寶功德如来
南無辯才瓔珞思惟如来
南無師子頻申力如来　南無離所有如来
南無與樂如来　南無甘露者如来
南無梵天者如来　南無聲震吼鳴如来
南無威決了如来　南無破散魔力聲如来
南無定住如来　南無何囉多耶如来隋云樂
南無熾盛者如来　南無瞿鄰衆勝如来
南無衆勝解脫如来　南無日所生如来
南無真體法上如来
若有人於是等無邊阿僧祇所生諸
佛如来名号身自受持讀誦思惟憶
念奉脩行者彼无眼患無耳鼻患舌
患身患一切障㝵皆悉清淨一切衆
人不能調伏又於阿耨多羅三藐三

五千五百佛名經卷第三　第七張　長字号

菩提得不退轉一切十方諸佛世尊常
當念彼為彼衆生常作守護彼等諸
佛乃至夢中為彼示現不可思議乃
有方便速得三昧陁羅尼門所生之
處恒常不離諸佛世尊在於佛教大
寶蓮花而取化生所生之處不曾捨
離三十二大人相及以八十隨形之
好神通五眼教化衆生清淨佛刹行
波羅蜜及三十七助菩提法不離禪
定無量三昧無色定等不捨諸力无
畏辯才十八不共法大慈大悲大喜
大捨无量阿僧祇依大隋上數法計一阿僧祇得億十京十諸
佛法等皆悉不離彼如是諸佛世尊
所有功德彼還如是功德具足即得
安樂如是當得成阿耨多羅三藐三
菩提
南無无垢如来
若稱彼名者即得智無盡
南無日月燈如来
若稱彼名者當得不退轉
若有女人聞此佛名者即為㝡後女
身更不復受
南無甘露弥留如来若稱彼名者假

五千五百佛名經卷第三　第八張　長字号

令世界金鏁充滿及以七寶持用布
施不及一歌羅分
南無普香如来若稱彼佛如来名者
一切毛孔出无量香當受一切香熏
佛刹復得無量无邊福德
南無淨光如来若稱彼佛如来名者
假使滿於恒河沙數世界之中七寶
布施不及於其一歌羅分口稱彼佛
如来名号
南無法上如来若稱彼佛如来名者
一切佛法悉皆滿足
南無大衆者如来若稱彼佛如来名
者一切佛法皆悉滿足
南無无邊香光明如来稱彼名者得
不退轉
南無火光如来若稱彼佛如来名者
晝夜增長无量福聚
南無月燈明如来若稱彼佛如来名
者於世界中堪為福田
南無藥師琉璃光王如来若稱彼佛
如来名者一切殃罪悉皆除滅
南無普光㝡上功德稱聚王如来
南無正住摩𡰱積聚王如来

若有女人聞此二佛如来名者於一切處得捨女身復超四方俱致刼波生死流轉於阿耨多羅三藐三菩提得不退轉常當不離見佛聞法供養衆僧於後世中即得出家尋當得成无㝵辯才

南無寶光月荘嚴首威德明自在王如来

多緻(他夜反)他(一去)曷囉(上)怛泥(去二)曷囉(上)怛泥(去三)曷囉(上)怛娜翅(吉支反)囉(上)泥(去四)曷囉怛娜鉢囉伍㝵袟帝(五)曷囉(上)怛娜三婆鞞(六)曷囉(上)怛娜揭鞞(七)曷囉(上)怛惒(去)鐸揭帝(八)莎呵

若有善男子善女人行菩薩乘者稱彼寶光月荘嚴首威德明自在王如来阿羅訶三藐三佛陁名者及此陁羅尼章句聞已信解彼捨此生得轉輪王位值佛出世見如来已當作无量供養供給脩於梵行逹到一切神通彼岸復得陁羅尼名曰十轉見如来已當作不思議供養當見恒河沙等諸佛越越如是俱致刼波生死流轉心不忘失於阿耨多羅三藐三菩提得身牢實如鄰羅延唯有一骨難

可屈折彼身金色以三十二大丈夫相而自荘嚴得梵音聲離無閑處當得閑處而說偈言

若於七日七夜中　稱彼如来佛名号
獲得清淨妙天眼　无邊淨眼佛所稱
獲得清淨天眼已　彼人肉眼亦清淨
當見无量無邊佛　其數猶如恒河沙
皆悉供養彼諸佛　所聞彼法皆受持
若眼所見諸人等　莫不善言相慰喻
往昔曾經供養佛　并及所作不思議
一切悉得心念持　皆由聞彼如来者

南無智炸如来　南無金光積形如来

南無寶言如来

南無常音震王諸如来等

尒時普賢菩薩文殊尸利童子陁羅尼自在王菩薩執金剛手菩薩時四菩薩及四如来住在日月官殿尒時日月二天子詣彼如来及菩薩所見彼如来等各坐寶荘嚴師子之座在閻浮檀㸑上及彼諸菩薩

尒時日月二天子各共思惟我等云何於此如来邊及諸菩薩所當得陁羅尼名曰與一切衆生光明散大黒

闇寂妙寂上流布十方以彼威力與諸衆生作大光明時彼如来共彼菩薩即為說此陁羅尼曰呪

僧咿(余歌反)㵪婆(去)斫蒭(下同敛盧反)一駄駄(二)斫蒭鉢囉婆(三去)肚邏迷他(四去)迦邏他(五去)壹鞴(他履反)鞴他(甘反)婆(三我反六)蘇囉(上)吒(去七)蘇囉(上)馱(八)蘇炭婆(九上)壹鞴婆(上十)鞞羅(十一　經本无少第十二句)鞞羅鉢膩(女利反十三)遮喵讃唎多(上)膩(十四)阿(長聲)囉膩(十五)迦羅鉢膩(十六)迦羅鉢膩(十七)姤蘆徒四大姤蘆姤蘆徒四(十九)陁素底陁素底(二十)地唎地唎(二十一)度蘆度蘆(並去聲二十二)豆邏豆邏(二十三)迦邏迦邏(二十四)薩他(引)婆(去)薩他(引)婆(去二十五)耆邏耆邏(二十六)耆羅(引)鉢夜(二十七)耆羅(引)鉢夜(二十八)陁素陁素(二十九)孫度三(蘊含反)步(三十一)悉闍素(三十二)頞闍素(三十三)野闍素野闍婆(引)鉢泥(去三十四)樹(引)嚧唎(三十五)題(引)薩唎(三十六)哥(去)邏哥邏(三十七)翅(吉鼓反)唎翅(如上)唎(三十八)厥嚧摩厥嚧摩(三十九)迦磨鉢泥(去四十)雞魯數(郎荷反)雞魯數(四十一)雞羅鉢泥(去四十二)羯迦唎羯迦唎(四十三)羅(引)噌(四十四)復第(四十五)実數(攀荷反)第実數第(四十六)莫訶実數第(四十七)歌邏歌邏(四十八)翅利翅(吉鼓反)利(四十九)比(古之七)怖霤

叻平比怖雷叻五十一馱嗽馱嗽五十二賀
嗽賀嗽五十三賀娑皺膩五十四莎引呵五十五
尒時普賢菩薩告日月二天子言諸
族姓子此陁羅尼已曾入億八千万
諸佛所說憐愍衆生故諸族姓子優
曇鉢花可為易得陁羅尼句此實難
出諸族姓子此陁羅尼句又為易出
若當受持此陁羅尼及讀誦者亦復
甚難諸族姓子佛出於世是為不難
此陁羅尼出現甚難諸族姓子若有
人為在阿鼻地獄衆生造无間者誹
謗正法者住世一劫為利益彼衆生
故誦此陁羅尼句二十一日晝三夜
三日日温習於彼之時阿鼻大地獄
以陁羅尼威神力故破毀百段彼等
衆生即得解脫何況閻浮提人輩若
觸耳門者彼等應作如是知我等已
被四如来攝受及四菩薩并日月二
天攝受於此中莫生疑惑
多緻他一度致二摩訶度郍致三素嚧
素嚧四莎呵
𭎃迦邏毗輸達膩一多羅多羅二莎呵
殊帝一鉢囉地閇二姡嚧姡嚧三莎呵

鉢頭摩摩利膩一薩者典迦反二何邏多佛
第三胡嚧胡嚧四莎呵
薩者典迦反佛第一薩者同上音盧迦膩二
翅吉豉反唎翅唎三莎呵
陁羅尼佛第一阿波囉底呵多佛第
二姡嚧姡嚧三莎呵
羅引利郍質底一徒摩鉢唎呵唎二
叩庫嚧庫嚧三莎呵
陁邏陁邏摩訶陁羅一達邏達邏閣
延底㝹二莎呵諸此莎聲皆平而長諸此呵聲皆去而急
蘇拔囉底一蘇多閇二阿波囉帝三呵
多佛第四陁囉陁囉陁囉陁囉五延
帝㝹
南無智炬如来　南無金剛積形如来
南無寶言如来
南無可畏音震王諸如来等莎呵
南無月光童子
多緻他一鉢囉婆引迦唎二鉢囉婆引
跋帝三達摩毗輸第四羯磨毗輸第五
婆婆闍迷去六莎呵
若有人日常誦者一切業障皆得清淨
南無寶光王如来
多緻他一傷帝傷帝二阿邏伽三叉引耶

余歌反夜余賀反諸耶夜四悉同此反傷底傷底五埵丁挂反
鞞沙六叉耶引夜七傷帝傷諵訶叉耶
夜八
多緻他一眫路眫路二眫路眫路三阿婆呵眫
⿰口路⿰口路四毗闍叉耶夜五莎呵
若人長誦此呪晝三夜三彼等衆罪
速盡無餘
南無勝栴檀香體如来
多緻夜他諸此多音皆作怛姪音皆地耶反他皆去聲一脂囉長帝二
摩唎至翅皆吉豉反三寃唎馱迷去四途囉奴五
鉢囉鞞殺吒去六栴檀囊長岐去七栴檀
郍健平而長第八栴檀郍揭鞞九栴檀郍
復誓十毗輸達尼去十一遮唎多引囉引拔
帝十二薩婆怛他伽多十三提引瑟鬘帝三聲
聲疾急十四莎呵
此陁羅尼章句一切諸佛之所宣說解
釋隨喜若有善男子善女人持此陁
羅尼於諸鬼神得無所畏轉此一生
覩弥陁佛復得對面見觀世音及見
月光童子從一勝處至一勝處諸善
法中遇善知識若其女人得轉女身
所謂是彼栴檀香體如来威力復得
無邊菩薩勝處

南無月上如来　南無作光明菩薩
多緻他一達咧達咧二陁囉膩三肶女一反
陁膩四阿婆夜羯邏閇五迦𫆏波鞞伽
帝六暗烏贈反米履多米已下二字疾急道七迦賴波八
胡多貰膩九阿難多目仚十閇十阿難多
斫蒱伽帝十一唵重聲長引婦十二莎呵十三
善男子此陁羅尼章句恒河沙諸佛
世尊所説住持隨喜為令墮向諸惡
衆生利益故善男子若有菩薩受
持此陁羅尼彼人超越八種恐怖所
謂無邊地獄恐怖无邊畜生恐怖无
邊餓鬼恐怖無邊受胎恐怖无邊生
恐怖无邊老恐怖无邊病恐怖無邊
死恐怖十方諸佛皆念彼人命終之
時心不錯亂面對諸佛受生當得无
盡之身亦復得於調伏諸根
南無婆伽婆𨐍幢如来
南無寳火如来　南無大目如来
南無法界形如来
多緻他一達咧達咧並上聲二達摩陁姤三
鉢羅上底瑟耻勑履反帝四莎呵
南無諸方燈明王如来
多緻他一鉢羅逾閇鉢羅逾徒履反閇二

折時列反若女迦反鄅引迦鉢囉上地閇三莎呵四
南無悲威如来
多緻他一埡伍擡埡擡二折時列反若女迦反
鄅埡擡三佛陁埡擡四達摩埡擡五僧
伽埡擡六莎呵
南無梵海如来
多緻他一婆囉帝婆囉帝二薩婆跋
囉上多鉢利不平咧涅去三佛陁達咧
舍涅四莎呵
南無忍圓滿燈如来
一千五百七十
多緻他一器鄅器鄅二薩婆達摩三婆
囉拏膩四字並去聲四佛陁薩鱣知插反鄅去五
達摩薩鱣鄅六僧伽薩鱣鄅七莎呵
南無法圓光如来
多緻他一栴達囉鉢囉鞞二蘇利耶
鉢囉鞞三栴達囉蘇利耶四設多㮩
呵薩囉頞帝五奚咧迦六鉢囉鞞七
毗輸陁夜八闍若女何反斫𦼮九莎呵
南無无畏莊嚴如来
多緻他一達摩毗喻二字連聲道下同醯二伽伽鄅
毗喻醯莎呵三闍若鄅毗喻醯四莎呵
南無㫪光王如来

多緻他一陁囉陁囉二闍若知齊反耶三鉢
咧輸引達涅去四闍若女迦反鄅鉢咧富囉
涅去五多他跢阿婆菩引達涅去六尸伽澂
七莎呵八
南無廣名稱如来
多緻他一毗不羅瞿折之列反咧二伽伽鄅
瞿折之列反咧二不囉耶不囉耶薩婆
奢引四阿提瑟耻勑一反下同五帝佛陁阿提瑟
耻帝六薩婆菩提薩埵提瑟七耻帝
莎呵八
南無法海波濤功徳王如来
多緻他一鞞佶者一反易羊豉反二下悉同達摩三
謨達囉鞞佶易三伽伽鄅三謨達囉
鞞佶易四佛陁三謨達囉鞞佶易五
菩提薩埵達摩三謨達囉鞞佶易六
波羅蜜多鞞佶易七薩婆奢鉢咧哺
囉拏去鞞佶易八佛陁提瑟耻帝九
莎呵
此諸佛等徃昔行菩薩行時作如是
願我等證菩提已若有衆生聞我等
名受持淨信彼等皆得住不退轉超
越過於八不閑處諸佛菩薩皆悉護
念住持徃生清淨佛剎捨彼命已一

切諸天皆當守護過諸怖畏若復有
人持如是等諸佛名字及陁羅尼偈
頌章句憶念不忘彼若欲見弥勒菩
薩彼人應誦此陁羅尼一十万遍隨
力供養若欲見普賢菩薩彼人應誦
二十万遍隨力供養若復欲見毗盧
遮那如来彼人誦三十万遍隨力供養
得淨心已發慈愍心捨諸我慢瞋恚
嫉妬忿恨諸患等
南無因无邊光明功德威形如来
多緻他一脩利易以政反二脩利易三若郝脩
利易四莎呵
南無種種威力多王功德形如来
多緻他一尸利尸利扱闍尸利二莎呵
南無阿僧衹俱致劫脩習覺如来
多緻他一三牟陁曳二三牟陁曳三若郝
三牟陁曳四莎呵
南無諸法遊戲威形如来
多緻他一揭其謁反薜步計反二揭薜三若郝
揭薜四莎呵
南無妙金虛空形如来
多緻他一伽伽泥去二伽伽泥三伽伽郝毗
揄四莎呵

南無實弥留如来
多緻他一弥留去弥留二阿粹郝弥留
三莎呵
南無瞿郝海如来
多緻他一瞿泥去瞿泥二瞿郝三目提
梨尒三莎呵
南無法界音幢如来
多緻他一吱吉支反一駐吱駐三若郝吱駐四
莎呵
南無法海能雷如来
多緻他一三目提離二三目提離三若郝
三目提離四莎呵
南無法幢如来
多緻他一陁婆提陁婆提二達摩陁婆
提三莎呵
南無地威如来
多緻他一陁離陁離二陁羅尼三勿提
離三莎呵
南無法力光如来
多緻他一波羅避波羅避二達摩波羅
避三莎呵
南無虛空覺正如来
多緻他一佛提佛提二蒱佛提三

莎呵
南無弥留峯明如来
一千六百
多緻他一頞利脂頞利脂二若郝頞利
脂三莎呵
南無雲峯如来
多緻他一迷引祇迷祇二摩呵迷祇三
莎呵
南無日燈幢峯如来
多緻他一波羅地庛邊致反下同二波羅地庛三
若郝波羅地庛四莎呵
南無剎證覺如来
多緻他一娑弥娑弥二三摩娑地帝多達反
莎呵
南無樹王如来
多緻他一度盧迷去度盧迷三去若郝度
盧迷去莎呵
南無瞿郝弥留如来
多緻他一瞿泥去二瞿泥去三瞿郝泥迷四
弥留尸佉離五莎呵
南無三寶如来
多緻他一层弥去二层弥三若郝层弥去四
莎呵

五千五百佛名神咒經　第二十一　長字号

南無毗盧遮那如来

多緻他一毗梨毗梨二毗盧遮泥二去莎呵

南無光莊嚴如来

多緻他一毗引右醯毗右醯二若女何反鄉毗右

醯三莎呵

南無法海如来

多緻他一三摩三摩二三昧達囉毗迦

囉蒲泥三莎呵

南無威頭如来

多緻他一伍闍伍闍二若鄉伍闍三莎呵

南無世間主如来

多緻他一因引垣徒結反利因引垣㓹二因達

羅毗迦囉弥去莎呵

南無威賢功徳如来

多緻他一跋地梯二跋地梯三須跋地梯

莎呵

南無諸法光王如来

多緻他一波引囉遮波羅遮二若鄉波囉

遮三莎呵

南無金剛寶齊如来

多緻他一婆嗜離婆嗜離二婆闍盧恒

離三莎呵

南無持無导力如来

五千五百佛名經卷第二　第二十二張　長字号

多緻他一阿僧祇二阿僧祇三阿僧伽佛

提四莎呵

南無法界形如来

多緻他一達喇迷二去達喇迷去三達摩達

㓹四莎呵

南無諸方燈明王如来

多緻他一推泥推泥二遲鄉迦㓹三莎呵

南無悲威徳如来

多緻他一伍視伍視二摩訶伍視三莎呵

南無梵海如来

多緻他一婆囉帝婆囉帝二婆囉多鉢

㓹不囉泥去三莎呵

南無忍圓燈明如来

多緻他一懺迷二悉毒懺迷三若奇反鄉懺

迷四莎呵

南無法圓光如来

多緻他一薩囉薩囉二薩婆佛陁三提

瑟咲平反一帝四莎呵

南無脩光王如来

韊詩安反下悉同帝一鉢囉韊帝二憂波韊

帝三莎呵

五千五百佛名經卷第三

五千五百佛名經卷第三

校勘記

一　底本，金藏廣勝寺本。

一　八八頁中一行經名及二行譯者，資、磧、普、南、徑、清無（未换卷）。

一　八八頁中三行第七字「那」，資、磧、普、南、徑、清、麗作「耶」。

一　八八頁中二一行第五字「犢」，資、徑作「濁」。

一　八八頁下一八行「音王」，資、磧、普、南、徑、清作「意主」。

一　八九頁上二行第一〇字「作」，資、磧、普、南、徑、清、麗作「化」。

一　八九頁上三行第四字及第一二字「臍」，資、磧、普、南、徑、清作「齊」。

一　八九頁上八行第七字「来」，資、磧、普、南、徑、清作「来右一千四百佛」。

一　八九頁上一一行「一千四百佛已竟」，資、磧、普、南、徑、清無。

一　八九頁上一四行第七字「意」，資、

磧、普、南、徑、清作「音」。

一　八九頁中五行第三字「悲」，資、磧、普、南、徑、清作「慈」。

一　八九頁下一八行第六字「来」，資、磧、普、南、徑、清作「来一千五百佛」。

一　八九頁下二〇行「一千五百佛已竟」，資、磧、普、南、徑、清無。

一　九〇頁上一一行第一二字「離」，資、磧、普、南、徑、清、麗作「雜」。

一　九〇頁上一九行「是等」，資、磧、普、南、徑、清作「此得聞」。

一　九〇頁中一二行夾註「大隋土」，資、磧、普、南作「今大隋」；徑、清作「今此土」。

一　九〇頁中一四行第六字「還」，資、磧、普、南、徑、清作「還得」。

一　九〇頁中一五行第六字「得」，資、磧、普、南、徑、清無。

一　九〇頁中一八行、二〇行及末行「稱彼」，資、磧、普、南、徑、清作「人稱此佛」。

一　九〇頁下三行、六行、一〇行、一二行、二〇行至二一行「稱彼佛如来」，資、磧、普、南、徑、清作「人稱此佛」。

一　九〇頁下五行末字「德」，資、磧、普、南、徑、清作「聚」。

一　九〇頁下六行末字「者」，資、磧、普、南、徑、清作「者所得功德」。

一　九〇頁下七行第二字「使」，資、磧、普、南、徑、清、麗作「使以」。

一　九〇頁下一四行「稱彼」，資、磧、普、南、徑、清作「若人稱此佛」。

一　九〇頁下一六行及十八行「稱彼佛如来」，資、磧、普、南、徑、清作「人稱彼佛」。

一　九一頁上一行「如来」，資、磧、普、南、徑、清無。

一　九一頁上二行第九字「方」，資、磧、普、南、徑、清、麗作「萬」。

一　九一頁上二行第一三字及二一行第一一字「波」，資、磧、普、南、徑、清無。

一　九一頁上末行第五字「實」，資、磧、普、南、徑、清作「固」。

一　九一頁上末行第一〇字「唯」，麗作「直」。

一　九一頁中四行「佛名号」，資、磧、普、南、徑、清、麗作「名号者」。

一　九一頁中一一行末字「者」，磧、普、南、徑、清、麗作「號」。

一　九一頁中一七行第三字「及」，資、磧、普、南、徑、清、麗作「及智炬等」。

一　九二頁上六行第七字「得」，資、磧、普、南、徑、清、麗作「得此」。

一　九二頁上六行「此寶」，資、磧、普、南、徑、清、麗作「實」。

一　九二頁上七行首字「出」，資、磧、普、南、徑、清、麗作「出生」。

一　九二頁上一〇行第六字「現」，資、磧、普、南、徑、清作「現於世是爲」。

一　九二頁上一一行第一三字「者」，資作「罪」；磧、普、南作夾註「者罪」；徑、清作「罪者」。

一　九二頁上一四行第四字「温」，磧、普、南、徑、清作「蘊」。

一　九二頁上一七行第三字「門」，徑、麗作「聞」。

一　九二頁下一八行第二字「尼」，資、磧、普、南、徑、清、麗作「尼者」。

一　九三頁上八行「向諸惡」，資、磧、普、南、徑、清、麗作「諸惡趣」。

一　九三頁中一一行「一千五百七十」，石、資、磧、普、南、徑、清、麗無。

一　九四頁下三行「一千六百」，石、資、磧、普、南、清無。

一　九五頁上六行末字「来」，資、磧、普、南、清作「來右一千六百佛」。

一　九五頁上八行末字「呵」，徑作「訶右一千六百佛」。

一　九五頁上八行後，資、磧、普、南、徑、清換卷，爲卷第四。

一　九五頁中末行「五千五百佛名經卷第三」，資、磧、普、南、徑、清無。末換卷。

五千五百佛名經卷第四　長

大隋北印度三藏闍那崛多譯

南無无垢名稱如來
多緻他 毗冨鞞毗冨鞞　者鄒毗冨鞞
莎呵
南無法海濤波功德王如來
多緻他　三摩上三摩上三摩悉歸他細反
帝　莎呵
南無法王王如來
多緻他曷囉摩曷羅　磨曷伎吱音韓反
囉賦　莎可
南無瞿鄒雲如來
多緻他　瞿迷去聲迷盜　瞿迷瞿摩瞿迷
莎呵
南無法功德如來
多緻他　室剡室剡　室剡　莎呵
南無天冠如來
多緻他一摩句職卓界反二　摩句㳙　達摩
摩句㳙三　莎呵
南無智焰威功德如來
多緻他一㯓㯓二闍耶鉢帝莎呵
南無兩足尊如來

多緻他一度磨度磨二度迷度迷三
莎可
南無虛空聲如來
多緻他一伽伽涅去伽伽涅二伽伽鄰婆
迷去三莎呵四
南無三漫平多生燈如來
多緻他一三婆婆三婆婆二佛陁薩悋窶
鄒　莎呵
南無豪功能形如來
多緻他一瀘迷瀘迷二並去聲瀘摩拔帝三
莎呵
南無寂鳴如來
多緻他一瞿煞所界反下同瞿煞二佛陁瞿
煞莎呵
南無海功德如來
多緻他一薩囉薩囉二施鞞　莎呵
南無日威如來
多緻他一伍㗨伍㗨二伍闍鉢帝　三
莎呵
南無與王如來
多緻他一施鞞施鞞覆一莎呵
南無相㳽留如來
多緻他一叉衰叉衰二羯磨叉衰三

莎呵
南無雲音鳴如来
多緻他一胡嘍醓胡嘍醓二瞿沙胡嘍
醓三莎呵
南無法主王如来
多緻他一因地唎因地唎二因陁囉鉢
帝三莎呵
南無瞿鄉王如来
多緻他一瞿妳瞿妳二瞿拏三
謨地帝三莎呵
南無雷弥留如来
多緻他一不羅耶不囉耶二薩婆摩
奴曷唎他三莎呵
南無聲寐如来
多緻他一奢弥奢弥二奢摩泹三
莎呵
南無光王如来
多緻他一波羅波羅二波羅娑羅泹
三去莎呵
南無花積如来
多緻他一鳩暮二鳩暮三鳩暮提四
莎呵
南無海胎藏如来

多緻他一揭薜步縣反下同揭薜二怛他伽
多揭薜三莎呵
南無出生功徳如来
多緻他一三婆婆三婆婆二波羅尼陁
那三婆婆三莎呵
南無天主周羅摩尼胎藏如来
多緻他一第薜第薜二第便陁羅三
不視伍四莎呵
南無金山如来
多緻他一綱引遮泹二綱遮泹三綱遮那
地唎施去四莎呵
南無寶積如来
多緻他一何囉上怛泹去二何囉怛泹
若那何囉怛泹三莎呵
南無法幢如来
多緻他一淡磨淡磨二達摩淡磨
莎呵
南無財貨功徳如来
多緻他一尸利伍揞二尸利伍揞三
尸利莎呵四
南無智意如来
多緻他一闍弊闍弊二闍婆泹三
莎呵

南無寐幢如来
多緻他一韇帝韇音持安反下悉同一韇帝二波
羅韇帝四莎呵
南無奢摩他幢如来
多緻他一吉利吉利二吉都囉揞三
莎呵
南無寂燈功徳如来
多緻他一奢摩泹覆覆二波羅奢摩泹
覆三韇都婆婆四覆五莎呵
南無无邊明王如来
多緻他一阿婆婆引細二阿婆婆引細三
阿婆婆娑迦囉泹四莎呵
南無雲徐步如来
多緻他一眈婢眈婢二眈嵐眈伍三
莎呵
南無日威如来
多緻他一蘓嚧蘇嚧二蘇利踰地伍三
莎呵
南無法燈功徳弥嘍如来
多緻他一地剔地剔二達摩波地剔三
莎呵四不耆伍五莎呵
南無師子遊戲智燈王如来
多緻他一四迷去四迷二佛陁僧伽四迷三

五千五百佛名經卷第四　第六張　長字号

莎呵
南無普求耶雲如来
多緻他一弥嘍弥嘍佛陁弥嘍二莎呵
南無虚空思如来
多緻他一伽伽泥去伽伽泥二伽伽耶引
毗首陁耶三莎呵
南無出生莊嚴如来
多緻他一三婆薢覆二三婆薢覆三
三婆婆鼻由奚覆四莎呵
南無雷法海震鳴如来
多緻他一伽剎囉引闍泥去二伽唎囉闍
泥去三若耶伽剎囉闍泥去四莎呵
南無法界音鳴如来
多緻他一陁囉陁囉二陁囉尼睺悌三
莎呵
南無化雲如来
多緻他一尼弥尼弥二若耶尼弥三
莎呵
南無善音功德如来
多緻他一婆婆離二婆婆離去二佛陁
婆婆離四莎呵
南無普方威如来
多緻他一多羅多囉二佛陁提瑟𩴭勅五

五千五百佛名經卷第四　第七張　長字号

泥去聲三莎呵
南無法海如来
多緻他一三譈垤田結反唎二三譈垤唎三
達摩陁姡三譈垤四莎呵
南無普音聲如来
多緻他一三婆去鞞去二三婆鞞三拔都
佛陁地瑟宅託麻反泥耶去四莎呵
南無瞿耶海如来
多緻他一瞿泥去瞿泥二佛陁三婆婆
瞿泥三莎呵
南無功德燈如来
多緻他一尸唎尸唎二鉢囉提波尸唎
三莎呵
南無耆市尸反耶日如来
多緻他一耆泥去耆泥二耆耶三蘇利
㝹四莎呵
南無廣雲如来
多緻他一毗富龢毗富龢二伽伽耶毗
富龢三莎呵
南無寶功燈明瞿耶相如来多緻他一
鉢囉地長聲閉二鉢囉地閉三尸利底
闍四鉢囉地閉五莎呵
南無成光明如来

五千五百佛名經卷第四　第八張　長字号

多緻他一悉地悉地二蘇悉地三譈折
之列反你四譈剎你五目訖底六毗目訖
底七阿摩龢八毗摩龢九瞢伽龢奚𡁠
孃伽鞞去聲十阿囉底耶引伽鞞去十一薩
婆他婆達泥去十二波囉摩囉他婆達
泥十三摩耶賜十四摩訶摩耶賜十五阿陁
浮底十六頞底耶浮底去十七毗多拔㝹十八
蘇拔唎泥去十九拔囉摩瞿灑二十拔羅
摩阿廚灑帝二十一薩婆囉拼數二十二阿
波羅祇二十三薩婆多囉二十四阿波囉底
呵底二十五折之列反姡煞灑致二十六佛陁
俱致毗婆煞帝二十七耶摩薩婆悉陁
耶去聲二十八怛都渴反他揭多耶二十九莎呵
說此陁羅尼時彼等一切諸佛世尊
而讚嘆言善哉善哉善丈夫汝令乃
說是甚深陁羅尼乎若有讀誦受持
此陁羅尼者常廣思惟彼族姓子當
得此等諸佛世尊恒常滿足彼之所願
介時香明如來以其舌根遍覆三千
大千世界然後告彼七十七耶由他菩
薩言若有良家子良家女受持此陁
羅尼章句若讀若誦隨力當作供
養為彼此等諸佛世尊所有心願甘

悉滿足尒時教發菩薩摩訶薩白香
光如来作如是言世尊彼等云何而
作供養供養彼等諸佛如来作是語
已世尊告彼教發菩薩作如是言良
家姓子若有初發心行菩薩初發業
者又欲得滿一切願者彼於晨朝時
以瞿摩塗地隨力香花而供養已去
離世談晝三遍夜三遍誦彼諸佛如
来名号及此陁羅尼而彼即得現見
諸法漸得滅除一切業障以諸如来
真實持故
南無月光如来
多緻他一氍達唎皆羅施反二氍達唎三
蘸氍達唎四涞帝氍達唎五氍達
唎吱吉支反羅尼泥去六弥唎弥唎七佛
陁提瑟咲丑壹反帝八四履四履達摩
提瑟咲帝九莎呵十
若有善男子善女人於晨朝時常當
精勤專念彼等如来名号而彼人輩
四万劫常識宿命亦不忘失菩提之心
南無一切趣清淨王如来
多緻他一輸達你輸達你你字去年移反薩婆波
頗䀢輸達你輸悌　䀢輸悌　薩婆達摩

䀢輸悌　莎呵
若有善男子善女人常能持此如来
名号精勤憶念不忘失者即得現見
一切諸法盡諸業障及盡諸惡以佛
真實住持力故當於十四俱致世中
常憶宿命乃至菩提善根亦不窮盡
南無清淨眼如来
多緻他一斫蒭斫蒭二若㘚斫荎三
莎呵諸莎則長聲阿則去聲
若善男子善女人持此如来之名号
者彼於世間當作眼目常能憶持四
十俱致宿命之事乃至道場善根
不盡
南無香爲光王如来
多緻他一揭揩揭揩二揭揩延以佃反悌
唎三莎呵
尒時勝聚菩薩白佛言若有善男子
善女人持此香爲光王如来名号者
彼於十三俱致歲中身出香氣不曾
休息亦不廢忘菩提之心
南無花相如来
多緻他一布濫閉二布濫閉三蘸引
布濫閉四莎呵

此陁羅尼多有功能以陁羅尼呪花
二十一遍如所脩具向如来塔中散
之彼人所有心願皆得滿足復盡一
切業障
南無治地王如来
多緻他一達唎達唎二達羅尼睺地三
莎呵
若有人持此如来名字及此陁羅尼
章句彼人當滿一切心願誦此呪一百
八遍即當一切諸地方所皆成結界
隨得供具供養如来即滿一切所有
諸願
有佛名日月燈明　現在說法人師子
若能持是佛名号　更不復生諸趣中
有佛名日月燈光　現在說法人師子
若能持彼佛名号　當得揔持能巧知
有佛名曰電燈明　現在說法人師子
有佛名曰寂勝燈　現在說法人師子
若能持彼佛名者　不曾生於惡趣中
若能持彼佛名号　諸相未曾有缺少
有佛名曰住真實　現在說法人師子
若能持彼佛名号　其口常出優鉢香
有佛名曰智燈明　現在說法人師子

若能持彼佛名号 大得行行於智中

五千五百佛名經卷第二 第十二張 長字号

有佛名曰燈明主 現在說法人師子
若能持彼佛名号 當照世間猶如燈
有佛名曰威德住 現在說法人師子
若能持彼佛名号 一切諸方威顯赫
有佛名曰陁羅住 現在說法人師子
若能持彼佛名号 令衆甘露得充足
有佛名曰空燈明 現在說法人師子
若能持彼佛名号 能令驚怖着有者
有佛名曰實燈明 現在說法人師子
若能持彼佛名号 當說千經不淨着
有佛名曰實燈号 現在說法人師子
若有持彼佛名号 驚怖一切諸外道
有佛名曰普空行 現在說法人師子
若有持彼佛名号 能脫多數千家生
有佛名曰盡邊際 現在說法人師子
若有持彼佛名号 當得速知眼邊際
有佛名曰盡邊際 現在說法人師子
若有持彼佛名号 當能速知耳邊際
有佛名曰有邊際 現在說法人師子
若有持彼佛名号 當能速知有眼際
有佛名曰邊際德 現在說法人師子
若有持彼佛名号 當得速知眼邊際

有佛名曰轉切德 現在說法人師子

五千五百佛名經卷第[illegible] 第十[illegible]

若有持彼佛名号 當得速知轉眼處
有佛名曰離切德 現在說法人師子
若有持彼佛名号 當得速知眼離處
有佛名曰無物德 現在說法人師子
若有持彼佛名号 當能速知眼無物
有佛名曰無生德 現在說法人師子
若能持彼佛名号 當得速知眼无生
有佛名曰滅切德 現在說法人師子
若能持彼佛名号 當得速知眼寂處
有佛名曰不取德 現在說法人師子
若能持彼佛名号 當得速知眼不取

二百如來

有佛名曰眼盡邊 現在說法人師子
若能持彼佛名号 當得盡知耳邊際
有佛名曰耳盡際 現在說法人師子
若能持彼佛名号 當能得知鼻邊際
有佛名曰鼻邊際 現在說法人師子
若有持彼佛名号 當能速知舌邊際
有佛名曰舌邊際 現在說法人師子
若有持彼佛名号 當能顯知身邊際
有佛名曰身邊際 現在說法人師子
若能持彼佛名号 當能顯知心邊際

有佛名曰心邊際 現在說法人師子

五千五百佛名經卷[illegible] 第十[illegible]張

若能持彼佛名号 當得顯知色邊際
有佛名曰色邊際 現在說法人師子
若能持彼佛名号 當得顯知聲邊際
有佛名曰聲邊際 現在說法人師子
若能持彼佛名号 當得顯知香邊際
有佛名曰香邊際 現在說法人師子
若能持彼佛名号 當得顯知味邊際
有佛名曰味邊際 現在說法人師子
若能持彼佛名号 當得顯知觸邊際
有佛名曰觸邊際 現在說法人師子
若有持彼佛名号 當得顯知盡邊際
有佛名曰盡邊際 現在說法人師子
若能持彼佛名号 當得顯知地邊際
有佛名曰地邊際 現在說法人師子
若能持彼佛名号 當得顯知水邊際
有佛名曰水邊際 現在說法人師子
若能持彼佛名号 當得顯知風邊際
有佛名曰風邊際 現在說法人師子
若能持彼佛名号 當得顯知火邊際
有佛名曰火邊際 現在說法人師子
若能持彼佛名号 當得顯知想邊際
有佛名曰想邊際 現在說法人師子

五千五百佛名經卷第四　第十五張　長字号

若能持彼佛名号　當得了知愛邊際
有佛名曰愛邊際　現在說法人師子
若能持彼佛名号　當得了知世邊際
有佛名曰世邊際　現在說法人師子
若能持彼佛名号　當待了知業邊際
有佛名曰業邊際　現在說法人師子
若有持彼佛名号　即得了知陰邊際
有佛名曰陰邊際　現在說法人師子
若能持彼佛名号　即得了知界邊際
有佛名曰界邊際　現在說法人師子
若能持彼佛名号　即得了知生邊際
有佛名曰生邊際　現在說法人師子
若能持彼佛名号　即得了知因邊際
有佛名曰因邊際　現在說法人師子
若能持彼佛名号　即得了知有邊際
有佛名曰有邊際　現在說法人師子
若能持彼佛名号　即得了知名邊際
有佛名曰名邊際　現在說法人師子
若能持彼佛名号　即得了知事邊際
有佛名曰事邊際　現在說法人師子
若能持彼佛名号　即得了知鳴邊際
有佛名曰鳴邊際　現在說法人師子
若能持彼佛名号　即得了知施邊際

五千五百佛名經卷第四　第十六張　長字号

有佛名曰施邊際　現在說法人師子
若能持彼佛名号　即得了知戒邊際
有佛名曰戒邊際　現在說法人師子
若有持彼佛名号　即得了知忍邊際
有佛名曰住忍辱　現在說法人師子
若能持彼佛名号　即得了知精進際
有佛名曰住精進　現在說法人師子
若能持彼佛名号　即得了知禪邊際
有佛名曰住禪那　現在說法人師子
若能持彼佛名号　即得了知般若際
有佛名曰住般若　現在說法人師子
若能持彼佛名号　即得了知慈邊際
有佛名曰慈邊際　現在說法人師子
若有持彼佛名号　即得了知悲邊際
有佛名曰悲邊際　現在說法人師子
若能持彼佛名号　即得了知喜邊際
有佛名曰喜邊際　現在說法人師子
若能持彼佛名号　即得了知捨邊際
有佛名曰捨邊際　現在說法人師子
若能持彼佛名号　即得了知花邊際
有佛名曰花邊際　現在說法人師子
若能持彼佛名号　即得了知鬘邊際
有佛名曰鬘邊際　現在說法人師子

五千五百佛名經卷第四　第十七張　長字号

若能持彼佛名号　即得了知音聲際
有佛名曰音聲際　現在說法人師子
若能持彼佛名号　即得了知香邊際
有佛名曰香邊際　現在說法人師子
若能持彼佛名号　即得了知然香際
有佛名曰然香際　現在說法人師子
若能持彼佛名号　即得了知傘蓋際
有佛名曰傘蓋際　現在說法人師子
若能持彼佛名号　即得了知幢邊際
有佛名曰幢邊際　現在說法人師子
若能持彼佛各号　即得了知作燈際
有佛名曰作燈際　現在說法人師子
若能持彼佛名号　即得了知光明際
帝敎擽(此草反)醯一那摩末底阿波囉
延底二帝敎擽醯三閇剃那底末底四
波羅輸悌五帝敎擽醯六安擽跋帝七
燠醯悪奞八帝敎擽醯九婆傍那佉十
伽囉醯多摩陁四十一醯履恙履履十二
悪叉囉輸悌十三伏多你鷄底吉向婆
毗跋吒(都嫁反)十五波囉帝敎擽伽多四十六
僧祇若(女何反)波囉毗舍十七毗跋唎是多
十八薩鞞多囉十九毗跋唎是多二十瞿沙
毗輸悌二十一瞿沙八囉婆毗姤二十二輸若

女何反薩婆婆鞞二十三 啞迦波陁姤二十四 頞
真底耶二十五 迦他二十六 伽他涅何呵囉二十七
娑呵薩囉設多你二十八 斫蒱叉耶延多
二十九 叉耶多涅呵盧三十 斫蒱波離延多三十一
波離延多涅呵盧三十二 斫蒱婆脎哆三十三
鞞鞞迦涅呵盧三十四 斫蒱毗跋唎多三十五
婆脎多三十六 涅呵盧三十七 斫蒱頞闍帝三十八
涅呵盧三十九 達涅呵盧四十 斫蒱阿伽囉臨
耶四十一 摩婆薩姤四十二 涅呵盧四十三 斫蒱何
囉奴四十四 伽羅呵四十五 婆迦鉢他四十六 糧
始安反躭四十七 斫蒱四十八 郁帝尸都四十九 瞿沙
䟦鉢涕郁五十 瞿沙毗跋唎祇毘音多五十一
瞿沙涅履地敎吒五十二 斫蒱賀囉悲唎
多五十三 喝囉你失唎多呵盧五十四 斫蒱
何囉郁伽多五十五 阿伽多何囉阿貰耶
五十六 育吉帝五十七 阿者頞何反何舍夜五十八
育吉夜五十九 蘇遮郁六十 羅叉入郁六十一
謨達囉六十二 優伽囉呵六十三 波囉伽囉呵
六十四 曷唎沙六十五 摩郁卬思夜反六十六 質多毗
世沙六十七 涅呵囉六十八 娑何薩囉波帝
敎摲六十九 莫阿羅波底敎摲七十 阿羅
波揭車七十一 莫阿羅波揭車七十二 阿羅
波伍遮七十三 莫阿羅波垣遮七十四 步醯娑

莫醯多七十五 摩婆婆底敎摲七十六 阿羅
長聲波帝七十七 郁盧伊悲帝唎七十八 僧祇
若女何反七十九 毗拔囉祇多伍郁八十 莫阿羅
波頞遮八十一 阿羅波頞遮八十二 迦尸脂捨
八十三 阿羅波帝八十四 郁盧伊悲帝唎八十五
伊悲帝唎耶八十六 僧祇若郁跋唎多
帝八十七 多卬思夜反八十八 伊悲唎僧祇若蒱多反八十九
毗跋囉祇多伍郁九十 阿羅波頞遮九十一
莫阿羅波頞遮九十二 若郁施舍理反九十三 涅
呵囉九十四 索呵薩囉九十五 夷摩郁娑九十六
僕呼九十七 鉢囉舍郁娑呵薩囉九十八 那
多瞿郁九十九 波離鉢唎車耶一百 摩郁
一百一 鉢囉毗尸姤一百二 郁盧波舍底一百三
涅唎涅嚂唎衫反一百四 阿伽多阿伽帝踰一百五
伽摩難拓一百六 阿頞耶娑他郁一百七
毗跋囉匙多薩鞞一百八 阿伽摩難遮一百九
郁毗轍底多寫一百一十 婆師曳底一百十一 頞
踰阿娀郁摩一百十二 安多唎制平聲一百十三 毗
呵盧一百一十四 你師般奴一百十五 阿伽摩尸遮
一百十六 郁婆唎囉㗖帝一百十七 僧祇若女何反一百十八
阿平伽末奴一百十九 阿伽底曳頞世捨衫一百二十
阿伽姤奢薩愁奴故反一百二十一 迦留尸迦卬思夜反一百二十二
阿跋囉難遮一百二十三 郁毗轍底多寫一百二十四 阿

伽底薩跋遮多寫一百二十五 郁阿薩底一百二十六
要叉夜塞揵䭾一百二十七 毗闍膩多伍郁一百二十八
頞又與迦踰一百二十九 頞真帝輸一百三十 若女何反郁
一百三十一 阿盧多惡叉羅一百三十二 育吉帝涅呵
濫良衫反一百三十三 惡伽囉多娑一百三十四 波離施多
一百三十五 薩婆匙涅柰一百三十六 頞施盧鉢羅
波姤一百三十七 頞真帝踰多寫一百三十八 阿伽底
闍呵姤一百三十九 郁毗羅耶帝多寫一百四十 阿
伊底惡叉盧一百四十一 伊迦你者弥何反何鉢
帝一百四十二 阿伊帝踰一百四十三 阿毗跋囉多
一百四十四 波利延姤一百四十五 鴦一百四十六 阿真帝夜
一百四十七 何羅漯弥一百四十八 鉢囉婆鉢囉文
遮帝一百四十九 阿婆毗地汝一百五十 伊跋囉帝
呵囉一百五十一 伍郁摩一百五十二 阿多囉郁阿
跋囉奴一百五十三 伍郁郁阿四一百五十四 阿伽底
耶四一百五十五 阿郁伽底耶四一百五十六 惡叉囉
跋囉匙多一百五十七 底敎摲醯輸涂一百五十八 婆
敎底達謨一百五十九 阿伽羅波尸呵盧一百六十
涕尸姤達摩一百六十一 阿僧迦囉呵盧一百六十二
薩婆盧伍陛一百六十三 頞僧伽尸呵盧一百六十四
奢世婆反他尸利煞吒一百六十五 頞僧伽尸呵
嚧一百六十六 頞唎他尸呵盧一百六十七 鉢囉婆
沙尸呵嚁一百六十八 郁娜尸嚁吉底一百六十九 烏

地裒囉郁呵盧一百七十 達摩泹囉多摩
一百七十一 憂渧囉郁呵盧一百七十二 輸設多阿
呵盧一百七十三 膩否大伽羅呵盧一百七十四 醯姤
泹呵盧一百七十五 阿醯姤泹呵盧一百七十六 跋
薩姤泹呵盧一百七十七 跋薩姤泹呵盧
一百七十八 阿跋薩尼呵盧一百七十九 輸世泹呵
盧一百八十 富大伽羅泹呵盧一百八十一 頞恚
帝泹呵盧一百八十二 阿郁恚帝泹呵盧
一百八十三 謁摩泹呵盧一百八十四 阿謁摩泹呵
盧一百八十五 眺波迦泹呵盧一百八十六 阿眺波迦
泹呵盧一百八十七 因地利耶陁姤泹呵盧一百八十八
鉢囉耕輸一百八十九 郁郁眺大一百九十 頞地
目吉底泹呵盧一百九十一 阿鉢囉底一百九十二
莫鉢囉底一百九十三 鉢底泹呵盧一百九十四
蒲多結唎敎吒一百九十五 縛婆陁郁泹呵
盧一百九十六 哺囉婆婆拔冩一百九十七 伱婆婆
泹呵盧一百九十八 頞拙主律反 底泹呵盧一百九十九
主帝裒遝盧二百 阿薩囉婆二百一 醯郁二百二
鉢剃筵多泹呵盧二百三 婆薩郁差眺多二百四
賀囉泹呵盧二百五 薩婆末奴囉他二百六
薩冩去泹呵盧二百七 落剎郁便闍郁二百八
跋囉郁泹呵盧二百九 闍底毗輸達郁二百一十
瞿多囉泹呵二百一十一 薩婆楞革矜反 伽二百一十二 眺

輸達沮去泹呵盧二百一十三 頡剃第二百一十四 眺俱
盧脎郁二百一十五 浮陁泹呵盧二百一十六 頞鉢囉
底二百一十七 刪蕃平反 地二百一十八 眺世沙泹呵盧二百一十九
野迦鉢地郁二百二十 鉢陁郁泹呵盧二百二十一
野迦郁野迦二百二十二 頞泹迦泹呵盧二百二十三
阿迦姤二百二十四 阿伽底耶冩二百二十五 泹呵盧
二百二十六 謁摩眺輸第二百二十七 泹沙鉢底泹
呵盧二百二十八 斫藹諸容反 斫藹字 二百二十九 鉢囉闍
郁姤二百三十 斫藹泹呵盧二百三十一 結梨含鉢
囉醯郁二百三十二 鉢囉獵多泹呵盧二百三十三
頞陁浮多呵盧二百三十四 尼陁浮陁呵盧二百三十五
阿吒囉迦吒囉二百三十六 呵醯纈二百三十七 吐滥
閇二百三十八 呵迦細二百三十九 婆迦細二百四十 叉米二百四十一
頞輸施二百四十二 帝敎擽吐指反 醯二百四十三 陁
囉尼二百四十四 薩婆泹呵盧二百四十五 薩婆
鉢帝二百四十六 醯纈米二百四十七 捸利迷者二百四十八
向世也加吒膩二百四十九 伏多伽拏郁二百五十 朱
多泹二百五十一 謨多泹二百五十二 都敎泹二百五十三
尸利敎擽二百五十四 夜叉伽拏郁二百五十五 鳩
脎茶伽拏郁二百五十六 提婆伽拏郁二百五十七
乹闥婆伽茶郁二百五十八 陁郁婆二百五十九 僧
伽摩睺呼侯反 羅二百六十 伽僧枷二百六十一 婆囉
摩泹呵嚠悉牽敇反 二百六十二 阿婆囉摩泹呵

嚠二百六十三 同達囉泹呵嚠二百六十四 阿藾囉
泥呵盧忠牽故反 二百六十五 釋迦囉泹呵嚠二百六十六
郁釋迦囉泹呵嚠二百六十七 提婆泹呵嚠
二百六十八 郁提婆泹呵盧二百六十九 夜叉泹呵
嚠二百七十 郁夜叉泹呵盧二百七十一 郁伽泹呵
盧二百七十二 郁郁伽泹呵盧二百七十三 浮多鳩
脎茶乹闥婆泹呵盧二百七十四 哺多郁閇
剃多畢貰遮泹呵盧二百七十五 伭沙遮
羯磨眺賀多囉泹呵盧二百七十六 伭沙遮
俚眺世氼泥呵盧二百七十七 伭氼遮蹳羅拏毗尼尸
氼㘱呵盧真陁囉㘱呵盧二百七十八 郁真陁羅㘱
呵盧二百七十九 蘓利敢㘱呵盧二百八十 郁蘓利耶㘱呵盧二百八十一
馨求鵦二百八十二 鴦求鵦二百八十三 鴦末羅郁
二百八十四 眺田醯智二百八十五 尸眺智二百八十六

應當持戒清淨行　月八十四十五日
思惟巧智莫忘失　頂戴如来佛舍利
心念當出陁羅尼

五千五百佛名經卷第四

五千五百佛名經卷第四

校勘記

一 底本，金藏廣勝寺本。

一 九八頁中一行經名及二行譯者，資、磧、普、南、徑、清無（不分卷）。

一 九八頁下二〇行第三字「與」，資、磧、普、南、徑、清作「舉」；麗作「興」。

一 一〇〇頁中二〇行第四字「功」，資、磧、普、南、徑、清作「功德」。

一 一〇〇頁下一五行「丈夫」，石、資、磧、普、南、徑、清作「男子」。

一 一〇〇頁下二一行「良家子良家女」，石、資、磧、普、南、徑、清作「善男子善女人」。

一 一〇〇頁下二二行末字「供」，石、資、磧、普、南、徑、清作「恭敬供」。

一 一〇〇頁下末行「爲彼」，諸本作「彼爲」。

一 一〇一頁上二行首字「光」，磧、普、南、徑、清作「明」。

一 一〇一頁上四行「世尊」，石、磧、普、南、徑、清作「尒時世尊」。

一 一〇一頁上四行末字至五行第三字「良家姓子」，石、資、磧、普、南、徑、清作「善男子」。

一 一〇一頁上五行「菩薩」，石、資、磧、普、南、徑、清作「菩薩行」。

一 一〇一頁上六行第二字「又」，石、資、磧、普、南、徑、清無。

一 一〇一頁中二行第一一字「持」，諸本作「受持」。

一 一〇一頁中一〇行第一二字「之」，石、資、磧、普、南、徑、清無。

一 一〇一頁中一七至一八行「善男子善女人持此」，石作「人受持」。

一 一〇一頁中二一行第三字「花」，石作「雨」。

一 一〇一頁下一三行第四字「日」，資、磧、普、南、徑、清作「曰」。

一 一〇一頁下一四行第四字「是」，石、資、磧、普、南、徑、清作「彼」。

一 一〇一頁下一四行「復生諸」，諸本作「生諸惡」。

一 一〇一頁下一五行「日月」，資、磧、普、南、徑、清作「曰日」。

一 一〇一頁下一八行第七字「者」，資、磧、普、南、徑、清作「号」。

一 一〇二頁上一〇行第五字「實」，石作「寶」。

一 一〇二頁上一一行第一〇字「千」，磧、普、南、徑、清、麗作「于」。

一 一〇二頁上一一行第一三字「淨」，諸本作「染」。

一 一〇二頁上一三行第二字及次頁中一四行第二字「有」，諸本作「能」。

一 一〇二頁上二〇行第七字「際」，石、資作「德」。

一 一〇二頁中一三行「二百如来」，石、資、磧、普、南、徑、清無。

一 一〇二頁中一七行末字「際」，資、磧、普、南、徑、清作「際右一千七百佛」。

一 一〇二頁下一二行第二字及次頁中四行第二字「有」，徑作「能」。

一　一〇三頁上七行第二字及中四行第二字「有」，資、磧、普、南、徑、清作「能」。

一　一〇三頁下七行第一二字及八行第五字「傘」，石、資、磧、普、南、徑、清作「華」。

一　一〇五頁下一四行後，磧、普、南、徑、清換卷，爲卷第五。

一　一〇五頁下末行卷末經名磧、普、南、徑、清無（未換卷）。

五千五百佛名經卷第五　長

大隋北印度三藏闍那崛多譯

浮多沮呵蘆　阿摩奴沙沮呵蘆
如来塔中多然燈　當應燒彼多勝香
彼勝香中多種出　精寂五百勝沉水
熏陸勝者十分半　十分半出姤路香
寂好苜蓿香同上　藿香橘皮復三分
復用三兩安息香　鬼甲香葉亦復尒
如是分數應具足　蒲黃四分取一分
應具十分石皮香　欝金華香復二分
又須二分安息香　憂鉢青木分亦尒
如是等分日乾曝　既曝乾已細為末
然後取好真勝蜜　以用和彼諸香等
復有二種真正蜜　別用和彼上分香
若有酥摩㖿正油　即用此油塗兩手
方用油手挼上香　挼熟已竟安石器
如是等香和合訖　如来塔中用然之
應令佛心大歡欣　於諸衆生起悲心
如是寂妙種種香　種種妙音妙花等
頂戴香油然勝燈　應誦此等陁羅尼
若欲依彼諸佛教　如前所說應隨順
凡有所願皆成就　彼用少時願得成

陁羅尼智不為難　諸有鬼神悉從心
野叉衆等鳩槃茶　龍衆亦復隨彼意
哺多餓鬼毗舍闍　若有失財皆告彼
數數来往告彼知　凡有所作皆成就
鬼神所有隱密言　諸天并及夜叉等
諸龍衆等鳩槃茶　為彼宣說呪文句
由有福德精進力　一切衆事莫不成
心中所有求願者　亦皆自在得成就
嗜許林反遏魯　胡盧波跋底　兮多
湯底　頞唎他跋底　婆呼波囉㖿設
多男去聲斫蒭米　斫蒭跋底
呼唎曷𩑶　阿知你婆嚌子皆反　底致
搽他格反醯提唎　提婆跋底　跋囉婆
羅鉢他輸悌浮多鉢底　伊呵每醯
阿毗剎男　頞他跋底　浮呼鉢囉㖿
設多㖿　陁囉尼　埵醯上聲你　曷
底唎多　輸波藍盧淹反迦磨瞿㖿柘
毗跋唎抵市支反多薩毗　梅吐㖿達摩
毗跋唎抵多輸地薩囉婆波囉　摩陁
毗跋唎抵多貨底
心中當念陁羅尼　彼既誦此陁羅尼
若欲入於王宮時　心中應念是神呪
隨心所念王處得　多有千數衆生輩

王宮眷屬皆淨信　國中白民亦信向
多作供養諸善逝　多千衆生無有邊
隨順彼王之所作　共諸朋友常和合
凡所營利速成就　不曾覩見諸惡者
或有衆生迷濁心　遠處於彼不讚歎
見於彼等無威曜　无堪彼人大威德
若失伏藏得不難　若失資財得亦易
若失言詞還易得　若失諸門亦易得
種種諸書千數音　工巧未聞得不難
能為衆生作師導　於怨仇所能調伏
彼死驚怖心不迷　欲求無上菩提時
諸女群隊皆憐愍　難得財寶皆易得
一切文義智巧出　多百衆生堪為醫
諸所生處眼不壞　瞻覩智慧皆無上
所求衣服隨彼欲　所求飲食隨彼用
若覩富伽得隨順　所有成者呪功德
受持揔持无疲惓　演說法時亦不疲
演出諸經及安置　彼智亦無疲惓時
見有堪器无嫉妬　見應受器即為說
若愛衣服心貢高　彼無陁羅尼智慧
或有貪著朋友家　於諸衣鉢起愛染
諸如彼等愛縛者　无有揔持智慧心
南無一寶莊嚴如来　南無寶牛王如来
南無无量音如来

南無善安摩牛王如来　南無无畏王如来
南無勝瞿耶莊嚴如来
南無勝伽尼涅如来　南無虚空俗如来
南無叫力王如来　南無放焰光如来
南無牽幢王如来
南無花偹具功德如来
南無離怖毛豎如来　南無智功德如来
南無栴檀香如来　南無曲躬明如来
南無作寶如来　南無香鳥如来
南無弥留聚如来　南無一蓋如来
南無无畏安詳緩步如来
南無栴檀香如来　南無肩廣圓滿如来
南無綱光如来
南無寶優鉢羅功德如来
南無智花寶光明功德如来
南無月上寶功德如来
南無一切怖畏散壞如来
南無安隱王如来　南無法手如来
南無十上焰光如来　南無普焰光如来
南無智光如来　南無寶上焰如来
南無寶輪如来　南無无畏鳴聲如来
南無綱焰如来　南無无邊覺如来

南無无邊莊嚴如来
南無无邊牛王如来
南無優波羅功德如来
南無智安住如来　南無釋迦牟尼如来
南無智叫如来　南無娑羅主王如来
南無寶娑羅如来　南無將導御如来
南無寶言如来　南無不空說如来
南無功德王如来　南無叫王如来
南無不空見如来　南無香形如来
南無无畏鳴音如来
南無叫力焰如来
南無須弥頂上王如来
南無寶寂上功德如来
南無蓮花德如来　南無寂上寶如来
南無香形如来　南無叫鎧如来
南無普藏如来
南無普藏主雲王燈如来
南無普光明如来
南無无量種種相遊戲如来　一千八百
南無寂勝伽尼如来　隋云泉
南無佛花偹具功德如来
南無佛花寂上王如来
南無寶形如来

南無不空說名功德如来
南無无邊瞿耶精進鎧如来
南無發意一切衆生莊嚴如来
南無月分段如来　南無圓光如来
南無瞿耶王光如来
南無瞿耶度彼岸如来
南無作燈如来　南無天王如来
南無作光如来　南無无畏如来
南無婆祇車如来　南無作寶如来
南無无怖如来
南無蓮華上焰如来
南無優波羅功德如来
南無无邊顧鎧如来
南無无邊功德安住如来
南無寶聚如来　南無婆羅呪王如来
南無寶光形如来　南無寶積如来
南無无邊功德莊嚴如来
南無无觀世日如来
南無須弥光如来
南無无邊牛王如来
南無寂上行如来
南無寶花所生功德如来
南無无邊安詳緩步如来

南無一切衆生應現著鎧如来

南無寳蓋寂上如来

南無寂勝衆如来

南無不死甘露花如来

南無寳牛王如来

南無月上切徳如来

南無發心轉法輪如来

南無諸方名聞如来

南無迦陵伽王如来

南無日圓燈如来　南無寳上如来

南無智生切徳如来

南無瞿耶王安住如来

南無无障导眼如来

南無无怖畏如来

南無智切徳如来　南無不可得鎧如来

南無光圓威王如来

南無意因如来　南無无垢憶如来

南無金剛利如来　南無淨意如来

南無利益如来　南無正觀鎧如来

南無蹴踏寃仇如来

南無優鉢羅切徳如来

南無震力王如来

南無邊光明弥留香王如来

南無種種華如来

南無无邊光如来

南無女人丈夫蹴踏如来

南無香上切徳如来

南無寳衆王如来　南無香弥留如来

南無一切衆生心解脱智現如来

南無无相音如来

南無智藏切徳如来

南無无导音如来

南無无動安詳行如来

南無迦葉如来

南無一切瓔珞牛王現如来

南無威利如来　南無有切徳如来

南無名稱響如来

南無一切有我慢拔除如来

南無智徳如来　南無宿王如来

南無甘露相如来　南無栴檀如来

南無羅網光如来　南無梵音如来

南無不无甘露所生切徳如来

南無一切攀緣如来

南無一切衆生不断鎧如来

南無无邊遊戲如来

南無示現諸法如来

南無顧視諸法如来

南無普生切徳如来

南無普智上王如来

南無蓮華上王如来

南無方上如来　南無化生切徳如来

南無衆生賢如来　南無智光如来

南無智阿黎耶如来　南無除孕如来

南無醫王如来（一千九百）　南無无異鎧如来

南無无邊智説如来　南無栴檀香切徳如来

南無无比喻佛花切徳如来

南無善住王如来　南無月上焰如来

南無值御如来　南無作勝如来

南無不惓迴轉如来　南無名稱友如来

南無名稱音如来　南無除憂如来

南無蓮華寂切徳如来

南無善散花相如来

南無普香焰如来　南無諦視眼如来

南無放焰如来　南無光相如来

南無寳形光如来　南無二相髻如来

南無三界牛王安詳行如来

南無明圖如来　南無虚空續牛王如来

南無无盡牛王如来

南無鼓音如来　南無普牛王如来

南無智震如来　南無善安住如来
南無佛牛王如来　南無普德首如来
南無无邊瞿耶具足如来
南無智冣上功德如来
南無智上光明威功德如来
南無蓮華所生功德如来
南無冣勝香牛王如来
南無月相焰如来　南無香烏如来
南無不死光如来　南無蓮花聚如来
南無蓮華生功德如来
南無栴檀功德如来
南無寶積如来　南無智上如来
南無作无畏如来
南無无邊瞿耶所生功德如来
南無光明相如来
南無无邊作德如来
南無一切瞿耶所生功德如来
南無蓮花所生功德如来
南無持炬如来　南無寶上功德如来
南無冣上王如来　南無星宿王如来
南無无邊弥留王如来
南無虛空圓清淨王如来
南無不死音如来　南無寶弥留如来

南無種種寶花開敷如来
南無家勝衆如来
南無无垢離垢解脱鎧如来
南無金花如来　南無寶室如来
南無妙花所生如来　南無放焰如来
南無花所生如来　南無花蓋如来
南無不空鎧如来　南無叫力王如来
南無梵唱如来　南無牛王如来
南無无邊衆如来　南無調御如来
南無无导輪如来
南無一切取作散如来
南無拔疑如来　南無无相音如来
南無過去未来現在鎧甲如来
南無无邊光如来
南無寶弥留如来
南無日燈如来　南無智生功德如来
南無炬燈如来　南無上焰如来
南無弗沙如来　南無无邊日如来
南無方燈如来　南無娑羅主王如来
南無師子如来　南無寶山如来
南無毗波尸如来　南無醫王如来
南無賢功德如来　南無无濁如来
南無香上功德如来　南無香上如来

南無栴檀星如来　南無无邊精進如来
南無敷蓮華數冣上王如来
南無寶網如来　南無善住王如来
南無香冣勝手如来 十二 南無興諸樂如来
南無示現一切攀緣如来
南無不空名稱如来
南無善住如来　南無无邊瞿耶如来
南無莊嚴功德如来　南無樂莊嚴如来
南無虛空相如来　南無賢上功德如来
南無无邊牛王如来　南無淨目如来
南無調柔如来　南無冣上功德如来
南無弥留如来　南無難降伏幢如来
南無難行如来
南無无邊弥留香如来
南無月圓淨王如来
南無勝弥留如来　南無善所生功德如来
南無淨弥留如来　南無善寶功德如来
南無无导眼如来　南無无邊德作如来
南無威功德如来
南無願善思成就如来　南無清淨圓王如来
南無智藏如来　南無難調將如来
南無智聚如来　南無作燈如来
南無歡樂主如来　南無无垢上如来

南無上功德如来
南無示現一切衆生正信牛王如来
南無无邊實如来
南無一切牛愛牛王如来
南無焰佛蓮華寂上功德如来
南無一切魔佛形示現牛王如来
南無相音如来　南無想音如来
南無蓮花上如来
南無寶生功德如来
南無无塵意牛王如来
南無智花所生如来　南無寂上威王如来
南無齊靜如来　南無无塵牛王如来
南無諸趣閉塞如来
南無不思議瞿鄉功德如来
南無喜生功德如来　南無除怖畏如来
南無香熏如来　南無普見如来
南無无畏如来　南無至無畏如来
南無栴檀燈如来　南無燈火如来
南無熾盛如来　南無上行如来
南無勝衆如来　南無金剛行步如来
南無智自在王如来　南無智力吼如来
南無无畏上如来　南無瞿鄉王光明如来
南無賢功德如来　南無梵鳴音如来

南無寶花如来
南無蓮花所生功德如来
南無種種花如来　南無安隱王如来
南無蓮花寂上功德如来
南無常舉肩如来　南無藥師王如来
南無无邊攀緣行如来
南無无邊牛王如来
南無无邊焰如来　南無无邊眼如来
南無諸緣牛王如来
南無无邊星宿衆牛王如来
南無宿王如来　南無香上功德如来
南無虛空德如来　南無寂上功德如来
南無作論議如来　南無勝弥留如来
南無无邊眼如来　南無娑伽羅如来
南無燈炬如来　南無雨幢相如来
南無无垢月威王如来
南無智功德如来　南無吼力王如来
南無瞿鄉王光如来　南無寶火如来
南無拔諸疑如来　南無行步兒如来
南無幢王如来
南無蓮華功德所生如来
南無放光焰如来　南無慈者如来
南無明蓮花焰如来

南無多信如来　南無无盡行步如来
南無海弥留寂上如来
南無釋迦牟尼如来
南無示現雲如来　南無无邊聲如来
南無量瞿鄉功德如来
南無作无異鎧如来
南無无邊焰光如来
南無善眼如来　南無寶藏如来
南無離垢无垢解脫如来南無過現未来無
导鎧如来
南無甘露花如来　南無不死光如来
南無无量莊嚴如来
南無无邊焰光如来
南無无量身光如来
南無不死牛王如来
南無一蓋如来　南無宿院如来
南無寶蓋如来　南無星宿王如来
南無善宿王如来　南無光圓如来
南無光王如来
南無焰上功德如来
南無无邊焰如来　南無勝牛王如来
南無无邊牛王遊步如来
南無无导鳴聲如来

南無大雲焰如来　南無網焰如来
南無佛花焰如来　南無蓮華牛王如来
南無山　王如来　南無月瞿鄃主如来
南無救光焰如来　南無善滿肩如来
南無示現雲如来　南無頂上至王如来
南無不空名渡如来
南無不空安詳遊步如来
南無婆伽拔底不空牛王如来
南無婆伽拔底不空焰如来
南無无邊猛進如来
南無婆羅帝王如来　南無无邊勇進如来
南無寶婆羅如来　南無一蓋所如来
南無星宿莊嚴如来　南無寶所得如来
南無栴檀舍如来　南無无邊香光如来
南無无邊光如来　南無光明圓者如来
南無淨弥留如来　南無无障㝵眼如来
南無无邊眼如来　南無寶所生如来
南無普功德如来　南無安住如来
南無无邊勇步如来　南無不空功德如来
南無佛花生德如来　南無寶健步如来
南無无邊鎧甲如来
南無无邊莊嚴如来
南無虛空圓焰如来

劉忱湛刀

南無无相音如来　南無藥師王如来
南無不怯如来　南無除怖毛竪如来
南無瞿鄃王光如来　南無觀意出花如来
南無虛空門如来　南無虛空音如来
南無虛空莊嚴音如来
南無大目如来　南無勝功德如来
南無蓮華所生功德如来
南無師子德如来　南無悲達多如来
南無功德藏如来　南無師子頰如来
南無善安隱如来　南無梵弥留如来
南無淨眼如来　南無不空遊步如来
南無香烏如来　南無香功德如来
南無香弥留如来　南無无邊眼如来
南無香積如来　南無寶山如来
南無善安住如来　南無善安住王如来
南無婆羅主自在王如来
南無寶弥留如来　南無持圓光如来
南無火燈明如来　南無燈炬如来
南無雲精進如来　南無善觀鎧甲如来
南無師子如来　南無衆生調御如来
南無寂勝安住王如来
南無作日如来　南無作光如来
南無光明弥留如来

南無作光明弥留如来
南無圓光明如来　南無淨光如来
南無飯蓋如来　南無香蓋如来
南無寶蓋如来　南無栴檀香如来
南無栴檀功德如来　南無須弥聚如来
南無寶光明如来　南無婆羅自在王如来
南無梵功德如来　南無清淨日如来
南無斷怯弱如来
南無除一切怖畏毛竪如来
南無寶鎧甲如来　南無无上焰如来
南無網光相如来　南無因王如来
南無一切佛身如来
南無示現功德如来
南無蓮花莊嚴牛王如来
南無網光明如来
南無无邊光佛花所生如来
南無寶婆羅如来　南無寶月如来
南無牛主醫師王如来
南無藥者如来　南無智勝如来
南無寂上鎧如来　南無无上弥留如来
南無發心即轉法輪如来
南無華積如来　南無散花如来
南無不齊光如来　南無寂上焰如来

南無不動跡而遠勇步如来
南無无邊勇步如来
南無无量光明如来
南無邊牛王如来　南無无定願如来
南無轉胎孕如来　南無牛主如来
南無攀緣鎧如来　南無佛虚空如来
南無不惓不轉願如来
南無婆伽婆功德如来
南無力成利如来　南無成利鎧如来
南無月　如来　南無安住鎧如来
南無无邊鎧如来　南無相鎧如来
南無无邊際鎧如来
南無无邊所有鎧如来
南無作然燈如来　南無作光明如来
南無一廊藏如来　南無无邊身如来
南無網焰光如来　南無無邊勇健如来
南無頂上如来　南無圓光明如来
南無善觀如来　南無不空名稱如来
南無一切怖畏怯弱作散壞如来
南無无邊畏鄉王形如来
南無拔度一切怨仇如来
南無一切魔境界如来
南無无邊花如来　南無甘露流注如来

五千五百佛名經卷第五　第十九張　長

南無无邊鳴聲如来

右二千三百一十二

五千五百佛名經卷第五

庚子歲高麗國大藏都監奉
勅雕造

五千五百佛名經卷第五　第二十張　長

五千五百佛名經卷第五

校勘記

一　底本，麗藏本。金藏廣勝寺本殘缺較多，今採用其中可用者七版即一〇九頁下至次頁中、一一一頁上、一一二頁中至次頁上。

一　一〇八頁上一行經名及二行譯者，磧、普、南、徑、清無（不分卷）。

一　一〇八頁上五行「精最」，諸本作「最妙」。

一　一〇八頁上一八行第一三字「悲」，石作「慈」。

一　一〇八頁上二一行第七字「教」，資、磧、普、南、徑、清作「語」。

一　一〇八頁中一行「鬼神」，諸本作「神鬼」。

一　一〇八頁中末行「處得」，諸本作「歡喜」。

一　一〇八頁下三行第一〇字「朋」，諸本作「親」。

一　一〇八頁下七行「亦易」，資、磧、

一　普、南、徑、清作「不難」。

一　一〇八頁下一〇行「師導」，資、磧、普、南、徑、清作「導師」。

一　一〇八頁下一二行「財寶皆易得」，石作「財寶不爲難」；資、磧、普、南、徑、清作「資財不爲難」。

一　一〇八頁下二〇行第二字「愛」，磧、普、南、徑、清作「受」。

一　一〇八頁下二二行第七字「者」，資、磧、普、南、徑、清作「著」。

一　一〇九頁上九行第一二字「明」，諸本作「眼」。

一　一〇九頁上一四行第三字「綱」，資、磧、普、南、徑、清、麗作「網」，下同。

一　一〇九頁中八行第五字「王」，資、磧、普、南、徑、清作「生」。

一　一〇九頁中一一行末字「来」，資、磧、普、南、徑、清作「来右一千八百佛」。

一　一〇九頁中一七行「南無普藏主雲王燈如来」與一八行「南無普光明如来」，諸本前後行經文對置。

一　一〇九頁中一九行夾註「一千八百」，資、磧、普、南、徑、清無。

一　一〇九頁中二〇行夾註「隋云衆」，資、磧、普、南、徑、清無。

一　一〇九頁下一八行「无觀世日」，資、磧、普、南、徑、清、麗作「觀世音」。

一　一一〇頁上五行第四字「牛」，南、徑、清作「生」。

一　一一〇頁上二〇行第五字「寃」，資、磧、普、南、徑、清作「怨」。

一　一一〇頁上末行「南無邊」，資、磧、普、南、徑、清、麗作「南無無邊」。

一　一一〇頁中一一行末字「来」，資、磧、普、南、徑、清作「来南無名稱響如来」。

一　一一〇頁中一二行第九字「現」，資作「視」。

一　一一〇頁中一四行「南無名稱響如来」，資、磧、普、南、徑、清無。

一　一一〇頁下一行末字「来」，資、磧、普、南、徑、清作「来右一千九百佛」。

一　一一〇頁下八行夾註「一千九百」，資、磧、普、南、徑、清無。

一　一一一頁中一八行第一一字「日」，石、資作「目」。

一　一一一頁中二一行第七字「来」，資、磧、普、南、徑、清作「来右二千佛」。

一　一一一頁中末行第一二字「上」，資、磧、普、南、徑、清作「手」。

一　一一一頁下二行第六字「數」，資、磧、普、南、徑、清作「敷」。

一　一一一頁下四行夾註「二千」，資、磧、普、南、徑、清無。

一　一一一頁下末行第四字「樂」，資、磧、普、南、徑、清作「喜」。

一　一一二頁上一五行第四字「生」，石、磧、普、南、徑、清作「王」；資作「主」。

一　一一二頁上一八行「燈火」，諸本作「火燈」。

一一二頁中一二行第五字「德」，石作「功德」。

一一二頁中一四行末字「来」，資、磧、普、南、徑、清作「来右二千一百佛」。

一一二頁中一八行第八字「来」，石作「来二千一百」。

一一二頁下一行第一〇字「盡」，諸本作「邊」。

一一二頁下五行「南無量」，資、磧、普、南、徑、清作「南無無量」。

一一二頁下八行第九字「寶」，資、磧、普、南、徑、清作「一寶」。

一一二頁下九行「如来南無」，資、磧、普、南、徑、清無。

一一二頁下一八行第三字「善」，資、磧、普、南、徑、清作「蓋」。

一一二頁下二一行第五字「焰」，諸本作「燄光」。

一一三頁上三行第一二字「主」，磧、普、南、徑、清作「王」。

一一三頁上五行第一二字「至」，石、資、磧、普、南、徑、清無。

一一三頁中一〇行末字「来」，資、磧、普、南、徑、清作「来右二千二百佛」。

一一三頁下七行第一二字「日」，石、資、磧、普、南、徑、清作「目」。

一一三頁下一三行第四字「現」，石作「視」。

一一四頁上四行「南無邊」，資、磧、普、南、徑、清作「南無無邊」。

一一四頁上九行第三字「力」，資、磧、普、南、徑、清作「刀」。

一一四頁上一二行第五字「際」，磧、普、南、徑、清作「除」。

一一四頁中二行「右二千三百一十二」，石無；資作「右二千三百佛」；磧、普、南、徑、清無。

一一四頁中三行卷末經名，資、磧、普、南、徑、清無（未換卷）。

五千五百佛名經卷第六　長

隋天竺三藏闍那崛多等譯

南无焰積如來　南无光明功德如來
南无除雨圓如來　南无不死佛華焰如來
南无別弥留如來　南无善現如來
南无善目如來　南无最勝衆如來
南无寶花如來　南无寶所出如來
南无月華如來　南无一切帶鎧甲如來
南无一切生死煩惱蹴踏如來
南无無邊辯才如來　南无爭義不怯如來
南无一切拳辯才行如來
南无普香焰如來　南无香象如來
南无香牛主如來　南无香舍如來
南无圓光如來　南无焰王如來
南无蓮華最王如來
南无佛牛王如來　南无無邊牛王如來
南无善鎧如來　南无善鎧功德如來
南无散華如來　南无香華如來
南无香華蓋如來　南无瓔珞如來
南无華窟如來　南无金華如來
南无香不澀迦花如來
南无弥留王如來　南无弥留主如來
南无衆生最上鎧鉀如來

南无衆生不定轉如來
南无善行如來　南无著鎧如來
南无善花如來　南无普放解脫焰如來
南无解脫蓮花功德如來
南无寶羅網如來　南无最上王如來
南无一蓋遍覆諸剎如來
南无星宿王如來　南无善滿肩如來
南无發王如來　南无香真者如來
南无無邊智牛王如來
南无不空著鎧如來
南无不空見如來　南无無礙眼如來
南无阿閦初發心共如來
南无無邊目如來
南无燈主如來
南无普作光明如來
南无安詳遊步如來
南无散諸憂如來
南无無憂如來
南无生功德如來
南无瞿那王如來
南无光明如來
南无勝弥留如來

南無香醉如来　南無憍陳如如来
南無屭所功德如来
南無紅華功德如来
南無華所出如来　南無智視如来
南無勝眷屬如来　南無普光明如来
南無月上焔如来　南無諸方名稱如来
南無度王如来
南無无邊光明功德如来
南無香家勝弥留如来
南無无畏如来
南無安隱所生功德如来
南無无邊瞿那勝行所生功德如来
南無一切瞿那妙莊嚴如来
南無華王如来　南無難降幢如来
南無自在藏焔如来
南無常蓮華家上王如来
南無无畏行所出如来
南無齊整音如来　南無虚空圓淨如来
南無弥留光明如来　南無作燈如来
南無華華上焔如来
南無名稱習如来　南無名稱厚如来
南無婆羅主王如来
南無无邊焔光如来　南無拘留孫如来

南無拘那含牟尼如来
南無迦葉如来　南無釋迦牟尼如来
南無弥勒如来　南無師子如来
南無東方明如来　南無牟那耶如来
南無華如来　南無大華如来
南無華幢如来　南無善宿如来
南無善眼如来　南無商主如来
南無大辟如来　南無大力如来
南無藥者如来　南無月幢如来
南無名稱相如来　南無涼冷相如来
南無大光明如来　南無牟尼聚如来
南無脱取如来　南無堅鞠如来
南無毗盧遮那如来　南無日胎如来
南無月胎如来　南無饒焔如来
南無善明如来　南無无憂如来
南無致沙如来　南無東方燈如来
南無持鑄如来　南無瞿那光明如来
南無示現義如来　南無燈如来
南無多如来　南無秖多如来
南無威者如来　南無安善如来
南無滿足如来　南無嚴熾如来
南無堅彊如来　南無功德威如来
南無堅功德如来　南無難降如来

南無瞿那幢如来　南無阿羅可諳如来
南無衆主如来　南無領衆如来
南無梵鳴如来　南無堅牢如来
南無著鎧如来　南無不嚴猛如来
南無不動戯如来　南無作光明如来
南無大弥留如来　南無金剛如来
南無勝者如来　南無无恐怖如来
南無寳如来　南無生者如来
南無蓮華如来　南無力將如来
南無華者如来　南無華焔如来
南無衆愛如来　南無大威如来
南無梵者如来　南無梵志如来
南無无量壽如来　南無无量光如来
南無龍遊戯如来　南無龍德如来
南無堅遊步如来　南無不空現如来
南無精進德如来　南無賢讃如来
南無有力如来　南無喜如来
南無不墮如来　南無不上如来
南無師子幢如来　南無難勝如来
南無法則如来　南無歡喜王如来
南無調御如来　南無喜分如来
南無婆留那如来　南無瞿那辟如来
南無香爲辟如来　南無顯望如来

五千五百佛名經卷第六　第六張　長字号

南無雲音如来　南無善思如来
南無善意如来　南無孔穴如来
南無凉冷如来　南無大凉冷如来
南無歡王如来　南無大名稱如来
南無摩尼髻如来　南無嚴如来
南無師子行如来　南無樹如来
南無步如来　南無降伏滅諍如来
南無降伏者如来　南無般若積如来
南無善正住如来　南無除疑意如来
南無鳥如来　南無不死覺如来
南無善色如来　南無智如来
南無智焰如来　南無堅揞如来
南無吉祥如来　南無實想如来
南無蓮華如来　南無那羅延如来
南無善辟如来　南無善財如来
南無智得如来　南無瞿那焰光如来
南無梵德如来　南無世間燈如来
南無不異作如来　南無作寶如来
南無華天如来　南無甘露師子意如来
南無善思義如来　南無法自在如来
南無名稱意如来　南無稱意如来
南無辯積如来　南無金剛幢如来
南無利益如来　南無遊戲如来

五千五百佛名經卷第六　第七張　長字号

南無除幢如来　南無除暗如来
南無多天如来　南無弥留幢如来
南無由衆如来　南無自在衆如来
南無寂勝寶孕如来
南無蓮華胎孕如来
南無不隨行如来　南無家上如来
南無愛如来　南無致沙如来
南無摩尼角如来　南無大角如来
南無三界救如来　南無瞿那稱如来
南無小月如来　南無日月内族如来
南無日光如来　南無利如来
南無如底沙如来　南無師子幢如来
南無辯罪魔王如来　南無摩王如来
南無功德孕如来　南無有邊示現如来
南無无邊示現如来　南無睒雷光如来
南無睒電光如来　南無金山如来
南無數得如来　南無師子德如来
南無難降幢如来　南無衆主如来
南無王主如来　南無憘名稱如来
南無燈名稱如来　南無堅精進如来
南無不缺名如来　南無稱如来
南無无比名稱如来
南無除畏如来　南無應供天如来

五千五百佛名經卷第六　第八張　長字号

南無滅怖如来　南無大燈如来
南無世間明如来　南無世間光明如来
南無妙香如来
南無瞿那持寂勝如来
南無離暗如来　南無除寂勝如来
南無不損如来　南無自在如来
南無師子頰如来　南無寶稱如来
南無名如来　南無滅諸惡如来
南無持甘露如来　南無衆生月如来
南無持不死如来　南無善現如来
南無甘意莊嚴如来
南無摩尼光明如来
南無功德聚者如来　南無山積如来
南無法手如来　南無恩義善智如来
南無與怖坐如来　南無寶聚如来
南無衆生刧波如来　南無猛用行如来
南無定意如来　南無分別蓋如来
南無分助如来　南無尊長如来
南無上功德如来　南無上山如如来
南無師子鳴如来　南無寂勝師子鳴如来
南無遊戲如来　南無熾盛如来
南無丈夫勝如来　南無師子光明如来
南無華山如来　南無龍憘如来

南無香自在如来　南無无量名稱如来
南無力天如来　南無瞿郍摩尼如来
南無瞿郍驍如来　南無龍辟如来
南無龍辟主如来　南無勝龍如来
南無莊嚴眼如来　南無度意如来
南無善度意如来　南無甘露眼如来
南無大仙如来　南無智勝如来
南無寶顯如来　南無毗盧遮如来
南無寶幢如来　南無除疑如来
南無除疑惑如来　南無師子畏如来
南無心行如来　南無大熾光如来
南無善山如来
南無世間無上華如来
南無聲安庠如来　南無无邊現如来
南無軍陁如来　南無善現如来
南無无死如来　南無大勝如来
南無寶珠如来　南無頻婆下如来
南無成利現如来　南無華幢如来
南無令淨如来　南無俱俱陁如来
南無山主王如来　南無甘露名稱如来
南無无邊顯如来　南無住利智如来
南無應供天如来　南無寂甲名聞如来
南無滿意如来

南無无憂闇如来　南無除驕如来
南無梵德如来　南無寶自在如来
南無梵天如来　南無陁羅尼自在如来
南無華目如来　南無龍解脱體如来
南無法光如来　南無法形如来
南無盡見如来　南無求郍如来
南無求郍青如来
南無三界供養如来
南無月形如来　南無涼冷如来
南無月面如来　南無犢子名如来
南無不棄撲名如来
南無光曉如来　南無寶形如来
南無寶相如来　南無上名稱如来
南無家上名稱如来　南無作光明如来
南無作光如来　南無无量威如来
南無毗羅摩如来　南無毗羅摩王如来
南無師子體如来　南無難勝如来
南無電如来　南無電勝如来
南無水適如来　南無難降如来
南無求郍聚如来　南無月相如来
南無勢至如来　南無无邊步如来
南無月如来　南無无垢如来
南無示現義如来　南無勇健如来

南無小月如来　南無求郍焰如来
南無无垢意如来　南無善生如来
南無善天如来　南無无疑捨如来
南無持甘露如来　南無妙喜如来
南無不提撲如来　南無不死如来
南無真如来　南無佛陁如来
南無淵如来　南無德叉迦如来
南無衆首如来　南無世間焰如来
南無多如来　南無福德身如来
南無无邊威如来　南無利意如来
南無威王如来　南無天王如来
南無除恚如来　南無華如来
南無除熱惱如来　南無善調如来
南無須達如来　南無名稱德如来
南無華者如来　南無華德如来
南無數華德如来　南無丈夫德如来
南無賢將如来　南無丈夫將如来
南無大德如来　南無寂行如来
南無寂意如来　南無名稱意如来
南無香烏如来　南無郍羅延如来
南無調善如来　南無不提撲如来
南無日月如来　南無電憶如来
南無承者如来　南無大功德如来

南無尸利毱多如來　南無智日如來
南無成利如來　南無弥留積如來
南無慈調如來　南無蓮華如來
南無羅漢名稱如來　南無智步如來
南無善除我如來　南無无阿梨耶如來
南無根體如來　南無善香如來
南無不少國如來　南無弥留名稱如來
南無摩婁多如來　南無淨如來
南無有邊現如來　南無月者如來
南無寶月如來　南無多求多如來
南無阿羅呵毗如來　南無栴檀月如來
南無師子幢如來　南無樂寶如來
南無不下濕如來　南無神通王如來
南無无比如來　南無遊戲如來
南無求郍寶如來　南無應供名稱如來
南無辯才名稱如來　南無摩尼金剛如來
南無蓮華索如來　南無寶瑙如來
南無滿者如來　南無興豪如來
南無寂命如來　南無甘露莊嚴如來
南無摩尼莊嚴如來　南無大蓮華如來
南無衆上如來　南無大因陁羅如來
南無作求郍如來　南無弥留名稱如來
南無十焰如來　南無歡喜如來

南無龍華如來　南無龍勇步如來
南無意車如來　南無寶月如來
南無能寂靜如來　南無世上王如來
南無燈王如來　南無語者如來
南無喜自在如來　南無寶髻如來
南無離畏如來　南無寶胎如來
南無月面如來　南無淨說如來
南無月威如來　南無寂威如來
南無愛幢如來　南無愛天如來
南無羅列天如來　南無蘇夜摩如來
南無寶愛如來　南無喜愛如來
南無寶聚如來　南無寶步如來
南無安庠步如來　南無師子翅如來
南無寂行上如來　南無人上如來
南無人上者如來　南無佛主如來
南無善解如來　南無世間作光如來
南無世間照光如來　南無寶侍者如來
南無婆耆羅他如來
南無删闍耶如來　南無寶威者如來
南無頻耆羅婆如來
南無財積如來　南無喜莊嚴如來
南無佐外道如來　南無香爲如來
南無焰意如來　南無弥留幢如來

南無衆生寶如來　南無善香如來
南無堅雨如來　南無勝威如來
南無雨摩尼如來　南無意開如來
南無跋提迦如來　南無善逝月如來
南無梵音如來　南無郍羅郍如來
南無多音如來　南無師子月如來
南無功德威如來　南無難勝月如來
南無寂月如來　南無耆尸羅如來
南無鉢地耶那如來
南無郍摩如來　南無不生如來
南無伏者主如來　南無名稱無量如來
南無弥留焰如來　南無大光如來
南無寶意如來　南無求郍聚如來
南無供養名稱如來　南無富貴者如來
南無地世如來　南無法名勝如來
南無行行光如來　南無電德如來
南無作寶如來　南無說寶如來
南無耆婆如來　南無須夜摩如來
南無善衆如來　南無決了意如來
南無有邊意如來　南無勝念如來
南無師子焰如來　南無毗盧遮如來
南無名稱上如來　南無善聽如來
南無摩尼月如來

五千五百佛名經卷第六　第十五張　長字号

南無名稱上名稱如来
南無鄁羅延分須弥留王如来
南無意自如来　南無嚴熾焰如来
南無不提撲善行如来
南無火焰意如来　南無摩尼輪如来
南無世間重如来　南無世間威如来
南無師子手如来　南無求鄁莊挍如来
南無寶焰如来　南無羅蔵如来
南無樓遮如来　南無道喜如来
南無合焰如来　南無益焰如来
南無定如来　南無世間行如来
南無孫陁羅如来　南無阿輪遮如来
南無寂定行如来　南無生世間如来
南無寶上如来　南無十到如来
南無力喜如来　南無至功德如来
南無至到如来　南無大至如来
南無求鄁引如来　南無寶語者如来
南無安隱如来　南無安隱上王如来
南無大焰如来　南無電光如来
南無電光明如来　南無求鄁方便如来
南無寶功德如来　南無光明如来
南無不放香如来　南無鄁羅延取如来
南無世間所供養如来

五千五百佛名經卷第六　第十六張　長字号

南無多饒如来　南無作雨如来
南無成手如来　南無師子像如来
南無善華如来　南無寶上如来
南無海如来　南無弥婁海如来
南無持地如来　南無利覺如来
南無富貯積善功德如来
南無善思惟摩如来
南無摩尼者如来
南無求鄁輪如来
南無寶火如来
南無多利如来
南無出世間如来
南無世間月如来　南無茇音如来
南無光威如来　南無大焰如来
南無寶塗如来　南無阿鋧羅如来
南無宷妙如来　南無衆光如来
南無无邊名稱如来　南無不窒焰如来
南無仙天如来　南無掃帚（一解殺綱）如来
南無生主如来　南無金剛寶體如来
南無善助幢如来　南無色眼如来
南無相如来　南無華國如来
南無法意如来　南無開意如来
南無風行如来　南無善思名稱如来

五千五百佛名經卷第六　第十七張　長字号

南無世意如来　南無四聚如来
南無求多子如来　南無求鄁藏如来
南無義行如来　南無不怯如来
南無住友如来　南無住劫波如来
南無摩尼如来　南無瓔珞如来
南無摩尼足如来　南無脫威如来
南無善深胥如来　南無寶索如来
南無善覺如来　南無底沙如来
南無怖威如来　南無勝智如来
南無梵衣如来　南無梵志道来如来
南無寶音如来　南無善證覺如来
南無不難得如来　南無阿羅達多如来
南無師子行如来　南無師子步如来
南無華相如来　南無智可得如来
南無華德如来　南無求鄁藏如来
南無堅苦行如来　南無善辟如来
南無名稱寶如来　南無阿浮多如来
南無阿弥訶多如来
南無无恐如来　南無光意如来
南無天威如来　南無梵善行如来
南無无邊行如来　南無至苦行如来
南無別月如来　南無梵如来
南無勇步天如来　南無愛智如来

南無寶天如来　南無摩尼引如来
南無知功德如来　南無无量光如来
南無弥留威如来　南無梵頂如来
南無漸行如来　南無熾威如来
南無焰聚如来　南無大威如来
南無膽波迦如来　南無無邊威如来
南無善衆如来　南無蓮華者如来
南無善逝如来　南無日陁羅如来
南無大愛如来　南無善逝光如来
南無善逝勝如来　南無衆明如来
南無迮狹如来　南無依利行如来
南無牛黄如来　南無威行如来
南無決了境界如来　南無不无益如来
南無善辟如来　南無大車如来
南無興命如来　南無世尊如来
南無可供養如来　南無寶自在如来
南無日陁羅將如来
南無大焰光如来　南無已得願如来
南無福德光明如来　南無寶音如来
南無金剛師子如来　南無留鐃如来
南無師子力如来　南無无垢目如来
南無迦葉如来　南無普覺如来
南無淨覺如来　南無智華如来

南無智步如来　南無嚴熾威如来
南無大焰光如来　南無日光如来
南無无垢光如来　南無无垢體如来

五千五百佛名除障滅罪神呪經卷第六

五千五百佛名經卷第六

校勘記

一　底本，金藏廣勝寺本。

一　一一七頁中一行經名，資、磧、普、南、徑、清無（未換卷）。麗作「五千五百佛名除障滅罪神咒經卷第六」。

一　一一七頁中二行譯者，資、磧、普、南、徑、清無（未換卷）。麗作「大隋北印度三藏闍那崛多譯」。

一　一一七頁中五行第七字「來」，磧、普、南、徑、清作「來右二千三百佛」。接着資、磧、普、南、徑、清換卷，爲卷第六。

一　一一七頁中末行第八字「鉀」，資、磧、普、南、徑、清作「甲」。

一　一一七頁下六行第七字「諸」，資、磧、普、南、徑、清作「諸佛」。

一　一一八頁上二行「南無處」，磧、普、南、徑、清作「南無無處」。

一　一一八頁上一七行第四字「畏」，資作「畢」；磧、普、南、徑、清作

「異」。

一一八頁上二〇行「華華」，諸本作「蓮華」。

一一八頁上二一行第五字「習」，石作「翟」。

一一八頁中五行第五字「来」，資、磧、普、南、徑、清作「来右二千四百佛」。

一一八頁中七行第四字「眼」，資、磧、普、南、徑、清作「根」；石、麗作「明」。

一一八頁中一二行第一〇字「鞕」，資、磧、普、南、徑、清作「硬」。

一一八頁中一九行第八字「秖」，資作「柢」；磧、普、南、徑、清、麗作「祇」。

一一八頁中二〇行第三字「威」，資、磧、普、南、徑、清作「盛」；麗作「滅」。

一一八頁下四行第四字「鎧」，資、磧、普、南、徑、清作「鎧甲」。

一一八頁下八行第四字「如」，磧、普、南、徑、清無。

一一九頁上二行第四字「意」，資、磧、普、南、徑、清作「音」。

一一九頁上九行第七字「来」，資、磧、普、南、徑、清作「来右二千五百佛」。

一一九頁中一〇行「日月内」，資、磧、普、南、徑、清作「月日宗」。

一一九頁中一三行第四字「罪」，資、磧、普、南、徑、清作「羅」。

一一九頁中一三行第一一字「摩」，諸本作「魔」。

一一九頁中一五行「南無眹雷光如来」，資、磧、普、南、徑、清無。

一一九頁下一四行第九字「恩」，麗作「思」。

一一九頁下一六行第四字「生」，資、磧、普、南、徑、清作「主」。

一一九頁下一七行第六字「来」，資、磧、普、南、徑、清作「来右二千六百佛」。

一一九頁下一九行「如如」，資、磧、普、南、徑、清作「如」。

一二〇頁上一八行第五字「現」，麗無。

一二〇頁上二〇行「俱俱」，磧、普、南、徑、清作「尼俱」。

一二〇頁上末行第一〇字「早」，資、磧、普、南、徑、清無。

一二〇頁中六行第一〇字「那」，石、資、磧、普、南、徑、清作「那形」。

一二〇頁中一一行第六字「名」，資、磧、普、南、徑、清、麗作「名稱」。

一二〇頁中一九行第四字「適」，諸本作「滴」。

一二〇頁下一行第六字「来」，資、磧、普、南、徑、清作「来右二千七百佛」。

一二〇頁下一六行第三字「數」，資、磧、普、南、徑、清作「數」。

一二一頁上一行第五字「鞠」，磧、普、南、徑、清作「毬」。

一二一頁上五行「善除我」，資、磧、普、南、徑、清作「除貢高」。

一　一二一頁上一一行第五字「呵」，磧、徑、清作「阿」。

一　一二一頁上一八行第九字「與」，資、磧、普、南、徑、清作「與」。

一　一二一頁中五行第七字「来」，資、磧、普、南、徑、清作「来右二千八百佛」。

一　一二一頁中一九行第三字「刪」，資、磧、普、南、徑、清作「那」。

一　一二一頁下九行「耶那」，資、磧、普、南、徑、清作「那邪」。

一　一二一頁下一二行「南無彌留焰如来南無大光如来」，石、資、磧、普、南、徑、清作「南無實者如来南無大光如来南無彌留焰如来」；麗作「南無實者如来南無彌留焰如来南無大光如来」。

一　一二一頁下一三行「南無寶意如来」，資、磧、普、南、徑、清無。

一　一二一頁下一四行「南無實者如来」，諸本無。

一　一二一頁下一七行第四字及第一〇字「寶」，資、磧、普、南、徑、清作「實」。

一　一二一頁下二〇行第五字「意」，資、磧、普、南、徑、清作「意香」。

一　一二二頁上一三行第七字「来」，資、磧、普、南、徑、清作「来右二千九百佛」。

一　一二二頁上一六行第一〇字「至」，資、磧、普、南、徑、清作「至者」。

一　一二二頁中二行第一一字「像」，資、磧、普、南、徑、清作「象」。

一　一二二頁中一九行第一一字、同頁下一一行第三字及次頁上一行第三字「實」，磧、普、南、徑、清作「寶」。

一　一二二頁下七行第四字「深」，資、磧、普、南、徑、清作「染」。

一　一二二頁下一七行第五字「寶」，磧、普、南、徑、清作「實」。

一　一二二頁下二一行第一一字「苦」，磧作「言」。

一　一二二頁下二一行末字「来」，資、磧、普、南、徑、清作「来右三千佛」。

一　一二三頁上一二行第三字「牛」，磧、普、南、徑、清作「生」。

一　一二三頁上一三行第一三字「益」，磧、普、南、徑、清作「蓋」。

一　一二三頁中末行經名卷次，石作「五千五百佛名經卷第六」（以下各卷經名同）；資、磧、普、南、徑、清無（未換卷）。

五千五百佛名除障滅罪神呪經卷第七　長

大隋北印度三藏闍那崛多譯

南無分威如来　南無无缺如来
南無善體如来　南無月光如来
南無无比如来　南無蜜面如来
南無月形如来　南無閃得如来
南無寂行如来　南無不動如来
南無應說如来　南無求那閙如来
南無轉眼如来　南無莊嚴王如来
南無家上行如来　南無家高如来
南無蓮華功德如来
南無寶嚴如来
南無善賢如来　南無寶出如来
南無善聽如来　南無不死光如来
南無海德如来　南無善有德如来
南無鬘王如来　南無智名稱如来
南無寶高如来　南無删闍耶如来
南無求那明如来　南無叫名稱如来
南無叫聲如来　南無滿月如来
南無丈夫焰如来　南無蓮華焰如来
南無善光如来　南無燈王如来
南無莊嚴相如来　南無焰掐如来

南無焰王如来　南無殊帝沙迦如来
南無无比名稱如来　南無无辟喻名稱如来
南無蓮華引如来　南無富沙如来
南無明徹如来　南無丈夫如来
南無廣目如来　南無不求利如来
南無嚴熾將如来　南無福德威如来
南無發步如来　南無无导覺如来
南無羅睺天如来　南無智焰如来
南無御者如来　南無智主劫波如来
南無華幢如来　南無羅睺羅如来
南無大藥如来　南無宿王如来
南無福德像如来　南無德叉迦如来
南無遠至名稱如来　南無福德手如来
南無恒車如来　南無叫王如来
南無天王如来　南無日焰如来
南無法庫如来　南無善意如来
南無求那分別如来
南無求那主劫波如来
南無金剛仙如来　南無智聚如来
南無善住如来　南無苦行覺如来
南無梵鳴如来　南無龍者如来
南無雷音如来　南無求那上如来
南無愛衆如来　南無雲磨音如来

南無智幢如来　南無般若聚如来
南無明相如来　南無安慰如来
南無梵志如来　南無首如来
南無姿態眼如来　南無目者如来
南無德者如来　南無龍德如来
南無實相如来　南無智者如来
南無裝挍如来　南無恣態鳴如来
南無倚鳴如来　南無寶賢光如来
南無寶煥明如来　南無明德如来
南無師子者如来　南無月齊如来
南無種種說如来　南無月說如来
南無智健如来　南無蓮華聚如来
南無雷如来　南無勇步如来
南無供養焰如来
南無福德聚勝色如来
南無那羅延元行如来
南無樹帝沙如来　南無凡德如来
南無妙聲如来　南無交藏如来
南無无导藏如来　南無勝德如来
南無勝智如来　南無妙勝如来
南無智勇涉如来　南無焰意如来
南無大焰如来
南無陁羅特天如来

南無戒者如来　南無善光如来
南無名稱功德如来
南無寂伏如来　南無善色如来
南無實者如来　南無无塵如来
南無成槃如来　南無師子如来
南無師子將如来
南無因陁羅將如来
南無婆娑婆如来
南無名稱如来　南無勝者如来
南無勝織如来　南無福焰如来
南無樹帝伽如来　南無善焰如来
南無作方便如来　南無燈王如来
南無智積如来　南無分天如来
南無勝天如来　南無王者如来
南無解脫如来　南無便者如来
南無解脫行如来　南無善色如来
南無諸羅如来　南無金聚所如来
南無羅睺天如来　南無羅睺賢如来
南無難勝如来　南無无尽光明如来
南無无耶耶如来　南無淨者如来
南無安哀如来　南無月焰如来
南無金光如来　南無異事如来
南無端正如来　南無衆主如来

五千五百佛名經卷第七　第四張　長

南無天者如来　南無衆生天如来
南無法盡如来　南無法眼如来
南無福德如来　南無勝手如来
南無无行如来　南無妙者如来
南無智者如来　南無妙智如来
南無細覺如来　南無山成如来
南無藥者如来　南無宿王如来
南無解脫者如来　南無光藏如来
南無戒力如来　南無金莊如来
南無可覺如来　南無厭名聞如来
南無名稱者如来　南無不雜如来
南無无垢光如来　南無寶焰如来
南無希有如来　南無寶聚如来
南無善音如来　南無衆王如来
南無山王如来　南無法積如来
南無解脫惑如来　南無端正如来
南無端正身如来　南無寂體如来
南無吉體如来　南無身體如来
南無妙言如来　南無妙音語如来
南無師子國如来　南無師子牙如来
南無婆囉耶耶如来
南無水天如来　南無婆囉如来
南無世供養如来　南無世主如来

五千五百佛名經卷第七　第五張　長

南無容者如来　南無福德者如来
南無師子助如来　南無師子脇如来
南無師子行如来　南無法勇涉如来
南無法行行如来　南無樂身如来
南無不動色如来　南無成王如来
南無眼者如来　南無忍者如来
南無不伏者如来　南無色成如来
南無就者如来　南無覺者如来
南無救者如来　南無照顯如来
南無定槃覺者如来
南無光焰如来　南無香戒如来
南無令喜如来　南無不坐行如来
南無不空勇涉如来
南無智見如来　南無海志如来
南無勝色如来　南無善色如来
南無善步如来　南無意身如来
南無大意身如来　南無名稱如来
南無可名稱如来　南無淨者如来
南無燈者如来　南無大燈如来
南無淨身如来　南無日者如来
南無天日如来　南無智具如来
南無和合身如来　南無戒力如来
南無自戒如来　南無利利者如来

五千五百佛名經卷第七　第六張　長

南無婆耆羅他如来
南無婁耆羅婆如来
南無金者如来　南無金光如来
南無寂上如来　南無解脫者如来
南無結者如来　南無无色上如来
南無解脫諸罪如来
南無如法行如来　南無安行如来
南無住香如来　南無窮伏勝如来
南無離伏如来　南無智庫如来
南無凡行如来　南無真陁鄉如来
南無阿輪伽如来　南無名者如来
南無淨身體如来　南無自行如来
南無因國如来　南無相國如来
南無蓮華手如来　南無无邊或如来
南無天焰如来　南無天幸如来
南無福德華如来　南無婆若華如来
南無自者如来　南無形觀如来
南無啼者如来　南無足智如来
南無足智知如来　南無凡者如来
南無修羅如来　南無自稱如来
南無凡衣如来　南無寶手如来
南無主王如来　南無鵝如来
南無阿奴摩羅陁鄉如来

南無无體患如来　南無阿婆摩奴夜如来
南無勝威如来　南無福德或如来
南無耆多如来　南無修梨鄉如来
南無度涅如来　南無智指如来
南無成得如来　南無師子如来
南無孔雀如来　南無妙法如来
南無利益如来　南無色衆如来
南無信同如来　南無焰者如来
南無不伏者如来　南無知智如来
南無光明如来　南無同焰如来
南無无倒如来　南無留離幸如来
南無華者如来　南無天者如来
南無多者如来　南無自光如来
南無善光如来　南無具鄉光如来
南無不借如来　南無念光如来
南無善光明如来　南無實功德如来
南無華月如来　南無長失月如来
南無不華護如来　南無不華光如来
南無善意如来　南無不空雲如来
南無智者如来　南無光者如来
南無伽四鄉羅鄉如来
南無智特者如来　南無山者如来
南無不失瞿鄉如来

南無積力如来　南無善目如来
南無善明如来　南無安住如来
南無无思如来　南無羅睺如来
南無黒光如来　南無出世間如来
南無火光明如来　南無伽系多燈如来
南無智海如来　南無法自在山主如来
南無鄉羅鄉鄉如来　南無瞿鄉瞿致力如来
南無法自在如来　南無明者如来
南無善勤如来　南無安住利如来
南無瞿鄉或供如来　南無普智者如来
南無无量意如来　南無真實如来
南無光明宿陁如来　南無不見思惟利如来
南無勝童如来　南無具容勝行如来
南無世間手得利如来
南無无諸患如来　南無妙度意覺如来
南無善焰如来　南無辯才色如来
南無善福慶如来　南無瞿鄉海如来
南無恐怖如来　南無智貴如来
南無辯才眼如来　南無妙覺如来
南無涼冷者如来　南無寶光月如来
南無无有如来　南無大現如来
南無梵聲如来　南無善明如来
南無大智福地如来　南無普覺者如来

南無僧伽多鄉如来
南無有意如来　南無樹王如来
南無庠音如来　南無楃辟如来
南無勢切德如来　南無愛師如来
南無熾威如来　南無火車如来
南無鼓雲音如来　南無愛目如来
南無善智者如来　南無出世間者如来
南無求鄉聚德如来　南無出世間淨如来
南無法幢如来　南無智聲如来
南無上世如来　南無願解脫聲如来
南無智解脫意如来
南無求鄉威焰如来
南無微細主如来　南無鄉羅延者如来
南無辯輪如来　南無善祭祀如来
南無月面如来　南無善望如来
南無求鄉善来如来　南無求鄉積聚如来
南無相意如来　南無福德幢如来
南無辯國如来　南無空施如来
南無愛月如来　南無師子力如来
南無自在王如来　南無阿羅闍耶如来
南無滅無死如来　南無阿狝黎多耶如来
南無與恩如来　南無平等感如来
南無迦囊波耶如来

五千五百佛名經卷第七　第十張　長

南無平等禪定如来
南無无有瞋如来　南無寂下如来
南無迷諸方如来　南無大耆致多耶如来
南無善面如来　南無安庠如来
南無善賢如来　南無住速疾如来
南無智者如来　南無衆主如来
南無大天如来　南無說王如来
南無大威者如来　南無深意如来
南無甘露如来　南無法力如来三千五百
南無得他供養如来
南無富沙耶如来　南無婆羅破耶如来
南無三界如来　南無智慧如来
南無寂漠如来　南無須梨耶鄉如来
南無揭婆耶如来　南無色者如来
南無降伏如来　南無福德形如来
南無寐促梨耶如来
南無思受胎如来　南無諸天供養如来
南無木叉幢如来　南無真駁如来
南無不死者如来　南無清淨如来
南無不死形如来　南無金剛如来
南無慈牢如来　南無堅牢如来
南無實堅如来　南無曉明如来
南無安庠步行如来

五千五百佛名經卷第七　第十一張　長

南無婆鄉避如来　南無淨光如来
南無光者如来　南無求鄉賠如来
南無无比切德如来　南無師子行如来
南無寂為首行如来　南無寂上起如来
南無華德如来　南無放光如来
南無頂形如来　南無蓮華如来
南無智愛如来　南無安庠莊嚴如来
南無不空行如来　南無生苦行如来
南無相幢如来　南無闍海如来
南無勇健如来　南無持實如来
南無樂願如来　南無樂解脫如来
南無實注如来　南無不空實如来
南無巧智如来　南無无常如来
南無不下如来　南無智合喜如来
南無南摩耶如来　南無无比如来
南無令世喜如来　南無无聲如来
南無不怯如来　南無滅有愛如来
南無信福處如来　南無多天叫如来
南無實步如来　南無蓮華手如来
南無切德如来　南無降伏諸怨如来
南無饒名聞如来　南無善國如来
南無華光如来　南無師子音如来
南無月上如来　南無上灰如来

五千五百佛名經卷第七　第十二張　長

南無自瞻如来　南無動者如来
南無和合行如来　南無分闍耶如来
南無波羅提波耶如来
南無水地如来　南無福德燈如来
南無音聲如来　南無鵗多摩耶如来
南無威力如来　南無安住意色如来
南無上色如来　南無善月如来
南無覺分華如来　南無華讃歎如来
南無可讃歎如来　南無善方如来
南無力智威如来　南無威巧如来
南無波羅提波耶如来
南無大燈明如来　南無善光如来
南無堅步如来　南無天聲如来
南無天聲淨如来　南無天淨如来
南無寂靜如来　南無日面如来
南無日者如来　南無樂解脫如来
南無解脫共行如来
南無勝戒光如来　南無功德光如来
南無苦行住如来　南無无有塵如来
南無堅牢如来　南無善住如来
南無牢上如来　南無世增長如来
南無燈者如来
南無婆訶梨陁耶如来

南無亂闍婆耶如来
南無香光如来　南無波吼聲如来
南無波光如来　南無目陁羅意如来
南無賢者如来　南無自王如来
南無分幢如来　南無善知二生如来
南無勝意如来　南無行行如来
南無勝覺行如来　南無无邊如来
南無寶愛如来　南無如法如来
南無滅脚跡如来　南無愛者如来
南無化威如来　南無大友如来
南無善友如来　南無寂行如来
南無寂向行如来　南無甘露王如来
南無殊貴光如来　南無聖者歎如来
南無降意如来　南無无邊威如来
南無隨意如来　南無熾威如来
南無月燈如来　南無形示現如来
南無善度果報如来
南無善喜如来　南無善愛如来
南無无憂如来　南無喜樂如来
南無寶光如来　南無可付信如来
南無福德步如来　南無求鄉海如来
南無雜色體如来　南無支帝耶如来
南無含摩如来　南無降伏魔如来

南無度尼行如来　南無度尼如来
南無不破意如来　南無海者如来
南無摩拭如来
南無摩尼真珠王如来
南無畢利耶娑耶如来
南無佛幢如来　南無智音如来
南無善功德如来　南無空名稱如来
南無梵者如来　南無被梵降如来
南無樂識如来　南無樂智如来
南無神通幢如来　南無伏主劫如来
南無生主劫如来　南無持地如来
南無日光如来　南無羅睺月如来
南無華光如来　南無華明如来
南無无怨如来　南無明主如来
南無華明如来　南無福德愛如来
南無善力如来　南無善鳴如来
南無法自在如来　南無梵音如来
南無善以治如来　南無善長如来
南無无錯意如来　南無月者如来
南無大叫如来　南無說名稱如来
南無无邊辯才幢如来
南無想意如来　南無叫威如来
南無世自在如来　南無徒摩耶如来

南無失母如来　南無不死者如来
南無善月者如来　南無无邊辯才如来
南無拭苦行如来　南無安庠苦行如来
南無堪供養如来　南無供養度无憂如来
南無徹無憂如来　南無愛安慧如来
南無世間意如来　南無愛分如来
南無愛跡如来　南無善生跡如来
南無憂波羅耶如来
南無華索如来　南無華上如来
南無无邊辯才焰如来
南無仙者如来　南無寂妙如来
南無微細淨如来　南無衆精進如来
南無求鄉精進如来　南無堅牢如来
南無天首如来　南無寂為上如来
南無實首如来　南無畢竟實如来
南無清淨如来　南無薄祁羅他如来
南無果報聚如来　南無福德意如来
南無多焰如来　南無无邊求鄉如来
南無焰威如来
南無无邊求鄉威聚如来
南無師子安庠行如来
南無師子奮迅行如来
南無不動者無如来　南無淨者如来

南無波羅西鄉耶如来
南無度光明如来　南無徹苦行如来
南無去聲如来　南無龍髯如来
南無持輪如来　南無輪次如来
南無色勝愛如来　南無法月如来
南無勝姿稚如来　南無法頭如来
南無无邊名稱如来
南無雲幢如来　南無聚行如来
南無智行如来　南無善者如来
南無虛空者如来　南無虛空如来
南無天王如来　南無摩尼淨如来
南無鄉羅延取如来　南無善才如来
南無善燈如来　南無燈者如来
南無實音鳴如来　南無衆主王如来
南無羅漢藏如来　南無无畏如来
南無師子步如来　南無師子意如来
南無實者如来　南無名稱如来
南無已作利如来　南無作現如来
南無有丈夫上如来
南無有善華如来
南無滿足光明王如来
南無高豪如来
南無不可稱辯才王如来

南無分別智音如来
南無師子堅牢如来
南無師子牙如来　南無安庠步如来
南無福德燈月如来
南無吉祥如来　南無无憂如来
南無難降伏如来　南無无憂國如来
南無人月如来　南無月月如来
南無日光明如来　南無大步如来
南無國土如来　南無意思如来
南無意眠如来　南無法味如来
南無勝教如来　南無水勝如来
南無寂力如来　南無鄉若華如来
南無牢音如来　南無和合如来
南無善供養如来　南無說利如来
南無善徹苦行如来
南無樹幢如来
南無无有倉庫如来
南無大光如来　南無尼胎藏如来
南無愛淨如来
南無一利餘多羅夜如来
南無無邊色如来　南無人師子如来
南無藺主如来　南無師子行如来
南無瞻聞鄉摩鄉如来

南無大盧如來　南無妙音如來
南無无邊焰如來　南無意喜散如來
南無福德燈如來　南無善顯如來
南無意喜威如來
南無甘露无憂如來
南無曉意喜如來
南無无垢名稱如來
南無除幢如來　南無威蹈聖如來
南無等示現如來　南無難勝如來
南無威明如來　南無堅步如來
南無妙若聞如來　南無无邊色如來
南無大淨如來　南無甜鳴如來
南無不動力如來　南無无邊莊嚴如來
南無威聚如來　南無定意如來
南無堅牢如來　南無愛解脫如來
南無不死憂如來　南無普觀如來
南無摩訶阿羅呵鄉耶如來
南無一切威如來　南無國供養如來
南無形功德如來　南無重懺悔如來
南無莊嚴光明如來
南無師子奮迅如來
南無毗摩闍訶耶如來
南無善觀如來　南無不死步如來

南無月光明如來　南無大名聞如來
南無覆諸根如來　南無淨意如來
南無无导輪如來　南無甘露音如來
南無降伏神祇如來　南無衆神祇如來
南無神通威如來　南無求鄉王如來
南無无邊色如來　南無大力如來
南無安庠示嚴如來
南無无导示現如來
南無師子香如來　南無普觀察如來
南無勇德如來　南無善觀如來
南無善顏色如來　南無意名聞如來
南無寶莊嚴如來　南無熾威光如來
南無解脫勇如來　南無求鄉莊嚴如來
南無決了意如來　南無智相如來
南無不動意如來　南無付信意如來
南無可喜如來　南無樂寶如來
南無大音如來　南無善覲如來
南無无邊威如來　南無意喜思如來
南無羅漢名稱如來　南無求鄉華如來
南無華焰如來　南無鍛降伏如來
南無妙意鳴如來　南無善示現如來
南無衆塔如來　南無大光明如如來
南無无有比喻如來

五千五百佛名除障滅罪經卷第七

戊戌歲高麗國大藏都監奉
勅雕造

五千五百佛名除障滅罪神咒經卷第七

校勘記

一 底本，麗藏本。

一 一二六頁上一行經名，二行譯者，資、磧、普、南、徑、清無(未換卷)。

一 一二六頁上三行第三字「分」，石作「分別」。

一 一二六頁上四行第四字「體」，石作「身」。

一 一二六頁中四行第六字「来」，資、磧、普、南、徑、清作「来右三千一百佛」。接着資、磧、普、南、徑、清換卷，爲卷第七。

一 一二六頁中二〇行第四字「住」，普作「王」。

一 一二六頁下四行第五字及次頁下六行第三字「眼」，資、磧、普、南、徑、清作「眠」。

一 一二六頁下九行「焕明」，資、磧、普、南、徑、清作「喚鳴」。

一 一二六頁下九行第一〇字「明」，資、磧、普、南、徑、清作「鳴」。

一 一二六頁下末行第五字「特」，磧、普、南、清作「持」。

一 一二七頁上一三行末字「来」，資、磧、普、南、徑、清作「来右三千二百佛」。

一 一二七頁上一五行第九字「便」，諸本作「使」。

一 一二七頁上二一行第四字「哀」，磧、普、南、徑、清作「哀衣」。

一 一二七頁中一行第一〇字「生」，諸本作「主」。

一 一二七頁中六行第一〇字「成」，磧、普、南、徑、清作「或」。

一 一二七頁中一一行第一一字「雜」，磧、普、南、徑、清作「離」。

一 一二七頁下五行第一〇字及七行第一一字「成」，資、磧、普、南、徑、清作「或」。

一 一二七頁下六行第三字「眼」，磧、南、徑、清作「眠」。

一 一二七頁下一三行第六字「涉」，資、磧、普、南、徑、清作「步」。

一 一二七頁下一九行第六字「来」，資、磧、普、南、徑、清作「来右三千三百佛」。

一 一二七頁下二二行第一〇字及末行第四字「或」，資、磧、普、南、徑、清作「戚」。

一 一二八頁上六行第六字「罪」，諸本作「羅」。

一 一二八頁上一三行第九字「相」，資、磧、普、南、徑、清作「想」。

一 一二八頁上末行「南無阿奴摩陁那如来」與本頁中一行「南無無體患如来」，資、磧、普、南、徑、清經文序次互易。以下間有此類情況，不出校。卷八同。

一 一二八頁中一五行第四字「借」，資、磧、普、南、徑、清作「惜」。

一 一二八頁下三行第四字「思」，資作「恩」。

一 一二八頁下三行第六字「来」，資、磧、普、南、徑、清作「来右三千四百佛」。

一二八頁下六行第一三字「主」，資、磧、普、南、徑、清作「王」。

一二九頁上三行「庠音」，石作「詳意」。

一二九頁上一四行第四字「輪」，資作「論」。

一二九頁上二一行第一四字、本頁中三行第一三字及一一行第五字、次頁下五行第五字「耶」，石作「那」。

一二九頁中三行第一〇字「奢」，資、磧、普、南、徑、清作「者」。

一二九頁中九行夾註「三千五百」，資、磧、普、南、徑、清無。

一二九頁中一〇行末字「来」，資、磧、普、南、徑、清作「来右三千五百佛」。

一二九頁中一三行「最漢」，磧、普、南、徑、清作「羅漢」。

一二九頁中一三行第一二字「那」，資、磧、普、南、徑、清作「耶」。

一二九頁中二一行第三字「怨」，磧、普、南、徑、清作「恐」。

一二九頁中二二行第三字「實」，資、磧、普、南、徑、清作「寶」。

一二九頁下一二行第四字「注」，資、磧、普、南、徑、清作「住」。

一三〇頁上六行第三字「威」，資、磧、普、南、徑、清作「盛」。

一三〇頁上一六行末字「来」，資、磧、普、南、徑、清作「来右三千六百佛」。

一三〇頁中九行第三字「滅」，資、磧、普、南、徑、清作「感」。

一三〇頁中一五行第一〇字「威」，磧、普、南、徑、清作「盛」。

一三〇頁下五行第六字「娑」，磧、普、南、徑、清作「婆」。

一三一頁上二行第七字「来」，資、磧、普、南、徑、清作「来右三千七百佛」。

一三一頁中一六行第一一字「子」，資、磧、普、南、徑、清無。

一三一頁下一〇行第四字「眠」，普、南、徑、清作「眼」。

一三一頁下一四行第七字「来」，資、磧、普、南、徑、清作「来右三千八百佛」。

一三一頁下二二行第三字「啇」，資、磧、普、南、徑、清作「商」。

一三二頁上八行「蹵路」，資、磧、普、南、徑、清作「蹴蹋」。

一三二頁上一一行第四字「若」，磧、普、南、徑、清作「名」。

一三二頁中七行第五字「示」，資、磧、普、南、徑、清作「莊」。

一三二頁中一七行第一〇字「覗」，諸本作「現」。

一三二頁中二二行「如如」，資、磧、普、南、徑、清作「如」。

一三二頁下一行卷末經名，資、磧、普、南、徑、清無（未換卷）。

五千五百佛名除障滅罪神呪經卷第八 長

大隋北印度三藏闍那崛多譯

南無清淨意如来 南無妙斛如来
南無大光如来 南無月燈如来
南無智花如来 南無福德莊嚴如来
南無福德勢如来 南無智所得如来
南無有邊示現如来 南無愛示現如来
南無无邊焰如来 南無妙明如来
南無妙月如来 南無武步如来
南無福德回如来 南無愛帝沙如来
南無无邊焰光如来 南無跋檀多如来
南無大弥婁如来 南無善意如来
南無弓上如来 南無大莊嚴如来
南無勝思如来 南無蓮華孚如来
南無鄰羅延如来
南無婆比陁佛陁耶如来
南無无邊焰如来 南無師子意如来
南無勝音如来 南無妙覺如来
南無福德形如来
南無婆婆摩波邏如来
南無婆耶如来 南無可意分如来
南無不濁財如来 南無羅漢威如来

南無成離覺者如来 南無波羅鄰如来
南無陁耶如来 南無地威如来
南無幟威光如来 南無決了思惟如来
南無寶月者如来 南無威光如来
南無華威如来 南無家上國如来
南無名稱幢如来 南無求鄰淨如来
南無法燈如来 南無功德淨如来
南無將愛面如来
南無師子安庠步行如来
南無衆神祇如来 南無海覺如来
南無蓮華藏如来 南無善蓋如来
南無娑羅王如来 南無斛根如来
南無月威勢力如来
南無日光明如来 南無道味如来
南無分陁利香如来 南無弥婁焰如来
南無月面如来 南無安庠行如来
南無顯赫諸方如来 南無法形如来
南無戒淨如来 南無无邊意如来
南無无邊色如来 南無堅精進如来
南無諸天供如来 南無耆覺如来
南無百焰如来 南無仁威如来
南無善福德地如来
南無牢精進如来 南無名稱上如来

南無名稱幢如来 南無羅漢金剛如来
南無普光明如来 南無大威者如来
南無應供養如来 南無上功德如来

四千如来

南無成利思惟如来
南無愛供養如来 南無普藏如来
南無菩提信如来 南無心意如来
南無出覺如来 南無功德鳴如来
南無雜色月如来 南無雲陰如来
南無大焰聚如来 南無山積如来
南無无憂愛如来 南無天國如来
南無師子善鳴如来 南無无邊形如来
南無現愛如来 南無燈王如来
南無功德幢如来 南無諸方聞如来
南無愛明如来 南無月幢如来
南無與無畏如来 南無宿王如来
南無月天如来 南無光思如来
南無大名稱如来 南無妙鳴聲如来
南無悔愛如来 南無名稱上如来
南無天王如来 南無美形如来
南無樂叫如来 南無心意者如来
南無池清淨如来 南無斛惠如来
南無星宿王如来 南無无驚怖如来

南無淨意如来　南無散諸疑如来
南無慈者功德如来　南無勝者如来
南無雜色月如来　南無普現如来
南無現月如来　南無勝魔如来
南無大車如来
南無師子勇步行如来
南無寶焰如来　南無普藏如来
南無成利勇步行如来
南無明日如来　南無現聚如来
南無清淨意如来　南無香醉者如来
南無摩尼淨如来　南無求鄉光如来
南無日燈如来　南無覺天如来
南無梅方便如来　南無善思利如来
南無普現如来　南無師子幢如来
南無普行如来　南無大步如来
南無阿羅頻陁蓮花如来
南無日焰如来　南無不死淨如来
南無无邊色如来　南無蓋天如来
南無寶焰如来　南無鄉車國如来
南無善見如来　南無善名如来
南無婆耆羅他如来
南無日面如来　南無无㝵眼如来
南無師子行者如来　南無摩婁如来

南無多愛如来　南無无畏愛如来
南無大燈如来　南無求鄉孚如来
南無求鄉淨如来　南無般若幢如来
南無威焰如来　南無月德如来
南無求鄉衣如来　南無无邊光如来
南無易事如来　南無名稱相如来
南無光叫如来　南無等求鄉如来
南無熾威相如来　南無鄉羅延者如来
南無寶淨如来　南無普盡色如来
南無善思意如来　南無善意者如来
南無甘露意者焰如来　南無師子髀如来
南無明意如来　南無善意如来
南無王天如来　南無寶幢如来
南無善住意如来　南無甘露天如来
南無聖者華如来　南無不祭祀得如来
南無大相如来　南無明日如来
南無達摩耶如来　南無月面如来
南無善熟如来　南無天施如来
南無寶光明如来　南無孔雀音如来
南無普勝如来　南無饒焰如来
南無无量黃如来　南無名稱愛如来
南無善覆如来　南無不死淨如来
南無不死步如来　南無天國如来

南無天焰如来　南無淨面如来
南無福德愛如来　南無師子意如来
南無地淨如来　南無寶淨如来
南無孫陁羅焰如来　南無雜色月如来
南無月愛如来　南無月蓋如来
南無普觀如来　南無不汙染如来
南無名稱上如来　南無月面如来
南無龍天如来　南無求鄉焰如来
南無求鄉覺如来　南無華上如来
南無世愛如来　南無甘露威如来
南無寶相如来　南無明日如来
南無不死焰如来　南無愛幟如来
南無羅漢愛如来　南無天焰如来
南無福德所得如来　南無福德功德如来
南無求鄉髀如来　南無法燈如来
南無普焰如来　南無大莊嚴如来
南無脫日如来　南無堅牢精進如来
南無意光明如来　南無不正名稱如来
南無正覺者如来　南無无量莊嚴如来
南無師子牙如来　南無福德步如来
南無觀瞻行如来　南無弥婁只帝耶如来
南無電焰如来　南無難勝愛如来
南無勝愛如来　南無弥婁幢如来

南無華光如來　南無上意如來
南無香醉如來　南無求那勇步如來
南無益意如來　南無仙淨如來
南無寶燈如來　南無熾威威如來
南無愛衣如來　南無孫陀羅莊嚴如來
南無求那卒功德如來　南無淨現如來
南無威力如來　南無清淨眼如來
南無智光如來　南無聖眼如來
南無木叉樂如來　南無大不空如來
南無上國如來　南無愛雜如來
南無念業如來　南無求那清淨如來
南無毗盧遮那名稱如來
南無光明家上如來
南無愛付信如來　南無月光如來
南無上鳴如來　南無福德功德如來
南無攝擇如來

二百如來

南無相王如來　南無无惱覺如來
南無聖降如來　南無法洲如來
南無不死求那如來　南無无等名稱如來
南無甘露香如來　南無智者愛如來
南無不錯覺者如來　南無眾愛如來
南無不由他主如來　南無神通淨如來

南無天幟如來　南無龍光如來
南無嚴步如來　南無法勝如來
南無有邊現如來　南無會面如來
南無求那相如來　南無眾主羯波如來
南無无畏如來　南無普明如來
南無求那焰如來　南無月上如來
南無定身體如來　南無求那幢如來
南無閻年陀羅羯波如來
南無无畏交如來　南無攝覺如來
南無陳光如來　南無功德積如來
南無一節光如來
南無那羅延勇健如來
南無師子膝如來　南無戒愛如來
南無世間淨如來　南無熾盛光如來
南無師子奮迅雷如來
南無不濯意如來　南無名稱淨如來
南無決覺如來　南無滅癡如來
南無求那聚如來　南無星覺如來
南無婆耆羅他如來　南無寶勇步如來
南無種種色月如來　南無諸方觀如來
南無幟淨如來　南無思幟如來
南無法幟如來　南無不降輪如來
南無天華如來　南無天蓮華如來

南無普威如來　南無月明如來
南無求那莊嚴如來　南無利思如來
南無相王如來　南無蓮華面如來
南無名稱思如來　南無淨苦行如來
南無師子遊戲步如來
南無摩尼淨如來　南無善香如來
南無智者淨如來　南無福德地處如來
南無般若智如來　南無智開如來
南無威力如來　南無嚴幟威如來
南無覺者喜如來　南無勝淨如來
南無一切愛如來　南無无疑超越如來
南無善思利如來　南無孫婁如來
南無聖調如來　南無智者淨如來
南無攝道如來　南無甜明如來
南無摩訶毗沙吒迦耶如來
南無師子樂如來　南無普寶如來
南無一切世間愛如來
南無有金剛如來　南無師子鳴如來
南無火所覆如來　南無商主如來
南無人月如來　南無大莊嚴如來
南無日光如來　南無可意如來
南無有邊意如來　南無寂行如來
南無攝若稱如來　南無梵所供養如來

南無大聲如来　南無智者淨如来
南無无邊願如来　南無世焰如来
三百如来
南無不現步如来　南無現忍如来
南無大華得如来　南無自熏如来
南無神通淨如来　南無華覺如来
南無婆須達如来　南無不怯鳴如来
南無普顯現如来　南無月光如来
南無擇色如来　南無禪定思如来
南無波女耆羅淺者如来
南無功德淨如来　南無難降伏如来
南無等現如来　南無月燈如来
南無功德淨如来　南無月纖如来
南無世間福德處如来
南無山淨如来　南無上寶如来
南無慙愧賢如来　南無顯赫如来
南無師子吼如来　南無大遊戲步如来
南無普淨如来　南無器鳴如来
南無功德愛如来　南無普行者如来
南無普覺者如来　南無大勇健如来
南無月幢如来　南無堅苦行如来
南無調順供養如来
南無可畏面如来　南無上名稱如来

南無一切求都成就如来
南無堅覺者如来　南無甘露焰如来
南無微妙明如来　南無大力如来
南無大步如来　南無不死清淨如来
南無道遊戲步如来　南無勝聲思惟如来
南無嚴意如来　南無大苦行如来
南無熾威焰如来　南無无諍覺如来
南無師子鳴如来　南無善寶如来
南無善安如来　南無日光明如来
南無甘露王如来　南無道行如来
南無佛友如来　南無不現如来
南無不斷義如来　南無上行如来
南無人月如来　南無上形如来
南無普光如来　南無大莊嚴如来
南無師子奮迅如来
南無愛摩宴多如来
南無寂靜如来　南無大步如来
南無微妙鳴如来　南無福德聚如来
南無意月如来　南無愛眼如来
南無名聞如来　南無功德淨如来
南無道覺者如来　南無寶供養如来
南無妙智如来　南無定隨聞如来
南無勝將如来　南無寶覺如来

南無甘露威如来　南無无禪忍如来
南無月上功德如来　南無龍步如来
南無智者淨如来　南無寶愛如来
南無修鉢羅香如来　南無香自在如来
南無五上如来　南無等苦行如来
南無功德吉如来　南無大威如来
南無色月如来　南無度泥如来
南無不量眼如来　南無慚愧覺者如来
南無功德供養如来　南無華色鳴如来
南無求都摩尼如来
南無淨安住如来
四百如来
南無妙香如来　南無善戒香如来
南無華覺如来　南無上意如来
南無應供養如来　南無山帝積如来
南無熾威光如来　南無長尊長之長喜如来
南無雜色聲鳴如来　南無无意步如来
南無義愛如来　南無超淨如来
南無勇捨如来　南無樂神通光如来
南無威力如来　南無功德淨如来
南無上名聞如来　南無放焰如来
南無无意步如来　南無毗羅摩王如来
南無林華如来　南無功德華如来

南無捨鬪諍如来　南無斗帳如来
南無大名聞如来　南無愛行如来
南無甘歩如来　南無日香如来
南無月鳴如来　南無天幢如来
南無淨月如来
南無耆羅達底耶如来
南無瞻仰觀如来　南無堅覺如来
南無樹華如来　南無上鳴如来
南無甘露雨如来　南無師子聲如来
南無二十万天如来　南無上音如来
南無功德愛如来　南無甘露名如来
南無法華如来　南無大莊嚴如来
南無世間重如来　南無勝意如来
南無弥婁光如来　南無甘露光如来
南無道威如来　南無善覺思如来
南無幢月如来　南無降伏怨如来
南無甘露華如来　南無大名如来
南無益思如来　南無去有如来
南無道蓮華如来　南無天供養如来
南無超泥如来　南無法葩如来
南無大功德如来　南無愛光如来
南無火光如来　南無示愛如来
南無明愛如来　南無不空念如来

南無月孕如来　南無勝德如来
南無寶用如来　南無无畏覺如来
南無威至如来　南無梵光如来
南無大莊嚴如来　南無樂光如来
南無上光如来　南無寂光如来
南無无疑歩如来　南無不錯覺如来
南無苦行饒如来　南無端正分如来
南無无畏如来　南無叫鳴如来
南無大鳴如来　南無選擇者如来
南無淨色如来　南無大勇歩如来
南無大思如来　南無樂目如来
南無无色淨如来　南無歸依淨如来
南無无惱覺如来　南無堪福處如来
南無善辯覺如来　南無普淨如来
南無月威如来　南無天滿如来
南無天鳴如来　南無華日如来
南無不住思如来　南無相淨如来
四千五百如来
南無華形如来　南無明力如来
南無求鄉喜如来　南無法富沙如来
南無可喜威如来　南無月境界如来
南無寂食如来　南無平等求鄉如来
南無降伏威如来　南無天供養如来

南無天鳴如来　南無不錯方便如来
南無大精進如来　南無微妙鳴如来
南無普鳴如来　南無道傾如来
南無天喜如来　南無智力如来
南無普眼如来　南無梵合如来
南無仙華如来　南無虛空覺如来
南無波攬如来　南無无比智如来
南無降剌如来　南無羅漢愛如来
南無戒供養如来　南無等助思如来
南無无畏名聞如来　南無精進淨如来
南無麻讃光如来　南無聞覺如来
南無諸方聞如来　南無自在王如来
南無无邊覺如来　南無放焰如来
南無不死淨如来　南無勝眼如来
南無解脫苦行如来　南無意喜現如来
南無勝光如来　南無大鳴如来
南無大威聚如来　南無光憶如来
南無求鄉威聚如来　南無相淨如来
南無大焰如来　南無羅漢淨如来
南無善住思如来　南無善福處如来
南無智所得如来　南無普實如来
南無日焰如来　南無說福處如来
南無厭瞋如来　南無師子身如来

南無名聞支光如来　南無淨著如来
南無憂喜如来　南無威主如来
南無寶威如来
南無須多殊摩醞多如来
南無曉光如来　南無世塔如来
南無行淨如来　南無善福處威如来
南無羅漢眼如来　南無大勇如来
南無无量色如来　南無智持如来
南無求鄉福處如来　南無弥妻光如来
南無齊意如来　南無大勇步如来
南無无縛无疑摩尼如来
南無成利如来　南無益愛如来
南無諸天所供養如来
南無捨駛流如来　南無捨寶如来
南無智者如来　南無橋梁者如来
南無賢者如来　南無不空勇步如来
南無有衣威如来　南無慈力如来
南無月功德如来　南無寂光如来
南無愛目如来　南無軟弱鳴如来
南無天色如来　南無法意如来
南無涼冷如来　南無无导鳴如来
南無天華如来　南無雜色形如来
南無龍德如来　南無雲鳴如来

南無求鄉勇步如来　南無心求鄉如来
南無大鳴如来
一百如来
南無分明鳴如来　南無捨惡道如来
南無不死華如来　南無安庠眼如来
南無大燈明如来　南無不空苦行如来
南無牢眼如来　南無捨瀨如来
南無相華如来　南無不思議形如来
南無普賢如来　南無涼冷勝如来
南無歡喜德如来　南無端正鳴如来
南無精意如来　南無賢光如来
南無牢華如来　南無不散意如来
南無祭祀德如来　南無顧饒如来
南無樂解脫如来　南無超越駛流如来
南無調悲敵如来　南無无行捨如来
南無不死光如来　南無无垢思如来
南無雜音如来　南無无量光眼如来
南無勇力苦行如来　南無无量光眼如来
南無求鄉財積如来　南無音喜鳴如来
南無大思惟如来　南無天淨如来
南無不死心行如来　南無寂上燈如来
南無堅意如来　南無力勇步如来
南無阿羅如来　南無菩提光如来

南無上鳴音如来　南無六通音如来
南無威力如来　南無人名聞如来
南無決定華財積如来
南無大驕如来　南無水王如来
南無怯行如来　南無憂意滅如来
南無大水勇步如来　南無月光如来
南無心健如来　南無解脫智如来
南無无行生如来　南無瞻波迦燈如来
南無功德供養如来　南無善思者如来
南無功德威色如来　南無衆信如来
南無上意如来
南無孫陁羅念信如来
南無蓮華形如来　南無人蓮華如来
南無精妙香如来　南無寂上所供如来
南無心華如来　南無長上功德如来
南無虛空分別如来　南無天信如来
南無支伍迦福處如来
南無月明如来　南無大堅如来
南無極力如来　南無智國如来
南無嚴意如来　南無山帝覺如来
南無端正分如来　南無寂上功德如来
南無功德支如来　南無邪意捨如来
南無羅漢隨如来　南無功德香如来

南無无諍行如来　南無求鄉熏如来
南無大精進思如来　南無焰光如来
南無親勇步如来　南無深熏思如来
南無香喜如来　南無香爲如来
南無選分覺如来　南無上意思如来
南無求鄉嚴如来　南無苦行主如来
南無智意如来　南無求鄉弥留如来
南無清淨音如来　南無攝選如来
南無功德淨如来　南無月示現如来

二百如来

南無求鄉積光如来　南無法力如来
南無邪意息如来　南無叫王如来
南無調伏根如来　南無極意如来
南無不死焰如来　南無不死思如来
南無求鄉寂勝如来　南無愛囍如来
南無不伏色如来　南無普信如来
南無莊嚴王如来　南無无邊精進如来
南無无邊樂如来　南無威焰如来
南無菩提王如来　南無无㝵覺如来
南無眼目者如来　南無喜分如来
南無偈者如来　南無智藏如来
南無智焰如来　南無法行如来
南無利益如来

五千五百佛名經卷第八　第十九張　長

四千七百二十五如来

尒時世尊而說偈言

已聞如是世尊名　若有智者莫放逸
勿令此會皆不值　悪道苦中流轉行
應住持戒當順忍　應信多聞在空閑
當應滿已其深忍　彼應當見如是尊
若作悪業億數劫　未知悪業果報者
彼盡一切當作佛　持已如是諸佛名

佛說此經已弥勒菩薩摩訶薩及諸菩薩大比丘衆天龍夜叉乹闥婆阿修羅迦樓羅緊鄉羅摩睺羅伽人非人等聞佛所說歡喜奉行

五千五百佛名除障滅罪神呪經卷第八

庚子歲高麗國大藏都監奉
勅雕造

五千五百佛名經卷第八　第二十張　長

五千五百佛名除障滅罪神咒經卷第八

校勘記

一　底本，麗藏本。
一　三五頁上一行經名，二行譯者，資、磧、普、南、徑、清無（未换卷）。
一　三五頁上五行「南無福德莊嚴如来」後，資、磧、普、南、徑、清有「右三千九百佛」一行。接着資、磧、普、南、徑、清换卷，爲卷第八。
一　三五頁下四行「四千如来」，諸本無。
一　三五頁下一六行第七字「来」，資、磧、普、南、徑、清作「来右四千佛」。
一　三六頁中二二行末字「来」，資、磧、普、南、徑、清作「来右四千一百佛」。
一　三六頁下一五行第五字「譬」，資、磧、普、南、徑、清作「臂」。
一　三七頁上九行第五字「樂」，資、磧、普、南、徑、清作「藥」。

一　一三七頁上一七行「二百如来」，諸本無。

一　一三七頁中一行第一〇字「光」，資、磧、普、南、徑、清作「王」。

一　一三七頁中四行第四字「那」，石作「耶」。

一　一三七頁中五行第一〇字「明」，諸本作「眼」。

一　一三七頁中六行第七字「来」，資、磧、普、南、徑、清作「来右四千二百佛」。

一　一三七頁下一九行第一〇字「商」，資、磧、普、南、徑、清作「商」。

一　一三七頁下末行第四字「若」，磧、普、南、徑、清作「名」。

一　一三八頁上三行「三百如来」，諸本無。

一　一三八頁上一五行末字「来」，資、磧、普、南、徑、清作「来右四千三百佛」。

一　一三八頁中末行第九字「實」，磧、普、南、徑、清作「寶」。

一　一三八頁下一二行「四百如来」，諸本無。

一　一三八頁下末行末字「来」，資、磧、普、南、徑、清作「来右四千四百佛」。

一　一三九頁中六行第四字「疑」，徑、清作「礙」。

一　一三九頁中一三行第一一字「福」，諸本作「福德」。

一　一三九頁中一八行「四千五百如来」，諸本無。

一　一三九頁中五行末字「来」，石作「来四千五百」。

一　一三九頁中六行末字「来」，資、磧、普、南、徑、清作「来右四千五百佛」。

一　一三九頁下一一行第四字「譏」，資、磧、普、南、徑、清作「幾」。

一　一三九頁下一七行第一一字「憶」，磧、普、南、徑、清作「幢」。

一　一三九頁下二〇行第五字「思」，資、磧、普、南、徑、清作「恩」。

一　一四〇頁中三行「一百如来」，諸本無。

一　一四〇頁中一四行第七字「来」，資、磧、普、南、徑、清作「来右四千六百佛」。

一　一四〇頁中一八行「无量光眼」，諸本作「上光」。

一　一四一頁上三行第一一字「熏」，磧、普、南、徑、清作「重」。

一　一四一頁上一〇行「二百如来」，諸本無。

一　一四一頁上二一行第六字「来」，資、磧、普、南、徑、清作「来右四千七百佛」。

一　一四一頁中一行「四千七百二十五如来」，諸本無。

一　一四一頁中四行第五字「皆」，諸本作「莫」。

一　一四一頁中六行第七字「忍」，石作「心」。

佛説不思議功徳諸佛所護念經卷上　長
曹魏代失譯人名
東方去是百千万億江河沙諸佛土
解君世界實光月殿妙尊音王如来
東方去是百八万億江河沙諸佛土
淨光莊嚴世界淨華宿王智如来
東方去是百億江河沙諸佛土起立
願世界普照常明徳海王如来
東方喜信淨世界光英如来
東方解脱華世界師子響作如来
東方普光世界天王如来
東方多樂世界虚空等如来
東方寶積世界寶揚威神超王如来
東方常名聞世界離闇首如来
東方寶嚴世界前日光王如来
東方蓮華淨世界淨教如来
東方寂寞世界一億諸佛普集如来
東方清淨世界日月光如来
東方拔衆濊勞世界等行如来
東方阿毗羅提世界大目如来
東方須弥幡世界須弥燈王如来
東方不眴世界普賢如来

東方思惟世界無　如来
東方甘音聲稱説世界過寶蓮華
快住樹王如来
東方蓮華香世界過寶蓮華如来
東方無諸毒螫世界本草樹首如来
東方除狐疑世界等功徳明首如来
東方內快世界分別過出淨如来
東方愛喜世界等遍明如来
東方愛樂世界月英幢王如来
東方不可勝説世界快樂如来
東方解脱世界解散一切縛具足王
如来
東方滿香名聞世界蓮華具足王
如来
東方滿一切珍寶世界藥師具足王
如来
東方樂入世界無憂徳首具足王
如来
東方歡喜樂世界歡助衆善具足
王如来
東方慈哀光明世界紺琉璃幾勇猛
具足王如来
東方滿所願聚世界安隱囑累滿具

足王如来
東方不退音世界寂遷光明蓮華開
如来
東方清淨世界精明堂如来
東方無量德淨世界淨王如来
東方多寶世界寶積如来
東方無垢世界離垢意如来
東方香林世界入精進如来
東方離垢世界無垢光如来
東方歡喜世界阿閦如来
東方甚樂世界仙剛如来
東方壞調世界恩夷華如来
東方莫能勝世界固進度恩吉義
如来
東方閏迹世界奉至誠如来
東方吉安世界觀明功勳如来
東方無恚恨世界慈英寂首如来
東方五杖世界真性上首如来
東方熾上首世界念衆生稱上首
如来
東方曜赫熱首世界勇首超高須弥
如来
東方愛喜世界稱趾勝上首如来

東方天神世界寶海如来
東方寶集世界寶英如来
東方寶寂世界寶成如来
東方光明世界寶光明如来
東方幢幡世界寶幢幡如来
東方衆德光明世界寶光明如来
東方無量世界大光明如来
東方衆華世界無量音如来
東方无塵垢世界无量音如来
東方莫能勝世界大名稱如来
東方光明世界寶光明如来
東方名光世界德大光隱如来
東方華居光世界火光明如来
東方正直世界正音聲如来
東方光明尊世界無限淨如来
東方音響世界月音王如来
東方安隱世界无限名稱如来
東方日世界月光明如来
東方清淨世界無垢光如来
東方琉璃光世界淨光如来
東方大豊世界日光如来
東方正覺世界无量寶如来
東方蓮華光世界蓮華寂尊如来

東方普度衆難世界身尊如来
東方堅固世界金光如来
東方無際世界梵自在如来
東方月世界紫金光如来
東方火光世界金海如来
東方正覺世界龍自在王如来
東方喻月世界一切華香自在王
如来
東方星王世界樹王如来
東方勇猛執持牢杖棄捨戰鬪如来
東方豊饒世界内豊珠光如来
東方香熏世界无量香光明如来
東方龍珠觀世界師子響如来
東方修行世界大精進勇力如来
東方堅住世界過出堅住如来
東方光明世界鼓音王如来
東方衆德吉世界日月英如来
東方栴檀地世界超出衆華如来
東方善住世界世燈明如来
東方光明世界休多易寧如来
東方圍遶世界寶輪如来
東方善覺世界常滅度如来
東方須弥腸世界淨覺如来

東方名稱世界无量寶花光明如来
東方妙僑世界須弥步如来
東方豐養世界寶蓮華如来
東方蓮華勇出世界一切衆寶普集如来
東方金光世界樹王豐長如来
東方清淨世界轉不退轉法輪衆寶普集豐盈如来
東方淨住世界圍遶特尊德淨如来
東方雜相世界上衆如来
東方流布世界佛華生德如来
東方金剛住世界佛華出王如来
東方栴檀世界寶像如来
東方藥世界不虛稱如来
東方藥生世界无邊功德精進嚴如来
東方上華光世界明德王如来
東方妙莊嚴世界德王明如来
東方無邊德嚴世界度功德邊如来
東方流布世界然燈如来
東方上善世界無畏如来
東方蓮華世界華德如来
東方優鉢羅世界智華德如来

東方寶生世界寶積如来
東方妙月世界無邊願如来
東方住林世界寶有如来
東方衆香世界娑羅王如来
東方華德世界寶明如来
東方一聚世界寶聚如来
東方離憂世界无邊德嚴如来
東方諸功德處世界觀世音如来
東方寶明世界須弥明如来
東方莊嚴世界無邊自在力如来
東方無塵垢世界寶華德如来
東方雲陰世界無量神通自在如来
東方普香世界無量華如来
東方華世界寶自在如来
東方雜寶相世界月出德如来
東方金剛世界拘陵王如来
東方樂世界日燈如来
東方安隱世界上寶如来
東方娑婆世界智生德如来
東方純樂世界安立功德王如来
東方宿開世界无导眼如来
東方月出世界智聚如来
東方清淨世界無相嚴如来

東方普明世界明德聚如来
東方歡喜世界那羅延如来
東方離垢世界離垢相如来
東方無邊德世界善思嚴如来
東方安隱世界優鉢羅德如来
東方常照明世界香弥樓如来
東方常莊嚴世界雜華如来
東方阿竭流香世界上香德如来
東方普香世界香弥樓如来
東方无相世界无相音如来
東方名華世界無导音聲如来
東方月世界純寶藏如来
東方堅固世界無動如来
東方堅固世界迦葉如来
東方衆月世界善生德如来
東方離憂世界名稱如来
東方離塵垢世界智德如来
東方雜華世界宿王如来
東方極廣世界無量相如来
東方恐怖世界栴檀香如来
東方衆網世界網明如来
東方无畏世界梵音如来
東方可歸世界无量性德如来

東方離垢世界智出光如来
東方青蓮華覆世界華上如来
東方無憂世界善德如来
東方無勝世界德勝如来
東方隨喜世界普明如来
東方普賢世界勝敵如来
東方善淨世界王幢相如来
東方離垢世界无量功德明如来
東方不誑世界藥王無导如来
東方金集世界寶遊行如来
東方義音世界寶華如来
東方一蓋世界一寶嚴如来
東方寶聚世界无邊寶力如来
東方相德聚世界無相音如来
東方大名聞世界須弥肩如来
東方上意世界空性如来
東方沙陁羅尼世界名聞力王如来
東方月光世界放光如来
東方袈裟相世界離垢如来
東方蓮華世界雜華生德如来
東方一蓋世界離怖畏如来
東方清淨世界智聚如来
東方香聚世界栴檀香如来

東方阿竭流香世界大聲眼如来
東方無邊聚世界寶積如来
東方衆香世界香象如来
東方離相世界弥樓肩如来
東方華蓋世界一寶蓋如来
東方普明世界无导眼如来
東方名善世界栴檀窟如来
東方善意世界妙肩如来
東方寶德世界網明如来
東方德樂世界寶華德如来
東方讚歎世界智華寶明德如来
東方衆善世界善出光如来
東方安隱世界滅諸怖畏如来
東方弥樓相世界弥樓肩如来
東方度憂惱世界安王如来
東方善法世界法積如来
東方安立世界增十光如来
東方千明世界增千光如来
東方多伽樓香世界智光如来
東方妙香世界寶出光如来
東方明嚴德世界無邊光如来
東方善德世界无导如来
東方法世界網光如来

東方衆花世界寶意如来
東方上清淨世界无邊如来
東方優鉢羅世界無邊自在如来
東方覺處世界優鉢羅如来
東方蓮華處世界智住如来
東方智力世界釋迦牟尼如来
東方流布世界智流布如来
東方無邊世界娑羅王如来
東方月世界寶娑羅王如来
東方離憂世界善德至如来
東方寂滅世界流布王如来
東方不虛見世界不虛力如来
東方妙香世界香明如来
東方梵音聲世界无导音如来
東方月光世界名聞力如来
東方普明世界須弥頂王如来
東方寶嚴世界寶生德如来
東方法世界華上如来
東方華住世界寶高王如来
東方妙陁羅尼世界香明如来
東方金明世界方流布嚴如来
東方高智世界普守增上雲音王如来

東方常明世界無邊明如來
東方焔光世界無邊慧成如來
東方然燈世界无邊功德智明如來
東方赤蓮華覆世界方生如來
東方華覆世界華生德如來
東方天世界衆堅固如來
東方妙明世界智明如來
東方樂德世界智衆如來
東方衆樂世界離胎如來
東方無滿世界醫王如來
東方普讚世界无邊智讚如來
東方衆堅世界栴檀香德如來
東方具威德世界具佛華生如來
東方衆寶世界娑羅王安立如來
東方方主世界月出光如來
東方安住世界須弥育如來
東方无怖畏世界施名聞如來
東方諸功德住世界名覩如來
東方福住世界堅固如來
東方無憂世界離憂如來
東方名聞世界華生德王如來
東方華布世界演華相如來
東方寶明世界寶照如來

東方常熏香世界火然如來
東方善吉世界三界自在力如來
東方無畏世界明輪如來
東方常懸世界空性自在如來
東方安王世界盡自在力如來
東方普離世界敲音王如來
東方安隱世界普自在如來
東方陁羅尼世界山王如來
東方妙等世界安立王如來
東方妙嚴世界佛自在嚴如來
東方倚息世界積諸功德如來
東方愛世界佛寶德成就如來
東方列宿世界智生德如來
東方列宿嚴世界智生德聚如來
東方蓮華世界華生王如來
東方衆華世界上法自在如來
東方白蓮華覆世界月光明如來
東方廣世界香象如來
東方上妙世界無量明如來
東方衆香世界蓮華聚如來
東方蒲萄衆世界栴檀德如來
東方寶藏世界寶聚如來
東方明慧世界上明慧如來

東方善住世界無邊德生如來
東方衆多世界明相如來
東方愛香世界无邊德積如來
東方愛惜世界衆德生如來
東方可愛世界一切功德生如來
東方衆蓮華世界華生德如來
東方金網覆世界持炬如來
東方寶網覆世界寶生如來
東方離畏世界極高王如來
東方一蓋世界宿王如來
東方衆雜世界无邊弥樓如來
東方妙喜世界歷淨王如來
東方可迎世界無量音如來
東方妙音香世界无量明如來
東方上清淨世界寶弥樓如來
東方照明世界雜寶華嚴如來
東方寶華世界離垢嚴如來
東方金剛世界金華如來
東方金光世界寶窟如來
東方衆堅固世界雜華生如來
東方衆華世界華蓋如來
東方衆蓮華世界不虛嚴如來
東方梵德世界梵音如來

東方住處世界無㝵眼如来
東方妙禪世界无相音如来
東方德住世界無邊功德成就如来
東方寶住世界寶生德如来
東方喜世界蓮華生德如来
東方蓮華生世界寶上如来
東方妙明世界无邊明如来
東方覺世界寶弥樓如来
東方月燈世界燈高德如来
東方星宿德世界智生德如来
東方炬世界炬燈如来
東方智積世界無上光如来
東方出生世界德王明如来
東方一蓋世界无邊眼如来
東方積德世界佛華生德如来
東方娑羅世界娑羅王如来
東方善住世界師子如来
東方勸助世界寶弥樓如来
東方蓮華世界頻婆尸如来
東方構處世界醫王如来
東方善德世界上善德如来
東方妙香世界上香德如来
東方香德世界香相如来

東方栴檀世界栴檀窟如来
東方寶網覆世界无邊明如来
東方金網覆世界增十光佛華出
如来
東方蓮華網覆世界无邊自在力如来
東方衆華世界威花生高王如来
東方照明世界寶網如来
東方月燈世界安立王如来
東方栴檀香世界上香王如来
東方樓閣世界施一切樂如来
東方離窟世界見一切緣如来
東方離相世界不壓稱如来
東方可敬世界壞諸驚畏如来
東方金明世界寶明如来
東方衆樂世界无邊空嚴德如来
東方一華蓋世界善嚴如来
東方無垢世界空相如来
東方廣大世界威華生德如来
東方善積世界善德如来
東方妙華世界淨眼如来
東方無邊世界寂高德弥樓如来
東方善生世界无勝相如来
東方阿竭流香世界無邊香弥樓如来
東方多伽流香世界月開王如来

東方上妙世界上弥樓如来
東方名喜世界寶生德如来
東方明世界名聞弥樓如来
東方歎美世界美德如来
東方善香世界梵德如来
東方帝相世界无㝵眼如来
東方善處世界無邊德積如来
東方不思議德世界威德王如来
東方集相世界善思願成如来
東方星宿王世界淨王如来
東方智香世界智聚如来
東方德處世界娑訶王如来
東方善愛世界調御如来
東方蓮華出世界寂高德如来
東方无邊德生世界示衆生深心如来
東方歡喜世界无邊德寶如来
東方倚息世界滅諸受自在如来
東方名樂世界無㝵光如来
東方善成世界无㝵光佛華生德如来
東方普德成就世界一切緣中自在
現佛相如来
東方衆相世界樂无相如来
東方無相世界妙化音如来

東方無相海世界華上如來
東方雜相世界寶德如來
東方寶生世界海弥樓如來
東方廣大世界无垢意如來
東方名華世界智華生如來
東方虛空淨世界極高德聚如來
東方无相世界寂滅如來
東方妙樂世界離欲自在如來
東方德積世界不思議德生如來
東方大安世界喜生德如來
東方散赤蓮華世界流香如來
東方阿竭流光世界無㝵香光如來
東方衆歸世界雲鼓音王如來
東方功德積世界功德生德如來
東方純樂世界无邊行自在如來
東方妙音世界須弥肩如來
東方香相世界上香弥樓如來
東方助香世界无邊光如來
東方調御世界普觀如來
東方月世界日月燈如來
東方照明世界明燈如來
東方善明世界振威德如來
東方衆香世界善衆如來

東方金剛世界金剛生如來
東方普聲世界智自在王如來
東方阿樓鄉世界德明王如來
東方阿樓鄉積世界妙明如來
東方柔軟世界娑羅王如來
東方善立世界須弥王如來
東方清淨世界虛弥樓如來
東方威德生世界寶威德如來
東方善相世界上善德如來
東方梵德世界梵音聲如來
東方華德世界寶華如來
東方蓮華德世界蓮華生德如來
東方栴檀世界栴檀香如來
東方名華世界如須弥如來
東方金華世界上嚴如來
東方寶明世界寶蓋如來
東方香弥樓世界香爲如來
東方雜相世界无邊自在力如來
東方清淨世界不虛稱如來
東方功德場世界不思議功德王如來
東方有德世界離華如來
東方安隱世界安王如來
東方寂高世界華寂高德如來

東方動世界常悲如來
東方常動世界樂王如來
東方普虛空世界无邊自在力如來
東方琉璃明世界無邊光如來
東方金眼世界无邊明如來
東方無相世界言音自在如來
東方蓮華蓋世界无邊虛空自在如來
東方蓋行列世界宿王如來
東方寶網覆世界上香德如來
東方真金世界虛空德如來
東方清淨世界極高德如來
東方无憂世界作方如來
東方星宿世界極高弥樓如來
東方雜相世界无㝵眼如來
東方香流世界婆伽羅如來
東方衆香世界持炬如來
東方栴檀香世界火相如來
東方善喜世界善淨德光如來
東方緣生世界智聚如來
東方喜生世界智聚如來
東方流布世界流布力王如來
東方大德世界功德王明如來
東方堅固世界現智如來
東方不退世界華高生德如來

東方善分別世界寶火如来
東方優鉢羅世界赤蓮華德如来
東方疑蓋世界壞一切疑如来
東方妙世界善衆如来
東方衆德世界拘留孫如来
東方妙善世界相王如来
東方妙香世界蓮華德生如来
東方善相世界放光如来
東方雲陰世界弥勒如来
東方光明世界蓮華光明如来
東方名稱世界上法王相如来
東方帝釋世界無邊力如来
東方蓮華世界稱山海如来
東方喜世界釋迦文如来
東方常嚴世界不虛見如来
東方流布世界无导音聲如来
東方常言世界無量名明德如来
東方白相世界無分別嚴如来
東方栴檀香世界无邊光如来
東方袈裟相世界妙眼如来
東方堅固寶世界壽无盡幢如来
東方因陁羅世界不變動月如来

不思議功德諸佛所護念經卷上　卍

佛説不思議功德諸佛所護念經卷上

校勘記

一　底本，金藏廣勝寺本。

一　一四三頁中一行「佛説」，石無。卷下同。

一　一四三頁中一行末字「上」後，石、資、磧、普、南、徑、清有夾註「出衆經」。卷下同。

一　一四三頁中二行譯者，石作「魏録失譯」；資、徑、清作「隋闍那崛多譯」；磧、普、南作「曹魏代譯失三藏名出開元録」。卷下同。

一　一四三頁中三行第九字「江」，資作「恒」。

一　一四三頁中一九行第五字「漉」，諸本作「塵」。

一　一四三頁中二一行第一〇字「燈」，資、磧、普、南、徑、清作「鐙」。

一　一四三頁下一九行第八字「歡」，諸本作「勸」。

一　一四四頁上二行末字「開」，諸本

作「開敷」。
一　一四四頁上一二行第三字「壞」，資、磧、普、南、徑、清作「懷」。
一　一四四頁上一六行第四字「安」，資、磧、普、南、徑、清作「安隱」。
一　一四四頁上一九行第三字「熾」，磧、普、南、徑、清作「上」。
一　一四四頁中一二行第三字「名」，石作「多」。
一　一四四頁中一二行第九字「光」，資、磧、普、南、徑、清作「安」。
一　一四四頁中一四行第四字「直」，徑、清作「真」。
一　一四四頁下一〇行第七字「牢」，資、麗作「器」。
一　一四五頁上一行第一〇字「花」，資、磧、普、南、徑、清作「化」。
一　一四五頁上一七行第三字「上」，石無。
一　一四五頁中二一行第九字「眼」，麗作「明」。
一　一四五頁下一三行第八字「動」，諸本作「動力」。
一　一四六頁上一七行第六字「尼」，磧、普、南、徑、清無。
一　一四六頁中九行末字「來」，磧、普、南、徑、清作「來東方寶德世界寶明如來」。
一　一四六頁下二行第九字「邊」，石、麗作「邊際」；資、磧、普、南、徑、清作「邊陣」。
一　一四六頁下四行第九字「羅」，諸本作「羅德」。
一　一四六頁下八行第七字及次頁上一四行第七字「娑」，資、磧、普、南、徑、清作「婆」。
一　一四六頁下一〇行第九字「至」，諸本作「王」。
一　一四七頁上二行第三字「[火*定]」，磧、普、南、徑、清作「錠」。
一　一四七頁上九行第八字「胎」，石、麗作「垢」。
一　一四七頁上一五行第三字「方」，資、磧、普、南、徑、清無。
一　一四七頁上末行第八字「照」，石、資、磧、普、南、徑、清作「照明」。
一　一四七頁中九行「立王」，資、磧、普、南、徑、清作「王立」。
一　一四七頁中一八行第七字「象」，磧、普、南、徑、清作「象王」。
一　一四七頁下八行第九字「生」，石、資、磧、普、南、徑、清作「生德」。
一　一四七頁下一八行第四字「剛」，石、資、磧、普、南、徑、清作「明」。
一　一四八頁上一三行「王明」，石作「明王」。
一　一四八頁上二〇行第三字「楬」，諸本作「攝」。
一　一四八頁中一一行第三字及一二行第三字「離」，石、資、磧、普、南、徑、清作「雜」。
一　一四八頁中一六行第八字「善」，石、麗作「蓋」。
一　一四八頁中二二行第三字「善」，資、磧、普、南、徑、清作「喜」。
一　一四八頁下九行第一〇字「成」，

麗作「戚」。

一四八頁下一〇行第二字「方」，資、磧、普、南、徑、清作「方方」。

一四八頁下一二行第七字「娑」，磧、普、南、徑、清作「婆」。

一四八頁下一二行第九字「王」，資、磧、普作「主」。

一四九頁中四行「妙明」，資作「沙眼」；磧、普、南、徑、清作「妙眼」。

一四九頁中一四行第九字「彌」，磧、普、南、徑、清作「彌山」。

一四九頁中二〇行第一三字「王」，石、資、磧、普、南、徑、清作「明王」。

一四九頁下五行第四字「眼」，石、麗作「明」；資、磧、普、南、徑、清作「剛」。

一四九頁下五行第九字「明」，資、磧、普、南、徑、清作「眼」。

一四九頁下一五行第七字「婆」，諸本作「娑」。

一四九頁下一九行「東方流生世界智聚如来」，資、磧、普、南、徑、清、麗無。

一五〇頁中末行經名首字「不」，諸本作「佛説不」。

佛說不思議功德諸佛所護念經卷下　長

曹魏代失譯人名

南方去是百千万億江河沙諸佛土雜積寶錦世界樹根華王如来
南方去是無數百千諸佛土諸好莊飾世界德寶尊如来
南方去是百千万億諸佛土消冥等世界初發心離恐畏超首如来
南方去是十八億江河沙諸佛土嚴淨世界離垢淨如来
南方去是五十方諸佛七寶積世界寶積示現如来
南方歡喜世界栴檀德如来
南方莊嚴世界嚴淨如来
南方離憂世界無憂德如来
南方諸淨欲世界无垢稱如来
南方寶城世界寶體品如来
南方樂林世界不捨樂精進如来
南方華迹世界普華如来
南方佛辯世界無量億寶辯如来
南方寶淨世界寶焰如来
南方真珠世界日月燈明如来
南方戒光世界須弥如来
南方音響世界大須弥如

南方紫磨金世界超出須弥如来
南方色像見世界喻如須弥如来
南方珠光世界香像如来
南方得勇力世界圖達香熏如来
南方無垢光世界淨光如来
南方法界世界法寂如来
南方星自在王世界香自在王如来
南方正直世界大集如来
南方廣博世界香光明如来
南方廣遠世界火光如来
南方無際世界无量光明如来
南方堅固世界開光如来
南方馬瑙世界月燈光如来
南方妙香世界月光如来
南方日光世界日月光明如来
南方金珠光明世界火光如来
南方衆色像世界集音如来
南方衆衆世界寂威儀如来
南方勝戰超度无極世界光明尊如来
南方音響世界蓮華軍如来
南方月光世界蓮華響如来
南方天自在世界多寶如来
南方蓮華世界師子吼如来

南方明星世界師子音如来
南方无憂世界精進軍如来
南方金剛聚世界金剛踊躍如来
南方明珠世界度一切禅絶衆疑如来
南方香華熏世界寶大侍從如来
南方名喜世界無憂如来
南方哀色世界地力持踴如来
南方天世界寂踊躍如来
南方栴檀光世界自在王如来
南方一切伎樂振動世界无量音如来
南方光明世界錠光如来
南方一切香世界寶光如来
南方虚空住如来　南方常滅度如来
南方一切德嚴如来
南方炬照天師如来
南方寶樹光明如来
南方呼郁僧如来　南方蓮華提如来
南方阿兒三耶三佛䭾如来
南方日月鎧如来　南方名聞光如来
南方大焰肩如来　南方須弥鐙如来
南方无量精進如来　南方金剛藏如来
南方䖧寶藏如来　南方釋迦文如来
南方堅固樂世界風幢如来

南方蓮華世界无盡月如来
西方去是百千万億江河沙諸佛土
勝月明世界造王神通焰華如来
西方去是百億江河沙諸佛土水精
世界淨尊如来
西方去是无量佛土普樂世界離垢
三世无㝵嚴如来
西方去是九十九億江河沙諸佛土光
明幡世界光明王如来
西方樂園世界妙樂如来
西方淨復淨世界越淨如来
西方瓔珞世界無㝵如来
西方善選擇世界金剛出積如来
西方滅悪世界寶山如来
西方消諸毒螫世界普度空如来
西方寶錦世界寶成如来
西方華林世界習精進如来
西方極樂世界阿弥陁如来
西方思夷像世界華嚴神通如来
西方照曜世界普明如来
西方莊嚴世界見若燈之明王如来
西方無憂世界離憂如来
西方寂定世界吉祥如来

西方破一切塵世界殊勝如来
西方伏一切魔世界集音如来
西方度一切世間苦惱如来
西方泥洹華如来　西方諸寶般如来
西方阿弥陁如来　西方無量相如来
西方無量幢如来　西方大光如来
西方大明如来　西方寶相如来
西方淨光如来　西方无量明如来
西方無量華如来　西方無量光如来
西方无量光明如来　西方无量自在力如来
西方無量力如来　西方一蓋如来
西方蓋行如来　西方寶蓋如来
西方宿王如来　西方善宿如来
西方明輪如来　西方明王如来
西方高廣德如来　西方無邊光如来
西方自在王如来　西方自在力如来
西方无㝵音聲如来　西方大雲光如来
西方網聚如来　西方覺華光如来
西方蓮華自在如来　西方山王如来
西方月衆增上如来　西方放光如来
西方妙肩如来　西方不虛見如来
西方頂生王如来　西方蓮華生如来
西方釋迦文如来　西方阿弥陁如来

西方堅固寶王世界清白如来
西方衆寶世界不動月如来
北方去是百千万億江河沙諸佛土决了
寶網世界月殿清淨如来
北方去是七十二億江河沙諸佛土
堅要世界梵慧如来
北方去是六十六億江河沙諸佛土
華迹世界覺積如来
北方不動轉世界照意如来
北方住清淨世界正意如来
北方覺辯世界寶智首如来
北方化成世界无染如来
北方普光世界勇辯如来
北方瞻倍世界滅意根如来
北方名勝世界勝王如来
北方無恐懼世界无畏如来
北方道林世界行精進如来
北方日轉世界蔽日月光如来
北方衆寶錦世界无量德寶光如来
北方善行列世界不虚稱如来
北方雲自在如来　北方雲自在王如来
北方鈎鏁如来　北方迦禪鄉如来
北方阿迦頭華如来

北方諸欲無脱鄉如来
北方焰肩如来　北方寂勝音如来
北方難勝如来　北方日生如来
北方網明如来　北方金剛藏如来
北方堅固世界金剛堅强消伏壞散如来
北方摩尼光世界寶火如来
北方阿竭流香世界寶月如来
北方歡喜世界賢寂如来
北方現入世界寶蓮華步如来
北方豊嚴世界德内豊嚴王如来
北方不虚力如来
北方不虚自在力如来
北方不虚光如来　北方无邊精進如来
北方娑羅王如来　北方寶娑羅如来
北方一盖嚴如来　北方寶肩如来
北方栴檀窟如来　北方栴檀香如来
北方无邊明如来　北方明輪如来
北方弥樓嚴如来　北方無导眼如来
北方無邊眼如来　北方寶生如来
北方諸德如来　北方覺華生德如来
北方善住意如来　北方无邊力如来
北方不虚德如来　北方寶力如来
北方無邊嚴如来　北方无邊德嚴如来
北方虚空光如来　北方無相音如来

北方藥王如来　北方无驚如来
北方離怖畏如来　北方德明王如来
北方覲覺華生如来　北方虚空性如来
北方虚空音如来　北方虚空嚴生如来
北方釋迦文如来
北方堅固世界威儀幢如来
北方優鉢羅世界香風月如来
東北方去是九十九億江河沙諸佛土
淨觀世界法觀如来
東北方去是十一江河沙諸佛土忍慧
世界香盡如来
東北方去是八江河沙佛土无垢世界
等行如来
東北方拔所念世界壞魔羅網獨步
如来
東北方一切住世界達大音普至如来
東北方青華世界悲精進如来
東北方焰氣世界固受如来
東北方樂白交露世界寶盖超光如来
東北方淨住世界空域離垢心如来
東北方照耀世界普世如来
東北方愛見世界尊自在如来
東北方豊盛世界吉祥義如来

東北方無垢世界離垢如来
東北方衆歸世界滅一切憂如来
東北方離一切憂世界離憂如来
東北方喜樂世界喜生德如来
東北方安隱世界安王如来
東北方金網覆世界上弥樓如来
東北方香明世界妙香如来
東北方寶聚世界憍陳若如来
東北方堅固世界勢德如来
東北方青蓮華世界赤蓮華德如来
東北方白蓮華世界白蓮華生如来
東北方大音世界大音眼如来
東北方香嚴世界上衆如来
東北方衆明世界无邊明如来
東北方栴檀香世界月出光如来
東北方明世界名流十方如来
東北方月世界星宿王如来
東北方普明德世界无邊光明如来
東北方香明世界上香弥樓如来
東北方无畏世界離怖畏如来
東北方上安隱世界生德如来
東北方无邊明世界无邊功德月如来
東北方莊嚴世界一切德嚴如来

東北方蓮華散世界華王如来
東北方離相世界不壞相如来
東北方堅固世界宗守光如来
東北方樂戲世界大威德蓮生王如来
東北方樂世界无異生行如来
東北方喜世界一切智上如来
東北方樂德世界虛空淨王如来
東北方喜樂世界无相音聲如来
東北方娑婆世界寶家高德如来
東北方梵衆世界梵德如来
東北方衆香世界无㝵香像如来
東北方衆華世界弥樓明如来
東北方然燈世界大燈如来
東北方作名聞世界華上光如来
東北方多樂世界作名聞如来
東北方安立世界名慈如来
東北方娑羅世界娑羅王如来
東北方照明世界無邊光如来
東北方壞一切世間怖畏如来
東北方師子吼如来
東北方金剛藏如来
東北方阿閦如来
東北方堅固青蓮華如来東北方世界自在幢如来

東北方梵天如来 東北方相德如来
東北方釋迦牟尼如来
東北方星宿世界星宿月如来
東南方去是十四江河沙諸佛土梵音世界梵德如来
東南方去是七十七億江河沙諸佛土仁賢世界善眼如来
東南方去是三億諸佛土積寶世界善積如来
東南方賢聖普集世界觀世苦如来
東南方極妙世界微妙如来
東南方常照耀世界初發心不退轉輪成首如来
東南方多所造作世界多所念如来
東南方普錦綵色世界衆華如来
東南方金林世界盡精進如来
東南方德王世界德明王如来
東南方無憂世界除衆感冥如来
東南方無悩世界首寐如来
東南方寶首莫能當其光明如来
東南方佛華生世界一切緣中現佛相如来
東南方師子相如来 東南方師子音如来

東南方无憂首如来
東南方興光明如来
東南方法種尊如来
東南方慧王如来
東南方蓮華敷力如来
東南方無邊緣中現佛相如来
東南方網明如来　東南方無邊明如来
東南方華如来　東南方寶娑羅如来
東南方發心即轉法輪如来
東南方金剛藏如来　東南方華聚如来
東南方增千光如来　東南方無上光如来
東南方不動力如来
東南方無邊步力如来
東南方无邊願如来
東南方无量願如来
東南方無邊自在力如来
東南方无定願如来
東南方轉胎如来
東南方轉諸難如来
東南方一切緣修行如来
東南方無緣莊嚴如来
東南方佛虛空如来
東南方有德如来

東南方釋迦牟尼如来
東南方堅固摩尼世界明相幢如来
東南方妙行世界自在天月如来
西南方去是十三億諸佛土廣勝世界妙積如来
西南方去是十一江河沙佛土一切世界等慧如来
西南方去是八江河沙佛土无量藏世界忍慧如来
西南方覆白交露世界寶蓋照空如来
西南方去是如江河沙佛土遍淨一切世界无極身如来
西南方善選擇世界釋寶光如来
西南方去是无極寶林世界上精進如来
西南方樂成世界寶林如来
西南方善觀世界大哀觀衆生如来
西南方樂御世界智首如来
西南方尊調世界離辟如来
西南方普明世界无垢如来
西南方陰雨世界雨王如来
西南方大尊王如来

西南方梵相如来　西南方諦相如来
西南方師子如来　西南方妙實如来
西南方阿弥陁如来
西南方善吉世界吉利如来
西南方吉利嚴如来　西南方尸棄如来
西南方常精進如来　西南方善住如来
西南方无邊嚴如来　西南方无相嚴如来
西南方普嚴如来　西南方燈明如来
西南方藏聚如来　西南方无邊像如来
西南方無邊精進如来
西南方網光如来　西南方大神通如来
西南方明輪如来　西南方觀智如来
西南方不虛勝如来
西南方壞諸怖畏如来
西南方无邊德明王如来
西南方離怖畏如来
西南方壞諸怨賊如来
西南方過諸魔界如来
西南方無量華如来
西南方持無量德如来
西南方无量音聲如来
西南方光聚如来　西南方明德如来
西南方離二邊如来

西南方無量覺華光如来
西南方无量聲如来
西南方明弥樓如来
西南方娑羅王如来
西南方日面如来 西南方妙眼如来
西南方上德如来 西南方寶華如来
西南方寶生如来 西南方日華如来
西南方一切衆生嚴如来
西南方轉一切生死如来
西南方無邊辯才如来
西南方釋迦牟尼如来
西南方金剛藏如来
西南方堅固金剛世界帝幢如来
西南方無諍怖如来
西南方善行世界清淨月如来
西南方緣一辯才如来
西北方去是百千万江河沙諸佛土師
子口世界法成就如来
西北方去是二百億江河沙佛土盡度
世界清淨觀如来
西北方去是七十七億江河沙佛土
不動轉世界衆相如来
西北方釋迦牟尼如来

西北方住清淨世界安德如来
西北方興顯世界廣耀如来
西北方青琉璃世界身相如来
西北方無盡世界徹聽如来
西北方毛孔光世界法觀如来
西北方雷吼世界如意如来
西北方清泰世界無動如来
西北方衆智自在世界慧造如来
西北方賢善世界賢勇如来
西北方住清淨世界開化菩薩如来
西北方貪衆淨意世界善變無形
如来
西北方雨氏世界雨香王如来
西北方金剛世界一乘度如来
西北方除衆闇冥世界光淨王如来
西北方栴檀香世界普香光如来
西北方多摩羅跋栴檀香神通如来
西北方須弥相如来
西北方見無恐懼如来
西北方香明如来 西北方香弥樓如来
西北方香象如来 西北方香自在如来
西北方香窟如来 西北方明輪如来
西北方光王如来 西北方蓮華生如来

西北方佛法自在如来
西北方無邊法自在如来
西北方樂愛德如来 西北方散華如来
西北方華蓋行列如来
西北方華窟如来 西北方金華如来
西北方香華如来 西北方弥樓王如来
西北方善導師如来
西北方一切衆生最勝嚴如来
西北方轉諸難如来
西北方善行嚴如来 西北方妙華如来
西北方無邊香如来 西北方普放光如来
西北方普放香如来 西北方普光如来
西北方散華生德如来
西北方寶網手如来 西北方極高王如来
西北方普照一佛土如来
西北方宿王如来 西北方妙見如来
西北方安立王如来 西北方香琉如来
西北方無邊智自在如来
西北方不虛嚴如来
西北方不虛見如来 西北方無量眼如来
西北方不動如来 西北方初發意如来
西北方無邊眼如来 西北方燈上如来
西北方普照明如来 西北方光照如来

西北方一切衆生不斷辯才如来
西北方無垢力如来　西北方無積行如来
西北方金剛藏如来
西北方歡喜蓮華世界上幢如来
西北方歡喜世界無上月如来
下方去是百千万億江河沙諸佛土尊
幢若世界善寐月音王如来
下方去是七十二億江河沙諸佛土衆
寶普現世界一寶盖如来
下方去是三十二億江河沙佛土堅
固世界不捨弘誓如来
下方照耀世界光明王如来
下方明闢世界賴毗羅耶如来
下方地氏世界持地如来
下方念無倒世界念断疑拔欲除冥
如来
下方無量華世界燈尊王如来
下方無減世界普願如来
下方極深世界寶聚如来
下方錦幢世界師子鷹像頂乳如来
下方名善世界善德如来
下方載諸淨世界金剛剎如来
下方水精世界梵精進如来

下方沙陁惟懼咜世界唯首随失利
如来
下方照明世界滌青蓮首如来
下方普明世界普現如来
下方起得度世界導龍如来
下方光剎世界普觀如来
下方照明世界月辯如来
下方導御世界堅要如来
下方虚空淨世界大目如来
下方無垢稱王如来
下方師子如来　下方名聞如来
下方名光如来　下方達磨如来
下方法幢如来　下方法持如来
下方名稱遠聞如来　下方法名号如来
下方法幡如来　下方奉法如来
下方意無恐懼衣毛不竪如来
下方上德如来　下方大德如来
下方蓮華德如来　下方有德如来
下方師子德如来　下方成利如来
下方師子護如来　下方師子嚬如来
下方安立王如来　下方梵弥樓如来
下方淨眼如来　下方不虚步如来
下方香像如来　下方香德如来

下方香弥樓如来　下方无量眼如来
下方香聚如来　下方寶窟如来
下方寶弥樓如来　下方安住如来
下方善住王如来　下方梵弥樓如来
下方娑羅王如来　下方明輪如来
下方明燈如来　下方不虚精進如来
下方善思嚴如来　下方師子喜如来
下方衆真實如来　下方妙善住王如来
下方釋迦文如来　下方金剛藏如来
下方堅固栴檀世界梵幢如来
下方无厭慈世界不義變月如来
上方去是百千万億江河沙諸佛土
善分别世界无數精進願首如来
上方去是百億江河沙佛土蓮華嚴
世界蓮華上如来
上方去是六十二億江河沙佛剎一土
世界一切德所見明王如来
上方離諸恐懼无處所世界消冥等
超王如来
上方釋迦牟尼如来
上方迴轉世界音響如来
上方普慈世界弘等如来
上方衆香世界香積如来

上方吉祥世界行真如来
上方安穩世界妙識如来
上方尼遮揵陁波勿世界揵陁羅耶如来
上方莊嚴世界寶好如来
上方莊嚴世界寶英如来
上方名喜世界喜德如来
上方過度衆妙世界信色清虛如来
上方欲林世界至精進如来
上方虛空世界无限眼王如来
上方莊嚴世界名稱如来
上方寶君主世界无量光明寂勝如来
上方寶月世界金寶光明如来
上方為步樓世界无量尊豐如来
上方天王女世界无量離垢王如来
上方須弥幡世界德首如来
上方尊聚妙意世界无數精進興豐如来
上方無受世界无言勝如来
上方淨觀莊嚴世界无愚豐如来
上方日光世界月英豐如来
上方說法世界无異光豐如来
上方寶豐首盡世界遊空光明如来

上方好集世界寂清淨无量幡如来
上方殊勝世界好諦住准王如来
上方生精進世界成就一切諸刹豐如来
上方願力世界淨慧德豐如来
上方好樂世界淨論幡如来
上方栴檀香世界琉璃光寂勝如来
上方星宿世界寶德步如来
上方無量德豐世界寂清淨德寶住如来
上方聲所至世界度寶光明塔如来
上方無際眼世界无量慚愧金寂豐如来
上方蓮華莊嚴世界蓮華尊豐如来
上方寶鐙世界淨寶興豐如来
上方電光世界電鐙幡王如来
上方虛空織世界法空鐙如来
上方審諦世界一切衆德成如来
上方月英世界賢幢幡如来
上方寶種世界一切衆寶緻色持如来
上方栴檀香明世界无邊高力王如来
上方所度無足如来　上方處法形如来
上方所行香華如来

上方梵聲如来　上方宿王如来
上方香上如来　上方香光如来
上方火焰肩如来
上方雜色寶莊嚴如来
上方金剛藏如来　上方薩羅樹王如来
上方寶華德如来　上方見一切義如来
上方如須弥山如来
上方精進寂高王如来
上方破疑如来　上方善宿王如来
上方然燈如来　上方作明如来
上方明弥樓如来　上方明輪如来
上方淨明如来　上方白盖如来
上方香盖如来　上方寶盖如来
上方栴檀窟如来　上方栴檀如来
上方須弥肩如来　上方寶明如来
上方娑羅王如来　上方梵德如来
上方淨眼如来　上方無驚怖如来
上方離怖畏如来　上方妙肩如来
上方上寶如来　上方山王如来
上方轉女相嚴如来　上方无邊嚴如来
上方無上光如来　上方細明相如来
上方因王如来
上方堅固香世界寧泰幢如来

佛所說心經卷下 第二十四張 長字号

上方虛空世界無量自在月如来
過去十方雷明音王如来
過去雨音王如来
過去寂趣音王如来
過去惣水雷音肅華慧王如来
過去无量勲寶綿淨王如来
過去離垢日月光首如来
過去梵首天王如来
過去日月鐙明王如来
過去世饒王如来
過去藥王如来　過去超空如来
過去首寂如来　過去寶月如来
過去息意如来　過去燈光如来
過去栴檀香如来　過去大通智勝如来
過去多寶如来　過去光遠如来
過去定光如来　過去月教如来
過去无著如来　過去龍天如来
過去安明頂如来　過去惟衛如来
過去式棄如来　過去隨葉如来
過去拘留秦如来
過去拘鄰鋡牟尼如来
過去迦葉如来　過去釋迦牟尼如来
未來十方忍世界弥勒如来

佛所護念經卷下 第二十五張 長字号

未来離垢心世界普現如来
未来阿弥陁如来　未来慧見如来
未来師子威如来　未来金剛步積如来
未来光無垢稱王如来
未来時大光明如来　未来蓮華光如来
未来海持覺娛樂神通如来
未来度七寶華界如来
未来力嚴淨王如来
未来普明變動光王如来
未来嚴淨法王如来
未来稱英如来　未来普光如来
未来散華如来　未来金華如来
未来阿耨達如来　未来强行精進如来
未来賢劫千佛如来
未来留油如来

佛說不可思議功德諸佛所護念經卷下

佛說不思議功德諸佛所護念經卷下

校勘記

一　底本，金藏廣勝寺本。

一　五三頁中四行第二字「積」，諸本作「種」。

一　五三頁中七行末字「等」，石、資、磧、普、南、徑、清作「等要」。

一　五三頁中一一行第一〇字「七」，諸本作「土」。

一　五三頁中一五行「淨欲」，諸本作「欲淨」。

一　五三頁中一九行第九字「億」，資、磧、普、南、徑、清作「德」。

一　五四頁上五行第九字「大」，石作「天」。

一　五四頁上八行第三字「天」，石、麗作「一大」。

一　五四頁上一八行第四字「兒」，磧、普、南、徑、清作「兜」。

一　五四頁上一九行第五字「鐙」，資、磧、普、南、徑、清作「燈」。

一五四頁上二〇行第三字「大」，石作「火」。

一五四頁中一〇行第四字「圍」，資、磧、普、南、徑、清作「園」。

一五四頁中一三行第一〇字「出」，諸本作「步」。

一五四頁中二一行第一〇字「之」，磧、普、南、徑、清無。

一五五頁中三行第四字「勝」，石作「勝音」。

一五五頁中九行第四字「入」，南、徑、清作「大」。

一五五頁中九行第一〇字「步」，麗作「出」。

一五五頁中一四行第一二字「羅」，麗作「羅王」。

一五五頁下三行第三字「觀」，資、磧、普、南、徑、清無。

一五五頁下四行第五字「音」，磧、普、南、徑、清作「意」。

一五五頁下一六行第六字「住」，磧、普、南、徑、清作「任」。

一五五頁下二二行第四字「愛」，磧、普、南、徑、清作「受」。

一五六頁上二一行第八字「界」，資、磧、普、南、徑、清作「界安隱」。

一五六頁上末行第一〇字「德」，石、磧、普、南、徑、清作「功德」。

一五六頁中二行第四字「離」，資、磧、普、南、徑、清作「雜」。

一五六頁中四行第一一字「蓮」，石、資、磧、普、南、徑、清作「蓮華」。

一五六頁中一三行第八字「大」，磧、普、南、徑、清作「火」。

一五六頁中一九行第七字「世」，資、磧、普、南、徑、清作「世界」。

一五六頁中末行第八字「華」，資作「華世界自在幢」。

一五六頁中末行「東北方世界自在幢如来」，磧、普、南、徑、清作「東北方自在幢如来」，且與本頁下一行「東北方梵天如来」前後序次互易。以下序次間有互易者，不出校。

一五六頁下一三行第三字「首」，南、徑、清作「道」。

一五六頁下一八行第一〇字「惑」，資、磧、普、南、徑、清作「咸」。

一五六頁下二〇行第九字「其」，麗作「甚」。

一五七頁上八行第四字「華」，諸本作「上華」。

一五七頁上一三行第六字「步」，麗作「光」。

一五七頁中六行第一四字「切」，資、磧、普、南、徑、清作「相」。

一五七頁中一七行第九字「林」，資、磧、普、南、徑、清作「杖」。

一五八頁上七行第一一字「日」，資、磧、普、南、徑、清作「月」。

一五八頁上一三行第一〇字「帝」，磧作「常」。

一五八頁中一六行第一〇字「香」，資、磧、普、南、徑、清無。

一五八頁中末行第一三字「生」，資、磧、普、南、徑、清、麗作「生王」。

一五八頁下一七行第一三字「琉」，資、磧、普、南、徑、清作「流」。

一五八頁下二〇行「无量」，石、資、磧、普、南、徑、清作「无礙」。

一五九頁上四行「歡喜」，資、磧、普、南、徑、清作「堅固」。

一五九頁上七行第二字「若」，石、麗作「若君」；資、磧、普、南、徑、清作「君」。

一五九頁上一五行第五字「倒」，資、磧、普、南、徑、清作「到」。

一五九頁中一五行第四字及次頁中一六行第九字「幡」，石、麗作「幢」。

一五九頁中二〇行第一二字「嚬」，資、磧、普、南、徑、清作「頻」。

一五九頁下八行第五字「實」，磧、普、南作「寶」。

一六〇頁上一行第八字「真」，資、磧、普、南、徑、清作「盡」。

一六〇頁中二行第一〇字「准」，資、磧、普、南、徑、清作「唯」。

一六〇頁中三行第三字「生」，諸本作「主」。

一六〇頁中一九行第九字「幡」，磧、普、南、徑、清作「幡王」。

一六〇頁中末行第三字「所」，資、磧、普、南、徑、清作「所德」。

一六〇頁下三行第三字「火」，磧、普、南、徑、清作「大」。

一六〇頁下一四行第一一字「檀」，石、資、磧、普、南、徑、清作「檀德」。

一六一頁上六行第五字「勳」，資、磧、普、南、徑、清作「動」。

一六一頁上一三行第九字「燈」，石作「焰」。

一六一頁中四行第三字「光」，資、磧、普、南、徑、清無。

一六一頁中一四行第六字「佛」，資、磧、普、南、徑、清無。

一六一頁中一五行「未來留油如來」後，資有「未來嚴淨法王如來　未來稱英如來　未來普光如來　未來散華如來　未來金華如來　未來阿耨達如來　未來强行精進如來　未來賢劫千如來　未來留泊如來」。麗有夾註「出華手等諸經」。

一六一頁中末行經名第四字「可」，諸本無。

佛說華手經卷第一　亦名攝諸善根經　信

後秦龜茲國三藏鳩摩羅什奉　詔譯

序品第一

如是我聞一時佛在王舍城迦蘭陀竹園其中閑靜宜修遠離行空無相无願定者所應住處尒時慧命舍利弗於日晡時從禪定起往詣佛所頭面礼足却坐一面大目揵連摩訶迦旃延摩訶俱絺羅摩訶刼賓郍摩訶均陁須菩提無訶羅闍婆耆舍難陁難提伽跋難陁阿難金毗羅郍羅陁婆私詫無醯羅優波離有如是等五百比丘皆於晡時從禪定起往詣佛所頭面礼足却坐一面尒時復有名聞比丘護國比丘天敬比丘樂名聞比丘樂衆比丘樂欲比丘有如是等五百比丘於舍衛國夏安居已趣王舍城詣竹園中頂礼佛足却坐一面尒時弥勒與三万菩薩於瞻婆國夏安居已来詣竹園頂礼佛足却坐一面跋陁婆羅菩薩寳積菩薩導師菩薩星得菩薩郍羅達菩薩因陁達菩薩水天菩薩梵天菩薩善力菩薩大意菩薩勝意菩薩增意菩薩不虛見菩薩善發菩薩大力菩薩常精進菩薩不休息菩薩日藏菩薩持世菩薩持地菩薩持甘露味菩薩善住意菩薩無量意菩薩堅意菩薩越三界菩薩无邊力菩薩無量力菩薩金剛力菩薩無等力菩薩无動力菩薩疾辯菩薩利辯菩薩深辯菩薩无邊辯菩薩無量辯菩薩文殊師利法王子華德藏法王子曇無竭菩薩寳手菩薩持寳菩薩轉无量刼荘嚴菩薩轉女相願菩薩轉男相願菩薩轉衆生相願菩薩無邊自在菩薩无量自在菩薩壞自生縁自在菩薩是諸菩薩能隨無量衆生行願而度脫之各於其處夏安居已遊行諸國遇集中路俱詣佛所頭面作礼却坐一面尒時世尊知諸大衆皆悉雲集以神通力令摩伽陁國舊住比丘比丘尼優婆塞優婆夷皆詣竹園頂礼佛足却坐一面尒時長老摩訶迦葉在耆提訶山帝釋石室五百比丘俱止其中皆行頭

華手經第一卷　第二張　信字号

陁乞食納衣受常坐法隨敷樹下少欲知足樂遠離行時大迦葉以佛神力於彼石室忽然不現現於竹園行詣佛所世尊遥見告諸比丘汝等且觀是大迦葉今從彼來是人常修阿蘭若行乞食納衣麁弊三衣邊外遠住少欲知足樂遠離行於一切法心不與合聲聞功德皆悉具足我諸弟子於是法中無能及者汝等當知是大迦葉尚不樂與諸天言説何況人耶尒時世尊遥命之曰善来迦葉久乃相見汝當就此如来半坐佛移身時大千世界六種震動有大光明遍照世界大音普聞如擊金鍾摩訶迦葉偏袒右肩右膝著地長跪合掌白世尊曰佛是大師我為弟子佛之所有衣鉢坐處為弟子法不應受用所以者何如来衣者一切世間諸天及人供養恭敬如宗塔廟我昔從佛受僧伽梨恭敬尊重未曾敢著我從是来不生欲覺瞋覺惱覺不生欲熱恚熱癡熱以自燒惱世尊以要言之我於學地受世尊衣以頂戴時即成無

學我為順教受如来衣而實不敢生高下心但手執持不親餘身若未澡手亦不敢捉豈敢輕慢枕於頭下常與身俱未曾遠離我持此衣敬如舍利弗捨與我我不敢著自持衣来心常念佛除入餘定入餘定時无有地相水火風相亦無今世後世之相於諸所有見聞覺知心之所行於中无想亦無无想世尊諸無想行及無想定過諸想行過諸想定及衆想行我於是中不見學行若无學行不見如来若如来法及如来行譬如虛空有種種名名曰虛空虛誑無住亦无所有無取無捨無諍無受又名如實亦稱清淨无色無形不可得見雖以是等種種名字名字虛空而虛空相不可得亦若大若小若高若下有邊無邊世尊聖智慧名能知一切而是聖慧亦不能知虛空分數若干形色如是相縁世尊如来亦尒所言為佛或言大師又稱世尊為炬為燈為歸為救為世間舍為照明者為將導者療衆病者亦説道者究竟道者一切智

者雖以是等世俗假名稱讚如来我於是中不見有法無受无得所以者何一切諸法本自空故譬如幻師幻作灌頂轉輪聖王有四種兵七寶具足遊四天下其諸民衆見有種種差别形相若干言音世尊是轉輪王不作是念我為尊貴統四種兵遊諸天下是四種兵亦復不念王是我主我為從者雖有所為而無心念世尊此諸法相亦復如是無有如来亦无聲聞若學无學無辟支佛亦無凡夫世尊是法相中若如来法及如来相皆不可得亦不可知不可得取辟支佛法辟支佛相若聲聞法及聲聞相凡夫心法及凡夫人相皆不可得亦不可知不可得取是法相中色相色法皆不可得無知无取受想行識識法識相亦不可得無知无取世尊又是相中所謂色空以是故空是處色空皆不可得受想行識空以是故空是處識空亦不可得世尊又是相中謂如来空如来法空以是故空及此處空皆不可得乃至凡夫凡夫法空以

是故空及此處空皆不可得猶如幻化轉輪聖王及四種兵是中實無轉輪聖王無四種兵無幻幻事無地地種无水火風水火風種無虛空識虛空識種世尊我觀諸法皆亦如是我從本来不在此法於是法中亦无分別我以此法念佛功德是名正道世尊若善男子善女人入如是道而行餘法隨順餘師教從教誨謂有正見無有是處世尊我於此法无有所疑我入此門知一切法皆是一相所謂離相無所受相我於帝釋石室中住承世尊命故来到此欲於佛法請决所疑而今如来顧命分坐大千世界六種震動我即惟曰如来希有成就甚深清淨大法自然無師成無上道住大慈悲摧憍慢幢今乃顧命弟子分坐如貧賤人以尊敬心見轉輪王時轉輪王命之共坐是貧賤人生希有心我見聖王尚以為難況復得與分牀共坐佛亦如是一切智人有大威德法王無師自然逮覺一切聲聞及辟支佛無能勝者況餘世間一切

天人阿修羅等我今得見親近諮請已為大利況乃見命分牀共坐甚為希有我作是念如来深具大慈大悲大喜大捨不自矜高我為最尊世間中上如来功德而自顯現是名不與一切聲聞辟支佛共尒時世尊讃迦葉言善哉善哉如汝所言如来無量亦能具足成就無量大法謂不可量尒所布施施波羅蜜尒所持戒戒波羅蜜尒所忍辱忍波羅蜜尒所精進精進波羅蜜尒所禪定禪定波羅蜜尒所般若般若波羅蜜尒所三昧三昧波羅蜜尒所功德功德波羅蜜尒所行願行願波羅蜜尒所方便方便波羅蜜尒所解脫解脫波羅蜜尒所解脫知見知見波羅蜜迦葉如来成就四無等智能於大衆正師子吼何謂為四戒品無等定品無等慧品无等佛法無等是名如来四無等智尒時世尊欲明此義而說偈言

諸佛智無等　世所難思議　心業清淨故
能正師子吼　當作師子吼　怖畏諸外道
聞佛甚深法　當墜於大坑　若人住我相

及住衆生相　是人於佛法　我說為外道
若人依法相　依我我所相　是人於佛法
我說為外道　若人貪著戒　及餘諸功德
著多聞自高　我說為外道　若人著小欲
知足遠離行　及麁弊納衣　我說為外道
如空無觸閡　煙塵所不行　我說沙門法
無染亦如是　如人以名華　塗香及燒香
供養於虛空　虛空不生喜　若汙以埃塵
不染虛空性　以本清淨故　沙門法亦尒
若以惡口毀　虛空無恚恨　沙門法无染
其喻亦如是　若人於是法　已學今當學
其心無染著　是名真沙門　如空无障㝵
煙塵不能汙　沙門法如是　本淨無變異
如月在空中　其明無翳閡　亦不生是念
我光能悉照　比丘入他家　不染世八法
亦如月無念　我能无所染　比丘入他家
不應懷憍慢　自大自高心　若生皆當滅
當以慈愍心　無欲无所求　說法廣饒益
淨行於世間

神力品第二

尒時世尊告迦葉曰汝且就坐請問所疑當為汝說令得悅懌尒時迦葉即從座起頂礼佛足隨次而坐是時

世尊復現神力令諸國土所有比丘
比丘尼優婆塞優婆夷皆承佛力来
詣竹園頂礼佛足却坐一面時四部
衆天龍夜叉乹闥婆阿修羅迦樓羅
緊陁羅摩睺羅伽人非人等来入竹
園皆見廣博不相逼㝵尒時世尊又
現神力令此三千大千世界諸四天
王帝釋梵王光音諸天遍淨天廣果
天無誑天無熱天喜見天善見天阿
迦膩吒天皆承佛力至王舍城行詣
竹園合掌礼佛却住一面尒時世尊
復以神力令娑伽陁龍王阿耨達龍
王夂婆羅龍王輸陁羅龍王憍陁龍
王難陁龍王跋難陁龍王摩那斯龍
王德叉迦龍王孫陁羅龍王伊羅鉢
龍王有如是等億千龍王承佛神力
来詣竹園頂礼佛足却住一面尒時
三千大千世界天龍夜叉乹闥婆阿
修羅迦樓羅緊陁羅摩睺羅伽等上
至阿迦尼吒天皆承佛力来入竹園
并先在坐諸菩薩衆比丘比丘尼優
婆塞優婆夷皆悉容受不相妨閡尒
時世尊告目連曰汝與如来敷置高

坐吾今當說斷衆　疑結悉知一切
衆生深心皆令歡喜得入法海說諸
菩薩摩訶薩行及淨佛國化衆生業
亦說成就檀波羅蜜尸波羅蜜羼提
波羅蜜毗梨耶波羅蜜禪波羅蜜般
若波羅蜜亦說成就諸法門行能知
一切衆生諸根及處非處令諸比丘
比丘尼優婆塞優婆夷天龍夜叉乹
闥婆阿修羅迦樓羅緊陁羅摩睺羅
伽人非人等皆得歡喜我於過去業
緣果報及心所願智無有㝵當為汝
等說其少分時大目連即從坐起頂
礼佛足為佛敷坐高至梵天又於空
中作經行處七寶莊嚴柔軟細滑如
加陵伽長千　世界廣七百由旬經行
坐處皆有窓牖七重行列七重寶窓
七重欄楯七重寶網羅列圍遶其座
左右寶樹行列金銀琉璃頗梨所成
金樹銀葉頗梨為華琉璃為果銀樹
金葉琉璃為華頗梨為果琉璃樹者
銀葉金華頗梨為果頗梨樹者金葉
銀華琉璃為果諸寶樹間皆有浴池
八功德水充滿其中其池四邊有四

寶階金銀琉璃頗梨所成底有金沙
青黃赤白雜色蓮華弥覆水上鳧鶩
衆鳥相和而鳴七寶羅網覆諸池上
竪諸幢幡燒衆名香於經行處華深
七刃其衆華上有化比丘皆如目連
尒時目連以神通力化作座訖還詣
佛所白世尊曰我已敷座唯聖知時
佛告目連雖設此座如来不於變化
座上為衆說法尒時佛告亦無量緣
菩薩汝為如来敷置法座我今當坐
說斷衆疑結尒時亦無量緣菩薩承
佛教已欲敷法座於時三千大千世
界其中菩薩各以上衣積為高座於
時如来而作是念我今當現神通之
力令諸菩薩自知所願發心行道淨
佛國土成就衆生及成佛時國土嚴
淨聲聞菩薩衆數如是演說正法度
人如是壽命長短佛法如是形色正
相好正行如是滅度之後法住久近
令諸菩薩各於衣中見如是事得斷
所疑尒時世尊安詳而起昇于高坐
入佛三昧其三昧名亦無量緣時諸
菩薩各於衣中自見所得嚴淨國土

成無上道聲聞菩薩衆數如是壽命長短色相如是精進正行功德如是演説正法度人如是滅後舍利流布如是法住不壞久近如是各於衣中見如是事時諸菩薩同時發聲而説偈言

淨行寂高尊　諸法中自在　以功德莊嚴
禪定力無㝵　聖主無諂曲　無憍慢戲調
得聖明解脱　住深三昧故　住佛深三昧
現無上聖通　以無㝵智慧　悉現未來事
我等得見已　其心安不動　則為坐道場
降魔具三明　我等便為得　諸佛無上眼
以是無上眼　見諸法皆空　名眼而無閡
名見而無見　達諸法無㝵　是名無上眼
等心於有无　因是得佛眼　能於三界中
普見無障㝵　佛入三昧故　令我得是眼
及諸揔持門　遍入一切法　我等始於今
見佛無盡智　因本修無量　清淨行所得
非少施戒慧　能速是果報　故處師子座
光明照十方　令諸天龍神　皆知我作佛
亦悉知我等　本行業因緣　佛處无畏坐
説法斷衆疑　猶如師子王　處林而獨吼
本從無量劫　修集是智慧　今以三昧力

普令天人知　本求無利故　修無量施戒
忍辱進定慧　行是為衆生　以是行因緣
故處師子座　我等今合掌　唯願斷所疑
隨法住久近　令衆得法明　悉斷諸疑網
通達一切法

於時衆中有法王子名華德藏即從坐起偏袒右肩右膝著地合掌向佛作是念言我欲從佛問諸法門金剛句門重句門不斷句門修集一切諸法句門若善男子善女人學是句門於一切門法當得無閡眼智方便唯願如来觀我先世所種善根深心求道發大莊嚴於時如来觀此菩薩從初發意所種善根深心求道大莊嚴已顧視衆會口出妙光明如熾焰遍照無量无邊世界山林墻壁地水火風及虚空界皆一金色八方上下流演無閡尒時三千大千世界所有衆生皆自見身如真金色衆生多為欲火所燒自覺其身婬欲意息多為瞋恚火所燒者自覺其身瞋恚意息多為愚癡火所燒者自覺其身愚癡意息普此三千大千世界大地獄中苦

惱衆生以佛神通本願力故暫得休息尒時三千大千世界其中衆生業障報障煩惱障所覆以佛神力及華德藏本願力故皆得暫癈尒時如来身諸毛孔普放無量業報光明皆令衆生增長善根所放光明過于東方無量无邊恒河沙等阿僧祇國南西北方四維上下亦復如是佛放光已舉聲謦咳其聲遍聞一切世界

䋄明品第三

尒時東方過無量无邊阿僧祇世界國名一蓋是中有佛号一寶嚴現在説法與䋄明菩薩摩訶薩受阿耨多羅三藐三菩提記作如是言今是菩薩摩訶薩次於我後當得作佛尒時䋄明白彼佛言今此大光及大音聲誰之所為彼佛荅言西方去此過于無量阿僧祇國有世界名娑婆佛号釋迦牟尼於今現在為菩薩説攝一切法斷衆生疑令衆歡喜菩薩藏經彼有菩薩名華德藏欲問彼佛攝一切法能起無量功德法門䋄明當知彼世界中所有菩薩皆發大願無限之

行俱集彼會餘諸世界尠有如是大莊嚴者彼菩薩衆若有得見聞其名者尚得大利况復供養親近諮問尒時網明白彼佛言唯然世尊我欲詣彼娑婆世界供養礼覲釋迦牟尼佛及見彼土具足莊嚴諸菩薩衆彼佛報言汝自知時當以一心遊于彼國所以者何彼諸菩薩威德難勝一寶嚴佛以衆蓮華與網明言汝以是華供養彼佛并稱我意致敬問訊少惱少病起居輕利氣力安耶網明菩薩礼彼佛足右遶三帀即與無數菩薩大衆前後圍遶如大力士屈申臂頃於彼國土忽然不現到此世界行詣竹園頂礼佛足而白佛言唯然世尊我是網明佛言善哉令汝安隱網明菩薩頭面礼已却住一面白世尊曰一寶嚴佛問訊世尊少惱少病起居輕利氣力安耶以此蓮華奉上世尊佛即受之轉與弥勒弥勒受已告跋陁婆羅等五百菩薩言諸善知識如来與我此衆蓮華令與汝等時跋陁婆羅菩薩寶積菩薩導師菩薩星得菩

薩水天菩薩善力菩薩大意菩薩勝意菩薩增意菩薩不虛見菩薩住意菩薩過力菩薩常精進菩薩不休息菩薩日藏菩薩持世菩薩持地菩薩越三界菩薩無量力菩薩金剛力菩薩堅意菩薩无邊自在菩薩有如是等五百菩薩皆從弥勒受蓮華已白世尊曰我等本願若有衆生得聞我名及見我者皆得必定於阿耨多羅三藐三菩提世尊弥勒菩薩與我此華我等今以散於東方過去未来現在諸佛亦以供養南西北方四維上下過去未来現在諸佛願所散華遍到十方無量世界其中衆生若見此華聞其香者當隨我等本所志願深心所行不捨一切衆生力故皆當必得阿耨多羅三藐三菩提時諸菩薩以此蓮華欲散十方佛以手摩一一華中佛身悉現此諸化佛從空而去亦作是言若有衆生不信諸法如空幻化無相无緣是諸衆生佛不為師非佛弟子即說偈言

諸法空無相　无取無所緣　一切如幻化

猶如水中月　不以空故空　性本常自尒
是名佛所說　最上微妙法　諸法空無相
亦復無有我　若人如是知　則為无貪諍
若人樂是法　佛則是其師　我等以佛力
當遊於十方

時諸化佛各說此偈遍至十方網明菩薩白佛言世尊此諸菩薩本願清淨至未曾有能令此土苦惱衆生并餘世界多惱患者聞其名字皆得必定阿耨多羅三藐三菩提但為如来及諸菩薩不應生此雜悪世界所以者何譬如無價寶摩尼珠能除一切衆生衰惱得安隱樂若有智人善識寶相聞此寶珠有大功德心念想像周行推覓見在不淨糞穢坑中有諸工巧貧窮下役弊悪之人止住其邊猶尚不識此寶珠名况復能知所有功德時求寶者見如是已即作此言是珠不應在斯穢處時貧賤者語此人言何等是珠令為所在時求寶者指珠示之其人無智不識寶相便作此言汝雖如是讚此寶珠我等不見是珠功德汝言無實誰當信者時求

寶人即於其處出珠持去其後貧人遭諸衰惱疾病諍訟衆苦不安世尊娑婆世界亦復如是皆相殘食貧窮下賤成就惡法亦如寶珠所住之處穢惡充滿世尊是摩尼珠能滅衰惱與衆安樂當知是佛及此世界具足莊嚴諸菩薩衆寶珠四邊貧窮下賤當知是爲娑婆世界諸惡衆生其諸男女聞珠功德便行求覓見在穢處作如是言此珠不應在是處者則是我等聞十方國現在諸佛稱揚世尊又此世界具足莊嚴大菩薩衆故來欲見礼敬問訊而見此土多諸苦惱濁亂罪垢薄福衆生充滿其中世尊如此寶珠在不淨處光明不現猶如如來及大莊嚴諸菩薩衆今在此土功德不現如摩尼珠雖在穢處亦能少利諸貧賤者如今世尊於此世界但現大光如來真實光明色相功德勢力自在神通及本願力皆悉不現世尊此土衆生善根薄少尚不能信如來所現光明功德何況能信諸大菩薩所有功德則無是處世尊如求

寶者從不淨處出此寶珠持之而去其後貧人遭諸衰惱疾病諍訟衆苦不安佛滅度後讀誦修習如是經者生餘國已此世界中有大衰惱乃至不聞佛法名字所以者何是諸衆生樂處惡法共相殘食沒在種種諸大衰惱無有淨行福行慧行則失大利世尊若善男子及善女人欲求善利成佛道者不應生此求聲聞者猶尚不應生此世界何況諸菩薩所以者何猶如阿鼻地獄活地獄黑繩地獄大熱地獄小熱地獄等其中衆生無須臾樂世尊彼土如來及諸菩薩見此娑婆世界衆生猶如在此諸地獄中受衆苦惱彼土衆生生便常樂我若說之未曾受故無能信者世尊我爲聞法入淨法門來詣佛所何用稱說彼土樂爲所以者何一切苦樂皆悉無常無決定相我等欲聞无苦無樂无常非常無想分別无修非修非爲無爲无說非說無有世間及出世間無漏非漏无實無虛无有菩提及菩提分無力非力无闇無明无道非道無

果非果無發无住無所至處唯然世尊我等今者欲聞是法所以者何一切樂事皆從虛妄福德因緣現於世間如來法空無形无相無有十力四无所畏無諸神通亦无說法無苦无樂離諸動念及心所行得是如相故名如來諸動念者是實是虛是漏无漏是名世間是出世間是戒非戒是力非力是畏無畏是聖福田是非福田是名如來是菩薩衆是諸聲聞是辟支佛是通是願如來悉斷此諸戲論以是無㝵无畏力故能於大衆作師子吼現佛大音世尊如來亦能於猒離中生無猒想淨不猒中生猒離想又能俱離一心行捨是名佛行聖自在行不共聲聞辟支佛行世尊不共行者餘無能及亦不能壞所以者何餘人智力不能及知諸佛世尊如是諸行若干分數如是深遠如是因緣如是寂滅如是安樂世尊如來諸行無行衆生所不能行是故世尊如來諸行一切聲聞及辟支佛非所能行非所行者非行非不行一切聲聞

華手經第一卷　第二十張　信字号

及辟支佛於是法中本無行力是故世尊如来所行名無邊行无邊行者諸佛如来本所志樂無有邊際世尊是法不可以文字說以文字說則離此行是法名為義趣法門能開六万六千法門皆令照明世尊一寶嚴佛常為衆生說是法門說是法門時七万七千諸菩薩衆皆逮得是無閡法門便能隨順如来之行此諸菩薩同聲唱言我等今者則為已逮無上正覺六万衆生皆發無上正覺之心即時如来便為授記八百億万劫由他衆於諸法中逺塵離垢得法眼淨復有三万比丘尼衆不受諸法漏盡意解時佛微笑放大光明普照世界地大震動尒時阿難即從坐起偏袒右肩右膝著地白世尊曰何因何緣而現微笑放大光明普照世界地大震動佛告阿難綱明菩薩說是法門七万七千諸菩薩衆皆得是門綱明菩薩於此世界虛空分中曾從八万諸如来所聞是法門聞已逮此無閡法門逮此門已常能遊化無量佛國

如相品第四

華手經第一卷　第二十一張　信字号

尒時東方過七百八万阿僧祇國有世界名一寶聚有佛号曰无邊寶力今現在無量大衆恭敬圍遶而為說法是無邊寶力佛與不虛行力菩薩摩訶薩受阿耨多羅三藐三菩提記作如是言今是菩薩次於我後當得作佛時不虛行力菩薩於彼衆中見大光明聞大音聲白彼佛言是為何佛光明音聲彼佛報言西方去此過七百八万阿僧祇國有世界名娑婆彼中有佛号釋迦文今現在為大莊嚴諸菩薩說斷衆生疑令衆歡喜菩薩藏經時不虛行力菩薩白彼佛言我欲詣彼娑婆世界供養礼覲釋迦文佛及見彼土具足莊嚴諸菩薩衆彼佛報言汝自知時當以一心遊彼世界所以者何彼諸菩薩有大威德難勝難及汝以我言問訊彼佛少惱少病起居輕利氣力安耶以此蓮華供養彼佛時不虛行力菩薩從坐而起頂礼佛足右遶三帀即與七万八千菩薩於彼佛土忽然不現到此世

華手經第一卷　第二十二張　信字号

界令此三千大千國土樹木非時皆生華實雨衆名華香氣普熏上妙伎樂同時俱作時不虛行力菩薩詣竹園頭面作礼手摩佛足三自稱言我是不虛行力菩薩佛言且止明汝至心時不虛行力菩薩頭面礼已而白佛言無邊寶力佛問訊世尊少病少惱起居輕利氣力強耶以此蓮華供養世尊佛受華已而問之曰無邊寶力佛安隱無恙氣力康耶答言世尊无邊寶力佛少惱少病安隱無為佛以此華與弥勒菩薩尒時弥勒手執蓮華作如是言以此蓮華善根福德因緣力故令善男子若善女人發阿耨多羅三藐三菩提心者得淨佛土成就衆生所以者何若諸衆生不種善根難可教化善根不具難可教化善根微淺難可教化樂小法者難可教化所以者何是衆華中若人欲見十方諸佛即皆得見亦能得見無邊寶力佛寶聚世界諸菩薩衆及見彼土得共解脫三明六通大聲聞衆世尊是華從深善根因緣報生是故

我今以供諸佛令衆發心求佛道者得無障閡未發心者亦令得發如如来通達諸法无所壞相得無上道我以是心持華供養尒時佛告跋陁婆羅何謂為法如来以如通達不壞得無上道跋陁婆羅白佛言世尊无有是法如来以如通達不壞得成佛道所以者何如来不得是諸法相若佛不得是不名法不名非法世尊無所得中若有法者則為如来起此法相所以者何諸相所生皆因六入如来尚自不得諸入況無得中而得相耶有如是觀即復為相是故佛說一切諸法無取无捨亦無隨順如應行者得是相故名為如来所以者何佛所欲法皆於如中若取諸法則為壞如如無如来而因如故名為如来是如無相因无相故名為如来是如無盡因無盡故名為如来是如不壞因不壞故名為如来諸法如實因如實故名為如来是故世尊一切法如即是如来如来即是一切法如是故世尊無所住處是如来義於正通達亦不

住故是故佛說若人於法無取无捨無順无諍是名一切世間福田佛告跋陁婆羅汝住何處能作是說荅言世尊一切世間諸所住處我住其中作如是說世尊我不貪著如凡夫住所以者何凡夫所住即是貪著敗壞之相若着壞相是人即為敗壞變異世尊實相不如世間所住賢聖於此世間相中無諍无二名住世間凡夫於此無有行處世間如焰過諸入故世間無常從緣生故世間不淨起惡業故是故世間世間住處世間壞相皆悉住於無所住中是故我住無二法中能作是說尒時佛告跋陁婆羅汝住此法作是說耶荅言世尊佛所得法自捨如来無能知者跋陁婆羅吾得何法唯然世尊佛坐道場所得之法若法非法無有是處佛告跋陁婆羅善哉善哉如汝所說如来道場所得法者是法非法亦非非法我於此法智不能行目不能見無有行處慧所不通明不能了聞无有荅於此法中無受无取無垢无淨若我說是

自所得法若以相行行是法者則皆迷悶跋陁婆羅我於是法唯除諸佛無證明者現身菩薩一生菩薩於我是法亦不能證聞如是法尚懷驚怖況斯已下能證明者

不信品第五

佛告跋陁婆羅来世當有比丘比丘尼優婆塞優婆夷不修身不修心不修戒不修慧聞是經說諸佛菩提无得無失无有分別無垢无明隨順於如佛所囑累驚疑怖畏墜大深坑作是念言如来名為得一切智而今此經說智不行慧不能通明不能了問無有荅无可知相是諸人等見有讀誦說是經者反加憐愍或生恚慢起惡賊心跋陁婆羅汝觀末世有是顛倒違逆我者是法中賊反得尊竟能說如来正智慧者而被輕賤不得住止僧坊精舍我以是法自然无師於大衆中作師子吼是諸惡人不識如来及如来法以不識故可呵事中生稱讚想可譽事中生呵責想何謂可呵若人於法有所貪取乃至善法是

名如来之所呵責是人以此所呵責
事而生稱讃是則名為沙門中賊汙
沙門者於沙門中為旃陁羅僧中敗
壞衆之糟糠隨逐外道深計断常起
貪著法分別之心跋陁婆羅如来所
説世間正見可戲論法順生死理欲
令衆生知業果報此諸癡人於是法
中生第一相跋陁婆羅結髮梵志亦
説世間罪福因縁若如是知是名菩提
者則是梵志應得菩提跋陁婆羅如是
梵志我滅度後自於所知見有過失
生猒離心於我法中而求出家既出
家已能得佛法跋陁婆羅汝觀来世
是諸癡人尚不能及事火梵志如是
癡人當如末迦梨富蘭那等以我所
説世間正見順生死理業縁果報可
戲論法為上智慧是人則為毀謗如
来及如来法不能見知出生死要我
説此人不堪道器所以者何是人於
我無量无邊阿僧祇刼所習佛法以
微因縁而毀壞之是人則為生如来
過如来之賊跋陁婆羅何等名為稱
讃如来隨如来意而説法者若為諸

法無貪无諍無起无作無相无為出
過三世而演説法是人名為稱讃如
来隨意行者是名佛子從佛口生從
法化生跋陁婆羅是人則能讀誦問
荅如是等經是則名為隨意行者如
法説者隨法行者我加神力是人昔
曾受我教誨我所勸請能建法幢吹
大法貝擊大法鼓張設法幡為諸如
来之所知識是人則著功德華鬘住
常樂處降諸魔惡世間希有見者獲
利堪任受持無上道器為諸菩薩諸
佛所念能淨法眼於一切法無所障
㝵悦可佛意佛聽是人親近礼事諸
受正法以諸功徳而自莊嚴智慧深
遠為諸學者雨大法雨增長佛法敷
覺意華成解脱果為坐道塲得佛菩
提亦衆生道能演法施滿衆生願跋
陁婆羅我今略説是人功徳若廣説
者少能信受是人名為稱揚如来讃
佛法者跋陁婆羅如人未見阿耨達
池若見餘池作如是言與彼大池等
無有異是人雖欲讃美彼池乃更毀
損跋陁婆羅此諸癡人無是功德無

如是法无如是智慧以諸世間有漏正
見生死染著而稱讃我作如是言如
来智慧於此法中無有障閡雖欲讃
我而實毀辱又如愚人聞金色黄後
聞人説閻浮檀金殊勝相貌不肯信
受語其人曰汝止勿言真金色黄不
如汝説此諸癡人亦復如是無目盲
冥若聞人説佛名法名又聞如来三
十二相八十種好生在王家眷屬具
足出家學道戒定具足不聞真實佛
法身相及真法相但以是法名一切
智名為如来又亦不聞如来演説以
何相故諸法非法是人或時聞是等
經説佛真身如實法相則生疑恠有
是法耶為如是不如彼盲人聞金色
黄後聞人説閻浮檀金生疑不信為
如是不又如愚人聞説大海其量弥
廣三万由旬渕深八万四千由旬有
無量實其水一味不增不減是人不
信作是念言衆流皆注云何不溢深
廣如是雖有珎實誰能得者便謂大
海無如是德癡人亦尒但聞人説佛
名法名不聞甚深功徳智慧真實法

相或聞人說如是等經究竟涅槃無量法實得大解脫令衆生得佛无导眼於一切法無增无减一切智慧無邊无際功德甚深難得崖底一切餘衆無能測量亦无壞者譬如大海不宿死屍佛法亦尒邪見惡人失慧命者不得止住又如大海同一鹹味佛法亦尒同趣涅槃一解脫味癡人聞是不能信解謂无斯事非真實法跋陁婆羅觀是癡人尚不自知生從何来死至何所於過去世為行何行不知業縁不知果報於將来世當行何法得何果報為行智道為行識道若是癡人於是法中生非法想我所呵法生真實想於我滅後不能依止如是等經跋陁婆羅我經中說如来滅後若人毀謗佛法僧者汝等不應瞋恨憂惱應作是念我等若生瞋恨心者則非沙門非沙門法不隨順道若為沙門而不隨法終不能得信解通達阿耨多羅三藐三菩提法

華手經第一卷　第丰張　信字号

佛說華手經卷第一

佛說華手經卷第一

校勘記

一　底本，金藏廣勝寺本。

一　一六四頁中一行「佛說華手」，石作「華手」；資作「華首」，以下各卷同。

一　一六四頁中二行譯者，石、資、磧、普、南、徑、清作「姚秦三藏法師鳩摩羅什譯」。以下各卷同。

一　一六四頁中一〇行第六字及一二行第四字「無」，石、資、磧、普、南、徑、清作「摩」。

一　一六四頁中一九行第四字「勒」，石、麗作「勒菩薩」。

一　一六四頁下一五行「自生」，資、磧、普、南、徑、清作「諸」。

一　一六四頁下二二行「長老」，石無。

一　一六五頁上五行第二字「是」，資、磧、普、南、徑、清作「見」。

一　一六五頁上八行「功德」，石、麗作「德行」。

一　一六五頁上一〇行「言說何況」，石作「論說而況」。

一　一六五頁上一一行第九字「日」，資、麗作「曰」。

一　一六五頁上一三行第二字「大」，石作「三千大」。

一　一六五頁上一三行及次頁上一五行「六種」，資、磧、普、南、徑、清作「六反」。

一　一六五頁上一九行「供養恭敬」，石作「尊重礼敬」。

一　一六五頁上二〇行第四字「恭」，石作「礼」。

一　一六五頁上末行第一三字「成」，資、磧、普、南、徑、清作「得」。

一　一六五頁中一行「爲順」，資、磧、普、南、徑、清作「順佛」。

一　一六五頁中四行第六字「遠」，石作「捨」。

一　一六五頁中五行第二字「弗」，資、磧、普、南、徑、清、麗作「佛」。

一　一六五頁中七行首字、第五字及

一　第一三字「相」，磧、普、南、徑、清作「想」。

一　一六五頁中一二行「虛空」，石作「空中」。

一　一六五頁中一五行第二字「清」，石作「爲」。

一　一六五頁中一五行末字「是」，石、資、磧、普、南、徑、清作「如是」。

一　一六五頁中一六行第一一字「虛」，石作「此」。

一　一六五頁中一八行「智慧名」，石作「慧名爲」。

一　一六五頁中一九行第八字「分」，資、磧、普、南、徑、清作「界」。

一　一六五頁中二〇行第一〇字「所」，諸本作「或」。

一　一六五頁下一行「是等」，石作「如是」。

一　一六五頁下二行第一二字至三行首字「所以者何」，石作「何以故」。

一　一六五頁下五行第一一字「有」，資、磧、普、南、徑、清無。

一　一六五頁下一五行第七字「人」，資、磧、普、南、徑、清無。

一　一六五頁下一九行「所謂色空」，石作「謂色空也」。

一　一六五頁下二〇行第一字「皆」，石作「亦」。

一　一六六頁上四行「虛空識處」，石作「空識」。

一　一六六頁上一〇行「無有是處」，資、磧、普、南、徑、清作「則無是處」；麗作「則無有處」。

一　一六六頁上一一行第一三字至一二行第二字「所謂離相」，石作「謂離相也」。

一　一六六頁上一三行末字「決」，資、磧、普、南、徑、清、麗作「質」。

一　一六六頁上一六行及本頁中二一行「清淨」，石作「淨妙」。

一　一六六頁上一六行末字「道」，石作「菩提」。

一　一六六頁中八行「具足」，資、磧、普、南、徑、清、麗無。

一　一六六頁中九行首字「布」，石作「行」。

一　一六六頁中一〇行「忍辱忍」，石作「行忍忍」；資、磧、普、南、徑、清作「忍辱忍辱」。

一　一六六頁中一〇行「精進精進」，石作「行進進」。

一　一六六頁中一一行第九字「定」，石無。

一　一六六頁中一三行「功德功德」，石作「福德福德」。

一　一六六頁中二一行第五字「等」，資作「礙」。

一　一六六頁中末行第七字「墜」，資、磧、普、南、徑、清作「墮」。

一　一六六頁下二行「依我」，石作「及依」。

一　一六六頁下三行「功德」，石作「福行」。

一　一六六頁下四行「人著小」，資、磧、普、南、徑、清作「著人少」。

一　一六六頁下六行第一〇字「行」，

資、磧、普、南、徑、清、麗作「汙」。

一六六頁下八行「養於虛空虛」，石作「散於空中而」。

一六六頁下九行第三字「虛」，石作「於」。

一六六頁下九行第八字「清」，石、麗作「性」。

一六六頁下一〇行「虛空無」，石作「空無有」。

一六六頁下一三行第五字「汙」，石、資、磧、普、南、徑、清作「染」。

一六六頁下一七行「憍慢」，石作「慢心」。

一六六頁下一八行第一四字「鐃」，石作「利」。

一六六頁下二〇行「神力品第二」，資品名上冠以經名「華首經」；磧、普、南品名上冠以經名「華手經」。以下及各卷例同。

一六六頁下二二行「悅解」，石、資、磧、普、南、徑、清作「解脫」。

一六六頁下末行第三字「座」，資、磧、普、南、徑、清、麗作「地」。

一六七頁上一行「國土」，資、磧、普、南、徑、清作「國界」。

一六七頁上一三行第二字「欠」，石作「久」。

一六七頁上一九行第一二字「伽」，資、磧、普、南、徑、清無。

一六七頁中一行及本頁下一一行「衆疑結」，麗作「衆生疑經」。

一六七頁中三行第一〇字「國」，石作「土」。

一六七頁中四行第九字「尸」，石、資、磧、普、南、徑、清作「尸羅」。

一六七頁中八行第一字「北」，諸本作「比」。

一六七頁中一三行第八字「高」，石作「上」。

一六七頁中一五行「世界」，資、磧、普、南、徑、清作「由旬」。

一六七頁下一〇行末字「坐」，資、磧、普、南、徑、清無。

一六七頁下一一行第六字「尒」，資、磧、普、南、徑、清、麗無。

一六七頁下一六行第二、三字「國土」，石、資、磧、普、南、徑、清作「世界」。

一六七頁下一六行第一三字「土」，資、磧、普、南、徑、清作「界」。

一六七頁下一八行末字「正」，諸本無。

一六七頁下末行第一三字「國」，磧、普、南、徑、清作「佛」。

一六八頁上八行「憍慢」，石作「慢無」。

一六八頁上一二行第五字「明」，資、磧、普、南、徑、清、麗作「昧」。

一六八頁上一九行「是果」，石作「如是」。

一六八頁上二〇行第六字「令」，資、磧、普、南、徑、清作「今」。

一六八頁上末行「修集」，資、磧、普、南、徑、清作「修習」。

一六八頁中二行「忍辱進」，石作「忍進及」；資、磧、普、南、徑、清作「忍精進」。

— 一六八頁中三行第一四字「所」，石、資、磧、普、南、徑、清作「衆」。

— 一六八頁中五行「通達」，石作「了達」。

— 一六八頁中九行第一一字「集」，石作「習」。

— 一六八頁中一一行第四字「門」，石、資、磧、普、南、徑、清無。

— 一六八頁中一八行「演無閡」，石作「布無量」；資、磧、普、南、徑、清作「布無礙」。

— 一六八頁下三行第七字「所」，資、磧、普、南、徑、清無。

— 一六八頁下四行第一○字「廢」，資、磧、普、南、徑、清作「息」。

— 一六八頁下七行第一二字「國」，石作「界」；資、磧、普、南、徑、清作「世界」。

— 一六八頁下九行「謦咳」，諸本作「謦欬」。

— 一六八頁下一三行「摩訶薩」，資、磧、普、南、徑、清無。

— 一六八頁下一三行第一一字「受」，麗作「授」。

— 一六八頁下一九行第五字「於」，資、磧、普、南、徑、清、麗無。

— 一六八頁下一九行「菩薩」，石作「諸菩薩」。

— 一六九頁上五行「釋迦牟尼」，資、磧、普、南、徑、清作「釋迦文」。兩者同一，以下各卷間有出現，不出校。

— 一六九頁上一四行第四字「土」，石、資、磧、普、南、徑、清作「界」。

— 一六九頁中九行第八字「必」，資、磧、普、南、徑、清作「畢」。

— 一六九頁中一四行首字「到」，石、資、磧、普、南、徑、清作「至」。

— 一六九頁中一九行第五字「悉」，資、磧、普、南、徑、清作「半」。

— 一六九頁中二○行「如空」，資、磧、普、南、徑、清、麗作「空如」。

— 一六九頁下一行首字「猶」，石、磧、普、南、徑、清、麗作「亦」。

— 一六九頁下四行第一四字「佛」，資作「神」。

— 一六九頁下七行末字至八行首字「清淨」，石作「淨妙」。

— 一六九頁下一一行第一三字至一二行第二字「所以者何」，石作「何以故」。

— 一六九頁下一二行「寶摩尼」，石作「寶摩尼寶」；磧、普、南、徑、清作「摩尼寶」。

— 一六九頁下一四行「功德」，石作「德力」。以下一八行、末行及次頁上九行、一七行同。

— 一七○頁上一七行第八字「珠」，資、磧、普、南、徑、清作「寶珠」。

— 一七○頁上一九行「真實」，資、徑、清作「真寶」。

— 一七○頁中三行「修習」，麗作「修集」。

— 一七○頁中六行末字「大」，資、磧、普、南、徑、清無。

一七〇頁中七行第二字「惱」，資、磧、普、南、徑、清作「惱中」。

一七〇頁中一〇行第九字「諸」，資、磧、普、南、徑、清、麗無。

一七〇頁中一一行首字「猶」，石、麗無。

一七〇頁中一五行首字「衆」，資、磧、普、南、徑、清作「諸」。

一七〇頁中二〇行第五字「想」，資、磧、普、南、徑、清作「相」。

一七〇頁中二一行「世間」，石作「世界」，下同。

一七〇頁下六行「是如」，磧、普、南、徑、清作「如是」。

一七〇頁下九行「是非」，石、資、磧、南、徑、清作「非聖」。

一七〇頁下一四行第二字「離」，諸本作「惡」。

一七一頁上二行「如来」，資、磧、普、南、徑、清作「如行」。

一七一頁上一一行第一〇字「覺」，石作「遍」。

一七一頁上一二行第九字「億」，資、磧、普、南、徑、清無。

一七一頁上一七行「何因何緣」，資、磧、普、南、徑、清作「以何因緣」。

一七一頁上末行末字「國」，石作「土」。

一七一頁中四行首字「今」，石、資、磧、普、南、徑、清作「於今」。

一七一頁中六行「摩訶薩」，資、磧、普、南、徑、清無。

一七一頁中一一行「世界名娑婆」，資、磧、普、南、徑、清作「娑婆世界」。

一七一頁中一二行第八字及一六行首字「文」，石作「牟尼」。

一七一頁中一二行第一三字至一三行第四字「大莊嚴諸菩薩」，石作「諸大莊嚴菩薩」。

一七一頁中一五行第一二字「觀」，資、磧、普、南、徑、清作「歡」。

一七一頁中一六行第八字「足」，石、麗作「大」。

一七一頁中末行「佛土」，石、資、磧、普、南、徑、清作「世界」。

一七一頁下一行「國土」，石、資、磧、普、南、徑、清作「世界」。

一七一頁下八行「强耶」，石作「安也」。

一七一頁下一〇行第七字「恙」，石作「疲」。

一七二頁上二行第一二字「發」，資、磧、普、南、徑、清作「發心」。

一七二頁上三行第七字「所」，資、磧、普、南、徑、清作「有」。

一七二頁上五行第九字、七行第六字「如」，磧、普、南、徑、清作「法」。

一七二頁上六行第三字「道」，石作「菩提」。

一七二頁上一一行「諸相所生」，資、磧、普、南、徑、清作「諸所生法」。

一七二頁上二一行「是故」，資、磧、普、南、徑、清作「如是」。

一七二頁中一六行第九字「知」，石、資、磧、普、南、徑、清作「說」。

一　一七二頁下五行末字「者」後，石換卷，爲卷第二。

一　一七二頁下一〇行第一一字「明」，資、磧、普、南、徑、清作「淨」。

一　一七二頁下一四行末字「讀」，資、磧、普、南、徑、清作「讃」。

一　一七二頁下一五行「憐愍」，石作「愍念」。

一　一七二頁下一七行「尊竟」，石作「尊敬」；資、磧、普、南、徑、清、麗作「尊貴」。

一　一七二頁下二一行第一二字「事」，石、磧、南、徑、清作「法」。以下二二行第六字及次頁上二行首字同。

一　一七三頁上七行「業果」，石作「有業」。

一　一七三頁上九行第一二字「是」，資、磧、南、清、麗無。

一　一七三頁上一〇行第一四字「如」，資無。

一　一七三頁上一一行第八字「於」，資、磧、普、南、徑、清作「矜」。

一　一七三頁上一七行「爲上智慧」，石作「以爲上智」。

一　一七三頁上二〇行第一一字「習」，資、磧、南、徑、清、麗作「集」。

一　一七三頁上末行第八字「而」，資、磧、普、南、徑、清作「而爲」。

一　一七三頁上末行「若爲」，資、磧、普、南作「於」；徑、清、麗作「若於」。

一　一七三頁中四行第一二字「讀」，資、磧、普、南、徑、清作「稱」。

一　一七三頁中五行「如是」，資、磧、普、南、徑、清作「如来」。

一　一七三頁中五行及次頁上一行、一六行「等經」，石作「諸經」。

一　一七三頁中八行第三字「貝」，石、磧、普、南、徑、清作「螺」。

一　一七三頁中一一行第四字「受」，資、磧、普、南、徑、清作「住」。

一　一七三頁中一三行第一三字「事」，石作「敬」。

一　一七三頁中一四行、一八行、末行及次頁上四行「功德」，石作「福德」。

一　一七三頁中一五行「爲諸」，石作「而爲」。

一　一七三頁中一五行第四字「學」，資作「覺」。

一　一七三頁下一行第四字「无」，麗無。

一　一七三頁下一三行「是等」，石、資、磧、普、南、徑、清作「如是」。

一　一七三頁下一五行「爲如是」，資、磧、普、南、徑、清作「先相應」。

一　一七四頁上末行經名，石無，未換卷。

佛說華手經卷第二　信

後秦龜茲國三藏鳩摩羅什奉　詔譯

念處品第六

佛告跋陀婆羅於尒時世諸善人筆應作是念我等當自依四念處四念處者於聖法中一切諸法皆名念處所以者何一切諸法常住自性無能壞故是念處門法所住門入法初門八聖道門三解脫門解脫門者以不二法捨離二邊得聖解脫不二法者是無所有若无所有即是無盡是名正見遠離二邊邊即自空无有真實跋陀婆羅當知如来不以見邊而得離邊本無有邊故曰離邊諸佛世尊離一切法智者不如凡夫所受跋陀婆羅求法真相實不可得故名為離是法虛妄無得无失跋陀婆羅以是義故昔曾有天来問我言沙門喜耶即荅之言我得何法而有喜耶又問憂耶我又荅言為失何法又問不喜亦不憂耶荅言如是如天言善哉不喜不憂又問天曰得吾何意天曰我謂沙門安處寂滅跋陀婆羅汝觀是天速得我法彼時天者今在此會知一切法本性寂滅當知是天昔曾供養五百佛故於我法中速得通達是故佛說不種善根善根未熟於聲聞法尚不能解况於我法能速通達跋陀婆羅若聞是法能速解者功德極少猶於千佛殖諸善本所以者何善根廣大乃能通達甚深智慧時跋陀婆羅菩薩寶積菩薩導師菩薩星得菩薩郁羅達菩薩帝天菩薩水天菩薩善力菩薩大意菩薩益意菩薩增意菩薩不虛見菩薩善住意菩薩過力菩薩常精進菩薩不休息菩薩日藏菩薩等如是五百菩薩各以衆華供散佛上而作是言世尊若有衆生求是等經及得聞者皆令必定佛菩提道又以是緣當令十方現在諸佛得請久住及說法者令衆具足助菩提法尒時佛問跋陀婆羅衆生於汝有何等利而能為之發是大願及為請佛久住說法令衆具足助菩提道跋陀婆羅白世尊曰不以衆生損益我故

而發莊嚴不作是念此諸衆生利益我故令住佛法於我有損不住佛法諸菩薩等不以如是分別莊嚴譬如世尊波梨質多拘毗羅樹華葉盛時忉利諸天見其敷榮心大歡喜於此樹下五樂自娛世尊忉利諸天於此樹王有何損益而令諸天心生愛樂常詣其下五欲自娛見之便得無比喜樂諸菩薩等亦復如是不以衆生有利有損而發莊嚴但作是念何時當得具佛智慧為十方界无量衆生之所歸趣如彼天樹其華敷開諸天所樂當令衆生以佛五根法喜自娛如彼樹王諸天於下五樂自娛復次世尊離衆生故而發莊嚴非得衆生以離我故而發莊嚴非得我也以離法故而發莊嚴非得諸法以離陰故而發莊嚴非得諸陰以離界故而發莊嚴非得諸界以離入故而發莊嚴非得諸入世尊是莊嚴中無有諸果莊嚴離故以是果空當於諸法无取無捨而發莊嚴世尊如是莊嚴相不可得是莊嚴處莊嚴所為皆不可得

世尊若有所得則為得我是故菩薩不貪不受若我无我若受無我則為是我不名無我无所愛者世尊以如此義是大莊嚴現於世間是莊嚴中無此彼相佛告跋陁婆羅如是莊嚴見有何利荅言世尊我發莊嚴不見凡夫及學人法於我為遠佛法為近我亦不見是諸佛法如是佛法世尊我發莊嚴於中不見有利有損如是莊嚴以此相故現於世間時諸菩薩所散衆華現神通力遍到十方供養諸佛教化衆生令住佛法也

發心即轉法輪品第七

尒時東方去此世界過無量无邊阿僧祇國有世界名相德聚佛号无相音現在說法為發心即轉法輪菩薩受無上道記作如是言令此菩薩次於我後當得阿耨多羅三藐三菩提時此菩薩見大光明聞大音聲白彼佛言世尊是為何佛光明音聲彼佛荅言西方去此過于無量阿僧祇國有世界名娑婆佛号釋迦牟尼於今現在是為彼佛光明音聲令彼如來為

菩薩說斷衆生疑令衆歡喜菩薩藏經彼諸菩薩成就無量具足莊嚴時發心即轉法輪菩薩白彼佛言世尊我欲詣彼娑婆世界供養礼覲釋迦牟尼佛及諸菩薩摩訶薩衆所以者何是諸大士尚難得見何況親近彼佛報言汝自知時時彼菩薩既蒙聽許即從坐起頂礼佛足右遶已去時無相音佛與一蓮華而告之言汝持此華與釋迦牟尼佛此蓮華中見无相音佛本為菩薩所修功德如是等華遍彼世界令諸衆生皆得受用時彼菩薩從佛受華來詣此土時此世界所有卉木華葉果實乃至毫末皆為發心即轉法輪菩薩手中悉現及諸衆生所有音聲皆出法音無常苦空無我之音根力覺道禪定解脫諸三昧音時舍利弗白佛言世尊今見如來大神通力佛告舍利弗非我所為從此東方過于無量阿僧祇國有世界名相德聚佛号无相音現在說法有菩薩名發心即轉法輪從彼發来至此世界是彼菩薩本願果報神通

之力舍利弗白佛言世尊發心即轉
法輪菩薩於過去世種何善根能有
如是果報神力佛告舍利弗善哉善
哉汝以佛力能問如来發心即轉法
輪菩薩從過去佛種諸善根汝今一
心聽是菩薩於過去世所殖德本若
十方佛坐於道場初始得佛時此菩
薩或為梵王轉輪聖王五通仙人来
詣道場供養諸佛請轉法輪其數多
少舍利弗如我初得無上道時有梵
天王来請我言唯願世尊轉于法輪
有諸衆生於過去世深行善法利根
智慧能知佛意若不聞法則為永失
舍利弗是發心即轉法輪菩薩勸請
諸佛轉于法輪此諸功德更無所為
但為請佛轉於法輪舍利弗我今當
說譬喻以明此義智者有以譬喻得
解假使三千大千世界百億日月四
百億大海百億四天下四百億那由
他眷屬四天下諸小國土百億須弥山
王百億鐵圍山皆為一器狀若海坑
滿中芥子若麻若米有大力士盡能
把持灑散四方大風普吹令一芥子

墮一世界汝意云何是諸芥子所墮
世界寧為多不荅言世尊甚多無量
不可稱數舍利弗我今為汝明了此
事介許芥子所墮世界合為一器縱
廣正等高亦如是其壁堅固如是大
器滿中細沙如以升斛㪷量米麪如
是沙數寧為多不甚多世尊不可稱
數佛告舍利弗是諸沙數尚可數知
而此菩薩所可勸請道場諸佛轉于
法輪度脫衆生是不可數此諸善根
猶不迴向阿耨多羅三藐三菩提又
以七寶珠輪上佛請轉法輪其數倍
多又以衆寶華輪上佛請轉法輪數
復倍多又以香輪上佛請轉法輪數
亦轉多況以金銀綵畫木輪供養諸
佛請轉法輪而是善根亦不迴向佛
菩提道但為請佛轉于法輪又舍利
弗是後有佛名過智力時有轉輪聖
王号名聞力大千世界威勢自在後
宮園舘五欲自娛受諸婇女等歌詠稱
讃隨五欲事而自然出無常苦空不
淨之音王即怖畏生猒離心時便往
詣過智力佛過智力佛令自憶本所

種善根王聞佛言便作是念諸佛如
来至未曾有智慧无閡令我得知若
千佛所種諸善根我以自恣五欲覆
心統理國事衆務所纏尚不自知於
一佛所種諸善根我昔雖從介所諸
佛殖衆善本而不迴向佛無上道今
此善根在不定中我今當以所集善
根為無上道利益衆生在所生處遊
諸佛國其中所有衆生語言皆是无
常苦空無我之音及諸世界卉木藂
林華菓果實皆出无常苦空無我之
音我此善根與衆生共當得如今過
智力佛所得智慧作是念已即從坐
起於佛前立發如是言世尊今我所
有一切國土奉佛及僧唯願受用既
奉施已出家為道四兵聞已亦隨出
家四十那由他諸婇女等皆隨出家
及八十億那由他人亦隨出家過智
力佛諸四部衆於是增廣是諸出家
皆得五通各以神力至于東方恒沙
佛土勸請無量坐道塲佛轉尊法輪
度脫衆生南西北方四維上下勸請
無量恒沙諸佛轉于法輪度脫衆生

皆亦如是名聞力王從是已後更不受胎亦常不生不淨國土所遊世界其中衆生卉木叢林皆出无常苦空無我之音舍利弗汝謂尒時名聞力王於過智力佛自聞先世所種善根出家修道得五神通遊於十方無量世界勸請諸佛轉于法輪度衆生者豈異人乎今此發心即轉法輪菩薩是也

現變品第八

尒時發心即轉法輪菩薩至王舍城詣竹園中頂礼佛足却住一面而白佛言無相音佛問訊世尊少惱少病起居輕利氣力康耶以大蓮華奉上世尊佛即受華而告之曰无相音佛安隱無恙善教化耶荅言世尊無相音佛氣力康强衆生易度所以者何彼世界中大衆集會有四淨法何謂為四善根清淨為菩提故無量戒淨正發願故無量見淨不得法故所觀清淨不取相故世尊彼衆无有毁禁破戒壞威儀者亦無有是三毁之名彼國土衆覩此世界所有衆生如獄

考掠我今請還唯願如來至彼世界時佛告言止善男子至彼世界欲何所為我今於此亦化衆生發心即轉法輪菩薩慇懃三請唯願如來至彼世界若不臨顧我當自以果報神力接此世界如一念頃置于彼土虛空分中時佛默然聽此菩薩現大神通自在之力欲令衆生具足善根亦為示現度知見力時此菩薩即以右手斷取三千大千世界猶如陶師以杖轉輪持之而去時舍利弗覺此三千大千世界皆大搖動白世尊曰持此世界 并 我等去持此世界 并 我等去尒時世尊以隨智音柔軟和雅悅可衆心具足深遠不高不下簡要不亂能示義趣荅舍利弗非我所為其音普聞大千世界時有衆生貪著我心依止有見皆大驚怖得猒離心餘諸四衆但見如來菩薩圍遶而為說法如轉輪王安處正坐如大梵王在衆梵中時發心即轉法輪菩薩皆持十方無量世界令集一處以示衆生尒時世尊以神通力令大風起吹

諸世界互相觸搏壞裂破碎皆悉散滅佛現神力諸大梵王及諸梵天於見聞法計常不壞所謂梵王諸梵宮殿今皆自見宮殿散壞甚大驚怖生猒離心各作是念此諸宮殿先自成立而今皆悉相搏毁壞如水波盪鼓浪成沫若水竭盡日暴風飃皆悉摩滅則是我等无常相也俱懷戰悚合掌礼佛尒時世尊告舍利弗我從昔來常為汝說世間虛妄無有真實譬如有人與空共諍世間如是但從憶想分別故有无牢無固猶如聚沫世間如幻能誑衆生世間如炎无實體相不除渴愛世間如影不可得取世間如響虛誑起業世間如實性無諸顛倒舍利弗我坐道場如實通達知世間相空無所有无所依止以無障閡得世間相舍利弗我本未知世間味世間患世間出不自唱言我得佛道我既如實知世間相及世間集知世間滅世間滅道便自唱言我得佛道舍利弗何謂世間其世間者所謂五陰何謂為五色陰受陰想行識陰舍

利弗何謂色陰或有衆生作如是念
若過去者不名為色未来現在不名
為色是故佛說諸所有色若於過去
未来現在若内若外若麁若細若好
若醜若近若遠皆名色陰而是色陰
實無有相譬如空陰風陰火陰水陰
地陰但有是名色陰受陰想行識陰
亦復如是以此因緣說有諸陰舍利
弗凡夫癡冥貪著於身不知色相謂
色是我是我所有取相分別而生著
心受想行識亦復如是舍利弗我坐
道場於此事中不謂是有不謂是无
而生法眼凡夫於此無所有法生渴
愛心是事散壞便生憂惱是人深著
失所著故轉增癡惑重起黒業若以
瓦石杖楚刀矟種種兵器共相加害
以癡惑故起是罪業如来通達諸法
平等諸見平等故說正見謂正見者
平等正直無有高下正行道者正修
習者正解脫者得是見故名為正見舍
利弗佛說正見不可以言為汝等說
但可隨順如說修行舍利弗汝等皆
當如法修習當得無量无邊智慧是

則名為八万四千諸法藏中一法藏
門謂諸起作非起作相如来說此法
藏門時七万七千那由他數諸梵天
王於諸法中遠離塵垢得法眼淨欲
界諸天八万四千那由他衆於諸法
中遠離塵垢得法眼淨及無量人亦
於諸法遠塵離垢得法眼淨百億閻
浮提中百千万億諸菩薩衆皆於此
會得無生忍及餘無量无邊衆生皆
發阿耨多羅三藐三菩提心尒時世
尊還攝神力諸四部衆梵世梵住梵
衆諸天及欲界中天龍夜叉乾闥婆
阿修羅迦樓羅緊陁羅摩睺羅伽人
非人等皆自見身還此世界

如勢品第九

尒時大目揵連從坐而起偏袒右肩
合掌向佛白世尊曰未曾有也是發
心即轉法輪菩薩有大神力接此忍
界及以如来置於他方世界中間世
尊持我至彼及還来此我於尒時神
尚不在何况有通我復生念令此菩
薩具大神通接我往還都不覺知遅
速遠近我又生念今此菩薩未成佛

道有是神力何况成佛佛告目連汝
或謂是發心即轉法輪菩薩能接如
来有往還耶勿造斯念所以者何我
不見有沙門婆羅門阿羅漢辟支佛
及餘衆生天龍夜叉乾闥婆阿修羅
迦樓羅緊陁羅摩睺羅伽人非人等
能動如来衣一角者何况接舉至餘
世界及還置此無有是處目連置是
世間一切天人若此三千大千世界
所有衆生有色无色有想無想非有
想非無想若可見若不可見假令一
時皆得人身以信出家得阿羅漢具
六神通皆如目連於意云何是等所
有神通智力寧為大不甚大世尊佛
告目連是諸羅漢手接三千大千世
界遊於十方恒沙國土假令如来以
一芥子置于空中是大神通衆阿羅
漢尚不能動如毫末許目連且復置
此大神通衆假令一人有大神力佛
聽此人能以一吹吹大千界皆使散
壞令諸微塵散遍無量恒沙世界又
以一吹令諸微塵還成三千大千世
界目連於意云何是人具足大神力

不甚大世尊曰連假使有人皆得如是大神通力滿此三千大千世界猶如甘蔗稻麻叢林皆同一心盡現神力尚不能動如来衣角况舉如来置於餘界而復還耶目連我處此坐能動東方無量无邊不可思議阿僧秖界其中衆生都不自覺有往来想是諸衆生不能覺知世間成敗及以散滅目連當知如来所現神力隨衆所應而為說法或有衆生應見佛身而得度者或有衆生應見天身而得度者或有衆生應見龍身而得度者或有衆生應見夜叉乾闥婆阿修羅迦樓羅緊那羅摩睺羅伽身而得度者或有應見男身女身而得度者或有應見大身小身而得度者目連如来所有力無所畏自在神通當知皆悉攝在此經南西北方四維上下皆悉如是目連汝若得見如来所行及大神力汝則不能有所問荅目連我教阿難陁羅尼門為令受持十二部經脩多羅祇夜闍伽羅那伽陁優陁那尼陁那阿婆陁那伊帝目多伽闍多伽廣

華手經第二卷　第十五張

經未曾有經優波提舍令不忘失而令阿難尚不能知如来神力所以者何佛以一言一字一句一切聲聞及辟支佛若於一刧百千万刧乃至无量阿僧祇刧猶尚不能盡讀誦受持思量演說况能悉知如来所為大神通力無有是處目連如来所為種種因縁種種威儀種種道門教化衆生及演說法但著衣時一切聲聞及辟支佛尚不能知其中所益幾所衆生去何說法况能盡知如来所行如来神通如来智慧无有是處尒時世尊從發心即轉法輪菩薩取蓮花巳告跋陁婆羅菩薩寶積菩薩導師菩薩星得菩薩那羅達菩薩帝得菩薩水天菩薩善力菩薩如是等能於後世護法藏者諸善男子汝等能於護如来法藏善能信解如来所行而演說耶唯然世尊我等皆能佛言汝等從今若有所說先觀如来所行意趣所入法門然後乃說若有人言何者名為具足佛智汝等當於如是等經觀如来行然後乃荅汝等若聞諸所說門

華手經第二卷　第十六張

皆應觀察如来意行為是事故說如是法汝等着見衆生所行亦當應觀如来法藏謂諸衆生有如是行佛以是行如是轉除衆生行者謂有九万九千諸根如来悉知貪欲多者有如是根瞋恚多者有如是根愚癡多者有如是根似多欲者有如是根似多恚者有如是根似多癡者有如是根似多貪恚有如是根似多貪癡有如是根似多恚癡有如是根似多貪瞋癡有如是根如是諸根能清淨道能起諸事如是諸根從本縁生如是諸根從習行得有作業根是起黑業是起白業是起黑白業是根順道是根順定是根順慧是根順盡智順無生智是根隨順盡无生智是根順諦諸善男子是中有二万諸根和合先世因縁力故能起諸業若黑若白以是業縁得種種色若黑若白不黑不白若上若離如是等色有二万根能生諸身若長若短若麁若細若中容等有二十万根能表內相若於眼耳鼻舌身中知是貪心是人瞋心是人癡心是人

華手經第二卷　第十七張

離貪是人離瞋是人離癡有三万根差別業報謂人死時情識迷悶形色變異手足捲縮諸根錯乱支節相離臨捋氣時知是諸根應入地獄如是諸根應墮畜生如是諸根應生餓鬼是根應生天上人中是根應生他方佛土得見諸佛是根應斷生死相續不受後身有七万根以信解力能攝善本二万諸根攝五不善法死時可知諸善男子是名佛力如来所行如來法藏如来住此能演諸法不增不減

功德品第十

尒時會中有一菩薩名曰堅意從坐而起恭敬合掌白佛言世尊我於此門得法光明是故我當修是法門令得具足所以者何我今當發如是莊嚴推求習行具足是法終不懈息於未来世還復得聞如来法藏佛告堅意善哉善哉汝能勤求諸佛如来无量無邊阿僧祇劫所集大法堅意若此三千大千世界所有衆生若色无色有想無想非有想非無想假令一時皆得人身若善男子及善女人給此衆生一切樂具隨其所須色香味等即皆能與持此衆生悉置掌中若至一劫若減一劫又以一手除其臭穢遠棄他處堅意於汝意云何是人所為寧為大不甚大世尊堅意若復有人發阿耨多羅三藐三菩提心若佛現在若滅度後能求是等助菩提法菩薩藏經作如是念我修集此大乘法藏為衆生說斷貪恚癡離生病死憂悲苦惱如是求時若得是經一四句偈能為衆生讀誦解說比前功德百分千分百千万分尚不及一乃至譬喻所不能及如是菩薩以求此等深法因緣能大利益一切衆生堅意是事誰能信者唯有諸佛究竟通了若聖弟子及餘發心求佛道者乃能信受所以者何諸菩薩等初發阿耨多羅三藐三菩提時自願當為无救衆生而作救護無洲者作洲无道者作道我當修習是大乘法佛之智慧當令無量无數衆生住無漏法堅意假令使此人從旦至食以諸珍寶積若須弥與一一人中時晡時初中後夜盡其形壽晝夜六時以此寶聚施與衆生堅意於意云何是衆生心得滿足不不也世尊或因是故墮三惡道菩薩念言我當勤求無上妙法與諸衆生令觀三千大千世界珍寶之聚猶如涕唾生怖畏心大智菩薩觀此寶聚皆是三毒煩惱衆生生死往来地獄畜生餓鬼人中苦惱之本求時苦本守護苦本怨憎諍訟起諸罪業衆苦之本菩薩如是於大寶聚生猒離心又作是念此非寶聚但是惡道苦惱之聚或有衆生貪著是故墮三惡道堅意置是三千大千世界所有衆生十方無量恒河沙等國土衆生若色無色有想无想非有想非無想假令一時皆得人身若有一人發心欲與一切樂具隨其所須色聲香味等即皆能與若置頭上若肩荷負若至一劫若減一劫隨意坐卧亦以一手除其臭穢遠棄他處堅意於汝意云何是人所為寧為多不甚多世尊堅意我今告汝誠言若善男子若善女人發阿耨多羅三藐三菩提

心求如是等助菩薩法菩薩藏經發足一步福不可量至得阿耨多羅三藐三菩提猶不能盡比前功德百分千分百千万分尚不及一乃至譬喻所不能及所以者何前樂具者是諸結使有漏因緣不能離苦畢竟安隱諸菩薩等求法因緣增長戒品定品慧品亦能具足一切佛法能得無量不可思議方便之力成就衆生淨佛國土是故堅意佛說菩薩求法因緣得阿耨多羅三藐三菩提復次堅意若四天下滿中如来猶如甘蔗稻麻叢林若有一人盡其形壽供養衣服卧具湯藥種種所須是諸如来般涅槃後起七寶塔方一由旬表刹莊嚴華香幡蓋然燈供養若至百劫若過百劫堅意於汝意云何是人得福寧為多不甚多世尊无量無邊堅意我今告汝誠言是人供養尒所如来起尒所塔於尒所劫種種供養若善男子及善女人發阿耨多羅三藐三菩提心求如是等助菩提法菩薩藏經受持讀誦比前福德百分千分百千万分尚不及一乃至譬喻所不能及所以者何於諸施中法施第一於諸求中求法第一是故堅意汝等於後五百歲中受持讀誦如是等經所得功德無量无邊至得阿耨多羅三藐三菩提猶不能盡堅意我今欲說譬喻粗明此事汝當信受譬如三千大千國土以為一器滿中芥子如量麻米汝意云何是中芥子為有幾數甚多世尊不可數也堅意假使復數如此芥子等大千世界合為一器滿中細沙此諸細沙為有幾數甚多世尊無量无邊堅意有大力人持是細沙灑散四方時大風起吹此諸沙一一各墮一世界中汝意云何是諸世界為有幾數甚多世尊無量无邊不可稱數堅意我今明了告汝如来具足無量神通持戒禪定智慧之力能以一步越尒所界而履本坐威儀不動於神通力猶不盡現堅意如来以此一沙為一劫尒所劫為一日尒所日為一月尒所月為一歲如是千歲東行不息南西北方四維上下亦復如是若善男子及善女人欲聞是經受持讀誦發足一步所得功德假使有形如来所經尒所國土不能容受如来但知是人福德无量無邊不可思議堅意此福不可文字筭數之所能知是福攝在無量數中

發心品第十一

尒時東方過阿僧祇國有世界名大名聞佛号須弥肩今現在為光明威德聚菩薩受阿耨多羅三藐三菩提記作如是言是光明威德聚菩薩次於我後當得作佛尒時彼佛大衆圍遶而為說法是光明威德聚菩薩時在彼會見大光明聞謦咳聲見地大動問彼佛言世尊是為何佛光明音聲彼佛荅言西方去此過阿僧祇國有世界名娑婆佛号釋迦牟尼今現在說菩薩藏經彼會菩薩具大莊嚴今於十方恒沙國土少有如是大菩薩衆若聞是等菩薩名者尚得大利何況目見親近供養即時光明威德聚菩薩白須弥肩佛言世尊我欲詣彼娑婆世界見釋迦牟尼佛礼事供

養亦欲見彼具足莊嚴大菩薩衆彼佛荅言欲往隨意尒時彼佛與光明威德聚菩薩七枝蓮華而告之曰汝持此華與釋迦牟尼佛并以我言問訊彼佛少病少惱起居輕利氣力强耶時彼菩薩即持此華頂礼佛足遶已而去如大力士屈申臂頃從彼佛土忽然不現到此世界至王舍城行詣竹園頂礼佛足於一面立而白佛言須弥肩佛問訊世尊少病少惱起居輕利氣力康耶以此蓮華供養世尊時佛受華而問之曰須弥肩佛少病少惱氣力康耶荅言世尊須弥肩佛於彼世界安隱無恙佛以此華與弥勒言阿逸多汝持此華種助佛道善根因緣時弥勒菩薩從佛受華與跋陁婆羅菩薩寶積菩薩導師菩薩星得菩薩郁羅達菩薩帝得菩薩水天菩薩善力菩薩日藏菩薩持世菩薩持地菩薩住意菩薩无邊意菩薩越三界行菩薩無邊行菩薩無量力菩薩普現緣菩薩堅意菩薩无邊力菩薩不虛力菩薩師子力菩薩疾辯菩薩利辯菩薩深辯菩薩无邊辯菩薩無量辯菩薩文殊師利法王子華德藏法王子无邊手菩薩無著手菩薩寶手菩薩寶臂菩薩不虛德菩薩不動行菩薩無優菩薩離憂菩薩發无分別行菩薩離諸難菩薩離男相菩薩離女相菩薩離衆生相菩薩網明菩薩不入胎菩薩佛華手菩薩華手菩薩香象菩薩成利菩薩上德菩薩寶德菩薩珠纓菩薩珠髻菩薩華耳菩薩雲音菩薩畢竟思菩薩无邊擔華菩薩善思行菩薩不虛願菩薩過願菩薩轉願菩薩深行願菩薩願離難菩薩演華菩薩寶華菩薩不虛稱菩薩不虛讃菩薩普願菩薩諸道不乱菩薩常喜嚴菩薩常悲嚴菩薩化无智願菩薩具戒願菩薩執炬菩薩樂衆菩薩善衆菩薩樂行菩薩愛天菩薩樂佛菩薩願不離佛菩薩願轉法輪菩薩願轉無尋法輪菩薩願捨一切菩薩願無慳菩薩願無差別菩薩願紹佛種菩薩願不乱菩薩月菩薩法善菩薩德海菩薩善戒菩薩導師菩薩大導師菩薩上衆菩薩增上菩薩寶嚴菩薩普利菩薩普德菩薩袈裟相菩薩無染菩薩滅相菩薩寂滅菩薩善意菩薩喜見菩薩樂勝菩薩上嚴菩薩常勝菩薩勝衆菩薩勝數菩薩壞魔菩薩壞怨菩薩勝怨菩薩普名聞菩薩日寶菩薩轉法菩薩增法菩薩善知識菩薩大善友菩薩增友菩薩一蓋菩薩寶蓋菩薩善宿王菩薩星宿菩薩法天菩薩淨門菩薩淨勇菩薩勇行菩薩无邊行菩薩不虛行菩薩香德菩薩智德菩薩無邊眼菩薩常德菩薩梵上菩薩持法菩薩法德菩薩自在力菩薩无迹行菩薩善行菩薩等行菩薩與如是等七万七千諸菩薩華作如是言諸善知識我從佛所受得此華今以相與汝等取華為助佛道皆當一心俱發大願時七万七千菩薩取此蓮華一時俱發方便大願還以上佛佛愍受已告弥勒曰我今安隱能使汝等種大善根阿逸多諸佛難值諸菩薩等亦復難遇所以者何我所得法一切皆從善

薩行生於汝意云何若如來本不發
阿耨多羅三藐三菩提心者當有十
力出世間不不也世尊阿逸多於汝
意云何若如來本不發阿耨多羅三
藐三菩提心當有四無所畏出世間
不不也世尊阿逸多若如來本不發
阿耨多羅三藐三菩提心當有大慈
大悲大喜大捨出世間不不也世尊
若如來本不發阿耨多羅三藐三菩
提心當有十八不共法出世間不不
也世尊若如來本不發阿耨多羅三
藐三菩提心當有不虛行法出世間
不不也世尊若如來本不發阿耨多
羅三藐三菩提心當有象王觀法出
世間不不也世尊若如來本不發阿
耨多羅三藐三菩提心當有師子奮
迅三昧出世間不不也世尊若如來
本不發阿耨多羅三藐三菩提心當
有無見頂相出世間不不也世尊若
如來本不發阿耨多羅三藐三菩提
心當有三轉十二行法輪出世間不
不也世尊若如來本不發阿耨多羅
三藐三菩提心當有三十二大人相

出世間不不也世尊若如來本不發
阿耨多羅三藐三菩提心當有百千
無量法具出世間不不也世尊若如
來本不發阿耨多羅三藐三菩提心
當有聲聞大衆出世間不不也世尊
是故阿逸多當知諸佛一切功德皆
在初發調伏心中是故菩薩世間難
遇佛亦難值阿逸多譬如無牛則无
醍醐如是若無菩薩發心則無佛種
若有牛則有醍醐如是若有菩薩發
心則佛種不斷阿逸多譬如有種則
有華實如是若有菩薩發心則佛種
不斷是故當知發心為難發心難故
佛亦難得阿逸多譬如海寶无價者
少餘寶甚多如是衆生少有能發菩
薩心者多起聲聞辟支佛意是故當
知菩薩心者第一難得如優曇華時
時一現是珎寶心以無價故是心如
須弥極高大故是心如空不可壞故
是心如海深難測故是心無比勝滿
三千大千世界摩尼珠故阿逸多假
使是心有形色者世間天人阿脩羅
等皆應散礼是故汝等為發此心當

勤精進深生欲樂

佛說華手經卷第二

佛說華手經卷第二

校勘記

一　底本，金藏廣勝寺本。

一　一八〇頁中四行第一一字「諸」，石作「一切」。次頁上三行首字、九行第三字同。

一　一八〇頁中四行末字「等」，石無。

一　一八〇頁中七行「所以者何」，石作「何以故」，下同。

一　一八〇頁中一二行「遠離」，石作「離於」。

一　一八〇頁中一九行「即答之」，石、麗作「我即答」。

一　一八〇頁中一九行第八字「法」，資、麗作「事」。

一　一八〇頁中二〇行第一〇字「法」，石、磧、普、南、徑、清作「法而有憂耶」；資作「事」；麗作「事而有憂耶」。

一　一八〇頁中二一行第九字「如」，諸本無。

一　一八〇頁中二一行「善哉」，石、資、磧、普、南、徑、清作「善哉善哉」。

一　一八〇頁下四行「通達」，石作「了達」，下同。

一　一八〇頁下六行「速通達」，石、磧、普、南、徑、清作「通達耶」。

一　一八〇頁下七行「功德」，石作「福德」，下同。

一　一八〇頁下九行第四字「乃」，石、資、磧、普、南、徑、清作「則」。

一　一八〇頁下九行第一二字「時」，資、磧、普、南、徑、清無。

一　一八〇頁下一五行「如是」，資、磧、普、南、徑、清、麗無。

一　一八〇頁下一六行末字至一七行首字「是等」，石、資、磧、普、南、徑、清作「如是」。

一　一八〇頁下二二行第五字「令」，徑、清作「今」。

一　一八一頁上二行第三字及本頁中二行第七字「令」，石作「今」。

一　一八一頁上二一行第六字「是」，石、磧、普、南、徑、清作「得」。

一　一八一頁中三行第九字「愛」，諸本作「受」。

一　一八一頁中一〇行「世間」，石作「世界」，下同。

一　一八一頁中一七行「受無上道」，石作「授無上菩提」，磧、普、南、徑、清、麗作「授無上道」。

一　一八一頁中二二行第一三字「於」，資、磧、普、南、徑、清、麗無。

一　一八一頁下九行第一二字「言」，諸本作「曰」。

一　一八一頁下一一行第一三字「等」，石作「諸」。

一　一八一頁下一三行第一一字「時」，石作「尒時」。

一　一八一頁下一四行末字「爲」，資、磧、普、南、徑、清作「於」；麗作「悉於」。

一　一八一頁下一五行第一一字「悉」，麗無。

一　一八二頁上七行「初始」，磧、普、

一　南、徑、清作「初」。
一　一八二頁上八行「轉輪聖王」，石作「或轉輪王」。
一　一八二頁上一〇行第一一字「道」，石作「菩提」。
一　一八二頁上一八行末字至一九行第二字「四百億」，磧、普、南、徑、清作「百億四」。
一　一八二頁上一九行第一〇字「四」，磧、普、南、徑、清無。
一　一八二頁上二〇行第二字「眷」，資、麗無。
一　一八二頁上二〇行「國土」，資、磧、普、南、徑、清作「國界」。
一　一八二頁中四行首字「事」，石、普、南、徑、清作「義」。
一　一八二頁中五行第七字「是」，資、磧、普、南、徑、清作「之」。
一　一八二頁中五行第九字「壁」，磧、南、徑、清作「譬」。
一　一八二頁中八行第一二字「可」，石作「不」。

一　一八二頁中一五行第二字「轉」，石作「復」。
一　一八二頁中一九行第一一字「勢」，石作「神」。
一　一八二頁中二〇行第八字「又」，資、磧、普、南、徑、清、麗無。
一　一八二頁中二一行第二字「隨」，資作「墮」。
一　一八二頁下三行首字「千」，諸本作「干」。
一　一八二頁下六行第四字「善」，資、磧、普、南、徑、清作「德」。
一　一八二頁下六行「佛無上道令」，石作「無上菩提令」；資作「佛無上道令」。
一　一八二頁下九行「佛國」，石作「佛界」。
一　一八二頁下一二行第二字「我」，南作「修」。
一　一八三頁上二行「國土」，資、磧、普、南、徑、清作「世界」。
一　一八三頁上七行第一一字「度」，資、磧、普、南、徑、清作「度脫」。
一　一八三頁上一六行第四字「恙」，石作「患」。
一　一八三頁上一九行「善根清淨」，石作「諸善根淨」。
一　一八三頁上二二行第二字「戒」，資作「見」。
一　一八三頁上末行「國土」，石、資、磧、普、南、徑、清作「世界」。
一　一八三頁中五行「果報」，麗作「報得」。
一　一八三頁中一二行第七字「搖」，資、磧、普、南、徑、清作「震」。
一　一八三頁下二行第一三字「天」，資、磧、普、南、徑、清作「衆」。
一　一八三頁下一五行第一四字「諸」，資、磧、普、南、徑、清、麗無。
一　一八三頁下一六行第一三字「知」，資、磧、普、南、徑、清作「如」。
一　一八三頁下一八行第一〇字「末」，資、普、南、徑、清、麗作「未」。
一　一八四頁上一二行第五字「事」，

石作「法」。

— 一八四頁上一四行第四字「事」，石、麗作「法」。

— 一八四頁上一五行第二字「所」，資作「於」。

— 一八四頁中五行第一二字「於」，石作「亦於」。

— 一八四頁中七行第三字「法」，石作「法中」。

— 一八四頁中一三行「緊陁羅」，石、資、磧、南、徑、清作「緊那羅」，下同。

— 一八四頁下八行第三字「及」，資作「反」。

— 一八四頁下一三行第一三字「等」，石作「諸」。

— 一八四頁下一六行「恒沙國土」，石作「恒河世界」；資、磧、普、南、徑、清作「恒沙世界」。

— 一八五頁上七行第一三字「想」，資、磧、普、南、徑、清作「相」。

— 一八五頁上八行末字「散」，石作「敗」。

— 一八五頁上一八行末字「悉」，石、資、磧、普、南、徑、清作「亦」。

— 一八五頁上二一行第八字「令」，徑、清作「今」。

— 一八五頁上末行「伊帝目」，資作「謂」。

— 一八五頁中五行第六字「猶」，麗無。

— 一八五頁中五行第一三字「受」，資、磧、普、南、徑、清無。

— 一八五頁中一六行第九字「等」，石作「等菩薩」。

— 一八五頁中一七行第一一字「於」，資、磧、普、南、徑、清、麗無。

— 一八五頁中二二行「等經」，石、資、磧、普、南、徑、清作「經中」。

— 一八五頁下二行第二字「法」，石作「經」。

— 一八五頁下七行第一二字至八行第一三字「似多……根」，資無。

— 一八五頁下九行「貪恚」，石、資、磧、普、南、徑、清作「貪恚者」。

— 一八五頁下九行第一一字及一〇行第五字「癡」，石、資、磧、普、南、徑、清作「癡者」。

— 一八五頁下一〇行第一一字「多」，資、磧、普、南、徑、清無。

— 一八五頁下一一行「清淨」，石、磧、普、南、徑、清作「淨於」。

— 一八五頁下一四行「是起黑白業」，資、磧、普、南、徑、清作「是起黑業白業」，麗作「起黑白業」。

— 一八五頁下一五行第六字「根」，資、麗無。

— 一八五頁下二〇行首字「離」，資、磧、普、南、徑、清作「雜」。

— 一八五頁下二〇行第四字「等」，資、磧、普、南、徑、清作「諸」。

— 一八五頁下二一行第一〇字「容」，磧、普、南、徑、清作「庸」。

— 一八五頁下末行第二字「是」，資、磧、普、南、徑、清作「是人」。

— 一八六頁上三行第五字「捲」，磧、

普、南、徑、清、麗作「瘻」。

一八六頁上四行「抒氣」，石作「氣終」。

一八六頁上四行第一三字及五行第七字「如」，資、磧、普、南、徑、清作「知」。

一八六頁上九行第八字「五」，磧、普、南、徑、清、麗無。

一八六頁上一一行末字「滅」後，石換卷，爲卷第三。

一八六頁中二行首字「等」，石、磧、普、南、徑、清、麗作「觸」。

一八六頁中四行第九字及次頁上七行第六字「汝」，資、磧、普、南、徑、清無。

一八六頁中七行「是等」，石、資、磧、普、南、徑、清作「如是」。

一八六頁中八行「修集」，石作「修習」。

一八六頁中九行末字「病」，磧、普、南、徑、清、麗無。

一八六頁中一一行末字至一二行首字、次頁上三行、次頁中五行、次頁下二行「功德」，資、磧、普、南、徑、清作「福德」。

一八六頁中一四行「深法因緣」，石作「諸深法故」。

一八六頁中一六行第八字「發」，資、磧、普、南、徑、清作「深」。

一八六頁中一九行末字及二〇行第三字「道」，磧、南、清作「導」。

一八六頁中二二行「令使」，石、麗作「使」；資、磧、普、南、徑、清作「使令」。

一八六頁下一行第一二字「此」，資、磧、普、南、徑、清作「大」。

一八六頁下一四行「恒河沙等國土」，石、資、磧、普、南、徑、清作「如恒河沙世界」。

一八七頁上一行「菩薩法」，資、磧、普、南、徑、清作「菩提法」。

一八七頁上七行及次頁下二二行「諸菩薩等」，石作「一切菩薩」。

一八七頁上一〇行「國土」，資、磧、普、南、徑、清作「世界」。

一八七頁上一〇行第一一字「以」，資、磧、普、南、徑、清、麗無。

一八七頁中四行第一一字「等」，石、資、磧、普、南、徑、清作「諸」。

一八七頁中七行第五字「事」，石、磧、普、南、徑、清作「義」。

一八七頁中八行及本頁下三行「國土」，石、資、磧、普、南、徑、清作「世界」。

一八七頁中八行第一三字「量」，麗作「黑」。

一八七頁中一二行「此諸細沙」，資、磧、普、南、徑、清無。

一八七頁中一八行「神通」，石作「無邊」。

一八七頁中二一行第二字「沙」，資、磧、普、南、徑、清作「步」。

一八七頁下一一行第六字「是」，資、磧、普、南、徑、清無。

一八七頁下一三行末字「時」，資、磧、普、南、徑、清無。

一 一八七頁下一九行「恒沙國土」，石作「恒河沙世界」。

一 一八七頁下一九行第一三字「大」，石、資、磧、普、南、徑、清作「諸」。

一 一八七頁下二〇行「是等」，石作「如是」。

一 一八八頁上二行第八字「尒」，資、磧、普、南、徑、清、麗無。

一 一八八頁上三行第六字「枝」，石、資、磧、普、南、麗作「杖」。

一 一八八頁上一三行第五字「康」，石、資、磧、普、南、徑、清作「安」。

一 一八八頁中五行第六字「優」，資、磧、普、南、清作「憂」。

一 一八八頁中一一行末字「華」，資、磧、普、南、徑、清無；麗作夾註「丹有華」。

一 一八八頁中二〇行第七字「昪」，石作「上」。

一 一八八頁下八行第八字「大」，資、磧、普、南、徑、清、麗作「天」。

一 一八八頁下九行第一三字「王」，資、磧、普、南、徑、清無。

一 一八八頁下一一行第一一字「薩」後，麗有夾註「再出」。

一 一八八頁下一三行「常德」，資、磧、普、南、徑、清作「帝得」；麗作「地德」，且「地」後有夾註「丹本作常」。

一 一八八頁下一六行第五字「華」，麗作「等」。

一 一八九頁上四行第七字「本」，資、磧、普、南、徑、清無。

一 一八九頁上五行「世間」，石作「於世」。以下一二行、一五行、一七行、一九行、二一行同。

一 一八九頁上八行第七字「出」，石作「出於」。以下一〇行第一〇字、本頁中一行首字、三行第五字、五行第七字同。

一 一八九頁上末行第一三字「人」，石作「人之」。

一 一八九頁中二二行第一一字「人」，石作「人及」。

佛説華手經卷第三　　信

後秦龜茲國三藏鳩摩羅什奉　詔譯

無憂品第十二

尒時佛告弥勒菩薩言阿逸多何等名為真菩薩心菩薩心者不可思量不可宣示我今欲説譬喻證明此心阿逸多乃往過去無量无邊阿僧祇劫尒時有佛号曰安王如來應供正遍知明行足善逝世間解無上士調御丈夫天人師佛世尊是安王佛壽八万四千歳有三大會初會説法七十億人得阿羅漢第二大會九十億人得阿羅漢第三大會滿百億人得阿羅漢諸漏已盡所作已辦棄捨重檐逮得己利盡諸有結正智解脱時有灌頂大王名師子徳王大夫人有二太子一名無憂二名離憂一時俱生是二王子共戲殿上見安王佛大衆圍遶入憙見城即時无憂謂離憂曰見安王佛從彼來耶離憂言見時無憂言我等可作如安王佛即為離憂而説偈言

離憂汝且觀　是安王世尊　大衆所敬遶
安祥從彼來　我生如是心　欲求無上道
度生老病死　一切苦衆生　貪嫉恚慢故
而作衆罪業　作衆罪業已　輪轉諸惡趣
我當求佛道　度此等衆生　離憂汝亦當
發此無上心　諸佛甚難值　如優曇鉢華

尒時離憂以偈答言

言説無所成　世多説不行　我不以言説
但心行菩提　世多言作佛　不能如説行
是人皆虚言　終無實果報　若但以言説
而能得佛道　一切言説者　皆應得作佛

尒時無憂重説偈言

若如汝發心　是則為慳貪　畏諸乞求者
發心而無言　大人請衆生　等施財法分
一切無所恡　但欲成菩提　若如是發心
名為懈怠者　恐不如説行　是則為可耻
汝疑無上道　無量難獨成　衆生如是心
故不敢發言

時離憂言當共往問安王如來我等發心誰為是真若從佛聞自當知之作是語已即時離憂從梯而下為供養故持真珠瓔及上寳衣價直一億往詣佛所於時無憂即從殿上自投

而下身無所損安隱而立往詣佛所
脱身寶衣解髮明珠奉安王佛佛愍
受之離憂從後来到佛所時見無憂
在佛邊立即問之曰從何道來无憂
荅言我於殿上自投而下身無傷損
安立佛所離憂即以无價寶衣及奉
摩尼屍奉安王佛而説偈言

我得見世尊　而從非道行　今當修正道
諸佛之所讃

尒時無憂又説偈言

若人惜身命　猶汝来求道　是人為自利
不能益衆生　我不惜身命　願受諸勤苦
為利益衆生　度衆苦惱者　見佛即是道
不應更餘求　凡夫行正道　實墮邪逕中
衆生在邪道　見是正是邪　貪著邪魔縛
則遠離正道　我願常值佛　常願得出家
常淨修梵行　世世度衆生　常安住善法
常持佛法藏　以是所持法　大利益衆生
常發行精進　聞法即解義　常住於禪定
功德故高尊

阿逸多是二王子説此偈已於安王
佛所出家修道各相謂言我先作佛
時無憂比丘謂離憂曰汝以何行欲

先作佛離憂荅言我發心為一一衆
生於方億劫受地獄苦而心無悔至
得阿耨多羅三藐三菩提我以如是
堅固莊嚴又以堪忍柔和之心假使
有人從東方来持諸糞火屎尿毒瓶
擊我頭上我於尒時不生瞋恨不惡
眼視亦不呵罵但作是念我今行忍
求為佛法生佛智慧欲令此人得滅
度故若我瞋恨與彼何異我是行人
彼非行者我不應起非行者業行者
之業我所應起所謂自斷瞋恨亦斷
無量衆生瞋恨而為説法我為阿耨
多羅三藐三菩提故如是莊嚴尒時
無憂問離憂曰汝見是心以如是心
發莊嚴耶離憂荅言若无是心則無
莊嚴若无莊嚴去何當有菩薩修道
是故當知有是心故菩薩修道出於
世間無憂比丘語離憂言莫作此説
有是心故故有莊嚴所以者何心空
如幻念念生滅若空如幻念念生滅
是法無相亦无無相離憂若有若无
皆名為見若有是見皆是邪見若是
邪見即是邪道不名菩提是人遠離

菩提之道無所怖望是故當知有無
等法皆是戲論戲論法者菩薩不應
親近修習何法菩薩所應習近無決
菩薩所應習近所以者何若法可習
是則非法是故菩薩於一切法不應
樂著所以者何是阿耨多羅三藐三
菩提非著法故若菩薩如是得解亦
是非法所以者何非得解相是名菩
提菩薩又如是知如是觀者亦墮非
法所以者何無解脱相是名菩提若
菩薩如是修習我於是法當如是證
即墮非法所以者何無性无説是名
菩提尒時離憂謂无憂言若菩提有
汝當言有無應言无汝以何故於阿
耨多羅三藐三菩提中都无所説無
憂荅言汝善知識菩提名為非戲論
法汝莫戲論若有若無所以者何諸
有戲論皆非菩提若无戲論即是菩
提時離憂言善知識我於汝説不解
義趣謂諸戲論皆非菩提無戲論法
是即菩提无憂荅言汝善知識可共
詣佛請决所疑時二比丘俱詣佛所
頂礼佛足於一面坐離憂比丘以先

所論具向佛説時安王佛可無憂言善哉善哉既印可已告離憂曰如無憂言謂有戲論皆非菩提无戲論法則是菩提所以者何離諸戲論是名菩提云何為離一切戲論皆悉寂滅何名戲論色陰戲論受想行識陰戲論戒品定品慧品戲論少欲知足苦行頭陁易滿易養空閑静處皆是戲論是諸戲論從何處起皆從憶想分別故起何謂分別謂分別色受想行識分別戒品定品慧品少欲知足諸功德等若分別色即是非色是分別中則無戒品定品慧品少欲知足行頭陁等是分別中亦無色空又若分別受想行識即是非識是分別中則無戒品定品慧品少欲知足行頭陁等是分別中亦無識空能如此知是慧亦空如是空中無有諸相若一若異是名菩提尒時離憂聞説是法逮無生忍又亦得知是菩提心以是心故名為菩薩時二菩薩觀如是法信解隨順八万歲中常勤精進經行不息未曾睡卧八万歲中不生貪欲恚

癡之心是二菩薩於此命終即生下方第千世界妙肩佛所倶共出家自識宿命精進如前如是展轉從一佛所至一佛所得值六百八千万億諸佛世尊於諸佛法常得出家精進如前然後無憂先得作佛号上衆嚴離憂菩薩於餘佛國後得作佛号日上衆佛告弥勒是二佛法廣宣流布壽命無量阿僧祇劫阿逸多是名菩薩摩訶薩心無来無去无所貪著無生无滅無住无動若有衆生起是心者則為希有尒時世尊欲明此義而説偈言

佛燈出於世　万億劫難值　如優曇鉢華
時時乃一現　深發菩提心　正行佛道者
如是大菩薩　世間亦難遇　是故若有人
能發此大心　斯人當作佛　處衆師子吼
自在師子吼　能轉淨法輪　佛神通无㝵
皆在初心中　佛相三十二　十八不共法
是法及諸相　皆在初心中　諸佛不虛行
象王迴觀法　及無見頂相　皆在初心中
布施持戒忍　精進禪智慧　此諸波羅蜜
皆在初心中　如是等功德　及諸餘佛法

當知是一切　皆在初心中　聲聞戒定慧
及衆神通力　如是等諸法　亦在初心中
若我本不發　無上菩提心　今則不能得
一切佛智慧　尚不能自得　況令衆生聞
聲聞弟子衆　亦不出世間　若深行因緣
證辟支佛道　為世作福田　入無餘泥洹
是等諸功德　亦在初心中　世間出世間
一切諸樂具　當知此等事　皆因菩提心
汝等觀是心　所得之果報　無量无數劫
不能盡其邊　汝等觀是心　念念常生滅
如幻無所有　而得大果報　是心屬因緣
無一决定相　如是不定心　能得大果報
是心不在緣　亦不離衆緣　非有亦非无
而能起大果　智者知是心　能生佛智慧
誰當不貴重　唯除貪著者　若人依止色
依受想行識　於法作二相　以虛誑自縛
如人在虛空　自謂我有縛　是人自繫故
常縛果報中　是故知心性　虛誑无所有
不應生疑見　是心非定相　是心及衆緣
皆空無自性　若人如是知　終不退菩提
若法性自空　是法即無生　一切無生法
是名真智種　若人如是知　我授菩提記
不以陰離陰　而可得受記　若知法無相

亦不取此慧　如是正智者　是名真發心
得是堅固心　斯人則能忍　惡口諸毀辱
刀杖等衆苦　若人得是忍　則無貪恚心
自得利不高　亦不嫉他人　能通達是忍
滅有無二邊　斯人於世間　能行不壞智
是故當修此　空無性法忍　我本亦修集
故得成菩提

中說品第十三

尒時東方過六万八千阿僧祇界有世界名上意是中有佛号曰空性令現在是空性佛與月菩薩摩訶薩授阿耨多羅三藐三菩提記時月菩薩見大光明聞大音聲問空性佛言是為何佛光明音聲彼佛荅言西方去此過六万八千阿僧祇界有世界名娑婆佛号釋迦文今現在說菩薩藏經是為彼佛光明音聲時月菩薩白空性佛言世尊我欲詣彼娑婆世界見釋迦文佛礼事供養及見彼土具足莊嚴大菩薩衆彼佛荅言欲往隨意時月菩薩即從坐起頂礼佛足遶已欲去時空性佛持白蓮華與月菩薩作如是言汝持此華與釋迦文并

稱我言問訊彼佛少惱少病起居輕利氣力強耶時月菩薩如大力士屈申臂頃於彼佛土忽然不現到此世界至王舍城行詣竹園頂礼佛足於一面立而白佛言空性如來問訊世尊少病少惱起居輕利遊步安耶以此蓮華持與世尊時佛受華問月菩薩言善男子彼空性佛少病少惱氣力安不時月菩薩白世尊曰空性如來於彼世界安隱无恙東方去此過于四万阿僧祇界有世界名妙陁羅尼是中有佛号名闍力王今現在為智流布菩薩摩訶薩授阿耨多羅三藐三菩提記時此菩薩見大光明聞大音聲問名闍力王佛言世尊今此光明及大音聲是誰所為彼佛荅言西方去此過于四万阿僧祇界有世界名娑婆佛号釋迦文今現在為諸菩薩說斷衆生疑令衆歡喜菩薩藏經是為彼佛光明音聲時智流布菩薩白彼佛言世尊我欲往詣娑婆世界見釋迦文佛礼事供養及見彼土具足莊嚴大菩薩衆彼佛荅言欲往

隨意時智流布既蒙聽許頂礼佛足遶已欲去時名闍力王佛即以一裹赤末栴檀香而與之曰汝持此香與釋迦文并以我言問訊彼佛少惱少病起居輕利氣力安耶時彼菩薩如大力士屈申臂頃於彼佛土忽然不現到此世界至王舍城行詣竹園頂礼佛足於一面立而白佛言名闍力王佛問訊世尊少病少惱起居輕利遊步安耶以此末香持與世尊佛受香已而問之曰名闍力王佛少惱少病氣力安不彼菩薩言名闍世尊於彼世界安隱无恙東方去此過三万九千阿僧祇界有世界名月出光是中有佛号曰放光今現在為明輪菩薩摩訶薩授阿耨多羅三藐三菩提記時明輪菩薩見大光明聞謦咳聲問放光佛言世尊是為何佛光明音聲彼佛荅言西方去此度三万九千阿僧祇界　有世界名娑婆是中有佛号釋迦文今現在為諸菩薩說斷衆生疑令衆歡喜菩薩藏經是為彼佛光明音聲時明輪菩薩白放光佛言

世尊我欲詣彼娑婆世界見釋迦文佛礼事供養及見彼土具足莊嚴大菩薩衆彼佛荅言欲往隨意時明輪菩薩既蒙聽許頂礼佛足遶已欲去彼佛即以一大蓮華與明輪曰汝持此華與釋迦文并稱我言問訊彼佛少病少惱起居輕利遊步強耶時彼菩薩如大力士屈申臂須於彼佛土忽然不現到此世界至王舍城行詣竹園頂礼佛足於一面立而白佛言放光如来問訊世尊少病少惱氣力安不以此蓮華持與世尊佛受華已而問之曰放光如来遊步康耶明輪荅言放光世尊於彼世界安隱無恙東方去此度三万八千阿僧祇界有世界名袈裟相是中有佛号曰離垢今現在為無邊寶嚴菩薩摩訶薩授阿耨多羅三藐三菩提記時無邊寶嚴菩薩見大光明聞謦咳聲問離垢佛言是為何佛光明音聲彼佛荅言西方去此過三万八千阿僧祇界有世界名娑婆是中有佛号釋迦文今現在為諸菩薩說斷衆生疑令衆歡喜菩

薩藏經是為彼佛光明音聲時无邊寶嚴菩薩白彼佛言世尊我欲往詣娑婆世界見釋迦文佛礼事供養及欲見彼具足莊嚴大菩薩衆離垢佛言欲往隨意即時彼佛以一袈裟而與之言汝持此衣與釋迦文并稱我言問訊彼佛少病少惱起居輕利遊步安耶時彼菩薩如大力士屈申臂須於彼佛土忽然不現到此世界至王舍城行詣竹園頂礼佛足於一面立而白佛言離垢如来問訊世尊少病少惱氣力安不持此袈裟以與世尊佛受衣已而問之曰離垢如来於彼世界遊步安耶彼菩薩言離垢世尊於彼世界安隱无恙東方去此過三万七千阿僧祇界有世界名蓮華是中有佛号離華生徳今現在為無量精進菩薩摩訶薩授阿耨多羅三藐三菩提記時無量精進菩薩見大光明聞謦咳聲問離華生徳佛言是為何佛光明音聲彼佛荅言西方去此過三万七千阿僧祇界有世界名娑婆是中有佛号釋迦文今現在為

諸菩薩說斷衆生疑令衆歡喜菩薩藏經是為彼佛光明音聲時無量精進菩薩白離華生徳佛言我欲往詣娑婆世界見釋迦文佛礼事供養及見彼土具足莊嚴大菩薩衆彼佛荅言欲往隨意彼佛即以一大蓮華而與之曰汝持此華與釋迦文并稱我言問訊彼佛少病少惱起居輕利遊步強耶時彼菩薩如大力士屈申臂須於彼佛土忽然不現到此世界至王舍城詣竹園中頂礼佛足於一面立而白佛言離華生徳佛問訊世尊少病少惱氣力安不以此蓮華持與世尊佛受華已而問之曰離華生徳如来在彼世界遊步康耶彼菩薩言離華世尊於彼世界安隱無恙東方去此過三万七千阿僧祇界有世界名一蓋是中有佛号離怖畏今現在為網明菩薩摩訶薩授阿耨多羅三藐三菩提記時網明菩薩見大光明聞謦咳聲問離怖畏佛言世尊是為何佛光明音聲彼佛荅言西方去此過三万七千阿僧祇界有世界名娑

婆是中有佛号釋迦文今現在為諸
菩薩說斷衆生疑令衆歡喜菩薩藏
經是為彼佛光明音聲時網明菩薩
白離怖畏佛言我欲往詣娑婆世界
見釋迦文佛礼事供養及見彼土具
足莊嚴大菩薩衆彼佛荅言欲往隨
意時彼如来即以百莖五色衆華與
網明日汝持此華與釋迦文并稱我
言問訊彼佛少病少惱起居輕利遊
步安耶時彼菩薩如大力士屈申臂
頃於彼佛土忽然不現到此世界至
王舍城行詣竹園頂礼佛足却住一
面而白佛言離怖畏佛問訊世尊少
病少惱氣力安不以此衆華持與世
尊佛受華已問網明言離怖畏如来
在彼世界遊步康耶網明荅言離怖
畏世尊於彼世界安隱無恙東方去
此過三万六千阿僧祇界有世界名
上清淨是中有佛号曰智聚今現在
為智力菩薩摩訶薩授阿耨多羅三
藐三菩提記時智力菩薩見大光明
聞大音聲問智聚佛言世尊是為何
佛光明音聲彼佛荅言西方去此度

三万六千阿僧祇界有世界名娑婆
是中有佛号釋迦文今現在為諸菩
薩說斷衆生疑令衆歡喜菩薩藏經
是為彼佛光明音聲時智力菩薩白
智聚佛言我欲往詣娑婆世界見釋
迦文佛礼事供養及見彼土具足莊
嚴大菩薩衆智聚佛言欲往隨意時
智聚佛持衆蓮華而與之曰汝以此
華與釋迦文并稱我言問訊彼佛少
惱少病氣力輕强耶時智力菩薩頂礼
佛足遶已而去餘如上說
東方去此過三万五千阿僧祇界彼
有世界名曰香聚是中有佛号栴檀
香今現在為離垢菩薩摩訶薩授阿
耨多羅三藐三菩提記時離垢菩薩
見大光明聞謦咳聲問栴檀香佛言
世尊是為何佛光明音聲彼佛荅言
西方去此過三万五千阿僧祇界彼
有世界名曰娑婆是中有佛号釋迦
文今現在說菩薩藏經時離垢菩薩
白栴檀香佛言世尊我欲往詣娑婆
世界見釋迦文佛礼事供養及見彼
土具足莊嚴大菩薩衆彼佛荅言欲

往隨意彼佛即以末栴檀聚而與之
曰汝持此香與釋迦文時彼菩薩頂
礼佛足遶已而去餘如上說
東方去此過三万五千阿僧祇界有
世界名阿竭流香是中有佛号大聲
眼今現在為利世菩薩摩訶薩授阿
耨多羅三藐三菩提記時利世菩薩
見大光明聞大音聲問大聲眼佛言
世尊是為何佛光明音聲彼佛荅言
西方過此三万五千阿僧祇界彼有
世界名曰娑婆是中有佛名釋迦文
今現在為菩薩說斷衆生疑令衆歡
喜菩薩藏經是為彼佛光明音聲時
利世菩薩白大聲眼佛言世尊我欲
往詣娑婆世界見釋迦文佛礼事供
養及見彼土具足莊嚴大菩薩衆彼
佛荅言欲往隨意彼佛以一高大蓮
華而與之曰汝持此華與釋迦文并
稱我言問訊彼佛少病少惱氣力强
耶時利世菩薩頂礼佛足遶已而去
餘如上說
東方去此度三万四千阿僧祇界彼
有世界名無邊聚是中有佛号曰寶

積今現在為重智菩薩摩訶薩授阿耨多羅三藐三菩提記時重智菩薩見大光明聞大音聲問寶積佛言世尊是為何佛光明音聲彼佛荅言西方去此過三万四千阿僧祇界彼有世界名曰娑婆是中有佛号釋迦文今現在為菩薩說斷衆生疑令衆歡喜菩薩藏經是為彼佛光明音聲時重智菩薩白寶積佛言世尊我欲往詣娑婆世界見釋迦文佛礼事供養及欲見彼土大菩薩衆彼佛荅言欲往隨意時寶積佛即以一莖五色蓮華而與之曰汝持此華與釋迦文并稱我言問訊彼佛少病少惱起居輕利進步强耶時彼菩薩頂礼佛足遶已而去餘如上說

東方去此過于三万阿僧祇界彼有世界名曰衆香是中有佛号曰香象今現在為寶象菩薩摩訶薩受阿耨多羅三藐三菩提記時寶象菩薩見大光明聞大音聲問香象佛言此為何佛光明音聲彼佛荅言西方去此過于三万阿僧祇界有世界名娑婆佛号釋迦文今現在是為彼佛光明音聲餘如上說

揔相品第十四

東方去此過于三万阿僧祇界彼有世界名曰廣妙是中有佛号曰上衆今現在為智衆菩薩摩訶薩授无上道記餘如上說

東方去此過三万二千阿僧祇界有世界名雜相是中有佛号弥樓肩今現在為自在力菩薩摩訶薩授無上道記餘如上說

東方去此過三万二千阿僧祇界有世界名華蓋是中有佛号曰一蓋今現在為一寶藏菩薩摩訶薩授無上道記餘如上說

東方去此度三万二千阿僧祇界有世界名普明是中有佛号无閡眼今現在為智自在菩薩摩訶薩授無上道記餘如上說

東方去此過三万一千阿僧祇界有世界名善是中有佛号栴檀窻今現在為重智菩薩摩訶薩授無上道記餘如上說

東方去此過三万一千阿僧祇界有世界名善意是中有佛号曰妙肩今現在為益意菩薩摩訶薩授无上道記餘如上說

東方去此度三万一千阿僧祇界有世界名寶德是中有佛号曰網明今現在為智德菩薩摩訶薩授無上道記餘如上說

東方去此過三万一千阿僧祇界有世界名德樂是中有佛号寶華德今現在為高華德菩薩摩訶薩授無上道記餘如上說

東方去此過三万一千阿僧祇界有世界名讚歎是中有佛号智華寶明德今現在為上嚴菩薩摩訶薩授无上道記餘如上說

東方去此過三万一千阿僧祇界有世界名衆善是中有佛号善出光今現在為寶光菩薩摩訶薩授無上道記餘如上說

東方去此過于三万阿僧祇界有世界名安隱是中有佛号滅諸怖畏今現在為無怖畏菩薩摩訶薩授無上

道記餘如上說
東方去此過于三万阿僧祇界有世
界名弥樓相是中有佛号弥樓肩令
現在為妙肩菩薩摩訶薩授无上道
記餘如上說
東方去此度二万九千阿僧祇界有
世界名度一切憂惱是中有佛号曰
安王令現在為梵音聲菩薩摩訶薩
授無上道記餘如上說
東方去此過二万九千阿僧祇界有
世界名法是中有佛号曰法積令現
在為智積菩薩摩訶薩授无上道記
餘如上說
東方去此度二万八千阿僧祇界有
世界名安立是中有佛号增十光令
現在為增百光菩薩摩訶薩授無上
道記餘如上說
東方去此過二万八千阿僧祇界有
世界名千明是中有佛号增千光令
現在為普明菩薩摩訶薩授無上道
記餘如上說
東方去此度二万八千阿僧祇界有
世界名多伽樓香是中有佛号曰智

光令現在為妙眼菩薩摩訶薩授无
上道記餘如上說
東方去此過二万七千阿僧祇界有
世界名妙香是中有佛号寶出光令
現在為無邊明菩薩摩訶薩授无上
道記餘如上說
東方去此過二万七千阿僧祇界有
世界名明嚴德是中佛号无邊光令
現在為藥王菩薩摩訶薩授無上道
記餘如上說
東方去此過二万六千阿僧祇界有
世界名上善德是中有佛号无㝵音
令現在為梵音聲菩薩摩訶薩授无
上道記餘如上說
東方去此過二万五千阿僧祇界有
世界名法是中有佛号曰網光令現
在為自在菩薩摩訶薩授無上道記
餘如上說
東方去此過二万五千阿僧祇界有
世界名衆華是中有佛号曰寶意令
現在為智香菩薩摩訶薩授无上道
記餘如上說
東方去此過二万四千阿僧祇界有

世界名上清淨是中有佛号無邊隥
令現在為寶陳菩薩摩訶薩授无上
道記餘如上說
東方去此過二万四千阿僧祇界有
世界名優鉢羅是中有佛号无邊自
在令現在為曇無竭菩薩摩訶薩授
無上道記餘如上說
東方去此過二万三千阿僧祇界有
世界名覺意處是中有佛号優鉢羅
德令現在為華德菩薩摩訶薩授無
上道記餘如上說
東方去此過二万三千阿僧祇界有
世界名蓮華處是中有佛号曰智住
令現在為寶滿菩薩摩訶薩授無上
道記餘如上說
東方去此過二万二千阿僧祇界有
世界名智力是中有佛号釋迦文令
現在為寶牟尼菩薩摩訶薩授无上
道記餘如上說
東方去此過二万二千阿僧祇界有
世界名方流布是中有佛号智流布
令現在為無邊精進菩薩摩訶薩授
無上道記餘如上說

華手經第三卷 第二十四張 信字号

東方去此過二万一千阿僧祇界有世界名無邊是中有佛号娑羅王今現在為寶娑羅菩薩摩訶薩授无上道記餘如上説
東方去此過二万阿僧祇界有世界名月是中有佛号寶娑羅今現在為普守菩薩摩訶薩授無上道記餘如上説
東方去此過二万阿僧祇界有世界名娑呵是中有佛号曰調御今現在為調御菩薩摩訶薩授无上道記餘如上説
東方去此過于二万阿僧祇界有世界名一蓋是中有佛号寶行列今現在為列宿菩薩摩訶薩授無上道記餘如上説
東方去此過于二万阿僧祇界有世界名離一切憂惱是中有佛号不虚稱今現在為不虚名菩薩摩訶薩授無上道記餘如上説
東方去此過万九千阿僧祇界有世界名離憂是中有佛号曰德生今現在為無邊威德菩薩摩訶薩授无上

華手經第三卷 第二十五張 信字号

道記餘如上説
東方去此過万八千阿僧祇界有世界名寂滅是中有佛号流布王今現在為勇行菩薩摩訶薩授无上道記餘如上説
東方去此過万七千阿僧祇界有世界名不虚見是中有佛号不虚力今現在為不虚嚴菩薩摩訶薩授无上道記餘如上説
東方去此過万六千阿僧祇界有世界名妙香是中有佛号曰香明今現在為寶明菩薩摩訶薩授無上道記餘如上説
東方去此過万五千阿僧祇界有世界名梵音聲是中有佛号無閡音聲今現在為無差別嚴菩薩摩訶薩授无上道記餘如上説
東方去此過万五千阿僧祇界有世界名月光是中有佛号名聞力今現在為大智菩薩摩訶薩授無上道記餘如上説
東方去此過万五千阿僧祇界有世界名普明是中有佛号須弥頂高王

華手經第三卷 第二十六張 信字号

今現在為智力菩薩摩訶薩授無上道記餘如上説
東方去此過万五千阿僧祇界有世界名寶嚴是中有佛号寶生德今現在為大導師菩薩摩訶薩授无上道記餘如上説
東方去此過万四千阿僧祇界有世界名法是中有佛号曰華上今現在為得力菩薩摩訶薩授无上道記餘如上説
東方去此過万四千阿僧祇界有世界名華住是中有佛号曰寶高今現在為名德菩薩摩訶薩授無上道記餘如上説
東方去此過万四千阿僧祇界有世界名妙陁羅尼王是中有佛号曰香明今現在為陁羅尼自在王菩薩摩訶薩授無上道記餘如上説
東方去此過万三千阿僧祇界有世界名金明是中有佛号方流布嚴今現在為智流布嚴菩薩摩訶薩授无上道記餘如上説
東方去此過万三千阿僧祇界有世

界名高智是中有佛号普守增上雲音王今現在為宿王菩薩摩訶薩授無上道記餘如上說
東方去此過万二千阿僧祇界有世界名常明是中有佛号无邊明今現在為大明菩薩摩訶薩授無上道記餘如上說
東方去此過万二千阿僧祇界有世界名炷光是中有佛号無邊慧成今現在為德王明菩薩摩訶薩授無上道記餘如上說
東方去此過万一千阿僧祇界有世界名然燈是中有佛号无邊功德智明今現在為功德王明菩薩摩訶薩授無上道記彼世界有無量寶池池中皆有青黃赤白種種雜色千葉蓮華皆悉廣大從水而出上高八万四千由旬一一華葉出千光明遍照十方諸巷陌中皆悉平正寶繩連綿以界道側此諸巷中皆有寶樹其樹皆高七千由旬枝葉廣大能覆八万四千由旬一一樹上皆有八十億摩尼珠以為果實如是諸樹無量无數蓮

華光明常照世界釋迦文佛淨光所蔽悉不復現時功德王明菩薩見此大光問無邊功德智明佛言世尊是何光明映照此界彼佛荅言西方去此過万一千阿僧祇界有一世界名曰娑婆是中有佛号釋迦文今現在為諸菩薩說斷衆生疑令衆歡喜菩薩藏經是其光明時功德王明菩薩白無邊功德智明佛言我欲往詣娑婆世界見釋迦文佛礼事供養彼佛報言欲往隨意是時即以一大蓮華而與之曰汝持此華與釋迦文并稱我言問訊彼佛少病少惱起居輕利遊步康耶時彼菩薩如大力士屈申臂頃於彼佛土忽然不現到此世界至王舍城行詣竹園頂礼佛足却住一面白佛言世尊无邊功德智明如來問訊世尊少病少惱氣力安不持此蓮華以與世尊佛受華已而問之曰無邊功德智明如來於彼世界少病少惱遊步康耶彼菩薩言無邊功德智明世尊在彼世界安隱无恙從然燈刹至此中間有世界名難相是

中有佛号日上衆今現在為鞞羅延菩薩摩訶薩授无上道記餘如上說
從難相刹至此中間有世界名方流布是中有佛号佛華生德今現在為不虛力菩薩摩訶薩授无上道記餘如上說
從方流布刹至此中間有世界名金剛住是中有佛号佛華出王今現在為寶火菩薩摩訶薩授無上道記餘如上說
從金剛住刹至此中間有世界名栴檀窟是中有佛号曰寶像今現在為觀世音菩薩摩訶薩授无上道記餘如上說
從栴檀窟刹至此中間有世界名藥生是中有佛号不虛稱今現在為不虛嚴菩薩摩訶薩授無上道記餘如上說
從藥生刹至此中間有世界名藥生是中有佛号無邊功德精進嚴今現在為持戒菩薩摩訶薩授无上道記餘如上說
從藥生刹至此中間有世界名普莊嚴是中有佛号發意即嚴一切衆生

心今現在為佛華手菩薩摩訶薩授
無上道記餘如上說
從普莊嚴剎至此中間有世界名一
蓋是中有佛号蓋行列今現在為寶
行列菩薩摩訶薩授無上道記餘如
上說
從一蓋剎至此中間有世界名上華
光是中有佛号明德王今現在為安
立菩薩摩訶薩授无上道記餘如上說
從上華光剎至此中間有世界名妙
莊嚴是中有佛号德王明今現在為
住諸功德菩薩摩訶薩授无上道記
餘如上說
從妙莊嚴剎至此中間有世界名無
邊德嚴是中有佛号度功德邊今現
在為无邊功德稱菩薩摩訶薩授無
上道記餘如上說
從无邊德嚴剎至此中間有世界名
十方流布是中有佛号日然燈今現
在為轉諸行嚴菩薩摩訶薩授无上
道記餘如上說
從十方流布剎至此中間有世界名
燈行列是中有佛号日然燈今現在

為寶積菩薩摩訶薩授无上道記餘
如上說
從燈行列剎至此中間有世界名珊
瑚手是中有佛号日作明今現在為
德積菩薩摩訶薩授無上道記餘如
上說
從珊瑚手剎至此中間有世界名衆
善是中有佛号日無畏今現在為寶
樂菩薩摩訶薩授無上道記餘如上說
從衆善剎至此中間有世界名衆善
是中有佛号日德味今現在為得无
畏菩薩摩訶薩授无上道記餘如上說
從衆善剎至此中間有世界名日上
善是中有佛号日無畏今現在為離
怖畏菩薩摩訶薩授无上道記餘如
上說
從上善剎至此中間有世界名蓮華
是中有佛号日華德今現在為智手
菩薩摩訶薩授無上道記餘如上說
從蓮華剎至此中間有世界名優鉢
羅是中有佛号智華德今現在為無
行行菩薩摩訶薩授无上道記餘如
上說

從優鉢羅剎至此中間有世界名寶
生是中有佛号日寶積今現在為法
積菩薩摩訶薩授無上道記餘如上說
從寶生剎至此中間有世界名妙月
是中有佛号无邊願今現在為演華
菩薩摩訶薩授無上道記餘如上說
從妙月剎至此中間有世界名安住
是中有佛号无邊功德王安立今現
在為曇無竭菩薩摩訶薩授无上道
記餘如上說
從安住剎至此中間有世界名住林
是中有佛号日寶首今現在為樂王
菩薩摩訶薩授無上道記餘如上說
從住林剎至此中間有世界名衆香
是中有佛号娑羅王今現在為益意
菩薩摩訶薩授无上道記餘如上說
從衆香剎至此中間有世界名華德
是中有佛号日寶明今現在為日得
菩薩摩訶薩授無上道記餘如上說
從華德剎至此中間有世界名一聚
是中有佛号日寶聚今現在為火得
菩薩摩訶薩授无上道記餘如上說
從一聚剎至此中間有世界名過諸

憂惱是中有佛号曰上衆今現在為
上嚴菩薩摩訶薩授無上道記餘如
上說
從過諸憂惱剎至此中間有世界名
離憂是中有佛号无邊德嚴今現在
為善思嚴菩薩摩訶薩授無上道記
餘如上說
從離憂剎至此中間有世界名諸功
德處是中有佛号觀世音今現在為
普守菩薩摩訶薩授無上道記餘如
上說
從諸功德處剎至此中間有世界名
寶明是中有佛号須弥明今現在為
安住菩薩摩訶薩授無上道記餘如
上說
從寶明剎至此中間有世界名一切
功德莊嚴是中有佛号无邊自在力
今現在為樂善菩薩摩訶薩授無上道
記餘如上說
從一切功德莊嚴剎至此中間有世
界名覺意莊嚴是中有佛号極高行
今現在為善思益意菩薩摩訶薩授
無上道記餘如上說

從覺意莊嚴剎至此中間有世界名
無塵垢是中有佛号寶華得今現在
為益意得菩薩摩訶薩授无上道記
餘如上說
從無塵垢剎至此中間有世界名雲
陰是中有佛号无量神通自在今現
在為得念菩薩摩訶薩授無上道記
餘如上說
從雲陰剎至此中間有世界名華綱
覆是中有佛号隨衆願嚴今現在為
益意菩薩摩訶薩授无上道記餘如
上說
從華綱覆剎至此中間有世界名列
宿是中有佛号高寶蓋今現在為无
憂菩薩摩訶薩授無上道記餘如上說
從列宿剎至此中間有世界名寶華
是中有佛号曰上衆今現在為自在
菩薩摩訶薩授無上道記餘如上說
從寶華剎至此中間有世界名普香
是中有佛号无量華今現在為香象
菩薩摩訶薩授無上道記餘如上說
從普香剎至此中間有世界名華是
中有佛号寶自在今現在為離憂菩

薩摩訶薩授無上道記餘如上說
從華剎至此中間有世界名雜寶相
是中有佛号月出德今現在為轉諸
難菩薩摩訶薩授無上道記餘如上說
從雜寶相剎至此中間有世界名衆
歸是中有佛号發心即轉法輪今現
在為轉不退法輪菩薩摩訶薩授无
上道記餘如上說
從衆歸剎至此中間有世界名多安
是中有佛号十方流布今現在與智
流布菩薩摩訶薩授無上道記餘如
上說
從多安剎至此中間有世界名金剛
是中有佛号拘陵王今現在為利益
行菩薩摩訶薩授无上道記餘如上說
從金剛剎至此中間有世界名樂是
中有佛号曰日燈今現在為月菩薩
摩訶薩授無上道記餘如上說
從樂剎至此中間有世界名安隱是
中有佛号曰上寶今現在為火得菩
薩摩訶薩授無上道記餘如上說
從安隱剎至此中間有世界名娑婆
是中有佛号智生德今現在為智德

華手經第三卷　第三十六張　信字号

菩薩摩訶薩授無上道記餘如上說
從娑婆刹至此中間有世界名純樂
是中有佛号安立功德王今現在為
離怖菩薩摩訶薩授无上道記餘如
上說
從純樂刹至此中間有世界名列宿
開是中有佛号無㝵眼今現在為妙
眼菩薩摩訶薩授无上道記餘如上說
從列宿開刹至此中間有世界名妙
金剛是中有佛号曰無畏今現在為
巨山菩薩摩訶薩授無上道記餘如
上說
從妙金剛刹至此中間有世界名月
出是中有佛号曰智聚今現在為堅
力菩薩摩訶薩授无上道記餘如上說

佛說華手經卷第三

佛說華手經卷第三

校勘記

一　底本，金藏廣勝寺本。
一　一九五頁下五行第八字「等」，石作「諸」。
一　一九五頁下一三行末字「者」，諸本作「故」。
一　一九五頁下二二行第六字「跂」，諸本作「展」。
一　一九六頁上六行末字「奉」，資、磧、普、南、徑、清、麗無。
一　一九六頁上一五行第一三字「邪」，資、磧、普、南、徑、清、麗作「即」。
一　一九六頁上一九行第四字「精」，石作「勤」。
一　一九六頁上二〇行「功德」，石作「福德」。
一　一九六頁上末行第六字「謂」，石、資、磧、普、南、徑、清作「語」。
一　一九六頁中六行首字「擊」，麗作「繫」。
一　一九六頁中八行「求爲」，諸本作「爲求」。
一　一九六頁中一四行第一二字「如」，麗作「知」。
一　一九六頁中末行「遠離」，石作「離於」。
一　一九六頁下五行「是則」，石作「則是」。
一　一九六頁下九行「菩薩又」，石、麗作「又菩薩」；資、磧、普、南、徑、清作「菩薩有」。
一　一九六頁下一四行「以何」，資、磧、普、南、徑、清作「何以」。
一　一九六頁下二一行「是即」，石作「即是」。
一　一九七頁上一行第一一字「可」，普作「向」。
一　一九七頁上四行「則是」，資、磧、普、南、徑、清、麗作「是則」。
一　一九七頁上六行第一一字「行」，資、磧、普、南、徑、清作「行陰」。
一　一九七頁上一二行「功德」，石、資、

磧、普、南、徑、清作「善法」。
一 一九七頁上一三行第二字「則」，石作「亦」。
一 一九七頁上一九行末字「建」，諸本作「逮」。
一 一九七頁上二二行、本頁中三行、五行「精進」，石作「修行」。
一 一九七頁中七行第七字「國」，石作「土」。
一 一九七頁中一六行及次頁上五行「世間」，石作「世界」。
一 一九七頁中一八行第一三字「通」，石作「力」。
一 一九七頁中二二行第六字「精」，石作「行」。
一 一九七頁中末行「等功德」，石作「諸德行」；麗作「諸功德」。
一 一九七頁中末行「諸餘」，資、磧、普、南、徑、清作「餘諸」。
一 一九七頁下二行「等諸法」，石、磧、南、徑、清作「諸善法」。
一 一九七頁下五行「世間」，石作「於世」。
一 一九七頁下七行「是等」，石作「如是」。
一 一九七頁下七行「世間出世間」，石作「出世出世」。
一 一九七頁下八行「等事」，石作「諸法」。
一 一九七頁下八行第一二字「因」，石、資、磧、普、南、徑、清作「由」。
一 一九七頁下九行「果報」，資作「妙果」；磧、南、清作「報果」。
一 一九七頁下一一行「而得大果報」，石作「而能得大報」。
一 一九七頁下一一行第一四字「因」，石、麗作「諸」。
一 一九七頁下一二行「一決」，石作「有一」。
一 一九七頁下一二行「能得大果報」，石作「而能得大果」。
一 一九七頁下一四行「而能起大果」，資、磧、普、南、徑、清作「而起大果報」。
一 一九七頁下一五行第一四字「止」，石作「於」。
一 一九七頁下一七行「虛空」，石作「空中」。
一 一九七頁下一八行第三字「果」，石作「於」。
一 一九八頁上三行「等衆苦」，石作「諸苦惱」。
一 一九八頁上四行「通達」，石作「見於」；麗作「建於」。
一 一九八頁上六行「修集」，石、資、磧、普、南、徑、清作「修習」。
一 一九八頁上七行「菩提」，石作「佛道」。其後石換卷，爲卷第四。
一 一九八頁上九行、一五行、本頁中一七行、本頁下一四行、二〇行「阿僧祇界」，石作「阿僧祇國」。
一 一九八頁上一三行「空性」，資、磧、普、南、徑、清作「彼」。
一 一九八頁上末行第一三字「文」，石作「文佛」。
一 一九八頁中一〇行「无恙」，石作

「无患」，下同。

一　一九八頁中一一行「阿僧祇界」，石作「阿僧祇劫」。

一　一九八頁中二一行「往詣」，石作「詣彼」；資、磧、普、南、徑、清作「往詣彼」。

一　一九八頁下三行第五字「香」，資、磧、普、南、徑、清無。

一　一九八頁下一七行「𡄔咳」，磧、普、南、徑、清、麗作「謦欬」，下同。

一　一九八頁下一九行第一〇字「度」，資、磧、普、南、徑、清無。

一　一九九頁上二行第九字「土」，石作「佛土」。

一　一九九頁上三行第一三字「明」，徑作「月」。

一　一九九頁上一三行第九字「康」，石作「安」。

一　一九九頁中二行第六字「彼」，石、麗作「離垢」。

一　一九九頁中二行「往詣」，石作「詣彼」。

一　一九九頁中一七行第二字「中」，石作「名」。

一　一九九頁下二一行「離怖畏佛」，資、磧、普、南、徑、清作「彼佛」。

一　一九九頁下二一行「世尊」，資、磧、普、南、徑、清無。

一　二〇〇頁上一五行「華已」，石作「此華」。

一　二〇〇頁中一〇行第八字「耶」，資、磧、普、南、徑、清無。

一　二〇〇頁中一八行末字「彼」，資、磧、普、南、徑、清無。

一　二〇〇頁下一二行「菩薩」，石作「諸菩薩」。

一　二〇一頁上五行「去此過」，資、磧、普、南、徑、清作「過此」。

一　二〇一頁上九行末字「往」，資、磧、普、南、徑、清無。

一　二〇一頁上一一行第二字「欲」，資、磧、普、南、徑、清無。

一　二〇一頁上一一行第五字「土」，麗無。

一　二〇一頁中二行第二字「聲」，徑無。

一　二〇一頁中四行第七字「三」，麗作「二」，并有夾註「丹作三」。

一　二〇一頁下五行第五字「度」，資、磧、普、南、徑、清作「過」。

一　二〇二頁上四行第五字「肩」，石作「背」。

一　二〇二頁中八行第八字「中」，諸本作「中有」。

一　二〇二頁下一行末字「隥」，諸本作「陳」，且麗於其下有夾註「丹作際」。

一　二〇三頁上二一行第六字「万」，石、資、磧、普、南、徑、清作「一万」。本頁中二行第六字、六行第六字、二二行第六字及本頁下三行第六字同。

一　二〇三頁中四行第四字「行」，資、磧、普、南、徑、清、麗作「德」。

一　二〇三頁中一五行「無閡音聲」，資、磧、普、南、徑、清作「無碍音」；

麗作「無闇音聲」。

一　二〇四頁上九行第三字「烇」，磧、南、徑、清作「錠」；麗於其後有夾註「丹作定」。

一　二〇四頁中末行第一三字「相」，資作「想」。

一　二〇四頁下一五行第九字「間」，資作「聞」。

一　二〇四頁下一五行末字及一八行第三字「生」，資、磧、普、南、徑、清、麗無。

一　二〇五頁上一五行第三字「嚴」，石、麗作「莊嚴」。

一　二〇五頁上一八行第五字「莊」，資、磧、普、南、徑、清無。

一　二〇五頁中五行第一二字「記」，石無。

一　二〇五頁中一三行第一三字「曰」，資、磧、普、南、徑、清無。

一　二〇五頁下一二行第八字「首」，資、磧、普、南、徑、清、麗作「肩」，麗於其後有夾註「丹作有」。

一　二〇五頁下一八行末字「得」，磧、普、南、徑、清作「德」。二一行末字及次頁中二行第一一字同。

一　二〇六頁上一八行第五字「藥」，資、磧、普、南、徑、清作「樂」。

一　二〇六頁中末行第五字「寶」，資、磧、普、南、徑、清作「寶華」。

一　二〇六頁下一六行第一三字「樂」，麗作「藥」，并有夾註「丹作樂」。

一　二〇六頁下一七行第一二字「月」後，麗有夾註「丹作日」。

一　二〇七頁上一一行首字「臣」，石、資、磧、普、南、徑、清作「巨」；麗於其後有夾註「丹作臣」。

一　二〇七頁上末行「卷第三」，石作「卷第四」。

佛説華手經卷第四　信

後秦龜茲國三藏鳩摩羅什奉　詔譯

上清淨品第十五

從月出剎至此中間有世界名上清淨是中有佛号無相嚴今現在為多精進菩薩摩訶薩授无上道記餘如上說

從上清淨剎至此中間有世界名普明是中有佛号明德聚今現在為上行菩薩摩訶薩授無上道記餘如上說

從普明剎至此中間有世界名高相是中有佛号曰因意今現在為淨因菩薩摩訶薩授無上道記餘如上說

從高相剎至此中間有世界名歡喜是中有佛号郁羅延今現在為調御菩薩摩訶薩授無上道記餘如上說

從歡喜剎至此中間有世界名離垢是中有佛号離垢相今現在為持明菩薩摩訶薩授無上道記餘如上說

從離垢剎至此中間有世界名善寶是中有佛号求金剛今現在為破疑菩薩摩訶薩授無上道記餘如上說

華手經第四卷　第二張　信字号

從善寶剎至此中間有世界名一切樂是中有佛号曰淨意今現在為無量嚴菩薩摩訶薩授無上道記餘如上說

從一切樂剎至此中間有世界名憂惱所經是中有佛号求利安今現在為世德菩薩摩訶薩授無上道記餘如上說

從憂惱所經剎至此中間有世界名無邊德充是中有佛号善思嚴今現在為上嚴菩薩摩訶薩授無上道記餘如上說

從無邊德充剎至此中間有世界名平等是中有佛号曰壞賊今現在為無导嚴菩薩摩訶薩授無上道記餘如上說

從平等剎至此中間有世界名安隱是中有佛号優鉢德今現在為常發精進菩薩摩訶薩授無上道記餘如上說

從安隱剎至此中間有世界名方明是中有佛号流布力王今現在為帝王菩薩摩訶薩授无上道記餘如上說

從方明剎至此中間有世界名常照

明是中有佛号無邊明雲香弥樓今
現在為智象菩薩摩訶薩授無上道
記餘如上說
從常照明刹至此中間有世界名常
莊嚴是中有佛号曰雜華今現在為
唱甘露味菩薩摩訶薩授無上道記
餘如上說
從常莊嚴刹至此中間有世界名白
蓋是中有佛号無邊明今現在為不
休息菩薩摩訶薩授无上道記餘如
上說
從白蓋刹至此中間有世界名常嚴
是中有佛号轉男女相今現在為無
邊音菩薩摩訶薩授无上道記餘如
上說
從常嚴刹至此中間有世界名阿竭
流香是中有佛号上香德今現在為
香象菩薩摩訶薩授無上道記餘如
上說
從阿竭流香刹至此中間有世界名
栴檀香是中有佛号寶高王今現在
為無量光菩薩摩訶薩授無上道記
餘如上說

從栴檀香刹至此中間有世界名普
香是中有佛号香弥樓今現在為寶
弥樓菩薩摩訶薩授無上道記餘如
上說
從普香刹至此中間有世界名普樂
是中有佛号知見一切衆心所樂今
現在為大導師菩薩摩訶薩授无上
道記餘如上說
從普樂刹至此中間有世界名無相
是中有佛号無相音今現在為離一
切法行菩薩摩訶薩授無上道記餘
如上說
從无相刹至此中間有世界名佛華
嚴是中有佛号曰智德今現在為智
光菩薩摩訶薩授無上道記餘如上說
從佛華嚴刹至此中間有世界名華
是中有佛号無㝵音聲今現在為妙
眼菩薩摩訶薩授无上道記餘如上說
從華刹至此中間有世界名月是中
有佛号純寶藏今現在為一蓋菩薩
摩訶薩授無上道記餘如上說
從月刹至此中間有世界名堅固是
中有佛号無動力今現在為善意菩

薩摩訶薩授無上道記餘如上說
從堅固刹至此中間有世界名堅牢
是中有佛号曰迦葉今現在為明燈
菩薩摩訶薩授無上道記餘如上說
從堅牢刹至此中間有世界名一蓮
華蓋是中有佛号亦一切緣今現在
為華身菩薩摩訶薩授无上道記餘
如上說
從一蓮華蓋刹至此中間有世界名
栴檀是中有佛号曰調御今現在為
智慧菩薩摩訶薩授無上道記餘如
上說
從栴檀刹至此中間有世界名真諦
是中有佛号曰成利今現在為現諦
菩薩摩訶薩授無上道記餘如上說
從真諦刹至此中間有世界名衆月
是中佛号曰生德今現在為無邊菩
薩摩訶薩授無上道記餘如上說
從衆月刹至此中間有世界名離衰
惱是中有佛号曰名稱今現在為華
德菩薩摩訶薩授無上道記餘如上說
從離衰惱刹至此中間有世界名妙
喜是中有佛号壞衆疑今現在為喜

自在菩薩摩訶薩授無上道記餘如
上說
從妙喜刹至此中間有世界名離塵
垢是中有佛号曰智德今現在為觀
華菩薩摩訶薩授无上道記餘如上說
從離塵垢刹至此中間有世界名離
生是中有佛号曰德味今現在為壞
諸論菩薩摩訶薩授無上道記餘如
上說
從離生刹至此中間有世界名雜華
是中有佛号曰宿王今現在為善擇
菩薩摩訶薩授無上道記餘如上說
從雜華刹至此中間有世界名極廣
是中有佛号無量相今現在為寳相
菩薩摩訶薩授无上道記餘如上說
從極廣刹至此中間有世界名恐怖
是中有佛号曰栴檀今現在為月德
菩薩摩訶薩授無上道記餘如上說
從恐怖刹至此中間有世界名衆網
是中有佛号網明今現在為無畏音
菩薩摩訶薩授無上道記餘如上說
從衆網刹至此中間有世界名無畏
是中有佛号曰梵音今現在為梵聲菩

薩摩訶薩授無上道記餘如上說
從無畏刹至此中間有世界名可歸
是中有佛号无量性德今現在為無
量聲菩薩摩訶薩授無上道記餘如
上說
從可歸刹至此中間有世界名離諸
緣是中有佛号不緣一切法今現在
為無㝵嚴菩薩摩訶薩授无上道記
餘如上說
從離諸緣刹至此中間有世界名常
稱是中有佛号無能斷聲今現在為
無邊辯才菩薩摩訶薩授无上道記
餘如上說
從常稱刹至此中間有世界名常喜
是中有佛号無邊自在今現在為不
斷辯才菩薩摩訶薩授无上道記餘
如上說
從常喜刹至此中間有世界名普現
是中有佛号示一切法今現在為無
相嚴菩薩摩訶薩授無上道記餘如
上說
從普現刹至此中間有世界名普見
是中有佛号普現諸法今現在為眼

名聞菩薩摩訶薩授無上道記餘如
上說
從普見刹至此中間有世界名生諸
功德是中有佛号無邊德生今現在
為淨眼菩薩摩訶薩授无上道記餘
如上說
從生諸功德刹至此中間有世界名
離垢是中有佛号智出光今現在為
無法行菩薩摩訶薩授無上道記餘
如上說
從離垢刹至此中間有世界名青蓮
華覆是中有佛号曰華上今現在為
赤蓮華相菩薩摩訶薩授无上道記
餘如上說
從青蓮華覆刹至此中間有世界名
赤蓮華覆是中有佛号曰方生今現
在為方弥樓菩薩摩訶薩授無上道
記餘如上說
從赤蓮華覆刹至此中間有世界名
華覆是中有佛号華生德今現在為
壞諸法菩薩摩訶薩授無上道記餘
如上說
從華覆刹至此中間有世界名天世

是中有佛号於衆堅固今現在為无垢菩薩摩訶薩授無上道記餘如上說
從天世剎至此中間有世界名妙明是中有佛号曰智明今現在為妙生菩薩摩訶薩授無上道記餘如上說
從妙明剎至此中間有世界名樂德是中有佛号曰智衆今現在為上衆菩薩摩訶薩授無上道記餘如上說
從樂德剎至此中間有世界名衆樂是中有佛号曰離胎今現在為轉諸難菩薩摩訶薩授無上道記餘如上說
從衆樂剎至此中間有世界名无濁是中有佛号曰醫王今現在為尸棄菩薩摩訶薩授無上道記餘如上說
從無濁剎至此中間有世界名無量是中有佛号曰壞諸煩惱今現在為無差別嚴菩薩摩訶薩授無上道記餘如上說
從無量剎至此中間有世界名普讃是中有佛号無邊智讃今現在為无邊功德生菩薩摩訶薩授無上道記餘如上說
從普讃剎至此中間有世界名衆堅是中有佛号栴檀窟德今現在為智窟德菩薩摩訶薩授無上道記餘如上說
從衆堅剎至此中間有世界名具威德是中有佛号具佛華生今現在為高生菩薩摩訶薩授無上道記餘如上說
從具威德剎至此中間有世界名衆寶是中有佛号娑羅王安立今現在為安住律儀菩薩摩訶薩授无上道記餘如上說
從衆寶剎至此中間有世界名方主是中有佛号月出光今現在為月菩薩摩訶薩授無上道記餘如上說
從方主剎至此中間有世界名大海是中有佛号曰調御今現在為無憂意菩薩摩訶薩授无上道記餘如上說
從大海剎至此中間有世界名安住是中有佛号須弥肩今現在為山菩薩摩訶薩授無上道記餘如上說
從安住剎至此中間有世界名無怖畏是中有佛号施名聞今現在為巨山菩薩摩訶薩授無上道記餘如上說
從無怖畏剎至此中間有世界名受香是中有佛号轉諸難今現在為稱名離結菩薩摩訶薩授無上道記餘如上說
從受香剎至此中間有世界名諸功德住是中有佛号曰名親今現在為智親菩薩摩訶薩授無上道記餘如上說
從諸功德住剎至此中間有世界名一切福住是中有佛号名堅固今現在為法上菩薩摩訶薩授無上道記餘如上說
從一切福住剎至此中間有世界名無憂意是中有佛号曰離憂今現在為寶大菩薩摩訶薩授無上道記餘如上說
從無憂意剎至此中間有世界名名聞是中有佛号華生德王今現在為華王菩薩摩訶薩授无上道記餘如上說
從名聞剎至此中間有世界名華布是中有佛号演華相今現在為香德菩薩摩訶薩授無上道記餘如上說

從華布剎至此中間有世界名流布十方是中有佛号普放香光今現在為必成菩薩摩訶薩授無上道記餘如上說
從流布十方剎至此中間有世界名衆方是中有佛号曰聲眼今現在為大聲菩薩摩訶薩授無上道記餘如上說
從衆方剎至此中間有世界名衆焰是中有佛号曰放焰今現在為焰熾菩薩摩訶薩授無上道記餘如上說
從衆焰剎至此中間有世界名大音是中有佛号名流十方今現在為大音菩薩摩訶薩授无上道記餘如上說
從大音剎至此中間有世界名明是中有佛号曰高明今現在為須弥山菩薩摩訶薩授無上道記餘如上說
從明剎至此中間有世界名寶明是中有佛号寶照明今現在為寶德菩薩摩訶薩授無上道記餘如上說
從寶明剎至此中間有世界名常熏香是中有佛号曰大然今現在為大明菩薩摩訶薩授無上道記餘如上說

從常熏香剎至此中間有世界名有吉是中有佛号三界自在力今現在為三有吉菩薩摩訶薩授無上道記餘如上說
從有吉剎至此中間有世界名無畏是中有佛号曰明輪今現在為无畏施菩薩摩訶薩授無上道記餘如上說
從無畏剎至此中間有世界名常懸是中有佛号空性自在今現在為象菩薩摩訶薩授無上道記餘如上說
從常懸剎至此中間有世界名安王是中有佛号盡自在力今現在為生德菩薩摩訶薩授無上道記餘如上說
從安王剎至此中間有世界名普離是中有佛号鼓音今現在為演香菩薩摩訶薩授無上道記餘如上說
從普離剎至此中間有世界名安隱是中有佛号普自在今現在為無行行菩薩摩訶薩授無上道記餘如上說
從安隱剎至此中間有世界名方流布是中有佛号智流布今現在為無病菩薩摩訶薩授無上道記餘如上說

從方流布剎至此中間有世界名陁羅尼是中有佛号曰山王今現在為陁羅尼自在王菩薩摩訶薩授無上道記餘如上說
從陁羅尼剎至此中間有世界名妙陁羅尼是中有佛号明力高王今現在為自在力菩薩摩訶薩授無上道記餘如上說
從妙陁羅尼剎至此中間有世界名妙等是中有佛号曰安立今現在為波羅延菩薩摩訶薩授无上道記餘如上說
從妙等剎至此中間有世界名一嚴是中有佛号佛自在嚴今現在為具足意菩薩摩訶薩授無上道記餘如上說
從一嚴剎至此中間有世界名倚息是中有佛号積諸功德今現在為無相嚴菩薩摩訶薩授無上道記餘如上說
從倚息剎至此中間有世界名受是中有佛号佛寶德成就今現在為善思行菩薩摩訶薩授無上道記餘如

上說
從受剎至此中間有世界名列宿是
中有佛号智生德今現在為歡喜菩
薩摩訶薩授無上道記餘如上說
從列宿剎至此中間有世界名列宿
嚴是中有佛号智生明德衆今現在
為妙宿菩薩摩訶薩授無上道記餘
如上說
從列宿嚴剎至此中間有世界名蓮
華是中有佛号華生王今現在為佛
法生菩薩摩訶薩授無上道記餘如
上說
從蓮華剎至此中間有世界名衆華
是中有佛号上法自在今現在為智
轉難菩薩摩訶薩授無上道記餘如
上說
從衆華剎至此中間有世界名白蓮
華覆是中有佛号半月光今現在為
須㫋德菩薩摩訶薩授无上道記餘
如上說
從白蓮華覆剎至此中間有世界名
廣是中有佛号日香象今現在為不
動菩薩摩訶薩授無上道記餘如上說

從廣剎至此中間有世界名上妙是
中有佛号無量明今現在為無尋音
菩薩摩訶薩授無上道記餘如上說
從上妙剎至此中間有世界名衆香
是中有佛号蓮華聚今現在為茀沙
菩薩摩訶薩授無上道記餘如上說
從衆香剎至此中間有世界名衆華
是中有佛号華生德今現在為頂德
菩薩摩訶薩授無上道記餘如上說
從衆華剎至此中間有世界名苦蔔
衆是中有佛号栴檀德今現在為妙
眼菩薩摩訶薩授無上道記餘如上說
從苦蔔衆剎至此中間有世界名寶
蔵是中有佛号日寶聚今現在為喜
見菩薩摩訶薩授無上道記餘如上說
從寶蔵剎至此中間有世界名明慧
是中有佛号上明慧今現在為善覺
菩薩摩訶薩授無上道記餘如上說
從明慧剎至此中間有世界名上安
是中有佛号日作安今現在為安王
菩薩摩訶薩授無上道記餘如上說
從上安剎至此中間有世界名善住
是中有佛号无邊德生今現在為安

立菩薩摩訶薩授無上道記餘如上說
從善住剎至此中間有世界名衆多
是中有佛号日明相今現在為普明
菩薩摩訶薩授無上道記餘如上說
從衆多剎至此中間有世界名愛香
是中有佛号無邊德積今現在為德
生菩薩摩訶薩授无上道記餘如上說
從愛香剎至此中間有世界名愛惜
是中有佛号衆德生今現在為畢竟
功德成就菩薩摩訶薩授無上道記
餘如上說
從愛惜剎至此中間有世界名可愛
是中有佛号一切功德生今現在為
淨功德畢竟成就菩薩摩訶薩授無
上道記餘如上說
從可愛剎至此中間有世界名衆蓮
華是中有佛号華生德今現在為樂
施菩薩摩訶薩授無上道記餘如上說
從衆蓮華剎至此中間有世界名金
網覆是中有佛号日持炬今現在為
無貪手菩薩摩訶薩授無上道記餘
如上說
從金網覆剎至此中間有世界名寶

網覆是中有佛号寶生德今現在為寶積菩薩摩訶薩授無上道記餘如上說

從寶網覆剎至此中間有世界名離畏是中有佛号極高王今現在為轉諸難菩薩摩訶薩授無上道記餘如上說

從離畏剎至此中間有世界名一蓋是中有佛号曰宿王今現在為列宿菩薩摩訶薩授無上道記餘如上說

從一蓋剎至此中間有世界名衆雜是中有佛号無邊弥樓今現在為寶弥樓菩薩摩訶薩授無上道記餘如上說

從衆雜剎至此中間有世界名妙喜是中有佛号虛淨王今現在為不思議德菩薩摩訶薩授無上道記餘如上說

從妙喜剎至此中間有世界名可迎是中有佛号無量音今現在為无憂菩薩摩訶薩授無上道記餘如上說

從可迎剎至此中間有世界名妙音香是中有佛号無量明今現在為無憂德菩薩摩訶薩授無上道記餘如上說

從妙音剎至此中間有世界名上清淨是中有佛号寶弥樓今現在為真妙音菩薩摩訶薩授無上道記餘如上說

從上清淨剎至此中間有世界名照明是中有佛号名雜寶華嚴今現在為無邊意菩薩摩訶薩授無上道記餘如上說

從照明剎至此中間有世界名勢德是中有佛号曰上衆今現在為衆香菩薩摩訶薩授無上道記餘如上說

從勢德剎至此中間有世界名寶華是中有佛号離垢嚴今現在為作明菩薩摩訶薩授無上道記餘如上說

從寶華剎至此中間有世界名金明是中有佛号曰金華今現在為照明菩薩摩訶薩授無上道記餘如上說

從金明剎至此中間有世界名金光是中有佛号曰寶窟今現在為安住菩薩摩訶薩授無上道記餘如上說

從金光剎至此中間有世界名衆堅固是中有佛号雜華生今現在為勇德菩薩摩訶薩授無上道記餘如上說

從衆堅固剎至此中間有世界名解脫是中有佛号曰放光今現在為弥勒菩薩摩訶薩授无上道記餘如上說

從解脫剎至此中間有世界名放華是中有佛号曰華生今現在為妙華蓋嚴菩薩摩訶薩授無上道記餘如上說

從放華剎至此中間有世界名衆華是中有佛号曰華蓋今現在為金蓋菩薩摩訶薩授無上道記餘如上說

從衆華剎至此中間有世界名衆蓮華是中有佛号不虛嚴今現在為无垢嚴菩薩摩訶薩授無上道記餘如上說

從衆蓮華剎至此中間有世界名衆妙華是中有佛号流布力王今現在為樂智菩薩摩訶薩授無上道記餘如上說

從衆妙華剎至此中間有世界名梵德是中有佛号曰梵音今現在為妙音菩薩摩訶薩授無上道記餘如上說

從梵德剎至此中間有世界名幢相

是中有佛号自在力今現在為淨目
菩薩摩訶薩授無上道記餘如上說
從幢相剎至此中間有世界名相是
中有佛号無邊衆今現在為无邊性
菩薩摩訶薩授無上道記餘如上說
從相剎至此中間有世界名妙剎是
中有佛号曰調御今現在為妙衆菩
薩摩訶薩授無上道記餘如上說
從妙剎至此中間有世界名住處是
中有佛号無㝵眼今現在為過行菩
薩摩訶薩授無上道記餘如上說
從住處剎至此中間有世界名无有
是中佛号壊諸道今現在為善思嚴
菩薩摩訶薩授無上道記餘如上說
從無有剎至此中間有世界名疑悔
是中有佛号曰破疑今現在為壊諸
見菩薩摩訶薩授無上道記餘如上說
從疑悔剎至此中間有世界名妙樿
是中有佛号無相音今現在為无量
明菩薩摩訶薩授無上道記餘如上說
從妙樿剎至此中間有世界名德住
是中有佛号无邊功德成就今現在
為寶步菩薩摩訶薩授無上道記餘

如上說
從德住剎至此中間有世界名寶住
是中有佛号寶生德今現在為金剛
行菩薩摩訶薩授無上道記餘如上說
從寶住剎至此中間有世界名喜是
中有佛号蓮華生德今現在為寶華
菩薩摩訶薩授無上道記餘如上說
從喜剎至此中間有世界名蓮華生
是中有佛号曰寶上今現在為梵上
菩薩摩訶薩授無上道記餘如上說
從蓮華生剎至此中間有世界名妙
生是中有佛号三世無㝵嚴今現在
為勇衆菩薩摩訶薩授無上道記餘
如上說
從妙生剎至此中間有世界名妙明
是中有佛号無邊明今現在為樂出
要菩薩摩訶薩授無上道記餘如上說
從妙明剎至此中間有世界名覺是
中有佛号寶弥樓今現在為大弥樓
菩薩摩訶薩授無上道記餘如上說
從覺剎至此中間有世界名月燈是
中有佛号曰燈高德今現在為光輪
菩薩摩訶薩授無上道記餘如上說

從月燈剎至此中間有世界名星宿
德是中有佛号智生德今現在為淨
生德菩薩摩訶薩授無上道記餘如
上說
從星宿德剎至此中間有世界名炬
是中有佛号曰炬燈今現在為增意
菩薩摩訶薩授無上道記餘如上說
從炬剎至此中間有世界名智積是
中有佛号無上光今現在為德積菩
薩摩訶薩授無上道記餘如上說
從智積剎至此中間有世界名出生
是中有佛号德王明今現在為提舍
菩薩摩訶薩授無上道記餘如上說
從出生剎至此中間有世界名蓮華
蓋是中有佛号曰弗沙今現在為鼓
音菩薩摩訶薩授無上道記餘如上說
從蓮華蓋剎至此中間有世界名一
蓋是中有佛号無邊眼今現在為梵
音菩薩摩訶薩授無上道記餘如上說
從一蓋剎至此中間有世界名善是
中有佛号曰德味今現在為有德菩
薩摩訶薩授無上道記餘如上說
從善剎至此中間有世界名方是中

有佛号曰方等今現在為照方菩薩
摩訶薩授無上道記餘如上說
從方剎至此中間有世界名德積是
中有佛号佛華生徳今現在為宿王
菩薩摩訶薩授無上道記餘如上說
從徳積剎至此中間有世界名娑羅
是中有佛号娑羅王今現在為雨菩
薩摩訶薩授無上道記餘如上說
從娑羅剎至此中間有世界名住是
中有佛号曰師子今現在為无驚菩
薩摩訶薩授無上道記餘如上說
從住剎至此中間有世界名勸助是
中有佛号寶弥樓今現在為耶舍菩
薩摩訶薩授無上道記餘如上說
從勸助剎至此中間有世界名蓮華
是中有佛号頻婆尸今現在為陰雲
菩薩摩訶薩授無上道記餘如上說
從蓮華剎至此中間有世界名攝屬
是中有佛号曰醫王今現在為藥王
菩薩摩訶薩授無上道記餘如上說
從攝屬剎至此中間有世界名娑呵
是中有佛号曰上衆今現在為照明
菩薩摩訶薩授無上道記餘如上說

從娑呵剎至此中間有世界名善徳
是中有佛号上善徳今現在為妙善
菩薩摩訶薩授無上道記餘如上說
從善徳剎至此中間有世界名屬是
中有佛号自在力今現在為恒菩薩
摩訶薩授無上道記餘如上說
從屬剎至此中間有世界名妙香是
中有佛号上香徳今現在為香徳菩
薩摩訶薩授無上道記餘如上說
從妙香剎至此中間有世界名香徳
是中有佛号上香相今現在為華蔵
菩薩摩訶薩授無上道記餘如上說
從香徳剎至此中間有世界名栴檀
是中有佛号栴檀窟今現在為徳守
菩薩摩訶薩授無上道記餘如上說
從栴檀剎至此中間有世界名寶網
覆是中有佛号无邊明今現在為無
邊意菩薩摩訶薩授无上道記餘如
上說
從寶網覆剎至此中間有世界名金
網覆是中有佛号增十光佛華出今
現在為寶徳菩薩摩訶薩授无上道
記餘如上說

從金網覆剎至此中間有世界名蓮
華網覆是中有佛号無邊自力今現
在為無邊嚴菩薩摩訶薩授無上道
記餘如上說
從蓮華網覆剎至此中間有世界名
衆華是中有佛号威華生高王今現
在為無邊音聲菩薩摩訶薩授无上
道記餘如上說
從衆華剎至此中間有世界名照明
是中有佛号曰寶網今現在為勇徳
菩薩摩訶薩授無上道記餘如上說
從照明剎至此中間有世界名月燈
是中有佛号安立王今現在為不忘念
菩薩摩訶薩授無上道記餘如上說
從月燈剎至此中間有世界名栴檀
香是中有佛号上香王今現在為富
足菩薩摩訶薩授無上道記餘如上說
從栴檀香剎至此中間有世界名樓
閣是中有佛号施一切樂今現在為
求利世菩薩摩訶薩授無上道記餘
如上說
從樓閣剎至此中間有世界名雜窟
是中有佛号見一切緣今現在為無

邊願菩薩摩訶薩授無上道記餘如
上説
從雜寳剎至此中間有世界名雜相
是中有佛号不虛稱今現在為無邊
嚴菩薩摩訶薩授無上道記餘如上説
從雜相剎至此中間有世界名可敬
是中有佛号壞諸驚畏今現在為師
子菩薩摩訶薩授無上道記餘如上説
從可敬剎至此中間有世界名淨是
中有佛号安立王今現在為珠髻菩
薩摩訶薩授無上道記餘如上説
從淨剎至此中間有世界名金明是
中有佛号曰實明今現在為實藏菩
薩摩訶薩授無上道記餘如上説
從金明剎至此中間有世界名上淨
是中有佛号利一切衆今現在為無
憂意菩薩摩訶薩授無上道記餘如
上説
從上淨剎至此中間有世界名衆樂
是中有佛号無邊空嚴德今現在為
衆生無㝵嚴菩薩摩訶薩授无上道
記餘如上説
從衆樂剎至此中間有世界名一華

華手經第四卷　第二十七張　信字号

蓋是中有佛号曰善嚴今現在為寳
相菩薩摩訶薩授無上道記餘如上説
從一華蓋剎至此中間有世界名無
垢是中有佛号曰空相今現在為空
嚴行菩薩摩訶薩授無上道記餘如
上説
從無垢剎至此中間有世界名廣大
是中有佛号威華生德今現在為撰
擇菩薩摩訶薩授無上道記餘如上説
從廣大剎至此中間有世界名善積
是中有佛号上善德今現在為上音
菩薩摩訶薩授無上道記餘如上説
從善積剎至此中間有世界名住方
是中有佛号无邊自在積今現在為
大自在力菩薩摩訶薩授無上道記
餘如上説
從住方剎至此中間有世界名妙華
香是中有佛号曰淨眼今現在為妙
眼菩薩摩訶薩授無上道記餘如上説
從妙華香剎至此中間有世界名善
住是中有佛号大調御今現在為大
海菩薩摩訶薩授無上道記餘如上説
從善住剎至此中間有世界名無量

華手經第四卷　第二十八張　信字号

無邊是中有佛号寂高德弥樓今現
在為無量意菩薩摩訶薩授無上道
記餘如上説
從無量无邊剎至此中間有世界名
喜生是中有佛号無勝相今現在為
寂勝菩薩摩訶薩授無上道記餘如
上説
從喜生剎至此中間有世界名無塵
是中有佛号曰衆歸今現在為无畏
菩薩摩訶薩授無上道記餘如上説
從無塵剎至此中間有世界名阿竭
流香是中有佛号無邊香弥樓今現
在為上香德菩薩摩訶薩授无上道
記餘如上説
從阿竭流香剎至此中間有世界名
多伽流香是中有佛号月閒王今現
在為持拒菩薩摩訶薩授無上道記
餘如上説
從多伽流香剎至此中間有世界名
上妙是中有佛号上弥樓今現在為
善住菩薩摩訶薩授無上道記餘如
上説
從上妙剎至此中間有世界名喜是

華手經第四卷　第二十九張　信字号

中有佛号寶生德今現在為次德菩
薩摩訶薩授無上道記餘如上說
從喜剎至此中間有世界名明是中
有佛号名聞弥樓今現在為寶弥樓
菩薩摩訶薩授無上道記餘如上說
從明剎至此中間有世界名軟美是
中有佛号曰美德今現在為大美德
菩薩摩訶薩授無上道記餘如上說
從軟美剎至此中間有世界名善香
是中有佛号曰梵德今現在為梵音
菩薩摩訶薩授無上道記餘如上說
從善香剎至此中間有世界名帝相
是中有佛号無閡眼今現在為帝德
菩薩摩訶薩授無上道記餘如上說
從帝相剎至此中間有世界名善處
是中有佛号無邊德積今現在為得
功德菩薩摩訶薩授無上道記餘如
上說
從善處剎至此中間有世界名不思
議德是中有佛号威德王今現在為
智高菩薩摩訶薩授無上道記餘如
上說
從不思議德剎至此中間有世界名

離相是中有佛号善思願成今現在
為無邊願菩薩摩訶薩授無上道記
餘如上說
從離相剎至此中間有世界名星宿
王是中有佛号曰淨王今現在為間
弥樓菩薩摩訶薩授無上道記餘如
上說
從星宿王剎至此中間有世界名智
明是中有佛号曰智出今現在為智
出德菩薩摩訶薩授無上道記餘如
上說
從智明剎至此中間有世界名金剛
是中有佛号曰勇衆今現在為智擇
菩薩摩訶薩授無上道記餘如上說
從金剛剎至此中間有世界名智香
是中有佛号曰智聚今現在為智生
德菩薩摩訶薩授無上道記餘如上說
從智香剎至此中間有世界名方弥
樓是中有佛号曰作方今現在為方
流布菩薩摩訶薩授無上道記餘如
上說
從方弥樓剎至此中間有世界名德
處是中有佛号娑訶主今現在為法

燈菩薩摩訶薩授無上道記餘如上說
從德處剎至此中間有世界名愛是
中有佛号曰上離今現在為娑訶主
菩薩摩訶薩授無上道記餘如上說
從愛是剎至此中間有世界名愛趣
是中有佛号曰調御今現在為愛趣
菩薩摩訶薩授無上道記餘如上說
從愛趣剎至此中間有世界名妙思
是中有佛号曰智守今現在為上智
菩薩摩訶薩授無上道記餘如上說
從妙思剎至此中間有世界名蓮華
出是中有佛号寂高德今現在為離
垢菩薩摩訶薩授無上道記餘如上說
從蓮華出剎至此中間有世界名無
邊德生是中有佛号示衆生深心今
現在為自燈菩薩摩訶薩授無上道
記餘如上說
從無邊德生剎至此中間有世界名
歡喜是中有佛号無邊德實今現在
為勇健菩薩摩訶薩授无上道記餘
如上說
從歡喜剎至此中間有世界名倚息
是中有佛号滅諸愛自在今現在為

常發嚴菩薩摩訶薩授無上道記餘
如上說
從倚息剎至此中間有世界名樂樂
是中有佛号無导光今現在為妙眼
菩薩摩訶薩授無上道記餘如上說
從樂樂剎来過恒河沙等國土中間
有世界名善成是中有佛号无导光
佛華家高生徳今見在為陁羅尼自
在王菩薩摩訶薩授無上道記餘如
上說

散華品第十六

從善成剎来過恒河沙等國土中間
有世界名普徳成就是中有佛号一
切緣中自在現佛相今現在為觀佛
定善根莊嚴菩薩摩訶薩受阿耨多
羅三藐三菩提記時此菩薩見大光
明聞大音聲白一切緣中自在現佛
相如来言世尊是為何佛光明音聲
彼佛荅言善男子西方去此過万二
千向僧衹剎彼有世界名曰娑婆是
中有佛号釋迦文今現在為諸菩薩
說斷衆生疑令衆歡喜菩薩藏經是
為彼佛光明音聲時觀佛定善根莊
嚴菩薩手執衆華遥散此界以其本
願因緣力故於諸國土無所罣导逕
来到此娑婆世界至王舍城詣竹園
中時會四衆怪未曾有是衆蓮華遶
佛三帀於佛前住各說一偈稱揚如
来及菩薩言

世尊大智慧無邊　自然遶覺无量法
示現無导神通力　普照十方諸世界
大智慧明諸菩薩　善於問荅无所畏
遠聞佛名欲供養　以神通力普集此
皆是一生紹尊位　勇猛堅固大莊嚴
名稱遠聞振十方　皆来集此娑婆界
能為衆生起大心　深發莊嚴無所畏
我等今請問世尊　云何得證無上道
云何修集諸佛法　能壞魔軍成佛道
尒時世尊釋迦文　與此後来化華語
衆華見佛身無比　又從佛聞真要言
便發勇悅隨喜心　稽首礼佛一面立
即於其處滅不現　衆會見此咸驚疑
是為何人從何来　問世尊已即不現
時四部衆敬威顔　無敢問佛決所疑
佛即化作比丘像　狀如阿難起發問
此是何人問世尊　既請問已即不現
唯願世尊決衆疑　此事何故所由然
佛言此華從東方　過筭數等世界来
汝觀勇猛大莊嚴　菩薩神通之所為
此菩薩本行道時　深發如是大莊嚴
是故有人求佛道　斯等若念得必定
若為是等所見者　即能深樂諸善法
離諸懈怠淨持戒　廣博多聞如大海
能善修學權方便　更不受胎常化生
世世往来生死中　常不忘失正法念
在在所生值諸法　與衆賢聖俱集會
常生猒離五欲心　能於佛法信出家
諸佛菩提甚難信　如来所說深無極
阿難當知有菩薩　今現在此大會中
是諸菩薩大莊嚴　十方諸佛讃不盡
阿難觀是䟦陁婆　又觀寶積法寶積
導師智者及星得　并娑羅門鄃羅達
又觀帝得善比丘　婆樓鄃天婆羅鄃
亦觀善力大比丘　是等行願難思議
是諸菩薩稱不虚　皆發不虚大莊嚴
若有見者尚獲利　况復親近受教誨
若有衆生得見者　或復聞其大名稱
則於佛道無所疑　常不復墮諸惡趣
常能發行勤精進　能善修集真智慧

若諸毒虫入其內　毒氣即時皆消歇
若聞此樹香氣熏　即便悶絶喪其身
根莖枝葉及華實　寂然無作无所為
而其勢力能有用　皆悉消滅諸毒害
此樹遠能消衆病　況取根莖而服用
況得目見加供養　親近諮問決所疑
是大菩薩亦如是　十方聞名作佛事
時佛所現化阿難　即復加敬問世尊
如佛所說大菩薩　能以名聞作佛事
娑婆世界有是不　唯願世尊為我說
佛言我壽不久留　今此衆生福微淺
即於見時獲斯利　亦得餘利未盡說
是等大士諸功德　若欲稱揚無窮盡
若有女人以信心　聞是菩薩大莊嚴
永不復受女人身　必為衆生無上尊
若有男子若女人　聞其名稱心歡喜
發願欲見此菩薩　身壞命終即生彼
若諸男女餘衆生　聞此菩薩大功德
能以淨心信樂者　即於菩提不退轉
若有衆生入法位　聞此菩薩奇特名
是人雖不得佛道　亦獲無量諸功德
如有藥樹名善見　能療衆生百千病
周迴皆去一由旬　災火猛焰所不燒

常能安住淨持戒　能深志樂無上乘
阿難所有十方界　諸佛世尊今現在
皆共稱揚是菩薩　所發莊嚴大誓願
稱讚是等廣名聞　令餘菩薩生貴心
皆言欲見釋迦尊　及諸具足莊嚴者
即時諸佛皆聽許　各礼佛足敬遶已
於彼佛土没不現　皆来到此娑婆界
聞是菩薩具足願　於無上道轉精進
如来即記當成佛　國土壽量号如是
此等無量无數劫　所有不善業因緣
以是行業因緣故　與我生此濁世中
我今雖得無上道　猶不喜見未来世
當有破戒諸比丘　急性惡口麁獷言
是諸菩薩聞此事　而加精進大莊嚴
於飢饉中行大施　法欲壞時演真教
今於佛前發誓言　我要當以無上法
於後恐怖惡世中　不惜身命利衆生
但發是願尚為難　況能成就如願行
如是等經及持者　於惡世中被輕賤
阿難觀彼顛倒世　聞如是等諸經法
於是中生非法想　皆言是法非佛說
以我菩提得供養　而便勤造破法緣
如是其惡濁乱世　誰能堪忍住是中

斯人從佛聞是語　即時悲泣淚交流
念佛曠劫所修集　此法如何便散滅
時諸學人生猒心　覺了有為無定相
如救頭然勤精進　漏盡無餘得涅槃
諸天神聞惡世中　正法毀滅皆憂慼
我等寧於今命終　勿見如是法壞時
我等今見如世尊　能大法施無畏者
此等現前瞻仰佛　聽說甚深无导法
又見比丘修諸禪　定慧神通悉究竟
於後惡世法壞時　此等賢聖難復見
諸惡比丘反熾盛　持淨戒者無勢力
乃不得暫止塔廟　時諸天神大憂惱
皆悲呼言柰何哉　佛法毀滅甚可惜
佛為是等修苦行　而為惡人所輕毀
自共朋黨相親友　誹謗善人生過咎
自言佛是我等師　而違佛意毀正法
與清信女為因緣　共結要誓同事業
并心共毀我正法　於佛法中無敬心
是衆惡等毀三寶　為諸賢聖所遠離
如兕逸牛角觜利　則為衆人之所趣
於尒時世惡比丘　而反輕笑修善者
来世當有是顛倒　應生猒離莫放逸
於佛法中勤精進　勿見如是濁亂世

莫與此等相值遇　與此同止甚苦惱

華手經第四卷　第十八張　信字號

佛說華手經卷第四

佛說華手經卷第四

校勘記

一　底本，金藏廣勝寺本。

一　二一一頁中一行「卷第四」，石作「卷第五」。

一　二一二頁下一七行第三字「佛」，資、磧、普、南、徑、清、麗作「有佛」。

一　二一三頁中四行第二字及一一行第一〇字「聲」，石、資、磧、普、南、徑、清作「嚴」；麗於其後有夾註「丹作嚴」。

一　二一四頁上九行「衆樂」，資、磧、普、南、徑、清作「樂衆」。

一　二一四頁上一六行第六字「曰」，資、磧、普、南、徑、清無。

一　二一四頁上末行末字「聚」，資、磧、普、南、徑、清、麗無。

一　二一四頁中一九行第一三字「山」，資、磧、普、南、徑、清、麗作「止」。麗於其後有夾註「丹作山」。

一　二一四頁中二二行末字「巨」，麗作「臣」，并有夾註「丹作臣」。

一　二一四頁下一行末字「受」，資、磧、普、南、徑、清、麗作「愛」。

一　二一五頁下一七行及二一行「倚息」，資、磧、普、南、徑、清作「倚思」。

一　二一五頁下二一行第一三字「受」，資、磧、普、南、徑、清、麗作「愛」。

一　二一六頁上一五行第二字「難」，資、磧、普、南、徑、清作「諸難」。

一　二一七頁中二行第三字「音」，資、磧、南、徑、清、麗作「音香」。

一　二一七頁中七行第七字「名」，石、資、磧、普、南、徑、清無。

一　二一七頁中八行第四字「意」，麗作「音」，并有夾註「丹作意」。

一　二一七頁下六行第六字「曰」，資、磧、普、南、徑、清無。

一　二一七頁下一七行第二字、二〇行第四字「華」，石、麗作「蓮華」。

一　二一八頁上六行第一三字「剎」，諸本無。

一　二一八頁上一三行第三字「佛」，諸本作「有佛」。

一　二一八頁中九行末字「上」，石作「王」；麗於其後有夾註「丹作王」。

一　二一八頁下一五行首字「盖」，石作「盖剎」。

一　二一九頁上二二行「照明」，石作「明照」。

一　二一九頁下二行第一一字「自」，石、資、磧、普、南、徑、清作「自在」；麗於其後有夾註「丹有在」。

一　二一九頁下一三行第八字「王」，麗無。

一　二二〇頁中一三行第一三字及一七行第二字「住」，石、資、磧、普、南、徑、清作「作」；麗於其後有夾註「丹作作」。

一　二二〇頁下一七行第四字「拒」，

諸本作「炬」。

一　二二一頁上九行末字及一二行第三字「香」，麗作「本」，并有夾註「丹作香」。

一　二二一頁中一行首字及四行第二字「雜」，資、磧、普、南、徑、清、麗作「離」，麗於其後有夾註「丹作雜」。

一　二二一頁中五行末字「閒」，石、資、磧、普、南、徑、清作「聞」；麗於其後有夾註「丹作聞」。

一　二二一頁下五行第三字「是」，諸本無。

一　二二一頁下九行第一三字「上」，資、磧、南、徑、清作「無上」。

一　二二一頁下一二行第六字「号」，石作「号曰」。

一　二二一頁下末行第八字「愛」，資、磧、普、南、徑、清、麗作「受」。

一　二二二頁上一行第三字「嚴」，石、麗作「聲」。

一　二二二頁上二行第三字「説」後，麗有夾註「滅諸受丹本滅諸愛」。

一　二二二頁上一〇行第二字「説」後，石換卷，爲卷第六。

一　二二二頁上一二行及本頁中二行「國土」，石作「世界」。

一　二二二頁中二行末字「逕」，資、磧、普、南、徑、清作「遥」。

一　二二二頁中一五行第四字「集」，徑、清作「習」，下同。

一　二二二頁中二一行第八字「無」，石作「不」。

一　二二二頁中末行首字「此」，石、資、磧、普、南、徑、清作「爲」。

一　二二二頁下一行第六字「衆」，徑、清作「所」。

一　二二二頁下一〇行第七字「法」，資、磧、普、南、徑、清、麗作「佛」。

一　二二二頁下一二行至末行「諸佛……智慧」，資、磧、普、南、徑、清、麗移置於次頁中一行「常能」前。

一　二二二頁下一七行第一三字「羅」，資、磧、普、南、徑、清作「樓」；麗於其後有夾註「丹樓」。

一　二二三頁上一行至一一行「若諸……微淺」，資、磧、普、南、徑、清、麗移置於末行末字「燒」字後。

一　二二三頁上一一行第六字「久」，資作「失」。第八字「今」，資、磧、南作「令」。

一　二二三頁上一二行末字「説」，石作「演」。

一　二二三頁中九行第九字「土」，石作「界」。末字「是」，石作「來」。

一　二二三頁中末行第三字「其」，諸本作「甚」。

一　二二三頁下八行第一三字「导」，資、磧、普、南、徑、清作「上」。

一　二二三頁下二〇行「峯利」，資、磧、普、南、徑、清作「鋒利」。末字「趣」，諸本作「避」。

一　二二四頁上末行經名，石無，未換卷。

佛說華手經卷第五　信

後秦龜茲國三藏鳩摩羅什奉　詔譯

衆相品第十七

尒時東方過万一千阿僧祇刹有世界名衆相是中有佛号樂无相今現在為梵音聲菩薩摩訶薩授無上道記餘如上說

從衆相刹至此中間有世界名無相是中有佛号妙化音今現在為樂一相菩薩摩訶薩授无上道記餘如上說

從無相刹至此中間有世界名無相海是中有佛号曰華上今現在為雨華菩薩摩訶薩授無上道記餘如上說

從無相海刹至此中間有世界名雜相是中有佛号曰寶德今現在為雜頂菩薩摩訶薩授無上道記餘如上說

從雜相刹至此中間有世界名寶生是中有佛号海弥樓今現在為妙眼菩薩摩訶薩授無上道記餘如上說

從寶生刹至此中間有世界名廣大是中有佛号無垢意今現在為尼民陁羅菩薩摩訶薩授無上道記餘如上說

從廣大刹至此中間有世界名華是中有佛号智華生今現在為善威儀菩薩摩訶薩授無上道記餘如上說

從華刹至此中間有世界名虛空淨是中有佛号極高德聚今現在為寶蓋菩薩摩訶薩授無上道記餘如上說

從虛空淨刹至此中間有世界名無相是中有佛号曰寂滅今現在為憂鉢羅菩薩摩訶薩授無上道記餘如上說

從無相刹至此中間有世界名妙樂是中有佛号離欲自在今現在為定意菩薩摩訶薩授无上道記餘如上說

從妙樂刹至此中間有世界名金剛境是中有佛号滅諸趣今現在為轉胎菩薩摩訶薩授無上道記餘如上說

從金剛境刹至此中間有世界名德積是中有佛号不思議德生今現在為持世菩薩摩訶薩授無上道記餘如上說

從德積刹至此中間有世界名大安是中有佛号喜生德今現在為勝衆

菩薩摩訶薩授無上道記餘如上說

從大安剎至此中間有世界名無受是中有佛号到無畏今現在為勇健菩薩摩訶薩授無上道記餘如上說

從無受剎至此中間有世界名散赤蓮華是中有佛号曰流香今現在為香弥樓菩薩摩訶薩授無上道記餘如上說

從散赤蓮華剎至此中間有世界名阿竭流香是中有佛号无导香光今現在為無邊嚴菩薩摩訶薩授无上道記餘如上說

從阿竭流香剎至此中間有世界名衆歸是中有佛号雲鼓音今現在為持地菩薩摩訶薩授無上道記餘如上說

從衆歸剎至此中間有世界名功德積是中有佛号功德生德今現在為增長菩薩摩訶薩授無上道記餘如上說

從功德積剎至此中間有世界名純樂是中有佛号无邊行自在今現在為迦葉菩薩摩訶薩授無上道記餘如上說

從純樂剎至此中間有世界名妙香是中有佛号須弥肩今現在為帝德菩薩摩訶薩授無上道記餘如上說

從妙香剎至此中間有世界名香相是中有佛号上香弥樓今現在為妙莊嚴菩薩摩訶薩授無上道記餘如上說

從香相剎至此中間有世界名助香是中有佛号無邊光今現在為妙性菩薩摩訶薩授無上道記餘如上說

從助香剎至此中間有世界名調御是中有佛号曰普觀今現在為无邊力菩薩摩訶薩授無上道記餘如上說

從調御剎至此中間有世界名大檐是中有佛号曰無畏今現在為大力菩薩摩訶薩授無上道記餘如上說

從大檐剎至此中間有世界名離怖畏是中有佛号得無畏今現在為方聞菩薩摩訶薩授無上道記餘如上說

從離怖畏剎至此中間有世界名月是中有佛号日月燈今現在為衆歸菩薩摩訶薩授無上道記餘如上說

從月剎至此中間有世界名照明是中有佛号曰明燈今現在為持明菩薩摩訶薩授無上道記餘如上說

從照明剎至此中間有世界名作明是中有佛号振威德今現在為世流布王菩薩摩訶薩授無上道記餘如上說

從作明剎至此中間有世界名隨断是中有佛号極高行今現在為慧宗菩薩摩訶薩授無上道記餘如上說

從隨断剎至此中間有世界名衆香是中有佛号曰善衆今現在為妙意菩薩摩訶薩授無上道記餘如上說

從衆香剎至此中間有世界名金剛是中有佛号金剛生今現在為德積菩薩摩訶薩授無上道記餘如上說

從金剛剎至此中間有世界名音聲是中有佛号智自在王今現在為那羅延菩薩摩訶薩授無上道記餘如上說

從音聲剎至此中間有世界名喜生是中有佛号智力流布今現在為願流布菩薩摩訶薩授無上道記餘如

上説
從喜生剎至此中間有世界名安生是中有佛号曰上安今現在為弗沙菩薩摩訶薩授無上道記餘如上説
從安生剎至此中間有世界名阿樓鄉是中有佛号徳王明今現在為導師菩薩摩訶薩授無上道記餘如上説
從阿樓鄉剎至此中間有世界名阿樓鄉積是中有佛号曰妙眼今現在為持明菩薩摩訶薩授無上道記餘如上説
從阿樓鄉積剎至此中間有世界名柔軟是中有佛号娑羅王今現在為寳娑羅菩薩摩訶薩授无上道記餘如上説
從柔軟剎至此中間有世界名善立是中有佛号湏弥王今現在為湏弥肩菩薩摩訶薩授無上道記餘如上説
從善立剎至此中間有世界名清淨是中有佛号虚弥樓今現在為願流布王菩薩摩訶薩授無上道記餘如上説
從清淨剎至此中間有世界名威徳生是中有佛号寳威徳今現在為善思願菩薩摩訶薩授無上道記餘如上説

華手經第五卷 第七張 信字号

從威徳生剎至此中間有世界名善相是中有佛号上善徳今現在為釋衆菩薩摩訶薩授無上道記餘如上説
從善相剎至此中間有世界名梵徳是中有佛号梵音聲今現在為寳徳菩薩摩訶薩授無上道記餘如上説
從梵徳剎至此中間有世界名華徳是中有佛号曰寳華今現在為寳光菩薩摩訶薩授無上道記餘如上説
從華徳剎至此中間有世界名蓮華徳是中有佛号蓮華生徳今現在為蓮華藏菩薩摩訶薩授無上道記餘如上説
從蓮華徳剎至此中間有世界名栴檀窟是中有佛号栴檀香今現在為栴檀徳菩薩摩訶薩授無上道記餘如上説
從栴檀窟剎至此中間有世界名華是中有佛号如湏弥今現在為聲徳菩薩摩訶薩授無上道記餘如上説
從華剎至此中間有世界名金華是中有佛号曰上嚴今現在為金剛菩薩摩訶薩授無上道記餘如上説

華手經第五卷 第八張 信字号

從金華剎至此中間有世界名寳明是中有佛号曰寳蓋今現在為寳步菩薩摩訶薩授無上道記餘如上説
從寳明剎至此中間有世界名香弥樓是中有佛号曰香象今現在為无导眼菩薩摩訶薩授無上道記餘如上説
從香弥樓剎至此中間有世界名雜相是中有佛号無邊自在力今現在為不虚力菩薩摩訶薩授无上道記餘如上説
從雜相剎至此中間有世界名清淨是中有佛号不虚稱今現在為不虚見菩薩摩訶薩授無上道記餘如上説
從清淨剎至此中間有世界名功徳處是中有佛号不思議功徳王明今現在為明音菩薩摩訶薩授无上道記餘如上説
從功徳處剎至此中間有世界名有徳是中有佛号曰雜華今現在為智

精進菩薩摩訶薩授無上道記餘如
上說
從有德剎至此中間有世界名安隱
是中有佛号曰安王今現在為作安
菩薩摩訶薩授無上道記餘如上說
從安隱剎至此中間有世界名寂高
是中有佛号華高德今現在為妙華
菩薩摩訶薩授無上道記餘如上說
從寂高剎至此中間有世界名動是
中有佛号曰常悲今現在為常憂菩
薩摩訶薩授無上道記餘如上說
從動剎至此中間有世界名常動是
中有佛号曰藥王今現在為大悲莊
嚴菩薩摩訶薩授無上道記餘如上說
從常動剎至此中間有世界名堅固
是中有佛号求利世今現在為智力
菩薩摩訶薩授無上道記餘如上說
從堅固剎至此中間有世界名不動
是中有佛号无邊心行今現在為善
住菩薩摩訶薩授無上道記餘如上說
從不動剎至此中間有世界名普虛
空是中有佛号无邊自在力今現在
為衆助菩薩摩訶薩授無上道記餘
如上說
從普虛空剎至此中間有世界名琉
璃明是中有佛号無邊光今現在為
無量心莊嚴菩薩摩訶薩授無上道
記餘如上說
從琉璃明剎至此中間有世界名金
明是中有佛号无邊明今現在為妙
眼菩薩摩訶薩授無上道記餘如上說
從金明剎至此中間有世界名無相
是中有佛号言音自在今現在為難
提菩薩摩訶薩授無上道記餘如上說
從無相剎至此中間有世界名蓮華
蓋是中有佛号無邊虛空自在今現
在為觀定嚴菩薩摩訶薩授无上道
記餘如上說
從蓮華蓋剎至此中間有世界名蓋
行列是中有佛号曰宿王今現在為
蓮華德菩薩摩訶薩授无上道記餘
如上說
從蓋行列剎至此中間有世界名寶
網覆是中有佛号上香德今現在為
華手菩薩摩訶薩授無上道記餘如
上說
從寶網覆剎至此中間有世界名真
金是中有佛号虛空德今現在為淨
眼菩薩摩訶薩授無上道記餘如上說
從真金剎至此中間有世界名清淨
是中有佛号極高德今現在為德眼
菩薩摩訶薩授無上道記餘如上說
從清淨剎至此中間有世界名无憂
是中有佛号曰作方今現在為作明
菩薩摩訶薩授無上道記餘如上說
從無憂剎至此中間有世界名星宿
是中有佛号極高弥樓今現在為安
莊菩薩摩訶薩授無上道記餘如上說
從星宿剎至此中間有世界名雜相
是中有佛号無量眼今現在為雜衆
菩薩摩訶薩授無上道記餘如上說
從雜相剎至此中間有世界名香流
是中有佛号婆伽羅今現在為三傘
陁菩薩摩訶薩授無上道記餘如上說
從香流剎至此中間有世界名衆香
是中有佛号曰持炬今現在為破疑
菩薩摩訶薩授無上道記餘如上說
從衆香剎至此中間有世界名栴檀
香是中有佛号曰火相今現在為衆

稱菩薩摩訶薩授無上道記餘如上說
從栴檀香剎至此中間有世界名善
喜是中有佛号善淨德光今現在為
破賊德菩薩摩訶薩授無上道記餘
如上說
從善喜剎至此中間有世界名喜生
是中有佛号曰智聚今現在為利意
菩薩摩訶薩授無上道記餘如上說
從喜生剎至此中間有世界名流布
是中有佛号流布力王今現在為勇
健菩薩摩訶薩授無上道記餘如上說
從流布剎至此中間有世界名大德
是中有佛号功德王眼今現在為利
意菩薩摩訶薩授無上道記餘如上說
從大德剎至此中間有世界名堅固
是中有佛号曰現智今現在為行精
進菩薩摩訶薩授無上道記餘如上說
從堅固剎至此中間有世界名不退
是中有佛号華高生德今現在為德
念菩薩摩訶薩授無上道記餘如上說
從不退剎至此中間有世界名善分
別是中有佛号曰寶火今現在為勇
德菩薩摩訶薩授無上道記餘如上說

從善分別剎至此中間有世界名憂
鉢羅是中有佛号赤蓮華德今現在
為德守菩薩摩訶薩授無上道記餘
如上說
從憂鉢羅剎至此中間有世界名疑
盖是中有佛号壞一切疑今現在為
無畏菩薩摩訶薩授無上道記餘如
上說
從疑盖剎至此中間有世界名妙是
中有佛号曰善衆今現在為得瞀菩
薩摩訶薩授無上道記餘如上說
從妙剎至此中間有世界名衆德是
中有佛号拘留孫今現在為持炬菩
薩摩訶薩授無上道記餘如上說
從衆德剎至此中間有世界名妙善
是中有佛号曰相王今現在為勤心
菩薩摩訶薩授無上道記餘如上說
從妙善剎至此中間有世界名妙香
是中有佛号蓮華德生今現在為上
智菩薩摩訶薩授無上道記餘如上說
從妙香剎至此中間有世界名善相
是中有佛号曰放光今現在為慈衆
菩薩摩訶薩授無上道記餘如上說

從善相剎至此中間有世界名雲陰
是中有佛号曰弥勒今現在為華菩
薩摩訶薩授無上道記餘如上說
從雲陰剎至此中間有世界名光明
是中有佛号蓮華光明今現在為法
上菩薩摩訶薩授無上道記餘如上說
從光明剎至此中間有世界名名稱
是中有佛号上法王相今現在為阿
疇郁菩薩摩訶薩授無上道記餘如
上說
從名稱剎至此中間有世界名帝釋
是中有佛号無邊力今現在為名聞
慈菩薩摩訶薩授無上道記餘如上說
從帝釋剎至此中間有世界名蓮華
是中有佛号勝山海今現在為寶積
菩薩摩訶薩授無上道記餘如上說
從蓮華剎至此中間有世界名喜是
中有佛号釋迦文今現在為帝王菩
薩摩訶薩授無上道記餘如上說
從喜剎至此中間有世界名常嚴是
中有佛号不虛見今現在為勇德菩
薩摩訶薩授無上道記餘如上說
從常嚴剎至此中間有世界名流布

是中有佛号無㝵音聲今現在為善住菩薩摩訶薩授无上道記餘如上說

從流布刹至此中間有世界名常言是中有佛号無量名德明今現在為歡喜菩薩摩訶薩授無上道記餘如上說

從常言刹至此中間有世界名白相是中有佛号無分別嚴今現在為無㝵嚴菩薩摩訶薩授無上道記餘如上說

從白相刹至此中間有世界名栴檀香是中有佛号無邊光今現在為淨德菩薩摩訶薩授無上道記餘如上說

從栴檀香刹至此中間有世界名袈裟相是中有佛号曰妙眼今現在為寶手菩薩摩訶薩授無上道記餘如上說如是等一生補處菩薩摩訶薩無量无邊阿僧祇衆從東方來集此世界到王舍城行詣竹園頂礼佛足問訊訖已於一面坐

諸方品第十八

南方去此過于無量阿僧祇刹有佛号純寶藏為列宿菩薩摩訶薩受阿耨多羅三藐三菩提記時列宿菩薩見大光明聞大音聲問純寶藏佛言世尊是為何佛光明音聲彼佛荅言善男子北方去此過于無量阿僧祇刹彼有世界名曰娑婆是中有佛号釋迦文今現在為諸菩薩說斷衆生疑令衆歡喜菩薩藏經是為彼佛光明音聲彼衆會中有大菩薩具足成就大願莊嚴十方恒沙諸世界中尠有如是大莊嚴者時列宿菩薩白純寶藏佛言世尊我欲往詣娑婆世界見釋迦文佛礼事供養亦欲見彼不可思議具足莊嚴諸大菩薩摩訶薩衆彼佛荅言欲往隨意汝以我言問訊釋迦文佛少病少惱氣力安不汝當一心以安審慧遊彼世界所以者何彼娑婆界諸菩薩等難勝難壞時列宿菩薩礼彼佛足遶三帀已於彼佛土忽然不現如大力士屈申臂頃到此世界至王舍城詣竹園中頂礼佛足却住一面白佛言世尊純寶藏佛問訊世尊少病少惱起居輕利遊步强耶時佛問訊純寶藏如來於彼世界遊步康耶彼菩薩言純寶藏世尊在彼世界安隱無恙有如是等一生補處諸菩薩摩訶薩無量無邊阿僧祇衆從南方來集此世界到王舍城行詣竹園頂礼佛足覲問訊已於一面坐西方去此過無量無邊阿僧祇刹有世界名普樂是中有佛号離一切三世無㝵嚴今現在為無邊自在現佛華莊嚴菩薩摩訶薩授阿耨多羅三藐三菩提記是普樂世界一切所有蓮華光明摩尼珠光及珠樹光常照彼刹諸大蓮華一一皆廣一千由旬種種雜寶以為嚴飾諸蓮華香普熏十方無量世界彼土所生諸菩薩衆其身長大一万由旬有大光明具足相好端嚴殊妙見者心歡若發心欲遊諸世界覲現諸佛彼佛本願神通力故即時東方所有世界乃至法性盡現其前南西北方四維上下所有世界乃至法性盡現無餘如一佛土一切皆以琉璃為地寶樹行列帀為莊嚴或有菩薩初發無上菩提之心能行種種難行難捨或有菩薩

離諸法故得無生忍皆悉具足諸波羅蜜深修佛法能現菩薩無量神力或有菩薩處兜率天或從兜率降神母胎及生出家或坐道場成無上覺或有能轉大法寶輪及大菩薩圍遶說法究竟佛事而般泥洹普樂世界諸菩薩衆不動本處皆悉能見彼佛世界於諸國土最為高顯釋迦文佛光明照彼其中所有諸蓮華光摩尼珠光及珠樹光以佛光故蔽不復現磬咳音聲亦遍彼界時無邊自在力現佛華莊嚴菩薩見大光明聞是音聲問離垢三世無㝵嚴佛言世尊是為何佛光明音聲彼佛答言善男子東方去此過于無量阿僧祇剎彼有世界名曰娑婆是中有佛号釋迦文今現在為諸菩薩說斷衆生疑令衆歡喜菩薩藏經是為彼佛光明音聲時無邊自在力現佛華莊嚴菩薩白離垢三世無㝵嚴佛言世尊我欲往詣娑婆世界見釋迦文佛礼事供養亦欲見彼具足莊嚴諸大菩薩摩訶薩衆彼佛答言善男子汝今當自現為小身去諸所有蓮華莊嚴所以者何是諸蓮華娑婆世界所不容受彼菩薩言唯然世尊當現小身去諸蓮華彼佛答言欲往隨意汝以我言問訊釋迦文佛少病少惱起居輕利遊步安耶時彼菩薩頂礼佛足遶三帀已於彼佛土忽然不現如大力士屈申臂頃到此世界至王舍城行詣竹園頂礼佛足却住一面白佛言世尊離垢三世無㝵嚴佛問訊世尊少病少惱起居輕利遊步康耶時佛答言離垢三世無㝵嚴佛於彼世界遊步安耶彼菩薩言如是世尊離垢三世無㝵嚴佛在彼世界安隱無恙佛復問言汝見何利来至此土彼菩薩言我以如来神通力故能来至此世尊我在彼土亦見十方一切諸佛彼諸菩薩常不生心欲至他土覲見諸佛所以者何在彼國土悉見十方無量世界及一切佛世尊我隨佛意以佛力故如一念頃於彼世界忽然不現来到此土如是西方從普樂剎至此中間次有無量華佛無量明佛無量光佛無量光明佛無量自在力佛無量力佛一蓋佛蓋行佛寶蓋佛宿王佛蓋宿佛明輪佛明王佛高　廣德佛無邊光佛自在佛自在力佛無㝵音聲佛大雲光佛網聚佛覺華光佛蓮華自在佛山王佛月衆增上佛放光佛妙肩佛不虛見佛頂生王佛蓮華生佛如是無量阿僧祇等佛世界中一生補處諸大菩薩摩訶薩衆從西方来集此世界到王舍城行詣竹園頂礼佛足覲問訊已於一面坐

尒時北方過于無量阿僧祇剎彼有世界名蓋行列是中有佛号不虛稱今現在為發心即轉不退法輪菩薩摩訶薩授阿耨多羅三藐三菩提記是菩薩見是光明聞是音聲問不虛稱佛言世尊是為何佛光明音聲彼佛答言善男子南方去此過于無量阿僧祇剎彼有世界名曰娑婆是中有佛号釋迦文今現在為諸菩薩說斷衆生疑令衆歡喜菩薩藏經是大會中有諸菩薩具足成就不可思議大願莊嚴十方衆生稱其名者即住

阿惟越致時發心即轉不退法輪菩薩白不虛稱佛言我欲往詣娑婆世界見釋迦文佛礼事供養亦欲見彼不可思議具足莊嚴大菩薩衆彼佛荅言欲往隨意汝以我言問訊釋迦文佛少病少惱起居輕利遊步康耶時發心即轉不退法輪菩薩頂礼佛足遶三帀已於彼佛土忽然不現如大力士屈申臂頃到此世界至王舍城行詣竹園頂礼佛足却住一面而白佛言不虛稱佛問訊世尊少病少惱起居輕利氣力安不時佛問言不虛稱佛於彼世界遊步康耶彼菩薩言不虛稱佛在彼國土安隱無恙如是北方從不虛稱佛世界中間次有不虛力佛不虛自在力佛不虛光佛無邊精進佛娑羅王佛寶娑羅佛一蓋嚴佛寶肩佛栴檀窻佛栴檀香佛無邊明佛明輪佛弥樓嚴佛無导眼佛無邊眼佛寶生佛諸德佛覺華生德佛善住意佛无邊力佛不虛德佛寶力佛无邊嚴佛無邊德嚴佛虛空光佛無相音佛藥王佛無驚佛離怖畏佛德王明佛觀覺華生佛虛空性佛虛空音佛虛空嚴生佛有如是等無量无邊阿僧祇佛皆遣一生補處菩薩從北方来集此世界到王舍城行詣竹園頂礼佛足覲問訊已於一面坐

尒時下方過于無量阿僧祇剎彼有世界名虛空淨是中有佛号曰大目今現在為拘留孫提菩薩摩訶薩授阿耨多羅三藐三菩提記時拘留孫提菩薩見大光明聞大音聲問大目佛言世尊是為何佛光明音聲彼佛荅言善男子上方去此過于無量阿僧祇剎彼有世界名曰娑婆是中有佛号釋迦文今現在為諸菩薩說斷衆生疑令衆歡喜菩薩藏經彼世界中有大菩薩具足成就不可思議大願莊嚴皆集彼會時拘留孫提菩薩白大目佛言世尊我欲往詣娑婆世界見釋迦文佛礼事供養亦欲聞說斷衆生疑令衆歡喜菩薩藏經及見彼土不可思議具足莊嚴大菩薩衆彼佛荅言欲往隨意汝以我言問訊釋迦文佛少病少惱氣力安不時拘留孫提菩薩頂礼佛足遶三帀已於彼佛土忽然不現如大力士屈申臂頃到此世界至王舍城行詣竹園頂礼佛足却住一面白佛言世尊大目如来問訊世尊少病少惱起居輕利遊步康耶時佛問言大目如来在彼世界少病少惱氣力安不彼菩薩言大目世尊在彼國土安隱無恙如是下方從大目佛世界中間次有上德佛大德佛蓮華德佛有德佛師子德佛成利佛師子護佛師子頬佛安立王佛梵弥樓佛淨眼佛不虛步佛香象佛香德佛香弥樓佛无量眼佛香聚佛寶窻佛寶弥樓佛安住佛善住王佛梵弥樓佛娑羅王佛明輪佛明燈佛不虛精進佛善思嚴佛師子佛衆臭寶佛妙善住王佛有如是等无量無邊阿僧祇界諸佛世尊皆遣一生補處菩薩摩訶薩從下方来集此世界到王舍城行詣竹園頂礼佛足覲問訊已於一面坐

尒時上方過于無量阿僧祇剎有世

界名栴檀香明是中有佛号无邊高
力王今現在為無量音菩薩摩訶薩
授阿耨多羅三藐三菩提記是無量
音菩薩見大光明聞大音聲問無邊
高力王佛言世尊是為何佛光明音
聲彼佛荅言善男子下方去此過于
無量阿僧祇刹有一世界名曰娑婆
是中有佛号釋迦文今現在為諸菩
薩說斷衆生疑令衆歡喜菩薩藏經
是為彼佛光明音聲彼世界中有諸
菩薩具足成就大願莊嚴時無量音
菩薩白無邊高力王佛言世尊我欲
往詣娑婆世界見釋迦文佛礼事供
養亦欲見彼不可思議具足莊嚴大
菩薩衆彼佛荅言欲往隨意汝以我
言問訊釋迦文佛少病少惱起居輕
利遊步安耶時無量音菩薩頂礼佛
足遶三帀已於彼佛土忽然不現如
大力士屈申臂頃到此世界至王舍
城行詣竹園頂礼佛足却住一面白
佛言世尊無邊高力王佛問訊世尊
少病少惱起居輕利氣力安不時佛
問言無邊高力王佛於彼世界遊步

安耶彼菩薩言如是世尊無邊高力
王佛在彼世界安隱無恙時彼菩薩
問訊佛已於一面坐從無邊高力王
刹来次精進寂高王佛破疑佛善宿
王佛然燈佛作明佛明弥樓佛明輪
王佛淨眼佛白蓋佛香蓋佛寶蓋佛
栴檀窟佛栴檀德佛須弥肩佛寶明
佛娑羅王佛梵德佛淨眼佛无驚怖
佛離怖畏佛妙肩佛上寶佛山王佛
轉女相嚴佛無邊嚴佛无上光佛網
明相佛因王佛如是無量阿僧祇等
諸佛世界一生補處諸大菩薩摩訶
薩衆從上方集此世界到王舍城行
詣竹園頂礼佛足覲問訊已於一面坐
時東南方過于無量阿僧祇刹彼有
世界名佛華生是中有佛号一切緣
中能現佛相今現在為離憂菩薩摩
訶薩授阿耨多羅三藐三菩提記時
離憂菩薩見是光明聞是音聲問一
切緣中能現佛相佛言世尊是為何
佛光明音聲彼佛荅言善男子西北
方去此過于無量阿僧祇刹彼有世
界名曰娑婆是中有佛号釋迦文今

現在為諸菩薩說斷衆生疑令衆歡
喜菩薩藏經是為彼佛光明音聲彼
世界中有大菩薩具足成就不可思
議大願莊嚴時離憂菩薩白佛言我
欲往詣娑婆世界見釋迦文佛礼事
供養亦欲見彼不可思議具足莊嚴
大菩薩衆彼佛荅言欲往隨意汝以
我言問訊釋迦文佛少病少惱起居
輕利遊步康耶時離憂菩薩頂礼佛
足遶三帀已於彼佛土忽然不現如
大力士屈申臂須到此世界至王舍
城行詣竹園頂礼佛足却住一面白
佛言世尊一切緣中能現佛相如来
問訊世尊少病少惱氣力安不時佛
問言一切緣中能現佛相如来於彼
世界少病少惱遊步康耶彼菩薩言
一切緣中能現佛相世尊在彼世界
安隱無恙從一切緣中能現佛相佛
世界中間次有無邊緣中現佛相佛
蓮華敷力佛網明佛無邊明佛華佛
寶娑羅佛發心即轉法輪佛華聚佛
增千光佛無上光佛不動力佛無邊
步力佛無邊願佛无量願佛無邊自

在力佛無定願佛轉胎佛轉諸難佛一切緣修行佛無緣莊嚴佛虛空佛有德佛如是無量阿僧祇等諸佛世界一生補處諸大菩薩摩訶薩衆從東南方悉來集此娑婆世界到王舍城行詣竹園頂禮佛足覲問訊已於一面坐

時西南方過于無量阿僧祇剎有世界名善吉是中有佛號曰吉利今現在為成一切利菩薩摩訶薩授阿耨多羅三藐三菩提記時成一切利菩薩見大光明聞大音聲問吉利佛言世尊是為何佛光明音聲彼佛荅言善男子東北方去此過于無量阿僧祇剎彼有世界名曰娑婆是中有佛號釋迦文今現在為諸菩薩說斷衆生疑令衆歡喜菩薩藏經是為彼佛光明音聲彼世界中有大菩薩具足成就不可思議大願莊嚴若有衆生聞其名者必得不退轉法時成一切利菩薩白彼佛言我欲往詣娑婆世界見釋迦文佛禮事供養亦欲見彼不可思議具足莊嚴大菩薩衆彼佛荅言欲往隨意汝以我言問訊釋迦文佛少病少惱起居輕利遊步安耶時成一切利菩薩頂禮佛足遶三帀已於彼佛土忽然不現如大力士屈申臂頃到此世界至王舍城行詣竹園頂禮佛足却住一面白佛言世尊吉利如來問訊世尊少病少惱起居輕利遊步安耶時佛問言吉利如來安樂行不彼菩薩言吉利世尊在彼世界安隱無恙時成一切利菩薩覲問訊已於一面坐如是西南方從吉利佛剎來次有吉利嚴佛尸棄佛常精進佛善住佛無邊嚴佛無相嚴佛普嚴佛作燈佛作明佛一藏佛一聚佛無邊像佛无邊精進佛網光佛大神通佛明輪佛觀智佛不虛稱佛壞諸怖畏佛無邊德王明佛離怖畏佛壞諸惡賊佛過諸魔界佛无量華佛持無量德佛無量音聲佛光聚佛明德佛離二邊佛無量覺華光佛无量聲佛明彌樓佛娑羅王佛白面佛妙眼佛上德佛寶華佛寶生佛月華佛一切衆生嚴佛轉一切生死佛無邊辯才佛無驚怖佛緣一切辯才佛如是無量阿僧祇等諸佛世界一生補處諸大菩薩摩訶薩衆從西南方來集此娑婆世界到王舍城行詣竹園頂禮佛足覲問訊已於一面坐

時西北方過于無量阿僧祇剎彼有世界名栴檀香是中有佛號普香光今現在為普明菩薩摩訶薩授阿耨多羅三藐三菩提記時普明菩薩見大光明聞大音聲問普香光佛言世尊是為何佛光明音聲彼佛荅言善男子東南方去此過于無量阿僧祇剎彼有世界名曰娑婆是中有佛號釋迦文今現在為諸菩薩說斷衆生疑令衆歡喜菩薩藏經是為彼佛光明音聲彼佛世界中有諸菩薩具足成就不可思議大願莊嚴時普明菩薩白普香光佛言我欲往詣娑婆世界見釋迦文佛禮事供養亦欲見彼不可思議具足莊嚴大菩薩衆彼佛荅言欲往隨意汝以我言問訊釋迦文佛少病少惱起居輕利遊步安耶時普明菩薩頂禮佛足遶三帀已於

彼佛土忽然不現如大力士屈申臂頃到此世界至王舍城行詣竹園頂礼佛足却住一面而白佛言普香光佛問訊世尊少病少惱遊步康耶時佛問言普香光佛氣力安不彼菩薩言普香光佛在彼國土安隱無恙時普明菩薩頂礼佛足覲問訊已却住一面如是西北方從普香光佛世界中間次有香明佛香弥樓佛香象佛香自在佛香窟佛明輪佛光王佛蓮華生王佛佛法自在佛无邊法自在佛可樂佛愛德佛散華佛華盖行列佛華窟佛金華佛香華佛弥樓王佛善導師佛一切衆生冣勝嚴佛轉諸難佛善行嚴佛妙華佛无邊香佛普放光佛普放香佛普光佛散華生得佛寶網手佛極高王佛普照一佛土佛宿王佛妙見佛安立王佛香流佛無邊智自在佛不虚嚴佛不虚見佛无身眼佛不動佛初發意佛無邊眼佛燈上佛普照明佛光照佛一切世界一切衆生不斷辯才佛無垢力佛無跡行佛如是無量阿僧祇等諸佛世界一生補處菩薩摩訶薩從西北方悉来集此娑婆世界至王舍城行詣竹園頂礼佛足問訊訖已於一面坐時東北方過于無量阿僧祇刹有世界名衆歸是中有佛号滅一切憂今現在為不虚稱菩薩摩訶薩授阿耨多羅三藐三菩提記時不虚稱菩薩見大光明聞大音聲問滅一切憂佛言世尊是為何佛光明音聲彼佛荅言善男子西南方去此過于無量阿僧祇刹彼有世界名曰娑婆是中有佛号釋迦文今現在為諸菩薩說斷衆生疑令衆歡喜菩薩藏經是為彼佛光明音聲彼世界中有諸菩薩具足成就不可思議大願荘嚴時不虚稱菩薩白滅一切憂佛言世尊我欲徃詣娑婆世界見釋迦文佛礼事供養亦欲見彼不可思議具足荘嚴大菩薩衆彼佛荅言欲徃隨意汝以我言問訊釋迦文佛少病少惱起居輕利氣力安不時不虚稱菩薩頂礼佛足遶三帀已於彼佛土忽然不見如大力士屈申臂頃到此世界至王舍城行詣竹園頂礼佛足却住一面白佛言世尊滅一切憂佛問訊世尊少病少惱遊步安耶時佛問言滅一切憂佛少病少惱氣力安不彼菩薩言滅一切憂佛在彼世界安隱無恙時不虚稱菩薩頂礼佛足問訊訖已於一面坐東北方有世界名離一切憂是中有佛号曰離憂今現在為大明菩薩摩訶薩授無上道記餘如上說

從離一切憂刹来過六万刹中間有世界名喜樂是中有佛号喜生德今現在為報恩菩薩摩訶薩授無上道記餘如上說

從喜樂刹至此中間有世界名安隱是中有佛号曰安王今現在為無難菩薩摩訶薩授無上道記餘如上說

從安隱刹至此中間有世界名金網覆是中有佛号上弥樓今現在為師子弥樓菩薩摩訶薩授無上道記餘如上說

從金網覆刹至此中間有世界名香明是中有佛号曰妙香今現在為聲德菩薩摩訶薩授无上道記餘如上說

從香明刹至此中間有世界名寶聚是中有佛号憍陳若今現在為大聚菩薩摩訶薩授無上道記餘如上說

從寶聚刹至此中間有世界名堅固是中有佛号曰勢徳今現在為梵得菩薩摩訶薩授無上道記餘如上說

從堅固刹至此中間有世界名青蓮華是中有佛号赤蓮華徳今現在為華生菩薩摩訶薩授無上道記餘如上說

從青蓮華刹至此中間有世界名白蓮華是中有佛号曰蓮華生今現在為無有菩薩摩訶薩授無上道記餘如上說

從白蓮華刹至此中間有世界名大音是中有佛号大音眼今現在為無上衆菩薩摩訶薩授無上道記餘如上說

從大音刹至此中間有世界名香嚴是中有佛号曰上衆今現在為善来菩薩摩訶薩授無上道記餘如上說

從香嚴刹至此中間有世界名衆明是中有佛号無邊明今現在為徳藏菩薩摩訶薩授無上道記餘如上說

從衆明刹至此中間有世界名栴檀香是中有佛号月出光今現在為方等菩薩摩訶薩授無上道記餘如上說

從栴檀香刹至此中間有世界名明是中有佛号名流十方今現在為十方流布力王菩薩摩訶薩授无上道記餘如上說

從明刹至此中間有世界名月是中有佛号星宿王今現在為攝衆菩薩摩訶薩授無上道記餘如上說

從月刹至此中間有世界名普明徳是中有佛号无邊光明今現在為無垢相菩薩摩訶薩授無上道記餘如上說

從普明徳刹至此中間有世界名香明是中有佛号上香弥樓今現在為選擇菩薩摩訶薩授無上道記餘如上說

從香明刹至此中間有世界名無畏是中有佛号離怖畏今現在為喜月菩薩摩訶薩授無上道記餘如上說

從無畏刹至此中間有世界名上安是中有佛号安隱生徳今現在為定意菩薩摩訶薩授无上道記餘如上說

從上安刹至此中間有世界名無邊明是中有佛号無邊功徳月今現在為喜月菩薩摩訶薩授無上道記餘如上說

從無邊明刹至此中間有世界名莊嚴是中有佛号一切功徳嚴今現在為妙威儀菩薩摩訶薩授无上道記餘如上說

從莊嚴刹至此中間有世界名蓮華散是中有佛号曰華王今現在為華生高徳菩薩摩訶薩授无上道記餘如上說

從蓮華散刹至此中間有世界名雜相是中有佛号不壊相今現在為无勝菩薩摩訶薩授無上道記餘如上說

從雜相刹至此中間有世界名堅固是中有佛号宗守光今現在為普守菩薩摩訶薩授無上道記餘如上說

從堅固刹至此中間有世界名樂戲是中有佛号大威徳蓮華生王今現在為智樂菩薩摩訶薩授無上道記

餘如上說
從樂戲剎至此中間有世界名樂是
中有佛号無異生行今現在為無異
行嚴菩薩摩訶薩授无上道記餘如
上說
從樂剎至此中間有世界名喜是中
有佛号一切上今現在為上菩薩摩
訶薩授無上道記餘如上說
從喜剎至此中間有世界名樂德是
中有佛号虛空淨王今現在為弥樓
王菩薩摩訶薩授無上道記餘如上說
從樂德剎至此中間有世界名喜樂
是中有佛号無相音聲今現在為觀
音定嚴菩薩摩訶薩授无上道記餘
如上說
從喜樂剎至此中間有世界名娑婆
是中有佛号寶寂高德今現在為甚
深善菩薩摩訶薩授無上道記餘如上說
從娑婆剎至此中間有世界名衆梵
是中有佛号曰梵德今現在為梵子
菩薩摩訶薩授無上道記餘如上說
從衆梵剎至此中間有世界名衆香
是中有佛号無㝵香象今現在為帝
德菩薩摩訶薩授无上道記餘如上說
從衆香剎至此中間有世界名衆華
是中有佛号弥樓明今現在為娑婆
羅菩薩摩訶薩授無上道記餘如上說
從衆華剎至此中間有世界名然燈
是中有佛号曰大燈今現在為雲光
菩薩摩訶薩授無上道記餘如上說
從然燈剎至此中間有世界名作名
聞是中有佛号華上光今現在為樂
法菩薩摩訶薩授无上道記餘如上說
從作名聞剎至此中間有世界名多
樂是中有佛号作名聞今現在為弥
樓德菩薩摩訶薩授無上道記餘如
上說
從多樂剎至此中間有世界名安立
是中有佛号曰名慈今現在為師子
力菩薩摩訶薩授无上道記餘如上說
從安立剎至此中間有世界名娑羅
是中有佛号娑羅王今現在為山王
菩薩摩訶薩授無上道記餘如上說
從娑羅剎至此中間有世界名照明
是中有佛号無邊光今現在為不虛
步力菩薩摩訶薩授無上道記餘如
上說如是無量阿僧祇等諸佛世界
一生補處菩薩摩訶薩從東北方悉
来集此娑婆世界到王舍城行詣竹
園頂礼佛足覲問訊已於一面坐
時此三千大千世界諸大威德天龍
夜叉揵闥婆阿修羅迦樓羅緊陁羅
摩訶羅伽人非人等及一生補處諸
大菩薩摩訶薩衆充滿其中無空缺
處而此大衆以佛神力皆悉容受不
相妨閡

佛說華手經卷第五

佛説華手經卷第五

校勘記

一　底本，金藏廣勝寺本。

一　二二六頁中九行末字「一」，磧、普、南、徑、清作「一切」。

一　二二六頁下一三行第五字「号」，石作「号曰」。

一　二二六頁下一三行第七字「欲」，磧、普、南、徑、清作「世」。

一　二二七頁上七行「香弥樓」，資、磧、普、南、徑、清作「弥樓香」。

一　二二七頁上一八行第一〇字「德」，石、磧、普、南、徑、清無。

一　二二七頁上二〇行第二字「説」後，麗有夾註「功德生德丹功德生」。

一　二二七頁中一五行末字「檐」，磧、普、南、徑、清作「誓」；麗作「擔」，下同。

一　二二七頁下五行第一三字「世」，資、磧、普、南、徑、清無。

一　二二七頁下一五行「德積」，資、磧、普、南、徑、清作「積德」。

一　二二八頁上一四行第二字「娑」，資、磧、普、南、徑、清作「婆」。

一　二二八頁上二〇行「願流」，資、磧、普、南、徑、清作「力流」。

一　二二八頁中五行末字「釋」，麗作「擇」。

一　二二八頁下二行第一三字「剛」，資、磧、普、南、徑、清作「蓋」。

一　二二八頁下九行第二字「眼」，資、磧、普、南、徑、清作「明」。

一　二二八頁下一一行末字及一五行第二字「雜」，資、磧、南、徑、清作「離」。

一　二二八頁下一六行第八字「稱」，資、磧、普、南、徑、清作「德」。

一　二二九頁上七行第七字「高」，資、磧、普、南、徑、清作「最高」。

一　二二九頁上末行第三字「助」，資作「眼」；麗於其後有夾註「卿作眼」。

一　二二九頁中六行末字「金」，石作「金剛」。

一　二二九頁中七行第九字「明」，石作「眼」；麗於其後有夾註「丹作眼」。

一　二二九頁下一六行及一九行「香流」，資、磧、普、南、徑、清作「流香」。

一　二三〇頁上七行第一三字「利」，石、資、磧、普、南、徑、清作「善利」。

一　二三〇頁上一三行第九字「眼」，石、資、磧、普、南、徑、清作「明」；麗於其後有夾註「丹作明」。

一　二三〇頁上末行首字「德」，磧、普、南、徑、清作「健」。

一　二三〇頁中一六行第一三字「勤」，資、磧、普、南、徑、清作「慈」。

一　二三〇頁下二行第一三字「華」，磧、普、南、徑、清作「華手」。

一　二三一頁上七行第一二字「名」，石作「名曰」。

一　二三一頁上七行第一三字及一一行第二字「白」，資、磧、普、南、徑、清作「自」。

一　二三一頁上二〇行末字「坐」後，石換卷，爲卷第七。

一　二三一頁中六行第一〇字「薩」，石、資、磧、普、南、徑、清作「薩摩訶薩」。

一　二三一頁中九行「恒沙」，石、資、磧、普、南、徑、清作「恒河沙」。

一　二三一頁中一七行「彼娑婆界」，石作「從娑婆世界」；資、磧、普、南、徑、清作「彼娑婆世界」。

一　二三一頁中末行第二字「强」，資、磧、普、南、徑、清作「康」。

一　二三一頁中末行「問訊」，諸本作「問言」。

一　二三一頁下二行「無恙」，石作「無患」，下同。

一　二三一頁下五行「訊已」，石、資、普作「已訖」；磧、南、徑、清作「訖已」。

一　二三一頁下八行第六字「嚴」，磧、普、南、徑、清、麗作「莊嚴」。

一　二三一頁下一七行第八字「現」，石、磧、普、南、徑、清、麗作「見」。

一　二三二頁上三行第一二字「率」，石作「率天」。

一　二三二頁上八行及次頁上一四行「國土」，石作「世界」。

一　二三二頁上一〇行末字至一一行首字「謦咳」，磧、普、南、徑、清、麗作「謦欬」。

一　二三二頁中五行首字「釋」，資、磧、普、南、徑、清作「彼釋」。

一　二三二頁中一九行「在彼國土」，石作「在於彼土」。

一　二三二頁下三行「蓋宿佛」，資、磧、普、南、徑、清作「善宿佛」；麗作「善修佛」。

一　二三二頁下三行第五字「輪」，資作「轉」。

一　二三二頁下三行第一〇字「高」，麗作「高佛」，并有夾註「丹無佛」。

一　二三二頁下四行「無邊」，石作「無量」。以下間有出現，不出校。

一　二三二頁下一一行第七字「訊」，資、磧、普、南、徑、清作「訖」。

一　二三二頁下一三行第四字「蓋」，資、磧、普、南、徑、清作「善」。

一　二三二頁下一六行第一二字「問」，南作「間」。

一　二三二頁下一九行第五字「彼」，資、磧、普、南、徑、清無。

一　二三三頁中五行「訊已」，資、磧、普、南、徑、清作「已訖」。

一　二三三頁中八行第六字「淨」，麗作「清淨」。

一　二三三頁下一八行第三字「實」，資、磧、普、南、徑、清作「寶」。

一　二三三頁下一九行第七字「界」，資、磧、普、南、徑、清作「世界」。

一　二三三頁下二二行「訊已」，石、資、磧、普、南、徑、清作「訖已」。

一　二三四頁中二行「界安隱」，石無。

一　二三四頁中四行首字「刹」，諸本作「佛刹」。

一　二三四頁中四行第三字「次」，資、

磧、普、南、徑、清作「次有」。

一　二三四頁中四行第七字「高」，資、磧、普、南、徑、清作「高力」。

一　二三四頁中六行首字「王」，資、磧、普、南、徑、清無。

一　二三四頁中六行第四字及次頁中二二行首字「眼」，資、磧、普、南、徑、清作「明」。

一　二三四頁中九行第四字「畏」，資、磧、普、南、徑、清無。

一　二三四頁中一三行第五字「方」，諸本作「方來」。

一　二三四頁下四行第一二字「佛」，諸本作「彼佛」。

一　二三五頁中三行第一〇字「佛」，普作「具」。

一　二三五頁中一一行第二字「訊」，磧、普、南、徑、清作「訖」。

一　二三五頁中一七行首字「諸」，資、磧、普、南、徑、清作「衆」。

一　二三五頁中二一行第一一字「白」，資、磧、普、南、徑、清作「日」。

一　二三五頁下一行第五字「鷲」，資、磧、普、南、徑、清作「諍」。

一　二三五頁下三行末字「來」，資、磧、普、南、徑、清作「悉來」。

一　二三五頁下五行及次頁上七行「訊已」，資、磧、普、南、徑、清作「訖已」。

一　二三五頁下一六行第五字「佛」，資、磧、普、南、徑、清無。

一　二三六頁上七行末字「住」，石作「坐」。

一　二三六頁上一一行「佛佛」，石、資、磧、普、南、徑、清作「佛」；麗於其後有夾註「丹無一佛」。

一　二三六頁上一六行第一〇字「佛」，資、磧、普、南、徑、清作「佛散華佛」。

一　二三六頁中五行「衆歸」，資作「娑婆」。

一　二三六頁中一一行第四字「彼」，資、磧、普、南、徑、清作「中」。

一　二三六頁中一一行第九字「曰」，資、磧、普、南、徑、清作「爲」。

一　二三六頁下六行「訖已」，磧、普、南、徑、清作「已訖」。

一　二三六頁下一一行第一〇字「号」，石、資、磧、普、南、徑、清作「名」。

一　二三七頁上二行第一三字「大」，資、磧、普、南、徑、清作「火」。

一　二三七頁上一一行第一三字「名」，資、磧、普、南、徑、清作「名曰」。

一　二三七頁上一二行第八字「曰」，石、麗無。

一　二三七頁上一九行末字「嚴」，麗作「散」，并有夾註「丹作嚴」。

一　二三七頁中三行第七字「月」後，麗有夾註「丹作日」。

一　二三七頁下一五行末字及一八行第二字「雜」，資、磧、普、南、徑、清作「離」。

一　二三七頁下一九行第一三字「普」，麗作「音」，并有夾註「二本作普」。

一　二三八頁中三行末字「婆」，石、磧、普、南、徑、清、麗作「伽」。

一　二三八頁中一八行第一三字及二一行第二字「娑」，資、磧、普、南、徑、清作「娑婆」。

一　二三八頁下四行第八字「訊」，資、磧、普、南、徑、清作「訖」。

一　二三八頁下六行第一三字「陁」，石、磧、南、徑、清作「那」。

一　二三八頁下七行第二字「訶」，資、磧、普、南、徑、清作「睺」。

一　二三八頁下末行經名，石無，不換卷。

佛說華手經卷第六　信

後秦龜茲國三藏鳩摩羅什奉　詔譯

三昧品第十九

尒時世尊見諸大衆普皆集會即於
坐上入佛首楞嚴三昧從首楞嚴三
昧起入佛妙金剛三昧從妙金剛三
昧起入佛知十方言音差別三昧從
知十方言音差別三昧起入佛無量
莊嚴三昧從無量莊嚴三昧起入佛
師子月三昧從師子月三昧起入佛
師子奮迅三昧從師子奮迅三昧起
入佛無邊緣三昧從無邊緣三昧起
入佛光王三昧從光王三昧起入佛
妙陁羅尼三昧從妙陁羅尼三昧起
入佛無相生三昧從無相生三昧起
入佛師子自在力三昧從師子自在力
三昧起入佛淨月三昧從淨月三昧
起入佛一相嚴三昧從一相嚴三昧
起入佛衆相嚴三昧從衆相嚴三昧
起入佛無邊光三昧從無邊光三昧
起入佛大海三昧從大海三昧起入
佛起一切法海法性定三昧從起一
切法海法性定三昧起入佛亦無邊
願緣三昧從亦無邊願緣三昧起入
佛生一切無邊自在法三昧從生一
切無邊自在法三昧起入佛一切法
無住處三昧從一切法無住處三昧
起入佛無邊光高華三昧從無邊光
高華三昧起入佛一切法思量淨印
三昧從一切法思量淨印三昧起入
佛一切法無垢印三昧從一切法無
垢印三昧起入佛亦無邊佛自在力
三昧從亦無邊佛自在力三昧起入
佛一切衆生滅相三昧從一切衆生
滅相三昧起入佛一切法如來所行
三昧從一切法如來所行三昧起入
佛亦無邊自在神通莊嚴三昧從亦
無邊自在神通莊嚴三昧起入佛三
世無㝵一切法性定三昧從三世無
㝵一切法性定三昧起入佛一切法
中得自在力三昧從一切法中得自
在力三昧起入佛攝一切法海自在
印三昧從攝一切法海自在印三昧
起入佛堅固三昧從堅固三昧起入
佛善通達三昧從善通達三昧起入

佛無動三昧從無動三昧起入佛觀
見一切法三昧從觀見一切法三昧
起入佛普明三昧從普明三昧起入
佛普觀印三昧從普觀印三昧起入
佛無明闇三昧從無明闇三昧起入
佛無見三昧從無見三昧起入佛一
切法無㝵無取三昧從一切法無㝵
无取三昧起入佛無盡相三昧從無
盡相三昧起入佛無盡定三昧從無
盡定三昧起入佛無盡緣三昧從無
盡緣三昧起入佛一實相三昧從一
實相三昧起入佛大莊嚴三昧從大
莊嚴三昧起入佛無邊莊嚴三昧從
無邊莊嚴三昧起入佛無瞋恨三昧
從無瞋恨三昧起入佛亦一切衆生
善根三昧從亦一切衆生善根三昧
起入佛一切衆生種善根因緣三昧
從一切衆生種善根因緣三昧起入
佛一切入三昧從一切入三昧起入
佛一切法淨行三昧從一切法淨行
三昧起入佛不現一切法三昧從不
現一切法三昧起入佛照明莊嚴一
切菩薩三昧從照明莊嚴一切菩薩

三昧起入佛淨一切聲聞眼三昧從淨一切聲聞眼三昧起入佛一切衆生種無㝵淨善根三昧從一切衆生種無㝵淨善根三昧起入佛息三惡趣苦惱三昧從息三惡趣苦惱三昧起入佛一切佛土中衆生種善根三昧從一切佛土中衆生種善根三昧起入佛不動變三昧佛在是不動變三昧中時淨居諸天以偈讚曰

佛住不動變　威德如須弥　壞諸外道論
特映大千界　其心不能見　入無依止定
入定而無依　是佛不思議　為壞衆疑網
哀愍故說法　無疑常處定　三明出三界
大智德菩薩　今皆集此會　佛無疑在定
唯願決衆疑　佛定不依眼　亦復非不依
非二無眼相　是定聖所讚　在定若依眼
佛則為虛誑　知眼無所有　故佛定無依
佛不依六根　亦復非不依　外道迷此議
世間所不解

求法品第二十

尒時世尊從不動變三昧安祥而起告舍利弗諸菩薩摩訶薩有四法行得不退智獲大慈悲諸三昧慧亦能

無㝵逮佛十力又於諸法得分別慧得無㝵辯無斷辯捷疾辯樂說辯深辯利辯無㝵辯得諸捴持常見諸佛以信出家奉修正法世世所生財利無匱眷屬無減色像無乏身无殘漏眼耳鼻舌身根无毀言辭無短心智無闇不行邪道志無散亂念无錯謬憶本昔事得上慙愧常善思量離一切惡世世轉身不忘正念不失本願謂諸佛所殖無量果衆善根本无我我所但為一切衆生共之無衆生相雖分別法無所依止以無依故魔若魔民及諸邪道不能沮壞必至道場坐道場已住一切法思量淨印三昧以一念相應慧諸所有法可知可識可得可斷可證可修若有漏若無漏若世間若出世間若近若遠若麁若細若長若短若於過去未來現在若心所行若智所行若心所量若智所量若心所緣若智所緣若心所相若智所相若在心數若在法數若衆生數若假名有若實法有捴相別相及諸說者所因說法若所說事以何故說

若以語言若以事相若垢若淨一切世間種種言辭所謂眼諸名字耳鼻舌身意諸名字首足髮毛種種支體此諸名字亦外法中所有一切地水火風種種生處差別名字日月名字梵釋諸天夜叉名字隨其相有隨其相說隨所分別及所貪著若因若緣若道若行若縛若解若方便若轉進若智若慧若智方便及諸世間種種技術若好若醜如是等事住一切法思量淨印三昧以一念相應慧通達究竟斷煩惱習一切無餘何等為四舍利弗有菩薩摩訶薩建大乘心為深利益多衆生故發大莊嚴作如是念一切衆生貪欲瞋恚愚癡熾盛空無善行死墮大坑少可救者我今當為此等衆生集大智藥以救療之令出三界當為衆生作不請師治之令得不壞相法謂不壞色受想行識亦得不壞至涅槃道諸菩薩等發是心時為求法故起大莊嚴何謂為法諸有能助無上菩提集諸佛法謂斷衆疑令衆歡喜菩薩藏經讀誦受持如

說修行隨諸衆生根有利鈍而為演說菩薩如是尊求法時乃至能得一四句偈甚深方便有要義趣佛之所說若受若持讀誦書寫乃至能為一人演說先作是願欲令此人隨順是義一切衆生亦皆得解菩薩以是說法因緣當得冣上佛所聽許智者所讃如是四法何謂為四一於佛法得不斷念及決定念二身能作堪受法器三為諸佛對揚法化四能逮得諸陁羅尼世世轉身能生佛法所生不墮邪見之門於佛法中常樂出家猒離五欲是為四法菩薩以是四法善根因緣當得十法何謂為十於諸法中能斷疑悔知諸衆生心之所樂能得諸佛無㝵解脫以是解脫故佛身毛孔一一皆出百千万億無數光明一一光照百千万億阿僧祇界光光皆有百千万億阿僧祇數妙寶蓮華一一華上皆有坐佛一一諸佛以一說法悉能度脫百千万億無數衆生得不壞法如来以是解脫力故一一毛孔所現光明皆出百千万億火焰如須

華手經第六卷　第七張　信

弥山亦出恒沙諸大流水以是無㝵解脫力故能以三千大千世界內一毛孔棄著他方過乎無量恒沙國土而諸衆生無所嬈害亦復不覺有往来想舍利弗以是無㝵解脫力故能解十方一切衆生言辤差別亦悉了知十方世界一切衆生百千万億阿僧祇劫心念相續亦斷無量阿僧祇界無佛法處衆生所疑又以無㝵解脫力故能知衆生調伏熾然及次第心知一切法差別之相亦決定知畢竟皆空而於是中無我我所捨離一切諸有為相所以者何如来推求有為法中多諸過患離諸功德無一可取以如是知故得此法舍利弗如来以是解脫力故復有四法何謂為四一者悉斷煩惱及習二者佛行時若有衆生觸其足者七日受樂三者如来右迴身時地深八万四千由旬如輪旋轉四者常定初無退失舍利弗取要言之菩薩求法盡能攝取一切佛法尒時世尊欲明此義而說偈言

若人求佛智　及欲大慈悲　到智慧彼岸

華手經第六卷　第八張　信

當深恭敬法　欲得大神通　能動三千界
及知衆生心　當深恭敬法　若欲以一念
遍知一切心　是心無形色　如幻不堅固
以恭敬法故　常得上果報　亦能證諸佛
無量无邊法　以恭敬法故　常得不失念
在在所生處　正念常增長　以恭敬法故
常不失妙色　所生常端正　身分皆具足
能得值諸佛　值佛心信樂　以心清淨故
能深供養佛　世世所生處　信力常增長
離穢惡五欲　常樂行出家　以是信力故
安住持戒中　但為求禪定　不以戒自高
常樂得諸禪　而不以為法　以求真智慧
能斷滅諸漏　常樂行智慧　而不取慧相
但以無相慧　深求諸佛法　得諸法慧明
佛所讃揔持　堪任為法器　佛神通所護
是人以佛護　得四無㝵智　辯才無有量
利衆故說法　三時守護法　初中及冣後
常為佛所讃　能大利衆生　為諸天所護
龍神等恭敬　諸佛所護念　名聞振十方
名稱常不減　好行諸善行　終不樂非法
常修行佛道　常照然法明　蠲除衆狐疑
能淨智慧性　滅衆生憂惱　安住於正路
終不說邪徑　修行冣勝法　所謂無上道

華手經第六卷　第九張　信

是人不依心　亦復非不依　知心法如幻
故無所依止　以此無依心　常修行佛道
遊行大衆聚　而心無所著　樂遊化諸方
適無所繫處　不貪名利養　離親及諸情
無有諸瑕穢　心淨如虛空　誰見是菩薩
而不恭敬者　是故聞此法　應當一心學
得是佛法故　能大利衆生　於是妙法中
無有所限㝵　我說是正道　唯智者所學
復次舍利弗若菩薩摩訶薩為求法故當學多聞多聞方便何謂多聞多聞方便舍利弗其多聞者從他所聞多聞方便者能自思量專心正念從他聞者諸佛所說順道之言所謂修多羅祇夜闍伽羅那伽陀憂陀那尼陀那阿波陀那伊帝渭多伽闍多伽廣經未曾有經優波提舍是則名曰從他所聞順道之言何謂思量專心正念於法方便善知五陰十二入十八界十二因緣從緣生法是白是黑是好是醜分別簡擇皆入法性法相法位如是通達名為正念所以者何舍利弗如来方便演說五陰而非五陰說十二入及十八界而非界入說十二

因緣而非因緣說法從緣生而無定相為度衆生作如是說是故汝等當依於義莫依於語凡夫無智隨逐言說智者隨義舍利弗何謂言說所有言音文字差別取相推求可知可識可見可斷可證可修有相無相隨心心數可疑悔處有此有彼分別宣示如是等法皆名言說舍利弗何謂為義言說所亦是名為義若分別義即名言說是故舍利弗當知義者不可言說以斯義故我經中說如来不與世間共諍世間與我諍舍利弗唯有如来能方便說陰界諸入十二因緣從緣生法餘無能者舍利弗佛所說法及選擇法無有諍訟何謂為法去何選擇舍利弗眼即是法耳鼻舌身意即是法所以者何是眼過去未来尚空何況現在所以者何眼性自尒是故名法耳鼻舌身意去来尚空何況現在所以者何意性自尒故名為法云何選擇選擇眼者眼從緣生空無定相若有定相應眼得眼若眼得眼則有二眼如是亦應內有見者有

如此各耳鼻舌身意亦如是如是選擇名為法眼於此義中正見大士應當觀察眼假名字眼及眼法是三事中何者為實作如是知三事皆空但有言說無一真實所以者何諸有言說皆是識處識所知法皆是世間若世間法非出世間不出世間是外道義若外道義則非佛說所以者何佛所言說有出世間出世間法則無言說言語道斷心行處滅是故如来雖復言說而無所著亦不决定分別眼相從善不善業因緣生所以者何眼是有分何謂有分從十二緣出生三有舍利弗何故名有分自念我當得如是眼種種分別好樂眼果以受諸塵著眼是我眼是我所故名有分復次衰滅而復熾然一切苦惱謂我我所墮在二邊故名有分舍利弗譬如鋼器擊之有聲汝謂此聲為從外来為在內有答言世尊是聲但從衆因緣有非內非外佛告舍利弗汝已達此衆緣法耶答言不也佛言此聲本無所有但假衆緣誑惑耳根如是允

夫於空眼中而生貪著眼中眼相終
不可得如是推求無所貪著是名還
擇所謂無眼亦無眼相耳鼻舌身意
亦如是尒時世尊欲明此義而說偈言
雖說眼無常　眼即無所有　若眼無所有
誰為無常者　雖說耳無常　耳即無所有
若耳無所有　誰為無常者　雖說鼻无常
鼻即無所有　若鼻無所有　誰為無常者
雖說舌無常　舌即無所有　若舌無所有
誰為無常者　雖說身无常　身即無所有
若身無所有　誰為無常者　雖說意无常
意即無所有　若意無所有　誰為無常者
隨是十二入　故有十二名　若隨十二名
應有十二入　因地水火風　和合故名人
凡夫隨名字　如狗逐瓦石　若人不隨名
亦不分別我　知我但假名　是人得寂滅
寂滅中無法　可名寂滅者　如是說無說
無說即寂滅　是法中無去　亦無有去者
若人通達此　則知寂滅相　若滅心行處
斷諸語言道　無我無衆生　是名為寂滅
不分別有無　是分別亦空　若心想泥洹
是心亦非有　於法不見遠　亦復不見近
得是慧眼者　自知寂滅義　若人聞是法

能正觀察者　當斷諸疑悔　癡冥盡無餘
無疑亦无悔　善寂無所畏　決定住實相
於法無所得　菩薩摩訶薩　能自除惑網
哀愍衆生故　為斷法中疑　以是上妙論
顯示法實相　為滅諸戲論　汝等勿生疑
言說皆諍訟　因之墮惡趣　若人貪著此
不任演正法　如是名隨義　則無有憂患
亦近無上道　能行是義故

復次舍利弗菩薩摩訶薩於四事中應勤精進何謂為四為出家故勤行精進於遠離處勤行精進於佛教中勤行精進見苦衆生勤行精進為疾逮得無上菩提作是念言我當何時得大智慧滅衆生苦而為說法舍利弗我當為汝說諸菩薩勤行精進能疾得成無上菩提汝當諦聽舍利弗乃往過去無量無邊不可思議阿僧祇劫尒時有佛号曰安王壽七万歲為聲聞衆三會說法其初會者二十億人得阿羅漢第二大會四十億人得阿羅漢第三大會六十億人亦得阿羅漢時閻浮提極大廣博九万由旬中有八万四千大城一一皆長十二

由旬廣七由旬金銀琉璃頗梨真珠車渠馬瑙七寶合成其城第一清淨莊嚴人民熾盛豐樂安隱其城七重有七重塹俱亦七寶一一塹中皆有流水周迴圍遶青黃赤白雜色蓮華羅列水上鳧鴈鴛鴦鴻鵠孔雀猩猩異類遊戲其中諸塹岸上皆有七寶七重行樹金樹銀枝碼碯為條琉璃為葉頗梨為華車渠為果赤真珠根銀樹金枝頗梨為條琉璃為葉車渠為華馬瑙為果赤真珠根琉璃樹者珊瑚為枝車渠為條馬瑙為葉銀華金果頗梨為根車渠樹者馬瑙為枝珊瑚為條銀葉金華頗梨為果琉璃為根馬瑙樹者珊瑚為枝銀條金葉頗梨為華琉璃為果車渠為根珊瑚樹者金枝銀條頗梨為葉琉璃為華車渠為果馬瑙為根諸城各有八万園林縱廣正等二十由旬七寶墻壁七重圍遶其諸園中皆有七寶七重樓閣七寶欄楯七寶羅網弥覆其上寶塹七重莊嚴如城是園林中有種種樹謂栴檀樹諸沉水樹迦羅郝等種種香樹諸音樂樹

亦有種種華樹果樹器物諸樹衆飲食樹其中亦有金樹銀樹琉璃頗梨車渠馬瑙珊瑚諸樹有種種華所謂阿提目多華薝蔔華婆梨師華陁㝹伽梨華文陁羅華和利華多羅利華劬多羅利華曼陁羅華五色華月上華有如是等種種諸華園中各有七百大池縱廣五里八功德水充滿其中其池皆以七寶莊嚴底布金沙有四寶梯寶網羅覆青黃赤白雜色蓮華遍布水上時閻浮提王名曰健德於此八万四千大城皆置宮殿一一宮殿皆有八万四千婇女以為眷屬於諸城中有一大城其城廣大四十由旬長八十由旬是健德王止住其中此城皆以珠勝七寶莊嚴如上豊樂安隱人民充滿此大城中有王宮宅方十由旬妙七寶成是宮宅中有諸殿堂種種樓館中有大殿名曰法殿端嚴殊妙如釋勝殿此宮宅中有好園林名為善法是園林中有種種樹華樹香樹諸音樂樹及瓔珞樹衣服飲食種種諸樹其中亦有七寶諸樹

莊嚴其園是王宮宅方整嚴事廣博高顯有大高臺七寶嚴飾七寶幃帳張設其中舍利弗是健德王第一夫人生一太子昔曾供養無量諸佛端正殊妙衆所愛敬有大威相福德具足王與大城令住其中太子生日此城中有四十億女一時俱生王即告勅令給太子以為眷屬王及夫人集諸大臣與子立字名曰妙德太子生時諸天歡喜鼓衆伎樂雨曼陁羅華俱發聲言妙德太子今出於世今出於世故名妙德是時太子漸以長大與衆婇女眷屬圍遶入園遊觀乘栴檀船五欲自娛時於水中見佛身相端正第一淨踰火金明過日月如真金聚如金山焰如嚴寶柱三十二相八十種好身出百千万億光明處弟子衆圍遶說法太子見已作如此念是人端正儀相挺特我今何為不得是身當發心時佛相不現以不見故心生憂惱便不復與婇女娛樂不近女色從船而下上七寶樓結加趺坐心自念言何時當得如佛身相時諸婇

女欲來娛樂太子遥見心生猒離閉門不前作如此念是諸衆生貪欲熾盛多諸惱患我願欲得此大智慧最勝之身若我與此貪欲惱病衆生同者有何差別我是行人彼非行者是諸衆生瞋恚熾盛多諸惱患我願欲得是大智慧寂妙之身我若與此瞋恚惱病衆生同者有何差別我是行人彼非行者當自調伏於衆生中不生瞋惱是諸衆生愚癡充滿多諸惱患我願欲得此大智慧最上妙身我若與此愚癡惱病衆生同者有何差別我是行人彼非行者是諸衆生慳嫉所纏多諸惱患我若同此慳嫉衆生有何差別我當滅諸貪欲恚癡於衆生中起大慈悲為求正道以是正道捨離一切貪欲瞋恚愚癡慳嫉諸不善心既生如是猒離心故便深樂法不貪嬉戲獨坐思惟離諸憒閙時健德王及大夫人俱聞太子不樂嬉戲猒離五欲見諸婇女制不令入便生念言誰為不可嬈亂太子令不復憙五欲娛樂猒見女色我等便可

自往問之作是念已王及夫人往太
子所說偈問言
汝法殿清淨　婇女亦充滿　諸樹莊嚴園
汝何故不樂　如是大城中　法殿甚高廣
遍見四天下　汝何故不樂　何人為不可
嬈亂汝心者　汝今愁獨處　如商人失寶
我為汝父母　當具以實荅　何人今可治
我得自在故
尒時太子以偈荅言
無人為不可　如何當妄言　勿以惡加人
但當自治心　我遊戲水上　見佛身相好
如閻浮金聚　光明照十方　珠光及日月
火燈星宿光　佛光映不現　我見如是相
即時願欲得　如是智慧身　當度老病死
癡惱苦衆生　得身相智慧　勢力不思議
當廣利衆生　令得出生死　我患諸欲樂
婇女及眷屬　令出家行道　隨學當作佛
出家披法服　勤修習善法　父母可出家
俱共修是道　當修行正法　在五欲不安
愛欲害善法　欲縛敵堅牢　餘無能斷者
唯我獨遠離　行是遠離故　當得佛智慧
佛法中出家　若作障㝵者　是人則无利
我哀彼故說　國財子何益　富貴皆無常

若今不放捨　不久亦分散　以因出家故
能生衆善法　往來生死中　世世受衆苦
如是展轉生　空無決定子　於法無正觀
但著假名字　莫以子起罪　共於法出家
我久離諸難　俱是无難時　得具足人身
久乃信善法　得值安王佛　今可共出家
妙德太子說是偈已即便行詣安王
佛所頭面礼足合掌向佛而說偈言
我生魔網中　增長諸邪行　今欲壞裂之
願佛聽出家　我父縛堅固　自亦處長縛
斯無堅實樂　但是衆苦本　今欲解衆縛
壞裂衆魔網　於佛法出家　成佛兩足尊
我深畏諸欲　受欲終无安　欲為癡畏法
當捨行佛道
舍利弗時安王佛即聽妙德出家受
戒有諸人衆八万四千并餘眷屬及
婇女等皆隨出家復有百億諸善知
識亦隨出家王聞太子出家學道即
嚴四兵從諸大臣詣安王佛頭面礼
足於一面立合掌向佛而說偈言
出家無惱熱　寂滅安不動　是衆樂之本
願依佛出家　捨國財妻子　及所珎眷屬
受諸欲無猒　是法常弊穢　若受妙五欲

凡小智所行　修佛所讚法　滅一切衆苦
捨國城所有　施佛及衆僧　願佛聽出家
成佛普見尊　為大利衆生　度一切苦惱
欲令離諸難　離難得寂滅　時佛歡喜讚
善哉發大心　能敬佛深智　善来聽出家
王既聞聽許　心生大歡喜　必成兩足尊
蒙佛安慰故　時王即出家　及諸四種兵
皆發菩提心　當成無上道　是衆出家已
皆逮無生忍　於此處命終　悉得生天上
得值大名聞　二十億諸佛　皆於諸佛所
出家行正法　是等常精進　得智無所畏
能大利衆生　令脫無量苦　所值遇諸佛
皆受持正法　但為廣流布　而不惜身命
得如是大果　審上妙智慧　證不思議法
誰不求佛道
佛告舍利弗汝謂彼時健德王者為
異人乎即我身是妙德太子堅意菩
薩摩訶薩是如是舍利弗菩薩摩訶
薩以樂法故見諸衆生煩惱苦逼起
大慈悲教化令住善法因緣漸得解
脫復次舍利弗諸菩薩摩訶薩樂深
法故而求深法亦為衆生說是深法
何謂深法諸精進者之所能行其精

進者即諸菩薩摩訶薩衆求無上道不退者是斯等皆能深達諸法云何深達若求眼相即是假名非為深達法相名為非內非外非我我所非垢非淨不生不滅所以者何性常自尒如是法性無作非作是名通達眼甚深法求耳鼻舌身意相者即是假名非為深達法相名為非內非外非我我所非垢非淨不生不滅所以者何性常自尒如是法性無作非作是名通達意甚深法舍利弗甚深達者即法實相若取法空即是妄取若取無相是則為相若取無願是亦為願舍利弗法性本來不增不減是則名為深達諸法故說菩薩摩訶薩等為精進者舍利弗以何義故說名菩薩能諦了知無衆生法故名菩薩復次是人所行智慧為首故名菩薩又令衆生知所行法皆無所有故名菩薩又舍利弗無所有義是菩薩義无所顯亦是菩薩義故菩薩義無二無等又舍利弗不過不沒是名菩薩又舍利弗空是菩提何謂為空無一切法故

名為空舍利弗若於法中乃至决定有毫末相即是著相著我著人著衆生相著諸法相是空法中無此諸相故名為空空即菩提以是義故一切諸法皆名菩提舍利弗汝當隨順如來教行勿違逆也所以者何諸佛菩提第一甚深一切凡夫所不能及舍利弗且置凡夫一切聲聞辟支佛人不見不觀亦不能達諸佛菩提雖盡知見無生智觀以何法盡名為盡智無法可盡諸法離盡入畢竟盡故名盡智而不能知於念念中尒所滅盡尒所未盡故說聲聞辟支佛人不能通達諸佛菩提舍利弗無生智者於諸法中尚無少生能如是知名無生智而不能知於念念中尒所無生及未無生一切聲聞辟支佛人無如是智是故佛智名為無等餘無及故復次是智等無耶正故名平等舍利弗如來慧者正覺究盡無有錯謬故名佛慧是佛智慧无邊無量阿僧祇劫求之乃得故名為覺舍利弗何故如來名為覺者一切衆生長寢生死若

過若沒不能通達唯有菩薩獨能覺悟故名覺者又舍利弗正覺諸法故名覺者云何正覺知一切法非法非非法非垢非淨亦非過去未來現在隨順是相故名覺者亦覺无法若生若滅若來若去故名覺者舍利弗是覺義者無量无邊不可思議難得崖底譬如大海其水一味不增不減悉受衆流而不盈溢漸次轉深甚深第一舍利弗如來大海亦復如是空無生滅一解脫味次第說法名漸轉深得一切智名深第一究盡通達無上菩提一切法中無錯謬故名無增減一切問難無能窮盡故名難減能集一切諸善功德名受衆流舍利弗若我盡說如來義者誰能堪受如娑伽羅龍王欲降大雨但注大海餘無能受如來亦尒若盡開演佛智慧者一切衆生乃至聲聞及辟支佛無能堪受但諸菩薩發大乘心佛加神力則能受持舍利弗世有四事為最難得何謂為四得人身難生中國難信佛法難既信解已能問所應是為甚難此

四難事汝等皆得今當問佛諸法中
疑我今聽汝一切世間諸天人等恣
意所問如來不久當入涅槃無從後
悔時舍利弗即從座起偏袒右肩右
膝著地合掌向佛白佛言世尊欲有
所問唯願聽許佛言已聽今隨意問
當為汝等隨所問荅舍利弗言唯然
世尊我今當為上行菩薩諮問如來
即說偈言
安住上功德　修淨道高尊　樂行柔和忍
當問如是行　菩薩云何施　施已心歡喜
云何發善心　當大利眾生　云何持淨戒
忍辱柔和心　云何行精進　不退不休息
見苦惱眾生　云何加矜愍　深心樂菩提
唯願世尊說　云何無量劫　莊嚴菩提道
心終不退沒　而生大歡喜　云何行禪定
及修習智慧　云何應求法　以成多聞者
何等法應聽　何等法應教　發菩提心行
我今問是事　云何求正法　於中深欲樂
云何離諸欲　離已能出家　云何出家時
能生歡喜心　云何出家已　功德巍巍尊
云何心迴向　能起方便力　云何能世世
常不失正念　云何處胎中　常習菩提心

亦能見諸佛　而無所障㝵　云何薄貪欲
慧心薄瞋恚　云何薄愚癡　心常無錯謬
云何生王家　亦修治國事　而能離諸難
常得生善處　云何治世事　而心常歡喜
亦感諸如來　常能見諸佛　云何具身色
端嚴常第一　亦具足眷屬　皆發菩提心
云何所生處　常厭離家屬　常樂行出家
無有貪著心　云何出家已　能受持菩提
於佛滅度後　能守護正法　云何處亂世
而得無亂心　見惱亂眾生　悉能安慰之
云何聞能持　入陁羅尼門　以無㝵辯才
能說無上法　云何知眾生　種種差別心
云何於善法　而能自調伏　為諸菩薩故
我問二足尊　是諸菩薩行　唯願分別說
若人為佛法　而發菩提心　是人聞佛說
則生大歡喜　佛於一切法　智慧无障㝵
我以有限智　而問於世尊　我雖有所問
不能盡通達　所不能問者　願佛具演說

歎德品第二十一

尒時佛告舍利弗言善哉善哉汝能
問佛菩薩摩訶薩深行佛道住淨功
德樂柔和忍如是等事汝之功德不
可限量所以者何諸菩薩摩訶薩能

為難事譬如有人欲以三千大千世
界所有眾生移置一處是事難不舍
利弗言甚難世尊佛言欲比菩薩所
為難事於百分中尚不及一百分千
分百千万分乃至譬喻所不能及舍
利弗置是三千大千世界所有眾生
如劫燒時三千世界為一火聚若人
能以一吹令滅一吹還成若大鐵圍
須弥諸山及大海水一切國土宮館
園林聚落城邑還成如故汝意云何
是人所作寧為難不舍利弗言甚難
世尊佛言欲比菩薩所為難事於百
分中尚不及一百分千分百千万分
乃至譬喻所不能及又舍利弗譬如
有人欲以足爪破散三千大千世界
是人名為現大力不荅言世尊其力
甚大佛言欲比菩薩所現大力於百
分中尚不及一百分千分百千万分
乃至譬喻所不能及又舍利弗譬如
三千大千世界所有地種止於水上
水止於風若有一人乃從風際舉此
世界欲置頭上若肩荷負蚊脛為梯
循之而上乃至梵天而不墜落汝意

去何是人巧便為難事不舍利弗言
是人巧便持此三千大千世界循蚑
脛梯上至梵天而不墜落是為甚難
舍利弗如来今當告汝誠言欲比菩
薩方便大力於百分中尚不及一百
分千分百千万分乃至譬喻所不能
及所以者何諸菩薩摩訶薩成就无
量身心精進深發大願行大方便起
六智慧成大勢力求大無畏大覺明
眼求大慈悲及不虛行象王迴觀師
子奮迅無見頂相求如是等諸佛大
法亦求無比審勝威儀第一之行無
比功德無比柔和行無比施持戒忍
辱精進禪定智慧方便通達法相如
来無比自在神力三輪示現善解一
切衆生深心及心所行願解一切衆
生假名願解一切衆生解脫解脫知
見願解一切衆生止觀願解衆生所
修行道及所得果願知衆生所解諸
諦願解十方一切衆生音聲語言種
種差別願解衆生貪著深淺及離貪
著願諸法中得無受慧願解諸法空
業報慧舍利弗取要言之諸菩薩摩

訶薩所求所願智慧功德及隨願行
隨行得果是諸事中无可為喻无說
因緣如是大願莊嚴功德唯佛能知
若近佛者乃能得解舍利弗汝諸聲
聞隨信能入諸菩薩等以信解知汝
能為此大功德者問佛是事今當為
汝說少分耳所以者何汝之所問菩
薩事者非可一日一月一歲百歲千
歲百千万歲乃至一劫百劫千劫百
千万劫所能說盡舍利弗當知是事
無量无邊不可思議阿僧祇劫乃可
說之舍利弗如来了知諸菩薩等審
初發心劣下一念功德果報百千万
劫說不能盡況復一日一月一歲乃
至百歲所集諸心功德果報豈可說
盡所以者何菩薩摩訶薩求大智時
能起無量功德因緣舍利弗諸菩薩
等所行無盡欲令一切衆生皆住無
生法故舍利弗諸菩薩等所行難知
求深法故諸菩薩等所行甚深於一
切法不依止故菩薩所行無邊無等
以佛智慧無邊等故諸菩薩等所行
無盡無有齊限行尒所施尒所便止

是物可施是不可施是人可與是不
可與菩薩施者捨一切物等與衆生
菩薩持戒亦不齊限日月歲數乃至
盡壽但於無量阿僧祇劫常為十方
一切衆生及佛道故修行淨戒是菩
薩業舍利弗菩薩摩訶薩所為事業
一時止息謂坐道場住一切法思量
淨印三昧以一念相應慧究盡通達
一切諸法

驗行品第二十二

佛告舍利弗應以三事驗菩薩心何
謂為三一者能捨一切所有而不望
報當知是為真菩薩心二者求法無
所貪惜寧失身命而不捨法是則名
為真菩薩心三者不逆甚深之法以
信解力於佛菩提不生疑惑是亦名
為真菩薩心以是三心驗諸菩薩又
舍利弗復有三事驗菩薩心何謂為
三常勤精進求法不倦謂是大乘菩
薩藏經以是經故自增善根亦能
增長衆生善根常隨法師恭敬供養
若過千歲乃能得聞善根相應一四
句偈聞已隨順不違不逆不沒不退

追隨法師益加恭敬恒自咎責我以
宿世障法罪故不得聞法非法師咎
今當親近隨從法師令我一切障法
罪業皆悉消滅是亦名為真菩薩心
是故當知菩薩摩訶薩深心求法隨
逐法師則能成就一切佛法舍利弗
乃往過去過無量无邊不可思議阿
僧祇劫劫名妙智尒時有佛号普德
增上雲音燈佛壽命半千月劫聲聞衆會
數如恒沙一一會中恒河沙人皆具三
明得共解脫大阿羅漢菩薩衆會數
如聲聞一一會中恒沙菩薩得無生
忍住不退地初發意者不可稱數普
德增上雲音燈佛將入泥洹時於百
億閻浮提中一一各置一大法師皆
加神力彼佛滅後法住八百千万億
那由他歲尒時於此閻浮提中所置
法師名曰聲明為彼如來加其神力
隨法住世守護法城修菩薩行得无
生忍住不退地彼佛滅後八万億歲
聲明法師遊歷諸國從邑至邑處處
演說普德增上雲音燈佛无量無邊
阿僧祇劫所集佛法舍利弗時閻浮

提邊境有城名曰堅牢於此城中有一
居士名曰堅衆其年少壯王治諸城
生如是心我當云何能集智慧以是
智慧能令衆生修行法事捨離俗業
作是念已即時有天而告之曰居士
當知有佛出世号普德增上雲音燈
今已滅度尒時居士聞佛名字心生
歡喜又聞滅度即大悲泣天問之曰
汝以何故先生歡喜而後悲泣居士
荅言我從汝聞有佛出世心生歡喜
又聞滅度失大利故所以悲泣天又
告言汝勿愁憂普德增上雲音燈佛
臨滅度時以神通力加一法師名曰
聲明佛之法藏皆悉受持即是彼佛
知法藏人居士問曰聲明法師今在
何所荅言居士法師今在加毗羅城
於此東方過于三百六十由旬堅衆
居士聞是語已明旦即持八十億金
千寶瓔珞與多眷屬俱詣彼城到已
推求法師住處見法師已稽首礼足
於一面立聲明法師為說甚深清淨
妙法謂斷衆疑令衆歡喜能集一切
菩薩善根是大乘經尒時居士聞經

歡喜持金瓔珞為敬法故奉上法師
亦以自身供養給事舍利弗堅衆居
士為求法故勤心恭敬供養法師常
隨親近欲得是經書寫受持讀誦修
行從初聞已六十億歲常隨法師於
其中間更不得聞何况書寫受持讀
誦居士供養聲明法師於尒所歲心
不捨離不生欲覺瞋覺惱覺常立法
師所住門外晝夜侍衛初不睡卧時
有惡魔名常求便為求堅衆居士短
故變為聲明法師之身與一女人共
為欲事作是變已示居士言汝觀汝
師常謂如佛智慧第一多聞如海汝
今且觀行非法事云何教他修行淨
戒而自毀禁汝師自謂修梵行者而
壞梵行常為人說行深淨法而今云
何自為非法居士可止捨離是人勿
以為師汝持淨戒少欲知足樂離精
進堅念智慧汝自成就如是功德云
何乃以此人為師堅衆居士時作是
念我在本舍有天来言有佛出世号
普德增上雲音燈今已滅度臨滅度
時皆與百億閻浮提中一一法師加

其神力此閻浮提有一法師名曰聲明彼佛所說皆能受持是彼如来守法藏人汝往親近我聞是說以為大利即便行詣此法師所尒時法師即為我說斷衆生疑令衆歡喜菩薩藏經引導我心我時歡喜以大供具奉上法師亦以自身供養給侍我以此事謂為真實今是人来亦我法師如是過咎所不應行當知魔事所以者何佛所護念加神力者若作斯事无有是處此或是魔或是魔民或魔所使所以者何聲明法師所說法中無有是事我當觀察求女人相及女人法推求男相及以男法我若隨此虛誑相者無惡不作所以者何一切罪業皆從憶想分別故生若我隨所見相輕恚法師亦能謗佛毀逆佛法是法師者為普德增上雲音燈佛神力所加今當立誓若是法師為彼如来所加神力我亦復是深求法者以是因緣此不淨相便應消滅即時合掌一心念佛說是誠言時此女相滅不復現堅衆居士滅魔事已而作是

華手經第六卷 第三十四張 信

念我以一心如是求法聲明法師不為我說即是魔事亦復是我宿世障法罪業因緣非法師咎我當自勉勤行精進滅諸魔事思惟是已而猶恭敬隨逐法師不生瞋惕舍利弗汝觀居士其心清淨堅固難沮從初聞已六十億歲於其中間更不得聞猶故深心恭敬隨逐常求便魔如是誑惑而心不異轉加宗敬心信清淨堅衆居士過六十億歲於此命終生于上方第千十号世界界名無諍彼國有佛号曰大肩一會說法諸聲聞衆九十六億堅衆菩薩時生王家生時有天来語之言汝以一心求法因緣得是果報堅衆聞已作是念言若如是者我從今已當更求之生千歲已於大肩佛法中出家佛為說法以本行願及佛神力得識宿命大肩如来所說法藏皆能受持於半劫中修行梵行教化無量無數衆生皆令得住阿耨多羅三藐三菩提命終之後次復值佛号須弥肩生七歲已於佛法中出家求道是人堅念本願因緣佛神力故

華手經第六卷 第三十五張 信

須弥肩佛所說法藏盡能受持從大肩佛所問之法亦憶不忘如是展轉得值六十百千万億那由他佛諸佛所說皆能受持讀誦解說修行從是以後堅衆菩薩多聞智慧如大海水無濁無盡等如虛空清淨深妙難測崖底舍利弗汝意或謂堅衆居士聞天言已持金瓔珞到法師所聞法歡喜以奉法師亦以自身恭敬給事為求法故常隨法師六十億歲更不聞法常求便魔如是誑惑見聞師過而不瞋㝵一心隨逐至命終者是異人乎勿造斯觀即錠光佛是舍利弗汝觀菩薩深心精進如是求法得大果報是故當知諸菩薩摩訶薩深心求法疾得阿耨多羅三藐三菩提舍利弗聲明法師猶為諸佛三時護法今在此會舍利弗復有三事驗菩薩心一者菩薩專心求法則能遍行一切衆行是為初心又舍利弗菩薩若求無量佛法聞甚深法而無驚畏信受不逆隨聞深法心淨不動是名第二菩薩真心又舍利弗若有人来到菩

華手經第六卷 第三十六張 信

薩所作如是言若有人發無上道心
應與一切衆生之樂令我則是第
一苦人當先見與然後乃及一切衆
生若是菩薩力能濟之而不肯與心
生退没作如是念我尚不能與此人
樂何况能濟一切衆生當知是非真
菩薩心若見来者心不退没而起慈
悲以為快樂當知是為真菩薩心舍
利弗若與求者諸樂具時反被惡口
罵詈毀辱心無恚㝵但生慈悲給其
所求既能如是調伏其心即時得除
無量生死罪業因緣疾近佛道一一
念中能攝無量无邊佛法是名菩薩
深心方便志不可壞若是乞人惡口
罵詈尒時菩薩又作是念此人則為
與我佛法以於是中不生瞋心即近
佛道是名方便菩薩真心又舍利弗
若有人来至菩薩所作如是言阿耨
多羅三藐三菩提其法甚難汝何能
集一切佛法菩薩聞之心生退没則
非真心若聞是說心生易想是則名
為真菩薩心又舍利弗若有人来語
菩薩言若發阿耨多羅三藐三菩提心

者於已身命不得自在況復財物善
男子汝今應當捨離是心勿於身命
不得自在菩薩聞是便貪身命而生
退没當知此非真菩薩心若聞斯事
作如是念一切衆生戀惜身命老病
死来必强侵奪又以慳惜自身命故
起諸罪業因罪業故當墮惡道乃更
不能守護後身我若貪惜守護身命
起罪因緣墮諸惡道往来生死與彼
愚人有何差別我今不應護惜身命
但當貪惜如来智慧守護佛法為度
衆生勤行精進捨離貪愛諸煩惱等
我今當為無縛无脫而與衆生演說
諸法思惟是已荅彼人曰汝言身命
不得自在法自應尒惜與不惜俱不
自在咄哉仁者一切諸法皆空無主
無所依止但從緣有若能如是正觀
法者當知是為得善方便真菩薩心
又舍利弗若有人来語菩薩言汝發
阿耨多羅三藐三菩提心令應為我
而作僕使菩薩荅言我不獨為汝作
僕使我應給事一切衆生所以者何
我為一切衆生重擔令安隱擔不疲

惓擔生善處擔能值佛擔聞佛法擔
隨法行擔得解脫擔是擔不令身心
疲怠不自惱熱亦不惱他既不自苦
又不苦彼如汝所言為我僕使汝須
何等是人若言須汝身命菩薩應言
我今亦不慳護身命但愍惜汝勿於
一切空無有主無所依止如是法中
生自在心而起罪業以是因緣墮諸
惡道咄哉仁者不欲令汝起是罪緣
墜諸惡趣我心如是若不信者當隨
汝意若能如是不惜身命當知是為
真菩薩心即遠生死近無上道一切
智慧教化衆生淨佛國土亦能增長
自他善根舍利弗如治無價寶摩尼
珠以火煉之色隨發明治寶珠師大
得財利是珠能出種種技能若有見
者無不翫好而愛惜之舍利弗菩薩
摩訶薩亦復如是能行一切諸法平
等能示衆生真菩薩心隨其所行善
根明淨常為諸佛之所護念无量衆
生所可樂見一切世間諸天及人之
所歸趣舍利弗譬如有人種殖藥樹
隨時溉灌障蔽風日令此藥樹漸增

滋茂既生長已能滅衆生無量諸病為老病者之所樂見菩薩摩訶薩亦復如是發阿耨多羅三藐三菩提心種諸善根為佛智故一心求法障蔽魔事及諸煩惱於佛法中隨所造業漸得增長既增長已能壞无量無數衆生諸煩惱病能為無量阿僧祇衆集智慧樂若作佛時有垢無垢一切衆生皆悉樂見一切世間諸天及人阿修羅中冣為尊貴又舍利弗若有人来語菩薩言若發阿耨多羅三藐三菩提心是人當生大地獄中所以者何隨所度脫尒所衆生當應无量阿僧祇劫大地獄中代受諸苦然後當得佛無上智度脫衆生汝若能作如是事者當求阿耨多羅三藐三菩提菩薩聞已心即退沒生難得想當知此非真菩薩心若聞是事生須臾想不久遠想能堪受想不退沒想作如是念若我以入地獄因緣令諸衆生得離諸苦成佛道者我則能為一一衆生過於尒所阿僧祇劫大地獄中受諸苦惱所以者何因是當得无

華手經第六卷　第四張　信

比智慧無比佛力佛無所畏亦得无比阿耨多羅三藐三菩提能為衆生設大法會施法寶分若人聞是法寶分者得斷無量无數衆苦亦斷未來阿僧祇劫无量苦惱亦得無比離欲之樂是故我當堪任為無量无數衆生一一代受地獄衆苦心不退沒而於是中生須臾想不久遠想能堪受想當知是為真菩薩心

佛說華手經卷第六

癸卯歲高麗國大藏都監奉
勑雕造

華手經第六卷　第四張　信

佛說華手經卷第六

校勘記

一　底本，麗藏本。

一　二四三頁上一行經名，二行譯者，石無，未換卷。

一　二四三頁上八行首字「知」，資、磧、普、南、徑、清作「佛知」。

一　二四四頁上一一行第八字及二一行第六字「不」，諸本作「無」。

一　二四四頁上一九行末字「解」，石至此換卷，爲卷第八。

一　二四四頁中三行第五字「㝵」，諸本作「等」。

一　二四四頁中三行第七字「得」，資、磧、普、南、徑、清作「才得」。

一　二四四頁中五行第二字「匱」，資作「邊」。

一　二四四頁中七行第二字「闇」，資作「闕」；磧、普、南、徑、清作「闕」。

一　二四四頁中八行第一二字「量」，磧、普、南、徑、清作「惟」。

一　二四四頁中一二行「無所依止」，石作「而無所依」。

一　二四四頁中一二行第一〇字「依」，資、磧、普、南、徑、清作「依止」。

一　二四四頁中一七行第二字及第六字「間」，石作「間法」。

一二四四頁中一八行第六字「於」，資、磧、普、南、徑、清無。

一二四四頁中二〇行第一二字及二一行第二字「相」，磧、普、南、徑、清作「想」。

一二四四頁下三行第七字「首」，資、磧、普、南、徑、清作「手」。

一二四四頁下四行首字「此」，石作「如此」。

一二四四頁下五行第五字「生」，石作「出」。

一二四四頁下五行第一〇字「字」，石作「字及」。

一二四四頁下六行「名字」，石作「之名」。

一二四四頁下九行第一二字「閙」，石作「俗」。

一二四四頁下一一行「通達」，石作「了達」，下同。

一二四四頁下一七行第三字「等」，石作「諸」。

一二四四頁下二一行、次頁上八行、次頁中一六行「何謂」，石作「何等」。

一二四五頁上一一行第九字「生」，諸本作「行」。

一二四五頁上一四行第三字「緣」，石作「緣故」。

一二四五頁上一六行第九字「是」，石作「是無礙」。

一二四五頁上一六行第一二字「故」，資、磧、普、南、徑、清無。

一二四五頁中三行第八字「乎」，諸本作「於」。

一二四五頁中三行「恒沙國土」，石作「恒河沙世界」。

一二四五頁中一七行第一二字「行」，石、磧、普、南、徑、清作「行路」。

一二四五頁中二一行第七字「求」，清作「四」。

一二四五頁中末行、本頁下一二行、一三行「智慧」，石作「正智」。

一二四五頁下二行「恭敬」，石作「尊敬」，下同。

一二四五頁下四行第九字「果」，石作「妙」。

一二四五頁下一一行第六字及一四行首字「但」，石作「恒」。

一二四五頁下一二行第一〇字「法」，資、磧、普、南、徑、清作「足」。

一二四五頁下一五行第三字及一八行第五字「讚」，石作「歎」。

一二四五頁下一五行第一三字「通」，石作「力」。

一二四五頁下一七行第八字「守」，石作「擁」。

一二四五頁下一八行末字「護」，石作「歎」。

一二四五頁下二〇行第五字「減」，石作「滅」。

一二四五頁下二二行「淨智慧」，石作「以淨智」。

一二四六頁上二行第一三字「行」，諸本作「學」。

一二四六頁上三行第一三字「化」，磧作「光」。

一　二四六頁上四行第五字「處」，石、磧、普、南、徑、清作「屬」。

一　二四六頁上四行「及諸情」，諸本作「友諸緣」。

一　二四六頁上八行第一三字「者」，石作「是」。

一　二四六頁上一三行第七字「說」，資作「許」。

一　二四六頁上一五行第九字「渭」，資作「謂」；磧、普、南、徑、清作「目」。

一　二四六頁上一七行「何謂」，石作「云何」。

一　二四六頁上二〇行第二字「醜」，石作「惡」。

一　二四六頁上二〇行第五字「簡」，資、磧、普、南、徑、清作「揀」。

一　二四六頁中八行第三字「等」，石作「諸」。

一　二四六頁中九行第二字「言」，資、磧、普、南、徑、清作「宣」。

一　二四六頁中一七行及下五行、八行、一二行「所以者何」，石作「何以故」。

一　二四六頁下三行末三字及四行首字「是三事中」，石作「於是三中」。

一　二四六頁下一二行及二〇行末字至二一行首字「因緣」，石作「緣而」。

一　二四六頁下一四行第一〇字「分」，資、磧、普、南、徑、清無。

一　二四六頁下二一行第一三字「已」，資、磧、普、南、徑、清作「通」。

一　二四七頁上三行第四字「無」，石作「無有」。

一　二四七頁上一四行第一四字「名」，石作「爲」。

一　二四七頁上二〇行第一二字「名」，石作「則」。

一　二四七頁中二行第一一字「決」，石作「必」。

一　二四七頁中六行第一〇字「趣」，石作「道」。

一　二四七頁中一〇行「精進」，石作「習行」。

一　二四七頁中一〇行末字至一一行第二字「行精進」，石作「修習行」，下同。

一　二四七頁中一六行「得成」，資作「修集」。

一　二四七頁中二二行首字「阿」，資、磧、普、南、徑、清無。

一　二四七頁下二行「清淨」，石作「淨妙」。

一　二四七頁下六行第一〇字「鵠」，資、磧、南、徑、清作「鶴」。

一　二四七頁下七行末字「寶」，磧、普、南、徑、清作「寶所成」。

一　二四七頁下八行「碼碯爲條」，資無。

一　二四七頁下九行第一三字及一一行第七字「根」，諸本作「爲根」。

一　二四七頁下一一行「珊瑚爲枝」，資、磧、普、南、徑、清無。

一　二四七頁下一二行第四字「條」，資、磧、普、南、徑、清作「枝」。

一　二四八頁上一一行第三字「水」，資作「其」。
一　二四八頁上一七行第二字「隱」，石作「静」。
一　二四八頁上末行第一三字「諸」，石作「之」。
一　二四八頁中七行第一一字「生」，資、磧、普、南作「来」。
一　二四八頁中一〇行第一三字「羅」，資、磧、普、南、徑、清無。
一　二四八頁中一五行第五字「踰」，資作「喻」。
一　二四八頁下七行「我若」，資、磧、普、南、徑、清作「若我」。
一　二四九頁上一三行首字「火」，磧、普、南作「大」。
一　二四九頁中一〇行「畏縛」，石作「畏纏」；資、磧、普、南、徑、清作「界縛」。
一　二四九頁中一一行第一四字「衆」，諸本作「諸」。
一　二四九頁中一七行「綵女等」，石作「諸婇女」。
一　二四九頁中一九行第一一字「佛」，資、磧、普、南、徑、清作「佛所」。
一　二四九頁中末行第二字「諸」，資、磧、普、南、徑、清作「衆」。
一　二四九頁下一六行末字「爲」，石、資、磧、普、南、徑、清作「豈」。
一　二四九頁下末行第六字「精」，石作「勤」。
一　二五〇頁上四行第二字「相」，資作「眼」。
一　二五〇頁上一一行「甚深達」，資、磧、普、南、徑、清作「其甚深」。
一　二五〇頁上二一行第一三字「等」，資、磧、普、南、徑、清作「礙」。
一　二五〇頁中八行第四字「置」，資作「止」。
一　二五〇頁中九行「亦不能達」，資、磧、普、南、徑、清作「不能通達」。
一　二五〇頁中九行第一三字「雖」，資、磧、普、南、徑、清作「離」。
一　二五〇頁中二一行「無邊無量」，諸本作「無量無邊」。
一　二五〇頁下一行首字「過」，資、磧、普、南、徑、清作「遇」。
一　二五〇頁下一四行第一二字「減」，資、磧、普、南、徑、清作「溢」。
一　二五〇頁下一六行末字「羅」，資、磧、普、南、徑、清無。
一　二五〇頁下末行「爲甚」，石作「亦爲」。
一　二五一頁上二行第九字「闕」，石作「界」。
一　二五一頁上二行第一三字「等」，石作「衆」。
一　二五一頁上六行「已聽」，資、磧、普、南作「聽已」；徑、清無。
一　二五一頁上六行第一三字「意」，石作「汝意」。
一　二五一頁上一八行第一〇字「教」，諸本作「離」。
一　二五一頁上二一行「功德」，石作「福德」，下同。
一　二五一頁上末行第三字「失」，諸

本作「忘」。

一　二五一頁下一〇行第八字「成」，資、磧、普、南、徑、清作「復」。

一　二五一頁下二二行第三字「欲」，諸本作「若」。

一　二五一頁下二二行第一二字及次頁上三行首字「脛」，資、磧、普、南、徑、清作「腔」。

一　二五二頁上末行第一一字「諸」，石無。

一　二五二頁中五行第六字「諸」，石作「而諸」。

一　二五二頁中一三行「劣下」，諸本作「下劣」。

一　二五二頁中二二行第七字「等」，資、磧、普、南、徑、清作「無等」。

一　二五二頁下一行第五字「是」，磧、普、南、徑、清作「是物」。

一　二五二頁下一行第一三字「是」，資、磧、普、南、徑、清作「是人」。

一　二五二頁下六行第一三字「事」，石作「行」。

一　二五二頁下九行「一切諸法」後，石換卷，爲卷第九。

一　二五二頁下一六行第四字「於」，資、磧、普、南、徑、清作「入」。

一　二五二頁下二〇行第九字「增」，資作「謂」。

一　二五三頁上一行第九字「恒」，資、磧、普、南、徑、清作「但」。

一　二五三頁上六行「則能成就」，石作「是則能成」。

一　二五三頁上九行第六字「佛」，資、磧、普、南、徑、清無。

一　二五三頁上九行第九字「半」，石作「千」。

一　二五三頁上九行夾註「丹千」，諸本無。

一　二五三頁上一一行第三字「共」，石作「俱」。

一　二五三頁上一九行「守護」，石作「擁護」，下同。

一　二五三頁中二行第一一字「王」，諸本作「主」。

一　二五三頁中三行第一〇字「集」，石作「習」。

一　二五三頁中四行「法事」，石作「於法」。

一　二五三頁中一六行第九字「今」，磧作「人」。

一　二五三頁中一七行第六字「于」，資、磧、普、南、徑、清無。

一　二五三頁中二一行末二字至二二行第二字「清淨妙法」，石作「淨妙之法」。

一　二五三頁下二行第八字「事」，諸本作「侍」。

一　二五三頁下一八行第一三字「離」，石作「行」。

一　二五三頁下一九行「自成就」，石作「能自成」。

一　二五四頁上一行第四字「此」，資、磧、普、南、徑、清無。

一　二五四頁上二行末字「守」，石、磧、普、南、徑、清作「持」。

一　二五四頁上一五行首字「誑」，資、

磧、普、南、徑、清作「妄」。

一　二五四頁上二一行「因緣」，石作「緣故」。

一　二五四頁中八行及本頁下一一行「便魔」，諸本作「魔便」。

一　二五四頁中九行第一一字「清」，石作「善」。

一　二五四頁中一一行第三字「千」，石作「十」。

一　二五四頁中一一行夾註「丹十」，諸本無。

一　二五四頁中一四行「得是」，資、磧、普、南、徑、清作「是大」。

一　二五四頁中一五行第一三字「者」，資無。

一　二五四頁下二行第四字「問」，資、磧、普、南、徑、清作「聞」。

一　二五四頁下一二行第一二字「是」，石作「豈」。

一　二五四頁下一三行第七字「烇」，資、磧、普、南、徑、清作「錠」。

一　二五五頁上六行「何況能濟」，石作「況能濟脫」。

一　二五五頁上一〇行第九字「但」，石作「恒」。

一　二五五頁上二〇行第一一字「生」，資、磧、普、南、徑、清作「不」。

一　二五五頁上二一行首字「非」，資、磧、普、南、徑、清作「生」。

一　二五五頁上末行末字「心」，資、磧、普、南、徑、清無。

一　二五五頁中四行末字及次頁上一八行第一一字「事」，石作「語」。

一　二五五頁中六行第七字「又」，石作「及」。

一　二五五頁中八行第五字「後」，資、磧、普、南、徑、清作「我」。

一　二五五頁中一二行「精進」，石作「不懈」。

一　二五五頁中一二行「諸煩惱等」，石作「及諸煩惱」。

一　二五五頁中一七行「但從緣有」，石作「從緣而有」。

一　二五五頁下四行「爲我」，諸本作「我爲」。

一　二五五頁下一〇行首字「墜」，資、磧、普、南、徑、清作「墮」。

一　二五五頁下一四行第九字「治」，資、磧、普、南、徑、清作「持」。

一　二五六頁上一四行第一一字「諸」，資、普作「勤」。

一　二五六頁上一七行第一二字「得」，資、磧、普、南、徑、清作「行」。

一　二五六頁上二〇行第一一字「緣」，石作「緣故」。

一　二五六頁上二一行第四字「諸」，資、磧、普、南、徑、清作「勤」。

一　二五六頁中六行第八字「任」，資無。

一　二五六頁中末行經名卷次，石無，未換卷。

佛說華手經卷第七　儉

後秦龜茲國三藏鳩摩羅什奉　詔譯

得念品第二十三

佛告舍利弗汝復欲聞菩薩心不唯然世尊今正是時應當更說菩薩真心以是真心則能修集無上菩提佛告舍利弗乃往過去無量无邊不可思議阿僧祇劫尒時有佛号德王明如来應供正遍知明行足善逝世間解無上士調御丈夫天人師佛世尊出現於世舍利弗是德王明佛聲聞大會八万四千菩薩衆會數亦如是時彼聲聞一一會中八万四千人皆得阿羅漢其諸菩薩一一會中八万四千人得阿惟越智德王明佛尒所漏盡心得自在大阿羅漢諸須陁洹及斯陁含阿郍含衆復倍是數時有王子名曰得念往詣佛所頭面礼足却住一面王子見佛有大威德作如是思惟佛為希有成就如是甚深功德我當何緣得集如是佛之智慧及相好身即隨所念以偈問佛

念我見世尊　願當得是智　行何業因緣
逮此無上慧　佛身色第一　猶如星中月
神通力無比　能隨衆說法　智慧無與等
如釋天中尊　於法得自在　我今問是事
佛智淨無㝵　三世皆達通　一切衆所尊
為我說此事　世尊昔曾見　無央數諸佛
諮問菩提因　願今為我說　今問无㝵智
云何證佛道　一切衆所歸　得度生死苦

舍利弗時德王明佛以偈荅曰

童子汝所說　其事實如是　我曾見諸佛
數如恒河沙　見佛過恒沙　名數不可盡
亦於恒沙劫　問佛如是事　汝發菩提心
當成兩足尊　今聽我所說　聞以如說行
常行施不怠　持戒不休息　多聞無猒足
修習真智慧　佛略說此偈　見童子無猒
欲令成佛道　更為廣分別　汝布施不懈
持戒淨无惓　問智者無猒　是真智因緣
真智無方所　亦无常住處　因緣問諸佛
故生真智慧　佛智不依眼　眼性自空故
是以不應著　當求佛智慧　耳鼻舌身根
及意亦如是　此諸入皆空　無可貪著相
四大合成身　心所依止處　是從憶想生
憶想亦非有　若不依止身　亦不依壽命

又不依財利 則能得佛道 常應求出家
常勤精進行 常猒織諸欲 為離惡道故
汝所行布施 為一切衆生 於衆不分別
亦不戲論施
時得念王子信心歡喜即於佛前而
說偈言
世尊能斷疑 拔出生死道 說是深淨法
為我作大利 我謂便成佛 已坐於道場
壞一切魔縛 從佛聞法故 我便為衆導
能動大千界 現種種神通 從佛聞法故
謂便捨大壽 已入於涅槃 一切法皆空
生是真智故 知法滅盡相 滅法無處所
有為皆盡滅 盡滅即為空 我今詣父所
報謝并奉辭 於佛法出家 為修菩提故
即時礼佛足 遶三帀已去 行趣父母所
中道值惡魔 惡魔生是念 王子欲出家
我當作障㝵 嬈亂壞其心 即立於中路
借問王子言 疾行將何趣 小住欲相問
王子時荅曰 吾從佛所来 得聞無上法
今欲修習之 魔言汝善哉 精進求佛道
但應先受欲 然後當出家 汝生尊貴處
民財富無量 當先受世樂 勿於後生悔
如是尊貴處 妙五欲難得 若今捨出家

後必生悔心 即時王子曰 受欲終無安
汝以顛倒心 讃是虛織法 汝說富貴難
離八難甚難 我今遇是時 出家修佛道
我了知欲界 色无色界過 三界苦無常
斷愛得寂滅 當證無為法 大利益衆生
度脫老病死 往来衆勤苦
時失念魔語王子曰仁者自言志求佛法我今亦當相化利益時得念言且為吾說聞已當知魔言立誓乃為汝說王子荅曰咄哉仁者吾先相語聞已當知魔謂得念汝不應說聞已當知應如是言但見教誨當隨教行得念對曰吾今不應如弟子法隨教便行所以者何汝若於法生非法想於非法中而生法想以是教吾吾當思惟善者隨行不善則棄是故智者聞已當知汝欲令吾先定立誓如教便行是凡夫事非智者業是魔所為非佛法也故不隨汝決定立誓懼有智者譏呵我言云何立誓而後自違時魔念曰念是王子聰明黠慧不肯立誓難可誑惑作是念已語得念言善哉王子智者之法不應先誓雖然

我今教汝汝當信受於何事中見多過咎應當捨離見有少過當親近之王子聞已即謂魔曰咄哉丈夫汝今不應作如是說所以者何多過少過皆不應近譬如多毒能傷害人少亦能害如轉輪王飯中有毒能害於人若下賤者飯中有毒亦能害人是故當知多過少過深智之人皆應捨離智所近法無諸過失無熱無惱不動寂滅究竟安樂時魔生念今教是人不肯信受而逆訓荅悉能通達及令我疑雖然更有一理是王子心少過多過俱不欲受而菩薩行多諸過咎久處生死往来衆趣貪欲瞋恚愚癡等過非時求者强来從索所愛重物頭目髓腦及諸身分菩薩行中有如是咎是王子心少過尚捨何況多失今若聞此菩薩行中有如斯咎或當退轉入小乘法入泥洹者如是猶差此則便為大壞其心思惟是已語王子曰善哉善哉誠如所言多過少過皆不應近是智者法我所說謬不違汝心王子當知唯有泥洹無諸過咎是

故汝當一心勤求止勿往來經歷生死數受衆苦王子當知受胎甚苦處胎時苦出時亦苦愛別離苦怨憎會苦是身無常空不堅固養育勤勞壽命危脆是無常事甚可怖畏无邊世生死何可窮盡智者聞是足生猒離汝向自言諸佛難值八難離難人身難得經法難聞信之亦難汝今皆已具得斯事不應空捨當生猒離即於此身便入泥洹我本意者正欲說此故先令汝立決定誓乃謂我言聞已當知王子答曰若仁者言生老病死數數受苦可如所說若言此身當入泥洹是則不可我聞此已乃於衆生轉增慈悲衆生可愍於老病死數數受苦我得阿耨多羅三藐三菩提時為轉無量老病死苦而為說法令得永離仁者希有大見利益我聞汝說生死苦時便為於衆生而起大悲救護之心若我此身即入泥洹誰當救者又今於汝聞是事已轉堅固我大願莊嚴尒時弊魔語王子言汝說少過尚不應近今以何故欲入生死答

言仁者阿耨多羅三藐三菩提中无一過各故應習近魔言王子無上道中雖無過各誰當相與我求佛道尚不能得而況汝耶我本生念當得佛道發是邪心即時便有無數乞人來從我索頭目髓腦及諸身分又言王子我捨頭目及手足等與諸乞人血流成河汝欲見不答言欲見以為利益魔即生念此王子心於無上道如似可轉作如是言我欲見此以為利益魔即化作四大血池其血充滿於此池邊流四血河積諸人頭如須弥山有始壞者有已青瘀黃赤白等亦復變作諸死人尸積若衆山或截手足或復出眼或刵耳鼻斷諸身分又作夜叉諸噉人鬼四邊充滿甚可怖畏或執刀杖弓矢鉾戟檐山吐火雷電霹靂或復變作諸惡虫獸師子熊羆虎豹之頭牛馬駞象猪犬之頭虵頭魚頭摩伽魚頭此諸鬼等或執毒虵或口吐火或有二頭五頭十頭百千万頭或有一舌二舌十舌百千万舌一眼二眼五眼十眼百千万眼各出大聲甚

可怖畏各共眼語瞋目看視齧脣吐舌四面圍遶變作如是可畏事已語王子言汝今見是四大血池出四大河流血滿不王子言見魔言此皆是我本發無上道時有諸乞人來從我索頭目髓腦種種身分所有流血成此大河汝又見此如須弥山等人頭聚不王子言見魔言此皆是我往昔施諸乞人所斷之頭汝復見是如四大山死尸聚或截手足及耳鼻等諸身分不王子言見魔言此亦是我本為菩薩行佛道時施諸乞人所捨之身汝復見是四邊夜叉諸惡鬼等可怖畏不王子言見魔言若人發阿耨多羅三藐三菩提心即便為是諸鬼所惱從乞頭目耳鼻手足種種身分我從昔發心已來斷尒所頭及諸身分魔復化作大羅剎衆語王子言汝又見是羅剎衆不王子言見魔言若發無上菩提心者是諸惡魔殘食五藏飲心七滞斷其命根汝今當知若不捨離是菩提心不脫此苦我本思惟是事甚難終不可得不能堪受此衆

苦惱是故退轉於無上道當退轉時即脫此苦安隱快樂是故我今為利益汝說如斯事勿復發是無上道心汝若發者受此苦分不得解脫得念王子作是思惟我於佛所發阿耨多羅三藐三菩提心欲趣父母是人中路而見沮壞此或是魔化為人身若魔所使或於佛道而起退轉懈怠之心故來壞我此人先世必有重罪是故今有尒所乞人來索頭目種種身分斷其命根受此衰惱復次是諸乞人能助菩薩成無上道所以者何此等乞人從處處來皆以貪欲瞋恚愚癡嫉妬憍慢故從菩薩非時乞求若我不能滿此衆生世間願者云何能與出世間利是人懈怠不能深樂無上道故便生退轉我今見此轉加精進求無上道假使我於一息之頃捨尒所身乃至究竟㝡後邊身常於一念捨尒所身心終不退我今當發大願莊嚴此諸衆生以煩惱力起是罪業我要當得無上菩提斷煩惱故而為說法思惟是已便語魔言咄哉仁

者甚為希有大見利益安隱求者聞菩提者能亦現我如是等事我見此已發大莊嚴轉增堅固深樂菩提時魔生念令此王子見是變化倍復精進深樂菩提作是念已語王子言仁者若不信受我語令小相離自當知之時諸魔民即語魔曰今是王子不受汝教可小遠去我甚飢渴當壞其身殘食五藏飲其心血或復有言汝小遠去我當碎滅此王子身或有言曰汝小避去我索其頭或有鬼言我從索眼耳鼻舌等種種身分有羅剎言汝小離之今是王子命盡時到汝欲利益而不肯受我今殺害食其血肉世世受胎處胎出胎我常隨逐而殘食之有夜叉鬼更相謂言是人無力不隨主教今當收捕繫縛殺害壞裂其身時失念魔語羅剎言汝等小住我當令此得念王子轉是邪見為之長夜作善知識汝等小住當識汝恩我今欲令生正見心若復不捨惡邪見者便相隨意若能轉者當報汝恩此王子後亦當報我時失念魔第

二第三語王子曰當受此言我是深心求益利者為汝盡形作善知識今可捨是顛倒邪見王子當知是無上道難得難證汝復欲見諸大菩薩命終之後所生處不荅言欲見時失念魔即於其處化大地獄語王子言汝今見是地獄衆生種種考掠受諸苦不王子言見魔言是人皆坐先世初發無上菩提心時非時求者强來從索所愛重物以慳惜故起瞋恨心受此罪報但為外物尚生此中況復來索頭目髓腦而無瞋心以瞋心故便受此罪汝若慳惜不肯與者則生是中設復與之而生瞋恨亦墮是中二邊不免俱受此苦王子當知若施求者不生瞋心此諸夜叉亦於胎中生時生已殺害割截分裂支體各自持去王子當知是菩薩道二邊有過若與不與俱亦不善汝不信我當問是人何故生此王子問言咄諸仁者汝以何故皆生是處諸人荅言我等往昔脩佛道時於諸求者生慳貪心故生此中又言我等本求佛道諸乞人

來剖截我身我於尒時生瞋恨心故
墮斯處是故王子汝當隨順此人所
說莫入是中後生悔恨尒時王子即
謂魔曰咄哉仁者深見利益亦我地
獄及此菩薩吾從今日於所重物無
有慳悋不施之心若施乞人終不瞋
恨所以者何生地獄者是慳貪報非
布施果咄哉仁者今可共詣德王明
佛當問此事隨佛所說俱共行之失
念魔言我今何用詣佛所為汝欲往
者自可隨意所以者何我恐彼佛還
教我發無上道心得念王子復語魔
言汝自去是深求利者求安隱者必
共我詣德王明佛隨佛所說當共修
行如是至三魔亦不肯王子且置我
本曾已隨佛語故備受衆苦今不能
徃王子即時執手牽引俱詣佛所頭
面礼足於一面坐以先所論具向佛
說佛言得念善哉善哉汝能不隨此
人所說是失念魔誑惑障㝵汝菩薩
道即時王子告失念曰汝今應當歸
佛歸法歸比丘僧魔言且止我不歸
命佛法及僧語已便默尒時王子諦

視魔巳一心立誓若我至心求佛道
者當令是魔為比丘形即時失念剃
頭法服執持應器立於衆中自見其
身出家法服持鉢執錫為沙門像而
白佛言世尊若本無心歸命三寶强
變其形為沙門像法應尒耶佛告失
念誰强與汝剃頭法服應法器邪魔
即生念無人與我剃頭法服為沙門
者我今何不棄捨而去即欲自釋法
服應器而不能離便作是念我住此
衆隨幾所時常為人笑可於此没還
本宮殿作是念已忽然不現上昇天
宮語諸眷屬汝等勿謂我為比丘猶
故是本失念魔王吾欲往詣德王明
佛有所嬈壞而反使我變為此像甚
可笑也時諸眷屬罵言秃人勿為狂
言汝則非復是魔天王今更有王在
此宮殿失念聞已深生惱悔悲號啼
哭還到佛所德王明佛以神通力即
時化現阿鼻地獄中有獄卒持熱鐵
丸大如須弥東西推求失念魔王為
何者是有人問言何用之為獄卒荅
言我欲以此大熱鐵丸著其口中更

有人言此失念魔巳作沙門得脱地
獄或有獄卒持大火山置兩肩上東
西推覔失念魔王為何者是有人問
言何用之為獄卒荅言欲以火山焚
碎其身有人謂言是失念魔巳得出
家脱地獄苦或有獄卒以鐵刀山猛
火炎起置其肩上東西推求失念魔
王為何者是有人問言何用之為獄
卒荅言欲以刀山斬截其身有人謂
言失念魔王巳於德王明佛法中出
家脱地獄苦或有獄卒肩負大鑊盛
滿融銅東西推覔失念魔者今何所
在有人問言汝用之為獄卒荅言欲
以融銅灌其口中燒其脣舌咽喉五
藏燋爛極下罪過有人謂言是失念
魔於德王明佛法中出家脱地獄苦
或有獄卒手執鐵叉弓矢鉾戟種種
器仗東西推求作如是言失念魔者
今在何所有人問言何用之為獄卒
荅言我欲以種種器仗斫刺割截残
害其身有人謂言是失念魔王巳得
出家脱地獄苦時失念魔於地獄中
聞諸獄卒可畏音聲收捕繫縛打斫

剝割壞裂其身勿縱令活聞是事已甚大怖畏作是念言令自眼見無所復疑我定衰退失本天宮入大地獄諸獄卒等四邊唱喚欲收捕我今當何怙唯出家法可以依恃若佛信我至誠心者當於佛法出家為道冀得脫此大地獄苦可以此意向王子說作是念已即向得念具陳斯事言我欲於佛法出家得念答言汝若能以信樂清淨而發無上菩提心者然後乃可於法出家所以者何諸佛法中不但正以剃頭染服名為出家隨其出家所應行法汝當行已乃得出家失念當知於佛法中若有貪著我我所者及分別者不名出家失念汝當先發無上菩提之心然後正觀以何法故名為地獄地獄體性如是推求必當不得地獄定性亦復不見入地獄法及不入法時失念魔即發無上菩提之心常樂正觀如是法相不久便得無生法忍舍利弗得念王子一心開導是失念魔令離諸惡至不退地德王明佛便為之受無上道記舍

利弗是則名為真菩薩心諸菩薩等以是心故能集無量無邊佛法舍利弗汝謂失念是異人乎勿造斯觀即是過去拘珊提佛於此賢劫度脫衆生已入涅槃時得念者豈異人乎今此衆中堅意菩薩摩訶薩是舍利弗尒時得念到父母所於一面立白父母言我今欲於德王明佛法中出家於父母前而說偈言

我於法出家　父母勿障㝵　出家佛所讚
是衆樂之本　欲得帝王樂　生天及財富
欲求功德慧　當於法出家　父母令尊貴
本行施戒故　更造功德本　當得為法王
本行施戒忍　今得為人王　若欲增長善
今可得出家　人受福報盡　後墮諸惡道
起重罪業故　不能值諸佛　若人捨餘福
出家行善法　則能離八難　常得值諸佛
見佛速得信　以信生恭敬　敬心順行道
疾得成菩提　若欲離諸難　當遠惡知識
隨我學出家　是衆樂之本　諸天龍鬼神
及乾闥婆等　無能作障㝵　令我不出家
若欲作障㝵　徒自起罪業　如大力象王
壞璅能隨意　我今亦如是　斷棄貪愛縛

斷已當出家　無人能轉者　父母敬其德
默然聽出家　即右遶已去　逕往詣佛所
詣佛出家已　無量衆生聞　心皆住信樂
隨王子出家　王子善知識　無量長者子
信佛法微妙　皆共行出家　王聞子出家
亦捨國尊位　即與八十億　七十那由他
如是等眷屬　悉共行出家　尒時王夫人
聞王出家已　與八万婇女　亦共行出家
皆隨此王子　而發大乘心　如是讃出家
誰不隨學者

舍利弗汝謂是得念父種善根王為異人乎勿造斯觀即我身是尒時世尊而說偈言

時王及大臣　婇女諸眷屬　二万一千歲
俱淨修梵行　命終時彼佛　處衆而微笑
興彼王受記　說其本行願　是王修梵行
深發大乘願　終不墮諸難　常生無難處
是王無量劫　供養無數佛　賢劫成世雄
号曰釋迦文　是王諸眷屬　得念等比丘
釋迦文佛所　出家為弟子　皆淨修梵行
終還得人身　於佛滅度後　廣分布舍利
斯等於末世　佛法將滅時　還得共聽聞
我今所說經　佛慧淨无㝵　演智光所說

諸有所言論　終歸皆真實　若人聞是法
深信衣毛竪　則不生狐疑　我未得受記
若人在末世　於深法得忍　便應作是念
我聞法王說　比丘比丘尼　諸清信士女
能樂是深法　我皆與受記　佛說此法時
於大衆會中　具滿八十億　七十那由他
皆得柔順忍　為小法王子

正見品第二十四

尒時世尊告舍利弗所言正見為何
謂也舍利弗其正見者無高无下等
觀諸法又是見者等不異故名正
見何謂為等眼即涅槃不離眼有涅
槃眼及涅槃是二同等以何故等非
眼眼等非涅槃涅槃等何以故眼中
無眼涅槃中無涅槃眼中無涅槃涅
槃中無眼眼及涅槃無二無別無二
別故故名為等耳鼻舌身等意即涅槃
不離意有涅槃意及涅槃是二同等
以何故等非意意等非涅槃涅槃等
何以故意中無意涅槃中無涅槃意
中無涅槃涅槃中無意意及涅槃無
二無別若無分別是法即空空即同
等是名正見又舍利弗是正見故名

為正見於是正中無有邪相故名正
見復次是見無稱无量故名正見去
何名為壞正見相舍利弗如是諸經
違逆不信不受不讀不如說行名壞
正見又舍利弗分別諸法此則名為
深壞正見何以故無分別者即得正
見如經中說若聖弟子不念地相亦
復不念此地彼地我在地中地在我
中不念餘大水火風大不念梵世光音遍淨不念
廣果無誑无熱空處識處无所有處非有想非
無想處不念涅槃亦復不念此彼涅槃涅槃中
我我中涅槃舍利弗又正見者無一切見何以
故諸有所見皆是邪見無一切見即
是正見舍利弗又正見者不可言說
何以故一切言說但空音聲或人於
此而生貪著舍利弗又如如來所知
正見於是見中無有邪見何以故一
切言說皆住如中如不可說言說亦
然舍利弗一切身業亦復如是安住
如中無正見耶無有分別舍利弗一
切諸業皆住如中非也非正無有分
別一切業報亦住如中如業相說是
故如来真實說者作如是言若有作

業必有業報業報隨業如是舍利弗
是智名為分別五道五道智者皆是
非智一切五道從非智生舍利弗菩
薩聞是不應驚畏起退没也舍利弗
有四種法若習近者增長愚癡不生
智慧何謂為四讀誦修習外道經典
是增愚癡不生智慧親近修習諸邪
見法是增愚癡不生智慧樂吏斷事
是增愚癡不生智慧斯諸深法與空
相應不受不讀亦不正觀是增愚癡
不生智慧是名為四舍利弗違此四
法能生智慧應當修習何謂為四修
習正見能斷邪見是第一法能破愚
癡得生智慧若有讀誦外經典處修
淨行者當遠捨離不應止住是第二
法能破愚癡得生智慧舍利弗若諸
住處有斷事人修淨行者不應同止
若欲住者但說正道莫雜非法以滅
是事安隱同行亦為折伏非法者故
亦和合僧不令壞故是第三法能破
愚癡得生智慧舍利弗斯諸深經一
心聽受如說修行為人敷演令法久
住是第四法能破愚癡得生智慧是

名為四舍利弗菩薩法者深行慙愧持戒律淨不起業故菩薩應生无所畏心莊嚴願故菩薩常應修大人行起大進行不懈息故

歎數品第二十五

佛告舍利弗菩薩若為擁護正法了達真諦問我弟子如來尒時甚為慶慰何以故紹佛種故是故汝等聲聞弟子應為菩薩演說正法亦教利喜當得無量无邊福德舍利弗若我弟子比丘比丘尼優婆塞優婆夷念佛念法亦念如來為求法故無量無邊阿僧祇刼受諸勤苦以如是念為菩薩說乃至一偈又作是念此諸菩薩或聞是法亦教利喜當種善根修習佛法得阿耨多羅三藐三菩提為斷無量無邊衆生無始生死諸苦惱故而為說法所得福德假令有形若四天下所有衆生皆得人身於此福德各持一分搏若須弥山如此福德而不滅盡又舍利弗置四天下若小千中千大千世界所有衆生有色无色有想无想非有想非無想假令一時

皆得人身各以一器大如須弥於此福德威滿而去猶不滅盡舍利弗我諸弟子比丘比丘尼優婆塞優婆夷為菩薩說一四句偈亦教利喜得是無量無邊福德舍利弗是諸菩薩若知此人為其說法得大利益故能得成尒所佛法又能增長佛之智慧若以頂戴及肩荷負一切樂具而供給之乃至得成無上菩提先為說法令見四諦舍利弗是諸菩薩雖作如是供給利益求報其恩何以故由此人故能見無量無邊佛法是故當知為諸菩薩講說法者其恩難報舍利弗乃往過去無量無邊阿僧祇刼尒時有佛号曰普守如來應供正遍知明行足善逝世間解無上士調御丈夫天人師佛世尊壽七万歲其聲聞衆有三大會初會說法八十那由他人皆得成道中會說法六十那由他人後會說法四十那由他人亦皆得道舍利弗彼佛滅後正法住世滿四千歲法欲滅時有一比丘名曰妙智利根聰達多聞智慧閻浮提王名曰歡

喜王所住城亦名歡喜其城縱長十二由旬廣七由旬豊樂安静人民充滿時此城中有一長者名曰柔軟長者有子名曰利意詣妙智所於一面坐妙智比丘即時為說菩薩之法是長者子聞法歡喜即持寶衣價直億金以為供養作如是言善哉法師所說微妙願顧我舍說如斯法當令我等獲大利益法師法施亦復大果我從今日當盡形壽供養衣服飲食湯藥資生所須并及法師同意徒友我亦盡形供養供給妙智比丘可言善哉時長者子頭面礼足右遶已去於後妙智往詣其舍教化利意父母眷屬皆令志求無上菩提長者子以此福德逕歷無量阿僧祇刼未曾離佛常得聞法遇善知識舍利弗汝謂利意是異人乎勿造斯觀即我身是時利意父柔軟長者迦葉佛是舍利弗汝意謂是利意父母家內眷屬於無上道有退轉乎勿造斯觀何以故是諸人等皆已必定無上菩提今於我所淨修梵行吾即為受無上道記舍利

弗妙智比丘即於彼身而般涅槃若此比丘不以小乗入涅槃者但為利意一人説法福德因緣應成佛道況乃復為柔軟長者及諸眷屬説法福德舍利弗若是比丘不入涅槃不見世界所有一切供養之具能報其恩何以故我從妙智得聞法故逮大淨妙甚深佛法是故當知若人能為菩薩説法亦教利喜必獲無量无邊福德何以故菩薩發心為説起無量利益事故舍利弗譬如大海初漸起時當知皆為有價无價摩尼寶珠作所住處此寶皆從大海生故菩薩發心亦復如是初漸起時當知便是諸智慧寶之所生處若有世界及出世界有漏無漏有為无為若垢若淨一切法器舍利弗譬如大海初漸起時當知便為大身衆生作所住處從中生長滋育繁茂菩薩發心亦復如是初漸生時當知便為無量無數大智慧身大善根身諸衆生身作所住處皆依是心漸得增長舍利弗譬如大海初漸起時當知便為諸大龍王作所

住處其大龍王不為金翅之所吞食雙翼扇風亦不能惱是諸龍王從大海出能起大雲覆八万洲普注洪澤無不沾洽舍利弗菩薩發心亦復如是初漸生時當知便為成佛道時大菩薩龍作所住處是大龍王不為金翅之所吞食如是菩薩住深佛法魔若魔民不能得出是大龍王不為金翅翼風所惱若欲惱者即時消滅菩薩如是魔若魔民不能惱壞欲生惱心即皆消滅能壞魔縛魔業魔事舍利弗是大龍王從大海出於四天下及八万洲普降慧澤皆令沾洽卉木藂林百糓藥樹皆得生長亦令二足四足衆生無飢渴想降此雨已還處本宮大菩薩龍亦復如是從佛法出能於三千大千世界城邑聚落雨大法雨能斷無量無數衆生三種渴愛欲愛色愛及無色愛舍利弗譬如大海初欲成時於四天下八万諸洲所有流水及大小雨江河泉源流入其中皆悉能受不增不減海法應尒種種水入皆捨本名俱名海水皆失本

味同為一鹹菩薩發心亦復如是從初欲成至得阿耨多羅三藐三菩提時具足佛法能以智慧斷衆生疑諸大論師福德智慧善根已成若未成者佛為斷疑皆失本稱但同一号名佛弟子如大海水等一鹹味我諸弟子同得離欲一解脫味舍利弗譬如大海漸次轉深若大海水初便頓深諸求寶者無能得入以漸漸深乃至無等故成大海諸菩薩心亦復如是初發意時漸漸轉深乃成無等舍利弗是菩薩心漸漸深者是檀波羅蜜尸波羅蜜羼提波羅蜜毗梨耶波羅蜜禪波羅蜜其甚深者所謂波若波羅蜜是無等深者諸佛法也舍利弗若菩薩道初便頓深證於實際無量衆生求法寶者則不能入舍利弗譬如大海所以成者皆為利益一切世界菩薩發心亦復如是從初已來皆為利益一切世界舍利弗譬如大海初漸起時有寶洲性菩薩發心亦復如是初便漸有念處正勤四如意足根力覺道及諸禪定背捨三昧法寶

洲之性舍利弗白佛言希有世尊能樂說是大海諸喻以明菩薩發心福德無量無邊佛告舍利弗菩薩心者非大海喻所能知也何以故是心深發大願莊嚴如来若說此心福德若滿一劫若過一劫猶不能盡何以故諸菩薩等發如是心能成大事難勝難壞㝡上㝡妙能與衆生一切樂具轉三界苦生大智慧難測崖底無所障閡大智光明舍利弗以要言之諸菩薩心所成大事說不可盡舍利弗譬如三千大千世界初漸起時當知便為其中所有一切衆生作依止處菩薩如是初發阿耨多羅三藐三菩提心當知便為無量衆生得智慧故舍利弗譬如須弥山王初漸起時當知便為無量諸天作所住處因是山王忉利諸天便能破壞阿修羅衆菩薩如是初發阿耨多羅三藐三菩提心修道成佛能為无量無數弟子作依止處如忉利天因須弥山則能破壞阿修羅衆如是衆生因如来故能壞魔衆舍利弗譬如鐵圍山王初漸

起時當知便為其中衆生障蔽八哆呵婆羅風便不能壞菩薩如是初發無上菩提之心漸次轉高堅固難沮當知能為親近菩薩所有衆生障諸魔風使不懷惱舍利弗如雪山王初漸起時當知便為諸藥草木依止生處菩薩如是初生之時便為無量无數衆生習諸法藥壞煩惱疾舍利弗譬如寶性初始生時當知便為无量百千万億衆生作利益分菩薩如是從初始起大智寶性當知便為無量無邊阿僧祇衆生作利益分舍利弗譬如日天子宫初欲成時當知便為照四天下八万諸洲能照能熱菩薩如是從初始起漸漸增長成佛住處當知便為三千大千世界衆生作大法明亦能乾竭諸貪愛恚煩惱汙泥舍利弗譬如阿耨達池初漸起時當知便為阿耨達龍作所住處從此池邊流四大池皆為二足四足衆生而作利益斷除渴乏生諸金寶漸入大海是大乘法初漸起時亦復如是一切菩薩因是乘故能習佛法得阿耨

多羅三藐三菩提已則能流演四大法河謂義無导法無导言辭無导樂說無导空無相無作八背捨味根力覺道如是諸音無量無數衆生聞已斷煩惱渴能令得證永離實際如是舍利弗諸菩薩初漸起時能成大事難勝難壞無等等事亦大利益無量衆生令發無上菩提之心舍利弗如来雖作是說不能窮盡是故當知有人能為菩薩說法亦教利喜所得功德無量無邊不可稱數舍利弗我以佛眼觀此福田報不見邊際隨向何乘皆得到如人施佛所種善根乃至涅槃終不中盡舍利弗乃往過世有一菩薩名曰樂法生長王家所聞善言皆寫讀誦時此王子為求法故遊諸國邑時有一人住深坑側語樂法言王子汝来我當相與佛所說偈時此菩薩上坑岸上呼其人言咄善男子汝當與我佛所說偈是人荅言不空相與樂法菩薩身著寶衣此衣價直二十億金摩尼瓔珞以為咽飾其珠價直四十億金是人見已心生貪

著作如是念若此王子與我寶衣摩尼瓔珞然後當與佛所說偈尒時王子語是人言為須何物當以相與汝當與我佛所說偈是人貪心增長熾感語菩薩言若能與我所著寶衣及珠瓔珞聞佛偈已投此深坑能如是者當先立誓然後為汝說佛一偈王子荅言咄哉仁者汝欲令我投此深坑為得何利是人荅言我無所得但恐汝今捨此寶衣及珠瓔珞既聞偈已便生悔心恃豪勢力而還奪我王子荅言汝但說之我終不悔是人即言若不肯誓當知汝心則為已悔菩薩復言汝但說之當相隨意與汝寶衣及珠瓔珞亦投深坑是人聞誓便為菩薩說佛一偈尒時菩薩即與寶衣摩尼瓔珞又立誓言若我誠心捨此寶衣及摩尼珠歡喜無悔以是實語當令我今從高墜下安隱平住無所傷損作是誓已便自投身未到地須四天王来徐接置地安立而曰咄人希有佛所說偈甚深微妙有大利益是人即便從高而下到菩薩所作

經第七卷　第十三張　信字號

如是言王子希有能為難事欲求何法菩薩荅言我以是法當得阿耨多羅三藐三菩提成佛道已未度者度未解者解未滅者滅未安者令得安舍利弗是人聞已便生信心語菩薩言還取寶衣及諸瓔珞何以故汝服寶衣佩此珠瓔正是所宜菩薩荅言是不可也猶如人吐豈可還食是人白言若不還取願受我悔後作佛時當見救濟舍利弗汝謂尒時樂法王子為一偈故脫身寶衣及摩尼珠與彼人已又以自身投深坑者豈異人乎勿造斯觀即我身是尒時是人為我說偈後於我所得信心已作如是言汝成佛時當度我者豈異人乎勿造斯觀今和伽利比丘是舍利弗我曾一時與諸比丘處在深澗遊空經行時和伽利在高岸上我呼之言自投身来信佛語故便自投身无所傷損得六神通舍利弗汝且觀是善根之力是人為我但說一偈信我語故自身歸依今得解脫舍利弗是人以貪心為本種諸善根尚得漏盡況復

華手經第七卷　第十四張　信字号

有人信受我語了達佛慧說菩薩法一四句偈亦教利喜我不見此福德有盡除入涅槃

毀壞品第二十六

舍利弗白佛言世尊若人為菩薩說一四句偈亦教利喜助成佛道得尒所福若復有人為欲破壞菩薩心故而作障㝵當說是人得幾所罪何以故若已壞乱當壞乱者聞是罪已便自敗悔佛告舍利弗若人作㝵壞菩薩心得無邊罪如人欲壞無價寶珠是人則失無量財利如是舍利弗若人壞乱菩薩心者則為毀滅無量法寶舍利弗如種藥樹有人剪伐不令增長是人則壞無量衆生療治病法令衆生為病所困如是舍利弗若人欲壞是菩薩心大安樂心滅除無量衆生苦患大智藥心當知是人則令無量無數衆生為諸貪恚癡慢慳妬諂曲無慚無愧諸煩惱病之所侵害亦令無量阿僧祇衆生失於涅槃安樂住處舍利弗若人毀壞阿耨達池殺大龍王當知是人則為壞失二足

華手經第七卷　第十五張　信字号

四足渴乏衆生八德之水如是舍利
弗若人壞乱菩薩心者則為破壞能
除無量衆生渴愛八聖道水舍利弗
譬如有人壞日宮殿是人則為滅四
天下衆生光明如是舍利弗若人壞
乱菩薩心者當知是人則為毀滅十
万世界一切衆生大法光明舍利弗
如人破壞一切寶性當知是人則壞
無量衆生珎寶如是舍利弗若人壞
乱菩薩心者當知是人則壞無量阿
僧祇衆法寶之分亦為毀滅如是諸
經令不聞見舍利弗如從寶性出無
量寶給足衆生如是舍利弗諸菩薩
心是法寶性從此法寶生諸佛法不
可思議神通智力是故舍利弗當知
破壞菩薩心者則得無量无邊深罪
舍利弗如人惡心出佛身血若復有
人破戒不信毀壞捨離是菩薩心者
其罪正等舍利弗置是惡心出佛身
血我說具足五無間罪若人毀壞菩
薩心者其罪過此何以故起五無間
罪尚不能壞一佛之法若人毀壞菩
薩心者則為斷滅一切佛法舍利弗

譬如殺牛則為巳壞乳酪及酥如是
舍利弗若人破壞菩薩心者則為斷
滅一切佛慧是故舍利弗若人破戒
不信呵罵呰毀壞菩薩心當知此罪
過五無間舍利弗置是無間之罪令
四天下滿中阿羅漢若有一人皆奪
其命汝意云何是人得罪寧為多不
舍利弗言甚多世尊佛言我今告汝
若人呰毀壞乱菩薩令其信受捨離
是心失佛智慧比前罪者百分千分
百千万分尚不及一乃至譬喻亦不
能及何以故雖奪尒所阿羅漢命而
不能障諸佛十力四無所畏四無导
智十八不共法大慈大悲佛不虛行
不障如来象王迴觀師子奮迅無見
頂相不障如来吹百千種具足法貝
亦不妨轉無上法輪不障聖主自在
神力亦復不障能知衆生諸根利鈍
種種欲樂差別智慧舍利弗若菩薩
發阿耨多羅三藐三菩提心得成大
乘堅誓莊嚴若有人来壞乱此心令
其退捨是人則障佛十種力乃至衆
生種種欲智舍利弗置四天下若滿

三千大千世界諸阿羅漢譬如竹葦
稻麻叢林若有一人皆奪其命汝意
云何是人得罪寧為多不甚多世尊
舍利弗若復有人懷恚輕慢破戒不
信毀壞散乱是菩薩心此人得罪唯
佛能知何以故此人壞乱菩薩深心
則為毀滅一切佛法斷諸佛種何以
故若無菩薩㝡初心者云何當有如
是佛慧佛自在力出於世界是故舍
利弗此無上心大心深心諸菩薩心
若在比丘比丘尼優婆塞優婆夷天
龍夜叉乹闥婆阿修羅迦留羅緊那
羅摩睺羅伽人非人所一切世界皆
應礼敬何以故有此心者當知即是
未来世尊舍利弗汝意云何如来稱
讃是菩薩心頗於是中分別齊限衆
生名字若刹利家婆羅門家居士大
家轉輪王四天王天釋提桓因若忉
利天若炎摩天兜率陁天化樂天他
化自在天若梵天若大梵王諸名字
不不也世尊何以故世尊但說如是
淨心大心深心汝意云何若我如是
稱讃此心是中頗說若大力士如那

羅延等若少若老冨貴貧賤上下人不不也世尊舍利弗汝見是心所在之處若少若老冨貴貧賤有力无力汝等皆應念防護助成此人是為聲聞無上報恩能以法施化菩薩故舍利弗若聲聞人能如是者則為具足供養如来謂能亦教令諸菩薩於无上菩提心不退轉舍利弗白佛言世尊菩薩有三種心一初發心二者轉心三曰成心是三心中世尊稱讚攝護何心佛言如是如是如汝所言菩薩有三種心初心轉心及已成心舍利弗是中如来稱讚攝護初心轉心令其得成何以故若有成人發阿耨多羅三藐三菩提心令不退轉墮於聲聞辟支佛地以不墮故漸當得成無上菩提是故菩薩發菩提心應當觀察是心空相舍利弗何等是心云何空相舍利弗心名意識即是識陰意入界心空相者心無心相亦無作者何以故若有作者則有彼作而此人受若心自作則自作自受舍利弗是心相空無有作者無使作者若無

作者則無作相若人戲論是心相者則與無㝵空無相諍是人則與如来共諍與如来諍當知是人則墜深坑其深坑者則謂地獄餓鬼畜生及諸得見陰界入見我見人身衆生之見舍利弗取要言之佛法僧見及涅槃見如是皆名有所得見如是諸見為惡趣原衆生貪着是諸見故因墜深坑亦陷他人令墮深坑其深坑者則謂五道生死是也尒時會中有一乞人名曰撰擇從坐而起恭敬合掌白世尊曰我今不欲隨是深坑亦不欲與如来共諍我從昔来生如是心欲得阿耨多羅三藐三菩提還自生念我是貧人多諸苦惱資生艱難此諸剎利及婆羅門居士大家尚不能習無上菩提况我乞人第一貧賤今從佛聞稱讚如是菩薩初心此中不說剎利大姓婆羅門家居士大家及四天王釋提桓因忉利天炎摩天兜率陁天化樂天他化自在天不說梵世及梵天王亦復不說貧冨貴賤我從今日定發阿耨多羅三藐三菩提心

不自輕身佛言善哉撰擇汝今乃能隨學如来决定發此無上道心尒時撰擇即於佛前而說偈言

我不求稱讚　稱讚非上妙　欲求冣勝意
謂佛無上智　佛於世界上　亦世界無上
於苦惱衆生　能為作歸依　佛證無漏法
微妙淨無量　愍衆生故說　度脫生死患
佛神力無㝵　光明亦無邊　得無岸智慧
福德巍巍尊　世尊我本心　亦謂得成佛
心還生退沒　誰與貧賤者　有諸王居士
釋梵諸尊神　大神德人天　是尚不能得
况我貧賤者　乞丐自濟命　佛智世無上
云何而可得　世尊知我心　告舍利弗言
我說是發心　無貧冨貴賤　亦不說剎利
婆羅門居士　諸天龍鬼神　但說發淨心
今聞佛所說　我心得大力　謂必當成佛
能發深心故　天地可易位　須弥可粉塵
虛空尚可變　我心不可轉　假使衆生類
一切皆為魔　悉来見嬈亂　我心定不轉
若人於我前　而作如是言　佛智甚難得
誰與貧賤者　我聞已荅言　汝是貧賤者
汝無有信財　我有當作佛　諸佛無有性
亦無有定種　但一心迴向　於無上大乘

是則諸佛性　亦為如來種　一心求佛道
供養故成佛　我不惜身命　亦不貪世樂
唯志無上道　度一切衆生　令於法王前
眞實語无畏　若當有錯謬　唯佛哀愍説
尒時世尊以偈荅言
汝發無上心　乗於無上乗　是中無錯謬
當成佛法王　撰擇聞佛説　心得無量喜
以心善淨故　飛高七多羅　世尊時微笑
口出五色光　普照明天地　還從頂上入
阿難即合掌　諮問兩足尊　世雄知無㝵
此為何所因　是王城舍中　家下賤乞人
住在於空中　合掌礼敬佛　令諸天龍王
夜叉人非人　皆一心合掌　礼敬是乞人
我今問世尊　何故笑放光　誰專行佛道
而欲為受記　誰當住佛道　而發無上心
當證寂勝慧　度衆老病死　誰當坐道場
破壞魔王軍　得無上佛道　轉寂妙法輪
誰當獲大智　逮無量神通　得普智無㝵
分別衆生根　誰當得梵音　言説皆奇特
眞知無㝵故　所演無變異　誰當證上道
常處微妙定　了達三界心　哀愍故説法
誰當説法時　天人皆歡喜　當得不虛行
象王迴觀法　誰為大衆導　嚴淨佛世界

離一切諸難　廣開寂滅道　大神德世尊
我當問此事　何緣故微笑　願説令衆喜
尒時世尊告阿難曰如來因是撰擇乞人是故微笑放大光明即時會中天龍夜叉緊那羅摩睺羅伽人非人等有八十億那由他衆皆發無上菩提之心我為是等授阿耨多羅三藐三菩提記尒時世尊欲明此義而説偈言
如來説此因緣時　滿八十億那由他
衆生念發無上心　此等皆當成佛道
今是選擇深智人　歡喜合掌立空中
恭敬讃歎供養我　自願遠覺如今佛
是人福德因緣故　終不墜落諸惡趣
生生常離八難處　世世恒得見諸佛
既得值遇諸佛已　為得無上菩提故
寶蓋幡幢及華香　以此供具供養佛
歷代諸佛修道時　上妙衣服及衆味
牀榻卧具亦湯藥　以此供具供養佛
當漸次第值弥勒　為求佛故深加敬
以七十億那由他　摩尼寶珠為供養
一一摩尼珠光明　能照八十由旬內
集此寶珠衆光力　悉能遍照諸世界

又以七寶起塔廟　滿七十億那由他
其塔縱廣各十里　以衆妙寶為莊嚴
衣服牀榻及細褥　亦七十億那由他
以如是諸莊嚴具　上弥勒佛及衆僧
安居三月設供養　如是不倦經百歲
是人然後當出家　弥勒法中修梵行
如是愛樂恭敬心　深加供養弥勒佛
漸次習行菩薩道　悉見賢劫一切佛
從是復得見諸佛　其數過如恒河沙
見已心得深善淨　皆加供養修佛道
是人淨心福德報　我今略説不能盡
其果無量無可喻　誰聞是以不求佛
是人往來生死中　恒河沙劫求佛道
末後當證無上智　成佛号名集堅實
受命筭數一千劫　時佛世界甚清淨
閻浮提地亦莊嚴　如須弥頂忉利宮
集堅實世尊　聲聞大衆會　過億那由他
如恒河沙數　一一大會中　如恒河沙人
皆得阿羅漢　自在神通力　悉通達三藏
明了諸問答　如我舍利弗　智慧中第一
有菩薩大會　其數復倍上　彼佛大菩薩
亦名阿逸多　彼諸菩薩衆　得無生法忍
轉身生諸國　隨處各成佛　一一大會中

恒沙數菩薩　彼佛與授記　當成無上道
彼佛滅度後　法住滿一刧　舍利廣流布
亦如我滅後　集堅實舍利　天人所供養
隨衆生所樂　現諸神通力　是舍利塔廟
皆以七寶成　欄楯及寶陛　香華幡衆蓋
以是妙寶飾　莊嚴如来塔　以此諸塔廟
嚴淨閻浮提　若人持衆華　供養於佛塔
即變成華蓋　有如是神力　集堅實世尊
形像在諸塔　隨衆生所樂　微笑現光明
大光普照已　還入於大衆　若入頂相中
自知受佛記　若光從口入　知授緣覺乘
光若從齋入　自知受聲聞　彼世尊形像
有是神通力　如是滿一刧　刧盡乃當滅
有為法无常　故當勤行進

尒時舍利弗白佛言希有世尊選擇乞人如是下賤而心已成上妙貴法何有智者輕賤之也佛告舍利弗如是如是如汝所說何有智者輕賤此人唯除凡夫無聞無智舍利弗以是義故我經中說智者不應輕量他人輕量他人則為自傷舍利弗汝意謂此選擇乞人本来頗為天龍夜叉乹闥婆阿脩羅摩睺羅伽人非人等所

敬礼不不也世尊何以故此貧賤人未為如来所授記時無人礼敬今為世尊所授記已一切天人阿修羅衆咸皆礼敬舍利弗是為諸佛未来世中無㝵知見不與聲聞辟支佛共是故舍利弗我諸弟子信受佛語若為衆生演說法時應先稱揚佛之神德衆生聞已或能發心求佛智慧以發心故佛種不斷舍利弗一切世界勘有衆生為他求利自利利人是㝡為難舍利弗且置為他求利衆生之中能自利者是人尚難何以故今凡夫人欲求自利而乃自傷何以故舍利弗我不見人若侵害他自不衰惱是故當知住自利因是則為難又於是中自利利他㝡為甚難故舍利弗若人毀發大乘心者當知是人不能自利亦不利他斯則不名修行道者舍利弗是愚癡人行於邪道為失自利亦失他利以此因緣故是人當得八衰惱法何謂為八失所愛重親及家屬國界衰乱財産日耗灾火焚燒縣官所侵諸根毀壞死入地獄獄卒考

掠是名為八復次有八大不安法何謂為八謂生地獄餓鬼畜生是大不安若得人身常生邊地不識善惡無佛無法无聖衆處是大不安設得人身生於中國聾盲瘖啞癃殘百疾是亦名為大不安法雖生中國具足人身常為褁弊心懷諂曲虚僞姧詭是亦名為大不安法受外道教好於邪論邪見惡行亦成不淨身口意業諸佛賢聖尚不能救是亦名為大不安法若生中國具足人身佛得道夜即便命終不值佛法是亦名為大不安法是為輕毀求佛道者八不安法舍利弗當知是人若生地獄必墮阿鼻大地獄中得大身形多受衆苦續起重罪若墮畜生為惡虫獸恒苦飢渴侵奪他命殘食肌肉以自濟活隨所生處續增罪業若為水性作摩伽魚埶民伽羅失收摩羅及欝陁羅等人所綱鉤生被切割備受衆惱求死不得若復陸生或為駞驢牛羊猪犬若作驅牛為人穿身常負重加諸杖痛呻呼大嘷無有救者中路疲乏不能前

華手經第七卷　第廿五張　信字号

進命未盡開生被剖剥残食其肉猶並罵言多食喜卧大折損我舍利弗汝且觀是罪業因緣如我所知若廣說者從　劫至劫猶不能盡舍利弗取要言之若人毀壞菩薩心者若離八難無有是處何以故是入續起衆罪業故當知汝等得脫此難為自救濟

佛說華手經卷第七

佛說華手經卷第七
校勘記

一　底本，金藏廣勝寺本。
一　二六二頁中一行經名、二行譯者，石無，未換卷。
一　二六二頁中六行第九字「集」，石作「習」。
一　二六二頁中一九行末字「如」，資、磧、普、南、徑、清無。
一　二六二頁中二〇行末字至二一行首字「功德」，石作「福德」。
一　二六二頁下一行「念我」，石、麗作「我今」；資、磧、普、南、徑、清作「今我」。
一　二六二頁下四行末字及一二行第一〇字「事」，石作「義」。
一　二六二頁下五行「達通」，資、磧、普、南、徑、清作「通達」。
一　二六二頁下六行「此事」，石作「是偈」。
一　二六二頁下一六行第一二字「布」，石作「行」。
一　二六二頁下一七行「戒淨」，石、資、磧、普、南、徑、清作「淨戒」。
一　二六二頁下一九行第一三字「自」，石作「是」。
一　二六三頁上二行「精進行」，資、磧、普、南、徑、清作「行精進」。
一　二六三頁上一三行末字「所」，諸本作「母」。
一　二六三頁中六行第三字「老」，麗作「生」。
一　二六三頁中一二行第一〇字「誨」，磧、普、南、徑、清、麗作「化」。
一　二六三頁中一四行「所以者何」，石作「何以故」，下同。
一　二六三頁中一四行末字及一五行第八字「想」，資、磧、普、南、徑、清作「相」。
一　二六三頁中一六行第一一字「是」，資、磧、普、南、徑、清、麗無。
一　二六三頁中一七行首字「聞」，資、磧、普、南、徑、清、麗作「法聞」。
一　二六三頁中一八行第六字及次頁上五行第七字、九行第四字「事」，石作「法」。
一　二六三頁中一九行第九字「決」，石、麗作「先」。
一　二六三頁中二〇行第一二字「後」，石作「復」。
一　二六三頁中二一行第五字「念」，諸本作「今」。
一　二六三頁下一一行第七字「詶」，資、磧、普、南、徑、清作「酬」。
一　二六三頁下一一行「通達」，石作

「了達」，下同。

一　二六三頁下一七行「何況多失」，石作「況多過失」。

一　二六三頁下一九行第二字「入」，資、磧、普、南、徑、清作「以」。

一　二六四頁上五行末字「世」，石、麗無。

一　二六四頁上六行第一一字「足」，石作「則」。

一　二六四頁上七行「離難」，資、磧、普、南、徑、清作「難離」。

一　二六四頁上一九行第六字「爲」，諸本無。

一　二六四頁上二一行第八字「事」，石作「説」。

一　二六四頁上二二行第一三字「説」，磧作「記」。

一　二六四頁中二行末字至三行首字「道中」，石作「菩提」。

一　二六四頁中四行第四字「而」，資、磧、普、南、徑、清作「何」。

一　二六四頁中九行第一一字、次頁上一二行第九字、一八行第五字「道」，石作「菩提」。

一　二六四頁中一三行第七字「瘀」，資、磧、普、南、徑、清作「淤」。

一　二六四頁中一三行末字「變」，石作「變化」。

一　二六四頁中一五行第五字「刖」，麗作「割」。

一　二六四頁下一行「眼語瞋目」，石作「眼語眼目」；麗作「瞋語瞋目」。

一　二六四頁下五行第六字「道」，石、磧、普、南、徑、清作「菩提心」；麗作「道心」。

一　二六四頁下七行第八字「如」，資、磧、普、南、徑、清、麗無。

一　二六四頁下九行第六字「之」，石作「人」。

一　二六四頁下九行「是如」，石作「如是」。

一　二六四頁下一〇行第一三字「等」，石作「舌」。

一　二六四頁下一三行第一二字「等」，石作「神」。

一　二六四頁下一六行首字「惱」，資、磧、普、南、徑、清作「著」。

一　二六四頁下一七行第二字「昔」，諸本作「往昔」。

一　二六四頁下二〇行第一〇字「魔」，諸本作「鬼」。

一　二六四頁下二一行第二字「心」，磧、普、南、徑、清作「心血」。

一　二六五頁上一一行第八字「衰」，石作「苦」。

一　二六五頁上一八行「無上」，石作「菩提」。

一　二六五頁中一行末字「闘」，資、磧、普、南、徑、清、麗作「閙」。

一　二六五頁中一〇行第六字「碎」，石作「破」。

一　二六五頁中一二行第七字「等」，石作「手足」。

一　二六五頁下二一行末字「徃」，資、磧、普、南、徑、清無。

一　二六六頁上四行首字「謂」，石作

「語」。

一　二六六頁上九行第五字「事」，石作「法」。

一　二六六頁上一二行第六字「道」，石作「菩提」。

一　二六六頁上一三行第一二字「隱」，石作「樂」。

一　二六六頁上二〇行「障㝵」，石、麗作「欲障」。

一　二六六頁上二二行末字至末行首字及本頁中五行「歸命」，石作「歸依」。

一　二六六頁中七行「邪魔」，資、磧、普、南、徑、清作「耶魔」；麗作「耶應」。

一　二六六頁下一五行「極下罪過」，諸本作「下過」。

一　二六六頁下一七行第一一字「牟」，徑、清作「鉾」。

一　二六六頁下二〇行「以種種器」，石作「以此種種刀」；資、磧、普、南、徑、清作「以此種種器」。

一　二六六頁下二一行第一二字「王」，石、資、磧、普、南、徑、清無。

一　二六七頁上二行末字至三行首字「所復」，石作「復所」。

一　二六七頁上一〇行第三字「清」，石作「法」。

一　二六七頁上一二行第九字「名」，石無。

一　二六七頁中一五行第三字「得」，資、磧、普、南、徑、清、麗作「行」。

一　二六七頁中末行「瓔能」，石作「瓔得」；資、磧、南、清作「鑠得」；普、徑作「鎖能」。

一　二六七頁中末行第一二字「棄」，資、磧、普、南、徑、清作「業」。

一　二六七頁下一行第一四字「其」，資、磧、普、南、徑、清作「威」。

一　二六七頁下三行第一三字「住」，磧、普、南、徑、清、麗作「生」。

一　二六七頁下七行第三字及一九行第一三字「等」，石作「諸」。

一　二六七頁下一一行末字「爲」，石作「豈」。

一　二六七頁下二二行第四字「末」，石作「来」。

一　二六八頁上二行「狐疑」，石作「疑悔」。

一　二六八頁上二行「受記」，磧、普、南、徑、清作「授記」。

一　二六八頁上六行末字「他」，資、磧、普、南、徑、清作「人」。

一　二六八頁上七行末字「子」後，石換卷，爲卷第十。

一　二六八頁上一一行第八字「等」，資、磧、南、徑、清作「平等」；普無。

一　二六八頁上一一行「故故」，資、磧、普、南、徑、清作「故」。

一　二六八頁上一二行第四字「爲」，資、磧、普、南、徑、清作「平」。

一　二六八頁上一四行「何以故」，資、磧、普、南、徑、清作「所以者何」，下同。

一　二六八頁上一六行第九字至一七行第五字「無二無別無二別故故

名爲」；石作「無二無別無分別故故名爲」；資、磧、普、南、徑、清作「等無差別無差別故名爲乎」。

一 二六八頁上一七行第一一、一二字「等意」，資、磧、普、南、徑、清作「意」；麗作「意等」。

一 二六八頁上一九行「非意意等非涅槃涅槃等」，資作「泥洹等故等」。

一 二六八頁上末行第一一、一二字「正見」，資、磧、普、南、徑、清作「見正」。

一 二六八頁中一行「於是正」，資、磧、普、南、徑、清作「是正見」。

一 二六八頁中三行「爲壞」，資、磧、普、南、徑、清作「壞是」。

一 二六八頁中三行第一三字「諸」，資、磧、普、南、徑、清作「等」。

一 二六八頁中四行第八字「讚」，資、磧、普、南、徑、清作「讀」。

一 二六八頁中六行第一三字「得」，石、資、磧、普、南、徑、清作「是」。

一 二六八頁中九行第九字「大」，資、磧、普、南、徑、清作「等」。

一 二六八頁中一〇行第一五字「非」，資、磧、普、南、徑、清作「但」。

一 二六八頁中一一行第一二字「比」，諸本作「此」。

一 二六八頁中一三行「有所」，資、磧、普、南、徑、清作「所有」。

一 二六八頁中二〇行「無正見耶」，諸本作「無正無邪」。

一 二六八頁中二一行「非也非正」，諸本作「非正非邪」。

一 二六八頁中二二行及本頁下一行第四字至第七字「業報」，資、磧、普、南、徑、清作「果報」。

一 二六八頁下四行第七字「畏」，資、磧、普、南、徑、清作「怖」。

一 二六八頁下五行「增長」，資、磧、普、南、徑、清作「但增」。

一 二六八頁下九行「諸深法」，資、磧、普、南、徑、清作「等深經」。

一 二六八頁下一四行末字至一五行第二字「修淨行」，資、磧、普、南、徑、清作「清淨行」，下同。

一 二六八頁下一八行第一三字「以」，資、磧、普、南、徑、清作「但」。

一 二六八頁下二〇行「亦和合」，資、磧、普、南、徑、清作「和合衆」。

一 二六八頁下二一行第一一字「諸」，資、磧、普、南、徑、清作「等」。

一 二六九頁上一行第一二字「行」，資、磧、普、南、徑、清作「生」。

一 二六九頁上二行第三字「律」，資、磧、普、南、徑、清作「清」。

一 二六九頁上四行「進行」，資、磧、普、南、徑、清作「精進」。

一 二六九頁上六行末字至七行首字「了達」，資、磧、普、南、徑、清作「通達」，下同。

一 二六九頁上六行第一〇字「擁」，資、磧、普、南、徑、清作「守」。

一 二六九頁上一〇行首字「當」，資、磧、普、南、徑、清作「常」。

一 二六九頁上一〇行「福德」，資、磧、普、南、徑、清作「功德」，下同。

一　二六九頁上一五行末字「習」，資、磧、普、南、徑、清作「集」。

一　二六九頁上二〇行「山如此福德而」，資、磧、普、南、徑、清作「而此功德猶」；麗作「山而此福德猶」。

一　二六九頁上二二行「世界」，資、磧、普、南、徑、清作「國土」。

一　二六九頁中六行末字及七行首字「得成」，資、磧、普、南、徑、清作「成就」。

一　二六九頁中八行及一一行「供給」，資、磧、普、南、徑、清作「供養」。

一　二六九頁中九行「菩提」，資、磧、普、南、徑、清作「道時」。

一　二六九頁中一一行第五字「求」，諸本作「未」。

一　二六九頁中一二行第三字「見」，資、磧、普、南、徑、清作「得」。

一　二六九頁中末行「閻浮提」，資、磧、普、南、徑、清、麗作「時閻浮提」。

一　二六九頁下二行第一一字「静」，資、磧、普、南、徑、清作「隱」。

一　二六九頁下四行第六字「意」，石作「喜」；麗於其後有夾註「丹喜」。

一　二六九頁下九行第一〇字「復」，資、磧、普、南、徑、清作「得」。

一　二六九頁下一四行「利意」，石作「利喜」，下同；麗於其後有夾註「丹喜下同」。

一　二六九頁下一五行第九字「長」，諸本作「是長」。

一　二六九頁下一六行第二字「逕」，資、磧、普、南、徑、清、麗作「經」。

一　二七〇頁上六行「世界」，資、磧、普、南、徑、清作「世間」。以下除「大千世界」之「世界」外，其他意義之「世界」，上述諸校本均作「世間」。

一　二七〇頁上七行末字至八行首字「淨妙」，資、磧、普、南、徑、清作「清淨」。

一　二七〇頁上一〇行第一〇字「説」，資、磧、普、南、徑、清、麗無。

一　二七〇頁上二一行第九字「身」，資、磧、普、南、徑、清作「等」。

一　二七〇頁中一六行末字「世」，諸本作「出」。

一　二七〇頁下四行「已成」，資、磧、普、南、徑、清作「成就」。

一　二七〇頁下一三行首字「尸」，石作「尸羅」。

一　二七〇頁下一四行第一二字「波」，資、磧、南、徑、清作「般」。

一　二七〇頁下一五行第九字「佛」，資、磧、南、徑、清無。

一　二七〇頁下一六行第七字「頊」，麗作「項」。

一　二七〇頁下一六行及次頁下五行「實際」，資、磧、普、南、徑、清作「真際」。

一　二七〇頁下末行及次頁下三行「背捨」，資、磧、普、南、徑、清作「解脱」。

一　二七一頁上一行第二字「之」，石、磧、普、南、徑、清、麗無。

一二七一頁上二行第六字「諸」，資、磧、普、南、徑、清作「譬」。

一二七一頁上四行「非大海喻」，資、磧、普、南、徑、清作「不可以是大海譬喻」。

一二七一頁上八行「最妙」，資作「妙事」。

一二七一頁上一〇行「大智光明」，資、磧、普、南、徑、清作「大光明事」。

一二七一頁上一四行及一九行「如是初」，資、磧、普、南、徑、清作「初心亦復如是」。

一二七一頁上一五行第二字「心」，資、磧、普、南、徑、清作「願」。

一二七一頁中二行第五字「便」，資、磧、普、南、徑、清作「使」。

一二七一頁中二行、七行、一〇行、一四行末二字至一五行首二字，「菩薩如是」，磧、普、南、徑、清作「諸菩薩心亦復如是」。

一二七一頁中五行「懷惱」，資、磧、普、南、徑、清、麗作「惱壞」。

一二七一頁中六行第一一字「木」，資、磧、普、南、徑、清作「等」。

一二七一頁中七行「初生之時」，資、磧、普、南、徑、清作「若初生時」。

一二七一頁中八行第四字及末行第九字「習」，資、磧、南、徑、清作「集」。

一二七一頁中一五行「始起」，資、磧、普、南、徑、清作「起時」。

一二七一頁中一七行第一〇字「恚」，資、磧、普、南、徑、清作「等」。

一二七一頁中一七行第一三字「汙」，磧、普、南、徑、清作「淤」。

一二七一頁中一九行第七字「龍」，石作「龍王」。

一二七一頁中二〇行第五字「池」，資、磧、普、南、徑、清作「河」。

一二七一頁中二一行第四字「斷」，資、磧、普、南、徑、清作「捨」。

一二七一頁中二二行末字至二三行第三字「一切菩薩」，資、磧、普、南、徑、清作「諸菩薩等」。

一二七一頁下三行「無作」，資、磧、普、南、徑、清作「無願」。

一二七一頁下四行第五字「諸」，資、磧、普、南、徑、清作「等」。

一二七一頁下六行「菩薩」，諸本作「菩薩心」。

一二七一頁下九行末字「有」，資、磧、普、南、徑、清作「本」。

一二七一頁下一二行第六字「田」，諸本無。

一二七一頁下一三行第二字「皆」，諸本作「皆能」。

一二七一頁下二二行第一二字「咽」，資、磧、普、南、徑、清作「首」。

一二七二頁中二行第九字「法」，資、磧、普、南、徑、清作「事」。

一二七二頁中四行第一〇字及末字「安」，資、磧、普、南、徑、清作「安隱」。

一二七二頁中六行第七字「諸」，資、磧、普、南、徑、清作「珠」。

一　二七二頁中八行「是不可也」，資、磧、普、南、徑、清作「是事不可」。
一　二七二頁中九行首字「白」，石作「自」。
一　二七二頁中一六行第一〇字「是」，資、磧、普、南、徑、清作「是也」。
一　二七二頁中二二行「歸依」，資、磧、普、南、徑、清作「歸命」。
一　二七二頁中二二行末字「以」，資、磧、普、南、徑、清作「但以」。
一　二七二頁下三行「除入涅槃」後，資、磧、普、南、徑、清換卷，爲卷第八。
一　二七二頁下八行第一一字「所」，資、磧、普、南、徑、清作「許」。
一　二七二頁下九行第一二字「罪」，資、磧、普、南、徑、清作「事」。
一　二七二頁下一〇行第一一字「作」，資、磧、普、南、徑、清作「障」。
一　二七二頁下一一行第五字「邊」，資、磧、普、南、徑、清作「量」。
一　二七二頁下一五行末字「法」，資、磧、普、南、徑、清作「事」。
一　二七二頁下一九行「貪恚癡慢慳妬」，資、磧、普、南、徑、清作「貪欲恚癡憍慢慳嫉」。
一　二七二頁下二一行第九字「生」，資、磧、普、南、徑、清無。
一　二七二頁下二二行首字「樂」，資、磧、普、南、徑、清、麗作「隱」。
一　二七三頁上一行「德之」，資、磧、普、南、徑、清作「功德」。
一　二七三頁上七行首字「万」，資、磧、普、南、徑、清、麗作「方」。
一　二七三頁上一一行末字至一二行首字「諸經」，石作「諸法」，資、磧、普、南、徑、清作「等經」。
一　二七三頁上一八行第八字「捨」，資作「違」。
一　二七三頁上一八行末字「者」，資、磧、普、南、徑、清無。
一　二七三頁上二〇行「無間」，資、磧、普、南、徑、清作「逆重」。
一　二七三頁上二一行「無間」，資、磧、普、南、徑、清作「逆」。
一　二七三頁中一行「及酥」，資作「蘇等」；磧、普、南、徑、清作「酥等」。
一　二七三頁中四行「呰毀」，石作「毀呰」；磧、南、徑、清作「毀訾」。
一　二七三頁中五行「五無間」，資、磧、普、南、徑、清作「於五逆」。
一　二七三頁中五行「是無間之罪」，資作「是逆罪」；磧、普、南、徑、清作「五逆罪」。
一　二七三頁中六行第六字「阿」，資、磧、普、南、徑、清無。
一　二七三頁中八行末字「汝」，資、磧、普、南、徑、清作「汝誠言」。
一　二七三頁中一二行末字「而」，資、磧、普、南、徑、清無。
一　二七三頁中一三行第三字「障」，資、磧、普、南、徑、清、作「障礙」。
一　二七三頁中一八行「復不障」，資、磧、普、南、徑、清作「不障礙」。
一　二七三頁下六行第一三字「深」，石作「淨」。

一　二七三頁下一二行第一三字至一三行首字「緊那羅」，資、磧、普、南、徑、清作「緊陀羅」，下同。

一　二七三頁下一八行第四字「王」，資、磧、普、南、徑、清作「聖王」。

一　二七三頁下一九行第一一字「化」，資、磧、普、南、徑、清作「若化」。

一　二七三頁下二一行「如是」，磧、普、南、徑、清作「是清」。

一　二七三頁下末行第一三字「如」，資、磧、普、南、徑、清無。

一　二七四頁上四行第五字「念」，資、磧、普、南、徑、清、麗作「敬念」。

一　二七四頁上八行「菩提心」，資、磧、普、南、徑、清作「道心」。

一　二七四頁上一〇行第三字「曰」，資、磧、普、南、徑、清作「者」。

一　二七四頁上一一行第八、九字「如是」，資、磧、普、南、徑、清無。

一　二七四頁上一二行「已成」，資、磧、普、南、徑、清作「成就」。

一　二七四頁上一四行「其得成」，資、磧、普、南、徑、清作「得成就」。

一　二七四頁上一四行「若有成人」，諸本作「若或有人」。

一　二七四頁上一七行第五字「是」，資無。

一　二七四頁上二〇行第三字「界」，諸本作「意界」。

一　二七四頁中二行第八字「諍」，資、磧、普、南、徑、清、麗作「諍若與無礙空無相諍」。

一　二七四頁中四行第五字及九行末字「則」，資、磧、普、南、徑、清作「所」。

一　二七四頁中五行第一〇字「身」，資、磧、普、南、徑、清、麗作「見」。

一　二七四頁中八行第一二字「因」，石、資、磧、普、南、徑、清作「自」。

一　二七四頁中一二行第八字「墮」，資、磧、普、南、徑、清作「墜」。

一　二七四頁中一六行「及婆羅門」，資、磧、普、南、徑、清作「婆羅門等」。

一　二七四頁中一八行「稱讚如」，資、磧、普、南、徑、清作「但稱讚」。

一　二七四頁中二二行「天王」，資、磧、普、南、徑、清作「王天」。

一　二七四頁下四行第一一字「欲」，資、磧、普、南、徑、清作「但」。

一　二七四頁下四行末字「意」，資、磧、普、南、徑、清作「慧」。

一　二七四頁下五行首字「謂」，資、磧、普、南、徑、清作「諸」。

一　二七四頁下六行第一〇字「依」，資、磧、普、南、徑、清作「趣」。

一　二七四頁下八行第三字「力」，資、磧、普、南、徑、清作「通」。

一　二七四頁下八行第一三字「岸」，資、磧、普、南、徑、清作「崖」。

一　二七四頁下一一行「大神德」，資、磧、普、南、徑、清作「大威德」，下同。

一　二七四頁下一四行「剎利」，資作「剎那」。

一　二七四頁下一五行「鬼神」，資、

磧、普、南、徑、清作「神等」。

一　二七四頁下一五行第一一字「但」，資、磧、普、南作「俱」。

一　二七四頁下一六行第九字「大」，資、磧、普、南、徑、清作「勢」。

一　二七四頁下二二行「有信」，資、磧、普、南、徑、清作「信等」。

一　二七四頁下末行第三字「有」，資、磧、普、南、徑、清作「決」。

一　二七五頁上八行及本頁下一〇行「善淨」，資、磧、普、南、徑、清作「清淨」。

一　二七五頁上九行「天地」，石作「大地」。

一　二七五頁上一一行「所因」，資、磧、普、南、徑、清作「因緣」。

一　二七五頁上一一行「城舍」，資、磧、普、南、徑、清、麗作「舍城」。

一　二七五頁上一二行第三字「於」，資、磧、普、南、徑、清作「虛」。

一　二七五頁上一四行第二字「今」，資、普作「等」。

一　二七五頁上一五行第四字「受」，資作「授」。

一　二七五頁上一五行第一〇字「道」，資作「智」。

一　二七五頁上二〇行「真知無導」，石作「真智無疑」。

一　二七五頁上二〇行「當證」，諸本作「證無」。

一　二七五頁中二行第二字「當」，資、磧、普、南、徑、清作「今」。

一　二七五頁中一一行「成佛道」，資、磧、普、南、徑、清作「得成佛」。

一　二七五頁中一一行第三字「念」，資、磧、普、南、徑、清、麗作「悉」。

一　二七五頁中一三行末字「佛」，石作「我」。

一　二七五頁中一七行「幡幢及華香」，資、磧、普、南、徑、清作「幢播華香等」。

一　二七五頁中一八行第二字「代」，資、磧、普、南、徑、清作「侍」。

一　二七五頁中一九行「亦湯藥」，資、磧、普、南、徑、清作「湯藥等」。

一　二七五頁中一九行「供具供養佛」，石作「供養具供養」。

一　二七五頁下三行「絪褥」，資作「茵縟」；磧、普、南、徑、清、麗作「茵褥」。

一　二七五頁下四行第四字「諸」，資、磧、普、南、徑、清作「等」。

一　二七五頁下一五行首字「受」，資、磧、普、南、徑、清、麗作「壽」。

一　二七五頁下一五行「佛世界」，資、磧、普、南、徑、清作「佛國土」。

一　二七五頁下一七行「大衆會」，資、磧、普、南、徑、清作「衆大會」。

一　二七五頁下一八行第一三、一四字「河沙」，資、磧、普、南、徑、清作「沙等」。

一　二七六頁上五行第一〇字「陛」，資、磧、普、南、徑、清、麗作「柱」。

一　二七六頁上五行「香華幡衆」，諸本作「華香衆幡」。

一　二七六頁上六行第七字「嚴」，資、

磧、普、南、徑、清作「校」。

一　二七六頁上七行第一二字「養」，資、磧、普、南、徑、清作「散」。

一　二七六頁上一〇行第九字「大」，諸本作「本」。

一　二七六頁上一一行第一二字「授」，資、磧、普、南、徑、清、麗作「受」。

一　二七六頁上一四行「勤行」，資、作「懃精」；磧、普、南、徑、清作「勤精」。

一　二七六頁上一六行「已成」，資、磧、普、南、徑、清作「成就」。

一　二七六頁中三行「一切」，資、磧、普、南、徑、清作「世間」。

一　二七六頁中三行末字「衆」，資、磧、普、南、徑、清作「等」。

一　二七六頁中四行第九字「爲」，清作「謂」。

一　二七六頁中七行「神德」，資、磧、普、南、徑、清作「功德」。

一　二七六頁中九行末字「勘」，諸本作「尠」。

一　二七六頁中一一行末二字至一二行第四字「之中能自利者」，資、磧、普、南、徑、清作「但能自利」。

一　二七六頁中一三行第七字「乃」，資、磧、普、南、徑、清作「反」。

一　二七六頁中一六行第一〇字「故」，石作「是故」。

一　二七六頁中二〇行第九字「故」，資、磧、普、南、徑、清無。

一　二七六頁中二一行「親及」，諸本作「親友」。

一　二七六頁中二二行「國界衰亂」，資、磧、普、南、徑、清作「國土喪乱」。

一　二七六頁下一行「復次」，資、磧、普、南、徑、清作「次復」。

一　二七六頁下八行第一〇字至九行首字「道教好於邪論」，資、磧、普、南、徑、清作「道法好邪論議」。

一　二七六頁下九行「亦成」，資、磧、普、南、徑、清作「成就」。

一　二七六頁下一九行首字「蟄」，徑、清、麗作「繁」。

一　二七六頁下一九行第六字「收」，資作「牧」。

一　二七六頁下二〇行第三字「鉤」，資、磧、南、徑、清作「釣」。

一　二七六頁下二〇行第六字「切」，資、磧、普、南、徑、清作「刀」。

一　二七六頁下二二行首字「驅」，諸本作「駝」。

一　二七六頁下二二行第五字「穿」，諸本作「穿鼻」。

一　二七六頁下二二行末字至末行第三字「呻呼大嘷」，資作「呻嘷大呼」；磧、普、南、徑、清作「呻嘷大呼」。

一　二七七頁上六行第一一字「入」，諸本作「人」。

一　二七七頁上末行經名卷次，石作「華手經卷第十終」；資、磧、普、南、徑、清無，未換卷。

佛說華手經卷第八　信

後秦龜茲國三藏鳩摩羅什奉　詔譯

衆雜品第二十七

佛告舍利弗有四救法何謂為四怖畏衆生如来能救入邪逕者聖道能救諸悪業者念處能救在八難者菩薩能救是名為四舍利弗有四安法何謂為四生得值佛名為大安得無難處名為大安能信佛法名為大安具聖正見名為大安是名為四舍利弗復有四法能成事業何謂為四四大調和令身得安正見能生質直淨心見佛得信為衆樂因發無上心能滅無量无數衆生諸煩惱病是為四法能成事業又舍利弗世有四願何謂為四諸病瘦者願欲得活飢渴所逼願得食飲苦惱所切願欲得樂行嶮路者願得安隱是為四願又舍利弗世界凡有四貪著處以貪著故當墮悪道何謂為四一者貪身二貪壽命三利財産四躭愛欲是名為四舍利弗有七藏處謂風藏生藏熟藏冷藏熱藏見藏欲藏舍利弗是諸藏中欲藏最牢此欲藏者為何所依依於涕唾痰癊膿血筋骨皮肉心肝五藏腸胃屎尿尒時會中有一居士名曰選擇居士有妻其名妙色面貌端嚴姿容挺特選擇居士深生愛著煩惱熾盛聞佛所說即白佛言世尊莫作是說貪欲之心起於屎尿何以故我妻端嚴無諸臭穢佛知居士貪垢情深即時化作一婦人像端嚴淨潔狀妙好色整容徐步来入衆中居士見已即作是念我妻何緣来入此會作是念已即問之曰汝以何故而来此也荅曰欲聽世尊說法居士即牽自坐衣上佛以神力令是婦人糞汙其衣使此居士不堪臭處以手掩鼻顧視左右誰為此者時跋難陁在右邊坐語居士言何故掩鼻而顧視我荅言是處甚大臭穢以佛神力令跋難陁及諸衆會見此婦人便棄糞穢汙居士衣時跋難陁語居士言且觀汝妻所為臭穢居士荅言我無所疑我妻淨潔身无諸穢若有疑者自當觀之

語跋難陁我意謂汝為此穢汙時跋
難陁即大恚怒從坐而起語居士言
汝無慙愧誰名字汝為居士耶汝今
應名屎居士也何不自以手牽汝妻
坐衣上耶汝妻坐時便是糞穢汝自
坐上為屎所塗而無著耻反欲謗人
會中唱言此屎居士可遣出衆便謂
之言不淨弊人不應在衆即以手牽
令出衆外選擇心惑語其妻曰我故
汝故令坐衣上汝為大人法應尒也
妻即荅言汝近屎囊自應尒也居士
尒時即生猒心欲去衣糞糞更汙身體
謂跋難陁當何方便得離此穢跋難
陁言非直此糞汙塗汝身更有諸褻
是汝之分若欲得離者當遠逃逝以
汝妻糞令此大衆頭痛悶乱居士荅
曰諸釋子等皆多慈愍汝甚惡口乃
如是耶跋難陁言如汝今者何可慈
愍佛之所語而敢違逆作如是言我
妻端嚴無諸臭處汝今自觀為淨潔
不而欲謗我尒時居士謂其妻曰汝
可還歸既遣之已語跋難陁我今明
見女人諂曲多諸過咎不淨充滿必

生猒離欲於佛法出家為道跋難陁
言汝今形體臭穢如是若以香塗經
歷年載然後或可堪任出家居士荅
曰我塗香若經歷年歲或身无常或佛
滅度壞我出家求道因緣今若見聽
得出家者我不復往城邑聚落僧房
精舍作阿蘭若乞食納衣於空閑處
誰聞我臭佛言居士汝欲於我法中
出家即白佛言唯然世尊佛言善來
汝為沙門修行梵行即時居士鬚髮
自落袈裟著身執持應器如比丘像
佛為說法苦集滅道聞四聖諦得法
眼淨成須陁洹重為說法教化漸令
得斯陁含阿那含果過是夜已執衣
持鉢詣王舍城次行乞食遂到本舍
在門外立特妻妙色自見其夫剃頭
法服出家為道即語之曰法應見捨
為沙門也選擇荅言汝昨應於我衣
上便棄不淨汙我身也妙色荅言汝
為比丘應謗人也我從父舍到汝家
来未見外門况詣竹園至彼會中尒
時比丘語妙色言有跋難陁為我時
人於大衆中見遣令出時有惡魔隨

逐選擇而語之言汝昨見者非妙色
也是化所作誑惑汝心今可還以五
欲自娛沙門瞿曇欺誑汝耳汝今虛
妄非實比丘瞿曇沙門常以此術誑
惑多人令其出家如今誑汝選擇比
丘證真法故即覺魔為謂言惡人汝
亦變化我亦變化是妙色姉俱為變
化佛所說法皆空如化尒時妙色聞
此法已即於諸法遠塵離垢得法眼
淨斷除疑悔不隨　他言於佛法中
得無畏力謂選擇言所為甚善能於
佛法樂修梵行我亦於法出家為道
佛告舍利弗若人發心求菩提者應
離四法何謂為四離惡伴黨諸惡知
識及不善行是為初法所應離也又
舍利弗若人發心求菩提者應當離
於貪著女相不與世人共處同事是
第二法所應離也又舍利弗若人發
心求菩提者應當離於外道書論謂
裸形論路伽耶論末伽梨論非佛所
說不應親近聽受讀誦是第三法所
應離也又舍利弗若人發心求菩提
者不應親近邪見惡見是第四法所

應離也舍利弗如來不見更有餘法深障佛道如此四法是故菩薩應當捨離又舍利弗若欲疾得無上菩提當修四法何謂為四菩薩應當隨善知識善知識者謂諸佛是若聲聞人能令菩薩入深法藏諸波羅蜜亦是菩薩善知識也應當親近供給礼敬又舍利弗菩薩應當親近出家亦應親近阿蘭若法離女色故又舍利弗菩薩應當親近修習大空正見離邪見故又舍利弗若諸菩薩欲疾逮得無上菩提應當親近如是四法尒時世尊欲明此義而說偈言

遠離女人事　及離惡知識　亦遠外道論
并餘諸邪見　若親近女人　及諸惡知識
受外道論議　增長諸邪見　增長邪見故
速墮諸難處　難得離八難　亦難信佛法
若人欲為惡　即便造惡行　若作惡行者
則便墮惡趣　是故求道者　勿習近女色
常當生猒離　觀之如溷睹　勿近惡知識
令住非法者　若近行非法　令人失心目
若親近外道　尼揵諸論義　言辭雖嚴飾
能生諸過咎　悉捨是衆事　則離諸邪見

我說此四法　往來生死本　遠離下劣法
習近上妙行　我本所修習　當行如是法
為出家梵行　親近善知識　諸佛及弟子
令我住佛道　我常修行空　空空及大空
雖行是空法　而不著於空　若法及所得
二俱不在空　是名為真空　世界所不測
我本為佛道　所修行諸法　是法甚微妙
非凡智所及　我求佛道時　諸所聞經法
內心自思量　不隨他人說　我自了達已
而為他人說　是名正真道　空無閑寂滅
空中無有生　亦無有老者　空中亦无死
是名常住相　是名法實相　道場所了達
壞破諸魔兵　得無上菩提　我之所得法
即以為人說　令證無上際　而無所轉相
若欲得佛道　及欲坐道場　欲破諸魔衆
常修此空法　若有人欲轉　無上妙法輪
度無量衆生　當學是空法　欲住佛十力
及四無所畏　處衆師子吼　當習是空法
欲得大名聞　廣流布十方　當正心修習
了達是空法　諸菩薩智者　我隨學空法
能得上菩提　是名最勝智　比丘比丘尼
若隨學我行　亦當得菩提　如我今所得
非但是二衆　能行此空法　一切衆生類

亦學成佛道　我以八直道　修行是空法
了達諸法相　逮無上正覺　我修習是法
修得无㝵智　是諸佛真道　諸常習空法
是故諸菩薩　為利衆生故　應當學此法
所謂諸法空

舍利弗菩薩摩訶薩復有四法世世轉身不失正念能如說行說於諸法中得決定心得無㝵辯利辯深辯及等辯諸佛知已加其神力當於後世擁護法城何謂為四常樂出家世世修習是出家法為衆生故求法無猒說法無惓習無依定壞諸法相常勤修習念佛三昧於諸緣中而無淨相是名初法不失正念又舍利弗菩薩摩訶薩自求佛道兼化衆生令住其中常樂稱讚諸佛神德是第二法不失正念又舍利弗菩薩摩訶薩能成甚深無生法忍是第三法不失正念又舍利弗菩薩摩訶薩於命終時心不散乱常念諸佛及甚深法以是深忍不失正念是名為四尒時世尊欲明此義而說偈言

菩薩常求法　亦常行法施　是故於諸法

終不失正念　以化無量衆　令住佛道故
世世轉身時　常得不失念　習近佛所讚
甚深空寂法　是故此菩薩　疾得無生忍
亦不生無生　無生即无生　以是深忍故
常不失正念　是菩薩智者　不亂心命終
常專念諸佛　及諸佛深法　是人命終時
其心不退没　故世世轉身　常不失正念
是故若有人　欲得無上道　當一切修習
如是諸四法　是法審第一　諸佛之所讚
我今亦稱揚　汝等當修學　如来所說法
為利汝等故　佛為利益者　非强為汝說
若汝求佛智　當修學是道　修學是道故
從此生佛慧　若人懷懈怠　及生退没者
終不得佛道　當遠離是法　若人計我心
及住衆生想　若依止諸法　不能證佛道
當離是諸心　常修學空相　壞散一切法
及獲甚深智　亦勿有所依　有依即動相
好樂動法故　往来生死中

衆妙品第二十八

佛告舍利弗菩薩有四法能致一切最勝妙法何謂為四若人發大乘心見法欲壞為久住故勤加行進求法不惓若見如来塔廟毀壞勤加修治

令得久住為樂法故不惜身命見苦衆生生大悲心轉加進行作如是願何時當得習修佛道斷此諸苦而為說法舍利弗菩薩摩訶薩求法無猒為求法故發大深心而生大欲菩薩摩訶薩為求大智神德難勝壞憍心故菩薩摩訶薩常於衆生樂行慈心為之求利作如是念此諸衆生無有救者唯我一人菩薩摩訶薩為无瞋恨修大悲故菩薩摩訶薩為無嫉妬令衆生得真智喜故菩薩摩訶薩為無慳心常以法施攝衆生故菩薩摩訶薩為大施者能以深心樂佛道故菩薩摩訶薩於一切法心無所著菩薩摩訶薩為善說者顏色和悅言常含笑見苦衆生倍加勤進菩薩摩訶薩喜樂佛法菩薩摩訶薩為無所畏於大衆中師子吼故菩薩摩訶薩為無驚畏住佛法故菩薩摩訶薩常勤行進習善根故菩薩摩訶薩於諸國界城邑聚落無所專繫菩薩摩訶薩常勤教化十方世界一切衆生菩薩摩訶薩聰明利根了達諸法菩薩摩

訶薩求真實義如實思量一切法故菩薩摩訶薩於佛法中求真實義為欲自得無上菩提故菩薩摩訶薩為覺悟者善能知時化衆生故舍利弗菩薩摩訶薩能如法壞外道論者菩薩摩訶薩於一切法决定義者菩薩摩訶薩為佛法性菩薩摩訶薩為法寶田生法寶故菩薩摩訶薩為如大海受一切法無猒足故菩薩摩訶薩如鐵圍山能却無量无數衆生煩惱風故菩薩摩訶薩如大海水演法無盡故菩薩摩訶薩其心淨妙如虛空故菩薩摩訶薩為無盡者等虛空故菩薩摩訶薩如須弥山積善法故菩薩摩訶薩為如大地受憎愛故菩薩摩訶薩為如良田種諸善根不散失故菩薩摩訶薩為如猛日能與衆生法光明故菩薩摩訶薩猶如淨月壞諸瞑故菩薩摩訶薩為如密盖障諸衆生婬怒癡等煩惱熱故菩薩摩訶薩猶如雲蔭為諸衆生安隱息故菩薩摩訶薩猶如大樹能為衆生所歸趣故菩薩摩訶薩能為世界度者歸

華手經第八卷　第十二張　信字号

者所依止者無畏施者菩薩摩訶薩
為世界歸於諸伎藝悉了達故菩薩
摩訶薩為衆生利能與今世後世涅
槃樂故菩薩摩訶薩一切衆生皆應
礼敬舍利弗若諸衆生能知菩薩為
之如是難行苦行求樂因緣而作重
檐如我知者一切衆生皆應頂戴若
肩荷負從初發心乃至成佛於是時
中一切世界諸天及人所有樂具盡
以供給亦常頂戴令不在地又是菩
薩趣道場時以已上服或以天衣衆
妙蓮華為敷高座上至有頂以天寶
衣而為軒盖障蔽風日得阿耨多羅
三藐三菩提已以諸華香幢幡伎樂
亦以自身供奉給侍是諸衆生如是
尊敬供養猶不能報菩薩之恩何以
故菩薩為與衆生無漏淨妙無上道
樂發大莊嚴舍利弗以世界樂欲比
是者百分千分百千万分尚不及一
乃至譬喻所不能及何以故衆生所
奉菩薩樂具皆是世界有漏虚誑无
常變異菩薩所施衆生之樂皆出於
世無漏真實無熱无惱無量無限畢

華手經第八卷　第十三張　信字号

竟常樂是故舍利弗當知衆生以一切
樂具供給菩薩猶不能報舍利弗菩
薩摩訶薩於睡眠者而為覺悟於放
逸者而為勤進於狂惑者常修正念
於盲冥者常為明日於病瘦者為大
醫藥於邪見者為示正道能於未起
善法衆生起善法者於未增善法衆生
增善法者舍利弗取要言之更無餘
人能為衆生歸者救者究竟道者唯
有諸佛而諸佛法如來法自然法非
從餘出一切皆因菩薩道生

逆順品第二十九

尒時舍利弗白佛言希有世尊是菩
薩道微妙甚深能自嚴淨亦淨衆生
譬如世尊忉利天上波利質多拘毗
羅樹其華開敷既自端嚴亦能嚴飾
忉利諸天菩薩如是具足佛法得阿
耨多羅三藐三菩提已既自嚴淨亦
為無量衆生所歸成聲聞乘皆得遊
戲根力覺道禪定背捨以自娛樂亦
如彼樹其華敷開忉利諸天以為娛
樂世尊何有智人不乘此乘但為我
等本以懈怠隨信他語於所聞法生

華手經第八卷　第十四張　信字号

安樂心便謂得樂今者乃知自無有
力能樂令一人住是道中世尊我從
今已有所說法先應開演是菩薩乘
然後當請說聲聞法何以故我如是
者或報佛恩謂令乃至一人發無上
心速逮正覺佛告舍利弗善哉善哉
汝今乃能發如是心欲演大法教化
菩薩何以故於當來世多有輕賤此
大乘法如是諸經無人信受舍利弗
於尒時世若善男子善女人求善法
者當自正念依義依法匆處衆中何
以故尒時會衆非行道者我聲聞衆
修行道者不輕菩薩毀壞大乘況如
是等佛之所說甚深經法而生違逆
何以故若生違逆是非行者業非是
行者業是凡夫業非福者業舍利弗
是故當學起智者業離凡夫行者有
比丘以我為師應如是行舍利弗當
來世中求佛道者深信行進一心慙
愧樂求善法或為餘人之所輕毀作
如是言是懈怠者無方便力不能現
世得沙門果為受五欲而作國王現
行法門自言菩薩受他供奉稱歎如

是大乘經法佛不說此名為行者舍利弗觀是愚人以微少緣而謗毀我我說此人為真行者彼以為非若如來說最勝行者得勝解者彼乃以為非是行者非得解者舍利弗時有四衆為彼弟子信受其語見諸菩薩比丘比丘尼優婆塞優婆夷讀誦信習如是諸經生怨賊心舍利弗觀是愚人何有持戒我經中說若見杌樹似人相者尚不應瞋況有識者如是惡人常懷瞋惱舍利弗汝且觀彼時世諸到法非法想非法法想善非善想非善善想於行者中生非行想非行者中而生行想於得解者生不解想非得解者而生解想當知是人不名行者不名解者既不知法亦不知善不能隨順佛所教法如是癡人為瞋所蔽慳貪嫉妬所覆自讚矜高毀下他人貪恚愚癡之所燒害深入諸惡離於善法舍利弗若我具說此人過者續增罪業不可救療如是癡人應當離之如避惡牛舍利弗如來為慙愧者師非無慙愧者信受者師非無

信者順法者師非壞法者精進者師非懈怠者攝念者師非乱念者有智者師非愚癡者舍利弗是愚癡人非我弟子我非彼師汝觀斯人如是佛乘如來正智如來久遠所修學處久修學已了達大慧成無上菩提即以此法為菩薩說作如是念若有菩薩隨學是法修習佛慧便能逮得無上菩提拔濟衆生令脱生死不斷佛種如來亦自尊敬此法而是愚人輕毀不信甚為不善第一不善當奈之何是故汝等當依法行勿依於人當自依止勿依於他舍利弗是則名為如來教法云何比丘依法而行不依於人當自依止不依於他舍利弗比丘隨離隨順涅盤修四念處何謂念處於身受心法常念不捨又舍利弗如實見法無所有性於是法中正念不謬是名念處是為比丘依法而行不依於人常自依止不依於他舍利弗若能如是修習念處悉斷貪著名阿羅漢名漏盡者無煩惱者世福田者名自在者無染汙者名為知者到彼岸

者為導師者婆羅門者舍利弗阿羅漢者離於一切惡不善法不樂有為滅除諸業更不令起舍利弗若阿羅漢起罪福業無有是處何以故捨三求故轉九結故於一切法心無所著出過欲界色無色界无有渴愛無熱無惱心淨如空名阿羅漢舍利弗名無漏盡者於一切法漏盡無餘到畢竟盡無諸結者阿羅漢心本来常空無垢淨故無染汙者於六塵中若好若惡若毀若譽心無有異斷戲論故世福田者斷諸熱惱能與第一淨法施故名自在者見一切法空無所有於空法中得到彼岸離虛　妄論故名自在婆羅門者障諸惡法離一切法無所染故為導師者能為人說無生死導師所名智者是人能知欲界色界及無色界業緣果報皆從虛妄分別故起於中得脫故名智者到彼岸者能破衆魔及一切結能到一切諸法彼岸已出淤泥安住陸地是故名為到彼岸者舍利弗如來能隨漏盡阿羅漢所有福德説无增減諸阿羅

華手經第八卷　第十六張　信字号

漢為大福田無有穢惡亦无辠孽及諸瓦礫舍利弗漏盡阿羅漢若人謗毀而不生念是人罵我若人稱讚亦不生念是人譽我無分別念無所疑關善攝六根住必定地依於法行不依於人能自依止不依於他是故舍利弗如是行者終不違逆諸佛菩提亦終不起非行者業如是不為修梵行者之所呵責亦深擁護諸佛菩提令得久住舍利弗阿羅漢者於諸法中心無所疑所作已辦住正道中舍利弗白佛言世尊阿羅漢者終不違逆不住佛法何以故若違逆者凡夫所為非羅漢業佛言如是舍利弗違逆法者凡夫所為非智者業如來但為當來世有耆年比丘多所知識心得暫住獨處離眾不見女色便自謂言我是阿羅漢心生貢高尒時眾人多有信者謂是阿羅漢尊敬供給是愚癡人亦貪名利受是供奉自謂我有阿羅漢法不起結使是人不知無分別法喜生分別以結小息便謂得道若入聚落執持儀法若在獨處便自

華手經第八卷　第十七張　信字号

縱逸在眾亦異是人樂畜多弟子眾多有知識國王大臣大得供奉名聞流布多人愛敬諸結充溢而便自謂無有結使得聞如是甚深經典空相應法我好弟子愛重聽受求解義趣以尊敬心修行是法而是癡人不肯信受欲懷違逆便作是言此非佛語非大師教非法非善是人於法生非法想於非法中而生法想不善法中而生善想於善法中生不善想舍利弗是諸癡人隨所得法便自稱讚所不得法毀呰輕賤自大貢高毀下他人如是愚人但有持戒攝念一處斷伏惡心博聞讀誦多畜弟子人所宗奉稱讚礼敬心生憍慢我慢上慢隨開如是諸深妙經起重罪業是愚癡人而不自知我有是罪轉增憍慢愚癡之心違逆是經起重罪已墮大地獄

佛說華手經卷第八

佛說華手經卷第八

校勘記

一　底本，金藏廣勝寺本。

一　二八七頁中一行經名卷次，石作「華手經卷第十一」；資、磧、普、南、徑、清無，未換卷。

一　二八七頁中七行第五字、八行第九字、九行第三字、第一一字、一〇行第五字「名」，資、磧、普、南、徑、清無。

一　二八七頁中八行第一二字、九行第六字、末字、一〇行第八字「安」，資、磧、普、南、徑、清作「安隱」。

一　二八七頁中一二行第二字「調」，資、磧、南、徑、清作「柔」。

一　二八七頁中一二行「得安」，資、磧、普、南、徑、清作「安隱」。

一　二八七頁中一六行第一一字「活」，資、磧、普、南、徑、清作「治」。

一　二八七頁中一七行「食飲」，石、資、磧、普、南、徑、清作「飲食」。

一　二八七頁中一九行「世界」，資、磧、普、南、徑、清作「世間」，下同。

一　二八七頁中二〇行第一三字「貪」，資、磧、普、南、徑、清作「著」。

一　二八七頁中末行第七字「謂」，資、磧、南、徑、清作「所謂」。

一　二八七頁下二行末字「於」，資、磧、普、南、徑、清作「止」。

一　二八七頁下八行「何以故」，資、磧、普、南、徑、清作「所以者何」，下同。

一　二八七頁下一一行「妙好」，諸本作「如妙」。

一　二八七頁下一四行末字至一五行首字「自坐」，資、磧、普、南、徑、清作「坐自」。

一　二八八頁上五行第一〇字「是」，資、磧、普、南、徑、清、麗作「此」。

一　二八八頁上一一行第七字「屎」，徑、清作「糞」。

一　二八八頁上一一行「自應介也」，資、磧、普、南、徑、清作「法自應介」。

一　二八八頁上一五行第七字「得」，諸本無。

一　二八八頁上一八行末字「慈」，資、磧、普、南、徑、清作「憐」。

一　二八八頁上二〇行第三字「嚴」，資、磧、普、南、徑、清作「正」。

一　二八八頁中三行第九字「住」，諸本作「任」。

一　二八八頁中四行「塗香若」，諸本作「若塗香」。

一　二八八頁中六行第八字「往」，資、磧、普、南、徑、清作「住」。

一　二八八頁中一二行「聞四聖諦」，資、磧、普、南、徑、清作「聞是四諦遠塵離垢」。

一　二八八頁中一八行第一〇字「昨」，石、麗作「昨法」；磧、普、南、徑、清作「昨不」。

一　二八八頁下二行第六字「詃」，磧、普、普、南、徑、清、麗作「眩」。

一　二八八頁下四行末字「誑」，石資、磧、普、南、徑、清作「誘」。

一　二八八頁下一三行首字「佛」，資、磧、普、南、徑、清作「爾時佛」。

一　二八八頁下一三行第五字「弗」，資、磧、南、徑、清作「弗言」。

一　二八八頁下一三行、一六行、一九行、二二行末二字至末行首字「菩提者」，資、磧、普、南、徑、清作「無上道」。

一　二八八頁下一五行、一八行、二二行及次頁上一行「離也」，資、磧、普、南、徑、清作「遠離」。

一　二八八頁下一六行末字至一七行首字及一九行「離於」，資、磧、南、徑、清作「遠離」。

一　二八八頁下一七行第八字「世」，資、磧、普、南、徑、清作「女」。

一　二八八頁下二〇行第八字「未」，資、磧、普、南、徑、清、麗作「末」。

一　二八九頁上三行「菩提」，資、磧、普、南、徑、清作「道者」。

一　二八九頁上七行「供給禮敬」，資、

磧、普、南、徑、清作「供養恭敬」。

二八九頁上一一行第二字「又」，資、磧、普、南、徑、清無。

二八九頁上二二行首字「若」，資、磧、普、南、徑、清作「莫」。

二八九頁上二二行第四字「外」，資作「非」。

二八九頁上二二行第八字「諸」，資、磧、普、南、徑、清作「等」。

二八九頁中一行第五字及次頁上一四行第一〇字「法」，資、磧、普、南、徑、清作「事」。

二八九頁中三行「爲出家」，資、磧、普、南、徑、清作「謂出家」；麗作「出家修」。

二八九頁中六行「世界」，磧、南、徑、清作「世間」，下同。

二八九頁中九行「了達」，資、磧、普、南、徑、清作「通達」，下同。

二八九頁中一三行「無上菩提」，資、磧、普、南、徑、清作「成無上道」。

二八九頁中一六行首字「常」，資、磧、普、南、徑、清作「當」。

二八九頁中二〇行「我隨」，資、磧、普、南、徑、清作「隨我」。

二八九頁中二一行「上菩提」，資、磧、普、南、徑、清作「無上道」。

二八九頁中二二行「亦當得菩提」，資、磧、普、南、徑、清作「當得無上道」。

二八九頁下三行首字「修」，資、磧、普、南、徑、清、麗作「能」。

二八九頁下三行第一一字「諸」，資、磧、普、南、徑、清、麗作「謂」。

二八九頁下七行第一一字「說」，資、磧、普、南、徑、清、麗無。

二八九頁下九行首字「等」，資、磧、普、南、徑、清、麗作「無等」。

二八九頁下九行「其神力」，資、磧、普、南、徑、清作「神通力」。

二八九頁下一〇行「擁護法城」，資、徑、清作「守護法城」；磧、普、南作「守護於城」。

二八九頁下一三行第一三字「淨」，磧、普、南、徑、清作「諍」。

二八九頁下一六行「讚諸佛神」，資、磧、普、南、徑、清作「揚諸佛功」。

二八九頁下一七行「能成」，資、磧、普、南、徑、清作「成就」。

二九〇頁上八行第一三字「切」，資、磧、普、南、徑、清作「心」。

二九〇頁上九行第三字「諸」，資、磧、普、南、徑、清作「等」。

二九〇頁上一三行第一〇字「怠」，資、磧、普、南、徑、清作「慢」。

二九〇頁上一六行「是諸心」，資、普、南、徑、清作「是等心」；磧作「衆等心」。

二九〇頁上一七行首字「及」，資、磧、普、南、徑、清作「乃」。

二九〇頁上一七行「亦勿有所依有依」，資、磧、普、南、徑、清作「勿有所依止依止」。

二九〇頁上二二行及次頁下一九

行「行進」，資、磧、普、南、徑、清作「精進」。

一 二九〇頁中二行「進行」，資、磧、普、南、徑、清作「精進」。

一 二九〇頁中三行「習修」，資、磧、普、南作「修集」；徑、清作「修習」。

一 二九〇頁中三行「斷此諸苦」，資、磧、普、南、徑、清作「爲斷此苦」。

一 二九〇頁中六行第八字「神」，資、磧、普、南、徑、清作「威」。

一 二九〇頁中六行「慢心」，資、磧、普、南、徑、清作「憍慢」。

一 二九〇頁中八行「諸衆生」，資、磧、普、南、徑、清作「衆生等」。

一 二九〇頁中一一行第七字「喜」，資、磧、普、南、徑、清作「慧」。

一 二九〇頁中一五行第六字「善」，資、磧、普、南、徑、清作「善來」。

一 二九〇頁中一六行及次頁中四行「勤進」，資、磧、普、南、徑、清作「精進」。

一 二九〇頁中一七行第三字「樂」，資、磧、普、南、徑、清作「深」。

一 二九〇頁中一九行第三字「畏」資、磧、普、南、徑、清作「怖」。

一 二九〇頁中二〇行「行進習」，資、磧、普、南、徑、清作「精進集」。

一 二九〇頁中末行第四字「聽」，資作「應」。

一 二九〇頁下三行「無上菩提」，資、磧、普、南、徑、清作「無上道」，下同。

一 二九〇頁下八行第二字「田」，資、磧、普、南、徑、清作「因」。

一 二九〇頁下一〇行第六字「却」，資、磧、普、南、徑、清、麗作「障」。

一 二九〇頁下一二行及次頁上一七行「淨妙」，資、磧、普、南、徑、清作「清淨」。

一 二九〇頁下一六行第一三字「散」，資、磧、普、南、徑、清作「敗」。

一 二九〇頁下一九行第一一字「密」，資、磧、普、南、徑、清作「巨」。

一 二九〇頁下二一行第四字「雲」，資、磧、普、南、徑、清作「密」。

一 二九一頁上二行第四字「歸」，資、磧、普、南、徑、清、麗作「師」。

一 二九一頁上一〇行、本頁中二行「供給」，資、磧、普、南、清作「供養」。二九三頁上一九行「供給」同。

一 二九一頁上一五行「供奉」，資、磧、普、南、清作「供養」，下同。

一 二九一頁上一六行「尊敬」，資、磧、普、南、徑、清作「恭敬」，下同。

一 二九一頁上一六行第四字「養」，資、磧、普、南、徑、清作「養給事」。

一 二九一頁上一七行「菩薩」，資、磧、普、南、徑、清作「菩薩摩訶薩」。

一 二九一頁上二二行第一三字至末行首字「出於世」，資、磧、普、南、徑、清作「出世間」。

一 二九一頁中五行第八字「日」，資、磧、普、南、徑、清作「目」。

一 二九一頁中七行第八字及八行第

四字「者」，徑、清無。
一　二九一頁中七行第一一字「增」，資、磧、普、南、徑、清作「增長」。
一　二九一頁中一四行第六字「深」，資作「善」。
一　二九一頁中一六行「開數」，資、磧、普、南、徑、清作「數開」。
一　二九一頁中一七行「菩薩」，資、磧、普、南、徑、清作「菩薩摩訶薩亦復」。
一　二九一頁中一八行「嚴淨」，資、磧、普、南、徑、清作「莊嚴」。
一　二九一頁中二〇行「背捨」，資、磧、普、南、徑、清作「解脱」。
一　二九一頁下一行第二字「樂」，資、磧、普、南、徑、清作「隱」。
一　二九一頁下一行末字「有」，資、磧、普、南、徑、清作「勢」。
一　二九一頁下二行第三字「樂」，資、磧、普、南、徑、清、麗無。
一　二九一頁下四行「請說」，資、磧、普、南、徑、清、麗作「說諸」。
一　二九一頁下五行「謂令」，資、磧、普、南、徑、清作「所謂能令」。
一　二九一頁下九行及次頁上八行「諸經」，資、磧、普、南、徑、清作「等經」。
一　二九一頁下一二行「會衆」，資、磧、普、南、徑、清作「衆會」。
一　二九一頁下一五行「業非是」，資、磧、普、南、徑、清作「非」。
一　二九一頁下一六行第九字「福」，資、磧、普、南、徑、清、麗作「智」。
一　二九一頁下末行第一二字至次頁上一行第四字「稱歎如是大乘經」，資、磧、普、南、徑、清作「稱揚讚歎是大乘」。
一　二九二頁上二行「微少緣」，資、磧、普、南、徑、清作「微因緣」。
一　二九二頁上四行「得勝解」，資、磧、普、南、徑、清作「勝解脱」。
一　二九二頁上五行、一四行、一五行「得解」，資、磧、普、南、徑、清作「解脱」。
一　二九二頁上五行末字「曰」，資、磧、普、南、徑、清、麗作「白」。
一　二九二頁上六行第九字「語」，資、磧、普、南、徑、清作「說」。
一　二九二頁上七行「信習」，資、磧、普、南、徑、清作「修習」。
一　二九二頁上一〇行第一二字「如」，資、磧、普、南、徑、清作「而」。
一　二九二頁上一二行「諸到」，資、磧、普、南、徑、清作「顛倒」。
一　二九二頁上一四行第一三字及一五行第七字「解」，資、磧、普、南、徑、清作「解脱」。
一　二九二頁上一六行第五字「解」，資、磧、普、南、徑、清作「脱」。
一　二九二頁上一七行「如是癡人爲瞋」，資、磧、普、南、徑、清作「是愚癡人瞋恚」。
一　二九二頁上一八行「嫉慢」，資、磧、普、南、徑、清作「嫉妬悋慢」。
一　二九二頁上一九行「貪恚愚癡之所燒害」，資、磧、普、南、徑、清作

「貪欲瞋恚愚癡所害」。

一 二九二頁上二〇行「離於」，資、磧、普、南、徑、清作「遠離」。

一 二九二頁上二二行「離之」，資、磧、普、南、徑、清作「遠離」。

一 二九二頁上二二行第一三字「爲」，資、磧、普、南、徑、清作「但爲」。

一 二九二頁中一行「精進」，麗作「行進」。

一 二九二頁中二行「有智」，資、磧、普、南、徑、清作「智慧」。

一 二九二頁中五行「正智」，資、磧、普、南、徑、清作「智慧」。

一 二九二頁中五行末字「久」，磧、南作「所」。

一 二九二頁中六行「菩提」，資、磧、普、南、徑、清作「道」。

一 二九二頁中一〇行末字「毀」，資、磧、普、南、徑、清作「毀恥賤形笑」。

一 二九二頁中一三行「依於」，資、磧、普、南、徑、清作「依止」，下同。

一 二九二頁中一四行及一九行「法而」，資、磧、普、南、徑、清作「止法」，下同。

一 二九二頁中一七行第五字「法」，麗無。

一 二九二頁中二〇行第三字「人」，資作「是」。

一 二九二頁中末行第一一字「知」，資、磧、普、南、徑、清作「智」。

一 二九二頁下七行「淨如空」，資、磧、普、南、徑、清作「如虛空」。

一 二九二頁下八行首字「無」，資、磧、普、南、徑、清無；麗作「滿」。

一 二九二頁下九行「諸結」，資、磧、普、南、徑、清作「煩惱」。

一 二九二頁下一一行第二字「惡」，資、磧、普、南、徑、清作「醜」。

一 二九二頁下一六行第九字「能」，磧、南、徑、清作「等」。

一 二九二頁下一七行「導師」，資、磧、普、南、徑、清作「道」。

一 二九二頁下二〇行「一切結」，資、磧、普、南、徑、清作「諸煩惱」。

一 二九二頁下末行「福德」，資、磧、普、南、徑、清作「功德」。

一 二九三頁上一行「宰孽」，資作「灾孽」；磧、南作「戕孽」；普、徑、清、麗作「栽孽」。

一 二九三頁上四行第七字「我」，資、磧、普、南、徑、清作「我心」。

一 二九三頁上五行首字「閑」，資、磧、普、南、徑、清無。

一 二九三頁上五行「依於法行」，資、磧、普、南、徑、清作「依止於法」。

一 二九三頁上九行「擁護」，資、磧、普、南、徑、清作「守」。

一 二九三頁上一一行末字「舍」，資、磧、普、南、徑、清作「時舍」。

一 二九三頁上一三行第三字「住」，資、磧、普、南、徑、清作「信」。

一 二九三頁上一六行「多所知識」，資、磧、普、南、徑、清作「多知多識」。

一 二九三頁上一七行「離衆」，資、

磧、普、南、徑、清作「遠離」。

一　二九三頁上一八行及一九行「阿羅漢」，資、磧、普、南、徑、清作「羅漢」。

一　二九三頁上末行「儀法」，資、磧、普、南、徑、清作「威儀」。

一　二九三頁中二行「有知」，資、磧、普、南、徑、清作「知多」。

一　二九三頁中三行「諸結充溢」，資、磧、普、南、徑、清作「煩惱充滿」。

一　二九三頁中四行「得聞如是」，資、磧、普、南、徑、清作「聞如是等」。

一　二九三頁中七行「欲懷」，資、磧、普、南、徑、清作「破壞」。

一　二九三頁中一三行第一四字「斬」，資、磧、普、南、徑、清作「調」；麗作「漸」。

一　二九三頁中一四行第五字「讃」，資、磧、普、南、徑、清、麗作「讀」。

一　二九三頁中一五行「礼敬」，資、磧、普、南、徑、清作「供養」。

一　二九三頁中一五行及一七行「懱慢」，資、普、徑作「憍慢」。

一　二九三頁中一五行末字「鬪」，資、磧、普、南、徑、清、麗作「鬧」。

一　二九三頁中一六行「深妙」，資、磧、普、南、徑、清作「甚深」。

佛說華手經卷第九　　信

後秦龜茲國三藏鳩摩羅什奉　詔譯

不退轉品第三十

佛告舍利弗如來今當斷汝等疑亦令將來讀誦是經說者受者皆得斷疑舍利弗如來名為一切智者一切見者一切說者無法不見無法不聞無法不覺無法不知了達三世無所罣㝵舍利弗如來名為無等等者於一切法悉得正解自然自在无有所歸如來今欲於大衆中作師子吼置是愚人行邪道法不須廣說若善男子善女人發阿耨多羅三藐三菩提心於是法中應當一心勤行何以故應作是念諸佛無量阿僧祇劫所樂阿耨多羅三藐三菩提法我於是中若生懈怠必當不信違逆不受不能達知舍利弗菩薩若行四法則壞諸佛無上菩提何謂為四離於善友屬惡知識隨其所學毀壞大乘是名初法又舍利弗菩薩有所得見深計我心聞甚深經便大驚畏當墮大坑是第二法又舍利弗菩薩雜學外道經書巧於諍論多人所敬是人不能自調伏心亦復不能調伏諸法不調伏故不行大乘是第三法又舍利弗菩薩毀禁不能隨順佛所制戒聞是深空淨妙戒法心不了達不能信樂違逆不受是第四法菩薩有四法不能信受毀壞菩提尒時世尊欲明此義而說偈言

若近惡知識　亦隨其所行　故不樂佛道
壞無上菩提　雜學外經典　善巧諸諍訟
其有發言者　即皆能破壞　雖自稱智者
而實是愚癡　以如是緣故　不信於菩提
若人貪著我　隨有所得見　聞是甚深法
而生大驚畏　是人不能解　如實空寂滅
不了達菩提　亦不能信樂　以破戒緣故
能起不善業　不能隨順學　如佛所說戒
惡口而兩舌　好出他人過　如是不善人
無惡而不造　是故當遠離　不信菩提道
隨我所讚法　常當勤修學　若人欲見佛
欲知如是法　當安隱持戒　從是生真智
若人持淨戒　菩提心轉固　以深淨持戒
能滅惡覺觀　故求菩提者　當深淨持戒

是人於佛道　無有所疑難
又舍利弗菩薩有四法能護佛道何謂為四自行持戒深發喜心安住戒中傳聞正典不雜邪論聞佛經法能勤讀誦常樂獨處順道離行舍利弗菩薩若成如是四法能護佛道尒時世尊欲明此義而說偈言
菩薩住戒中　不以戒自高　更求甚深法
決定微妙義　以第一深法　求無上菩提
但修佛正法　不習外道論　終不樂讀誦
路伽耶經典　不好識刾論　但擁護佛法
常行寂滅法　樂住空閑處　無有諸色欲
能娆乱心者　我今所讚歎　是微妙四法
為成佛道故　汝等當修學　我於世世中
常行如是法　擁護佛法已　故能成大智
護持佛法故　不墮戢惡道　常生尊貴處
為衆所侍衛　能得大財富　而不為放逸
速以造福業　知財無常故　若施則屬我
不施非已物　我身及財產　命終皆捨去
能得善眷屬　亦得善知識　父母諸親族
能令住佛法　常樂行善法　亦令他信樂
以是得大喜　我修正法故　常生於世界
富貴族姓家　所生不放逸　常樂行善法

於身命財利　不生堅固想　諸佛甚難值
無難處亦難　見佛得无難　能起大利益
心常樂出家　因是生智慧　心生大喜悅
而求最勝慧　常安住法中　能起无上道
又舍利弗菩薩有四法心常喜悅修道自慰能自了知必當作佛名聞十方何謂為四內外所有能盡慧施安住戒中修諸福德於衆智中為最尊勝為深法故不惜身命有讀誦是深經者能加供奉礼敬救護具此四法心常喜悅能自安慰我必作佛名聞十方尒時世尊欲明此義而說偈言
悉捨諸財產　安住淨戒中　衆智中最勝
不疑空寂法　若見有讀誦　受持及演說
如是深經者　供以衆樂具　是故此菩薩
常喜心行道　能自記作佛　常為世中尊
若過去未來　今現在諸佛　皆為授記言
汝必當速覺　若人隨學此　諸佛所學法
當知是菩薩　安住無上道　此法佛所讚
諸菩薩所行　是人住其中　故能成佛道
譬如以坏瓶　從高而墜下　中間無有㝵
當知必破壞　菩薩亦如是　能修習此道
中間無㝵者　必當得作佛　譬如人織作

以經緯相次　於中無妨㝵　能速得成就
菩薩亦如是　常修習此法　於中不懈怠
乃至得成佛　若人於良田　稼植諸果樹
時時加溉灌　漸令得滋茂　時隨而養護
為障風寒熱　此樹漸增長　榮欝妙華實
其蔭甚清凉　令人樂止息　華果給衆生
為之作利益　菩薩亦如是　始種菩提心
漸修菩薩道　諮問多聞者　以時行慧施
常淨行禁戒　諸餘菩薩法　亦行不懈息
如是次第行　當坐於道場　壞破諸魔軍
成無上菩提　隨時轉法輪　世界所不轉
漸度脫衆生　將導无量衆　如是大智人
發此無上心　世世不退轉　乃至成菩提
是故汝等今　當漸修此法　時至當作佛
隨時轉法輪
又舍利弗菩薩有四法終不退轉無上菩提捨身當為轉輪聖王得隨意福得大身力如那羅延作轉輪王捨四天下而行出家旣出家已能得自在修四梵行命終當得生梵世上作大梵天何謂為四舍利弗菩薩若見塔廟毀壞當加修飾乃至一塊若一摶泥是為初法乃至得作大梵天王

又舍利弗菩薩若於四衢道中多人
觀處起佛塔廟造立形像為作念佛
善福之緣若轉法輪及出家相若坐
道場若壞魔軍若現神力若般涅槃
若從天上來下之相是第二法乃至
得作大梵天王又舍利弗菩薩若見
比丘僧壞為二部衆諍訟瞋恚不相
過惡菩薩尒時勤求方便令其和合
是第三法乃至得作大梵天王又舍
利弗菩薩若見佛法欲壞能讀誦說
乃至一偈令法不絶勤行修進為護
法故敬養法師專心護法不惜身命
是第四法菩薩若成是四法者世世
轉身作轉輪王得大身力如那羅延
捨四天下而行出家既出家已能得
隨意修四梵行命終當得生梵世上
作大梵王尒時世尊欲重明此義而
說偈言

若見佛塔壞　能勤加修飾　菩薩以是故
當得大身力　於四衢道中　造立佛塔廟
顯亦佛德相　令衆心得淨　故獲大福報
名聞廣流布　亦得大眷屬　多人所稱讚
若見僧毀壞　更共相諍訟　方便令悔過

還使得和合　以是福緣故　勇健無能勝
能護大身力　猶如那羅延　見佛法欲滅
無有信受者　能一心救護　不貪惜身命
見護持法者　加供奉礼敬　為諸天侍衛
諸佛所護念　以救護法者　當如轉輪王
遊行四天下　以法化諸國　雖治諸國界
而不為放逸　能惡厭衆欲　捨國行出家
能修樂四禪　具諸神通力　淨修四梵行
常樂諸善福　於此命終已　得生梵世上
於諸梵天中　當為自在王　是四上妙法
諸佛所稱讚　我本為菩薩　亦親近修習
隨所聽聞法　如說而修行　具足到彼岸
逮無上菩提　若人能修學　我本所行法
世世常尊貴　大力難沮壞　常得人中尊
切利諸天王　亦於欲界中　得作自在王
又至色界中　而作自在王　一切處尊貴
誰不行是道　能淨持禁戒　能深有慚愧
所願皆得成　住諸善福本　勤修行不怠
具行忍禪定　得無上大智　明了一切法
百千万億種　無量方便法　皆悉能成辦
逮知其義趣　能於一句中　演散无量義
善巧衆伎術　常於中最勝　常得大智慧
辯才無有量　專心行菩提　捨離餘智慧

常行質直心　善修正見故　能得值諸佛
捨離一切難　是乘為最大　諸佛之所讚
於是微妙乘　不限諸過咎　不限諸盲者
亦不限聾者　及瘂殘百病　喑啞諸醜陋
亦不限貧窮　及失福德者　不限造惡業
惡趣因緣者　誰聞讀是乘　無一切諸惡
而當不修學　唯除樂惡者　是故求智者
當求是佛慧　修學此慧故　到諸法彼岸
我世世所生　常處尊貴家　端正力勇健
具足諸眷屬　我初不懈怠　勤修行於進
能淨持禁戒　常一心行慧　隨我過去世
所修行善法　令皆受是報　汝等具且觀
過百千万億　無數那由他　於尒所世界
我智悉通了　亦悉知是中　一切衆生心
又知其所行　及深心所樂　我知其所應
化以菩提心　亦知調伏心　又能令熾然
我以佛眼見　是世界衆心　知所應教化
拔濟生死中　隨時住說法　教化亦導之
現諸神通力　皆令得歡悅　衆生若貪著
身色及財富　為現諸過失　因是得涅槃
若人有深縛　依於諸邪見　亦為示有見
令知其過咎　隨衆生所貴　種種諸形色
我即為化現　亦令知正道　是人得法已

歡悅心加敬　即念言是佛　愍我故教化
即時歸依我　又歸依聖法　然後漸令得
拔諸苦惱箭　為是人說法　令得寂滅道
是人聞我法　漸漸至涅槃　如我知現在
諸法悉无㝵　於過未来世　其知亦如是
佛身甚高大　不可得限量　大神通力者
尚無能見頂　佛力無有量　亦无有邊際
以是無量力　弥覆恒沙界　何等是如来
真實形色相　一切衆生類　無能限量者
若有衆生来　欲見佛形色　即見種種身
不能取定相　見佛變化身　心得大歡悅
能至於涅槃　是道無生相　故不可思議
除斷我癡冥　法明照於世　當說如實法
隨諸法性相　得大神通力　現諸希有事
衆生若見者　漸斷一切疑
尒時世尊告選擇言善哉善哉童子
汝於我法欲出家也唯然世尊即時
如来而說偈言
雖不服染衣　心無所染者　則於佛法中
是名真出家　雖不除飾好　能斷諸結縛
心無縛無解　是名真出家　雖不受禁戒
心常離諸惡　開定慧德行　是名真出家
雖不受持法　能壞諸法故　離一切法相

世尊我發心　願當如法王　聞不思議法
而發大莊嚴　請一切衆生　設大法施會
作是師子吼　如所說能成　世尊我從今
永不貪家屬　令於佛法中　出家修正道
出家修進行　及禪定智慧　故遂是正覺
今我亦修學　我深生欲樂　願速聽出家
剃鬚被法服　常修行上法　當以知見力
簡擇是世界　我當為世尊　唯願聽出家
我無衆生想　無有衆生故　達知是法已
當為衆生說　破魔軍衆已　恐怖諸外道
壞裂邪見網　為衆作大利　我行安樂道
種種稱讚我　是則為錯謬　一切衆生類
無能見佛身　乃至以天眼　亦所不能觀
汝等今所見　是佛神通力　真佛身相者
不可得思議　佛於一毛孔　所現神通力
所利益衆生　尚不可思議　於一毛孔中
出無數億光　能過恒河沙　無量諸世界
汝等今讚我　真坐於此衆　十方世界中
亦各自謂尒　我以一切智　說佛智慧力
猶尚不能盡　而況諸聲聞　諸佛難思議
法亦難思議　若能信此者　報亦難思議
尒時會中有七歲童子名曰選擇從
坐而起合掌向佛而說偈言

是名真出家　若不分別我　亦不得衆生
而心不退没　是名發菩提　若發菩提心
不得盡心相　無得而不動　是人不可壞
尒時舍利弗作如是念今此童子發
意已来其已久如佛乃為說是甚深
法時舍利弗以偈問佛
是選擇童子　所行為多少　聞是甚深法
而心不驚畏　是人於先世　曾見幾所佛
聞此甚深法　即便能信受　曾從幾如来
聞如是深法　今聞世尊說　而心不退没
即時世尊以偈答曰
是選擇童子　曾於此世界　從無量諸佛
聞是甚深法　我知此童子　鴦伽摩伽國
所聞諸佛法　修行菩薩道　能明了達知
陰界并諸入　及知三脫門　是處及非處
迦尸憍薩羅　此中所聞法　我皆悉知見
亦如上三國　是選擇童子　已到智彼岸
善法極增長　故得如是智　筭數諸伎藝
及世界文頌　如是諸智事　悉皆不忘失
一切世界知　無不可廢忘　出世之智慧
謂知諸法空　若人能了達　一切法空相
經歷無量劫　終不失此智　是名大智慧
能滅諸煩惱　樂此空智者　於法無惱患

時舍利弗問童子言汝於佛法欲出
家也童子對曰不欲出家我今即為
已出家也時舍利弗以偈問曰
我今不見汝　身被染法服　亦不剃鬚髮
云何言出家　汝亦無應器　和尚阿闍梨
又不受禁戒　云何名出家　於何衆受戒
誰為白羯磨　此是佛法中　次第出家法
汝無此衆事　云何名出家　如是諸所問
當見如實荅
時選擇童子以偈荅曰
若不著袈裟　不著非袈裟　不捨不受法
名著真袈裟　我受智袈裟　不生諸憂惱
是衣淨無垢　我常著此服　斷除諸結使
則為剃鬚髮　慧力所斷故　後更不復生
我器不思議　能受一切法　不盈亦不減
常持衆生法　我自行善法　終不從他受
自成一切智　是受具足戒　佛為我羯磨
觀諸法等故　常修行佛道　隨逐於諸佛
是名我出家　亦是我戒法　是則我衣鉢
亦是白羯磨　我所行無量　於尊法造業
從一佛國界　復至一佛土　安處於道場
行不思議施　我終不獨食　當共無量衆
介時世尊諦視童子即時童子鬚髮

自墮袈裟著身如新除鬚七日之後
得五神通即於其處忽然不見時此
世界地大震動衆生恐畏天鼓自鳴
百千伎樂同時俱作有大光明普照
天地時佛微笑種種妙色無量焰光
從口而出三遶世界還從頂入介時
阿難偏袒右肩合掌向佛以偈問曰
衆中最勝調御師　行上福德巍巍尊
智慧通達無障导　今問普智無上覺
世尊何緣故微笑　佛不妄笑必有因
誰應從佛得受記　唯願世尊斷我疑
世尊口出大光明　其明普照諸世界
周帀遶此世界已　還從頂上入不現
當為何人作利益　誰於佛慧得受記
故使世尊現微笑　大光普照佛世界
令是世界悉莊嚴　一切衆生皆悅樂
而心安靖不放逸　現如是等神通力
佛告阿難汝今見是選擇童子身被
法服即於此處忽然不現耶阿難對
曰唯然已見阿難當知今是童子於
此滅已即便現於阿閦佛土妙喜世
界盡彼壽命淨修梵行即於是身續
增其壽如此天帝釋提桓因即於現

身更增壽命選擇童子即以此身從
一佛土至一佛土亦於諸國續增壽
命如是展轉經無量阿僧祇劫未曾
離佛於諸佛所皆以現身續增其壽
過無量阿僧祇劫後後當得無上菩
提得成為佛号曰大智選擇其佛世
界名常照明阿難彼土衆生終不受
胎皆悉化生於蓮華上結加趺坐彼
佛國界具如是等種種衆妙福德莊
嚴阿難菩薩有四法轉身當作善來
比丘終不受胎蓮華化生即於現身
續增壽命何謂為四自樂出家亦勸
他人令行出家亦為佐助出家因緣
即出家已為之說法示教利喜是名
初法復次阿難菩薩自能勤行求諸
佛法亦化他人勤行求法是第二法
復次阿難菩薩自行和忍亦化他人
令住忍中是第三法復次阿難菩薩
自能習行方便深發大願亦化他人
令行方便及發大願是第四法阿難
菩薩若成是四法者轉身常作善來
比丘終不受胎蓮華化生即於現身
續增壽命復次阿難菩薩若成四法

終不退失無上菩提何謂為四菩薩堅固深發無上菩提之心常樂見佛聽法無猒常行實語不樂欺誑阿難菩薩若成是四法者於無上菩提終不退轉即時世尊欲明此義而說偈言

堅固深發心　常樂見諸佛　聽法無猒足
常住實語中　見苦惱衆生　深生慜念心
知衆生心已　隨應而說法　是人常聽法
其心無猒足　常發勤修行　增長智慧故
常為誠信者　安住實語中　其有所言說
終無有錯謬　若於是四法　隨時而修學
當得佛菩提　轉無上法輪　我說是法中
得無量果報　誰聞如是法　而不修學者

復次阿難菩薩摩訶薩若成四法終不忘失無上菩提諸天龍神皆来勸助常不離於衆聖福田若無諸聖便於衆會自為福田何謂為四菩薩摩訶薩勤行不懈教化衆生令發無上菩提之心勤行不懈供奉如来為求法故以尊敬心供奉法師若見衆生恐畏苦惱施以無畏阿難菩薩若成是四法者世世不失菩提之念尒時世尊欲重宣此義而說偈言

供奉諸佛　尊敬佛法　亦以敬心
供奉法師　見諸苦惱　恐畏衆生
即施無畏　救諸苦惱　以是善根
常得見佛　天神勸言　當勤修行
若不見佛　及佛弟子　若辟支佛
諸聖福田　能自出家　修寂滅智
入深禪定　起五神通　得神通已
遊諸世界　入諸聚落　令衆住法
衆生聞已　離於不善　不起惡業
轉相敬順　衆生從是　皆得安樂
彼以法尊　我亦如是　人自行法
得是福德　自利利他　誰不行善
故求佛道　當行是法　終不失佛
不思議智
我本修是法　度善福彼岸　了達是法已
得無上菩提　我實是世雄　亦世界冣勝
又世界冣勝　無上妙智慧

阿難以是緣故當知菩薩能行是法利益衆生則能修習具足佛法阿難乃往過去無量无邊阿僧祇刧即於此界閻浮提處有大國王名曰方音王大夫人生一太子時諸天神同聲唱言行善法人今出於世王聞是

聲即時驚恠何名為法何名非法阿難是王太子漸漸長大至年七歲詣父王所稽首礼足於一面立問父王言云何為法云何非法時方音王以偈荅曰

行施持戒斷愛欲　行忍堅住諸善福
離煞盜婬諸不善　是名諸聖所讚法

尒時太子以偈問曰

父母所說法　若在家治國　可得遍行耶
願時荅此義　可行不可行　唯願如實荅
實語度惡道　不畏墮地獄　妄語墮惡趣
當受無間苦　是故勿妄語　如實為我說

時方音王以偈荅曰

若在家治國　不能具諸善　刀杖楚害人
是中何有法　若人不從命　我瞋發惡心
強奪他財物　繫閉加楚毒　我若出遊觀
民衆悉恐畏　皆念王今出　我等遭何罪
若我處正坐　有司將罪人　羅列在我前
言王隨意治　我審其罪咎　即便加楚害
但為他事故　自起衆罪業　若縱則相妨
國界則乱壞　故我苦切治　民衆則恐畏
言王大威嚴　甚惡無慈愍　誰當住此國
敢不隨教令　時太子法行　從王聞此偈

生厭心白王　我欲具行法　我不貪國位
為他起罪業　當捨離父母　出家具修法
若王不見聽　我今當自害　飲毒自墜高
或以刀自殺　王聞子誓已　即大憂惱言
汝隨意自娱　我當治國事　當恣汝財産
遊戲諸林館　何用是出家　為人所形笑
盛年受五欲　老至當出家　命促難保信
儻末生厭心　荅言受世樂　無厭增瞋惱
出家離衆穢　當修行慈喜　獨在空閑野
於是起淨樂　當依止此處　持戒修梵行
王可共出家　國民衆何益　為他造惡業
自受地獄苦　吞食熱鐵丸　及飲沸消銅
邪行起罪業　宛轉地獄中　鐵釘釘其體
熱鐵鍱纏身　又以鐵犁牛　耕裂壞其體
獄卒甚可畏　青眼而黄頭　持人到爍濩
鐵扠迴轉身　經歷千万歲　備受衆苦惱
罪業深重故　求死不能得　若從濩湯出
復入大火坑　其身猛焰起　如焚乾竹林
若得出火坑　即復墮火山　從火山下出
復入沸屎坑　是中沸焰起　鐵嘴蟲噉身
無量億千歲　踊没於其中　或於此得脫
復入竹剌林　猛火大焰起　熱炭燒爍身
入此林中時　四面大風起　鼓動此竹林

剌割其身體　或從此得出　即復入刀林
枝葉如劍戟　刀矟及戈鉾　即入此林時
四面起暴風　飃雨諸鋒刃　段段割截身
如是雨刀劍　割截身體時　無量億千歲
苦毒不可忍　或於此得出　即入灰河中
皮肉悉爛盡　唯有骸骨連　經歷無量歲
具受衆苦惱　或從此得出　復入消銅河
融銅沉溢滿　擊浪震大音　迴旋百千帀
波湧而楊濤　經流地獄塹　罪人悉入中
即墮此中時　波浪所顛覆　不能得崖底
漂沒於中流　或從此得出　羅剎在岸邊
黄眼而長齒　還捉收縛之　捉已而問言
汝欲何所求　荅言我飢乏　唯須食為先
即時惡羅剎　置熱鐵地上　令吞熱鐵丸
燒爛其五藏　内外俱燋然　遥見大鹹河
謂是清冷泉　奔走自投身　若於此得脫
還入沸屎地　刀山及火坑　輪轉此衆苦
王富貴無常　不久當敗壞　身命及尊貴
佛說皆無常　故當受我言　捨國共出家
命終當生天　亦得離衆苦　出家處空閑
修淨戒禪定　常樂行慈悲　及修空寂滅
尒時自當知　無有與等者　得寂滅安樂
猶如大梵王　太子如是說　時王及夫人

并餘一切衆　無能障㝵者　王子出家已
求法行禪定　具足五神通　為衆演說法
修行寂滅心　樂說空無我　諸法無縛解
當說如是法　諸人今皆當　一心正觀法
是陰界入中　何有我我所　百千億衆生
聞法已出家　父王及夫人　亦於法出家
是人出家已　發如是願言　王子所求法
願我皆得之　隨學是菩薩　皆發無上心
隨其所說法　成佛入涅槃　阿難彼王子
求法化父母　令住佛法者　汝謂異人乎
阿難汝勿疑　今則我身是　為衆作大利
令住佛道中　我從發意來　常一心求法
勤進力堅固　終無有懈息　我當修是法
無有懈惓心　終不生狐疑　當得佛道不　常志樂菩提
修習上精進　求法以樂心　故得冣勝慧
若人求菩提　當如我修學　終不退失利
成佛轉法輪

為法品第三十一

佛告阿難菩薩有四法聞所說法達其意趣能得智慧得堪受法得堅固念具足義法何謂為四發勤修行求如是等甚深經法得是法已如所說住自住於法亦能勸導令多衆生入是法中入法中已能為解說亦教利

喜尒時世尊欲明此義而說偈言
菩薩求深法　能得無上樂　未得如是法
終不中懈怠　聞是甚深法　於獨處思惟
如是所聞法　常一心修學　能教化他人
令如已所住　非但以言說　身行引導之
復次阿難菩薩摩訶薩為斯法故常
修法師作是念言我所不聞不知之
法或當乖乎失是法利尒時世尊即
說偈言
若有多聞人　常隨逐親近　覘之如法王
為修樂法故　我所未聞法　不知其義趣
因緣或乖錯　則失是法利　生堅固行進
捨離一切欲　常求決定法　以增真智慧
親近有智人　多聞及利根　為衆所尊敬
能持此經者
復次阿難菩薩摩訶薩如所聞法廣
為人說而不為法之所傷害阿難云
何為法之所傷害若有比丘貪著名
稱衣服飲食卧具湯藥種種利養為
他讚說隨順頭陁甚深淨戒空相應
法又自不能如說修行是名比丘為
法所害尒時世尊欲明此義而說偈言
菩薩聞是法　為大衆廣說　當如佛所行

勿為法所害　勿為資生故　亦勿為稱讚
恒以慈悲心　而說無上法　於苦惱衆生
而起大慈悲　當一心說法　為利衆生故
若人以利養　為大衆說法　依於世利故
則為法所害　當隨從智者　如其所說學
不為法所害　是名擁護法　十方諸世尊
皆稱讚是人　善哉能說法　亦住此法中
復次阿難菩薩摩訶薩若求法時不
取法師惡覘嚬慼輕賤傲慢如是諸
過恒如所應一心求法阿難菩薩云
何如應求法若諸師長如法教授安
住其中為具足法勤加修行以諸衣
服飲食卧具湯藥所須而供奉之是
名菩薩如應求法尒時世尊而說偈言
菩薩求法時　不取法師過　隨為他人說
亦自住其中　菩薩求法時　如所說應住
如法而求法　安住是法中　是故求法者
應如所說住　是名為初法　謂能如說行
故能證寂滅　如我之所說　我本學是法
能得是菩薩　常應勤求法　於法生敬心
所從聞法者　應生世尊想　應作如是念
此則我大師　是人開導我　令住正道中
是則我世尊　心常如尊敬　因是大師故

捨離於世樂　阿難汝當知　乃往過去世
過無量无邊　不可思議劫　有佛現於世
号須弥山王　是佛滅度後　弟子達須羅
利根有大智　為衆讚說法　決了甚深義
達知陰界入　能到戒彼岸　分別阿毗曇
善修三學法　堅持佛法藏　須弥山王佛
加其神通力　求諸佛大智　了達甚深法
是比丘福德　說之不可盡　時華大城中
有豪貴長者　富有諸財產　福德放高明
其名為樂善　多人所宗敬　持戒有德行
名聞廣流布　是長者一時　到達須羅所
隨即以聞智　隨宜為說法　長者聞法已
喜心發是言　我所有財產　盡以相供給
時彼比丘言　善哉能大施　聞法得信解
是佛法根本　以所有財物　奉上法師已
於二十歲中　常隨為給侍　是樂善長者
隨從法師時　得聞種種法　心終無猒足
又發如是心　欲種種供施　如是供施時
心終不懈倦　一來問訊時　持二十億金
以奉上法師　即皆為受用　常如是數數
隨時而供給　以是供給故　心得大歡悅
達須羅法師　所將諸弟子　亦復皆供給
各以千兩金　既奉尒所金　又各獻三衣

一一衣價直　二十億兩金　又為達須羅
及諸比丘衆　各各起房舍　高廣甚嚴好
造一一諸塔　各二十億金　牀榻諸被褥
皆具足嚴飾　法師常隨時　於此中說法
為衆作大利　乃至終其壽　是樂善長者
加供奉其尸　積衆香闍維　起塔百由旬
七體七寶塔　以盛師舍利　安置大塔中
常華香供養　此樂善長者　如是設供已
終值無量佛　永不墮惡道　是善福緣故
八十億劫中　常為大梵王　亦恒見諸佛
又八十億劫　為忉利天王　常得見諸佛
以種種供給　又於尒所劫　為轉輪聖王
常能見諸佛　亦皆深供奉　從是巳次第
復得值無量　無數阿僧祇　那由他諸佛
既值無量佛　亦无量供奉　能問諸佛道
佛亦隨義荅　阿難汝謂彼　於華大城中
大名聞長者　為是異人乎　汝勿懷此疑
即今我身是　我尒時奉事　達須羅法師
為具佛法故　作如是供給　是善根緣故
得無上菩提　我供給法師　所造諸德本
能獲大果報　至今猶不盡　我從是因緣
世世轉高尊　得見無量佛　亦聞諸佛法
彼諸佛所荅　亦如我今說　是名真佛道

汝等當修學

阿難白佛言甚奇希有如來乃從久遠已來深積德本於過去世常得尊貴世尊達須羅比丘今為現在為入涅槃佛告阿難是比丘今未入涅槃於我法中行菩薩道阿難復言希有世尊樂善長者供事法師因是德本逮無上菩提而是法師今猶甫尒行菩薩道佛告阿難是達須羅不能如我發菩提心恒以樂道而求菩提捨是苦行阿難我於長夜常以苦道求阿耨多羅三藐三菩提我本修行菩薩道時作如是願若有衆生多隨惡業墮三惡道備受諸苦我於尒時當成正覺度脫此諸苦惱衆生阿難是達須羅所修行願說不可盡筭數譬喻亦不能明以大行施深發無上菩提之心以此善根作如是願若我修行菩提道時其有衆生未入法位及求聲聞辟支佛者此諸衆生得見我身若聞我名皆得必定無上菩提阿難白佛言世尊是達須羅法師受彼樂善上供給者今或在此大衆會中

佛告阿難達須羅比丘在此衆中今於我前立者是也

歎會品第三十二

阿難白佛言希有世尊今此大衆行淨人會佛言如是如是阿難如汝所言此衆皆是行淨人會謂諸菩薩摩訶薩衆阿難此會大衆為師子會无所畏會為大龍會為殊特會無比之會阿難白佛言世尊何故名為大人會為師子會阿難於一切法破大無明利益無量無數衆生發大願故名大人會是諸菩薩發大莊嚴能攝一切諸佛法故名師子會又復阿難如師子王處深谷中隨所住處諸小虫獸不能得近以不堪受其氣響故若有近者聞其氣響即皆躃地阿難是菩薩會諸大人會大師子會殊特之會及無比會亦復如是隨所在處魔若魔天魔所使人不得嬈近或來近者即得苦惱恐畏心悔還沒不現不堪菩薩大神德故阿難如師子王三發聲吼其聲遍聞一由旬內上下亦各徹一由旬阿難是師子吼諸小師

子尚皆怖畏况餘鳥獸白香象王聞其吼聲亦皆怖畏不能自制失聲大呼阿難是菩薩會大師子會无所畏會諸新學者假名菩薩如小師子聞大吼聲即時潛伏阿難是大衆中諸惡菩薩貪著利養求廣名稱聞大菩薩說甚深法皆大驚畏墜深坑谷何以故是大菩薩說空無相无作之聲諸小菩薩著於吾我陰界諸入亦著持戒禪定智慧者諸道果亦著涅槃及諸佛故不能堪受阿難於佛法中何謂為空無相无作我雖說空而於其中無法是空亦無所屬無以為空亦無處所阿難我說無相此中無法可名無相亦無所屬亦無有法以為無相亦無處所阿難我說無作是中无法可名無作亦無所屬亦無有法以為無作亦無處所阿難如来雖說是可斷法而於此中無可斷法亦無斷者無用斷法無所斷處阿難如来雖是可證法而於此中無所證法亦無證者無用證法無所證處阿難如来雖說是可修法而於是中無所修法亦無修者無用修法亦無修處阿難如来雖說是散壞法而於是中無法可壞亦無壞者無用壞法亦無壞處阿難如来雖說是有為法而無有法是有為也亦無所屬亦無所用是有為法阿難如来雖說是無為法而於其中無无為法亦無所屬亦無所用是無為法阿難如来雖說垢法而於是中無法是垢亦無所屬亦无所用是垢法也阿難如来雖說淨法而於是中無法是淨亦無所屬亦無所用是淨法也阿難是則名為一切法印不可壞印不可變異於是印中亦无印相阿難若諸菩薩能得此印是名真實人中師子能獨步者无驚畏者以師子吼恐諸外道皆令潛伏降諸魔衆諸貪著者所不能及怖增上慢動我見者不信魔使悅諸佛子能為十方一切衆生聞佛法藏能建法幢擊大法鼓吹大法螺令諸佛子得飲法味分別法施能演說法充足善入阿難如師子王從所住出三發聲吼師子子聞是聲已喜而奮迅无所怖畏顧視四方阿難是諸大智師子之會無恐畏會大智士會為真菩薩深發無上菩提心者善根未熟若聞如是諸法實相師子吼聲不驚不畏更增喜心阿難如師子王隨所住處獨步無畏如是大師子會無恐畏會有於佛法發大莊嚴發無等侶無二莊嚴作如是念我當獨得成無上菩提當無等侶證諸佛法阿難如師子王有師子牝若懷姙時一受無二阿難是師子會無恐畏會大菩薩會所有菩薩發大乘心更不受二乘之念阿難如師子王欲害衆獸若大若小等加一力阿難是師子會無恐畏會大菩薩會所有說法皆以一心普令等解是故阿難今此大會名師子會

上堅德品第三十三

尒時會中有一比丘名曰堅意即從坐起偏袒右肩恭敬合掌白佛言世尊我欲供奉是經法故亦欲供奉三世諸佛及諸菩薩學是法者亦欲勸助令增善根以是事故今以所珎奉上世尊即以上衣散如来上又執中

衣而語佛言今以此衣奉獻世尊願
於来世在在所從聞此法者隨佛意
故亦奉是衣即時堅意往詣星得比
丘所言汝善知識佛讚我故共以此
衣奉上如来即與星得共持是衣為
增善根欲以上佛即時如来現大神
力尒時阿難及諸四衆皆於衣中得
見如来種種神變阿難白佛言希有
世尊如来雖知故問阿難汝見何義
名為希有尒時阿難欲明此事以偈
白佛

我等於此衣　見無量菩薩　勇心發菩提
讚佛已飛去　又見諸菩薩　皆從此衣中
取無量百千　阿僧祇種衣　取是諸衣已
即奉十方佛　我見此彼處　無量神通力
奉上佛衣者　佛皆與授記　是人漸行道
皆當得作佛　隨其所住處　皆能淨佛土
衆生各各謂　於此處成佛　又見無量億
種種諸伎樂　從是出法音　空中聞佛聲
我見三千界　諸佛皆充滿　世尊我今念
自謂非聲聞　神通力希有　曜惑我心目
我今以聖智　觀三界皆空　我於此空智
及盡無生智　如是衆智中　常不失正念

但以業報根　於中有錯謬　四衆咸歡悅
飛在於空中　皆悉坐衆寶　千葉蓮華上
又於此衣中　見十方世界　諸佛世導師
及大衆圍遶　又見諸上人　行不思議施
為求菩提故　常親近諸佛　以知是因緣
能大利衆生　能自身現化　遍十方說法
我衣中所見　其事不可盡　見衣中菩薩
歡喜心尊敬　如梵王自在　了達神通力
多聞大辯才　皆得陁羅尼　轉佛正智輪
如是遍十方　又見諸菩薩　所遊諸世界
皆變成衆寶　華香諸莊嚴　見佛坐道場
轉無上法輪　如是佛神力　皆於衣中現
能於諸世界　變化若干形　說法為利益
皆令住菩提　今所見希有　是事難可信
佛神力無量　能亦於衆生　佛為良福田
受施中第一　施者得大果　能斷一切苦
若我千万劫　稱揚不能盡　為誰設亦現
如是神力事　誰當淨佛土　修是菩薩道
誰得此神力　願佛斷我疑　七寶諸蓮華
其大如車輪　衆菩薩坐上　遊空到十方
覲佛已還此　即逮無上覺　世界廣嚴淨
現不思議力　我於此世界　見有一菩薩
勤進行菩提　手執衣而立　願佛說是事

云何而修學
此必昔曾無量施　亦行無量隨喜心
願與一切衆生共　是故今見皆得樂
世尊為我說是事　斷一切衆心所疑
是故比丘造此願　為是星得為堅意

佛告阿難且待須臾堅意菩薩欲有
所問後當荅此時堅意菩薩白佛言
世尊欲有所問若佛聽許乃敢諮請
佛告堅意恣汝所問當為汝說令得
歡喜時堅意言世尊所言入法門者
云何為法云何為門云何得入唯願
世尊具分別說此名為法是名為門
如是得入此名入者尒時堅意以偈
問曰

云何為上法　云何是法門　云何入此門
唯願荅是義　云何入是門　能得佛菩提
云何說法時　辯才无窮盡　是名從何来
今来住何所　云何於諸法　其念不錯謬
云何名入相　云何名已入　云何說法時
諸法現在前　說種種法時　云何心不亂
云何無量劫　辯才不斷絕　如是諸菩薩
為何所志求　說法無邊際　而無增上慢
是菩薩先世　云何施迴向　世世說法時

辯才不斷絶　本云何持戒　云何淨修戒
云何戒迴向　而心不劣弱　云何修行忍
云何修習忍　以是故能到　無盡無上際
云何發勤進　云何如修習　常能於世世
不離佛菩提　云何起禪定　云何而修習
於定觀何法　能得無盡辯　云何求智慧
親近而修習　是慧在何處　而得不斷辯
住無上善法　說諸法實相　思量佛智慧
甚深寂滅空　讀誦種種經　决定諸義趣
而不欲演說　以離實智故　我問佛是義
斷一切衆疑　於未來世中　當有諸法師
云何當親近　云何諮問法　云何修法行
云何擁護法　以處非處力　為我說是義
令我斷未來　一切衆生疑

尒時佛告堅意菩薩善哉善哉能問如來是甚深義汝於過去無量佛所久殖德本供奉礼敬諮受難問堅意我念汝昔於此世界虛空分中曾從六万八千諸佛問如是義諸佛荅汝所問義時無量衆生得大利益是故當知汝於過去諸如來所深種善根堅意乃往過去無量無邊阿僧祇劫有佛出世号出寶光如來應供正遍知明行足善逝世間解無上士調御丈夫天人師佛世尊壽命半劫有七十億阿羅漢衆皆悉漏盡心得自在出寶光佛興諸大衆遊行國邑俱共安居是時閻浮提地大廣博縱廣七万由旬尒時世有刹利灌頂轉輪聖王名上堅德王四天下堅意尒時閻浮提有八十億城皆悉廣大長四十由旬廣三十由旬安靜豊樂人民熾盛閻浮提中有一大城縱廣正等八十由旬街巷端直行列相當一一街巷各廣五里中有小城名曰安隱上堅德王止住其中堅意是大城傍七万園林適無所屬衆生普共遊戲娯樂有一大園縱廣正等八十由旬王所遊觀寶樹七重周帀圍遶亦以七寶七重羅網羅覆其上樹間七重亦以七寶七重墻壁七重寶塹周迴圍遶時出寶光佛與七十億阿羅漢衆恭敬圍遶遊行諸國到安隱城上堅德王聞佛大衆俱遊諸國来到此城心大歡喜往詣佛所頭面礼足於一面坐尒時彼佛觀王深心宿行因緣即便為說斷衆生疑令衆歡喜菩薩藏經上堅德王聞法歡喜作如是念我今寧可以衆妙具嚴飾此園奉上如來令其受用即於其中起七十億諸僧房舍妙衣覆地有七十億經行之處牀榻卧具亦七十億皆悉辦已往詣佛所頭面礼足而白佛言唯願世尊哀愍我故及諸大衆受明日請出寶光佛默然許之王知受已頂礼佛足右遶已去即於其夜為佛及僧備諸供具種種餚饍轉輪聖王所食之味晨朝詣佛而白佛言飯具已辦唯願知時出寶光佛著衣持鉢與七十億大阿羅漢恭敬圍遶往詣園中次第而坐上堅德王見佛及僧衆坐已定手自斟酌種種美味恣其所須皆令飽滿知佛及僧飯食已訖澡手滌鉢奉佛及僧各以一衣如是施已自執金鍾澡如來手而作是言我以此園及諸房舍經行之處牀榻卧具并守園者施佛及僧唯願受用亦以自身供給於佛佛告堅意上堅德王供給出寶光佛夕朝隨時常来聽法

如是乃至半劫諮問彼佛諸法因果相續佛隨問荅利益無量无數衆生堅意汝謂彼時名上堅德轉輪王者豈異人乎勿造斯觀即汝身是堅意我念汝昔於過去世聞是法故以無上供供養千佛如來於今亦當為汝說此法門入法相故

佛說華手經卷第九

壬寅歲高麗國大藏都監奉
勑雕造

華手經第九卷　第三十六張　[illegible]

佛說華手經卷第九
校勘記

一　底本，金藏廣勝寺本。
一　三〇〇頁中三行第三字「轉」，資、磧、普、南、徑、清作「行」。
一　三〇〇頁中八行「了達」，資、磧、普、南、徑、清作「通達」，下同。
一　三〇〇頁中一〇行「正解」，資、磧、普、南、徑、清作「解脱」。
一　三〇〇頁中一一行首字「歸」，資、磧、普、南、徑、清作「師」。
一　三〇〇頁中一二行第七字「法」，資、磧、普、南、徑、清作「事」。
一　三〇〇頁中一四行「勤行」，資、磧、普、南、徑、清作「勤行精進」。
一　三〇〇頁中一四行「何以故」，資、磧、普、南、徑、清作「所以者何」。
一　三〇〇頁中一五行末字「樂」，資、磧、普、南、徑、清、麗作「集」。
一　三〇〇頁中一八行「達知」，資、磧、普、南、徑、清作「通達」。
一　三〇〇頁中一九行「離於」，資、磧、普、南、徑、清作「遠離」。
一　三〇〇頁中末行及本頁下一五行「驚畏」，資、磧、普、南、徑、清作「驚怖」。
一　三〇〇頁下二行第七字「合」，資、磧、普、南、徑、清、麗作「人」。
一　三〇〇頁下四行第三字「行」，資、磧、普、南、徑、清作「信」。
一　三〇〇頁下六行「淨妙」，資、磧、普、南、徑、清作「清淨」。
一　三〇〇頁下七行第一〇字「有」，石、磧、普、南、徑、清、麗作「有是」。
一　三〇〇頁下七行「不能」，磧、普作「能不」。
一　三〇〇頁下一一行末字「訟」，資、磧、普、南、徑、清、麗作「論」。
一　三〇〇頁下一三行「如是緣」，資、磧、普、南、徑、清作「是因緣」。
一　三〇〇頁下一三行「於菩提」，資、磧、普、南、徑、清作「無上道」。
一　三〇〇頁下一五行末字「滅」，資、磧、普、南、徑、清作「義」。
一　三〇〇頁下一六行第六字「亦」，資、磧、普、南、徑、清作「故」。
一　三〇〇頁下一六行「緣故」，資、磧、普、南、徑、清作「因緣」。
一　三〇〇頁下二一行第八字「隱」，資、磧、普、南、徑、清作「住」。
一　三〇〇頁下二二行及末行「深淨」，資、磧、普、南、徑、清作「清淨」。
一　三〇一頁上三行第一〇字「喜」，

一　資、磧、普、南、徑、清、麗作「善」。

一　三〇一頁上三行末字至四行首字「戒中」，資、磧、普、南、徑、清作「戒品」，下同。

一　三〇一頁上五行第九字「道」，資、磧、普、南、徑、清、麗作「遠」。

一　三〇一頁上六行及次頁上一三行「若成」，資、磧、普、南、徑、清作「成就」。

一　三〇一頁上九行第九字「深」，資、磧、普、南、徑、清作「淨」。

一　三〇一頁上一一行「擁護」，資、磧、普、南、徑、清作「守護」，下同。

一　三〇一頁上一四行第九字「修」，石作「隨」。

一　三〇一頁上二二行「世界」，資、磧、普、南、徑、清、麗作「世間」，下同。

一　三〇一頁中三行、五行及一一行「喜悦」，資、磧、普、南、徑、清作「歡喜」。

一　三〇一頁中四行「而求最勝慧」，資、磧、普、南、徑、清作「求最勝智慧」。

一　三〇一頁中七行「能盡」，資、磧、普、南、徑、清作「盡能」。

一　三〇一頁中八行「福德」，資、磧、普、南、徑、清作「功德」，下同。

一　三〇一頁中九行第一〇字「有」，資、磧、普、南、徑、清作「見有」。

一　三〇一頁中一〇行及次頁中四行「供奉礼敬」，資、磧、普、南、徑、清作「供養恭敬」。

一　三〇一頁中一〇行及次頁中三行「救護」，資、磧、普、南、徑、清作「守護」。

一　三〇一頁中一三行「衆智」，資、磧、普、南、徑、清作「智慧」。

一　三〇一頁中一六行「記作佛」，資、磧、普、南、徑、清作「受記別」。

一　三〇一頁中一六行第一一字「常」，資、磧、普、南、徑、清作「當」。

一　三〇一頁中一八行第八字「隨」，資、磧、普、南、徑、清作「修」。

一　三〇一頁中二一行第一四字「有」，資、磧、普、南、徑、清作「障」。

一　三〇一頁中末行「导者」，資、磧、普、南、徑、清作「障礙」。

一　三〇一頁下二行末字「怠」，資、磧、普、南、徑、清作「息」。

一　三〇一頁下三行「成佛」，資、磧、普、南、徑、清作「佛道」。

一　三〇一頁下三行「稼植」，資、磧、普、南、徑、清作「種殖」。

一　三〇一頁下四行「時隨」，諸本作「隨時」。

一　三〇一頁下八行「慧施」，資、磧、普、南、徑、清作「施惠」。

一　三〇一頁下九行第三字「行」，諸本作「持」。

一　三〇一頁下九行第九字「薩」，資作「提」。

一　三〇一頁下一〇行末字「軍」，資、磧、普、南、徑、清作「衆」。

一　三〇一頁下一一行「成無上菩提」，資、磧、普、南、徑、清作「得成無上道」。

一 三〇一頁下一二行及次頁中一九行「大智」，資、磧、普、南、徑、清作「智慧」。

一 三〇一頁下二一行第三字「天」，磧、普、南、徑、清作「王」。

一 三〇二頁上三行「善福之緣」，資、磧、普、南、徑、清作「功德因緣」。

一 三〇二頁上四行「神力」，資、磧、普、南、徑、清作「神通」。

一 三〇二頁上七行「比丘」，資、磧、普、南、徑、清作「衆」。

一 三〇二頁上七行第八字「衆」，資、磧、普、南、徑、清無。

一 三〇二頁上九行第六字「至」，資、磧、普、南、徑、清無。

一 三〇二頁上一一行「修進」，資、磧、普、南、徑、清作「修精」；麗作「修集」。

一 三〇二頁上一二行第三字「敬」，資、磧、普、南、徑、清作「供」。

一 三〇二頁上一六行第九字「當」，普、南作「常」。

一 三〇二頁上一七行第一〇字「重」，資、磧、普、南、徑、清無。

一 三〇二頁上二一行「德相」，資、磧、普、南、徑、清作「功德」。

一 三〇二頁上二一行第九字「得」，資、磧、普、南、徑、清作「清」。

一 三〇二頁上二一行「福報」，資、磧、普、南、徑、清作「功德」。

一 三〇二頁上末行「若見僧」，資、磧、普、南作「見衆僧」；徑、清作「見衆生」。

一 三〇二頁中一行「以是福緣」，資、磧、普、南、徑、清作「是福因緣」。

一 三〇二頁中五行「以救護法者」，資、磧、普、南、徑、清作「以守護法故」。

一 三〇二頁中五行第一二字「如」，資、磧、普、南、徑、清、麗作「爲」。

一 三〇二頁中六行「國界」，資、磧、普、南、徑、清作「國土」。

一 三〇二頁中八行「修樂」，資、磧、普、南作「修集」；徑、清作「修習」。

一 三〇二頁中九行及一八行「善福」，資、磧、普、南、徑、清作「功德」。

一 三〇二頁中一〇行第六字「當」，石、資、磧、普、南、徑、清作「常」。

一 三〇二中一三行「無上菩提」，資、磧、普、南、徑、清作「得無上道」。

一 三〇二頁中一四行第一一字及次頁中七行第六字「常」，資、磧、普、南、徑、清作「當」。

一 三〇二頁中一七行及本頁下一一行「能淨」，資、磧、普、南、徑、清作「清淨」。

一 三〇二頁中一八行「得成」，資、磧、普、南、徑、清作「成就」。

一 三〇二頁中一八行「不怠」，資、磧、普、南、徑、清作「精進」。

一 三〇二頁中一九行「行忍」，資、磧、普、南、徑、清作「忍辱」。

一 三〇二頁中二〇行第一〇字「法」，資、磧、普、南、徑、清作「事」。

一　三〇二頁中二一行「速知」，資、磧、普、南、徑、清作「通達」。
一　三〇二頁下六行第八字「讀」，諸本作「讚」。
一　三〇二頁下八行「慧故」，資、磧、普、南、徑、清作「智慧」。
一　三〇二頁下九行末字「健」，資、磧、普、南、徑、清作「猛」。
一　三〇二頁下一〇行「於進」，諸本作「精進」。
一　三〇二頁下一一行第九字「行」，資、磧、普、南、徑、清作「智」。
一　三〇二頁下一二行「令皆受是報」，資、磧、普、南、徑、清作「今皆受果報」。
一　三〇二頁下一二行「具且」，諸本作「且具」。
一　三〇二頁下一七行「衆心」，資、磧、普、南、徑、清作「衆生」。
一　三〇二頁下一九行「歡悦」，資、磧、普、南、徑、清作「歡喜」，下同。
一　三〇二頁下二一行第四字「深」，資、磧、普、南、徑、清作「染」。
一　三〇二頁下二一行第七字「於」，資、磧、普、南、徑、清作「止」。
一　三〇二頁下二二行「衆生所貴」，資、磧、普、南、徑、清作「衆所尊貴」。
一　三〇二頁下末行「是人」，石作「衆人」。
一　三〇三頁上一行「心加敬」，資、磧、普、南、徑、清作「加恭敬」。
一　三〇三頁上二行第四字及第八字「依」，資、磧、普、南、徑、清作「命」。
一　三〇三頁上五行「過未來世」，資、磧、普、南、徑、清作「過去未來」。
一　三〇三頁上一二行至末行「能至於涅槃……離一切法相」與本頁中一二行至末行「種種稱讚我……而説偈言」，此兩處經文，諸本前後互易。
一　三〇三頁上一三行第三字「我」，資、磧、普、南、徑、清作「諸」。
一　三〇三頁上一三行「於世」，資、磧、普、南、徑、清作「世間」。
一　三〇三頁上一六行「善哉善哉」，資、磧、普、南、徑、清作「善哉」。
一　三〇三頁上二〇行「是名真」，資、磧、普、南、徑、清作「名真實」。
一　三〇三頁上二二行「德行」，資、磧、普、南、徑、清作「功德」。
一　三〇三頁上末行第一四字「法」，資、磧、普、南、徑、清作「諸」。
一　三〇三頁中五行「修進行」，資、磧、普、南、徑、清作「行精進」。
一　三〇三頁中五行第一二字「遂」，諸本作「逮」。
一　三〇三頁中六行「今我」，資、磧、普、南、徑、清作「我今」。
一　三〇三頁中七行第二字「髮」，資、磧、普、南、徑、清作「頭」。
一　三〇三頁中八行首字「簡」，石、資、磧、普、南、徑、清作「揀」。
一　三〇三頁中九行及本頁下一四行「達知」，資、磧、普、南、徑、清作「通達」。

一三〇三頁中一一行第一四字「樂」，資、磧、普、南、徑、清作「隱」。
一三〇三頁中一七行「恒河沙」，資、磧、普、南、徑、清作「恒沙等」。
一三〇三頁中一八行第四字「讃」，資、磧、普、南、徑、清作「謂」。
一三〇三頁中二〇行第六字「而」，資、磧、普、南、徑、清作「何」。
一三〇三頁中二一行「報亦」，資、磧、普、南、徑、清作「果報」。
一三〇三頁下二行第七字「名」，資、磧、普、南、徑、清作「真」。
一三〇三頁下三行第三字「盡」，資、磧、普、南、徑、清作「是」。
一三〇三頁下一四行第二字及一六行第九字「聞」，資、磧、普、南、徑、清作「問」。
一三〇三頁下一四行第五字「法」，資、磧、普、南、徑、清作「事」。
一三〇三頁下一四行第九字「薩」，資、磧、普、南、徑、清作「提」。
一三〇三頁下一五行第三字「并」，石、資、磧、普、南、徑、清作「亦」。
一三〇三頁下一五行「知三」，資、磧、普、南、徑、清作「三解」。
一三〇三頁下一五行「及非處」，資、磧、普、南、徑、清作「非處等」。
一三〇三頁下一七行「已到智」，資、磧、普、南、徑、清作「到智慧」。
一三〇三頁下一九行「諸智事」，資、磧、普、南、徑、清作「等諸智」。
一三〇三頁下一九行第一三字「不」，資、磧、普、南、徑、清作「可」。
一三〇三頁下二〇行「世界知」，石、資、磧、普、南、徑、清作「世間智」；麗作「世界智」。
一三〇三頁下二〇行第一三字「之」，資、磧、普、南、徑、清作「間」。
一三〇三頁下二一行「謂知」，資、磧、普、南、徑、清作「所謂」。
一三〇四頁上六行第一三字「衆」，資、磧、普、南、徑、清作「處」。
一三〇四頁上八行「諸所」，資作「所諸」；磧、普、南、徑、清作「等諸」。
一三〇四頁上一四行「鬘鬚」，石、資、磧、普、南、徑、清作「鬚鬘」。
一三〇四頁上一四行第七字「力」，資、磧、南、徑、清作「刀」。
一三〇四頁上一六行「衆生」，諸本作「衆善」。
一三〇四頁上一八行「諸法」，資、磧、普、南、徑、清作「法平」。
一三〇四頁上二一行及本頁下九行「國界」，磧、普、南、徑、清作「國土」。
一三〇四頁上二一行及本頁中二一行「佛土」，資、磧、普、南、徑、清作「佛國」。
一三〇四頁上二二行第一〇字「食」，資、磧、普、南、徑、清作「飯」。
一三〇四頁中一行「新除」，石作「斯鬀」。
一三〇四頁中三行「恐畏」，資、磧、普、南、徑、清作「怖畏」，下同。
一三〇四頁中一〇行第四字「緣」，

資、磧、普、南、徑、清作「因」。

一　三〇四頁中一一行第六字及一四行第一三字「受」，資、磧、普、南、徑、清作「授」。

一　三〇四頁中一七行第四字「靖」，資、磧、普、南、徑、清作「靜」。

一　三〇四頁下三行第六字「經」，諸本作「經歷」。

一　三〇四頁下五行首字「過」，諸本作「過是」。

一　三〇四頁下五行「後後」，資、磧、普、南、徑、清、麗作「然後」。

一　三〇四頁下六行「得成爲」，資、磧、普、南、徑、清作「成」。

一　三〇四頁下六行第七字「曰」，磧、普、南、徑、清作「名」。

一　三〇四頁下一五行「勤行」，資、磧、普、南、徑、清作「勤行精進」。

一　三〇四頁下一六行「勤行」，資、磧、普、南、徑、清作「精進」。

一　三〇四頁下一七行「和忍」，資、磧、普、南、徑、清作「柔和忍辱」。

一　三〇四頁下二〇行第五字「及」，石作「乃」。

一　三〇四頁下二一行、末行、次頁上四行、一四行、二一行「若成」，資、磧、普、南、清作「成就」。

一　三〇四頁下二一行第一一字「常」，資、磧、普、南、徑、清作「當」。

一　三〇四頁下末行、次頁上一行「菩薩」，資、磧、普、南、徑、清作「菩薩摩訶薩」。

一　三〇五頁上二行「菩提之心」，資、磧、普、南、徑、清作「道心」。

一　三〇五頁上四行「菩提」，資、磧、普、南、徑、清作「道」。

一　三〇五頁上七行「愍念」，資、磧、普、南、徑、清作「憐愍」。

一　三〇五頁上八行第一三字「常」，磧、普、南、徑、清作「當」。

一　三〇五頁上九行「猒足」，石、磧、普、南、徑、清作「厭倦」；資作「猒惓」。

一　三〇五頁上九行「發勤」，石作「愍勤」。

一　三〇五頁上九行「修行」，資、磧、普、南、徑、清作「精進」。

一　三〇五頁上一二行「佛菩提」，資、磧、普、南、徑、清作「無上道」。

一　三〇五頁上一五行「菩提」，資、磧、普、南、徑、清作「道念」。

一　三〇五頁上一五行「龍神」，資、磧、普、南、徑、清作「神等」。

一　三〇五頁上一六行「離於衆聖」，磧、南、徑、清作「遠離賢聖」。

一　三〇五頁上一六行及本頁下七行「諸聖」，資、磧、普、南、徑、清作「賢聖」。

一　三〇五頁上一八行及一九行「不懈」，資、磧、普、南、徑、清作「精進」。

一　三〇五頁上一九行「供奉」，資、磧、普、南、徑、清作「供養」，下同。

一　三〇五頁上二〇行「尊敬」，資、磧、普、南、徑、清作「恭敬」，下同。

一　三〇五頁上二二行「菩提之」，資、

磧、普、南、徑、清作「無上道」。

一　三〇五頁上末行「重宣」，資、磧、普、南、徑、清作「明」。

一　三〇五頁中四行「天神勸言當勤修行」，資、磧、普、南、徑、清作「若得見佛當起精進」。

一　三〇五頁中五行「若辟支佛」，資、磧、普、南、徑、清作「辟支佛等」。

一　三〇五頁中九行第四字「已」，資、磧、普、南、徑、清作「法」。

一　三〇五頁中九行「離於」，資、磧、普、南、徑、清作「遠離」。

一　三〇五頁中一〇行末字「樂」，資、磧、普、南、徑、清作「隱」。

一　三〇五頁中一五行「善福」，資、磧、普、南、徑、清作「功德」。

一　三〇五頁中一六行「得無上菩提」，資、磧、普、南、徑、清作「逮得無上道」。

一　三〇五頁中一七行「又世界最勝」，石、麗作「又能與世界」；資、磧、普、南、徑、清作「又能與世間」。

一　三〇五頁中一八行「緣故」，資、磧、普、南、徑、清作「因緣」。

一　三〇五頁中二一行「此界」，資、磧、普、南、徑、清作「此間」。

一　三〇五頁中末行「今出於世」，資、磧、普、南、徑、清作「今出世間今出世間」。

一　三〇五頁下六行「行施」，資、磧、普、南、徑、清作「布施」。

一　三〇五頁下六行「行忍堅住諸善福」，資、磧、普、南、徑、清作「忍辱堅住諸功德」。

一　三〇五頁下九行「父母」，資、磧、普、南、徑、清作「如父」。

一　三〇五頁下九行第一二字「得」，徑作「聞」。

一　三〇五頁下一〇行「願時答此義」，資、磧、普、南、清作「願具答此事」。

一　三〇五頁下一一行第一三字「墮」，資、磧、普、南、清作「墜」。

一　三〇五頁下一三行「以偈答曰」，資、磧、普、南、徑、清作「即以偈答」。

一　三〇五頁下一五行末字「心」，資、磧、普、南、徑、清、麗作「口」。

一　三〇五頁下一七行末字「罪」，資、磧作「事」。

一　三〇五頁下二〇行首字「但」，普、南、徑、清作「徒」。

一　三〇五頁下末行第五字「令」，資、磧、普、南、徑、清作「命」。

一　三〇六頁上三行「若王」，資、磧、普、南、徑、清作「王若」。

一　三〇六頁上六行第五字「館」，資、磧、普、南、徑、清作「觀」。

一　三〇六頁上八行「僶末」，資、磧、普作「俛末」；南、徑、清作「勉勿」；麗作「憴末」。

一　三〇六頁上九行「當修行慈喜」，資、磧、普、南、徑、清作「常修行慈惠」。

一　三〇六頁上一二行及本頁中七行「消銅」，資、磧、普、南、徑、清作「銷銅」。

一　三〇六頁上一四行「鐵犁牛」，資、磧、普、南、徑、清作「熱鐵牛」。

一　三〇六頁上一五行「持人到橅濩」，石、麗作「將人到鑊湯」；資、磧、南、清作「持人倒爨鑊」。

一　三〇六頁上一九行末字「出」，資、磧、普、南、徑、清作「己」。

一　三〇六頁上二〇行末字「身」，石作「食」。

一　三〇六頁上二一行第六字「踊」，資、普、南、清、麗作「涌」。

一　三〇六頁上二二行第一二字「炭」，資、磧、普、南、徑、清作「竹」。

一　三〇六頁中二行「刀矟及戈牟」，資、磧、普、南、徑、清作「刀槊及戈鉾」。

一　三〇六頁中四行第三字「雨」，清作「兩」。

一　三〇六頁中五行第五字「忍」，石作「方」。

一　三〇六頁中五行第一三字「灰」，資、磧、普、南、徑、清作「鹹」。

一　三〇六頁中九行第六字「經」，資、磧作「遷」。

一　三〇六頁中一〇行第一四字「崖」，普、南、徑、清作「涯」。

一　三〇六頁中一五行第一四字「鹹」，石、麗作「灰」。

一　三〇六頁中一七行第五字「地」，石作「坑」；資、磧、普、南、徑、清作「池」。

一　三〇六頁中一七行「及火坑」，資、磧、普、南、徑、清作「火坑等」。

一　三〇六頁下四行首字「當」，石、資、磧、普、南、徑、清作「常」。

一　三〇六頁下九行第五字「法」，石、普、南、徑、清作「行」。

一　三〇六頁下一〇行第六字「令」，石作「今」。

一　三〇六頁下一一行「今則」，資、磧、普、南、徑、清、麗作「即今」。

一　三〇六頁下一三行「勤進」，資、磧、普、南、徑、清作「精進」。

一　三〇六頁下一三行第一二字「當」，諸本作「常」。

一　三〇六頁下一七行「轉法輪」後，石換卷，爲卷第十二。

一　三〇六頁下一九行末字及二〇行首字「達其」，資、磧、普、南、徑、清作「通達」。

一　三〇六頁下二一行「義法」，資、磧、普、南、徑、清作「威儀」。

一　三〇六頁下二一行及次頁中一二行「修行」，資、磧、普、南、徑、清作「精進」。

一　三〇七頁上三行第五字「怠」，資、磧、普、南、徑、清作「息」。

一　三〇七頁上四行第二字「是」，資、磧、普、南、徑、清作「其」。

一　三〇七頁上五行首字「令」，徑、清作「今」。

一　三〇七頁上七行首字「修」，磧、普、南、徑、清、麗作「隨」。

一　三〇七頁上一一行「修樂」，資、磧、普、南、麗作「修集」；徑、清作「修習」。

一 三〇七頁上一二行第一四字「行」，資、磧、普、南、清、麗作「精」。

一 三〇七頁上一三行第六字「常」，磧、南、徑、清、麗作「當」。

一 三〇七頁上一四行末字「敬」，資、磧、普、南、徑、清作「故」。

一 三〇七頁上二〇行及本頁下四行「讚說」，資、磧、普、南、徑、清作「講說」。

一 三〇七頁中一二行首字及次頁中一〇行第六字「恒」，資、磧作「但」。

一 三〇七頁中四行第一二字「於」，資、磧、普、南、徑、清作「止」。

一 三〇七頁中九行「嚬蹙」，普、南作「顰蹙」；徑、清作「顰慼」。

一 三〇七頁中九行末字及次頁中一五行第七字「諸」，資、磧、普、南、徑、清作「等」。

一 三〇七頁中一〇行第二字「恒」，資、磧、普、南、徑、清作「但」。

一 三〇七頁中一二行「勤加修行」，資、磧、普、南作「勤加精進」；徑、清作「勤行精進」。

一 三〇七頁中一三行「供奉」，磧、南、清、麗作「供養」。

一 三〇七頁中二〇行「是菩薩」，石、麗作「是菩提」；資、磧、普、南、徑、清作「無上道」。

一 三〇七頁中末行「如尊敬」，資、磧、普、南、徑、清作「加恭敬」；麗作「加尊敬」。

一 三〇七頁下一行「於世」，資、磧、普、南、徑、清作「世間」。

一 三〇七頁下三行「違須羅」，資、磧、普、南、徑、清作「違頭羅」，下同。

一 三〇七頁下四行「有大智」，資、磧、普、南、徑、清作「大智慧」。

一 三〇七頁下五行「達知」，資、磧、普、南、徑、清作「通達」。

一 三〇七頁下七行末字「法」，資、磧、普、南、徑、清作「義」。

一 三〇七頁下九行第一三字「放」，諸本作「故」。

一 三〇七頁下一〇行第九字「宗」，資、磧作「寂」。

一 三〇七頁下一〇行「德行」，資、磧、普、南、徑、清作「威德」。

一 三〇七頁下一二行「隨即以」，資、磧、普、南、徑、清、麗作「即以多」。

一 三〇七頁下一三行「供給」，資、磧、普、南、徑、清作「供養」，下同至次頁中末行。

一 三〇七頁下一八行第一〇字及一四字「施」，資、磧、普、南、徑、清作「養」。

一 三〇八頁上二行第五字「衆」，資、磧、普、南、徑、清作「等」。

一 三〇八頁上三行第五字「塔」，資、磧、普、南、徑、清作「坊」。

一 三〇八頁上三行「諸被褥」，資、磧、普作「被蓐等」，南、徑、清作「被褥等」。

一 三〇八頁上四行「嚴飾」，資、磧、普、南、徑、清作「莊嚴」。

一 三〇八頁上六行、一三行及一五

行「供奉」，資、磧、普、南、徑、清作「供養」。

一三〇八頁上七行「七體」，資、磧、普、南、徑、清作「十層」。

一三〇八頁上八行末字「已」，資、磧、普、南、徑、清作「養」。

一三〇八頁上九行「是善福緣故」，資、磧、普、南、徑、清作「是福因緣故」。

一三〇八頁上一三行第二字「能」，普、南、徑、清作「得」。

一三〇八頁上一九行「緣故」，資、普、南、徑、清作「因緣」。

一三〇八頁上二〇行「得無上菩提」，資、磧、普、南、徑、清作「今得無上道」。

一三〇八頁上二〇行第一三字「諸」，資、磧、普、南、徑、清作「功」。

一三〇八頁上二二行第五字「尊」，資、磧、普、南、徑、清作「貴」。

一三〇八頁中四行第四字「違」，資、磧、普、南、徑、清作「是違」。

一三〇八頁中八行「菩提」，資、磧、普、南、徑、清作「覺」。

一三〇八頁中一四行第八字「諸」，資、磧、普、南、徑、清作「衆」。

一三〇八頁中一七行「行施」，資、磧、普、南、徑、清作「布施」。

一三〇八頁中一九行第三字「提」，資、磧、普、南、徑、清作「薩」。

一三〇八頁下四行末字及六行第六字「行」，資、磧、普、南、徑、清作「清」。

一三〇八頁下五行「如是如是」，磧、普、南、徑、清作「如是」。

一三〇八頁下九行第九字「何」，資、磧、普、南、徑、清作「以何」。

一三〇八頁下一〇行「爲師子」，資、磧、普、南、徑、清作「師子等」。

一三〇八頁下一九行「得嬈」，資、磧、普、南、徑、清作「能得」。

一三〇八頁下二一行第五字「神」，資、磧、普、南、徑、清作「威」。

一三〇九頁上七行及本頁中一五行「驚畏」，資、磧、普、南、徑、清作「驚怖」。

一三〇九頁上七行末字至八行第二字「何以故」，資、磧、普、南、徑、清作「所以者何」。

一三〇九頁上八行、一二行、一六行及一八行「無作」，資、磧、普、南、徑、清作「無願」。

一三〇九頁上九行「著於」，資、磧、普、南、徑、清作「貪著」。

一三〇九頁上九行第一三字「亦」，資、磧、普、南、徑、清作「貪」。

一三〇九頁上一〇行第七字「者」，諸本作「著」。

一三〇九頁上一四行第七字及一六行第九字「説」，資、磧、普、南、徑、清作「雖説」。

一三〇九頁上二〇行末字「雖」，資、磧、普、南、徑、清作「雖説」。

一三〇九頁中九行至一〇行「亦無所用是垢法也」，資、磧作「無所用法」。

— 三〇九頁中一二行「淨法也」，資、磧、普、南、徑、清作「清淨法」。

— 三〇九頁中一六行第五字「恐」，資、磧、普、南、徑、清作「怖」。

— 三〇九頁中一六行第一三字「降」，資、磧、普、南、徑、清作「壞」。

— 三〇九頁中一九行第七字「聞」，資、磧、普、南、徑、清、麗作「開」。

— 三〇九頁中二一行末字「入」，資、磧、普、南、徑、清作「人」。

— 三〇九頁中末行「師子子」，資、磧、普、南、徑、清作「善師子子」；麗作「師子之子」。

— 三〇九頁中末行「聲已喜而」，資、磧、普、南、徑、清作「音聲歡喜」。

— 三〇九頁下一行「諸大智」，資、磧、普、南、徑、清作「大智慧」。

— 三〇九頁下二行、一一行、一四行「恐畏」，資、磧、普、南、徑、清作「怖畏」。

— 三〇九頁下二行「爲真菩薩」，資、磧、普、南、徑、清作「有真菩薩摩訶薩等」。

— 三〇九頁下三行第一〇字「未」，資、磧、普、南、徑、清作「成」。

— 三〇九頁下四行「不畏」，資、磧、普、南、徑、清作「不怖」。

— 三〇九頁下五行「喜心」，資、磧、普、南、徑、清作「歡喜」。

— 三〇九頁下八行「菩提」，資、磧、普、南、徑、清作「道」。

— 三〇九頁下一二行第八字「不」，資、磧、普、南、徑、清、麗作「不復」。

— 三〇九頁下一三行第八字「衆」，資、磧、普、南、徑、清作「諸」。

— 三〇九頁下一六行「師子會」後，資、磧、普、南、徑、清換卷，爲卷第十。

— 三〇九頁下二〇行第四、五字「供奉」，資、磧、普、南、徑、清作「供養」，下同。

— 三一〇頁上一行第三字「語」，資、磧、南、徑、清、麗作「白」。

— 三一〇頁上四行「佛讚」，磧、普、南、徑、清作「請從」。

— 三一〇頁上七行首字「力」，資、磧、南、徑、清作「通」。

— 三一〇頁上九行末字「義」，資、磧、南、徑、清作「事」。

— 三一〇頁上一二行第一二字「心」，資、磧、南、徑、清作「猛」。

— 三一〇頁上一四行第一三字「諸」，資、磧、南、徑、清作「等」。

— 三一〇頁中二行第三字「於」，資、磧、南、徑、清作「虛」。

— 三一〇頁中五行「以知」，資作「知以」；磧、南、徑、清作「以如」。

— 三一〇頁中八行第四字「尊」，資、磧、南、徑、清作「恭」。

— 三一〇頁中八行第一一字「了」，資、磧、南、徑、清作「通」。

— 三一〇頁中九行「正智」，資、磧、南、徑、清作「智慧」。

— 三一〇頁中一〇行「諸菩薩」，資、磧、南、徑、清作「菩薩等」。

一三一〇頁中一一行第八字「諸」，資、磧、南、徑、清作「等」。

一三一〇頁中一七行第一三字「設」，資、磧、南、徑、清、麗作「故」。

一三一〇頁中一九行「此神力」，資、磧、南、徑、清作「是神通」。

一三一〇頁中二一行「世界」，資、磧、南、徑、清作「國土」。

一三一〇頁中末行及次頁上四行「勤進」，資、磧、南、徑、清作「精」。

一三一〇頁下五行第二字「故」，資、磧、南、徑、清作「何」。

一三一〇頁下一六行第五字「義」，資作「事」。

一三一〇頁下一六行「佛菩提」，資、磧、南、徑、清作「無上道」。

一三一〇頁下一七行第一二字「名」，磧、南、徑、清、麗作「法」。

一三一〇頁下一八行第二字「来」，資、磧、南、徑、清作「爲」。

一三一〇頁下二一行「如是諸菩薩」，資、磧、南、徑、清作「是諸菩薩等」。

一三一一頁上二行第七字「心」，資作「得」。

一三一一頁上二行「行忍」，資、磧、南、徑、清作「忍辱」。

一三一一頁上三行「修習」，資作「修集」，下同。

一三一一頁上四行第八字「如」，資、磧、南、徑、清作「而」。

一三一一頁上一〇行末字「義」，資、磧、南、徑、清作「事」，下同。

一三一一頁上一二行第一三字「修」，資、磧、普、南、徑、清作「隨」。

一三一一頁上一七行「奉礼」，資、磧、南、徑、清作「養恭」。

一三一一頁中五行第九字「大」，資、磧、南、徑、清作「甚大」。

一三一一頁中六行首字「万」，資、磧、南、徑、清作「萬那由他」。

一三一一頁中八行第二字「提」，資、磧、南、徑、清作「提中」。

一三一一頁中九行第九字「静」，資、磧、南、徑、清作「隱」。

一三一一頁中一七行第六字「羅」，資、磧、南、徑、清作「弥」。

一三一一頁中一七行「樹闇」，資、磧、南、徑、清作「樓閣」。

一三一一頁下一三行第四字「時」，資、磧、南、徑、清作「時時」。

一三一一頁下二二行「供給於佛」，資、磧、南、徑、清作「供養給事」。

一三一一頁下末行「供給」，資、磧、南、徑、清作「供養供給」。

一三一一頁下末行「夕朝」，磧、南、徑、清、麗作「朝夕」。

一三一二頁上一行「如是」，資、磧、普、南、徑、清作「如是供養」。

一三一二頁上一行「因果」，資、磧、南、徑、清作「因緣果報」。

一三一二頁上四行首字「豈」，資作「是」。

一三一二頁上末行經名卷次，資、磧、南、徑、清無，未換卷。

佛說華手經卷第十　　信

後秦龜茲國三藏鳩摩羅什奉　詔譯

法門品第三十四

佛告堅意法名無思無慮無相無作無憶無念淨妙無緣無有文字亦無言說不可顯示堅意諸法不會諸根不可以智知不可以無智知非可知非不可知復次堅意法名衆緣所成如來能知而如來知不可言說而如来以不可說法說是諸法所有說道即是法門何以故以諸行印印一切法令一味故堅意諸法无盡盡際無盡故堅意諸法畢竟不增不減入盡際故以是義故如來以語言文字分別解說堅意阿字門入一切法以阿字門分別諸法先入阿字門然後餘字次第相續是故言從阿字邊變出諸字從諸字邊會成諸句以諸句故能成諸義是故如來說阿字門入一切法堅意此是法門何等是法堅意所謂法者本來無作無說無示無知故知無說故說無示故示如是阿字能作是一切語言是名法門若善男子善女人入是門者得無盡慧及無盡辯其無盡者過去無盡無盡中盡中無相无說諸有所知皆為無知諸有所示皆為無示有所分別皆无分別故名無盡堅意是名為門是為何門是諸法門何等是法佛所不得又此門者觀一切法入無思慮何以故一切語言皆非語言一切言說皆無有盡一切言語皆如不離如一切智皆非知堅意是名金剛句也何以故名為金剛句耶若法無作則不可壞不可壞故名金剛句諸法無業若無有業則無有報是故如來說一切法無業無報是名法印如來所可說業說報皆以是印是印不可破壞堅意若善男子善女人欲知業報當入是門堅意一切諸法無來無去是入法門我因是門為衆生說生死差別堅意若善男子善女人欲入衆生生死智者以是印入是名法印名無文字印無障㝵印堅意如來有所言說皆以是印一切有身皆如來身何以故

是諸身性不相遠背佛以是印說衆生身相是名身印又以是印顯示演說一切身相何以故堅意諸法無門不可入故法不可入以不出故諸法無出不可入故是故如来若有所說皆不離是無㝵際說以無㝵際說一切法亦以是際知諸衆生隨宜為說堅意無㝵際者即無邊際无邊際者即是一切衆生性也是名際門入是際門則能開演千億法藏此法藏者即非藏也堅意如来衆法藏中有所說法皆說是際復有色藏受想行識藏是藏非藏不自在藏是名諸藏以阿字門入尒時堅意白佛言世尊是門甚深佛言堅意我不生念是深是淺世尊佛說法耶堅意不如凡夫所貪著說隨智者所解名為如来說法如如来如實所知無示無說何以故一切諸法不可說相惟智者能知凡夫若有所知皆著文辭是故佛說文字語言即非語言佛復告堅意一切諸法如日明淨隨所正觀皆入無際堅意一切諸法皆能照明能起一切

智慧光故堅意一切諸法無所障㝵如虛空故堅意隨著二法是中如来行無㝵眼堅意是名法眼佛以是眼見一切法無障㝵相堅意是名諸法無障㝵門善男子善女人若入是門諸所言說皆有利益皆無障㝵皆示義趣皆說深義无所貪著復次堅意諸法無垢不染不離堅意法無所屬以不受故堅意一切法無邊本末不可得故堅意諸有所說文字語言當知是中無有文字亦無語言堅意是文字門云何有入但說是法无有障㝵是名為入堅意如是入者即名非入入法性故堅意如来所說諸三昧門為何者是堅意有一相三昧有衆相三昧一相三昧者有菩薩聞某世界有某如来現在說法菩薩取某佛相以現在前若坐道場得無上菩提若轉法輪若與大衆圍遶說法取如是相以不乱念守攝諸根心不馳散專念一佛不捨是緣亦念是佛世界之相而是菩薩於如来相及世界相了達無相常如是行常如是觀不離

是緣是時佛像即現在前而為說法菩薩尒時深生恭敬聽受是法隨所信解若深若淺轉加宗敬尊重如来菩薩住是三昧聞說諸法皆壞敗相聞巳受持從三昧起能為四衆演說是法堅意是名一相三昧門復次堅意菩薩住是三昧還能壞滅是佛相緣亦壞自身以是壞相壞一切法壞一切法故入一相三昧從是三昧起能為四衆解說是法堅意是名為入一相三昧門方便復次堅意菩薩緣是佛像而作是念是像從何所来我何所趣即知佛像無所從来我無所至菩薩尒時作是念言一切諸法亦復如是無所從来去無所至菩薩如是行如是念不久當得無㝵法眼得法眼巳便為諸佛之所知念諸甚深法皆現在前以是深法得无㝵辯雖講說法而不現法堅意如来於過去世無㝵智慧亦諸相中智無障㝵於過去世亦不作緣亦非不智不隨憶想堅意菩薩亦如是住是三昧雖演說法不見是法菩薩住是三昧深修

習故隨所聞因緣第二佛取相現前若坐道場得無上菩提若轉法輪若於大衆圍遶說法菩薩亦受持是第二佛法亦不捨本佛相亦見是佛而是菩薩俱緣二佛取相現前聽受說法堅意是亦名爲入一相三昧門復次堅意菩薩以善修習一佛相故隨意自在欲見諸佛皆能現前堅意譬如比丘心得自在觀一切入取青色相能得信解一切世界皆一青相是人所緣唯一青色觀内外法皆一青色於是緣中得自在力故堅意菩薩亦復如是隨其所聞諸佛名字在何世界即取是佛及世界相皆緣現前菩薩善修習此念佛緣故觀諸世界盡皆作佛常善修習是觀力故便能了達一切諸緣皆爲一緣謂現在佛緣是名得一相三昧門堅意白佛言世尊以何方便得是三昧佛告堅意於是佛緣繫念不散不離是緣是名三昧門堅意以是一緣了達諸法見一切法皆悉等相是名一相三昧菩薩住是三昧又入法門謂一切語皆如來語一切有身皆如來身不離如故復次堅意菩薩聞諸佛名若二若三若四若五若十二十三十四十五十若百若千若万若過是數一時專念盡現在前及諸世界弟子衆數皆現在前恭敬尊重亦念是佛具足妙身形色相好盡現在前恭敬尊重亦復一一取三十二大人之相及不虛行相師子奮迅相無見頂相象王觀相取大光相以信解觀作無量相亦取諸佛世界之相以信解觀作無量淨相亦取弟子衆以信解觀作无量相尒是作是思惟如是諸佛從何所來我何所至即知諸佛及以己身無所從來亦無所至如是觀知如是信解尒時菩薩作如是念如是中無有定法名爲如來如是觀時知一切法空無所有一相無相用無相門入一切法如是信解達知一切諸法一相堅意菩薩能緣諸佛繫念一處是名衆相三昧門堅意若是菩薩入是三昧了達諸法一相無相是名衆相三昧菩薩住是三昧所知所見無非如來又亦不見不知如來所知所見無非是法亦不見法所有知見皆佛弟子亦不見不知佛弟子衆所知所見無非說法亦復不見不知說法所所有見知無非是緣亦不見緣所有見知無非是辯亦不見辯諸有所見無非佛土亦不見佛土諸所有見無非世界亦不見世界諸所有見無非衆會亦不見衆會無法不說而無所說無法不現亦無所現無不信解亦無信解無不分別亦無分別無法不壞亦無所壞無法不出亦無所出無法不照亦無所照堅意是名諸菩薩三昧門入是門者當於諸法得無㝵智能如是觀名無㝵明於是事中亦不貪著是名法明堅意菩薩以是三昧能得無㝵無邊辯才尒時堅意菩薩白佛言世尊幾所菩薩於當來世或是三昧能得無量無邊辯才何等菩薩於當來世成是三昧能得無量無邊辯才堅意菩薩若於後世從比丘所聞是三昧當知是比丘或成是三昧能得無邊無量辯才堅意如汝所

問幾所菩薩成是三昧得無邊辯若人常修是三昧者此則能成得是三昧亦得無量無邊辯才堅意是門能開八百法藏於今現在阿閦佛土諸菩薩者常用是門堅意於是一門攝一切法門諸三昧門是名重句門是故堅意若人知法欲入法門是三昧門重句門者應當親近諸善知識問云何行云何觀察云何修習當隨其教如說修行堅意若有四法當知是為善知識也何等為四一能令人入善法中二能障㝵諸不善法三能令人住於正法四常能隨順教化有是四法當知即是善知識也尒時世尊欲明此義而說偈言

當近善知識　能障惡法者　能說佛所讚
是人應親近　隨佛道教化　能生人善法
如所聞安住　能增益智慧　可近法當近
應遠法當離　離於惡法已　當修佛所讚
若欲得辯才　亦欲演自智　當疾修是定
常隨善知識　隨所教修行　於法無秘悋
自所得善法　亦應為他說　深心行是法
捨離諸諂曲　常近善知識　修行如是法

華手經第十卷　第九張　何字号

故近善知識　應離惡知識　從是得多聞
疾得是三昧

復次堅意若有四法當知是為善知識相何等為四善知教化善知修道知教化過知修道過堅意有是四法當知是為善知識也尒時世尊而說偈言

知教化修道　亦知是過失　既知是法已
令住無㝵法

堅意復有四法當知是為善知識相何謂為四知地知說知人知行云何知地隨人知地云何知人隨其所行能知是人住多欲地是人住多恚地是人住多癡地是人住定欲地是人住定恚地是人住定癡地是人住定欲恚地是人住定欲癡地是人住定恚癡地是人住定欲恚癡地衆生若在三不善等諸地皆悉能知知已隨所住地如應教化隨諸菩薩種種欲樂皆悉能知堅意若人成是四法者當知是為善知識也堅意復有四法當知是為善知識相何謂為四能調伏語令人住甚深法中能隨時教隨

華手經第十卷　第十張　何字号

時消息尒時世尊即說偈言

知隨人所行　諸地有差別　知隨地教化
故能速得成　能說法調伏　令住甚深法
隨時而呵責　亦隨時消息　雖有善好言
非時則不受　是故有智者　隨時而從捨

堅意復有四法當知是為善知識相則能令人修是三昧何等為四能令弟子出家行離又能令人入深法觀能令住定於一切緣而無所㝵離於諸相堅意有是四法當知是為善知識也佛說偈言

若人讚出家　及行離住處　令弟子住中
是名善知識　令住第一義　甚深妙法中
令住無相定　是真善知識

復次堅意菩薩若成四法能修習是三昧何謂為四捨離自心隨順師意離於諸緣為是三昧常勤行進終不懈息亦為欲得是三昧故樂住閑處離衆憒閙菩薩若成是四法者能得習是三昧堅意菩薩復有四法能疾得是三昧何謂為四善取佛相乃至夢中亦見諸佛善取說法相乃至夢中亦得聞法為衆生說而不疲惓得

華手經第十卷　第十一張　何字号

深法忍壞諸法故行無依定隨離心
故堅意菩薩有是四法能疾得是三
昧尒時世尊說此偈言

是人不捨　諸世尊相　常緣佛相
不離目前　具足見佛　相三十二
聽佛說法　諦取是相　於深必定
法中得忍　不依禪定　樂隨離心
非滅法故　壞裂諸法　諸法非法
是人所樂　觀諸相時　無所分別
信解諸法　皆是佛身　不著言辭
不隨他語　自知是相　亦為人說
菩薩若得　如是法忍　是名智者
逮是三昧　近善知識　修佛讚法
教化眾生　住深定法　堅意菩薩
若有四法　則能修習　逮是三昧

何謂為四善知緣相善分別緣善知
轉緣善知本行有是四法則能速成
了達是定尒時世尊而說偈言

菩薩多聞有智者　應為他說是三昧
又從諸佛聞善法　亦應為人而演說
以緣佛身諦取相　修是寂滅妙三昧
又於諸世尊身相　深取種種差別相
三十二相及身相　形相色相光明相

面貌眉間白毫峙　當取如是人尊相
取是諸相在現前　常當觀察差別相
亦緣各各諸身分　不以一法為佛身
以心分析諸佛身　是心無形本性淨
雜雜隨緣念念滅　在緣會生各異相
既知心相不暫停　當知是緣亦生滅
是法皆從分別生　若無分別是寂樂
善知心性是轉相　亦知諸緣是轉相
知世界空皆如炎　能知是已念不亂
能如是知諸法義　即能變化多佛相
而於佛相无所著　知諸世界皆空故
於諸緣中不取相　當知身心是轉相
如是法中能了達　故能疾得是三昧
於說法時現神力　亦於所說無錯謬
能令眾生起善福　亦能疾得如是法

堅意菩薩有四法能成是三昧成已
能為他說何謂為四為得是三昧故
勤行不息晝夜經行若欲坐時先念
諸佛坐於道場今現在前法施眾生
無所悋惜於說法者現如世尊分析
自身不依於法以無依止為眾說法
菩薩能如是行如是念如是緣安處
法坐廣行法施得是三昧或有菩薩

從法生起得是三昧復次堅意菩薩
若成四法得是三昧何謂為四菩薩
為出家人修於離行捨憒閙故但畜
三衣離貪著故於在家眾及出家眾
不作諸緣離非時過故得深法忍樂
空寂故堅意菩薩成是四法得是三
昧堅意在家菩薩若成四法能得是
三昧何謂為四菩薩若在居家受持
五戒常日一食依於塔廟廣學多聞
達知諸論亦應親近善知識善能教
化是三昧者堅意在家菩薩有是四
法能得是三昧復次堅意在家出家
菩薩若成四法得是三昧何謂為四
具足持戒淨行活命離諸疑悔為是
三昧不貪身命不依於法隨所從聞
及能教化是三昧者於是人中生世
尊想修習如是念佛三昧時應離慳
心堅意若有在家出家菩薩有此四
法得是三昧堅意若人發大乘心欲
得是三昧當修四益法何謂為四應
順觀身不生身覺應順觀受不生受
覺應順觀心不生心覺應順觀法不
生法覺堅意菩薩成四法者助是三

昧尒時世尊欲明此義而説偈言
菩薩應修習　佛所讃念處　比丘自行處
能得是三昧　常應分拼身　亦不應依止
以無依止心　當得是三昧　於受心法中
亦無所依止　是法不思議　當得是三昧
應修習四禪　及修四正勤　不依止是法
當得是三昧　於四如意足　及四無导智
當修習是法　莫生慳悋心　應安住戒中
親近善知識　説是三昧者　應生世尊想
以多聞為本　從是起三昧　隨諸佛所説
如教而修學　是名為上眼　法眼無有上
是中無障导　以教化衆生　是衆經之本
能生多聞法　菩提從此成　是故常修學
佛所有十力　及四無导智　皆從是中出
是故當修學　菩薩能得是　佛所説三昧
是人説法時　辯才不可盡　是人於諸法
能達知等相　如海無增减　無能窮竭者
若得是三昧　不隨他人教　若聽受法時
不觀他人説　諸天鬼龍王　夜叉緊陁羅
人非人衆等　觀善薩所説　皆言云何云
何住而修學　從何得此法　今為我等説
住是三昧故　知衆生深心　亦如心所樂
隨宜為説法　今我是經中　有所説諸佛
住是三昧故　悉知其名字　亦能知諸佛所説種種法

隨心所緣念　即時皆能知　一切諸世尊
所有弟子衆　住是三昧故　皆悉能見知
知諸佛世界　種種莊嚴事　亦知彼受量
得是三昧故　知諸劫歳數　及日月時節
十方世界中　諸佛兩足尊　皆知是諸佛
亦知是佛土　亦知諸世尊　若干差别名
善修是三昧　故能悉知見　亦知諸世尊
所有弟子衆　為衆所説法　皆悉能知見
一切佛所行　及諸深妙法　善習三昧故
皆悉能知見　於未来世中　無量諸世尊
字名及種性　一切悉見知　亦知其壽量
及諸弟子衆　所説諸經法　皆能悉了知
知諸佛世界　及種種莊嚴　諸佛滅度後
法住之久近　住是三昧中　皆悉知此事
故求多聞者　當修是三昧　常修是三昧
達知諸義趣　當知是三昧　入佛智初門
從是生衆生　亦生佛智慧　亦於中出生
無量諸福德　若有人發心　求無上菩提
盡供過去佛　及諸弟子衆　為供一一佛
及諸弟子衆　能捨滿三千　大千界珎寶
以尒所財寶　具滿一劫中　皆如是供給
諸佛及聖衆　於未来世中　所有諸世尊
亦皆盡供給　及諸弟子衆　堅意汝當知

是人所得福　求佛無上法　不可思議智
若人求佛道　修習是三昧　從是三昧故
多聞轉高勝　既得多聞已　廣為衆生説
是福過於彼　不可得思量　是福無有量
能增長智慧　若修是三昧　不須供諸佛
若以香塗香　衣食及湯藥　以此供諸佛
不名為真供　如来坐道場　所得微妙法
若人能修學　是真供諸佛　若求佛道者
欲得見諸佛　應勤修是法　疾得是三昧
若聞是三昧　能生歡喜心　當知是衆生
曾見數千佛
復次堅意若善男子善女人求佛道者供給嚴飾如来塔廟則得具足四大淨願何謂為四能得第一淨妙色身能得常生離諸難處亦能堅心受持善法能見諸佛得不壞信漸當逮得無上菩提轉妙法輪是名為四尒時世尊欲明此義而説偈言
智者能供給　諸佛尊塔廟　能具聖所讃
四種大淨法　常生離難處　能得正真見
常能見諸佛　見已心亦淨　得深信堅固
不動如須弥　畢定得佛智　速轉无上輪
囑累品第三十五

復次堅意若善男子善女人發大乘心若佛現在若滅度後衆華瓔珞若上華會以為供養以是經故得八具足福身色具足財物具足眷屬具足持戒具足禪定具足多聞具足智慧具足所願具足是名八具足福尒時世尊欲明此義即說偈言

若求佛道者　供給佛塔廟　世世得福報
汝當一心聽　常具足身色　見者心得淨
福德大財富　及得善眷屬　安住於戒中
能深入禪定　得多聞智慧　無量如大海
諸有所願求　皆悉能具成　世界中尊上
第一良福田　以是善根故　得相三十二
相相各明顯　以是嚴其身　是一一諸相
以衆好嚴飾　一一諸相中　各有八十光
是一一光中　其明甚清微　於八十種好
亦出諸光明　從諸善業緣　亦從願故生
隨諸願差別　故得如是相　足輪相一指
以衆好莊校　是福德神力　汝當一心聽
我是足指中　有好名照明　有光名極高
安住於此中　能演出光明　猶如過愛珠
是光如半月　在於須弥山　有相名堅集
有八十億光　諸光各有名　亦各有明色

我從一光邊　出千種色相　圍遶大千界
下方作佛事　我今若普放　善業所得光
世界若大小　一切皆迷悶
從是光現無量佛　遍到十方諸世界
廣化衆生佛作事　有如是等神通力
我有三昧能普照　用是三昧見世界
此三昧名須弥相　是中有光名善法
有三昧名首楞嚴　於一切中為冣勝
因以淨心故能得　通達十方无罣㝵
有人見佛現滅度　或有見佛初入胎
有人見生無所畏　其心安靜行七步
或有人見坐道場　謂我方今始成佛
又復見我轉法輪　又見修行菩薩道
汝等觀是三昧力　佛住是中得自在
有人知我壽劫數　或有知我壽半劫
有見我壽一小劫　若二三四若過是
有見我壽一億歲　又見過是若復少
此閻浮提世界人　知我壽命八十歲
又見我壽一日夜　又人知我壽長遠
我有三千大千界　謂我壽天一日夜
我知是人心喜樂　隨其所樂為說法
隨衆所應示為現　各各自謂為我說
見以歡喜生信解　是佛希有神通力

我若示汝所為事　一切凡夫皆狂惑
如来所行所為事　汝等設見亦不識
菩薩若知我深行　是人便能轉法輪
諸說法者各所樂　不能盡知我所行
若不能知普智行　是人所說甚微淺
若聞是法心退沒　我以是故無所說
若人能知普智行　是人心終不退沒
知一切法皆悉等　是人隨順我所行
堅意當知是諸經　於將来世无壽者
堅意當知如是人　則能知我甚深行
唯除此會八菩薩　今於我前合掌立
亦為先會法之首　常能照然佛法炬
常教衆生菩提心　常為諸佛所稱歎
如今於我現前立　過去佛前亦如是
如恒沙數諸世尊　是人皆現於前立
時五百人從坐起　合掌白言當護法
皆是佛聽護法者　堅意汝亦在是數
復有八十菩薩起　皆為救護佛法故
世尊我於未来世　受持佛法如說行
當於濁亂惡世中　廣說流布是法種
世尊尋便為受記　即飛空中七多羅
八十億人得深喜　各各自聞得受記
尒時佛告阿難曰　汝能於後惡世中

受持如是諸經不　荅言世尊我不堪
佛知故問迦葉言　汝能於我滅度後
受持如是諸經不　荅言世尊我不堪
我能把持三千界　及大海水諸山林
諸餘廉重悉能持　不能惡世護持法
今世比丘多弊惡　不隨世尊所教法
何況世尊滅度後　誰能信受是深經
必當語我如是言　汝年老耄无智慧
云何反能教我等　利根聰辯解義者
世尊如是弊惡人　樂世文頌外道論
捨離甚深禪定樂　皆悉樂著世俗事
多欲難滿无猒足　貪著美味求利養
我不能救是惡人　見已反增我憂惱
我在空閑獨處時　釋梵諸天来語我
我世尊說如是法　令多衆生住聖道
有某比丘得無漏　某得神通到彼岸
我聞是已心喜悅　而荅釋言何足恠
於後惡世釋梵天　来至我所啼哭言
大德當知佛法壞　我聞是已懷憂惱
不能廣說是罪緣　亦復不能持此經
亦不能為作證明　惡世比丘難與言
時諸天神皆啼哭　尒時佛告迦葉言
我亦先知汝不能　受持擁護我法種
我諸聲聞弟子等　無能受持如是經
但諸菩薩承佛力　則能受持如是法
於後惡世或生疑　我今當斷此人惑
是經何故先来無　但是比丘自造作
或見是經多无量　為讀誦故心驚畏
是經廣博多散乱　誰能讀誦令究竟
若人今見汝問我　亦聞我今為汝說
是人於後甚惡世　能聞是經得歡喜
佛說如是護法時　無量衆發菩提心
是諸衆生皆念言　我於来世聽是法
後當供奉諸世尊　一心求覔佛大智
供給舍利及塔廟　種種嚴飾尊形像

尒時阿難從坐而起偏袒右肩右膝著地合掌白佛言世尊當何名為此經云何受持佛告阿難此經名為攝諸善根亦名福德所依亦名安慰諸菩薩心亦名菩薩所問亦名斷一切衆生疑當如是持佛說是經慧命阿難堅意菩薩諸天龍神乾闥婆阿修羅人非人等一切大衆皆大歡喜信受佛語

佛說華手經卷第十

佛說華手經卷第十
校勘記

一　底本，金藏廣勝寺本。
一　三二四頁中一行經名、二行譯者，資、磧、南、徑、清無，未換卷。
一　三二四頁中五行「淨妙」，資、磧、南、徑、清作「清淨」。
一　三二四頁中九行第五字「而」，資、磧、南、徑、清作「如」。
一　三二四頁中一一行「何以故」，資、磧、南、徑、清作「所以者何」，下同。
一　三二四頁中一三行第七字「畢」，資、磧、南、徑、清作「究」。
一　三二四頁中一三行末字「盡」，磧、南、徑、清作「無」。
一　三二四頁下一行第三字「是」，資、磧、南、徑、清無。
一　三二四頁下三行「中盡」，資、磧、南、徑、清無；麗作「盡」。
一　三二四頁下六行末字「何」，磧、南、徑、清作「阿」。

一　三二四頁下一〇行第六字「語」，資、磧、南、徑、清作「說」。

一　三二四頁下一一行、末行及次頁上三行「何以故」，資、磧、南、徑、清作「何故」。

一　三二四頁下一四行第八字「故」，資無。

一　三二四頁下一六行首字「說」，資、磧、南、徑、清作「果」。

一　三二四頁下二〇行末字「死」，資作「無」。

一　三二五頁上一行第七字「逡」，資、磧、南、徑、清作「達」。

一　三二五頁中一七行「菩薩」，資、磧、南、徑、清作「是菩薩」。本頁下四行、七行、一五行，次頁上三行、一五行，次頁中末行「菩薩」同。

一　三二五頁中一七行第一三字「某」，資作「是」。

一　三二五頁中一八行「菩提」，資、磧、南、徑、清作「道」。

一　三二五頁中末行「了達」，資、磧、南、徑、清作「通達」，下同。

一　三二五頁下一行第八字「現」，徑作「境」。

一　三二五頁下四行「說諸」，資、磧、南、徑、清作「佛說」。

一　三二五頁下六行第七字「一」，資、磧、南、徑、清、麗作「入一」。

一　三二五頁下七行第七字「昧」，資、磧、南、徑、清作「昧中」。

一　三二五頁下一四行「是念言」，資、磧、普、徑、清作「如是念」。

一　三二五頁下一九行第六字「現」，資、磧、南、徑、清、麗作「見」。

一　三二五頁下一九行第一〇字「如」，資、磧、南、徑、清作「如如」。

一　三二五頁下二一行第一一字「智」，資、磧、南、徑、清、麗作「知」。

一　三二六頁上二行「無上菩提」，資作「無上道」，磧、南、徑、清作「無礙道」。

一　三二六頁上一〇行第九字「界」，資作「間」。

一　三二六頁上一四行第一、二字、第八、九字及本頁中一一行「世界」，資、磧、南、徑、清作「國土」。

一　三二六頁上一六行第一三字「便」，資、磧、南、徑、清作「復」。

一　三二六頁上一七行第一一字「謂」，資、磧、南、徑、清作「所謂」。

一　三二六頁上二二行「悉等」，資、磧、南、徑、清作「平等」。

一　三二六頁中一二行首字「淨」，資、磧、南、徑、清作「清淨」。

一　三二六頁中一六行至一七行「如是中無有定法」，資、磧、南、徑、清作「是中無決定法」；麗作「如是事中無有定法」。

一　三二六頁中一九行「達知」，資、磧、南、徑、清作「通達」，下同。

一　三二六頁中二一行第五字「門」，資、磧、南、徑、清作「相門」。

一　三二六頁下二行首字「非」，資作「如」。

一　三二六頁下四行「所所」，資、磧、

南、徑、清、麗作「所」。

一　三二六頁下八行第二、第七字「界」，資、磧、南、徑、清作「間」。

一　三二六頁下一五行第八字及一六行第六字「明」，資、磧、南、徑、清、麗作「眼」。

一　三二六頁下一七行「無㝵」，資、磧、南、徑、清作「無量」。

一　三二六頁下一八行末字「或」，資、磧、南、徑、清、麗作「成」。

一　三二六頁下二二行第一一字「或」，資、磧、南、徑、清、麗無。

一　三二七頁上一行第一三字「辯」，資、磧、南、徑、清作「辯才」。

一　三二七頁上二行「此則能成」，資、磧、南、徑、清作「則能成就」。

一　三二七頁上五行第三字「者」，資、磧、南、徑、清作「等」。

一　三二七頁上一三行第五字「四」，資、磧、南、徑、清作「四者」。

一　三二七頁上一四行「即是」，資、磧、南、徑、清作「是爲」。

一　三二七頁上一九行「離於」，資、磧、南、徑作「遠離」；清作「遠離」。

一　三二七頁上二〇行「亦欲演目智」，資、磧、南、徑、清作「欲演自智慧」。

一　三二七頁中一行第六字「應」，資、磧、南、徑、清作「遠」。

一　三二七頁中四行「善知修道」，資作「知修集道」。

一　三二七頁中九行首字「令」，資、磧、南、徑、清作「今」。

一　三二七頁中一四行「定欲」，資、磧、南、徑、清作「決定貪欲」。

一　三二七頁中一五行「定恚」，資、磧、南、徑、清作「決定瞋恚」。

一　三二七頁中一五行「定癡」，資、磧、南、徑、清作「決定愚癡」。

一　三二七頁中一五行末字至一六行第二字「定欲恚」，資、磧、南、徑、清作「決定貪欲瞋恚」。

一　三二七頁中一六行「定欲癡」，資、磧、南、徑、清作「決定貪欲愚癡」。

一　三二七頁中一六行末字至一七行第二字「定恚癡」，資、磧、南、徑、清作「決定瞋恚愚癡」。

一　三二七頁中一七行「定欲恚癡」，資、磧、南、徑、清作「決定貪欲瞋恚愚癡」。

一　三二七頁中一八行「不善等諸」，資、磧、南、徑、清作「毒等」。

一　三二七頁中二〇行「皆悉」，徑作「種種」。

一　三二七頁中二〇行第一〇字「成」，資、磧、南、徑、清作「成就」。

一　三二七頁中末行第三字「令」，資、磧、南、徑、清作「能令」。

一　三二七頁下二行第一三字「地」，資、磧、南、徑、清作「他」。

一　三二七頁下三行「得成」，資、磧、南、徑、清作「成就」。

一　三二七頁下五行第一四字「從」，資、磧、南、徑、清作「縱」。

一　三二七頁下八行第五字及一二行第七字「行」，資、磧、南、徑、清作「遠」。

一　三二七頁下八行第一一字「入」，徑

作「大」。

一　三二七頁下九行第一一字「所」，資、磧、南、徑、清作「障」。

一　三二七頁下九行「離於」，資、磧、南、徑、清作「遠離」。

一　三二七頁下一五行「若成」，資、磧、南、徑、清作「成就」，下同。

一　三二七頁下一七行「於諸緣」，資、磧、南、徑、清作「一切事」。

一　三二七頁下一七行「行進」，資、磧、南、徑、清、麗作「精進」。

一　三二八頁上六行第一一字「必」，資、磧、南、徑、清作「決」。

一　三二八頁上一七行「速成」，資、磧、南、徑、清作「成就」。

一　三二八頁上二二行「世尊身相」，資、磧、南、徑、清作「佛世尊身」。

一　三二八頁中一行第七字「峙」，徑、清作「相」。

一　三二八頁中四行第九字「心」，徑、清作「以」。

一　三二八頁中五行「雜離」，磧、南、徑、清作「新新」。

一　三二八頁中一六行第九字、下末行第八字「成」，資、磧、南、徑、清作「成就」。

一　三二八頁中一八行「勤行」，資、磧、南、徑、清作「勤行精進不休」。

一　三二八頁中一九行第七字「今」，資、磧、南、徑、清作「令」。

一　三二八頁中二〇行第九字「現」，資、磧、南、徑、清作「視」。

一　三二八頁中二一行「依於」，資、磧、南、徑、清作「依止」，下同。

一　三二八頁下一行第三字「生」，資、磧、南、徑、清、麗作「座」。

一　三二八頁下二行及六行「四法得」，資、磧、南、徑、清作「四法應修學」。

一　三二八頁下二行「菩薩」，資、磧、南、徑、清作「若菩薩」。

一　三二八頁下三行第六字「於」，資、磧、南、徑、清、麗作「遠」。

一　三二八頁下五行第三字「諸」，資作「因」；徑作「衆」。

一　三二八頁下一〇行第九字「善」，資、磧、南、徑、清、麗作「諸善」。

一　三二八頁下一二行第二字「能」，資、磧、南、徑、清作「則能修習」。

一　三二八頁下一二行第一一字「在」，資、磧、南、徑、清作「若在」。

一　三二八頁下一三行第七字「得」，資、磧、南、徑、清作「應修習得」。

一　三二八頁下一四行「持戒淨行」，資、磧、南、徑、清作「戒品清淨」。

一　三二八頁下一七行第五字「如」，資無。

一　三二八頁下一九行第二字「得」，資、磧、南、徑、清作「則應修習得」。

一　三二八頁下末行「四法」，資、磧、南、徑、清、麗作「是四法」。

一　三二九頁上八行「戒中」，資、磧、南、徑、清作「戒品」，下同。

一　三二九頁上一三行第一三字「常」，資、磧、南、徑、清作「當」。

一　三二九頁上一四行第五字「力」，麗作「方」。

一　三二九頁上一七行「能達知等相」，資、磧、南、徑、清作「能通達平等」。

一　三二九頁上二〇行第一〇字「説」後，麗有夾註「此下丹鄉有」。

一　三二九頁上二〇行第一一字至二一行末字「皆言……説」，麗作夾註。

一　三二九頁上二〇行「云何云」，資、磧、南、徑、清作「云何入」；麗作「云何住」。

一　三二九頁上二一行「何住」，資、磧、南、徑、清、麗作「云何」。

一　三二九頁上二二行第一二字「如」，資、磧、南、徑、清、麗作「知」。

一　三二九頁中二行「見知」，資、磧、南、徑、清作「知見」，下同。

一　三二九頁中三行第一四字「受」，資、磧、南、徑、清作「壽」。

一　三二九頁中一一行「字名」，資、磧、南、徑、清作「名字」。

一　三二九頁中一四行第五字「近」，資作「遠」。

一　三二九頁中一五行第一一字「常」，磧、南、徑、清作「若」。

一　三二九頁中一七行第五字「生」，資作「利」；磧、南、徑、清作「剎」。

一　三二九頁中一八行「福德」，資、磧、南、徑、清作「功德」，下同。

一　三二九頁中二一行「供給」，資、磧、南、徑、清作「供養」，下同。

一　三二九頁下五行「供諸佛」，資、磧、南、徑、清作「供養佛」，下同。

一　三二九頁下六行第三字「香」，資、磧、南、徑、清作「華」。

一　三二九頁下六行「及湯藥」，資、磧、南、徑、清作「湯藥等」。

一　三二九頁下七行「爲真供」，資、磧、南、徑、清作「真供養」。

一　三二九頁下一三行「嚴飾」，資、磧、南、徑、清作「莊嚴」，下同。

一　三二九頁下一四行「淨妙」，資、磧、南、徑、清作「清淨」。

一　三二九頁下一五行第一三字「心」，資、磧、南、徑、清作「固」。

一　三二九頁下二〇行第一四字「真」，資、磧、南、徑、清作「直」。

一　三二九頁下二一行第九字「亦」，資、磧、南、徑、清作「清」。

一　三二九頁下二一行第一三字「信」，徑、清作「心」。

一　三二九頁下二二行「畢定得佛智」，資作「畢定佛智慧」；磧、南、徑、清作「必定佛智慧」。

一　三三〇頁上三行「華會」，資、磧、南、徑、清、麗作「華香」。

一　三三〇頁上三行「以是經」，資作「是因緣」；麗作「以是緣」。

一　三三〇頁上三行第一二字「得」，資、磧、南、徑、清作「當得」。

一　三三〇頁上八行第一四字「福」，資作「果」。

一　三三〇頁上九行第一四字「得」，資、磧、南、徑、清作「清」。

一　三三〇頁上一二行「具成」，資、磧、南、徑、清作「成就」。

一　三三〇頁上一二行第一二字「界」，

一 資、磧、南、徑、清、麗作「間」。
一 三三〇頁上一四行「以是嚴其身」，
一 資、磧、南、徑、清作「以自莊嚴身」。
一 三三〇頁上一五行第一〇字「中」，
一 徑作「身」。
一 三三〇頁上一六行第一〇字「微」，
一 資、磧、南、徑、清、麗作「徽」。
一 三三〇頁上一七行「從諸善業緣」，
一 資、磧、南、徑、清作「從善業因緣」。
一 三三〇頁上一九行第五字「校」，
一 資、磧、南、徑、清作「嚴」。
一 三三〇頁中一行第一〇字「相」，
一 資、磧、南、徑、清、麗作「明」。
一 三三〇頁中三行「世界若大小」，
一 資、磧、南、徑、清作「世界若小大」。
一 三三〇頁中五行「佛作事」，資、
一 磧、南、徑、清、麗作「作佛事」。
一 三三〇頁中六行末字「界」，資、
一 磧、南、徑、清作「間」。
一 三三〇頁中九行第二字「以」，資、
一 磧、南、徑、清作「清」。
一 三三〇頁中一三行、一九行首字

一 「又」，資、磧、南、徑、清作「有」。
一 三三〇頁中二〇行首字「我」，資、
一 磧、南、徑、清、麗作「或」。
一 三三〇頁中二二行「示爲現」，資、
一 磧、南、徑、清、麗作「爲示現」。
一 三三〇頁下八行第六字「悉」，資、
一 磧、南、徑、清作「平」。
一 三三〇頁下九行第六字、三三一
一 頁上一行第五字、三行第五字、中
一 一〇行第二字「諸」，資、磧、南、
一 徑、清作「等」。
一 三三〇頁下九行第一三字「壽」，
一 資、磧、南、徑、清、麗作「受」。
一 三三〇頁下一一行第一三字「深」，
一 徑作「修」。
一 三三〇頁下一二行第四字「會」，
一 資、磧、南、徑、清作「佛」。
一 三三〇頁下一三行末字「歎」，資、
一 磧、南、徑、清作「讚」。
一 三三〇頁下一四行第一一字「前」，
一 資、磧、南、徑、清作「所」。
一 三三〇頁下一五行「現於」，資、

一 磧、南、徑、清作「於現」。
一 三三〇頁下一八行第一〇字「救」，
一 磧、南、清作「守」。
一 三三〇頁下二〇行首字「當」，資、
一 磧、南、徑、清作「常」。
一 三三〇頁下二〇行第九字「説」，
一 資、磧、南、徑、清作「宣」。
一 三三〇頁下二一行及二二行「受
一 記」，資、磧、南、徑、清作「授記」。
一 三三一頁上六行第六字及一〇行
一 第五字「弊」，磧、南、徑、清作「憋」。
一 三三一頁上七行末字「經」，資、
一 磧、南、徑、清作「教」。
一 三三一頁上一一行第一三字「俗」，
一 資、磧、南、徑、清作「間」。
一 三三一頁上一五行首字「我」，磧、
一 南、徑、清、麗作「今」。
一 三三一頁上一五行第一二字「住」，
一 資、磧、南、徑、清作「得」。
一 三三一頁上一七行「喜悦」，資、
一 磧、南、徑、清作「歡喜」。
一 三三一頁中五行末字「畏」，資、

磧、南、徑、清作「怖」。

一　三三一頁中一一行第四字「奉」，資、磧、南、徑、清作「養」。

一　三三一頁中一一行「大智」，資、磧、南、徑、清作「智慧」。

一　三三一頁中一四行第一三字「爲」，資、磧、南、徑、清無。

一　三三一頁中一六行「所依」，資、磧、南、徑、清作「依止」。

一　三三一頁中一八行第一一字「經」，麗作「經已」。

大方等陀羅尼經初分卷第一　伋

北涼沙門法衆於高昌郡譯

如是我聞一時佛在舍衛國祇陁林中與五百大弟子俱尒時文殊師利法王子從王舍城與九十二億菩薩摩訶薩衆俱其名曰文殊師利法王子慈王法王子大自在法王子梵音法王子妙色法王子栴檀林法王子師子吼音法王子妙聲法王子妙色形貎法王子種種莊嚴法王子糫幢法王子頂生法王子如是等九十二億到祇陁林中見佛世尊遶佛三匝頭面礼足却住一面勸請世尊轉于法輪大王波斯匿將五百王子其名曰乹提羅王子長生王子真如法王子法形王子如是等五百王子到祇陁林中遶佛三匝頭面礼足却住一面勸請世尊轉于法輪舍衛城中郁伽恒伕優婆塞將六百優婆塞其名曰郁伽帝優婆塞妙聲優婆塞諸相莊嚴優婆塞好嚴心優婆塞須達多優婆塞如是等六百優婆塞到祇陁林中遶佛三匝頭面礼足却住一面勸請世尊轉于法輪復有五百篤信優婆夷其名曰毗舍佉優婆夷空妙相優婆夷華異妓女優婆夷鶖郁羅優婆夷禪提伽優婆夷摩訶男優婆夷如是五百優婆夷到祇陁林中遶佛三匝頭面礼足却住一面勸請世尊轉于法輪復有郁伽長者子與五百長者子俱其名曰須達多長者子臚如多長者子栴檀林長者子妙色形貎長者子如是等五百長者子到祇陁林中遶佛三匝頭面礼足却住一面勸請世尊轉于法輪尒時文殊師利即從座起偏袒右肩右膝着地合掌恭敬目不蹔捨而白佛言世尊如来前後所說諸陁羅尼門一切世間為㝡又正法中為㝡又諸天中為㝡衆生於此以㝡勝法入諸陁羅尼門觀佛境界世尊以慈悲力為無量无邊衆生故敷演解說陁羅尼名字佛告文殊師利善哉善哉善男子汝為無量苦惱衆生故請問陁羅尼門善男子汝今諦聽吾當為汝略說諸陁羅

大方等陀羅尼經卷第一　第二張

尼名字善男子有陁羅尼名摩訶袒
持有陁羅尼名摩訶離婆帝有陁羅
尼名寶幢有陁羅尼名寶焰有陁羅
尼名寶盖有陁羅尼名金剛盖有陁
羅尼名金剛曜有陁羅尼名諸色荘
嚴有陁羅尼名金剛色身有陁羅尼
名重荘嚴有陁羅尼名跋睺陁羅有
陁羅尼名毗伽陁羅有陁羅尼名水
光有陁羅尼名三昧有陁羅尼名華
聚有陁羅尼名決定有陁羅尼名常
住有陁羅尼名衆華香有陁羅尼名
種種光明善男子如是陁羅尼者有
九十二億恒河沙門一一陁羅尼復
有九十二億恒河沙門如是次第智
者應三品而説説此諸陁羅尼名時
文殊師利所將九十二億菩薩住无
生法忍六百優婆塞住辟支佛心五
百優婆夷逺塵離垢得法眼淨五百
長者子發三菩提心波斯匿王所將
諸王子等於如来前求索出家佛告
諸王子善哉善哉能於我法中求索
出家今正是時佛告諸王子善来比
丘時諸王子鬚髮自落法服著身即

成沙門戒行具足尒時世尊為諸比
丘説諸四諦法時諸比丘具足三明
及六神通時諸比丘勸請世尊轉于
法輪尒時世尊默然印可便入諸陁
羅尼門放大光明照於東方无量億
千那由他三千大千世界由乹陁羅
山後放此光已有無量億千那由他
夜叉南西北方及以四維下至迦陁
難世界上至接識十方世界亦復如
是各有無量億千那由他夜叉之衆
覩斯光已即時尋光来詣娑婆世界
到祇陁林中見釋迦牟尼如来入諸
陁羅尼門及見文殊師利法王子在
佛左右欲請世尊轉于法輪尒時無
量億千那由他夜叉之衆及文殊師
利諸菩薩摩訶薩及五百大弟子優
婆塞優婆夷居士居士子各各從佛
入諸陁羅尼門尒時衆中有一比丘
名曰雷音即從座起往至林中入禪
三昧時虚空中有諸魔衆尒時衆中
有一魔王名曰袒荼羅於虚空中作
是思惟向者釋迦牟尼佛與無量大
衆前後圍遶而為説法獲大善利令

此比丘復入禪定三昧我若不壞此
比丘善根因縁此比丘必當於賢刧
成阿耨多羅三藐三菩提成一切智
獲大善利我今將諸眷属壞彼比丘
善根因縁尒時魔王即將九十二億
眷属往到祇陁林中掩蔽此比丘善
根因縁尒時雷音比丘甚大愁感大
聲叫言南無十方三世無量諸佛南
無十方三世諸佛法南無十方少分
足人如是唱已尒時十方諸佛同聲
唱言當以何法救彼比丘尒時寳王
佛舉手而言是菩薩衆中頗有菩薩
能救彼比丘苦不尒時衆中有一菩
薩名曰華聚即從座起偏袒右肩右
膝著地合掌向佛而白佛言當以何
法勅彼袒荼羅尒時佛告華聚菩薩
摩訶薩汝不知耶我以諸佛秘法勅
彼袒荼羅尒時佛告華聚菩薩摩訶
薩我當以摩訶袒持陁羅尼章句伏
此波旬增彼比丘善根汝今諦聽當
為汝説諸佛秘法華聚白佛唯然世
尊願樂欲聞如是妙法佛告華聚我
令語汝莫妄宣傳如是妙法當以神

明為證何以故名為神明善男子如
是當有十二夢王見此一王者乃可
為說尒時世尊即說陁羅尼章句
南無嘔咽經寫　嘸提易勤鄒伽移弥
莎呵　多姪吔　蒱耆㢋婆　欝波多
毗耶　蒱耆㢋婆　劣破羅　阿㝹鄒
多經吔　阿㝹鄒多經吔　復得究追
蒱耆㢋婆　莎訶
說此法時有八万四千菩薩住少分
足地有二十六万比丘住辟支佛地
復有三万四千比丘得阿羅漢果有
七万優婆塞發阿耨多羅三藐三菩
提心有五百優婆夷遠塵離垢得法
眼淨尒時華聚菩薩即讚佛言
世尊身色如金山　猶如日光照世間
能拔一切諸苦惱　我今稽首大法王
世尊身相如大山　大慈無量護一切
我等受教成種智　除去慳貪離諸著
世主法王甚希有　如是妙法復過是
難見難聞亦難遇　若有覩者成正覺
世尊法力力中力　過於三界覩衆生
若有衆生至心聽　無有一人不得聞
既謂明者成正覺　度諸衆生無邊際

獨至道場為天師　然後說法究竟樂
是時華聚菩薩既讚佛已忽然不現
即往西方娑婆世界到祇陁林中見
雷音比丘為九十二億天魔波旬所
蔽尒時華聚菩薩語袒荼羅言汝今
去何欲壞此比丘善根因緣耶
世尊威力甚無量　能壞一切諸外道
能破一切諸惡賊　能立一切諸善法
尒時魔王聞此語已甚大恐怖心驚
毛竪即時報言
吾為世王　於世自在　能壞一切
諸善智慧
尒時華聚菩薩報魔王言
世尊智慧如虛空　能蓋一切諸惡法
我當伏汝如頻婆　汝若不信今當知
尒時華聚菩薩語雷音言汝今善聽
當為汝說伏諸惡趣我當伏此波旬
汝今因此當得證知諸佛方便尒時
華聚菩薩即說陁羅尼章句
南無嘔咽經寫　嘸提易勤鄒伽耶弥
莎呵
說此法時有六百魔王礼菩薩足恭
敬合掌白菩薩言有陁羅尼名曰自

搰我等欲立如是陁羅尼唯願聽許
華聚言小住袒荼羅說時未至尒時
華聚復說陁羅尼言
哆姪吔　捕者㢋婆　欝波多毗耶
蒱者㢋婆　劣破羅　阿㝹鄒多姪吔
阿㝹鄒多姪吔　復得究追　蒱者㢋
婆　莎呵
說是法時有六百万魔王波旬同嗶
而叫此何苦哉受苦如是當去何離
如是等苦尒時華聚即告魔王言汝
若欲離如是苦者可發阿耨多羅三
藐三菩提心唯然大士我等發三菩
提心華聚言善哉善哉時諸魔王即
說陁羅尼言
南無摩訶浮陁甲　南無摩訶離婆浮
陁甲　南無華聚陁羅毗舍闍　室收
郁伽林　檀吒林　窮伽林　恒伽嵥
阿鵌　鄒鵌　鄒羅鵌　莎呵
尒時華聚讚魔王言善哉善哉佛子
乃能受持摩訶袒持陁羅尼章句當
大利益無量魔衆尒時魔王歡喜踊
躍即脫身上劫波育衣以用供養尒
時諸衣積如須弥以用供養華聚菩

薩摩訶薩既供養已復白華聚我等十二大王當受持摩訶袒持陀羅尼章句復當供養受持經者如是人等若遭苦厄應當稱我十二神王尒時華聚告魔王言其名云何魔王言王名祖荼王名斤持王名茂持羅王名軋基羅王名多林羅王名波林羅王名檀林羅王名禪多林羅王名窮伽林羅王名迦林羅王名窮伽林羅王名波林羅如是等王各各唱言我等當受持讀誦陀羅尼經攝救行者令其堅固三菩提心令獲善利尒時華聚讚魔王言善哉善哉汝等今日發大勇猛汝能受持擁護陀羅尼典及以行者不久當得成等正覺時諸魔王歡喜踊躍得未曾有即從座起礼菩薩足前後圍遶歡喜奉行陀羅尼典尒時雷音即從座起合掌恭敬白華聚言善哉衆法聚士持此大方等陀羅尼来以救我令我增壽法中生心辟如死者死已還生我今亦復如是汝今即是法中雄猛是諸法母令我堅固法心生身華聚言我非是諸法

母如是陀羅尼乃可為母亦可為父汝當受持此陀羅尼尒時雷音白華聚言我向来時世尊與無量大衆前後圍遶而為說法尒時花聚問雷音言其名云何荅曰名釋迦牟尼慈悲普覆無量衆生如汝無異也大慈無量亦踰於汝救攝一切地獄之厄與無量樂我等二人可共至彼供養世尊當獲善利作是語時時虛空中有八十二億忉利諸天作天妓樂燒香散華供養華聚尒時虛空衆中有一天王名摩訶伽賴奢告諸天衆此二大士欲與大法我等往彼可得正聞諸佛甘露時二大士即從座起整衣服已與諸魔衆及諸天人涉路而去尒時諸天即從二人往詣祇桓尒時世尊遥聞天樂從禪定起告阿難言往至外聽此為何聲尒時阿難奉世尊教即往外聽見有二人與无量大衆前後圍遶猶如金山来詣祇桓尒時阿難還祇桓中長跪合掌而白佛言外有二人身如金山微妙無比踰如日光能照一切内外明徹尒時阿

難所言未訖華聚菩薩放大光明普照十方無量世界靡不周遍覩斯光者無不解脫尒時華聚每自思惟以何為證作是念已尒時婆藪從地獄出將九十二億諸罪人輩尋光来詣娑婆世界十方世界各將九十二億諸罪人輩亦復如是尋光来至娑婆世界尒時無量无邊大衆前後圍遶到祇桓中見釋迦牟尼佛及以見此二大賢士在佛左右尒時舍利弗見是大衆心中有疑五百大弟子及諸大衆心各有疑尒時舍利弗知衆心疑自亦未了即從座起偏袒右肩右膝著地而白佛言世尊如是大衆從何方来忽然到此祇桓林中世尊如是菩薩昔所未見而今見之如是天人昔所未見而今見之如是魔王昔所未見而今見之如是罪人昔所未見而今見之如是菩薩天人魔王地獄之人今從何方忽来到此尒時世尊默然不荅尒時文殊師利語舍利弗言善男子如是大衆我今當說汝今諦聽是菩薩者名曰華聚了達方

便從東方来来詣佛所是諸天等即
是此界忉利諸天来到佛所是諸魔
衆即是此界諸魔衆也是諸罪人第
一首者名曰婆薮汝今當知世尊未
出世時此人造不善行入於地獄經
歷受苦汝不聞耶此華聚菩薩摩訶
薩放大悲光因此光明得從阿鼻大
地獄出而来至此舍利弗言此婆薮
仙人久聞佛說作不善行入於地獄
云何今說婆薮仙人出於地獄得值
如来至真等正覺及與他方諸罪衆
生来詣此閒況婆薮耶佛說一人作
不善行令衆多人出於地獄此事難
信是義云何文殊師利唯願少說可
得令我離諸疑惑佛告舍利弗善哉
善哉善問是事諦聽諦聽當為汝說
舍利弗言唯然世尊願樂欲聞佛告
舍利弗善男子莫作是說如是大衆
皆有因緣来詣我所略有三事第一
衆者非思議菩薩魔衆欲令我說大方
等陁羅尼故欲令我顯未曾有方便
故故来敵此雷音比丘雷音比丘善
根因緣我今當說汝等諦聽舍利弗

言唯然世尊願樂欲聞善男子第二
衆者華聚菩薩及忉利天所以来詣
我所欲顯此陁羅尼威神力故又欲
顯揚十方諸佛神通力故以是因緣
来詣我所善男子第三衆者為欲破
一切衆生定受果報故如是諸衆以
是因緣来詣我所善男子莫作是說
婆薮仙人是地獄人也何以故汝今
諦聽善男子婆者言天薮者言慧故
言婆薮如是天慧之人云何究竟受
地獄苦終無是事復次善男子婆者
言廣薮者言通廣通一切法者云何
究竟入於地獄終無是事復次善男
子婆者言高薮者言妙於一切方便
中此人高妙高妙之人云何究竟受
地獄苦終無是事復次善男子婆者
言離薮者言断離断一切諸苦惱者
云何當受地獄苦也終無是事復次
善男子婆者言善薮者言知如是善
知一切法者云何當受地獄苦耶終
無是事復次善男子婆者言剛薮者
言柔剛柔之人云何究竟受地獄苦
終無是事復次善男子婆者言慈薮

者言悲如是慈悲者云何究竟受地
獄苦終無是事復次善男子婆者言
力薮者言善力善之人云何究竟受
地獄苦終無是事復次善男子婆者
言神薮者言通神通之人云何究竟
入於地獄經歷受苦終無是事復次
善男子婆者言相薮者言好有相好
者云何究竟入於地獄終無是事復
次善男子婆者言摠薮者言便摠持
方便者云何入於地獄究竟受苦舍
利弗此事衆多吾今略說說有十事
婆薮因緣若當廣說二字名号此義
衆多窮歲不盡善男子莫作是說婆
薮仙人而在地獄究竟受苦善男子
作是說者則為謗此上陁羅尼及謗
金剛色身乃至謗彼寶王如来及謗
此華聚菩薩摩訶薩及謗十方三世
諸佛是人必入地獄無疑何以故謗
上陁羅尼故謗一切諸佛故必入地
獄而無疑也善男子莫作是說婆薮
仙人而在地獄尒時舍利弗白佛言
世尊曾聞佛說婆薮仙人入於地獄
終無出期所以敢發如斯問耳世尊

婆藪仙人何時入於地獄願佛解說善男子我昔在於兜率天上此婆藪仙人在閻浮提與六百二十万估客為作商主將諸人等入海採寶往到海所乘彼海船漸漸深入而取珎寶得諸寶已載以海船欲還本國於其中路值摩竭魚難水波之難大風之難又值夜叉之難如是六百二十万人即時各許摩醯首羅天人各一生尒時諸人便離四難還本國已即各牽一羊欲往天寺尒時婆藪默作是念我今云何作衆商主教諸商人作不善事我今當設方便濟是羊命即化作二人一者古出家沙門二者在家婆羅門時婆羅門於衆人中作是唱言天主與六百二十万人欲往天寺尒時沙門於其中路遥見此婆羅門沙門問言汝與是大衆欲往何方在家人言我欲往天寺而求大利沙門言吾觀汝等欲得大衰云何大利如是次第諍訟不止尒時衆人問婆羅門言此是何人形貌如是婆羅門言此名古時沙門諸人問言沙門何

言婆羅門言彼作是說殺生祠天當得大罪衆人語婆羅門言此癡沙門何用是言速往天寺當得大利尒時婆羅門言我等大師今在天寺無事不遠可共請問

尒時諸人可言善哉沙門與婆羅門及諸人等前後圍遶到大仙所尒時沙門問大仙言殺生祠天當得生天入地獄乎大仙荅言何癡沙門殺生祠天而墮地獄沙門荅言不墮耶婆藪言不也沙門言若不墮者汝當證知尒時婆藪即時陷身入阿鼻地獄尒時諸人見是事已嗚呼禍哉有如是事大仙聰智今已磨滅入於地獄況復我等而得不入於地獄耶尒時衆人各放諸羊退走四方到諸山中推覔諸仙既得仙已而受仙法二十一年各各命終生閻浮提我於尒時從兜率天下生閻浮提白淨王家尒時六百二十万人生舍衛國得受人身汝不知耶我於昔時始到舍衛國所降伏六百二十万人令其出家發三菩提心豈異人乎即往昔估客是

也善男子婆藪仙人有如是威神之力化如是諸人来至我所云何言是地獄人耶復次善男子婆藪仙人入地獄已至於十方大地獄中化諸極苦衆生等令發善心發善心已求出地獄華聚菩薩從東方来至此娑婆世界放大光明是諸罪人尋光来至娑婆世界得值於我因本善心故来至我所尒時文殊師利讚婆藪仙人言善哉善哉大士有大方便能化如是受苦衆生来至我所不久當離一切諸患尒時五百大弟子遠離疑惑歡喜奉行

尒時雷音即從座起偏袒右肩右膝著地叉手合掌而白佛言世尊我向往至林中每自思惟世尊往昔難行苦行入諸禪定修大悲心得悲心已救諸衆生令出三有而得涅槃我今亦應入諸禪定應修慈悲四無量心亦應遠離諸煩惱賊亦應遠離一切世間諸難作是念已欲入陀羅尼門此衆魔王来覆蔽我如是思惟令我不得正念嗥吼而叫叫已未久時華

聚菩薩忽来我所我亦不覺如是菩
薩来到我所降魔怨已我即忽然顧
視四方見華聚菩薩在我前立復見
十方諸佛各乘七寶蓮華在虚空中
見諸魔王叉手合掌恭敬圍遶華聚
菩薩我於尒時謂是魔王聞空中聲
而謂我言汝今云何不知恭敬如是
大士雷音言我聞此語已即從座起
頂礼足下欲視其目見虚空中有諸
天王以種種名花而以供養尒時諸
天即以種種名花持以與我我得花
已即以供養華聚菩薩摩訶薩我即
白言祇桓有佛名釋迦牟尼我等二
人可共供養而得大利聞此語已荅
言善哉善哉即從座起與此二衆来
至佛所世尊此事衆多我今略說世
尊證知唯願世尊敷演解說此菩薩
所来方土有何因緣来已救我尒時
佛告雷音善男子如是菩薩者汝
往昔善知識也供養十方恒沙諸佛
於諸佛所了達方便深入諸陁羅尼
門能深觀察諸佛境界知衆生性根
之利鈍善男子東方有佛名曰寶王

世界名衆香離此世界二十万億佛
土此菩薩而從彼方来至此閒欲令
我顯往昔大方便故汝今諦聽當為
汝說善男子過去有佛名栴檀華如
来無所著至真等正覺彼佛去世甚
大久遠不可思議我於彼時如汝無
異復次善男子時有一菩薩名曰上
首作一乞士入城乞食時有一比
丘名曰恒伽謂乞士言汝從何来荅
言吾從真實中来恒伽問言何謂為
實曰寂滅相故名為真實曰寂滅相
中有所求耶无所求耶上首荅言无有所求曰
無所求者當何用求上首荅言无所
求中吾故求之曰無所求中何用求
為荅言有所求者一切皆空得者亦
空著者亦空實者亦空来者亦空語
者亦空問者亦空寂滅涅槃亦復皆
空一切虚空分界亦復皆空吾為如
是次第空法而求真實恒伽曰實何
用求汝言一切万法亦復皆空何用
求為荅曰以空空故為實問曰菩薩
今當於何而求實法荅言當於六波
羅蜜中求問曰何謂為六所謂檀波

羅蜜尸波羅蜜羼提波羅蜜毗梨耶
波羅蜜禪波羅蜜般若波羅蜜上首
說已尒時恒伽歡喜踊躍即時頭面
敬礼上首足下而便問言當以何食
供養此人上首荅言當以須陁味供
養此人尒時恒伽即詣都市而自唱
言吾欲賣身誰欲須者尒時衆中有
一居士名毗奴律即来問我言吾欲
買之汝索何等恒伽報言索須陁鄯
羅曰當索幾枚恒伽報言欲須五枚
尒時居上即數五錢買此道人以充
供使尒時恒伽白大家言我身屬汝
假我七日欲供養上首比丘尒時居
士告恒伽言吾當將汝亦於宅舍放
汝令還尒時恒伽見舍宅已涉路而
還見此上首乞食未得即將上首到
都市中買百味飲食既買食已將到
一寺寺名四王設施種種床座種種
香花供養上首復設種種飲食而以
供養或以種種妙供而供養之尒時
上首告恒伽言善男子今正是時汝
今諦聽當為汝說一切諸佛受行實
法尒時上首廣為恒伽說受行實法

應受如是陁羅尼章句
哆姪咃　蒲耆稟婆　欝波多毗耶
蒲耆稟婆　劣破羅　阿嵬鄉哆姪咃
阿嵬鄉哆姪咃　蒲得究追　蒲耆稟
婆　莎訶　南無啯啯姪冩嘂提易勤
鄉伽耶弥　莎呵　摩訶淨陁卑　摩
訶離婆淨陁卑　南莫華聚陁羅毗舍闍
室妝郁伽林　袒吒林　窮伽林　恒伽
嘌　阿𨐍　鄉𨐍　鄉羅𨐍　莎訶
尒時恒伽歡喜踊躍而問之言云何
奉持諸佛寶法尒時上首告恒伽言
若有善男子善女人願欲聞者汝當
夢中住其人前當現汝身是人若見
汝身汝當教行如是寶法問言當去
何行耶荅恒伽言若欲行時七日長
齋日三時洗浴著淨潔衣座佛形像
作五色蓋誦此章句百二十遍遶百
二十匝如是作已却坐思惟思惟訖
已復更誦此章句如是七日尒時恒
伽即問上首當用何日善男子要用
月八日十五日行此法時若衆生犯
五逆罪身有白癩若不除差無有是
處若優婆塞犯三自歸至於六重若

不還生無有是處若菩薩二十四戒
沙弥十戒式叉沙弥尼比丘戒比丘
尼戒如是諸戒若犯一一諸戒當一
心懺悔若不還生無有是處除不至
心復次善男子尒時上首廣為恒伽
說二十四重戒名若有菩薩飢餓衆
生来詣其所求飲食卧具不隨意者
名犯第一重戒若有菩薩婬欲無度
不擇禽獸者是名犯第二重戒若有
菩薩見有比丘畜於妻子隨意說過
者是名犯第三重戒若有菩薩若見
有人憂愁不樂欲自喪身更以已意
增他瞋恚敗他命根猶若有人以火增火
悉燒一切物者是名犯第四重戒若
有菩薩出於精舍到於曠路得值財
寶隨意取者是名犯第五重戒若有
菩薩見他瞋恚欲害他命更以美言
讚他瞋恚者是名犯第六重戒若有
菩薩見他瞋恚若聞瞋恚欲燒僧坊
若不盡心諫彼惡人者是名犯第七
重戒若有菩薩若見有人若聞有人
犯於重罪若是菩薩應密呼彼人来
詣其所我有良藥漑汝戒根能令還

生彼若不来汝應三呼若不至三是
名犯第八重戒若有菩薩聞見有人
犯於五逆應往彼所作如是言此非
正法汝非梵行莫作是行若不尒者
是名犯第九重戒若有菩薩見聞他
人欲興大善事更起瞋恚壞他善慧
者是名犯第十重戒若有菩薩見有
他人躭飲嗜酒當以已情往叱他人
除自因緣此非梵行是名犯第十一
重戒若有菩薩見聞有人婬他婦女
往他正夫所作如是言言此人犯汝
汝可覩之者是名犯第十二重戒若
有菩薩覩他怨家作怨家想者是名
犯第十三重戒若有菩薩見他視怨
如赤子想往彼人所作如是言
是言何能視此人如赤子此非吉相是名犯第
十四重戒若有菩薩見他聚鬪往至
其所佐助氣力檛打諸人者是名犯
第十五重戒若有菩薩見有他人伏
匿之事發舒誹說語諸四輩彼人不
喜使大瞋恚者是名犯第十六重戒
若有菩薩見聞他善事去都不得言
者是名犯第十七重戒若有菩薩行

大方等陀羅尼經卷第一　第二十四張　伏字号

於曠路見有他人營諸塔廟若復有人營諸精舍若有不佐助者是名犯第十八重戒若有菩薩見聞有人離善知識親近惡友終不讚言汝為善吉離彼惡友親近善友者是名犯第十九重戒若有菩薩於栴陁羅處若惡人處若惡猶處聲聞二乘人處如是諸難恚不得往除已急事是名犯第二十重戒若有菩薩見聞疑殺即自思惟食此肉者斷大慈種當獲大罪言不見聞疑殺食都無患者是名犯第二十一重戒若有菩薩見聞疑殺作不見聞疑若不食此肉者即遺三世諸佛寶藏亦遺三世諸佛之恩以此人為尊者是名犯第二十二重戒若有菩薩解於方便知衆生根若謂不說當獲罪報者是名犯第二十三重戒若有菩薩持此戒時若見華聚若見虛空藏若見觀世音若見一一諸菩薩者如是見不見等及餘諸見悉不得向人說我見如是法王子等若言見者此人現身得障道法得白癩病或時愚癡或時青盲或時目

大方等陀羅尼經卷第一　第二十五張　伏字号

眩妄想分別諸法要得愚癡病謗此戒者殃負如是持此戒時若口不言向外宣傳我見此事若不言者於七日中其餘已外亦不得言善男子是名菩薩摩訶薩二十四戒善男子在在處處莫妄宣說諸佛秘法善男子一切諸佛悉由此戒成等正覺過去諸佛亦因此戒成等正覺未來諸佛亦復如是尒時恒伽白上首言若有剎利婆羅門毗舍首陁得受此戒不上首荅言如是諸姓得受此戒恒伽白言當云何受如是妙戒上首言受此戒時應請一比丘解此戒相者請諸衆僧隨意堪任不問多少復應請二十四形像若多無妨作種種餚饍飲食供養衆僧及此比丘五體著地在形像前及諸尊僧至心礼敬唱如是言諸佛色藏外諸衆僧我今歸命受尊戒法衆僧弘慈當證知我復更唱言法中雄猛微妙尊聽我今自說受持此戒尒時此人應自口說了知戒已而更三請三請已而淳熟此戒性盡性而形段受持諦受諦聽修行

大方等陀羅尼經卷第一　第二十六張　伏字号

莫犯持此戒者隨意往生恒伽盡菩提性菩薩摩訶薩自聞此戒受此戒時法應如是

大方等陀羅尼經卷第一

大方等陁羅尼經初分卷第一

校勘記

一 底本，金藏廣勝寺本。

一 三三八頁中一行「初分」，資、磧、南、徑、清無。

一 三三八頁中二行譯者，資、磧、南、徑、清作「北涼沙門釋法衆譯」。以下各卷同。

一 三三八頁中三行「如是」前，資、磧、南、徑、清有「初分第一」一行。

一 三三八頁中七行「自在」，資、磧、南、徑、清、麗作「目」。

一 三三八頁中一三行「轉于」，資、磧、南、徑、清作「轉乎」，下同。

一 三三八頁下五行第四字「提」，資作「植」。

一 三三八頁下六行第二字「是」，石、麗作「是等」。

一 三三八頁下一〇行第二字「多」，石、資、磧、南、徑、清、麗作「違多」。

一 三三八頁下一一行第七字「等」，資、磧、南、徑、清無。

一 三三八頁下一六行第四字「説」，資、磧、南、徑、清作「説説」。

一 三三九頁上四行第一〇字「金」，石作「寶金」。

一 三三九頁上七行第二字「重」，石、資、磧、南、徑、清作「種種」。

一 三三九頁中一九行末字「禪」，石作「禪定」。

一 三三九頁中末行末字「令」，資、磧、南、徑、清、麗作「今」。

一 三三九頁下四行第一二字「彼」，石、磧、南、徑、清作「此」。

一 三三九頁下九行「諸佛法」，石、資作「諸法」；磧、南、徑、清、麗作「無量諸法」。

一 三三九頁下二一行第一一字「佛」，石、麗作「佛言」。

一 三四〇頁上一一行「比丘」，石、麗作「比丘尼」。

一 三四〇頁上二二行末字「聞」，石、麗作「道」；南、徑、清作「明」。

一 三四〇頁中末行「菩薩」，石作「花聚」。

一 三四〇頁下三行末字「言」，石、磧、南、徑、清作「句」。

一 三四〇頁下末行第七字「弥」，石作「弥山」。

一 三四一頁上一行第一二字「聚」，磧、南、徑、清作「聚言」。

一 三四一頁上二行「受持」，資、磧、南、徑、清、麗作「受持是」。

一 三四一頁上六行第三字「茶」，資、磧、南、徑、清、麗作「荼羅」。

一 三四一頁上六行第七字「持」，資、麗作「持羅」；磧、南、徑、清作「提羅」。

一 三四一頁上九行第五字「迦」，石作「伽」。

一 三四一頁上一〇行第二字「波」，磧、南、徑、清作「婆」。

一 三四一頁上一五行首字「以」，石作「與」。

一 三四一頁上二〇行「救我」，石作

「詣我所」。

一　三四一頁中七行第三字「踰」，資、磧、南、徑、清作「喻」。

一　三四一頁中一四行第五字「時」，石作「尒時」。

一　三四一頁中一六行「祇桓」，磧、南、徑、清作「祇洹」，下同。

一　三四一頁中一八行第四字「聽」，石作「所」。

一　三四一頁下一行「所言未訖」，石作「語言未竟」。

一　三四一頁下三行第一〇字「每」，石、麗作「嘿」。

一　三四一頁下一一行第五字「中」，石作「少」。

一　三四一頁下一四行末字至一五行第三字「從何方來」，石作「而從何方」。

一　三四一頁下二〇行第一一字「此」，石作「此間」。

一　三四二頁上一行「從東方來」，石作「而從東方」。

一　三四二頁上二行第九字「到」，石作「至」。

一　三四二頁上三行第一一字「諸」，石、資、磧、南、徑、清作「諸方」。

一　三四二頁上六行「聞耶」，石、麗作「見耶」。

一　三四二頁上七行第三字「大」，石作「大慈」。

一　三四二頁上一三行「令衆多人」，石作「衆多諸人」。

一　三四二頁上一四行末字至一五行第三字「可得令我」，石作「令我等衆」。

一　三四二頁上一六行第三字「善」，石作「能」。

一　三四二頁上二〇行第八字「魔」，麗無。

一　三四二頁上二二行「此雷音比丘」，石作「彼」。

一　三四二頁上末行第七字「説」，石作「説此事因緣」。

一　三四二頁中四行「顯揚」，石作「相顯」。

一　三四二頁中九行第二字「聽」，石、麗作「聽而以當知」。

一　三四二頁下一行第八字「者」，資、磧、南、徑、清作「之人」。

一　三四二頁下三行「之人」，石作「人者」。

一　三四二頁下五行「神通之人」，石作「有神通者」。

一　三四二頁下九行第一二字「便」，資、磧、南、徑、清作「持」。

一　三四二頁下一一行第一一字「説」，石作「而」。

一　三四二頁下一二行第六字「當」，石作「以」。

一　三四二頁下一三行第四字「歲」，石、磧、南、徑、清、麗作「劫」。

一　三四二頁下一四行「究竟受苦」，石作「受究竟苦」。

一　三四二頁下一五行「作是説者則」，石作「若作如是説者即」。

一　三四二頁下一六行「乃至」，石作

「及以」。

一　三四二頁下一六行及一七行「及謗」，石作「及以謗」。

一　三四二頁下一八行「無疑」，石作「而無疑也」。

一　三四二頁下二〇行「而無疑」，石作「無有疑」。

一　三四三頁上三行第一三字「估」，徑作「賈」。

一　三四三頁上五行「彼海船」，石作「諸舩舫」。

一　三四三頁上六行「以海舶」，石作「諸舩舫」。

一　三四三頁上七行第三字「值」，石作「而值」。

一　三四三頁上一〇行第九字「還」，石、磧、南、徑、清、麗作「還到本國到」。

一　三四三頁上一一行第七字「寺」，石、麗作「祠」。

一　三四三頁上一三行第三字「事」，石作「行」。

一　三四三頁上一三行末字「即」，石作「即時」。

一　三四三頁上一五行「衆人」，石作「諸衆」。

一　三四三頁上一七行第一〇字「遥」，資、磧、南、徑、清作「逢」。

一　三四三頁中一行「彼作」，石作「作如」。

一　三四三頁中一行第一二字「祠」，石、麗作「祀」，下同。

一　三四三頁中三行第九字「當」，石作「而」。

一　三四三頁中六行第一一字「與」，石作「與諸」。

一　三四三頁中八行第八字「生」，資、磧、南、徑、清作「羊」。

一　三四三頁中一五行「而得不入於地獄耶」，石作「不入地獄」。

一　三四三頁中一八行「命終」，石作「失命」。

一　三四三頁中末行第一三字「客」，石、資、磧、南、徑、清作「客等」。

一　三四三頁下一行末字至二行第二字「之力化」，石作「德化」。

一　三四三頁下五行第四字「等」，資、磧、南、徑、清作「等類」。

一　三四三頁下五行「發善心已」，石作「既發心已」。

一　三四三頁下六行第七字「從」，石作「而從」。

一　三四三頁下九行第一三字至一〇行第二字「仙人言」，石作「大仙」。

一　三四三頁下一一行「至我」，石作「詣佛」。

一　三四三頁下一三行「奉行」，至此石換卷，有「大方等陀羅尼經卷第一　大方等陁羅尼經初分第二　北涼沙門法衆於高昌郡譯」。以下各卷起迄與底本相異之處從略。

一　三四三頁下一八行首字「救」，石作「攝」。

一　三四四頁上八行第五字「言」，石無。

一　三四四頁上一五行第四、五字「善

哉」，石、資、磧、南、徑、清作「我等」。

一 三四四頁上一七行第二字「證」，石作「自」。

一 三四四頁上一九行末字「汝」，石作「皆汝」；資、磧、南、徑、清作「是汝」。

一 三四四頁中二行「方來至」，石作「土來詣」。

一 三四四頁中六行第一〇字「彼」，石作「彼佛」。

一 三四四頁中八行「食食」，麗作「食」。

一 三四四頁中一〇行「真實」，石作「實法」。

一 三四四頁中一二行「无所求耶」，資、麗無。

一 三四四頁中末行第一三字「檀」，石作「檀那」。

一 三四四頁下八行第一一字「我」，石、麗無。

一 三四四頁下九行「須陁」，石作「提」。

一 三四四頁下一一行末字至一二行首字「充供」，石作「爲給」。

一 三四五頁上一六行第二字「日」，資、磧、南、徑、清作「日日」。

一 三四五頁上一七行第四字「蓋」，石作「幡」。

一 三四五頁上二一行第一〇字「時」，石作「已」。

一 三四五頁上二一行第一一字「若」，石作「若有」。

一 三四五頁上二二行第一〇字「除」，石作「還」。

一 三四五頁中二行第三字「十」，石無；第九字「尼」，石、資、磧、南、徑、清、麗作「尼戒」。

一 三四五頁中六行「若有」，石作「一者若謂」。

一 三四五頁中一一行「者是名犯」，石作「名犯」。

一 三四五頁中一三行「增火」，麗無。

一 三四五頁中一八行「瞋恚」，石無。

一 三四五頁中二二行第六字「是」，石無。

一 三四五頁中末行第二字「其」，石作「我」。

一 三四五頁下二行「聞見」，南、徑、清作「見聞」。

一 三四五頁下三行第四字「逆」，石作「禁」。

一 三四五頁下四行第二字「法」，石作「業」。

一 三四五頁下八行「往叱」，石、資、南、清、麗作「叱呵」；磧、徑作「往呵」。

一 三四五頁下一一行第九字「言」，資、磧、南、徑、清、麗無。

一 三四五頁下一二行第三字「覩」，資、磧、南、徑、清作「視」。

一 三四五頁下一六行「何能」，資、磧、麗作「善哉善哉何能」；南、徑、清作「何以故」。

一 三四五頁下一六行「此非吉相」，資、磧無。

一 三四五頁下一八行第四字「助」，

石作「其」。

一　三四五頁下一九行第一一字「有」，石作「聞」。

一　三四五頁下二〇行第六字「誹」，南、徑、清作「俳」。

一　三四五頁下二〇行第七字「説」，資、磧作「謗」。

一　三四五頁下二一行第三字「大」，石、南、徑、清作「他」。

一　三四五頁下二二行第一〇字「云」，麗無。

一　三四五頁下二二行末字「言」，資、磧、南、徑、清作「作是言」。

一　三四六頁上二行第七字「有」，麗無。

一　三四六頁上六行第九字「於」，石無。

一　三四六頁上一三行第六字「疑」，資、磧、南、徑、清、麗作「疑殺」。

一　三四六頁上一三行「若不食」，石、麗作「若食」。

一　三四六頁上一五行第三字「人」，石、麗無。

一　三四六頁中一行第六字「諸」，石、南、徑、清、麗作「諸佛」。

一　三四六頁中二行第一三字「不」，南、徑、清無。

一　三四六頁中一二行第九字「妙」，資、磧作「好」。

一　三四六頁中一二行第一〇字「戒」，石作「戒時」。

一　三四六頁中一三行末字「請」，石作「呼」。

一　三四六頁中一五行第七字「多」，石作「多者」。

一　三四六頁中一八行第七字「外」，石、南、徑、清無。

一　三四六頁中一九行第四字「法」，石、南、徑、清無。

一　三四六頁中一九行第一二字「我」，南、徑、清無。

一　三四六頁中二〇行第九字「尊」，資、磧作「尊王」。

一　三四六頁中二〇行「今自」，石、南、徑、清作「演」。

一　三四六頁中二一行第二字「持」，南、徑、清無。

一　三四六頁中二二行第一〇字「而」，資、磧作「而得」。

一　三四六頁中末行「而形段持受諦受諦聽修行」，石、南、徑、清作「形段而受持諦聽諦受而」。

一　三四六頁中末行第六字「段」，資、麗作「改」。

一　三四六頁下一行第九字「往」，石、南、徑、清無。

大方等陁羅尼經初分餘卷第二　使

北凉沙門法衆於高昌郡譯

善男子汝若未了此事當更為汝略說往昔因緣本事善男子尒時上首重告恒伽言過去有佛号栴檀花至真等正覺國名真香彼佛於中成等正覺國王名寶栴檀其王有弟名曰林果尒時大王有九百九十九子是諸王子治世暴悪不順律行其王大吉常以諸善順化衆生得究竟樂尒時大王及弟林果即坐思惟曾從九十二億恒河沙諸佛受此妙戒令我復應持此妙戒攝我弟子使得正見作是念時十方無量億千郍由他恒河沙等諸佛異口同音而讚大王善哉善哉大王及弟林果乃能受持如是妙戒欲攝諸子尒時大王及弟林果聞諸佛聲即從座起頂礼佛足却住一面即呂諸子尒時諸子往到父所見諸佛已各礼佛足却住一面即白父言欲何所勑

尒時大王與弟林果告諸子言汝等知不我有妙戒曾從无量億千那由他諸佛受是妙戒汝等今能受此戒不尒時諸子歡喜踊躍頂礼父足叉手合掌瞻仰父目而報父言唯然慈父我等能受如是妙戒尒時大王及弟林果現其神力令諸子等得見十方無量億千郍由他恒河沙等諸佛住在虚空尒時諸子各礼佛足求受妙戒尒時諸佛默然許之是時諸子如是第二第三請已尒時諸子各自燒身經八万四千刧供養諸佛已復從地起瞻仰諸佛求受妙戒尒時諸佛即授諸子如上妙戒善男子尒時上首告恒伽言欲知尒時諸王子最上首者今則我是欲知諸王子中第二者豈異人乎今則汝是也善男子尒時上首說此法時虚空中有九十二億諸天得住無生法忍

復次善男子尒時上首廣為恒伽演說如是大利益法尒時恒伽歡喜踊躍受是妙戒善男子如是等人是汝往昔善知識也是故我今當為汝說善男子尒時上首者今則華聚菩薩

是欲知尒時恒伽者豈異人乎則汝身是尒時栴檀王者今東方寶王佛是欲知尒時林果者則我身是欲知尒時諸子者今賢劫千佛是尒時九十二億諸天者豈異人乎今此九十二億諸魔王是善男子如是諸魔王欲令汝憶本所修行善業力故又欲令我說往昔因緣故來蔽汝又欲令我說大方等陁羅尼經救攝當来苦惱衆生故以是因緣故来嬈汝尒時五百大弟子菩薩摩訶薩衆優婆塞優婆夷居士居士子天人魔王婆藪大士及以夜叉如是大衆歡喜踊躍頂戴奉行

尒時佛告阿難汝聞諸佛寶法不唯然世尊今日乃聞如是章句甚深法藏甚為希有能離一切地獄餓鬼諸天人等一切衆生無不解脫能滅一切諸罪業報尒時佛告阿難善男子快說是語如汝所言真實不虛此經若我在世若去世後此經在閻浮提猶如日光照明世間衆生遭恩得見四方又如諸山須弥寂高若居其頂

即皆得見四方之事此陁羅尼經亦復如是諸法中高見諸法相又如四大海而無邊底此陁羅尼經亦復如是而无邊底所得功德亦無邊底善男子吾以如是無邊法藏付囑於汝汝可護念修行受持尒時阿難白佛言世尊若如是者我不堪任修行受持如是經典何以故此法甚深无邊際故此經寂高如須弥故非是聲聞之所能持何以故難得邊際故非我所知故以是因緣我不堪任受持修行如是經典

尒時佛告阿難於汝意云何假使有天名曰矜伽居非想非非想上身長一由旬若二由旬至於九十由旬若八百由旬如是等天而無一善唯有諸惡圍遶此身若以頭髮牙齒爪皮毛孔一一出火能燒一切善男子此天假使下閻浮提若到山谷藪林若到泉源河池之處城邑聚落是天惡力身中出火能燒一切三千大千世界善男子假使當有如是等事寧可畏不阿難白言甚可畏也世尊假使有如

是苦當云何滅耶善男子汝今若畏如是苦者汝當修行受持讀誦大方等陁羅尼經假使當有如是諸火變成種種七寶蓮華善男子以是因緣當知此經有大威神功德之力能滅如是無量惡咎復次善男子且置此事若有一鳥一身十頭頭有二牙身有四足如是等鳥世間暴惡日日食時而不擇處於其日日食中有四萬生如是惡鳥悉皆食噉其中衆生若有覺者跳騰奔走而永得脫若當不覺此惡鳥者必為所食善男子如是等鳥寧可畏不阿難白佛可畏世尊若有衆生能壞如是惡鳥心不佛言有阿難言何人是也善男子若有修行此陁羅尼者即其人也若有受持讀誦即是其人

復次善男子假使有蚰受性甚惡此蚰所至到處若值衆人一切有命之屬若聞其臭亦能害命若見其形亦能害命若到泉源藪林浴池諸產乳處能悉枯涸若衆生類若聞此名口啞不言善男子如是等事寧可畏不

阿難白言可畏世尊頗有四產衆生能滅如是等苦不佛告阿難善男子有阿難白言何人是也佛告阿難若有善男子善女人修行受持讀誦此陁羅尼者即其人也

復次善男子若復有龍居在世間此龍受性極大暴惡若見人類若畜生類及以樹木五穀藂林濕生卵生等如上惡龍若見如是一一諸事横生瞋恚又能吐火亦能吐水頗有人能滅是上諸惡不善男子若國邑聚落但有一人曾受持讀誦修行陁羅尼典如上諸事悉皆消滅无量衆生遭此人恩而得安隱善男子以是因緣當知此經有無量威神功德之力以是因緣我今語汝受持此經我去世後此經若在閻浮提内即是衆生大珎寶也若能修行受持讀誦當知是人全用寶者若復有人但能讀誦當知是人得中分寶若以種種塗香末香花繒幡蓋而供養者當知是人得下分寶

善男子吾今為汝說下分實因緣之

相善男子若有一人神通無㝵如文殊師利亦踰於我辯才無㝵與我二人於一劫中常以辯才能為无量無邊衆生說法令住一生補處菩薩摩訶薩復盡神通以種種衣服卧具飲食湯藥供養是諸菩薩是人福報寧為多不阿難白言甚多世尊善男子若復有人以塗香末香華繒幡蓋以用供養此經典中一四句偈又若供養讀誦之者此人功德復過於我二人所作何況盡形修行受持讀誦者耶此人功德不可稱計若筭師若筭師弟子筭數盡計百千万分不能知一善男子且置此事假使有諸菩薩一生當得作佛若百千億恒河沙是諸菩薩盡神通力又盡辯才若一劫乃至百千万劫同入禪定如是無量菩薩欲思惟修行受持讀誦此大方等陁羅尼者百千万分不及其一

善男子當知是經有大威神功德之力又是國中之大寶藏一切衆生之所歸向以是因緣吾今語汝受持此經在閻浮提廣宣流布為衆生說令

諸衆生得究竟樂尒時阿難及五百大弟子無量大衆即從座起偏袒右肩右膝著地頂礼佛足歡喜奉行

大方等陁羅尼經授記分第二

尒時雷音即從座起偏袒右肩合掌向佛而作是言善哉世尊巧說行業因緣往昔所作今已說竟以此大方等陁羅尼經付囑阿難流布於後無量衆生當於此經獲大善利快哉世尊大慈悲王佛告雷音善男子如汝所言吾所應說今已說竟諸未說者吾今當說真汝所宜善男子汝於賢劫當得作佛名雷音寶王如来應供正遍知明行足善逝世間解无上士調御丈夫天人師佛世尊國名普威清淨无比純諸菩薩而集其中是諸菩薩辯才無㝵神通無量了達方便二二菩薩有大光明能照八十万億恒河沙剎土覩斯光者即得摠持神通無量如諸菩薩而無異也彼國所有莊嚴之事世界无比比丘汝於此界而得作佛壽六百二十万歲正法像法亦復如是尒時聲聞五百大弟

子衆即從座起正服頂礼佛足却住
一面同聲讚言
世尊智慧如虚空　悉知衆生去来相
十方一切皆見聞　我當稽首衆寶王
尒時佛告五百大弟子衆汝等亦當
各各作佛俱同号号寶月王如来無
所著至真等正覺尒時佛授五百大
弟子記時十方三千大千世界所有
枯竭泉源池水諸樹木等悉皆還生
尒時三千大千世界六種震動諸梵
天王及諸帝釋見此相已各共思量
有何因縁現此瑞應為大德天生為
授諸菩薩摩訶薩阿耨多羅三藐三
菩提記耶尒時所有一切諸天即往
娑婆世界往見釋迦牟尼佛已授諸
聲聞大弟子記即時頭面礼世尊足
礼已却住一面同聲讚言
世尊智慧甚深妙　能潤一切諸敗種
猶如蓮花真妙色　不著世間如虚空
尒時諸天說偈讚已佛告諸天子汝
等不久亦當得阿耨多羅三藐三菩
提成一切智是時佛告東方天子汝
今諦聽當為汝說成佛因縁東方有

世界名曰離垢汝於此界當得阿耨
多羅三藐三菩提成一切智佛告南
方天子南方有世界名曰染色汝於此界
當得阿耨多羅三藐三菩提成一切
智佛告西方天子西方有世界名曰妙色
汝於此界當得阿耨多羅三藐三菩
提成一切智佛告北方天子北方有世界
名曰衆難汝於此界當得阿耨多羅
三藐三菩提成一切智天子白佛世
界何故名曰衆難佛言彼界自来未
有佛故故名衆難佛告下方天子有下方
世界名曰衆聲汝於此界當得阿耨
多羅三藐三菩提成一切智佛告上
方天子上方有世界名曰衆妙汝於此界
當得阿耨多羅三藐三菩提成一切
智佛告十方世界一切諸天子汝等
亦當各各作佛
尒時世尊授諸天子記時放大光明
普照十方界大小鐵圍山尒時大小
鐵圍山間所有餓鬼阿修羅等无量
億千見此光明一一光頭各有化佛
時諸化佛呼諸餓鬼汝等若人可往
閻浮提可服良藥是時餓鬼遥見釋

迦牟尼佛坐師子座授諸天人阿耨
多羅三藐三菩提記尒時衆中有一
阿修羅即上高山呼諸餓鬼汝等若
人可往閻浮提得聞諸佛甘露法味
尒時諸鬼即從此人往閻浮提見釋
迦牟尼佛與無量大衆前後圍遶而
為說法尒時阿修羅見諸大衆同曜
金色悉有三十二相八十種好是時
阿修羅而自念言何者是佛尒時世
尊知其心念踊在虚空高十多羅樹
坐寳蓮華時阿修羅以偈讚佛
世尊面目如月王　能破一切諸黒闇
今復拔濟於我等　我等歸命天中尊
尒時世尊告諸餓鬼汝等在此凡經
幾載時阿修羅而白佛言我等遥聞
九十二億諸佛已過今日乃得值天
中王尒時世尊為諸餓鬼說十二因
縁為阿修羅說六波羅蜜說此法時
阿修羅等發阿耨多羅三藐三菩提
心時諸餓鬼即時脫身求索出家尒
時世尊告善男子能於我法求索出
家時諸善男子即成沙門戒行具足
尒時世尊為諸比丘說摩訶袒持陁

羅尼章句時諸比丘得阿羅漢三明六通具八解脫尒時舍利弗白佛言世尊此經如是神力無量能使一切天人阿修羅地獄餓鬼集至道場經力如是能教一切受持經人功德云何尒時佛告舍利弗吾向語汝何用問為尒時舍利弗白佛言世尊受持此經者當以何供而供養之佛告舍利弗若有一人持頭目身體妻子婦兒象馬七珍以供養我不如有人能一礼拜此經卷者若復有人持四天下以積珍寶至于梵天以供於我不如有人與彼受持經者一食充軀若復有人於三千大千世界積於珍寶至世界若倒竪以供於我不如有人持此章句一日一夜何況盡形壽受持如是章句功德無量若復有人積於珍寶遍至十方微塵等世界上至竪立世界盡供於我不如有人持一四句偈轉教他人功德无量無邊

佛告舍利弗一切聲聞辟支佛等上至十住菩薩筭數辟喻不能知彼受持經者少分功德尒時佛告阿難汝

聞如是功德聚不唯然世尊我向已聞且置此事吾今當更語汝阿難汝今諦聽當為汝說此經功德於汝意云何一切十方所有蜎蜚之類若有一人解種種語如是諸衆生而以化之上至禽狩諸衆生類令得人身復能令其信於三世是人功德寧為多不阿難白佛甚多世尊阿難若復有人書持此經一四句偈此人功德復過於上百千万分乃至筭數辟喻不能到邊阿難且置此事若復有人於此經中聞於一偈不驚不怖不生誹謗此人功德復過於上二分所作亦以筭數辟喻所不到邊阿難且置此事若復有人聞經歡喜若自書寫若使人書寫若見他寫若聞他寫心生歡喜此人功德復過於上三分所作阿難且置此事若復有人辯才无导如文殊師利法王之子化於一佛世界衆生令其出家悉皆獲得四沙門果復更有人如文殊師利復化百六十世界衆生或出家者或得阿羅漢者或得辟支佛者或發阿耨多羅三

藐三菩提心者於汝意云何是二人功德寧為多不阿難白佛甚多世尊不可稱計不可度量阿難若有一人得聞此經歡喜踊躍至於道場修行七日此人功德復過於上一切所作一切波旬所不能伏阿難白佛言我與大衆歡喜奉行

尒時文殊師利法王之子菩薩摩訶薩在大衆中作是念言釋迦如來與無量大衆前後圍遶說此大方等陀羅尼經我今不知是義所趣今當請問所以者何天中尊王唯有如來乃能為我解說是義作是念已即從座起偏袒右肩右膝著地恭敬合掌目不暫捨白佛言世尊如前所說先於王舍大城授諸聲聞記今復於舍衛國祇陀林中復授聲聞記昔於波羅捺授諸聲聞大弟子記世尊我今必有疑惑欲請問如來唯佛聽許

尒時舍利弗問文殊師利法王子言世尊弘慈無量授我等聲聞大弟子記已不久當得阿耨多羅三藐三菩提成一切智各於世界如今世尊補

諸衆生常在道場世尊不虛所言眞實故能第二第三授我等聲聞大弟子記我等必當如釋迦牟尼如来决定不虛無有疑也文殊師利於汝意云何我等當得阿耨多羅三藐三菩提不文殊師利語舍利弗於汝意云何猶如枯樹更生枝不猶如山林水還本處不猶如石析還可合不如燋穀種更生牙不如墟塱中可種子不如是諸事為可得不舍利弗言不也文殊師利如上諸事實不可得文殊師利言不可得者汝云何問我當得阿耨多羅三藐三菩提記心生歡喜是受記法無有形相无有言語無有去来无有喜悅無有得相乃无言語無有妄想分別諸法授於記法應作如是相可得如相性夫授記法如虛空無色亦如虛空无形如浮雲無實如風无體如空以聞聲不見其形如水聚沫无有實處如野馬焰乹闥婆城當知如是諸法無有如是處夫菩薩摩訶薩授記法應如是觀諸法相若能如是觀者乃名受阿耨多羅三藐三

菩提記

舍利弗問文殊師利言若一切法性空者如来以何法受我等阿耨多羅三藐三菩提記也文殊師利答舍利弗言如来以如如性授汝等記舍利弗言如文殊師利所說中无有如性汝今語我如来以如如性授汝等記文殊師利荅舍利弗言如来授記不即是如不離是如舍利弗言如上所記無有形相而今此法有形相无文殊師利言不有不無不離一不離二不離色不即是色舍利弗言且置此事我近問汝文殊師利如来三十二相有形相無文殊師利言不即形相不離形相是三十二相舍利弗言如来受我等三菩提記寧虛妄乎文殊師利言不即虛妄不離是虛妄舍利弗言當云何求文殊師利言如如性中求舍利弗言此如如性當於何求文殊師利言於如来真諦求舍利弗言如来真諦當於何求文殊師利言於如如性中求舍利弗言即是如乎不即如乎文殊師利言不即不離即

是如性舍利弗言即是如乎不即如乎文殊師利言即亦是如不即亦如不即不離是名如性尒時舍利弗不識是何言不知以何荅默而還去詣本坐處

尒時佛告文殊師利法王子言善哉善哉佛子快說是語如授記法夫授記者應如是觀是法性名為授記時舍利弗在於佛前而自歎說捨於聲聞辟支佛心還至本業佛告舍利弗善哉善哉善男子乃能除捨聲聞辟支佛心還至本業而不取著諸法性相不久當得阿耨多羅三藐三菩提說此法時無量億千那由他人皆發阿耨多羅三藐三菩提心

尒時五百大弟子即從座起頭面礼足而白佛言世尊如佛所說行此法時當有波旬来壞是人善根因緣云何而知尒時佛告五百大弟子衆此魔来時凡有四十方億来至人所發大惡聲梁棟搖動放大惡風或時放火或時放水欲殺其人或時夢中立其人前欲拔其舌或時吐火以噴人

面或時犛山欲押其人此人應荅汝
来甚善作是語時應默心中誦摩訶
袒持陁羅尼章句復應稱言南无釋
迦牟尼佛南無文殊師利法王子虛
空藏法王子觀世音法王子毗沙門
法王子虛空法王子破闇法王子普
聞法王子妙形法王子大空法王子
真如法王子如是菩薩摩訶薩應念
其名如是諸王必往其所擁護是人
令此人等身得安樂無諸苦惱是諸
比丘若值諸難應如是念諸王名字
尒時阿難白佛言世尊行者如是為
諸波旬如是恐怖諸王大慈能救彼
人當以何供供養諸王尒時佛告阿
難波旬去已應作種種香花塗香末
香供養諸王作種種香塗泥其室內
絲畫畫之異口同音讚諸法王尒時
觀世音即入其室若作道人若作沙
弥式叉沙弥尼若作優婆塞若作居
士若作餓狗来入其室若作儈客来
入其室至於此宿若作國王王子来
入其室若作常見之人来入其室尒
時阿難白佛言世尊行此法時得衆

多人不佛告阿難十人已還阿難白
佛復得向人說不佛告阿難但念摩
訶袒持陁羅尼章句何用語為
佛告阿難若有善男子善女人修行
此經者若眼見無量壽佛釋迦牟尼
佛維衛佛式佛隨葉佛拘樓秦佛拘
郍含牟尼佛迦葉佛過去雷音王佛
秘法藏佛是諸佛前至心懺悔當滅
九十二億生死之罪此人於三塗永
無有分生死漏盡即時得見現前諸
佛復更懺悔以種種香花幡蓋而供
養之塗香末香亦用供養如是供養
已即見十方妙樂世界如是見者慎莫語人
言見者尚不得福況出生死還墮三塗經百千
万劫婴痛難處此人現身得白癩病又狂聾癡瘂
不知醎酢不別好醜欲求聰明叉得
愚癡阿難白佛此行人者辭家出時
當作何言佛告阿難此人出時應如
是語我欲修行陁羅尼典父母聽不
若言聽者我當出去如是語已心中
默自念言我亦欲捨婦兒家屬修行
陁羅尼典趣向道場應如比丘法修
行淨行具於三衣楊枝澡水食器坐

具行者如是應畜至於道場如比丘
法又復亦應受於六重如優婆塞法
捨惡律儀又受食時莫視女色但自
念言我心毒箭當去何拔用視色為
我從無始已来坐視女色墮於三塗
無有出期應作是念觀諸六塵亦應
如是我諸弟子不應著此如是諸賊
喪人善功阿難吾今語汝勅我弟子
莫共六賊而作朋友唐喪其功
阿難白佛言世尊向者所說父母放
者若有父母妻子不放此人至於道
場當服何藥趣向道場佛告阿難此
人應父母前燒種種香應作是言我
今欲至道場哀愍聽許亦應種種諫
曉亦應隨宜說法亦應三請若不聽
者此人應於舍宅默自思惟誦此經
典阿難白佛當云何行佛告阿難此
人行時當淨其舍內燒香供養阿難
白佛此人行處女人得到不佛告阿
難到無所苦阿難復白佛言得捉此
人衣不佛告阿難捉衣无苦但語我
弟子勿著女色當深繫心莫放逸也
如坐道場人法若能如是作淨行者

於七日中觀世音菩薩現其人前而為說法若於夢中若寤寐時現其人前道場無異若如是者應一心憶念陁羅尼典若以散乱心者欲求人天得地獄報受苦万端無有出期假使得出為人奴婢人所憎害衣食不供常困飢渴無所不思今當至心若不至心後悔無及

阿難白佛此人辭家出時剃除賤不佛言不也阿難白佛若不除者云何語言具於三衣佛告阿難言三衣者一名單縫二名俗服阿難白佛言世尊向說一出家衣二在家衣若在家者用三種為佛告阿難一出家衣者作三世諸佛法式一俗服者欲令我弟子趣道場時當著一服常隨逐身寸尺不離若離此衣即得障道罪第三衣者具於俗服將至道場常用坐起其名如是汝當受持阿難白佛言若有善男子善女人若有不受六重戒者得趣道場不佛告阿難隨意堪任至於道場阿難白佛若有受者盡形受耶佛告阿難亦如上法隨意堪

任受諸戒律阿難白佛如向所說審為尒不尒時七佛即現其身住阿難前語阿難言莫以聲聞小乘小智意順諸衆生起斷滅見過去諸佛悉由此門成阿耨多羅三藐三菩提此法是一切諸法門三世諸佛悉由此門成阿耨多羅三藐三菩提諸佛說已忽然不現阿難自念向有七佛今在何所佛知其意即時荅言今在東方阿難以汝起斷滅見故來試汝阿難白佛審定能除而無疑也佛告阿難如汝所言必定无疑阿難白佛如是同行者有無見等有至心者乃能除此無量諸罪若不至心當名何人佛告阿難是人名為少分得者阿難白佛此人命終當生何處佛告阿難隨意所生阿難白佛隨意所生為大方等陁羅尼力耶為三界尊力耶佛告阿難非是我力乃是摩訶祖持陁羅尼威神之力能致衆生到安樂國阿難白佛言若謂尒者我不堪任如是問荅

佛告阿難若我在世若去世後其有

誹謗此陁羅尼者汝今諦聽善思念之吾當為汝分別解說謗經因緣阿難一切十方世界破諸世界末為微塵可知其數無有能知此人罪報若比丘比丘尼優婆塞優婆夷諸修行佛法者入我法中欲求種種人天果報欲求他方妙樂世界反得衆苦患所以者何坐謗方等陁羅尼故欲求種智反得愚報欲求人天勝妙快樂反墮地獄究竟苦報欲求尊王反得下賤欲求聰明反得闇鈍欲求天眼反得盲報欲求子息反得獨報欲求身香潔反得大臭弊惡之身欲求端正三十二相反得三十二醜而自莊嚴欲求他方妙樂世界反得他方極苦地獄欲求大富反得貧報阿難以是因緣我重語汝莫謗此經我今略說如上罪報汝今諦聽當為汝說更有罪報

若有善男子善女人不解如來所說方便義於此法中横生誹謗而以妄想分別諸法或生重瞋此人命終入於東方阿鼻地獄經歷受苦八方四

千劫次第而受謗經罪報從地獄出已復有八万四千萬子而以圍遶阿鼻大地獄尒時此人從地獄出入諸萬子亦經八万四千劫一一萬子復以十六萬子而以圍遶亦復如是次第而入東南方西南方西方西北方北方東北方如是諸地獄一一而增劫數次第而受上至諸佛中至少分足人下至辟支佛及聲聞人如是諸大士力所不救從此出已當生世間餓鬼畜生蚰蟻蠅虱水虫科斗魚鱉之屬無一不遍假使為人疥癩癰疽貧窮拯突常生下賤眼目睺瞎身體疱凸諸根不具人所僫見假使来生豪族之處語言吃蹇促命不壽人所呵叱說其形貌過狀諸惡人所僫見常以呪咀願其早死或時生世五根不具

阿難此人皆由先世誹謗方等諸經典故受業如是雖得人身諸根不完假使不遇善知識者如上所說次第還入是諸地獄如是地獄是其舍宅如是醜報是其衣服阿難當知是業

不可以己近情妄想而作令其精神受諸苦報是故阿難我今語汝無信人中莫說此經

大方等陀羅尼經卷第二

大方等陀羅尼經初分餘卷第二

校勘記

一　底本，金藏廣勝寺本。

一　三五二頁中一行「初分餘」，資、磧、南、徑、清無。

一　三五二頁中三行首字「善」，資、磧、南、徑、清作「初分餘善」。

一　三五二頁中三行「未了此事當」，石作「不信此事復」。

一　三五二頁中四行「本事」，石無。

一　三五二頁中五行首字「重」，石作「復重」。

一　三五二頁中五行第一〇字「号」，石作「名」。

一　三五二頁中六行第七字「真」，石、磧、南、徑、清作「栴檀」。

一　三五二頁中九行「治世暴惡不順」，石作「暴世極惡不著」。

一　三五二頁中一一行第六字「弟」，石作「弟子」。

一　三五二頁中一二行第九字「佛」，石作「佛所」。

一　三五二頁中一三行第一〇字「弟」，磧、南、徑、清、麗作「諸」。

一　三五二頁中一六行「受持」，石無。

一　三五二頁中一七行第六字「攝」，石、磧、南、徑、清作「攝受」。

一　三五二頁中一八行「諸佛聲」，石作「是佛讚」。

一　三五二頁中一八行「頂礼佛足」，石、資、磧、南、徑、清作「顧視四方既見諸神即前禮足」。

一　三五二頁中二〇行「已各礼佛足」，石作「等各礼足下」。

一　三五二頁中二一行首字「即」，石作「復」。
一　三五二頁中二一行「欲何所勑」，石作「當勑何教」。
一　三五二頁中末行第五字「與」，石作「及」。第一二字「言」，石作「等」。
一　三五二頁下一行「那由他」，資無。
一　三五二頁下二行「汝等今能受此戒」，石作「汝可共受此妙戒」。
一　三五二頁下五行「能受」，石作「受持」。
一　三五二頁下一三行首字「諸」，石、麗作「諸王」。
一　三五二頁下一五行第三字「我」，石作「我身」。
一　三五二頁下一五行末字「豈」至一六行第八字「也」，石作「今則如是」。
一　三五二頁下一七行第五字「時」，石、磧、南、徑、清作「時時」。
一　三五二頁下二〇行第四字「大」，石作「有」。
一　三五三頁上一行第九字「豈」至二行第四字「時」，石作「今則汝身是豈異人乎尒時寶今則」。
一　三五三頁上二行第四字「時」，麗作「時寶」。
一　三五三頁上三行第九字「則」，石、麗作「今則」。
一　三五三頁上五行「豈異人乎」，石無。
一　三五三頁上六行第九字「子」，石作「子豈異人乎」。
一　三五三頁上七行第四字「憶」，石、磧、南、徑、清作「憶念」。
一　三五三頁上八行第五字「昔」，資、磧、南、徑、清無。第八字「故」，石、資、磧、南、徑、清、麗作「故故」。
一　三五三頁上一〇行第四字「故」，石無。
一　三五三頁上一〇行第一一字「燒」，石作「蔽於」。
一　三五三頁上一四行第二字「戴」，石作「礼」。
一　三五三頁上一五行第一二字「法」，資、磧、南、徑、清作「法以」。
一　三五三頁上一七行第七字「離」，麗作「令」。
一　三五三頁上一九行第二字「諸」，石作「諸大」。
一　三五三頁上二〇行「此經」，石、麗無。
一　三五三頁上二二行「光照明」，石作「月明照」。
一　三五三頁中一行「皆得」，石無。
一　三五三頁中二行第一一字「相」，石作「事」。第一四字「四」，資、磧、南、徑、清、麗無。
一　三五三頁中三行首字「海」，石作「海水」。
一　三五三頁中四行第一二字「底」，石作「際」。
一　三五三頁中六行「護念修行」，石無。
一　三五三頁中七行「修行」，石無。
一　三五三頁中九行第八字「弥」，石

作「弥山」。

一三五三頁中一〇行「能持」，石作「持也」。

一三五三頁中一〇行末字「所」，資、磧、南、徑、清無。

一三五三頁中一四行「曰矜」，資、磧、南、徑、清作「矜恒」。

一三五三頁中一七行「牙齒」，麗無。

一三五三頁中二二行第五字「當」，石無。第一二字「可」，石作「爲可」。

一三五三頁下一行「滅耶」，石作「滅除也」。

一三五三頁下二行第二字「是」，石作「是等」。

一三五三頁下三行「假使當」，石作「受持讀誦陁羅尼經者假使」。

一三五三頁下五行「功德之」，石作「德」。

一三五三頁下七行「有一象」，石作「復有象」。

一三五三頁下一一行第九字「永」，石、麗作「求」。

一三五三頁下一三行第一一字「可」，麗作「言可」。

一三五三頁下一七行「是其人」，石作「其人也」。

一三五三頁下二一行「浴池」，石無。

一三五三頁下二一行末字「乳」，石、麗作「氣」。

一三五三頁下二二行「悉枯涸」，石作「都今枯乾」。

一三五四頁上一行第一二字「産」，南、徑、清、麗作「生」。

一三五四頁上五行第四字「者」，石作「者如是等」。

一三五四頁上六行「居在」，石作「而居」。

一三五四頁上一〇行第七字「亦」，石、資、磧、南、徑、清作「又」。

一三五四頁上一一行「是上諸惡」，石作「如是諸事」。末字「落」，石、麗作「落中」。

一三五四頁上一三行第六字「事」，石作「惡」。

一三五四頁上一二行第一二字「量」，石作「量無邊」。

一三五四頁上一六行第一三字「我」，石作「若我」。

一三五四頁上一七行第五字「若」，石無。

一三五四頁上一七行「内即」，石作「乃」。

一三五四頁上一八行第一二字「誦」，石作「誦者」。

一三五四頁上一九行「全用寶者」，石作「即全用寶」。

一三五四頁上末行末字至本頁中一行首字「之相」，石無。

一三五四頁中一行第一二字「导」，石、磧、南、徑、清作「量」。

一三五四頁中二行第一二字「與」，石、磧、南、徑、清、麗作「喻」。

一三五四頁中八行末字「以」至九行第六字「典」，石作「若以供養此經」。

一三五四頁中九行第一一字「又」

至一〇行第四字「之」，石作「者若供養讀誦」。

一　三五四頁中一二行首字「耶」，石無。

一　三五四頁中一五行末字「是」，石、麗作「數是」。

一　三五四頁中一六行「神通力」，石作「自神通」。

一　三五四頁中一九行第四字「尼」，石、磧、南、徑、清作「尼經」。

一　三五四頁中二〇行「大威神功德之」，石作「威德神」。

一　三五四頁中二二行第九字「今」，石作「故」。

一　三五四頁下四行「大方等陁羅尼經」，徑、清無。

一　三五四頁下五行第一二字「肩」，石作「肩右膝着地」。

一　三五四頁下九行第七字「經」，資、磧、南、徑、清作「法」。

一　三五四頁下一〇行第五字「王」，石作「主尒時」；麗作「主」。

一　三五四頁下一六行第五字「純」，石作「純有」。

一　三五四頁下一九行「斯光」，石作「此諸菩薩光明」。

一　三五四頁下二一行第七字「界」，石、麗作「間」。

一　三五四頁下二一行「比丘」，資、磧、南、徑、清無。

一　三五五頁上一行第七字「正」，石、資、磧、南、徑、清作「整衣」。

一　三五五頁上四行「皆見聞」，石作「悉聞見」。

一　三五五頁上一〇行第一〇字「種」，石、資、磧、南、徑、清作「變」。

一　三五五頁上一五行第五字「往」，石無。

一　三五五頁上一七行「礼已」，石作「下礼已還起」。

一　三五五頁上一八行第六字「深」，石作「微」。

一　三五五頁中三行「南方」，石、麗無。

一　三五五頁中五行「西方有世界」，資、麗作「有世界」。

一　三五五頁中七行「北方有世界」，資、麗作「有世界」。

一　三五五頁中九行第一三字「佛」，石、資、磧、南、徑、清、麗作「佛言」。

一　三五五頁中一〇行第一二字「自」，石、磧、南、徑、清、麗作「昔」。

一　三五五頁中一一行第八字「佛」，石作「尒時佛」。

一　三五五頁中一一行「有下方」，石、磧、南、徑、清作「下方有」；資、麗作「有」。

一　三五五頁中一四行「上方有世界」，資、麗作「有世界」。

一　三五五頁中一四行第一二字「妙」，石作「香」。

一　三五五頁下六行「牟尼佛」，石作「如來」。

一　三五五頁下一〇行第一一字「十」，石、磧、南、徑、清、麗作「七」。

一　三五五頁下一四行第一三字至一五行第二字「凡經幾載」，石、磧、南、徑、清作「經於幾時」；資作「經於幾載」。

一 三五五頁下二〇行第七字「時」，石作「得」。

一 三五六頁上一行第三字「章」，石無。

一 三五六頁上五行第一〇字「經」，石作「此經」。

一 三五六頁上八行「而供養之」，石作「供養是人」。

一 三五六頁上一〇行第八字「養」，石作「於」。

一 三五六頁上一一行第一二字「持」，石作「持一」。

一 三五六頁上一五行「世界於倒立」，石、磧、南、徑、清、麗作「於倒立世界」；資作「倒住世界」。

一 三五六頁上一六行第一一字「壽」，資、磧、南、徑、清無。

一 三五六頁上二二行第一〇字「不」，石作「所不」。

一 三五六頁中一行末字至二行首字「已聞」，石作「聞之」。

一 三五六頁中二行第八字「當」，石作「復」。

一 三五六頁中五行第七字「如」，資、磧、南、徑、清無。

一 三五六頁中六行第九字「類」，石作「之類」。

一 三五六頁中一〇行末字至一一行首字「不能」，石作「所不」。

一 三五六頁中一六行第三字「書」，資、磧、南、徑、清無。

一 三五六頁中末行首字「者」，石作「道者」。

一 三五六頁下八行第九字「之」，石、磧、南、徑、清無。

一 三五六頁下一一行「今當」，石作「我今」。

一 三五六頁下一二行第一一字「有」，至一三行第一一字「已」，石作「此一人能與我言作是念時」。

一 三五六頁下一五行「白佛言」，石作「而問」。第一三字「先」，石、麗作「昔」。

一 三五六頁下一六行第一一字「復」，石無。

一 三五六頁下一九行「有疑惑欲請問如來」，石作「疑欲問唯佛」。

一 三五七頁上一行第一二字「所」，至二行第三字「能」，石作「言辭至誠故以」。

一 三五七頁上三行第一〇字「牟」，至四行第七字「也」，石作「如來無有疑也至誠不虛」。

一 三五七頁上六行第一一字「於」，石作「言於」。

一 三五七頁上七行第一三字「林」，石、資、磧、南、徑、清、麗無。

一 三五七頁上八行「石析還可」，石、麗作「析石更還」；資作「石片還可」；磧、南、徑、清作「析石還可」。

一 三五七頁上九行「塠塱」，資、麗作「沸蘇」；磧、南、徑、清作「堆涸」。

一 三五七頁上九行「種子」，石作「擲種」。

一　三五七頁上一一行「實不可得」，石作「不可得也」。

一　三五七頁上一二行第三字「不」，石、資、磧、南、徑、清作「若不」。第一一字「我」，石、麗作「我等」。

一　三五七頁上一四行首字「受」，石、資、磧、南、徑、清作「授」。

一　三五七頁上一四行「形相」，石、麗作「形段」，下同。

一　三五七頁上一六行「授於」，資、磧、南、徑、清作「於授」。

一　三五七頁上一七行第三字「可」，石、麗作「然後」。

一　三五七頁上一七行第六字「相」，資、磧、南、徑、清、麗無。

一　三五七頁上一九行第四字「如」，麗無。

一　三五七頁上二一行「如是」，資、磧、南、徑、清作「實」。

一　三五七頁中二行第九字「言」，石作「法王子言」。

一　三五七頁中四行第七字「也」，資、磧、南、徑、清作「耶」。

一　三五七頁中一〇行首字「記」，資、磧、南、徑、清作「說」。

一　三五七頁中一二行第六字「是」，資、磧、南、徑、清無。

一　三五七頁中一四行「利言」，石作「利答言」。

一　三五七頁中一四行第一二字「即」，資、磧、南、徑、清作「即是」。

一　三五七頁中一五行首字「不」，石、資、磧、南、徑、清作「復不」。第一三字「言」，石作「問文殊師利言」。

一　三五七頁中一七行第五字「即」，資、磧、南、徑、清、麗作「即是」。

一　三五七頁中一八行第一二字「如」，石作「以如」。

一　三五七頁中一九行第七字「此」，石作「以」。

一　三五七頁中二〇行第一〇字「諦」，石、資、磧、南、徑、清、麗作「諦中」。

一　三五七頁中二一行第七字「於」，石作「以」。

一　三五七頁中二一行「文殊師利言」，石作「文殊答言」，下同。

一　三五七頁下一行第一三字「即」，石作「即是」。

一　三五七頁下四行第一一字「而」，石作「然」。

一　三五七頁下四行「而還」，資、磧、南、徑、清作「然而」。

一　三五七頁下七行第一〇字「授」，資作「受」。

一　三五七頁下八行第九字「性」，石作「性然」。末字「時」，石作「尒時」。

一　三五七頁下一一行「善男子」，石作「舍利弗」。

一　三五七頁下一四行第一二字「人」，石作「大衆」。

一　三五七頁下末行「欲拔」，資、磧、南、徑、清、麗作「校拔」。

一　三五七頁下末行第六字「其」，石作「人」。

一　三五七頁下末行第一二字「以」，

石、資、磧、南、徑、清無。

一　三五八頁上一行首字「面」，石、資、磧、南、徑、清作「面上」。

一　三五八頁上二行第九字「默」，石作「密」。

一　三五八頁上三行第六字「章」，石無。

一　三五八頁上八行第七字「是」，石作「是等」。

一　三五八頁上九行第六字「王」，資、磧、南、徑、清作「法王」。

一　三五八頁上九行「王必往其」，石作「法王必往彼」。

一　三五八頁上一六行「塗泥」，石、資、磧、南、徑、清作「泥塗」。

一　三五八頁上一九行末字「居」，石、資、磧、南、徑、清、麗作「乞」。

一　三五八頁中一行第一二字「阿」，麗作「尒時阿」。

一　三五八頁中二行「向人説不」，資作「語人」。

一　三五八頁中二行第二字「復」至三行末字「爲」，磧、南、徑、清、麗作「言世尊行此法時得營作及語笑不佛告阿難但得一心念摩訶袒持陀羅尼句尚不容語笑諸惡穢念況得務耶（麗作「也」）。

一　三五八頁中三行第七字「章」，資無。

一　三五八頁中五行「無量壽」，石作「阿弥陁」。

一　三五八頁中六行第五字「式」，南、徑、清作「式棄」。

一　三五八頁中七行第一一字「雷」，資作「雲雷」。

一　三五八頁中七行「雷音」，石、磧、南、徑、清作「雲雷音宿」。

一　三五八頁中一三行末字「人」，麗作「言」。

一　三五八頁中一四行首字「言」，石作「人」；資、磧、南、徑、清、麗作「若言」。

一　三五八頁中一五行「癡瘂」，石、資、磧、南、徑、清作「瘂癡」。

一　三五八頁中一七行第二字「癡」，資、磧、南、徑、清作「癡報」。

一　三五八頁中一七行第六字「佛」，麗作「佛言世尊」。

一　三五八頁中二一行「家屬」，石作「妻子」。

一　三五八頁中末行首字「行」，石作「諸」。

一　三五八頁下四行第四字「心」，石、磧、南、徑、清作「心中」。第一三字「色」，石、磧、南、徑、清作「女色」。

一　三五八頁下五行「已來坐視」，石作「世界坐以」。

一　三五八頁下八行第八字「今」，石、資、磧、南、徑、清作「故」。

一　三五八頁下一〇行首字及一七行第二字「阿」，石作「尒時阿」。

一　三五八頁下一〇行第七字「尊」，磧、南、徑、清作「尊世尊」。

一　三五八頁下一〇行「父母」，石、資、磧、南、徑、清作「謂爲」。

一　三五八頁下一三行第九字「香」，

一　石、資、磧、南、徑、清、麗作「香長跪合掌」。
一　三五八頁下一八行第四字「當」，石作「亦當」。
一　三五八頁下一八行「舍內」，石作「室內亦應」。
一　三五八頁下二〇行「復白佛言」，石、資、磧、南、徑、清作「白佛復」；麗作「白佛言復」。
一　三五八頁下二一行首字「人」，資、磧、南、徑、清無。
一　三五八頁下二二行「當深」，石、資、磧、南、徑、清無。末字「也」，石、資、磧、南、徑、清作「亦」。
一　三五八頁下末行第二字「坐」，石、資、磧、南、徑、清無。
一　三五八頁下末行「能如是作」，石作「如是」。
一　三五九頁上一行第五字「觀」，石作「尒時觀」。
一　三五九頁上二行第七字「中」，石作「時」。

一　三五九頁上六行第四字「人」，石作「他」。
一　三五九頁上六行第一〇字「害」，石、磧、南、徑、清作「嫉」。
一　三五九頁上七行「今當至心」，石、資、磧、南、徑、清作「令至心作」。
一　三五九頁上九行「阿難白佛」，石作「尒時阿難白佛言世尊」。
一　三五九頁上一二行第二字「名」，石作「者」。
一　三五九頁上一三行第一一字「衣」，資、磧、南、徑、清作「服」。
一　三五九頁上一四行第五字「爲」，南、徑、清作「不」。
一　三五九頁上一五行第八字「一」，南、徑、清作「二」。
一　三五九頁上二一行「告阿難」，石作「言」。
一　三五九頁上二二行「白佛」，石作「言」。第一一字「有」，石作「謂」。
一　三五九頁上末行第三字「耶」，石、磧、南、徑、清作「分段受乎」；資作「也」。
一　三五九頁上末行「佛告阿難」，石作「佛言」。
一　三五九頁中一行第一一字至二行首字「向所說審爲」，石作「前所說審有」。
一　三五九頁中四行首字「順」，資、磧、南、徑、清作「隨」。
一　三五九頁中四行及六行「悉由」，石、資、磧、南、徑、清作「都由」。
一　三五九頁中六行第四字「諸」，磧、南、徑、清作「諸佛」。
一　三五九頁中八行末字至九行第二字「在何所」，石作「何所在」。
一　三五九頁中一〇行第九字「故」，石、資、磧、南、徑、清作「故故」。
一　三五九頁中一〇行第一一字「試」，石、資、磧、南、徑、清、麗作「證」。
一　三五九頁中一八行第九字「界」，石作「世」；麗作「界世」。
一　三五九頁中二〇行第四字「之」，石、資、磧、南、徑、清作「德」。

一　三五九頁中二二行「問答」，石作「更問介時」；資、磧、南、徑、清作「更問」。

一　三五九頁下三行第一二字「末」，磧、南、徑、清作「抹」。

一　三五九頁下四行末字「若」，石作「若有」。

一　三五九頁下五行第一二字「諸」，資無。

一　三五九頁下七行第三字「求」，石作「生」。

一　三五九頁下八行第一二字「故」，石、磧、南、徑、清作「經故」。

一　三五九頁下九行「勝妙」，石作「究竟」。

一　三五九頁下一一行「闇鈍」，石作「愚報」。

一　三五九頁下一一行第一二字「求」，資、磧、南、徑、清作「得」。

一　三五九頁下一四行「自莊」，磧作「無威」。

一　三五九頁下一六行「地獄」，磧作「之界」。

一　三五九頁下一七行第五字「重」，石、資、磧、南、徑、清作「故」。

一　三五九頁下一七行第六字「語」，磧作「今劝」。

一　三五九頁下二一行第二字「便」，石、資、磧、南、徑、清、麗作「等」。

一　三五九頁下二二行「生重」，石、資、磧、南、徑、清作「重生」。

一　三六〇頁上五行首字「以」，石、麗作「有」。

一　三六〇頁上六行「東南方」，石作「東方東南方南方」；資、磧、南、徑、清、麗作「東南方南方」。

一　三六〇頁上九行「佛及」，資、磧、南、清作「佛」，徑作「此」。

一　三六〇頁上一三行「搄突」，石、徑、清作「短命」；磧、南作「觝突」。

一　三六〇頁上一四行「疱凸」，資作「臭惡」；磧、南、徑、清作「疱惡」。

一　三六〇頁上一七行第五字「願」，石、資、磧、南、徑、清、麗作「令」。

一　三六〇頁上一七行第八字「死」，資、磧、南、徑、清作「喪」。

一　三六〇頁上一九行「皆由先世」，石、資、磧、南、徑、清作「先世皆由」。

一　三六〇頁上一九行第一三字至二〇行首字「諸經典」，石、資、磧、南、徑、清作「經」。

一　三六〇頁中一行第五字「近」，石、資、磧、南、徑、清無。

一　三六〇頁中一行第八字「想」，資、磧、南、徑、清作「相」。

一　三六〇頁中二行「是故」，石、資、磧、南、徑、清無。

一　三六〇頁中二行第一〇字「今」，石、資、磧、南、徑、清作「故」。

大方等陁羅尼經夢行分卷第三　使

北涼沙門法衆於高昌郡譯

尒時佛告文殊師利法王子若我在世若去世後若有善男子善女人來詣汝所欲求陁羅尼經者汝當教授十二夢王若得見一王者汝當教授七日行法文殊師利白佛言云何名為十二夢王云何名曰七日行法

佛告文殊師利善男子若有善男子善女人於其夢中修通能飛懸繒幡蓋從此人後見如是者即名袒荼羅

若有善男子善女人於其夢中若見形像舍利塔廟大衆僧聚見如是者即是斤提羅

若有善男子善女人於其夢中見國王大臣著淨潔衣單乘白馬見如是者即是茂持羅

若有善男子善女人於其夢中若見乘鳥渡於大江見如是者即是乹基羅

若有善男子善女人於其夢中乘於駱駝上於高山見如是者即是多林羅

若有比丘欲求此法於其夢中上於高座轉于般若見如是者即是波林羅

若有比丘於其夢中到一樹下上於戒壇受具足戒見如是者即是檀林羅

若有比丘於其夢中坐佛形像請占衆僧施設供具見如是者即是禪多林羅

若有比丘於其夢中見有一樹華果茂盛於其樹下入禪三昧見如是者即是窮伽林羅

若有大王於其夢中帶持刀劍遊行四方見如是者即是迦林羅

若有大臣於其夢中見有諸人持諸水瓶洗浴其身坌種種香著淨潔衣見如是者即是窮伽林羅

若有夫人於其夢中乘於羊車入於深水於其水中有諸毒虵見如是者即是波林羅

見如是者乃可為說善男子善女人若見如是二一事者乃可為說七日行法

尒時文殊師利白佛言世尊云何名為七日行法云何受持云何脩行如是等法

尒時佛告文殊師利法王子言若有善男子善女人於初日分中至於道場應以塗香末香栴檀沉香熏陸海渚岸香應以供養摩訶袒持陁羅尼經

尒時華聚菩薩觀世音菩薩來在道場尒時二士異口同音而讚道場行者善哉善哉善男子善女人等能於釋迦牟尼如來法中脩行摩訶袒持陁羅尼經

尒時觀世音華聚菩薩在虛空中乘寶道華與無量大衆前後圍繞文殊師利我今語汝語諸衆生脩行受持摩訶袒持陁羅尼經展轉相授得出三界隨意所願若有清信士清信女應於初日分勸諸衆生趣於道場燒種種香懸繒幡蓋若有善男子善女人欲求現在未來願者可以求之尒時二士隨其根量與其現在未來世願文殊師利如是行者若有至心見此二士踊在虛空若不至心而忠不見文殊師利若不見者謂不至心是名初日行分陁羅尼經

復次文殊師利若有善男子善女人

於第二日分中在於道場應燒種種
香塗香末香懸繒幡蓋而以供養摩
訶袓持陁羅尼經
復次尒時實王如来及與我身從靈
鷲山與無量那由他大衆前後圍遶
来至道場一一大衆各乘七寶蓮華
種種音聲各各讃歎道場行者善哉
善哉善男子善女人等乃能於我去
世之後受持讀誦陁羅尼經即自惟
念我能修行受持此經又時惟念十
方三世諸佛如来受持此經我當隨
學文殊師利我去世後如是来至道
場行者我當隨其根量差別而為説
法又有聞者有不聞者有見我形者
有不見者不見不聞者除不至心而
不見耳是名摩訶袓持陁羅尼經行
分第二
復次文殊師利若有善男子善女人
於第三日分中在於道場懸繒幡蓋
又以塗香末香栴檀沉水熏陸海渚
岸香而以供養摩訶袓持陁羅尼經
尒時當有維衛佛虚空藏菩薩摩訶薩
於第三日分中来至道場與無量大

衆前後圍遶在虚空中亦復各各乘
寶蓮華在虚空中或高七多羅樹放
大光明普照十方所有佛土其中行
者覩斯光已皆發阿耨多羅三藐三
菩提心他方所有賢聖之人皆悉尋
光来至道場尒時道場行者隨其根
力或有覩者或不覩者有見形者有
不見者隨其根量分別行力尒時此
人聞佛所説如是行力歡喜踊躍得
未曾有文殊師利是名摩訶袓持陁
羅尼經行分第三
復次文殊師利若有善男子善女人
於第四日分中在於道場讀誦修行
摩訶袓持陁羅尼經懸繒幡蓋悉以
雜色莊嚴此道場燒種種香塗香末
香栴檀沉水熏陸海渚岸香而以供
養摩訶袓持陁羅尼經復次尒時式
佛與無量大衆前後圍繞来至道場
在於虚空高七多羅樹放大光明亦
照十方微塵世界其中衆生覩斯光
者於諸法性無不了達尒時道場行
人不諂偽者今於現世及過去世来
曾毀犯根本罪者了見式佛在虚空

中乘寶蓮華尒時行人見式佛已頂
礼足下尒時式佛即以右手摩其人
頂作如是言善男子善女人汝等不
久趣菩提樹破諸魔怨伏諸外道當
獲摠持與我無異文殊師利是名摩
訶袓持陁羅尼經行分第四也
復次文殊師利若有善男子善女人
於第五日分中在於道場受持讀誦
摩訶袓持陁羅尼經莊嚴道場懸繒
幡蓋燒種種香塗香末香栴檀沉水
熏陸海渚岸香如是諸香而以供養摩
訶袓持陁羅尼經又無餘念我當何
時得隨陁羅尼門我當何時離三有
惡我當何時離於五蓋我當何時離
於十纏我當何時離諸憍慢及諸愚
習如是等難何時當離如是等苦若
作是念時尒時隨葉佛在於虚空乘
寶蓮華為無量大衆説諸法要尒時
道場行者了了聞佛所説章句悉在
心懷明了不忘尒時道場行者若有
覩者及無覩者乃至七日覩者乃至
二七日不覩者乃至三七日覩者乃
至不覩者衆生此業以不定故皆由

先世罪業深淺文殊師利是名陁羅
尼經行分第五
復次文殊師利若有善男子善女人
於第六日分中在於道場受持讀誦
摩訶袓持陁羅尼經燒種種香塗香
末香栴檀沉水熏陸海渚岸香如是
諸香而以供養摩訶袓持陁羅尼經
復次當有拘鄰舍牟尼佛與無量大
衆前後圍遶從餘四天下來至道場
尒時行人了見拘鄰舍牟尼佛及見
七佛在於虛空一一諸佛各乘七寶
蓮華座一一花座縱廣正等八万四千
由旬其花鮮地亦八万四千由旬尒
時行人見是事已得未曾有歡喜踊
躍尒時諸佛異口同音而讚行人善
哉善哉釋迦如來弟子能於遺法受
持讀誦摩訶袓持陁羅尼經至於道
場不久當離三惡道分救攝衆生在
於人天究竟快樂文殊師利我去世
後此摩訶袓持陁羅尼經當於閻浮
提饒益衆生文殊師利是名摩訶袓
持陁羅尼經行分第六
復次文殊師利若有善男子善女人

大方等陁羅尼經卷第三　第七張　使

於第七日分中在於道場至心礼敬
摩訶袓持陁羅尼經莫作餘念但當
至心諦聽諦受莫念妻子象馬七珎
莫以妄想亂其善心令一生空過無
所得也唐喪其功不離諸惡文殊師
利夫為行者但應至心作如上念尒
時當有十方一切諸佛世尊在於虛
空一一諸佛或將一恒河沙者或將
二恒河沙者或三恒河沙者或一万
恒河沙者或二万恒河沙者或三万
恒河沙者或十万恒河沙者或二十
万恒河沙者或三十万恒河沙者或
六十七十八十九十乃至一百二百
三百四百五百六百七百八百九百
乃至不可計不可數大衆集在道場
尒時大衆互相覩見皆有三十二相
身如閻浮檀金一一佛土各現其前
以種種珎寶間錯莊嚴一切諸國未
有得如文殊師利法王子者在於虛
空皆自驚疑每自思惟何緣諸佛悉
現如是清淨世界作是念時我與
文殊師利及無量大衆前後圍遶往
至道場隨其根量而為說法令其行

大方等陁羅尼經卷第三　第八張　使

人了見我身加其威神令悉得見在
虛空生及諸淨國見淨國已歡喜踊
躍得未曾有即發阿耨多羅三藐三
菩提心而不退轉於七日中得隨意
生文殊師利是名摩訶袓持陁羅尼經
行分第七
尒時華聚菩薩即從座起偏袒右肩
右膝著地恭敬合掌而白佛言世尊
我從東方妙樂世界為佛所遣故來
救此雷音比丘令住堅固心如佛所
說不久當得成等正覺度諸衆生無
有邊際令得究竟住決定心我以憶
念昔所造行故來至此娑婆世界聽
受演說陁羅尼經復聞授諸聲聞五
百大弟子記十方天子令各現在世
尊了知何用說此十方一切而見聞
耶唯願聽我立大誓願護此經典佛
告華聚善哉善哉善男子聽汝自恣
立大誓願尒時華聚菩薩即於佛前
而自立誓作如是言世尊若有善男
子善女人受持讀誦此陁羅尼經者我
從今日晝夜不離擁護是人令無惱
患色力名譽皆悉具足世尊若賜我

大方等陁羅尼經卷第三　第九張　使

此願者我乃當取成等正覺若有衆
生遭苦厄者我若不往救彼衆生令
得本心我終不成等正覺也若復有
人修持此經至於道場若遭苦患稱
我名字我不往救我終不成等正覺
也若有衆生憶念我名日夜六時念
念不絶求生妙樂世界若不往生者
我終不成等正覺也
若有衆生行陁羅尼者我當晝夜為
彼人說法令得歡喜若欲命終之日
必定自知生妙樂世界無有疑也或
令彼人遥見妙樂世界如觀掌中阿
摩勒果所有一切好醜之事悉皆明
達世尊若令一切衆生生妙樂世界
者我乃當成等正覺也若有往生三
塗分業不永斷者我終不成等正覺
也既生妙樂世界不離愚癡憍慢因
緣習氣者我亦終不成等正覺也天
中尊王若有衆生從生至老但作一
念我當書寫陁羅尼經受持讀誦然
後得生若得書若不得書若得讀誦
若不得讀誦臨終之日我必往彼人
所拔其精神令生妙樂世界世尊除

二種人我所不攝一者謗方等經二
者用僧祇物乃至一比丘物若用如
是之物不得往生妙樂世界若有衆
生被於官事愁憂不樂為他所逼將
向王所若在大火大水師子虎狼軍
陣交戰迷在山谷不知道路若值如
上諸難處者應當讀誦陁羅尼經百
二十遍復更百二十遍稱我名字南
無花聚菩薩大士應如是唱我時與
無量大威神諸天前後圍遶詣彼人
所破彼諸難令無所患世尊若與我
如上諸願者我乃當取阿耨多羅三
藐三菩提若不聽許我終不成等正
覺也
尒時佛告華聚菩薩善哉善哉善男
子大士汝慈悲無量欲以慈悲門攝
取衆生亦諸方便令無惱患隨意得
生諸安樂國尒時毗沙門天王即從
座起偏袒右肩右膝著地合掌向佛
而白佛言世尊我為鬼神將軍攝諸
鬼神猶如世尊盡攝我等世尊今聽
我等護持陁羅尼經典不耶
尒時佛告毗沙門天王使哉鬼神大

王欲護陁羅尼經者即是三世諸佛
之子即報三世諸佛之恩尒時毗沙
門天王即於佛前而自立願世尊若
有善男子善女人持陁羅尼經者有
諸惡人為起衰患令其行人意散心
乱不得讀誦修行陁羅尼經我於尒
時往彼人所令彼惡人復得衰耗或
令水火盜賊縣官枉横不隱之事來
逼其身或時致死若近於死如是惡
人若仕官者不得高遷或令惡夢麻
油塗身宛轉土中或時於其夢中脫
衣裸走牙齒墮落頭白面皺眼目[目孛]
瞎世尊我令其夢中見如是事世尊
我於尒時遣諸鬼神惱其舍宅令彼
惡人得大重病或時致死世尊聽我
如是護此經不尒時世尊黙然不荅
尒時華聚語毗沙門言世尊黙然即
為可汝如上所言尒時阿難語華聚
言我今問汝汝可荅我莫如世尊黙
然可也尒時華聚語阿難言隨意所
問當以荅汝尒時阿難語華聚言世
尊何故不黙然授諸聲聞記所以者
何黙然是印可性者以何因緣言語

方便授諸聲聞弟子記耶尒時華聚語阿難言如来有默然授諸聲聞記或時以言語方便而以受之阿難如来授記不唯三途所以者何如来當以諸法不定故方便多故智慧無量故世界無邊故衆生行无邊故是故世尊更以方便授諸聲聞大弟子記尒時阿難語華聚言若謂諸法不定者十方諸佛亦應不定諸佛不定者十方世界亦復不定乎尒時華聚即以右手接取西方妙樂世界舉著虛空猶如大士取阿摩勒果置於右掌無所妨㝵尒時大衆遥見西方妙樂世界河池華樹莊嚴之事無不明了尒時大衆歡喜踊躍至心敬礼無量壽佛各各求生妙樂世界尒時華聚語阿難言於意云何諸法如是有定性不阿難荅華聚言諸法如是無有定性我不敢問諸法定相

尒時佛告阿難汝等二大士不須諍論如是事也何以故阿難於汝意云何三果之人入地獄不阿羅漢人受餓鬼形不乃至受畜生身不及生邊地耶

大方等陀羅尼經卷第三　第十三張　使

見處不阿難白佛言不也世尊何以故阿羅漢人名離一切究竟患難若不離一切究竟患者不名阿羅漢也善男子汝云何言一切法是不定相阿羅漢人永更不受如是等苦豈不定乎阿難白佛言世尊阿羅漢人得盡定慧不佛言不也何以故阿羅漢分段涅槃是故不得究竟盡慧

善男子夫於學者觀一切法住平等性不離有不離無不離有邊不離無邊不即是邊不離是邊不即是我不離於我不即是色不離於色不即是受不離於受一切法者不可言定不可言無定若無定者應無三寶究竟解脫處當知是法即有定性若謂無定上無諸佛下無衆生是无定相雖復如是然不可言无復不可言有若菩薩觀一切法着有着無即菩薩累若見衆生而生着相是菩薩累若離衆生亦菩薩累若着衆生行是菩薩累若離衆生行亦菩薩累若着我行是菩薩累何以故菩薩常應如是心住中道得名菩薩究竟慧也善男子

大方等陀羅尼經卷第三　第十四張　使

阿羅漢人都無是事无是事故不得名為究竟慧也

善男子所謂菩薩住心中道汝今諦聽當為汝說菩薩觀虛空如地觀地如虛空觀金如土觀土如金觀衆生非衆生觀非衆生而是衆生觀法而是非法觀於非法而是定法而是定法無有差別觀諸持戒與破戒等觀諸破戒如具戒相雖然離於二邊住平等相破戒持戒亦應等心觀之上中下性亦應等心觀之有為無為法亦應如是等心觀之不讃大乘不毀小乘豪貴卑賤麁妙醜陋諸根完具及與殘缺聰黠愚闇忠不讃毀善男子夫為菩薩供養之法不應選擇如上諸事是名菩薩住心中道究竟智慧善男子聲聞之人無如是事故无究竟慧亦非究竟涅槃何以故未了法性故不得究竟涅槃

復次善男子我於往昔作一居士受性憍恣而不推求出世之典時有比丘執持應器来詣於我而從我乞濟身之具時我荅言沙門釋子汝從何

大方等陀羅尼經卷第三　第十五張　使

方来至我所執鉾而住何所求索復
更問言汝何種姓為上姓中姓下姓
乎又復問曰汝於五法常學何律汝
於十二部經常學何等復更重問汝
今名何受姓云何汝於三業中常修
何業欲求何處上中下乘汝何乘所
攝求究竟乎求分別耶如是無窮重
問身便得患而即命終以是因緣今
故語汝若以施時莫擇上中下性實相
世諦於有無法而不分別若分別者
即名菩薩着我人壽者亦著行者不
名菩薩住心中道得究竟慧
善男子我今復更略說往昔因緣我
於往昔作一比丘時有居士設大施
會請沙門婆羅門貧窮下賤須衣與
衣須食與食須珎寶與珎寶我時甚
大貧窮而無資財我時望得珎寶物
故往詣會所於其中道見有大橋於
其橋上見衆多人忩忩往來時諸人
中有一智者我以愚意問此人言此
橋何人所作此河從何而來今向何
去復問此木何林所生何人所斫
何為所截此木為青為白為赤為黑

何日所作此木松也栢也梛也曲也
直也有節無節也破此木鐵何冶所
出何匠所造此水醎也苦也甜也深
也淺也何用作此橋也
善男子我於尒時次第而作七千八
百問已尒時智者便荅我言咄癡沙
門居士請汝汝但涉路至於會所可
得悅意後不生悔汝今捨問如是等
事於身無利何用問為如是等木何
野所生何人所造何斧所斫咄沙門
今且速去還當語汝我時聞此語已
涉路而去便到會所所食蕩盡財實
無餘我時見已懊惱結恨嘷聲叫言
是何苦哉心口所失值如是苦還到
橋上見向智人時人問言沙門汝去何
憔悴如是多不吉耶我時荅言以貧
窮故往詣會所欲求衣食所須之具
於其中間以見於汝徒問無益之言
使我不值飲食所須財實以是因緣
我心生惱
尒時智者而荅我言夫為比丘於身
無利理不應問何用問為善士比丘
汝以一誤失現在利從今已往於身

無利慎莫多問應觀諸法於身利者
宜應須問何謂為利觀有為法應以
遠離此即為利觀平等法宜應親近
此即為利不讚已毀他此即為利自
既了達教他了達此即為利自能厭
離世樂亦教他離此即為利自知莫
問無利益亦教他莫問此即為利我
向了達知問无利是故語汝速往會所
善男子尒時智者說此法時忉利諸
天九十二億在虛空中聽智者所說
即發阿耨多羅三藐三菩提心時五
百居士遠塵離垢得法眼淨我於尒
時得入陀羅尼門善男子我因是已
来得入究竟慧住心中道阿羅漢都
無是事云何當得究竟慧耶以毀大
乘讃諸小乘是故不得究竟慧耳
尒時阿難白佛言世尊如是人者今
何所在世尊受是果報經幾劫乎佛号
云何劫名何等其王名何佛告阿難善
男子吾今可以辟喻語汝設有一人
身力無量末三千大千世界盡為微
塵善男子且置是事此人復取十
方微塵等三千大千世界亦末為塵

如是次第十方恒河沙世界亦未為塵可知其數不阿難白佛言世尊一世界乃至百世界尚不可數況微塵耶善男子如是世界可知其數彼佛去世後復過於是佛号栴檀華如來至真等正覺國名尊常刧名淨持王名栴檀果栴檀華佛生彼王宮成等正覺而取涅槃次後有佛名釋迦牟尼如是次第二万億釋迦牟尼佛吾悉供養宻初佛者今我堅固陁羅尼豈異人乎今即文殊師利法王子是尒時居士設法會者今華聚菩薩摩訶薩是尒時五百居士者今則五百大弟子是尒時王子菩薩居士優婆塞優婆夷天龍夜叉乹闥婆阿修羅五百大弟子無量大衆及與阿難歡喜奉行

大方等陁羅尼經卷第三

壬寅歲高麗國大藏都監奉
勑雕造

大方等陀羅尼經夢行分卷第三

校勘記

一 底本，麗藏本。

一 三六九頁上一行「夢行分」，資、磧、南、徑、清無。

一 三六九頁上三行「尒時」前，資、磧、南、徑、清作「夢行分第三」一行。

一 三六九頁上一一行「見如是」，石、資、磧、南、徑、清作「如是見」，下同。

一 三六九頁上一一行末字「羅」，石作「羅王」。

一 三六九頁上一六行第四字「著」，磧、南、徑、清作「者」。

一 三六九頁中一行「上於」，資、磧、南、徑、清作「夢上」。

一 三六九頁中一一行末字「行」，石、資、磧、南、徑、清作「於」。

一 三六九頁中一六行第三字「夫」，資作「天」。

一 三六九頁中一八行第三字「波」，磧、南、徑、清作「婆」。

一 三六九頁中一九行「善女人」，資、磧、南、徑、清無。

一 三六九頁下三行第一一字「香」，石、資、磧、南、徑、清作「水」。

一 三六九頁下一二行第四字「今」，石、資、磧、南、徑、清作「故」。

一 三六九頁下一二行「修行受持」，石、資、磧、南、徑、清作「受持修行」。

一 三六九頁下一三行第一三字「得」，石、資、磧、南、徑、清作「用」。

一 三六九頁下一四行第五字「所」，石、資、磧、南、徑、清作「得」。

一 三六九頁下一五行第六字「勸」，資、磧、南、徑、清作「勸請」。

一 三六九頁下一七行第五字「在」，石作「世」。第八字「願」，石、磧、南、徑、清作「諸願」。

一 三六九頁下一八行末字「世」，石、磧、南、徑、清作「諸」。

一 三六九頁下二二行第四字「行」，

石、資、磧、南、徑、清無。

一　三七〇頁上四行及本頁中一七行「復次尒時」，石、資、磧、南、徑、清作「尒時復次」。

一　三七〇頁上八行第一〇字「乃」，石無。

一　三七〇頁上九行第一三字「自」，石無。

一　三七〇頁上一〇行「修行」，石無。

一　三七〇頁上一一行第一二字至一三行首字「我當隨學」，石無。

一　三七〇頁上一三行第八字「根」，磧、南、徑、清作「限」。

一　三七〇頁上一四行第一〇字「有」，資無；磧、南、徑、清作「又」。

一　三七〇頁上一九行第一〇字「場」，資、磧、南、徑、清作「場而以」。

一　三七〇頁上二〇行首字「又」，資、磧、南、徑、清作「在於道場應」。

一　三七〇頁上二一行末字「經」，石作「經故」。

一　三七〇頁中三行第八字「所」，石無。

一　三七〇頁中九行第九字「力」，石、磧、南、徑、清作「者」。

一　三七〇頁中一四行第一三字「悉」，石、資、磧、南、徑、清作「都」。

一　三七〇頁中一五行第三字「庄」，資、磧、南、徑、清無。

一　三七〇頁中一九行末字至二〇行首字「亦照」，資、磧作「尒時」。

一　三七〇頁中二〇行第五字「塵」，石、資、磧、南、徑、清作「塵等」。

一　三七〇頁中二一行「於諸法性無不了達」，石、資、磧、南、徑、清作「無不了達而諸法性」。

一　三七〇頁中二一行末字「行」，石、資、磧、南、徑、清作「之」。

一　三七〇頁中二二行「於現」，石、資、磧、南、徑、清無。

一　三七〇頁中末行第二字「毀」，資、磧、南、徑、清無。

一　三七〇頁中末行第一三字至本頁下一行首字「虛空中」，石作「於虛空」。

一　三七〇頁下二行第八字「即」，石作「而」。

一　三七〇頁下三行首字「頂」，資作「頭」。

一　三七〇頁下七行「復次」，資、磧、南、徑、清無。

一　三七〇頁下一三行末字至一四行首字「有惡」，資、磧、南、徑、清作「惡有」。

一　三七〇頁下一五行「憍慢」，資、磧、南、徑、清作「慢憍」。

一　三七〇頁下一九行第一三字至二〇行第六字「悉在心懷明了不忘」，石作「悉在心懷了不忘失」，資、磧、南、徑、清作「了不忘失悉在心懷」。

一　三七〇頁下二二行「乃至」，磧、南、徑、清作「及」。

一　三七一頁上七行末字「經」，石作「經尒時」。

一　三七一頁中五行第一一字「惡」，

石作「悉」；資、磧、南、徑、清作「苦」。

一　三七一頁中六行「爲行者但應至心」，石作「於學者」。

一　三七一頁中六行第三字「爲」，資、磧、南、徑、清作「於」。

一　三七一頁中七行「世尊」，資、磧、南、徑、清無。

一　三七一頁中九行第六字「或」，石、磧、南、徑、清作「或將」。

一　三七一頁中一六行「覩見」，石、資、磧、南、徑、清作「而視」。

一　三七一頁中一九行第二字「得」，石、資、磧、南、徑、清作「所得」。

一　三七一頁中二〇行末字「悉」，石無。

一　三七一頁中二一行第九字「是」，資作「如是」。

一　三七一頁中二一行第一一字「時」，資、磧、南、徑、清作「時時」。

一　三七一頁下一行「令悉」，資、磧、南、徑、清作「令其」。

一　三七一頁下一行末字「在」至二行第一〇字「國」，石、資、磧、南、徑、清作「虛空法座及清淨國界見清淨國界」。

一　三七一頁下四行第一二字「得」，石、資、磧、南、徑、清作「便」。

一　三七一頁下五行末字「經」，資、磧、南、徑、清作「尼經」。

一　三七一頁下九行「故来」，石、資、磧、南、徑、清作「来至」。

一　三七一頁下一〇行「比丘」，石無。

一　三七一頁下一二行「有邊際令得究竟住決定」，石作「邊崖底令得究竟常住之」。

一　三七一頁下一二行第九字「決」，資、磧、南、徑、清作「常」。

一　三七一頁下一三行第八字「至」，石、資、磧、南、徑、清作「詣」。

一　三七一頁下一四行首字「受」，石、資、磧、南、徑、清作「聞」。

一　三七一頁下一五行第一〇字「今」，石、資、磧、南、徑、清無。

一　三七一頁下一五行末字至一六行第七字「世尊了知何用説此」，石、資、磧、南、徑、清作「前世尊自了何爲用説爲」。

一　三七一頁下一七行「耶唯願聽我立大誓願護」，石作「聽我立願護持」。

一　三七一頁下一七行「此經典」，資作「於此經」；磧、南、徑、清作「持此經」。

一　三七一頁下二一行第九字「此」，資、磧、南、徑、清無。

一　三七一頁下二二行「令無」，石作「無諸」。

一　三七一頁下末行「皆悉具足」，石無。

一　三七二頁上一行第六字「當」，石作「可」。

一　三七二頁上二行第七字「若」，石無。第一一字「彼」，石無。

一　三七二頁上三行「不成」，石、資、磧、南、徑、清作「不取成」，下同。

一　三七二頁上三行「正覺也」，石、資、磧、南、徑、清作「正覺」，下同。

一　三七二頁上五行「我名字」，石作「其我名」。

一　三七二頁上一五行第一一字至一六行第三字「有往生三塗分業」，資、磧、南、徑、清作「不往生於三塗分」。

一　三七二頁上一八行「習氣者我亦」，石、資、磧、南、徑、清作「習者我」。

一　三七二頁上二一行「得生若」，石作「生生若謂」；資、磧、南、徑、清作「得生若謂」。

一　三七二頁中二行第一三字「用」，石作「用衆生」。

一　三七二頁中六行第七字「谷」，石作「途」。

一　三七二頁中一〇行第五字「神」，石、資、磧、南、徑、清作「德」。

一　三七二頁中一一行第三字「彼」，石作「其」。

一　三七二頁中一五行第一三字至一六行首字「善男子」，石無。

一　三七二頁中一六行「大士」，資、磧、南、徑、清無。

一　三七二頁中一八行第二字「諸」，石作「詣」。第五字「國」，資、磧、南、徑、清作「國土」。

一　三七二頁中二一行末字「聽」，石作「聽及餘」。

一　三七二頁中二二行第四字「持」，石無。

一　三七二頁中二二行「典不耶」，石作「典不」；資、磧、南、徑、清作「不」。

一　三七二頁下五行第一二字「意」，石作「得」。

一　三七二頁下七行第七字「彼」，資、磧、南、徑、清作「其」。

一　三七二頁下八行「枉攢不隱之」，石作「横」；資、磧、南、徑、清作「枉横之」。

一　三七二頁下九行「近於死」，石、資、磧、南、徑、清作「不死者」。

一　三七二頁下一〇行「仕官者」，石作「事官長」；資、磧、南、徑、清作「事仕宦」。

一　三七二頁下一二行「目睹」，石、資、徑、清作「孔睹」；磧、南作「孔頞」。

一　三七二頁下一三行第四字「我」，石無。第八字「中」，石、磧、南、徑、清作「中醒寤」；資作「寤中」。

一　三七二頁下一四行第九字「惱」，石作「喪」。末字「彼」，磧、南、徑、清作「其」。

一　三七二頁下一九行「汝可」，石、資、磧、南、徑、清作「可以」。

一　三七三頁上一行「弟子記耶」，石作「記」。

一　三七三頁上三行「或時」，石、資、磧、南、徑、清作「時或」。第一〇字「受」，石、資、磧、南、徑、清作「授」。

一　三七三頁上四行第六字「三」，石、資、磧、南、徑、清作「一」。

一三七三頁上四行末字至五行首字「當以」，石、資、磧、南、徑、清無。

一三七三頁上五行第九字「多」，石、資、磧、南、徑、清作「衆多」。

一三七三頁上七行「聲聞」，石、資、磧、南、徑、清無。

一三七三頁上八行第一〇字「謂」，石、磧、南、徑、清作「爲」。

一三七三頁上一二行第一一字「置」，石、資、磧、南、徑、清作「著」。

一三七三頁上一八行「性不」，石作「相無」；資、磧、南、徑、清作「性無」。

一三七三頁上二〇行第一四字至二一行第四字「諍論如是事也」，石、資、磧、南、徑、清作「紛紜諍如是事」。

一三七三頁上末行第一二字「生」，資、磧、南、徑、清無。

一三七三頁中一行第一字「見」，石、資、磧、南、徑、清作「見諸難」。

一三七三頁中三行末字「也」，石、資、磧、南、徑、清作「耶」。

一三七三頁中五行「更不」，石作「不更」。

一三七三頁中七行第三字「慧」，石、資、磧、南、徑、清作「智慧」。

一三七三頁中八行「涅槃」，石、資、磧、南、徑、清作「般涅槃」。第六字「故」，石、資、磧、南、徑、清作「故以」。

一三七三頁中一四行「定若無定者應無三寶」，石作「若言無者應無三尊」。「三寶」，資、磧、南、徑、清作「三尊」。

一三七三頁中一五行第一一字「性」，資、磧、南、徑、清作「性者」。

一三七三頁中一六行首字「定」，石、磧、南、徑、清作「者」。

一三七三頁中一七行第九字「復」，資、磧、南、徑、清無。

一三七三頁中一八行第一〇字「無」，石、資、磧、南、徑、清作「無相」。

一三七三頁中二二行第四字「累」，磧、南、徑、清作「累若離我行亦菩薩累」。

一三七三頁中二二行末字至末行第四字「心住中道得」，石作「住中道心然」。

一三七三頁中二二行末字「心」，資、磧、南、徑、清無。

一三七三頁中末行「得名」，資、磧、南、徑、清作「心得」。第一一字「也」，石、資、磧、南、徑、清無。

一三七三頁下一行末字至二行末字「得名爲究竟慧也」，石、資、磧、南、徑、清作「名究竟慧」。

一三七三頁下三行「心中道」，石、資、磧、南、徑、清作「中道心」，下同。

一三七三頁下七行第一〇字及末字「定」，石、資、磧、南、徑、清作「正」。

一三七三頁下九行「雖然」，資、磧、南、徑、清無。

一三七三頁下一〇行第八字「亦」，石、資、磧、南、徑、清無。

一三七三頁下一一行第一〇字「有」，

一 石、資、磧、南、徑、清作「觀有」。

一 三七三頁下一二行「如是」，石、資、磧、南、徑、清無。

一 三七三頁下一三行第二字「豪」，資作「不豪」。「麁妙」，磧、南、徑、清作「妙好」。

一 三七三頁下一三行第二字「豪」至一四行第一二字「毀」，石作「不上性亦不毀下性不讃諸根完者亦不毀諸根破者不讃好者亦不毀醜者」。

一 三七三頁下一五行第一〇字「不」至一六行第三字「事」，石作「亦不選破戒與持戒不選上性與下性」；資、磧、南、徑、清作「亦不選擇上諸事等」。

一 三七三頁下一九行第二字「故」，石、資、磧、南、徑、清作「故而」。

一 三七三頁下二二行第四字「應」，石作「食」。「於我」，石、資、磧、南、徑、清作「我所」。

一 三七四頁上一一行第八字「而」至二行第三字「言」，石作「住此欲索何等復更而問」；資、磧、南、徑、清作「住此欲求索何復更而問」。

一 三七四頁上二行第八字「爲」，石無。

一 三七四頁上三行「又復問曰」，石、資、磧、南、徑、清作「復更而問」。第七字「於」，資、磧、南、徑、清作「以」。

一 三七四頁上四行第六字「常」至五行第七字「何」，石、資、磧、南、徑、清作「法常以學何復更而問汝以名何受性何如」。

一 三七四頁上五行末字「修」，資作「求」。

一 三七四頁上七行「無窮重」，石、資、磧、南、徑、清作「次第而」。

一 三七四頁上八行第七字「即」，石作「速」。

一 三七四頁上一〇行「分別若分別」，石、資、磧、南、徑、清作「應問若謂問」。

一 三七四頁上一六行末字「甚」至一七行第七字「財」，石、資、磧、南、徑、清作「極大貧而無所有」。

一 三七四頁上一七行「珎寶物」，石、磧、南、徑、清作「財賄」；資作「有財」。

一 三七四頁上二一行第一〇字「而」，資、磧、南、徑、清作「所」。

一 三七四頁上二二行首字「去」，石、資、磧、南、徑、清作「流」。

一 三七四頁上末行「此木爲青爲白爲赤爲黑」，石、資、磧、南、徑、清作「青乎白乎黑乎」。

一 三七四頁中二行第一一字「鐵」，資、磧、南、徑、清作「斧」。

一 三七四頁中一一行「今且速去還當」，石、資、磧、南、徑、清作「汝今速去還已」。

一 三七四頁中一五行「向智」，石作「汝所向」；資作「如向」；磧、南、徑、清作「所向」。

一 三七四頁中一七行「衣食」，資、

磧、南、徑、清作「衣服飲食」。

一三七四頁中一九行第一〇字「寶」，石作「物」；資、磧、南、徑、清作「賄」。

一三七四頁中二一行「答我」，石作「便答」。

一三七四頁中二二行第三字「理」，石、資、磧、南、徑、清作「而」。

一三七四頁下一行「利慎莫多」，石、資、磧、南、徑、清作「益而莫生」。

一三七四頁下二行「宜應須」，石作「而應須」；資、磧、南、徑、清作「而應生」。

一三七四頁下三行第七字「觀」，石、資、磧、南、徑、清作「觀世」。第一一字「宜」，資、磧、南、徑、清作「而」。

一三七四頁下四行第七字「已」，資、磧、南、徑、清作「已不」。

一三七四頁下五行首字「既」，石、資、磧、南、徑、清作「以」。第一三字「能」，石、資、磧、南、徑、清作「以」。

一三七四頁下六行末字「莫」，石、資、磧、南、徑、清作「於」。

一三七四頁下七行第四字「益」，資、磧、南、徑、清作「者」。

一三七四頁下一一行末字「五」，石作「有五」。

一三七四頁下一三行第二字「得」，石、資、磧、南、徑、清作「便」。

一三七四頁下一五行第六字「當」，石、資、磧、南、徑、清作「而」。第一二字「以」，石、資、磧、南、徑、清作「而」。

一三七四頁下一六行「是故」，石作「故以」。

一三七四頁下一八行「世尊」，資、磧、南、徑、清無。

一三七四頁下二一行第五字「末」，資、磧、南、徑、清作「抹」，下同。

一三七四頁下二二行第一二字「取」，資、磧、南、徑、清作「即取」。

一三七五頁上一行第八字「河」，資、磧、南、徑、清無。

一三七五頁上三行第四字「百」，石作「百千」。末字「耶」，石、磧、南、徑、清作「數也」。

一三七五頁上六行第八字「常」，石、資作「諦」；磧、南、徑、清作「帝」。

一三七五頁上七行第八字「生」，石作「於」。

大方等陁羅尼經護戒分卷第四　使

北涼沙門法衆於高昌郡譯

尒時文殊師利即從座起偏袒右肩右膝著地而白佛言世尊若比丘於世尊去世之後若毀四重若比丘尼毀犯八重若菩薩若沙弥沙弥尼優婆塞優婆夷若毀如是一一諸戒所犯重罪當云何滅佛言嗚呼善哉文殊師利乃能請問如是等事汝慈悲勝故能發是問汝若不發是問我終不說彼惡世比丘所犯之過善哉善哉文殊師利汝今諦聽當為汝說我去世後若有惡律儀比丘毀四重禁默然而受檀越供養而不改悔當知是比丘必受地獄苦而無疑也我今當出良藥救彼比丘重病若我去世後毀四重禁羞不發露汝今諦聽當為汝說

離婆離婆諦一 仇呵仇呵帝二 陁羅離帝三 尼呵羅帝四 毗摩離帝五 莎呵六

文殊師利此陁羅尼是過去七佛之所宣說如是七七亦不可數亦不可計說此陁羅尼救攝衆生現在十方不可計不可數七佛亦宣說此陁羅尼救攝衆生未来不可計不可數七佛亦宣說此陁羅尼救攝衆生汝今請問陁羅尼義我已說竟以此陁羅尼經救攝未来世惡律儀比丘令其堅固住清淨地善男子若有比丘毀四重禁至心憶念此陁羅尼經誦一千四百遍誦一千四百遍已乃一懺悔請一比丘為作證人自陳其罪向形像前如是次第經八十七日勤懺悔已是諸戒根若不還生終無是處彼人能於八十七日勤懺悔已若不堅固阿耨多羅三藐三菩提心亦無是處又文殊師利云何當知得清淨戒善男子若其夢中見有師長手摩其頭若父母婆羅門耆舊有德如是等人若與飲食衣服卧具湯藥當知是人住清淨戒若見如是一一相者應向師說如法除滅如是罪咎復次善男子所謂比丘尼毀八重禁者若欲除滅八重禁罪先請一比丘了知內外律者陳其罪咎向彼比丘彼比丘應如

法而教此內外律所謂
阿隸離婆其羅帝　羅帝婆　摩羅
帝阿摩羅帝　莎呵
善男子此陁羅尼若有讀誦受持如
法修行九十七日日誦四十九遍乃
一懺悔隨師修是諸惡業若不除滅
終無是處善男子汝若不信吾今為
汝略說我昔愚行業因緣故十方虛
空法界及大地土　山河叢林盡末為
籌大如微塵尚可知數除諸佛等无
人能知我所犯戒十方無邊我所犯
戒亦復無邊微塵无數我所犯戒亦
復無數衆生无邊我所犯戒亦復無
邊方便无邊我所犯戒亦復無邊法
性无邊我所犯戒亦復無邊善男子
我觀如是等業甚為可畏上至菩薩
下至聲聞不能救我如是等苦我師
思惟如是事已便推求此陁羅尼典
得已修行九十七日日讀誦四十九遍
聞空有聲而謂我言善哉善哉善男
子乃能推求此陁羅尼典我時聞已
顧視四方見有諸佛羅列在前一一
諸佛手摩我頭聽我悔過善男子以

是因緣我去世後若有比丘犯八
重禁應當求此陁羅尼典讀誦修行
若於夢中見如上事知彼比丘住
清淨地具清淨戒復次善男子若有
菩薩受八重禁然後毀壞狂亂心熱
欲自陳說無所歸趣无能滅者如是
罪咎僧已和合令出境界應大怖懼
此人應住一空靜室塗治極令內外
鮮淨請一比丘了知內外一部律者
應自陳過向此比丘作如是言僧今
擯我來至此間我今請師亦來此間
此師應教淨律之法所謂
婆羅隸　仇鄃羅隸　阿難羅隸
其鄃林羅　伽鄃隸　阿隸　鄃隸
阿帝鄃隸　阿帝鄃隸　莎呵
善男子如是陁羅尼者即是三世諸
佛之所護持亦是三世諸佛之所秘
藏善男子吾昔未說今已說之昔所
未作今日已作昔所未開今日已開
開此三因方便已令諸衆生遇此三
因方便者速出三界如盲者見日如
嬰兒得母如鳥出㲉如飢人得食如
縛者得脫如寒者得火如裸者得衣

如迷人得路如旱者得水善男子我
此法味亦復如是若久住世間若一
劫若減一劫為諸衆生受持讀誦解
說其義為愚者說當知是人與我無
異住清淨地是人應於我生難遭想
自陳罪咎若罪不滅終無是處
文殊師利白佛言世尊此陁羅尼者
應讀幾遍修行幾日乃當止耶佛言
善男子此陁羅尼應誦六百遍乃一
懺悔當懺悔時應所請比丘在其前
立口自陳罪必令得聞如是次第經
六十七日占其夢想如上所說更無
有異若得是相知是菩薩住清淨地
具清淨戒復次善男子若有沙弥沙
弥尼優婆塞優婆夷毀諸禁者亦應
請一比丘了知內外律者向形像前
若尊經般若前自陳其過向此比丘
此比丘應教淨律之法所謂
伊伽羅帝　慕伽羅帝　阿帝摩羅帝
郁伽羅帝　婆羅帝　婆座羅竭帝
座羅竭帝　亘羅奢竭帝　毗奢竭帝
離婆竭帝　婆羅隸阿隸　其羅隸阿
隸　持羅隸阿隸　其蘭隸阿隸　提

蘭紩阿紩　毗羅阿紩　莎呵
善男子如是陁羅尼者我為慈愍一
切衆生故說此陁羅尼若有下劣沙
弥沙弥尼優婆塞優婆夷亦應讀誦
修行此陁羅尼讀四百遍乃一懺悔
如是次第四十七日當懺悔時應自
陳過令彼了聞如是次第四十七日
已如上所說夢中所見一一事者當
知是沙弥沙弥尼優婆塞優婆夷住
清淨地與清淨戒尒時文殊師利及
五百弟子心少有疑佛知其意即時
告言如汝所念行者應修五事持諸
戒性所謂不犯陁羅尼義不謗方等
經不見他過不讃大乘不毀小乘不
離善友常說衆生妙行如是五事是
行者業不犯戒性復次善男子不說
上界所見亦不說已所行好醜之事
亦應日日三時塗地亦應日誦一遍
日一懺悔如是五事是行者業不犯
戒性
復次善男子復有五事若有比丘行
此法者及與白衣不得祭祀鬼神亦
復不得輕於鬼神亦復不得破鬼神
廟假使有人祭祀鬼神亦不得輕亦
不得與彼人往来如是五事是行者
業護戒境界復次善男子復有五事
不得與謗方等經家往来不得與破
戒比丘往来破五戒優婆塞亦不得
往来不得與獵師家往来不得與常
說比丘過人往来如是五事是行者
業護戒境界復次善男子復有五事
不得與脳皮家往来不得與藍染家
往来不得與養蚕家往来不得與壓
油家往来不得與掘伏藏家往来如
是五事是行者業護戒境界復次善
男子復有五事不得與劫賊家往来
不得與偷盗家往来不得與燒僧坊
人往来不得與偷僧祇物人往来不
得與乃至偷一比丘物人往来如是
五事是行者業護戒境界復次善男
子復有五事不得與畜猪羊雞狗家
往来不得與星曆家往来不得與婬
女家往来不得與寡婦家往来不得
與沽酒家往来如是五事是行者業
護戒境界善男子如是七科五事行
者應深了觀根原然後捨離其餘諸

事亦復如是
復次善男子行有二種一者出世行
人二者在世行人出世行者不禁如
上諸事在世行者吾以禁之何以故
辟如嬰兒始能行時其母護持不聽
遠行假使遠者或絕乳而死墮水火
故死或為虎狼師子之所食噉或為
蒺蔾鵄梟所傷如是嬰兒母常護持
令不暴害然後長大若有所食必能
成辦善男子我亦如是為一切母一
切衆生即是我子常為護助令不遭
横速出三界能有所辦若不如是制
諸弟子云何當得阿耨多羅三藐三
菩提耶如彼女人不制其兒云何長
大能有所辦復次善男子我諸弟子
若見如上諸惡律儀不善人輩占相
吉凶治生販賣一不如法諸惡之事
捨我法已而更貪著惡律儀法然後
命終受無量苦我時見已心生慈愍
為諸衆生設是方便令諸衆生乘是
方便出三界苦得究竟樂吾今所以
設諸方便救攝衆生令得究竟寂滅
涅槃尒時文殊師利及五百大弟子

無量大衆歡喜奉行

大方等陀羅尼經不思議蓮華分第五

尒時祇陀林中無量億千那由他大衆之中有寶蓮華從地踊出高十多羅樹其花有八十万恒河沙重一一重中各有一佛與無量大衆前後圍遶為説陀羅尼義如是次第八十万恒河沙諸佛各説陀羅尼義而此華中放大光明遍至三千大千世界尒時大衆見此瑞已得未曾有不知為以何縁忽有此相尒時大衆各有疑惑如来何縁亦現如是如寶蓮華其中諸佛説妙法藏各各相謂今當問誰尒時文殊師利知大衆心疑即從座起偏袒右肩右膝著地而白佛言世尊五百大弟子及一切大衆心有疑惑我亦未了此華名何為以何縁忽来到此此華不可思議復有諸佛而在其中與无量大衆説妙法藏業不可思議復有光明普照十方微塵世界此事亦為不可思議此華復有三十二種微妙莊嚴亦不可思議此華有是四不可思議事此華名何其中諸

佛光明重數而從何方忽来在此以何因縁而現此相尒時佛告文殊師利善男子此華者名優曇鉢闍羅其中諸佛名釋迦牟尼俱同一字是諸佛等我乃久遠常以供養於諸佛所深入法性汝等大衆亦應供養尒時無量大衆即從座起各各奉花供養諸佛到已頭面礼足華供養已瞻仰諸佛目不蹔捨

尒時舍利弗念欲供養是諸佛故即脩神通遶此華王經八十七日百千万分不周其一即大嘷泣渉路而還到大衆中而白佛言我定失神通必無疑也何以故向與無量大衆往詣佛所念欲供養是諸佛故我即脩通欲觀此華經八十七日百千万分不周其一以是因縁我今定知必失神足而無疑也尒時佛告舍利弗假使鳥飛疾於電光百千万倍有阿羅漢復過於是百千万倍復有菩薩復過億倍復有菩薩復過万万倍假使百千万億劫猶尚不周況八十七日汝能周耶咄善男子汝不失通辟如有

塩大如微塵此塩自謂世間醎者更無過我世有智者而便取之投之大海唐失其身醎何所在汝等聲聞亦復如是神通大小如彼塩耳法味多少如彼醎味云何欲知此華邊際尒時世尊即從座起到蓮華所以華供養是諸佛等華供養已即説陀羅尼曰

婆呵羅帝　婆帝羅　毗留瀨多
其呵帝莎　呵呵呵梨呵嚁咻　毖作
浦醘　阿醘浦醘呵　賛呵䴸醘復䴸醘
䴸　浦醘䴸醘　滕䴸醘　阿嵬䴸醘
阿勉䴸醘醘䴸　復䴸醘醘䴸　浦䴸醘
醘䴸　復䴸醘醘䴸復䴸腸復䴸　浦䴸
醘醘䴸　咥咻莎呵

尒時諸佛各各説陀羅尼已尒時世尊即從座起語諸佛言今此大方等陀羅尼經當囑授誰耶尒時會中有八十万恒河沙法身大士即從座起恭敬合掌白佛言世尊我等從今日若佛在世若去世後若有善男子善女人能脩行解其義者若城邑聚落淨處若山林樹下神仙居處脩行此

經解其義者我等八十万恒河沙菩
薩必往彼人所擁護此人令不遺擯
身無疲惓常得色力名譽等利此人
所至到處我等菩薩往彼人所作種
種宮殿飲食卧具隨意供給令無所
乏以此陁羅尼故如是供給令其不
失上妙之心

尒時諸佛讃諸菩薩善哉善哉舊住
娑婆土者能受持修行陁羅尼典及
以供養持此典者即為供養十方諸
佛汝等不久當得阿耨多羅三藐三
菩提何以故此經有無量威神力故
汝等受持此經有无量方便汝等受
持此經有無量慈悲汝等受持此經
有無量神通汝等受持此經神力如
是云何不得阿耨多羅三藐三菩提

尒時諸佛告諸菩薩善男子若諸佛
在世若去世後若有衆生来詣汝等
一一菩薩者若欲定問何者當先得
阿耨多羅三藐三菩提汝等應亦能
修行解其義者或有問者何人先入
捴持陁羅尼門汝等應亦能修行解
其義者或有問言何者能知十方世

界莊嚴之事汝等應亦能修行解其
義者或有問者何人當生嚴淨世界
汝等應亦能修行解其義者或有問
者何人来世作轉輪王汝等應亦能
修行解其義者或有問者何人當於
来世能廣化衆生令堅住阿耨多羅
三藐三菩提心汝等應亦能修行解
其義者或有問者何人當於来世為
諸佛所讃汝等應亦能修行解其義
者或有問者何人能知十方世界有
邊際無邊際耶汝等應亦能修行解
其義者或有問者何人能遠離六賊
汝等應亦能修行解其義者或有問
者何人能離諸煩惱賊汝等應亦能
修行解其義者或有問者何人能離
十二食如汝等應亦能修行解其義
者或有問者何人能離十經汝等應
亦能修行解其義者或有問者何人
能離三種恬食汝等應亦能修行解
其義者或有問者何人能離毒害汝
等應亦能修行解其義者或有問者
何人能離四毒汝等應亦能修行解
其義者或有問者何人能離一詐親

者汝等應亦能修行解其義者或有
問者何人能離世惡知識汝等應亦
能修行解其義者或有問者何人不
為三愛所牽汝等應亦能修行解其
義者或有問者何人能於今世後世
不謗方等經汝等應亦能修行解其
義者或有問者何人能知十方世界
幾許衆生發三菩提心幾許衆生發
聲聞緣覺心汝等應亦能修行解其
義者或有問者何人能分別十方諸
佛說法之聲緣覺聲聲聞聲具住菩
薩聲不具住菩薩聲轉輪王聲諸天
聲婆羅門聲大臣聲富聲貧聲樂聲
苦聲夜叉聲餓鬼聲地獄聲畜生聲
劫數苦報聲非劫數苦報聲汝等應小能
修行解其義者或有問者何人能別
世間諸香海渚彼岸香多摩羅伽香
頻婆伽羅婆香婆首伽羅香熏陸伽
香蘇湯陁香婆師伽香塗香末香鷄
舌香沉水香常在世香非常在世香
佛菩提香菩薩究竟香聲聞分段香
緣覺限際香初果人香非初果人香
究竟涅槃香非究竟涅槃香分際香

非分際香轉輪王香粟散王香大臣香婆羅門香居士香童男香童女香非童男童女香地獄餓鬼畜生香十方世界香非十方世界香汝等應尒能修行解其義者

復次善男子若諸佛在世若去世後若有衆生得遇此陁羅尼者當知是人去佛不遠辟如巧木作家往趣林野到諸山中先見小木必定自知吾今得木而無疑也若使諸佛去世之後若有衆生遇此陁羅尼者當知是人去佛不遠如人趣河遥聞水聲必定自知吾今得水而無疑也若使諸佛去世之後若有衆生得遇此經當知是人去佛不遠辟如迷人還得正路必定自知去舍不遠將無疑也若佛去世後若有衆生得遇此經當知是人去佛不遠而無疑也如掘井家漸見濕土必定自知去水不遠而无疑也若使諸佛去世之後若有衆生得遇此經當知是人去佛不遠

尒時諸佛告諸菩薩當来有劫名妙音聲汝等菩薩當生此劫劫中有國

名妙音幢花彼界有城名無染行城中有王名曰嚴身此嚴身王常以十善教化衆生汝等菩薩當生此王家出家學道次第成佛俱号釋迦牟尼

尒時此華從地出已在於虚空放大光明於此光中有種種妙聲讃諸菩薩善哉善哉諸菩薩等汝等不久實當得於阿耨多羅三藐三菩提如諸佛語而無疑也汝等必當堅固阿耨多羅三藐三菩提得常樂我淨是時此華於虚空中忽然不現尒時五百大弟子心有疑惑作如是唱言嗚呼異哉以何因縁有如是事此大蓮華無有邊際在於虚空忽然不現今何所在不知歸趣此華中有無量諸佛今亦隨無

尒時佛知衆會心念告諸大衆我之所說陁羅尼典今亦當無如彼華相一切諸法如幻如化如虚空雲一切諸法亦復如是假使有法過於是華亦如幻化而無定相善男子不須驚疑如是等事非汝聲聞之所思議向所出華是陁羅尼力令還无者亦陁

羅尼力欲說陁羅尼故此華從地踊出今已說竟此華還無非汝聲聞之所議也諸法興故相貌亦興諸法衰故相貌亦衰陁羅尼興故諸花亦興說陁羅尼竟故諸花衰滅善男子汝不見乎我向初轉法輪之時無量无邊大衆人天阿修羅等前後圍遶是名法興我已說竟名諸法衰天人阿修羅隨意所往當知諸法如幻化相辟如人生至於五十常趣衰路我所說法亦復如是初始說時已有盡性非說已而有此盡性也此華初出必有去性無有疑也法性常尒何所疑也

尒時佛告阿難汝當受持此陁羅尼經我今出世已三轉此陁羅尼經初始說時付囑於汝救攝衆生病苦之尼第二說時救護我法令諸波旬不得毀乱令第三說者皆為救攝一切衆生置於涅槃是故一法方便三說度諸衆生以此三法付囑於汝辟如長者有三方便常用行身心方便念眼方便視手方便作如是三事和合成一此陁羅尼經亦復如是初說喻

心二說喻眼三說喻手雖有三名其實是一一佛菩提如彼居士臨欲終時唯有一子以此三事付囑於子子巳受教然後修行常得高位善男子我即汝父汝是我子修我三因大方便者然後得作天中尊王如居士子而順父教然後高貴若不順父教云何而貴汝若不順我此教者云何而得天中尊王

復次善男子辟如大河在於大谷於意云何谷大河大耶阿難言世尊谷能感河河非感谷谷必大也佛言善哉善哉善男子快說是語谷喻於我河喻於汝谷擁大水展轉而流到於大海若復有水而不隨谷湯墮鹵土為鹵所淋而失其身善男子復有一水住在谷中而不肯出善男子谷喻大海用喻於我水喻菩薩住喻聲聞鹵喻緣覺雖入鹵中展轉而行入於大海雖住谷中展轉所推亦入大海善男子如是三事都歸大海我今所說陁羅尼義初說救病二說護法三說護身雖三名說其實是一

大方等陁羅尼經卷第四　廿八張　走

復次善男子辟如大樹因地而生頭有二歧於汝意云何樹因地生地因樹生耶阿難言世尊樹因地生非樹生地善哉善哉善男子快說是語地喻於我樹喻菩薩奇喻聲聞緣覺善男子如是三事可言非類不阿難言一類所生不可異也何以故一大地生故一根長故不可言非類也佛言善哉善男子我所說陁羅尼義亦復如是而无有異何以故一金剛身故一意生故一口說故以是因緣而無餘離我今巳三說陁羅尼持付囑於汝一佛菩提乘亦付於汝汝今諦聽受持慎莫忘失此陁羅尼若我去世汝當流布此陁羅尼又告阿難辟如國王髻中明珠愛之甚重若臨終時授與所愛之子我今為諸法王此經即如髻中明珠汝如我子我今以此大方等陁羅尼經授與於汝辟如此王以髻中明珠授與其子又告阿難辟如大王王領一切國臨欲終時國政之事付囑於子我今亦復如是為一切諸法中之王而得自在大小乘典付囑於汝辟如

大方等陁羅尼經卷第四　第十九張　吉

此王好醜之事付囑於子阿難我今以此大方等陁羅尼經付囑於汝若有衆生來詣汝所欲求此經如上十二夢王汝當善為說其事相前人所可為說境界之事於一會中莫為多說辟如估客周遊四方若到一國若賣寶時不都示人汝今亦應如是少少而說又復告阿難辟如女人而有一子作諸飲食置舍宅中不都示子如是諸食都為其子終不頓與悉令盡也汝今亦應如是不應一會悉為衆生盡說境界之事

復次阿難此陁羅尼者不得用呪方道病乹陁鬼病狂乱鬼病不語鬼病不開眼鬼病吸人精氣鬼病噉人鬼病覗人鬼病食膿血鬼病棄米火鬼病魑魅鬼病迷人鬼病食髮鬼病能令人無心識鬼病食人心鬼病大疫鬼病若有如是諸病悉不得用除自憶念大方等陁羅尼經何以故非對治故善男子於汝意去何若有善男子善女人磨大地土而用作食供四大身日日常食得活身不阿難白佛言

大方等陁羅尼經卷第四　第二十張　使

不也世尊如是等土非本所食云何活身佛告阿難善哉善哉善男子實語不虛土者定不中食我今此法定不中用治下世病何以故此陁羅尼非對治故阿難我今已說大方等陁羅尼所應受持者而已受持所應化者而已受化所應說者我已說竟所應持者菩薩持竟聲聞所持而未應也阿難於汝意云何受持如是章句不阿難白佛言世尊我當受持如是章句若佛去世之後若有比丘比丘尼優婆塞優婆夷婆羅門婆羅門子居士居士子天龍夜叉摩睺羅伽等若來詣我所推問陁羅尼義我當為說如佛世尊顧賜聽不

佛告阿難善哉善哉真我弟子真用我法出三界苦善哉善哉阿難衆生不能受持如是經典違犯重戒毀謗正法逆害聖人阿難以是因緣我今重以此經付囑於汝當為衆生除滅重罪尒時阿難及五百大弟子文殊師利及諸菩薩波斯匿王及五百比丘優婆塞優婆夷居士居士子及與

大方等陁羅尼經卷第四　第二十一張　使

十方天子婆藪大士及諸罪人八十万億恒河沙諸菩薩九十二億諸天人阿脩羅無量大衆歡喜奉行各礼佛足頂戴信受

大方等陁羅尼經卷第四

壬寅歲高麗國大藏都監奉
勅雕造

大方等陁羅尼經卷第四　第二十二張　使

大方等陁羅尼經護戒分卷第四

校勘記

一　底本，金藏廣勝寺本。三八二頁中、下，三八四頁中，三八八頁上、中、下及次頁上、中原殘缺，以麗藏本換。

一　三八二頁中一行「護戒分」，資、磧、普、南、徑、清無。

一　三八二頁中二行譯者，普作「北涼沙門釋法衆譯」。

一　三八二頁中三行「尒時」前，資、磧、普、南、徑、清有「護戒分第四」一行。

一　三八二頁中四行第五字「而」，資、磧、普、南、徑、清無。

一　三八二頁中四行「若比丘於」，資、磧、普、南、徑、清作「若有比丘」。

一　三八二頁中八行「嗚呼」，資、磧、普、南、徑、清作「善哉」。

一　三八二頁中九行第一二字「汝」，石作「汝等」。

一 三八二頁中一二行末字「我」，石作「若我」。
一 三八二頁中一四行「而受檀越」，石作「受於」。
一 三八二頁中一六行第一一字「若」，資、磧、普、南、徑、清無。
一 三八二頁下二二行第五字「罪」，石作「者」。
一 三八二頁下末行第一一字「彼」，資、磧、普、南、徑、清無。
一 三八三頁上六行第六字「修」，諸本作「修行」。
一 三八三頁上八行第八字「業」，石無。
一 三八三頁上一六行第七字「甚」，石作「其」。「菩薩」，石作「菩薩僧」。
一 三八三頁上一七行末字「師」，石無；資、磧、普、南、徑、清、麗作「即」。
一 三八三頁上一九行第九字「日」，磧、普、南、徑、清無。
一 三八三頁上二〇行首字「聞」，石作「虛」。第五字「而」，石作「來」。
一 三八三頁中二行第四字「當」，石作「推」。
一 三八三頁中三行第九字「知」，石、麗作「當知」。
一 三八三頁中八行「空靜」，石無。「極令內外」，石作「極令」；資、磧、普、南、徑、清作「內外極令」。
一 三八三頁中九行「一部」，石無。
一 三八三頁中一九行第一〇字、末字及二〇行首字「開」，資、磧、普、南、徑、清作「聞」。
一 三八三頁下一行第七字「早」，諸本作「渴」。
一 三八三頁下二行第八字「若」，石作「若我」。
一 三八三頁下五行「我生難遭想」，石、麗作「心中生遭我想」；資、磧、普、南、徑、清作「我生難遭之想」。
一 三八三頁下八行「當止耶」，石作「以休止」。
一 三八三頁下一〇行「所請」，資作「所請一」；磧、普、南、徑、清、麗作「請一」。
一 三八三頁下一二行第五字「占」，石作「於」。第一三字「更」，石作「而」。
一 三八三頁下一三行「是相知」，石作「如是夢當知」。
一 三八四頁上七行第四字「彼」，石作「其」。
一 三八四頁上八行第八字「所」，石、麗作「得」。
一 三八四頁上一一行第三字「弟」，石、麗作「大弟」。「少有」，麗作「有少」。
一 三八四頁上一三行及一六行「戒性」，石作「戒界」。
一 三八四頁上一八行「日日」，石作「日」。
一 三八四頁中一一行第九字「伏」，石、資、磧、普、南、徑、清作「鼠」。
一 三八四頁中一三行第一一字「賊」，

一　石、資、磧、普、南、徑、清作「人」。

一　三八四頁中一五行首字「人」，石、資、磧、普、南、徑、清作「人家」。

一　三八四頁中一九行「星曆」，石作「觀星宿」；資、磧、普、南、徑、清作「觀星曆」。

一　三八四頁中末行「應深」，石無。

一　三八四頁下二行末字至三行首字「行人」，石、磧、普、南、徑、清作「人行」。

一　三八四頁下三行第九字及四行第五字「世」，磧、普、南、徑、清作「世人」。

一　三八四頁下五行「始能」，石作「而始」。

一　三八四頁下五行第一三字至六行第二字「不聽遠行」，石作「而不放遠」。

一　三八四頁下六行第一〇字至七行首字「而死墮水火故」，石作「死或墮水火」。

一　三八四頁下六行第一二字「墮」，資、磧、南、徑、清作「或墮」。

一　三八四頁下八行「蒺蔾」，石、麗作「鷀鵹」；資作「疾棃」；磧、普、南、徑、清作「螏蟍」。

一　三八四頁下八行「所傷如是」，石作「之所啑食如彼」。

一　三八四頁下八行第一三字至九行第二字「護持令不」，資、磧、普、南、徑、清作「將護不令」。

一　三八四頁下九行「所食」，資、磧、普、南、徑、清、麗作「所作」。

一　三八四頁下一〇行首字「成」，石作「所成」。第一三字「母」，石作「之母」。

一　三八四頁下一二行「能有所辦」，石作「而能所作我」。

一　三八四頁下一三行第三字「子」，石作「子者」。第六字「當」，石無。

一　三八四頁下一四行第三字「耶」，石無。

一　三八四頁下一五行第二字「能」，石作「而」。

一　三八四頁下一六行「若見如上」，石作「見如是」。「不善」，石無。末字「相」，石作「觀」。

一　三八四頁下一七行第七字「一」，石作「一一」。「諸惡」，石無。

一　三八四頁下一八行第六字「更」，石作「便」。

一　三八四頁下一九行末字「愍」，石作「悲」。

一　三八四頁下二〇行第四字「生」，石作「生故」。

一　三八五頁上二行「大方等陀羅尼經」，徑、清無。第八字「不」，石作「非」。

一　三八五頁上四行第二字「之」，石無。

一　三八五頁上四行第一三字「十」，石、磧、普、南、徑、清、麗作「七」。

一　三八五頁上六行第三字「各」，資無。

一　三八五頁上八行第一二字「而」，石作「其」。

一　三八五頁上一〇行第六字「瑞」，石作「事」。
一　三八五頁上一〇行末字至一一行「爲以何緣忽有此相」，石作「而從何方忽到此間」。
一　三八五頁上一一行第一三字至一二行第一〇字「有疑惑如來何緣示現如是如」，石作「少有疑何緣如來起作如是妙」。
一　三八五頁上一二行第一〇字「如」，資、磧、普、南、徑、清、麗作「妙」。
一　三八五頁上一六行第一三字至一七行首字「有疑惑」，石作「少有疑」。
一　三八五頁上一七行「爲以何緣」，石作「而從何方」。
一　三八五頁上一九行末字「不」，石作「亦不」。
一　三八五頁上二〇行第一三字「塵」，石作「塵等」。
一　三八五頁上二一行第五字「爲」，石無。
一　三八五頁上二二行「微妙」，石無。
一　三八五頁上末行第二字「是」，石、資、磧、普、南、徑、清作「如是」。第八字「事」，資、磧、普、南、徑、清無。第一二字「可」，諸本作「何」。
一　三八五頁中三行「闍羅」，諸本作「羅羅闍」。
一　三八五頁中一〇行第一三字「故」，石作「等」。
一　三八五頁中一三行「失神通必」，石作「失通」。末字「必」，資、磧、普、南、徑、清作「而」。
一　三八五頁中一五行第三字「念」，石無。第一〇字「故」，石作「等到已」。
一　三八五頁中一六行第二字「觀」，石、麗作「遍觀」；資、磧、普、南、徑、清作「循觀」。
一　三八五頁中一八行首字「足」，石、麗作「通」。
一　三八五頁中一九行第九字「万」，石作「万億」。
一　三八五頁下一行第一一字「間」，石作「間大」。
一　三八五頁下二行「之大」，石、麗作「於大」；資、磧、普、南、徑、清作「之於」。
一　三八五頁下三行第九字「在」，石作「住」。
一　三八五頁下四行第一一字「耳」，麗作「身」。
一　三八五頁下六行第九字「蓮」，石、麗作「於」。
一　三八五頁下一七行第九字「言」，石作「等」。
一　三八五頁下一八行「誰耶」，石作「於誰」。
一　三八六頁上四行「所至」，石作「若所」。
一　三八六頁上八行第五字「讚」，資、磧、普、南、徑、清作「語」。
一　三八六頁上一九行第八字「定」，石、磧、普、南、徑、清作「發」。
一　三八六頁上末行「言何者」，石作

「者何人」。

一　三八六頁中四行首字「者」，資、磧、普、南、徑、清作「言」。

一　三八六頁中一四行「諸煩惱」，石作「九十八」。

一　三八六頁中一七行第一〇字「十」，石作「十種」。

一　三八六頁中一九行第五字「恬」，諸本作「甜」。

一　三八六頁下一五行第一五字「小」，諸本作「示」。

一　三八六頁下一八行末字「伽」，麗無。

一　三八七頁上六行第三字「善」，石作「諸善」。

一　三八七頁上八行「巧木作」，石作「斫木」。

一　三八七頁上九行第八字「小」，石作「是」；磧、普、南、徑、清作「不」。

一　三八七頁上一〇行「若使」，石作「若」。

一　三八七頁上一六行第一〇字「將」，資、磧、普、南、徑、清作「必」。

一　三八七頁上一七行首字「佛」，石作「諸佛」。

一　三八七頁上一八行第一二字「掘」，石作「鑿」。

一　三八七頁上二〇行第四字「使」，石無。第九字「之」，石無。

一　三八七頁上末行「劫中」，石作「其此劫中」。

一　三八七頁中一行第三字「音」，麗作「童」。

一　三八七頁中三行末字「家」，石作「宫」。

一　三八七頁中五行「於虛空」，石作「虛空中」。

一　三八七頁中七行第九字「等」，石無。末字「實」，石無。

一　三八七頁中八行末字「諸」，石無。

一　三八七頁中一二行「有疑惑」，石作「少有疑」。第九字「如」，石無。

一　三八七頁中一三行「異哉以何因緣有如是事此大蓮」，石作「變哉云何有如是等事此」。

一　三八七頁中一四行末字至一五行第二字「何所在」，石作「在何所」。

一　三八七頁中一七行「衆會」，石無。末字「之」，石無；資、磧、普、南、徑、清作「今」。

一　三八七頁中二一行第四字「化」，石作「如化」。

一　三八七頁中二二行第四字「等」，石作「華」。

一　三八七頁中末行首字「所」，石作「者」。

一　三八七頁下三行第一〇字、四行第四字及第一三字「亦」，石無。

一　三八七頁下五行第一〇字「滅」，石無。

一　三八七頁下六行第五字「向」，石無。第一〇字「之」，石無。

一　三八七頁下八行第二字「法」，石作「諸法」。

一　三八七頁下九行「化相」，石作「如化」。

一 三八七頁下一二行第六字「此」，石無。第九字「也」，石無。

一 三八七頁下一三行末字「也」，資、磧、普、南、徑、清作「耶」。

一 三八七頁下二一行第七字「常」，石、麗作「恒常」。

一 三八七頁下末行「此陀羅尼經」，石、資、磧、普、南、徑、清作「我此陀羅尼」。

一 三八八頁上二行「一一佛」，石作「一佛」。

一 三八八頁上五行第一三字「大」，石無。

一 三八八頁上六行第一一字「如」，石作「如彼」。

一 三八八頁上七行第一三字「教」，石作「教者」。

一 三八八頁上八行第三字「貴」，石作「高」。「此教者」，石作「教」。

一 三八八頁上一一行第五字「大」，資、磧、普、南、徑、清作「大耶」。

一 三八八頁上一二行「河非」，資、磧、普、南、徑、清作「非河」。

一 三八八頁上一四行第六字「擁」，資、磧、普、南、徑、清作「涌」。

一 三八八頁上一五行第九字「隨」，資作「修」；磧、普、南、徑、清作「循」。

一 三八八頁上一六行第四字「淋」，磧、普、南、徑、清作「滲」。

一 三八八頁上二二行第一二字及末行第二字「護」，資作「救」。

一 三八八頁中二行第五字「汝」，資、磧、普、南、徑、清無。

一 三八八頁中四行「善哉善哉」，資、磧、普、南、徑、清無。

一 三八八頁中五行「奇喻」，磧、普、南、徑、清作「歧喻」。

一 三八八頁中一〇行第二字「異」，石作「雜」。第一三字「生」，石作「作」。

一 三八八頁中一二行「持付囑於」，石作「用付囑於」；資、磧、普、南、徑、清作「以付囑」。

一 三八八頁中一三行第一〇字「受持」，石作「諦受」。

一 三八八頁中一四行第一一字「當」，資作「常」。

一 三八八頁中一七行第一〇字「即」，石無。

一 三八八頁中一八行第六字「我」，資、磧、普、南、徑、清無。

一 三八八頁中一九行第一二字「中」，資、磧、普、南、徑、清無。

一 三八八頁中二〇行第五字「告」，石無。

一 三八八頁中二〇行「王王」，石、資、磧、普、南、徑、清作「王」。

一 三八八頁中二一行「國政」，石作「好醜」。

一 三八八頁中二二行第七字「爲」，石作「於」。第一三字「之」，石無。

一 三八八頁下四行第一〇字「事」，石無。末字「所」，石作「乃」。

一 三八八頁下五行「莫爲多」，石作「都莫爲」。

一　三八八頁下六行第四字「估」，清作「賈」。第七字「遊」，資、磧、普、南、徑、清作「旋」。

一　三八八頁下七行及九行「不都」，石、資、磧、普、南、徑、清作「都不」。

一　三八八頁下七行第九字「今」，石作「當」。

一　三八八頁下八行第六字「告」，石、資、磧、普、南、徑、清無。

一　三八八頁下九行「舍宅」，石作「於宅」。

一　三八八頁下一〇行「頓與悉」，石作「一與而」。

一　三八八頁下一三行「復次」，石作「又復」。

一　三八八頁下一六行第一二字「米」，磧、普、南、徑、清作「水」。

一　三八八頁下一七行「迷人」，石作「令人迷」。「食髮鬼病能」，石作「令人無頭鬼病」。

一　三八八頁下二二行第一二字「供」，石作「供養」。

一　三八八頁下末行第六字「得」，石作「可」。

一　三八九頁上二行末字至三行首字「實語」，石作「語真」。

一　三八九頁上三行第五字「者」，資、磧、普、南、徑、清無。

一　三八九頁上六行第二字「尼」，石作「尼經」。

一　三八九頁上六行「持者而已受持」，石作「者而已受之」。

一　三八九頁上一一行第七字「之」，石無。

一　三八九頁上一四行第六字「推」，石作「欲推」。

一　三八九頁上一五行「願賜聽」，石作「此事然」。

一　三八九頁上一七行第二字「法」，石、資、磧、普、南、徑、清作「行」。「善哉善哉」，石作「善哉」。

一　三八九頁上一八行「經典」至一九行「聖人」，石作「章典重戒快犯正法快謗聖人快害快煞父母」。

一　三八九頁上一九行第六字「人」，資作「人快害羅漢」；磧、普、南、徑、清作「人快害羅漢快殺父母」。

一　三八九頁上二〇行「以此經付囑於汝」，石作「囑於汝此經」。

一　三八九頁中一行第四字「子」，石作「人」。

一　三八九頁中二行第一二字「億」，石、磧、普、南、徑、清作「億諸天子及」。

一　三八九頁中四行「信受」，徑作「持受」。

一　三八九頁中五行第七字「經」，石無。

僧伽吒經卷第一　佚

元魏優禪尼國王子月婆首那譯

如是我聞一時婆伽婆在王舍城靈鷲山中共摩訶比丘僧二万二千人俱其名曰慧命阿若憍陳如慧命摩訶謨伽略慧命舍利子慧命摩訶迦葉慧命羅睺羅慧命婆俱羅慧命跋陁斯那慧命賢德慧命歡喜德慧命網指慧命須浮帝慧命難陁斯那如是等二万二千人俱共菩提薩埵摩訶薩埵六万二千人俱其名曰弥帝隸菩提薩埵一切勇菩提薩埵童真德菩提薩埵發心童真菩提薩埵童真賢菩提薩埵無減菩提薩埵文殊師利菩提薩埵普賢菩提薩埵金剛斯那菩提薩埵如是等六万二千人俱復有万二千天子其名曰疇阿那天子跋陁天子須跋陁天子希法天子栴檀藏天子栴檀天子如是等万二千天子俱復有八千天女其名曰弥隣陁天女端正天女發大意天女歲德天女護世天女有力天女隨善辟天女如是等八千天女俱復有八千龍王其名曰阿波羅羅龍王伊羅鉢龍王提弥羅龍王君婆婆羅龍王君婆尸利沙龍王須難陁龍王須賒佉龍王伽婆尸利沙龍王如是等八千龍王俱皆向靈鷲山詣世尊所頭面礼足繞佛三匝却住一面

尒時一切勇菩提薩埵摩訶薩埵從座而起偏袒右肩合掌向佛白佛言世尊惟願世尊演說正法利益衆生世尊無量億天衆無量億婇女無量億菩提薩埵無量億聲聞皆悉已集欲聞正法世尊如是大衆皆欲聞法惟願如来應供等正覺為說妙法令長夜安隱斷諸業障尒時世尊讚一切勇菩提薩埵善哉善哉一切勇能為大衆請問如来如是之事汝今諦聽善思念之當為汝說唯然世尊願樂欲聞尒時世尊告一切勇菩提薩埵有法門名僧伽吒若此法門在閻浮提有人聞者悉能除滅五逆罪業於阿耨多羅三藐三菩提得不退轉一切勇於汝意去何若人聞此法門

福德之聚過於一佛福德之聚一切勇白佛言云何世尊佛告一切勇如恒河沙等諸佛如來所有福德若人聞此法門所得福德亦復如是一切勇若人得聞如是法門於阿耨多羅三藐三菩提一切不退轉見一切佛一切得阿耨多羅三藐三菩提悪魔不惱一切善法皆得成就一切勇聞此法者能知生滅尒時一切大衆從座而起偏袒右肩右膝著地合掌向佛白佛言世尊一佛福德有幾量也佛言善男子諦聽一佛功德辟如大海水渧如閻浮提大地微塵如恒河沙等衆生悉作十地菩薩如是一切十地菩薩所有福德不如一佛福德之聚一切勇若人聞此法門福德多於此筭數辟喻所不能及尒時一切大衆聞是說已踊躍歡喜多增福德時一切勇菩提薩埵白佛言世尊何等衆生渴樂正法尒時世尊告一切勇菩提薩埵摩訶薩埵一切勇有二衆生渴仰於法何等為二一者於一切衆生其心平等二者既聞法已等

為衆說心無悕望一切勇菩提薩埵白佛言世尊聞何等法得近菩提一切勇渴仰聞法得近菩提常信樂聽受大乘法者得近菩提尒時人天諸龍婇女從座而起白佛言世尊我等渴法願佛世尊滿我所願尒時世尊即便微笑種種色光從口中出遍照十方上至梵世還從頂入尒時一切勇菩提薩埵從座而起偏袒右肩右膝著地白佛言世尊以何因緣如來現此希有之相尒時世尊告一切勇菩提薩埵於此會中一切衆生當得阿耨多羅三藐三菩提成就一切如來境界是故佛笑一切勇菩提薩埵白佛言世尊何因緣故此會衆生得阿耨多羅三藐三菩提佛言善哉善哉一切勇能問如來如是之義一切勇以願勝故一切勇乃往過去無數阿僧祇劫有佛世尊号曰寶德如來應供正遍知明行足善逝世間解無上士調御丈夫天人師佛世尊一切勇尒時我作摩納之子此會衆生在佛智慧者往昔之時悉在庶中我時

發願如是諸庶我皆令住佛智慧中時庶聞已尋皆發聲言願得如是一切勇此會大衆因彼善根當得阿耨多羅三藐三菩提尒時一切勇菩提薩埵摩訶薩埵白佛言世尊若有衆生聞此法者壽命幾劫佛言其人壽命滿八千劫一切勇菩提薩埵白佛言世尊劫以何量佛言善男子辟如大城縱廣十二由旬高三由旬盛滿胡麻有長壽人過百歲已取一而去如是城中胡麻悉盡劫猶不盡一切勇又如大山縱廣二十五由旬高十二由旬有長壽人過一百歲以輕繒帛一往拂之如是山盡劫猶不盡是名劫量時一切勇菩提薩埵摩訶薩埵白佛言世尊一發揞願尚得如是福德之聚壽八十劫何況於佛法中廣修諸行善男子若有聞此法門者所得壽命滿八十劫何況書寫讀誦之者一切勇若有人以淨信心讀誦此法門福多於前九十五劫自識宿命六万劫中為轉輪王於現在世人所敬重刀不能害毒不能傷妖蠱不中

臨命終時得見九十五億諸佛安慰
之言汝莫怖畏汝在世時聞僧伽吒
法門九十五億佛各將其人至其世
界一切勇況復有人得具足聞如是
法門尒時一切勇菩提薩埵白佛言
世尊我當聽受如是法門得何福德
佛告一切勇如恒河沙諸佛如来所
有福德聞是經者所得福德亦復如
是時一切勇菩提薩埵白佛言世尊
我聽此法心無疲猒佛告一切勇善
哉善哉汝能如是聞法无猒我亦如
是聞法無猒況復凡夫心生猒想一
切勇若有善男子聞此法門生信心
者於千劫中不墮惡道五十劫中不
墮畜生万二千劫不墮愚癡万八千
劫不生邊地二万劫中生處端正二
万五千劫常得出家五万劫中作正
法王六万五千劫修行念施一切勇
彼善男子善女人無少不善惡魔不
得其便不入母胎一切勇聞此法門
者生生之處九十五阿僧祇劫不墮
惡道於八万劫常得聞持十万劫離
於煞生九万九千劫離於妄語一万

三千劫離於兩舌一切勇如是法門
難值難聞尒時一切勇菩提薩埵摩
訶薩埵從座而起偏袒右肩右膝著
地合掌白佛言世尊謗此法者其罪
多少佛告一切勇其罪甚多時一切
勇菩提薩埵白佛言世尊得幾數罪
佛告一切勇莫問此事善男子若有
於十二恒河沙諸佛如来起於惡心
若有謗者罪多於彼一切勇若於大
乘起惱心者如彼衆生被燒燋然一
切勇菩提薩埵白佛言世尊如是衆
生云何可救佛告一切勇辟如有人
刀斲其頭使醫治之塗以石蜜酥油
諸藥以用塗之一切勇於汝意云何
如是衆生還可活不一切勇白佛不
也世尊一切勇又如有人刀害不斷
若得良醫治之則差彼人差已知其
大苦我今知已更不復作惡不善業
一切勇若善男子念布施時亦復如
是離一切惡集諸善法諸善具足辟
如死屍父母憂愁啼泣不能救護凡
夫之人亦復如是不能自利不能利
他無依父母如是如是一切勇彼諸

衆生臨死之時無所依止一切勇無
依衆生有二種何等為二一者作不
善業二者誹謗正法如是二人臨死
之時無依止處時一切勇菩提薩埵
白佛言世尊彼謗法者生何道中佛
告一切勇謗法之人入大地獄在大
叫喚地獄一劫受苦衆合地獄一劫
受苦燒然地獄一劫受苦大燒然地
獄一劫受苦黑繩地獄一劫受苦阿
鼻地獄一劫受苦毛竪地獄一劫受
苦睺睺地獄一劫受苦一切勇謗法
衆生於此八大地獄滿足八劫受大
苦惱尒時一切勇菩提薩埵摩訶薩
埵白佛言世尊大苦大苦我不能聞
尒時世尊而說頌曰

何故不能聞　此語甚可怖　地獄為大苦
衆生受苦痛　若造善業者　則有樂果報
若造不善業　則受於苦報　生則有死苦
憂悲苦所縛　凡夫常受苦　無有少樂時
智慧人為樂　能憶念諸佛　信清淨大乘
不墮於惡道　如是一切勇　本業得果報
作業時雖少　得無邊果報　種子時雖少
得無量果實　植種佛福田　能生果實處

智者得安樂　樂於諸佛法　遠離於惡道
修行諸善法　若以一毫物　用布施諸佛
八十千劫中　巨富具財寶　隨所受生處
常念行布施　如是一切勇　施佛得福深
尒時一切勇菩提薩埵摩訶薩埵白佛陁言世尊云何修佛智慧云何聞此法門增長善根佛告一切勇菩提薩埵若有人供養六十二億恒河沙諸佛施諸樂具若復聞此法門者所得福德與前正等一切勇菩提薩埵白佛言世尊云何善根滿足尒時世尊告一切勇菩提薩埵摩訶薩埵言功德如佛者當知滿足一切勇白佛言世尊何人功德與如来等佛告一切勇菩提薩埵善男子法師善根與如来等一切勇菩提薩埵言世尊何等是法師佛告一切勇菩提薩埵流通此法門者名為法師一切勇菩提薩埵白佛言世尊聞此法門得何等福書寫讀誦此法門者得幾所福佛告一切勇菩提薩埵言善男子於十方面一一方各十二恒河沙諸佛如来一一如来住世說法滿十二劫若

有善男子說此法門功德與上諸如来等若有善男子書寫此經四十八恒河沙諸佛如来說其功德不能令盡況復書寫讀誦受持時一切勇菩提薩埵問佛言世尊若讀誦者得幾所福尒時世尊說頌荅曰
讀誦四句偈　得此最勝福　如八十四恒
諸佛所說法　讀誦此法門　得如是福德
如是諸功德　言說不能盡　十八億諸佛
住世滿一劫　十方一切佛　常讚大乘法
善說此法門　而無有窮盡　諸佛難值遇
此法亦如是
尒時八十四億天子至於佛所合掌頂礼白佛言善哉世尊如是法藏願住閻浮提尒時復有十八千億尼揵子来詣佛所白佛言勝也沙門瞿曇佛告尼揵如来常勝汝等住顛倒云何見汝等勝汝無勝也汝等善聽今為利益汝等為汝等說
凡夫無慧樂　何處得有勝　不知於正道
云何得有勝　我視衆生道　以甚深佛眼
尒時尼揵子於世尊所心生瞋恚尒時帝釋捉金剛杵以手摩之用擬尼

揵時十八千億諸尼揵子惶怖苦惱悲泣啼哭如来隱形令其不見尒時諸尼揵子不見如来悲泣頌曰
父母及兄弟　無能救濟者　見曠野大澤
空無人行路　彼處不見水　亦不見樹陰
亦不見人衆　无伴獨受苦　彼受諸苦惱
由不見如来
時諸尼揵從座而起右膝著地出大聲言如来哀愍願見救濟我等歸依佛尒時世尊即時微笑告一切勇菩提薩埵摩訶薩埵言善男子汝往外道尼揵子所為其說法尒時一切勇菩提薩埵摩訶薩埵白佛言世尊辟如須弥山王小山無能出者如是世尊於如来前我不能說尒時世尊告一切勇菩提薩埵摩訶薩埵善男子莫作是說如来有多方便一切勇汝往觀十方一切世界如来在何處住於何處所敷如来座一切勇於尼揵所我亦當自說法一切勇白佛言世尊乘何神力為以自神力去以佛神力去也佛告一切勇汝以自神力去還時以佛神力而来尒時一切勇菩提

薩埵摩訶薩埵從座而起偏袒右肩為佛作礼即没不現尒時世尊為犀揵說法生苦生惱人生多怖生有病苦病有老苦老有死苦復有王難賊難水難火難毒難自作業難時諸外道心懷恐怖白佛言世尊我等於今更不忍生尒時世尊說此法時十八千億諸外道等得離塵垢阿耨多羅三藐三菩提自身十八千億住於十地大菩提薩埵現菩提薩埵種種神力或作爲形馬形師子虎形金翅鳥形或作須弥山形或作老形或作獼猴或作華臺結加趺座十千億菩提薩埵在其南面作九千億菩提薩埵在其北面皆作如是神通變化如来常在三昧以方便力故為衆生說法尒時如来知一切勇菩提薩埵自用神力去巳七日至華上世界時一切勇菩提薩埵以佛神力屈伸臂頃来至佛所到巳右繞三匝發清淨心合掌礼佛白佛言世尊我以一神力至十方諸佛世界見九十九千億諸佛世界第二神力見百千億諸佛世界

至第七日到華上世界亦至不動如来世界世尊我至彼國見九十二千億諸佛說法又見八十億千世界八十億千諸佛即日成阿耨多羅三藐三菩提我悉供養復過而去世尊我即日至三十九億百千佛國見三十九億百千菩提薩埵出家得阿耨多羅三藐三菩提世尊我悉恭敬礼拜右繞三匝復過而去世尊又於六十億世界見六十億佛我悉供養恭敬礼拜而去世尊我見百億世界百億如来入般涅槃我亦供養恭敬礼拜復過而去世尊我見六十五億世界諸佛正法滅盡我心燋惱而懷悲泣見天龍夜叉憂惱啼哭如箭入心世尊彼佛世界劫火所燒大海須弥悉皆燒盡無有遺餘我亦供養復過而去乃到花上世界世尊我到彼世界見數百千億座世尊見彼南面數百千億座東西北方及以上下各數百千億高座世尊彼一一座七寶成就一一座上有一如来結加趺坐為衆說法世尊我既見巳生希有心問彼

世尊此世界者名為何等彼佛如来即告我言此世界者名曰花上世尊我礼彼佛問其佛言如来世尊名号何等彼佛荅我号蓮花藏於此世界常作佛事我復問言此世界中無量如来何者是蓮花藏如来之身彼世尊曰我當視汝蓮花藏佛尒時諸佛悉隱不現惟見一佛其餘座上悉是菩薩我時礼佛時有一座從地踊出我於此座結加趺坐時我坐巳有無量座忽然而出空无人坐我問彼佛此座何故空無人坐時佛世尊而告我言善男子不種善根衆生不得在於此會之中世尊我時問彼如来言世尊作何善根得在此會時佛告言諦聽善男子得聞僧伽吒法門者以是善根得在此會何況書寫讀誦一切勇汝聞僧伽吒法門故得在此會無善根人則不能得見此佛國尒時一切勇菩提薩埵摩訶薩埵白彼佛言世尊得聞此法門者得何福德尒時蓮花藏如来即便微笑世尊我時作礼問彼佛言佛何故笑現希有相

時蓮花藏如来告一切勇善男子一切勇菩提薩埵得大勢力辟如轉輪聖王主四天下於四天下種滿胡麻善男子如彼胡麻其數多不一切勇菩提薩埵白世尊言甚多世尊甚多善逝佛告一切勇有人聚彼胡麻以作一聚一切勇有人能數知其數不一切勇菩提薩埵白彼世尊不可數也善逝世尊時蓮華藏如来告一切勇菩提薩埵善男子若胡麻等數諸佛如来說聞經功德不能令盡何況書寫讀誦一切勇菩提薩埵白佛言世尊書寫得何等福佛告一切勇善男子辟如三千大千世界一切沙塵樹叢草木以如此等數轉輪王如是輪王寧可數不一切勇菩提薩埵白佛言世尊不可數也善逝世尊佛告一切勇善男子聽此法者如是一切諸轉輪王所有福德不及此福於此法門書一字者功德勝彼一切輪王所有福德如是善男子此法門者攝於一切大乘正法不得以輪王福德為喻如是一切勇此法門功德非辟

喻說如此法門能亦法藏滅諸煩惱然大法炬降諸惡魔照明一切菩提薩埵之舍說一切法尒時一切勇菩提薩埵摩訶薩埵白佛言世尊行梵行者甚為希有何以故世尊如来行難得佛告一切勇如是善男子梵行難得若行梵行若晝若夜常見如来若見如来則見佛國若見佛國則見法藏臨命終時其心不怖不受胎生無復憂惱不為愛河之所漂没尒時世尊復告一切勇菩提薩埵摩訶薩埵善男子如来出世難可值遇一切勇言如是世尊如是善逝如来出世難得值遇佛告一切勇菩提薩埵摩訶薩埵言此法難值亦復如是一切勇若有得聞如是法門經於耳者八十劫中自識宿命六十千劫作轉輪王八千劫中作天帝釋二十五千劫作淨居天三十八千劫作大梵天九十九千劫不墮惡道百千劫中不墮餓鬼二十八千劫不墮畜生十三億百千劫不墮阿修羅中刀劒不傷二十五千劫不生愚癡中七千劫中

具足智慧九千劫中生處端正具足善色如如来身十五千劫不作女人十六千劫身無病惱三十五千劫常具天眼十九千劫不生龍中六千劫中無瞋恚心七千劫中不生貧賤家八十千劫主二天下極寂貧窮受如是樂十二千劫不生盲冥十三千劫不生聾中十一千劫修行忍辱臨命終時識行將滅不起倒想不生瞋恚見東方恒河沙等諸佛如来面見南方二十億佛面見西方二十五恒河沙諸佛如来面見北方八十恒河沙等諸佛如来面見上方九十億恒河沙諸佛世尊面見下方百億恒河沙等諸佛世尊善男子彼諸世尊安慰其人善男子汝莫恐怖汝已聽受僧伽吒法門善男子汝見如是恒河沙等百千億佛世尊不唯然已見世尊告曰此諸如来故来見汝是善男子問言我作何善諸佛見我諸佛告言善男子汝在人中曾聞僧伽吒法門是故諸佛故来見汝是善男子白佛言世尊我曾少聞得如是福況復具

足受持是經彼佛告言善男子莫作是説聞四句偈所有功徳我今説之善男子辟如十三恒河沙諸佛如来所有福徳聞此法門福徳勝彼若有供養十三恒河沙諸佛如来若有於此法門聞一四句偈此福徳勝彼況具足聞佛復告一切勇菩提薩埵言善男子若三千大千世界滿中胡麻以此胡麻數轉輪王若有人布施如是轉輪王不如布施一須陁洹若施三千世界一切須陁洹所得福徳不如一斯陁含若施三千世界諸斯陁含不如一阿那含若施三千世界諸阿那含不如布施一阿羅漢若施三千世界諸阿羅漢所得福徳不如布施一辟支佛若施三千世界諸辟支佛所得福徳不如施一菩提薩埵若施三千大千世界菩提薩埵不如於一如来所起清淨心若於三千大千世界諸如来所生清淨心不如凡夫聞此法門功徳勝彼何況書寫讀誦受持一切勇況復有人以清淨心憶念此經一切勇於意云何頗有凡人

能度大海不一切勇言不也世尊佛告一切勇於意云何頗有凡夫以手一撮能竭海不一切勇言不也世尊佛告一切勇樂小法者亦復如是不能聽受如是法門一切勇若不曾見十八億恒河沙諸佛如来不能書寫如是法門若不曾見九十億恒河沙諸如来者不能聞此法門若人曾見百千億如来者聞此法門不生誹謗一切勇若有曾見百千億恒河沙如来聞此法門能生淨信起如實想不生誹謗一切勇聽若有書此法門一四句偈彼過九十五億千世界如阿弥陁國彼人佛土亦復如是一切勇彼諸衆生壽命八万四千劫一切勇若菩提薩埵摩訶薩埵於此法門聞四句偈諸衆生設使造五逆罪教人隨喜若能聽受一四句偈所有罪業能令除滅尒時世尊復告一切勇菩提薩埵摩訶薩埵言往昔有人破塔壞僧動菩提薩埵三昧壞滅佛法殺害父母作已生悔我失今世後世之樂當於悪道一劫受苦生大愁憂

受大苦惱一切勇如是之人一切世人所共悪賊作如是言此人失於世間出世間法此衆生於無量劫猶如燋樹不能復生辟如畫堂不以燋柱而作莊嚴此人亦尒今世後世所生之處人皆輕賤打罵毀辱不施飲食彼受飢渇打罵苦惱自憶念言我造逆罪破塔壞僧作是思惟我向何處誰能救我作如是念我當入山自滅其身無人救我尒時彼人而説偈言

我造不善業　猶如燋木柱　今世不莊嚴
他世亦如是　室内不莊嚴　在外亦如是
悪因造悪業　因之入悪道　後世受苦痛
不知住何處　諸天悲聞我　悲泣啼哭聲
無有救護者　必入於地獄　自作不善業
自受苦痛受　我無歸依處　必受苦痛受
殺父母壞塔　我作五逆業　我登高山頂
自墜令碎滅　時諸天告言　莫去愚癡人
莫作不善業　汝作多不善　作已今悔過
殺害自身命　必受地獄苦　尋即墮於地
如被憂箭射　不以此精進　而得成佛道
不得菩薩道　不得聲聞果　更起餘精進
汝詣仙聖山　往見大聖主　頭面礼彼仙

願救苦衆生 善作利益我 驚怖不安隱
仙人聞告言 汝坐暫時聽 驚怖苦不安
當悔衆惡業

仙人告言我為施汝食汝可食之愁憂苦惱飢渴恐怖世間無歸我施汝食汝當食之然後我當為汝說法令汝罪業悉得消滅彼食訖已須臾澡手繞仙人已前面跋跪仙人問言汝說作惡業荅仙人言我殺母殺父破塔乱善提薩埵三昧壞滅佛法尒時仙人告彼人言汝作不善造斯惡業自作教人諸不善業汝當懺悔尒時彼人心驚惶怖悲泣而言誰救護我我作惡業必受苦報尒時彼人長跪合掌而作是言我作惡業自作教人莫使我得不善之報勿使受苦願大仙人當見救濟我為仙人常作僮僕所作不善願令消滅尒時仙人慰喻彼人汝莫惶怖吾當救汝令汝輕報汝今現前聽法汝曽聞僧伽吒法門不白仙人言我未曽聞仙人言火燒之人誰能為其說法惟大悲者乃能說耳

僧伽吒經卷第一

僧伽吒經卷第一

校勘記

一 底本，金藏廣勝寺本。

一 三九六頁中二行「元魏」，石作「元魏天竺」；資、磧、南、徑、清作「元魏南天竺」。以下各卷同。

一 三九六頁中一七行「疇阿」，石、資、磧、南、徑、清作「阿疇」。

一 三九六頁下七行「繞佛」，石、資、磧、南、徑、清作「右遶」。

一 三九六頁下一九行第一一字「勇」，石作「勇大」。

一 三九七頁上一六行第一三字「德」，石、資、磧、南、徑、清、麗無。

一 三九七頁下二行第八字「聲」，石、資、磧、南、徑、清無。

一 三九七頁下七行第四字「千」，石、資、磧、南、徑、清、麗作「十」。

一 三九八頁上一四行第一一字「十」，石、資、磧、南、徑、清作「千」。

一 三九八頁上一八行第一一字「施」，

資、磧、南、徑、清、麗作「死」。

一　三九八頁下一行第一三字「勇」，徑作「勇無勇」。

一　三九八頁下八行首字「受」，徑作「衆」。

一　三九九頁上一行末字「道」，資、磧、南、徑、清作「法」。

一　三九九頁中二〇行第五字「樂」，資作「蔭」。

一　三九九頁下六行第九字「受」，徑作「成」。

一　四〇〇頁上二行「爲佛」，徑作「右膝」。

一　四〇〇頁上三行第三字「法」，資、磧、南、徑、清無。

一　四〇〇頁上八行第一一字「法」，石、資、磧、南、徑、清、麗作「發」。

一　四〇〇頁上九行第五字「提」，石、資、磧、南、徑、清、麗作「提心」。

一　四〇一頁中末行末字「中」，資、磧、南、徑、清作。

一　四〇一頁下六行第一一字「貧」，磧、南、徑、清無。

一　四〇一頁下一一行「二十億」，磧、南、徑、清作「十二億」。

一　四〇一頁下末行第五字「曾」，資作「當」。

一　四〇二頁上一二行第二字及一三行第四字「一」，資、磧、南、徑、清、麗作「施一」。

一　四〇二頁中一二行末字「門」，資作「行」。

一　四〇二頁中一五行第五字「生」，徑作「人」。

一　四〇二頁下二行第五字「賊」，石、資、磧、南、徑、清、麗作「賤」。

一　四〇二頁下五行末字「生」，資、磧、南、徑、清作「至」。

一　四〇二頁下一六行第五字「受」，石、資、磧、南、徑、清作「報」。

一　四〇三頁上三行首字「當」，徑作「嘗」。

一　四〇三頁上四行第六字「爲」，石、資、磧、南、徑、清無。

一　四〇三頁上八行第八字「踊」，石、資、磧、南、徑、清作「胡」。

一　四〇三頁上一一行第五字「人」，麗無。

一　四〇三頁上一九行第一一字「汝」，石、資、磧、南、徑、清作「受」。

一　四〇三頁上二一行「我未曾聞仙人言」，徑無。

僧伽吒經卷第二

元魏優禪尼國王子月婆首那譯

尒時仙人告彼人言乃往古昔無數阿僧祇劫時有國王名曰淨月如法治世善男子時淨月王生一太子時淨月王召諸占相婆羅門等而問之言今此童子有何等相尒時相師白大王言今此太子有不祥相生此太子必有不祥大王問言汝何所說相師白言如是太子若至七歲當害父母王時荅言寧當殺我不殺我子人身難得於無量劫修行乃得人身不應以此身而殺人物尒時太子始生一月如一歲兒王知太子當殺我身時淨月王捨位與子作如是言汝治國事一切財物自在隨意如法治世勿為非法既授位已時淨月王於其國内不復行於王之教令尒時無量億大臣至淨月王所白言大王何故不行王之教令大王荅言我無量劫常為王事心無厭足我已厭矣捨之修行尒時太子未經多時並殺父母

集五逆罪善男子我亦憶念往昔之時既殺王已愁悲啼泣自責悔過尒時我以大悲之心為彼說法彼聞法已逆罪消滅問言當於尒時說何等法荅言尒時演說僧伽吒法門若聞此法當至阿耨多羅三藐三菩提滅一切罪煩惱休息汝今諦聽當為汝說令汝聞已速得解脱聞四句偈令不中闕盡一切惡得須陁洹然後布施遠離諸苦受苦衆生令得解脱怖畏衆生令得遠離尒時彼人合掌頂礼讃言善哉善哉真善知識善能除滅諸不善業善說僧伽吒法門善哉聞者尒時虚空中万二千天子至大仙所合掌頂礼白如是言大仙憶念幾時事耶復有四龍王十八千億夜叉王頭面礼敬白大仙言憶念幾時事耶大仙荅言我憶念百千億阿僧祇劫問大仙言以何善根憶尒許事荅言以曾聽受僧伽吒法門在彼衆中聞此法門發淨信者皆得授阿耨多羅三藐三菩提記若人造作五逆之罪聞此法門須㬰之間悉能除滅

無量百千億劫閉惡道門開生天道於此法門聞四句偈功德如是況復書寫讀誦供養華香幡蓋恭敬尊重合掌礼拜一言讚善如是功德不可思議尒時一切勇菩提薩埵白佛言世尊云何合掌得功德等誰讀此經一合掌礼佛告一切勇善男子若人造作五逆之罪若教人作若隨喜作於此法門聞四句偈合掌淨信能滅五逆何況有人於此法門具足書寫讀誦供養如此功德多彼無量善男子辟如阿那婆達多池日光不照從彼池中出五大河一切勇於意云何頗有人能數此五大河水渧數不一切勇言不也世尊佛告一切勇善提薩埵善男子聞此法門善根亦復如是百千万劫數不可盡一切勇於意云何須臾得聞如是法門是難有不一切勇言難有世尊佛告一切勇於此法門能生信者復難於彼辟如阿那婆達多池出五大河如是五河水之渧數數不可盡一切勇菩提薩埵摩訶薩埵白佛言世尊何等名為五

大河也佛告一切勇菩提薩埵五大河者所謂恒伽河私陁河博叉河耶牟那河月分河是五大河悉皆入海此五大河一一河各有五百小河以為眷屬一切勇復有五大河在虛空中一一河各有一千小河以為眷屬一切勇菩提薩埵白佛言世尊何等是五河有千眷屬佛告一切勇菩提薩埵第一河者名須陁羅有千眷屬第二河者名曰纏佉有千眷屬第三河者名婆呵帝有千眷屬第四河者名質多斯那有千眷屬第五河者名曰法蓋有千眷屬一切勇是名五大河有千眷屬一切勇是五大河利益閻浮提時時降雨增長華果於閻浮提雨清淨水增長苗稼一切勇如護世天安樂閻浮提波（提波渚也）此經亦尒利益安樂閻浮提波一切衆生如三十三天一切勇菩提薩埵白佛言世尊何等是三十三天佛告一切勇菩提薩埵言釋迦提婆之所住處是三十三天一切勇彼三十三天作如是語若有衆生口行善語者彼人功德不可

數知若有衆生行口惡者彼墮地獄餓鬼畜生不可數知衆生墮於地獄畜生餓鬼受大苦惱時彼衆生無救護者於三惡趣獨受劇苦口行惡者是惡知識口行善語是善知識若見善知識則見如来若見如来則滅一切不善之法一切勇如護世天為閻浮提波而作利益一切勇此經亦如是於閻浮提波而作佛事若不聞此法門者不能至阿耨多羅三藐三菩提不能轉法輪不能擊法鼓不能坐於師子法座不能入於涅槃之界不能成就無邊光明如是如是一切勇不聞如是法門不能坐於菩提樹下時一切勇菩提薩埵摩訶薩埵白佛言世尊我有少疑欲問世尊佛告一切勇隨汝所問當斷汝疑一切勇白佛言世尊尒時仙人度彼五逆人令住不退地者是何人也佛告一切勇菩提薩埵善男子汝今諦聽如来所說微細難知此僧伽吒法門亦仙人像如此法門能亦佛身如恒河中處處見沙此法亦尒自作亦現為人說

法惟佛如来量與佛等此法如是與
佛平等有此法處常有諸佛尒時世
尊復告一切勇菩提薩埵善男子我
念往昔九十九阿僧祇劫尒時有佛
号曰寶上如是次第有十億佛皆号
寶上我於尒時名曰淨月行大布施
時十二億如来我悉供養以衣服卧
具飲食湯藥香花燈明一切樂具悉
以供養彼諸如来不為我授阿耨多
羅三藐三菩提記一切勇我念往昔
有十八億如来出興於世皆号寶明
我於尒時名曰龍正行大布施以香
花瓔珞供養彼佛彼諸如来亦不授
我阿耨多羅三藐三菩提記一切勇
我念往昔有二十億佛出興於世皆
号式棄如来應供正遍知我於尒時
行大布施以諸樂具供養彼佛彼諸如
来亦不授我阿耨多羅三藐三菩提
記一切勇我念往昔有二十億諸佛
出興於世皆号迦葉我於尒時行大
布施以諸香華幡蓋衣服一切樂具
供養彼佛彼諸如来亦不授我阿耨
多羅三藐三菩提記一切勇我念往昔

有十六億諸佛如来出興於世皆号
淨光我於尒時作大長者子行大布
施捨一切物彼十六億諸佛如来我
悉供養以香花幡蓋衣服卧具食飲
湯藥亦不授我阿耨多羅三藐三菩
提記一切勇我念往昔九十五億諸
佛如来出興於世皆号釋迦牟尼應
供正遍知我於尒時作大國王如法
治世彼九十五億釋迦如来我悉供
養以香花幡蓋飲食衣服卧具湯藥
一切樂具亦不授我阿耨多羅三藐
三菩提記一切勇我念往昔有九億
佛出興於世皆号迦羅迦鳩村陁如
来應供正遍知我於尒時作婆羅門
子巨富無量行一切施以諸香花幡
蓋衣服卧具飲食一切樂具供養諸
佛彼諸如来亦不授我阿耨多羅三
藐三菩提記一切勇我念往昔有十
八億如来出興於世皆号迦那伽牟
尼如来應供正遍知我於尒時行大
布施彼諸如来我悉供養以香華幡
蓋衣服卧具飲食湯藥一切樂具供
養彼諸如来亦不授我阿耨多羅三

藐三菩提記一切勇我念往昔有十
三億諸佛如来出興於世皆号光明
德如来應正遍知我悉供養以諸花
香幡蓋衣服卧具飲食一切樂具供
養尊重彼諸如来亦不授我阿耨多
羅三藐三菩提記一切勇我念往昔
二十五億諸佛如来出興於世皆号
弗沙如来應正遍知我於尒時出家
作沙門行如法供養以諸香華瓔珞
幡蓋衣服卧具飲食一切樂具尊重
讃歎彼諸如来亦不授我阿耨多羅
三藐三菩提記一切勇我念往昔有
十二億諸佛如来出興於世皆号毗
婆施如来應正遍知彼諸如来我悉
供養以花香幡蓋衣服飲食卧具湯
藥一切樂具悉以供養我時出家彼
諸如来亦不授我阿耨多羅三藐三
菩提記㝡後毗婆施如来説此法門
閻浮提衆生聞已於虚空中即雨七
寶尒時閻浮提衆生悉無貧窮我於
尒時亦不得授阿耨多羅三藐三菩
提記但聞空聲而告我言汝不久當
得授阿耨多羅三藐三菩提記一切

勇菩提薩埵白佛言世尊經於爾時得授阿耨多羅三藐三菩提記佛告一切勇菩提薩埵言諦聽善男子過九十二億阿僧祇刧有佛出世号然燈如來應正遍知我於尒時作摩那婆子名曰弥伽弥伽者魏言去於然燈佛所作摩那婆修清淨行我見彼佛以七莖青蓮花供養然燈如來以此善根迴向阿耨多羅三藐三菩提尒時然燈如來即授我記摩那婆未來過阿僧祇刧當得作佛号釋迦牟尼如來應正遍知一切勇我於尒時聞授記聲踊身虛空高十二多羅住虛空中得無生法忍無量阿僧祇刧所修淨行與六波羅蜜相應一切善根悉皆現前如視掌中菴摩羅果一切勇我於尒時令無量百千億衆生住於善法一切勇況今我成阿耨多羅三藐三菩提利益衆生我觀衆生以何應度隨其方便為其說法若為諸天現作天身而為說法若在龍宮亦作龍身而為說法於夜叉中亦夜叉身而為說法於餓鬼中作餓鬼身而為說法若為人道亦作人身而為說法應以佛身而受化者亦作佛身而為說法應以菩提薩埵身而受化者亦菩提薩埵身為之說法我觀衆生以何應度如是如是為衆生現隨應說法一切勇我為衆生演說諸法有多方便何以故一切勇具足善根衆生得聞此法一切善根悉得增長慳者布施無福德者修行福德自利利他修於念施彼聞法故作此善根以聽法故過去善根亦得增明彼得長夜利益安樂一切天人一切勇如是法門一經於耳得生無量功德一切勇尒時衆生各相謂言更有餘善法修行得阿耨多羅三藐三菩提不善衆生言有法布施修行口說善語如是等法得善果報至無上道愚癡之人作如是言無法無施无善惡果無口善報彼愚癡人得大罪報展轉墮於惡道之中於八大刧墮於地獄受大苦報十六刧中墮阿修羅九十刧中生墮鬼神十二刧墮餓鬼中受餓鬼苦万四千刧生處音瘂万六千刧母胎腸墮万二千刧生作肉揣万一千刧生處目盲彼諸父母作如是言我所生子虛受勤苦九月護胎飢渴寒熱諸苦具受而不得子報恩之力一切勇如是如是謗法衆生墮於地獄畜生餓鬼臨命終時為憂惱箭射之而去一切勇口善語者作如是言有法有施有善惡業果報彼人以是善根因緣二十五刧生欝單曰二十五刧生三十三天受諸天樂從天命終生欝單曰不入母胎目見百千世界悉名安樂見一切國土諸佛不移本處成三菩提一切勇如此法門有大神力能發清淨信心不生邊地具清淨戒一切勇復有衆生作如是言如來晝夜度諸衆生而衆生界猶不盡耶無量衆生願於菩提無量衆生生於天上無量衆生入般涅槃何因緣故而不盡耶時諸外道婆羅門等作如是語我當問難沙門瞿曇如是之義尒時有九十四外道婆羅門等来詣王舍城尒時世尊凞然微笑尒時弥帝隸菩提薩埵弥帝隸者魏言慈也從座而起頂

礼佛足向佛合掌白佛言世尊何因緣故如来微笑若無因緣如来終不現希有事願世尊說何故現笑佛告弥帝隸菩提薩埵善男子汝今諦聽當為汝說弥帝隸今日王舍城必有大衆集會弥帝隸菩提薩埵白佛言世尊何衆集會為天龍夜叉若人非人佛告弥帝隸菩提薩埵善男子此諸天龍夜叉等悉来集會復有八万四千諸婆羅門九千億諸尼乹子来欲談論我悉降伏諸婆羅門為其說法皆發阿耨多羅三藐三菩提心九千億尼揵陁皆得須驫多波帝（魏言逆流）万八千億龍王悉来集會聞我說法悉發阿耨多羅三藐三菩提心六万億淨居天子亦来集會復有三万億惡魔及其眷屬亦来集會有万二千阿修羅王悉来集會五百大王及諸眷屬悉来集會聽我說法既聞法已皆發阿耨多羅三藐三菩提心尒時弥帝隸菩提薩埵從坐而起頂礼佛足右繞三匝即沒不現尒時一切勇菩提薩埵摩訶薩埵從坐而起偏袒右

肩右膝著地向佛合掌白佛言世尊彼五百國王名字何等佛告一切勇諦聽善男子一名歡喜王二名善歡喜王三名憂波難陁王四名勝踊王五名梵將軍王六名梵響王七名善見王八名善歡喜王九名歡喜將軍王十名歡喜正王十一名頻婆娑羅王十二名波斯匿王十三名增長王如是等有五百大王一一大王有千億眷屬皆發阿耨多羅三藐三菩提心惟除增長王從於東方有三万億菩提薩埵俱来集會從於南方有五万億菩提薩埵俱来集會從於西方有六万億菩提薩埵俱来集會從於北方有八万億菩提薩埵俱来集會從於下方有九万億菩提薩埵俱来集會從於上方有百千億菩提薩埵俱来集會彼諸菩提薩埵悉住十地一切皆詣王舍大城至如来所於阿耨多羅三藐三菩提得不退轉

尒時世尊告一切勇菩提薩埵摩訶薩埵言善男子汝詣十方諸佛世界告諸菩提薩埵今日如来於王舍城

演說大法汝等十方菩提薩埵合掌恭敬汝於須臾速還及此衆會聽法尒時一切勇菩提薩埵從座而起頂礼佛足繞佛三匝忽然不現時一切勇菩提薩埵到十方國告諸菩提薩埵言曰今日如来於王舍城演說大法汝等今者應讃善哉令汝永得安樂利益尒時一切勇菩提薩埵到十方國供養諸佛告諸菩提薩埵言已還歸此土辟如壯士屈申臂頃至王舍城住如来前時一切婆羅門諸外道悉已集會天龍夜叉阿修羅人非人等皆悉集會五百大王及其眷屬亦来集會三万億惡魔及諸眷屬亦来集會尒時王舍城地大震動時十方諸佛世界雨栴檀末香雨天妙華雨如来上成大華臺金剛力士執金剛杵在如来前尒時四方有四風王入王舍城悉吹城內糞穢土沙遠置城外尒時十方世界雨衆香水十方世界雨優鉢羅華拘物頭華分陁利華在虛空中化成華蓋於虛空中有八万四千億師子之座七寶所成一

切座上皆有如来宣説妙法尒時三千世界六種震動時一切勇菩提薩埵摩訶薩埵白佛言世尊何因緣故於王舍城現希有事佛告一切勇菩提薩埵善男子汝今善聽辟如有人吾我自高家居貧窮日至王門既到王門自高直入時守門者尋捉打縛王聞有人直入王門王作是念此人直入必欲相害時王瞋恚勑諸臣言汝將此人斷其命根并其父母兄弟姊妹其人眷屬皆悉憂愁悲泣啼哭如来説法亦復如是吾我自高踰諸凡夫得見佛身耳聞説法自生高慢説種種語住吾我地自不聽受亦不説法若人説法一偈一踰亦不聽受作如是言如此之法我已先知何以故住我慢地或恃多聞自縱放逸與愚癡人共住不聞正法自以多聞放逸不如法説自作手筆而自説之一切世人欺誑自身作如是言有財施我我是福田彼愚癡人自誑其身亦誑世間食他信施不能消故命欲終時生大恐怖諸人告言汝足伎術何

不自救荅言今日伎術不能自救憂悲苦惱衆人語言為一人故父母兄弟親里眷屬無事誅戮衆生如是近惡知識墮於地獄畜生餓鬼如是如是諸婆羅門諸尼揵子我今告汝汝莫放逸辟如鳥子未生羽翼不能高翔飛於虛空汝等如是無有神力不能飛至涅槃之界所以者何汝所行法非畢竟道終歸破壞汝等臨終自生悔心我等虛受如是身命修行不得天樂不受人樂不得涅槃我等此身便為虛過我當生何道受何等身尒時世尊告諸婆羅門尼乹子諸外道言閻浮提中滿中珎寶汝等莫失所望於佛法寶中莫作異學汝等所疑恣問如来佛當為汝分別説之尒時一切婆羅門尼乹子等從座而起偏袒右肩右膝著地合掌礼佛白佛言世尊如来晝夜多度生死衆生衆生界不減不增世尊何因緣故衆生等而是生滅尒時藥上菩提薩埵摩訶薩埵大措莊嚴為然法炬欲問大事白佛言世尊當来世無小衆生無

老衆生作生滅者佛告藥上衆生有老作小如是生滅善男子如人木鬚者新衣服從舍而出餘人語言善沐頭鬚著新淨衣又如有人洗沐頭鬚著故洗衣善沐頭鬚衣服非妙如是如是藥上衆生老者於閻浮提以為非妙少者雖妙現有生滅尒時一切婆羅門諸外道尼乹子白佛言世尊何等名老何者為小佛告諸外道所言老者數數往来餓鬼畜生地獄之中受苦無猒尒時一切諸婆羅門天龍大王白佛言世尊我等更不能受生死苦惱彼諸尼乹作如是言無小衆生尒時藥上菩提薩埵白佛言世尊觀此衆生如是難度佛告藥上菩提薩埵如来今日分别解説汝善諦聽有九万四千億新學衆生在如来前不礼如来亦不問訊尒時藥上菩提薩埵白佛言世尊何因緣故此諸衆生不礼如来亦不問訊請決所疑佛告藥上菩提薩埵善男子汝今諦聽當為汝説善男子若作是説無小衆生如是之人是小衆生彼人問言

我等諸人是小衆生世尊我等是小衆生佛言如是如是汝等是小衆生以不能知自身量故尒時九万四千億新學衆生皆得十地住於虛空尒時藥上菩提薩埵摩訶薩埵白佛言世尊此諸衆生快得善利得盡生死世尊此諸衆生離於生死得住十地尒時一切婆羅門諸外道尼乹子諸龍國王惡魔眷屬来到佛所白佛言世尊我等詣佛聽此法門願我等輩皆得如来妙色之身形色像貌顧如如来應正遍知佛言如是如是善男子汝等来詣佛所聽此法門發阿耨多羅三藐三菩提心汝等不久當得阿耨多羅三藐三菩提尒時如来說此語已諸外道尼乹子等皆得无生法忍住於十地時諸菩提薩埵以自神通勇在空中高七多羅於虛空中化成七寶臺奉施如来在於虛空中作種種神通而自變化尒時諸天於虛空中當如来上雨衆妙花念佛如来於其自身起佛身想無量百千諸天子以華散佛作如是言得大利益

沙門瞿曇真是世間大良福田具足三昧自在之力如是等衆生漸具方便說一善語得離生死尒時藥上菩提薩埵摩訶薩埵從座而起偏袒右肩右膝著地合掌白佛言世尊此諸天子何因緣故作如是語現諸神通善讃如来佛告藥上菩提薩埵言善男子彼諸菩薩不讃歎我自讃其身以其自身坐法王位以其自身坐於法座以其自身放法光明諸佛所讃於阿耨多羅三藐三菩提正覺說法尒時藥上菩提薩埵摩訶薩埵白佛言世尊大德世尊日夜常度無量衆生然諸衆生猶不可盡尒時世尊告藥上菩提薩埵摩訶薩埵言善哉善哉善男子能以此義問於如来善男子辟如有人大富饒財多有奴婢多有田宅園林穀米大小麦豆稻秫胡麻彼於春時一切種植至時則熟熟復收穫各各別臧臧已食之至於春時種之如前善男子衆生本業亦復如是受樂報盡復作善業種諸善根種善根已增長善法增善法已得大

歡喜藥上以歡喜心於百億劫樂報不失善男子如初發意菩提薩埵不墮惡道揔知諸法藥上菩提薩埵白佛言世尊云何初發意菩提薩埵而見夢也佛告藥上菩提薩埵言善男子初發意菩提薩埵於其夢中多見怖畏何以故淨一切業不可以身而受衆苦以是罪故夢見怖畏藥上白佛言世尊初發心菩提薩埵夢中見何等怖佛告藥上菩提薩埵善男子其人夢見熾然火聚彼菩提薩埵應作是念以此火聚燒我一切煩惱藥上是名第一夢見怖畏又見水流垢濁不淨彼初發心菩提薩埵應作是念漂我一切結縛煩惱藥上是名初發心菩提薩埵第二夢見大怖畏也藥上菩提薩埵白佛言世尊見何怖畏佛告藥上菩提薩埵言於其夢中自見剃鬚藥上菩提薩埵見已不應恐怖何以故應作是念剃貪瞋癡墮六道生善男子如是菩提薩埵不墮地獄不墮畜生不墮餓鬼不墮龍中不墮天中藥上初發心菩提薩埵惟

生清淨佛國土中佛告藥上當来末世後五百歲有諸菩提薩埵心願菩提以發心故得衆多人毀辱打罵藥上於彼但應為其說法菩提薩埵不應起於瞋恚之心佛告藥上我於無量百千億劫行諸苦行善男子我不為資生國土財產為知諸法實相故藥上我行苦行不得阿耨多羅三藐三菩提善男子我聞此法即日得阿耨多羅三藐三菩提藥上此法甚深如是法門難得聞名若得聞此法門名者一切得阿耨多羅三藐三菩提藥上是人得超千劫生死生淨佛國善知滅道知第一道識第一善根成就無比神通知無比滅藥上於汝意云何云何名滅藥上菩提薩埵白佛言世尊法處名滅佛言藥上何等法處藥上白佛言世尊法是法處如世尊說勤行精進勤持戒勤忍辱是名法藏佛讚藥上菩提薩埵言善哉善哉善男子佛問此義汝善解說

僧伽吒經卷第二

僧伽吒經卷第二

校勘記

一 底本，金藏廣勝寺本。

一 四〇五頁下二行首字「時」，資、磧、南、徑、清作「事」。

一 四〇六頁下五行第八字「語」，資、磧、南、徑、清作「者」。

一 四〇七頁上五行第六字「是」，麗作「来」。

一 四〇七頁上五行第一〇字「十」，石、資、磧、南、徑、清、麗作「十二」。

一 四〇七頁上末行第一四字「住」，資、磧、南、徑、清、麗作「往」。

一 四〇七頁中八行首字「供」，資、磧、南、徑、清無。

一 四〇八頁上二行第二字「授」，石、資、磧、南、徑、清、麗作「受」。

一 四〇八頁中一〇行「於念施」，資、麗作「於念死」；磧、南、徑、清作「行念死」。

一 四〇八頁中二一行第一一字「十」，資、磧、南、徑、清、麗作「千」。

一 四〇八頁下一行首字「膓」，石、資、磧、南、徑、清作「傷」。

一 四〇八頁下一行第一〇字「揣」，資、麗作「摶」；磧、南、徑、清作「圑」。

一 四〇八頁下二行第三字「目」，石、資、磧、南、徑、清作「生」。

一 四〇八頁下九行第一〇字「曰」，資、磧、南、徑、清作「越」，下同。

一 四〇八頁下一四行第一二字「具」，石作「生具」。

一 四〇八頁下二一行第六字「四」，石作「億」，資、磧、南、徑、清、麗作「四億諸」。

一 四一〇頁中二一行第二字「而」，磧、南、徑、清作「如」。

一 四一〇頁下二行第一三字「米」，石、資、磧、南、徑、清、麗作「沐」。

一 四一一頁上一八行第三字「勇」，資、磧、南、徑、清、麗作「踴」。

一 四一一頁上一九行第一二字「虛」，

石、資、磧、南、徑、清無。

一 四一二頁上一三行末字「國」，資、磧、南、徑、清作「國土」。

僧伽吒經卷第三　使

元魏優禪尼國王子月婆首那譯

尒時藥上菩提薩埵摩訶薩埵白佛言世尊何因緣故如來出世佛告藥上菩提薩埵言善男子為令衆生多聞具足是故如來出現於世如來出世開甘露法若如來出世則知一切法以方便故知世間法出世間法知世間智出世間智藥上菩提薩埵白佛言世尊世尊知何等法佛告藥上菩提薩埵言藥上如來知正法智藥上以是智故揔攝一切法藥上若衆生聞如來出世信法者此是第一利益藥上辟如有人出行治生為得利故將千人衆㨫負金寶彼人父母告其人言子善諦聽此金寶者是他之物汝好守護莫使亡失其人持寶來經多時自縱放逸所持金寶恙皆散失是時彼人憂箭射心著愧慚恥不能歸家時彼父母聞巳憂愁悲泣而說此言我等生此惡子但有子名生我家内財物恙皆散失令我等貧苦為他奴僕絶望而死子聞父母既喪亡巳亦絶望死如是如是藥上佛說此法於我法中無淨信者彼無所望臨命終時為憂惱箭射心而死如彼父母為彼金寶絶望憂惱如是藥上於我法中無淨心者臨命終時受諸苦痛先福受盡彼不種善臨死時至憂惱箭射墮於地獄畜生餓鬼受諸苦痛作如是言誰救濟我令我得離地獄畜生餓鬼之苦又如父母告其子言未来病苦病有死苦汝等得解脫時見行識生身受苦痛遍體燋惱自觀巳死眼不見色耳不聞聲四支皆痛必歸於死遍體頑癡猶如木石無所覺知子荅父母語言莫作是語令我怖畏觀身無熱亦无餘病唯見死怖我當歸誰誰救濟我父母若天誰能救拔父母荅言祭祀天神必得安隱子荅父母當速祭祀以求安樂速至天祠問守廟人時彼父母到天祠中燒香求願守廟者言天神瞋怒須煞羊煞人以用祭祀汝子可脫尒時父母自思惟言我等去何我既貧窮若天

神瞋我子必死若天神喜必得大恩時速歸家盡賣家財得羊一口復語餘人且貸我金十日相還若无相還我身當為君作奴僕其人得金詣市買人所買之人不知當煞以祭天祠病人父母愚癡無智竟不至家直詣天祠語守廟者汝速為我設祭天祠尒時父母自煞羊煞人煞火祭天然後天下告彼父母汝等莫怖我護汝子令得安隱尒時父母踊躍歡喜作如是言天神與我大恩令我子差時彼父母歡喜還家見兒已死尒時父母見子死已生大愁惱憂箭射心絕望而死佛告藥上善男子近惡知識亦復如是尒時藥上菩提薩埵白佛言世尊如是衆生墮於何處佛告藥上菩提薩埵善男子莫問是事藥上菩提薩埵白佛言世尊願佛慈悲說如是人墮在何處佛告藥上菩提薩埵言善男子汝今諦聽其人母者墮於大叫地獄之中其父墮於衆合地獄其子墮於火燒然地獄守天廟者墮於阿鼻大地獄中尒時藥上菩提

薩埵摩訶薩埵白佛言世尊彼狂死人生於何處佛告藥上菩提薩埵言彼狂死人生於三十三天之上藥上菩提薩埵白佛言世尊彼狂死人何因緣故生於三十三天之上佛告藥上菩提薩埵言善男子汝今諦聽彼人臨死時起一念淨心歸依佛陁以此善根當六十劫受於三十三天之樂八十劫中自識宿命所生之處離諸憂惱生生之處離諸憂惱一切苦滅藥上近惡知識不得入於涅槃藥上菩提薩埵白佛言世尊云何衆生不能入於涅槃佛告藥上菩提薩埵言欲求涅槃者當勤精進藥上菩提薩埵白佛言世尊云何名精進佛告藥上菩提薩埵善男子精進者名須驪多波帝逆流之果名精進處婆吉利陁伽弥果名精進處阿那伽弥果名精進處阿羅訶果名精進處波羅提迦佛陁果名精進處緣覺之智名精進處菩提薩埵名字菩提薩埵地果名精進處藥上如是等處名精進處藥上菩提薩埵白佛言世尊世尊

云何逆流云何逆流果佛告藥上菩提薩埵善男子辟如有人種於樹木彼種樹已即日生牙彼樹一白上下各生長一由旬復有一人亦復種樹不得其所風動不生移置異處二人共諍互相誹謗彼人如是共相諍論國王聞之即勑臣言某處二人互相誹謗速往喚來傍臣受教遣使往捉時彼使人儆服而去至彼人所作如是言王喚汝等時彼二人驚怖憂愁王令何故命我二人是時二人既至王所黙然而立時王問言汝等何故共相誹謗而起鬪諍時彼二人白大王言大王聽我所說我借得少許空閑之處種植樹林即日生牙及葉華果熟者中半此人種植不生牙葉及以華果須臾數移彼種不生来見謗毀而起鬪諍大王如是之事大王應知我無罪過尒時大王集諸大臣滿三十億告諸臣言汝等各說諸臣白言我等不知說何等語王問諸臣汝等頗見即日種樹即生牙葉及以華果熟者中半尒時諸臣從座而起白

大王言大王我等不能决定信受如此之言何以故大王此事希有尒時大王問彼人言如汝所説是事實不尒時彼人白大王言此實不謬王復荅言如汝所説如此之事即日種樹即生牙葉及以華果此事難信尒時彼人白大王言願王自植知其虚實時王集三十億臣禁守彼人然後大王自種其樹不生牙葉不生華果尒時大王心大恚怒勑諸臣言汝等速取利斧彼所種樹仰令斫伐尒時諸臣受王教令斫斷彼樹一樹斷已生十二樹斫十二樹斷生二十四樹莖葉華果皆是七寶尒時二十四樹變生二十四億雞鳥皆是金觜七寶羽翼尒時大王復生瞋怒自執利斧往伐彼樹王斫樹時從樹出生甘泉美水時王慚愧勑諸臣言放彼二人諸臣白言大王受教諸臣去已放彼二人將至王所王問其人汝種此樹斫汝一樹生十二樹斫十二樹生二十四樹我所種樹不生牙葉不生華果此事云何其人荅王如我此福德大

王則無如是福德尒時三十億大臣𧿳跪白其人言汝可治國而居王位尒時其人為諸臣衆而説偈言

我不求王位　不求世財寶　心懷無上願
願成二足尊　得寂滅涅槃　至彼成如来
為汝等説法　令到涅槃城　往昔作不善
令我入王獄　獄縛受諸苦　罪報悉已盡

尒時有三万三千高座一一高座高二十五由旬一高座上有二十五億雞而在其上以金為觜七寶羽翼出人音聲告彼王言大王不善不善斫伐諸樹以此罪業必入惡道王不知耶種此樹者是何等人大王荅言我未審之願為我説何等大人種此樹耶雞鳥告王如此人者照明世間名無上士當度一切衆生生老病死王復問言彼是何人種樹不生彼作何等不善之業不生當為我説鳥荅王言彼是提婆達多種樹不生無少善根樹云何生尒時三十億大臣聞此法門皆得十地成就神通時彼國王亦得十地得通達一切善法三昧尒時藥上菩提薩埵摩訶薩埵白佛言世

尊何因緣故此三十億臣皆得十地成就神通尒時世尊告藥上菩提薩埵善男子汝今諦聽即時微笑從其面門放八万四千光明無量種種青黃赤白紅紫光明其光遍照無量世界照世界已還至佛所繞佛三匝從佛頂入尒時藥上菩提薩埵摩訶薩埵白佛言世尊何因緣故如来現此希有之相若無因緣如来終不現希有事

佛告藥上菩提薩埵言善男子汝見衆人從十方来集會此不藥上菩提薩埵白言不見也世尊佛告藥上菩提薩埵言善男子汝觀十方一切世界尒時藥上菩提薩埵摩訶薩埵即觀十方見東方面有一大樹覆七千由旬見二万五千億衆生在彼集會默然而坐不飲不食復見南方有一大樹覆七千由旬下有二万五千億衆生俱共集會不語不食不行默然而住復見西方有一大樹覆七千由旬下有二万五千億衆生俱共集會不語不食不行默然而住復見北方

有一大樹覆七千由旬下有二万五千億衆生俱共集會不語不食不行默然而住復見上方有一大樹覆七千由旬下有二万五千億衆生俱共集會不語不食不行默然而住復見下方有一大樹覆七千由旬下有二万五千億衆生俱共集會不語不食不行默然而住尒時藥上菩提薩埵白佛言世尊我欲少問如來應正遍知若佛聽許乃敢發問尒時世尊告藥上菩提薩埵言善男子隨汝所問如来悉能為汝解說尒時藥上菩提薩埵白佛言世尊何因緣故從於十方有無量衆生而来集會以誰神力而来至此佛告藥上菩提薩埵言自以神力而来至此尒時藥上菩提薩埵白佛言世尊我欲觀諸世界以誰神力而往至彼佛告藥上菩提薩埵以汝神力自往至彼

尒時藥上菩提薩埵遶佛三匝忽然不現過九十六億世界有一世界名日月明彼國有佛号日月土如来應供正遍知與八万億菩提薩埵恭敬圍遶而為說法藥上菩提薩埵摩訶薩埵既到彼國至日月土如来前頂礼佛足白佛言世尊何因緣故於娑婆世界在釋迦牟尼前觀於十方見無量衆生集會在此不見尒時藥上菩提薩埵摩訶薩埵至日月土如来前白佛言世尊我過九十六億諸佛國土来至於此不見一人世尊誰見誰聞無知無覺樹上而生衆生佛告藥上菩提薩埵言不也善男子汝頗見頗聞無知無覺之樹能生人不藥上白佛言世尊不見不知佛告藥上善提薩埵汝欲見不我今亦汝藥上白佛言世尊願欲見之尒時日月土如来屈申辟須百千億衆皆悉来集一一衆生手執香華供養如来藥上汝今見不藥上菩提薩埵白佛言巳見世尊巳見善逝佛告藥上善男子此諸衆生無覺無知悉皆如幻時彼三万億衆生各申兩手以諸香華供養如来藥上菩提薩埵白佛言世尊此事希有須臾之間此諸衆生各生百手供養如来尚不得朕況兩手者

佛告藥上菩提薩埵言如是如是善男子此諸衆生無覺無知而生而滅善男子我身亦如是如幻如化而亦生滅藥上白佛言世尊何等是少衆生何者是老衆生佛告藥上善男子亦有老者亦有少者藥上白佛言世尊願佛解說何者是也佛告藥上無福褁者是老衆生從彼樹生者是少衆生藥上白佛言世尊我欲見彼少衆生等尒時日月土如来即伸右辟從於四方有百千億衆生俱来集會至如来所頂礼佛足遶佛三匝在佛前立默然而住藥上白佛言世尊此衆生何故佛前默然而住佛告藥上善男子汝不知耶地大之性無言無說法聚無知無覺何以故藥上此諸少衆生不見生不見滅不見老病死憂悲苦惱具受一切苦痛之惱去何而語是故藥上如是衆生應當教之尒時藥上菩提薩埵摩訶薩埵白佛言世尊少衆生者從何所来何處終當生何處不知法者佛告藥上善男子汝今諦聽此諸衆生非是人作非

金師作非鐵師作非木師作非陶師
作非王者作男女和合惡業而生受
諸苦痛作不善行受如是苦名少衆
生藥上彼不與佛言不礼如来彼受
無量無邊之苦藥上有少衆生不共
佛語者受如是無量無邊苦惱藥上
以不善苦因緣故不共佛語不共佛
語故不知善不知惡不知生雖得人
身不知生不知滅藥上是名年少衆
生藥上菩提薩埵白佛言世尊年少
衆生云何生云何滅佛告藥上菩提
薩埵言善男子辟如有人以木挑火
木則漸燒如是藥上衆生之類初生
時苦中苦死苦藥上白佛言世尊生
時誰生滅時誰滅佛告藥上善男子
如佛之生如佛之滅辟如有人閉在
闇室眼無所見復有異人冒受苦惱
作是思惟此人受苦甚為可愍若不
得脱是人必死以火與之令得少明
時闇室人見火歡喜心得安樂尒時
彼火以少因緣熾然火焰燒彼闇室
尒時彼人被燒而死時王聞之作如
是念我國衆生若有所犯更不繫縛

尒時國王告下人民汝等諸人莫生
怖畏於我國內施汝無畏若有所犯
不加害汝亦不煞汝皆當安隱莫生
怖畏藥上如来亦復如是燒諸煩惱
滅諸病苦猶如彼人為令闇室衆生
安隱自燒而死如来如是為諸衆生
令得安隱不惜身命拔諸繫縛令得
解脱如是藥上如来永離三毒之惱
為諸世間作大燈明於地獄畜生餓
鬼阿修羅老少衆生拔分解脱
尒時諸天於虛空中而說偈言

冣勝好福田　一切田中勝　世間無上尊
增長諸佛子　佛田冣勝田　能除諸怖畏
大師善方便　守護諸衆生　住於涅槃界
而亦在世間　令世間寂滅　佛為無上師
教護少衆生　亦救老衆生　三界諸衆生
方便而度之　閉諸地獄門　及畜生餓鬼
此世得安樂　他世亦安樂

尒時如来即時微笑而說偈言

善哉見善人　善哉見佛陁　善哉聞法者
善哉能敬僧　善哉此法門　滅除一切惡

尒時藥上菩提薩埵摩訶薩埵白佛
言世尊何因緣故如来微笑若無因

緣如来終不現希有相佛告藥上善
男子汝見此等少衆生不藥上白佛
言世尊唯然已見佛告藥上善男子
此諸衆生今日皆得住於十地尒時
藥上菩提薩埵摩訶薩埵踊身虛空
高八万由旬共八万億天子於如来
上散衆妙花地上年少諸衆生等皆
礼佛足尒時藥上於虛空中而作是
言三千大千世界衆生皆聞此聲地
獄衆生聞此聲者悉得解脱三十三
天聞此音聲皆来集會時三千大千
世界六種震動時大海中八万四千
龍王動而来集三万億閻浮提夜叉
俱来集會二万五千億羅刹餓鬼俱
来集會時如来所大衆悉集尒時如
来為諸年少衆生說法從十方世界
有百千億諸菩薩衆各以自神力俱
来集會尒時藥上菩提薩埵白佛言
世尊從十方國有無量菩薩俱来集
會無量天龍夜叉揵闥婆阿修羅迦
樓羅餓鬼地獄皆来集會欲聞正法
惟願世尊當為說之佛告藥上菩提
薩埵摩訶薩埵言善男子汝下至此

尒時藥上菩提薩埵以自神力從上而下向佛合掌頂礼佛足白佛言世尊法聚法聚者何因緣故名為法聚佛告藥上善男子法聚者名曰淨行淨行者能離一切不善之法善男子汝見如此少衆生不藥上白佛唯然已見佛告藥上此諸衆生離邪婬故必得諸陁羅尼必得具足一切諸法

僧伽吒經卷第三

僧伽吒經卷第三

校勘記

一　底本，金藏廣勝寺本。四一四頁中至次頁上、四一六頁下及四一七頁中、下原殘缺，以麗藏本換。

一　四一四頁中二行「元魏」，普作「元魏南天竺」。

一　四一四頁中一六行第一二字「他」，資、磧、普、南、徑、清作「他人」。

一　四一四頁下七行第六字「彼」，諸本作「後」。

一　四一四頁下一五行「子答」，資、磧、普、南、徑、清無。「語言」，石無。

一　四一四頁下一八行第四字「答」，諸本作「議」。

一　四一四頁下一九行末至二〇行首字「天祠」，資、磧、普、南、徑、清作「天祀」，下同。

一　四一五頁上一行第一三字「大」，徑作「天」。

一　四一五頁上二一行第三字「叫」，資、磧、普、南、徑、清作「叫喚」。

一　四一五頁上二二行第六字「火」，石作「大」。

一　四一五頁中一七行第一三字「婆」，資、磧、普、南、徑、清、麗作「娑」。

一　四一五頁下七行第九字「某」，磧、普、南、徑、清作「其」。

一　四一五頁下八行第一〇字「教」，資、磧、普、南、徑、清作「勑」。

一　四一五頁下一四行「大王」，資、磧、普、南、徑、清無。

一　四一六頁上一二行第四字及一九行第七字「教」，資、磧、普、南、徑、清作「勑」。

一　四一六頁中八行第六字「三」，石、資、磧、普、南、徑、清作「二」。

一　四一六頁下一二行第四字「十」，資、磧、普、南、徑、清作「四」。

一　四一七頁中四行第八字「尼」，資、磧、普、南、徑、清作「尼佛」。

一　四一七頁中一八行「已見」，諸本作「見已」。

一 四一七頁下一三行末字「此」，諸本作「此諸」。

一 四一八頁上七行第四字「苦」，諸本作「知苦」。

一 四一八頁上八行「不知生」，資、磧、普、南、徑、清無。

一 四一八頁上二〇行第一二字「樂」，資、磧、普、南、徑、清作「隱」。

一 四一八頁中一〇行第一〇字「分」，諸本作「令」。

一 四一八頁下一七行第一一字「自」，資、磧、普、南、徑、清無。

僧伽吒經卷第四　使

元魏優禪尼國王子月婆首那譯

尒時藥上菩提薩埵摩訶薩埵白佛言世尊以何方便令諸衆生患聞正法佛告藥上菩提薩埵摩訶薩埵言善男子有諸衆生我說生苦而不聽受老苦病苦憂悲之苦怨憎會苦愛別離苦死滅之苦藥上是名一切苦時少衆生聞此法已合掌礼佛白佛言世尊我等亦有死耶佛告年少等汝一切衆生亦歸於死彼少衆生白佛言世尊云何死至佛言善男子臨死之時滅行識風起識轉風起識相應風起善男子是三種風臨死之時動於行識彼少衆生白佛言世尊何等三法臨死之時惱於身識佛言善男子一者刀惱二者針惱三者杖惱是三種風惱切其身彼少衆生白佛言世尊何者是身佛言善男子身名火聚身名燒然身名愚癡身名崩壞身名剌聚身名丘塚身名水泡身名重擔身名生惱身名老病苦惱身名為死愛別離怨憎會是名為身彼諸年少復白佛言世尊如此之身云何名死云何名生佛言善男子識滅名死福德因緣識起名生善男子名為身者有無量億筋脉相纏身有八万四千毛孔復有八万四千户虫在中而住彼諸虫等亦有死滅人將死時諸虫怖畏互相噉食受諸苦痛男女眷屬生大悲惱迭相食噉諸虫相食惟有二虫七日鬪諍過七日已一虫命盡一虫猶存如彼虫鬪臨死不息凡夫之人亦復如是乃至臨終諍論不息不畏生苦不畏老苦不畏病苦不畏死苦如彼二虫至死不息凡夫衆生亦復如是死至之時賢聖呵言丈夫汝作不善汝豈不見世間苦耶不見生苦不見病苦不見老苦不見死苦答言如是已見生苦病苦老苦死苦汝若見如是苦何不作諸善根何故不為後世樂故修諸善法丈夫我復問汝何不作善離於生苦老苦病苦及以死苦云何不修正念之觀汝於閻浮提豈可不聞揵椎聲耶不

僧伽吒經卷第四　第二張　使字号

僧伽吒經卷第四　第三張　使八

見衆生行布施耶不見衆生於佛福
田種善根子香華幡蓋施佛之時汝
不見耶如来所有四衆弟子比丘比
丘尼優婆塞優婆夷於佛法中有此
四衆能救苦厄賢聖呵言不善丈夫
造作如是不善之業尒時法王　說偈
告曰
見如来出世　聞擊法鼓音　見演說法時
寂滅至涅槃　見於多衆生　作福者甚少
福能後世樂　何故而不作
尒時彼人以偈荅法王言
我愚癡無智　親近惡知識　造作不善業
由欲迷於心　我以多習欲　令受苦痛報
多煞害衆生　破壞和合僧　破壞佛塔寺
愚癡無智慧　口作不善語　呵罵於父母
我以不覺知　自多造衆過　我見所生處
在於大叫獄　於衆合地獄　受於大苦痛
復於阿鼻獄　受無量劇苦　大蓮華地獄
受於無量苦　黒繩大地獄　百千生受苦
於一地地獄　遍受諸苦惱　無數百千劫
受於大苦痛　行於黒暗獄　不見其門户
復墮火鑊中　展轉受衆苦　復有一地獄
名曰刀劍獄　百千億刀劒　行住在我前

僧伽吒經卷第四　第四張　使字号

以此割截身　自業受苦惱　非工師所作
業感自然生　大風吹令起　割切遍其身
我應受如是　地獄諸苦惱　一切諸衆生
見我受此苦　我所有財寶　盡留在世間
男女及兄弟　姉妹親眷屬　父母及知識
奴婢作使人　牛羊諸畜生　我意迷於此
貪着金銀寶　及精妙衣服　貪着造舍宅
善工畫舍宅　衆綵女娛樂　箜篌簫笛音
以此癡心者　香湯自澡浴　如是自娛樂
頑癡無智身　種種而供養　我亦無兄弟
虛妄心貪者　今日受無量　苦痛不可盡
世間勝上味　貪着而噉食　香澤以塗髮
寶珠以為鬘　貪色自迷醉　今無救濟者
眼為惡業因　見已則生貪　耳因諸音聲
聞已則生貪　辟貫以寶釧　指著金寶鐶
咽頸著寶瓔　脚著於金釧　作金寶羅網
交露覆其身　身著種種寶　以此自莊嚴
世間第一者　以為身莊嚴　細軟上妙觸
增長於愛欲　種種妙牀榻　以自悅其身
種種好妙香　以塗其自身　栴檀龍腦香
以此自塗身　麝香等諸香　用之自塗身
瞻蔔須摩那　以此塗其髮　第一精妙衣
白疊自身衣　若捨白象乘　復乘於馬乘

僧伽吒經卷第四　第五張　使字号

為王治國政　人衆忠敬重　宮中諸妃后
善學歌舞戲　禽獸在曠野　無事獵殘害
作如是等惡　不知後世報　食噉他肉故
受如是苦報　愚癡無智慧　不知當有死
我以愚癡意　養育於身命　今日至死門
無能救濟者　汝等諸親族　何用視我為
何不服勝衣　何故自憂哭　何故不梳髮
而受於苦惱　我命終不存　造惡增多故
狐狼烏鵲等　食我此身肉　長養此身體
為諸虫所食　生死因此身　衆生則有生
應如是授藥　令得離此難　世醫不能治
無人救濟者　今日授法藥　令滅煩惱病
種種養此身　會必歸於死　世間無上尊
救度諸衆生　寂滅諸佛子　亦能救衆生
施諸妙法藥　令速離生死　食肉長此身
不知諸苦報　長養於此身　無有少利益
此身頑癡聚　不知少恩分　妻妾男女等
目視不能救　怨結心悲惱　啼哭而號泣
妻妾男女等　不知其恩力　長養得成立
无能救濟者　絶望无有知　憂愁入死地衆生生有苦
後則有死苦　想行觸受等　是則為中苦
愚癡愛所縛　生在於諸有　為愛欲所縛
樂著於境界　衆生无知故　惟有憂惱苦
善法不識知　心但著名字　不知於後世

猶如惡毒蚖　無明轉衆生　後離於解脫
不識解脫故　惡業所流轉　心有煩惱故
衆生住生死　煩惱燒衆善　如火焚乾木
流轉於五道　無有少樂受　不知好妙樂
在於何處所　清淨佛國土　世尊轉法輪
如來淨音聲　說戒定智慧
尒時世尊復告藥上菩提薩埵摩訶
薩埵言如是如是惡行衆生命終之
後受諸苦惱無救濟者善果報者今
說伽他
造惡不善業　必入於地獄　呑噉熱鐵丸
飲於沸融銅　兩火灑其身　遍身體火燒
無處而不遍　展轉受苦惱　不知於淨樂
於法亦不知　愚癡作非法　遠離於樂果
信佛禁戒法　修習於智慧　以淨戒具足
遠疾成菩提　精進為第一　生淨佛國土
宣說善法要　攝護諸衆生　具足慈悲心
修行淨梵行　具解脫知見　成如來善名
世間之父母　菩提心第一　說此法門時
第一善知識　聽此法門者　必作無上尊
具世尊十号　寂滅心相應
尒時藥上菩提薩埵摩訶薩埵白佛
言世尊何因緣故大地震動尒時世
尊告藥上菩提薩埵言汝觀何故大
地震動尒時藥上觀四方時見下方
界有二十億衆生從地踊出見上方
界二万五千億衆生同時而生時諸
年少見是事已白佛言世尊今出生
者是何等人佛言汝等見此大衆不
耶白佛言世尊唯然已見佛言此衆
生出為汝徒伴問言世尊此諸衆生
亦有死不佛告年少一切衆生悉皆
有死此亦不免時諸年少合掌向佛
頂礼佛足而白佛言世尊我等更不能
忍流轉生死佛告年少汝等能起大
精進不年少白佛言世尊我等面見
如來耳聞如來說甘露法見菩提薩
埵現大神力見佛弟子諸聲聞衆集
會於此世尊願修精進不能忍受生
死流轉尒時藥上菩提薩埵及五百
眷屬以神通力踊身虛空身出師子
猛虎白鳥現大神通於高山頂結加
趺坐滿二万由旬化作十千億日月
時諸年少白佛言世尊何故世間有
此光明尒時世尊告諸年少善男子
汝等見此日月不耶時諸年少白佛
言世尊唯然已見佛告年少此是菩
提薩埵自身光明現作日月示於衆
生為之說法安樂利益一切天人人
中修行得此神通時諸年少白佛言
世尊願說如此光明因緣尒時世尊
告藥上菩提薩埵摩訶薩埵言善男
子汝見此三千大千世界六種震動
不時藥上菩提薩埵白佛言世尊唯
然已見我有少疑欲問如來願佛聽
許佛告藥上菩提薩埵言善男子隨
汝意問當為汝說令汝歡喜過去未
來現在三世之事當為汝說藥上白
佛言世尊我見如來有八万四千天
子圍繞恭敬復有八万四千菩薩亦
圍繞恭敬又見万二千億諸龍圍繞
恭敬復有万八千億諸天神等圍繞恭
敬復有二万五千億諸餓鬼圍繞世
尊何因緣故有此衆集尒時世尊告
藥上菩提薩埵摩訶薩埵言善男子
在此衆集為欲聽法藥上此諸衆生
今當背生死今日當得住於十地住
十地已得離煩惱得寂滅佛法藥上
菩提薩埵白佛言世尊此諸衆生雜

業所生如來去何淨此衆生佛告藥上菩提薩埵言善男子汝今諦聽當為汝說藥上此諸衆生愚癡無智不知解脫在於何處多有年少諸衆生等今日當得法陁羅尼得知一切法得於十地至十地已能作佛事能轉法輪雨於法雨紹無上佛法安樂衆生天龍阿修羅健闥婆餓鬼等聞法歡喜皆住十地擊大法鼓吹大法螺此年少等勤修行故得此十地今所得法如十方佛

尒時五千年少衆生從座而起白佛言世尊此身為重檐大可怖畏不知道以非道我等猶如盲冥之人願佛憐愍我等勸請世尊願佛說法我等生無智慧不知法藥願世尊為我等說法令得遠離生死之苦所生之處願見佛身尒時藥上菩提薩埵摩訶薩埵語諸年少衆生言汝等食已然後為汝演說正法時諸年少語藥上言我不識汝汝為是誰色相寂滅離三惡道怖如汝身相離諸惡法見汝掌中七寶莊嚴身服寶瓔以功德聚

我不知汝是何等人我等不須食亦不須飲以食入身甚可增惡變成屎屎作血肉筋皮是故我等不須食飲不須一切細軟衣服不須辟印金釧真珠瓔珞莊嚴身具皆所不欲以無常故我等亦不顧惜身命為離惡道我等求於法施為安樂天人為求善知識不求轉輪聖王以轉輪王雖主四方不免磨滅男女妻子不能隨從所有七寶亦不逐去無量人衆亦不隨去於四天下無復自在一身為王多見無常作惡業故墮叫喚地獄大寶自在遊四天下竟何所在仁者上聽我等所說速至佛觀一切愍之如子我等無父無母無兄弟親族一切皆無佛為我父如來是母佛如日月示人善道於生死中能救衆生令不復生諸煩惱河甚可怖畏衆生在中煩惱漂溺如來救之令不復入世尊憐愍為說正法示人無上菩提之處我等不貪飲食不欲世間富貴不願生天不畏墮惡道得人身已願見世尊衆生短壽流轉無常以惡業故貪

著五欲不覺死至知死必至亦不怖畏不念生滅不知細法不修細業不知寂滅界無明覆心生已歸死死已復生心亦不生猒離之想日夜受苦鞭撻撾打不生猒離但起劫奪受獄縛苦五縛所繫本惡業故命識欲滅悲泣而言誰救濟我一切悉與金銀雜寶身為奴僕一切作使我悉能為王位自在我悉不欲不須財物但求活命如是仁者我等不須飲食諸王自在食則上味會歸於死天食甘露亦歸磨滅種種百味王所貪著求實則無飲食等味我等不須我等求聞正法令得離苦願離愛縛諸結煩惱歸依世尊願離諸縛我等敬礼大仙世尊為諸衆生未知仁者名字何等願自說之藥上菩提薩埵言世界廣慱衆生名字寧可盡知諸年少言我等願知仁者名字甚深名字願為宣說藥上荅言我名藥上治衆生病藥中冣上我今為汝等說令離諸病滅除一切世界病苦世間貪為大病能除滅之瞋為大病無智衆生流轉地

獄畜生餓鬼癡為大病衆生受苦皆能滅除諸年少言聞此妙法離諸苦難凡夫無智受諸苦惱聞此淨法離諸惡業離惡業故无惡道畏速見如来救一切病醫王施藥療治衆苦仁者速去礼敬如来以我等語向世尊說世尊能除我等之病滅煩惱火欲火燒身不能滅除我等極苦願佛憐愍身為重檐甚可怖畏三毒所壓不可得勝去来常檐不能遠離不知死至不生驚怖不知解脫道亦不知示解脫者以愚癡意自謂不死見父母死猶不生怖諸業煩惱濁乱其心受諸苦惱云何而食我等無明覆心有如是苦大怖重檐想行及受癡愛無智流轉諸有世間妄生不識解脫世人愚癡浴以香湯衣以上服食以上味耳聽樂音種種自娯種種好色樂欲觀之一切好味舌求貪食細軟之觸身欲著之二身和合癡心謂樂此身須癡何處有樂著好履屣衣服飲食無如之何臨終困至無有能救自不能救衣服之具豈能救濟生在世

間馳諸為馬常作惡業不求解脫自作教人不知後報我等前死有生令生有死憂悲苦惱我具見父母兄弟姊妹妻子喪亡悲哀憂愁苦惱皆悉見之諸行皆空智者云何而生樂著不求寂滅法不求離生死法以貪覆心生在世時不行布施一切過中無過貪心著於世法多作有行不知修習禪定解脫之道不知發大誓願成無上道佛是父母佛是示解脫道者能雨利益衆生愚癡衆生不知護法發心願求無上菩提名為護法一切行空財物亦空若觀我空不復受生願仁者憐愍以我等語具向佛說為諸菩提薩埵故諸菩薩法不應懈怠勤修精進捨惡行善仁者為我往至佛所礼敬如来作如是言世尊知一切法悉無有疑惡魔眷屬佛已調伏如来已能然大法炬令衆得樂如是之法能成佛者我等未聞仁者速往佛所為我等故我等不見如来猶未得度三十二相八十種好見此身已然後得度尒時藥上菩提薩埵語諸

年少汝觀上方有何等相諸人聞已觀上方見五百化佛又見三千大臺七寶嚴飾七寶羅網以覆其上如蓮華蘂出種種香時諸衆生問藥上言此諸華座是何等相藥上荅言此是汝座速至佛所礼敬如来諸年少言我等不知所行之路不見如来知詣何方礼敬如来藥上告言汝但礼敬如来世尊如虛空塵無有住處如来亦如是如来安住處如須弥山如来等須弥山如大海水三千世界微塵數等十方菩薩欲求佛住不知所在十方諸菩提薩埵但遥礼敬諸年少言願仁慈恩滿我所願心欲見佛親近礼敬藥上告言如来不求香華為衆生作因令離生死惡魔眷屬不共諍論歸依佛者不入死門速得法陁羅尼發淨心願即得見佛尒時世尊以加陵頻伽音熈然微笑從其面門放八万四千光明遍照三千大千世界下至十八地獄上至阿迦尼吒天其光雜色青黄赤白頗梨等色如是等光從面門出遍照三千大千世界

遇斯光者一切衆生皆得安樂照世界已還至佛所繞佛七匝從佛頂入介時藥上菩提薩埵從座而起合掌向佛白言世尊我欲少問若佛聽者乃敢發言介時世尊告藥上言善男子隨汝所問如来為汝分別解說令汝歡喜藥上白佛言世尊此三十億年少欲聽如来微妙深法願為說之佛告藥上善男子若聞如来深妙法者當覺諸法得具足一切功德日即得住於十地能擊大法鼓建大法幢藥上汝見如是大臺不耶藥上言世尊唯然已見

佛告藥上此諸年少今日得坐此臺證一切法滿足一切善根之法今日當得擊大法鼓無量天人得聞法已悉得利益無量地獄衆生得聞法已得背惡道說此語時衆中九千億差衆生得須陁洹果藥上聞此法者得離一切苦具一切善法藥上一切皆能成就佛身藥上汝觀四方諸大菩提薩埵介時藥上即觀四方見東方界五十億恒伽河沙菩薩而来向此見南方界六十億恒伽河沙菩提薩埵而来向此見西方界七十億恒伽沙菩提薩埵而来向此見北方界八十億恒伽沙菩提薩埵而来向此見下方界九十億恒伽沙菩提薩埵而来向此見上方界百億恒伽沙菩提薩埵而来向此到已皆於佛前在一面住藥上白佛言世尊於虛空中見黑色黃色是何等相佛告藥上汝不知耶藥上白佛惟佛如来能一切知佛告藥上此是惡魔及諸眷屬欲来至此藥上汝欲見不藥上白佛言世尊我欲見之佛令藥上即見惡魔藥上見已白佛言世尊何因緣故惡魔至此佛告藥上魔欲乱此法座藥上白佛言世尊此諸菩提薩埵為觀諸年少受位故来藥上汝見此諸菩薩種種形色種種相貌種種力不藥上白佛言世尊唯然我見百千億恒伽沙菩提薩埵自在神通如来至此介時世尊說此法已一切勇菩薩藥上菩薩一切老少衆生一切天人世間阿修羅揵闥婆聞佛所說皆大歡喜

僧伽吒經卷第四

僧伽吒經卷第四

校勘記

一　底本，金藏廣勝寺本。

一　四二一頁中二一行第八字「[illegible]」，諸本作「塚」。

一　四二一頁下九行第七字「迭」，資、磧、普、南、徑、清作「遞」。

一　四二一頁下一二行「諍論」，資、清作「諍鬪」；磧、普、南、徑作「訶鬪」。

一　四二二頁上二〇行第三字「地」，石、資、磧、南、徑、清、麗作「切」。
一　四二二頁上末行第一二字「住」，石、資、磧、南、徑、清、麗作「列」。
一　四二二頁中八行第五字「宅」，麗作「師」。
一　四二二頁中九行第五字「者」，資、磧、南、徑、清作「著」。
一　四二二頁中一〇行第四字「智」，磧、南作「知」。
一　四二二頁中一七行第二字「露」，磧、南、徑、清作「絡」。
一　四二二頁中末行第二字「壘」，石、資、磧、南、徑、清、麗作「氎」。
一　四二二頁中末行「身衣」，資、磧、南、徑、清、麗作「衣身」。
一　四二二頁下三行第一一字「食」，資、磧、南、徑、清、麗作「貪」。
一　四二二頁下一八行首字「目」至一九行第五字「等」，麗無。
一　四二二頁下二〇行末字「死地」，資、磧、南、徑、清作「地獄」。
一　四二二頁下二二行第五字「縛」，石、資、磧、南、徑、清作「轉」。第一〇字「有」，資作「處」。
一　四二二頁下二三行第一〇字「故」，資作「足」。
一　四二二頁下末行第一〇字「字」，資、磧、南、徑、清作「利」。
一　四二三頁上一行第八字「轉」，磧、南、徑、清作「縛」。
一　四二三頁上一九行末字「時」，石、資、磧、南、徑、清、麗作「者」。
一　四二三頁中三行首字「界」，徑作「見」。
一　四二三頁中一一行第五字「而」，資、磧、南、徑、清無。
一　四二三頁下一六行第九字「諸」，麗無。
一　四二三頁下一七行第一一字「鬼」，資、磧、南、徑、清作「鬼神」。
一　四二四頁中二行第一〇字「增」，資、磧、南、徑、清、麗作「憎」。
一　四二四頁中一二行末字「大」，石、資、磧、南、徑、清、麗作「七」。
一　四二四頁中一三行末字「上」，石、資、磧、南、徑、清、麗作「且」。
一　四二四頁中一四行第七字「至」，資、磧、南、徑、清、麗作「至佛所」。
一　四二四頁中二一行第五字「飲」，石作「欲」。
一　四二四頁下二行第一〇字「不」，資、磧、南、徑、清作「不知」。
一　四二四頁下四行第一一字「日」，石、資、磧、南、徑、清、麗作「長」。
一　四二五頁上一二行第三字「者」，資、磧、南、徑、清作「道者」。
一　四二五頁中一行第六字「常」，磧、南、徑、清作「當」。
一　四二五頁下一行末字「已」，資、磧、南、徑、清作「已即」。
一　四二五頁下四行「衆生」，資、磧、南、徑、清作「年少」。
一　四二六頁上一〇行第二字「覺」，磧、南、徑、清作「學」。第一二字「日」，資、磧、南、徑、清作「今日」。

一　四二六頁上末行第七字及本頁中一行第一〇字「河」，資、磧、南、徑、清無。

一　四二六頁中七行末字「一」，磧、南、徑、清作「二」。

一　四二六頁中一一行第一〇字「諸」，資、磧、南、徑、清無。

一　四二六頁中二〇行第九字「如」，石、資、磧、南、徑、清、麗作「而」。

一　四二六頁中末行末字「喜」，資、磧、南、徑、清作「喜頂戴奉行」。

力莊嚴三昧經卷上　使

隋天竺三藏那連提耶舍譯

如是我聞一時婆伽婆住舍婆提城祇陁林樹給孤獨園與比丘衆五百人倶一切皆是大阿羅漢諸漏已盡無復煩惱心得好解脫慧得好解脫其心柔和猶調伏為內外清淨究竟斷除五陰重檐所作已辦不受後有猶如諸佛解脫無為不為有為生死遷動惟除一人在於學地所謂長老阿難比丘一切皆得寂滅之法一切皆得調伏之法一切具足寂勝之法一切不住於意識中一切皆得種種解脫一切皆得自在神通

復有八十百千菩薩摩訶薩等而為上首所謂文殊師利童子智輪大海辯才童子蓮華藏光一切衆生眼童子無邊心廣義慧童子天寶炎光善照耀幢童子難可譬喻善色愛見童子觀諸衆生眼視不瞬童子大願不虛見童子深遠雷震鼓音響聲童子離障导一切衆生眼童子寶藏炎輪廣德童子多福德衆生見勝幢童子勝妙無邊香光童子无邊力精進善大奮迅童子牢固精進無邊智光幢童子一切差别德勝智童子不可破壞能常寂勝童子成就一切自在導師童子相好莊嚴清淨福行善名稱童子一切衆生寂愛樂童子如是等衆諸童子倶一切皆得不退轉道以金剛鎧大願莊嚴心常寂靜盡諸有邊不壞法中得大清淨寂勝清淨彼岸清淨一切清淨行皆清淨

尒時世尊於彼後夜第一分中入于三昧此之三昧名力莊嚴入三昧已悉知過去現在未来一切衆生生死業行佛神力故是時此處祇陁樹園地及虛空一切皆滿天衣寶帳交絡網縷天蓋幢幡閟塞周遍又毎種種雜妙旒酥細藥天花繽紛乱墜林樹閒錯七寶廁填種種莊嚴布散於地天諸香菾天弥那羅天桂欝金及熏香等煙雲徵密靉靆氛氳時卷時舒可愛可樂時祇陁樹如是種種天寶莊嚴廣慱淨故有大威德具衆光明

照耀虛空盡十方面現此難量諸莊
嚴已有師子座自然而出殊特妙好
勝天報成以座莊嚴光因緣故令此
三千大千世界一切赫耀皆光照明
辟如夜中然大炬火一切暗冥悉滅
無餘
尒時此三千大千世界娑婆國土所
有穢惡丘陵堆阜崖岸川原礫石土
砂高下坑坎陂池溝壑泉井江湖小
河大河小海大海須弥海島尼民陁
羅仙聖所居十寶諸山斫迦婆羅及
大斫迦婆羅山等悉皆平坦無諸荆
棘并餘叢林清淨端平如琉璃掌又
有種種七寶莊嚴天曼陁花遍覆於
地天蘂藕根天多摩羅天桂欝金香
熏雲氣普皆周遍繞虛空中又有諸
天無量音樂百千万億那由他種自
然出聲悉說妙法
時此三千大千世界滿虛空中種種
七寶蓮花莊嚴冣勝香光皆作金色
紺青琉璃用以為莖臺廣七肘皆高
七尋蓮花開敷甚可喜樂天栴檀樹
曼陁花樹天龍花樹其樹各各高七
多羅枝葉扶疎色香具足青黄赤白
皆如蓮花如是莊嚴三千大千一切
地界至有頂天悉如天宮淨妙國土
現是變已是時一切無量衆生以佛
力加故無障导此彼徹見猶淨琉璃
難可思量佛境界故
尒時此三千大千世界地住諸天乃
至一切迦膩吒天并及五百羅漢比
丘八十百千菩薩衆等作如是念此
是如来力莊嚴力此是如来人中師
子此是如来冣大奮迅此是如来師
子奮迅此是如来大大師子奮迅踊
躍此是如来大大神通莊嚴之事不
可思議不可讃歎如是見已天及聲
聞諸菩薩等一切大衆皆於佛所生
大信心蹦跪合掌一心低頭供養而住
尒時東方過如恒河沙等世界彼有
佛刹名一切光其中有佛号無邊光
多陁阿伽度阿羅呵三藐三佛陁與
大比丘衆八千万比丘尼三千万菩
薩摩訶薩八十百千万優婆塞八十
八万優婆夷七十千万亦有冣大威
德天人皆於彼衆圍遶佛座聽說
法要
尒時南方過如恒河沙等世界彼有
佛刹名曰大光其中有佛号無邊精
進多陁阿伽度阿羅呵三藐三佛陁
與大比丘衆十千万人俱菩薩摩訶
薩四十千万優婆塞六十千万亦有
冣大威德天人皆於彼衆圍遶佛座
聽說法要
尒時西方過如恒河沙等世界彼有
佛刹名曰普光其中有佛号曰普見
多陁阿伽度阿羅呵三藐三佛陁與
大比丘二億衆俱三億比丘尼九億
六千万菩薩摩訶薩衆八億優婆塞
六億優婆夷亦有冣大威德天人皆
於彼衆圍遶佛座聽說法要
尒時北方過如恒河沙等世界彼有
佛刹名曰大燈其中有佛号曰作光
多陁阿伽度阿羅呵三藐三佛陁與
大比丘六億衆俱四万比丘尼八億
菩薩摩訶薩衆九億優婆塞八億優
婆夷亦有冣大威德天人皆於彼衆
圍遶佛座聽說法要
尒時東北方過如恒河沙等世界彼

有佛刹名曰金光照耀其中有佛号
金色光多陁阿伽度阿羅呵三藐三
佛陁與大比丘七億衆俱三億比丘
尼八億菩薩摩訶薩衆九億優婆塞
八億優婆夷亦有㝡大威德天人皆
於彼衆圍遶佛座聽說法要
尒時東南方過如恒河沙等世界彼
有佛刹名大炬光其中有佛号不可
思議曰光多陁阿伽度阿羅呵三藐
三佛陁與大比丘八億四千万一億
八千万比丘尼九億六千万菩薩摩
訶薩八億八千万億優婆塞八億優
婆夷亦有㝡大威德天人皆於彼衆
圍遶佛座聽說法要
尒時西南方過如恒河沙等世界彼
有佛刹名善勝光其中有佛号曰大
光多陁阿伽度阿羅呵三藐三佛陁
與大比丘衆九億六千万八億比丘
尼九億二千万菩薩摩訶薩九億優
婆塞九億六千万億優婆夷亦有㝡
大威德天人皆於彼衆圍遶佛座聽
說法要
尒時西北方過如恒河沙等世界彼

有佛刹名寶智意其中有佛号寶藏
光多陁阿伽度阿羅呵三藐三佛陁
與大比丘八億衆俱二億比丘尼八
億菩薩摩訶薩衆八億八千万優婆
塞七億優婆夷亦有㝡大威德天人
皆於彼衆圍遶佛座聽說法要
尒時上方過如恒河沙等世界彼有
佛刹名日月光其中有佛号月幢光
多陁阿伽度阿羅呵三藐三佛陁與
大比丘十億衆俱三億比丘尼八億
菩薩摩訶薩衆九億二千万優婆塞
九億優婆夷亦有㝡大威德天人皆
於彼衆圍遶佛座聽說法要
尒時下方過如恒河沙等世界彼有
佛刹名離垢光其中有佛号普眼見
多陁阿伽度阿羅呵三藐三佛陁與
大比丘衆九億六千万四億比丘尼
九億四千万菩薩摩訶薩八億優婆
塞七億優婆夷亦有㝡大威德天人
皆於彼衆圍遶佛座聽說法要
尒時文殊師利童子及一切衆生㝡
愛樂童子如是衆等二十童子一時
俱起到於佛所到佛所已時釋迦佛

在三昧中百福莊嚴寂然不動時諸
童子各各默然偏袒右肩頂礼佛足
右遶如來遶三匝已辟如壯士屈伸
臂頃各往十方
尒時文殊師利童子智輪大海辯才
童子向於東方度如恒河沙等國土
彼有世界名一切光其中有佛号無
邊光如來應供正遍知十号具足為
諸大衆說微妙法時二童子到彼刹
已為佛作礼坐於衆中
尒時蓮花藏光一切衆生眼童子无
邊心廣義慧童子等向於南方度如
恒河沙等國土彼有世界名曰大光
其中有佛号無邊精進如來應供正
遍知十号具足為諸大衆說微妙法
時二童子到彼刹已為佛作礼坐於
衆中
尒時天寶炎光善照耀幢童子難可
辟喻善色愛見童子等向於西方度
如恒河沙等國土彼有世界名曰普
光其中有佛号曰普見如來應供正
遍知十号具足為諸大衆說微妙法
時二童子到彼刹已為佛作礼坐於

衆中
尒時觀諸衆生眼視不瞬童子大願不虛見童子等向於北方度如恒河沙等國土彼有世界名曰大燈其中有佛号曰光作如来應供正遍知十号具足為諸大衆說微妙法時二童子到彼剎已為佛作礼坐於衆中
尒時深遠雷震鼓音響聲童子離障㝵一切衆生眼童子等向東北方度如恒河沙等國土彼有世界名金光照其中有佛号金色光如来應供正遍知十号具足為諸大衆說微妙法時二童子到彼剎已為佛作礼坐於衆中
尒時寶藏炎輪廣德童子多福德衆生見勝幢童子等向東南方度如恒河沙等國土彼有世界号大炬光其中有佛号不可思議日光如来應供正遍知十号具足為諸大衆說微妙法時二童子到彼剎已為佛作礼坐於衆中
尒時勝妙無邊香光童子无邊力精進善大奮迅童子等向西南方度如

恒河沙等國土彼有世界名善勝光其中有佛号曰大光如来應供正遍知十号具足為諸大衆說微妙法時二童子到彼剎已為佛作礼坐於衆中
尒時牢固精進無邊智光幢童子一切差別德勝智童子等向西北方度如恒河沙等國土彼有世界名寶意慧其中有佛号寶藏光如来應供正遍知十号具足為諸大衆說微妙法時二童子到彼剎已為佛作礼坐於衆中
尒時不可破壞能常寂勝童子成就一切自在導師童子等向於上方度如恒河沙等國土彼有世界名日月光其中有佛号寶幢光如来應供正遍知十号具足為諸大衆說微妙法時二童子到彼剎已為佛作礼坐於衆中
尒時相好莊嚴清淨福行善名稱童子一切衆生寂愛樂童子等向於下方度如恒河沙等國土彼有世界名離垢光其中有佛号普眼見如来應供正遍知十号具足為諸大衆說微

妙法時二童子到彼剎已為佛作礼坐於衆中
尒時無邊光如来應正遍知為諸大衆知而故問文殊師利童子智輪大海辯才童子等言汝二大士從何所来時二童子報彼佛言世尊此剎西方過如恒河沙等世界國名娑婆佛号釋迦牟尼如来多陁阿伽度阿羅呵三藐三佛陁以大莊嚴入于三昧我等從彼佛世尊所恭敬頂礼三遶畢来
尒時無邊精進如来應供正遍知為諸大衆知而故問蓮華藏光一切衆生眼童子無邊心廣義慧童子等言汝二大士從何所来時二童子報彼佛言世尊此剎北方過如恒河沙等世界國名娑婆佛号釋迦牟尼如来多陁阿伽度阿羅呵三藐三佛陁以大莊嚴入于三昧我等從彼佛世尊所恭敬頂礼三遶畢来
尒時普見如来應正遍知為諸大衆知而故問天寶炎光善照曜幢童子難可辟喻善色愛見童子等言汝二

大士從何所來時二童子報彼佛言世尊此剎東方過如恒河沙等世界國名娑婆佛号釋迦牟尼如來多陁阿伽度阿羅呵三藐三佛陁以大莊嚴入于三昧我等從彼佛世尊所恭敬頂礼三遶畢來

尒時大燈如來應正遍知為諸大衆知而故問觀諸衆生眼視不瞬童子大願不虛見童子等言汝二大士從何所來時二童子報彼佛言世尊此剎南方過如恒河沙等世界國名娑婆佛号釋迦牟尼如來多陁阿伽度阿羅呵三藐三佛陁以大莊嚴入于三昧我等從彼佛世尊所恭敬頂礼三遶畢來

尒時金色光如來應正遍知為諸大衆知而故問深遠雷震鼓音響聲童子離障㝵一切衆生眼童子等言汝二大士從何所來時二童子報彼佛言世尊此剎西南方過如恒河沙等世界國名娑婆佛号釋迦牟尼如來多陁阿伽度阿羅呵三藐三佛陁以大莊嚴入于三昧我等從彼佛世尊

所恭敬頂礼三遶畢來

尒時不可思議目光如來應正遍知為諸大衆知而故問寶嚴炎輪廣德童子多福德衆生見勝幢童子等言汝二大士從何所來時二童子報彼佛言世尊此剎西北方過如恒河沙等世界國名娑婆佛号釋迦牟尼如來多陁阿伽度阿羅呵三藐三佛陁以大莊嚴入于三昧我等從彼佛世尊所恭敬頂礼三遶畢來

尒時善光如來應正遍知為諸大衆知而故問勝妙無邊香光童子无邊力精進善大奮迅童子等言汝二大士從何所來時二童子報彼佛言世尊此剎東北方過如恒河沙等世界國名娑婆佛号釋迦牟尼如來多陁阿伽度阿羅呵三藐三佛陁以大莊嚴入于三昧我等從彼佛世尊所恭敬頂礼三遶畢來

尒時寶藏光如來應正遍知為諸大衆知而故問牢固精進無邊智光幢童子一切差別德勝智童子等言汝二大士從何所來時二童子報彼佛

言世尊此剎東南方過如恒河沙等世界國名娑婆佛号釋迦牟尼如來多陁阿伽度阿羅呵三藐三佛陁以大莊嚴入于三昧我等從彼佛世尊所恭敬頂礼三遶畢來

尒時寶幢光如來應正遍知為諸大衆知而故問不可破壞能常寂勝童子成就一切自在導師童子等言汝二大士從何所來時二童子報彼佛言世尊此剎下方過如恒河沙等世界國名娑婆佛号釋迦牟尼如來多陁阿伽度阿羅呵三藐三佛陁以大莊嚴入于三昧我等從彼佛世尊所恭敬頂礼三遶畢來

尒時普眼見如來應正遍知為諸大衆知而故問相好莊嚴清淨福行善名稱童子一切衆生寂愛樂童子等言汝二大士從何所來時二童子報彼佛言世尊此剎上方過如恒河沙等世界國名娑婆佛号釋迦牟尼如來多陁阿伽度阿羅呵三藐三佛陁以大莊嚴入于三昧我等從彼佛世尊所恭敬頂礼三遶畢來

尒時十方諸佛世界聞此釋迦牟尼
如来多陁阿伽度阿羅呵三藐三佛
陁十号名已彼十方剎一切佛土皆
大震動動遍動等遍動震遍震等遍
震踊遍踊等遍踊如是動已時彼十
方諸佛侍者各各合掌白於佛言世
尊何因緣故令此三千大千世界如
是大動時十方佛皆即告其自侍者
言善男子從此剎西過如恒河沙等
世界彼有國土名曰娑婆佛号釋迦
牟尼如来多陁阿伽度阿羅呵三藐
三佛陁於今現在入力莊嚴三昧為
諸四衆圍遶而坐欲說甚深平等之
法以是事故此處三千大千世界地
皆震動如是次第乃至下方諸剎震
動亦復如是
時十方佛復告大衆諸比丘等作如
是言汝等當知佛出世難如優曇花
出已值遇倍難於是如是難中比此
釋迦牟尼如来億倍甚難何以故彼
佛世尊往昔因緣誓願力故生於雜
穢五濁剎中如是寂難諸比丘又彼
如来名不虛唱若十方國佛剎之中

力莊嚴三昧經卷上　第十五張　使

一切衆生聞此釋迦牟尼如来勇猛
精進難行苦行及過去世發大誓願
菩薩行中諸難作者種種功德名号
具足一切皆得如是聞已十方一切
諸佛剎中不可算數無量衆生皆得
受於阿耨多羅三藐三菩提記何況
其餘得須陁洹斯陁含阿那含阿羅
漢果者是故比丘說此釋迦牟尼如
来大名稱時十方世界恒河沙等三
千大千諸國土中一切諸佛皆各如
是讚歎釋迦牟尼如来多陁阿伽度
阿羅呵三藐三佛陁無量功德其聲
復聞餘處十方恒河沙等世界之外
復有國土更尒許數恒河沙等世界
佛剎是諸佛等復各出聲為其大衆
稱說釋迦如来名号時彼佛剎諸大
菩薩如是聞已各白佛言希有世尊
我今欲往娑婆世界見於釋迦牟尼
如来礼拜供養聽所未聞時彼諸佛
各各告其大菩薩言善哉善哉善男
子宜知是時隨逐二大童子俱往何
以故彼佛世尊難遭難覩聞法聽受
及彼衆中同會共坐甚為難矣

力莊嚴三昧經卷上　第十六張　使

尒時釋迦牟尼多陁阿伽度阿羅呵
三藐三佛陁從力莊嚴三昧而起安
庠徐步猶若鵝王瞻視端平趣師子
座到已登上手自展設於尼師壇鋪
已儼然結加趺坐一切大衆四面圍遶
尒時文殊師利童子智輪大海辯才
童子等從東方還共無量阿僧祇千
万億諸大菩薩摩訶薩衆俱来到於
釋迦牟尼佛世尊前彼二童子及餘
菩薩各各頭面頂礼佛足礼畢皆退
坐蓮花座
尒時蓮花藏光一切衆生眼見童子
無邊心廣義慧童子等從南方還共
無量阿僧祇千万億諸大菩薩摩訶
薩衆俱来到於釋迦牟尼佛世尊前
彼二童子及餘菩薩各各頭面頂礼
佛足礼畢皆退坐蓮花座
尒時天寶善光照耀幢童子難可辟
踰善色愛見童子等從西方還共無
量阿僧祇千万億諸大菩薩摩訶薩
衆俱来到於釋迦牟尼佛世尊前彼
二童子及餘菩薩各各頭面頂礼佛
足礼畢皆退坐蓮花座

力莊嚴三昧經卷上　第十七張　使

力莊嚴三昧經 一 第十八張 德字函

尒時觀諸衆生眼視不瞬童子大願
不虛見童子等從北方還共无量阿
僧祇千万億諸大菩薩摩訶薩衆俱
来到於釋迦牟尼佛世尊前彼二童
子及餘菩薩各各頭面頂礼佛足礼
畢皆退坐蓮花座
尒時深遠雷震鼓音響聲童子離障
㝵一切衆生眼童子等從東北還共
無量阿僧祇千万億諸大菩薩摩訶
薩衆俱来到於釋迦牟尼佛世尊前
彼二童子及餘菩薩各各頭面頂礼
佛足礼畢皆退坐蓮花座
尒時寶藏炎輪廣德童子多福德衆
生見勝幢童子等從東南還共无量
阿僧祇千万億諸大菩薩摩訶薩衆
俱来到於釋迦牟尼佛世尊前彼二
童子及餘菩薩各各頭面頂礼佛足
礼畢皆退坐蓮花座
尒時勝妙無邊香光童子无邊力精
進善大奮迅童子等從西南還共無
量阿僧祇千万億諸大菩薩摩訶薩
衆俱来到於釋迦牟尼佛世尊前彼
二童子及餘菩薩各各頭面頂礼佛
足礼畢皆退坐蓮花座
尒時牢固精進無邊智光幢童子一
切差別德勝智童子等從西北還共
無量阿僧祇千万億諸大菩薩摩訶
薩衆俱来到於釋迦牟尼佛世尊前
彼二童子及餘菩薩各各頭面頂礼
佛足礼畢皆退坐蓮花座
尒時不可破壞能常寂勝童子成就
一切自在導師童子等從上方還共
无量阿僧祇千万億諸大菩薩摩訶
薩衆俱来到於釋迦牟尼佛世尊前
彼二童子及餘菩薩各各頭面頂礼
佛足礼畢皆退坐蓮花座
尒時相好莊嚴清淨福行善名稱童
子一切衆生寂愛樂童子等從下方
還共无量阿僧祇千万億諸大菩薩
摩訶薩衆俱来到於釋迦牟尼佛世
尊前彼二童子及餘菩薩各各頭面
頂礼佛足礼畢皆退坐蓮花座

力莊嚴三昧經卷上

力莊嚴三昧經卷上

力莊嚴三昧經卷上

校勘記

一 底本，金藏廣勝寺本。四三一頁中、次頁中、下、四三四頁上、中、下共六版，原版漫漶，以麗藏本換。

一 四二九頁中二行「天竺三藏」，資、磧、普、南、徑、清作「三藏法師」。卷中、卷下同。

一 四二九頁下一八行「旒酥」，資、磧、普、南、徑、清、麗作「流蘇」。

一 四三〇頁上四行第一二字「光」，資、磧、普、南、徑、清作「悉」。

一 四三〇頁上八行第六字「埠」，石、資作「堆」且有夾註「丁廻反」；磧、南、清作「垍」；徑作「堆」。

一 四三〇頁上一〇行第一三字「民」，石作「氏」。

一 四三〇頁中八行第四字「迦」，磧、普、南、徑、清作「阿迦」。

一 四三一頁上一二行第八字「億」，資、磧、南、徑、清、麗無。二〇行第八字同。

一 四三一頁中一〇行第四字「十」，石、資、磧、普、南、徑、清作「七」。

一 四三二頁上一〇行第一三字「金」，徑作「曰」。

一 四三二頁中一二行第八字「常」，磧作「當」。

一 四三二頁中二二行第九字「普」，磧作「音」。

一 四三二頁下一二行第一〇字「供」，資、磧、普、南、徑、清無。

一 四三三頁上一一行第八字「沙」，磧、普、南無。

一 四三三頁上二〇行第八字「方」，資、磧、普、南、徑、清無。本頁中六行第九字、一五行第六字及本頁下一行第八字同。

一 四三三頁中二行第七字「目」，諸本作「日」。

一 四三三頁中末行第八字「時」，資無。

一 四三四頁上五行第二、四、七字「踊」，磧、普、南、徑、清作「涌」。

一 四三四頁上七行第六字「令」，石、資、磧、普、南、徑、清作「今」。

一 四三四頁中末行末字「矣」，資、磧、普、南、徑、清作「遇」。

一 四三四頁下三行首字「庠」，資、磧、普、南、徑、清作「詳」。

力莊嚴三昧經卷中　使

隋天竺三藏那連提耶舍譯

尒時佛告長老阿難汝今可喚諸比丘集是時阿難受佛教已即歷處處告諸比丘說如是言汝等當知世尊導師今命於汝汝等當往時諸比丘聞是語已一切皆往見佛坐於師子座上光顏挺特威德寂尊合掌低頭頂礼佛足礼畢右遶各向蓮華座中而坐尒時三千大千世界一切遍滿諸妙蓮華其華開敷皆如寶座又此世界天栴檀樹鬱陁羅樹天衆香樹是諸林木一切皆各高七多羅彼樹枝葉悉是蓮華諸蓮華中皆滿菩薩結加趺坐及此五百羅漢聲聞皆亦結加坐蓮華座乃至有頂一切天龍宮殿林苑悉有蓮華亦各皆坐蓮華之上時此三千大千世界如是種種天香栴檀和合普熏芬芳充遍聞者愛樂悅樂凞怡香風觸身清涼調適能令衆生各皆歡喜

尒時如来在師子座入於影現三昧之中以是三昧神力因緣東方一切諸佛刹中所有衆生皆作是念如来世尊今獨對我憐愍於我知於我心解我言語以知我心憐愍我故稱於我心為我說法不為餘人如是南方西方北方四維上下一切衆生乃至有頂諸天龍神皆如是念佛獨對我不對餘人說法知心亦復如是

尒時文殊師利童子於蓮華上恭敬起立偏袒右肩向於如来一心頂礼長跪合掌而白佛言大聖世尊一切世間愚癡衆生不信如是深妙之語如来世尊多陁阿伽度阿羅訶三藐三佛陁菩提覺了得如来智自在智不可量智無等等智不可數智阿僧祇智大智佛智一切種智佛言如是如是文殊師利一切世間不可思議如是多陁阿伽度阿羅呵三藐三佛陁菩提覺了及如来智乃至一切種智亦復如是不可思議諦聽諦聽文殊師利辟如世間有於一人以如恒河沙等三千大千世界土地盡末作塵如是諸塵合為一聚以口一吹各

令舊塵還復本剎如先不異無有虧盈於意云何文殊師利是可信不文殊師利白佛言世尊是事難信世間衆生實無信者佛告文殊師利如是如是我今說言多陁阿伽度阿羅呵三藐三佛陁菩提覺已此如来智乃至一切種智亦復如是一切世間衆生難信

復次文殊師利辟如世間有於一人以恒河沙等三千大千諸世界中所有大水其波濤涌乃至二禪盡皆擲取悉內於一小藕孔中既內中已而是藕根不大不破於意云何文殊師利是可信不文殊師利白佛言世尊是事難信世間衆生實无信者佛告文殊師利如是如是我今說言多陁阿伽度阿羅呵三藐三佛陁菩提覺已此如来智乃至一切種智亦復如是一切世間衆生難信

復次文殊師利辟如世間有於一人以恒河沙等三千大千諸世界中所有劫火其炎猛熾乃至梵天彼一切火并其烟炎盡皆吸取內自腹中如

是竟已或復食於一箇小棗或一胡麻及一粳米壽命住世經恒沙劫身不被燒又亦不死於意云何文殊師利是可信不文殊師利白佛言世尊是事難信世間衆生實无信者佛告文殊師利如是如是我今說言多陁阿伽度阿羅呵三藐三佛陁菩提覺已此如来智乃至一切種智亦復如是一切世間衆生難信

復次文殊師利辟如世間有於一人以恒河沙等三千大千諸世界中所有一切四方四維及以上下吡嵐猛吹一切風輪盡皆和合以手遮取置於一箇小芥子中而是芥子不大不寬不迮不毀於意云何文殊師利是可信不文殊師利白佛言世尊是事難信世間衆生實无信者佛告文殊師利如是如是我今說言多陁阿伽度阿羅呵三藐三佛陁菩提覺已此如来智乃至一切種智亦復如是一切世間衆生難信

復次文殊師利辟如世間有於一人以恒河沙等三千大千諸世界中一切虛空其人欲一結加趺坐滿此虛

空或一劫住或半劫住於意云何文殊師利是可信不文殊師利白佛言世尊是事難信世間衆生實无信者佛告文殊師利如是如是我今說言多陁阿伽度阿羅呵三藐三佛陁菩提覺已此如来智乃至一切種智亦復如是一切世間衆生難信

復次文殊師利辟如世間有於一人以恒河沙等三千大千諸世界中所有一切諸衆生心是人如是以一念頃合此無量衆生之心置於一處令成一心於意云何文殊師利是可信不文殊師利白佛言世尊是事難信世間衆生實無信者佛告文殊師利如是如是我今說言多陁阿伽度阿羅呵三藐三佛陁菩提覺了此如来智乃至一切種智亦復如是一切世間衆生難信

尒時智輪大海辯才童子於華座上偏袒右肩䠒跪合掌復白佛言世尊多陁阿伽度阿羅呵三藐三佛陁阿耨多羅三藐三菩提覺已如来智自在智不可思議智不可量智无

等等智不可數智阿僧祇智大智佛智一切種智其義云何佛告智輪大海辯才童子言善男子諦聽諦聽善思念之我當為汝分別解說善男子一切衆生平等故一切法亦平等此如来智一切法平等故一切衆生亦平等此如如不異如如實如如智輪童子當知此名如来智是智因緣故如来處智非處智處非處智如来實知

復次智輪大海辯才童子如来知一切衆生自在生故一切法亦自在生一切法因緣自生故一切衆生亦因緣自生此如来智何以故一切衆生非自作非他作非過去現在及以當来推求不得何以故作者无故無作者故一切衆生過去世空現在世空當来亦空衆生如是無作者故一切法亦如是無過去當来及現作者何以故作者悉無若有說言有作者當知是人虛誑妄語智輪童子當知此名如来自在智是智因緣故一切行業所趣如来實知

復次智輪大海辯才童子如来知一

切衆生不可思議智故如一切衆生不可思議智如是一切法亦不可思議智故知一切法不可思議智如是一切衆生不可思議知亦一切法不可思議知何以故非一切衆生彼意識可見可知猶如虛空无有別異不可覺知一切衆生真實體性不可思量如是一切衆生實義因緣不可思議故一切法亦不可思議如一切法不可思議故如是一切衆生亦不可思議智輪童子當知此名如来不可思議智是智因緣故過去現在及以當来一切垢淨因緣果報如来實知

復次智輪大海辯才童子如来知一切衆生不可量故一切法亦不可量智一切法不可量故一切衆生亦不可量智何以故非一切衆生心意識不可見不可知如虛空不可稱如一切衆生實義不可量如是一切衆生不可量故一切法亦不可量一切法不可量故一切衆生亦不可量智輪童子當知此名如来不可思量智是智因緣故一切衆生根精進差別衆

生如来實知

復次智輪大海辯才童子如来知一切衆生平等故一切法平等智一切法平等故亦一切衆生平等智何以故若涅槃體性與一切衆生有異者則是辟喻不相應當涅槃衆生二不二故如一切衆生體性不異涅槃故非不異如如一切衆生平等故一切法亦平等一切法非平等故亦一切衆生非平等智智輪童子當知此名如来無等等智是无等等智因緣故一切衆生無量界種種界如来實知

復次智輪大海辯才童子如来知一切衆生不可數因緣故亦一切法不可數智一切法不可數因緣故亦一切衆生不可數智如法界體性不可數如是智輪大海辯才童子一切衆生離自分故不可數如是一切法亦不可數亦一切衆生不可數故一切法不可數乃至一切衆生不可數智輪童子當知此名如来不可數智是不可數智因緣故如来一切衆生種種樂心如来實知

復次智輪大海辯才童子如来知一切衆生阿僧祇因緣故一切法阿僧祇智如一切法阿僧祇因緣故一切衆生阿僧祇智亦一切衆生阿僧祇因緣故一切法阿僧祇智智輪童子當知此名如来阿僧祇智是阿僧祇智因緣故如来一切禪定解脱及三摩提三摩跋提煩惱寂滅起動斷除如来實知

復次智輪大海辯才童子如来知一切衆生大故亦一切法大智一切法大智故亦一切衆生大智離於障㝵離障㝵者此名一切衆生名字又離障者名為離暗離於暗者此名體性照耀光明照耀明者於諸境界无有塵垢無塵垢故名離障㝵衆生大界一而無異此名衆生體性大界一切衆生大界因緣故亦一切法離於塵垢不異故大亦一切法大故一切衆生大可知離塵垢一切法離暗若有說言一切有暗生者無有是處智輪童子此名如来離暗大智亦大智因緣故如来天眼見一切衆生生死現

在當来天人中生地獄畜生餓鬼中生餘業因緣衆生受生如来實知

復次智輪大海辯才童子如来知過去現在未来一切衆生因緣故亦過去現在未来一切法如来智亦過去現在未来一切法因緣故亦過去現在未来一切衆生如来智智輪如過去現在未来三世法界叵見尒時過去現在未来三世衆生界亦不可見如過去現在未来衆生界叵見尒時過去現在未来一切法界亦不可見此不可見法性法體一切佛身及非佛身衆生身等一種无異智輪童子當知此名如来佛智是智因緣故一切三世所有生死如来實知

復次智輪大海辯才童子如来知一切衆生一切智故如来一切法一切種智如来一切法一切智故如来一切衆生一切種智一切衆生一切智故如来智如来智因緣故一切衆生一切智如来智智輪童子如一切衆生一切智故如来智如是如来智一切衆生一切智如是一切法一切智

因緣故如来一切智因緣故乃至一切法一切智如是智輪此過去當来現在佛如来過去一切智當来一切智現在一切智是智一切故如来過去生義智亦當来生義智亦現在生義智智輪是名如来一切種智是一切種智因緣故如来漏盡智實智云何是智過去世空當来世空現在世空三世皆空無生无盡無住无異非如非異如如名如来智作因緣無名自在智離心意識諸境界故名不可思議智虛空無異故名不可量智无等因緣故名無等等智法界无數故名不可數智阿僧祇阿僧祇因緣故名阿僧祇智無障㝵因緣故名為大智過去當来現在佛因緣故名為佛智過去現在及以當来一切諸有智因緣故是名如来一切種智此一切智一切智處及名味句一切字語和合因緣我今字字如是略說一切處順如来多陁阿伽度阿羅呵三藐三佛陁勝阿耨多羅三藐三菩提智此名如来智自在智不可思議智不可

量智無等等智不可數智阿僧祇智大智佛智一切種智

尒時智輪大海辯才童子白佛言世尊云何衆生力因縁生故如来力亦生如来力生故衆生力亦生佛言如是智輪童子如来力故生力此之二力一不異故名為一界如衆生力因縁如来力生如来力因縁衆生力生是故如来一切智覺

尒時智輪大海辯才童子白佛言世尊云何如来多陁阿伽度阿羅呵三藐三佛陁一切種智生佛言十二因縁生故智輪童子如来多陁阿伽度阿羅呵三藐三佛陁一切種智生智輪童子十二因縁者所謂眼色耳聲鼻香舌味身觸意法此因縁智故一切種智生

尒時智輪大海辯才童子白佛言世尊無量如来多陁阿伽度阿羅呵三藐三佛陁一切智眼一切智色一切智耳一切智聲一切智鼻一切智香一切智舌一切智味一切智身一切智觸一切智意一切智法如是問已

佛報智輪大海辯才童子言無量一切衆生一切衆生眼一切衆生色一切衆生耳一切衆生聲一切衆生鼻一切衆生香一切衆生舌一切衆生味一切衆生身一切衆生觸一切衆生意一切衆生法如是智輪童子如来多陁阿伽度阿羅呵三藐三佛陁一切智眼一切智色一切智耳一切智聲一切智鼻一切智香一切智舌一切智味一切智身一切智觸一切智意一切智法無量如来一切智眼一切智色一切智耳一切智聲一切智鼻一切智香一切智舌一切智味一切智身一切智觸一切智意一切智法如是一切衆生亦一切智眼一切智色一切智耳一切智聲一切智鼻一切智香一切智舌一切智味一切智身一切智觸一切智意一切智法佛告智輪於汝意云何頗有一色不為衆生眼見者不智輪言世尊无有一色不為衆生眼所見者但令是色悉皆覩見佛言智輪而世間中有如是色亦為衆生眼不見不智輪言

世尊無如此色衆生不見佛言智輪無如此色於世間中亦一切智眼不見者智輪童子此之方便當知無量一切衆生眼如是一切智眼無量一切衆生色如是一切智色

復次智輪大海辯才童子於世間中頗有一聲亦為一切衆生耳識不聞者不智輪言世尊無如是聲不為衆生耳不聞者佛言智輪无如是聲於世間中亦一切智耳不聞者智輪童子此之方便當知无量一切衆生耳如是一切智耳無量一切衆生聲如是一切智聲

復次智輪大海辯才童子於世間中頗有一香亦為一切衆生鼻中不嗅者不智輪言世尊無如是香不為衆生鼻不嗅者佛言智輪无如是香於世間中亦一切智鼻不熏者智輪童子此之方便當知無量一切衆生鼻如是一切智鼻无量一切衆生香如是一切智香

復次智輪大海辯才童子於世間中頗有一味亦為一切衆生舌中不嘗

者不智輪言世尊無如是味不為衆生舌不嘗者佛言智輪无如是味於世閒中亦一切智舌不嘗者智輪童子此之方便當知無量一切衆生舌如是一切智舌无量一切衆生味如是一切智味

復次智輪大海辯才童子於世閒中頗有一觸亦為一切衆生身中不覺者不智輪言世尊无如是觸不為衆生身不覺者佛言智輪無如是觸於世閒中亦一切智身不覺者智輪童子此之方便當知无量一切衆生身如是一切智身無量一切衆生觸如是一切智觸

復次智輪大海辯才童子於世閒中頗有一法亦為一切衆生意中不知者不智輪言世尊無如是法不為衆生意不知者佛言智輪无如是法於世閒中亦一切智意不知者智輪童子此之方便當知無量一切衆生心如是一切智心无量一切衆生法如是一切智法如是一切衆生心者一切智心者一切衆生法者一切智法

者此之二種一無有異

復次智輪大海辯才童子如一切衆生眼一切衆生色乃至一切衆生意一切衆生法一切智眼一切智色乃至一切智意一切智法如是二邊是一法界智輪如是無量一切衆生眼如是一切智眼乃至无量一切衆生意法如是一切智意法如是如来多陁阿伽度阿羅呵三藐三佛陁眼智眼煩惱智眼寂滅智眼煩惱寂滅智色智色煩惱智色寂滅智色煩惱寂滅智耳智耳煩惱智耳寂滅智耳煩惱寂滅智聲智聲煩惱智聲寂滅智聲煩惱寂滅智鼻智鼻煩惱智鼻寂滅智鼻煩惱寂滅智香智香煩惱智香寂滅智香煩惱寂滅智舌智舌煩惱智舌寂滅智舌煩惱寂滅智味智味煩惱智味寂滅智味煩惱寂滅智身智身煩惱智身寂滅智身煩惱寂滅智觸智觸煩惱智觸寂滅智觸煩惱寂滅智意智意煩惱智意寂滅智意煩惱寂滅智法智法煩惱智法寂滅智法煩惱寂滅智一無有異以无

異故一切衆生眼者一切智眼者乃至一切衆生法者一切智法者是一法界智輪童子辟如世閒智慧之人自知於苦自知於樂自知不苦自知不樂何以故身自受故智輪童子如是如来多陁阿伽度阿羅呵三藐三佛陁一切衆生眼智色智耳智聲智鼻智香智舌智味智身智觸智意智法智煩惱智寂滅智亦煩惱寂滅智盡知何以故一切種智得故一切衆生十二入智此名如来名一切衆生入此如来色如来一切身業三世隨智慧行如来一切口業一切意業亦三世隨智慧行如来一切受一切種智現前悉知如来一切智正知一切種智正知如来以一切種智知有為行如来一切智一切種智知已彼中亦一切衆生四陰離色此如来名亦一切衆生色陰此名如来色以如是名色故如来多陁阿伽度阿羅呵三藐三佛陁名一切智一切見一切解一切覺

力莊嚴三昧經卷中

力莊嚴三昧經卷中

校勘記

一 底本，金藏廣勝寺本。

一 四三七頁中四行第三字「是」，磧、普、南、徑、清作「爾」。

一 四三七頁中五行第二字「諸」，石作「語」。

一 四三七頁下二二行第一三字「末」，磧、普、南、徑、清作「抹」。

一 四三八頁上一行末字「廚」，諸本作「虧」。

一 四三九頁上一九行第一三字「者」，諸本作「者者」。

一 四三九頁中一行第一〇字「如」，資、磧、普、南、徑、清作「知」。

一 四三九頁中三行第四字「知」，石、麗作「如」。

一 四三九頁中四行第九字「知」，磧、南、徑、清作「智」。五行第四字同。

一 四三九頁下六行第八字「當」，諸本作「當知」。

一 四四〇頁上一五行第七字「明」，磧、普、南、徑、清作「光明」。

一 四四一頁上六行第九字「故」，資、磧、普、南、徑、清、麗作「衆」。

一 四四一頁上九行第七字「智」，石作「知」。

一 四四一頁上一七行第四字「生」後，麗有夾註「言因緣智故恐因緣生故」。

一 四四二頁下一八行第一〇字「此」，麗作「此名」。

一 四四二頁下二一行末字「解」，麗作「觸」。

力莊嚴三昧經卷下　使

隋天竺三藏那連提耶舍譯

尒時佛告智輪大海辯才童子言善男子汝見一切如來身不智輪童子即白佛言世尊我見佛問智輪汝言見者所見何等智輪言世尊我見一切諸佛如來若恒河沙等所有世界於是國土亦見恒河沙等諸佛如來一切皆於自刹土中各各説法如是第二及以第三佛如是問智輪童子亦如是荅時佛復更問智輪言善男子汝見如來右手掌不智輪言見佛言智輪汝言見者所見何等智輪言世尊我見一切諸佛如來右手指掌各作其刹等説諸法亦復如是智輪童子如是方便當知一切諸衆生等心意及法此如來名一切衆生眼色耳聲鼻香舌味身觸此如來色此如来名此色名如來一切智亦名一切見尒時智輪大海辯才童子白佛言世尊如來所説不可思議多陁阿伽度微妙寂大不可思議如來境界佛言

如是如是智輪童子不可思議多陁阿伽度微妙寂大不可思議如來境界智輪童子我於阿説他樹下端坐思惟阿耨多羅三藐三菩提覺已得一切種智智輪童子我發是心不可思議微妙寂大不可思議此是諸佛如來境界我於尒時作是不可思議念已從阿説他樹下而起不近不遠對於此樹一心諦觀熟視不瞬得歡喜食離餘飲食如是經於七日七夜見阿説他菩提之樹我此樹下如是坐已一切世間無能信佛得如來智得自在智得不可思議智得不可量智得無等等智得不可數智得阿僧祇智得大智得佛智得一切種智復次智輪對阿説他菩提之樹即彼處所有塔名為不瞬眼觀是我不可思議之心見阿説他菩提樹下起眼不瞬乃至七日得歡喜食離餘食想彼大支提常為天人之所供養智輪童子如此方便當知即是不可思議諸佛如來甚深境界復次智輪汝今莫作如是思念獨謂如來菩提覺已對阿

說他以不瞬眼看於彼樹得歡喜食離餘飲食七日夜住智輪童子慎勿如此起於是心何以故過去一切十方諸佛多陁阿伽度阿羅呵三藐三佛陁今已入於寂滅涅槃彼諸如來亦各坐於菩提樹下坐已皆得阿耨多羅三藐三菩提及一切種智悉發是心不可思議寂大不可思議諸佛甚深如來境界彼佛亦各起如是心不可思議彼菩提樹從樹下起至於餘處以不瞬眼直覰此樹得歡喜食離於餘食七日夜住亦復如是智輪童子若當來世一切十方諸佛如來亦菩提樹下坐得阿耨多羅三藐三菩提及得一切種智不可思議乃至寂大不可思議如來境界彼佛如來亦發不可思議之心念菩提樹觀樹以起不瞬眼觀得歡喜食離餘食想七日夜住亦復如是智輪童子若今現在一切十方諸佛住世乃至說法彼佛如來亦菩提樹下坐得阿耨多羅三藐三菩提及一切種智已亦如是念乃至寂大不可思議如來境界彼

佛如來得不可思議心已從菩提樹下起以不瞬眼觀菩提樹得歡喜食離餘飲食七日夜住亦復如是

尒時智輪大海辯才童子復白佛言世尊云何如來及一切佛多陁阿伽度阿羅呵三藐三佛陁菩提樹下得阿耨多羅三藐三菩提及一切種智已作如是念不可思議亦如是觀對菩提樹不瞬眼覰得歡喜食離餘飲食或二七日住於是處佛告智輪童子言善男子非一切多陁阿伽度阿羅呵三藐三佛陁對菩提樹七日七夜不瞬眼住智輪童子有諸佛如來得阿耨多羅三藐三菩提覺已乃至入於無漏涅槃於此時間不可思議念佛境界不可思議智輪童子此之方便如是當知諸佛常念不可思議諸佛境界寂大不可思議如來境界智輪童子復白佛言世尊如來多陁阿伽度阿羅呵三藐三佛陁所有境界多少云何佛告智輪諸佛境界依如一切衆生境界智輪童子復白佛言世尊一切衆生境界多少佛告智

輪如是一切諸佛境界此名一切衆生境界又復智輪汝今當知諸佛境界及以一切衆生境界此二境界是一法界無有差別智輪童子復白佛言世尊云何名佛何者是法佛告智輪汝今當知一切衆生名為佛法智輪復問衆生何者云何是名佛告智輪衆生界者當知此義是佛境界佛告智輪我今問汝隨汝意荅云何名心何因緣故如來得阿耨多羅三藐三菩提智輪童子荅言世尊一切衆生自體性故多陁阿伽度阿羅呵三藐三佛陁尒時世尊復更重問智輪童子言智輪汝意云何汝知如來智慧云何智輪童子即荅佛言一切衆生境界知故多陁阿伽度阿羅呵三藐三佛陁智慧具足佛告智輪汝當知此如是方便無量諸佛如來境界與諸衆生境界一種若有一切衆生境界即佛境界如是一切如來境界及以一切衆生境界是一境界無二無別

尒時智輪大海辯才童子白佛言世

尊如我解佛所説義趣知於諸佛不
異衆生一切衆生亦即如来佛時即
可智輪童子言善哉善哉智輪童子
汝今善知如来語義又亦曾於過去
无量恒河沙等佛世尊所植衆德本
聞佛所説微妙法門日夜長修般若
波羅蜜恒於生世得義辯才得法辯
才得辭辯才得樂辯才為諸衆生問
荅無㝵
尒時智輪大海辯才童子復白佛言
世尊云何如来及諸菩薩摩訶薩等
能作如是得如来智自在智不可思
議智不可量智無等等智不可數智
阿僧祇智大智佛智一切種智達了
覺知如是問已佛即告言智輪童子
我於般若波羅蜜中不乱心行智輪
童子以不乱心行般若故菩薩摩訶
薩能作如是得如来智自在智不可
思議智不可量智无等等智不可數
智阿僧祇智佛智大智一切種智如
是覺知智輪童子復白佛言世尊云
何如来及諸菩薩摩訶薩等於般若
波羅蜜中行行已亦不捨想不想中

行亦非想證佛告智輪此中菩薩摩
訶薩等行般若波羅蜜時眼中行色
中行耳中行聲中行鼻中行香中行
舌中行味中行身中行觸中行意中
行法中行智輪童子云何眼中行色
中行耳中行聲中行鼻中行香中行
舌中行味中行身中行觸中行意中
行法中行佛言智輪菩薩摩訶薩眼
色中行當知此眼為色作㝵耳為聲
㝵鼻為香㝵舌為味㝵身為觸㝵意
為法㝵智輪云何眼為色㝵乃至云
何意為法㝵佛言智輪眼緣色故心
生歡喜或生苦惱或生捨受心取著
故起貪瞋癡因緣和合造身口意種
種諸業造此業已生於地獄餓鬼畜
生及阿修羅天人六道為依止處彼
中眼色果報出生受此報故愚癡之
人於當来世苦惱增廣如是去来循
環不息以是果故衆苦不斷何以故
於流轉中不見出道凡夫衆生愚癡
顛倒不知如是耳因緣聲乃至不知
意因緣法廣説如上智慧之人應當
至心諦觀此眼眼為是誰何者是眼

推覔眼義及非眼義如是色義色非
色義乃至耳聲鼻香舌味身觸意法
義及非義一切皆覔都無所見智者
如是諦思惟已眼義不見非眼義亦
不見眼非眼義一切不見乃至色義
不見非色義亦不見色非色義一切
不見如是耳聲鼻香舌味身觸意法
如是法義不見非法義亦不見法非
法義亦復不見時彼行人不見眼已
離於眼義亦復不見是眼非眼不見
是色不見離色亦復不見是色非色
如是耳非耳耳非非耳聲非聲聲非
非聲鼻非鼻鼻非非鼻香非香香非
非香舌非舌舌非非舌味非味味非
非味身非身身非非身觸非觸觸非
非觸意非意意非非意法非法法非
非法又復眼者不覺非眼者亦不覺
眼非眼亦不覺如是色不覺非色亦
不覺色非色亦不覺耳不覺非耳亦
不覺耳非耳亦不覺聲不覺非聲亦
不覺聲非聲亦不覺鼻不覺非鼻亦
不覺鼻非鼻亦不覺香不覺非香亦
不覺香非香亦不覺舌不覺非舌亦

不覺舌非舌亦不覺味不覺非味亦
不覺味非味亦不覺身不覺非身亦
不覺身非身亦不覺觸不覺非觸亦
不覺觸非觸亦不覺意不覺非意亦
不覺意非意亦不覺法不覺非法亦
不覺法非法亦不覺如是捨離眼因
緣故則色不生色不生故離眼及色
既離眼色則無有愛及以不愛如是
離於愛不愛故何處更有愛不愛生
離愛不愛故無和合和合無故名為
不著亦名無㝵當知即是無障㝵智
云何名為無障㝵智無㝵智者無量
一切衆生眼如是一切智眼无量一
切衆生色如是一切智色如是一切
衆生眼者一切智眼者一切衆生色
者一切智色者此二種法是一無異
此非覺故如是耳聲乃至鼻香舌味
身觸意法一切不生因緣離故則無
有愛无有愛故法中不行法不行故
故無障㝵離障㝵故无有染著無染
著故是故離障以離障故无㝵智生
智因緣故無量一切衆生心如是一
切智心無量一切衆生法如是一切

智法如是一切衆生心一切智心如
是一切衆生法一切智法此二種法
是一無異智輪童子般若波羅蜜中
如是行非想中行亦非離想中行非
想中證亦非離想中證智輪童子此
名一切衆生心一切衆生法一切智
心一切智法平等智相
尒時智輪大海辯才童子白佛言世
尊無生法者如来眼耳鼻舌身意此
六種識其義云何佛告智輪言無生
者眼識等空本無有物其中推覓一
箇物無是故不生以不生故故空無
物智輪童子辟如虛空本来不生不
生故無滅滅无故無物可離故名虛
空如是一切衆生一切衆生法亦不
生不生故滅亦無離物故一切衆生
一切衆生法猶如虛空一種無異智
輪童子一切衆生一切衆生法猶如
虛空不生不滅不動不乱非彼非此
不染煩惱非寂滅離如是不生不滅
不動不乱非彼非此不染煩惱非寂
滅離非一非異虛空如是智輪童子
一切衆生一切衆生法不生不滅非

動非乱非彼非此不染煩惱非寂滅
離如是過去當来現在諸佛如来非
生非滅不動不乱非彼非此不染煩
惱非寂滅離此名法住亦名法行如
如非異如如非不異如如湛然常住
無有遷動同一法界
尒時智輪大海辯才童子復白佛言
世尊幾許如来已過於世佛告智輪
童子如恒河沙等智輪又問幾許如
来當来出生佛言智輪如恒河沙智
輪又問幾許如来現在說法佛言智
輪童子亦如恒河沙等智輪童子重
白佛言世尊過去如来已入涅槃實
難再覲當来諸佛未出世間不可預
見現在世尊正住教化未入涅槃彼
佛如如非異如如非不異如如常恒
常常住不異法其義云何作是問已
佛荅智輪此是佛智智輪當知如是
言說是世間法非第一義真如法中
有是言說亦非言說所可覺知是佛
智力之所知覺智輪童子此名佛智
云何力智如一切衆生平等故一切
法平等一切法平等故一切衆生平

等如如不異如如非不異如如此名
菩薩摩訶薩第一如来力是力因緣
故處非處如實知云何名為是處非
處有因緣處此名為處離於因緣是
名非處又復智輪童子於汝意云何
如過去世已皆盡滅不可得見不可
得知過去衆生造三業行亦復過去
為有為無智輪童子荅佛言有佛告
智輪汝意云何當来世中諸法未生
不可得見不可得知無有一物彼當
来中三種行業衆生有不智輪童子
荅佛言有佛告智輪汝意云何現在
世中現有衆生可見可知彼三業行
衆生有不智輪童子荅佛言有佛告
智輪云何為有智輪童子言世尊過
去之世雖復滅謝然諸衆生所造三
種業行不亡又復當来雖復未有未
生未見不覺不知以因緣故未来世
中有三業行今現在世因緣起故衆
生生故三業作故如是種種有諸業
行佛言如是智輪童子過去世中一
切種智故有過去佛當来世中一切
種智故有當来佛現在世中一切種

智諸因緣故現在有佛又復云何是
處非處離依止故無處非處佛言智
輪童子於汝意云何如過去虛空悉
皆盡滅無去異去智輪童子言不也
世尊何以故離依止故過去虛空處
非處盡故不淨故不異故不動不動
法故佛言智輪童子於汝意云何如
當来虛空未生未覩不見不記智輪
童子言不也世尊何以故如是離依
止故處非處當来不異去不動不動
法故如是現在處空不盡不異不滅
不動不動法智輪童子如是過去諸
佛如来不依止故不盡不去不異不
滅不動不動法如是當来諸佛如来
不依止故未生未有亦非相隨和合
而有非餘處有非動非動法如是現
在諸佛如来住真實行了達見常常
住不動是處非是處如實悉知智輪
童子菩薩摩訶薩當知此名諸佛第
一處力是力因緣佛智所覺智輪童
子復白佛言世尊一切世間無有能
信如来此事又佛種智猶如虛空一
種無異不生不老不死不乱非當来

生非煩惱非寂滅法界體性真實中
住如如平等此如是法佛轉法輪見
諸衆生老病死故彼處生煩惱寂滅
業因業果作是問已佛荅智輪童子
言如是如是智輪童子一切世間無
有能信真實難信此中唯獨如来證
知又不退轉諸大菩薩摩訶薩等曾
於過去無量佛所植衆德本乃能信
此智輪童子此處如是寂大難信若
有如来阿耨多羅三藐三菩提覺已
如来智自在智不可思議智不可量
智無等等智不可數智阿僧祇智大
智佛智一切種智智輪童子此名如
来一切世間不可信如虛空無有異
一切衆生一切法如来說法及轉法
輪說於有生其中亦無有生可說說
於老事亦無有老說於患事亦無有
患說於死事亦無有死說於漏事亦
无有漏說非彼生非彼生事亦復是
无說染煩惱染事亦無說於寂滅寂
滅亦无說於涅槃亦無衆生入涅槃
者智輪童子此是如来一切世間頗
信難信一切衆生本無有名假名故

說本無言語假說置言本無文字假立文字何以故文字句說一切世間種種差別能得知故智輪童子是一切法名字句味一切先無今假說有智輪童子如來法輪亦復如是先无今有智輪童子諸佛如來轉於法輪為二大事因緣故轉何者是二大事因緣如來世尊轉法輪時一眾生加二者法加智輪童子於汝意云何眾生有生此可說不智輪童子言不也世尊時佛復告智輪童子於汝意云何若諸眾生是不生者法是可生可說以不智輪童子言不也世尊佛告智輪童子眾生名離因緣眾生相亦非生眾生相非生故一切法一切法相亦復不生此不生法名一切智以是一切智慧力故聞於釋迦如來名已此三千大千世界六種震動當於是時十方一切諸佛剎土悉皆震動如是世界諸佛眾中出大蓮華各各遍覆智輪童子無量一切眾生眼如是一切智眼無量一切眾生色如是一切智色如是一切眾生眼一切智眼如是一切眾生色一切智色此之二種當知是一非二法界如是一切眾生受一切眾生想一切眾生行一切眾生識一切眾生名此名如來名無量一切眾生色入於色陰名如來色此色名一切智亦名一切見亦名一切識一切智亦故一切種智不取智相亦不著智是名一切智亦名一切識亦名一切見佛眼如是見一切色亦不取相我眼能見彼如是色乃至心法識亦如是如來不作是念是非識不如是念是我識　何以故眼非覺故色非覺故亦非覺事乃至非覺心故非覺法故一切眼見事如來見者一切知見耳中一切響應者一切聲聞鼻中一切氣熏者一切香嗅舌一切嘗者一切味知身中一切摩觸者一切覺知意中一切識緣者一切法得又復如來如是念者眼中一切諸色皆眼中一切諸聲皆聞眼中一切諸香皆嗅眼中一切諸味皆嘗眼中一切諸觸皆覺眼中一切諸法皆緣如是智輪如來心中一切色見一切聲聞一切香嗅一切味嘗一切觸覺一切法緣一切眾生順故一切種智能如是作智因緣故智輪童子如是方便當知如來亦一切智亦一切見亦一切識

尒時智輪大海辯才童子白佛言世尊如我解佛所說義趣眼亦如來一切種智色亦如來一切種智如是耳聲鼻香舌味身觸意法亦悉如來一切種智是故如來一切識一切見一切智

尒時佛告智輪大海辯才童子言善男子汝見如來一切身一切智法平等智何者是因緣菩薩摩訶薩一切眾生眼智眼煩惱智眼寂滅智眼煩惱寂滅智耳智耳煩惱智耳寂滅智耳煩惱寂滅智鼻智鼻煩惱智鼻寂滅智鼻煩惱寂滅智舌智舌煩惱智舌寂滅智舌煩惱寂滅智身智身煩惱智身寂滅智身煩惱寂滅智意智意煩惱智意寂滅智意煩惱寂滅智佛說是經已一切比丘一切菩薩天人阿修羅乾闥婆一切大眾聞佛說

法歡喜奉行

力莊嚴三昧經卷下　第六張　傳字号

力莊嚴三昧經卷下

力莊嚴三昧經卷下　校勘記

一　底本，金藏廣勝寺本。

一　四四四頁中一五行第二字「作」，諸本作「於」。

一　四四五頁上一七行「樹以」，石、資、磧、普、南、徑、清作「對坐」。

一　四四五頁上一八行第五字「覩」，資、磧、普、南、徑、清作「視」。

一　四四五頁下七行第一二字「佛」，麗作「佛佛」。

一　四四六頁上八行「得樂」，石、麗作「得樂說」；資、磧、南、徑、清作「樂說」。

一　四四六頁上末行第一二字「不」，資作「成」。

一　四四六頁中五行「童子」，麗作「童子言」。

一　四四六頁中一一行「智輪」，麗作「智輪言」。

一　四四六頁中末行首字「至」，石作「志」。

一　四四七頁中一六行「故滅」，石、麗作「故無滅」；資、磧、普、南、徑、清作「故不滅」。

一　四四七頁下一〇行第一三字「沙」，石作「沙等」。

一　四四八頁中六行第六字「淨」，資、磧、普、南、徑、清作「盡」。

一　四四八頁中八行第一二字「記」，資、磧、普、南、徑、清作「說」。

一　四四八頁中一一行第七字「處」，諸本作「虛」。

一　四四八頁中一七行第一二字「見」，南、徑、清作「是」。

一　四四八頁下三行第三字「生」，諸本作「生生」。

一　四四八頁下四行第六字「是」，資、磧、普、南、徑、清作「如是」。

一　四四八頁下二二行末字「頗」，磧、普、南、麗作「叵」。

一　四四九頁上八行末字及九行第四字「加」，資、磧、普、南、徑、清作「如」。

一　四四九頁中七行第七字「示」，石、麗作「是」。

一　四四九頁中一七行首字「舌」，諸本作「舌中」。

一　四四九頁中二〇行第四字「皆」，諸本作「皆見」。

大方廣圓覺修多羅了義經　使

大唐罽賓沙門佛陀多羅譯

如是我聞一時婆伽婆入於神通大光明藏三昧正受一切如來光嚴住持是諸衆生清淨覺地身心寂滅平等本際圓滿十方不二隨順於不二境現諸淨土與大菩薩摩訶薩十萬人俱其名曰文殊師利菩薩普賢菩薩普眼菩薩金剛藏菩薩彌勒菩薩清淨慧菩薩威德自在菩薩辯音菩薩淨諸業障菩薩普覺菩薩圓覺菩薩賢善首菩薩等而為上首與諸眷屬皆入三昧同住如來平等法會

於是文殊師利菩薩在大衆中即從座起頂禮佛足右繞三帀長跪叉手而白佛言大悲世尊願為此會諸來法衆說於如來本起清淨因地法行及說菩薩於大乘中發清淨心遠離諸病能使未來末世衆生求大乘者不墮邪見作是語已五體投地如是三請終而復始

尒時世尊告文殊師利菩薩言善哉

善哉善男子汝等乃能為諸菩薩諮詢如來因地法行及為末世一切衆生求大乘者得正住持不墮邪見汝今諦聽當為汝說時文殊師利菩薩奉教歡喜及諸大衆默然而聽

善男子無上法王有大陁羅尼門名為圓覺流出一切清淨真如菩提涅槃及波羅蜜教授菩薩一切如來本起因地皆依圓照清淨覺相永斷無明方成佛道云何無明善男子一切衆生從無始來種種顛倒猶如迷人四方易處妄認四大為自相六塵緣影為自心相譬彼病目見空中花及第二月善男子空實無花病者妄執由妄執故非唯惑此虛空自性亦復迷彼實華生處由此妄有輪轉生死故名無明善男子此無明者非實有體如夢中人夢時非無及至於醒了無所得如衆空華滅於虛空不可說言有定滅處何以故无生處故一切衆生於無生中妄見生滅是故說名輪轉生死

善男子如來因地修圓覺者知是空

華即無輪轉亦無身心受彼生死非
作故无本性無故彼知覺者猶如虛
空知虛空者即空華相亦不可說无
知覺性有無俱遣是則名為淨覺隨
順何以故虛空性故常不動故 如来
藏中無起滅故無知見故 如法界性
究竟圓滿徧十方故是則名為因地
法行菩薩因此於大乘中發清淨心
末世衆生依此修行不墮邪見尒時
世尊欲重宣此義而說偈言
文殊汝當知 一切諸如来 從於本因地
皆以智慧覺 了達於無明 知彼如空華
即能免流轉 又如夢中人 醒時不可得
覺者如虛空 平等不動轉 覺徧十方界
即得成佛道 衆幻滅無處 成道亦無得
本性圓滿故 菩薩於此中 能發菩提心
末世諸衆生 修此免邪見
於是普賢菩薩在大衆中即從座起
頂禮佛足右繞三帀長跪叉手而白
佛言大悲世尊願為此會諸菩薩衆
及為末世一切衆生修大乘者聞此
圓覺清淨境界云何修行世尊若彼
衆生知如幻者身心亦幻云何以幻

還修於幻若諸幻性一切盡滅則無
有心誰為修行云何復說修行如幻
若諸衆生本不修行於生死中常居
幻化曾不了知如幻境界令妄想心
云何解脫願為末世一切衆生作何
方便漸次修習令諸衆生永離諸幻
作是語已五體投地如是三請終而
復始
尒時世尊告普賢菩薩言善哉善哉
善男子汝等乃能為諸菩薩及末世
衆生修習菩薩如幻三昧方便漸次
令諸衆生得離諸幻汝今諦聽當為
汝說時普賢菩薩奉教歡喜及諸大
衆默然而聽善男子一切衆生種種
幻化皆生如来圓覺妙心猶如空花
從空而有幻華雖滅空性不壞衆生
幻心還依幻滅諸幻盡滅覺心不動
依幻說覺亦名為幻若說有覺猶未
離幻說無覺者亦復如是是故幻滅
名為不動善男子一切菩薩及末世
衆生應當遠離一切幻化虛妄境界
由堅執持遠離心故心如幻者亦復
遠離遠離為幻亦復遠離離遠離幻

亦復遠離得無所離即除諸幻譬如
鑽火兩木相因火出木盡灰飛煙滅
以幻修幻亦復如是諸幻雖盡不入
斷滅善男子知幻即離不作方便離
幻即覺亦無漸次一切菩薩及末世
衆生依此修行如是乃能永離諸幻
尒時世尊欲重宣此義而說偈言
普賢汝當知 一切諸衆生 無始幻無明
皆從諸如来 圓覺心建立 猶如虛空華
依空而有相 空華若復滅 虛空本不動
幻從諸覺生 幻滅覺圓滿 覺心不動故
若彼諸菩薩 及末世衆生 常應遠離幻
諸幻悉皆離 如木中生火 木盡火還滅
覺即無漸次 方便亦如是
於是普眼菩薩在大衆中即從座起
頂禮佛足右繞三帀長跪叉手而白
佛言大悲世尊願為此會諸菩薩衆
及為末世一切衆生演說菩薩修行
漸次云何思惟云何住持衆生未悟
作何方便普令開悟世尊若彼衆生
無正方便及正思惟聞佛如来說此
三昧心生迷悶則於圓覺不能悟入
願興慈悲為我等輩及末世衆生假

說方便作是語已五體投地如是三
請終而復始
介時世尊告普眼菩薩言善哉善哉
善男子汝等乃能為諸菩薩及末世
衆生問於如來修行漸次思惟住持
乃至假說種種方便汝今諦聽當為
汝說時普眼菩薩奉教歡喜及諸大
衆黙然而聽善男子彼新學菩薩及
末世衆生欲求如來淨圓覺心應當
正念遠離諸幻先依如來奢摩他行
堅持禁戒安處徒衆宴坐靜室恒作
是念我今此身四大和合所謂髮毛
爪齒皮肉筋骨髓腦垢色皆歸於地
唾涕膿血津液涎沫痰淚精氣大小
便利皆歸於水暖氣歸火動轉歸風
四大各離今者妄身當在何處即知
此身畢竟無體和合為相實同幻化
四緣假合妄有六根六根四大中外
合成妄有緣氣於中積聚似有緣相
假名為心善男子此虛妄心若無六
塵則不能有四大分解無塵可得於
中緣塵各歸散滅畢竟無有緣心可
見善男子彼之衆生幻身滅故幻心

亦滅幻心滅故幻塵亦滅幻塵滅故
幻滅亦滅幻滅滅故非幻不滅譬如
磨鏡垢盡明現善男子當知身心皆
為幻垢垢相永滅十方清淨善男子
譬如清淨摩尼寶珠映於五色隨方
各現諸愚癡者見彼摩尼實有五色
善男子圓覺淨性現於身心隨類各
應彼愚癡者說淨圓覺實有如是身
心自相亦復如是由此不能遠離幻
化是故我說身心幻垢對離幻垢說
名菩薩垢盡對除即無對垢及說名
者善男子此菩薩及末世衆生證得
諸幻滅影像故介時便得無方清淨
無邊虛空覺所顯發覺圓明故顯心
清淨心清淨故見塵清淨見清淨故
眼根清淨根清淨故眼識清淨識清
淨故聞塵清淨聞清淨故耳根清淨
根清淨故耳識清淨識清淨故覺塵
清淨如是乃至鼻舌身意亦復如是
善男子根清淨故色塵清淨色清淨
故聲塵清淨香味觸法亦復如是
善男子六塵清淨故地大清淨地清
淨故水大清淨火大風大亦復如是

善男子四大清淨故十二處十八界
二十五有清淨彼清淨故十力四無
所畏四無礙智佛十八不共法三十
七助道品清淨如是乃至八萬四千
陀羅尼門一切清淨善男子一切實
相性清淨故一身清淨一身清淨故
多身清淨多身清淨故如是乃至十
方衆生圓覺清淨善男子一世界清
淨故多世界清淨多世界清淨故如
是乃至盡於虛空圓裹三世一切平
等清淨不動善男子虛空如是平等
不動當知覺性平等不動四大不動
故當知覺性平等不動如是乃至八
萬四千陀羅尼門平等不動當知覺
性平等不動善男子覺性徧滿清淨
不動圓無際故當知六根徧滿法界
根徧滿故當知六塵徧滿法界塵徧
滿故當知四大徧滿法界如是乃至
陀羅尼門徧滿法界善男子由彼妙
覺性徧滿故根性塵性無壞無雜根
塵无壞故如是乃至陀羅尼門無壞
無雜如百千燈光照一室其光徧滿
无壞無雜

善男子覺成就故當知菩薩不與法縛不求法脫不厭生死不愛涅槃不敬持戒不憎毀禁不重久習不輕初學何以故一切覺故譬如眼光曉了前境其光圓滿得無憎愛何以故光體無二無憎愛故善男子此菩薩及末世衆生修習此心得成就者於此無修亦無成就圓覺普照寂滅無二於中百千萬億阿僧祇不可說恒河沙諸佛世界猶如空花乱起乱滅不即不離無縛無脫始知衆生本來成佛生死涅槃猶如昨夢善男子如昨夢故當知生死及與涅槃無起無滅無来無去其所證者無得無失無取無捨其能證者無作無止無任無滅於此證中無能無所畢竟無證亦無者一切法性平等不壞

善男子彼諸菩薩如是修行如是漸次如是思惟如是住持如是方便如是開悟求如是法亦不迷悶尒時世尊欲重宣此義而說偈言

普眼汝當知　一切諸衆生　身心皆如幻
身相屬四大　心性歸六塵　四大體各離
誰為和合者　如是漸修行　一切悉清淨
不動徧法界　無作止任滅　亦無能證者
一切佛世界　猶如虛空華　三世悉平等
畢竟無來去　初發心菩薩　及末世衆生
欲求入佛道　應如是修習

於是金剛藏菩薩在大衆中即從座起頂禮佛足右繞三帀長跪叉手而白佛言大悲世尊善為一切諸菩薩衆宣揚如来圓覺清淨大陀羅尼因地法行漸次方便與諸衆生開發蒙昧在會法衆承佛慈誨幻翳朗然慧目清淨世尊若諸衆生本来成佛何故復有一切無明若諸無明衆生本有何因緣故如来復說本来成佛十方異生本成佛道後起無明一切如来何時復生一切煩惱唯願不捨無遮大慈為諸菩薩開秘密藏及為末世一切衆生得聞如是修多羅教了義法門永斷疑悔作是語已五體投地如是三請終而復始

尒時世尊告金剛藏菩薩言善哉善哉善男子汝等乃能為諸菩薩及末世衆生問於如来甚深秘密究竟方便是諸菩薩最上教誨了義大乘能使十方修學菩薩及諸末世一切衆生得決定信永斷疑悔汝今諦聽當為汝說時金剛藏菩薩奉教歡喜及諸大衆默然而聽

善男子一切世界始終生滅前後有無聚散起止念念相續循環往復種種取捨皆是輪迴未出輪迴而辨圓覺彼圓覺性即同流轉若免輪迴無有是處譬如動目能搖湛水又如定眼見迴轉火雲駛月運舟行岸移亦復如是善男子諸旋未息彼物先住尚不可得何況輪轉生死垢心曾未清淨觀佛圓覺而不旋復是故汝等便生三惑善男子譬如幻翳妄見空華幻翳若除不可說言此翳已滅何時更起一切諸翳何以故翳華二法非相待故亦如空華滅於空時不可說言虛空何時更起空華何以故空本無華非起滅故生死涅槃同於起滅妙覺圓照離於華翳善男子當知虛空非是暫有亦非暫無況復如来圓覺隨順而為虛空平等本性善男

子如銷金鑛金非銷有旣已成金不重為鑛經無窮時金性不壞不應說言本非成就如來圓覺亦復如是善男子一切如來妙圓覺心本無菩提及與涅槃亦無成佛及不成佛無妄輪迴及非輪迴善男子但諸聲聞所圓境界身心語言皆悉斷滅終不能至彼之親證所現涅槃何況能以有思惟心測度如來圓覺境界如取螢火燒須彌山終不能著以輪迴心生輪迴見入於如來大寂滅海終不能至是故我說一切菩薩及末世衆生先斷無始輪迴根本善男子有作思惟從有心起皆是六塵妄想緣氣非實心體已如空華用此思惟辨於佛境猶如空華復結空果展轉妄想无有是處善男子虛妄浮心多諸巧見不能成就圓覺方便如是分別非為正問尒時世尊欲重宣此義而說偈言

金剛藏當知　如來寂滅性　未曾有終始
若以輪迴心　思惟即旋復　但至輪迴際
不能入佛海　譬如銷金鑛　金非銷故有
雖復本來金　終以銷成就　一成真金體

不復重為鑛　生死與涅槃　凡夫及諸佛
同為空華相　思惟猶幻化　何況詰虛妄
若能了此心　然後求圓覺

於是彌勒菩薩在大衆中即從座起頂禮佛足右繞三帀長跪叉手而白佛言大悲世尊廣為菩薩開祕密藏令諸大衆深悟輪迴分別邪正能施末世一切衆生無畏道眼於大涅槃生決定信無復重隨輪轉境界起循環見世尊若諸菩薩及末世衆生欲遊如來大寂滅海云何當斷輪迴根本於諸輪迴有幾種性修佛菩提幾等差別迴入塵勞當設幾種教化方便度諸衆生唯願不捨救世大悲令諸修行一切菩薩及末世衆生慧目肅清照曜心鏡圓悟如來無上知見作是語已五體投地如是三請終而復始

尒時世尊告彌勒菩薩言善哉善哉善男子汝等乃能為諸菩薩及末世衆生請問如來深奧祕密微妙之義令諸菩薩潔清慧目及令一切末世衆生永斷輪迴心悟實相具無生忍

汝今諦聽當為汝說時彌勒菩薩奉教歡喜及諸大衆默然而聽

善男子一切衆生從無始際由有種種恩愛貪欲故有輪迴若諸世界一切種性卵生胎生濕生化生皆因婬欲而正性命當知輪迴愛為根本由有諸欲助發愛性是故能令生死相續欲因愛生命因欲有衆生愛命還依欲本愛欲為因愛命為果由於欲境起諸違順境背愛心而生憎嫉造種種業是故復生地獄餓鬼知欲可厭愛厭業道捨惡樂善復現人天又知諸愛可厭惡故棄愛樂捨還滋愛本便現有為增上善果皆輪迴故不成聖道是故衆生欲脫生死免諸輪迴先斷貪欲及除愛渴

善男子菩薩變化示現世間非愛為本但以慈悲令彼捨愛假諸貪欲而入生死若諸末世一切衆生能捨諸欲及除憎愛永斷輪迴勤求如來圓覺境界於清淨心便得開悟善男子一切衆生由本貪欲發揮無明顯出五性差別不等依二種障而現深淺

云何二障一者理障礙正知見二者事障續諸生死云何五性

善男子若此二障未得斷滅名未成佛若諸衆生永捨貪欲先除事障未斷理障但能悟入聲聞緣覺未能顯住菩薩境界

善男子若諸末世一切衆生欲汎如來大圓覺海先當發願勤斷二障二障已伏即能悟入菩薩境界若事理障已永斷滅即入如來微妙圓覺滿足菩提及大涅槃

善男子一切衆生皆證圓覺逢善知識依彼所作因地法行尒時修習便有頓漸若遇如來無上菩提正修行路根無大小皆成佛果若諸衆生雖求善友遇邪見者未得正悟是則名為外道種性邪師過謬非衆生咎是名衆生五性差別

善男子菩薩唯以大悲方便入諸世間開發未悟乃至示現種種形相逆順境界與其同事化令成佛皆依無始清淨願力

若諸末世一切衆生於大圓覺起增上心當發菩薩清淨大願應作是言願我今者住佛圓覺求善知識莫值外道及與二乘依願修行漸斷諸障障盡願滿便登解脫清淨法殿證大圓覺妙莊嚴域尒時世尊欲重宣此義而說偈言

彌勒汝當知　一切諸衆生　不得大解脫
皆由貪欲故　墮落於生死
若能斷憎愛　及與貪瞋癡　不因差別性
皆得成佛道　二障永消滅　求師得正悟
隨順菩薩願　依止大涅槃
十方諸菩薩　皆以大悲願　示現入生死
現在修行者　及末世衆生　勤斷諸愛見
便歸大圓覺

於是清淨慧菩薩在大衆中即從座起頂禮佛足右繞三帀長跪叉手而白佛言大悲世尊為我等輩廣說如是不思議事本所不見本所不聞我等今者蒙佛善誘身心泰然得大饒益願為諸來一切法衆重宣法王圓滿覺性一切衆生及諸菩薩如來世尊所證所得云何差別令末世衆生聞此聖教隨順開悟漸次能入作是語已五體投地如是三請終而復始

尒時世尊告清淨慧菩薩言善哉善哉善男子汝等乃能為諸菩薩及末世衆生請問如來漸次差別汝今諦聽當為汝說時清淨慧菩薩奉教歡喜及諸大衆默然而聽

善男子圓覺自性非性性有循諸性起無取无證於實相中實无菩薩及諸衆生何以故菩薩衆生皆是幻化幻化滅故無取證者譬如眼根不自見眼性自平等无平等者衆生迷倒未能除滅一切幻化於滅未滅妄功用中便顯差別若得如來寂滅隨順實無寂滅及寂滅者善男子一切衆生從無始來由妄想我及愛我者曾不自知念念生滅故起憎愛耽著五欲若遇善友教令開悟淨圓覺性發明起滅即知此生性自勞慮若復有人勞慮永斷得法界淨即彼淨解為自障㝵故於圓覺而不自在此名凡夫隨順覺性善男子一切菩薩見解為㝵雖斷解㝵猶住見覺覺㝵為㝵而不自在此名菩薩未入地者隨順

覺性善男子有照有覺俱名障㝵是
故菩薩常覺不住照與照者同時寂
滅辟如有人自斷其首首已斷故無
能斷者則以㝵心自滅諸㝵㝵已斷
滅無滅㝵者修多羅教如摽月指若
復見月了知所摽畢竟非月一切如
来種種言說開示菩薩亦復如是此
名菩薩已入地者隨順覺性
善男子一切障㝵即究竟覺得念失
念無非解脫成法破法皆名涅槃智
慧愚癡通為般若菩薩外道所成就
法同是菩提無明真如無異境界諸
戒定慧及婬怒癡俱是梵行衆生國
土同一法性地獄天宮皆為淨土有
性無性齊成佛道一切煩惱畢竟解
脫法界海慧照了諸相猶如虛空此
名如来隨順覺性善男子但諸菩薩
及末世衆生居一切時不起妄念於
諸妄心亦不息滅住妄想境不加了
知於無了知不辨真實彼諸衆生聞
是法門信解受持不生驚畏是則名
為隨順覺性善男子汝等當知如是
衆生已曾供養百千万億恒河沙諸

佛及大菩薩植衆德本佛說是人名
為成就一切種智尒時世尊欲重宣
此義而說偈言

清淨慧當知　圓滿菩提性　無取亦无證
無菩薩衆生　覺與未覺時　漸次有差別
衆生為解㝵　菩薩未離覺　入地永寂滅
不住一切相　大覺悉圓滿　名為遍隨順
末世諸衆生　心不生虛妄　佛說如是人
現世即菩薩　供養恒沙佛　功德已圓滿
雖有多方便　皆名隨順智

於是威德自在菩薩在大衆中即從
座起頂礼佛足右遶三匝長跪叉手
而白佛言大悲世尊廣為我等分別
如是隨順覺性令諸菩薩覺心光明
承佛圓音不因修習而得善利世尊
辟如大城外有四門隨方来者非止
一路一切菩薩莊嚴佛國及成菩提
非一方便惟願世尊廣為我等宣說
一切方便漸次并修行人揔有幾種
令此會菩薩及末世衆生求大乘者
速得開悟遊戲如来大寂滅海作是
語已五體投地如是三請終而復始
尒時世尊告威德自在菩薩言善哉

善哉善男子汝等乃能為諸菩薩及
末世衆生問於如来如是方便汝今
諦聽當為汝說時威德自在菩薩奉
教歡喜及諸大衆默然而聽善男子
無上妙覺遍諸十方出生如来與一
切法同體平等於諸修行實无有二
方便隨順其數無量圓攝所歸循性
差別當有三種善男子若諸菩薩悟
淨圓覺以淨覺心取靜為行由澄諸
念覺識煩動靜慧發生身心客塵從
此永滅便能內發寂靜輕安由寂靜
故十方世界諸如来心於中顯現如
鏡中像此方便者名奢摩他
善男子若諸菩薩悟淨圓覺以淨覺
心知覺心性及與根塵皆因幻化即
起諸幻以除幻者變化諸幻而開幻
衆由起幻故便能內發大悲輕安一
切菩薩從此起行漸次增進彼觀幻
者非同幻故非同幻觀皆是幻故幻
相永離是諸菩薩所圓妙行如土長
苗此方便者名三摩鉢提
善男子若諸菩薩悟淨圓覺以淨覺
心不取幻化及諸淨相了知身心皆

為礙無知覺明不依諸礙永得超
礙無礙境受用世界及與身心相在
塵域如器中鍠聲出于外煩惱涅槃
不相留礙便能內發寂滅輕安妙覺
隨順寂滅境界自他身心所不能及
衆生壽命皆為浮想此方便者名為
禪那

善男子此三法門皆是圓覺親近隨
順十方如來因此成佛十方菩薩種
種方便一切同異皆依如是三種事
業若得圓證即成圓覺善男子假使
有人修於聖道教化成就百千萬億
阿羅漢辟支佛果不如有人聞此圓
覺無礙法門一剎那頃隨順修習尒
時世尊欲重宣此義而說偈言

威德汝當知　無上大覺心　本際无二相
隨於諸方便　其數即無量　如來惣開示
便有三種類　寂靜奢摩他　如鏡照諸像
如幻三摩提　如苗漸增長　禪那唯寂滅
如彼器中鍠　三種妙法門　皆是覺隨順
十方諸如來　及諸大菩薩　因此得成道
三事圓證故　名究竟涅槃

於是辯音菩薩在大衆中即從座起

頂禮佛足右繞三帀長跪叉手而白
佛言大悲世尊如是法門甚為希有
世尊此諸方便一切菩薩於圓覺門
有幾修習願為大衆及末世衆生方
便開示令悟實相作是語已五體投
地如是三請終而復始

尒時世尊告辯音菩薩言善哉善哉
善男子汝等乃能為諸大衆及末世
衆生問於如來如是修習汝今諦聽
當為汝說時辯音菩薩奉教歡喜及
諸大衆嘿然而聽

善男子一切如來圓覺清淨本無修
習及修習者一切菩薩及末世衆生
依於未覺幻力修習爾時便有二十
五種清淨定輪

若諸菩薩唯取極靜由靜力故永斷
煩惱究竟成就不起于座便入涅槃
此菩薩者名單修奢摩他

若諸菩薩唯觀如幻以佛力故變化
世界種種作用備行菩薩清淨妙行
於陀羅尼不失寂念及諸靜慧此菩
薩者名單修三摩鉢提

若諸菩薩唯滅諸幻不取作用獨斷

煩惱煩惱斷盡便證實相此菩薩者
名單修禪那

若諸菩薩先取至靜以靜慧心照諸
幻者便於是中起菩薩行此菩薩者
名先修奢摩他後修三摩鉢提

若諸菩薩以靜慧故證至靜性便斷
煩惱永出生死此菩薩者名先修奢
摩他後修禪那

若諸菩薩以寂靜慧復現幻力種種
變化度諸衆生後斷煩惱而入寂滅
此菩薩者名先修奢摩他中修三摩
鉢提後修禪那

若諸菩薩以至靜力斷煩惱已後起
菩薩清淨妙行度諸衆生此菩薩者
名先修奢摩他中修禪那後修三摩
鉢提

若諸菩薩以至靜力心斷煩惱復度
衆生建立世界此菩薩者名先修奢
摩他齊修三摩鉢提禪那

若諸菩薩以至靜力資發變化後斷
煩惱此菩薩者名齊修奢摩他三摩
鉢提後修禪那

若諸菩薩以至靜力用資寂滅後起

作用變化世界此菩薩者名齊修奢摩他禪那後修三摩鉢提

若諸菩薩以變化力種種隨順而取至靜此菩薩者名先修三摩鉢提後修奢摩他

若諸菩薩以變化力種種境界而取寂滅此菩薩者名先修三摩鉢提後修禪那

若諸菩薩以變化力而作佛事安住寂靜而斷煩惱此菩薩者名先修三摩鉢提中修奢摩他後修禪那

若諸菩薩以變化力無礙作用斷煩惱故安住至靜此菩薩者名先修三摩鉢提中修禪那後修奢摩他

若諸菩薩以變化力方便作用至靜寂滅二俱隨順此菩薩者名先三摩鉢提齊修奢摩他禪那

若諸菩薩以變化力種種起用資於至靜後斷煩惱此菩薩者名齊修三摩鉢提奢摩他後修禪那

若諸菩薩以變化力資於寂滅後住清淨无作靜慮此菩薩者名齊修三摩鉢提禪那後修奢摩他

若諸菩薩以寂滅力而起至靜住於清淨此菩薩者名先修禪那後修奢摩他

若諸菩薩以寂滅力而起作用於一境寂用隨順此菩薩者名先修禪那後修三摩鉢提

若諸菩薩以寂滅力種種自性安於靜慮而起變化此菩薩者名先修禪那中修奢摩他後修三摩鉢提

若諸菩薩以寂滅力無作自性起於作用清淨境界歸於靜慮此菩薩者名先修禪那中修三摩鉢提後修奢摩他

若諸菩薩以寂滅力種種清淨而住靜慮起於變化此菩薩者名先修禪那齊修奢摩他三摩鉢提

若諸菩薩以寂滅力資於至靜而起變化此菩薩者名齊修禪那奢摩他後修三摩鉢提

若諸菩薩以寂滅力資於變化而起至靜清明境慧此菩薩者名齊修禪那三摩鉢提後修奢摩他

若諸菩薩以圓覺慧圓合一切於諸

性相無離覺性此菩薩者名為圓修三種自性清淨隨順

善男子是名菩薩二十五輪一切菩薩修行如是若諸菩薩及末世衆生依此輪者當持梵行寂靜思惟求哀懺悔經三七日於二十五輪各安標記至心求哀隨手結取依結開示便知頓漸一念疑悔即不成就尒時世尊欲重宣此義而說偈言

辯音汝當知　一切諸菩薩　無礙清淨慧
皆依禪定生　所謂奢摩他　三摩提禪那
三法頓漸修　有二十五種　十方諸如來
三世修行者　無不因此法　而得成菩提
唯除頓覺人　并法不隨順　一切諸菩薩
及末世衆生　常當持此輪　隨順勤修習
依佛大悲力　不久證涅槃

於是淨諸業障菩薩在大衆中即從座起頂禮佛足右遶三帀長跪叉手而白佛言大悲世尊為我等輩廣說如是不思議事一切如來因地行相令諸大衆得未曾有覩見調御歷恒沙劫勤苦境界一切功用猶如一念我等菩薩深自慶慰世尊若此覺心

本性清淨因何染污使諸衆生迷悶不入唯願如来廣為我等開悟法性令此大衆及末世衆生作將来眼說是語已五體投地如是三請終而復始

爾時世尊告淨諸業障菩薩言善哉善哉善男子汝等乃能為諸大衆及末世衆生諮問如来如是方便汝今諦聽當為汝說時淨諸業障菩薩奉教歡喜及諸大衆默然而聽

善男子一切衆生從無始来妄想執有我人衆生及與壽命認四顛倒為實我體由此便生憎愛二境於虛妄體重執虛妄二妄相依生妄業道有妄業故妄見流轉厭流轉者妄見涅槃由此不能入清淨覺非覺違拒諸能入者有諸能入非覺入故是故動念及與息念皆歸迷悶何以故由有無始本起無明為已主宰一切衆生生無慧目身心等性皆是無明譬如有人不自斷命是故當知有愛我者我與隨順非隨順者便生憎怨為憎愛心養無明故相續求道皆不成就

善男子云何我相謂諸衆生心所證者善男子譬如有人百骸調適忽忘我身四肢絃緩攝養乖方微加針艾則知有我是故證取方現我體善男子其心乃至證於如来畢竟了知清淨涅槃皆是我相

善男子云何人相謂諸衆生心悟證者善男子悟有我者不復認我所悟非我悟亦如是悟已超過一切證者悉為人相善男子其心乃至圓悟涅槃俱是我者心存少悟備殫證理皆名人相

善男子云何衆生相謂諸衆生心自證悟所不及者善男子譬如有人作如是言我是衆生則知彼人說衆生者非我非彼云何非我我是衆生則非是我云何非彼我是衆生非彼我故善男子但諸衆生了證了悟皆為我人而我人相所不及者存有所了名衆生相

善男子云何壽命相謂諸衆生心照清淨覺所了者一切業智所不自見猶如命根善男子若心照見一切覺者皆為塵垢覺所覺者不離塵故如

湯消冰無別有冰知冰消者存我覺我亦復如是善男子末世衆生不了四相雖經多劫勤苦修道但名有為終不能成一切聖果是故名為正法末世何以故認一切我為涅槃故有證有悟名成就故譬如有人認賊為子其家財寶終不成就何以故有我愛者亦愛涅槃伏我愛根為涅槃相有憎我者亦憎生死不知愛者真生死故別憎生死名不解脫云何當知法不解脫

善男子彼末世衆生習菩提者以已微證為自清淨猶未能盡我相根本若復有人讚歎彼法即生歡喜便欲濟度若復誹謗彼所得者便生瞋恨則知我相堅固執持潛伏藏識遊戲諸根曾不間斷善男子彼修道者不除我相是故不能入清淨覺善男子若知我空無毀我者有我說法我未斷故衆生壽命亦復如是善男子末世衆生說病為法是故名為可憐愍者雖勤精進增益諸病是故不能入清淨覺善男子末世衆生不了四相以如来解及所行處為自修行終不

成就或有衆生未得謂得未證謂證見勝進者心生嫉妬由彼衆生未斷我愛是故不能入清淨覺

善男子末世衆生希望成道無令求悟唯益多聞增長我見但當精勤降伏煩惱起大勇猛未得令得未斷令斷貪瞋愛慢諂曲嫉妬對境不生彼我恩愛一切寂滅佛說是人漸次成就求善知識不墮邪見若於所求別生憎愛則不能入清淨覺海爾時世尊欲重宣此義而說偈言

淨業汝當知　一切諸衆生　皆由執我愛
無始妄流轉　未除四種相　不得成菩提
愛憎生於心　諂曲存諸念　是故多迷悶
不能入覺城　若能歸悟刹　先去貪瞋癡
法愛不存心　漸次可成就　我身本不有
憎愛何由生　此人求善友　終不墮邪見
所求別生心　究竟非成就

於是普覺菩薩在大衆中即從座起頂禮佛足右繞三帀長跪叉手而白佛言大悲世尊快說禪病令諸大衆得未曾有心意蕩然獲大安隱世尊末世衆生去佛漸遠賢聖隱伏邪法

增熾使諸衆生求何等人依何等法行何等行除去何病云何發心令彼羣盲不墮邪見作是語已五體投地如是三請終而復始

爾時世尊告普覺菩薩言善哉善哉善男子汝等乃能諮問如來如是修行能施末世一切衆生無畏道眼令彼衆生得成聖道汝今諦聽當為汝說時普覺菩薩奉教歡喜及諸大衆默然而聽

善男子末世衆生將發大心求善知識欲修行者當求一切正知見人心不住相不著聲聞緣覺境界雖現塵勞心恒清淨示有諸過讚歎梵行不令衆生入不律儀求如是人即得成就阿耨多羅三藐三菩提末世衆生見如是人應當供養不惜身命彼善知識四威儀中常現清淨乃至視現種種過患心無憍慢況復摶財妻子眷屬若善男子於彼善友不起惡念即能究竟成就正覺心華發明照十方刹善男子彼善知識所證妙法應離四病云何四病一者作病若復有

人作如是言我於本心作種種行欲求圓覺彼圓覺性非作得故說名為病二者任病若復有人作如是言我等今者不斷生死不求涅槃涅槃生死無起滅念任彼一切隨諸法性欲求圓覺彼圓覺性非任有故說名為病三者止病若復有人作如是言我今自心永息諸念得一切性寂然平等欲求圓覺彼圓覺性非止合故說名為病四者滅病若復有人作如是言我今永斷一切煩惱身心畢竟空無所有何況根塵虛妄境界一切永寂欲求圓覺彼圓覺性非寂相故說名為病離四病者則知清淨作是觀者名為正觀若他觀者名為邪觀

善男子末世衆生欲修行者應當盡命供養善友事善知識彼善知識欲來親近應斷憍慢若復遠離應斷瞋恨現逆順境猶如虛空了知身心畢竟平等與諸衆生同體无異如是修行方入圓覺善男子末世衆生不得成道由有無始自他憎愛一切種子故未解脫若復有人觀彼怨家如己

父母心無有二即除諸病於諸法中自他憎愛亦復如是

善男子末世衆生欲求圓覺應當發心作如是言盡於虛空一切衆生我皆令入究竟圓覺於圓覺中無取覺者除彼我人一切諸相如是發心不墮邪見爾時世尊欲重宣此義而說偈言

普覺汝當知　末世諸衆生　欲求善知識
應當求正見　心遠二乘者　法中除四病
謂作止任滅　親近無憍慢　遠離无瞋恨
見種種境界　心當生希有　還如佛出世
不犯非律儀　戒根永清淨　度一切衆生
究竟入圓覺　無彼我人相　當依正智慧
便得超邪見　證覺般涅槃

於是圓覺菩薩在大衆中即從座起頂禮佛足右繞三帀長跪叉手而白佛言大悲世尊為我等輩廣說淨覺種種方便令末世衆生有大增益世尊我等今者已得開悟若佛滅後末世衆生未得悟者云何安居修此圓覺清淨境界此圓覺中三種淨觀以何為首唯願大悲為諸大衆及末世

衆生施大饒益作是語已五體投地如是三請終而復始

爾時世尊告圓覺菩薩言善哉善哉善男子汝等乃能問於如來如是方便以大饒益施諸衆生汝今諦聽當為汝說時圓覺菩薩奉教歡喜及諸大衆默然而聽

善男子一切衆生若佛住世若佛滅後若法末時有諸衆生具大乘性信佛秘密大圓覺心欲修行者若在伽藍安處徒衆有緣事故隨分思察如我已說若復無有他事因緣即建道場當立期限若立長期百二十日中期百日下期八十日安置淨居若佛現在當正思惟若佛滅後施設形像心存目想生正憶念還同如來常住之日懸諸幡華經三七日稽首十方諸佛名字求哀懺悔遇善境界得心輕安過三七日一向攝念若經夏首三月安居當為清淨菩薩止住心離聲聞不假徒衆至安居日即於佛前作如是言我比丘比丘尼優婆塞優婆夷某甲踞菩薩乘修寂滅行同入

清淨實相住持以大圓覺為我伽藍身心安居平等性智涅槃自性無繫屬故今我敬請不依聲聞當與十方如來及大菩薩三月安居為修菩薩無上妙覺大因緣故不繫徒衆善男子此名菩薩示現安居過三期日隨往無礙善男子若彼末世修行衆生求菩薩道入三期者非彼所聞一切境界終不可取善男子若諸衆生修奢摩他先取至靜不起思念靜極便覺如是初靜從於一身至一世界覺亦如是善男子若覺徧滿一世界者一世界中有一衆生起一念者皆悉能知百千世界亦復如是非彼所聞一切境界終不可取善男子若諸衆生修三摩鉢提先當憶想十方如來十方世界一切菩薩依種種門漸次修行勤苦三昧廣發大願自熏成種非彼所聞一切境界終不可取善男子若諸衆生修於禪那先取數門心中了知生住滅念分劑頭數如是周徧四威儀中分別念數无不了知漸次增進乃至得知百千世界一滴之

爾猶如目覩所受用物非彼所聞一
切境界終不可取是名三觀初首方
便若諸衆生徧修三種勤行精進即
名如來出現于世若後末世鈍根衆
生心欲求道不得成就由昔業障當
勤懺悔常起希望先斷憎愛嫉妬諂
曲求勝上心三種淨觀隨學一事此
觀不得復習彼觀心不放捨漸次求
證尒時世尊欲重宣此義而說偈言
圓覺汝當知　一切諸衆生　欲求無上道
先當結三期　懺悔無始業　經於三七日
然後正思惟　非彼所聞境　畢竟不可取
奢摩他至靜　三摩正憶持　禪那明數門
是名三淨觀　若能勤修習　是名佛出世
鈍根未成者　常當勤心懺　無始一切罪
諸障若消滅　佛境便現前
於是賢善首菩薩在大衆中即從座
起頂禮佛足右繞三帀長跪叉手而
白佛言大悲世尊廣為我等及末世
衆生開悟如是不思議事世尊此大
乘教名字何等云何奉持衆生修習
得何功德云何使我護持經人流布
此教至於何地作是語已五體投地

如是三請終而復始
尒時世尊告賢善首菩薩言善哉善
哉善男子汝等乃能為諸菩薩及末
世衆生問於如來如是經教功德名
字汝今諦聽當為汝說時賢善首菩
薩奉教歡喜及諸大衆默然而聽
善男子是經百千萬億恒河沙諸佛
所說三世如來之所守護十方菩薩
之所歸依十二部經清淨眼目是經
名大方廣圓覺陀羅尼亦名修多羅
了義亦名祕密王三昧亦名如來決
定境界亦名如來藏自性差別汝當
奉持善男子是經唯顯如來境界唯
佛如來能盡宣說若諸菩薩及末世
衆生依此修行漸次增進至於佛地
善男子是經名為頓教大乘頓機衆
生從此開悟亦攝漸修一切羣品譬
如大海不讓小流乃至蚊䖟及阿脩
羅飲其水者皆得充滿
善男子假使有人純以七寶積滿三
千大千世界以用布施不如有人聞
此經名及一句義善男子假使有人
教百恒河沙衆生得阿羅漢果不如

有人宣說此經分別半偈善男子若
復有人聞此經名信心不惑當知是
人非於一佛二佛種諸福慧如是乃
至盡恒河沙一切佛所種諸善根聞
此經教汝善男子當護末世是修行
者無令惡魔及諸外道惱其身心令
生退屈
爾時會中有火首金剛摧碎金剛尼
藍婆金剛等八萬金剛并其眷屬即
從座起頂禮佛足右繞三帀而白佛
言世尊若後末世一切衆生有能持
此決定大乘我當守護如護眼目乃
至道場所修行處我等金剛自領徒
衆晨夕守護令不退轉其家乃至永
無災障疫病消滅財寶豐足常不
少乏
尒時大梵王二十八天王并須彌山
王護國天王等即從座起頂禮佛足
右繞三帀而白佛言世尊我亦守護
是持經者常令安隱心不退轉
尒時有大力鬼王名吉盤茶與十萬
鬼王即從座起頂禮佛足右繞三帀
而白佛言世尊我亦守護是持經人

方廣圓覺經　第三十九張　保字号

朝夕侍衛令不退屈其人所居一由
旬内若有鬼神侵其境界我當使其
碎如微塵

佛說此經已一切菩薩天龍鬼神八
部眷屬及諸大王梵王等一切大衆
聞佛所說皆大歡喜信受奉行

大方廣圓覺修多羅了義經

大方廣圓覺修多羅了義經

校勘記

一　底本，金藏廣勝寺本。

一　卷首資、磧、南、徑、清另有唐裴休「大方廣圓覺修多羅了義經略疏序」及宗密「略疏序」，未録。

一　四五一頁中一行末字「經」，石作「經一卷」；徑作「經卷上」。

一　四五一頁中二行首字「大」，資、磧、南、徑、清無。

一　四五一頁下一二行第一〇字「自」，諸本（不包括普，下同）作「自身」。

一　四五一頁下八行第五字「密」，資、磧、南、徑、清作「蜜」。

一　四五三頁上一一行第一三字「恒」，資、磧作「常」。

一　四五三頁中九行第一三字「離」，諸本作「於」。

一　四五四頁上九行「阿僧祇不可說」，石、資、磧、麗作「不可說阿僧祇」。

一　四五四頁上一五行「作無止無任」，石、麗作「任無止無作」。

一　四五四頁上一六行末字「無」，諸本作「無證」。

一　四五四頁下一一行第二字「見」，石、麗作「猶」；資、磧、南、徑、清作「由」。

一　四五五頁中二行第一三字「詰」，石、清作「諸」。

一　四五五頁下一二行「人天」，諸本作「天人」。

一　四五六頁上一四行第九字「二」，諸本作「上」。

一　四五六頁中一一行第四字「薩」，資、磧、麗作「提」。

一　四五六頁中二〇行「諸来一切」，石、資、磧、麗作「一切諸來」。

一　四五六頁下三行「諸菩薩及」，資、磧、南、徑、清無。

一　四五七頁中九行第八字「恒」，資、磧作「河」。

一　四五七頁中一〇行末字「智」，至此徑卷上終，卷下始。

一　四五七頁下末行第八字「淨」，資、磧、南、徑、清作「静」。
一　四五八頁上一行末字「超」，諸本作「超過」。
一　四五八頁上一七行第二字「於」，石、南、徑、清作「順」。
一　四五八頁下一七行第一三字「復」，石、麗作「後」。
一　四五八頁下一九行第八字「提」，石、資、磧、麗作「提及修」。
一　四五九頁上一行第五字「世」，石、資、磧、麗作「境」。
一　四五九頁上一六行第一二字「先」，諸本作「先修」。
一　四五九頁中四行末字「一」，諸本作「一切」。
一　四五九頁下七行第二字「至」，石作「志」。
一　四五九頁下一八行第七字「左」，諸本作「右」。
一　四六〇頁上三行末字「說」，磧、南、徑、清作「作」。
一　四六〇頁中一行第一〇字「骸」，石作「體」。
一　四六〇頁下六行第一二字「認」，石、資、磧、麗作「以」。
一　四六〇頁下九行第六字「增」，諸本作「憎」。
一　四六一頁中一八行第一三字「視」，諸本作「示」。
一　四六二頁上一〇行第五字「見」，石、麗作「覺」。
一　四六二頁上一四行「當依正」，石作「常依正」；資、磧、麗作「常依止」。
一　四六二頁中五行第一一字「今」，資、磧作「等」。
一　四六三頁上一〇行第一二字「求」，石、麗作「行」。
一　四六三頁中末行第二字「百」，石、麗作「百千」。
一　四六三頁下一〇行「右繞三帀」，石、資、磧、麗無。
一　四六三頁下一六行「少乏」，諸本作「乏少」。
一　四六三頁下一七行第五字「王」，資、磧、麗作「天王」。
一　四六四頁上末行末字「經」，徑作「經卷下」。

佛說觀佛三昧海經卷第一　可

東晉天竺三藏佛陁跋陁羅譯

六辟品第一

如是我聞一時佛住迦毗羅城尼拘樓陁精舍尒時釋摩男請佛及僧供養三月七月十五日僧自恣竟尒時父王閱頭檀佛姨母憍曇弥来詣僧房供養衆僧礼拜既畢奉上楊枝及澡豆巳呼阿難言吾今欲往至世尊所為可尒不尒時阿難即宣此言以白世尊佛告阿難父王来者必問妙法汝行遍告諸比丘僧及往林中命摩訶迦葉舍利弗目揵連迦栴延阿那律等弥勒菩薩跋陁婆羅十六賢士一時来會如此音聲遍至諸方尒時天主夜叉主乹闥婆主阿修羅主迦樓羅主緊那羅主摩睺羅伽主龍主等及諸眷屬皆悉巳集尒時父王及釋摩男三億諸釋入佛精舍當入之時見佛精舍如頗梨山為佛作礼未舉頭頃即見佛前有大蓮華衆寶所成於蓮華上有大光臺父王見巳

心生歡喜歎未曾有遶佛三匝却坐一面是時父王即從坐起白佛言世尊佛是吾子吾是佛父今我在世見佛色身但見其外不覩其内悉達在宫相師皆見三十二相今者成佛光明益顯過踰昔日百千万倍佛涅槃後後世衆生當云何觀佛身色相知佛光明常行尺度惟願天尊今當為我及後衆生分別解說尒時世尊入遍淨色身三昧從三昧起即便微笑諸佛笑法有五色光時五色光化五百色從佛口出照父王頂從父王頂照光明臺從光明臺照于精舍遍娑婆界還入佛頂尒時世尊告父王言諦聽諦聽善思念之如來當說來世衆生得見佛法父王白佛唯然世尊我今願聽佛告父王閻浮提中有師子王名毗摩羅其師子法滿四十年牝壯乃會一交會巳跳踉鳴吼婉轉自撲體無損傷其師子子在胎之時如父獸王等无有異大王當知欲使胎中便能鳴吼飛落走伏未有斯事父王白佛獸王之子在母胎時頭目

牙爪與父相似佛告大王與父無異但其力能不及其父百千万倍佛告父王如是如是未来世中諸善男子善女人等及與一切若能至心繫念在内端坐正受觀佛色身當知是人心如佛心與佛無異雖在煩惱不為諸惡之所覆蔽於未来世雨大法雨

復次父王辟如伊蘭俱與栴檀生末利山牛頭栴檀生伊蘭叢中未及長大在地下時牙莖枝葉如閻浮提竹筍衆人不知言此山中純是伊蘭無有栴檀而伊蘭臭臭若膖尸薰四十由旬其華紅色甚可愛樂若有食者發狂而死牛頭栴檀雖生此林未成就故不能發香仲秋月滿卒從地出成栴檀樹衆人皆聞牛頭栴檀上妙之香永無伊蘭臭惡之氣佛告父王念佛之心亦復如是以是心故能得三種菩提之根

復次父王閻浮提中及四天下有金翅鳥名正音迦樓羅王於諸鳥中快得自在此鳥業報應食諸龍於閻浮提日食一龍王及五百小龍明日復

於弗婆提食一龍王及五百小龍第三日復於瞿耶尼食一龍王及五百小龍第四日復於欝單越食一龍王及五百小龍周而復始經八千歲此鳥尒時死相巳現諸龍吐毒無由得食彼鳥飢逼周慞求食了不能得遊巡諸山永不得安至金剛山然後蹔住從金剛山直下至大水際從大水際至風輪際為風所吹還至金剛山如是七返然後命終其命終巳以其毒故令十寶山同時火起尒時難陁龍王懼燒此山即大降雨渧如車軸鳥肉散盡惟有心在其心直下如前七返然後還住金剛山頂難陁龍王取此鳥心以為明珠轉輪王得為如意珠佛告父王諸善男子及善女人若念佛者其心亦尒復次大王雪山有樹名殃伽陁其果甚大其核甚小推其本末從香山来以風力故得至雪山孟冬風寒羅刹夜叉在山曲中屛猥之處糞穢不淨盈流于地猛風吹雪以覆其上漸漸成塹五十由旬因糞力故此果得生根莖枝葉華實

滋茂春陽三月八方同時皆悉風起消融氷雪惟果樹在其果形色閻浮提果無以為辟其形團圓滿半由旬婆羅門食即得仙道五通具足壽命一劫不老不死凡夫食之向須陁洹阿那含食成阿羅漢三明六通罔不悉偹有人持種至閻浮提糞壤之地然後乃生高一多羅樹名拘律陁果名多勒如五斗缾閻浮提人有食之者能除熱病佛告大王諸善男子及善女人正念思惟諸佛境界亦復如是

復次大王如帝釋樹生歡喜園名波利質多羅天女見之身心喜悅不自勝持帝釋見之即生欲想八万四千諸婇女等即得樂覺此樹生時曲枝在地即於地下華敷成果其果金色光明赫弈且其華葉終不萎落十色具足開現光明有諸樂音至秋八月從地踊出高三百四十五万由旬諸天見之喜悅非恒佛告大王觀佛三昧在煩惱地亦復如是其出生時如彼寶樹嚴顯可觀

復次大王如劫初時火起一劫雨起
一劫風起一劫地起一劫地劫成時
光音諸天飛行世間在水澡浴以澡
浴故四大精氣即入身中身觸樂故
精流水中八風吹去墮淤泥中自然
成卵經八千歲其卵乃開生一女人
其形青黑猶如淤泥有九百九十九
頭頭有千眼九百九十九口一口四牙
牙上出火狀如霹靂二十四手手中
皆捉一切武器其身高大如須弥山
入大海中拍水自樂有旋嵐風吹大
海水水精入體即便懷妊經八千歲
然後生男其兒身體高大四倍倍勝
於母兒有九頭頭有千眼口中出火
有九百九十九手八脚海中出聲号
毗摩質多羅阿修羅王此鬼食法惟
噉淤泥及蕅藕根其兒長大見於諸
天婇女園遊即白母言人皆伉儷我
何獨無其母告曰香山有神名乾闥
婆其神有女容姿美妙色踰白玉身
諸毛孔出妙音聲甚適我意今為汝
娉適汝願不阿修羅言善哉善哉願
母往求尒時其母行詣香山到香山

已告彼樂神我有一子威力自在於
四天下而無等倫汝有令女可適吾
子其女聞已願樂隨從適阿修羅時
阿修羅納彼女已心意泰然與女成
禮未久之間即便懷妊經八千歲乃
生一女其女儀容端正挺特天上天
下无有其比色中上色以自莊嚴面
上姿媚八万四千左邊亦有八万四
千右邊亦有八万四千前亦八万四
千後亦八万四千阿修羅見以為瓌
異如月處星甚為奇持憍尸迦聞即
遣使下詣阿修羅而求此女阿修羅
言汝天福德汝能令我乘七寶宮以
女妻汝帝釋聞此心生踊躍即脫寶
冠持用擬海十善報故令阿修羅坐
勝殿上時阿修羅踊躍歡喜以女妻
之帝釋即以六種寶臺而往迎之於
宮闕中有大蓮華自然化生八万四
千諸妙寶女辟如壯士屈申辟頃即
至帝釋善法堂上尒時天宮過踰於
前百千万倍釋提桓因為其立字号
曰悅意諸天見之歎未曾有視東忘
四視南忘北三十二輔臣亦見悅意

身心歡喜乃至毛髮皆生悅樂帝釋
若至歡喜園時共諸綵女入池遊戲
尒時悅意即生嫉妬遣五夜叉往白
父王今此帝釋不復見寵與諸婇女
自共遊戲父聞此語心生瞋恚即興
四兵往攻帝釋立大海水踞須弥頂
九百九十九手同時俱作撼喜見城
摇須弥山四大海水一時波動釋提
桓因驚怖惶懼靡知所趣時宮有神
白天王言莫大驚怖過去佛說般若
波羅蜜王當誦持鬼兵自碎是時帝
釋坐善法堂燒衆名香發大誓願般
若波羅蜜是大明呪是无上呪無等
等呪審實不虛我持此法當成佛道
令阿修羅自然退散作是語時於虛
空中有四刀輪帝功德故自然而下
當阿修羅上時阿修羅耳鼻手足一
時盡落令大海水赤如絳汁時阿修
羅即便驚怖遁走無處入藕絲孔彼
以貪欲瞋恚愚癡鬼幻力故尚能如
是豈況佛法不可思議佛告大王諸
善男子及善女人繫心思惟諸佛境
界亦能安住諸三昧海其人功德不

可稱計辟如諸佛等無有異
序觀地品第二
云何名為觀諸佛境界諸佛如來出現於世有二種法以自莊嚴何等為二一者先說十二部經令諸衆生讀誦通利如是種種名為法施二者以妙色身示閻浮提及十方界令諸衆生見佛色身具足莊嚴三十二相八十種隨形好無數威相心生歡喜觀如是相因何而得皆由前世百千苦行修諸波羅蜜及助道法而生此相
佛告父王若有衆生欲念佛者欲觀佛者欲見佛者分別相好者識佛光明者知佛身內者學觀佛心者學觀佛頂者學觀足下千輻相輪者欲知佛生時相者欲知佛納妃時者欲知佛出家時者欲知佛苦行時者欲知佛降魔時者欲知佛得阿耨多羅三藐三菩提時者欲知如來轉法輪時相者欲知如來寶馬藏相者欲知如來昇忉利天為母摩耶夫人說法時相者欲知如來下忉利天時相者欲知如來行住坐卧四威儀中光明相者欲知如來詣拘尸那降度力士相者欲知如來伏曠野鬼神毛孔光明相者
佛告父王佛涅槃後若四部衆及諸天龍夜叉等欲繫念者欲思惟者欲行禪者欲得三昧正受者佛告父王云何名繫念自有衆生樂觀如來具足身相自有衆生樂觀如來諸相好中一一相者自有衆生樂觀如來隨順相好自有衆生樂觀如來逆相好者自有衆生樂觀如來光明者自有衆生樂觀如來行者自有衆生樂觀如來住者自有衆生樂觀如來坐者自有衆生樂觀如來卧者自有衆生樂觀如來乞食者自有衆生樂觀如來初生者自有衆生樂觀如來納妃時者自有衆生樂觀如來出家時者自有衆生樂觀如來苦行時者自有衆生樂觀如來降魔時者自有衆生樂觀如來成佛時者自有衆生樂觀如來轉法輪時者自有衆生樂觀如來昇忉利天為母說法時者自有衆生樂觀如來降伏曠野鬼神者自有衆生樂觀如來於那乹訶羅降伏諸龍留影時者自有衆生樂觀如來降伏六師尼揵賤人及諸惡律儀殺重邪見人者如是父王我涅槃後諸衆生等業行若干意想若干所識不同隨彼衆生心想所見應當次第教其繫念如我住世不須繫念辟如日出冥者皆明惟無目者而無所覩
未來世中諸弟子等應修三法何等為三一者誦修多羅甚深經典二者淨持禁戒威儀无犯三者繫念思惟心不散亂云何名繫念或有欲繫心觀於佛頂上者或有欲繫心觀佛毛髮者或有欲繫心觀佛髮際者或有欲繫心觀佛額廣平正相者或有欲繫心觀佛眉間白毫相者或有欲繫心觀佛眉者或有欲繫心觀佛牛王眼相者或有欲繫心觀佛修直鼻相者或有欲繫心觀佛鷹王嘴相者自有衆生樂觀如來鬚鬚如斛斗形流出光明者自有衆生樂觀如來脣上脟際者自有衆生樂觀如來脣色赤好如頻婆果者自有衆生樂觀如來

下脣如鉢頭摩華莖者其色紅赤上入頻婆果色中自有衆生樂觀如来口四十齒相者自有衆生樂觀如来齒白齊密相者自有衆生樂觀如来齒上印文相者自有衆生樂觀如来齒畫界者自有衆生樂觀如来上珂相者八万四千畫了了分明自有衆生樂觀如来下齗如優曇鉢華莖色者自有衆生樂觀如来咽喉如琉璃筒狀如累蓮華相者自有衆生樂觀如来廣長舌相蓮華葉形上色五畫五彩分明舌下十脉衆光流出舌相廣長遍覆其面者自有衆生樂觀如来咽喉節中有三相者自有衆生樂觀如来咽膺相如金翅鳥眼者自有衆生樂觀如来頭相者自有衆生樂觀如来八万四千髮相者自有衆生樂觀如来毛右旋者自有衆生樂觀如来頭皮者自有衆生樂觀如来肉髻骨者自有衆生樂觀如来腦者自有衆生樂觀如来耳普垂埵者自有衆生樂觀如来耳輪郭相者自有衆生樂觀如来耳旋生七毛相者自有

衆生樂觀如来缺瓫骨滿相於彼相中旋生光臺者自有衆生樂觀如来腋下滿相於其相中懸生五珠如摩尼珠上跓佛腋者自有衆生樂觀如来辟臆纖圓如爲王鼻者自有衆生樂觀如来肘骨如龍王髮婉轉相著文彩不壞節頭槃龍不見其迹手指參差不失其所於指節端十二輪現自有衆生樂觀如来赤銅爪其爪八色了了分明自有衆生樂觀如来合縵掌相張時則見斂指不見如真珠網了了分明勝閻浮檀金百千万倍其色明達過於眼界於十指端各生卍字卍字點間有千輻輪衆相具足如和合百千蓮華自有衆生樂觀如来掌文間成如自在天宮其掌平正人天无類當於掌中生千輻相於十方面開摩尼光於其輪下有十種畫一一畫如自在天眼清白分明然後入掌相中自有衆生樂觀如来手背毛上向靡如紺琉璃流出五道光入網縵中者自有衆生樂觀如来手足柔軟如天劫貝自有衆生樂觀如来

手内外握自有衆生樂觀如来胸德字万印相三摩尼光相者自有衆生樂觀如来臍如毗楞伽寶珠自有衆生樂觀如来腸肋大小正等婉轉相著自有衆生樂觀如来諸骨支節髁龍相結其間密緻者自有衆生樂觀如来鉤鏁骨卷舒自在不相妨导自有衆生樂觀如来骨色鮮白頗梨雪山不得爲譬上有紅光間錯成文凝液如脂自有衆生樂觀如来伊尼鹿王蹲相者自有衆生樂觀如来踝相者自有衆生樂觀如来足趺平正相者自有衆生樂觀如来足趺上色閻浮檀金色毛上向靡足指網間如羅文彩於其文間衆彩玄黄不可具名自有衆生樂觀如来赤銅爪相於其爪端有五師子口自有衆生樂觀如来脚指端蠡文相如毗紐羯磨天所畫之印自有衆生樂觀如来足下平滿不容一毛足下千輻輪相轂輞具足魚鱗相次金剛杵相者足跟亦有梵王頂相衆蠡不異如是名樂順觀者自有衆生樂逆觀者從足下千輻

相輪從下觀至足指上一一相一一好
二色從下至上了了逆觀是名逆
觀法自有衆生樂觀如来金色佛生
閻浮提故作色中上色如百千日耀
紫金山不可得具見自有衆生樂觀
如来巨身丈六者自有衆生樂觀如
来圓光一尋者自有衆生樂觀如来
擧身光明者自有衆生樂觀如来說
法時瑞應相者自有衆生樂觀如来
臍上向相下向相者
觀相品第三之一
佛告父王云何名觀如来頂如来頂
骨團圓猶如合拳其色正白若見薄
皮則為紅色或見厚皮則金剛色髮
際金色腦頗梨色有十四脉衆畫具
足亦十四光其光如脉分明了了於
腦脉中旋生諸光上衝頭骨從頭骨
出乃至髮際有十四色圍遶衆髮髮
下金色亦生衆光入十四色中是名
如来生王宮中頂腦肉髻惟其頂上
五大梵相生時摩耶及佛姨母皆悉
不見其五梵相開現光明至於梵世
復過上方无量世界化成雲臺諸佛

境界十地菩薩之所不見今為父王
說生頂相若有聞者應當思惟佛勝
頂相其相光明如三千界大地微塵
不可具說後世衆生若聞是語思是
相者心无悔恨如見世尊頂勝相光
閉目得見以心想力了了分明如佛
在世雖觀是相不得衆多從一事起
復想一事想一事已復想一事逆順
反覆經十六反如是心相極令明利
然後住心繫念一處如是漸漸擧舌
向腭令舌政住經二七日然後身心
可得安隱復當繫心還觀佛頂觀佛
頂法光隨毛孔入
佛告父王及勑阿難諦聽諦聽善思
念之如来今者頭上有八万四千毛
皆兩向靡右旋而生分齊分明四觚
分明一一毛孔旋生五光入前十四
色光中昔我在宮乳母為我沐頭時
大愛道来至我所悉達生時多諸奇
特人若問我汝子之髮為長幾許我
云何荅今當量髮知其尺度即勑我
申髮以尺量長一丈二尺五寸放
已右旋還成蠡文欲納妃時復更沐

頭母復勑言前者量髮正長一丈二
尺五寸今當更量即申量之長丈三
五寸我出家時天神捧去亦長丈三
五寸今者父王欲看髮相不父王白
言唯然天尊樂見佛髮如来即以手
申其髮從尼拘樓陁精舍至父王宮
如紺琉璃遶城七匝於佛髮中大衆
皆見若干色光不可具說是一一光
普照一切作紺琉璃色於琉璃色中
有諸化佛不可稱數現是相已斂髮
卷光右旋婉轉還住佛頂即成蠡文
是名如来真實髮相若有比丘及比
丘尼諸優婆塞優婆夷等欲觀佛髮
當作是觀不得他觀若他觀者名為
邪觀名為狂乱名為失心名為邪見
名顛倒心設得定者无有是處如是
父王佛真髮相事實如此觀髮相已
次觀髮際如赤真珠色婉轉下垂有
五千光間錯分明皆上向靡圍遶諸
髮從頂上出遶頂五匝如天畫師所
作畫法團圓正等細如一絲於其絲
間生諸化佛有化菩薩以為眷屬諸
天八部一切色象亦於中現色如日

輪不可具見是名觀佛髮際如此觀
者名為正觀若異觀者名為邪觀佛
告父王此名如来髮際實觀
云何觀如来額廣平正相額廣平正
相中有三相一者所謂白毛相佛初
生時王與夫人將太子詣阿私陁仙
令相太子仙人披氎初見太子眉間
白毛旋生於白毛邊有諸輪郭隨白
毛旋相師舒毛見毛長大即取尺度
量其長短足滿五尺如琉璃筒放已
右旋如頗梨珠顯現无量百千色光
是名菩薩初生時白毫相光至年八
歲姨母復觀悉達年大其眉間毛亦
隨年長令試看之即舒白毛見毛正
直如白琉璃筒於其毛端出五光明
還入毛孔母甚憐念情無已已告語
諸人我子毛相乃至如此諸人見已
如前右旋甚可愛念是名菩薩童子
時白毫毛相
云何名菩薩納妃時白毫毛相耶輸
陁羅父自遣相師来相太子見三十
二相炳然如畫惟於白毛其心不了
相師即言地天太子其餘衆相同金

輪王唯此白毛流出衆光非我所明
今欲舒看為可尒不太子告言隨汝
所欲尒時相師以手申毛其毛流出
如牛王乳射相師眼其眼明淨即於
毛中見百千轉輪聖王七寶千子皆
悉具足相師驚愕白言地天太子我
申白毛欲觀長短不知何意如牛王
乳来射我眼為是實見為是夢見為
是狂乱今者悉忘太子相好一切都盡
惟見百千轉輪聖王七寶千子及四
種兵從四面起我心歡喜如婆羅門
得梵世樂語已放毛右旋婉轉還復
本處尒時相師名牢度跋多見此事
已五體投地礼於太子太子衆相不
可具見如我相法見一相者王四天
下快得自在今太子相如摩醯首羅
自在神力不可記錄當云何知太子
告言吾不違此汝自歸家往白汝王
尒時相師即還本國以如上事具向
王說王聞是語駕乘名爲導從百千
詣迦毗羅城到淨飯王宮以水澡太
子手持女上之因為作礼地天太子
願受我女可備灑掃相師所見上妙

毛相我今欲見為可尒不太子告言
隨意看之尒時耶輸陁羅父以手申
太子白毛見其白毛如頗梨幢節節
相當於衆節間見有无量百千梵王
釋提桓因諸勝天子與宮殿俱了了
而見如於明鏡自覩面像見已歡喜
尋復放捨如前右旋還住眉間光明
赫奕四面布散入輪郭中不可悉說
是名菩薩納妃時白毫相佛告父王
佛涅槃後四部之衆其欲觀菩薩為
童子時及納妃時白毫相者當作是
觀如此觀者是名正觀若異觀者是
名邪觀
佛告父王云何名如来出家時白毫
相我欲出家時父王及母遣諸婇女
常以衛護門施關鍵開閉有聲如師
子吼於窓牖間寄懸諸鈴金鏁相鈎
龍鬼夜叉无從得入尒時四天王於
虛空中還發聲言地天太子日時已
至宜當學道我今欲往供養太子恐
殿有聲无緣得入尒時太子以手申
毛至四天王所色如天繒柔軟可愛
時四天王見心甚愛敬以愛敬故即

於毛中見化菩薩結加趺坐形如太子一一菩薩復有無量諸大菩薩共為眷屬此相現時無量諸天龍夜叉等俱時得入勑語車匿汝往後廐被揵陟來車匿白言今此地中若舉足時此地振吼如大象聲云何得往尒時太子復申白毛令車匿見猶如蓮華葉葉相次其白如雪車匿見已心眼即開於其葉間見化菩薩結加趺坐猶如微塵不可稱數是諸化人眉間白毛亦復如是尒時車匿見宮中地如頗梨色表裏堅實猶如金剛躡足无聲疾至後廐被馬金鞍牽至殿前車匿白太子言諸天願顯合掌叉手住在空中同聲讚歎出家功德太子宜時速疾乘馬尒時太子復舒白毛持擬諸女令諸侍女身心悅樂猶如比丘得第三禪尒時此毛婉轉右旋還入眉間諸天復見太子眉間有百千光辟如乳河周流一切於乳河中有化菩薩乘化蓮華皆共讚歎出家功德一一化菩薩眉間乳河流出光明亦復如是佛告父王是名菩薩出

家時白毛相種種瑞應若佛滅後諸四部衆欲觀如來出家時白毛相者當作是觀若異觀者是名邪觀

佛告父王云何名苦行時白毫毛相如我踰出宮城已去伽耶城不遠詣阿輸陁樹吉安天子等百千天子皆作是念菩薩若於此坐必須坐具我今應當獻於天草即把天草清淨柔軟名曰吉祥菩薩受已鋪地而坐是時諸天諦觀菩薩身相可愛復見白毛圍如三寸右旋婉轉有百千色流入諸相是諸天子觀白毫時各作是念菩薩今者惟受我草不受汝草時白毛中有万億菩薩結加趺坐各取其草坐此樹下一一天子各見白毫中有如此相是時吉安天子而讚歎言善哉勝士修大慈悲慈悲力故得大人相於其相中無量變現能滿諸天一切善願不生諍訟起菩提心釋梵諸天見於菩薩坐此樹下各獻甘露持用供養菩薩是時為欲降伏彼六師故不受彼供天令左右自生麻米菩薩不食諸天皆曰此善男子不

食多日氣力惙然餘命无幾云何當能成辦菩提菩薩是時入滅意三昧三昧境界名寂諸根諸天啼泣淚下如雨勸請菩薩當起飲食作是請時聲遍三千大千世界菩薩不覺有一天子名曰悅意見地生草穿菩薩肉上生至肘告諸天曰奇哉男子苦行乃尒不食多時嘆聲不聞草生不覺即以右手申其白毛其毛端直正長一丈四尺五寸如天白寶中外俱空天見毛內有百億光其光微妙不可具宣於其光中現化菩薩皆修苦行如此不異菩薩不小毛亦不大諸天見已歎未曾有即放白毛右旋婉轉與光明俱還復本處尒時諸天諦觀白毛目不蹔捨見白毛中下生五筒從面門入流注甘露滴滴不絕從舌根上流入于身表裏清徹如琉璃山百千万億諸大菩薩於已身內現諸天見已合掌歡喜前言愚癡言此大人命不去遠今見是相必當成佛了了無疑无上慧日照世不久作是語已遶百千匝各還宮殿如此音聲聞六

觀佛三昧經第一卷　第二十四張　可字号

欲天佛告父王佛滅度後若四部衆欲觀如来当行時白毫相者當作是觀如此觀者是名正觀若異觀者名為邪觀

佛說觀佛三昧海經卷第一

佛說觀佛三昧海經卷第一

校勘記

一　底本，金藏廣勝寺本。四七二頁中、下，四七三頁上、中、下，原版漫漶缺字，以麗藏本換。

一　四六六頁中一行「佛說」，石、磧、普、南、徑、清無。以下各卷同。

一　四六六頁中二行「三藏」，資、磧、普、南、徑、清作「三藏法師」。以下各卷同。

一　四六六頁下七行第九字「觀」，石作「可觀」。

一　四六六頁下七行末字「知」，石、麗作「如」。

一　四六六頁下一四行第二字「界」，石作「世界」。

一　四六七頁下六行第一三字「向」，石、資、磧、普、南、徑、清作「無」。

一　四六七頁下二〇行第八字「四」，資、磧、普、南、徑、清作「三」。

一　四六八頁中二行「有令」，石作「今有」。

一　四六八頁中九行第一一字及一〇行第三字「亦」，資、磧、普、南、徑、清作「亦有」。

一　四六八頁中一一行第九字「持」，諸本作「特」。

一　四六八頁下六行末字「頂」，資、磧、普、南、徑、清作「山頂」。

一　四六八頁下一三行第一三字「無」，徑、清作「是無」。

一　四六八頁下一六行第七字「帝」，諸本作「帝釋」。

一　四六九頁上二行品名前，資、磧、普、南冠有「觀佛三昧海經」，下同。

一　四六九頁上七行第一一字「界」，石作「世界」。

一　四六九頁上九行「數威」，諸本作「缺滅」。

一　四六九頁上一五行第六字「足」，石、磧、普、南、徑、清、麗作「佛足」。

一　四六九頁中九行第四字「相」，諸本作「相好」。

一　四六九頁中一九行第七字「降」，資、磧、普、南、徑、清作「降伏」。

一　四六九頁中二二行第五字「天」，石作「天上」。

一　四六九頁下二行第一三字「来」，諸本作「来在拘尸那城」。

一　四六九頁下五行第一二字「識」，磧、普、南、徑、清作「宜」。

一　四六九頁下一七行第四字「眉」，石、資、磧、普、南、徑、清作「眉間」。

一　四七〇頁上二行第六字「中」，諸本作「中者」。

一　四七〇頁上六行末字「珂」，資、磧、普、南、徑、清、麗作「齶」。

一　四七〇頁上一〇行首字「筒」，磧、普、南、徑、清作「箭」。以下時有出現。

一　四七〇頁上一五行第五字「臍」，資、磧、普、南、徑、清作「臍」。

一　四七〇頁上一六行第七字「頭」，資、磧、普、南、徑、清作「頸」。

一　四七〇頁上一八行末字「觀」，諸本作「觀如来一一毛(「毛」，石、麗無)孔一毛旋者自有衆生樂觀」。

一　四七〇頁上二一行第一一字「埵」，石、磧、普、南、清、麗作「睡」；資作「腄」。

一　四七〇頁中一行第八字「瓮」，諸本作「瓫」。

一　四七〇頁中四行第四字「跓」，資、磧、普、南、徑、清作「拄」。以下時有出現。

一　四七〇頁中七行第七字「槃」，磧、普、南、徑、清作「蟠」。以下二字混用。

一　四七〇頁中一一行首字及二二行第二字「曼」，石作「鞔」；磧、普、南、徑、清作「縵」。

一　四七〇頁中一三行第四字「達」，資、磧、普、南、徑、清作「淨」。

一　四七〇頁中一六行第四字「間」，磧、普、南、徑、清作「圓」。

一　四七〇頁中一九行第九字「清」，磧、普、南、徑、清作「青」。

一　四七〇頁中二一行第一二字「道」，諸本作「色」。

一　四七〇頁下一行第四字「握」，石、磧、普、南、徑、清作「握者」。

一　四七〇頁下二行「字万」，資、磧、普、南、徑、清作「萬字」。

一　四七〇頁下五行首字「著」，石、磧、普、南、徑、清作「著者」。

一　四七〇頁下七行第一三字「㝵」，石、磧、普、南、徑、清作「礙者」。

一　四七〇頁下一〇行末字「鹿」，資、磧、普、南、徑、清作「延鹿」。

一　四七〇頁下一五行末字「名」，石、磧、普、南、徑、清作「名者」。

一　四七一頁上一行「相輪」，資、磧、普、南、徑、清、麗作「輪相」。

一　四七一頁上四行第六字「色」，石、資、磧、普、南、徑、清作「金色」。

一　四七一頁上一三行第七字「捲」，石作「拳」；資、磧、普、南、徑、清作「蓋拳」。

一　四七一頁上一九行第八字「入」，

一　四七一頁上末行第一一字「雲」，磧、普、南、徑、清作「八」。

一　四七一頁中九行第一〇字「相」，麗作「宮」。

一　四七一頁中一二行第五字「復」，石、資、磧、南、徑、清作「想」。

一　四七一頁中一三行第三字「光」，石作「後」。

一　四七一頁中二〇行第二字「人」，石、麗作「先」。

一　四七二頁上一四行「試看」，資、磧、普、南、徑、清作「有人」。

一　四七二頁上一四行第一二字「見」，石作「者試」。

一　四七二頁上一五行第一二字「五」，資、磧、普、南、徑、清作「其」。

一　四七二頁上二二行第一〇字「毛」，石、麗作「五色」。

一　四七二頁下三行第一二字「憧」，資、磧、普、南、徑、清作「毫」。

一　四七二頁下一〇行第九字「其」，資、磧、普、南、徑、清作「幢」。

一　四七二頁下一八行末字「於」，資、資、磧、普、南、徑、清作「其中」。

一　四七三頁上四行末字「被」，磧、磧、普、南、徑、清無。

一　四七三頁上九行「眼即開」，石作普、南、徑、清作「鞁」，下同。

一　四七三頁上一三行首字「足」，資、「即開解」。

一　四七三頁上一六行「疾乘」，資、磧、普、南、徑、清作「之」。

一　四七三頁上一七行第一三字「樂」，磧、普、南、徑、清作「乘疾」。

一　四七三頁下九行第一〇字「毛」，南作「喜」。

一　四七三頁下一九行「百千」，磧、石作「白毛」。

一　四七三頁下一九行第一〇字「己」，普、南、徑、清作「千百」。

一　四七四頁上末行「佛說」，石、資、資、磧、普、南、徑、清無。

磧、普、南、徑、清無。以下各卷同。

佛説觀佛三昧海經卷第二　可

東晉天竺三藏佛陀跋陀羅譯

觀相品第三之二

佛告父王云何名菩薩降魔時白毫相光魔王波旬遥以天眼觀閻浮提見釋迦子棄國如𠺕坐道樹下肌骨枯槁形體羸瘠如久病人唯有金色光明益顯其眼陷黑如井底星骨節相跓如盤龍文波旬喜曰瞿曇體羸骨如腐草雖有光色餘命無幾𡙁道未成宜往敗之瞋目大怒勑諸夜叉速集軍衆吾今欲行下閻浮提往征瞿曇是時魔子名薩多羅長跪白父淨飯王子其生之時万神侍御光徹衆天其人慈悲普覆一切今為群生坐於道樹父王云何興惡逆意魔即怒曰汝幼無知乃言瞿曇有勝道德瞿曇身羸如枯骨人竟何所能而言慈悲子復白言瞿曇體羸不食故介觀其光色如金鋌山紫燭流出恬坐六年心無傾摇觀其面貌曾无畏色唯願大王且住天宮不願往攻波旬復言汝但默然何須多云時夜叉王名曰翅陁即至魔所頭面著地為魔作礼白言天王何所勑令波旬告曰汝以我聲遍勑六天告下鬼王并諸八部及曠野鬼十八地獄閻羅王神一切皆集往瞿曇所是時諸鬼猶如雲起從四面集或有諸鬼首如牛頭有四十耳於其耳中生諸鐵箭赤爓上起高一由旬有十八角角端擎山山上有龍銜熱鐵丸復有諸鬼首如狐頭有十千眼眼瞼長大如霹靂炎項上有口口吐熾火身上諸毛猶如劒樹復有諸鬼倒住空中有十二脚於其足跟有千刀輪頭如太山於其頭上五百劒樹頭火奮起復有諸鬼婉轉腹行負鐵圍山穹脊而至復有諸鬼一頸多頭口有千舌於其舌上生棘刺樹毛孔上衝毛端雨血吐刺疾走騰空而至毗舍闍鬼發大惡聲氣踊如雲雨熱鐵丸倏忽而到鳩槃茶鬼蹲踞土埵現其醜形富單那鬼其形黑瘦頭戴大鑊盛熱鐵丸手執刀輪左脚蹹狗右脚蹹狼犇走而至

諸羅刹王背黒如漆胸白如月眼如
盛火頭髮蓬乱如縛夘東狗牙上出
狀如鏘劒手十指爪利如鋒芒脚有
十爪蹤擴如劒以鐵鶡頭疾走而至
曠野鬼神大將軍等一頸六頭胸有
六面膝頭兩面舉體生毛狀如箭鏃
奮身射人張眼爓赤血出流下與諸
兕類疾走而到復有諸鬼首如席頭
有十二眼鼻如為鼻有十三鼻左肩
擔山右肩負火手捉利劒脚躡師子
哮吼而至復有諸鬼其身如雲霹靂
火起如團雲頭於團雲邊有百千万
龍不見其身但見吐毒於十方面一
切悪事如雲而集鬼子母神將其諸
子各執一石辟方十里巖崿可畏競
馳而至復有諸鬼躍脊揬尾以鼻齅
地鼻出諸大火爓上化化生諸鬼擔
面而走是時魔王顧視夜叉告令諸
鬼令者鬼兵既已雲集瞿曇善人或
能知呪當與四兵以魔王珠化作四
兵為馬車步列仗如林甚可怖畏直
從空下至道樹邊魔復更念如此軍
衆或能不滄降伏瞿曇復脱寶紵持

擬地下其猏光明還至下方當閻羅
正化人宫上高聲大呼告勑諸鬼汝
等獄卒及閻羅王阿鼻地獄刀輪劒
戟火車鑪炭一切都舉向閻浮提欲
滅瞿曇擲置其中阿鼻地獄縱廣正
等八万由旬七重鐵城下十八萬四
面劒林亦十八行東方復有十八小
地獄以為圍遶南方十八萬以為圍
遶西方十八萬以為圍遶北方十八
萬以為圍遶地下自然有熾猛火燒
然鐵城鐵輞俱熾一切熱爓周迴還
旋下過十八若有衆生犯五逆者身
滿其中受如此苦晝夜不息間無空
缺劫欲盡時四門自開諸罪人等見
東門外一切劒林如清涼林從下萬
起至第二萬第二萬起至第三萬乃
至於上走趣東門羅刹獄卒以熱鐵
叉逆刾其眼精如融銅流出于地即
時躃倒遍滿十八萬中其心迷悶滿
一小劫尒乃還起復向南門如是四
方如前無異晝夜受苦逕一大劫劫
盡更生餘小地獄其餘衆獄形狀大
小受報輕重形類好醜一切雜報慈

三昧中當復廣説時諸獄卒城東八
千三方亦尒一一獄卒頭髮如山生
刀輪劒戟耳如驢耳有百千種一一
耳中烟爓俱起脣口牙齒過於羅刹
百千万倍角如牛角角端生劒五方
異見身體赤黒如癩病狗有四百尾
於其尾頭濃血沸屎有鐵觜虫纏其
身體手捉鐵叉脚下躡輪刀輪上刾
直徹心髓駃疾如風各以鐵叉叉罪
人腰直上而走阿鼻地獄如影隨形
逐罪人来俄須之間到道樹邊一時
雲集欲興悪逆菩薩是時儼然不動
入勝意慈魔王譸張奮武振吼勑諸
兵衆汝等速疾逼害瞿曇上震山雷
雨熱鐵丸刀輪武器更相加積交摜
空中四面諸鬼同時俱作然其大箭
不近菩薩是時菩薩徐舉右辟申眉
間毛下向用擬阿鼻地獄令諸罪人
見白毛中流出衆水澍如車軸雨大
火上大火暫滅惟烟氣在令受罪人
心得小悟自憶前世百生千生百千
万生所作諸罪諸獄平等持大鐵叉
舉起罪人盡其身力不能得動忽然

自見大鐵叉頭如白銀山龕室千万
有白師子盤身為座於其座上生白
蓮華有妙菩薩入勝意慈如是莊嚴
如須弥山放叉擲地有七寶華生叉
根下有白色光明照諸地獄及獄卒
身令閻羅王及諸獄卒作白銀出猶
如電光暫時得見諸受罪人六情諸
根猛火速起節頭火然筋脉生釘暫
得一起合掌叉手向白毫相即時心
開見白毛中人如已無異坐蓮華林
以水澆灌諸罪人頂令心熱惱暫得
清涼即皆同時稱南无佛以是因緣
受罪畢訖直生人中諸情皃具正見
出家既出家已破二十億洞然之結
成須陁洹魔見是相憔悴懊惱却卧
牀上魔有三女長名悅彼中名喜心
小名多媚時魔三女至父王所長跪
叉手為父作礼啓言父王今日何故
愁悴乃尒其父荅言沙門瞿曇結擔
深重今坐道樹要壞我民是故愁耳
女白父言我能往乱願父莫愁即自
莊飾著雜寶冠容媚挺特過踰魔后
百千万倍眄目作姿現諸妖冶瓔珞

晃耀光翳六天乘羽寶車安施寶帳
垂諸天華於華鬚頭諸化玉女手執
樂器鼓樂絃歌聲万種音凡在世人
之所憙樂一一玉女從五百女以為
侍御繒蓋幢幡如雲而下身毛孔中
香烟芬馥有百千色玄黃昱爍甚適
人目安庠徐步至菩薩所下車合掌
礼敬菩薩旋遶七匝白菩薩言太子
生時万神侍御七寶来臻何棄天位
来此樹下我是天女威美无比顏貌
紅輝六天无雙今以微身奉上太子
供給左右可備灑掃我等善能調身
按摩今欲親附願遂下情太子坐樹
身體疲懈宜須偃息服食甘露即以
寶器獻天百味太子寂然身心不動
以白毫擬令天三女自見身內膿囊
涕唾九孔筋脉一切根本大腸小腸
生藏熟藏其中間迴伏蜿轉踊生
諸虫其數滿足有八千户户有九億諸
小虫等虫遊戲時走入小腸皆有四
口張口上向大虫遊戲入大腸中從
大腸出復入胃中冷病起時胃管閉
塞虫不得入故食不消脾腎肝肺心

膽喉嚨肺俞肝萬如是中間復生四
虫如四蚘合上下同時要食諸藏滓
盡汁出入眼為淚入鼻為涕聚口成
唾故口涎流薄皮厚皮筋髓諸脉悉
生諸虫細於微毫數甚衆多不可具
說其女見此即便嘔吐從口而出无
有窮盡即自見身左生地頭右生狐
頭中首狗頭頭上化生九色死尸如
无相觀九相觀者一者新死相或見
死人身體正直無所復知想我此身
亦當復尒與此无異故曰新死相二
者青淤相或見死人一日至于七日
身體青膖淤黑相我所愛身亦當復
尒與此无異故曰青淤相三者膿血
相或見死人身已爛壞血流塗湯極
為可惡不可瞻視我所愛身亦當復
尒故曰膿血相四者絳汁相或見死
人身體縱橫黃水流出狀似絳汁我
所愛身亦當復尒故曰絳汁相五者
食不消相或見死人為烏鳥所食虫
狼所敢為蠅所狙其肉欲盡或半身
在我所愛身亦當復尒故曰食不消
相六者筋纏束薪相或見死人皮肉

已盡止有筋骨相連譬似束薪由是得成而不解散我所愛身亦當復尒故曰筋纏束薪相七者骨節分離相或見死人筋骨爛壞骨節蹤横不在一處我所愛身亦當復尒故曰骨節分離相八者燒燋可惡相或見死人為家火所燒野火所焚燋縮在地極為可惡不可瞻視我所愛身亦當復尒故曰燒燋可惡相九者枯骨相或見久昔乾骨者五十歲至百歲二百歲三百歲時骨還變白日曝微中火從骨上燗燗而起火燒之後風吹入地還歸于土是名略說九相是為菩薩始在樹下初開不淨觀門時三魔女自見背上復負老母髮白面皺脣口喎僻手脚繚戾顏色津黑猶如僵尸胸前復抱一死小兒於六竅中流出諸膿膿中生虫虫正似鉞虫諸女見此愕然驚嗥却行而去低頭視瞻瞻生六龍龍吐水火耳出諸風體堅如鐵自見女形醜狀鄙穢乃當如是於其鄙處有諸小虫虫有四頭二上二下娶食女身口出五毒毒有五脉上

至心下乃至咽喉從六根中生諸脉根九十有九直下流注至諸虫頂共相灌注徹諸虫心諸女人等從无數世造諸邪行惡業因緣獲得如是不淨醜身復有諸虫如手臂釧團欒相持而有衆口口生五毒唼食女根諸女人等先世之時邪婬行故獲臭惡身以為莊嚴諸女見已心極酸苦如箭入心却行之時匍匐而去如羸馳步初舉足時節節火起其髮黄黑如剌棘林以自纒身呼嗟歎息至魔王前魔王心怒奮劒竪色即欲直前魔子諫曰父王無辜自招瘡疣菩薩行淨難動如地云何可壞作是諫時菩薩復以白毫光擬令魔眷屬身心安樂譬如比丘入第三禪餓鬼見白毛毛端皆有百千万億諸大菩薩是諸菩薩亦入勝意慈心三昧各以右手将左指頭爪端生乳灑滅猛火猛火滅已即得清涼自然飽滿身心踊悅發菩提心因是心故捨餓鬼苦是諸鬼等自見其身如似白玉似瑠璃山似頗梨山似黄金山似馬瑙山身諸

毛孔似真珠貫眼目明淨似明月珠身諸烟爛如雜寶雲所執刀杖似七寶臺七寶臺内重鋪綩綖安置丹枕左右自然有化梵王見化菩薩坐於花臺各各異說諸罪人報汝等前世坐作惡業故獲如此可惡之形說是語時是諸鬼神有發无上菩提心者有種聲聞辟支佛者有於来世當生人天勝樂處者是時魔王忽然還宫白毫隨從直至六天於其中間無數天子天女見白毛孔通中皆空團圓可愛如梵王幢於其空間有百千万恒沙微塵諸寶蓮華一一蓮華无量無邊諸妙白色以為其臺臺上有化菩薩放白毫大人相光亦復如是諸菩薩頂有妙蓮華其華金色過去七佛在其華上是諸化佛自說名字與修多羅等無差別復有諸天宿善根者見化菩薩一毛孔中生一菩薩菩薩頂上皆有化佛如前不異時諸化佛眉間出華百寶莊嚴諸天世間無色可比有化光臺臺上化佛如前不異諸化菩薩身毛孔中化出一切十

觀佛三昧經第二卷　第十二張　可

方衆生所希見事化人足下有化光
臺生諸天宮勝過六欲魔王宮殿亦
勝大梵儼身之宮諸梵頂相從化菩
薩足輞間生如是白毛上至無色遍
照一切无量無邊諸天世界皆如白
寶頗梨明鏡諸天見此勝瑞相已不
樂天樂發菩提心魔王八万四千天
女覩波旬身狀如死狗亦似燋木但
瞻菩薩白毫相光心意悅樂无以爲
辭怒恚波旬前所爲事規欲壞他自
失軍衆作是語時百千无數天子天
女復發無上菩提道意佛告大王如
是種種諸勝相事但從菩薩眉間白
毫而生此耳不勞其餘身分功德佛
滅度後諸四部衆若能蹔時捨離散
乱繫心正觀菩薩降魔白毫相者滅
无數劫黒業惡障亦除十惡諸煩惱
障能於現世見佛影像了了分明如
是種種觀相境界不可具說如我滅
後欲觀如来降伏魔時白毛相者當
作此觀如是觀者名爲正觀若異觀
者名爲邪觀
云何名爲如来成佛時大人相覺人

相不動人相解脫人相光明人相滿
智慧人相具足諸波羅蜜相首楞嚴等
諸三昧海相菩薩摩訶薩從勝意慈
三昧起入滅意定從滅意定起還入
首楞嚴從首楞嚴起入慧炬三昧從
慧炬三昧起入諸法相三昧從諸法
相三昧起入光明相三昧從光明相
三昧起入師子音聲三昧從師子音
聲三昧起入師子奮迅三昧從師子
奮迅三昧起入海意三昧從海意三
昧起入普智三昧從普智三昧起入
陁羅尼印相三昧從陁羅尼印相三
昧起入普現色身三昧從普現色身
三昧起入法界性三昧從法界性三
昧起入師子吼力王三昧從師子吼
力王三昧起入滅諸魔相三昧從滅
諸魔相三昧起入空慧三昧從空慧
三昧起入解空相三昧從解空相三
昧起入大空智三昧從大空智三昧
起入遍一切處色身三昧從遍一切
處色身三昧起入寂心相三昧從寂
心相三昧起入菩薩摩訶薩金剛相
三昧從金剛相三昧起入金剛頂三

觀佛三昧經第二卷　第十三張　可

昧從金剛頂三昧起入一切三昧海
從一切三昧海起入一切陁羅尼海
三昧從一切陁羅尼海三昧起入一
切佛境界海三昧從一切佛境界海
三昧起入一切諸佛解脫解脫知見
海三昧從解脫解脫知見海三昧起
然後方入无量微塵數諸三昧海門
從諸三昧海門起入寂意滅意三昧
從寂意滅意三昧起入金剛辟定大
解脫三昧相門
尒時道場地化似金剛滿八十里其
色正白不可具見此相現時菩薩眉
間白毫相光端潔正直矗然東向長
一丈五尺有十楞現弥迦女人同類
五女无數万億天龍鬼神弥勒賢劫
諸菩薩等跋陁婆羅等无量無邊阿
僧祇微塵數諸大菩薩亦見此相此
相現時佛菩提樹白毛力故根下自
然化生寶華縱廣正等四十由旬其
華金色金剛爲臺佛眉間光照此華
臺其光直下至金剛際於金剛際自
然化生二金剛座手相振觸聲振三
千大千世界令此大地六種振動其

觀佛三昧經第二卷　第十四張　可

金剛座上衡蓮華至蓮華根其蓮華根亦是金剛三種金剛共相振觸直還下過至金剛際往旋十返白毫光明圍遶十匝令金剛座鏗然不動佛坐此座消除三障成菩提道佛心境界說不可盡若廣說者一切衆生至十地菩薩亦不能知亦非所解是故於此白毫相中隱而不說如是白毛光明力故令菩提樹金剛為莖根亦金剛楷七寶成楷上生光各各有七圍遶佛身化成寶縵樹葉金色華百寶色華上有光百千寶色諸天寶光不得為辟果白寶色夜摩天上微妙白寶不得為比其果光明化摩尼網弥覆樹上於其網間猶如白絲婉轉下垂化成寶鈴

鈴四角頭有大寶臺其臺高顯過於上方无量世界過是界已復更化成諸大寶臺其臺高妙不可具說光顯微妙辟如和合百千万億諸須弥山於其臺上有大寶蓋純金剛成雜色間錯微妙光明光明下垂化成幡帳於幡帳中雨寶蓋雲寶蓋雲中雨幢

幡雲幢幡雲中雨妓樂雲妓樂雲中雨寶光雲寶光雲中雨諸香雲諸香雲中雨師子座雲師子座雲中雨華鬘雲華鬘雲中雨妙音雲妙音雲中雨偈頌雲偈頌雲中雨諸珎寶供養具雲如是等種種供具皆從菩提樹白毫相光明中出時白毛光下垂照地令道場邊金剛地上化作七池池生德水水有七色七色分明色有十光上照樹王其池四岸衆寶合成一岸百寶所共合成一寶流出百億光明池底純是金剛摩尼以為底沙水生諸華純黃金葉葉上千光化成光輪池有七渠水自湧出池口生華葉葉相次於蓮華鬚流出諸水如琉璃珠暎徹分明於渠兩邊列生諸華八万四千衆寶嚴飾此渠中水更相灌注當水流時光亦隨轉暎菩提樹此樹光中一一葉上生寶蓮華其華遍布一切世界於其華上化白寶臺遍至十方无量世界其白毫光從佛眉間出寶蓮華團圓正等滿一由旬如是相次過於上方无量無邊不可筭

數不可筭數微塵世界華華相次一一華上見一佛坐身黃金色方身丈六結加趺坐坐蓮華臺其金剛座及菩提樹如上所說等无有異乃至十方亦復如是於白毫中復出寶華勝前寶華百億万倍華上有佛如釋迦文等无有異一華鬚頭復有一佛身亦丈六入深禪定心不傾動如是光明照於東方无量無數百千世界令諸世界皆作金色彼衆生見化佛毛孔開現光明亦復如是出无量百千寶光一一光中復有無量百億化佛時諸天龍鬼神夜叉乾闥婆等覩此光明遶佛千匝照十方國見十方國高下大小了了分明如執明鏡自見面像是諸大衆波旬眷屬八万億衆諸鬼神天龍夜叉等各見白毫端直丈五十方光見暎蔽衆自如万億日不可具見但於光中見無量无數百億千万化釋迦文眉間白毛正長丈五一一毛中出無量光一一光中无量化佛化佛眉間亦復如是是白毫光輪郭之中流出衆光上至佛頂顯發

額廣平正之相額上諸毛毛皆上靡其毛根下梵摩尼色適衆生心毛端流光如融紫金光相上靡入於髮際婉轉垂下至耳輪邊然後布散上入髮間團遶蚉文數百千匝從枕骨生如金蓮華葉日照開敷蓮華葉間及蓮華鬚如帝釋壹了了分明衆色異現於其色間无量化佛一佛七菩薩諸天以為侍者手執寶花白白者花有五光五色分明隨從化佛不失其所比名如来初成佛時白毫相光因白毫光初生項光生王宮時此光如日見不了了圓光一尋別自當說

時諸八部覩白毫光所見不同有見白毛猶如諸佛有見白毫如諸菩薩有見白毛如已父母一切世間可尊敬事悉於毛端了了得見見已歡喜有發無上菩提心者有發聲聞緣覺因緣者如是諸鬼見白毛者自然慈心无諸惡意佛告父王如来白毛自從初生乃至成佛於其中間微細小事可得覩見既成佛已白毫光明衆相具足諸脩多羅中佛已廣說白毫相光究竟之處十地菩薩尒乃得見

先說小者應諸世間此事易見

佛告父王及勑阿難諦聽諦聽善思念之傳語後世諸弟子等皆今得知若我滅後諸比丘等若問是事此白毫相菩薩本昔修何行得汝當答言佛白毫相從无量劫捨心不慳不見前相不憶財物心无封著而行布施以身心法攝身威儀護持禁戒如愛雙目然其心内豁然虛寂不見犯起及捨墮法心安如地無有動揺設有一人以百千刀屠截其身設復有人以諸棘刺鞭撻其身菩薩初无一念瞋恚設復有人頭有千舌舌出千言種種異辭罵辱菩薩顔色不變如淨蓮華心無所著身心不懈无疲惓意如救頭然如身毛孔生鄉利瘡求覓良醫晝夜精進心无染汙如琉璃珠表裏俱淨攝身斂意閉目叉手端坐正受其心如海湛然不動如金剛山不可沮壞雖作是意不隨禪生厭心滅智无所適莫亦無覺觀非不觀法心智猛利攝諸方便不見有法若大若小有細微相如是衆多名波羅蜜

亦從三十七助菩提法復從十力四无所畏大慈大悲三念處諸妙功德得此白毫若我滅後佛諸弟子捨離諸惡去憒鬧相樂少語法不務多事晝夜六時能於一時於一時中分為少分少分之中能須臾間念佛白毫令心了了无謬乱想分明正住注意不息念白毫者若見相好若不得見如是等人除却九十六億那由他恒河沙微塵數劫生死之罪

設復有人但聞白毛心不驚疑歡喜信受此人亦却八十億劫生死之罪

若諸比丘比丘尼優婆塞優婆夷犯四根本罪不如等罪及五逆罪除謗方等如是衆人若欲懺悔晝夜六時身心不懈辟如人在深草中行四面火起猛風吹来欲燒其身此人作念若火燒我未死之間支節解散我當云何得滅此火若不設計命必不濟誰有智者多諸方便能救我命設命全濟於彼人所无所悋惜作是思惟已如太山崩五體投地號泣雨淚合掌向佛讚歎如来種種德行作是讚

已誦懺悔法繫念在前念佛眉閒白
毫相光一日至七日前四種罪可得
輕微三七日時罪相漸滅七七日後
然後羯磨事在他經若比丘犯不如
罪觀白毫光闇黑不現應當入塔觀
像眉閒一日至三日合掌啼泣一心
諦觀然後入僧說前罪事此名滅罪
前五種罪念白毫光經八百日然後
復有別羯磨法
佛告父王如來有无量相好一一相
中八万四千諸小相好如是相好不
及白毫少分功德是故今日為於來
世諸惡衆生說白毫相大慈光明消
惡觀法若有邪見極重惡人聞此觀
法具足相貌生瞋恨心无有是處縱
使生瞋白毫相光亦復覆護暫聞是
語除三劫罪後身生處生諸佛前如
是種種百千億種諸觀光明微妙境
界不可悉說念白毫時自然當生如
此觀者名為正觀若異觀者名為
邪觀
云何名觀額廣平正額廣平正相二
輪光明光明輪郭千輻轂輞成摩尼

珠形如眦細羯摩天畫於畫中流出
上妙金色之光來入白毫遶毫七匝
上入額上諸毛孔中乃至髮際諸色
相中婉轉下垂至于耳輪上散入髮
遶髮七匝從枕骨出遶項蓮華相圍
圓七匝七畫分明畫有七色色生七
華華有一佛有七菩薩以為侍者恭
敬圍遶右旋而轉如是額廣平正三
相髮際相頭諸毛孔相腦中相腦中
亦有十四光現諸脉中中外俱徹明
顯可愛踊出白光紅紫間錯其色微
細從枕骨出亦遶前者三匝一一畫
閒有一佛坐有二菩薩以為侍者益
更明顯勝前數倍
云何觀如來眉相左右二眉形如月
初卷生諸毛稀稠得所隨月形轉其
色艶紫毛端紺青琉璃妙光色无與
比眉光兩靡散入諸髮既入髮已上
至髮杪其光蓋起鋒翠孔雀色无以
類猶如聚墨比琉璃光亦復下垂從
枕骨出右旋婉轉遶光四匝一一畫
中出一化佛有二菩薩及二比丘翼
侍左右皆悉住立蓮華鬚上明顯可

愛勝前數倍眉下三畫及眼眶中旋
生四光青黃赤白上向豔出入眉骨
中出眉毛端亦如前法從枕骨出遶
光四匝四色分明黃色化佛身黃金
色白色化佛身白銀色青色化佛身
金精色赤色化佛身車渠色如是右
旋益更明顯勝前數倍
云何觀如來眼瞳相如來眼瞳上下
各生有五百毛柔軟可愛如優曇華
鬚於其毛端流出一光如頗梨色入
前衆相光明色中遶頭一匝從枕骨
生圍遶前光純生微妙諸青蓮華蓮
華臺上有青色蓋有梵天王手執是
蓋此相現時佛眼青白白者過於白
寶百億万倍青者勝青蓮華及紺琉
璃百億万倍上下俱眴如牛王眼眼雙
眥頭旋出二光如青蓮華極為徽細
遶髮一匝從枕骨出映飾諸華令華
開敷光明益顯如是勝相无量功德
名如來眼若有欲觀如來眼者當作
此觀作此觀者滅損諸惡閉目端坐
正觀佛眼一日至七日於未來世常
得見佛終不盲冥亦不生於邊地邪

見无佛法處慧眼恒開不生愚癡佛告父王是故智者為除盲冥當觀佛眼佛有五眼此觀法中先說肉眼明淨光現觀眼心利傍生境界不可具說諦觀佛眼於少時間及觀像眼未来世中經五生處眼常明淨眼根無病除却七劫生死之罪佛告阿難勅諸四衆勤觀佛眼慎勿休廢觀佛眼者必獲无量微妙功德發除顚廣及賤蚤文眼睚眼眉眼瞎眼畫如是等衆相光明若能暫見除六十劫生死之罪未来生處必見弥勒賢劫千佛威光所護心如蓮華而無所著終不墮於三塗八難若坐不見當入塔觀入塔觀時亦當作此諸光明想至心合掌蹣跪諦觀一日至三日心不錯乱命終之後生兜率天面見弥勒菩薩色身端嚴應感化導既得見已身心歡喜入正法位佛告父王如是觀者名為正觀若異觀者名為邪觀

佛說觀佛三昧海經卷第二

辛丑歲高麗國大藏都監奉
勑雕造

佛說觀佛三昧海經卷第二

校勘記

一　底本，金藏廣勝寺本。四四七頁中，四八一頁中、下四八二頁上、中，四八五頁上，原版漫漶，以麗藏本換。

一　四七七頁中七行第六字「瘠」，資、磧、普、南、徑、清作「瘦」。

一　四七七頁中一〇行第一三字「曼」，資、磧、普、南、徑、清作「及」。

一　四七七頁中二一行第四字「無」，資、磧、普、南、徑、清作「不」。

一　四七七頁下一二行首字「項」，資、磧、普、南、徑、清作「頂」。

一　四七七頁下一五行「頭火奮」，石作「樹頭火奮」；資、磧、普、南、徑、清、麗作「樹頭火」。

一　四七七頁下一九行第四字「空」，資、磧、普、南、徑、清作「虛」。

一　四七七頁下末行第五字「蹌」，資、磧、普、南、徑、清作「躡」。

一　四七八頁上三行第三字「鈿」，資、磧、普、南、徑、清作「矛」。

一　四七八頁上七行「爓赤」，資、磧、普、南、徑、清作「赤爛」。

一　四七八頁上一一行第一〇字「身」，資、磧、普、南、徑、清作「形」。

一　四七八頁上一五行第一一字「崿」，資作「峻」。

一　四七八頁上一六行第八字「躍」，石、麗作「捲」。

一　四七八頁上一七行末字「擔」，資、磧、普、南、徑、清作「掩」。

一　四七八頁上末行「能不淹」，石、麗作「不能淹」；磧、普、南、徑、清作「不能掩」。

一　四七八頁中六行第三字「万」，資、磧、普、南、徑、清作「千」。

一　四七八頁中一二行第五字「八」，諸本作「八隔」。

一　四七八頁中一四行第一〇字「諸」，石、資、磧、普、南、徑、清作「是諸」。

一　四七八頁中一四行第一三字「等」，

石、資、磧、普、南、徑、清無。

一　四七八頁中一八行第六字「精」，石作「睛」。

一　四七八頁中二一行第一〇字「逕」，資、磧、普、南、徑、清作「經」。

一　四七八頁下七行第五字「濃」，資、磧、普、南、徑、清作「膿」。

一　四七八頁下一四行第一三字「山」，資、磧、普、南、徑、清、麗作「天」。

一　四七八頁下二〇行第五字「暫」，資、磧、普、南、徑、清作「漸」。

一　四七九頁上九行第三字「起」，石作「時」。

一　四七九頁上一〇行末字「林」，石、資、磧、普、南、徑、清作「牀」。

一　四七九頁上一七行第一二字「所」，資、磧、普、南、徑、清作「前」。

一　四七九頁中一行第九字「寶」，磧、普、南、徑、清作「葆」。

一　四七九頁中三行第一一字「凡」，資、磧、普、南、徑、清作「見」。

一　四七九頁中一六行「白毫」，資、磧、普、南、徑、清作「白毛」，下同。

一　四七九頁中一九行第九字「千」，資、磧、普、南、徑、清作「萬」。

一　四七九頁中二二行第一三字「管」，磧、普、南、徑、清作「脘」。

一　四七九頁下一行第五字「俞」，資、磧、普、南、徑、清、麗作「腴」。

一　四七九頁下四行「涎流」，資、磧、南、徑、清作「成涎」；普作「涎」。

一　四七九頁下四行第一一字「髓」，磧、普、南作「蟲」。

一　四七九頁下五行第三字「虫」，磧、南、清作「髓」。

一　四七九頁下五行第六字「微」，諸本作「秋」。

一　四七九頁下九行首字「无」，諸本作「九」。

一　四七九頁下九行第二字「相」，磧、普、南、徑、清作「想」，下同。

一　四七九頁下一五行「流塗」，資、磧、普、南、徑、清作「塗流」。

一　四八〇頁上一行第三字「止」，資、磧、普作「正」。

一　四八〇頁上一行第一〇字「似」，磧、普、南、徑、清作「以」。

一　四八〇頁上四行第六字「骨」，諸本作「已」。

一　四八〇頁上一四行「三魔」，資、磧、普、南、徑、清作「魔三」。

一　四八〇頁上一六行第一二字至一七行首字「猶如僵尸」，石作「似怯死人」。

一　四八〇頁上一八行第一〇字「虵」，資、磧、普、南、徑、清、麗作「蛸」。

一　四八〇頁上二一行末字至二二行首字「於其」，資、磧、普、南、徑、清作「其於」。

一　四八〇頁中七行第一二字「獲」，資、磧、普、南、徑、清作「獲是」。

一　四八〇頁中九行末字「馳」，石、麗作「駞」。

一　四八〇頁中一九行首字「將」，資、磧、普、南、徑、清作「捋」。

一　四八〇頁中一九行第七字「生」，

資、磧、普、南、徑、清作「出」。

一 四八〇頁下三行第八字「鋪」，資、磧、普、南、徑、清作「敷」。

一 四八〇頁下五行首字「花」，資、磧、普、南、徑、清作「化」。

一 四八〇頁下八行第七字「佛」，石、麗作「佛因緣」。

一 四八〇頁下一三行「恒沙」，諸本作「恒河沙」。

一 四八〇頁下一五行第三字「放」，石、資、磧、普、南、徑、清作「放於」。

一 四八一頁上一行第六字「見」，石、資、磧、普、南、徑、清作「有」。

一 四八一頁上四行第二字「足」，石、資、磧、普、南、徑、清作「足下」。

一 四八一頁上一〇行末字至一一行第三字「自失軍衆」，石、資、磧、普、南、徑、清作「返自敗勳」。

一 四八一頁上一九行第一三字「我」，資、磧、普、南、徑、清作「來」。

一 四八一頁下九行首字「從」，資、磧、普、南、徑、清作「從入」。

一 四八一頁下九行第一三字「定」，資、磧、普、南、徑、清無。

一 四八一頁下一八行、次頁上八行及中七行「白毛」，石作「白毫」。

一 四八二頁上四行第一〇字「鏗」，資、普、南、徑、清作「硜」。

一 四八二頁上一〇行第三字及第七字「楷」，資、磧、普、南、徑、清作「鬚」。

一 四八二頁上一〇行末字「七」，磧、普、南、徑、清作「七佛」。

一 四八二頁上一一行末字「百」，資、磧、普、南、徑、清作「白」。

一 四八二頁上一五行「猶如白絲」，石作「若覔」；資作「猶若白絲」；磧、普、南、徑、清作「猶若白覔」。

一 四八二頁上一九行「其臺高妙」，資、磧、普、南、徑、清作「一一寶臺」。

一 四八二頁上一九行第一三字「光」，資、磧、普、南、徑、清作「高」。

一 四八二頁上二一行第六字「大」，磧、普、南、徑、清作「天」。

一 四八二頁中三行第一三字「雨」，資、磧、普、南、徑、清作「雨華鬚雲華鬚雲中雨」。

一 四八二頁中六行首字「具」，資作「其」。

一 四八二頁中九行第二字「德」，資、磧、普、南、徑、清作「七」。

一 四八二頁中九行末字「十」，資、磧、普、南、徑、清作「千」。

一 四八二頁中一四行第四字「七」，磧、普、南、徑、清作「一」。

一 四八二頁中一四行第一字「口」，資、磧、普、南、徑、清作「中」。

一 四八二頁中二〇行第一一字「白」，資、磧、普、南、徑、清作「百」。

一 四八二頁中二二行第二字「出」，資、磧、普、南、徑、清作「生」。

一 四八二頁下一行「不可算數」，石、麗無。

一 四八二頁下八行首字「亦」，資、磧、普、南、徑、清作「長」。

一　四八二頁下一一行「亦復如是」，石、資、磧、普、南、徑、清作「復」。

一　四八二頁下一六行末字「諸」，資、磧、普、南、徑、清作「及諸」。

一　四八二頁下一八行第四字「光」，資、磧、普、南、徑、清作「悉」。

一　四八三頁上七行第七字「臺」，麗作「畫」。

一　四八三頁上八行第一二字「七」，資、磧、普、南、徑、清作「七大」。

一　四八三頁上九行第一一字「白」，諸本作「白中」。

一　四八三頁上一一行首字「比」，諸本作「此」。

一　四八三頁上一二行第五字「項」，資、磧、普、南、徑、清作「頂」。

一　四八三頁上一九行「因緣」，諸本作「心」。

一　四八三頁中一行「應諸」，資、磧、普、南、徑、清作「隨應」。

一　四八三頁中三行第三字「傳」，資、磧、普、南、徑、清作「汝」。

一　四八三頁中九行第一〇字「寂」，資、磧、普、南、徑、清作「空」。

一　四八三頁中一六行第一〇字「那」，磧、普、南、徑、清作「邪」。

一　四八三頁中末行「細微」，石作「微細」。

一　四八三頁下四行第六字「相」，資、磧、普、南、徑、清作「想」。

一　四八三頁下五行「於一時」，石、資、磧、普、南、徑、清無。

一　四八三頁下一二行第六字「却」，石、麗作「除却」。

一　四八三頁下一五行第八字「欲」，石、資、磧、普、南、徑、清作「能」。

一　四八四頁上二行第七字及同頁中二行第一三字「七」，磧、普、南作「十」。

一　四八四頁上五行第五字「光」，資、磧、普、南、徑、清作「毛」。

一　四八四頁上一八行「諸觀」，石、麗作「觀諸」。

一　四八四頁中一一行第一一字「畫」，資、磧、普、南、徑、清作「畫畫」。

一　四八四頁中五行第一〇字「項」，諸本作「前」。

一　四八四頁中一六行第二字「卷」，資、磧、普、南、徑、清作「逸」。

一　四八四頁下一二行首字「生」，石、資、磧、普、南、徑、清作「出」。

一　四八五頁上四行第三字「現」，資作「明」；磧、普、南、徑、清作「顯」。

一　四八五頁上六行第一〇字「明」，資、磧、普、南、徑、清作「清」。

一　四八五頁上一〇行第七字「眉」，資、磧、普、南、徑、清作「脣」。

一　四八五頁上一七行末字至一八行首字「菩薩」，資、磧、普、南、徑、清無。

佛說觀佛三昧海經卷第三　　可

東晉天竺三藏佛陀跋陀羅譯

觀相品第三

佛告父王云何觀佛耳佛耳普埵旋生七毛輪郭衆相及生王宮初穿耳時令兩耳孔內外生華此蓮華中及耳七毛流出諸光有五百支支五百色色出五百化佛佛五菩薩有五比丘以為侍者遶光右旋其數五匝上下正等映照佛耳佛耳可愛如寶蓮華懸處日光佛在世時一切大衆咸見是相是名佛耳色相光明佛告父王若四部衆遠離憒閙正念思惟佛耳相者此人生處耳根清淨无諸穢惡耳常得聞無上微妙十二部經聞巳信解如說修行除滅八十劫生死之罪若不見者如前入塔諦觀像耳一日至十四日亦得如向所說功德是故智者當勤修集正觀佛耳勿使廢失若病苦時倚側偃卧亦當觀佛清淨耳相如是觀像耳如前所想心不懈退後身生處亦常得與陀羅尼人以為眷屬聞法憶持辟如貫珠如是觀者名為正觀若異觀者名為邪觀

云何觀如來方頰車相如來頰上六畫中左右正等有妙光色輝艶倍常閻浮檀金光色遍照令佛面相如淨金色辟如和合百千日月是名如來方頰車相佛滅度後佛諸弟子繫念思惟作是觀者除滅百劫生死之罪面見諸佛了了無疑如是觀者名為正觀若異觀者名為邪觀

云何觀如來師子欠相佛張口時如師子王口方正等口兩吻邊流出三光其光金色過踰前光百千万倍土入耳光圍遶諸髮從枕骨出遶前圍光一一畫間有三化佛一一化佛有二梵王以為侍者是名如來師子欠相佛滅度後四部弟子作是觀者除滅十劫生死之罪後身生處口中恒有優鉢華香有所宣說人皆信受辟如帝釋三十二天一切信用如是觀者是名正觀若異觀者名為邪觀

云何名觀如來鼻如來鼻高脩而且

直當于面門如来鼻端如鷹王嘴鼻孔流光上下灌注上者上入眼眉白毫相鬘際如是直入頂肉髻骨辟如金幢從枕骨出變成衆華華上皆有天諸樂神手執樂器遍入一切諸化佛間以為導從遶光十匝下者直至入佛鬚中圍遶鬚毛令鬚毛根有華開敷如稊米粒流入脣脬至諸齒間暎飾咽喉下至佛胸成光明雲表裏清淨无諸塵翳如琉璃器成金光爛是名如来真淨鼻相佛滅度後佛諸弟子如是觀者除滅千劫極重惡業未来生處聞上妙香心意了了不著於香常以戒香為身瓔珞如是觀者名為正觀若異觀者是名邪觀

云何觀如来鬚諸鬚毛端開敷三光紫紺紅色如是光明直從口邊旋頸上照圍遶圓光作三種畫其畫分明色中上者一一畫間生一寶珠其珠光明有百千色珠下白華莖莖相跓滿三匝已然後彼光還入鬚中是名如来鬚毛光相佛滅度後作是觀者除二十劫生死之罪後身生處身諸

毛孔有自然光心不樂著家居眷屬世間之樂常樂出家修頭陁行如是觀者名為正觀若異觀者名為邪觀

云何觀如来脣色赤好如頻婆果相於上下脣及與斷脬和合出光其光團圓猶如百千赤真珠貫從佛口出入於佛鼻從佛鼻出入於白毫從白毫出入諸鬘間從鬘間出入圓光中暎飾諸華口四十齒印上生光其光紅白光光相照照四十齒四十齒根自然齊白如頗梨壁上下齊平无參差者齒間文畫流出諸光亦紅白色如是衆色佛在世時暎耀人目佛滅度後當以心眼觀見此色佛諸弟子作此觀者除二千劫生死之罪後身生處脣口微妙齒不踈缺得色中上色雖得是色心不貪著常見諸佛聲聞緣覺為之說法令心不疑如是觀者名為正觀若異觀者名為邪觀

云何觀如来廣長舌相如来舌者是十波羅蜜十善報得其舌根下及舌兩邊有二寶珠流注甘露渧舌根上諸天世人十地菩薩无此舌相亦無

此味舌上五畫如寶印文如此上味入印文中流注上下入琉璃筒諸佛笑時動其舌根此味力故舌出五光五色分明遶佛七匝還從頂入佛出舌時如蓮華葉上至鬘際遍覆佛面舌下亦有衆雜色脉如此上味流入脉中其味力故變成衆光有十四色二光上照无量世界一一光間有一光臺其色衆妙不可具名一一光臺龕室無數一一龕中無量化佛結加趺坐聲聞菩薩一切大衆皆悉圍繞過於上方无量世界化為一佛佛身高顯如須弥山如是諸佛其數无量皆出舌相亦復如是二光下照至阿鼻獄令阿鼻獄如黃金色佛舌力故令受苦人暫得休息自慨前世所作惡事如是下過無量世界一一界中化寶華樹葉如佛舌舌相放光光光相照變成化佛其化佛身純白銀色身相具足一一化佛出廣長舌舌相光中有諸化佛如是化佛數无量化佛光明成一銀山其山高大無量无邊於其山間純生銀樹金華銀果樹

下皆有白玉蓮華華上復有白玉化
人玉人臍中化生六龍其龍口黒龍
色純白是化玉人其數无量復更下
過照无量界見白玉樹從下方出至
娑婆界復更蓊蔚至三界頂枝條扶
疏其葉有色九十八一一樹葉遍
覆三界其諸葉間復有龍爲虎狼師
子毒虫悪獸猫狸鼬鼠無事不有其
餘境界坐者自見見一光照東方令
東方地皆作金色山河樹木一切火
焼火光金光各不相障於金光端有
諸化佛佛佛相次乃至東方无量世
界辟如稻麻間无空缺一佛皆有無
量菩薩以為侍者是諸菩薩亦出舌
相與佛正等如是舌相无量光明化
成光雲於光雲中如微塵等無量化
佛結加趺坐如是光明其數无量時
火燗端有五夜叉手執利劒頭有四
口吸火而走如是諸鬼其數無量乃
至東方亦復如是一光照南方无量
世界令其世界作琉璃色琉璃地上
生黄金華黄金華上生馬腦華馬腦
華上生車渠華車渠華上生玫瑰華

玫瑰華上生虎魄華虎魄華上生珊
瑚華珊瑚華上生金精華金精華上
生金剛華金剛華上生摩尼光華摩
尼光華一一葉間有无量色百億寶
華一一華鬚有无量釋迦牟尼結加
趺坐菩薩大衆以為圍遶時諸大衆
身毛孔中亦出此華一一華上現希
有事亦如上説是諸化佛出廣長舌
相開現光明倍勝是相百千万倍於
諸華間有妙寶座高顯可觀如梵王
床一一床上有大菩薩身相端嚴猶
如弥勒亦出廣長舌相其舌光明作
摩尼網覆諸化佛及與大衆摩尼網
間出大寶光其寶光端復有无量無
邊化佛一一化佛各有無數比丘侍從
時諸比丘坐金蓮華身黄金色安禪
合掌入念佛定身諸毛孔出金色光
此一一光化成化佛猶如金山圍遶
比丘有化比丘亦圍遶佛如是衆多
數不可説一光照西方令西方地作
頗梨色頗梨地上有金剛雲金剛雲
中有白寶雲白寶雲中有赤真珠雲
赤真珠雲中有白真珠雲白真珠雲

中有紫真珠雲紫真珠雲中有緑真
珠雲緑真珠雲中有紅真珠雲紅真
珠雲中有閻浮檀金沙雲金沙雲中
有金剛摩尼微塵雲金剛摩尼微塵
雲中有一切寶色微塵雲如是一一
雲中有五十六億色微妙鮮好過於
眼界惟有寂心可與此合如是諸相
復有无量微塵化佛一一化佛無量
微塵諸化弟子諸塵不大諸佛不小
端嚴微妙如釋迦文亦出舌相一一
光照北方令北方地作車渠色車渠
地上有金剛塔一一佛塔百千妙塔
以為圍遶其數无量塔極小者高五
十億那由他由旬一一塔中復有百
億塵數龕窟一一窟中无量無邊諸
寶色水自然踊出是諸水上有大蓮
華開現光明其光現時香氣微妙勝
海此岸栴檀之香百千万倍是香變
為微妙光明諸光明中有諸化佛身
色微妙寶中上者一切衆寶從舌相
出時一一窟无量光明一一光明無
量化佛一一化佛復出舌相光明无
量亦成香塔過於北方無量世界不

可窮盡但從念佛三昧海生一光照東南方令東南方其地馬瑙色馬瑙地上有虎魄山虎魄山上生七寶林七寶林閒有十泉水水十寶色水色放光普照東南方无量世界光所照處有大寶山一一山閒一一樹下生曼陁羅華摩訶曼陁羅華於華臺上有一化佛純琉璃色內外清徹不可具名雜寶色光遶身千匝一一光中无量化佛一一化佛無量大衆皆琉璃色以為圍遶一一化佛出舌相光明化成寶山如是寶山復過東南方无量世界

一光照西南方無量世界令西南方地純珊瑚色珊瑚地上生碧玉樓樓極下者高五十億由旬樓一億柱此一一柱百億寶色一一寶放无數光此一一光化為無量千億寶樹一一樹下有六泉水其水從樹根入從樹絛出流出之時有六寶色一一水中生一蓮華其華鮮白華上復有一白化佛其身極白過踰一切白色之上有五百色微妙光明圍遶佛身一一

光明化无數佛一一化佛有無數菩薩樓閣諸柱皆放光明一一光中无數化佛青色化佛在於珊瑚地上經行白色化佛在於青玉樓上經行樓閣龕室皆有如是无數化佛亦出舌相放大光明其光微妙照西南方無量世界不可窮盡

一光照西北方令西北方作虎魄地於虎魄地上生真珠山真珠山上有珊瑚樹白玉葉摩尼華黃金果金精鬚樹下自然有大師子其身七寶師子眼中放大光明照虎魄地令虎魄地生一大蓮華其華周圓无量無邊一一華上有光明雲其雲紫色雲上有網緑真珠色真珠網閒生金蓮華金蓮華上有一化佛身紫金色青黃赤白五色光明以為圍遶一一光中無數化佛一一化佛无量大衆是諸化佛出廣長舌相亦復如是如是遍照西北方无量世界舌相光明不可窮盡

一光照東北方令東北方地純金剛地於金剛地上生華七寶合成華上

生幢閻浮金色幢頭有華其華无量百千寶色有無數葉一一華葉化為无量百千寶帳一一帳角有七寶幢一一幢頭有七寶蓋其蓋弥覆東北方地一切世界蓋有五幡純黃金成幡有万億无量寶鈴鈴出妙音讚歎佛名讚歎礼佛讚歎念佛讚歎懺悔出是聲已寶帳下地大光踊出其光微妙无數千億一一光中無量化佛結加趺坐坐寶帳內復有踊身住虛空中東踊西没西踊東没南踊北没北踊南没邊踊中没中踊邊没或現大身滿虛空中大復現小身如芥子於虛空中行住坐卧身上出水身下出火身下出水身上出火履地如水履水如地水中生華大如車輪華上有佛結加趺坐如是化佛无量無邊同時見佛踊身空中作十八變火上生一金須弥山星宿日月七寶莊嚴諸龍夜叉及大海水如是衆多須弥山左右一切諸有皆悉出現如是衆山其數无量山頂有佛亦出舌相舌相光明遍照東北方无量世界不可

窮盡
一光上照從閻浮提四天王宮令四
天王皆見釋迦牟尼世尊人中之日
乘七寶臺與諸大衆往彼天上諸天
見已發菩提心乃至无色界一切諸
天皆見是相了了分明心不謬乱令
无色天不謗涅槃起菩提想一光下
照諸阿修羅諸夜叉等諸乹闥婆諸
迦樓羅諸緊那羅諸摩睺羅伽諸龍
諸羅剎諸富單那諸金毗羅諸㗢人
精氣鬼諸鳩槃茶諸吉遮諸曠野鬼
諸餓鬼諸食吐鬼諸食涕唾鬼諸食
膿血鬼諸食屎尿鬼諸山神諸樹神
諸水神如是等若千百千諸鬼神等
其身暫時作天身色柔軟悅樂辟如
比丘入第三禪是諸鬼等各隨業行
自發三種菩提之心諸餓鬼等舌相
光現時猶如冷水滅節間火火既滅
已融銅墮地直陷入地時諸餓鬼皆
悉張口唱言飢飢於千万歲不曾見
水今遇此水除熱清凉是誰力耶空
中聲曰愚癡餓鬼有佛世尊放舌光
明其光照汝令汝苦毒悉得休息作

是語已一一鬼前見一慈母坐蓮華
臺辟如慈母抱持嬰兒與乳令飲使
鬼飽滿既飽滿已發菩提心既發心
已一一慈母化成一佛時一一佛亦
放舌相救諸餓鬼佛攝舌相此光千
色遶佛千匝光有千佛從佛頂入入
已佛身嚴顯三十二相八十隨形好
皆悉明耀遍體流光晃晃昱昱勝於
百千无數億日佛告父王如来舌相
及舌功德觀舌境界其事如是佛滅
度後念佛心利觀佛舌者心眼境界
過向所說作是觀者除去百億八万
四千劫生死之罪捨身他世值遇八
十億佛於諸佛所皆見諸佛廣長舌
相放大光明亦復如是然後得受菩
提道記佛告阿難汝持佛語莫令忘
失告諸弟子正身正意端坐正受觀
廣長舌者如我在世等無有異若有
衆生聞此說者心不驚疑不生誹謗
不惱念佛者勸進念佛者供養恭敬
尊重讚歎如是等人雖不念佛以善
心故除却百劫極重惡業當来生處
值遇弥勒乃至樓至佛於千佛所聞

法受化常得如是觀佛三昧佛告父
王如是觀者名為正觀若異觀者名
為邪觀
云何觀如来頸相缺瓫骨滿相臆德
字相万字印相是衆字間出生圓光
頸臚圓相如琉璃筒懸好金幢咽喉
上有點相分明猶如伊字一一點中
流出二光其一一光遶前圓光足滿
七匝衆畫分明一一畫間有妙蓮華
其蓮華上有七化佛一一化佛有七
菩薩以為侍者一一菩薩二手皆執
如意寶珠其珠金光青黃赤白及摩
尼色皆悉具足如是圍遶諸光畫中
是名佛頸出圓光相胸德字文万字
印中缺瓫滿相腋下珠相是諸相中
一一勝相有五百色雜色光明共相
暎發各不相妨一一色光圍遶頂光
是五百匝一一畫中五百化佛一一
化佛五百菩薩以為侍者五百比丘
手執白拂侍立左右諸化佛光化菩
薩光化比丘光於衆光中皆悉顯現
大須弥山四天王宮諸天宮殿日月
星辰龍宮神宮阿修羅宮十寶山神

四海水神及諸水性乹闥婆等諸婆羅門所尊敬事九十五種神仙異術父母所親歷世因緣如是等神於佛光中悉皆顯現復有百億无量鬼神影現圓光為閻浮提人說孝養事此影化人見衆人時皆自說言我是汝父我是汝母无量世中汝字某甲我名某甲如是衆多無量大衆皆是衆生所尊敬事於佛圓光了了如畫如鏡見面如是衆相名為圓光圍遶佛頸上亦一尋下亦一尋左亦一尋右亦一尋足滿八尺於圓光中流出化佛一切衆生所希見事皆於中現了了分明於圓光上有金色艶如摩尼珠嚴顯可愛摩尼艶間化生華樹其樹金色百千万億閻浮檀金不得為比一一樹下有寶蓮華華上化佛真黃金色如琉璃蓋以覆佛上顯發金顏分齊分明如是化像其數无量佛在世時世尊行時此光照地前一由旬純黃金色後一由旬純黃金色左一由旬純黃金色右一由旬純黃金色有人近佛左右行者其人臭穢皆

悉不現人遠望之同為金色佛坐樹下此光赫弈如衆金華散衹樹間有人諦觀佛項光者前行看者見佛在前從後看者見佛在後左邊看之見佛在左右邊看之見佛在右八方人来遥見項光各作是言瞿曇沙門在金山中遊行自在来向我所如是衆人各各異見是名項光見此光時佛項肉髻生万億光光光相次乃至上方无量世界諸天世人十地菩薩亦不能見有髮右旋上妙蠡文鋒翠孔雀色不得比有千光明赫弈而起此光起時佛肉髻骨及佛頭中一切妙相皆悉暎現滿足面相光明可愛人天淨國報得妙華不得為辟佛面光明益更明顯佛頸佛胸及以佛髀勝前數倍光更明顯佛膝出光其光白色分為四支隨身上轉化作白華入項光下齊出五光光有二支支有五色入脊骨中如白玉筒盛衆色水從兩肩後自然踊出如金摩尼燗燗相跓諸摩尼光有妙蓮華一一蓮華上有七化佛如畫如印隨佛身轉不相障

导鹿王蹲鉤鏁骨鐇龍結間如是中間出諸金光此一一光從一節出入一節間如是和合成一大光如金摩尼住佛肘後豔至項光赤銅爪足指縵網各各有光其光赫弈琉璃頗梨脩七寶色從佛足趺副稱佛身如摩尼珠亦如前光上至圓光足下輪相及長足跟各生一華其華微妙猶如淨國優鉢羅華佛足跟出圍遶諸光滿足十匝華華相次一一華中有五化佛一一化佛五十菩薩以為侍者一一菩薩其頂上生摩尼珠光此相現時佛身毛孔一一孔中旋生八万四千微細諸小光明嚴飾身光極令可愛如是種種雜色名為常光名適意光亦名隨諸衆生所樂見光亦名施衆生眼光此光一尋其相衆多瞿師羅觀佛此光隨小乃至他方諸大菩薩觀佛之時此光隨大如雜華說佛告父王及勑阿難吾今為汝悉現具足身相光明作是語已佛從坐起告阿難言汝語比丘并諸釋子皆悉起立合掌向佛諦觀如来從項光明

下至足光從頂肉髻下至足下平滿之相復勑比丘復從足下平滿相上乃至肉髻亦觀如来身光項光復勑從佛一一毛孔盡一身分一一事觀皆令了了如人執鏡自觀面像若生垢悪不善心者若有毀犯佛禁戒者見像純黒猶如炭人釋子衆中五百釋子見佛色身猶如炭人比丘衆中有一千人見佛色身如赤土人優婆塞衆中有十六人見佛色身如黒烏脚優婆夷衆中二十四人見佛身色猶如聚墨如是四衆各各異見比丘尼衆中有比丘尼見佛色身如白銀色優婆夷衆中有優婆夷見佛色身如藍染青色如是四衆觀佛色身所見不同時諸四衆聞佛是語啼哭雨淚合掌白佛我等今者不見妙色五百釋子自拔頭髮舉身投地鼻中血出佛生我家佛初生時衆人皆見純黄金色惟有我等恒見佛身猶如炭人亦如羸瘦諸婆羅門我等宿世有何罪咎惟願佛日為我解説説是語已自拔頭髮啼哭如前婉轉自撲尒時

慈父出梵音聲安慰諸釋及諸四衆善男子等如来佛日出現世間正為除滅汝等罪咎汝等還起佛自知時當為汝説尒時大衆從地起已遶佛三匝礼世尊足五百釋子詣阿難所敬礼阿難白言尊者我之與汝俱生釋家汝獨聡明揔持佛語猶如寫水置於異器我宿罪故不見佛身何况聞法説是語已對阿難哭尒時如来以梵音聲告諸釋子及勑大衆諸兄弟等勿復啼哭過去有佛名毗婆尸如来應供正遍知出現於世教化衆生度人周訖般涅槃後於像法中有一長者名日月徳有五百子聡明多智廣知世間一切文藝星宿曆數无不貫練其父長者信敬佛法常為諸子説觀佛心亦説甚深十二因縁諸子聞已疑惑不信言父老耄為諸沙門之所誑惑我諸書籍都無是義父今何處求覔得此時父長者愍諸子故隱匿佛法不為宣説是時諸子同遇重病父觀諸子命不支久到諸子所一一兒前泣淚合掌語言汝等邪

見不信正法今无常刀割切汝等汝心煩悶為何所怙有佛世尊名毗婆尸汝可稱之諸子聞已敬其父故稱南无佛父復告言汝可稱法汝可稱僧未及三稱其子命終以稱佛故得生天上四天王處天上壽盡前邪見業墮大地獄地獄受苦獄卒羅剎以熱鐵叉刺壊其眼受是苦時憶父長者所教誨事以念佛故從地獄出還生人中貧窮下賤尸棄佛出亦得值過但聞佛名不覩佛形毗舍佛出亦聞佛名拘樓孫佛出亦聞其名拘鄉含牟尼佛出亦聞其名迦葉佛出亦聞其名以聞六佛名因縁故與我同生雖生此處我今身相端嚴乃尒汝見我身如羸婆羅門我身金色閻浮檀金色不得比汝見我色猶如炭人佛告諸釋子汝今可稱過去佛名為佛作礼并稱汝父礼過去佛亦稱我名敬礼於我未来有佛号曰弥勒亦當敬礼説汝先世邪見之罪今佛現世沙門大衆一切雲集汝當向諸大徳衆僧發露悔過隨順佛語懺悔諸

罪佛法衆中五體投地如太山崩向
佛懺悔心眼得開見佛色身端嚴微
妙如須弥山光顯大海既見佛已心
大歡喜白佛言世尊我今見佛三十
二相八十種好身黄金色一一相好
无量光明作是語已尋時得道成須
陁洹白父王言我等今者欲於佛法
出家學道父王告言汝自白佛佛聽
汝不即往佛所白言世尊我欲出家
佛告釋子善来比丘鬚髮自落即成
沙門身所著衣化成法服合掌礼佛
稱南无佛未舉頭頃成阿羅漢三明
六通皆悉具足
佛告父王大王今者見諸釋子懺悔
除罪成羅漢不父王白佛唯然已見
佛告父王是諸比丘前世之時以惡
心故謗佛正法但為父故稱南无佛
生生常得聞諸佛名乃至今世遭值
我出見佛色身及見衆僧聞佛所說
懺悔衆罪曰懺悔故諸障消除諸障
除故成阿羅漢佛告阿難我涅槃後
諸天世人若稱我名及南无諸佛所
獲福德無量无邊况復繫念念諸佛

者而不滅除諸障㝵耶佛告諸比丘
汝等所以見佛色身如赤土者汝等
前世於然燈佛末法之中出家學道
既出家已於師和上起不淨心然其
和上得羅漢道知弟子心告言法子
汝於和上及衆僧所莫起疑意若起
疑意於諸淨戒永无得理時諸比丘
聞和上說心生瞋恨是時和上知弟
子心漸漸自制不為其說時千弟子
隨壽脩短各欲命終和上猶存而不
涅槃是時和上到弟子所而說是言
汝諸比丘初受法時疑師疑戒虛食
信施汝等今者欲何所怙諸人聞是
心驚毛竪白言和上為我說法和上
告曰汝今事切不宜餘處教汝懺悔
汝今但當稱然燈佛如来應供正遍
知十号尒時諸比丘用和上語咸皆
稱言南无諸佛既稱佛已尋即命終
乘善心故得生天上上生忉利封受
自然畢天之壽下生世間坐前世罪
虛食信施墮餓鬼中烊銅灌咽壽命
長遠八万四千歲餓鬼罪畢生畜生
中畜生罪畢還生人中貧窮下賤以

為莊嚴既生人中聞諸佛名因於前
世出家力故信心內發如前宿識稱
南无佛以稱佛名因縁功德八千世
中常值佛世而眼不覩諸佛色身况
復聞法乃至今日遭值我世見我身
體狀如赤土
佛告諸比丘汝等先世於不疑處橫
生疑見於可信處橫生不信以是罪
故不見諸佛不聞正法如我今者現
生王宮我色直正色中冣上汝見赤
土時諸比丘聞佛此語各自悔責偏
祖右肩合掌向佛而作是言我於前
世无量劫時邪見疑師虛受信施此
因縁故墮地獄中今雖得出於无量
世不見諸佛但聞其名今見世尊身
赤土色正長五尺是時世尊被僧祇
支示胸德字令比丘讀誦德字已知
佛功德智慧莊嚴於万字印中說佛
八万四千諸功德行比丘見已讚歎
佛言世尊甚奇特但於胸字說无量
義何况佛心所有功德說是語已向
佛懺悔五體投地如太山崩悲號雨
淚對佛啼哭

是時世尊軟言安慰令諸比丘心得歡喜既歡喜已猶如風吹重雲四散顯發金顔三十二相炳然覩現既見佛已心大歡喜發菩提心佛告父王此千比丘慇懃求法心无懈息於未来世過筭數劫當得作佛号南無光照如来應供正遍知十号具足其作佛時地純金色七寶行樹妙寶樓閣以為莊嚴其土衆生皆是慚愧懺悔之徒純是菩薩發无上意如是千佛次第出世亦如賢劫千菩薩等次第成佛

佛告大王是諸比丘疑師疑僧獲大重罪如向所說稱南无佛所得果報今於我世現前受記何況正念思惟佛者諸比丘尼見佛銀色從座而起偏袒右肩為佛作礼白言世尊如来今者自說身色除諸衆生无量重罪我等何故從生出家乃至今日見佛銀色銀華銀光諸莊嚴具悉皆是銀我等云何不見如来金光赫艷亦不見佛三十二業果報功德是時如来聞諸尼語即便微笑有金色光從面

門出遶佛銀身足滿十匝此光現時諸尼見佛身紫金色三十二相光明顯照不可具說諸尼見已觀眉間毫相右旋婉轉見已歡喜應時即成阿羅漢道三明六通具八解脫

諸比丘尼自識宿命曾於前世无量劫時有佛出世亦名釋迦文彼佛滅後有諸弟子出家學道僧中一人遊行教化見五百童女在山澤中歡娛自樂時彼比丘攝持威儀安庠徐步至諸女所敷尼師檀在地而坐諸女見已各各歡喜而作是言此空閑處神仙所遊忽然有此勝王比丘来在此坐此必非凡我宜供養各脫銀鐶散比丘上比丘精進德行純備後必成佛願我見之時如所散鐶汝等貪著銀寶色故生生常在白銀山中受銀山神寶女之身以礼沙門奉獻銀鐶今遭我世沐浴清化成阿羅漢尒時比丘則我身是時諸女者汝身是也汝於前世供養沙門礼諸佛故從是已来恒值諸佛佛告父王佛人中寶祐利處多若聞名者礼拜供養獲

大重報何況繫念思佛正顔

優婆塞衆中見佛世尊如黒烏脚者即從坐起偏袒右肩合掌向佛而作是言我生此國我國王子出家成佛阿私陁仙見三十二相即為我說地天太子成佛无疑我聞是語歸依於佛從是以来恒隨佛後受三歸依受持八齋受五戒法然我罪各但聞佛聲不見佛形每見佛時如黒烏脚何酷之甚說是語已舉手搥胸號泣躃地是時如来以梵音聲猶如慈父安慰其子告諸優婆塞言法子還坐佛當為汝除斷疑悔滅諸障㝵說是語已告諸優婆塞汝等先世无量劫時於閻浮提各作國王王領諸國快得自在有諸沙門為利養故為汝邪說不順佛教法說非法非法說法汝等諸人皆信用之是人以此諸惡教故命終之後墮阿鼻獄汝等隨順惡友教故命終亦墮黒闇地獄由前聞法善心力故今遭我世受持五戒汝今應當佛法僧前說汝邪見邪友所教誠心懺悔諸優婆塞聞佛此語稱南

无佛稱南無法稱南无僧說諸罪各識心懺悔時佛即放眉間大人相光照諸人心心意開解同時即得須陁洹道諸優婆塞既得道已見佛色身端嚴微妙世間无比求佛出家成阿羅漢

優婆夷衆中見佛色身猶如聚墨者即從坐起合掌向佛雨淚號哭悲不能言舉手挻頭氣絶躃地是時世尊見是事已以梵音聲安慰諸女告言諸女何故愁憂乃至如是是時諸女聞佛語聲諸情根開即起合掌白世尊言佛日出世普照一切衆人皆見如月感滿惟我不見佛說法時諸人皆聞八種音聲我獨不聞如生聾人尊者舍利弗為我授戒乃聞其說有五戒法每至佛會見佛世尊猶如聚墨惟願天尊大慈悲故除我罪各令我得見是時世尊於師子座還坐申脚出千輻輪相以示諸女諸女但見衆妙蓮華從輪相出華上化佛猶如墨人復更合掌向佛作礼白言世尊為佛弟子已經多時惟有今日見妙

蓮華見諸化佛猶如墨塗宿有何罪眼闇乃尒佛告諸女諦聽諦聽善思念之如来今者為欲分別過去久遠无量世時時世有佛号一寶盖燈王如来應供正遍知彼佛滅後於像法中有諸比丘入村乞食執鉢持錫威儀不犯至婬女家時諸婬女取比丘鉢盛滿鉢飯戲比丘言汝釋種子顔色可惡猶如聚墨身所著衣狀如乞人汝之可惡天下无比自言無欲誰當念汝尒時比丘聞此語已擲鉢空中飛騰而去諸女見已慙愧懺悔而作是言我等今者施沙門食願於来世身得自在猶如沙門佛告諸女尒時諸女飯羅漢者今汝等是汝以善心施比丘食二千劫中常不飢渴坐前惡罵婬欲因緣六十小劫墮黑闇獄由前發願善心不滅今遭我世得受五戒乃是供養阿羅漢故見舍利弗不見我身

尒時世尊說是語已即於臍中出大蓮華其大蓮華化成光臺其光臺中有百千无數聲聞比丘如舍利弗目

揵連等於佛光臺神通自在作十八變諸女見已心生歡喜應時即以智慧火燒二十億洞然之結得須陁洹道諸優婆夷既得道已見佛色身端嚴微妙惟不見佛白毫相光佛告父王戲咲惡口乃至得道所見不明是故諸人當勤護口專心正意觀佛三昧以見佛故獲无量福是時世尊欲令大衆見佛色身了了分明佛即化精舍如白玉山高妙大小猶如須弥百千龕窟於衆龕窟影現諸像與佛无異時佛前地有大蓮華其華千葉葉有千光光千化佛佛千弟子以為侍者佛告阿難佛滅度後佛諸弟子若能割捐諸事捐棄諸惡繫念思惟佛常光者佛不現在亦名見佛以見佛故一切諸惡皆得消除隨其所願於未来世當成三種菩提之道佛告阿難如此觀者是名正觀若異觀者名為邪觀

佛說觀佛三昧海經卷第三

佛説觀佛三昧海經卷第三

校勘記

一 底本，金藏廣勝寺本。
一 四八九頁中三行「第三」，石、資、磧、普、南、徑、清作「第三之三」。
一 四八九頁中四行末字「埵」，磧、普、南、徑、清作「睡」。
一 四八九頁下一三行末字「三」，資、普、南、徑、清作「二」。
一 四八九頁下一四行末字「土」，諸本作「上」。
一 四八九頁下一五行末字「圍」，石、麗作「圓」。
一 四八九頁下二一行第六字「二」，南、徑、清作「三」。
一 四八九頁下末行第七字「鼻」，諸本作「鼻相」。
一 四九〇頁上九行第一三字「表」，磧、普、南作「衣」。
一 四九〇頁上一〇行「成金光爛」，資、磧、普、南、徑、清作「盛金光艶」。
一 四九〇頁上末行第二字「二」，石、麗作「三」；磧、普、南作「一」。
一 四九〇頁中五行第六字「與」，石作「牙」。
一 四九〇頁中一〇行第一一字「四」，諸本作「令四」。
一 四九〇頁中一〇行末字至一一行首字「根自」，資、磧、普、南、徑、清作「朗」。
一 四九〇頁中一一行第八字「壁」，資、磧、普、南、徑、清作「璧」。
一 四九〇頁下八行首字及一四行第九字「二」，資、磧、普、南、徑、清作「一一」。
一 四九〇頁下二一行第一一字「數」，諸本作「其數」。
一 四九一頁上五行第三字「界」，石作「世界」。
一 四九一頁上八行「猫狸」，石作「狐狸」；資、磧、普、南、徑、清作「狸猫」。
一 四九一頁上九行第一一字「照」，石作「照於」。
一 四九一頁中四行第六字「葉」，資、磧、普、南、徑、清作「光」。
一 四九一頁中五行第一一字「牟」，資、磧、普、南、徑、清作「文」，下同。
一 四九一頁中一〇行第一一字「觀」，資、磧、普、南、徑、清作「愛」。
一 四九一頁中一四行第五字「光」，徑、清作「華」。
一 四九一頁下三行第一一字「金」，資、磧、普、南、徑、清作「閻浮檀金」。
一 四九一頁下一〇行「一一」，石、麗作「一」。
一 四九二頁上三行首字「地」，資、磧、普、南、徑、清作「色地」。
一 四九二頁中九行首字「於」，石、資、磧、普、南、徑、清無。
一 四九二頁中九行末字「有」，石作「生」。
一 四九二頁中一三行第九字「周」，資、磧、普、南、徑、清作「圍」。
一 四九二頁中末行「地於」，資、磧、

普、南、徑、清作「色」；麗作「色於」。

一 四九二頁下二行第八字「葉」，資、磧、普、南、徑、清作「華」。

一 四九二頁下一六行第八字「華」，石、麗作「蓮花」。

一 四九三頁上一四行第八字「千」，諸本作「干」。

一 四九三頁上一七行末字「相」，資、磧、普、南、徑、清無。

一 四九三頁中六行第一三字「入」，磧作「心」。

一 四九三頁中一二行首字「過」，諸本作「如」。

一 四九三頁中一二行第一〇字「去」，資、磧、普、南、徑、清作「却」。

一 四九三頁中一八行第八字「世」，資、磧、普、南、徑、清作「時」。

一 四九三頁下四行第九字「瓮」，石作「盆」，下同。

一 四九三頁下四行「臆德」，石作「胷德」；資、磧、普、南、徑、清作「胷臆」。

一 四九三頁下一四行「胸德」，資、磧、普、南、徑、清作「胸臆」，下同。

一 四九三頁下一七行第一三字「頂」，資、磧、普、南、徑、清、麗作「頸」。

一 四九四頁上一三行「見事皆」，資、磧、普、南、徑、清作「有事悉」。

一 四九四頁上一五行第八字「艷」，資、磧、普、南、徑、清作「豓」，下同。

一 四九四頁上一六行第一三字「得」，資、磧、普、南、徑、清作「可」。

一 四九四頁中一一行第四字「有」，諸本作「其」。

一 四九四頁下一八行第四字「佛」，石作「佛之時」。

一 四九四頁下二二行第六字「語」，諸本作「諸」。

一 四九四頁下末行第一二字「頂」，磧、普、南、徑、清作「項」。

一 四九五頁上一一行「身色」，資、磧、普、南、徑、清作「色身」。

一 四九五頁上末行第五字「號」，石、資、磧、普、南、徑、清作「啼」。

一 四九五頁中六行「敬礼」，資、磧、普、南、徑、清作「禮敬」。

一 四九五頁中一三行第一一字「像」，石作「彼」。

一 四九五頁下一行第一三字「等」，諸本作「身」。

一 四九六頁上三行第九字「海」，南、徑、清作「熾」。

一 四九六頁上一五行第三字「成」，石、資、磧、普、南、徑、清作「成阿」。

一 四九六頁上一九行第二字「出」，資、磧、普、南、徑、清作「出世」。

一 四九六頁上二二行第九字「及」，諸本作「及稱」。

一 四九六頁中一行第五字「除」，資、磧、普、南、徑、清無。

一 四九六頁中五行第七字「知」，普作「莫知」。

一 四九六頁中六行第九字「莫」，磧、普、南作「菓」。

一 四九六頁中一七行第三字「号」，

諸本作「号具足」。

一　四九六頁中一九行第一二字「利」，石作「利天」。

一　四九六頁中二一行第九字「烊」，資、磧、普、南、徑、清作「洋」。

一　四九六頁下一〇行第六字「直」，諸本作「真」。

一　四九六頁下一六行第一二字「被」，石、麗作「披」。

一　四九六頁下一七行第一一字「德」，資、磧、普、南、徑、清作「得」。

一　四九六頁下二二行「五體投地如太山崩」，石作「如太山崩五體投地」。

一　四九七頁上三行第一二字「現」，石、麗作「見」。

一　四九七頁上二二行第六字「業」，石、麗作「相」。

一　四九七頁中三行末字至四行首字「毫相」，石、資、磧、普、南、徑、清作「白毫」；麗作「白毫相」。

一　四九七頁中一一行第八字「檀」，資、磧、普、南、徑、清作「壇」。

一　四九七頁中一三行第一〇字「王」，諸本作「士」。

一　四九七頁中一四行「此必非凡」，石、資、磧、普、南、徑、清作「必非凡人」。

一　四九七頁中一六行第八字「如」，資、磧、普、南、徑、清作「女」。

一　四九七頁下一九行第八字「獄」，資、磧、普、南、徑、清、麗作「地獄」。

一　四九七頁下二一行第一二字「戒」，資、磧、普、南、徑、清作「戒法」。

一　四九八頁上九行第五字「捉」，諸本作「拍」。

一　四九八頁上一六行第八字「授」，資、磧、普、南、徑、清作「受」。

一　四九八頁上一八行第六字「大」，石、資、磧、普、南、徑、清作「以大」。

一　四九八頁上二〇行第七字「以」，資、磧、普、南、徑、清作「以此」。

一　四九八頁中三行第八字「欲」，資、磧、普、南、徑、清、麗作「汝」。

一　四九八頁中四行第九字「号」，石作「名」。

一　四九八頁中六行第一三字「錫」，資、磧、普、南、徑、清作「錫杖」。

一　四九八頁中一五行第四字「飯」，石作「弄」。

一　四九八頁中一七行第五字「欲」，資、磧、普、南、徑、清作「怒」。

一　四九八頁中一八行首字「獄」，石、資、磧、普、南、徑、清作「地獄」。

一　四九八頁下三行第二字「火」，資、磧、普、南、徑、清作「大火」。

一　四九八頁下一五行第四字「捐」，資、磧、普、南、徑、清作「損」。

一　四九八頁下一七行第一〇字「除」，石、資、磧、普、南、徑、清作「滅」。

佛說觀佛三昧海經卷第四　可

東晉天竺三藏佛陀跋陀羅譯

觀相品第三之四

佛告父王云何觀如来放常光相如来今者為未来世諸凡夫人當現少光彼諸凡夫當學是觀如是觀者亦如今日見佛光相無有異也尒時世尊放肉髻光其光千色色作八万四千支一一支中八万四千諸妙化佛其化佛身身量无邊化佛頂上亦放此光光光相次乃至上方無量世界於上方界有化菩薩如雲微塵從空而下圍遶諸佛此光現時十方微塵世界諸佛亦悉得見此光直照諸佛頂上諸佛放光其光亦照釋迦文頂佛告阿難衆生欲觀釋迦文佛肉髻光明當作是觀作是觀者若心不利夢中得見雖是心想能除无量百千重罪如是觀者現身必見諸大菩薩見菩薩故聞其說法聞說法故得陁羅尼其陁羅尼名旋憶持如是觀者名為正觀若異觀者名為邪觀

佛告父王云何名為觀於如来眉間光明如来今者為此後世諸衆生故當少現於白毫相光作是語時時佛眉間即放白毫大人相光其光分為八万四千支亦八万四千色遍照十方無量世界一一光色化一金山一一金山無量龕窟一一窟中有一化佛結加趺坐入深禪定聲聞菩薩百千大衆以為眷屬時佛窟中有諸化佛皆放白毫大人相光亦照十方无量世界皆如金色金色地上有金蓮華金蓮華上皆有化佛亦皆同号名釋迦文諸佛眉間亦放此光其光遍照十方世界猶如百千億須弥山王共合一處諸須弥山映現諸佛佛身高顯與山正等是等化佛眉間光明遶諸化佛滿七匝已還入釋迦牟尼眉間此光入時佛身毛孔一毛孔中有一化像一一化像身毛孔中化成八万四千妙像皆是三千大千世界一切衆生所希見事是名如来八十好中一好光明如是八十隨形好光說不可盡如来少現白毫光明父王所

將衆中有八千人遠塵離垢得法眼淨佛告阿難如来白毫相光諸修多羅中佛已廣說如是妙光唯佛佛見十地菩薩見不明了是故此中少分而說說少分者為凡夫人佛滅度後如是觀者名為正觀若異觀者名為邪觀此光除罪如向所說唯見光者心得了了見百億佛見白毛者是心想見

云何觀如来額廣平正相如来面上三輪相髮際相如是衆相一一相中皆出金光其金色光化成金牀一一牀上有千菩薩拘樓孫馱為始下逮樓至是千菩薩皆放光明坐金牀上如是百億千万菩薩百億千万金牀其金牀上皆有寶帳一一寶帳有千光明一一光明成千寶幢一一幢上千万寶蓋衆寶蓋下有諸寶幡諸寶幡中无量化佛是諸化佛皆說苦空無常无我說此偈時一切化佛亦皆說此釋迦文佛方身丈六在行者前舉其右手而作是言善哉善哉善男子汝今能觀諸佛相好我等先世行

菩薩道與汝無異汝今能觀諸佛境
界此境界者但是汝心妄想所生作
是語已即滅不現額上諸光復更明
顯其光流出有百千億一一光明照
寶牀上諸菩薩面彼菩薩面亦出光
明照釋迦文此相現時行者真觀佛
面了了无𣩵佛告阿難佛滅度後佛
諸弟子能如是觀真見佛面與我住
世等無有異作此觀者除却一億劫
生死之罪後身生處面見諸佛生諸
佛家諸佛菩薩以為眷屬如是觀者
名為正觀若異觀者名為邪觀
云何觀如來鼻出光明鼻出光明分
為四支上入佛眼佛眉佛瞤出大光
明其光靉靆如龍鳥形遍照十方無
量世界入諸佛眼此相現時十方大
明是時行者見十方界地及虛空諸
佛滿中一一佛眼眉瞤鼻孔放大光
明亦復如是佛眼兩光其明遍照入
諸佛眼於虛空中化成光臺其光臺
上純是光雲光雲青白世界无比於
青光中有青色化佛於白光中有白
色化佛此青白色佛左右分明百寶色

光以為其雲如神通人飛騰雲閒身諸
毛孔猶如華樹一一華樹上至梵世
諸華葉閒有百千億聲聞比丘一一
比丘著千納衣千納千色一一色中
百千化佛皆純金色是諸比丘踊身
雲中亦隨佛後如大龍鳥行其子隨
從佛告阿難佛滅度後佛諸弟子若
能正心觀佛眼光即於現世重障得
除於當來世常得觀佛不離佛日雖
處母胎常入三昧在母胎時見十方
佛皆放眼光來照其身胎𣫘中時常
受妙法況出於外如是觀者名為正
觀若異觀者名為邪觀
鼻出二光其光遍照十方世界其一
一光化成大水其水住空流入諸光
此水入時一切光明惟更明顯一一
光閒出頗梨山頗梨山閒生七寶華
其華臺上踊出衆木其木金色猶如
金幢其金幢內有百千万无量化佛
一一化佛方身丈六身毛孔中八万
四千上妙寶色諸寶色中復放光明
其光微妙有恒沙色佛告阿難佛滅
度後佛諸弟子作是觀者除却千劫

極重惡業後世生處心无所著不處
胞胎恒常化生既化生已身光具足
不離諸佛如是觀者名為正觀若異
觀者名為邪觀
云何觀如來面門光明其光白色猶
如寶山內外俱淨於寶山內无量化
佛真金精色時諸化佛面門出光其
光五色遍照十方入諸佛面門此相
現時行者行住坐卧恒聞如來說四
念處身受心法并說境界令行者聞
聞已憶持閉目思惟此光力故即得
四念處法時十方佛及釋迦文於三
昧中各申右手摩行者頂而作是言
善哉善哉善男子汝能真實行念佛
定如是觀者名為正觀若異觀者名
為邪觀
云何觀如來耳耳出五光其光千色
色千化佛佛放千光如是光明遍照
十方無量世界化成一華其華甚大
量不可知除佛心力无能知者是蓮
華中百千万億无量佛剎皆於中現
百千万億諸大菩薩坐一蓮華鬚華
鬚不大菩薩不小亦不相妨如是菩

薩耳普垂埵如金蓮華懸處日光亦於耳中旋生五光此相現時佛耳中毛如帝釋樹衆所喜見佛告阿難佛滅度後佛諸弟子作是觀者常聞百億千佛及諸菩薩說衆妙法不壞耳根如是觀者名為正觀若異觀者名為邪觀

云何觀如來頸相頸相出二光其光万色遍照十方一切世界有諸衆生善根熟者遇斯光明悟十二緣成辟支佛此光照諸辟支佛頸此相現時行者遍見十方一切諸辟支佛擲鉢虚空作十八變諸辟支佛一一足下皆有文字其字演說十二因緣无明緣行行緣識識緣名色名色緣六入六入緣觸觸緣受受緣愛愛緣取取緣有有緣生生緣老死憂悲苦惱一字一光一光十二音一音說苦空无常無我一音演說十二因緣如是辟支佛足下光中皆有是字逆順往復凡十二遍是名生死之根本也此光照諸辟支佛已還入佛頸作此觀者不生人中生兜率天值遇一生補處

菩薩為說妙法既聞法已身心歡喜學諸菩薩觀緣起法如是觀者名為正觀若異觀者名為邪觀

云何觀如來缺瓫骨滿相滿相光明遍照十方作虎魄色若有衆生遇此光者自然興發聲聞道意是諸聲聞見此光明分為十支一支千色十千光明光有化佛一一化佛有四比丘以為侍者一一比丘皆說苦空无常無我分別四諦說八人義說四果相說三三昧令彼衆生於此法中求出家法出家不久成阿羅漢如是光明遍照十方諸羅漢頂照頂之時如人執瓶灌藥入項其狀色貌猶如醍醐從頂入已貫徹表裏尒時行者身心安隱其心恬然无有惡相不見諸使及結相貌如是霍然成阿羅漢此光復變作金色蓋其數无量一一蓋中百千七佛一一七佛有四比丘以為侍者一一比丘入四大定四大定中遍現一切結使相貌八万戶虫兜轉而出小虫種類亦皆隨從此相現時火大先起火大起者初如芥子從毛

孔出後漸漸長遍燒諸身身如火聚諸虫鳴吼如師子聲此聲出時行者心怖迷悶躃地出定見身如野火行傍樹為燋此相現時復當起心作一藥想先作身想身想既成開頂令空作梵王想作帝釋想作諸天手持寶瓶想持藥灌想藥入頂時遍入四體及諸脉中見脉及身如瑠璃筒但見諸虫如萎死華尒時諸脉更相流注惟有衆水水至之處火則隨滅是時行者節節水出如人仰射水至梵際水水相次至于梵天見身中水如四大海但見諸虫頭萎摧茹手折足戾惟心生火分為十支火入衆水不相消滅水光上衝火光隨逐水火二光皆從心出互相交錯上極三界頂下至阿鼻獄盡一世界際純見水火流東西南北火亦隨走尒時心端自然生一黑毛於其毛端出大黑風其風四色隨心根起如旋嵐風狀如烟燭其風遍吹一切諸水其水波動沫聚成積火亦入中得火力故沫堅如氷復有風來吹諸塵穢九十八種惡不

淨物持置氷上氷力弱故隨不淨敗
著處即解此氷解時八人執刀斫氷
叚取各持而去塵土坌汙心悶而卧
風火水等合聚一處火力大故燒壞
衆物有四惡虵含一寶珠從火燗出
凌虛飛逝有六大龍迎四小蟒吞吸
而走龍頂生樹至无色界有一小草
細若秋毫色正金色從樹稭生下入
樹根從樹根生上入樹莖從樹莖生
散入枝葉其華白色亦有紅赤其果
欲熟猶作四色至八月半純黄金色
如此光明照諸聲聞變化无量百千
境界如是觀者名為正觀若異觀者
名為邪觀
若有比丘入此定時身如芭蕉无有
堅實出定之時身體支節悉皆疼痺
若不服藥發狂而死應當隨時衆藥
消息作是觀者除無數刧生死之罪
如大水流不久當得阿羅漢道佛告
阿難汝持佛語真實莫忘為諸比丘
當廣宣說説是語時五百比丘得四
大定同時皆得四沙門果
云何觀如来胸德字万字相腋下摩

觀佛三昧經第四卷　第十張　可

尼珠皆放光明其光紅紫中有金華
其華開敷化為无量百千万億無數
衆華一一華上有無量佛是諸化佛
各有千光光一化佛其光五色若有
衆生遇此光明狂者得正乱者得定
病者得愈貧窮者自然得寶盲者得
視聾者得聽瘂者能言癃跛疥癩皆
得除愈遍入十方諸佛頂上入已諸
佛胸中有百千光從万字生一一光
中歌百千偈演説檀波羅蜜如是衆
光演説六波羅蜜其偈无量行者正
坐聞無量佛皆説是法一一化佛遣
一化人端嚴微妙狀如弥勒安慰行
者而作是言善哉善哉善男子汝繫
念故見諸佛光諸佛光中説無相施
説無相戒説无相忍説無相精進説
無相定説無相慧汝聞此法慎勿驚
怖過去諸佛繫念思惟亦聞是法亦
解是相解是相已不畏生死處大地
獄阿鼻猛火盛不能燒雖處地獄如
遊天宮是故万字名實相印諸佛如
来无量無邊阿僧祇刧學得此印得
此印故不畏生死不染五欲佛告阿

觀佛三昧經第四卷　第十一張　可

難佛滅度後佛諸弟子見佛胸相光
者除却十二万億刧生死之罪若不
能見胸相分明者入塔觀之如是觀
者名為正觀若異觀者名為邪觀
云何觀如来髀腨纖圓如鴈王鼻相
手十指合縵掌千輻理各各皆放百
千光明一一光明分為千支純作紅
色如是衆光遍照十方无量世界照
世界已化成金水金水之中有一妙
水如水精色餓鬼見者除熱清涼畜
生見者自識宿命狂象見者為師子
王師子見之為金翅鳥諸龍見之為
金翅鳥王是諸畜生各見所尊心生
恐怖合掌恭敬以恭敬故命終生天
衆人見者如梵天王或如日月星辰
見已歡喜命終生兜率天行者見之
心眼即開時十方界滿中化佛一一
化佛手出光明入行者眼開目開目
恒見諸佛自觀身相如妙寶瓶中有
不淨如是見者雖未得通遍至十方
歷侍諸佛見一一佛出手光明亦復
如是如是觀者名為正觀若異觀者
名為邪觀

觀佛三昧經第四卷　第十二張　可

云何觀如来臍相如来臍中有万億寶華一一寶華万億鄰由他葉一一葉万億鄰由他色一一色万億鄰由他光此相現時一切大衆見佛心相如来心者如紅蓮華金華眏蔽妙紫金光以為間錯妙琉璃筒懸在佛胸見佛身内万億化佛是諸化佛遊佛心間佛臍出光其光韡然如須弥山衆山中間有无量寶山如須弥山此衆華上皆有化佛嚴顯可觀如須弥山其光千種有十千色分為十億支億億支照下方億億支照上方億億支照東方億億支照南方億億支照西方億億支照北方億億支照東南方億億支照西南方億億支照西北方億億支照東北方如是十方各有諸華華極小者猶如百億須弥山大一須弥上有百億万諸大菩薩身極小者如須弥山諸化菩薩臍中各生一大蓮華其諸蓮華遍覆三千大千世界一一華間有金色光其光猶如閻浮檀金一一金光化微塵數釋迦牟尼一一釋迦臍中光明亦復如是

如是衆光合成光臺其衆光臺亦有无量微塵恒沙諸大化佛佛佛相次放臍光明其光大感直照上方无量世界復過是界如是衆界數如三千大千世界無量微塵是世界中皆有琉璃頗梨億寶以為佛窟是衆窟中各有万億无量諸佛諸佛臍中各各皆生一大蓮華與前无異是諸光明照諸一切十地菩薩是諸菩薩遇斯光已即入微妙首楞嚴門復得入於金剛辟定諸天還者深發無上正真道意心眼開明見諸佛相如此光明照菩薩已令諸菩薩身諸毛孔一毛孔中出阿僧祇諸供養雲及衆供具蓋極小者覆閻浮提如是衆多雜寶供具不可恚說此諸供具從首楞嚴海生佛告阿難若善男子善女人作是思惟時如是憶想者夢見此事者生生之處恒常值遇普賢文殊是法王子為衆行者夢中恒說過去未来三世佛法說首楞嚴三昧般舟三昧亦說觀佛三昧以為瓔珞覺已憶持无所忘失此人現世功德天女以為

給使除却十万億劫生死之罪如是觀者名為正觀若異觀者名為邪觀億億光照下方令下方地如閻浮提水色於衆水中有恒沙寶樓衆寶樓下有一寶城如乾闥婆城於寶樓上有大寶樹其樹枝葉一切火起其火光燄上下俱燒燒此衆木化成琉璃琉璃地上復生諸樹樹有四龍其龍頂上有如意珠其珠光明遍照龍身令龍及樹純黃金色其龍奮迅龍諸毛孔出金色光其光直照下方无量世界復過下方復照無量世界令下方地皆作金色金色地上有金剛華金剛華上有金天女一一天女百千天女以為眷屬是諸天女皆讚慈心三昧海從下方出直至上方迦毗羅城其聲如雷讚說慈心說是語時諸龍毛端出諸寶雲一一雲中有恒沙佛剎一一剎中塵數化佛一一化佛出此光明此光現時下方世界有百万金山於其巖間百億寶窟如雲踊起是衆窟中純諸白佛白妙菩薩及聲聞衆以為侍者金精寶光在佛左右猶

如斷山衆寶映錯有妙寶蓋如須弥
山无量寶成一一寶間百億光明迴
旋光轉於衆光中有百億師子座一
一師子座上有百億那由他菩薩大
衆結加趺坐時彼菩薩身毛孔中有
阿僧祇光一一光中有一化佛其身
脩圓如須弥山是諸化佛以百千偈
讃說不煞慈為根本慈是妙藥除生
死患慈為淨目導諸天人是諸化佛
讃歎慈已各作變化為琉璃山於其
山内百億菩薩一一菩薩有万梵王
以為侍者到行者前於寶山内異口
同音皆說是法告言善男子汝於念
佛海應脩慈心諸佛菩薩以慈心故
得佛大慈汝今應當脩不煞戒行大
慈悲介時亦有天龍八部一切衆生
遇此光者聞是語者命終之後必生
梵世佛告阿難汝持此語慎勿忘失
告諸比丘令行是事佛滅度後佛諸
弟子若聞是語思是法者有正念者
有正受者三昧不動者心不懈退者
發大乘者當知是人恒於夢中見此
光明亦聞化佛說慈心法覺已憶持

深解義趣思其義故即得慈定如是
觀者名為正觀若異觀者名為邪觀
佛滅度後佛諸弟子思是法者持是
法者當知是人其心清淨如諸佛心
除却億劫生死之罪常生梵世值遇
諸佛請轉法輪既聞法已發菩提心
於未來世必成佛道
億億光照東方乃至東方无量世界
令東方地白如雪山於衆山上有白
寶雲其白寶雲狀如寶臺衆寶羅網
寶鈴万億衆鈴網間有一億白光是
諸白光化成金臺一一金臺上有四化
佛一一化佛四億菩薩以為侍者佛
與菩薩皆說慈法讃歎不煞凡千億
偈如是觀者名為正觀若異觀者名
為邪觀佛告阿難佛滅度後佛諸弟
子如是觀者除半億劫生死之罪
億億光照南方令南方地皆作紅色
此紅色光乃至南方无量世界變成
白雲紅白分明於衆雲間有諸化佛
白真珠色毗琉璃光上妙金華以為
佛座於金華上百億菩薩皆黄金色
百億寶光映蔽白雲一一光中五百

化佛是諸化佛異口同音亦讃不煞
及大慈悲如是觀者名為正觀若異
觀者名為邪觀佛告阿難佛滅度後
佛諸弟子聞是法者思是法者觀是
法者此人恒於夢中見釋迦文放臍
光明持以照之此光明相如向所說
其人生處不處胞胎恒生淨國若生
天上自然化生
億億光照西方乃至西方无量世界
其光雜色如月如星衆星月間有七
寶珠一珠出水一珠出火一珠生樹
其樹七寶金剛為果一珠生華於月
光中有梵宮殿梵王眷屬及梵衆寶
皆悉具足其星光中有摩醯首羅宮
及其眷屬一一天宮百万億梵王一
一梵王无量無數諸天大衆以為眷
屬摩醯首羅等數不可知是諸寶珠
出琉璃光琉璃光内有真金像其真
金像坐白寶座項佩赤真珠光赤真
珠光中有緑真珠化佛是諸化佛及
諸天衆異口同音讃說不煞勸進行
者行大慈悲佛告阿難如是觀者名
為正觀若異觀者名為邪觀佛滅度

後佛諸弟子有憶想者有思惟者如
此觀者常於夢中夢見諸佛為說慈
法除却七億劫生死之罪
億億光照北方乃至北方无量世界
令北方地皆珊瑚色虎魄玫瑰真珠
馬瑙頗梨等寶以為間錯一一寶中
有一億光一一光化作一師子師子
背上有七寶蓋其蓋高妙如須弥山
琉璃為竿雜寶綵華以為莊嚴一一
華上有百億化佛一一佛面如閻浮
檀金色𩯭紺琉璃色身百億寶色辟
紅真珠色爪真金色手中相白蓮華
色鹿王蹲優曇華色足下相毗楞摩
尼色從足下放五色光上至𩯭際身
諸毛孔皆有化光一一毛孔中有一億
菩薩一一菩薩臍有一大蓮華其華
高大如須弥山百寶所成華上有佛
其佛高大與華正等亦出臍光此相
現時衆寶師子奮迅若驚師子衆毛
一一毛端有百億佛刹一一佛刹無
量百億衆寶蓮華以為莊嚴其蓮華
上亦有百千大菩薩衆是諸菩薩亦
出臍相如上菩薩如是菩薩衆色光

明合成　山其山高顯如真金臺其
臺四角有四梵幢幢端皆有四億佛
刹一一刹中有百千塔塔極小者從
閻浮提至於梵世无數衆妙一切寶
像以為莊嚴是諸寶塔及化菩薩皆
共讃歎喜捨二法若有衆生遇斯光
者得大智慧如舍利弗惣持不失猶
如阿難佛告阿難佛滅度後佛諸弟
子欲見是相者當發慈心修不煞戒
普為十方一切衆生行是行者雖不
坐禪恒於夢中得見衆色如向所說
佛告阿難持是語者即持佛心作是
觀者能觀佛心諸佛如来以大慈悲
而以為心戒定慧解脫解脫知見而
以為身十力四无所畏十八不共法
大悲三念處而自莊嚴如是觀者名
觀佛心佛告阿難此臍相中略而解
之佛心境界後自當說如是觀者名
為正觀若異觀者名為邪觀佛滅度
後佛諸弟子思是法者持是法者觀
是法者此人現世惡業罪障皆悉
清淨
億億光照東南方乃至東南方无量

世界化成金輪一一金輪七寶隨從一
一金輪百億轉輪聖王一一轉輪聖
王千子四兵皆悉具足其神珠寶出
大光明如烟如雲一一光中有大蓮
華華華相合合華之中出大日光一
一日光有金色烏菩薩化乘乘烏之時
万億瑞應不可宣說諸菩薩光合成
一佛其佛金色身量无邊亦出臍相
臍相光明亦如上說諸光中人皆讃
五戒說十善法諸轉輪王手執金輪
宣十善法佛告阿難如是觀者名為
正觀若異觀者名為邪觀佛滅度後
佛諸弟子憶想是者思惟是者觀是
法者除却二十万億劫生死之罪常
生天上聞十善教
億億光照西南方乃至西南方无量
世界至彼界已其光如雨似雜色珠
一一珠中出百億光一一光合成寶
臺一一臺角有十二須弥山一一須
弥山龕室无量一一龕中有無量化
佛一一化佛有無量菩薩以為眷屬
是衆化佛及化菩薩亦皆讃歎說十
善法如是觀者名為正觀若異觀者

名為邪觀佛告阿難佛滅度後佛諸
弟子憶想是者思惟是者觀是法者
除十二億劫生死之罪若欲往生他
方淨剎隨意无㝵
億億光照西北方乃至西北方无量
世界其光玉色頗梨紅紫更相暎飾
一一光中百億寶車白車白馬紫車紫
馬紅車紅馬諸馬毛鬣皆真金色如
是車上有七寶軒軒上皆悉有蓋其
蓋十層於軒蓋中有千光明寶嬰垂
下光明隨流迴入車中化成化佛佛
身高顯万億由旬一一佛臍中出无
數光其光遍照无量化佛遇此光者
永脫三塗無三惡患此光迴旋正立
空中如雲上昇一一雲閒百千化佛
一一化佛百億弟子如大迦葉勤修
十二頭陁皆行心无所著猒離世閒
如是觀者名為正觀若異觀者名為
邪觀佛告阿難佛滅度後佛諸弟子
想是法者思惟是法者觀是法者當
知此人常見諸佛速成大乘除却十
億劫生死之罪
億億光照東北方乃至東北方无量

觀佛三昧經第四卷　第二十二張　可

世界其光清淨无諸濁穢如頗梨鏡
內外俱現於彼光中見十方佛皆出
臍相一一佛臍光明遍照十方无量
諸佛剎土一一佛剎有微塵數化佛
一一化佛微塵數菩薩以為眷屬如
是菩薩臍相光明猶如金柱其金柱
端万億天衣寶箱寶篋辟如雲臺從
空而下一一箱篋万億光明一一億光
明合成一佛一佛身中无量微塵無
數化光於諸光端有諸化佛猶如芥
子此小佛身亦出臍相如上所說此
臍光明遍照十方入諸佛臍從諸佛
臍出入諸菩薩胸從諸菩薩胸出入
諸聲聞頂從諸聲聞頂出辟如大雲
无量金色衆寶閒錯入佛足下入足
下已足下千輻輪相中出大光明其光
如華華華相次遶佛億匝從赤銅爪
足趺毛孔乃至頂髻佛身諸毛如蓮
華數一毛孔中有八万四千蓮華一一
蓮華上八万四千化佛一一化佛八
万四千諸大菩薩以為眷屬一一菩
薩眉閒衆光出妙音聲讚佛色身釋
迦文佛現此光已告大王言如來色

觀佛三昧經第四卷　第二十三張　可

身分別色相除佛心已其餘境界如
向所現佛說是已尒時父王即從坐
起正衣服為佛作礼遶佛七匝䠒跪
合掌白佛言世尊如來身色一切觀
見惟佛心內有何境界有何相貌修
行何事佛心所念為是何物佛心光
明何所像類是時如來即便微笑其
舌相光如上所說遶佛七匝從佛頂
入尒時如來入解脫相三昧令父王
見如琉璃窟成真金像真金像內於
佛胸中如琉璃筒從佛咽喉下見如
來心如紅蓮華金華暎飾紅華金光
不開不合團圓如心八万四千脉二
脉如天畫師所畫之脉一一畫中八
万四千光明一一光明八万四千種
色一一色中无量微塵數化佛一一
化佛坐金剛臺其金剛臺放金色光
明其光无數不可具說一一光中亦有
化佛數如上說是諸化佛皆出廣長
舌相上至髮際一一佛舌有一億光
其光合聚為十千段一一光上有百
億化佛結加趺坐入普現色身三昧
十方諸佛微妙色身入此三昧海中

觀佛三昧經第四卷　第二十四張　可

當佛入此三昧時迦毗羅城及尼拘樓陁精舍并閻浮提如大寶華於華臺上有頗梨幢頗梨幢端有頗梨鏡十方无量諸佛淨國皆於中現時會大衆覩見諸佛或見佛身量同虛空純黃金色或見佛身如須弥山四寶所成或見佛身毗琉璃色長十丈者或見佛身作白銀色長百千丈見釋迦文身故長丈六或見七尺或見三尺或見遍至梵世或見七寸見入鉢支諸鬼神等見如微塵見如芥子見如金粟諸鬼見巳小身鬼等皆大歡喜

佛說觀佛三昧海經卷第四

庚子歲高麗國大藏都監奉
勑彫造

佛說觀佛三昧海經卷第四

校勘記

一 底本，麗藏本。

一 五〇二頁中五行第五字「支」，資、磧、普、南、徑、清作「支支」。

一 五〇二頁中七行首字「一」，資、磧、普、南、徑、清作「二」。

一 五〇二頁中八行首字「佛」，石作「佛一一化佛」。

一 五〇二頁中一四行第七字「如」，資、磧、普、南、徑、清無。

一 五〇二頁中二一行首字「切」，資、磧、普、南、徑、清作「時」。

一 五〇二頁中二二行第三字「好」，磧、普、南作「如」。

一 五〇二頁中末行第一一字「明」，諸本作「時」。

一 五〇二頁下三行「佛見」，資、磧、普、南、徑、清作「見佛」。

一 五〇二頁下一九行首字「幡」，資、磧、普、南、徑、清作「幢」。

一 五〇三頁上一六行第九字「相」，石作「光」。

一 五〇三頁上末行第七字「色」，資、磧、普、南、徑、清無。

一 五〇三頁中六行第八字「大」，諸本無。

一 五〇三頁中八行「於現」，石作「現於」。

一 五〇三頁中一七行第三字及次頁下一行第二字「出」，資、磧、普、南、徑、清作「生」。

一 五〇三頁中一九行「內有」，磧作「光相」。

一 五〇三頁中二一行第一〇字「中」，徑無。

一 五〇三頁下一八行第八字「光」，石作「光明」。

一 五〇三頁下二二行第一一字「蓮」，資、磧、普、南、徑、清無。

一 五〇四頁上五行第九字「衆」，諸本作「深」。

一 五〇四頁上二〇行末字「復」，諸

本作「返」。
一　五〇四頁中四行第七字「瓫」，石作「盆」。
一　五〇四頁中七行第七字「十」，資、磧、普、南、徑、清作「千」。
一　五〇四頁中一六行第一〇字「相」，諸本作「想」。
一　五〇四頁中二一行第一〇字「万」，石作「千」。
一　五〇四頁下一三行第一〇字「茹」，磧、南、徑、清作「如」。第一三字「足」，諸本作「脚」。
一　五〇五頁上一行末字「敗」，資、磧、普作「財」；南、徑、清作「物」。
一　五〇五頁上二行第一三字「斫」，石作「破」。
一　五〇五頁上六行第二字「虛」，資、磧、普、南、徑、清作「雲」。
一　五〇五頁上末行第七字「德」，資、磧、普、南、徑、清作「臆」。
一　五〇五頁中二〇行第六字「盛」，資、磧、普、南、徑、清作「火」。
一　五〇五頁下五行第六字「臂」，石、資作「臂臂」；磧、普、南、徑、清作「寶臂」。
一　五〇五頁下六行第五字「鞔」，資作「曼」；磧、普、南、徑、清作「縵」。第九字「理」，資、磧、普、南、徑、清作「輪」。
一　五〇六頁上一一行第一三字「億」，磧、普、南、徑、清作「億億」。
一　五〇六頁上一八行「一須彌上」，石、普作「須彌山上」；資、磧、南、徑、清作「一須彌山」。
一　五〇六頁中二二行「觀佛」，磧、普、南作「惟無」。
一　五〇六頁下一〇行「龍諸」，諸本作「諸龍」。
一　五〇七頁上一六行第二字「悲」，磧、普、南、徑、清作「心」。
一　五〇七頁下六行「持以」，磧、普、南、徑、清作「以用」。
一　五〇七頁下一九行第七字「項」，資、磧、普、南、徑、清作「頂」。
一　五〇八頁上一八行第一二字「光」，石作「中」。
一　五〇八頁下一四行第三字「除」，資、磧、普、南、徑、清無。
一　五〇九頁上一行「佛諸」，石作「諸佛」。
一　五〇九頁上一二行第一二字「中」，資、磧、普、南、徑、清無。
一　五〇九頁中八行第一三字「億」，資、磧、普、南、徑、清作「一」。
一　五〇九頁中一六行第七字「輪」，資、磧、普、南、徑、清無。
一　五〇九頁中二二行第一〇字「讚」，資、磧、普、南、徑、清作「讚歎」。第一三字「身」，磧、普作「身迦」；南、徑、清作「身相」。
一　五〇九頁下四行末字至五行首字「覩見」，諸本作「都現」。
一　五一〇頁上七行第七字「毗」，資、磧、普、南、徑、清作「如」。
一　五一〇頁上一〇行「或見」，石無。

佛說觀佛三昧海經卷第五　　可

東晉天竺三藏佛陁跋陁羅譯

觀佛心品第四

尒時佛心如紅蓮華蓮華葉間有八万四千諸白色光其光遍照五道衆生此光出時受苦衆生皆悉出現所謂苦者阿鼻地獄十八小地獄十八寒地獄十八黑闇地獄十八小熱地獄十八刀輪地獄十八劍輪地獄十八火車地獄十八沸屎地獄十八鑊湯地獄十八灰河地獄五百億劍林地獄五百億刺林地獄五百億銅柱地獄五百億鐵機地獄五百億鐵網地獄十八鐵窟地獄十八鐵丸地獄十八尖石地獄十八飲銅地獄如是等衆多地獄

佛告阿難云何名阿鼻地獄阿言無鼻言遮阿言無鼻言救阿言无閒鼻言無動阿言極熱鼻言極惱阿言不閑鼻言不住不閑不住名阿鼻地獄阿言大火鼻言猛熱猛火入心名阿鼻地獄

佛告阿難阿鼻地獄縱廣正等八千由旬七重鐵城七層鐵網下十八鬲周迊七重皆是刀林七重城內復有劍林下十八鬲鬲八万四千重於其四角有四大銅狗其身廣長四十由旬眼如掣電牙如劍樹齒如刀山舌如鐵刺一切身毛皆出猛火其烟臭惡世閒臭物無以可辟有十八獄卒頭羅刹頭口夜叉口六十四眼眼散迸鐵丸如十里車狗牙上出高四由旬牙頭火流燒前鐵車令鐵車輪一一輪輞化為一億火刀鋒刃劍戟皆從火出如是流火燒阿鼻城令阿鼻城赤如融銅獄卒頭上有八牛頭一一牛頭有十八角一一角頭皆出火聚火聚復化成十八輞火輞復變作火刀輪如車輪許輪輪相次在火熖閒滿阿鼻城銅狗張口吐舌在地舌如鐵刺舌出之時化无量舌滿阿鼻地七重城內有七鐵幢幢頭火踊如沸踊泉其鐵流迸滿阿鼻城阿鼻四門於門閫上有八十釜沸銅踊出從門漫流滿阿鼻城一一鬲閒有八万

四千鐵𧓍大虵吐毒吐火身滿城内其虵哮吼如天震雷雨大鐵丸滿阿鼻城此城苦事八万億千苦中苦者集在此城五百億虫虫八万四千嘴嘴頭火流如雨而下滿阿鼻城此虫下時阿鼻猛火其爓火熾赤光火爓照八万四千由旬從阿鼻地獄上衝大海沃焦山下大海水庆如車軸許成大鐵尖滿阿鼻城

佛告阿難若有衆生煞父害母罵辱六親作是罪者命終之時銅狗張口化十八車狀如金車寶盖在上一切火爓化為玉女罪人遥見心生歡喜我欲往中我欲往中風刀解時寒急失聲寧得好火在車上坐然火自爆作是念已即便命終揮霍之間已坐金車顧瞻玉女皆捉鐵斧斬截其身身下火起如旋火輪辟如壯士屈申臂頃直落阿鼻大地獄中從於上萬如旋火輪至下萬際身遍萬内銅狗大吼齧骨唼髓獄卒羅刹捉大鐵叉叉頭令起遍體火爓滿阿鼻城鐵網雨刀從毛孔入化閻羅王大聲告勅

癡人獄種汝在世時不孝父母邪慢无道汝今生處名阿鼻地獄汝不知恩無有慙愧受此苦惱為樂不耶作是語已即滅不現

尒時獄卒復駈罪人從於下萬乃至上萬經歷八万四千萬中捭身而過至鐵網際一日一夜尒乃周遍阿鼻地獄一日一夜此閻浮提日月歲數六十小刼如是壽命盡一大刼五逆罪人无慙無愧造作五逆五逆罪故臨命終時十八風刀如鐵火車解截其身以熱逼故便作是言得好色華清涼大樹於下遊戲不亦樂乎作此念時阿鼻地獄八万四千諸惡劒林化作寶樹華果茂盛行列在前大熱火爓化為蓮華在彼樹下罪人見已我所願者今已得果作是語時疾於暴雨坐蓮華上坐已須臾鐵嘴諸虫從火華起穿骨入髓徹心穿腦攀樹而上一切劒枝削肉徹骨无量刀杖當上而下火車鑪炭十八苦事一時來迎此相現時陷墜地下從下萬上身如華敷遍滿下萬從下萬起火爓

猛熾至於上萬至上萬已身滿其中熱惱急故張眼吐舌此人罪故万億融銅百千刀輪從空中下頭入足出一切苦事過於上說百千万倍具五逆者其人受罪足滿五刼復有衆生犯四重禁虚食信施誹謗邪見不識因果斷學般若毀十方佛偷僧祇物婬泆無道逼略淨戒諸比丘尼姉妹親戚不知慙愧毀辱所親造衆惡事此人罪報臨命終時風刀解身偃卧不定如被楚撻其心荒越發狂癡想見已室宅男女大小一切皆是不淨之物屎尿臭處盈流于外

尒時罪人即作是語去何此處无好城郭及好山林使吾遊戲乃處如此不淨物閒作是語已獄卒羅刹以大鐵叉擎阿鼻獄及諸刀林化作寶樹及清涼地火爓化作金葉蓮華諸鐵嘴虫化為鳬鴈地獄痛聲如詠歌音罪人聞已如此好處吾當遊中念已尋時生火蓮華諸鐵嘴虫從身毛孔唼食其軀百千鐵輪從頂上入恒沙鐵叉挑其眼睛地獄銅狗化作百億

鐵狗競分其身取心而食俄尒之間身如截華滿十八鬲一一華葉八万四千一一葉頭身手支節在一鬲閒地獄不大此身不小遍滿如此大地獄中此等罪人墮此地獄經歷八万四千大劫此泥犁滅

復入東方十八鬲中如前受苦此阿鼻獄南亦十八鬲西亦十八鬲北亦十八鬲謗方等經具五逆罪破壞僧祇汙比丘尼斷諸善根如此罪人具衆罪者身滿阿鼻獄四支復滿十八鬲中此阿鼻獄但燒如此獄種衆生劫欲盡時東門即開見東門外清泉流水華果林樹一切俱現見諸罪人從下鬲見眼火暫歇從下鬲起婉轉腹行摣身上走到上鬲中手攀刀輪時虛空中雨熱鐵丸走趣東門既至門閫獄卒羅刹手捉鐵叉逆剌其眼鐵狗齧心悶絕而死死已復生見南門開如前不異如是西門北門亦皆如是如此時間經歷半劫阿鼻獄死生寒氷中寒氷獄死生黑闇處八千万歲目无所見受大虫身婉轉腹行

諸情闇塞无所解知百千狐狼牽掣食之命終之後生畜生中五千万身受鳥獸形還生人中聾盲瘖瘂疥癩癰疽貧窮下賤一切諸衰以為嚴飾受此賤形經五百身後復還生餓鬼道中餓鬼道中遇善知識諸大菩薩呵責其言汝於前身無量世時作无限罪誹謗不信墮阿鼻獄受諸苦惱不可具說汝今應當發慈悲心時諸餓鬼聞是語已稱南無佛稱佛恩力尋即命終生四天處生彼天已悔過自責發菩提心諸佛心光不捨是等攝受是事慈哀是等如羅睺羅教避地獄如愛眼目

佛告大王欲知佛心光明所照常照如此無閒无救諸苦衆生佛心所緣常緣此等極惡衆生以佛心力自莊嚴故過筭數劫令彼罪人發菩提心

佛告阿難云何名十八寒地獄寒地獄者八方氷山山十八鬲復有十八諸小氷山如頗梨色此等寒氷滿氷山閒如凡蓮華高十八由旬上有氷輪縱廣正等十二由旬如天雨雹從

空而下世閒自有无慈心者劫奪無道抄盜剝脫凍煞衆生此人罪報欲命終時一切刀風化為熱火罪人作念我今云何不卧氷上為火所逼作是念時獄卒羅刹手執氷輪如白鶴翔蹋虛而至罪人見已除熱清涼心便愛念氣絕命終生氷山上既生之後十八氷山如以扇扇一切寒氷從毛孔入十八鬲中遍滿一鬲剖裂劈坼如赤蓮華氷輪上下遍覆其身八方氷山一時俱合更无餘辭但言阿羅羅尒時罪人即作是念我於何時當免寒氷生熱火中

尒時空中有諸鐵鳥口觜吐火從空中下破頭啄腦罪人即死命終之後獄卒復以鐵叉打地喊言活活應聲即穌起已思念我今身上大火猛熾願得前氷以滅此火獄卒復以氷輪迎接置與獄中如是十八鬲中无不經歷此寒地獄壽命歲數如四天王日月八千万歲罪既畢已生賤人中貧窮鄙陋五十世中為人奴婢衣不蔽形食不充口此罪畢已遇善知識

發菩提心

佛告阿難云何名黑闇地獄闇地獄
者十八重黑山十八重黑綱十八重
鐵牀十八重鐵𦆯一一山高八万四
千由旬一一𦆯亦厚八万四千由旬
二一𦆯閒十八重黑鐵圍山羅列如
林㾕闇此山世閒自有愚癡衆生偷
佛法僧燈明偷盜父母師長和上謗
說法者亦毀世俗論義師等不忌尊
卑不知慙愧以此罪故命欲終時眼
有電光睒睒不停即作是念我有何
罪常見是火即閉兩目不願欲見及
日月光命欲終時獄卒羅剎擎大鐵
牀張大鐵傘如大墜雲乘空而至
尒時空中无形有聲此處黑闇汝欲
往不罪人聞聲尋即起心欲往彼所
氣絕命終生鐵牀上如鴈王翔落黑
闇處既入中已刀輪上下斬斷其身
有大鐵烏觜距長利從山飛來攫啄
罪人痛急疾走求明不得足下蒺䔧
穿骨徹髓如是慞惶經五百万億歲
亦如四天王日月歲數彼人頭打諸
黑闇山腦流眼出獄卒羅剎以鐵叉
又還安眼睫罪畢乃出為貧窮人眼
目角睞盲冥无見或被癩病人所駈
逐如是罪報經五百身過是以後遇
善知識發菩提心

佛告阿難云何名為十八小熱地獄
十八小熱地獄者如阿鼻獄亦七重
城七重鐵輞无量諸悪以為莊嚴自
有衆生不順師教興悪逆心不知恩
養盜師害師汙師淨食坐師牀座挻
師鉢盂藏弃不淨作五種悪云何為
五所謂罵師謗師打師煞師以諸毒
藥持以飲師若沙門婆羅門作諸非
法害師謗師此罪悪人无有慙愧剥
像破塔刼法寶物煞伯叔父母兄弟
姊妹如是罪人命欲終時阿鼻地獄
十八獄卒各以鐵叉擎一萬獄如是
衆獄如大寶蓋雨微細雨雨渧如華
此人罪報熱惱入心如火燒已見雨
清涼即作念言願我得坐㢓蓋之下
涼雨灑我不亦樂耶作是語已氣絕
命終如擲毬頃即便坐於大劍牀上
百億劍刃刃皆出火燒剌其身空中
寶蓋化為火輪從上而下直劈其頂
其身碎裂為數千段上雨銅丸從毛

孔入獄卒羅剎以大鐵叉刺罪人眼
或以鐵箭射其心者悶絕而死須臾
還活坐劍牀上旋嵐猛風吹墮地獄
既入獄已時閻羅王與宮殿俱在虛
空中告言獄種汝作衆悪煞師謗師
汝今生處名拔舌阿鼻汝在此獄當
經三劫作是語已即滅不現此獄苦
痛如上所說
佛告阿難云何名十八刀輪地獄刀
輪地獄者四面刀山於衆山閒積刀
如塼虛空中有八百万億極大刀輪
隨次而下猶如雨渧自有衆生樂苦
惱他煞害衆生命終之時患逆氣病
心悶煩滿心堅如石即作是願得一
利刀削此諸患不亦快乎是時獄卒
頂戴刀輪翳令不現至罪人所畀言
遂辟我有利刀能割重病罪人歡喜
即自念言惟此為快氣絕命終生刀
輪上如醉烏走墮刀山閒是時四山
一時俱合四種刀山割切其身不自
勝持悶絕而死獄卒羅剎駈蹙罪人
令登刀山未至山頂刀傷足下乃至

于心畏獄卒故匍匐而上既至山頂獄卒手執一切刀樹撲煞罪人未死之間鐵狗齧心楚毒百端鐵虫唼食肉皆都盡尋復唱活脚著鐵輪從空而下一日一夜六十億生六十億死如是衆多凡十八種此人罪故遂更增劇如四天王壽八千万歲罪畢生世墮在畜生五百世中身供衆口復五百世受卑賤形然後乃遇善知識發善提心

佛告阿難云何名劒輪地獄劒輪地獄者縱廣正等五十由旬滿中劒樹其樹多少數如稻麻竹葦一一劒樹高四十由旬八万四千劒輪為葉八万四千劒輪為華八万四千劒輪為果八万四千沸銅為枝世間自有愚癡衆生樂煞無厭如此罪人臨命終時遇大熱病即作念言我今身體時熱時寒舉身堅強猶如鐵碪即作願言得金剛劒割却此患樂不可言是時獄卒即自化身如已父母親友之形在其人前而告之言我有秘法如鄉所念當用相遺罪人聞已心甚愛

念急急欲得氣絕命終如馬奔走生劒華中無量劒刃削骨破肉碎如豆許復有鐵烏從樹上下挑眼啄耳有大羅剎手捉鐵斧破頭出腦鐵狗来舐死已唱活驅令上樹未至樹端身碎如塵一日之中身經諸樹一夜之中復經諸樹一日一夜煞身如塵不可稱數煞人罪故受如此殃經八万億歲生畜生中身常負重死復剝皮經五百世還生人中貧窮短命多病消瘦過是已後遇善知識發善提心

佛告阿難云何名火車地獄火車地獄者一一銅鑊縱廣正等四十由旬滿中盛火下有十二輪上有九十四火輪自有衆生為佛弟子及事梵天九十六種出家徒衆及在家者誑惑邪命諂曲作惡如此罪人欲命終時風大先動身冷如氷作是念何時當得大猛火聚入中坐者永除冷病作是念已獄卒羅剎化作火車如金蓮華獄卒在上如童男像手執白拂鼓僲而至罪人見已心生愛著如此金花光色顯赫照我令熱必除寒冷若

得坐上快不可言作是語已氣絕命終載火車上支節火然墮火聚中身體燋散獄卒唱活應聲還活火車轢身凡十八返身碎如塵天雨沸銅遍灑身體即便還活如是往返上至湯際下墮鑊中火車所轢一日一夜九十億死九十億生此人罪畢生貧賤家為人所使繫屬於他不得自在償利養畢尒乃得脫由前出家善心功德遇善知識為其說法心開意解成阿羅漢

佛告阿難云何名沸屎地獄沸屎地獄者八十由旬十八鐵城一一鐵城有十八萬一一萬中四壁皆有百億万劒樹地如刀刃刃厚三尺於其刃上百千蒺梨不可稱計一一蒺梨及劒樹間生諸鐵虫其數无量一一鐵虫有百千頭一一頭有百千嘴嘴頭皆有百千蚘虫口吐熱屎沸如融銅滿鐵郭內上有鐵網鐵烏世間自有衆生破八戒齋汙沙弥戒沙弥尼戒汙式叉摩尼戒自汙淨戒汙比丘戒比丘尼戒汙優婆塞戒優婆夷戒諸

比丘比丘尼諸優婆塞及優婆夷沙
弥沙弥尼式叉摩尼如是七衆及餘
一切汙僧淨飲汙父母食偷竊先敢
不淨手捉及僧知事以自恃故汙僧
淨食四部弟子以不淨身坐僧祇牀
犯偷蘭遮久不懺悔虚食僧食坐僧
衆中與僧布薩如是衆多無量不淨
惡業罪人臨命終時舉身皆香如麝
香子不可堪處即作是念當於何處
不聞此香如此香氣猶如狂風来熏
我心作此念已獄卒羅刹自化己身
猶如畫瓶中盛糞穢至罪人所以手
摩身令彼罪人心生愛著氣絶命終
猶如風吹墮沸屎中墮已糜爛衆虫
唼食東西走時削骨徹髓飢渴逼故
飲熱沸屎蚘虫疽虫唼其舌根一日
一夜九十億生九十億死罪畢乃出
生貧賤家繫屬於他不得自在設生
世時恒值惡王屬邪見主種種惡事
逼切其身瘦瘧惡瘡以為衣服宿世
聞法善因緣故遇善知識出家學道
成阿羅漢三明六通具八解脫
佛告阿難云何名十八鑊湯地獄鑊

湯地獄者有十八鑊一一鑊縱廣正
等四十由旬七重鐵網滿中沸鑊五
百羅刹鼓大石炭燒其銅鑊此石火
焰焰焰相承經六十日火不可滅閻
浮提日滿十二万歲如是鑊沸上湧
如星化成大輪還入鑊中自有衆生
毀佛禁戒煞生祠祀為敢肉故焚燒
山野傷害衆生生燖衆生以火焚燒
如此罪人欲命終時身心煩悶失大
小便不自禁制或熱如湯或冷如氷
即作是念得大温水入中沐浴不亦
樂乎獄卒羅刹化作僮僕手擎湯瓮
至罪人所罪人心喜愛樂此瓮氣絶
命終生鑊湯中速疾消爛惟餘骨在
鐵叉摷出鐵狗嚼之嘔吐在地尋復
還活獄卒駈蹙還令入鑊畏鑊熱故
攀劒樹上骨肉斷壞落鑊湯中煞生
罪故一日一夜恒河沙死恒河沙生
罪畢乃出生畜生中豬羊鷄狗短命
之處無不經歷如是受身八千万歲
命終之後還生人中受二種報一者
多病二者短命短命多病以為眷屬
過笇數劫遇善知識受持五戒行六

波羅蜜
佛告阿難云何名灰河地獄灰河地
獄者長二百由旬廣十二由旬下有
利刀岸上劒樹滿中猛火厚十二丈
復有融灰以覆火上厚四十丈世間
自有無慙衆生偷盜父母偷盜師長
偷盜善友兄弟姉妹如是癡人無有
慙愧不識恩養心无反復貪利欲得
不識殃禍不順師教此人罪報欲命
終時氣滿心腹喘息不續即作是念
我心如涅氣滿胸中得一微火爆我
身者不亦快乎獄卒羅刹應命即至
化作妻子手擎火鑪微灰覆上至罪
人所是時罪人心大歡喜以歡喜故
氣絶命終生灰河中諸劒樹間樹一
羅刹手執利劒欲来傷害是人恐怖
走於灰河舉足下足刀傷其脚劒樹
雨刀從毛孔入羅刹以叉叉其心出
擗地悶死尋復還活是人偷盜師長
父母罪因緣故一日一夜五百億生
五百億死飢渴逼故張口欲食劒樹
雨刀從舌頭入劈腹裂胸悶絶而死
由前聞佛法僧名故罪畢之後得生

人中貧窮下賤覺世非常出家學道世無佛時成辟支佛世若有佛成阿羅漢

佛告阿難云何名劒林地獄劒林地獄者八千由旬滿中劒樹有熱鐵丸以為其果如此劒樹高二十四由旬自有衆生不孝父母不敬師長作惡口業無慈愛心刀杖加人此人罪報臨命終時心如胡膠處處生著即作此念我心縛著觸事不捨躭酒嗜色身雖遇患心猶不息得一利刀割截此愛獄卒羅刹應聲即至化為侍者執明鏡亦語罪人言汝心多著可觀此鏡觀此鏡時見於鏡中有利劒像即作是念我今體羸不堪欲事得此利劒割断我心不亦快乎作此念時氣絶命終受餓鬼身諸劒樹閒忽然化生生已鐵丸從頂上入從口而出腸胃燋爛躃地獄卒復以鐵叉打撲驅令上樹上一樹已鐵觜虫啾以恐怖故勇身上樹如是展轉㤀經劒林一日一夜八万生八万死罪畢之後生飢饉世及疾疫刧為人卑賤口氣恒臭人所惡見過𠦜數刧遇善知識發善提心

佛告阿難云何名五百億剌林地獄剌林地獄者八千由旬滿中鐵剌一一剌端有十二劒樹上復有大熱鐵鉗世閒自有愚癡衆生惡口兩舌綺語不義語調戲無節枉説是非説經典過毁論義師如此罪報命欲終時咽燥舌乾即作此念得一利剌剌頭出血令衆脉開流注衆水不亦快乎作是念時獄卒羅剎化作父母手執月珠珠頭生剌持用擬口如水欲滴罪人歡喜我所願者今已得果作是念已氣絶命終如大雷電項生剌林閒既生之後獄卒羅剎手執鐵鉗拔舌令出八十鐵牛有大鐵犂耕破其舌剌林諸樹有風吹来撲打其軀一日一夜六百生六百死過是已後得生人中脣㢮面皺語言謇吃如此罪人體生諸創膿血盈流經五百世人所惡見過是巳後雖有所説人不信受遇善知識發善提心

佛告阿難云何名五百億銅柱地獄銅柱地獄者有一銅柱狀如大山高六百由旬下有猛火火上鐵牀上有刀輪閒有鐵觜虫鐵烏在傍世閒自有愚癡衆生貪惑滋多淶愛不淨犯邪婬行非處非時行不淨業設有比丘比丘尼婆羅門等諸梵行者若於非時處犯不淨法乃至一切犯邪行者作不淨業如此罪人臨命終時擧身反強振掉不定猶如弓弩不自勝此身體令不動摇獄卒羅剎應時即持即作此念得一堅大銅鐵柱者縛至化作僮僕手執鐵杖至罪人所白言長者汝今身強餘物皆務可捉此杖心即歡喜氣絶命終如持杖頃生銅柱頭猛火爛熾焚燒其身驚怖下視見鐵牀上有端正女若是女人見端正男心生愛著從銅柱上欲旋于地銅柱貫身鐵鋼絡頸鐵觜諸虫唼食其軀落鐵牀上男女俱時六根火起有鐵觜虫從眼而入從男女根出若汙戒者別有九億諸小虫輩如瘭疽虫有十二觜觜頭出火唼食其體此邪婬報一日一夜九百億生九百

億死罪畢乃出生鵂鶹身經五百世復生龍中經五百身後生人中無根一根及不定根黃門之身經五百世設得為人妻不貞良子不慈孝奴婢不順過是已後遇善知識發菩提心

佛告阿難云何名五百億鐵機地獄鐵機地獄者有一鐵牀縱廣正等四百由旬上安諸揌揌間皆有万億鐵弩鐵弩鏃頭百億鋒刃世間自有愚癡衆生為貪欲故不孝父母不敬師長不順善教煞害衆生食諸姧人此人罪報命欲終時身體振動身諸六竅汁自流出如此罪人見自已牀如兜羅綿即生是念何時得一堅冷之處安身卧眠不亦快耶作是念時獄卒羅剎以叉擎牀敷大撿氍至罪人所罪人見已心生歡喜欲卧撿氍氣絕命終生鐵機上万億鐵揌閔從下動鐵揌低昂无量鐵弩同時皆張一一鐵箭射罪人心一日一夜六百億生六百億死如是罪人受罪畢已生畜生中經五百世還生人閒貧窮下賤為人所使多墮刑獄恒受鞭撻過

是已後遇善知識發菩提心

佛告阿難云何名鐵網地獄鐵網地獄者八十九重諸鐵羅網一一網閒百億鐵針一一鐵針施五関揌世閒自有虛妄衆生邪心諂曲妖媚惑人心懷讒賊晝夜惡念刹那刹那須成就惡念此人罪報臨命終時身體搔痒即作此念得一束針鑱刾疥虫不亦樂乎作是念時獄卒羅剎化為良醫手執利針唱言治病罪人心喜氣絕命終生鐵網閒捧身下過衆揌皆動无量諸針射入毛孔如是婉轉諸鐵網閒刹那須死刹那頃生罪畢乃出生於邊地無佛法處亦不聞說世閒善語何況正法雖生人中二惡道攝過筭數劫遇善知識雖得聞法心不解了

佛告阿難云何名鐵窟地獄鐵窟地獄者餓鬼道中最上苦法有一鐵山縱廣正等二十五由旬山上復有五百万億大熱鐵丸一一鐵丸團圓正等十三由旬山閒復有百千刀劍是時彼山東向開張有一小孔如摩伽

陁斗口但出黑烟世閒自有愚癡衆生慳貪縛著心如金剛但樂求索无有厭足父母妻子忠不給與師長教授視如糞擲奴婢親友不施衣食如是慳人不慮無常護惜財物猶如眼目此人罪報命欲終時諸情閉塞口噤不語心中默念我死之後是諸惡人食我財物如敢鐵丸居我屋宅如處闇室作是念已獄卒羅剎化為慳人幻取財物至罪人所以火焚之罪人心喜氣絕命終生火山上猶如融銅鑄鐵窟中既入窟中劍垂刀垂喓食其軀烟薰其眼不見火炎周慞惶怖東西馳走頭打鐵山鐵丸上下從頂而入從足而出一念須死一念須生罪畢乃出生餓鬼中其身長大數十由旬咽如針筒腹如大山東西求食融銅灌咽經八千歲乃得畢苦生食唾鬼食膿鬼食血鬼中罪畢復生廁神腊狗罪畢復生貧窮卑賤无衣食處遇善知識發菩提心

佛告阿難云何名鐵丸地獄鐵丸地獄者八十由旬滿中鐵成八十八萬

二萬中有五刀山持用覆上下有十八大惡鐵虵虵皆吐舌舌出鐵劒劒頭火然世間自有愚癡衆生毀辱布施言施無報勸人藏積如是癡人向國王大臣沙門婆羅門及一切衆說施无因亦無果報如此罪人臨命終時頸強脉縮迴轉不語不憙見人低視而卧心中但念我積財寶得與我俱怏不可言獄卒羅刹化作其妻捉熱鐵丸化作寶器在其人前語言我隨汝死婉轉相著終不相離氣絶命終生鐵城中東西馳走鐵虵出毒纏繞其身節頭火然即作是念願天愛我降注甘雨應念即雨大熱鐵丸從頂而入足下而出罪畢乃為貧窮孤獨瘖瘂之人是人歲數如鐵窟說遇善知識發善提心

佛告阿難云何名尖石地獄尖石地獄者有二十五石山一一石山有八氷池一一氷池有五毒龍世間自有愚癡衆生比丘比丘尼沙弥沙弥尼式叉摩尼優婆塞優婆夷九十五種諸梵志等法說非法非法說法或犯輕戒久不懺悔心無慙愧猶如獼猴此人罪報命欲終時心下氣滿腹脹如鼓飲食噎吐水漿不下即作是念得一石尖塞我咽喉不亦快乎作是念時獄卒羅刹化作良醫幻捉石尖作大藥丸著其口中告言開口心生歡喜氣絶命終生石山間无量尖石從背上入從胸前出獄卒復以鐵叉叉口以石内中一日一夜六十億死六十億生此是生報從此命終墮黑繩地獄黑繩地獄者八百鐵鏁八百鐵山竪大鐵幢兩頭繫鏁獄卒羅刹駈贓罪人令負鐵山鐵繩上走不勝落地墮鑊湯中羅刹駈起渴急飲鐵吞石而走一日一夜經歷是呰凡十万遍罪畢生世為人僮僕遇善知識為說實法如好白氎易染受色得阿羅漢三明六通具八解脫

佛告阿難云何名十八飲銅地獄飲銅地獄者千二百種雜色銅車一一銅車上六千銅丸自有衆生慳貪嫉妬邪見惡說不施父母妻子眷屬及與一切心生慳嫉見他得利如箭入心

如是罪人欲命終時多病消瘦昏言囈語口中自說欲得果食作是語時獄卒羅刹化已銅車滿車載果至罪人所罪人得已心生歡喜即作念言得此美果食不知厭甚適我願歡喜踊躍氣絶命終未經幾時生銅車上不久即往生銅山間銅車轢頸獄卒羅刹以鉗鉗口飲以烊銅飲烊銅已迷悶躃地唱言飢飢尋時獄卒擘口令開以銅鐵丸置其口中吞十八丸節節火然東西馳走經於一日尒乃命終獄卒唱言汝前身時諂誑邪見慳貪嫉妬以是因緣受鐵丸報或曾出家毀犯輕戒久不悔過虛食信施以此因緣食諸鐵丸此人罪報億千万歲不識水穀受罪畢已還生人中五百世中言語謇吃不自辯了以宿習故食後敢炭及敢土塊過是以後遇善知識發菩提心

佛說觀佛三昧海經卷第五

庚子歲高麗國大藏都監奉
勅雕造

佛說觀佛三昧海經卷五

校勘記

一　底本，金藏廣勝寺本。五一二頁中、下，五二〇頁中、下，原版漫漶缺字，以麗藏本換。

一　五一二頁中四行首字「尒」，石、資、磧、普、南、徑、清作「是」。

一　五一二頁中一一行第八字「五」，資、磧、普、南、徑、清作「五百億刀林地獄五」。

一　五一二頁下五行第一三字「十」，資、磧、普、南、徑、清作「千」。

一　五一二頁下九行首字「頭」，石作「頭如」。

一　五一二頁下九行第五字「口」，石作「口如」。

一　五一二頁下一五行第四字「有」，資、磧、普、南、徑、清無。

一　五一二頁下一七行第二字「刀」，資無。

一　五一二頁下一八行第一〇字「吐」，資、磧、普作「坐」。

一　五一二頁下二〇行首字「地」，資、磧、普、南、徑、清作「城」。

一　五一三頁上六行第九字「火」，諸本作「大」。

一　五一三頁上八行第一〇字「底」，資、磧、普、南、徑、清、麗作「滴」。

一　五一三頁上一四行第三字及第七字「住」，諸本作「往」。

一　五一三頁上二二行第二字「頭」，資、磧、普、南、徑、清作「頸」。

一　五一三頁上二二行第八字「燗」，資、磧、普、南、徑、清作「燒」。

一　五一三頁中二〇行第六字「枝」，資、磧、普、南、徑、清作「林」。

一　五一三頁中二〇行末字「杖」，資、磧、普、南、徑、清作「林」。

一　五一三頁下八行第六字「略」，磧、普、南、徑、清作「掠」。

一　五一三頁下一二行第四字「宅」，資、磧、普、南、徑、清作「家」。

一　五一三頁下一八行第四字「地」，諸本作「池」。

一　五一三頁下二一行第三字「生」，諸本作「坐」。

一　五一四頁上二行第三字「截」，資、磧、普、南、徑、清作「鐵」。

一　五一四頁上二行第九字「一」，石、資、磧、普、南、徑、清作「中一」。

一　五一四頁上三行第一二字「一」，磧、普、南作「二」。

一　五一四頁上一四行第一一字「見」，諸本作「是」。

一　五一四頁上末行第九字「虫」，資、磧、普、南、徑、清作「蛇」。

一　五一四頁中八行首字「限」，石、麗作「根」。

一　五一四頁中一三行第四字「事」，諸本作「輩」。

一　五一四頁下四行第八字「氷」，磧、普、南作「火」。

一　五一四頁下九行第一二字「剖」，資、磧、普、南、徑、清作「割」。

一　五一四頁下九行末字「劈」，石作

「擘」；麗作「擗」。
一　五一四頁下一四行第八字「鳥」，磧、南、徑、清作「烏」。
一　五一四頁下一五行第四字「頭」，資、磧、普、南、徑、清作「冰」。
一　五一四頁下一六行第九字「哦」，諸本作「喚」。
一　五一四頁下一八行第五字「以」，磧作「消」。
一　五一四頁下一九行第四字「與」，資、磧、普、南、徑、清作「餘」。
一　五一四頁下二二行第六字「十」，諸本作「百」。
一　五一五頁上二行第一二字「闇」，諸本作「黑闇」。
一　五一五頁上四行第二字「咻」，資作「壁」。
一　五一五頁上五行「一一」，資、磧、普、南、徑、清作「其鐵」。
一　五一五頁上一四行第八字「墜」，諸本作「隊」。
一　五一五頁上一四行第一一字「空」，資、磧、普、南、徑、清作「虛」。
一　五一五頁上一七行第五字「生」，資、磧、普、南、徑、清、麗作「坐」。
一　五一五頁上一八行第一二字「斷」，諸本作「剉」。
一　五一五頁上一九行第一三字「搡」，資、磧、普、南、徑、清作「抓」。
一　五一五頁中二行「癩病」，資作「病癩」。
一　五一五頁中一〇行第五字「弃」，資、磧、普、南、徑、清作「去」。
一　五一五頁中二一行第五字「毬」，資作「貝」；磧、普、南、徑、清、麗作「毱」。
一　五一五頁下二二行第一二字「蹙」，資、磧、普、南、徑、清作「哦」，下同。
一　五一六頁上一行首字「于」，磧、普、南、徑、清作「肝」。
一　五一六頁上九行第一一字「遇」，諸本作「遇大」。
一　五一六頁上一一行「何名」，資、磧、普、南、徑、清作「何名爲」，下同。
一　五一六頁上一一行第九字及一三字「輪」，資、磧、普、南、徑、清作「林」。
一　五一六頁上一五行第七字「華」，磧、普、南、徑、清作「莖」。
一　五一六頁上一九行第一一字「磓」，資、磧、普、南、清作「砧」；徑作「佔」。
一　五一六頁中三行第五字「鳥」，資、磧、普、南、徑、清作「烏」。
一　五一六頁中四行第六字「鐵」，資作「越」；磧、普、南、徑、清作「鉞」。
一　五一六頁中一八行第九字「作」，諸本作「即作」。
一　五一六頁下七行末字「賤」，資、磧、普、南、徑、清作「窮」。
一　五一六頁下一九行第六字「虫」，石、資、磧、普、南、徑、清作「蟲此諸蛸蟲」。
一　五一六頁下二〇行第三字「郭」，石、麗作「城」。

一五一六頁下二二行「自汙淨戒」，磧、普、南、徑、清無。

一五一六頁下末行「比丘尼戒汙優婆塞戒」，資作「汙比丘尼戒汙優婆塞」；磧、普、南、徑、清作「汙比丘尼戒自汙淨戒優婆塞」。

一五一七頁上一行第六字「諸」，資、磧、普、南、徑、清無。

一五一七頁上二行第四字「尼」，資、磧、普、南、徑、清作「尼戒」。

一五一七頁上三行第六字「飯」，石、資、磧、普、南、徑、清作「食」。

一五一七頁上一三行第二字「身」，諸本作「觸」。

一五一七頁上一六行第七字「疽」，石、磧、普、南、徑、清作「蛆」。

一五一七頁中二行第一三字「鑊」，資、磧、普、南、徑、清作「鐵」。

一五一七頁中五行第六字「二」，資、磧、普、南、徑、清作「三」。

一五一七頁中六行第五字「大」，諸本作「火」。

一五一七頁中七行第一二字「故」，石、磧、普、南、徑、清作「血」。

一五一七頁中一五行第三字「擽」，資作「抓」；磧、普、南、徑、清作「撩」。

一五一七頁中一五行第七字「喟」，石、資、磧、普、南、徑、清作「食」。

一五一七頁中二〇行第九字「受」，磧、普、南、徑、清作「畜」。

一五一七頁下一行末字「蜜」，磧、普、南、徑、清作「蜜發菩提心」。

一五一七頁下六行第四字「慙」，石、資、磧、普、南、徑、清作「慚愧」。

一五一七頁下一二行第一二字「命」，資、磧、普、南、徑、清、麗作「念」。

一五一七頁下一五行第一三字「樹」，諸本作「有」。

一五一七頁下一九行第四字「死」，石作「絶」。

一五一七頁下二一行末字「樹」，資、磧、普、南、徑、清作「林」。

一五一七頁下二二行第一〇字「胸」，資、磧、普、南、徑、清作「心」。

一五一八頁上四行第七字「名」，石作「名爲」；資、磧、普、南、徑、清作「爲」。

一五一八頁上二一行第四字「勇」，石、資、磧、普、南、徑、清作「涌」。

一五一八頁中五行第七字「劒」，石、資、磧、普、南、徑、清作「鉤」。

一五一八頁中七行第九字「枉」，資、磧、普、南、徑、清作「誑」。

一五一八頁中九行首字「咽」，石作「口」。

一五一八頁中一二行「珠頭生」，石作「頭生利」。

一五一八頁中一四行「大雷」，石、資、磧、普、南、徑、清作「天」；麗作「大」。

一五一八頁中一九行第五字「咃」，資、磧、普、南、徑、清作「哆」。第一〇字「嚷」，諸本作「謇」。

一五一八頁下一行第一二字「大」，資、磧、普、南、徑、清作「火」。

一五一八頁下三行第二字「輪」，諸本作「輪諸刀輪」。
一五一八頁下六行首字「丘」，資、磧、普、南、徑、清作「丘及」。
一五一八頁下七行第三字「處」，諸本作「非處」。
一五一八頁下九行第一一字「弩」，磧、普作「自」；南、徑、清作「身」。
一五一八頁下一四行第一一字「持」，諸本作「弄」。
一五一八頁下一七行第一三字「旋」，諸本作「投」。
一五一八頁下一八行第七字「鋼」，石、資、磧、普、南、徑、清作「綱」。
一五一八頁下二一行第七字「九」，磧、普、南、徑、清作「萬」。
一五一九頁上一行第七字「生」，諸本作「生鳩鴿中受」。
一五一九頁上三行首字「一」，諸本作「二」。
一五一九頁上八行第七字「㯐」，磧、普、南、徑、清作「緫」，下同。

一五一九頁上一一行第一〇字「食」，資、磧、普、南、徑、清作「飤」。
一五一九頁上一七行第一二字「揄」，資、磧、普、南、徑、清作「彘」，下同。
一五一九頁中八行第八字「東」，資、磧、普、南、徑、清作「棘」。
一五一九頁中一五行第一二字「二」，諸本作「三」。
一五一九頁下一行第二字「斗」，資、磧、普、南、徑、清作「升」。
一五一九頁下八行第一二字「屋」，石作「室」。
一五一九頁下一〇行第三字「取」，諸本作「收」。
一五一九頁下一四行第七字「打」，石、資、磧、普、南、徑、清作「戴」。
一五一九頁下一八行「畢苦」，諸本作「苦畢」。
一五二〇頁上五行末字「衆」，資、磧、普、南、徑、清作「衆生」。
一五二〇頁上一五行第一二字「爲」，石、資、磧、普、南、徑、清作「出爲」。

一五二〇頁上二二行第一三字「五」，資、磧、普、南、徑、清作「六」。
一五二〇頁中三行第五字「噎」，石、資、磧、普、南、徑、清作「嘔」。
一五二〇頁中四行及五行「石尖」，資、磧、普、南、徑、清作「尖石」。
一五二〇頁中一五行第一二字「凡」，資、磧、普、南、徑、清作「九」。
一五二〇頁下二行首字「嘍」，石、普作「寐」；資、磧、南、徑、清作「𥨊」。
一五二〇頁下三行第五字「已」，石作「以」；資、磧、普、南、徑、清作「爲」。
一五二〇頁下四行「念言」，資、磧、普、南、徑、清作「是念」。
一五二〇頁下八行第三字「梍」，資、磧、普、南、徑、清作「磔」。
一五二〇頁下八行第七字及第一〇字「烊」，資、磧、普、南、徑、清作「洋」。

佛說觀佛三昧海經卷第六　可

東晉天竺三藏佛陁跋陁羅譯

觀四無量心品第五

尒時世尊說是語時佛心力故十種白光從佛心出其光遍照十方世界一一光中無量化佛乘寶蓮華時會大衆見佛光明如頗梨水或見如乳見諸化佛從佛胸出入於佛臍遊佛心間乘大寶舩經往五道受罪人所一一罪人見諸化佛如己父母善友所親漸漸為說出世間法是時空中有大音聲告諸大衆汝等今者應觀佛心諸佛心者是大慈也大慈所緣緣苦衆生

佛告阿難云何名慈心慈心者應當繫念緣苦衆生苦衆生者謂三悪道極苦惱者佛說是語時會大衆見於地獄餓鬼畜生解脫相三昧力故令諸衆生自識宿命見受苦者皆是前世无量劫中父母師徒諸善親友見已啼泣為佛作礼白言世尊我等今者因佛力故見苦衆生悉是我等父母師長佛告大衆三界衆生輪迴六趣如旋火輪或為父母兄弟宗親三界一切無不是汝所親之者云何起意生煞嫉心作是語已淨飯王等一切大衆白佛言世尊云何名為慈心三昧惟願世尊為我略說

佛告大衆夫慈心者應當起想先緣所親繫念之時念已父母受諸苦惱有不孝者念已妻子所愛衆生受諸苦惱有見衆生癩病癰瘡見已作念當云何救一想成已應作二想二想成已應作三想三想成已滿一室想一室想成已滿於僧坊一僧坊成已滿一由旬一由旬成已滿一閻浮提閻浮提成已滿弗婆提弗婆提成已滿三天下如是漸廣滿十方界見東方衆生盡是其父見西方衆生悉是其母見南方衆生悉是其兄見北方衆生悉是其弟見下方衆生悉是妻子見上方衆生悉是師長其餘四維悉是沙門婆羅門等見是衆生皆受苦惱或遇重病或見在於刀山劍樹火車鑪炭一切苦事見已悲泣

欲拔其苦自作我想乘寶蓮華詣諸人所調身按摩為洗癩瘡見地獄火憂悲雨淚欲滅其火見諸餓鬼剥身出血化作乳想供給餓鬼令得飽滿既飽滿已為其說法讚佛讚法讚比丘僧作是讚已益更憂悲心无懈捨如是慈心極令通利事事廣說如慈三昧如是慈心名習慈者既習慈已次當行悲悲者見衆受苦如箭入心如破眼目心極悲苦遍體雨血欲拔彼苦如此悲者有百億門廣說如大悲三昧行慈悲已次行大喜見諸衆生安隱受樂心生歡喜如已无異既生喜已次行捨法是諸衆生無來去相從心想生者因緣和合假名為心如此心想猶如狂華從顛倒起苦從想起樂從想生心如芭蕉中无堅實廣說如經十辟作是觀時不見身心見一切法同如實性是名菩薩身受心法依因此法廣修三十七助菩提分若取證者是聲聞法不取證者是菩薩法作是語已佛心光明益更明顯從佛心端諸光明中生諸寶華一

一寶華恒沙寶華以為眷屬一一華上无量無邊微妙化佛方身丈六如釋迦文此相現時佛身毛孔八万四千諸寶蓮華一一華上八万四千諸大化佛身量無邊如是化佛身諸毛孔及心光明亦如向說

如是光明遍照十方從佛頂入從佛眉間白毫相出從白毫出遍照十方猶如金幢令十方地作真金色卷諸化佛入佛口中從佛口出亦照十方來入佛胸從佛胸出復照十方來入佛臍此光入時佛身之内如瑠璃水澄清不動三界五道一切衆生映現佛心見諸化佛乘大寶臺猶如寶船遊佛心間一一化佛讚說不煞讚歎念佛讚歎念法讚歎念僧讚歎念戒讚歎念施讚歎念天讚六和敬讚慈三昧如此六念能生善法此六念者是諸佛因佛心者是六念心因六和敬而得此法欲成佛道當學佛心

說是語已如來身光倍更明顯佛身化佛及寶蓮華數不可知一一華光如雜華說如是觀者名為正觀若異

觀者名為邪觀佛滅度後佛諸弟子修六念者令念佛心念佛心者除十二億劫生死之罪作是觀者生生之處終不邪見心不僻謬恒得值遇無生菩薩如是之人若生邊地无佛法處念佛功力自然悟解成辟支佛尒時世尊說是語已還攝身光如本無異

佛告父王如大人相白毫光明及一切相有能逆觀順觀分別觀者令觀圓光及丈六者但發是心如見不見除却衆罪如向所說設有施主具五神通得如意珠飛過十方十方世界一一世界衆生之數不可得知但以無量无邊怱為其數如是衆生皆是羅漢是大施主盡筭數劫供養賢聖四事无乏是人得福寧為多不父王白言但使供養一方羅漢得福无量何况十方無量羅漢

佛告父王正使有人成熟邪見衆生數如上說皆令彼人得羅漢道三明六通具八解脫不如發心趣向佛慧念佛須臾佛說是語時釋子衆中一

億釋子發阿耨多羅三藐三菩提心自誓不求聲聞辟支佛道白佛言世尊諸佛身分乃至一毛無量化佛諸聲聞身如燋敗種為何所益

觀四威儀品第六之一

尒時世尊於大衆中即便起行足步虚空父王觀見心甚歡喜亦隨佛行佛舉足時足下千輻相輪一一輪相皆雨八万四千衆寶蓮華一一蓮華復化八万四千億那由他華一一蓮華化為一臺一一華臺一一華葉遍覆十方无量世界一一蓮華八万四千葉釋迦牟尼足步虚空悉雨寶華如是衆華復有无量微塵數佛足步虚空父王見已心大歡喜得阿那含五體投地為佛作礼時會大衆皆覩此事白佛世尊十方世界无數化佛何者真佛誰是化佛

佛告大衆諸佛如来入空寂處解脫三昧隨意自在無有真化所以者何佛心空寂復入空寂解脫光明王三昧此定力故諸佛如来化无邊身無邊身者是薩婆若薩婆若者名無著

三昧无著三昧故如来現行若現乞食若或經行如是二法饒益衆生若有衆生佛在世時見佛行者步步之中見千輻輪相除却千劫極重悪罪佛去世後三昧正受想佛行者亦除千劫極重悪業雖不想行見佛跡者見像行者步步亦除千劫極重悪業佛告阿難汝從今日持如来語遍告弟子佛滅度後造好形像令身相足亦作無量化佛色像及通身光及畫佛跡以微妙彩及頗梨珠安白毫處令諸衆生得見是相但見此相心生歡喜此人除却百億那由他恒河沙劫生死之罪說此語已如来還坐

父王復問佛出世間有何利事能令衆生得安樂耶尒時世尊告大王言舍衛城中須達長者有一老母名毗伭羅謹勤家業長者勑使守執庫鑰出內取與一切委之須達長者請佛及僧供給所須時病比丘多所求索老母慳貪瞋嫌佛法及與衆僧而作是言我家長者愚癡迷惑受沙門術是諸乞士多求无猒何道之有作是

語已復發悪願何時當得不聞佛法不聞僧名不見剃髮染衣之人如是悪聲一人聞已復聞二人展轉遍滿舍衛城中末利夫人聞此語已而作是言云何須達如好蓮華人所樂見云何復有毒蛇護之作是語已勑須達言遣汝婦来吾欲與語阿那邠坻馳詣王宮到作礼畢却住一面末利夫人命令就座坐已語言汝家老婢悪口誹謗何不驅擯阿那邠坻跪白夫人佛日出世多所潤益鴦掘摩羅大悪之人尼提賤人氣嘘栴陁羅佛能調伏何況老婢而不能調末利夫人聞是語已心大歡喜我欲請佛汝遣婢来明日食時請佛及僧於宮供養長者遣婢持滿瓶金摩尼珠蓋勸助王家供養衆僧告言可信汝持此物貢上王家婢聞是語歡喜踊躍持寶瓶走末利夫人見彼婢来此邪見人佛當教化我見此人受化之時必獲法利

尒時世尊從正門入難陁在左阿難在右羅睺佛後老母見佛心驚毛竪

可悪此人隨我後至即時欲退從狗
竇出狗竇即閉四方小巷一時閉塞
惟正路開老母覆面以扇自障不憙
見佛佛在其前令扇如鏡无所障㝵
迴頭東視東方有佛南視南方有佛
西視西方有佛北視北方有佛舉頭
仰看上方有佛伭頭伏地地化為佛
以手覆面時手十指皆化為佛老母
閉目心眼即開見虛空中一切化佛
滿十方界此相現時舍衛城中有二
十五旃陁羅女五十婆羅門女及諸
雜類并末利夫人宮中合五百女心
生誹謗不信佛法見佛如来足步虛
空為於老母現无數身心大歡喜裂
邪見綱頭腦頂礼世尊足下
尒時世尊以梵音聲安慰諸女告言
法女汝今可稱釋迦牟尼稱我名故
觀我身相可得解脫作是語已諸女
同聲稱南无佛佛放眉間白毫相光
照諸女心女見佛行威儀詳序足下
雨華猶如華蓋化佛如林不可稱計
諸女見已發阿耨多羅三藐三菩提
心老母見佛邪見不信猶能除却八

十万億劫生死之罪况復善意恭敬
礼拜尒時老母以得見佛巷陌還開
疾走歸家白大家言我於今日遇大
悪對沙門瞿曇在王宮門多衆之前
作諸妖幻身如金山衆華映飾目踰
青蓮有万億光不可具見沙門善幻
世間无比大家年少可不憙見作是
語已入木籠中以百張皮覆木籠上
白氎纏頭却卧闇處尒時世尊還祇
陁林末利夫人白言世尊願化邪女
莫還精舍佛告末利此女罪重於佛
無緣於羅睺羅有大因緣佛今日行
為其除罪作是語已即還精舍告羅
睺羅汝詣須達大長者家度悪老母
作是語時千二百五十沙門皆作是
言我等今日願欲隨從
尒時羅睺承佛威神入如意定礼拜
既畢繞佛七匝即自化身作轉輪聖
王阿難侍左難陁侍右千二百五十
比丘化為千子阿難為典藏臣難陁
為主兵臣七寶四兵皆悉具足時金
輪寶在虛空中乗蓮華臺經往須達
大長者家夜叉唱言聖王出世擯諸

悪人宣揚善法老母聞已心大歡喜
聖王出者有如意珠無所求索此當
可言
尒時聖王撞鍾鳴鼓乗大寶轝至須
達家老母見已甚大歡喜聖王出世
多所潤益識別善悪必當不為沙門
所惑從木籠出敬礼聖王聖王即遣
主寶藏臣往至女所告言姊妹女宿
有福應王者相聖王今者欲以姊妹
為玉女寶老母白言我身畀賤猶如
糞穢聖王顧問喜慶无量何所堪任
應玉女寶若見念者勑我大家放我
令脫所賜已多
尒時聖王告須達言卿家老女衆相
巍巍吾今欲以充玉女寶須達白言
惟命是從願上大王老婢聞放喜悅
非常聖王即便以如意珠照耀女面
令女自見如王女寶倍大歡喜而作
是言諸沙門等高談大語自言有道
无一効驗聖王出世弘利處多令我
老弊如王女寶作是語已五體投地
礼於聖王時典藏臣宣王優令揚十
善法女聞十善心大歡喜即作是念

聖王所說義無不善為王作礼悔過自責心即調伏時羅睺羅還復本身老母舉頭見千二百五十比丘即作此言佛法清淨不捨衆生如我弊惡猶尚化度作是語已求受五戒時羅睺羅為說三歸受五戒法毋聞此法未舉頭頃成須陁洹地神歡喜從地踊出告須達言善哉長者裂邪見網如来出世正為此耳

時羅睺羅將此老母詣祇陁林到已見佛身相紫金歡喜合掌為佛作礼懺悔前罪求佛出家佛告羅睺汝將此母詣憍曇弥未至中間羅睺為說皆空非常无我等法老母聞已頭髮自落成比丘尼三明六通具八解脫身昇虛空作十八變波斯匿王末利夫人見此變化心大歡喜善哉佛曰出現世間破无明闇能令邪見得應真道作是語已為佛作礼白言世尊如此老母宿有何罪生卑賤處為人婢使復何福慶值遇世尊如好白氎易受染色應時即得阿羅漢道

佛告大王諦聽諦聽善思念之如来

為王分別解說過去久遠无數劫時有佛世尊名一寶蓋燈王如來十号具足彼佛滅後於像法中有王名曰雜寶華光其王有子名曰快見求欲出家父即聽許王子詣山到僧坊中求欲出家時有比丘聰明多智深解實相受為弟子復有比丘名德華光善說法要誘進初學王子比丘雖復出家猶懷憍慢和上為說甚深妙法般若波羅蜜大空之義王子聞已謗解邪說比丘滅後即作此言我大和上空无智慧但能讚歎虛無空事願我後生不樂見也我阿闍梨智慧辯才願於生生為善知識王子比丘作是語已法說非法非法說法教諸徒衆皆行邪見雖持禁戒威儀不缺以謗解故命終之後如射箭頃墮阿鼻獄八十億劫恒受苦惱罪畢乃出為貧賤人五百身中聾癡无目千二百身恒為人婢佛說是時末利夫人有五百婢懺悔自責發菩提心願於来世解深空法

佛告大王尒時和上者今我身是阿

闍梨者今羅睺羅是王子比丘此老母是徒衆弟子今日邪見女等發菩提心者是佛說此時舍衛城中二万優婆塞發菩提心得念佛定常於定中見佛說法佛告父王邪見惡人見佛行時尚得如此无量福德何況觀佛行及像行者

父王白佛佛母摩耶生忉利天佛今光相神通具足云何當往為母說法佛告大王如来當如轉輪聖王足行之法從閻浮提上忉利諸天問訊檀越為說妙法

尒時會中有菩薩摩訶薩名曰持地即從座起入首楞嚴三昧三昧力故從金剛際金剛為輪金剛為根金剛為花花花相次出閻浮提時四龍王難陁跋難陁阿耨達多娑伽羅龍王等各持七寶詣持地所奉上七寶為佛世尊作三道寶階左白銀右頗梨中黃金從閻浮提金剛地際上忉利宮一一寶階七重欄楯是諸欄楯百億寶成百億光明一一光明百億寶花一一花中无量樂器自然踊出尒時

持地以恒河沙七寶蓮華數佛蹈處於階道側竪諸寶幢無量寶幡懸其幢頭百億寶蓋弥覆其上忉利諸天雨曼陁羅華摩訶曼陁羅華曼殊沙華摩訶曼殊沙華嚴飾其閒時梵天王手擎香鑪與万梵俱侍立階側一一香烟如琉璃雲弥滿虚空於其雲中百千妓樂不鼓自鳴難陁龍等持海此岸栴檀末香湧散道中香光上出如金光爛高一多羅樹化為金臺无量諸天持天瓔珞嚴飾階道如是供具不可稱計

尒時世尊於閻浮提執持三衣告勅阿難難陁羅睺羅等五百比丘足步大地始舉足時地六種動下足之時地生寶宮如梵王宮宮相次懸在空中隨瞬佛後在階道側持地菩薩并弥勒等一千菩薩一時合掌以万億音歌詠如来无量德行尒時梵王無數百千諸梵天等手擎香鑪无量妓樂以供養佛立侍左階釋提桓回無數天子百千天女鼓樂絃歌亦立左階无數聲聞菩薩大衆侍立右階

尒時世尊放大光明照階道邊其光如雲百千億色猶如重閣佛處其中八万四千化佛圍繞五百分身諸佛與佛政等執持衣鉢威儀詳序分身諸佛亦有阿難難陁以為侍者時魔波旬於虚空中與諸魔衆讃誦妙偈歎如来功德釋提桓因白摩耶言如来世雄為報恩故来至此處摩耶夫人聞佛已来遣諸天女持諸天寶及天妓樂曼陁羅華在階道邊以迎世尊

尒時如来舉足下足無數宮殿一一宮殿五百化佛結加趺坐一一如来五百菩薩以為侍者

尒時五百分身諸釋迦文入忉利天宮諸天歡喜而說此偈

毗婆尸佛　吉祥中尊　亦放光明
来至此處　尸棄如来　大吉祥尊
化身无數　来至此處　毗舍滿月
放白毫光　普照一切　来至此處
拘樓孫佛　面門出光　照十方界
来至此處　迦鄃舍佛　化身无數
放大光明　来至此處　迦葉世尊

身如寶臺　足步虚空　来至此處
釋迦牟尼　分身五百　无數化佛
照耀一切　来至此處
弥勒菩薩　賢劫尊者　亦放光明
當至此處　此處吉祥　安隱无為
諸佛所遊　牟尼生地　名涅槃窟
慧者智度

尒時世尊入忉利宮即放眉間白毫相光其光化作七寶大蓋覆摩耶上七寶飾牀奉摩耶坐佛母摩耶見佛入宮合掌恭敬為佛作礼五百化佛一時申手諸天扶持不聽礼敬八万四千諸化如来皆悉起立尒時摩耶夫人宮中自然踊出五百億光此光明中有大寶臺一一臺上有十方佛如是諸佛自說名字安慰佛母東方善德佛持妙寶花散釋迦牟尼及摩耶上化成花蓋此花蓋中百億化佛合掌起立問訊佛母南方栴檀德佛持寶蓮花散釋迦牟尼及散佛母上化成花蓋於花蓋中無數化佛合掌起立問訊佛母西方无量明佛以寶蓮花散釋迦牟尼及佛母上化成花

蓋无數化佛合掌起立問訊佛母北方相德佛以寶蓮花散釋迦牟尼及佛母上化成花蓋无數化佛合掌起立問訊佛母東南方無憂德佛西南方寶施佛西北方花德佛東北方三乘行佛上方廣衆德佛下方明德佛如是等佛各以寶花散釋迦牟尼佛上及散佛母化成花蓋一一蓋中無數化佛合掌起立問訊佛母時忉利宮滿中化佛佛母摩耶頂上自然出衆供具无量幢幡供養諸佛時幢幡中有妙音聲讚佛讚法讚比丘僧佛告阿難是名如来從閻浮提昇忉利宮色相光明諸神化事佛滅度後佛諸弟子若如是觀是名正觀若異觀者名為邪觀作此觀者除一億劫生死之罪臨命終時見十方佛必生他方淨佛國土佛告阿難汝持是語為未来世諸衆生等當廣宣說聞此語者思是義者當知是人十方諸佛之所覆護命終必當生諸佛前

佛告父王云何名如来從忉利天下閻浮提時光相變應我初下時无數天子百千天女侍從世尊獨見一佛圓光一尋放千光明足步虛空蹋階而下時佛光中七佛像現從佛光出導佛前行時優填王戀慕世尊鑄金為像聞佛當下象載金像来迎世尊蓮華色比丘尼化作瑠璃山結加趺坐在山窟中無量供具奉迎世尊尒時金像從象上下猶如生佛足步虛空足下雨華亦放光明来迎世尊時鑄金像合掌叉手為佛作礼尒時世尊亦復長跪合掌向像時虛空中百千化佛亦皆合掌長跪向像

尒時世尊而語像言汝於来世大作佛事我滅度後我諸弟子以付囑汝空中化佛異口同音咸作是言若有衆生於佛滅後造立形像幡花衆香持用供養是人来世必得念佛清淨三昧若有衆生知佛下時種種相貌繫念思惟必自得見佛告阿難佛滅度後佛諸弟子知佛如来下忉利天及見佛像除却千劫極重惡業如是觀者名為正觀若異觀者名為邪觀

觀佛三昧經第六卷　第五張　可

佛說觀佛三昧海經卷第六

佛說觀佛三昧海經卷第六

校勘記

一　底本，金藏廣勝寺本。五二五頁下，五三一頁中，原版漫漶缺字，以麗藏本換。

一　五二五頁中三行第五字「心」，資、磧、普、南、徑、清無。

一　五二五頁中四行第一〇字「心」，資、磧、普、南、徑、清作「神」。

一　五二五頁中九行第七字「經」，石作「徑」。

一　五二六頁上九行「衆受」，資、磧、普、南、徑、清作「受衆」。

一　五二六頁上一五行「心想生」，諸本作「心想生心想生」。

一　五二六頁中五行第五字「量」，資、磧、普、南、徑、清作「無量」。

一　五二六頁中七行「遍照十方」，石、資、磧、普、南、徑、清作「照十方已」。

一　五二六頁下二行第五字「令」，諸本作「名」。

一　五二六頁下一〇行第一三字「令」，石、資、麗作「全」。

一　五二六頁下一三行「十方十方」，石作「十方」。

一　五二六頁下一六行首字「羅」，石作「阿羅」。

一　五二七頁上五行「之一」，資、磧、普、南、徑、清無。

一　五二七頁上八行「相輪」，資、磧、普、南、徑、清作「輪相」。

一　五二七頁上一七行第四字「佛」，石、資、磧、普、南、徑、清作「佛言」。

一　五二七頁中一一行第六字「彩」，資、磧、普、南、徑、清作「綵」。

一　五二七頁中一八行首字「伍」，資、磧、普、南、徑、清作「佉」。第一一字「守」，資、磧、普、南、徑、清作「手」。

一　五二七頁下一行末字「法」，諸本作「名」。

一　五二七頁下二行第三字「僧」，資、磧、普、南、徑、清作「法」。

一　五二七頁下一二行第六字「提」，磧、普、南、徑、清作「揵」。

一　五二七頁下一五行第一〇字「及」，石作「及比丘」。

一　五二七頁下一七行第一一字「信」，資、磧、普、南、徑、清作「往」。

一　五二七頁下末行第四字「睺」，石作「睺在」；資、磧、南、徑、清作「睺羅在」。

一　五二八頁上一七行首字「法」，麗作「諸」。

一　五二八頁中一七行第四字「睺」，石作「睺羅」；資、磧、普、南、徑、清作「雲」。

一　五二八頁中二二行第一一字「經」，諸本作「徑」。

一　五二八頁下二行第四字「者」，石、資、磧、普、南、徑、清作「世」。

一　五二八頁下四行第五字「檀」，資、磧、普、南、徑、清作「搥」，麗作「椎」。

一　五二八頁下一七行第二字「常」，石、資、磧、普、南、徑、清作「恒」。

一　五二八頁下二一行第二字「弊」，徑、清作「婢」。

一　五二八頁下二二行第一一字「優」，石作「德」；資、磧、普、南、徑、清作「教」。

一　五二八頁下末行末字「念」，石、資、磧、普、南、徑、清作「言」。

一　五二九頁上二行第四字「即」，資、磧、普、南、徑、清作「既」。

一　五二九頁上一一行第六字「金」，資、磧、普、南、徑、清作「金色」。

一　五二九頁上一二行「羅睺」，石、資、磧、普、南、徑、清作「羅雲」。

一　五二九頁下一一行第一〇字「諸」，諸本無。

一　五三〇頁上一行第一一字「敷」，資、磧、普、南、徑、清作「鋪」。

一　五三〇頁中七行第四字「功」，資、磧、普、南、徑、清無。

一　五三〇頁中一五行第七字「諸」，資、磧、普、南、徑、清作「諸佛」。

一　五三〇頁中一九行「滿月」，資、磧、普、南、徑、清作「浮佛」。

一　五三〇頁中二二行「迦那含」，資、磧、普、南、清作「拘那含」；徑作「拘那舍」。

一　五三一頁中三行第七字「七」，南、徑、清作「化」。

一　五三一頁中二〇行第九字「佛」，資、磧、普、南、徑、清作「佛佛」。

佛說觀佛三昧海經卷第七　可

東晉天竺三藏佛陀跋陀羅譯

觀四威儀品第六之餘

佛告阿難云何如來至曠野澤伏鬼大將我從舍衛祇陁精舍放金色光照舍衛城令作金色舍衛國內有一長者名曰財德長者有子年始三歲父教其子令受三歸散脂鬼神飢火所逼入舍衛城接取嬰兒尒時嬰兒稱南无佛以稱佛故鬼王口噤不能得食但眼出火以怖嬰兒嬰兒見鬼形狀醜悪胸有三面臍有二面兩膝二面面如烏面狗手上出眼復出火火皆下流童子驚怖稱南无佛南無法南无僧尒時世尊天耳遠聞獨將阿難足步虛空阿難在後從佛不及佛以神力化作寶花其花光明接取阿難阿難坐花見閻浮提滿中化佛二化佛身滿三千大千世界是諸化佛說三乘法勸進菩薩修行念佛阿難見聞即憶過去九十億佛所說經藏憶持不失

尒時世尊到曠野澤放眉間毫大人相光其光直照怖小兒身小兒見光如見父母心无驚懼時曠野鬼舉一大石厚十二丈欲擲世尊眼出雷電雨雹如雨二一雹下如赤鷄子從空而下未至佛上化成化佛一化佛入火光三昧諸火光明燒曠野澤大地洞然鬼王不怖擲石住空化成寶臺臺中復有百億化佛異口同音讚歎慈心鬼猶不伏時金剛神手奮金杵揮大利劒鋒如劒竦眼如電光以金剛杵擬鬼王額欔辟大叫聲振天地鬼王驚怖抱持小兒長跪上佛白言沙門惟願慈愛救我生命時金剛神化金剛杵為大鐵山四面火起繞鬼七匝猛火炎熾焚燒鬼身嬰兒舉手勅鬼王言稱南无佛我稱佛故從死得生汝今可稱南無諸佛尒時鬼王驚怖失聲稱南无佛白言瞿曇可救護我

尒時世尊以梵音聲猶如慈父安慰諸子撫慰鬼王亦復如是密迹金剛勅鬼王言汝今速伏歸依佛法及與

衆僧汝若不伏碎汝眷屬万億八千
令如微塵時曠野鬼以驚怖故五體
投地為佛作礼白言世尊我恒噉人
今者不煞當食何物佛勑鬼王汝但
不煞我勑弟子常施汝食乃至法滅
以我力故令汝飽滿鬼王聞已歡喜
合掌受佛五戒受五戒已見諸火山
爛爛相次變成化佛滿曠野澤皆是
化佛一一佛後有一阿難一一化佛
異口同音皆說五戒時曠野鬼白金
剛神因大德故得服甘露无上法味
時金剛神擲杵空中佛神力故令金
剛杵猶如百億金須弥山一一須弥
百億龕室一一龕室百億化佛遊步
經行是諸化佛舉足下足足下自然
生七寶臺一一臺上恒沙化佛結加
趺坐佛告大王佛滅度後佛諸弟子
欲知如来伏曠野鬼自在神通如是
觀者名為正觀若異觀者名為邪觀
佛滅度後若有衆生思是法者觀是
法者得此想者除百千億刧生死之
罪生生之處不受鬼身值遇諸佛聞
无空缺設無佛時遇辟支佛無辟支

佛恒遇仙人為說正道佛告阿難汝
今持是境界念想為未来世一切衆
生當廣宣說是名諸佛神通境界若
失此事則名謗佛斷菩提種持是法
者鬼魅不著恒為諸佛之所護助
佛告阿難云何名如来到那乹訶羅
國古仙山薝蔔花林毒龍池側青蓮
花泉北羅刹穴中阿那斯山巖南尒
時彼穴有五羅刹化作女龍與毒龍
通龍復降雹羅刹乱行飢饉疾疫已
歷四年時王驚懼禱祠神祇於事无
益召諸呪師令呪毒龍羅刹氣盛呪
術不行王作是念得一神人駈此羅
刹降是毒龍惟除我身其餘无惜時
有梵志聡明多智白言大王迦毗羅
城淨飯王子其生之日万神侍御七
寶降瑞阿私陁相處國當為轉輪聖
王若不樂天下成自然佛今者道成
号釋迦文巨身丈六三十二相八十
種好足蹋蓮花項佩白光身相端嚴
如真金山王聞是語心大歡喜向佛
生地自歸作礼若梵志語審實不虚
有佛出世名釋迦文然我相法却後

九刧乃當有佛名釋迦文云何今日
佛日已興云何不哀至此國界空中
有聲告言大王汝莫敤佛釋迦牟尼
精進勇猛超越九刧聞是語已復更
長跪合掌讃歎佛通明慧應知我心
願屈慈悲光臨此國尒時香烟至佛
精舍如白琉璃雲繞佛七匝化作金
蓋其蓋有鈴出妙音聲其聲請佛請
比丘僧尒時如来勑諸比丘諸得六
通者隨從佛後受那乹訶羅王弗巴
浮提請
摩訶迦葉徒衆五百化作琉璃山山
上皆有流泉浴池七寶行樹樹下皆
有金牀銀光光化為窟摩訶迦葉坐
此窟中常坐不卧勑諸弟子行十二
頭陁其山如雲疾於猛風詣古仙山
大目揵連徒衆五百化百千龍盤身
為座龍口吐火化成金臺七寶牀座
寶帳寶蓋及諸幢幡皆悉備足目連
處中如琉璃人表裏清徹詣那乹訶
舍利弗以神通力化作雪山白玉為
窟均提等五百沙弥坐七寶窟圍繞
雪山時舍利弗坐白玉窟如黄金人

放金色光其光雜色暎耀雪山敷揚大法沙弥聽受往詣彼國摩訶迦栴延與其眷屬五百比丘化作蓮花猶如金臺比丘處上身下出水化為流泉流諸花間水不渧地上有金蓋弥覆比丘亦往彼國如是千二百五十大弟子各有五百比丘作諸神通如舍利弗目揵連等踊身虛空如鴈王翔往詣彼國

尒時世尊著衣持鉢勑語阿難持尼師檀尒時世尊足步虛空佛舉足時四天王釋提桓因梵天王无數天子百千天女繞佛七匝為佛作礼侍從佛後

尒時世尊放項金光化作一万八千諸大化佛一一化佛復放光明如此項光亦復化作一万八千諸大化佛佛佛相次滿虛空中如鴈王翔往至彼國始到國界王出奉迎為佛作礼

尒時龍王見世尊來父子徒黨十六大龍興大雲雷震乳雨雹眼中出火口亦吐火鱗甲身毛俱出烟燗五羅剎女現醜惡形眼如掣電住立佛前時龍王子見虛空中滿中化佛白其父言父王吐火欲害一佛試看空中有无數佛時龍吐毒心意猛盛訶責其子惟有一佛何處有多時金剛神手把大杵化身无數杵頭火然如旋火輪輪輪相次從空中下火燗熱熾猶如融銅燒惡龍身龍王驚怖无走遁處走入佛影佛影清涼如甘露灑龍得除熱仰頭視空滿空中佛一一如來放無數光一一光中无量化佛一一化佛亦放無數百千光明時諸光中一切皆是執金剛神奮金剛杵龍見諸佛極大歡喜見諸金剛極大惶怖合掌恭敬為佛作礼五羅剎女亦礼如來時諸天子雨曼陁羅花摩訶曼陁羅花曼殊沙花摩訶曼殊沙花而以供養天鼓自鳴諸天叉手空中立侍時彼國王眷屬五千燒衆名香頭面礼佛請佛就座時彼龍王從龍池出獻七寶床手擎數置白佛世尊惟願救我莫使力士傷害我身

尒時如來以梵音聲猶如慈母撫䘏嬰兒令彼龍王及羅剎女受法王化請佛就座尒時國王復敷高床氍毹㲪㲲極細軟者張白氎縵真珠羅網弥覆其上請佛世尊令處縵中

尒時世尊舉足欲行佛產王踊踊出五光光有五色繞佛七匝如天妙花化成花帳衆花葉間百千无數諸化菩薩合掌讚偈有万億音空中化佛放踊光明亦復如是十六小龍手執山石霹靂起火來至佛所大衆驚怖入佛光中

尒時世尊出金色臂張合曼掌指網曼間雨大寶花大衆皆見化成化佛惟諸龍見是金翅鳥欲搏噬龍龍畏金翅走入佛影為佛作礼叩頭求救佛至縵前勑阿難言敷尼師檀是時阿難即入縵中先舉右手從左肩上取尼師檀時尼師檀即復化成五百億金臺七寶校飾欲敷之時即復化成五百億蓮花七寶莊嚴政四角時一角生五百億七寶蓮花行行相次遍滿縵內

尒時世尊就七寶床結加趺坐諸蓮花上皆有佛坐時諸比丘見佛坐巳

為佛作礼右繞七匝各敷坐具比丘坐具皆悉化成琉璃之座比丘就座時琉璃座放琉璃光作琉璃窟諸比丘等入火光三昧身作金色時彼國王見佛神變歡喜合掌繞佛七匝為佛作礼觀佛神化應時即發阿耨多羅三藐三菩提心勑諸臣下皆使發心尒時龍王怖畏金剛大力士故亦發阿耨多羅三藐三菩提心五羅刹女亦發菩提心

尒時大王為佛及僧欲設中饍佛告大王但辦食器餘無所須王受佛勑具諸寶器佛神力故令諸器内天須陁味自然盈滿時諸大衆食是食已自然得入念佛三昧見十方佛身量無邊復聞說法微妙音聲其音純讃念佛念法念比丘僧亦有廣說六波羅蜜三十七品助菩提法聞是語已倍更歡喜繞佛千匝

尒時國王請佛入城龍王怒曰汝奪我利吾滅汝國佛告大王檀越先歸佛自知時尒時國王為佛作礼遼巡而退尒時龍王及羅刹女五體投地求佛授戒佛即如法為說三歸五戒之法龍王聞已心大歡喜龍王眷属百千諸龍從池而出為佛作礼如来應時隨龍音類為其說法聞法歡喜佛勑目連為其受戒

尒時目連入如意定即自化身作百千億金翅鳥王一一鳥王足蹋五龍住在虛空時諸小龍而作是言佛勑和上為我受戒和上云何作恐怖像目連告曰汝於多刼不恐怖中横生怖想於无瞋恚生瞋恚想於無害所横生害想我實是人汝惡心故見我是鳥尒時龍以恐怖故自搉不煞不惱衆生以發善心目連即時還復本身為說五戒

尒時龍王長跪合掌勸請世尊惟願如来常住此間佛若不在我發惡心无由得成阿耨多羅三藐三菩提惟願如来留神垂念常在於此慇懃三請如是不止時梵天王復来礼佛合掌勸請願婆伽婆為未来世諸衆生故莫獨偏為此一小龍百千梵王異口同音皆作是請

尒時如来即便微笑口出无量百千光明一一光中無量化佛一一化佛万億菩薩以為侍從時彼龍王於其池中出七寶臺奉上如来惟願天尊受我此臺尒時世尊告龍王曰不須此臺汝今但以羅刹石窟持以施我時梵天王无數天子先入窟中時彼龍王以諸雜寶以莊挍窟佛告阿難汝教龍王淨掃石窟諸天聞已各脫寶衣覚以拂窟尒時如来還攝身光卷諸化佛来入佛頂尒時如来勑諸比丘皆在窟外惟佛獨入自敷坐具敷坐具時令此石山暫為七寶時羅刹女及以龍王為四大弟子尊者阿難造五石窟

尒時世尊坐龍王窟不移坐處亦受王請入那乾訶城耆闍崛山舍衛國迦毗羅城及諸住處皆見有佛時虛空中蓮華座上无量化佛一切世界滿中化佛龍王歡喜發大誓願願我来世得佛如此佛受王請經七日已王遣一人乘八千里象持諸供具遍一切國供養衆僧到處皆見釋迦文

佛信反白王如来世尊不但此國餘國亦有餘國諸佛皆說苦空无常無我六波羅蜜王聞是語豁然意解得無生忍

尒時世尊還攝神足從石窟出與諸比丘遊履先世為菩薩時兩兒布施處投身餓虎處以頭布施處剜身千燈處挑目布施處割肉代鴿處如是諸處龍皆隨從是時龍王聞佛還國啼哭雨淚白言世尊請佛常住去何捨我我不見佛當作惡事墜墮惡道

尒時世尊安慰龍王我受汝請坐汝窟中經千五百歲時諸小龍合掌叉手勸請世尊還入窟中諸龍見佛坐已窟中身上出水身下出火作十八變小龍見已復更增進堅固道心釋迦文佛踊身入石猶如明鏡人見面像諸龍皆見佛在石內映現於外尒時諸龍合掌歡喜不出其池常見佛日

尒時世尊結加趺坐在石壁內衆生見時遠望則見近則不現諸天百千供養佛影影亦說法時梵天王合掌

恭敬以偈頌曰

如來處石窟　踊身入石裏　如日无障㝵
金光相具足　我今頭面礼　牟尼救世尊

尒時世尊化五百寶車佛處車中分身五百尒時寶車住虛空中迴旋自在車轂輞間百千光明一一光明无數化佛不動不轉到迦毗羅坐師子座如入三昧一毛孔中有一佛出一毛孔中還一佛入如是出入滿虛空中无量化佛結加趺坐是名如来坐時境界佛滅度後佛諸弟子若欲知佛行者如向所說若欲知佛坐者當觀佛影觀佛影者先觀佛像作丈六想結加趺坐敷草為座請像令坐見坐了了復當作想作一石窟高一丈八尺深二十四步清白石想此想成已見坐佛像住虛空中足下雨花復見行想入石窟中入已復令石窟作七寶山想此想成已復見佛像踊入石壁石壁无㝵猶如明鏡此想成已如前還想三十二相相相觀之極令明了此想成已見諸化佛坐大寶花結加趺坐放身光明普照一切一一坐

佛身毛孔中雨阿僧祇諸七寶幢一一幢頭百千寶幡幡極小者縱廣正等如須弥山此寶幡中復有无數百千化佛一一化佛踊身皆入此石窟中佛影臍裏此想現時如佛心說如是觀者名為正觀若異觀者名為邪觀佛滅度後如我所說觀佛影者是名真觀如来坐觀如来坐者如見佛身等无有異除百千劫生死之罪若不能見當入塔觀一切坐像見坐像已懺悔障罪此人觀像因緣功德弥勒出世見弥勒佛初始坐於龍華樹下結加趺坐見已歡喜三種菩提隨願覺了

云何名觀如来行詣拘尸那時降諸力士佛告父王如来不久當於彼國入般涅槃尒時五百力士除妨路石盡力士力不能令去尒時世尊化作沙門以手挑石石飛住空中力士驚怖此石設墮走避无所仰看空石皆成化佛猶如金山諸佛圍繞力士見已心大歡喜時化沙門倚卧樹下如人晝眠有日光明從左脇出如百億

日入右脇中一一日中有二寶樹有
大寶林諸佛卧上如是光明遍照十
方无量世界一一世界無量諸佛倚
卧樹下皆有光明從右脇入左脇而
出如是光明變成寶臺行者悉見十
方世界有一寶臺此寶臺上有一大
佛身量巨小與十方等倚卧臺側尒
時彼佛左脇流水如琉璃珠一一寶
珠如須弥山一一山内百千卧佛一
一卧佛出大光明亦如上說右脇復
出万億乳河流注于下渧渧化成百
千化花花有化佛卧蓮花上各以右
手灑甘露雨令一切衆生皆得服食餓
鬼衆生見此相時自然飽滿
尒時空中有妙音聲讃四无量心然
後分別空無境界无心想寂滅境
界作是觀者名觀如来卧觀如来卧
者先當觀卧像見卧像已當作是念
佛在世時所以現卧諸佛如来體无
疲惓但為降伏剛強力士及諸邪見
不善衆生或復慈愍諸比丘故現右
脇卧如来卧者是大悲卧欲觀佛卧
當行慈心行慈心者緣一切衆生見

受苦時不惜身分成熟安樂受苦衆
生令得无患大悲心者見諸衆生受
苦惱時如已父母師長善友生悲哀
心淚如猛雨如是等心名為大悲見
他受樂心生歡喜辟如比丘得第三
禪是名為喜
捨者一切衆生無衆生相作是觀時
先觀自身地大是衆生耶水火風大
是衆生耶色是衆生耶受想行識是
衆生耶空是衆生耶非空是衆生耶
如是衆生耶非如是衆生耶實際是
衆生耶非實際是衆生耶有為空是
衆生耶无為空是衆生耶如是分別
解析時不見衆生不得衆生无衆生
相心無所著亦无志求解如是等清
淨法者名為行捨
佛告阿難若有衆生樂觀佛卧者是
則真觀清淨慈定若有衆生聞佛卧
法及諸比丘隨順佛語不壞威儀右
脇卧者當知是人著慙愧衣服忍辱
藥如此比丘現世坐禪見十方佛為
說大法若不坐禪不毀戒故於未来
世見十方佛十方諸佛為說大法聞

法易悟猶如壯士屈申辟頃應時即
得阿羅漢道三明六通具八解脫如
来卧者饒益衆生以饒益故名慈悲
喜捨此四法者出生諸佛諸菩薩母
說是語已佛於衆中舉身放光前八
万四千左八万四千右八万四千後
八万四千項八万四千是諸毛孔一
一孔一毛旋生一一毛端有百万億
塵數蓮花一一蓮花上无量無數微塵
化佛諸化佛身高顯莊嚴如千万億
諸須弥山一一佛臍中有五百万億
師子一一師子吐五百万億諸供養
具一一供具有五百万億七寶花雲
一一寶花雲有五百万億諸偈頌雲
聲聲相次猶如雨渧
尒時如来復更明顯八十種好金色
光明從白毫出一一光明遍照十方
化成諸佛是諸世尊行者无數住者
無數坐者无數卧者無數是諸化佛
說大慈悲說三十七品助菩提分法說
六波羅蜜說佛如来十力無畏十八
不共此相現時一億諸釋心无所著
悟无生忍佛為授記於未来世過筭

數劫當得作佛号三昧勝幢如来應
供正遍知十号具足次第作佛凡有
一億彼佛出時娑婆世界清淨莊嚴
猶如聖王伏幢世界光明佛刹等無
有異是諸菩薩得佛道時國土无有
毀禁乱意不善之名純是菩薩雖有
聲聞不謗大乘時諸釋子聞佛授記
心大歡喜各脫瓔珞以散佛上是
諸瓔珞當佛上住化成花樹一一花
樹有恒沙花一一花上有恒沙寶樓
一一樓中有恒沙化佛一一化佛演
說八万四千諸波羅蜜
復有化佛教諸聲聞數息安般流光
白骨白骨流光心淨想心不淨想起
結使想滅結使想斷使支想繋使根
想如是諸想九百億塵數如數息安
般說是名聲聞法菩薩法者惟有四
法何等為四一者晝夜六時說罪懺
悔二者常修念佛不誑衆生三者修
六和敬心不恚慢四者修行六念如
救頭然
佛告父王如是等名未来世觀佛三
昧亦名分別佛身亦名知佛色相亦

名念佛三昧亦名諸佛光明覆護衆
生說是語時天龍夜叉八部鬼神十
二億衆發阿耨多羅三藐三菩提心
自發誓願願於来世常入三昧見佛
色身如今無異
時梵天王釋提桓因無數天子為佛
作礼長跪合掌而白佛言世尊我等
今者得見如来色中上色願當来世
濁悪衆生繋念思惟見佛色身此願
不虛我今所說及我所見真實不虛
願令我等及諸天衆猶如佛身作是
語時自見心中百万光出一一光明
化成無量百千化佛自見巳身身真
金色猶如難陁等无有異
時諸梵天白佛言如来世雄出現於
世必當利益一切衆生昔弘誓願令
巳得滿不捨衆生此語不虛故我自
見心想境界未来衆生亦當如是想
佛真身佛告梵天汝所說真實不虛
未来衆生但發是念得无量福身相
具足何況憶想佛說是語時淨飯王
及諸釋子比丘尼優婆夷同時俱起
礼佛而退

尒時父王還至宮中為諸婇女說佛
相好千二百五十婇女聞佛白毫相
心生歡喜除百万億那由他生死之
罪空中有聲告諸女言汝聞佛相除
諸罪各應發无上三菩提心聞是語
巳即見空中無量諸佛見諸佛巳亦
皆同時得念佛定時諸比丘即從坐
起敬礼佛足繞佛七帀却住一面
尒時阿難偏袒右肩合掌長跪白佛
言世尊佛說三十二相餘有一相如
来去何不顯說耶尒時世尊勑諸比
丘各令還坐尒時世尊自化左右作
五百億寶山一一寶山有四佛坐四
佛世尊讚歎念佛佛即微笑口五色
光舌千四光如此光明化成一佛其
佛臍中流出五水其色各異一一色
中有九億菩薩一一菩薩頂上皆有
梵摩尼光光中皆有恒沙化佛一一化
佛臍中出水亦復如是如是衆水流
入佛臍是諸化佛并化菩薩皆入佛
臍是時佛身表裏俱淨過於淨妙勝
琉璃珠於佛身内有師子座一一師子
座如須弥山一一座上有一如来 九十

億菩薩以為侍者是諸菩薩頂上諸
觀佛三昧經第七卷 第二十張 可字号
佛如須弥山如是十方无量諸佛臍
中出水皆與水俱来入釋迦文佛臍
時諸佛不大釋迦不小釋迦不大諸
佛不小釋迦文佛身内心中有无量
佛一一佛不相障翳擧身毛孔説念
佛法時諸化佛各申右手摩阿難頂
汝今善持觀佛三昧莫使忘失一心
憶念為未来衆生開光明目作是語
時過去七佛像住立空中各申右手
摩阿難頂囑累是事時虚空中有無
數光一一光中有无數化佛異口同
音囑累斯法

佛説觀佛三昧海經卷第七

佛説觀佛三昧海經卷第七
校勘記

一 底本，金藏廣勝寺本。
一 五三四頁中三行「第六」，資、磧、普、南無。
一 五三四頁中一八行第六字「花」，石、資、磧、普、南、徑、清作「花上」。
一 五三四頁下一一行第一二字「毫」，諸本作「白毫」。
一 五三五頁上三行第七字「白」，資、磧、普、南、徑、清作「白佛」。
一 五三五頁上七行第七字「受」，資、磧、普、南、徑、清作「受佛」。
一 五三五頁上二二行第二字「生」，石作「所」。
一 五三五頁中九行「女龍」，石、資、磧、普、南、徑、清作「龍女」。
一 五三五頁下一〇行末字「巴」，石作「已」。
一 五三六頁上一一行第二字「檀」，資、磧、普、南、徑、清作「壇」，下同。
一 五三六頁上一五行第六字「項」，資、磧、普、南、徑、清作「頂」。
一 五三六頁中四行「惟有一佛」，石作「有一佛耳」。
一 五三六頁中一二行第四字「切」，徑、清作「時」。
一 五三六頁下四行第一二字「踹」，資、磧、普、南、徑、清、麗作「腨」，下同。
一 五三六頁下一一行第一一字及一二行首字「曼」，石作「輓」；磧、普、南、徑、清作「縵」。
一 五三六頁下一三行第一二字「龍」，資、磧、普、南、徑、清作「之」。
一 五三六頁下一六行第一二字「左」，石作「右」。
一 五三六頁下一九行第五字「蓮」，石、資、磧、普、南、徑、清作「金蓮」。
一 五三七頁中一行第三字「授」，資、磧、普、南、徑、清作「受」。
一 五三七頁中一三行第五字「龍」，諸本作「龍王」。

一 五三八頁上三行第一〇字「豁」，資、磧、普、南、徑、清作「廓」。
一 五三八頁上一〇行第五字「白」，資、磧、普、南、徑、清作「白佛」。
一 五三八頁上一七行「人見」，資、磧、普、南、徑、清作「見人」。
一 五三八頁上二一行第一二字「內」，資、磧、普、南、徑、清作「中」。
一 五三八頁上末行第一三字「合」，資、磧、普、南、徑、清作「各合」。
一 五三八頁中四行第五字「化」，資、磧、普、南、徑、清作「化作」。
一 五三八頁中七行第一一字「羅」，諸本作「羅城」。
一 五三八頁中九行「還一佛」，石、資、磧、普、南、徑、清作「一佛還」。
一 五三八頁中一四行第一一字「像」，資、磧、普、南、徑、清作「佛」。
一 五三八頁中一六行第八字「清」，磧、普、南、徑、清作「青」。
一 五三八頁下三行第六字「此」，石作「於」。
一 五三八頁下一九行第一一字「中」，資、磧、普、南、徑、清無。
一 五三九頁中四行第四字「猛」，石作「盛」。
一 五三九頁中一四行第二字「折」，資、磧、普、南、徑、清、麗作「柎」。
一 五三九頁中一五行首字「相」，資、磧、普、南、徑、清、麗作「想」。
一 五三九頁下七行第五字「項」，石、資、磧、普、南、徑、清作「頂」。
一 五三九頁下八行第二字「孔」，麗作「毛孔」。
一 五三九頁下一四行末字「雲」，資、磧、普、南、徑、清作「聲雲」。
一 五三九頁下二〇行第一三字「分」，資、磧、普、南、徑、清無。
一 五三九頁下二二行第二字「共」，資、磧、普、南、徑、清作「共法」。
一 五四〇頁上四行第四字「王」，麗無。
一 五四〇頁中三行首字「二」，資、磧、普、南、徑、清作「三」。
一 五四〇頁中七行第七字「而」，資、磧、普、南、徑、清無。
一 五四〇頁中一八行第三字「想」，資、磧、普、南、徑、清作「相」。
一 五四〇頁中一八行第一〇字「亦」，資、磧、普、南、徑、清作「必」。
一 五四〇頁中一九行第八字「汝」，石作「汝今」；資、磧、普、南、徑、清、麗「如汝」。

佛說觀佛三昧海經卷第八　可

東晉天竺三藏佛陁跋陁羅譯

觀馬王藏品第七

佛告阿難未来衆生云何當觀如来陰馬藏相陰馬藏相者我在家時耶輸陁羅及五百侍女咸作是念太子生世多諸奇特惟有一事於我有疑婇女衆中有一女子名脩曼那即白妃言太子者神人也毗陁經說若有神人質性清淨以梵行故身根平滿太子今者似梵行人納妃多載其諸婇女奉事歷年不見身根况有世事復有一女名曰淨意白言大家我事太子經十八年未見太子有便利患况有諸欲尒時諸女各各異說皆謂太子是不能男太子晝寢皆聞諸女欲見太子陰馬藏相是時太子擔願力故應諸女人安徐轉身内衣被發見金色身光明晃耀雙膝暫開咸覩聖體平如滿月有金色光猶如日輪諸女歡喜如此神人實可敬愛但於我等世情望絶作是語巳悲泣雨淚

尒時太子於其根處出白蓮華其色紅白上一下二三華相連諸女見巳復相謂言如此神人有蓮華相此人云何心有染著作是語巳噎不能言是時華中忽有身根如童子形諸女見巳更相謂言太子今者現奇特事忽有身根如是漸漸如丈夫形諸女見此滿巳情願不勝悅喜現此相時羅睺羅母見彼身根花花相次如天劫貝二花上乃有无數大身菩薩手執白花圍繞身根現巳還没如前日輪此名菩薩陰馬藏相如来今者成菩提道是大丈夫具男子身復當為汝顯現男相

佛告阿難汝未出家時摩偷羅王有一乳母名頭傘婆乳養彼王經十五載王既長大合掌長跪從王求願白言大王我雖卑賤乳養大王勤劬歷年伏惟大王乞賜一願王白乳母欲求何等乳母即言在王宮中如功德天一切無乏惟闕一事所謂女人情願所幸王白乳母當以乳母配一大臣義同伉儷乳母不願白言大王貴

人多事非我所樂願勑國內一切男子十五已上三十已還皆悉從我若能来者我施彼人一大金錢形醜陋者當施銀錢時彼國王報乳母恩造一高樓宣令國內勑諸男子如上所願皆悉来集經歷年歲乳母褰老多掐諸女遂有五百一一女人復買諸婢種種莊飾數滿八千時彼國王薨疾崩亡太子紹位智臣白言先王報恩恣此老婢令王國土如婬女村損辱國望實自不少用此何為宜時擯從白已出外焚燒高樓駈逐諸女諸女惶怖詣舍衛國既到舍衛於四衢道造立婬舍作妖如前舍衛大國多諸人衆湊諸女家經一宿者輸金錢二百國有長者名如閻達積財百億長者有子名曰華德兄弟三人遊蕩無度競奔婬舍始初一往各各皆輸金錢十五日日夜夜恒輸金錢過倍常人經一月中一藏金盡其父長者案行諸藏見一藏空問守藏者此藏中金為何所在典藏白言大家諸子日日持金往婬女舍若不制止用金當盡長者聞已椎胷大哭嗚呼賊子破我家居手執大杖打兒母頭其婦號哭嗚呼賊子生兒无益偷金藏盡父無訓範素不嚴勑見打何為長者瞋恚號哭詣王腹拍王前白言大王國內荒乱摩偷羅國諸羅刹女来住此城破我家業王語長者汝甚大富金藏猶盡況餘凡下寧不困耶長者白王惟願大王速誅悪人王告長者吾受佛戒猶不傷蟻況欲殺人長者聞此舉手拍頭白言大王臣聞王者誅罸悪人為國除患當有何罪今日大王與悪為伴縱諸婬女壊乱正法國荒民窮戒將安存

王告長者如來出世多所調伏鴦掘摩羅氣嘘旃陁羅大力鬼王羅刹魁膾一切皆化今當詣佛啓白此事鄉可小忍安慰臣已駕乘名象與諸侍從往詣祇洹為佛作礼繞佛三匝合掌長跪白言世尊摩偷羅國諸婬女等今来此閙惑諸年少願佛化之佛告大王却後七日佛自知之時波斯匿礼佛而退

佛告摩訶迦葉汝往須達大長者家可白檀越却後七日佛詣試場化諸婬女須達聞已歡喜踊躍辦諸供具作七寶華高十一丈置佛坐處懸諸繒蓋香汁灑地其日已至王擊金鼓令諸國內諸論議師皆詣試場須達長者請諸比丘比丘尼優婆塞優婆夷一切皆集當設供養明日時到王與諸人詣論議場長者如閻達遣旃陁羅嘆諸婬女須達長者亦白時到是時如来勑千二百五十比丘汝諸比丘各隨定意現大神通上座憍陳如與四比丘化作一窟大如香山百千蓮華一一華上有五比丘結加趺坐身出金光令身金色端嚴可愛猶如弥勒復有化人作十八變一一變中有十八比丘作十八變神通可觀中有入三昧者中有經行者光明迴旋猶如金山生諸寶華比丘在窟身心不散飛到試場坐於上位賓毗迦葉踊身空中化作六龍蟠身相結為比丘座在其座上作十八變飛至試場伽耶那提兄弟二人踊身虛空化

作大石窟入火光定作十八變飛至試場大德摩訶迦葉著千納衣手擎鉢盂執持威儀足步虛空步步之中化一寶樹一一樹下有化迦葉經行林中作十八變亦至試場大智舍利弗踊身空中作十八變身上出千日光明赫弈不相障蔽身下出千月如秋滿月團圓可愛作十八變飛至試場大目揵連踊身空中化作八万四千師子座一一師子閉目伏地白如雪山大目揵連坐其背上作十八變飛至試場尊者優波離踊身空中於虛空中敷尼師檀結加趺坐入慈三昧身諸毛孔流出金光作十八變飛至試場大迦旃延踊身空中化作十五摩醯首羅一一天子乘一牛王頭上生華大迦旃延處此華座作十八變飛至試場須菩提踊身空中寞然不現但聞語聲說如是偈

一切法如性　无我無衆生　亦無婬欲想
當復教化誰　諸法本無性　亦无名字相
愛著故起欲　當復教化誰

說是語已作十八變飛至試場時阿

那律踊身空中化万梵王作諸梵宮比丘處中作十八變飛至試場羅睺羅難陁時二比丘踊身空中化作寶樓比丘處中入深禪定作十八變飛至試場如是千二百五十比丘各現異變亦作十八種神通飛至試場尒時世尊獨將阿難持尼師檀手執澡罐世尊在前阿難在後從佛鉢盂中有六蓮華一一蓮華放金色光照舍衛國令作金色澡罐水中有大金幢其金幢頭有五百光一一光明化千化佛三十二相皆悉具足足步虛空飛至試場波斯匿王及諸大衆散華燒香為佛作礼百千天樂不鼓自鳴歌詠如來无量功德波斯匿王長跪合掌勸請如來令化婬女佛坐華座為諸大衆略說苦空无常諸波羅蜜諸女不受時女衆中有一婬女名曰可愛告諸女言沙門瞿曇本性無欲人言不男故於衆中演說苦空毀欲不淨若有身分皆具足者於大衆中應去慚愧如尼揵子出身亦我審有此相我等歸伏為其弟子若无此相

虛說不淨此無根人性自无欲云何不說欲為不淨說是語已如来尒時化作一爲如轉輪聖王爲寶時爲脚閒出一白華猶如爲支漸漸踓地諸女見已歡喜大笑各相謂言沙門善巧乃化作此佛復化作一馬王爲出馬王藏如琉璃筒下垂至膝諸女見已咸言是幻末利夫人見此化相白諸比丘尼及優婆夷我等諸女宜各退還婬女所說不可聽聞世尊大慈今欲化之必作異變我等宜避礼佛而退

佛勑阿難汝告波斯匿王及諸比丘各自遊戲波斯匿王白諸大德如来大慈欲化婬女我等今者宜各遠去作是語已却行而退惟此千二百五十比丘侍立佛後佛告憍陳如將汝徒衆經行林中五百比丘大智舍利弗為衆上首猶故合掌侍佛左右佛告舍利弗汝亦隨意與諸論師論講所宜五百比丘隨舍利弗後至華林中為波斯匿王更說四諦惟阿難在佛告阿難汝留坐具汝亦宜去作是

語已是時世尊獨往女所是時諸女
見佛獨在高聲大笑白言沙門汝今
為有身分不耶佛言我具男身是大
丈夫諸女聞已掩口而笑尒時世尊
敷尼師檀金剛地神化作金牀七寶
為脚在坐具下佛坐其上撲僧伽梨
被僧祇支亦背万字令女見之諸女
見字如百千男子年皆盛壯顔貌奇
特甚適女意佛復披涅洹僧見佛身
體泯然平滿有金色光猶如千日諸
女見已皆言瞿曇是无根人佛聞此
語如馬王法漸漸出現初出之時猶
如八歲童子身根漸漸長大如少年
形諸女見已皆悉歡喜時陰馬藏漸
漸長大如蓮華幢一一層間有百億
蓮華一一蓮華有百億寶色一一色
中有百億化佛一一化佛百億菩薩
无量大衆以為侍者時諸化佛異口
同音毀諸女人惡欲過患而說偈言
若有諸男子　年皆十五六　盛壯多力勢
數滿恒河沙　持以供給女　不滿須臾意
時諸女人聞此語已心懷慙愧舉懷
躃地舉手拍頭而作是言嗚呼惡欲

乃令諸佛說如此事我等慷惡心著
職欲不知為患乃令諸佛聞如此弊
猶如盛火焚燒我等說是語時見虚
空中一切化佛廣為諸女說不淨觀
所謂九想十想三十想數息安般諸
女聞說不淨觀法樂禪定樂不樂愛
欲尒時世尊還攝身光端坐金牀大
衆雲集還到佛所波斯匿王白言世
尊如来出世多所利益乃於此處現
大光明況餘身分无量功德一切諸
天在虚空中亦讃如来百千梵行如
来梵行乃得如此勝陰馬藏没无處
所顯出金華化佛無數是持戒報功
德魏魏持諸女人聞此說已四千女
等發阿耨多羅三藐三菩提心二千
女人遠塵離垢得法眼淨二千女人
於未来世過十二劫次第當得辟支
佛道長者如閻達見佛現化惡魔女
人讃言善哉善哉如来昔者破波旬
軍今化諸女與本无異此相現時無
量諸天發菩提心波斯匿王所將士
衆有五百人求佛出家鬚髮自落身
所著衣變成袈裟應時即得阿羅漢

道是時大衆見馬王藏心歡喜者除
五十億劫生死之罪礼佛而退佛告
阿難我昔夏安居時波羅㮈國有一
婬女樓上有女名曰妙意昔日於佛
有重因緣我與難陁及將汝往此婬
女舍日日乞食此女於我不曾恭敬
於難陁所偏生愛著已經七日女心
念言沙門瞿曇若能遣弟難陁阿難
從我願言我當種種供養沙門佛告
阿難難陁汝從今日莫往彼村世尊
自獨執鉢而行至女樓所一日至三
日放金色光化諸天人此女不悟後
日世尊復將阿難難陁在樓下行婬
女愛敬二比丘故遥以衆華散佛及
二比丘阿難告言汝可礼佛女愛阿
難應時作礼尒時世尊化三童子年
皆十五面貌端正勝諸世間一切人
類此女見已身心歡喜為化年少五
體投地敬礼年少白言丈夫我今此
舍如功德天福力自在衆寶莊嚴我
今以身及與奴婢奉上丈夫可偹灑
掃若能顧納隨我所願一切供給无
所愛惜作是語已化人坐牀未及食

項女前親近白言丈夫願遂我意化人不違隨已所欲既附近已一日一夜心不疲猒至二日時愛心漸息至三日時白言丈夫可起飲食化人即起纏綿不已女生猒悔白言丈夫異人乃尒化人告言我先世法凡與女通經十二日尒乃休息女聞此語如人食噎既不得吐又不得咽身體苦痛如被杵擣至四日時如被車轢至五日時如鐵丸入體至六日時支節患痛如箭入心女作念言我聞人說迦毗羅城淨飯王子身紫金色三十二相愍諸盲冥救濟苦人恒在此城常行福慶放金色光濟一切人今日何故不来救我作是念已懊惱自責我從今日乃至壽終終不貪色寧與虎狼師子惡獸同處一穴不貪色欲受此苦惱作是語已復起飯食行坐共俱無奈之何化人亦瞋咄弊惡女癈我事業我今共汝合體一處不如早死父母宗親若来覔我於何自藏我寧經死不堪受耻女言獘物我不用尒欲死隨意是時化人取刀刺頸血

流滂沲塗汚女身萎拖在地女不能勝亦不得免死經二日青淤臭黑三日膖脹四日爛潰大小便利及諸惡虫迸血諸膿塗漫女身女極惡猒而不得離至五日時皮肉漸爛至六日時肉落都盡至七日時惟有臭骨如膠如漆黏著女身女發擔願若諸天神及與仙人淨飯王子能免我苦我持此舍一切珎寶以用給施作是念時佛將阿難難陁帝釋在前擎寶香爐燒无價香梵王在後擎大寶蓋無量諸天皷天妓樂佛放常光明耀天地一切大衆皆見如来詣此女樓時女見佛心懷慙愧藏骨無處取諸白氎无量衆香纏裹臭骨臭勢如故不可覆藏女見世尊為佛作礼以慙愧故身瞙骨上臭骨忽然在女背上女極慙愧流淚而言如来功德慈悲無量若能令我離此苦者願為弟子心終不退佛神力故臭骨不現女大歡喜為佛作礼白佛言世尊我今所珎一切施佛佛為呪願梵音流暢女聞呪願心大歡喜應時即得須陁洹道

五百侍女聞佛音聲皆發无上菩提道心無量梵衆見佛神變得无生忍帝釋所將諸天子等有發菩提心者有得阿那含者

佛告阿難我昔初成道時伽耶城邊熈連河側有五尼揵第一尼揵名薩闍多五百徒衆餘四各有二百五十弟子時諸尼揵自稱得道來至我所以其身根繞身七帀来至我所敷草而坐即作是語瞿曇我无欲故梵行相成我之身根乃能如此如自在天我今神通過踰沙門百千万倍沙門作一我當作二即於地中化作一樹以其身根絞繞者樹滿七帀已令樹雲霧如龍王氣高聲大喚舉手唱言瞿曇我梵行相事驗如此汝稱男子言大丈夫以何為證尒時世尊化作寶枷寶枷兩頭有十明珠一一明珠有千光明一一光明化成化佛作十八變住立空中世尊現化倒住空中脚在枷上時佛二足出千蓮華一一蓮華万億光明一一光中有百億寶臺一一臺中无數化佛一一化佛各

㩲一脚猶如卷琉璃令脚不現一切化佛及釋迦文忠懸一脚倒住空中惟諸尼揵見佛倒住无量天龍八部鬼神見佛世尊安坐講堂敷演大法所謂無相无我等法時空有聲告諸尼揵佛已作一汝可作二時諸尼揵即自騰擲手搏樹枝抱樹而立盡尼揵術不能倒立樹神現身手搏其耳罵言狂人汝如小虫敢與獸王師子共戰汝向大喚佛若作一我當作二佛令巳住大神通力汝何不為樹神罵巳地神堅牢即從地出住立空中以大鐵鏁鏁尼揵脚倒懸空中有五夜叉以杖撾之尼揵痛急自掣墜地未至地須有一尼揵稱南无佛世尊以手接取尼揵令身不痛時諸尼揵既至地巳如心不歇語地神言汝無慈心偏為瞿曇汝宿罪故受夜叉身在此地下今日復更無慈普愛但為瞿曇困苦我等時恒河神飛住空中手執大石告言尼揵如汝癡人服食牛糞石灰塗頭令髮褫落裸形无恥猶如驢馬亦如貧龍不能潤益如来

佛日普照一切汝今云何持黑暗身與日諍光尒時水神唱是語巳勸請世尊伏諸尼揵尒時世尊告諸尼揵汝等不知如来身分若欲見者隨意觀之如来積劫修行梵行在家之時无邪欲想心不涂累故得斯報猶如寶馬隱顯无常今當為汝少現身分尒時世尊從空而下即於地上化作四水如四大海四海之中有須弥山佛在山下正身仰卧放金色光其光晃耀暎諸天目徐出馬藏繞山七帀如金蓮華華華相次上至梵世從佛身出一億那由他雜寶蓮華猶如華幢覆蔽馬藏此蓮華幢有十億層層有百千无量化佛一一化佛百億菩薩無數比丘以為侍者化佛放光照十方界尼揵見巳大驚心伏佛梵行相乃至如此不可思議形不醜惡猶如蓮華我今頂礼佛功德海佛智无邊不可窮盡受我懺悔攝取我等作此語巳五百尼揵合掌叉手長跪在地求佛出家佛言善来比丘佛勑迦葉為辦衣服迦葉尒時至仙人所告

大仙人今日世尊伏諸尼揵惟願仙士施少衣裳時仙人取好樹皮多羅樹葉裁縫為衣時諸仙人師名曰光目合掌叉手告諸弟子佛德无量引揞周普乃攝受此者邪見人我宜辦衣給裸形者亦敬佛寶可脫諸苦說是語巳從迦葉後至世尊所五百仙人見蓮華臺從佛身出如衆蓮華圍繞須弥上至梵世時諸仙人見此事巳歡喜合掌敬礼世尊諦觀世尊目不暫捨見佛眉間白毫相光右旋婉轉及見佛身一切衆相作是思惟此相好者必從前世无縛無著无我無作无心無識無人无物無施無受清淨檀波羅蜜生亦隨一切平等无相大智空慧般若波羅蜜生思是義巳應時即逮无生法忍五百尼揵者僧伽梨為佛作礼未舉頭項應時即得阿羅漢道三明六通具八解脫一一尼揵揞願當度五百尼揵現此相時无量諸天龍夜叉衆見佛梵行清淨果報身心歡喜發阿耨多羅三藐三菩提心

觀佛三昧經第八卷　第八張　何字号

佛告阿難佛滅度後天衆龍衆夜叉衆沙門衆婆羅門衆問佛世尊過去世時清淨无欲修諸梵行得何果報汝當荅言佛有馬王藏相與身平等七合盈滿如金剛器中外俱淨為度衆生出現是相化佛光明妙蓮華雲其數无量如此身者從無數世无染安隱善地戒慧尸波羅蜜生佛勑阿難佛滅度後佛諸弟子欲觀如来陰馬藏相當作是觀如是觀者是名正觀若異觀者名為邪觀佛滅度後佛諸弟子若有係心正念思惟佛梵行相化佛光明者常於夢中見十方佛此人生生恒修梵行除却二十万劫生死之罪說是相時夜叉衆中八千夜叉身心歡喜讚歎如来无量德行應時即發阿耨多羅三藐三菩提心

佛說觀佛三昧海經卷第八

佛說觀佛三昧海經卷第八

校勘記

一　底本，金藏廣勝寺本。

一　五四三頁中一一行第五字「似」，資、磧、普、南、徑、清作「以」。

一　五四三頁中一五行第二字「有」，石、資、磧、普、南、徑、清作「復」。

一　五四三頁下一三行第九字「具」，磧、普、南、徑、清作「是」。

一　五四三頁下一六行第七字「婆」，資、磧、普、南、徑、清作「娑」。

一　五四四頁上一二行首字「從」，石、資、磧、普、徑、清、麗作「徙」；南作「徒」。

一　五四四頁上一五行第四字「凑」，石、資、磧、普、南、徑、清作「臻」。

一　五四四頁上一六行「如閻」，石作「閻如」，下同。

一　五四四頁上末行第三字「金」，資、磧、普、南、徑、清作「錢」。

一　五四四頁中四行第一〇字「何」，資、磧、普、南、徑、清作「胡」。

一　五四四頁中六行首字「内」，石、資、磧、普、南、徑、清作「將」。

一　五四四頁中末行首字「匿」，諸本作「匿王」。

一　五四四頁下一行第八字「往」，資、磧、普、南、徑、清作「往詣」。

一　五四四頁下二行第一一字「試」，資、磧、普、南、徑、清作「議」，下同。

一　五四四頁下四行末字至五行首字「諸繒」，石作「繒」；資、磧、普、南、徑、清作「繒旛」。

一　五四四頁下一三行第一二字「香」，資、磧、普、南、徑、清作「雪」。

一　五四五頁上一三行第四字「敷」，資、磧、普、南、徑、清作「鋪」，下同。

一　五四五頁上一三行第七字「檀」，資、磧、普、南、徑、清作「壇」，下同。

一　五四五頁上一八行第五字「場」，資、磧、普、南、徑、清作「場所」。

一　五四五頁上二一行末字「相」，資、磧、普、南、徑、清作「想」。

一五四五頁下六行首字「巧」，資、磧、普、南、徑、清、麗作「幻」。
一五四五頁下一五行第一三字「遠」，資、磧、普、南、徑、清作「速」。
一五四六頁上六行第一一字「楪」，磧、普、南、徑、清作「褻」。
一五四六頁上九行第八字「披」，資、磧、普、南、徑、清作「被」。
一五四六頁上二二行首字「時」，石作「尒時」。
一五四六頁中六行末字至七行首字「愛欲」，資、磧、普、南、徑、清作「欲樂」。
一五四六頁中一四行第四字「持」，資、磧、普、南、徑、清、麗作「時」。
一五四六頁中一四行第一〇字「說」，資、磧、普、南、徑、清作「語」。
一五四六頁下四行第二字「女」，麗無。
一五四六頁下四行第一一字「意」，資、磧、普、南、徑、清作「音」。
一五四七頁上九行第一〇字「被」，資、磧、普作「彼」。
一五四七頁上一八行第一〇字「飯」，石、資、磧、普、南、徑、清作「飲」。
一五四七頁中一行「滂沲」，資、磧、普、南、徑、清作「漫地」。
一五四七頁中一行「萎拖」，資、磧、普、南、徑、清作「逶迤」；麗作「萎沲」。
一五四七頁中二行「青淤」，資作「瘠瘀」，磧、普、南、徑、清、麗作「青瘀」。
一五四七頁中七行第一一字「願」，資、磧、普、南、徑、清作「言」。
一五四七頁中一二行第一二字「明」，石、資、磧、普、南、徑、清作「照」。
一五四七頁下一行「音聲」，石作「法音」。
一五四七頁下五行末字「邊」，諸本作「邊住」。
一五四七頁下一〇行首字「而」，資、磧、普、南、徑、清作「爲」。
一五四七頁下一一行末字「天」，石作「天拂」。
一五四七頁下一二行第四字「通」，資、磧、普、南、徑、清作「道」。
一五四七頁下一八行第二字「枷」，資、磧、普、南、徑、清作「架」，下同。
一五四七頁下二二行第一〇字「中」，資、磧、普、南、徑、清作「明」。
一五四八頁上一行「琉璃」，資、磧、普、南、徑、清作「鎖」。
一五四八頁上二二行第九字「褫」，資、磧、普、南、徑、清作「陀」。
一五四八頁下二行第六字「時」，諸本作「時諸」。
一五四八頁下三行第八字「諸」，資、磧、普、南、徑、清無。
一五四八頁下一七行第三字「逮」，資、磧、普、南、徑、清作「得」。
一五四九頁上八行第四字「地」，資、磧、普、南、徑、清、麗作「持」。

佛說觀佛三昧海經卷第九　　可

東晉天竺三藏佛陁跋陁羅譯

本行品第八

佛告阿難如来有三十二大人相八十種隨形好金色光明一一光明无量化佛身諸毛孔一切變現及佛色身略中略者我今為此時會大衆及淨飯王略說相好佛生人間亦同人事因人相故說三十二勝諸天故說八十好為諸菩薩說八万四千諸妙相好佛實相好我初成道摩伽陁國寂滅道塲為普賢賢首等諸大菩薩於雜華經已廣分別此尊法中所以略說為諸凡夫及四部弟子謗方等經作五逆罪犯四重禁偷僧祇物婬比丘尼破八戒齋作諸惡事種種邪見如是等人若能至心一日一夜係念在前觀佛如来一相好者諸惡罪障皆悉盡滅是故如来名婆伽婆名阿羅呵名三藐三佛陁名功德日名智滿月名清涼池名除罪珠名光明藏名智慧山名戒品河名迷衢導名

邪見燈名破煩惱賊名一切衆生父母名大歸依處若有歸依佛世尊者若稱名者除百千劫煩惱重障何況正心修念佛定

佛告阿難如来往昔无量無邊阿僧祇劫以智慧火燒煩惱薪修無相定不非時證是故獲得如是勝相一一相中无量化佛何況多相若能係心觀一毛孔是人名為行念佛定以念佛故十方諸佛常立其前為說正法此人即為能生三世諸如来種何況具足念佛色身如来亦有無量法身十力无畏三昧解脫諸神通事如此妙處非汝凡夫所學境界但當深心起隨喜想起是想已當復係念念佛功德念佛功德者所謂戒定智慧解脫解脫知見金色三十二相八十隨形好十力四無所畏十八不共法大悲三念處是若有衆生一聞佛身如上功德相好光明億億千劫不墮惡道不生邪見雜類之處常得正見勤修不息但聞佛名獲如是福何況係念觀佛三昧尒時世尊說此語時於

虛空中有七寶臺一一臺上有億寶蓋天雨寶華供養釋迦牟尼佛時文殊師利法王子結加趺坐坐寶臺中與十億菩薩住虛空中讃言善哉善哉釋迦牟尼大悲世尊說佛身相亦佛威儀現佛光明顯諸化佛為未來世凡愚衆生不見佛者作見佛因善哉阿難慈悲法子汝名歡喜依名定實善持佛語慎勿忘失未來衆生聞汝說者即是見佛思此義者具足見佛微妙色身尒時文殊說此語已與諸菩薩眷屬大衆從空而下敬礼佛足繞佛七帀却住一面

佛告文殊佛子汝今在座作此勸時地生蓮華縱廣正等滿一由旬文殊師利及諸菩薩坐蓮華上尒時文殊師利法王子既已坐竟白佛言世尊我今自欲說於往昔本生因緣惟願世尊加我威神

佛告文殊速說勿疑文殊師利告諸大衆對尊者阿難阿難當知我念過去无量數劫復倍是數不可思筭阿僧祇劫彼世有佛名寶威德如來應

供正遍知明行足善逝世間解無上士調御丈夫天人師佛世尊彼佛出時衆生弊惡與今无異彼佛世尊亦長丈六身紫金色說三乘法如釋迦文尒時彼國有大長者名一切施長者有子名曰戒護在母胎時母信敬故豫為其子受三歸依子既生已年至八歲父母請佛於家供養童子見佛安行徐步足下生華有大光明見已歡喜為佛作礼礼已諦觀目不暫捨一見佛已即能除却百万億那由他劫生死之罪從是已後恒得值遇百億那由他恒河沙佛於諸佛所殖衆德本是諸世尊皆說如是觀佛三昧亦讃白毫大人相光勸多衆生懺悔係念過是已後復得值佛名摩尼光多陁阿伽度阿羅呵三藐三佛陁摩尼光佛出現世時常放光明以作佛事度脫人民如是二万佛皆同一号名摩尼光時諸世尊皆以化佛微妙光明誘接衆生次復有佛名栴檀摩尼光十号具足如是百億佛皆号摩尼光是諸世尊擔願力故正以眉

間白毫相光覆護衆生除滅衆罪復有佛出名栴檀海如來應供正遍知如是百万佛皆同一字名栴檀海是諸世尊以胷德字万字印光化度衆生時彼童子親侍諸佛閒无空缺礼拜供養合掌觀佛觀佛功德因緣力故復得值遇百万阿僧祇佛彼諸世尊亦以身色化度衆生從是已後即得百千億念佛三昧得百万阿僧祇旋陁羅尼既得此已諸佛現前說無相法須臾之間得首楞嚴三昧時彼童子受三歸依一礼佛故諦觀佛想心無疲猒由此因緣值无數佛何況係念具足思惟觀佛色身時彼童子豈異人乎今我身是

尒時世尊讃文殊師利言善哉善哉文殊師利乃於昔時一礼佛故得值尒許無數諸佛何況未來我諸弟子勤觀佛者佛勅阿難汝持文殊師利語遍告大衆及未來世衆生若能礼拜者若能念佛者若能觀佛者當知此人與文殊師利等無有異捨身他世文殊師利等諸大菩薩為其和上

說是語時菩薩衆中有一佛子名曰財首即從座起繞佛七帀恭敬礼拜亦礼文殊師利足以天曼陁羅華摩訶曼陁羅華曼殊沙華摩訶曼殊沙華而散佛上及散文殊師利上亦散尊者阿難是諸天華當於佛上化為華臺於華臺内有十方佛結加趺坐東方善德佛告大衆言汝等當知我念過去無量世時有佛世尊名寳威德上王如来應正遍知彼佛出時亦如今日說三乘法時彼佛世有一比丘有九弟子與諸弟子往詣佛塔礼拜佛像見一寳像嚴顯可觀既敬礼已目諦視之說偈讚歎隨壽脩短各自命終既命終已生於東方寳威德上王國土在大蓮華結加趺坐忽然化生從此已後恒得值遇無量諸佛於諸佛所淨脩梵行得念佛三昧海既得此已諸佛現前即與授記於十方面隨意作佛東方善德佛者則我身是南方栴檀德佛西方无量明佛北方相德佛東南方無憂德佛西南方寳施佛西北方華德佛東北方三

乘行佛上方廣衆德佛下方明德佛如是等十佛世尊因由礼塔一讚偈故於十方面得成為佛豈異人乎我等十方佛是時十方佛從空而下放千光明顯現色身白毫相光各各皆坐釋迦佛牀各申右手摩阿難頂告言法子汝師和上釋迦牟尼百千苦行无數精進求佛智慧報得是身光明色相今為汝說汝持佛語為未来世天龍大衆比丘比丘尼優婆塞優婆夷廣說觀佛法及念佛三昧說是語已然後問訊釋迦文佛起居安隱既問訊已放大光明各還本國

時會大衆見十方佛及諸菩薩國土大小如於明鏡見衆色像財首菩薩所散之華當文殊上即變化成四柱寳臺於其臺内有四世尊放身光明儼然而坐東方阿閦南方寳相西方无量壽北方微妙聲時四世尊以金蓮華散釋迦佛未至佛上化為華帳有万億葉一一葉間百千化佛化佛放光光中復有無數化佛寳帳成已四佛世尊從空而下坐釋迦佛牀讚

言善哉善哉釋迦牟尼乃能為於未来之世濁惡衆生說三世佛白毫光相令諸衆生得滅罪各所以者何我念昔曾空王佛所出家學道時四比丘共為同學習學三世諸佛正法煩惱覆心不能堅持佛法寳藏多不善業當墮惡道空中聲言汝四比丘空王如来雖復涅槃汝之所犯謂無救者汝等今當入塔觀佛與佛在世等无有異我從空聲入塔觀像眉間毫相即作是念如来在世光明色身與此何異佛大人相願除我罪作是語已如大山崩五體投地懺悔諸罪觀佛眉間懺悔因縁從是已後八十億阿僧祇刧不墮惡道生生常見十方諸佛於諸佛所受持甚深念佛三昧得三昧已諸佛現前授我記莂東方有國國名妙喜彼土有佛号曰阿閦即第一比丘是南方有國國名歡喜佛号寳相即第二比丘是西方有國國名極樂佛号无量壽第三比丘是北方有國國名蓮華莊嚴佛号微妙聲第四比丘是時四如来各申右手

摩阿難頂告言法王子汝持佛語廣
為未来諸衆生説三説此已各放光
明還歸本國財首菩薩所散諸華住
阿難上者化成華雲遍滿十方一一
雲間无數化佛各申右手摩阿難頂
告言法王子諸佛如来所有化身亦
如我等等无有異汝今覩見當為未
来一切衆生廣分別説令諸衆生修
行念佛若念佛者得見化佛與今無
異若有衆生聞汝所説則為見佛除
无量罪
尒時財首菩薩白佛言世尊我念過
去無量世時有佛世尊亦名釋迦牟
尼彼佛滅後有一王子名曰金幢憍
慢邪見不信正法知識比丘名定自
在告王子言世有佛像衆寶嚴飾極
為可愛可暫入塔觀佛形像時彼王
子隨善友語入塔觀像見像相好白
言比丘佛像端嚴猶尚如此況佛真
身作是語已比丘告言汝今見像若
不能礼者當稱南无佛是時王子合
掌恭敬稱南無佛還宫係念念塔中
像即於後夜夢見佛像見佛像故心

大歡喜捨離邪見歸依三寶隨壽命
終由前入塔稱南無佛因緣功德恒
得值遇九百万億那由他佛於諸佛
所常勤精進逮得甚深念佛三昧三
昧力故諸佛現前為其授記從是以
来百万阿僧祇劫不墮惡道乃至今
日獲得甚深首楞嚴三昧尒時王子
今我財首是也如是等諸大菩薩其
數無量各説本緣依念佛得如本生
經説
尒時世尊告諸大衆我念過去无數
劫時尒時有佛号栴檀窟莊嚴如来
應供正遍知明行足善逝世間解無
上士調御丈夫天人師佛世尊十号
具足在閻浮提諸德山中於彼山中
出家學道足滿七劫成阿耨多羅三
藐三菩提尒時彼世有二童子多聞
無猒遊行國界問諸婆羅門時有一
婆羅門名牢度叉伽告言童子世間
有佛名栴檀窟汝等二人可詣彼所
求論義法時二童子長者名為一切
喜見第二童子名勇猛鎧共詣佛所
各持天華共散如来尒時世尊寂然

禪定入三昧王三昧身心不動普現
一切諸佛色身光明無數如般若波
羅蜜説時二童子見佛色身及見光
明即時超越那由他恒河沙阿僧祇
劫生死之罪恒得值遇無量无數百
千諸佛於諸佛所修行甚深念佛三
昧現前得見十方諸佛為其演説不
退法輪尒時第一童子豈異人乎今
弥勒菩薩是第二童子今我釋迦牟
尼是我與賢劫諸菩薩曾於過去栴
檀窟佛所聞是諸佛色身變化觀佛
三昧海以是因緣功德力故超越九
百万億阿僧祇劫生死之罪於此賢
劫次第成佛最後樓至如来亦於此
處説觀佛三昧
佛告阿難此觀佛三昧是一切衆生
犯罪者藥破戒者護失道者導盲冥
者眼愚癡者慧黑闇者燈煩惱賊中
是勇健將諸佛世尊之所遊戲首楞
嚴等諸大三昧始出生處佛告阿難
汝今善持慎勿忘失過去未来三世
諸佛是諸世尊皆説如是念佛三昧
我與賢劫諸大菩薩因是念佛三昧

力故得一切智威神自在如是十方
无量諸佛皆由此法成三菩提
尒時尊者阿難佛神力故自識宿命
无數刼事白佛言世尊我念過去無
數億刼有佛世尊名日月燈明十号
具足我於彼世見佛如来放大光明
其光遍照十方世界皆作金色一一
光中有諸化佛我見是已身心歡喜
稱南無佛從是以来常得值遇百千
諸佛聞佛說法猶如寫水置之異器
憶持不忘是故我今得見世尊親自
供侍作是語已說諸偈頌讚歎諸佛
微妙色身尒時空中有无數佛皆現
光明身身毛孔中所出化佛如釋迦文
皆告阿難言法子汝今持是觀佛三
昧廣為一切大衆分別令諸凡夫種
見佛因說是語已化佛不現尒時世
尊為囑累此事故住立空中威儀自
在作十八變顯一切光告阿難言若
有衆生欲觀佛者當如此觀佛說此
語時十二億天子得念佛三昧現前
受記

觀像品第九

尒時會中有菩薩摩訶薩名曰弥勒
即從座起偏袒右肩頂礼佛足脫身
瓔珞奉上如来以真珠華散佛世尊
及文殊師利所散瓔珞自然踊住虚
空中化成八万億寶臺一一臺中有
百億釋迦文佛皆放光明普現色身
山林河海一切衆生所有妙色星宿
日月諸須弥山諸天龍神及諸宫殿
亦於中現五通神仙百億呪術九十
五種諸邪見道醫方妓藝工巧文詠
皆於一毛顯現此事世間邪見熾欲
衆生所希見者亦於光明悉自踊出
地獄畜生諸阿修羅八難四倒諸不
祥事受報好醜亦於此相自得覺知
所散珠華住佛上者化作百億白色
光明住文殊上者化作百千億微妙
色光此諸光明手相交絡如大龍王
蟠身相向一一光中五億寶光如僧
伽梨割截分明以金色光縫持令住
纏出入屢生四寶華一一華中賢刼
菩薩結加趺坐十方諸佛及諸化佛
坐寶蓮華為此賢刼諸大菩薩說般
舟甚深三昧亦讚觀佛冣初因緣惟

無三昧念佛境界金剛辟定說是法
巳是諸如来各申右手摩阿難頂告
言法子汝今應當善持佛語慎勿忘
失尒時弥勒菩薩白佛言世尊惟願
天尊大慈大悲憐愍一切未来世中
多有衆生造不善業佛不現在何所
依怙可除罪各佛告弥勒阿逸多諦
聽諦聽善思念之如来滅後多有衆
生以不見佛作諸惡法如是等人當
令觀像若觀像者與觀我身等无有
異說是語時空中有華十方諸佛住
立空中叉手合掌讚言善哉佛子善
問此事惟釋迦文救世苦者為諸末
後盲冥衆生說觀像法今正是時慎
勿疑慮弥勒菩薩重更慇懃勸請世
尊說觀像法
尒時世尊放常光明照尼拘樓陁精
舍及十方國皆作金色佛神力故令
金色地分為二分一一分中五百億
佛從下方界皆自踊出住立空中合
掌讚歎弥勒菩薩摩訶薩言善哉佛
子乃能憐愍未来衆生生末法者勸
請世尊說觀像相時諸化佛說此語

巳踊身虚空作十八變釋迦文佛即
自微笑笑時口中生大蓮華其華有
光如合百億日月星宿衆宿日月閒百
億化佛結加趺坐坐師子牀
尒時釋迦文佛告弥勒菩薩言諦聽
諦聽善思念之如來今者為未來世
五苦衆生犯禁比丘不善惡人五逆
誹謗行十六種惡律儀者為如是等
說除罪法尒時阿難白佛世尊佛涅
槃後此等愚人無依无怙無歸依處
云何如來說除罪法
佛告阿難汝於佛法心未具解如我
在世歸依我者名歸依佛名歸依法
名歸依僧佛滅度後濁惡世中諸衆
生等欲除罪各欲於現世得須陁洹
至阿羅漢欲發三菩提心欲解十二
因緣當勤修習觀佛三昧阿難白佛
言世尊如來在世衆生現見觀佛相
好觀佛光明尚不了了況佛滅後佛
不現在當云何觀
佛告阿難佛滅度後現前无佛當觀
佛像觀佛像者若比丘比丘尼優婆
塞優婆夷天龍八部一切衆生欲觀
像者先入佛塔以好香泥及諸瓦土
塗地令淨隨其力能燒香散華供養
佛像說已過惡礼佛懺悔如是伏心
經一七日復至衆中塗掃僧地除諸
糞穢向僧懺悔礼衆僧足復經七日
如是供養心不疲猒若出家人應誦
毗尼極令通利若在家人孝養父母
恭敬師長調心令軟心若不軟當強
折伏令心調順如調烏馬不令失御
心柔順已住於靖處燒衆名香礼釋
迦文而作是言南無大德我大和上
應正遍知大悲世尊願以慈雲覆護
弟子作是語已五體投地泣淚像前
從地而起齊整衣服加趺坐座繫念
一處隨前衆生繫心鼻端繫心額上
繫心足指如是種種隨意繫念專置
一處勿令馳散使心動搖心若動搖
舉舌跓腭閉口閉目叉手端坐一日
至七日令身安隱身安隱已然後想像
樂逆觀者從像足指次第仰觀初觀
足指繫心令專緣佛足指經一七日
閉目開目令了了見金像足指漸次
復觀兩足趺上令了了見次觀鹿王
踹心既專已次第至髻從髻觀面若
不明了復更懺悔倍自苦策以戒淨
故見佛像面如真金鏡了了分明作
是觀已觀眉閒毫如頗梨珠右旋婉
轉此相見時見佛眉眼如天畫師之
所畫作見是事已次觀頂光令分明
了如是衆相名為逆觀
順觀像者從頂上諸蠡文閒一一蠡
文繫心諦觀令心了了見佛蠡文猶
如黑絲右旋婉轉次觀佛面觀佛面
已具足觀身漸下至足如是往返凡
十四遍諦觀一像極令了了觀一成
已出定入定恒見立像在行者前見
一了了復想二像見二像已次想三
像乃至想十皆令了了見十像已想
一室內滿中佛像閒无空缺滿一室
已復更精進燒香散華掃塔塗地澡
浴衆僧為父母師長案摩調身洗浴
身體上塗足油四方乞食得好美者
先上師長分奉父母作是行已發大
誓願我今觀佛以此功德不願人天
聲聞緣覺正欲專求佛菩提道發是
願若已實至心求大乘者當行懺悔

行懺悔已次行請佛行請佛已次行
隨喜行隨喜已次行迴向行迴向已
次行發願行發願已正身端坐繫念
在前觀佛境界令漸廣大一僧坊中
滿中佛像方身丈六足下蓮華圓光
一尋及通身光摩尼燗相及衆化佛
化佛侍者光明衆色皆令了了一僧
坊已令心復廣一頃地中滿中佛像
此想成已心得安隱身體悅樂若行
若止心想利故見一頃地滿中佛像
香華供具及諸幢幡皆隨像行以心
利故左右前後盡見像行心漸廣大
見百頃地滿中佛像開目閉目皆令
心想想想不絕心心相續如渴思飲
此想成已見一由旬滿中佛像漸增
廣遠滿百由旬見一切像三十二相
八十隨形好皆悉炳然此想成已想
一閻浮提八千由旬滿中佛像此想
成已次想東方弗婆提界八千六十
由旬滿中佛像此想成已復想西方
瞿耶尼界廣八千九百由旬滿中佛
像此想成已復觀北方欝單越界一
万六千由旬滿中佛像此想成已復

更廣遠見百閻浮提滿中佛像此想
成已見百億四天下滿中佛像念想
成已惟除食時除便轉時一切時中
恒見佛像虛空及地滿中佛像像像
相次間無空缺念想成已身心歡喜
倍加精進頂戴恭敬十二部經於說
法者起大師想於佛法僧起父母想
令心調柔不起瞋想設瞋恚時當於
般若波羅蜜前五體投地誠心懺悔
如上所說五法次第應行念想成已
閉目叉手端坐正受更作遠想滿十
方界見一切像身紫金色放大光明
若有犯戒作不善者先身犯戒及以
今身見諸佛像或黑或白以懺悔故
漸見紅色見紅色已漸見金色見金
色已身心歡喜勸請諸像使放光明
起此想時念想利故見一切像舉身
毛孔皆放光明一一光明百億寶色
一一色中無量雜色微妙境界悉自
踊出此念想成名觀立像
佛告阿難如是觀者名為正觀若異
觀者名為邪觀餘相現者别境界出
當疾除之作是觀者除却六十億劫

生死之罪亦名見佛於未来世心想
利故值遇賢劫千佛世尊為其和上
於佛法中次第出家一一佛所見佛
身相了了分明聞佛說法憶持不忘
於星宿劫光明佛所現前受記廣心
觀像尚得如是无量功德况復繫念
觀佛眉間白毫相光說是語時大梵
天王无量梵衆持諸天華悉散世尊
脫身瓔珞以奉上佛其華如雲在空
中住所上瓔珞變成金臺於金臺中
有金色光其光變為七佛尊像端嚴
微妙色相悉具蚤騎梵王長跪合掌
勸請世尊而作是言如来大悲慈愍
衆生願為来世盲冥衆生具足演說
觀像想法令諸衆生依佛所說恒得
值遇諸佛世尊得念佛三昧三昧力
故令諸衆生遠離罪惡以罪滅故現
見諸佛佛告梵王如是如是如汝
所說
尒時世尊復為来世諸衆生故更說
觀像坐法觀像坐者至心繫念令前
立像足下生華此華生時當起想念
令此大地作黃金色作七寶色隨想

而現一一寶色黃金為界一一界間
生寶蓮華作此想時有寶蓮花千葉
具足應想而現既見花已請諸想像
令坐寶花衆像坐時大地自然出大
白光如琉璃色白淨可愛衆白光間
百億菩薩白如雪山從想像身毛孔
中出一一菩薩身毛孔中出金色光
其光如山百千金色閻浮檀金光明
赫弈數不可知應想而現一一山頂
有一想像高顯可觀閻浮檀金色其
光大盛照十方界皆作金色見地及
空亦作金色滿中金像金光金蓋金
臺金花金幡見想菩薩純白玉色手
執白拂有執白花當起想念極令鮮
白若餘雜想異境界現當疾除滅若
不除滅隨逐餘想隨他境界喜發風
病此念佛想是大甘露利益衆生觀
佛三昧如服良藥利益四大服此藥
者不老不死
佛告阿難若有衆生欲觀像坐當如
是觀作是觀者名為正觀若他觀者
名為邪觀若有衆生觀像坐者除五
百億劫生死之罪未来值遇賢劫千
觀佛三昧經第九卷　第十一張　可

佛過賢劫已星宿劫中值遇諸佛數
滿十万二佛所受持佛語身心安
隱終不謬乱二世尊現前授記過
筭數劫得成為佛
尒時世尊告阿難言若有衆生觀像
坐已當觀像行觀像行者見十方界
滿中像行虛空及地見一一像從座
而起一一像起時五百億寶華一二
華中有无數光一一光中無數化佛
隨心想現坐像起立未起中間當動
身時眉間白毫旋舒長短猶如真佛
放白光明為百千色瑛飾金光衆白
光間無數銀像身白銀色銀光銀華
銀蓋銀幡銀臺悉皆是銀時衆金像
與銀像俱動身欲起諸像臍中各生
蓮華其蓮華中踊出無數百千化佛
二化佛放金色光照行者身是時
行者入定之時自見已身三十六物
惡露不淨不淨現時當疾除滅而作
是念三世諸佛身心清淨我今學佛
真淨法身此不淨觀從貪愛生虛偽
不實用此觀為作是念已當自觀身
使諸不淨變為白玉自見已身如白
觀佛三昧經第九卷　第十二張　可

玉瓶内外俱空作是觀時宜服酥藥
勿使身虛此想成時諸像皆起如前
立住見像立時當作想念請像令行
像既行已步步之中足下生華成蓮
華臺見十方界滿中行像供具妓樂
諸天大衆恭敬圍遶行像放光照諸
大衆令作金色銀像放光照諸大衆
皆作銀色白玉菩薩放白玉光令諸
大衆作白玉色雜色諸像放雜色光
映飾其間此想成已更起想念請諸
行像皆令以手悉摩我頭尒時諸像
各申右手摩行者頭是時衆像放大
光明照行者身光照身時行者自見
身黃金色此想成已出定歡喜復更
至心礼敬諸佛修諸功德以是功德
迴向菩提尒時復當更起想念我今
想見衆多金像行坐隨意未見神通
起心作想請諸行像及菩薩像作十
八變應念即作十八種變見滿十方
一切衆像踊身空中作十八變威神
自在普現色身令行者見見已歡喜
請一切像令轉法輪應念即時一一
衆像異口同音讚歎持戒讚歎念佛

想閒此已心大歡喜復加精進以精
進故心想得成心想成時見十方界
一切大地山河石壁皆悉變化為金
剛地金剛地上踊出白光衆白光閒
无數化佛坐寶蓮華一一化佛放無
數億百千光明一一光明復化無數
百千化佛此想現時行者自見身諸
毛孔出金色光遍照一切若餘境起
當疾除滅如此心想疾於猛風須臾
之頃見无數化佛行者心利如明眼
人執頗梨鏡自觀面像行者觀像亦
復如是此想成已當作是念諸佛世
尊住大寂滅身心清淨无來無去如
我身者四大五陰所共合成如芭蕉樹
中無堅實如水上沫如水中月如鏡
中像如熱時燗如野馬行如乾闥婆
城作是想已諸像尋滅有金色光於
金光閒有金佛影如鏡中像行住坐
卧四威儀中現一切色此想成時當
念如来戒身念戒身時見諸佛影眉
閒光明猶如白絲空中清淨至行者
前行者見已當作是念釋迦牟尼多
陁阿伽度阿羅訶三藐三佛陁過去

世時以大戒身而自莊嚴是故今日
得戒定慧解脱解脱知見作此念時
釋迦文佛坐琉璃窟身紫金色端嚴
微妙與諸比丘菩薩大衆以為眷屬
住行者前告言法子汝脩觀佛三昧
力故我以涅槃相力亦汝色身令汝
諦觀汝今坐禪不得多觀汝後世人
多作諸惡但觀眉閒白毫相光作此
觀時所見境界如上所說尒時一念
情无所著心大歡喜應時即得念佛
三昧念佛三昧者見佛色身了了分
明亦見佛心一切境界亦如上来觀
佛心說亦見佛身一切光明亦如上
觀佛身光說亦見佛身一切毛孔一
一毛孔悉生八万四千蓮華一一華
中復有八万四千化佛佛佛相次滿
十方界
尒時釋迦牟尼佛即申右手摩行者
頂一切化佛亦申右手摩行者頂得
此觀者名佛現前三昧亦名念佛三
昧亦名觀佛色身三昧尒時諸佛異
口同音各各皆為行者說法離未得
道見佛聞法揔持不失此名凡夫念
佛三昧得此三昧者剎那剎那須恒
見諸佛於念念頃聞佛說法所謂大
乘方等經典一日一夜即得通利父
母生身惱濁惡世以念佛故得聞揔
持捨身他世必得見佛於諸佛所得
千万億旋陁羅尼得陁羅尼已八十
億佛各申右手摩行者頂一一諸佛
皆說決言汝念佛故過星宿劫得成
為佛身相光明與我无異說是語已
八十億佛一時放光光中復有無量
化佛一一化佛皆說是語佛告阿難
如是衆法名觀像法若觀像時自當
更有無量百千諸勝境界如是觀者
名為正觀若異觀者名為邪觀

佛說觀佛三昧海經卷第九

庚子歲高麗國大藏都監奉
勑雕造

佛說觀佛三昧海經卷第九

校勘記

一　底本，金藏廣勝寺本。五五八頁上、中，五五九頁上、下，原版漫漶缺字，以麗藏本換。

一　五五一頁中七行第三字「中」，石作「中說」。

一　五五一頁中八行第一二字「示」，資、磧、普、南、徑、清作「亦」。

一　五五一頁中九行第二字「因」，麗作「同」。第九字「二」，資、磧、普、南、徑、清作「二相」。

一　五五一頁中一一行第四字「實」，石、資、磧、普、南、徑、清作「寶」。

一　五五一頁下二一行第七字「類」，諸本作「穢」。

一　五五二頁上一行第一三字「億」，石、資、磧、普、南、徑、清作「百億」。

一　五五二頁上一四行第一三字「勸」，資、磧、普、南、徑、清、麗作「觀」。

一　五五二頁下二行第一一字「供」，資、磧、普、南、徑、清無。

一　五五二頁下八行「身色」，資、磧、普、南、徑、清作「色身」。

一　五五二頁下一二行末字「想」，諸本作「相」。

一　五五三頁上一六行第三字「國」，資、磧、普、南、徑、清、麗作「佛國」。

一　五五三頁中二行第四字「十」，石、資、磧、普、南、徑、清作「十方」。

一　五五三頁下三行末字至四行首字「我念」，資、磧、普、南、徑、清作「念我」。

一　五五三頁下一〇行末字「毫」，石、麗作「白毫」。

一　五五四頁上一行第八字及六行第四字「王」，石、資、磧、普、南、徑、清無。

一　五五四頁下三行第三字「說」，資、磧、普、南、徑、清作「所說」。

一　五五四頁下一〇行第一〇字「曾」，南、徑、清作「會」。

一　五五四頁下一九行第三字「健」，資、磧、普、南、徑、清作「猛」。

一　五五五頁上一〇行「閑佛」，資、磧、普、南、徑、清無。

一　五五五頁上一〇行第一二字「之」，資、磧、普、南、徑、清作「於」。

一　五五五頁上一四行第七字「中」，資、磧、普、南、徑、清無。

一　五五五頁上一八行第四字「累」，資、磧、普、南、徑、清無。

一　五五五頁中四行第一三字「住」，諸本作「住於」。

一　五五五頁中一〇行首字「五」，資、磧、普、南、徑、清作「六」。

一　五五五頁中一〇行第九字「妓」，資、磧、普、南、徑、清、麗作「技」。

一　五五六頁上三行第一二字「日」，資、麗無。

一　五五六頁上九行第一〇字「佛」，資、磧、普、南、徑、清作「佛言」。

一　五五六頁中一四行「加趺坐座」，諸本作「結跏趺坐」。

一　五五六頁中二二行「閉目開」，石

作「開目閉」；資、磧、普、南、徑、清作「閉口閉」。

一　五五六頁下七行首字「了」，磧、普、南、徑、清作「了了」。

一　五五六頁下八行第六字「頂」，資、磧、普、南、徑、清作「佛頂」。

一　五五六頁下一八行第九字「案」，磧、南、清作「按」。

一　五五七頁上一〇行第二字「止」，資、磧、普、南、徑、清作「立」。

一　五五七頁中二二行第八字「相」，資作「想」。

一　五五七頁下八行第一一字「悉」，資、磧、普、南、徑、清、麗作「奉」。

一　五五七頁下一五行第三字「想」，麗作「相」。

一　五五八頁上三行第四字「想」，資作「相」。

一　五五八頁上二一行第一二字「他」，石、資、磧、普、南、徑、清作「異」。

一　五五九頁下一二行第一二字「時」，資、徑作「法時」；磧、普、南、清作「法皆」。

佛說觀佛三昧海經卷第十　可

東晉天竺三藏佛陁跋陁羅譯

念七佛品第十

佛告阿難若有衆生觀像心成次當復觀過去七佛像觀七佛者當勤精進晝夜六時勤行六法端坐正受當樂少語除讀誦經廣演法教終不宣說无義之語常念諸佛心心相續乃至無有一念之間不見佛時心專精故不離佛日過去久遠有佛世尊名毗婆尸佛身高顯長六十由旬其佛圓光百二十由旬身紫金色八万四千相一一相中八万四千好一一好中無數金光一一光中有恒沙化佛一一化佛有恒沙色光一一光中無數諸天聲聞比丘菩薩大衆以為侍者人人各持一大寶華華上皆有百千億寶摩尼網豔網豔相次高百千丈以為佛光是時佛身益更明顯如百千日照紫金山光明豔起化佛無數一一化佛猶如百億日月俱出令行者見毗婆尸佛偏袒右肩出金色辟摩行者頂告言法子汝行觀佛三昧得念佛心故我來證汝汝今可觀我真色身從一一相次第觀之汝當至心立金剛擡我等先昔行佛道時與汝無異

尒時毗婆尸佛慰行人已即時化作大寶蓮華如須弥山佛在華上結加趺坐為於行者說念佛念法及說百億旋陁羅尼行者見已倍加歡喜敬礼彼佛彼佛告曰若有衆生聞我名者礼拜我者除却五百億劫生死之罪汝今見我消除諸障得无量億旋陁羅尼於未来世當得作佛

佛告阿難尒時行者見毗婆尸心歡喜故我與六佛現其人前上座毗婆尸為此法子說念佛三昧尸棄世尊身長四十二由旬身紫金色圓光四十五由旬通身光明一百由旬其光網中無數化佛及諸菩薩聲聞大衆諸天眷屬以為圍遶隨從佛後右旋婉轉是時行者見尸棄佛復更增益无量百千陁羅尼門復更增廣得見百千無數化佛於未来世過筭數劫

於其中閒恒得值遇諸佛世尊生菩薩家說是語時復有無數百千天子聞是事已見佛色身端嚴微妙同時皆發三菩提心

毗舍世尊舉身放光住行者前其佛身長三十二由旬圓光四十二由旬通身光六十二由旬身紫金色光明威相如前无異見此佛已復更增進諸陁羅尼三昧門於未來世必定不疑生諸佛家

拘留孫佛亦放光明住行者前其佛身長二十五由旬圓光三十二由旬通身光五十由旬相好具足如紫金山見此佛者常生淨國不處胞胎臨命終時諸佛世尊必來迎接

拘那含牟尼佛放大光明住行者前其佛身長二十由旬圓光三十由旬舉身光長四十由旬光相具足見此佛者即得百億諸三昧門無數陁羅尼若出定時常得諸佛現前三昧如此三昧證明行者所以名諸佛現前三昧者得此三昧出定入定行住坐卧恒得覩見一切諸佛以妙色身現其人前

迦葉世尊放大光明住其人前佛長十六丈身紫金色相好具足見此佛者得寂滅光無言相三昧於未來世恒住大空三昧海中

釋迦牟尼佛身長丈六放紫金光住行者前弥勒世尊身長十六丈如是諸佛各入普現色身三昧現其人前令其行者心得歡喜以歡喜故是諸化佛各申右手摩行者頂見七佛已見於弥勒見弥勒已賢劫菩薩一一次第逮及樓至各放光明住行者前時千菩薩各各讚歎念佛三昧及為行者說諸菩薩性說諸菩薩解脫說諸菩薩慧是名因觀像心得念佛三昧

佛告阿難佛滅度後佛諸弟子如是觀者是名正觀若異觀者名為邪觀修此三昧者雖具煩惱不為煩惱之所使也以是念佛三昧力故十方諸佛放大光明現其人前光明无比三界特尊佛說是語已時梵天王復更勸請願佛世尊說十方佛住行者前光明色相

念十方佛品第十一

佛告阿難云何行者觀十方佛觀十方佛者東方為始東方有世界國名寶安隱无量億寶有億千色以用合成佛号善德亦放無數光普照百千國亦與無數億分身諸化佛住於行者前身色如金山端嚴甚無比坐大金剛窟无數雜寶光莊嚴為堂閣一一堂閣前無量微塵數百億諸寶樹一一寶樹下八万師子座一一師子座有一分身佛結加趺坐三昧坐於寶樹下善德佛世尊身長二百五十億那由他由旬一一身毛孔無數億微塵一切勝相好一一相好中有無數化佛一一化佛高顯巍巍如須弥山放大光明坐寶蓮華住虛空中分身諸佛各各開現微妙光明顯出無數百千化佛一一化佛坐寶蓮華一一蓮華有千幢幡一一幢幡演出百億微妙音聲是諸聲中教觀十方无數佛身此相現時見十方界猶如金剛百億寶色不滅不壞見此相已於諸佛前受法王子位如是境界名性

地菩薩
南方栴檀德佛身相高顯其佛國土琉璃為地恒沙寶色於佛光中亦有无數百千堂閣寶樹行列敷師子座座上諸佛結加趺坐寶幢幡蓋說法音聲如佛海三昧說
西方無量明佛國土清淨黃金為地五百億寶色佛身光明重閣講堂寶樹行列寶師子座分身諸佛結加趺坐坐寶樹下寶幢幡中亦說念佛海
北方相德佛其地頗梨色有五百億寶光寶樹行列寶師子座重閣講堂幢幡光明與向無異
東南方無憂德佛其地七寶色二色上有七百億雜色寶樹行列重閣光明百億万種一一光明說佛功德海如佛海說
西南方寶施佛其地五寶色一一寶上五百億光明一一光明化為五百億蓮華雲一一蓮華雲上有百億重閣一一重閣如百千万億梵王宮一一梵王宮中无數牀座光明蓮華所共合成是諸座上有諸分身佛結加

趺坐演說諸佛大慈悲法光明幢洞然亦說佛海
西北方華德佛其佛國土琉璃頗梨色一一色上有無數百千光一一光化為五百億寶窟一一窟中無數寶蓋一一蓋中百億光明一一光中無數分身佛結加趺坐放大光明其光明中說念佛三昧因念佛三昧中復更得見无數諸佛
東北方三乘行佛其佛國土純白銀色百億万光光有千色莊嚴國界極令清淨分身化佛寶樹幢幡行列莊嚴數不可知
上方廣衆德佛其地五百億寶色一一寶色无數光明一一光明化為无數百億化佛一一佛光中无量寶樹行列莊嚴一一樹下百億寶師子座諸佛在上結加趺坐無數菩薩以為侍者一切大衆皆悉住佛光明雲中
下方明德佛其地金色金光金雲於光雲中無數金堂七寶樓閣百寶行樹羅列莊嚴寶幢幡蓋數億千万一一樹下百億寶座諸堂樓閣无數坐

具狀如寶華无數分身一切諸佛坐寶樹下琉璃座上衆華色間无數佛會是諸世尊皆悉講說菩薩行法如是十方無數化佛一一化佛顯現光明時十方佛各各悉坐金剛窟中身量光明如善德佛及諸化佛威神國土令行者見如於明鏡自見面像了了分明見十方佛心歡喜故不深諸法住於初心時十方佛廣為行者各說相似不波羅蜜聞是法已於初地下十心境界无有疑慮見此事者必聞諸佛說般若波羅蜜聞第一義空心不驚疑於諸法中得入空三昧是名相似空相三昧
佛告阿難佛滅度後佛諸弟子欲觀十方佛者於念佛三昧中但知麁相當自然知无量妙相如是觀者是名正觀若異觀者名為邪觀得此觀者見佛無數不可限量入此定者名見一切諸佛色身亦得漸漸入三空門遊此空者諸佛力故心不著空於未來世當成阿耨多羅三藐三菩提得不退轉是名不忘菩提之心正順佛

道說觀十方佛時十方佛坐金剛山百寶窟中各申右手摩阿難頂告言法子汝持佛語為未來世諸衆生等當廣宣說慎勿忘傳當為堅發三菩提心行念佛定正受者說

佛告阿難此念佛三昧若成就者有五因緣何等為五一者持戒不犯二者不起邪見三者不生憍慢四者不恚不嫉五者勇猛精進如救頭然行此五事正念諸佛微妙色身令心不退亦當讀誦大乘經典以此功德念佛力故疾疾得見無量諸佛見諸佛者獨一心淨不與他共應當供養十方諸佛云何供養是人出定入塔見像誦持經時若礼一佛當作是念正遍知諸佛心智无有限㝵我今礼一佛即礼一切佛若思惟一佛即見一切佛見一一佛前有一行者接足為礼皆是己身若以一華供養佛時當作是念諸佛法身功德無量不住不壞湛然常安我今以華奉獻諸佛願佛受之作是念已復當起想我所執華從草木生持此供養可用擬想即

當作想身諸毛孔令一毛孔出无數華雲以此華雲運想擬意供一切佛一一佛上化成華臺諸佛受之於十方界施作佛事供養香時亦復如是香烟香雲於十方界施作佛事作佛事已還成金臺在行者前若凡夫人欲供養者手擎香鑪執華供養亦當起意作華香想當發是願願此華香滿十方界供養一切佛化佛并菩薩无數聲聞衆受此香華雲以為光明臺廣於無邊界无邊作佛事礼佛若坐禪起是供養心常當發是願繒蓋幢幡音樂偈頌當作是願我今設此少分供具願此供具遍供十方一切諸佛諸佛受之於幢幡中化光明雲於技樂中偈頌之中演妙法音作是願已坐時應想令身毛孔一一孔中作无量幢幡想一一幢中作無量偈頌雲想作是想時心如香鑪流出金色香烟香雲身毛孔中如好華樹踊出阿僧祇无量雜華雲是諸華雲於十方界諸佛之上化為一切諸供養具亦時當於身心分中起一切供養

具想若得食飲若施人一錢當起空無我想檀波羅蜜如是等无量供養皆當起心從心想出供養十方一切諸佛是名坐時無量功德從心想海生如是坐時入深禪定无量境界諸三昧海但於心中出息入息念念想想相續不絕於一心中運其心意作无數供具雲上供諸佛下施一切作是念者名學普施此想成時漸漸滅消諸煩惱結觀法無相無相力故當得甚深六波羅蜜

觀佛密行品第十二

佛告阿難未來衆生其有得是念佛三昧者觀諸佛相好者得諸佛現前三昧者當教是人密身口意莫起邪命莫生貢高若起邪命及貢高法當知此人是增上慢破滅佛法多使衆生起不善心乱和合僧顯異惑衆是惡魔伴如是惡人雖復念佛失甘露味此人生處以貢高故身恒卑小生下賤家貧窮諸衰无量惡業以為嚴飾如此種種衆多惡事當自防護令永不生若起如是邪命業者此邪命

業猶如狂象壞蓮華池此邪命業亦復如是壞敗善根

佛告阿難有念佛者當自防護勿令放逸念佛三昧人若不防護生貢高者邪命惡風吹憍慢火燒滅善法善法者所謂一切無量禪定諸念佛法從諸心想生是名功德藏

佛告阿難譬如長者多財饒寶惟有一子長者自知將死不久以諸庫藏委付其子其子得已隨意遊戲忽於一時值有王難無量衆賊從四面來覓取藏物不能遮護惟有一金乃是閻浮檀那紫金重十六兩金挺長短亦十六寸此金一兩價直餘寶百千万兩為賊所逼无奈金何即以穢物纒裹真金置泥團中衆賊見已不識是金蹴蹋而去賊去之後財主得金心大歡喜念佛三昧亦復如是當密藏之

復次阿難譬如有人貧窮薄福依諸豪賢以存性命時有王子遇行出遊執大寶瓶於寶瓶內藏王印綬是時貧者詐來親附得王寶瓶擎持逃走

王子覺已遣六大兵乘六黑象手執利劍疾往追之時持瓶人走入深草空野澤中見曠野澤滿中毒蛇四面吐毒吸持瓶者時貧窮人憧惶驚怖馳走東西蛇亦隨之无藏避處於空澤中見一大樹蓊蔚扶踈甚適其意頭戴寶瓶攀樹而上既上樹已六兵乘象駛疾如風尋復來至貧人見已吞王寶印持瓶冠頭以手覆面坐貪惜故不忍見之時六黑象以鼻絞樹令樹倒躃貧人落地身體散壞惟金印在寶瓶現光諸蛇見光四散馳走佛告阿難住念佛者心印不壞亦復如是

復次阿難譬如長者多饒財寶无諸子息惟有一女是時長者年過百歲自知朽邁將死不久我此財寶無男兒故財應屬王作是思惟喚其女子密告之言今有妙寶寶中上者當用遺汝汝得此寶密藏令堅莫令王知女受父勅持摩尼珠及諸珎寶藏之糞穢室家大小皆亦不知值世飢饉女夫告妻我家貧窮困於衣食汝可

他行求自活處妻白夫言我父長者臨命終時以寶賜我今在某處君可取之時夫掘取大獲珎寶并如意珠持如意珠燒香礼拜先發願言為我雨食隨語即雨百味飲食如是種種隨意得寶時夫得已告其妻言卿如天女能賜我寶汝藏此寶我尚不知況復他人佛告阿難念佛三昧堅心不動亦復如是

復次阿難譬如有王暴虐違道民羅其毒人怨神怒國大亢旱求請神祇不能得雨有臣白言大王當知今此境內林藪之中有一仙士五通無㝵王可祈請令其呪龍大王聞已欣踊無量遣人詣林祈請仙人神仙飛往大王殿前高聲唱言大王無道諸天龍神皆四散去不護王國云何使我令請雨也王聞此語極懷慙愧改悔先行所作惡事仙人知王心已軟善應念誦呪神通力故天降甘露地出湧泉潤澤一切佛告阿難欲念佛者如王棄惡得念佛者如善呪人

復次阿難譬如力士自恃大力數犯

王法王遣五人収捕力士幽閉囹圄
五處枷鏁極令牢固奮力大怒舉體
血現枷鏁摧折踰牆逃逝到海岸邊
解髻明珠持雇船師船師語言如此
白石海中無數我用是為力士長跪
白船師言我此明珠有六種色即以
収珠以白繒裹置之水中水即變白
黄繒裹珠置之水中水即金色復還
収取復以緑繒裹置之水中水色變
作緑琉璃色収取以碧繒裹置之水
中水即變作真金精色収取復以絳
繒裹置之水中水即變作車𤦲色収
取復以紫繒裹置之水中水即變成
天金剛色水上復有紫摩尼光船師
見已即取寳珠以大寳輿輿勇猛士
置大船上望風舉帆疾如射箭到於
彼岸到彼岸已心意泰然安隱无懼
大取珎寳報船師恩佛告阿難行念
佛者如大力士拋王枷鏁到慧彼岸
復次阿難辟如刧欲盡時二日並出
山林樹木河池枯涸三日出時衆色
火起四日出時大海消減三分留一
五日出時大海竭盡六日出時須弥

崩倒七日出時大地炯然乃至色界
以金剛山不可摧破還住本際念佛
三昧亦復如是行是定者住過去佛
實際海中
佛告阿難吾今欲與十方諸佛報念
佛三昧恩尒時世尊説是語已及十
方諸佛賢刧菩薩入一切色身光明
三昧時諸佛身一一毛孔踊出衆多
不可稱數妙化佛雲是諸化佛結加
趺坐住立空中如是无數一切化佛
各申右手摩阿難頂及勑釋提桓因
汝等二人持是妙法慎莫忘失為未
来世濁惡衆生滅衆罪障故如来正
遍知今於大衆中説一切佛身相尒
時尊者阿難即從座起頂礼佛足白
佛言世尊當何名此經此法之要當
云何持
佛告阿難此經名繫想不動如是受
持亦名觀佛白毫相如是受持亦名
逆順觀如来身分亦名一一毛孔分
別如来身分亦名觀三十二相八十
隨形好諸智慧光明亦名觀佛三昧
海亦名念佛三昧門亦名諸佛妙華

莊嚴色身亦名説戒定慧解脱解脱
知見十力四無所畏十八不共法果
報所得微妙色身經汝好受持慎勿
忘失佛説是語時比丘比丘尼優婆
塞優婆夷及諸菩薩大衆天龍八部一
切鬼神聞佛説是微妙身相有得須
陁洹斯陁含阿那含有得阿羅漢者
有種辟支佛道因緣者有發阿耨多
羅三藐三菩提心者有得无生忍者
數甚衆多不可稱説時諸大衆聞佛
説法恭敬頂礼奉行佛語作礼求退
是時阿難即從座起合掌長跪白言
世尊如来今者一切身相皆已説竟
惟不顯説無見頂相惟願天尊少説
頂相光明瑞應令未来世凡愚衆生
知佛勝相尒時世尊即入頂三昧海
令佛頂上肉髻之中一一毛孔踊出
琉璃光其光如水疊文右旋遍滿十
方無數世界如百億世界微塵數海
如是八万四千諸毛孔中皆出是水
相一一水相復過是百千万倍數不
可知是諸琉璃水上生衆多大寳蓮
華華有无數百千億葉葉作无數百

千億寶色葉極小者遍覆三千大千
觀佛三昧經第十卷　第十八張　[illegible]
世界如是華上一一鬚間有无量阿
僧祇無量阿僧祇百千万億恒河沙
化佛一一化佛頂肉髻相流出衆光
亦復如是時諸佛身量同虚空不可
得知如是諸佛佛佛相次盡世界海
際此相現時於十方面各有百億微
塵數菩薩身昇虚空現大神變至釋
迦牟尼佛所時諸菩薩以佛神力故
暫見一毛孔中少分瑞相應時即得
無量百千金剛相陁羅尼佛現是相
時賢劫千菩薩及十方諸佛皆現此
相時會大衆見此少分相者須陁洹
人如刹那頃成阿羅漢觀因緣者不
緣諸緣成阿羅漢發心菩薩超越境
界增進甚深三昧海門住於性地無
生菩薩倍加增進無量勝法住首
楞嚴
佛告阿難佛滅度後濁惡世中若有
衆生聞佛勝相心不驚疑不生怖畏
當知是人能滅一切煩惱業障聞佛
勝相生隨喜者除却千億刼極重惡
業後世生處不落三塗不生八難處

佛說是語時長老憍陳如等諸大比
觀佛三昧經第十卷　第十九張　[illegible]
丘弥勒等諸大菩薩无量大衆聞佛
所說皆大歡喜頂戴奉行

佛說觀佛三昧海經卷第十

佛說觀佛三昧海經卷第十

校勘記

一　底本，金藏廣勝寺本。

一　五六二頁下一二行第九字「障」，資、磧、普、南、徑、清作「障礙」。

一　五六二頁下一四行第一二字「尸」，資、磧、普、南、徑、清作「尸佛」。

一　五六二頁下二〇行第六字「爲」，普無。

一　五六二頁下二一行「復更」，石、資、磧、普、南、徑、清作「更復」。

一　五六三頁上一一行第七字「光」，資、磧、普、南、徑、清作「大光」。

一　五六三頁中一四行第一三字「脱」，資、磧、普、南、徑、清無。

一　五六三頁下一〇行第七字「万」，資、磧、普、南、徑、清、麗作「萬四千」。

一　五六四頁上四行第一一字「數」，資、磧、普、南、徑、清作「鋪」。

一　五六四頁上一三行第六字「向」，

石、資、磧、普、南、徑、清作「彼」。

一　五六四頁中一行「幢洞然」，石、資、磧、普、南、徑、清作「洞然」；麗作「幢幡」。

一　五六四頁中二一行第七字「堂」，資、磧、普、南、徑、清作「臺」。

一　五六四頁下一五行第九字「佛」，石、資、磧、普、南、徑、清作「我」。

一　五六五頁上四行第七字「忘」，資、磧、普、南、徑、清、麗作「妄」。

一　五六五頁中六行第七字「在」，石、資、磧、普、南、徑、清作「住」。

一　五六五頁中一一行第八字「邊」，資、磧、普、南、徑、清作「量」。

一　五六五頁中一二行第一二字「願」，磧、普、南、徑、清作「願願」。

一　五六五頁中一五行第六字「之」，石、磧、普、南、徑、清作「已」。

一　五六五頁中一六行第二字「技」，資、磧、普、南、徑、清作「妓」；麗作「伎」。

一　五六五頁中一八行第九字「幢」，諸本作「幢幡」。

一　五六五頁下九行末字至一〇行首字「滅消」，石、資、磧、普、南、徑、清作「滅少」；麗作「滅消」。

一　五六五頁下一〇行第九字「相」，資、磧、普、南、徑、清作「二相」。

一　五六五頁下一二行「觀佛」，資、磧、普、南作「觀佛三昧海經」；徑、清無。

一　五六五頁下一四行「諸佛」，資、磧、普、南、徑、清作「佛諸」。

一　五六五頁下二二行第一〇字「當」，資、磧、普、南、徑、清作「常」。

一　五六六頁上八行「財饒」，磧、普、南、徑、清作「饒財」。

一　五六六頁上一三行第一二字「挺」，資、磧、普、南、徑、清作「鋌」。

一　五六六頁上二一行第二字「賢」，磧、普、南、徑、清作「貴」。

一　五六六頁中二行第四字「往」，石、資、磧、普、南、徑、清作「走」。

一　五六六頁中四行第一三字「鶩」，石作「恐」。

一　五六六頁中八行第三字「駃」，資、磧、普、南、徑、清作「馳」。

一　五六六頁中一一行「倒躃」，資、磧、普、南、徑、清作「躃倒」。

一　五六六頁中一九行第五字「今」，石、磧、普、南、清作「我今」；資、徑作「今我」。

一　五六六頁中一九行第七字「妙」，資、磧、普、南、徑、清無。

一　五六六頁中一九行末字「用」，資、磧、普、南、徑、清作「以」。

一　五六六頁下一〇行末字「羅」，石、資、普、南、徑、清、麗作「罹」。

一　五六六頁下一五行第七字「祈」，石、資、磧、普、南、徑、清無。

一　五六六頁下一五行「神仙」，石、資、磧、普、南、徑、清作「出仙神」。

一　五六六頁下一七行第三字「四」，石、資、磧、普、南、徑、清作「悉」。

一　五六六頁下二〇行第一一字「露」，石、資、磧、普、南、徑、清作「雨」。

一　五六七頁上一四行首字「天」，磧、普、南、徑、清作「赤」。

一　五六七頁上一五行第四字「取」，磧、普、南、徑、清作「留」。

一　五六七頁上一八行第一三字「行」，磧、普、南、徑、清作「若」。

一　五六七頁上一九行「攙王枷鑠」，石、資、磧、普、南、徑、清作「挽心王鎖斷」；麗作「攙心王枷鎖」。

一　五六七頁中一行第九字「烔」，資、磧、普、南、徑、清作「洞」。

一　五六七頁中二行首字「以」，諸本作「唯」。

一　五六七頁中九行第五字「妙」，石、資、磧、普、南、徑、清作「微妙」。

一　五六七頁中一二行第一〇字「莫」，石、資、磧、普、南、徑、清作「勿」。

一　五六七頁下五行第六字「諸」，麗無。

一　五六七頁下九行第一三字「忍」，諸本作「法忍」。

一　五六七頁下一二行末字「言」，石、資、磧、普、南、徑、清作「佛言」。

一　五六七頁下二〇行第九字「孔」，麗作「髮」。

一　五六八頁上三行「無量阿僧祇」，諸本無。

一　五六八頁上一八行第二字「嚴」，資、磧、普、南、徑、清、麗作「嚴三昧」。

大方便佛報恩經卷第一

失譯人名在後漢録

序品第一

如是我聞一時佛住王舍城耆闍崛山中與大比丘衆二万八千人俱皆所作已辦梵行已立不受後有如摩訶郁伽心得自在其名曰摩訶迦葉須菩提憍陳如離越多訶多冨樓那弥多羅尼子畢陵伽婆蹉舍利弗摩訶迦旃延阿難羅睺羅等衆所知識菩薩摩訶薩三万八千人俱此諸菩薩久殖德本於無量百千万億諸佛所常修梵行成滿大願悉能通達百千禅定陁羅尼滿不捨大悲隨諸衆生而能饒益紹隆三寳使不断絶能建法幢為諸衆生作不請友到大智岸名稱普聞其名曰觀世音菩薩得大勢菩薩常精進菩薩妙德菩薩妙音菩薩電光菩薩普平菩薩德首菩薩須弥王菩薩香象菩薩大香象菩薩持勢菩薩越三界菩薩常悲菩薩寳掌菩薩至光英菩薩炎熾妙菩薩寳月菩薩大力菩薩无量慧菩薩跋陁和菩薩師子吼菩薩師子作菩薩師子奮迅菩薩滿願菩薩寳積菩薩弥勒菩薩文殊師利法王子等百千眷属俱復有无量百千欲界諸天子等各與眷属俱賷諸天上微妙香花作天伎樂住虚空中諸天龍夜叉乹闥婆阿修羅迦樓羅緊郁羅摩睺羅伽人非人等各與若干百千眷屬俱各礼佛足却坐一面

尒時如来大衆圍遶供養恭敬尊重讃歎尒時阿難承佛威神於晨朝時入王舍城次第乞食尒時城中有一婆羅門子孝養父母其家裏喪家計蕩盡擔負老母亦次第行乞若得好食香美菓蓏仰奉於母若得悪食萎菜乾果而自食之阿難見之心生歡喜偈讃此人善哉善哉善男子供養父母竒特難及有一梵志是六師徒黨其人聡辯悉能通達四圍陁典曆數筭計占相吉凶陰陽败變預知人心亦是大衆唱導之師多人贍奉執著邪論為利養故殘滅正法心懷嫉妬毀佛法衆語阿難言汝師瞿曇諸釋種子自言善好有大功德唯有空名而無實行汝師瞿曇實是悪人適生一七其母命終豈非悪人也逾出宫城父王苦惱生狂癡心迷悶躃地以水灑面七日方能醒悟云何今日失我所生舉聲大哭悲淚而言國是汝有吾唯有汝一子云何捨我入於深山汝師瞿曇不知恩分而不顧録遂前而去是故當知是不孝人父王為立宫殿納娶瞿夷而不行婦人之礼令其愁毒是故當知无恩分人阿難聞是語已心生慙愧乞食已還詣佛所頭面礼足却住一面合掌白佛言世尊佛法之中頗有孝養父母不耶佛語阿難誰教汝今發是問諸天神耶人耶非人耶汝為自以智力問於如来耶阿難言亦無諸天龍鬼神人及非人来見教也向者乞食道逢六師徒黨薩遮尼乹見毀罵辱阿難即以上事向如来説尒時世尊熈怡微笑從其面門放五色光過於東方无量百千万億佛土彼有世界名

日上勝其佛号曰喜王如来應供正遍知明行足善逝世間解无上士調御丈夫天人師佛世尊國名嚴盛其土平正琉璃為地黃金為繩以界道側七寶行樹其樹皆高盡一箭道花果枝葉次第莊嚴微風吹動出微妙音衆生樂聞无有猒足處處皆有流泉浴池其池清淨金沙布底八功德水盈滿其中其池四邊有妙香花波頭摩花分陁利花跋師迦花青黃赤白大如車輪而覆其上其池水中異類諸鳥相和而鳴出微妙音甚可愛樂有七寶舡亦在其中而諸衆生自在遊戲其樹林間敷師子座高一由旬亦以七寶而校飾之復以天衣重敷其上燒天寶香諸天寶花遍布其地喜王如来而坐其上結加趺坐彼國菩薩无量億千前後圍遶却住一面合掌向於如来異口同音俱發聲言惟願世尊哀慜憐愍以何因緣有此光明青黃赤白其色輝艶難可得覩從西方来照此大衆其有遇斯光者心意泰然惟願世尊斷我疑網佛

言諸善男子諦聽諦聽善思念之吾當為汝分別解說西方去此无量百千諸佛世界有世界名娑婆其中有佛号曰釋迦牟尼如来應供正遍知明行足善逝世間解无上士調御丈夫天人師佛世尊大衆圍遶今欲為諸大衆說大方便大報恩經為欲饒益一切諸衆生故為欲拔出一切衆生邪疑毒箭故為欲令初發意菩薩堅固菩提不退轉故為令一切聲聞辟支佛究竟一乘道故為諸大菩薩速成菩提報佛恩故欲令一切衆生念重恩故欲令衆生越於苦海故欲令衆生孝養父母故以是因緣故放斯光明尒時大衆中有十千菩薩一一菩薩皆是大衆唱導之師即從座起偏袒右肩右膝著地叉手合掌而白佛言惟願世尊加威神力令我等輩得往娑婆世界親近供養釋迦牟尼如来并欲聽大方便佛報恩微妙經典尒時彼佛告諸菩薩言善男子汝往娑婆世界若見彼佛應生供養恭敬難遭之想何以故釋迦如来於

無量百千万億阿僧祇刧難行苦行發大悲願若我得成佛時當於穢惡國土山陵堆阜瓦礫荊棘其中衆生具足煩惱五逆十惡於中成佛而利益之使斷一切苦獲一切樂成就法身永盡无餘其佛本願如是汝等今往當如佛往住如佛住諸菩薩衆俱發聲言如世尊勅一一菩薩各將無量百千万億諸菩薩衆以為眷屬前後圍遶往詣娑婆世界所經國土六種震動大光普照虛空神天雨曼陁羅花摩訶曼陁羅花放大光明神足感動恒沙世界復有無量百千万種諸天伎樂於虛空中不鼓自鳴是諸菩薩等往詣耆闍崛山到如来所頭面礼足遶佛三匝却住一面

尒時如来復放一光直照南方過八十万億諸佛國土有世界名曰光德彼中有佛号曰思惟相如来應供正遍知明行足善逝世間解無上士調御丈夫天人師佛世尊國名善淨其土平正琉璃為地黃金為繩以界道側七寶行樹其樹皆高盡一箭道花

果枝菓次第莊嚴微風吹動出微妙
音衆生樂聞无有猒足處處皆有流
泉浴池其池清淨金沙布底八功德
水盈滿其中其池四邊有妙香花波
頭摩花分陁利花跋師迦花青黄赤
白大如車輪而覆其上其池水中異
類諸鳥相和悲鳴出微妙音甚可愛
樂有七寶船亦在其中而諸衆生自
在遊戲其樹林間數師子座高一由
旬亦以七寶而校飾之復以天衣重
敷其上燒天寶香諸天寶花遍布其
地恩惟相如來而坐其上結加趺坐
彼國菩薩无量億千前後圍遶却住
一面合掌向於如來異口同音俱發
聲言惟願世尊哀愍憐愍以何因緣
有此光明青黄赤白其色輝豔難可
得喻從北方來照此大衆其有遇斯
光者心意泰然惟願世尊斷我疑網
佛言諸善男子諦聽諦聽善思念之
吾當為汝分別解說北方去此無量
百千諸佛世界有世界号名娑婆其
中有佛号曰釋迦牟尼如來應供正
遍知明行足善逝世間解無上士調

御丈夫天人師佛世尊大衆圍遶今
欲為諸大衆說大方便大報恩經為
欲饒益一切諸衆生故為欲拔出一
切衆生邪疑毒箭故為欲令初發意
菩薩堅固菩提不退轉故為令一切
聲聞辟支佛究竟一乘道故為諸大
菩薩速成菩提報佛恩故欲令一切
衆生念重恩故欲令衆生越於苦海
故欲令衆生孝養父母故以是因緣
故放斯光明
尒時大衆中有十千菩薩一一菩薩
皆是大衆唱導之師即從座起偏袒
右肩右膝著地叉手合掌而白佛言
惟願世尊加威神力令我等輩得往
娑婆世界親近供養釋迦牟尼如來
并欲聽大方便佛報恩微妙經典
尒時彼佛告諸菩薩言善男子汝往
娑婆世界若見彼佛應生供養恭敬
難遭之想何以故釋迦如來於无量
百千万億阿僧祇劫難行苦行發大
悲願若我得成佛時當於穢惡國土
山陵堆阜瓦礫荊棘其中衆生具足
煩惱五逆十惡於中成佛而利益之

使斷一切苦獲一切樂成就法身永
盡無餘其佛本願如是汝等今往當
如佛往住如佛住諸菩薩衆俱發聲
言如世尊勑一一菩薩各將无量百
千万億諸菩薩衆以為眷屬前後圍
遶往詣娑婆世界所經國土皆六種
震動大光普照虛空神天雨曼陁羅
花摩訶曼陁羅花放大光明神足感
動恒沙世界復有無量百千万種諸天
伎樂於虛空中不鼓自鳴是諸菩薩
等往詣耆闍崛山到如來所頭面礼
足遶佛三匝却住一面
尒時如來復放大光直照西方過无
量百千万億諸佛國土有世界名淨
住其佛号日月燈光如來應供正遍
知明行足善逝世間解無上士調御
丈夫天人師佛世尊國名妙喜其土
平正琉璃為地黄金為繩以界道側
七寶行樹其樹皆高盡一箭道花果
枝菓次第莊嚴微風吹動出微妙音
衆生樂聞無有猒足處處皆有流泉
浴池其池清淨金沙布底八功德水
盈滿其中其池四邊有妙香花波頭

摩花分陁利花跋師迦花青黄赤白大如車輪而覆其上其池水中有異類諸鳥相和悲鳴出微妙音甚可愛樂有七寶舩亦在其中而諸衆生自在遊戲其樹林間數師子座高一由旬亦以七寶而校飾之復以天衣重敷其上燒天寶香諸天寶花遍布其地日月燈光如來而坐其上結加趺坐彼國菩薩无量億千前後圍遶却住一面合掌向於如来異口同音俱發聲言惟願世尊哀慈憐愍以何因縁有此光明青黄赤白其色暉豔難可得喻從東方来照此大衆其有遇斯光者心意泰然惟願世尊斷我疑網佛言諸善男子諦聽諦聽善思念之吾當為汝分別解說東方去此無量百千諸佛世界有世界号名娑婆其中有佛号曰釋迦牟尼如來應供正遍知明行足善逝世間解无上士調御丈夫天人師佛世尊大衆圍遶今欲為諸大衆說大方便大報恩經為欲饒益一切諸衆生故為欲拔出一切衆生邪疑毒箭故為欲令初發

意菩薩堅固菩提不退轉故為令一切聲聞辟支佛究竟一乘道故為諸大菩薩速成菩提報佛恩故欲令一切衆生念重恩故欲令衆生越於苦海故欲令衆生孝養父母故以是因縁故放斯光明

尒時大衆中有十千菩薩一一菩薩皆是大衆唱導之師即從坐起偏袒右肩右膝著地叉手合掌而白佛言惟願世尊加威神力令我等輩得往娑婆世界親近供養釋迦牟尼如来并欲聽大方便佛報恩微妙經典

尒時彼佛告諸菩薩言善男子汝往娑婆世界若見彼佛應生供養恭敬難遭之想何以故釋迦如来於无量百千万億阿僧祇刧難行苦行發大悲願若我得成佛時當於穢惡國土山陵堆阜瓦礫荆棘其中衆生具足煩惱五逆十惡於中成佛而利益之使斷一切苦獲一切樂成就法身永盡无餘其佛本願如是汝等今往當如佛住住如佛住諸菩薩衆俱發聲言如世尊勑一一菩薩各將无量百

千万億諸菩薩衆以為眷屬前後圍遶往詣娑婆世界所經國土皆六種震動大光普照虛空神天雨曼陁羅花摩訶曼陁羅花放大光明神足感動恒沙世界復有无量百千万種諸天伎樂於虛空中不鼓自鳴是諸菩薩等往詣耆闍崛山到如来所頭面礼足遶佛三帀却住一面

尒時釋迦如来五色光明照於北方過五百万億那由他諸佛國土有世界名自在稱王其中有佛号曰紅蓮花光如来應供正遍知明行足善逝世間解无上士調御丈夫天人師佛世尊國名離垢其土清淨琉璃為地黄金為繩以界道側七寶行樹其樹皆高盡一箭道花果枝葉次第莊嚴微風吹動出微妙音衆生樂聞无有猒足處處皆有流泉浴池其池清淨金沙布底八功德水盈滿其中其池四邊有妙香花波頭摩花分陁利花跋師迦花青黄赤白大如車輪而覆其上其池中有異類諸鳥相和悲鳴出微妙音甚可愛樂有七寶舩亦在

其中而諸衆生自在遊戲其樹林間敷師子座高一由旬亦以七寶而校飾之復以天衣重敷其上燒天寶香諸天寶花遍布其地紅蓮花光如來而坐其上結加趺坐彼國菩薩无量億千前後圍遶却住一面合掌向於如來異口同音俱發聲言惟願世尊哀慈憐愍以何因緣有此光明青黄赤白其色暉豔難可得喻從南方來照此大衆其有遇斯光者心意泰然惟願世尊斷我疑網佛言善男子諦聽諦聽善思念之吾當為汝分別解說南方去此无量百千諸佛世界有世界号曰娑婆其中有佛号曰釋迦牟尼如來應供正遍知明行足善逝世間解无上士調御丈夫天人師佛世尊大衆圍遶今欲為諸大衆說大方便大報恩經為欲饒益一切諸衆生故為欲拔出一切衆生邪疑毒箭故為欲令初發意菩薩堅固菩提不退轉故為令一切聲聞辟支佛究竟一乘道故為諸大菩薩速成菩提報佛恩故欲令一切衆生念重恩故欲

報恩經第一卷　第十三張　丹役

令衆生越於苦海故欲令衆生孝養父母故以是因緣故放斯光明尒時大衆中有十千菩薩一一菩薩皆是大衆唱導之師即從座起偏袒右肩右膝著地叉手合掌而白佛言唯願世尊加威神力令我等輩得往娑婆世界親近供養釋迦牟尼如來并欲聽大方便佛報恩微妙經典

尒時彼佛告諸菩薩言善男子汝往娑婆世界若見彼佛應生供養恭敬難遭之想何以故釋迦如來於无量百千万億阿僧祇劫難行苦行發大悲願若我得成佛時當於穢惡國土山陵堆阜瓦礫荊棘其中衆生具足煩惱五逆十惡於中成佛而利益之使斷一切苦獲一切樂成就法身永盡無餘其佛本願如是汝等今往當如佛往住如佛住諸菩薩衆俱發聲言如世尊勅一一菩薩各將无量百千万億諸菩薩衆以為眷屬前後圍遶往詣娑婆世界所經國土皆六種震動大光普照虛空神天雨曼陁羅花摩訶曼陁羅花放大光明神足感

報恩經第一卷　第十四張　丹役

動恒沙世界復有无量百千万種諸天伎樂於虛空中不鼓自鳴是諸菩薩等往詣耆闍崛山到如來所頭面礼足遶佛三匝却住一面乃至四維上下十方諸來大菩薩摩訶薩衆各與若干百千眷屬俱至如來所供養恭敬尊重讚歎異口同音各說百千偈頌讚歎於佛讚歎佛已却住一面時娑婆世界即變清淨无諸山藪大小諸山江河池湖溪澗溝壑其中衆生尋光見佛歡喜合掌頭頂礼敬心生戀慕目不暫捨尒時世尊即攝光明遶身七匝還從頂入尊者阿難觀察衆心亦咸皆有疑欲願發如來方便密行故并欲為未來一切衆生開其慧眼故欲令一切衆生渡渴愛海得至彼岸永得安樂故欲令衆生念識父母師長重恩故即從座起整衣服偏袒右肩胡跪合掌而白佛言世尊阿難事佛已來未曾見佛笑笑必有意願佛示之願佛說之斷除如是大衆疑網

大方便佛報恩經孝養品第二

報恩經第一卷　第十五張　丹役

尒時大衆之中有七寶蓮花從地化
生白銀為莖黄金為葉甄叔迦寶以
為其臺真珠羅網次第莊嚴尒時釋
迦如来即從座起昇花臺上結加趺
坐即現淨身於其身中現五趣身一
一趣身有万八千種形類一一形類
現百千種身一一身中復有无量恒
河沙等身於四恒河沙等一一身中
復現四天下大地微塵等身於一微
塵身中復現三千大千世界微塵等
身於一塵身中復現於十方一一方
面各百千億諸佛世界微塵等數身
乃至虛空法界不思議衆生等身
尒時如来現如是等身已告阿難言
及十方諸来大菩薩摩訶薩及一切
大衆諸善男子等如来今者以正遍
知宣說真實之言法無言說如来以
妙方便能以无名相法作名相說如
来本於生死中時於如是等微塵數
不思議形類一切衆生中具足受身
以受身故一切衆生亦曽為如来父
母如来亦曽為一切衆生而作父母
為一切父母故常修難行苦行難捨

能捨頭目髓腦國城妻子象馬七珎
輦輿車乗衣服飲食卧具醫藥一切
給與勤修精進戒施多聞禪定智慧
乃至具足一切万行不休不息心无
疲倦為孝養父母知恩報恩故今得
速成阿耨多羅三藐三菩提以是緣故
一切衆生能令如来滿足本願故是
以當知一切衆生於佛有重恩有重
恩故如来不捨衆生以大悲心故常
修習有方便為一切三界二十五有
諸衆生中不思已功修平等慈常修
捨行方便亦明鑒一切衆生空法空
五陰空如是不退不没不沉空有修
實相方便故不捨二乗修遍學方便
以修如是甚深微妙方便故得明鑒
法相佛法初終始末非一然衆生昏
濁猖狂有三渴愛所覆没於苦海為
四倒之所顛倒於有漏法中妄想所
見無我見我无常見常無樂見樂不
淨見淨生老病死之所遷滅念念無
常五蓋十纏之所覆蔽輪迴三有具
受生死無有始終辟如循環是以如
来教迹隨宜三藏九部乃至十二部

經分流道化隨信深淺故說衆經典異
辯緣使封言者自以頻足已得涅槃
是以如来慈悲本懷顯大方便運台
十方一切有緣有緣既集於此大衆
中敷演散說此妙經典垂訓千載流
布像法使一切衆生常獲大安是故
如来乗機運化應時而生應時而滅
或於異刹稱盧舍那如来應供正遍
知明行足善逝世間解无上士調御
丈夫天人師佛世尊或昇兜率陁天
為諸天師或從兜率天下現於閻浮
提現八十年壽當知如来不可思議
世界不可思議業報不可思議衆生
不可思議禪定不可思議龍王不可思
議此是佛不可思議佛欲令一切衆
生知佛心者乃至下流鈍根衆生皆
令得知欲令一切衆生能得見者即
便得見欲令不得見者假令對目而
不能見正使聲聞緣覺有天眼通亦
不得見又佛放大光明下至阿鼻地
獄上至有頂所應度者皆令得見不
應度者對目不見有時如来或時許
可或時默然當知諸佛世尊不可思

識不可測量難可得知汝今云何能問如來如是甚深微妙難行苦行汝作是問真是大悲愍傷衆生開三惡道通人天路阿難善聽吾當為汝略說孝養父母苦行因緣

尒時世尊告於阿難及諸大菩薩摩訶薩一切大衆而作是言乃往過去無量无邊阿僧祇劫尒時有國号波羅柰彼中有佛出世号毗婆尸如來應供正遍知明行足善逝世間解无上士調御丈夫天人師佛世尊其佛壽命十二小劫正法住世二十小劫像法亦住二十小劫於像法中有王出世号曰羅闍王波羅柰國王有二万夫人大臣有四千人有五百健象王主六十小國八百聚落王有三太子皆作邊小國王

尒時波羅柰大王聡叡仁賢常以正法治國不枉人民惟王福徳力故風雨時節五穀豐熟人民優壤尒時波羅柰大王有一所重大臣名曰羅睺羅睺大臣心生惡逆起四種兵所謂象兵車兵馬兵步兵伐波羅柰國㫁

報恩經第六卷　第十九張　履

大王命巳煞王竟復遣四兵往詣邊國煞第一太子次復往収第二太子其宷小弟作邊小國王其小王者形體姝大端正殊妙仁性調善語常含笑發言利益不傷人意常以正法治國不邪枉人民國土豐樂人民熾盛多饒財寶家計充盈國土人民歎美其王稱善無量虛空諸天一切神祇亦皆敬愛尒時其王生一太子字須闍（梵本闍下音同）提聡明慈仁好喜布施須闍提太子者身黄金色七處平滿人相具足年始七歲其父愛念心不蹔捨

尒時守宮殿神語大王言大王知不羅睺大臣近生惡逆謀奪國位煞父王竟尋起四兵伺捕二兄巳斷命根軍馬不久當至大王今者何不逃命去也尒時大王聞是語巳心驚毛竪身體掉動不能自持憂恚懊惱噎哽煩悶心肝惱熱死轉躃地悶絶良久乃穌微聲報虛空中言卿是何人但聞其聲不見其形向者所宣審實尒不即報王言我是守宮殿神以王聡明福徳不枉人民正法治國以是之故

報恩經第六卷　第二十張　履

先相告語大王今者宜時速出苦惱衰禍正尒不久怨家來至

尒時大王即入宮中而自思念我今宜應歸投他國復自思惟向於隣國而有兩道一道行滿足七日乃到他國一道經由十四日即便減七日道粮徹服尋出去到城外而便還入宮中呼須闍提太子抱著膝上目不蹔捨粗復驚起而復還坐

尒時夫人見其大王不安其所似恐怖狀即前問言大王今者似恐怖狀何因縁故坐不安所身坌塵土頭髮蓬乱視瞻不均氣息不定如似失國恩愛別離怨家欲至如是非祥之相願見告語王言吾所有事非汝所知夫人尋白王言我身與王二形一體如似鳥之兩翅身之兩足頭之二目大王今者云何而言不相關預王告夫人汝不知耶羅睺大臣近生惡逆煞父王竟伺捕二兄亦斷命根今者兵馬次來収我今欲逃命即便抱須闍提太子即出進路

尒時夫人亦隨後從去時王荒錯心

報恩經第六卷　第二十一張　履

意迷乱誤入十四日道其道險難无
有水草前行數日粮糒已盡本意感
一人分粮行七日道今者三人共食
誤入十四日道數日粮食已盡前路
猶遠是時大王及與夫人舉聲大哭
怪哉怪哉苦哉苦哉從生已來常未
曾聞有如是苦如何今日身自更之
今日窮厄衰禍已至舉手拍頭塵土
自坌舉身投地自悔責言我等宿世
造何惡行為煞父母真人羅漢為謗
正法壞和合僧為畋獵漁捕輕秤小
斗劫奪衆生為用招提僧物云何今
日受此禍對正欲小停懼怨家至若
為怨得必死不疑正欲前進飢渴所
逼命在呼噏
尒時大王及與夫人思是苦已失聲
大哭王悲悶絶舉身躃地良久醒悟
復自思惟不設方便三人併命不離
此死我今何不煞於夫人以活我身
并續子命作是念已尋即拔刀欲煞
夫人其子須闍提見王異相右手捉
刀欲煞其母前捉王手語父王言欲
作何等

尒時父王悲淚滿目微聲語子欲煞
汝母取其血肉以活我身并續汝命
若不煞者亦當自死我身今者死活
何在今為子命欲煞汝母
尒時須闍提即白父言王若煞母我
亦不食何處有子噉於母肉既不噉
肉子俱當死父王今者何不煞子濟
父母命王聞子言即便悶絶死轉躃
地微聲語子子如吾目何處有人能
自挑目而還食也吾寧喪命終不煞
子噉其肉也
尒時須闍提諫父王曰父王今者若
斷子命血肉臭爛未堪幾日惟願父
母莫煞子身欲求一願若見遠者非
慈父母
尒時父王語太子言不逆汝意欲願
何等便速說之須闍提言父母今者
為愍子故可日日持刀就子身上割
三斤肉分作三分二分奉上父母一
分還自食之以續身命
尒時父母即隨子言割三斤肉分作
三分二分父母一分自食以支身命
得至前路二日未至身肉轉盡身體

肢節骨髓相連餘命未斷尋便倒地
尒時父母尋前抱持舉聲大哭復發
聲言我等无狀横噉汝肉使汝苦痛
前路猶遠未達所在而汝肉已盡今
者併命聚屍一處
尒時須闍提微聲諫言已噉子肉進
路至此計前里程餘有一日子身今
者不能移動捨命於此父母今者莫
如凡人併命一處仰白一言為憐愍
故莫見拒逆可於身諸節間淨刮餘
肉用濟父母可達所在尒時父母即
隨其言於身肢節更取少肉分作三
分一分與兒二分自食食已父母別
去須闍提起立住視父母父母尒時
舉聲大哭隨路而去父母去遠不見
須闍提太子戀慕父母目不暫捨良
久躃地身體當時新血肉香於十方
面有蚊蝱聞血肉香來封身上遍體
唼食楚毒苦痛不可復言
尒時太子餘命未斷發聲立誓願宿
世殃惡從是除盡從今已往更不敢
作今我此身以供養父母濟其所重
願我父母常得十一餘福卧安覺安

不見惡夢天護人愛縣官盜賊陰謀
消滅觸事吉祥餘身肉血施此諸蚊
虻等皆使飽滿令我來世得成作佛
得成佛時願以法食除汝飢渴生死
重病發是願時天地六種震動日無
精光驚諸禽獸四散馳走大海波動
須弥山王踊沒低昂乃至忉利諸天
亦皆大動時釋提桓因將欲界諸天
下閻浮提怯怖須闍提太子化作師
子虎狼之屬張目齜齒咆地大吼波
踊騰躑來欲搏嚙
尒時須闍提見諸禽獸作大威勢微
聲語言汝欲噉我隨意取食何為見
恐怖耶尒時天王釋言我非師子虎
狼也是天帝釋故來試卿尒時太子
見天王釋歡喜無量尒時天王釋問
太子言汝是難捨能捨身體血肉供
養父母如是功德為願生天作魔王
梵王天王人王轉輪聖王須闍提報
天王釋言我亦不願生天作魔王梵
王天王人王轉輪聖王欲求無上正
真之道度脫一切衆生天王釋言汝
大愚也阿耨多羅三藐三菩提久受

報恩經第一卷　第二十五張　霞

勤苦然後乃成汝云何能受是苦
也須闍提報天王釋言假使熱鐵輪
在我頂上旋終不以此苦退於无上
道天王釋言汝惟空言誰當信汝須
闍提即立誓願若我欺誑天王釋者
令我身瘡始終莫合若不尒者令我
身體平復如本血當反白為乳即時
身體平復如故血即反白為乳身體
形容端正倍常起為天王釋頭面礼足
尒時天王釋即歎言善哉善哉吾不
及汝汝精進勇猛會得阿耨多羅三
藐三菩提不久若得阿耨多羅三藐
三菩提時願先度我時天王釋於虛
空中即沒不現尒時王及夫人得到
隣國時彼國王遠出奉迎供給所須
釋意與之尒時大王向彼國王說上
事因緣如吾子身肉孝養父母其事
如是時彼隣國王聞是語已感須闍
提太子難捨能捨身體肉血供養父
母孝養如是感其慈孝故即合四兵
還與彼王伐羅睺羅尒時大王即將
四兵順路還歸至與須闍提太子別
處即自念言吾子亦當死矣今當收

報恩經第一卷　第二十六張　霞

取身骨還歸本國舉聲悲哭隨路求
覓遥見其子身體平復端正倍常即
前抱持悲喜交集語太子言汝猶活
也尒時須闍提具以上事向父母說
父母歡喜共載大象還歸本國以須
闍提福德力故伐得本國即立須闍
提太子為王佛告阿難尒時父王者
今現我父輸頭檀是尒時母者今現
我母摩耶夫人是尒時須闍提太子
者今則我身釋迦如來是尒時天王
釋者阿若憍陳如是說此孝養父母品
時衆中有二十億菩薩皆得樂說辯
才利益一切復有十二万億菩薩皆得
無生法忍復有十方諸來微塵等數
皆得陁羅尼門復有恒河沙等微塵
數諸聲聞緣覺捨離二乘心究竟一
乘復有微塵數優婆塞優婆夷或得
初果乃至二果復有百千人發阿耨
多羅三藐三菩提心復有諸天龍鬼
神乾闥婆阿修羅迦樓羅緊那羅摩睺
羅伽人非人等或發菩提心乃至聲聞
辟支佛心佛告阿難菩薩如是為一切
衆生故難行苦行孝養父母身體血

報恩經第一卷　第二十七張　霞

肉供養父母其事如是一切大衆聞
佛說法各得勝利歡喜作礼右遶
而去

大方便佛報恩經卷第一

壬寅歲高麗國大藏都監奉
勑雕造

大方便佛報恩經卷第一

校勘記

一 底本，麗藏本。

一 五七一頁上二行，石作「後漢失譯」。第五字「在」，資、磧、南、徑、清作「出」。

一 五七一頁上一四行第七字「滿」，資、磧、南、徑、清作「門」。

一 五七一頁上一七行末字「得」，石無。

一 五七一頁中二一行第一〇字「改」，資、磧、南、徑、清作「叉」。

一 五七一頁下六行末字「日」，資、作「日生」；磧作「生」。

一 五七一頁下七行第四字「生」，資、磧、南、徑、清作「天」。

一 五七一頁下一三行第一二字「食」，諸本(不包括麗下同)作「食得」。

一 五七一頁下二〇行第九字「乾」，南、徑、清作「乾子」。

一 五七二頁上八行「布底」，資、磧、南、徑、清作「布地」，下同。

一 五七二頁上一〇行第八字及次頁上五行第八字「跋」，石作「婆」。

一 五七二頁上一八行第一三字「住」，資、磧、南、徑、清作「坐」。

一 五七二頁上一九行「合掌」，資、磧、南、徑、清作「合掌恭敬」，下同。

一 五七二頁中三行「名娑婆」，石作「名曰娑婆」，下同。

一 五七二頁下一三行「百千万」，石作「百千」，下同。

一 五七三頁下一五行第五字「曰」，資、磧、南、徑、清無。

一 五七四頁下九行第六字「來」，南、徑、清作「來放」。

一 五七四頁下二二行第四字「池」，石、南、徑、清作「池水」。

一 五七五頁上一四行第四字「曰」，資、磧、徑、清作「名」。

一 五七五頁上一九行從第三字「爲」二〇行首字「故」，資、磧、南、徑、清無。

一　五七五頁下一行第一三字「種」，資、磧、南、徑、清作「億」。
一　五七五頁下九行「諸山」，南作「量諸山林」，徑、清作「諸林」。
一　五七五頁下末行「大方便佛報恩經」，徑、清無。
一　五七六頁上一三行第七字「不」，石作「不可」。
一　五七六頁中一行末字「珎」，諸本作「寶」。
一　五七六頁中六行第一四字「緣」，資、磧、南、徑、清無。
一　五七六頁中一〇行第二字「習」，資、磧、南、徑、清作「集」。
一　五七六頁下一行末字「異」，資、磧、南、徑、清無。
一　五七六頁下二行第六字「者」，資、磧、南、徑、清作「者著」。
一　五七六頁下二行第一一字「已」，資作「令」。
一　五七六頁下三行「本誓」，石作「發本誓願」。
一　五七六頁下七行「乘機」，資、磧、南、徑、清作「垂權」。
一　五七六頁下八行第二字「於」，石無。
一　五七六頁下一四行第一二字「王」，資、磧、南、徑、清無。
一　五七六頁下一七行第一〇字「能」，資、磧、南、徑、清無。
一　五七六頁下二二行首字「應」，資、南作「得」。
一　五七七頁上四行「善聽」，磧無。
一　五七七頁中一〇行夾註，諸本無。
一　五七七頁中一五行第五字「四」，資、南作「軍」。
一　五七七頁中末行「以是之」，資、磧、南、徑、清作「我以是」。
一　五七七頁下二行「怨家來至」，資、磧、南、徑、清無。
一　五七七頁下一四行末字「相」，磧作「想」。
一　五七八頁上七行第一三字「吏」，石、資、磧、南、徑、清作「受」。
一　五七八頁上一七行第八字「身」，資、磧、南、徑、清作「聲」。
一　五七八頁中二行「以活我身」，資、磧無。
一　五七八頁中二行第一一字「并」，資、磧、徑、清作「以」。
一　五七八頁中一二行「王曰父王」，資、磧、南、徑、清作「母言父母」。
一　五七八頁中一三行第九字「堪」，石、資、磧、南、徑、清作「得」。
一　五七八頁中一四行第九字「願」，資、磧、南、徑、清作「願願莫見違」。
一　五七八頁中二二行第四字「分」，石作「分以奉」。
一　五七八頁下一行第四字「髓」，資、磧、南、徑、清作「體」。
一　五七八頁下一〇行第一三字「刮」，資、磧、南、徑、清作「割」。
一　五七八頁下一七行「當時」，資、磧、南、徑、清無。
一　五七八頁下一八行第二字「有」，資、磧、南、徑、清作「有諸」。

一 五七九頁上八行第五字「時」，石作「尒時」。

一 五七九頁上一〇行第一〇字「咆」，南、徑、清作「跑」。

一 五七九頁上一四行「天王」，石、南、徑、清作「天帝」，下同。

一 五七九頁上一七行第一二字「血」，資、磧、南、徑、清作「骨」。

一 五七九頁中一行第七字「汝」，資、南、徑、清作「汝今」。

一 五七九頁中七行「身體」，資、磧、南、徑、清無。

一 五七九頁中七行第六字「本」，諸本作「故」。第九字「反」，石作「變」。

一 五七九頁中二一行第八字「羅」，資、磧、南、徑、清無。

一 五七九頁中二二行第七字「至」，諸本無。

一 五七九頁下三行第一三字「猶」，資、磧、南、徑、清作「今」。

一 五七九頁下八行第五字「輸」，資、磧、南、徑、清作「悦」。

一 五七九頁下一三行第一一字「億」，資、磧、南、徑、清無。

一 五七九頁下一六行第一一字「心」，資、磧無。

一 五八〇頁上一行第三字「養」，資、磧、南、徑、清作「給」。

大方便佛報恩經對治品第三　卷第二

尒時世尊處在大衆猶如日輪光明赫弈隱蔽衆星猶如大龍蟠蘭椿輪精練衆爛觀之眼眩思之意亂威光晃曜色無等喻猶熒火光日出不現日月雖有百千光明方於帝釋譬如聚墨帝釋雖有身倂妙光方大梵王所有光明猶如丸礫方於夜光摩尼寶珠大梵天王雖有倂妙百千光明方於如來所有光明亦如聚墨何以故如來圓光七尺乃能遠照十方世界其中衆生遇斯光者盲者得視僂者得申拘躄衆生即得手足邪迷衆生得覩真言以要言之諸不稱意皆得如願

尒時會中有七十大菩薩摩訶薩即從座起頭面礼佛遶百千帀却住一面異口同音説百千偈讚歎如來其名曰不思議菩薩離覺音菩薩惟念安菩薩離垢稱菩薩無量音菩薩大名聞菩薩明寶鳥菩薩堅師子菩薩獨遊步菩薩捨所念菩薩及智積菩薩意善住菩薩無極相菩薩慧光曜菩薩珍強意菩薩能擁護菩薩至誠英菩薩蓮華界菩薩衆諦安菩薩聖慈業菩薩持功勳菩薩無思議菩薩淨梵施菩薩寶事業菩薩處天華菩薩善思惟菩薩無限法菩薩名聞意菩薩已辯積菩薩自在門菩薩十種力菩薩有十力菩薩無所越菩薩大聖慈菩薩遊寂然菩薩在於彼菩薩無數天菩薩須弥光菩薩極重藏菩薩因超越菩薩而獨步菩薩威神勝菩薩大部界菩薩以山讓菩薩持三世菩

薩有功勳菩薩宣名稱菩薩曰光明菩薩師子英菩薩時節王菩薩師子藏菩薩示現有菩薩光遠照菩薩山師子菩薩有取捨菩薩莫能勝菩薩為寂幢菩薩喜悅稱菩薩堅精進菩薩無損減菩薩有名稱菩薩無恐怖菩薩無著天菩薩大明燈菩薩世光曜菩薩微妙音菩薩執功德菩薩除闇冥菩薩無等倫菩薩各於佛前發誓願言我等於世尊滅度之後護持佛法於十方界廣令流布使不斷絶何以故我等今日覩如來不可思議妙色光明於光明中皆得聞不思議佛法既聞法已離於心障累結永消身心清淨晃如天金萬品斯照我等思惟如是等功德利故於如來所生大師想生慈父想常念佛恩當報佛恩何以故得聞正法不久當坐道場轉正法輪度脫一切衆生皆令以得聞法故得成阿耨多羅三藐三菩提尒時釋迦如來告一切大衆言是七十大菩薩摩訶薩久於過去無量百千萬億微塵阿僧祇劫數中已曾供養無量百千萬億恒河沙世界微塵數諸佛於諸佛所常修梵行供養諸佛心無疲倦以慈修身善護佛法不捨大悲常於十方利益一切若有衆生臨命終時若聞一菩薩名若二若三若四乃至七十稱名歸命者命終即得往生有佛國土蓮華化生遠離婬欲不處胞胎離諸臭穢其身清淨有妙香氣衆所恭敬人所愛念為人所敬心愛念故其心歡喜以歡喜心故即能發於阿耨多羅三藐三菩提心以發阿耨多羅三

藐三菩提心能於一切衆生起大慈悲心以發
慈悲心已次亦生於利益衆生心以能利
益衆生心已復能發於不捨衆生心利益衆
生心自利利彼心賊除障礙心寂靜煩惱心
能親近善友常生恭敬尊意聽法心憶持
不忘思惟妙義心願少聞多解義心不願
於多聞而不解義心次生信如心信如實
義心以生如實義心已次生如說修行心以生
如說修行心已次生不退轉心以生不退轉心已
於諸衆生即生平等對治心如我不喜死一切三
界二十五有有形無形四足多足乃至蟻子有
命之屬亦復如是是故菩薩乃至自喪身命
終不枉奪他命如我有錢穀帛衣被飲食象
馬車乘國城妻子身體手足供養擁護不
喜他人橫來侵害者一切衆生亦復如是是
故菩薩乃至自喪身命終不於諸衆生衣財
飲食生於劫奪之心如我不喜他人欺誑斷
我妙色姊妹妻妾者一切衆生亦復如是是
故菩薩乃至喪身失命於他美色不生邪念
染汙之心況行姧惡如我不喜面毀兩舌惡
口一切衆生亦復如是是故菩薩乃至喪失
身命終不妄言兩舌鬬亂彼此如我不喜杖
石鞭打榜笞拷掠者一切衆生亦復如是是
故菩薩乃至喪失身命終不杖石楚毒拷掠
衆生如我不喜相械枷鏁杻械繫閉縛勒諸
苦惱者一切衆生亦復如是是故菩薩乃至
喪失身命終不枷鏁繫閉杻械衆生如我不
喜為人所逆強力追憎威恩所逼恃怙刑勢

壓伏截過不令而自炳訟自顯清白者一切衆
生亦復如是是故菩薩乃至喪失身命終不
非理加於衆生如我為人之所供養尊重讚
歎令我歡喜者我亦當常布施衆生衣被飲
食卧具醫藥一切樂具若我造作大事若佛
事法事僧事智力有限不能令其成辦憂
愁苦惱若有智者見我如是憂愁懊惱不
能令事得辦便報我言善男子莫憂愁也
我當供辦稱意所須令汝事辦我聞是語
心生歡喜是故我亦當常勸化衆生利益衆
生如我為王賊水火縣官所逼若繫閉心生
愁毒復有智者見我如是遇衆苦難便往我
所善言誘喻若言莫愁苦也我當為汝求哀
國王若諸大臣若供給財賄若設餘方便令汝
解脫使無畏惱我聞是語心生歡喜是故菩
薩常當勤脩伎藝多聞功能音樂倡伎曆數
筭計呪術仙藥服乘象馬兜牟稍箭出陣入陣
有大功武我有如是衆妙技藝一切衆人若王
大臣不敢違逆我意兼我復有衣財飲食
珠環釵釧金銀瑠璃珊瑚琥珀硨磲碼碯真珠
玫瑰摩尼寶珠象馬輦轝幢僕作使宮人
美女流泉浴池七寶臺觀如是種種微妙無
量百千菩薩雖有如是威武隨意技藝百千
寶藏象馬車乘無量美色勝妙臺觀流泉
浴池一切五欲樂具心不貪著而常少欲知足
好樂閑靜山林樹下安禪靜默雖處大衆言
談語論而心常入對治門中雖與衆生和光
塵俗出內財產生業自利終不為惡利益衆

生若有貧窮及諸苦惱來從菩薩求索所
須菩薩隨意稱心給與菩薩若見有衆生愛
樂佛法而來親近供養承事奉侍洗足按
摩澆灌乾曬楊枝澡水拂拭牀敷卷疊被枕
初夜後夜供給燈燭前食後食歎波那食蒲
闍尼食佉陀尼食及諸漿飲所謂與利師漿
顏勤奢菓漿蒲桃漿黑石蜜漿如是承事乃
至一七至九十日為欲求請菩薩聽聞佛法菩
薩尒時雖見是人如是供給心不歡喜何以故
菩薩久於無量阿僧祇劫中為求佛法故我
為一切衆生心無增減故以慈悲心故住平等
心故尒時作轉輪聖王常以十善導化一切衆
生為我意故歡喜奉行命終之後得生人天
受微妙五欲快樂尊嚴豪貴隨心適意卧起
天宮服乘鞍馬遊戲園苑伎樂自娛歡喜飲
食無常卒至老病喪亡家室男女愁毒懊惱
舉聲大哭以手推胷或時拔髮坌灰土悶
絕躃地持幡乘車啼哭送之殯埋既竟室家
男女手相扶侍還歸本家愁毒悶絕良久
躃地或時致病或時狂癡或時致死於生者
大損於死者無益是時轉輪聖王前後導
從案行國界見諸衆生受斯苦惱愍而哀
傷而作是言夫為王者主領國土攝諸衆生
雖以十善導化果得如是微妙五欲而不免
生老病死無常敗壞當知我雖以正法治國
無益於物若無益於物云何名為大轉輪王
云何復名為大慈父云何復名為大醫王云何
復名為大導師夫導師者導以王路示涅槃

經使得無為常得安樂我等今者名不稱行
譬如有人渴乏垂命東西馳走求索冷水遇
見空井心生歡喜而作是念今我此身便為
更生何以故若不得水命終不遠今見好井
必其望得清淨冷水濟我虛渴運急之命
作是念已馳奔往取往到井上眺所著衣舉
著一處入井取水而不得水唯見毒蛇守宮
蚰蜒百足之屬瓦礫荊棘及諸草穢尒時渴
人失本願故既不得水眾毒螫身尋欲出
井其井朽故陷墜嶮巖其朽故井深一箭道
既無梯隥繩索枝木雖復勇身上昇勢不能
高氣力羸惙還墮井底為諸毒虵之所唼食
命未斷頃而作是言我若先知此井無水
尚不眼覩而況往取今日苦毒為井所誤
尒時轉輪聖王見諸人民室家男女恩愛分離
受苦惱時而作是言今我身者喻如空井雖
有井名而無有水現有所趣而無所獲喪失身
命苦惱如是我今雖處於轉輪聖王之位七
寶具足十善導化正法治國令諸眾生生人
天中受於微妙五欲快樂故未能免生老病死
恩愛分離怨憎和合憂悲苦惱更相哭泣然
是我過非眾生咎所以者何以我無有出世間
法利益一切眾生雖從於我諮受善法望獲
安樂而實不能越於苦海尒時轉輪聖王復
作是念我身今者喻如無智大癡施主尒時
施主值天大旱七年不雨樹木燋乾時世飢饉
穀米勇貴人民飢餓互相茹食飲血噉肉更
相殘害枉濫無辜或父食子或子食父父母

兄弟妻息男女更相食噉尒時太施主遊行
觀看見諸眾生飢餓顛頓羸瘦戰掉氣力
虛微顏貌顦顇頭髮蓬亂形體瘦黑於其肩
上或見擔揭純是死人所有頭手節腕臂肘
脊脅肩臂髖蹲足指或是肝膽腸胃時大
施主微聲問言汝所擔揭者是何物也答言
我所擔者是死人頭手臂肘節腕也問言
汝擔是死人臂肘節腕何所作為答言汝不知
也天時亢旱時世飢饉穀米踊貴人民飢餓乏
相食耳我所擔者是我飲食尒時施主聞是
語已心驚毛竪悶絕躃地以冷水灑面良久方
穌復更問言雖是汝食是何人肉尒時餓人聞
是語已舉聲大哭憂恚斷絕報施主言不可
言也痛哉痛哉怪哉怪哉大施主我今情實
相語我所擔者或言是父或言是母或言妻
子或言兄弟宗親骨肉尒時諸飢餓人各各
以情實自說因緣大施主更無餘事我等以
飢餓因緣故還相噉食耳尒時施主聞是語
已歎氣歎息報眾人言汝等今者莫共相
食噉也若有所須衣被飲食種種湯藥所須
之物却後一七汝等大眾皆集我家我當隨汝
所須衣被飲食病瘦湯藥稱意給與眾人聞
已心生歡喜歎言善哉善哉未曾有也
尒時施主還到其家喚其夫人及其子息僮
僕作使一切皆集於眾人中和顏悅色發柔耎
言告諭妻子及諸作使汝等應當至心聽我
所說汝等知不天時炎旱時世飢儉人民飢
餓死者無數我等居家庫藏盈滿穀米無

量可共及時種福田耶妻子聞已善哉善哉
快善無量我等身命亦隨施主況於大藏錢
財飲食也尒時施主心生歡喜汝等今者真
是我無上道伴善哉善哉汝等諸人應當各
各而自處分隨所應作隨所應為應作者便
作應為者速為却後一七必令成辦尒時施
主一一處分已竟即自出外處處觀看何處
當有平地寬博安施壇施即時安著清淨之
處除去沙鹵株杌荊棘其地清淨安施牀敷
氍氀毾㲪即時安施大眾坐處已嚴駕五百大
象負載飲食運趣施壇飲食如山乳酪如池膏
油餅脯種種餚饍百味具足兼有種種衣服珠
環嚴飾象馬七珍種種具足莊嚴已竟却後一
七明相舉時亦於七日朝椎鍾鳴鼓吹大蠡貝
高聲唱言一切大眾皆來集於大施主壇
尒時眾人聞是唱聲心生歡喜如蒙賢聖
聞是語已尋聲往趣大會施壇隨意所取
衣被飲食珠環釵釧百種湯藥象馬七珍隨
所好憙恣意選取尒時施主所施之物眾人持
去已盡尒時施主心生歡喜已即還歸家室
家妻子歡喜受樂五欲自娛却後一七聞外
人言先所受施衣被飲食者皆藥發而死或
因死者皆發是言怪哉怪哉是大施主雖有
慈愍供給所須衣被飲食雖復當時充飢解
渴得濟身命於後數日藥發喪命時大施主
憂恚懊惱問其妻子汝等云何成熟飲食使
惡毒藥今墮食中妻子作使諸僮僕等皆言
不尒若不尒者毒從何來答言不審尒時施

主輦自撿挍即入家中次第案行見一井水見覆
蓋頭問諸人言此是何井家人答言此是施主
於小兒時養三毒蛇穿此一井安置其中此
井是毒蛇住處水亦是毒飲者殺人施主見
已問作使言汝等先作食時不取此井水用
作食也作使答言飲食猥多當時遑急汲取
此水用作飲食大施主言怪哉怪哉如我今
者愚癡無智云何養此毒蛇作此毒井告
語妻子速往塡塞中三毒蛇者為吾燒殺是
時作使速往除滅尒時施主滅毒井已出外
觀看見受施主藥發而死異口同音皆言
坐此施者與我毒食令我早喪身命我若
先知此食有毒者終不敢食尒時施主聞
是語已心生懊惱如彼轉輪聖王雖復十善
導化令諸衆生得生人天雖受如是微妙五欲微
妙快樂猶未能免生老病死時轉輪聖王
尋發願言我今應當求索無上佛法出世
間法令諸衆生讀誦識習遠離生死得至涅槃
尒時轉輪聖王為求佛法故於閻浮提遍處
宣令誰解佛法大轉輪王欲得說習處處宣
令皆云言無到一邊小國中有一婆羅門解知
佛法尒時使者遲往諸彼至婆羅門所問言
大德解佛法耶答言解耳尒時使者頭面礼
足報言大師大轉輪王欲相顧命唯願大師
屈神德往至彼轉輪王所時轉輪王遠出奉
迎頭面礼足問訊起居日月涉塗路得無疲倦
也即請入宮於正殿上敷王御座前請大師願
坐此座時婆羅門即昇妙座結跏趺坐

尒時大王見於大師端坐已定供給所須施安
已竟合掌向於婆羅門白言大師解佛法耶
時婆羅門報言吾解佛法尒時大王報言
大師為我解說婆羅門言王大愚也吾學
是佛法久受勤苦因乃得成今者大王云何
直欲得聞尒時大王白大師言欲須何物婆羅
門言與我供養王言所須供養為是何物衣
被飲食耶金銀珎寶耶婆羅門言吾不須如
是供養王言若不須如是供養者象馬車
乘耶國城妻子耶音樂倡伎耶婆羅門言
吾都不用如是供養也若能就王身上剜作
千瘡灌滿膏油安施燈炷然以供養者吾當
為汝解說佛法若不能者吾欲起去王未荅
頃尋下高座尒時大王即前抱持報言大師
小復留懷今我智慧微淺功德薄少小須自
思惟當奉供養
尒時轉輪聖王即自思惟而作是念我從無
始世界已來喪身無數未曾為法今我此身
當歸壞敗都無所為今日正是其時仰報大
師言所須供養者當速辦之尒時大王即入宮
中報諸夫人而我今者共汝等別時諸夫人
聞王語已心驚毛竪莫知所由微聲問王王
欲何去王言今者我身欲剜作千燈供養
大師時諸夫人聞王語已死轉躃地舉聲大
哭悶絕吐逆良久穌息報大王言天下所重
莫若己身恭敬尊重隨時將養懼畏不適
今者云何毀害捐棄王是智人而於今日如似
顛狂鬼魅所著耶王言不也若不尒者何緣

如是作此苦惱供養是婆羅門何所為也王
報夫人欲求佛法為一切衆生皆為一切衆生
今日云何便見孤棄王報諸夫人言天下恩
愛皆當別離是故吾今以身供養欲為汝
等及一切衆生於大闇室然大智燈照汝生
死無明黑闇斷衆累結生死之患超度衆難
得至涅槃故汝等諸人今者云何違逆我心
時諸夫人聞王語已默然不對心悲鬱壹舉
聲大哭自拔頭髮爪攫面目復發聲言我等
薄相生亡我所大王有五百太子悉皆端正聰
明智慧人相具足其父愛念踰如眼目尒時
大王語諸子言我於今日欲設供養恐身
命不濟與汝等別國土人民所有王法從大
者始時諸太子聞是語已身體支節筋脉
抽切譬如人噎又不能咽復不能吐微聲問父
王言今日云何永棄孤背時諸太子前抱王
頭或捉手足舉聲悲哭怪哉怪哉今日云何
永失覆護尒時大王諫曉諸子即為宣說天
下恩愛皆有別離諸子言雖如父王所說心
情戀慕不能捨離大王今日當賜一願令諸
子等持此身命奉上大王為王供養婆羅門
師王言諸子幼稚未有所識未能堪辦如是
供養如我今者遠請大師許相供養不得違
惜夫為孝子不違父意汝今云何違逆我心
時諸太子聞是語已舉聲號哭驚動神祇
舉身投地如大山崩尒時大王復與諸小國
王一切辭別還至殿上往大師所脫身瓔珞上
妙衣服舉著一面端身正坐告諸大臣諸小

國王五百太子二萬夫人汝等今者誰能
為吾剜身千瘡夫人太子及諸群臣皆共
同心而作是言我等今者寧以利刀自剜兩
目終不能以手剜王身也尒時大王心生憂惱
而我今者單子孤露大衆之中乃無一人見佐
助也尒時大王有一旃陁羅其性弊惡人所
怖畏尋聲往趣語太子言且莫憂苦也我
有方便能令大王事不得成若不成事還王
領國如本不異諸太子聞是語已心生歡喜
時旃陁羅往到王前語大王言大王今者何所
作為剜身千燈供養大師時旃陁羅言欲剜
身者我能為之王聞是語心生歡喜報旃陁
羅言汝今真是我無上道伴時旃陁羅
即在王前瞋喚嗒張高聲唱言大王當知
殺人之法斷頭截頸割斷手足抽筋拔肋苦
痛如是大王今者能堪是不王聞是語心懷歡
喜時旃陁羅持牛舌刀就王身上於胸速須
遍體剜作數滿千瘡時旃陁羅謂王意退而
返不移投刀於地馳走而去
尒時大王於身諸瘡灌滿膏油已取上妙細
㲲纏以為炷尒時婆羅門大師見於大王作
是事已作是念言我今應當先為大王宣
說佛法何以故大王今當然身諸燈恐命不
濟命若不濟誰當聽法思惟是已告大王言
精進如是難為能為修此苦行為聞佛法
諦聽諦聽善思念之今當為王宣說佛法王
聞是語心大歡喜譬如孝子新喪父母其子
愁毒苦不可言父母還活其子歡喜王聞是

語亦復如是時婆羅門即便為王而說半偈
謂與衰法
夫生輙死　此滅為樂
王聞法已心生歡喜告諸太子及諸大臣而作
是言諸人若於我有慈愍心者應為我書持
是法於諸國土處處聚落有人民處城市巷
陌宣大王命諸人當知大轉輪王見諸人民一切
衆生沒於苦海未能出要於諸衆生起大
悲心剜身千燈求此半偈諸人今當感大
王大慈悲心應當書寫此偈誦讀覩習思
惟其義如說修行諸人聞是語已心生歡
喜異口同音讚大王言善哉善哉王真是大
慈悲父母為諸衆生修此苦行我等應當速
往書寫或紙或帛或於石上或於樹木瓦礫
草葉溪徑要路多人行處亦皆書寫其見
聞者皆發阿耨多羅三藐三菩提心
尒時大王即然千燈供養大師其明遠照十方
世界其燈光中亦出音聲說此半偈其聞法
者皆發阿耨多羅三藐三菩提心其光上
照乃至忉利天宮其燈光明悉能隱蔽諸天
光明時忉利天王見此光明遠照天宮即作
是念以何因緣有此光明即以天眼觀於世
間見是大轉輪王以大慈悲熏修其心為一
切衆生故剜身千燈供養大師為度一切衆
生故是故我等今當往於世間勸誡佐助令
心歡喜即下世間化作凡人往詣王所問大王
言剜身千燈修此苦行為求半偈何所作為
報言善男子我為一切衆生故今發阿耨多

羅三藐三菩提心尒時化人即復釋身光明
威曜儼然炳著時天帝釋報大王言作是供
養願求天王耶魔王梵王耶是時轉輪聖
王報天帝釋言我亦不求人天尊貴正欲求
阿耨多羅三藐三菩提為一切衆生故不安
者安未解者解未度者度未得道者欲令
得道天帝釋言大王今者不乃愚耶求阿耨
多羅三藐三菩提者久受勤苦乃可得成汝
云何欲求無上道耶報天帝釋言假使熱鐵
輪在我頂上旋終不以此苦退於無上道汝
雖發是言吾不信也時轉輪聖王即於天帝
釋前立此誓言我若不真實求於阿耨多
羅三藐三菩提欺誑天帝釋者使我千瘡
終無愈時若不尒者血當為乳千瘡平復說
是語時即復如故天帝釋言善哉善哉大王
真是大悲修大悲者如是苦行不久當得阿
耨多羅三藐三菩提得三菩提時要先度我
時天帝釋放大光明遍照王身與百千諸天
俱時發阿耨多羅三藐三菩提心五百太子
見其父王身瘡平復歡喜無量即前頭面礼
足却住一面合掌向父異口同音俱發聲言未
曾有也今者父王真是大悲愍傷一切王報太
子汝等若是孝子者當發阿耨多羅三藐三
菩提心是諸太子聞是語已心生歡喜感父
王重恩分故尋聲即發阿耨多羅三藐三
菩提心二萬夫人百千婇女亦復如是尒時衆
中有十七恒河沙等衆生皆發聲聞辟支佛
心復有無量天人及乾闥婆阿脩羅迦樓羅

緊那羅摩睺羅伽人非人等見聞是已皆發
道心歡喜而去

大方便佛報恩經發菩提心品第四

尒時會中有一大菩薩摩訶薩名曰喜王即從
座起偏袒右肩右膝著地合掌仰白如來而
作是言菩薩云何知恩報恩佛告喜王菩薩
善男子諦聽菩薩摩訶薩知恩者當發阿
耨多羅三藐三菩提心報恩者亦當教一切衆
生令發阿耨多羅三藐三菩提心若發菩提
心云何而發菩薩因何事故所以能發善男
子菩薩摩訶薩初發三菩提心時立大誓願
作如是言若我得阿耨多羅三藐三菩提時
當大利益一切衆生要當安置一切衆生大涅
槃中復當教化一切衆生悉令具足般若波
羅蜜是則名為自利亦名利他是故初發
菩提心者則得名為菩提因緣衆生因緣正
義因緣三十七助道法因緣攝取一切善法根
本是故菩薩名善大善亦名一切衆生善根能
破一切衆生身口意等三業諸惡一切世間
所有誓願及出世間所有誓願無有能勝
阿耨多羅三藐三菩提如是誓願無勝無上
菩薩摩訶薩初發三菩提心時有五事一者
性二者行三者境界四者功德五者增長菩
薩若能發菩提心則得名為菩薩摩訶薩
定得阿耨多羅三藐三菩提修大乘行是故
初發菩提心即能攝取一切善法菩薩摩訶
薩發菩提心修行漸得阿耨多羅三藐三
菩提若不發心終不能得是故發心即得阿
耨多羅三藐三菩提根本菩薩摩訶薩見
苦衆生心生憐愍是故菩薩因慈悲心故能
發阿耨多羅三藐三菩提心因阿耨多羅三
藐三菩提心即能習三十七品因三十七品故得
阿耨多羅三藐三菩提故發心名為根本發
菩提心故行菩薩尸羅是故發心為根名因
名枝名葉次名華次第名果亦名為子菩薩
發心畢竟不畢竟乃至得阿耨多羅三藐三
菩提終不退失不畢竟者有退有失退有二
種畢竟退不畢竟退畢竟退者終不能發
阿耨多羅三藐三菩提心不能推求修習其
法不畢竟退者求菩提心修習其法是菩提心
有四種一者若善男子若善女人若見若聞諸
佛菩薩不可思議事尒時即生信敬之心作是
念言佛菩薩事不可思議若佛菩薩不可思
議事是可得者我亦當得阿耨多羅三藐
三菩提是故至心念於菩提發菩提心復有不
見諸佛菩薩不思議事心聞諸佛菩薩秘密
之藏聞已即生信敬之心得生信心故為阿耨
多羅三藐三菩提及摩訶般若是故發菩提
心復有不見諸佛菩薩不思議事亦不聞法
見法滅時復作是念無上佛法能滅衆生無
量苦惱作大利益諸佛菩薩能令佛法久住
不滅我今亦當發菩提心令諸衆生遠離煩
惱願我此身受大苦事護持佛法久住於世
故發菩提心復有不見諸佛菩薩法滅時唯
見惡世諸衆生等具重煩惱貪欲瞋恚愚癡
等無慚無愧慳悋等嫉妬恚癡苦惱等不信
邪疑煩惱等見是事已即作此念大惡世
時衆生不能修善如是惡時尚不能發二
乘之心何況阿耨多羅三藐三菩提心我今
當發菩提心發菩提心已乃當教一切衆生令
發阿耨多羅三藐三菩提心

尒時喜王菩薩復白佛言世尊菩薩知恩
自發菩提心菩薩報恩教一切衆生令發菩
提心者如來世尊於生死時發菩提心因何
事發佛言善男子過去久遠不可計劫生
死中時以重煩惱起身口意業故墮在八大
地獄所謂阿訶訶地獄阿婆婆地獄阿波波
地獄銅釜大銅釜黑石大黑石乃至火車地獄
我於尒時墮在火車地獄中共兩人並挽火車
牛頭阿傍在車上坐銜脣切齒張目吹火口
眼耳鼻煙焰俱起身體殊大臂脚膰結其色
赤黑手執鐵杖隨而鞭之我時苦痛努力挽
車力竭前進時我徒伴劣弱少力劣弱在
後是時牛頭阿傍以鐵叉刺腹鐵杖鞭背血
出沐浴隨體而流其人苦痛高聲大哭苦
痛難忍或稱父母或稱妻子雖作如是唱
哭無益於已我時見是受大苦惱心生哀愍
因慈心生故發菩提心為此衆罪人故勸
請阿傍此罪人者甚可憐愍小復加哀垂
慈憐愍阿傍聞已心生瞋恚尋以鐵叉前刺我
頸尋時命終即時脫於火車地獄百劫中罪
我以發阿耨多羅三藐三菩提心故即脫火車地
獄之罪佛告喜王挽火車者今我身是因發
菩提心故疾得成佛是故當知一切衆生發菩

提心其事非一或因慈心或因悲心或因施心或因慳心或因歡喜或因煩惱或因恩愛別離或因怨憎和合或因親近善知識或因惡友或因見佛或因聞法是故當知一切衆生發菩提心各各不同善男子當知菩薩摩訶薩知恩報恩其事如是說是法時八億萬人發阿耨多羅三藐三菩提心一切大衆中有得須陁洹乃至阿羅漢時天龍鬼神人及非人亦能發辟支佛心聞法歡喜頭面作礼右遶而去

十

大方便佛報恩經卷第二

大方便佛報恩經卷第二

校勘記

一　底本，大寶集寺本。

一　五八三頁中一行經名、品名、卷次、譯者，資、磧、南、徑、清、麗經名卷次列爲首行，譯者列爲次行，品名列爲第三行，以下各卷同此例。其中譯者，資、磧作「失譯」；南、徑、清作「失譯師名出後漢録」；麗作「失譯師名在後漢録」。

一　五八三頁中六行第一〇字「身」，麗作「白」。第一四字「方」，資、磧、南、徑、清、麗作「方於」。以下各卷同。

一　五八三頁中一一行第二字「視」，麗作「見」。

一　五八三頁中一七行第九字「寶」，資、磧、南作「唾」；徑、清作「埵」。

一　五八三頁中一八行「遊步」，麗作「步逝」。

一　五八三頁中二一行第一二字「持」，資、磧、南、徑、清、麗作「將」。

一　五八三頁中二二行末字「天」，麗作「大」。

一　五八三頁中二五行「無所越菩薩大聖慇菩薩」，資、磧、南、徑、清、麗作「大聖慇菩薩無所越菩薩」。

一　五八三頁下七行「執功德」，資、磧、麗作「執功勳」；南、徑、清作「報功勳」。

一　五八三頁下一〇行第六字「日」，資、磧、南、徑、清、麗作「者」。第一一字「可」，資、磧、南、徑、清、麗無。

一　五八三頁下一九行第二字「塵」，資、磧、南、徑、清、麗作「塵數」。第七字「數」，資、磧、南、徑、清、麗無。

一　五八三頁下二一行第八字「無」，資、磧、南、徑、清、麗無。

一　五八三頁下二四行第一〇字「得」，資、磧、南、徑、清無。

一　五八三頁下二七行「敬心」，資、磧、南、徑、清、麗作「恭敬」。

一　五八四頁上三行第一四字「心」，

資、磧、南、徑、清作「心以」。

一 五八四頁上五行第九字「敬」，資、磧、南、徑、清、麗作「敬心」。

一 五八四頁上七行第九字「次」，石作「次多」。

一 五八四頁上一三行第一〇字「錢」，資、磧、南、徑、清作「錢財」。

一 五八四頁上末行第一一字「恩」，南、徑、清作「怒」。第一六字「刑」，資、磧、南、徑、清、麗作「形」。

一 五八四頁中一行第三字「截」，資、磧作「擮」；麗作「戢」。第七字「而」，麗作「面」。

一 五八四頁中四行第一六字「被」，資、磧、南、徑、清作「服」。

一 五八四頁中八行第二字「令」，資、磧、南、徑、清作「令其」。

一 五八四頁中一〇行第一四字「生」，資、磧、南、徑、清作「事」。

一 五八四頁中一五行第五字「畏」，資、磧、南、徑、清、麗作「衷」。

一 五八四頁中一六行「聞功」，資、磧、南、徑、清、麗作「諸工」。

一 五八四頁中一七行「牟矟」，資、磧作「鉾槊」；南、徑、清作「鍪槊」。

一 五八四頁中一八行「功武」，麗作「武功」。

一 五八四頁中一九行第一四字「財」，南、徑、清作「服」。

一 五八四頁中二四行第一〇字「色」，資、磧、南、徑、清、麗作「女」。

一 五八四頁下四行第一五字「疊」，資、磧作「牒」；南、徑、清、麗作「褺」。

一 五八四頁下五行「歎波」，資、磧、南、徑、清、麗作「怛鉢」。

一 五八四頁下六行第一四字「與」，資、磧、南、徑、清作「興」。

一 五八四頁下八行第六字「十」，資、磧、南、徑、清作「七」。

一 五八四頁下一二行第三字「尒」，麗無。

一 五八四頁下一五行首字「天」，資、磧、麗作「入」。

一 五八四頁下一七行第七字「推」，資、磧、南、清、麗作「搥」。同行「湌噉」，資、磧、南、徑、清作「湌飲」；麗作「食飲」。

一 五八四頁下一九行第三字「手」，資、磧、南、徑、清作「互」。第六字「侍」，資、磧、南、徑、清、麗作「持」。同行「良久」，資、磧、南、徑、清無。

一 五八四頁下二〇行首字「踔」，諸本（不包括普，下同。）作「躃」。

一 五八四頁下末行第七字「夫」，資、磧、南、徑、清、麗作「夫大」。

一 五八五頁上四行第一一字「終」，資、磧、南、徑、清、麗作「去」。

一 五八五頁上二〇行第四字「於」，麗作「其」。

一 五八五頁上二六行第一〇字「兩」，諸本作「雨」。

一 五八五頁上二七行第三字「勇」，南、徑、清作「湧」。

一 五八五頁中一行第一三字「太」，諸本作「大」。

一五八五頁中一八行第一三字「施」，資、磧、南、徑、清、麗作「大施」。

一五八五頁中二〇行第二字「噉」，資、磧、南、徑、清、麗作「噉肉」。第九字「被」，資、磧、南、徑、清、麗作「服」。

一五八五頁下一行「種福田耶」，資、磧、南、徑、清、麗作「種於福田」。

一五八五頁下八行「壇施」，資、磧作「檀施」；南、徑、清作「壇會」。

一五八五頁下一〇行第一三字「已」，南、徑、清作「已訖」。

一五八五頁下一一行「壇飲」，資、磧作「檀飯」；南、徑、清作「壇飯」。

一五八五頁下一三行第二字「嚴」，南、徑、清作「叙」。

一五八五頁下一八行第七字「叙」，資、磧作「嚴」。

一五八五頁下二二行第六字「施」，資、磧、南、徑、清作「施主」。

一五八五頁下二三行首字「因」，諸本作「未」。

一五八五頁下二四行「慈愍」，麗作「慈悲憐愍」。

一五八五頁下二六行末字「使」，資、磧作「使令」。

一五八六頁上一行第一八字「見」，資、磧、南、徑、清、麗作「而」。

一五八六頁上一一行第六字「主」，資、磧、南、徑、清、麗作「者」。

一五八六頁上一二行第四字「者」，資、磧、南、徑、清、麗作「主」。

一五八六頁上一八行第七字「讀」，資、磧、南、徑、清作「讚」。

一五八六頁上二三行第一〇字「耳」，麗作「也」。

一五八六頁中一五行第一六字及次頁上一七行末字「須」，諸本作「頊」。

一五八六頁中一九行「壞敗」，資、磧、南、徑、清作「敗壞」。

一五八六頁中二七行首字「令」，諸本作「今」。

一五八六頁下四行第四字「別」，磧作「衆」。

一五八六頁下八行第一五字「郁」，資、磧、南、徑、清、麗作「喚」。

一五八六頁下九行「爪摑」，資、磧、南、徑、清作「爪獲」。

一五八六頁下一〇行第七字「大」，資、磧、南、徑、清、麗作「天」。

一五八六頁下一五行第一三字「能」，資、磧、南、徑、清、麗作「得」。

一五八六頁下一七行首字「頭」，資、磧、南、徑、清、麗作「頸」。

一五八六頁下一九行第九字「子」，諸本作「子答」。

一五八六頁下二四行首字「惜」，資、磧、南、徑、清、麗作「錯」。

一五八七頁上五行第六字「子」，資、南、清作「子」。

一五八七頁上七行「太子言」，資、磧、南、徑、清、麗作「諸太子」。

一五八七頁上九行第二字「國」，資、磧、南、徑、清作「國土」。

一五八七頁上一一行第二字「爲」，

南、徑、清作「爲王告之言」。
一 五八七頁上一四行「嘁嘁噏張」，資、磧作「噉喈蹋悵」；南、徑、清作「譀嘁噏張」。
一 五八七頁上一五行第一六字「肋」，資、磧、南、徑、清作「脉」。
一 五八七頁上二六行第九字「今」，麗作「吾」。
一 五八七頁中三行第三字「趣」，資、磧、南、徑、清、麗作「輙」。
一 五八七頁中五行第一〇字「愍」，資、磧、徑、清作「悲」。
一 五八七頁中七行「大王」，資、磧、南、徑、清、麗作「王優」。
一 五八七頁中八行第一〇字「要」，麗作「惡」。
一 五八七頁中九行第八字「此」，麗作「於」。
一 五八七頁中一二行及同頁下一五行「善哉善哉」，資、磧、南、徑、清作「善哉」。
一 五八七頁中一二行第一四字「王」，資、磧、南、徑、清、麗作「大王」。
一 五八七頁中一三行第四字「母」，資、磧、南、徑、清、麗無。
一 五八七頁中一五行第三字「溪」，資、磧、南、徑、清、麗作「蹊」。
一 五八七頁下四行「天帝」，資、磧作「天王」，下同。
一 五八七頁下六行第三字「未」，資、磧、南、徑、清、麗作「不」。
一 五八七頁下八行末字及一〇行末字「汝」，資、磧、南、徑、清、麗作「汝今」。
一 五八七頁下一一行「天帝」，麗作「天王」，下同。
一 五八七頁下二二行第一〇字「大」，南作「慈」。
一 五八七頁下二四行第一六字「感」，資、磧、南、徑、清、麗作「感於」。
一 五八七頁下二七行「十七」，資、磧、南、徑、清、麗作「七十」。
一 五八七頁下末行第七字「人」，資、磧、南、徑、清無。
一 五八八頁上三行「大方便佛報恩經」，徑、清無。
一 五八八頁上七行「諦聽」，資、磧、南、徑、清、麗作「諦聽諦聽」。
一 五八八頁上一二行第七字「得」，資、磧、南、徑、清作「得成」。
一 五八八頁上一八行第七字「善」，諸本作「爲」。
一 五八八頁中五行第一〇字「故」，資、磧、南、徑、清、麗作「是故」。
一 五八八頁中六行第一四字「爲」，資、磧、南、徑、清、麗作「名」。
一 五八八頁中七行「次名華次第名果」，資、磧作「亦名華次名果」；徑、清作「亦名華次第名果」；麗作「亦名華名果」。
一 五八八頁中八行第七字「竟」，石、麗作「竟畢竟者」；資、磧、南、徑、清作「竟者」。
一 五八八頁中九行第四字「不」，資、磧、南、徑、清作「無」。
一 五八八頁中一八行第一〇字「心」，

資、磧、南、徑、清、麗作「以」。

一　五八八頁中二三行第八字「諸」，資、磧、南、徑、清、麗作「唯諸」。

一　五八八頁中二六行第一六字「時」，南、徑、清作「之時」。

一　五八八頁下七行第一六字「護」，資、磧、南、徑、清、麗作「發」。

一　五八八頁下八行第一二字「發」，資、磧、南、徑、清、麗作「初發」。

一　五八八頁下一一行「波波」，資、磧、南、徑、清、麗作「達多」。

一　五八八頁下一四行第九字「銜」，資、磧、南、徑、清作「鑿」；麗作「緘」。

一　五八八頁下一五行第一〇字「殊」，資、磧、清作「姝」。

一　五八八頁下一六行第一五字「努」，資、磧作「怒」。

一　五八八頁下二三行「阿傍」，資、磧、南、徑、清、麗作「牛頭阿傍」，下同。

一　五八八頁下二五行第七字「時」，資、磧、南、徑、清、麗作「得」。第一六字「中」，南、徑、清作「之」。

一　五八九頁上六行第三字「思」，諸本作「恩」。同行「八億萬」，諸本作「萬八千」。

大方便佛報恩經論議品第五

尒時如來為母摩耶夫人幷諸天衆說法九十日閻浮提中亦九十日不知如來所在大目乾連神力第一盡其神力於十方推求亦復不知阿那律陁天眼第一遍觀十方三千大千世界亦復不見乃至五百大弟子不見如來心懷憂惱優填大王戀慕如來心懷愁毒即以牛頭栴檀摽像如來所有色身礼事供養如佛在世等無有異尒時大王召諸六師十問如來為何所在尒時六師即作是言大王當知瞿曇沙門正是幻術所化作耳幻化之法體無真實大王當知我等經書四圍陁典說言千年二千年當有一幻人出世瞿曇沙門正是其人尒時阿那律陁往詣大王所白言大王當知如來近在忉利天却後七日當還閻浮提王聞是語心生歡喜宣令國土掃灑燒香懸繒幡蓋競共集聚設衆供養種種飾饍華香伎樂尒時六師見衆人集聚設諸供養種種餚饍六師問言汝等諸人設是供養欲請國王耶王子耶荅言非也若不尒者為請大臣耶婆羅門居士耶若不尒者親族會耶荅言非也欲請於佛六師聞言佛者是誰荅言一切智人復言一切智人為是誰耶荅言大慈悲父汝不知耶白淨王種豪尊第一從刼初已來嫡嫡相承作轉輪王近來二世不作轉輪王雖不作轉輪王而作閻浮提王兄弟三人其最長者号曰淨飯王其次弟名曰斛飯王其最小者名曰甘露飯王淨飯王生二子長者名悉達小者難陁斛飯王復生二子長者名提婆達多小者名阿難甘露飯王生一女名甘露味女尒時大兄悉達太子出城觀看見老病死患憂思不食悲念人生當有此患無貴無賤有形之類無免此者即夜踰出宮城菩提樹下苦行六年然後得成一切智故号一切智人獨悟成佛具足十力四無所畏十八不共法乃至一切種智其生七日母便命終生兜率天為母說法經九十日却後一七當還閻浮提尒時六師聞是語已心生嫉妬憂恚苦惱即時六師徒衆集聚共論議言瞿曇沙門若還閻浮提者一切人民皆當捨我供養瞿曇我等孤窮恐當不濟尒時六師復作是念我等今當速往多人衆中唱如是言諸人當知瞿曇沙門實無所知黄口小兒近出釋氏宮殿菩提樹下自言得一切種智當知此則虛妄之言所以然者阿耆達王來請瞿曇所施供養唯是馬麦瞿曇不知為惡而便受請當知非一切智也復次問於阿難安居餘有幾日在阿難言餘有七日在復次問於阿難祇洹中何以多烏烏聲阿難言衆烏諍食適生一七其母命終以是事故當知是薄相人亦是極惡之人所以然者生已喪其母故又復非慈孝非供養目下朝夜供給而又捐棄入於深山亦是無恩分人父母為納娶瞿夷竟不行婦人之礼令憍曇弥受大苦惱是故當知不知恩不念恩瞿曇沙門徒衆無尊無卑五百弟子各稱第

一師既無法弟子亦無修行之業乃至知教只
人陁驃比丘亦稱第一聰明智慧舍利弗亦
入其中訥鈍槃特比丘亦入其中乃至少欲
之人耶輸陁羅比丘尼亦入其中舍衛城中
婬亂不善蓮花色女亦入其中乃至稚小無
智均提小兒亦入其中乃至極老須跋陁羅
年百二十亦入其中乃至豪尊諸釋種亦入
其中極下賤王舍城中擔糞穢人亦入其中
是故當知瞿曇法中猥雜競共入中皆無尊
卑不可恭敬譬如大風吹諸樹葉聚在一處
瞿曇佛法亦復如是譬如衆鳥隨逐世間
人所遺棄衣服飲食瞿曇徒衆隨取食之汝
等諸人今日云何欲請瞿曇衆人聞已譬如大
地不可傾動大衆渴仰如來雖聞六師作如是
說心如金剛無有增減渴仰如來如渴欲飲却
後一七如來從天來下至閻浮提無量百千
諸天隨從如來放大光明神力感動作天伎樂
百千萬種乃至一切天一切天龍鬼神乾闥
婆緊那羅摩睺羅伽人非人等一切大衆皆
悉雲集礼拜供養尒時優填大王大衆圍遶
遠迎如來頭面礼足却住一面
尒時六師徒衆集聚復作是念我等今者
衰禍將至雖復衆人之中唱說此言而不信
受今當復往天人大衆之中宣令如是可知清
白尒時六師作是念已與其徒衆八千人俱前
後圍遶往詣大衆到已却坐一面尒時復有
一乾闥婆子名曰闍婆摩羅彈七寶琴往詣
如來所頭面礼足却住一面鼓樂絃歌出微

妙音其音和雅悅可衆心聲聞辟支佛等
不覺動身起儛須弥山王涌沒低昂
尒時如來即入有相三昧以三昧力令其琴聲
遠聞三千大千世界其音具足演說苦空無
常不淨無我放逸衆生聞此妙音具足演說
如來知恩報恩久於無量阿僧祇劫孝養父
母一切衆生皆隨聲至閻浮提往到佛所頭
面礼足却坐一面尒時大衆瞻仰如來目不暫
捨如來尒時三昧宴默一切大衆亦皆默然於
大衆中有七寶塔從地踊出住在空中無數幢
幡而懸其上百千寶鈴不鼓自鳴微風吹動
出微妙音尒時大衆見此寶塔從地踊出心
生疑網以何因緣有此寶塔從地踊出諸聲
聞衆舍利弗等盡思度量亦復不知舊住
娑婆世界菩薩摩訶薩乃至弥勒菩薩亦
復不知尒時六師作是念復何因緣有此寶
塔若有人來問我者而我不知若不知者去
何復名一切知見復作是念瞿曇何不速為大
衆敷演斯事尒時如來出于三昧釋提桓因
忉利天王取已天衣敷師子座尒時如來即昇
此座結跏趺坐如須弥山王處于大海尒時弥
勒菩薩觀察衆心咸皆有疑自亦未了即
從座起往到佛前頭面礼足合掌向佛而作
是言世尊以何因緣有此寶塔從地踊出佛告
弥勒菩薩乃往過去不可思議阿僧祇劫有
佛出世号毗婆尸如來應供正遍知明行足
善逝世間解無上士調御丈夫天人師佛世尊
出現於世教化無量百千萬億阿僧祇衆

生皆令堅固阿耨多羅三藐三菩提其佛
滅度後於像法中有國名波羅柰其波羅
柰大王聰叡仁賢常以正法治國不枉人民
王主六十小國八百聚落王了無子王自供
養奉事山神樹神一切神祇經十二年不懈
不息求索有子第一夫人便覺有身十月
滿足生一男兒其子端正人相具足生已召諸
大臣諸小國王占相吉凶即為立字以其太子
性善不瞋名曰忍辱忍辱太子其年長大好
喜布施聰明慈仁於諸衆生等生慈心尒
時大王有六大臣其性暴惡姧偽佞諂枉橫
無道人民猒患時六大臣自知於行有違常
懷嫉妬憎惡太子尒時大王身嬰重病苦惱
頻頓命在旦夕忍辱太子往告諸臣父王困
篤今當奈何諸臣聞已心生瞋恚報太子言
王命不久何以故欲求妙藥不可得故是以
當知命去不遠太子聞已心生苦惱悶絕躃地
時六大臣即入靜室共詳議言忍辱太子不
除去者我等終不得安隱也作是念已第一
大臣言忍辱太子無事可除一臣復言我有
方便能除去之即往太子所報太子言臣向
在外於六十小國八百聚落中求覓藥草
了不能得太子問言所求藥草為是何物大
臣報言太子當知求藥草者正是從生至終
不瞋人眼睛及其人髓若得此藥得全王命
若不得者命在不久於諸國土無有此人太
子聞已心生憂惱即報大臣今我身者似是
其人何以故我從生已來未曾有瞋大臣言

太子苦是其人者此事亦難何以故天下所
重莫若己身太子言不如諸臣所言也但使父
王病得損者假使捨百千身亦不為難況我
今日此穢身也大臣報言如此之事隨太子
意尒時忍辱太子生歡喜心而作是念若
使此藥能除父王病者宜應速辦此事忍辱
太子即入宮中到其母所頭面礼足合掌向母
而作是言今者此身欲為父王作治病藥
恐其身命不得存立是故與母共別願母莫
生憂苦戀慕其子其母聞是語已心生悶絶
忘失四方譬如人噎又不得咽不能勸進又
不得吐不能勸退即前抱其太子悶絶以水
灑面良久乃穌尒時太子白其母曰父王身命
須臾之間不得久停宜時速辦令王服之
尒時太子即呼大臣諸小國王於大衆中即
宣此言我身今者與大衆別尒時大臣即
淨旃陁羅斷骨出髓刻其兩目尒時大臣即
擣藥奉上大王王即服之病得除差病既差已
問諸大臣汝等於何得此妙藥除我患苦得
全身命大臣白王今此藥者忍辱太子之所
辦非諸臣力所堪辦也王聞是語心驚毛竪
微聲問諸臣言忍辱太子今在何所大臣答
言太子今者在外身體傷損命不久遠王聞
是語舉聲大哭悵哉悵哉自投於地塵土坌
身如我今者實自無情云何乃能服此子
藥往到子所其命已終王及夫人及諸臣民
無量大衆前後圍遶其母懊惱投身死屍
以我宿世有諸過惡今令子身受是苦也今

我身者何不碎末如塵乃令我子喪失身命尒
時父王及諸小王即以牛頭栴檀香木積以成積
耶維太子所有身骨復以七寶起塔供養
尒時世尊告弥勒菩薩善男子等大衆當知
尒時波羅奈大王者今現我父輸頭檀是尒
時母者今現我母摩耶是忍辱太子者今
我身是菩薩於無量阿僧祇劫孝養父母
衣被飲食房舍卧具乃至身肉骨髓其事如
是以此因緣自致成佛今此寶塔從地踊出
者即是我為其父母捨此骨髓及其身命即
於此處起塔供養我今成佛即踊現其前尒
時大衆中無量人天諸龍鬼神聞是語已悲
喜交集淚下滿目異口同音讃歎如來百千
功德尋時發阿耨多羅三藐三菩提心復有
無量百千衆生發聲聞辟支佛心復有無量
人得須陁洹果乃至阿羅漢道復有無量百
千萬億菩薩摩訶薩不久當得阿耨多羅
三藐三菩提是故當知如來今者真是孝養
父母復次菩薩本知母人之德以其本願如是
生如來身以生如來滿本願故不堪受其礼故
因其將終尒時大衆異口同音讃歎摩耶善哉
摩耶得生如來天人世間無與等者尒時閻婆
摩羅即從座起偏袒右肩胡跪合掌而白佛
言世尊摩耶夫人修何功德以何因緣得生
如來佛言善聽吾當為汝分別解說佛言
乃往過去久遠不可計劫有佛出世号毗婆
尸如來應供正遍知明行足善逝世間解無
上士調御丈夫天人師佛世尊出現於世乃至

正法像法滅已尒時有國号波羅奈去城不
遠有山名曰聖所遊居以有百千辟支佛住
此山中故無量五通神仙亦住其中以多仙
聖止住中故故号聖遊居山其山有一仙人住
在南岳復有一仙住在北岳二山中間有一
泉水其泉水邊有一平石尒時南岳仙人在
此石上浣衣洗足已便還所止去後未久有一
雌鹿來飲泉水次第到浣衣處即飲是石
上浣垢衣汁飲此垢衣汁已迴頭反顧自舐
小便處尒時雌鹿尋便懷妊月滿產生鹿
產生法要還向本得胎處即還水邊住本石
上悲鳴宛轉產生一女尒時仙人聞此鹿悲鳴
大哭尒時南窟仙人聞是鹿大悲鳴聲心生憐
愍即出往看見此雌鹿產生一女尒時鹿母
宛轉舐之見仙人往便捨而去尒時仙人見此
女兒形相端正人相具足見是事已心生憐
愍即以草衣裹拭將還採衆妙果隨時將
養漸漸長大至年十四其父愛念常使宿
火令不斷絶忽於一日心不謹慎便使火
滅其父苦責數已語其女言我長身已來
未曾使此火滅汝今日云何令滅北窟有
火汝可往取尒時鹿女即隨父教往詣北窟
步步舉足皆生蓮華隨其蹤跡行伍次第如
似街陌往至北窟從彼仙人乞求少火尒時仙
人見此女人福德如是足下生於蓮花報言
欲得火者汝當右遶我窟滿足七帀行伍次
第了了分明隨其舉足皆生蓮花遶七帀已
語其女言欲得火者復當在此右邊還歸去

者當與汝火尒時鹿女為得火故隨教而去其
女去後未久之間波羅奈王時諸大臣百千萬
衆前後圍遶千乘萬騎入山遊獵馳逐群
鹿彼羅奈王獨乘名象往到北窟仙人所見
其蓮花遶窟行列尒時大王心生歡喜歎言
善哉善哉大德神仙大仙導師福德巍巍
其事如是尒時仙人即白王言大王當知生
蓮華者非我所能王言非大師者是誰所
為報言大王是南窟仙人生育一女姿容端
正人相具足世間難有其女行時隨其足下
皆生蓮華王聞是語心生歡喜即往南窟見
彼仙人頭面礼足尒時仙人即出問訊大王遠
涉途路得無疲極尒時大王報仙人言聞君有
女欲求婚姻尒時仙人報大王言貧身有此一
女稚小無知未有所識少小已來住此深山
未閑人事服草食果王今云何乃欲願錄又
此女者畜生所生即以上事向王具說王言
雖尒無苦問其父言鹿女者今在何許報
言大王在此草窟尒時大王即入窟中見其
鹿女心生歡喜即以沐浴香湯名衣上服百
寶瓔珞莊嚴其身乘大名象百千導從作
倡伎樂還歸本國尒時鹿女從生已來未曾
見如此大衆心驚怖懼尒時其父上高山頂
遥看其女目不暫捨而作是念我今遥觀我
女遠去不現當還本處悲號懊惱涕哭滿目
我生育此女未有所知與我遠別復作是念
我今住此不應餘轉何以故若我女反顧後
望不見我者今子憂苦佇立良久女去不

現竟不迴顧尒時其父心生恚恨而作是言

畜生所生故不妄也我少長養今得成人為
王所念而反孤棄即入窟中誦持呪術而呪其
女王若遇汝薄者眼然不論若王以禮待接
汝者當令退沒不果所願
尒時波羅奈王到宮殿已拜為第一名曰鹿
母夫人諸小國王百官群臣皆來朝賀王見此
已心生歡喜未久數日便覺有娠王自供養
夫人牀卧飲食皆令細軟至滿十月望其生
男紹係國位月滿產生生一蓮花仙人呪力
令王瞋恚而作是言畜生所生故不妄也王
即退其夫人職其蓮花者使人遺棄其後園
數日波羅奈王將諸群臣入後園中遊戲觀
看作倡伎樂鬪其象馬并諸力士中有第一
大力士踏蹋頓躑以足蹴地地皆震動動蓮
花池其花池邊有大樹根於樹根下有一蓮
花迸墮水中其花紅赤有妙光明王見此
華心生歡喜問群臣言如此華者未曾有
也即使使者入池取之其花具足有五百葉
於一葉下有一童男面首端正形狀妙好尒時使
者即前白王此蓮華者未曾有也大王當知
其蓮花者具五百葉於一葉下有一天童男
王聞此語心驚毛竪慨歎所以問使者言審
實尒耶此非是我鹿母夫人所生花也即問
青衣鹿母夫人所生花者遺棄何處答言大
王埋此池邊大樹下王審實其事知鹿母
夫人所生王自入宮向鹿母夫人自責悔過而
作是言我實愚癡無智不識賢良橫生惡

賊逆夫人懺謝訖已還復本位王大歡喜

召諸群臣諸小國王諸婆羅門相師一切集
會抱五百太子使諸相師占相吉凶卦日道德
所歸國蒙其福若在家者四海娛樂鬼神保
之若出家者必斷生死超渡欲流越生死海獲
得三明六通具四道果王聞是語遂增歡喜
即遍宣令國土選取五百乳母尒時鹿母夫
人白大王言王莫撓擾國土召諸乳母王宮
中自有五百夫人諸夫人者妬我生男王今
可以一太子與一夫人令其乳哺非其子耶
王報夫人五百夫人常懷嫉妬惱害鹿母鹿
母今者欲令我鞭打杖棟擯出驅遣奪其
命者不逆夫人夫人今者云何於怨嫌中
放捨此事甚難及也又復能開天地之恩以
其太子與諸夫人尒時五百夫人心生歡喜
鹿母夫人施我安隱快樂云何復能以太子
與我歡喜無量尒時無量百千大衆聞是
事已心生歡喜皆發道心尒時大王報夫人
言未曾有也吾不及汝夫人言貪恚所生皆
由嫉妬諫惡以忍諫怒以順我從生已來未
曾與物共爭諸夫人者自生惱害譬如有人
夜行見杌便起賊想或起惡鬼之想尋時驚
怖四散馳走或投高巖或赴水火荊棘之林
傷壞形體因妄想故禍害如是一切衆生亦
復如是自生自死如蠶處繭如蛾赴燈無駐
馳者一切衆惡從妄想起諸夫人者亦復如是
我今不應與彼群愚起諸諍訟五百夫人即
前礼鹿母夫人自謝悔過奉事鹿母如家賢聖

如母姉妹所養太子如所生不異時五百太子
年漸長大一一太子力敵一千降國叛不賔
屬者自往伐之不起四兵國土安隱天神歡
喜風雨以時人民豐壤熾盛時五百太子乘
大名象林野觀看遊戲自恣快樂難量父
母愛念如護眼目　◎　◎
尒時五百太子年漸長大於後一時集一處坐
蓮華池邊見其形容水底影現時諸太子
共相謂言一切諸法如幻如化如夢所見如水
中形體無真實我等今者亦復如是雖復
豪貴處在深宮五欲自恣壯年美色不可久
保物成有敗人生有死少壯不久會當有老
飲食不節會當有病百年壽命會當有死
諸太子即愁憂不樂不能飲食即還宮殿白
父母言世界皆苦無可樂者父母今者聽我
等出家王報太子生老病死一切共有汝何以
獨愁白父王言不能復以死受生勞我精神
周遍五道王不忍拒即便聽許母報子言汝
出家者莫捨我遠去可於後園其中清淨林
木茂盛四事供養不令乏少時諸太子即便
出家受其母請往後園中一一太子皆得辟支
佛道如是次第四百九十九太子皆得道果往
詣宮中至父母前報言父母出家利益今已
獲得時諸比丘身昇虛空東踊西沒西踊東
沒南踊北沒北踊南沒或作大身滿虛空中復
以一身作無量身或身上出水身下出火身下
出水身上出火為其父母作種種神變已即自
燒身取般涅槃時鹿母夫人收取身骨於後園
中即起四百九十九塔供養最小太子過九十日
已亦得辟支佛道亦為父母現大神變現神變已
即取泥洹尒時其母收取身骨起塔供養
尒時鹿母夫人燒衆名香作妙伎樂日日後
園中供養是五百辟支佛塔於其塔前愁
憂不樂而作是言我雖生是五百太子雖復
出家而無一人能發菩提之心即立誓願我
供養是五百辟支佛并起五百塔供養舍利
功德悉以迴向普及一切衆生令我來世不
用多生諸子而不能發菩提之心但生一子
能發道心現世出家得一切智佛告阿難
尒時鹿母夫人者今摩耶夫人是摩耶夫人供
養五百辟支佛及脩無量善業是故今者
生如來身佛說此法時有無量百千人天
得初道果乃至四道果有無量衆生發阿
耨多羅三藐三菩提心
尒時阿難白佛言世尊摩耶夫人過去世
時造何業行生畜生中為鹿女也佛告阿難
善聽善當為汝分別解說摩耶夫人宿世行
業因緣乃往過去無量阿僧祇劫尒時有佛
出世号毗婆尸如來應供正遍知明行足善逝
世間解無上士調御丈夫天人師佛世尊在世
教化滅度之後於像法中尒時有國号波羅
奈其國有一婆羅門唯生一女其父命終婆
羅門婦養育此女年轉長大其家唯有一菓
園其母以女守園自往求食既自食已復為
其女而送食分日日如是其母一日而便稽
遲過時不與其女飢渇所逼而便恚
心言我母今日何因緣故不與我食不來見
看乃至頃覓再三尋復恚言我母今者不如
畜生我見畜獸野鹿子飢渇時心不捨離如
是未久母將食至正欲飲食有一辟支佛沙
門從南方來飛空北過尒時其女見此比丘
心生歡喜即起合掌頭面作礼即便請之為
敷淨座取好妙華減其食分奉施比丘比丘
食已為說妙法示教利喜尒時其女即發願
言願我來世逮遇賢聖礼事供養使我面
首端正尊榮豪貴若經行時蓮華承足佛
告阿難尒時女者鹿母夫人是以其一食淨華
覆上施辟支佛五百世中尊榮豪貴衣食
自然蓮華承足願力因緣今得值五百辟支
佛礼事供養尒時以一惡言不知其恩毀罵
其母喻如畜生以是惡口因緣五百身中生
鹿腹中佛告阿難人生世間禍從口生當護
於口甚於猛火猛火熾然能燒一世惡口熾
然燒無數世猛火熾然燒世間財惡口熾
然燒七聖財是故阿難一切衆生禍從口出
口舌者斬身之斧滅身之禍佛說此經時
有千優婆塞優婆夷慎護口過即得初
果復有無量比丘比丘尼得初道果乃至四果
無量人天皆發阿耨多羅三藐三菩提心乃
至辟支佛心一切大衆聞佛說法歡喜奉行作
礼而去
尒時世尊與阿難入王舍城乞食已竟出城
於城門外有大深坑時王舍城人擔持大小
便利棄是坑中天雨惡水亦入其中尒時此

洮水中有一蟲其蟲形似人衆多手足遥見
如來舉頭出水視於如來流淚滿目如來見
已慼而哀傷愴然不恱即還耆闍崛山尒時阿
難敷尼師檀如來座上結跏趺坐尒時阿難觀
察衆心問如來言世尊向所見洮水中虫
者先世造何業行生此水中為幾時耶復
於何時當得解脱佛告阿難及諸大衆汝
等善聽當為汝說阿難乃往過去無量千刧
尒時有佛出興于世教化已周遷神涅盤滅
度之後於像法中有一婆羅門造立僧坊
供養衆僧時有檀越多送酥油時有客比
丘來尒時知事維那心生瞋恚嫌客僧來多
隱匿酥油停待不與客衆僧言何不付酥油
客也維那荅言汝客我舊客比丘言此是檀
越施現前僧尒時維那凶惡可畏即便罵言
汝何不噉屎尿也云何從我乃索酥油以此惡
言從是已來九十億刧常生於是洮水之中
尒時維那者今此洮水中虫是由過去世發
一惡言訶罵衆僧無量千世值此屎中佛告
諸弟子當護於口口之過患甚於猛火父母
衆僧宜應讃歎軟語常念其恩衆僧者出
三界之福田父母者三界内㝡勝福田何以故衆
僧之中有四雙八輩十二賢士供之得福進可
成道父母者十月懷抱推乾就濕乳哺長大
教誨技藝隨時將養及其出家修得解脱度
生死海自利兼利一切衆生佛告阿難父母
衆僧是一切衆生種二福田所謂人天泥洹解
脱妙果因之得成佛說此經時無量百千衆
生人及非人或得初果乃至四果或發阿耨
多羅三藐三菩提心或發聲聞辟支佛心
各各合掌礼佛右遶歡喜而去
復次波羅奈國有一輔相婆羅門其家大富
多饒財寶金銀瑠璃珊瑚琥珀象馬牛羊田
業僮僕在所充足年過八十生一男兒妙色
端正人相具足父母歡喜召諸相師占相吉凶
為其立字号曰均提年始七歲父母愛念放
令出家往詣剎利因提羅山至如來所尒時
如來四衆圍遶為諸天龍鬼神大衆廣說世
論及出世間之法時婆羅門白佛言世尊垂
老之年生育此兒世尊大慈普覆一切今以
此兒為佛弟子佛言善來比丘鬚髮自落袈
裟著身佛為說法示教利喜即得道果三明
六通具八解脱尒時阿難觀察衆心咸皆有
疑即從座起整理衣服偏袒右肩叉手合掌
白佛言世尊均提沙弥過去世時作何功
德修何業行值遇世尊獲得道果何以速
疾佛告阿難均提沙弥非適今也過去世時
供養父母衆僧修妙功德遇善知識今得道
果阿難白佛言願佛說之佛告阿難善聽乃
往過去無量千歲有佛出世号毗婆尸在世
教化利益天人化緣已周遷神涅盤滅度之後
於正法中有一年少比丘通達三藏所謂阿毗
曇藏毗尼藏修多羅藏面首端正人相具
足辯才說法有妙音聲多人所識剎利婆
羅門之所供養時有一比丘形體醜人相不
具加復音聲鈍重常好讃歎三寶尒時三藏
年少比丘見其聲惡即便毀罵而作是言如
是音聲不如狗吠時老比丘言汝何以見毀
罵也汝不識我耶三藏年少言我識汝汝
是毗婆尸佛正法中摩訶羅老比丘何以不
識摩訶羅言我所作已辦梵行已立不受後
有三藏比丘聞是語已心驚毛竪尒時摩訶
羅即舉右手放大光明普照十方尒時三藏
即前頭面接足礼敬求哀懺悔而我愚癡不
識賢聖作是惡業令我來世得近善友值
遇聖師漏盡意解亦如大德佛告阿難尒時
三藏比丘以一惡言訶罵上座五百身中常作
狗身一切大衆聞佛說法皆驚戰悚俱發聲
言怪哉苦哉世間毒禍莫先於口尒時無量
百千人皆立誓願而說偈言
假使熱鐵輪　在我頂上旋　終不為此苦　而發於惡言
假使熱鐵輪　在我頂上旋　終不為此苦　毀聖及善人
佛告阿難舍利弗者於諸衆生為善知識晝夜
六時常以道眼觀五道衆生所應度者尋往度之
尒時摩竭提國中間有五百賈客經過險
路時賈客主將一白狗尒時伴主初夜煑肉
作食於後夜時狗偷食之明日伴主欲早
飲食求之不得飢渴所逼瞋恚內發手自
持刃斷狗四足投身坑中捨之而去其狗宛
轉受大苦惱時舍利弗於初夜時道眼遥
見過夜至旦著衣持鉢入城乞食已往詣險
路至彼狗所持食與之因為說法示教利喜狗
聞法已慚愧不樂却後一七罪畢得出生於
人中佛告阿難尒時白狗者今均提沙弥是

大方便佛報恩經卷第三　第十八張　覆字号

由過去世毀罵賢聖墮在惡道由尋能改慚愧懺悔發菩提願故得遇善友遇善友故罪畢得出生於人中遇佛世尊即得漏盡

佛告阿難當念父母及善知識恩是故知恩常當報恩善知識者是大因緣佛說此經時無量百千衆生發阿耨多羅三藐三菩提心乃至聲聞辟支佛心一切大衆聞佛說法歡喜踊躍作礼而去

大方便佛報恩經卷第三

大方便佛報恩經卷第三

校勘記

一　底本，金藏廣勝寺本。

一　五九四頁中二行第一三字「天」，資、磧、南、徑、清作「大」。

一　五九四頁中八行第九字「標」，資、磧作「樹」；南、徑、清作「樹」。

一　五九四頁中九行「世等無有異」，麗作「時無有異也」。

一　五九四頁中末行第二字「弟」，資、磧、南、徑、清作「第二」。

一　五九四頁下一行第一三字「者」，資、磧、南、徑、清、麗作「者名」。

一　五九四頁下二行第一二字「多」，資、磧、南、徑、清、麗無。

一　五九四頁下七行末字「足」，麗無。

一　五九四頁下九行「兜率天爲母」，資、磧作「兜率天佛爲天母」；麗作「忉利天佛爲母」。

一　五九四頁下一六行第一二字「殿」，資、磧、南、徑、清、麗無。

一　五九四頁下二三行第八字「薄」，資、磧、南、徑、清作「薄福」。

一　五九四頁下二六行第五字「母」，資、磧、南、徑、清、麗作「王」。

一　五九四頁下末行第八字「無」，麗無。

一　五九五頁上一行「數具」，麗作「數其」。

一　五九五頁上一五行第一六字「欲」，麗作「須」。

一　五九五頁上一八行第一二字「天」，諸本（不包括普，下同。）無。

一　五九五頁中一行「辟支佛」，資、磧、南、徑、清作「舍利佛」。

一　五九五頁中八行第五字「坐」，南、徑、清作「住」。

一　五九五頁中二〇行「取已」，資、磧、南、徑、清作「取以」；麗作「即以」。

一　五九五頁下四行第一二字「了」，資、磧作「子」。

一　五九五頁下七行「滿足」，資、磧、

南、徑、清、麗作「足滿」。

一　五九五頁下一一行「僞佞諂」，資、磧、南、徑、清作「詭諂佞」；麗作「詭佞諂」。

一　五九五頁下二五行第一〇字「苦」，諸本作「若」。

一　五九六頁上五行「生歡喜心」，資、磧、南、徑、清、麗作「心生歡喜」。

一　五九六頁上一〇行首字「生」，資、磧、南、徑、清、麗無。

一　五九六頁上一二行第七字「退」，麗作「止」。末字「水」，麗作「冷水」。

一　五九六頁上一八行第二字「藥」，資、磧、南、徑、清、麗作「此藥」。

一　五九六頁上二一行首字「辮」，資、磧、南、清、麗作「辮耳」。

一　五九六頁上二三行第一四字「久」，資、磧、南、徑、清、麗作「云」。

一　五九六頁中三行首字「耶」，資、磧、南、徑、清、麗作「闍」。

一　五九六頁中五行第一三字「輸」，資、磧、南、徑、清作「悦」。

一　五九六頁中八行第二字「被」，資、磧、南、徑、清作「服」。

一　五九六頁中一四行第五字「發」，資、磧、南、徑、清、麗作「發於」。

一　五九六頁中二二行第一七字「闥」，資、磧、南、徑、清作「乾闥」。

一　五九六頁下三行第二字「山」，南、徑、清無。

一　五九六頁下五行第三字、第一一字及六行第一四字「岳」，資、磧、南、徑、清、麗作「窟」。

一　五九六頁下九行第三至四字「垢衣」，資、磧、南、徑、清作「衣垢」第八至九字「垢衣」，資、磧、南、徑、清、麗作「衣垢」。

一　五九六頁下二一行第七字「汝」，資、磧、南、徑、清作「而汝」。

一　五九七頁上七行末字「生」，諸本作「此」。

一　五九七頁上末行第一〇字「佇」，資、磧、南、徑、清作「跱」；麗作「竚」。

一　五九七頁中一行第四字「迴」，資、磧、南、徑、清作「還」。

一　五九七頁中二行第一三字「今」，資、磧、南、徑、清作「令」。

一　五九七頁中七行第九字「宮」，資、磧、南、徑、清、麗作「官」。

一　五九七頁中一二行第三字「其」，資、磧、南、徑、清無。末字「園」，資、磧、南、徑、清、麗無。

一　五九七頁中一六行「⿰番瓦瓳於⿰番瓦瓳」，資、磧、徑、清作「璠瑚於璠瑚」；麗作「珊瑚於珊瑚」。

一　五九七頁中一七行第二字「逆」，資、磧、南、徑、清作「併」。

一　五九七頁中一八行第一一字「此」，資、磧、南、徑、清作「此蓮」。

一　五九七頁中二六行「⿰番瓦瓳」，資、磧、南、徑、清作「璠瑚」，麗作「珊瑚」。第一五字「知」，資、磧、南、徑、清作「知是」。

一　五九七頁中末行第一五字「生」，資、磧、南、徑、清作「相」。

一　五九七頁下二行第九字「諸」，資、磧、南、徑、清、麗作「并諸」。

一　五九七頁下四行「娛樂」，資、磧、南、徑、清、麗作「顒顒」。

一　五九七頁下八行第八字「撓」，資、磧、麗作「耗」。

一　五九七頁下一四行第五字「甚」，南、徑、清作「其」。

一　五九七頁下一五行第一五字「生」，資、磧、南、徑、清、麗作「大」。

一　五九七頁下二三行第一六字「之」，資、磧、南、徑、清、麗作「叢」。

一　五九七頁下二四行第三字「形」，資、麗作「身」。

一　五九八頁上一一行第二字「貴」，資、磧、南、徑、清、麗作「尊」。

一　五九八頁上一三行首字「飲」，麗作「飯」。第六字「當」，資、磧、南、徑、清、麗作「得」。

一　五九八頁上二六行第一七字至二七行第六字「身下出水身上出火」，資、磧、南、徑、清無。

一　五九八頁上二七行末字「自」，資、磧、南、徑、清、麗作「便」。

一　五九八頁中三行第一〇字「取」，磧、南、徑、清作「其」。

一　五九八頁中七行第七字「能」，南、徑、清無。

一　五九八頁中一四行首字「生」，資、磧、南、徑、清、麗作「得生」。

一　五九八頁中一五行第八字「道」，資、磧、南、徑、清、麗無。

一　五九八頁中二六行第一六字「復」，麗作「後」。

一　五九八頁下二行第五字「寃」，資、磧、南、徑、清、麗作「惋」。

一　五九八頁下四行第五字「將」，資、磧、南、徑、清、麗作「持」。

一　五九八頁下一九行「七聖」，資、磧、南、徑、清作「聖七」。

一　五九八頁下二〇行首字「口」，資、磧、南、徑、清作「夫口」。第四字「斬」，資、磧、南、徑、清、麗作「鑿」。

一　五九八頁下二四行第一〇字「間」，資、磧、南、徑、清、麗作「聞」。

一　五九八頁下二六行第一五字「竟」，資、磧、南、徑、清、麗作「還」。

一　五九九頁上一行首字「洸」，資、磧、南、徑、清作「汪」，下同。第八字「蟲」，資、磧、南、徑、清、麗無。

一　五九九頁上五行第一四字「戾」，資、磧、南、徑、清作「水」。

一　五九九頁上一三行第六字「待」，麗作「持」。

一　五九九頁上一五行末字「言」，麗作「詈」。

一　五九九頁上一九行第一二字「值」，資、磧、南、徑、清、麗作「住」。

一　五九九頁上二四行第一二字「就」，資、磧、南、徑、清、麗作「去」。

一　五九九頁上二七行「種二」，資、磧、南、徑、清作「二種」。

一　五九九頁中八行第一一字「七」，南、徑、清作「十」。

一　五九九頁中九行首字「今」，石、資、磧、徑、清、麗作「令」。第六字

「剎」，資、磧、徑、清、麗作「剎提」；南作「利提」。

一 五九九頁中一三行第一三字「鬢」，資、磧、南、徑、清、麗作「鬚」。

一 五九九頁中一六行第七字「理」，資、磧、南、徑、清、麗無。

一 五九九頁中一八行「業行」，資、磧、南、徑、清、麗作「行業」。

一 五九九頁中末行首字「具」，資、磧、麗作「豐」。

一 五九九頁下三行第二字「也」，南作「我」。「年少」；資、磧、徑、清作「少年」；南作「沙年」。

一 五九九頁下八行第八字「敬」，資、磧、南、徑、清作「拜」。

一 五九九頁下一〇行第六字「意」，資、磧、南、徑、清、麗作「結」。

一 五九九頁下二三行第二字「乃」，諸本作「刀」。

一 六〇〇頁上五行第一六字「經」，資、磧、南、徑、清、麗作「法」。

大方便佛報恩經惡友品第六
尒時世尊大衆圍遶供養恭敬尊重讚歎
尒時如來熙怡微笑從其面門放大光明青黄
赤白名曰大悲遠照十方上至阿迦膩吒天下
至十八地獄照提婆達多身諸苦痛即得
安寧尒時大衆異口同音讚歎如來善哉
善哉世尊真是大慈真是大悲能於怨親其
心平等提婆達多常懷惡心毀害如來而
世尊不以為患慈愍哀傷放大悲光遠照其
身如來尒時普告大衆而作是言提婆達多
非適今世而傷害我過去世時常欲害我
以慈悲力因乃得濟尒時阿難觀察衆心咸
皆有疑即從座起偏袒右肩右膝著地䠒跪
合掌而白佛言世尊提婆達多過去世時
毀害世尊其事云何佛告阿難善聽善當為
汝分別解說佛言過去世時無量千歲有國
名波羅奈其中有佛出世号毗婆尸如來應
供正遍知明行足善逝世間解無上士調御
丈夫天人師佛世尊在世教化滿十千歲滅度
之後正法住世十二千歲像法滅後波羅奈
王名摩訶羅陀聰叡仁賢正法治國不枉人民
王主六十小國八百聚落五百白象二萬夫人
了無有子王自禱祀諸山河地樹木神祇滿
十二年王第一所重夫人即便有娠第二夫人
亦皆有娠王甚歡喜手自供養牀卧飲食
皆令細軟至滿十月太子便生形體端正妙
色莊嚴人相具足第二夫人亦皆生男王甚
歡喜即召諸臣百官并諸相師婆羅門占相

大方便佛報恩經卷第四 第三張 恭字号
吉凶抱兒示之使令立字相師問言此兒生時
有何瑞相荅言第一太子其母性行由來弊
惡恚恨妬忌憍慢自大從懷子已來其性
調善和顏悅色發言含笑先意問訊軟語
利益慈愍衆生喻如赤子相師荅言此是
兒之福德使母如此即便立字名曰善友太
子第二夫人所生太子者相師問言其子生
時有何瑞相荅言其母由來性常調善先意
問訊發言柔軟可適衆心懷妊已來其性卒
暴發言麁獷嫉妬恚癡相師荅言此是兒之
業行使母如是應當立字名之惡友太子甫
乳長大至年十四善友太子聰明慈仁好善
布施父母偏心愛念視如眼目惡友太子其
性暴惡父母憎惡而不喜視妬嫉於兄常欲
毀害觸事不順其兄違逆反戾善友太子
遊從前後作倡伎樂大衆圍遶出城觀看
見有耕者墾土出虫烏隨啄吞善友太子
遥見如是慈而哀傷生長深宮未見此事問
左右言此作何物共相殘害左右荅言太子
所以有國依於人民所以有人民者依因飲
食所以有飲食者依因耕田種殖五穀得存
性命太子念言苦哉苦哉小復前行見諸男
女自共紡織來往顧動疲勞辛苦太子問曰
此作何物左右荅言太子此諸人等紡織作諸
衣服以遮慚愧蔭覆五形太子言此亦勞苦非
一也轉復前行見諸人民屠牛駝馬剿剝猪羊
太子問曰此是何人左右荅言此諸人等屠殺
賣肉以自存活以供衣食太子皮毛䐈動而作

是言怪哉苦哉殺者心不忍強弱相害傷殺
生以養生積結累劫殃轉復前行見諸衆人
網鳥餌魚枉濫無辜強弱相陵太子問言此
是何人名何事耶左右荅言太子網鳥捕魚
如是諸事以供衣食太子聞是語已悲淚滿
目世間衆生造諸惡本衆苦不息憂愁不悅
即迴車還宮王問太子出還何故憂愁如此
太子具以上事向父王說王聞是語語太子
言上來諸事未曾不有何足愁耶太子言今
欲從王求索一願王見聽不王言吾有汝一子
甚愛念之不逆汝意太子言願欲得父王一
切庫藏所有財寶飲食用施一切王言隨汝
所願不逆子意善友太子即使傍臣開王庫
藏以五百大象負載珍寶出四城門外宣令
國土其有欲得衣被飲食者恣意自取而去
善友太子名聲遠聞八方一切運集未久之
間三分用二時庫藏臣即入白王所有庫藏
太子已三分用二王宜思之王言此是吾太
子不敢違逆復經少時諸臣論議所以有國
依因庫藏庫藏空竭國亦虛存復往白王所
有財寶三分用二王宜思之王言是吾太子
不敢違逆汝可小稽遲莫稱其心善友太子
欲開庫藏時守藏臣緣行不在鄭重追逐
差乎不遇善友太子言此小人者何敢違逆
我意當是父王教耳夫孝子者不應傾竭
父母庫藏我今應當自求財寶給足衆生我
若不能給足一切衆生衣被飯食稱意與者
云何名為大王太子即集諸臣百官共論議

言夫求財利何業最勝中有第一大臣言
世間求利莫先耕田者種一萬倍復有一大
臣言世間求利莫先畜養衆生放牧繁息
其利最大復有一大臣言世間求利莫先入
海採取妙寶若得摩尼寶珠者便能稱
意給足一切衆生善友太子言唯此為快耳
即入宮中上白父王子今欲入大海採取妙寶
王聞此語譬如人噎亦不得咽又不得吐語
太子言國是汝有庫藏珍寶隨意取用何
為方復自入大海汝為吾子生長深宮臥則
幃帳食則恣口今者遠涉塗路飢渴寒暑
誰得知者又復大海之中衆難非一或有惡
鬼毒龍端浪猛風迴波涌瀄水泡之山摩竭
大魚往者千萬達者一二汝今云何欲入大
海吾不聽汝善友太子即便五體投地四布
手足而作是言父母若不聽我入大海者我
當捨命於此終不起也尒時大王及諸夫人
見是事已目不暫捨即前勸諫太子汝可起
飲食太子言若不聽我入大海者終不飲食
王與夫人愁憂苦惱左右啼泣憂悲懊惱愁
悶躃地如是乃至一日不飲不食二日三日至
到六日父母憂恐畏其不濟七日即前嗚抱
手足善言誘喻可起飲食此段食身依因飲
食而得存立不飲食者汝命不濟太子言父
母若不聽許者必沒於此終不起也尒時第一
夫人便白王言如子心意難可傾動不可違
戾何忍當見此子捨命於此唯願大王垂
慈聽入大海故當萬有一冀今不聽者必喪

於此王不忍拒而便聽許
尒時善友太子即起歡喜頭面礼父王足左右
夫人及諸婇女百千万人互相問言善友太
子今者為死為活耶荅言太子今者已起歡
喜飲食王問太子汝慇懃欲入大海何所作
為荅言大王欲取摩尼大寶給足一切衆生
所須尒時大王即遍宣令誰欲入海者往還
者七世衣食珍寶無所乏少吾當供給道路
餱糧所須善友太子亦欲入海採珍妙摩
尼寶珠衆人聞之歡喜聚集具五百人皆言
大王我等今者隨從太子尒時波羅奈國有
一海師前後數返入於大海善知道路通塞
之相而年八十兩目盲尒時波羅奈大王往
導師所報言導師吾唯一子求更出門勞
屈大師入於大海願見隨從尒時導師即舉
聲大哭大王大海留難辛苦非一往者千萬
達者一二大王今者云何乃能令太子遠涉
嶮道王報導師為憐愍故隨從聽許導師
言不敢違逆尒時善友太子莊嚴五百人行
具裝載至大海邊尒時其弟惡友太子作是念
言善友太子父母常偏心愛念今入大海採
取妙寶若遠還者父母當遺棄於我作是
念已往白父母今我亦欲隨從善友入海採取
妙寶父母聞已荅言隨意道路急難之時兄弟
相隨必相救護至大海已以七鐵鎖鎖其舡舫
停住七日至日初出時善友太子擊鼓唱令
汝等諸人誰欲入海入者黙然若當戀著父母
兄弟婦兒閻浮提樂者從此還歸莫為我

故所以者何大海之中留難非一往者千萬達者一二如是唱令大衆嘿然即斷一鏁舉著舡上日日唱令至第七日即斷七鏁舉著舡上望風舉帆以太子慈心福德力故無諸留難得至海洲至珎寶山到寶所已善友太子即便擊鼓宣令諸人當知道路懸遠汝等諸人速載珎寶搘停七日復作是言此寶甚重閻浮提中亦無所直莫大重載舡舫沉没不達所至莫大輕取道路懸遠不補勞苦裝束已訖與諸人別而作是言汝等於是善安隱歸吾方欲前進採摩尼寶珠

尒時善友太子與明導師即前進路行一七日水齊到膝復更前行一七水齊到頸前進一七浮而得濟即到海處其地純以白銀為沙導師問言此地何物太子答言其地純是白銀沙導師言四望應當有白銀山汝見未耶太子言東南方有一白銀山現導師言此道在此山下至彼山已導師言以應到金沙尒時導師疲乏悶絶躃地語太子言我身命者勢不得久必喪於此太子於是東行一七當有金山從山復更前進一七其地純是青蓮花復前行一七其地純是紅赤蓮華過是花已應有一七寶城純以黃金而為却敵白銀以為樓櫓以赤珊瑚為其障板硨磲瑪瑙雜廁間錯真珠羅網而覆其上七寶塹壘純紺瑠璃大海龍王所止住處其龍王耳中有一摩尼如意寶珠汝往從乞若得此珠者能滿閻浮提雨衆七寶衣被飲食病瘦醫藥音樂倡伎擧要而言一切衆生所須之物隨意能雨是故名之如意寶珠太子若得是珠者必當滿汝本願尒時導師作是語已氣絶命終尒時善友太子前抱持導師舉聲悲哭一何薄命生失我所天以導師金沙覆上埋著地中右遶七帀頂礼而去前至金山過金山已見青蓮花遍布其地其蓮花下有青毒虵此虵有三種毒所謂齧毒觸毒氣噓毒此諸毒虵以身遶蓮花莖張目喘息而視太子

尒時善友太子即入慈心三昧以三昧力即起進路蹈蓮花葉而去時諸毒虵而不毀傷以慈心力故遥至龍王所止住處其城四邊有七重壍其城壍中滿中毒龍以身共相蟠結舉頭交頸守護城門尒時太子到城門外見諸毒龍即慈心念閻浮提一切衆生今我身若為此毒龍所害者汝等一切衆生皆當失大利益尒時太子即舉右手告諸毒龍汝等當知我今為一切衆生欲見龍王尒時諸毒龍即便開路令太子得過乃至七重壍守城毒龍得至城門下見二玉女紡玻瓈縷太子問曰汝是何人答言我是龍王守外門婢問已前入到中門下見四玉女紡白銀縷太子復問汝是龍王婦耶答言非也是龍王守中門婢耳太子聞已前入到內門所見八玉女紡黃金縷太子問曰汝是何人答言我是龍王守內門婢耳太子語言汝為我通大海龍王閻浮提波羅奈王善友太子故來相見今在門下遮守門者即自如是王聞是語疑怪所以作是念言自非福德純善之人無由遠涉如是嶮路即請入宮王出奉迎共龍王宮紺瑠璃為地牀座七寶有種種光明耀動人目即請令坐共相問訊善友太子因為說法示教利喜種種教化讃說施論戒論人天之論時大海龍王心大歡喜遠屈塗涉欲須何物太子言大王閻浮提一切衆生為衣財飲食故受無窮之苦今欲從王乞左耳中如意摩尼寶珠龍王言受我微供一七日當以奉給尒時善友太子受龍王請過七日已持摩尼寶珠還閻浮提時大海龍王使諸龍神飛空送之得到此岸見弟惡友問言汝徒黨伴侶今何所在答言善友舡舫沉沒一切死盡唯弟一身牢持死屍而得全濟一身財賄一切已盡善友言天下大寶莫先已身弟言不尒人願當死不貧而生何以故然弟曾至塜間聞諸死鬼作如是論善友太子其性真直以實語弟汝雖失寶亦是閑耳吾今已得龍王如意摩尼寶珠弟言今在何處善友言今在髻中弟聞是語心生嫉妬憂恚懊惱作是念言父母而常偏心愛念今復如得摩尼寶珠我身今者父母惡賤甚於瓦礫作是念已白善友言快哉甚善得此寶珠今此嶮路宜加守護尒時善友即解寶珠與弟惡友而誡勑言汝若疲乏眠卧我當守護我若眠卧汝應守護尒時惡友次應守珠其兄眠卧即起求二乾竹刺刺兄兩目奪珠而去尒時善友喚其弟惡友此有賊刺我兩目持寶珠去而

惡友不應兄便懊惱我弟惡友以為賊所殺
如是高唱聲動神祇經文不應尒時樹神即
發聲言汝弟惡友是汝惡賊刺汝兩目持寶
珠去汝今讚惡友為善友太子聞是語已悵
然歎氣憂恚苦惱尒時惡友賫持寶珠歸
還本國與父母相見白言父母我身福德而
得全濟善友太子與諸徒伴薄福德故沒
水死盡父母聞是語已舉聲大哭悶絕躃地
以冷水灑面良久乃穌父母語惡友言汝云何
乃能持是面來惡友聞是語已心生懊惱即
以寶珠埋著土中
尒時善友太子被刺兩目既竹刺著無人為拔
徘徊宛轉靡知所趣當時苦惱大患飢渴求
生不得求死不得漸漸前行到利師跋王國
利師跋王有女先與波羅奈王善友太子利
師跋王有一牧牛人為利師跋王放五百牛隨逐
水草尒時善友太子坐在道中尒時牛群垂
過踐蹹中有牛王即以四足騎太子上令諸牛
群皆悉過盡然後移足右旋宛轉反顧迴
頭吐舌䑛太子兩目拔出竹刺尒時牧牛人
尋後得見問言汝是何人善友即自念言
我今不應自陳本末炳說上事脫令我弟
得大苦惱答言我是盲乞兒耳時放牛人
遍體觀望人相有異語言我家在近當供
養汝時牧牛人即將善友歸其家與種種飲
食誡勑家中男女大小汝等供侍此人如我不
異如是經一月餘日其家厭患而作是言家
計不豐云何能常供是盲人善友聞是語已

心意悵然過是夜已至明日旦白主人言我今
欲去主人報言有何不適而欲捨去善友答
言客主之義勢不得久善友言汝若愛念
我者為我作一鳴箏送我著多人民處大城
聚落尒時主人即隨意供給送到利師跋
城多人衆處安隱還歸善友善巧彈箏其
音和雅悅可衆心一切大衆皆共供給飲食
乃至充足利師跋王道上五百乞兒皆得飽
滿時國王有一菓園其園茂盛常患鳥雀
時守園監語善友言為我防護鳥雀我當
相供給善友言我無兩目云何能為汝駈駈鳥
雀耶守園監言我有方便我以繩結諸樹頭
安施銅鈴汝坐樹下聞鳥雀聲牽挽繩頭善
友言如是我能將至樹下安隱已竟即便捨去
善友防護鳥雀兼復彈箏自娛尒時利師跋
王女將諸侍從入園觀看見此盲人即往其所問
言汝是何人答言盲乞人耳王女見已心生愛念
不能捨離王復遣使往喚其女女言不去為我
送食共此盲人飲食訖竟白大王言王今持我
與此盲人甚適我願王言汝鬼魅所著顛狂心
亂云何共是盲人共居汝不知也父母先以汝
許與波羅奈王善友太子善友今者入海未
還汝今云何為乞人婦女言雖尒乃至捨命終
不捨離王聞是語不能拒逆即遣使者將盲
人來閉著靜室尒時王女往盲人所語言知
不我今欲共汝作夫婦善友報言汝是誰家
女欲為我婦答言我是利師跋王女善友報
言汝是王女我是乞人云何能相恭敬婦言

我當盡心供奉於汝不逆汝意如是經九十
日其婦小出行不白其夫良久乃還善友責
數汝私出外而不白我何處行還婦言我不
私行答言私與不私誰當知汝其婦懊惱
啼泣懺目即自呪誓我若私行今汝兩目始
終不差若不尒者使汝一目平復如故作是
願已其夫一眼目瞳瞤動平滿如故睛光晃晃
喻如流星視瞻清徹得見其婦婦言何如汝
信我不善友含笑婦言汝不識恩養我是
大國王女汝是小人而我盡心供事於汝而
不體信背言汝識我不答言我識汝是乞人
背言非也我是波羅奈王善友太子婦言汝
大愚癡人云何乃發是言波羅奈王善友太
子入海未還汝今云何言是其人此妄語耳吾
不信也善友言我從生來未曾妄語婦言虛
之與實誰當信之背言我若妄語欺誑汝
者使我一目永不得愈若實語者使我一目平
復如故令汝得見作是念已即如所誓睛光
耀熱如本不異善友太子兩目平復面首端
正人相具足妙色超絕世無有比其婦見已心
生歡喜如蒙賢聖遍體瞻視目不暫捨即入
宮中白父王言今我夫者即是善友太子王言
癡人顛狂鬼魅所著而作是言善友太子入
海未還汝今云何名是乞人為太子耶女言
不也若不信者可一觀之王即往看見已便
識是善友太子即懷恐怖而作是言波羅奈
王若聞此事嫌我不少即前懺謝善友太子
我實不知太子言無苦為我餉致給與此牧

牛人利師跋王即以金銀珍寶衣被飲食并與所放五百頭牛其人歡喜稱善無量善友太子而我未有幾許恩分而能報我如是財賄時放牛人於大衆中高聲唱言夫修施陽報布施之事果報弘廣尒時無量大衆心生歡喜皆發施心賑贍一切求佛為本虛空神天讚歎其人遂成其言如是如是

尒時善友太子未入大海在宮殿時養一白鴈衣被飲食行住坐卧而常共俱尒時夫人往到其所報其鴈言太子在時常共汝俱今入大海未還生死未分而我不能得知定實汝今云何不感念太子鴈聞是語悲鳴死轉啼淚滿目報言夫人欲使求覓太子者不敢違命尒時夫人手自作書繫其鴈頸其鴈音響問太子大海所在身昇虛空飛翔死轉而去夫人見已心生恃賴今者此鴈其必定得我子死活定實消息飛至大海經過周遍求覓不見次第往到利師跋國遥見善友太子在宮殿前其鴈斂身擬翅往趣到已悲鳴歡喜太子即取母書頭頂礼敬發封披讀即知父母晝夜悲哭追念太子兩目失明尒時太子即作手書具以上事向父母說復以書繫其鴈頸其鴈歡喜還彼羅奈父母得太子書歡喜踊躍稱善無量具知太子為弟惡友之所危害奪取寶珠苦惱無量父母尋時杻械惡友手脚枷鎖頭項閉著牢獄遣使往告利師跋王汝今云何擁遮太子令我憂苦利師跋王聞是語已心生恐怖即嚴服太子送著界上太子遣使往白利師跋王善友從大海歸尒時利師跋王作倡伎樂前後導從掃灑燒香懸繒幡蓋撾鐘鳴鼓遠迎太子還至宮中以女婢之遣送往詣波羅奈國父母聞太子歸歡喜無量乘大名象作倡伎樂掃灑燒香懸繒幡蓋遠迎太子國土人民男夫女婦聞太子入於大海安隱還歸歡喜無量亦皆出迎善友太子前為父母頭面礼足王與夫人目冥不見太子形容以手摸撲汝是我子善友非也父母念汝憂苦如是太子問訊父母起居訖竟舉手高聲報謝諸小國王及諸群臣國土人民一切大衆而作是言苦屈大衆從是還歸善友太子白父王言我弟惡友今在何處王言汝不須借問如是惡人今在牢獄不可放也善友太子言願放惡友得與相見如是言至三王不忍非便開獄門

尒時惡友手脚杻械頭項枷鎖往見善友兄見如是上白父母為弟脫於杻鎖脫枷鎖已即前抱持善言誘喻與語問訊汝極勞苦耶汝持我寶珠今在何處如是至三而方報言在彼土中善友太子還得寶珠往父母前燒妙香即咒誓言此珠實是如意寶者今父母兩目明淨如故作是願已尋時平復父母得見其子歡喜踊躍慶幸無量

尒時善友太子於月十五日朝淨自澡洛著鮮淨衣燒妙寶香於高樓上手捉香爐頭面頂礼摩尼寶珠立誓願言我為閻浮提一切衆生故忍大辛苦求是寶珠尒時東方有大風起吹去雲霧虛空之中皦然明淨并閻浮提所有糞穢大小便利灰土草穢風動吹已甘香清淨以珠威力於閻浮提遍雨成熟自然粳米香甘軟細色味具足溝渠盈滿積至于膝次雨名衣上服珠環釵釧次雨金銀七寶衆妙伎樂舉要言之一切衆生所須樂具皆悉充足菩薩修大慈悲行檀波羅蜜給足衆生一切樂具其事如是

佛告阿難尒時波羅奈大王者今現我父輸頭檀是尒時母者今現我母摩耶夫人是尒時惡友太子者今提婆達多是尒時善友太子者今我身是阿難提婆達多過去世時常懷惡心毀害於我而我以忍辱力常念施恩因乃得濟況今成佛說此法時無量百千人得須陁洹果乃至阿羅漢果復有無量百千人皆發阿耨多羅三藐三菩提心乃至無量百千衆生皆發聲聞辟支佛心阿難白佛言當何名此經云何奉持佛言此經名佛報恩方便給足一切衆生衆會聞經歡喜作礼而去

復次提婆達多雖復隨佛出家嫉妬情深現望利養雖復能多讀誦六方香象經而不能免阿鼻獄罪是人與阿闍世王共為親善心相愛念信用其言時提婆達多報阿闍世王言汝可作新王我亦欲作新佛阿闍世王報言此事不然父王存在提婆達多言應除之我亦欲滅佛然後新王新佛教化衆生不亦快乎時阿闍世王即隨其言斷父王命王波羅奈提婆達多報阿闍世王言我欲毀害如來

阿闍世王言如來有大神力豫知人之意汝今
云何乃能如害如來兼有諸大弟子舍利弗
大目揵連迦葉羅阿㝹樓馱等提婆達多報
阿闍世言王今助我阿闍世言何所作為報言
大王當立制限不聽施諸比丘衣被飲食阿闍
世王遍宣令言若有施諸比丘衣被飲食者
當斷汝手足是諸大弟子一切大衆共佛住耆
闍崛山次第乞食了不能得一日乃至七日舍
利弗諸大弟子等皆以神力而往諸方求
乞衣食時提婆達多白阿闍世王言佛諸
大弟子等今皆不在如來單獨一身王可
遣信往請如來若入宮城即當以酒飲五百
大惡黑象極令奔醉佛若受請來入城者當
放大醉象而蹹殺之時阿闍世王遣使往請如
來佛與五百阿羅漢即受王請前入王舍城
尒時阿闍世王即放五百醉象奔逸搪突樹
木摧折墻壁崩倒哮嚇大吼向於如來時五
百阿羅漢皆大恐怖踊在空中俳佪佛上尒
時阿難圍遶如來恐怖不能得去尒時如
來以慈悲力即舉右手於五指頭出五師子
開口哮吼五百醉象恐怖躃地尒時如來大衆
圍遶前入王宮時阿闍世王即出奉迎請佛
令坐佛即坐已求哀懺悔白佛言世尊非是
我過提婆達多耳佛言大王我亦知之提婆
達多常欲毀害非適今也過去世時亦常欲
毀害我我以慈力乃能得濟
尒時阿闍世王叉手前白佛言世尊提婆達
多過去世時毀害如來其事云何佛言諦

聽吾當為汝分別解說乃往過去不可計劫
有大國王唯食鴈肉使一獵師常網捕鴈時
有五百群鴈從北方來飛空南過中有鴈王
墮獵師網中尒時獵師心大歡喜即出草菴欲
取殺之時有一鴈悲鳴吐血俳佪不去尒時
獵師彎弓欲射不避弓矢目不暫捨即鼓兩
翅來投鴈王五百群鴈俳佪虛空亦復不去尒
時獵師見此一鴈悲鳴吐血顧戀如是尒時獵
師作是念言鳥獸尚能共相戀慕不惜身命
其事如是我今當以何心而殺是鴈王尋時
開網放使令去尒時一鴈悲鳴歡喜鼓翅隨
逐五百群鴈前後圍遶飛空而去尒時獵師
即白大王網得一鴈王應送王廚供辦飲食而
見一鴈悲鳴吐血不避弓矢俳佪不去時念此
鴈尋放鴈王五百隨從前後圍遶飛空而去
尒時大王聞是語已心意惨然尋發慈心鳥獸
共相愛念護惜他命其事如是尒時大王即
斷鴈肉誓不復捕大王當知尒時王者今大
王身是尒時獵師者今提婆達多是尒時
一鴈悲鳴吐血者今阿難是尒時五百群
鴈者今五百阿羅漢是尒時鴈王者今我身
是尒時阿難心生顧戀如本不異尒時五百
阿羅漢飛騰虛空亦如本不異尒時提婆達
多常欲毀害於我我以慈悲力故因乃得濟
說是法時無量百千人或得初果乃至四果
或發阿耨多羅三藐三菩提心乃至聲聞辟
支佛心　。
復次提婆達多惡心不息而作是念我今應

當長養十指爪甲極令長利於爪甲下塗以
毒藥往如來所頭面接足礼時我當以十指
甲掐足趺上毒藥入體其必喪命作是念已
如所思惟往如來所頭面作礼以手接足尒
時毒藥變成甘露於如來身竟無所為復
次提婆達多既不果願復作是念如來今者
坐耆闍崛山下我今應當上山頂上排山下石
斷其命根作是念已上山排石傷佛足指我
慈悲心怨親同等復次提婆達多過去久
遠不可計劫尒時有佛出興於世号曰應現
如來應供正遍知明行足善逝世間解無上士
調御丈夫天人師佛世尊佛滅度後於像法中
有一坐禪比丘獨住林中尒時比丘常患蟣虱
即便共虱而作要言我若坐禪汝宜嘿然匿身
寂住其虱如法於後一時有一土蚤來至虱邊
問言汝云何身體肌肉肥盛虱言我所依主人常
修禪定教我飲食時節我如法飲食故所以身
體鮮肥蚤言我亦欲修習其法虱言能尒隨
意尒時比丘尋便坐禪尒時土蚤聞血肉香即
便食敢尒時比丘心生苦惱即便脫衣以火燒
之佛言尒時坐禪比丘者今埿棄佛是尒時土
蚤者今提婆達多是尒時虱者今我身是提
婆達多為利養故毀害於我乃至今日成佛
亦為利養出佛身血生入地獄提婆達多常懷
惡心毀害如來若說其事窮劫不盡而如來
常以慈悲力愍而哀傷我以值遇提婆達多
故速得成佛念其恩故常垂慈愍尒時如來即
遣阿難往到地獄問訊提婆達多苦可忍不

佘時阿難受如來教至地獄門外問牛頭阿傍言
為我喚提婆達多阿傍言汝問何佛提婆達
多過去諸佛皆有提婆達多阿難言我喚釋
迦牟尼提婆達多佘時阿傍即語提婆達多阿
難在外欲得相見提婆達多即言善來阿難
如來猶能憐念於我耶阿難言如來遣我問
訊苦痛可堪忍不提婆達多言我處阿鼻地
獄猶如比丘入三禪樂佛言菩薩摩訶薩修大方
便引接衆生具受生死無量大苦不以為患若
有人言提婆達多實是惡人入阿鼻獄者無
有是處如來佘時即為大衆顯發提婆達多微
密妙行大方便時無量百千菩薩得無生法忍
無量百千人發阿耨多羅三藐三菩提心無量
百千人得須陁洹果乃至阿羅漢道虛空神天
雨衆天華遍覆大衆作天伎樂放大光明讚言
善哉如來所說法未曾有也一切大衆聞佛說法
頭面作礼歡喜而去

大方便佛報恩經卷第四

大方便佛報恩經卷第四

校勘記

一　底本，金藏廣勝寺本。

一　六〇四頁中五行第一一字「身」，資、磧、南、徑、清、麗作「身身」。

一　六〇四頁中二一行第六字「陁」，資、磧、南、徑、清、麗作「闍」。

一　六〇四頁中二七行第九字「三」，諸本（不包括普，下同）作「二」。

一　六〇四頁中末行第一五字「門」，資、磧、南、徑、清、麗作「門等」。

一　六〇四頁下一行第七字「使」，資、磧、南、徑、清、麗作「便」。

一　六〇四頁下一〇行「麁獷」，資、磧、徑、清、麗作「麁惡」；南作「暴惡」。

一　六〇四頁下一一行第一二字「之」，資、磧、南、徑、清作「曰」。

一　六〇四頁下一一行末字至一二行首字「哺乳」，資、磧、南、徑、清作「乳哺」。

一　六〇四頁下一二行末字「善」，諸本作「喜」。

一　六〇四頁下二二行第一一字「小」，資、磧、南、徑、清作「少」。

一　六〇四頁下二三行「紡織」，麗作「織作」。

一　六〇四頁下二三行第八字「顱」，資、磧、南、徑、清作「傾」。

一　六〇五頁上一行第五字「苦」，石作「怪」。

一　六〇五頁上二行第九字「殃」，資、磧、南、徑、清作「之殃」。

一　六〇五頁上二行「衆人」，麗作「人衆」。

一　六〇五頁上三行第一〇字「弱」，石作「力」。

一　六〇五頁上九行第七字「曾」，資、磧、南、徑、清、麗作「常」。

一　六〇五頁上一六行第一三字「運」，資、磧、徑、麗作「雲」。

一　六〇五頁上一七行第五字及一八行第七字「二」，資、磧、麗作「一」。

一六〇五頁上一七行第七字「庫」，資、磧、南、徑、清作「守庫」。
一六〇五頁上一八行第一六字「吾」，資、磧、南、徑、清、麗無。
一六〇五頁上二七行第一二字「飯」，資、磧、南、徑、清、麗作「飲」。
一六〇五頁中二行第一一字「一」，資、磧、南、徑、清作「一得」。
一六〇五頁中三行第一五字「繁」，麗作「滋」。
一六〇五頁中一三行第一三字「泡」，資、磧作「色」。
一六〇五頁中二〇行第一四字「悲」，麗作「苦」。
一六〇五頁中二二行第七字「恐」，麗作「愁」。
一六〇五頁中二七行第一二字「唯」，資、磧、南、徑、清、麗無。
一六〇五頁下四行第六字「爲」，資、磧、南、徑、清、麗無。
一六〇五頁下一九行首字「言」，南、徑、清作「白言」。
一六〇六頁上一二行第八字「明」，資、磧、南、徑、清、麗作「盲」。
一六〇六頁上一二行第一一字「即」，資、磧、南、徑、清無。
一六〇六頁上一二行末字「日」，資、磧、南、徑、清無。
一六〇六頁上一四行第四字「濟」，資、磧、南、徑、清、麗作「渡」。
一六〇六頁上二五行第八字「寶」，資、磧、南、徑、清、麗作「重」。
一六〇六頁上二六行第九字「耳」，資、磧、南、徑、清作「左耳」。
一六〇六頁中四行第五字「前」，諸本作「即前」。
一六〇六頁中五行第六字「以」，資、磧、南、徑、清、麗作「即以」。
一六〇六頁中一一行第六字「葉」，資、磧、南、徑、清無。
一六〇六頁中一五行末字「身」，資、磧、南、徑、清、麗作「此身」。
一六〇六頁中一九行第四字「便」，磧、南、徑、清、麗無。
一六〇六頁中二五行第一八字「內」，資、磧、南、徑、清無。
一六〇六頁下七行「財欲」，磧作「非欲」。
一六〇六頁下一〇行第一四字「持」，麗作「得」。
一六〇六頁下一四行第五字「持」，資、磧、南、徑、清作「挽」。
一六〇六頁下一五行「善友言」，資、磧、南、徑、清、麗作「善友答言」，下同。
一六〇六頁下一六行第一二字「故」，資、磧、南、徑、清作「知」；麗作「故知」。
一六〇六頁下一七行第九字「論」，資、磧、南、徑、清作「語」。
一六〇六頁下二一行第一四字「如」，資、磧、南、徑、清、麗作「加」。
一六〇六頁下二五行第二字「誠」，資、磧、南作「誠」。
一六〇六頁下二六行第一二字「珠」，麗作「寶珠」。

一六〇六頁下二七行「㓨㓨」，資、磧、南、徑、清作「刺」。

一六〇六頁下末行首字「唤」，資、磧、南、徑、清、麗作「即唤」。第一一字「兩」，石無。末二字「去而」，資、磧、南、清作「而去」。

一六〇七頁上一行第一三字「以」，資、磧、南、徑、清、麗作「似」。

一六〇七頁上四行第八字「爲」，資、磧、南、徑、清、麗作「何爲」。末字「帳」，資、磧、南、徑、清、麗作「悵」。

一六〇七頁上五行末字至六行首字「歸還」，資、磧、南、徑、清作「還歸」。

一六〇七頁上一〇行第五字「面」，南、徑、清作「回」。第一四字「生」，資、磧作「先」。

一六〇七頁上一二行第一四字「著」，資、磧、南、徑、清作「者」。

一六〇七頁上一五行第七字「先」，資、磧、南、徑、清、麗作「先許」。

一六〇七頁上一六行「牧承」，資、麗作「牧人名留承」；磧作「牧人名留烝」；南、徑、清作「牧人名留烝」。

一六〇七頁上二三行第一四字「放」，資、磧、南、徑、清作「牧」。

一六〇七頁上二五行第一一字「歸」，資、磧、南、徑、清、麗作「還歸」。

一六〇七頁上二六行第一三字「侍」，資、磧、南、徑、清作「待」。

一六〇七頁中二行第一三字「捨」，麗作「捨我」。

一六〇七頁中八行第八字「王」，資、磧、南、徑、清、麗無。

一六〇七頁中一〇行末字「當」，資、磧、南、徑、清、麗作「當好」。

一六〇七頁中一一行「馳駈」，資、磧、南、徑、清、麗作「駈馳」。

一六〇七頁中一四行「已竟即便捨去」，資、南、徑、清、麗作「住已即捨而去」；磧作「往已即捨而去」。

一六〇七頁中一五行「自娱介」，資、磧、南、徑、清、麗作「以自娱樂」。

一六〇七頁中二三行第九字「婦」，資、磧、南、徑、清、麗作「作婦」。

一六〇七頁下一行第六字「奉」，資、磧、南、徑、清作「養」。

一六〇七頁下二行第四字「小」，資、磧、南、徑、清、麗作「小事」。

一六〇七頁下四行第三字「答」，諸本作「壻」。

一六〇七頁下五行首字「啼」，資、磧、南、徑、清作「悲」。

一六〇七頁下五行第八字「誓」，資、磧、南、徑、清作「誓言」。

一六〇七頁下七行第一二字「滿」，資、南、徑、清、麗作「復」。

一六〇七頁下二五行第九字「觀」，資、磧、南、徑、清、麗作「視」。

一六〇八頁上六行第九字「賑」，資、磧、南、徑、清作「拯」。

一六〇八頁上一三行第六字「大」，資、麗作「大王」。

一六〇八頁上一七行第五字「定」，南、徑、清作「之」。

一 六〇八頁中九行第六字「冥」，資、南、徑、清、麗作「暝」；磧作「暗」。
一 六〇八頁中一二行首字「諸」，資、磧、南、徑、清作「謝」。
一 六〇八頁中一四行「借問」，資、磧、南、徑、清、麗作「問訊」。
一 六〇八頁中二一行第一五字「跪」，資、磧、南、徑、清作「長跪」。末字「妙」，資、磧、南、徑、清作「妙寶」。
一 六〇八頁中二二行「珠實」，麗作「寶珠」。第一四字「令」，資、磧、南、徑、清、麗作「令我」。
一 六〇八頁中二六行第一〇字「樓」，麗作「樓觀」。
一 六〇八頁下二行第一五字至三行首字「蘩風動吹」，資、南、徑、清、麗作「莽涼風動」；磧作「莽風涼動」。
一 六〇八頁下三行第一〇字「力」，資、磧、南、徑、清、麗作「德」。
一 六〇八頁下九行末字「輸」，資、磧、南、徑、清、麗作「悅」。
一 六〇八頁下一四行第九字「佛」，資、磧、南、徑、清、麗作「佛佛」。
一 六〇八頁下二〇行末字「規」，徑、清作「窺」。
一 六〇八頁下二一行第一一字「方」，資、磧、南、徑、清、麗作「萬」。第一四字「經」，南、徑、清作「經典」。
一 六〇八頁下二二行第五字「獄」，麗作「地獄」。
一 六〇八頁下二四行第一五字至二五行首字「阿闍世王」，資、磧、南、徑、清、麗作「阿闍世」。以下時有出現。
一 六〇八頁下二五行末字「應」，資、磧、南、徑、清、麗作「汝應」。
一 六〇八頁下末行首字「奈」，資、南、徑、清、麗作「奈國」。
一 六〇九頁上一行第一六字「意」，資、磧、南、徑、清、麗作「所念」。
一 六〇九頁上三行第一六字「多」，資、磧、南、徑、清無。
一 六〇九頁上四行第一七字「報」，麗作「答」。
一 六〇九頁上五行第一七字「何」，諸本作「阿」。
一 六〇九頁上一〇行「乞衣」，麗作「衣乞」。
一 六〇九頁上一二行第二字「信」，南、徑、清作「使」。
一 六〇九頁上二一行第四字「吼」，資、磧作「哧」。
一 六〇九頁上二五行「毁害」，資、磧、南、徑、清作「害我」。
一 六〇九頁上二六行第四字「我」，資、磧、南、徑、清無。第六字「慈」，資、磧、南、徑、清、麗作「慈悲」。
一 六〇九頁中四行第二至三字「獵師」，資、磧、南、徑、清作「獵」；麗作「落」。
一 六〇九頁中一二行首字「追」，資、磧、南、徑、清、麗作「逐」。
一 六〇九頁下三行第二字「掐」，資、

麗作「抓」；磧作「脚」。

一 六〇九頁下七行第一二字「山」，麗作「山頭」。末二字「下石」，資、麗作「上石下」。

一 六〇九頁下八行第一一字「排」，南、徑、清作「推」。

一 六〇九頁下一四行第七字「要」，資、磧、南、徑、清、麗作「約」。

一 六〇九頁下二七行第七字「其」，資、磧、南、徑、清作「重」。

一 六一〇頁上二行「阿傍」，資、磧、南、徑、清、麗作「牛頭阿傍」。

一 六一〇頁上四行第三字「尼」，資、磧、南、徑、清、麗作「尼佛」。

一 六一〇頁上四行「阿傍」，麗作「牛頭阿傍」。

一 六一〇頁上九行第六字「具」，南、麗作「其」。

一 六一〇頁上一四行第一四字「道」，資、磧、南、徑、清無。

一 六一〇頁上一五行首字「兩」，諸本作「雨」。

一 六一〇頁上一六行第七字「法」，資、磧、南、徑、清無。

大方便佛報恩經慈品第七　卷五　張廣夫刻

尒時世尊大衆圍遶供養恭敬尊重讚歎
尒時如來遊於無量甚深行處欲拔衆生三
有劇苦欲發五蓋弁解十纏欲令一切衆生
俱得解脫安隱無為即為開示二種福田一者
有作福田二者無作福田所謂父母及與師
長諸佛法僧及諸菩薩衆生修供得福進
可成道尒時世尊告舍利弗大弟子大智
慧汝等當知如來不久當取涅槃時舍利弗
聞是語已身諸肢節痛如針刺憂愁懊惱悶
絕躃地以冷水灑面良久乃穌即起合掌以偈
讚佛

說者譬甘露　聽聞無厭足　佛當有懈怠　無益於一切
五道生死海　譬如闇冥室　愛欲所纏故　無智為世迷
前世行中正　加施而平等　故使闇冥相　所照無有限
其眼如月初　徹觀十方國　能令人心眼　見者大歡喜

尒時舍利弗說如是等百千偈讚歎如來已頭
面礼足遶百千帀告諸大衆諸天龍鬼神人
及非人諸善男子世間虛空惟哉惟哉世間虛
空苦哉苦哉世間眼滅痛哉痛哉妙寶法橋
今當碎壞無上道樹今當摧折妙寶勝幢今當
傾倒無上佛日沒大涅槃山一切大衆聞是語已
心驚毛竪即大恐怖日無精光諸山崩落地為
大動時舍利弗於大衆中而說偈言

我見佛身相　喻如紫金山　相好衆德滅　唯有名獨存
應當勤精進　得出於三界　選擇棄喜業　涅槃寂安樂

尒時舍利弗說是偈慰喻諸大衆已現大神
力身昇虛空化作千頭寶象一一象身共相
蟠結千頭外向一一寶象皆有七牙一一牙上有
七浴池一一浴池有七蓮花於花臺上有七化
佛一一化佛皆有侍者舍利弗一一舍利弗放
大光明普照十方無量恒沙世界逮召有
緣有緣既集時舍利弗復現大身滿虛空中
大而現小入地如水出無間源入無孔竅或身下
出火身上出水踊沒虛空或作千或作百乃
至無數現種種神變已從虛空下往大衆中
廣為說法示教利喜令無量百千衆生發阿
耨多羅三藐三菩提心復有無量百千衆生
得須陀洹道乃至阿羅漢果復有無量百千
人發聲聞辟支佛心時舍利弗作如是無量利
益已告於大衆而作是言我今何忍見於如來
入於涅槃作是唱已即昇虛空身中出火即
自燒身取於涅槃尒時大衆戀慕舍利弗日不
暫捨心生躃地舉聲大哭塵土坌身日無精
光天地大動尒時大衆收取舍利起塔供養尒
時有無量百千大衆圍遶塔念舍利弗故心生
苦惱猖狂而行迷失正念
尒時如來以慈悲力化作舍利弗在大衆中尒
時大衆見舍利弗心生歡喜憂苦即除因歡
喜心故皆發阿耨多羅三藐三菩提心尒時
阿難以如來神力故觀察衆心咸皆有疑即從
座起整理衣服偏袒右肩右膝著地叉手長跪
而白佛言世尊舍利弗以何因緣先如來前而
取滅度令諸大衆憂苦如是
佛告阿難及諸大衆舍利弗不但今日先如來
前而取滅度過去世時亦不能忍見我先取滅

度阿難白佛言世尊舍利弗過去世時先取
滅度其事云何佛言善聽乃往過去阿僧祇
劫爾時有國名波羅奈其波羅奈王名曰大光
明大光明王主六十小國八百聚落其王常懷
慈心布施一切不逆人意爾時有一邊小國王常
懷惡逆爾時大光明王於月月諸齋日以五百
大象載珍寶錢財衣被飲食著大市中及
著四城門外布施一切時敵國怨家聞大光
明王布施一切不逆人意有須衣服飲食金
銀珍寶者恣意自取而去
爾時邊小國王聞大光明王布施之德心生嫉
妬即集諸臣誰能往彼波羅奈國乞大光明
王頭諸臣皆言無能往者王復更宣令誰能
往波羅奈國乞大光明王頭能去者償金千
斤其中有一婆羅門言我能往乞之但給我資
糧此國去波羅奈六千餘里王即給資糧遣至
波羅奈國時婆羅門往到波羅奈國界其
地六種震動驚諸禽獸四散馳走日光障蔽
月無精光五星諸宿違失常度赤黑白虹晝
夜常現流星崩落於其國中有諸流泉浴
池花菓茂盛常所愛樂者悉皆枯乾時婆羅
門往到波羅奈城在門外立時守門神語守
門者言此大惡婆羅門從遠方來欲乞大
光明王頭汝莫聽入時婆羅門住在門外停
滯七日不能得前語守門者我從遠來欲見
大王時守門者即入白王有一婆羅門從遠方
來今在門外王聞是語即出奉迎如子見父前
為作礼所從來也自涉途路得無疲倦婆羅

門[五]言我在他方聞王功德布施不逆人意名
聲遠聞上徹[四]蒼天下徹黃泉遠近歌歎實無
虛言故從遠來歷涉山川今欲有所得王言
我今名為一切之施有所求索莫自疑難婆
羅門言審實爾不我不用餘物今欲大祠從
王乞頭王聞是已深自思惟我從無始生死
已來空喪此身未曾為法空受生死勞我
精神今者此身深欲為求菩提普及眾生
今不與者違我本心若不以此身施者何緣
當得成於阿耨多羅三藐三菩提王言大善
須我小自檢挍委付國位夫人太子過七日已當
相給與爾時大王即入宮中報諸夫人天下恩愛
皆當別離人生有死事成有敗物生於春秋
冬自枯夫人太子聞是語已譬如人噎既不能
咽復不得吐大王今者何因緣故說如是語王
言有婆羅門從遠方來欲乞我頭我已許之
夫人太子聞是語已舉身投地舉聲大哭白
拔頭髮裂壞衣裳而作是言大王天下所
重莫若已身云何今日難捨能捨持用施人
時五百大臣語婆羅門言汝用是臭爛膿血
頭為婆羅門言我自乞丐用問我為大臣言
卿入我國我應問卿卿應答我時婆羅門
正欲實答心懷恐怖懼畏大臣斷其命根
爾時五百大臣語婆羅門汝莫恐怖我等
今者施汝無畏以大王故貧婆羅門何用是
膿血頭為我等五百人人作一七寶頭共相貿
易并與所須令汝七世無所乏少婆羅門言
吾不用也時諸大臣不果所願心生苦惱舉

聲悲哭白大王言大王今者何忍便欲捨
此國[五]土人民夫人太子為一婆羅門永棄孤
背王言今為汝等及一切眾生故捨身布施
時第一大臣聞王語定必欲捨身與婆羅門
即自思惟我今云何當見大王捨此身命作
是思惟已即入靜室以刀自斷其命爾時大
王便入後園與婆羅門來汝今從我乞頭我
以慈心憐愍汝故不逆汝意令我來世得智
慧頭施於汝等作是語已即起合掌向十方
礼而作是言十方諸佛哀慈憐愍諸尊菩薩
威神護助令我此事必得成辦語婆羅門隨
汝將去時婆羅門言王有力士之力臨時苦痛
脫能變悔不能忍者或能反害於我王當能
爾者何不以頭髮自繫樹枝王聞是語心生
慈愍此婆羅門老而且羸若當不能斷我
頭者而失大利即隨其言以髮自縛著樹語
婆羅門汝斷我頭還著我手中我當以手
授與於汝時婆羅門手自捉刀即前向樹爾
時樹神即以手拍婆羅門頭悶絕倒地爾時
大光明王語樹神言汝不助我反於善法而
起留難爾時樹神聞是語已心生苦惱即時
是言怪哉怪哉於虛空中無雲雨血天地大
動日無精光時婆羅門尋斷王頭持還本國
爾時五百太子及諸群臣即收大光明王自餘
身骨起塔供養佛告阿難爾時第一大臣聞
大光明王以頭布施心不堪忍尋自捨命者
今舍利弗是爾時大光明王者今則我身釋
迦如來是菩薩如是修習苦行誓為眾生念

諸佛恩是故超越得成阿耨多羅三藐三菩
提是故舍利弗聞於如來欲入涅槃眼不忍
見先取滅度與本不異過去世時不忍見我
捨於身命我於此後園在此一樹下捨轉輪
王頭布施數滿一千況餘身分身體手足說
是菩行因緣時有無量百千衆生皆發阿
耨多羅三藐三菩提心復有無量百千人得
須陁洹道乃至阿羅漢果復有無量百千
人發聲聞辟支佛心一切大衆諸天龍鬼神人
及非人聞佛說法歡喜而去
復次摩伽陁國有五百群賊常斷道刼人狂
濫無辜王路斷絕
尒時摩伽陁王即起四兵而往收捕送著深
山懸險之處即取一一賊挑其兩目刵劓耳鼻
尒時五百群賊身體苦痛命在呼噏尒時五
百人中有一人是佛弟子告諸大衆我等今
者命不云遠何不至心歸命於佛
尒時五百人尋共發聲唱如是言南无釋迦牟
尼佛尒時如來在耆闍崛山以慈悲力於遊
乹陁山即大風起吹動樹林起栴檀香滿虚空
中風即吹往至彼深山諸群賊所坌諸賊眼
及諸身瘡平復如故
尒時諸賊還得兩目身瘡平復血變為乳俱
發是言我等今者蒙佛重恩身體安樂報
佛恩者應當速發阿耨多羅三藐三菩提心
作是唱已一切大衆異口同音而作是言諸未
安衆生我當安之諸未解衆生我當解之諸
未度者我當度之未得道者令得涅槃

復次如來慈悲方便神力不可思議佛在舍
衛國尒時崛山中有五百人止住其中斷道
刼人作諸非法如來尒時以方便力化作一人
乘大名象身著鎧鉀帶持弓箭手執鉾䂎
所乘大象皆以七寶而莊挍之其人亦以七
寶而自莊嚴珠瓔嚴具皆出光明單獨一已
而入險路往至崛山尒時山中五百群賊遥見是
人而相謂言我等積年作賊未見此也尒時
賊主問其人言汝何所見其人荅言見有一人
乘大名象被服瓔珞并象乘具純是七寶放
大光明照動天地隨路而來乘復單獨一已我
等若當擒獲此人資生衣食七世無乏尒時賊
主聞是語已心生歡喜密共唱令而作是言愼
莫所射徐徐挻取即前後圍遶一時俱發時
五百人同聲唱哭
尒時化人以慈悲力愍而哀傷尋時張弓布
箭射之時五百人人被一箭而瘡苦痛難可堪
忍即皆躃地婉轉大哭起共拔箭其箭堅固
非力所堪尒時五百人即懷恐怖我等今者必
死不疑所以者何而此一人難為抗對由來未
有即共同聲說偈問曰
汝是何等人　為是呪術力　為是龍王鬼　一箭射五百
苦痛難可陳　我等身觸彼　為我出毒箭　隨順不敢違
尒時化人說偈荅曰
所瘡無過斧　射箭無過毒　是壯莫能拔　唯從多聞除
尒時化人說是偈已即復佛身放大光明遍照
十方一切衆生遇斯光者盲者得視僂者得
申躃者得手足若邪迷者得覩真言惣要而言

諸不稱慈皆得如願尒時如來為五百人示
教利喜說種種法時五百人聞法歡喜身瘡
平復血變為乳尋時即發阿耨多羅三藐三
菩提心即共同聲而說偈言
我等已發心　廣利諸衆生　應當常恭敬　隨順諸佛學
念佛慈悲力　拔苦身心安　應當念佛恩　菩薩及父母
師長及父母　及諸衆生類　怨親心平等　是德無有二
尒時虚空中欲界諸天憍尸迦等雨報天花作
天伎樂供養如來異口同音而說偈言
我等先世福　光明甚嚴飾　報佛供養具　利益於一切
世尊甚難遇　妙法亦難聞　宿殖衆德本　今遇釋中神
我等念佛恩　亦當發道心　我今得見佛　所有三業善
為諸衆生故　迴向無上道
尒時諸天說是偈已遶百千帀頭面禮佛飛空
而去復次如來方便慈善根力不可思議尒
時毗舍離國有一婆羅門執著邪見貪著我慢舍
利弗大目揵連往到其家說法慰喻初不信
受執著邪論其家大富財寶無量家無有
子一旦崩亡財賄沒官思惟是已奉祠諸山
及諸樹神過九十日其婦便覺有身月滿生
男其兒端正人相具足父母愛念衆人宗敬至年
十二共諸等侶出外遊觀道逢醉象馳奔蹴
蹹即便命終父母聞之舉聲大哭自投於地生
狂癡心塵土坌身自拔頭髮而作是言一何薄
命生亡我珎前趣兒所抱持死屍舉聲慟哭
絕而復穌心發狂癡裸形而行得覩如來如來
以慈善根力化作其兒尒時父母即前抱持
歡喜無量狂癡即滅還得本心如來尒時即

祢說法因聞法故即發阿耨多羅三藐三
菩提心
復次如來慈善根力不可思議尒時瑠璃王
起四種兵伐舍維國得諸釋子穿坑埋之坑
悉齊腋令不動搖過一七已如來尒時以慈善
根力即化其地變成浴池其浴池水具八功
德有妙香花所謂波頭摩花分陁利花青
黃赤白大如車輪充滿其中異類衆鳥相和
悲鳴時諸釋子見是事已心生歡喜尋發阿
耨多羅三藐三菩提心發菩提心已時瑠璃
王即以酒飲五百黑象極令奔醉脚著鐵甲
鼻繫利鋼即聲惡鼓放諸群象踰諸釋子
身諸肢節皮骨糜碎狼藉在地以如來慈悲
力故身心安樂身心安樂故發菩提心以發
菩提心故於諸衆生得平等心心平等故不
生瞋恚心不瞋恚故命終生天得生天已即
以天眼却觀本緣尋相謂言我等蒙佛慈恩
得生於天七寶宮殿名衣上服身諸光明微
妙伎樂一切樂具皆是如來神力是故我等
發大悲心利益衆生隨有佛法所流布處若
城邑聚落山林樹下宮殿舍宅有讀誦書寫
解說其義隨流布處稱意供給令無乏少若
有刀兵疾疫饑饉我等應當晝夜擁護心
不捨離尒時諸天發是願已身命色力光明
晃耀倍於常歡喜踊躍飛空而去
復次如來方便慈善根力不可思議尒時瑠
璃王伐舍維國殺害諸釋種已選諸釋女擇
取端正才能過人各兼數伎取五百人前後圍
遶作唱伎樂還歸本國夫人婇女昇正殿上結
跏趺坐告大衆言我今快樂稱善無量時諸
釋女問瑠璃王言汝今云何快樂若言我得
勝怨諸釋女言汝不得勝假使汝國一切四兵
不敵於我釋種一人然我釋種是佛弟子不
與物諍令汝得勝若起惡者汝前後三四
起兵向舍維國而常退縮汝第一往時我
諸釋種而作是言此瑠璃王不識恩分反生
惡逆若我等與彼戰者賢愚不別皂白不
明我等今者宜應恐怖令彼退散即立誓令
今者諸人齊共射之令箭莫傷即起四兵
往逆瑠璃去四十里挽弓射之箭箭相續箸
箸相拄時瑠璃王見是事已即懷恐怖退
還歸去過九十日復起四兵伐諸釋種尒時
諸釋尋共議言瑠璃惡人不知慚愧而復更
來欲相危害尒時諸釋復立誓限今日諸人
齊共射鎧莫令傷人時諸釋種齊共射之悉
令諸人所著鎧仗鉀鉀斷壞裸身而住時瑠璃
王心懷怖懼即集諸臣而共議言我等今者
恐不全濟中有第一大臣白大王言是諸釋種
皆佛弟子持不殺戒修行慈悲若不尒者我
等身命久已殞滅王言審如是者更可前進
尒時諸釋叙手而往瑠璃軍馬遂至逼近諸釋
種中有一婆羅門語諸釋言今襄禍至云何
儼然諸釋答言我等今者不與物諍若與
彼諍非佛弟子時婆羅門即嫌其言踊出釋
前與瑠璃戰一箭射七未久之間傷殺轉多瑠
璃四兵即還卻退時諸釋種復作是念我等
今者不應與是惡人共為徒黨即集釋衆
共擯出是婆羅門種既擯出已瑠璃四兵據
舍維國以是因緣令汝得勝時瑠璃王即生
慚愧嬰旃陁羅即刵耳鼻截斷手足斷手
足已即以車載棄於塚間時諸釋女死轉無
復手足悲號酸切苦毒纏身餘命無幾時諸
釋女各稱父母兄弟姊妹者或復稱天笑地
者或稱苦切唯有第一釋女告諸女言姊
妹當知我曾從佛聞若有一切能於運急之
中發於一念念佛至心歸命者即得安隱各
稱所願時五百釋女異口同音至心念佛南
无釋迦牟尼多陁阿伽度阿羅呵三藐三佛
陁復更唱言苦哉苦哉痛哉痛哉嗚呼婆伽
婆修伽陁作是唱時於虛空中以如來慈善
根力故起大悲雲雨大悲雨雨諸女身既蒙雨
已身體手足還生如故諸女歡喜俱共唱言如
來慈父無上世尊世間妙藥世間良醫於三
界中能拔其苦施與快樂所以者何我等今
者得脫苦難我等今者當念佛恩當念報恩
諸女念言當以何事而報佛恩如來身者金剛
之身常住之身無飢渴身微妙色身悉是具足
百千禪定根力覺道不可思議三十二相八十
種隨形之好具足莊嚴住大涅槃等視衆生如
羅睺羅怨親等觀亦不望報我等今者欲
報佛恩當共出家修持禁戒護持正法思惟
是已即求哀啟往詣王園比丘尼精舍求索
出家時有六群比丘尼見諸釋女年時幼稚
美色端正今云何能捨此難捨而共出家我等

當為說世間五欲快樂待年限過然後出家
不亦快乎彼若還俗必以衣鉢奉施我等恐
惟是已於釋女前即以上事向諸女說諸女
聞已心懷苦惱此安隱處去何有大恐怖如
飢餓飲食和以毒藥此比丘尼所說亦復如
是世間五欲多諸過患我已具知去何而反
讚歎其美而勸我等還歸本家在於五欲
作是語已舉聲大哭還出僧房時有比丘尼
名曰花色即問諸女何為啼哭諸女答言不
果所願比丘尼言汝願何等答言願欲出家
不蒙聽許時花色比丘尼聞言汝欲出家者
我能度汝諸女聞已心生歡喜即便隨從
度為弟子時諸釋女既蒙聽許悲喜交集
而作是言和尚當知我等在家衆苦非一親
族喪亡刵刖耳鼻截斷手足禍患熾甚
尒時和尚報諸弟子汝等辛苦何足言也我
在家時荷負衆苦其事衆多時諸釋女長
跪白師願說在家衆苦因緣
尒時花色比丘尼即入三昧以神通力放大光
明照閻浮提請召有緣天龍鬼神人及非人於
大衆中即自說言我在家時是舍衛國人父母
嫁我與北方人彼國風俗其婦有娠垂欲產
時還父母家如是次第數年生子後復有娠
垂產之日皆乘車馬夫妻相將歸父母家中
路有河其水暴長其路曠絶多諸賊難既
至河已不能得渡住宿岸邊於初夜時我
腹卒痛即便起生未久之間即便勉娠生一
男兒岸邊草中有大毒虵聞新血香即來
趣我未至我所我夫及奴眠在道中虵至
奴所尋便螫殺前至夫所夫眠不覺亦螫
殺夫我時唱喚虵來喚夫不應夫奴已
死尒時毒虵亦螫牛馬至日出已其夫身體
膖脹爛壞骨節解散狼藉在地憂悲恐怖悶
絶躃地舉聲大哭以手搥胸自拔頭髮塵土
坌身尋復悶絶舉身投地如是憂苦經留
數日獨在岸邊其水漸小荷負小兒以手牽
持其新產者以裙裹之銜著口中即前入水
正到河半反視大兒見一猛虎奔走趣逐開口
唱喚口即失裙嬰兒没水以手採摸而覓不獲
其背上者失手落水尋復没喪其岸上者為
虎所食我見是已心肝分裂口吐熱血舉聲
大哭悵哉悵哉我今一旦見此禍酷即到岸上
悶絶躃地未久之間有大伴至尒時伴中有一
長者是我父母舊所知識我即前問父母消
息尒時長者即答我言汝父母家昨夜失火
所燒蕩盡父母亦喪我聞是已悶絶躃地良
久乃穌未久之間有五百群賊即壞衆伴尒
時賊主使將我去作賊主婦法常使守門若
有緩急為人所逐須速開門後於一時夫與
群賊共行抄劫
尒時財主主及聚落并力驅逐即還其家尒
時其婦在其舍內勉娠生子夫在門外辨三
喚已內無人開門
尒時賊主即作是念今此婦者欲危害我思
惟是已即踰墻入語其婦言以何事故不開門
耶婦言以產生故而不及開尒時賊主見是事
已瞋恚不息語其婦言人有娠者便當有子
汝為產故危害於我用是子為速往殺之尒
時其婦心生憐愍不忍殺之
尒時賊主尋拔刀斫解斷手足語其婦言汝
可還噉若不食者當斷汝頭尒時其婦以恐
怖故即還食之既還食已瞋恚便息其夫於
後續復劫盜為王所得即治其罪治賊之法
要斷其命合婦生埋我時身體著妙瓔珞尒
時有人貪利瓔珞於後夜時即便開塚取我
瓔珞并將我去復經少時王家伺官即伺捉得
以律斷之如治賊罪治賊罪法即斷其命合婦
生埋埋之不固於後夜時多諸虎狼掊發塚
開食噉死屍我因此故尋時得出既得出已
恭錯迷悶不知東西即便馳走路見多人即
便問言諸人當知我今苦惱何處能有志憂
除患時有長老婆羅門等以憐愍心即語
我言曾聞釋迦牟尼佛法之中多諸安隱無
諸苦惱我聞是已心生歡喜詣大愛道憍
曇彌比丘尼所出家次第修習即得道果
三明六通具八解脫以是因緣汝等當知我
在家時勤苦如是以是因緣自致得道時諸
釋女聞是說已心大歡喜得法眼淨諸會聽
衆各發所願歡喜而去
尒時佛姨母憍曇彌比丘尼告一切比丘尼式
叉摩尼沙弥尼優婆夷及一切女人所作是言
佛法大利一切功德三種果報唯有如來佛
法海中乃具有之一切衆生皆悉有分而我
等一切女人多諸礙蔽

執著難捨以執著故使諸結業無量纏縛
癡愛覆心覆心重故愛水所没不能自出故
以方寸智故懈怠懈惰故現身不能莊嚴菩
提獲得三十二相故於生死中失轉輪聖王
所有勝果以十善法攝眾生故亦失無上梵
王之位能為建立正法勸發諸請使一切眾生
得利樂故是故如來不聽女人樂為弟子六
魔波旬及諸邪見一切外道長夜惡邪執著
邪論殘賊正法毀佛法僧是故如來不聽女
人樂入佛法我為一切諸女人故三請如來欲
求佛法如來至三亦不聽許時我不果所願
心懷悵恨憂悲苦惱即出祇桓悲涕端日
尒時阿難即問我言母人何故憂愁如此我
時即報侍者阿難欲求出家修行佛法三
請如來如來不許以是因緣我憂愁耳尒時
阿難即報我言母人莫愁我當啓請如來使母
人得入佛法憍曇彌聞是語已心大歡喜尒時
阿難入白佛言世尊今欲從佛啓請一願佛言
聽汝說之阿難白佛言憍曇彌母人者乳哺
養育如來色身至今得佛依因母人之所
成立母人於如來有大恩分如來猶尚聽於
一切眾生入佛法中況於母人而不聽許佛告
阿難如汝所說如來非不知母人於如來所有
是重恩但不樂使女人入佛法中如來若聽女
人入佛法中者正法當衰微衰微於五百歲
是故如來不樂意聽女人入佛法中尒時阿
難頭面礼佛足長跪叉手重白佛言世尊阿
難自念過去諸佛具四部眾而我釋迦如來

獨不具耶佛告阿難若憍曇彌受樂佛法
發大精進修習八敬之法者聽入佛法阿
難即時頭面礼佛右遶三帀即便出外白母
人言阿難已勸請如來得使母人奉持佛法
憍曇彌聞是語已心大歡喜白阿難言善哉
阿難乃能慇懃勸請如來得使母人稱遂本
願阿難具宣如來慇懃之教母人聞已悲喜
交集而我身者是無常身今日乃得貿易
寶身今我命者念念遷滅代謝不定始於
今日貿易實命今我所有身命財者眾緣
所共無有真主今日乃得貿易實財我既惟
如是功德利故於阿難所深生恭敬供養之
想自言大德阿難願不有慮如來秘教當盡
奉行假使喪失身命終不迯失如來即為宣
說微妙八敬之法難可毀犯
尒時憍曇彌母人即以大悲熏修其心普為末
來一切女人重白佛言世尊若當末來惡世之
中有善女人信樂愛敬於佛法者唯願聽許
得榮其例佛言善哉若有女人護持佛法斷
欲修學戒施多聞及諸善法在家出家二
歸五戒乃至具戒及諸度脫諸助道法皆悉聽
許迯意修習亦得是三種果報人天泥洹時
憍曇彌聞是說已心生歡喜而白佛言世尊
若是果報正是佛恩佛言莫作是說如來終
不有恩於諸眾生如來終不於諸眾生而計
有恩計有恩者則破如來平等之心憍曇彌
當知如來於諸眾生計有恩無恩者無有平
等何以故若有眾生毀害於佛如來不瞋若

有眾生以栴檀汁塗如來身如來不喜如來 [大方便佛報恩經卷第五 第十七張]
普於眾生怨親等觀唯是阿難非如來也以
阿難故令諸女人得入佛法憍曇彌未來末世
若有比丘尼及諸一切諸善女人常當至心
念阿難恩稱名供養恭敬尊重讚歎令不
斷絕若不能常晝夜六時念心不忘時憍曇
彌告諸比丘尼及一切諸善女人而作是言我
等應當至心歸命阿難大師若有女人欲
求安隱吉祥果報常當於二月八日八月八
日著淨潔衣至心受持八戒齋法晝夜六
時建大精進阿難即以大威神力應聲護助
如願即得時會大眾聞法歡喜奉行右遶
而去

大方便佛報恩經卷第五

大方便佛報恩經卷第五

校勘記

一 底本，金藏大寶集寺本。

一 六一五頁中四行第五字「發」，南、徑作「撥」。

一 六一五頁中七行第一〇字「衆」，資、磧、南、徑、清、麗作「一切衆」。

一 六一五頁中八行第一五字「大」，資、磧、南、徑、清、麗作「等諸大」。

一 六一五頁中一二行首字「讚」，資、磧、南、徑、清、麗作「歎」。

一 六一五頁中一三行首字「説」，資、磧、南、徑、清、麗作「佛」。

一 六一五頁中一四行「墮淤」，資、磧、麗作「墮污」；南、徑、清作「在污」。末字「迷」，資、磧、南、徑、清作「遠」。

一 六一五頁中二二行第一一字「山」，資、磧、南、徑、清作「山崩」。

一 六一五頁中二六行末字「樂」，資、磧、南、徑、清作「隱」。

一 六一五頁中二七行首字「尒」，資、磧、南、徑、清、麗無。

一 六一五頁中末行第一六字「共」，資、磧、南、徑、清無。

一 六一五頁下一行第九字「寶」，資、磧、南、徑、清、麗無。

一 六一五頁下六行「間源」 石、資、麗作「間隙」；南、徑、清作「門」。第一六字「竅」，南、徑、清無。

一 六一五頁下七行第一四字「或」，資、磧、南、徑、清、麗無。

一 六一五頁下八行第四字「現」，南、徑、清無。

一 六一五頁下一一行第一二字「復」，麗無。

一 六一五頁下一三行第一四字「忍」，麗作「心」。

一 六一五頁下一四行第二字「於」，麗作「般」。

一 六一五頁下一八行「塔念」，南、徑、清無。

一 六一五頁下二四行第四字「理」，資、磧、南、徑、清、麗無。

一 六一六頁上五行「邊小」，資、磧、南、徑、清作「小邊」。

一 六一六頁上一二行第九字「彼」，資、磧、南、徑、清無。

一 六一六頁上一三行第六字「言」，資、磧、南、徑、清、麗無。

一 六一六頁上一四行首字「往」，麗作「往彼」。

一 六一六頁上一四行第一五字「償」，資、磧、南、徑、清作「賞」。

一 六一六頁上一七行第一四字「國」，資、磧、南、徑、清無。

一 六一六頁上二五行「一七」，資、磧、南、徑、清作「七日」。

一 六一六頁中二一行末字「言」，資、磧、麗作「語言」。

一 六一六頁中二五行第一五字「何」，資、磧、南、徑、清、麗作「何急」。

一 六一六頁下六行第九字「以」，麗作「便以」。

一 六一六頁下七行第一二字「今」，

資、磧、南、徑、清、麗作「今遠來」。

一 六一六頁下一二行第二字「將」，資、磧、南、徑、清、麗作「持」。

一 六一六頁下一五行第七字「老」，資、磧、麗作「怯」。第一〇字「羸」，南、徑、清作「衰」。

一 六一六頁下一九行第七字「拍」，南、徑、清作「指」。

一 六一六頁下二二行第五字「恠」，資、磧、南、徑、清、麗作「苦」。

一 六一六頁下二四行第一二字「收」，南作「取」。

一 六一六頁下二四行第一七字「自」，資、磧、南、徑、清無；麗作「所」。

一 六一七頁上一四行「刵劓」，資、磧作「劓刖」；南、徑、清作「劓刵」。

一 六一七頁上一九行「於遊」，南、徑作「遊於」。

一 六一七頁上二三行第八字「目」，資、磧、南、徑、清、麗作「眼」。

一 六一七頁上二七行第一〇字「解」，麗作「解脱」。

一 六一七頁中四行第八字「器」，石、麗作「仗」。末字「稍」，資、磧、南、徑、清、麗作「鋋」。

一 六一七頁中九行第四字「其」，南、麗作「諸」。

一 六一七頁中一六行第一四字「時」，南作「而」。

一 六一七頁中一八行「堅固」；南作「射面」。

一 六一七頁中二二行「王鬼」諸本(不包括普,)作「鬼神」，下同。

一 六一七頁中二五行第五字「斧」，資、磧、南、徑、清作「恚」；麗作「惡」。第一〇字「弩」，資、磧、南、徑、清、麗作「怒」。第一二字「牡」，資、磧、南、徑、清、麗作「壯」。

一 六一七頁中二七行第一四字「視」，麗作「覩」。

一 六一七頁中末行首字「申」，諸本作「伸拘」。第七字「若」，資、磧、南、徑、清無。

一 六一七頁下三行第四字「變」，資、磧、南、徑、清、麗作「反」。

一 六一七頁下一七行第八字「到」，資、磧、南、徑、清作「來」。

一 六一七頁下二四行第一〇字「頭」，清作「其」。

一 六一八頁上一三行第八字「碎」，南、徑、清作「破」。

一 六一八頁上一七行第五字「觀」，南、徑、清作「覩」。

一 六一八頁上末行第九字「兼」，石、麗作「無」。第一一字「妓」，石、南、徑、清作「技」。

一 六一八頁中一八行第一三字「身」，南、徑、清作「形」。

一 六一八頁中二四行第一一字「言」，麗作「子」。

一 六一八頁下四行第八字「刵」，資、磧、徑、清作「削」。

一 六一八頁下八行「或稱」，資、磧、南、徑、清、麗無。第六字「唯」，資、磧、麗作「無量唯其中」；南、徑、清作「無量其中」。

一六一八頁下九行「一切」，資、磧、南、徑、清作「人」；麗作「一人」。

一六一八頁下一五行第一四字「女」，麗作「女人」。

一六一八頁下一六行「俱共唱」，資、磧、南、徑、清作「同共唱」；麗作「俱唱是」。

一六一八頁下一七行「良醫」，資、磧、南、徑、清、麗作「眼目」。

一六一八頁下二三行第七字「足」，資、磧、南、徑、清、麗作「二」。

一六一八頁下二六行第一〇字「園」，南、徑、清作「國」。

一六一九頁上四行第四字「懷」，資、磧、南、徑、清作「生」。

一六一九頁上一五行第五字「刵」，資、磧、南、徑、清、麗作「削」。

一六一九頁上二七行第七字「生」，諸本作「坐」。

一六一九頁中七行第一〇字「地」，諸本作「骨」。

一六一九頁中二〇行第一〇字「主」，資、磧、南、徑、清無。

一六一九頁中二五行第二字「已」，資、磧、南、徑、清無。

一六一九頁中二七行第五字「緣」，資、磧、南、徑、清作「沿」。

一六一九頁中末行第一一字「開」，資、磧、南、徑、清、麗作「耳」。

一六一九頁下一行第四字「小」，南、徑、清作「少」。

一六一九頁下四行第九字「解」，南、徑、清作「除」。

一六一九頁下六行第一六字「夫」，南、徑作「婦」。

一六一九頁下一〇行第一六字「伺」，南、徑、清作「時」。

一六一九頁下一二行第一五字「掊」，資、磧、南、徑、清作「皰」；麗作「把」。

一六二〇頁上三行「方寸」，諸本作「二等」。

一六二〇頁上六行第四字「能」，資、磧、南、徑、清作「不能」。

一六二〇頁上一一行第五字「來」，資、磧、南、徑、清、麗作「是」。

一六二〇頁上一三行第一四字「愁」，資、磧、南、徑、清作「悲」。

一六二〇頁上二五行第一三字「滅」，南、徑、清作「減」。

一六二〇頁中一六行第一七字「爲」，麗作「當」。

一六二〇頁中二一行第一一字「脱」，資、磧、南、徑、清無。

一六二〇頁下一二行「奉行」，資、磧、南、徑、清、麗無。

大方便佛報恩經優波離品第八　卷第六　䀀𠈁
介時如來大衆圍遶供養恭敬尊重讃歎介時阿難
即從座起觀察衆心咸皆有疑如來世尊云何乃聽
優波離下賤之人隨佛出家以聽其出家故毀辱一切
諸王刹利種增不敬之心汙信心故永失福田乃
使白淨王子難陀比丘生輕慢心佛告阿難及諸
大衆汝等善聽汝等乃可說如來無有平等大悲三
念處五智三昧不得說言優波離比丘真實是下賤
人修習下行下願下精進也汝等乃可說如來煩惱
無常遷變不可得說優波離下賤出家如來以正
遍知宣說真實之言汝等應當信受佛語如來知見
生死過患獨覺成佛優波離亦隨出家三明六通
具八解脫天人大衆增仰護持正法持律第一堪任
供養能令衆生成就三種妙果所謂現報生報後報
是故當知優波離者奇特妙行修爲大悲菩薩已於過
去無量百千万億諸佛所植衆德本亦於諸佛法中持律
第一亦於釋迦牟尼佛法中持律第一介時難陀比丘
聞佛說已即從座起頭面礼大憍陳如及次第到優
波離前俛仰而立合掌而已介時如來即爲難陀而
說偈言　難陀應當知汝莫憂貧窮亦不失富
貴出家法應介　難陀聞佛示教利喜種種說法
心生歡喜即正衣服頭面礼優波離足應時大地
六種震動身心柔輭逮得已利所作已辦佛告優
波離汝速師子吼於三寶四諦在家出家七衆差別

所謂三歸五戒乃至一切戒利益衆生戒淨煩
惱戒調御威儀戒禪戒無漏戒興隆三寶時
優波離白佛言世尊如來以威神力引接將
護我乃少能所諮問耳
云何名三寶佛法及衆僧三寶若無差云何分
別說法僧差別名歸依三寶者云何而奉行三
歸若一者不應說言三若說三歸者云何七衆
名介時優波離白佛言世尊何所歸依名歸依
佛介時如來二種解答曰
佛陁者覺覺了一切法相故復丈一切衆生長
眠三界佛道眼既開自覺覺彼故名爲覺佛
於一切法能一切得一切說問曰佛云何一切說
爲應時適會隨宜說耶爲當部黨相從說
耶荅曰佛隨物適時說一切法後諸弟子結集
法藏以類撰之佛或時爲諸弟子制戒輕重
有殘無殘撰爲律藏或時說因果相生諸結
諸使及以業相集爲阿毗曇藏爲諸天世人
隨時說法集爲增一是勸化人所習爲利根
衆生說諸深義名中阿含是學問者所習
說種種隨禪法是雜阿含坐禪人習破諸外
道是長阿含問曰佛若一切說者有經云佛坐
一樹下捉一枝葉問弟子曰此枝葉多樹上
葉多荅曰樹上葉多佛言我所知法如樹上
葉我所說法如掌中葉云何言佛一切說耶荅
曰有別相一切摠相一切今言別相一切有言佛
能一切說但衆生不能盡受佛非不能說有
言應云一切知互言說不得言一切說也問若
佛知而能說聲聞緣覺依知而能說何不盡

佛耶答曰不介佛知說俱盡二乘知說於法有所不盡復次佛解一切法盡能作名二乘不能復次佛得無邊法能無邊說二乘不能復次有共不共二乘所得共佛所得不共聲聞所得三乘同知中乘所得二乘共知唯佛所得二乘不知獨佛自知復次函大蓋亦大法大法相無邊佛以無邊智知說無邊法二乘智有邊故不稱法相復次有根義根者慧根義者慧所緣法佛根義俱滿慧所緣法無有不盡二乘根義二俱不滿復次佛得如實智名於一切法相如實了故二乘知法不盡源底兼有所不周是以不得稱如實知以是種種義故二乘不得稱佛婆伽婆者不可以音傳不可以義解云何世尊以能知一切對治法故復次世法言音不同世人自不相解佛悉知之故云世尊復次報比丘云凡二乘凡夫自說得法或樂靜默或入禪定或以餘緣秘惜不說佛所得法以慈悲力故樂為他說復次云何以破三毒故得稱世尊問曰二乘亦破三毒何不名世尊耶答曰不介二乘有退佛不退故退有三種果退不果退所用退果退者聲聞三果退下果不退中乘二種若百劫習行成辟支佛果不退若本是下乘三果作辟支佛則果有退佛果不退不果退者若向三乘人未得而退若修比丘三業懈墮不進凡有所修習退而不勤名不果退也所用退者凡所得法不現前用如佛十力小乘十智用一餘則不用如誦十万言經若

不誦時盡名所用退也下乘不果退中乘亦有不果退佛無不果退於一切行中無不勤故二乘有所用退也佛則不定又云於十力中用一不用九故名此也有云無不用退如誦二十萬言經凡夫力劣故或一日二日誦訖佛能此時誦訖十力亦介用能助用無障礙故無不用退又云佛無不用退如著泥洹僧時不直介著如凡夫人法皆為利益衆生故凡所用法有益則用無益不用非不能用故無用退雖各有所解而亦不可定也佛意不可思議問曰聲聞何故三果退下果不退答曰三果已曾得故退下果未曾得故不退如人飢得美食久則不忘此義亦介又云下果忍作無礙道智作解脫道三果智作無礙道智作解脫道故退又云見諦道無退思惟道有退淨不淨想斷結故思惟道有逼迫見諦無逼迫見諦無逼迫見諦結見理思惟微生故逼迫不退也又云見諦智力強如大巖鎮物思惟智弱故退也又云見諦欲界忍智二心能斷九品上界忍智二心斷七十二品結盡無色界故不退也以是義故獨名世尊復次佛習氣斷二乘習氣不盡如牛呞比丘常作牛呞以世世牛中來故如一比丘雖得漏盡而常以鏡自照以世世從婬女中來故如一比丘跳枰擲閣以世世從獼猴中來不得名世尊凡言如是我聞者佛在時言我聞為是滅後也撰法藏者言我聞佛二十年中說法阿難不聞何得言我聞答曰云諸天語阿

難又云佛入世俗心令阿難知又云從諸比丘邊聞又云阿難從佛請願願佛莫與我故衣莫令人請我食我為求法恭敬佛故侍佛所須不為衣食諸比丘晨暮二時得見世尊莫令我不欲見便見又佛二十年中所說法盡為我說問曰二十年中所說法何由可說答曰佛善巧方便於一句法中演無量法能以無量法為一句義佛粗示其端緒阿難盡已得知達利強持力故八萬法者又云如樹根莖枝葉名為一樹佛為衆生始終說法名為一藏如是八萬又云佛一坐說法名為一藏如是八万又云十六字為半偈三十二字為一偈如是八万又云長短偈四十二字為一偈如是八万又云如半月說戒為一藏如是八万又云佛自說六万六千偈為一藏如是八万又云佛說塵勞有八万法藥亦八万名八万法藏問曰契經阿毗曇不以佛在初獨律誦以佛在初答曰以勝故佛獨制故如契經中諸弟子說法有時如釋提桓因自說布施第一何以故我以施故得為天王所願如意佛言如是有時佛化作化佛化佛說法律則不介一切佛說是故以佛在初又如契經隨處隨事律則不介若屋中有事不得即結必當出外若白衣邊有事必在衆結若聚落有事亦在衆結若於五衆邊有事必在比丘比丘尼邊結是故以佛在初毗耶離者或有國以王為名或以地為稱或以城為号此國以龍為目迦蘭陀聚落者以鳥名之又云聚落主名須提

邪者父母求請神祇得故名求得富貴者富
有二種一衆生類二非衆生非衆生者多有
金銀七寶倉庫財帛田疇舍宅衆生類者
奴婢僕使象馬牛羊村落封邑故名富也貴
者或為封主或有美德人所宗敬故言貴也
自歸三寶受三歸法問曰三歸以何為性有
論者言三歸是教無教性受三歸時蹋跪合
掌口說三歸是名身口教也若純重心有身口
無教是謂教無教又云三歸是三業性身口意業
也又云三歸是善五陰以衆生善五陰為三歸以
三寶為所歸所歸以救護為義譬如有人有罪
於王投向異國以求救護異國王言汝求無畏者
莫出我境莫違我教必相救護衆生亦介繫屬
於魔有生死罪歸向三寶以求救護若誠心
三寶更無異向不違佛教魔王邪惡無如之
何昔有一鴿為鷹所逐入舍利弗影戰懼不
解移入佛影泰然無怖大海可移此鴿無動
所以介者佛有大慈大悲舍利弗無大慈大
悲佛習氣盡舍利弗習氣未盡佛三阿僧
祇劫修菩薩行舍利弗六十劫中修習苦行
以是因緣鴿入舍利弗影猶有怖畏入佛影中
而無怖也問曰若歸三寶能除罪過息怖畏
若提婆達多亦歸依三寶從僧出家受具足戒
而犯三逆墮阿鼻獄答曰夫救護者救可救
者提婆達多罪惡深大兼是定業是故難
救問曰若有大罪非佛不能救若無罪者不須
佛救云何三寶能有救護答曰提婆達多歸
依三寶心不真實三歸不滿常求利養名

聞自号一切智人與佛爭競以是因緣三
寶雖有大力不能救也如阿闍世王雖有逆
罪應入阿鼻獄以誠心向佛故滅阿鼻獄罪
入黑繩地獄如人中重罪七日都盡是謂三寶
救護力也問曰若提婆達多罪不可救者有
經云若人歸佛者不墮三惡道是義云何答
曰提婆達多以歸三寶故雖入阿鼻受苦輕
微亦時得暫息又如人在山林曠野恐怖之處
若念佛功德恐怖即滅是故歸依三寶救護
不虛三寶於四諦中何諦所攝於二十二根中何
根所攝於十八界中何界所攝十二入中何入
所攝於五陰中何陰所攝三寶於四諦中盡
諦所攝道諦少入根中三根所攝未知已知
根於十八界所攝意界意識界法界十二入中
意入法入所攝五陰中無漏五陰所攝佛寶於
四諦中道諦少入法寶於四諦中盡諦所攝僧
寶於四諦中道諦少入佛寶二十二根中無知
根所攝法寶是盡諦無為故非根所攝僧寶
二十二根中三無漏根所攝佛寶於十八界中
意界意識界法界少入十二入中意入法入少
入五陰中無漏五陰少入法寶於十八界中法
界少入十二入中法入少入法寶非五陰攝陰
是有為法寶是無為故僧寶於十八界中
意界意識界法界少入十二入中意入法入少
入五陰中無漏五陰少入問歸依佛者為歸依
釋迦文佛為歸依三世佛耶答曰歸依三
世佛以佛法身同故歸依一佛則是三世諸
佛以佛無異故有云若歸依三世諸佛者

有諸天自說我迦葉佛弟子我拘留孫佛
弟子如是七佛中各稱我是某佛弟子以
是因緣正應歸依一佛不應三世有云不應
介何以故如毗沙門經說毗沙門王歸依三寶
歸依過去未來現在佛以是義故應歸依三世
諸佛問曰若介者如諸天各稱某佛弟子是
義云何答曰諸天所說何足定義有諸天各
稱一佛為師亦歸三世諸佛直以一佛為證耳
問曰何所歸依名為歸依佛答曰歸依語迴
轉一切智無學功德為歸色身歸依法身耶
答曰歸依法身不歸色身不以色為佛故問
曰若色身非佛者何以出佛身血而得逆罪
答曰色身是法身器故法身所依故若害
色身則得逆罪不以色身是佛故得逆罪歸
依法者何所歸依名歸依法答曰歸依語迴轉
斷欲無欲盡處涅槃是名歸依法問曰為歸
依自身盡處他身盡處答曰歸自身盡處
他身盡處是名歸依法若歸依僧何所歸
依答曰歸依語迴轉良祐福田聲聞學無學
功德是名歸依僧為歸俗諦僧為第一義諦
僧若歸第一義諦僧者佛與提謂波利受
三自歸不應言未來有僧汝應歸依第一義
諦僧常在世間答曰以俗諦僧是第一義諦
僧所依故言未來有僧汝應歸依又欲尊重
俗諦僧故作如是說佛自說一切諸衆中佛衆
第一譬如從乳出酪從酪出酥從酥出醍醐醍
醐於中最勝最妙佛弟子衆亦復如是若有
衆僧集在是中四向四得無上福田於一切九

十六權衆中最尊最上無能及者是故言
未來有僧汝應歸依不傷正義問曰佛亦
是法法亦是法僧亦是法正是一法有何差
別答曰雖是一法以義而言自有差別以三
寶而言無師大智及無學地一切功德是謂
佛寶盡諦無為是謂法寶聲聞學無學功
德智慧是名僧寶以法而言無師無學法是
名佛寶盡諦無為非學非無學法是名法
寶聲聞學無學法是名僧寶以根而言佛
是無知根法寶非根法僧是三無漏根以諦
而言佛是道諦少入法寶是盡諦僧是道
諦少入以沙門果而言佛是沙門法寶是沙
門果僧是沙門法寶是沙門果以婆羅門而
言佛是婆羅門法寶是婆羅門果僧是婆
羅門法寶是婆羅門果以梵行而言佛是梵
行法寶是梵行果僧是梵行法寶是梵行果
以因果而言佛是因法寶是果僧是因法寶是
果以道果而言佛是道法寶是果僧是道法寶
是果佛以法為師佛從法生法是佛母佛依法
住問曰佛若以法為師者於三寶中何不以法為
初答曰法雖是佛師而法非佛不弘所謂道由
人弘是故以佛在初
爾時優波離復白佛言世尊若受三歸戒時
先稱法寶後稱佛者成三歸不答曰無所曉
知說不次第者自不得罪得成三歸若有所
解故倒說者得罪亦不成三歸問曰若稱佛及
法不稱僧者成三歸不若稱法僧不稱佛者
成三歸不若稱佛僧不稱法寶成三歸不答

曰不成三歸問曰若不受三歸得五戒不若不
受三歸得八戒不若不受三歸得十戒不若不
白四羯磨得具戒不答曰一切不得若受五戒
先受三歸三歸既竟乃得五戒所以說五戒名
者欲使前人識戒名字如白四羯磨竟已便得
具戒所以說四依四墮十三僧殘者但為知故
說又言受三歸竟說不殺戒爾時得戒所以說
一戒得五戒者若能持一戒五盡能持又以
五戒勢分相著故兼以本意誓受五戒故
又言受五戒竟默然後得戒於諸說中受三歸
已得五戒者此是正義如白四羯磨法若受
八戒若受十戒如五戒說若先受三歸後優婆
塞後若受五戒若受八戒若受十戒更須三
歸不答曰不受三歸一切得戒以先受三歸故
若先不受三歸直白羯磨得戒不答受五戒
八戒十戒但受三歸即便得戒若受具戒要
以白四羯磨而得具戒不以三歸凡具戒者功
德深重不以多緣多力無由致之是故三歸
十僧白四羯磨而後得也五戒八戒十戒功德
力少是故若受三歸則便得戒不須多緣多
力受具戒已何以但說四墮十三僧殘不說餘
篇耶此二篇戒最是重者一戒若犯永不起
二雖起難起若波利婆沙摩那埵二十衆中
而後出罪若難持而能持者餘篇易持戒不
須說也是故但說二篇不說餘篇問曰是波
羅提木叉戒是無漏戒是禪戒不答曰非
無漏戒亦非禪戒此波羅提木叉戒若佛
在世則有此戒佛不在世則無此戒禪無

漏戒若佛在世若不在世一切時有波羅提
木叉戒從教而得禪無漏戒不從教得波羅
提木叉戒從他而得禪無漏戒不從他得波羅
提木叉戒不問眠與不眠善惡無記心一切時
有禪無漏戒必禪無漏心中有戒餘一切心中
無也波羅提木叉戒但人中有禪戒無漏戒
人天俱有波羅提木叉戒但欲界中有禪無
漏戒欲色界成就無漏戒波羅提木叉戒但
佛弟子有禪戒外道俱有
問曰優婆塞五戒幾是實罪幾是遮罪答
曰四是實罪飲酒一戒是遮罪飲酒所以得
與四罪同類結為五戒者以飲酒是放逸之
本能犯四戒如迦葉佛時有優婆塞以飲酒
故邪婬他婦盜殺他雞他人問言何以故爾答
言不作以酒乱故一時能破四戒有以飲酒故
能作四逆唯不能破僧耳雖非宿業有狂乱
報以飲酒故迷惑倒乱猶若狂人又酒乱故廢
失正業坐禪誦經佐助衆事雖非實罪以是因
緣與實罪同
優波離復白佛言優婆塞戒但於衆生上
得戒非衆生上亦得戒不但於可殺可盜可
婬可妄語衆生上得戒耶若於不可殺不可
盜不可婬不可欺誑衆生上亦得戒耶
答曰於衆生得四戒於非衆生上得不飲酒
戒若衆生可殺不可殺可婬不可婬可盜
不可盜可妄語不可妄語一切得戒下至阿
鼻地獄上至非非想處及三千世界乃至如來
一切有命之類得此四戒以初受戒時一切不

殺一切不盜一切不婬一切不妄語無所限齊以是之故一切衆生上無不得戒凡受戒法先與説法引導開解令於一切衆生上起慈愍心既得增上心便得增上戒夫得戒法於一切衆生上各得四戒四戒差別有十二戒於衆生上不殺不盜不婬不妄語凡起此四惡有三因緣一以貪故起二以瞋故起三以癡故起於一切衆生上有十二惡以反惡故得十二善戒色一切無邊衆生上亦復如是設有百万千万阿羅漢入於涅槃先於此羅漢上所得戒始終成就不以羅漢涅槃故此戒亦失得不飲酒戒時此一身始終三千世界中一切所有酒上咽咽得戒色以受戒時一切酒盡不飲故設酒滅盡戒常成就而不失也先受戒時於一切女人上三瘡門中得不婬戒而後娶婦犯此戒不名日不犯所以尒者本於女上得邪婬戒今是自婦以非邪婬故不犯此戒以此義推之一切同尒八戒十戒衆生非衆生類得戒亦如是二百五十戒一切衆生上各得七戒以義分別有二十一戒如一衆生上起身口七惡凡起此惡有三因緣一以貪故起二以瞋故起三以癡故起以三因緣起此七惡三七二十一惡反惡得戒一衆生上得二十一戒色一切衆生亦復如是以此義推可一時得無量戒不可一時盡犯而得一時捨戒也夫破戒法若破重戒更無勝進設還捨戒後更受者更不得戒如破八齋中重戒後更受八戒若受五戒若受十戒若受具戒兼禪戒無漏戒一切不得若

破五戒中重戒已若受八戒十戒具戒并禪戒無漏戒一切不得若破五戒已欲捨五戒更受十戒者無有是處若捨戒已更受五戒若受八戒十戒具戒并禪戒無漏戒一切不得若破十戒具戒中重戒者若欲勝進若欲捨戒還受戒者如五戒中説問曰禪戒無漏戒波羅提木叉戒於三戒中何戒為勝答禪戒勝有云波羅提木叉戒所以尒者若佛出世得有此戒禪戒無漏戒一切時有於一切衆生非衆生類得波羅提木叉戒禪無漏戒但於衆生上得於一切衆生上慈心得波羅提木叉戒禪無漏戒不以慈心得夫能護持佛法有於七衆在於世間三乘道果相續不斷盡以波羅提木叉為根本禪無漏戒不尒是故於三界中冣尊殊勝初受戒時白四羯磨已戒已成就始一念戒色名業亦名業道第二念已後生戒色但是業非業道所以尒者初一念戒色思願滿足以通思故名思業道以前戒為因故後戒色任運自生是故但名業非業道初一念戒有教無教後次第生戒但有無教無有教初一念戒亦名為戒亦名善行亦名律儀後次續生戒亦有此義

優波離復白佛言於三世中何世得戒答曰現在一念得戒過去未來是法非衆生故不得戒現在一念是衆生故得戒問曰為善心中得戒為不善心中為無記心中為無心中得戒答曰一切盡得先以善心礼僧足已受衣鉢求和尚問精進乞戒䠒跪合掌白四羯磨已

相續善心戒色成就是謂善心中得戒若先次第法中常生善心起諸教業白四羯磨時起貪欲瞋恚等諸不善念於此心中成就戒色是名不善心中得戒以本善心善教力故而得此戒非不善心力也先以善心起於教業白四羯磨時或睡或眠於眠心中而生戒色是名無記中得戒也先以善心起於教業白四羯磨時入滅盡定即於尒時成就戒色名無心中而得戒也

優波離復白佛言若白衣不受五戒直受十戒為得戒不答曰一時得二種戒得優婆塞戒得沙弥戒若不受五戒十戒直受具戒一時得三種戒

優波離復白佛言若受具戒一時得三種戒者何須次第先受五戒次受十戒後受具戒耶答曰雖一時得三種戒而深習佛法必須次第先受五戒以自調伏信樂漸增次受十戒既受十戒善根轉深次受具戒如是次第得佛法味深樂堅固難可退敗如遊大海漸漸入深入佛法海亦復如是若一時受具戒者即失次第又破威儀復次或有衆生應受五戒而得道果或有衆生因受十戒而得道果以是種種因緣是故如來說此次第若先受五戒次受十戒受十戒時亦成就二戒五戒十戒受十戒已次受具戒受具戒時成就三種戒五戒十戒具戒七種受中唯白四羯磨戒次第三時得餘六種受戒但一時得無三時次第也若一時得三種戒若欲捨時若言我是

沙彌非比丘即失具戒二種戒在五戒十戒若言我是優婆塞非沙彌即失十戒餘五戒在若言在家出家一切盡捨我是歸依優婆塞三種一時盡失不失三歸若次第得三種戒捨法次第如一時得戒中説若先優婆塞出家受十戒捨五戒不答日不捨但失名失次第不失戒也失優婆塞名得沙彌名失白衣次第得出家次第若沙彌受具戒時失十戒五戒不答日不失但失名失次第不失戒也失沙彌名得比丘名失沙彌次第得比丘次第終始常是戒而隨時名譬如樹葉春夏則青秋時則黃冬時則白隨時異故樹葉則異而其始終故是一葉戒亦如是常是一戒隨時有異又如乳酪酥醍醐四時差别雖隨有異而故是一戒亦如是雖三時有異戒無異也

優波離復白佛言凡受優婆塞戒勢不能具受五戒若受一戒二戒乃至四戒受得戒不答日不得若不得者有經説少分優婆塞多分優婆塞滿分優婆塞此義云何答日所以作是説者欲明持戒功德多少不言有如是受戒也優波離復白佛言若受一日二日乃至十日五戒得如是受不答日不得佛本制戒各有限齊若受五戒必盡形壽若受八戒必一日一夜受是故不得夫白四羯磨戒有上中下五戒是下品戒十戒是中品戒具戒是上品戒入五戒中亦有三品若微品心受戒得微品戒若中品心受戒得中品戒若上品心受戒得上品戒十戒具戒亦各三品如五戒説若微

品心得戒已後以上中品心受十戒者先得五戒更無增無勝於五戒外乃至不非時食等殘餘五戒得增上五戒先得五戒得本微品也即先微品五戒以中上品心受具足戒先得五戒更無增無勝仍本五戒自五戒外一切諸戒以受具戒時心增上故得增上戒以是推之波羅提木叉戒無有重得以次第而言五戒是微品十戒是中品具戒是上品以義而推亦可以上品心得五戒是上品戒中品心得十戒是中品戒下品心得具戒是下品戒以是義故隨心有上中下得戒不同無定限也若請和尚受十戒時和尚不現前亦得十戒若受十戒時和尚死若聞知死受戒不得若不聞死受戒得戒若白四羯磨受戒和尚不現前不得受戒必僧數不滿故若僧數滿設無和尚亦得受戒

優波離復白佛言五戒優婆塞得販賣不答日得聽販賣但不得作五業一不得販賣畜生以此為業若自有畜生直賣者聽但莫賣與屠兒二者不得販賣弓箭刀杖以此為業若自有者直賣者聽三者不得酤酒為業若自有者亦聽直賣四者不得壓油多殺蟲故天竺法罽賓以來麻中一切若無蟲處壓油無過五者不得作五大色染業以多殺蟲故路沙等外國染法多殺諸蟲是故不聽謂秦地染青法亦多殺蟲墮五大染數優波離復白佛言夫八齋法通過中不食乃有九法何以八事得名答日齋法過中不食為體八

事助成齋體共相支持名為八支齋法是故言八齋不云九也若受八戒人於七衆為在何衆雖不受終身戒以有一日一夜戒故應名優婆塞有云若名優婆塞無終身戒若非優婆塞有一日一夜戒但名中間人有經説

優波離復白佛言若七衆外有波羅提木叉戒不答日有八齋戒是以是義推若受八齋不在七衆也受八齋法應言一日一夜不殺生令言語決絶莫使與終身戒相亂也問日受八戒法得二日三日乃至十日一時受不答日佛本制一日一夜戒不得過限若有力能受一日過已次第更受如是隨力多少不計日數夫受齋法必從他人邊受於何人受五衆邊受既受八戒若鞭打衆生齋不清淨雖即日不鞭打若待明日鞭打衆生亦不清淨以要而言若身口作不威儀事雖不破齋無清淨法設身口清淨若心起貪欲覺瞋恚覺惱害覺亦名齋不清淨若身口意三業清淨若不修六念亦名齋不清淨受八戒已精修六念是名齋清淨有經説若作閻浮提王於閻浮提地中一切人民金銀財寶於中自在雖有如是功德分作十六分閻浮提王功德於十六分中不及一分所謂最後清淨八齋也若人欲受八齋先恣情色或作音樂或貪食魚肉種種戲笑如是等放逸事恣心作已而後受齋不問中前中後盡不得齋若本無心受齋而作種種放逸事後遇善知識即受齋者不問中前中後一切得齋若欲受齋而以事難

自聞不得自在事難解已而受齋者不問中前中後一切得齋問曰若欲限受晝日齋法不受夜齋得八戒不若欲受夜齋不受晝齋得八戒不答曰不得所以尒者佛本聽受一日一夜齋法以有定限不可違也

優波離復白佛言若不問者如皮革中說億耳在曠野處見諸餓鬼種種受罪或晝受福夜則受罪或夜受福晝則受罪所以尒者以本人中晝受戒法夜作惡行或夜受戒法晝作惡行是以不同此義云何答曰凡是本生因緣不可依也此中說者非是修多羅非是毗尼不可以定實義也又云此或是迦旃延以度億耳故作此變化感悟其心非是實事若受齋已欲捨齋者不必要從五衆而捨若欲食時趣語一人齋即捨也凡得波羅提木叉戒者以五道而言唯人道得戒餘四道不得如天道以著樂故深重不能得戒如昔一時大目揵連以弟子有病上忉利天以問耆婆正值諸天入歡喜園尒時目連在路側立一切諸天無顧看者耆婆後至顧見目連向舉一手乘車直過目連自念此本人中是我弟子今受天福以著天樂都失本心即以神力制車令住耆婆下車礼目連足目連種種因緣責其不可耆婆答目連曰以我人中為大德弟子是故舉手問訊顧見諸天有尒者不生天以著樂染心不得自在是使尒耳目連語耆婆曰有弟子病當云何治耆婆答曰唯以斷食為本有時目連勸釋提桓因佛世難遇何不數數親

近諮受正法帝釋欲解目連意故遣使勅一天子令來返覆三喚猶故不來此一天子唯有一婦有一妓樂以染欲情深雖復天王命重不能自割後不獲已而來帝釋問曰何故尒耶即以實而對帝釋白目連曰此天子唯有一天女一妓樂以自娛樂不能自割況作天王種種官觀無數天女天須陁食自然百味百千妓樂以自娛樂視東忘西雖知佛世難遇正法難聞而以深樂纏縛不得自在知可如何凡受戒法以勇猛心自誓決斷然後得戒諸天著樂心多善心力弱何由得戒餓鬼以飢渴苦身心燒然地獄無量苦惱種種楚毒心意痛著無緣得戒畜生中以業障故無所曉知無受戒法雖處處經中說龍受齋法以善心故而受八戒一日一夜得善心功德不得戒也以業障故以四天下而言唯三天下閻浮提拘耶尼弗婆提及三天下中閻海洲上人一切得戒如拘耶尼佛遣賔頭盧往彼大作佛事有四部衆東方亦有比丘在彼亦作佛事有四部衆唯欝單越無有佛法亦不得戒以福報障故幷愚癡故不受聖法有四種人一男二女三黄門四二根四種人中唯男女得戒二種人不得戒黄門二根如男女中若殺父母阿羅漢出佛身血壞法輪僧汙比丘尼賊住越濟人斷善根如是人等盡不得戒大而觀之受染佛法者蓋不足言若天若龍若鬼若神若欝單越若不男二根種種罪人盡得受三歸也問曰三世諸佛得戒等不答曰

不等凡得戒者於衆生類非衆生類上得戒而一佛出世度無數阿僧祇衆生入無餘涅洹而後佛出世於此衆生盡不得戒如是諸佛先後得戒各各不等如迦葉佛度無數阿僧祇衆生入無餘涅洹而迦葉佛於此衆生盡皆得戒釋迦文佛於此衆生盡不得戒一切諸佛有三事等一積行等二法身等三度衆生等一切諸佛盡三阿僧祇劫修菩薩行盡具足五分法身十力四無所畏十八不共法盡度無數阿僧祇衆生入於泥洹問曰經說一佛出世度九十那由他衆生入於泥洹何以言無數阿僧祇衆生耶

答曰此經說一佛出世度九十那由他衆生者但云從佛得度者有尒所衆生而衆生或自從佛得度或從弟子或遺法中而得度者言九十那由他衆生者直佛邊得度者惣而言之無數阿僧祇衆生入無餘泥洹三世諸佛三等盡等而得戒不等問曰惡律儀戒衆生類非衆生類上得也能以不能盡得戒不答曰但於衆生上得惡律儀戒非衆生類上不得惡戒有云但於能殺衆生上得惡戒不可殺衆生上不得惡戒又云可殺不可殺衆生上盡得惡戒如屠兒殺羊常懷殺心作意殺羊無所齊限設在人天中今者不殺而受生展轉有墮羊中理是故於一切衆生盡得惡戒十二惡律儀亦如是十二惡律儀者一者屠兒二者魁膾三者養猪四者養雞五者捕魚六者獵師七者網鳥八者捕蟒九者呪龍十

大方便佛報恩經卷第六　第二十張　[illegible]

者伐賊十二者王家常差捕賊是十二惡律儀人養雞猪等業謂皆不離惡律儀戒有三時捨死者欲受盡時受律儀戒時如受三歸時初始一說即捨惡戒第二第三說時即得善戒人作惡戒時何時捨善戒得惡戒耶荅曰一說言我作屠兒即捨善戒第二第三說作屠兒即得惡戒又云隨何時捨善戒即得惡戒若善戒人未自誓作屠兒但以貪利共屠兒作殺害事尒時名犯善戒求捨善戒求得惡戒必自誓作屠兒而得惡戒若受惡戒自誓便得不從他受若欲受一日二日乃至十日一季二季惡律儀戒隨誓心近隨意即得所以尒者以是惡法順生死流無勝進義是故隨事即得不同善律儀戒

大方便佛報恩經卷第六

大方便佛報恩經卷第六

校勘記

一　底本，金藏廣勝寺本。

一　六二四頁中二〇行第一〇字「莫」，資、磧、南、徑、清作「不」。

一　六二四頁中二一行「出家」，資、磧作「家分」。

一　六二四頁中二二行第一八字「大」，諸本（不包括石，下同。）作「天」。

一　六二四頁中末行「汝逮」，石作「汝須」。

一　六二四頁下七行第六字「應」，資、磧、南、徑、清作「得」。

一　六二五頁上九行第七字「法」，南、徑、清作「法相」。

一　六二五頁上一二行第一六字「知」，資、磧、南。徑、清、麗作「智」。

一　六二五頁上一五行「自不」，石作「不自」。

一　六二五頁上一六行第一〇字「勑」，資、磧、南作「勒」；徑、清作「勤」。

一　六二五頁中一行「果退」，資、磧、南、清作「退果」。

一　六二五頁中五行第九字「夫」，資、磧、南、徑、清作「人」。

一　六二五頁中一六行第一二字「道」，資、磧、南、徑、清無。

一　六二五頁中一八行第四字「不」，徑、清作「有」。

一　六二五頁中二五行「枰擲」，資、磧作「棚擲」；南、清作「擲棚」；徑作「躑棚」。

一　六二五頁中二七行第二字「也」，南、徑、清無。

一　六二五頁下五行第一〇字「佛」，南、徑、清無。第一五字「所」，南作「罪所」；徑、清作「佛所」。

一　六二五頁下六行第一五字「由」，南、徑、清作「出」。

一　六二五頁下一六行第五字「藥」，南、徑、清作「藏」。

一　六二六頁上四行第一一字「封」，資、磧作「村」。

一　六二六頁上一八行末字「大」，資、磧、南、徑、清、麗無。
一　六二六頁中三行第一六字「獄」，資、磧、南、徑、清、麗無。
一　六二六頁中一三行末字「知」，南、徑、清、麗作「知無知」。
一　六二六頁中一七行第二字「於」，資、磧、南、徑、清無。
一　六二六頁下五行第一六字「依」，南、徑、清無。
一　六二六頁下八行第五字「師」，資、磧、南、徑、清作「歸」。
一　六二七頁上二二行第五字「以」，麗無。
一　六二七頁中八行第一二字「五」，石作「五戒」。
一　六二七頁中一二行第一六字「依」，諸本作「作」。
一　六二七頁中一四行第四字「曰」，資、磧、南、徑、清、麗無。
一　六二七頁中一五行第八字「白」，南、徑、清作「白四」。
一　六二七頁下二一行第三字「非」，石作「於」。
一　六二八頁上二行第三字「之」，資、磧、南、徑、清、麗無。
一　六二八頁上四行第一三字「得」，磧、南、徑、清作「受」。
一　六二八頁上一六行首字「娶」，資、磧、南、徑、清作「取」。
一　六二八頁上二〇行第一三字「一」，磧、南、徑、清作「於」。
一　六二八頁中一二行第一〇字「護」，資、磧、南、徑、清、麗作「維」。
一　六二八頁中一五行第一三字「已」，磧、南、徑、清作「色」。
一　六二八頁下七行第一三字及次行第九字「放」，資、磧、南、徑、清、麗作「於」。
一　六二八頁下二一行首字「即」，磧、南、徑、清作「既」。
一　六二九頁上一二行末字至次行第三字「故是一葉」，資、磧、南、徑、清作「是一葉也」。
一　六二九頁上一四行第一〇字「隨」，資、磧、南、徑、清作「隨時」。
一　六二九頁中一〇行第一六字「是」，資、磧、南、徑、清作「其」。
一　六二九頁中一四行第一〇字「四」，資、磧、南、徑、清無。
一　六二九頁中一八行第一三字「一」，資、磧、南、徑、清作「一者」。
一　六二九頁下一行第一一字「爲」，資、磧、南、徑、清、麗無。
一　六二九頁下一五行第一一字「亦」，資、磧、南、徑、清無。
一　六二九頁下二〇行末字「提」，麗無。
一　六二九頁下二四行第一四字「食」，資、磧、南、徑、清、麗無。
一　六三〇頁上六行第一〇字「問」，諸本作「得」。
一　六三〇頁上一二行第一四字「或」，徑、清作「戒」。
一　六三〇頁上一七行第一五字「一」，資、磧、南、徑、清作「天」。

一　六三〇頁上二四行「目連曰」，資、磧、南、徑、清作「曰目連」。

一　六三〇頁上二六行首字「染」，諸本作「深」。

一　六三〇頁上末行第一一字「世」，南、徑、清作「出世」。

一　六三〇頁中二行「子令」，南、徑、清作「王而」。

一　六三〇頁中三行第一四字「王」，南、徑作「子」。

一　六三〇頁中九行第四字「深」，資、磧、南、徑、清、麗作「染」。

一　六三〇頁中一二行末字「著」，資、磧作「苦」。

一　六三〇頁中二〇行「有四部衆唯」，麗作「唯有」。

一　六三〇頁中二四行「壞法輪僧」，資、磧、南、徑、清作「破壞僧輪」。

一　六三〇頁中二六行第三字「受」，資、磧、南、徑、清作「愛」。

一　六三〇頁中二六行末二字至二七行首二字「若鬼若神」，資、磧、南、徑、清、麗作「鬼神」。

一　六三〇頁中二七行第一四字「罪」，磧、南、徑、清作「非」。

一　六三〇頁下一行第一〇字「類」，資、磧、南、徑、清無。

一　六三〇頁下二四行第九字「今」，南、徑、清無。

一　六三一頁上一行首字「者」，諸本作「者獄吏十一者」。第一三字「是」，諸本作「是爲」。

一　六三一頁上二行「等業」，資、磧、南、徑、清、麗作「業等」。

一　六三一頁上二行「惡律儀」，諸本作「惡律儀惡律儀」。

一　六三一頁上六行第一二字「作」，資、磧、南、徑、清、麗作「我作」。

一　六三一頁上一二行首字「心」，資、磧、南、徑、清、麗作「心久」。

大方便佛報恩經親近品第九　卷七　張興天部
復次菩薩摩訶薩知恩報恩修大方便利益
衆生應適隨宜顯示無方善男子有佛出
世號無畏王如來應供正遍知明行足善逝世
間解無上士調御丈夫天人師佛世尊應現
世間引接有緣有緣既盡遷神涅槃滅度
之後於正法中有一婆羅門子聰明黠慧受
持五戒護持正法婆羅門子緣事他行遠
至餘國到於中路多諸賊難有五百人共為
徒侶前至險路於頓止處五百群賊常住其
中前後剽遠欲劫行伴尒時賊主密遣一人歷
伺諸伴應時欲發尒時賊中復有一人先與
是婆羅門子親善知識以親善故先來告語
善男子當知於初夜時當有賊發當時憒
吏恐相傷損故來相告語汝密自作方便遠
捨而去勿令伴知尒時婆羅門子聞是語已
譬如人噎既不得咽又不得吐欲告語伴懼
畏諸伴害此一人若害此人懼畏諸伴墮三惡
道受無量苦若默然者賊當害伴若殺諸伴
賊墮三惡道受無量苦作是念已我當設大方便
利益衆生不自為己三惡道苦是我所宜忍
惟是已即便持刀斷此賊命使諸同伴安隱無
為尒時衆伴異口同音而作是言大婆羅門
子卿是勝人亦是純善之人云何今日作此大
惡尒時婆羅門子蹶然合掌心生慚愧而我
今日不應作惡為利衆生及諸同伴尒時
衆伴復作是言汝自殺人於我何益答衆人
言此是惡賊欲謀害衆伴為衆伴故斷此
人命令伴安隱還家而我罪報甘受地獄尒時
五百伴人舉聲大哭悲喜交集而作是言天
下所重無過於命所畏無過於死所以然者一
切衆生皆捨金銀珍寶國城妻子衣服飲食
為救身命我等衆伴便為更生作是語已
此婆羅門子為衆生故不辭衆苦及三惡
趣我等今日當念重恩報重恩者今當速發
阿耨多羅三藐三菩提心作是語已即令發心
尒時五百群賊復作是言卿是勝人純善之人
云何乃能作是大惡婆羅門子言我誠不應
作是大惡為欲利益一切衆生弁護汝等身
命故尒時群賊而作是言卿自殺人於我何益
時婆羅門子報諸賊言我先知汝等在此但
我默然不告語國王及我諸伴以是故令汝
等身命安隱尒時諸賊聞是語已而作是念
我等身命便為更生即前合掌向是童子
善哉大士修大悲者願矜我等何所作為
答曰我所作者唯當速發無上菩提之心
尒時諸賊為報恩故尋聲即發阿耨多羅
三藐三菩提心佛告阿難菩薩勤求精進欲
莊嚴菩提欲報佛恩常當憶念一切衆生如一
子想善男子當知菩提即是佛心尒時婆
羅門子豈異人乎則我身是以是因緣超越
九劫疾成阿耨多羅三藐三菩提
復次菩薩修大方便知恩報恩佛在竹園精
舍有一比丘身患惡瘡形體周帀膿血常流
衆所惡賤無人親近住在邊外朽壞房中尒時

如來即示神力隱蔽大衆令無知者如來獨往病比丘所隨其所須取水洗之思惟是已令欲界一切諸天知之釋提桓因與諸眷屬無量百千前後圍遶雨衆天花作種種天樂住虛空中尒時忉利天王手持百福莊嚴微妙澡罐盛滿清淨大悲淨水即前奉迎頭面禮如來足却住一面

尒時如來即申百福莊嚴臂即於纖長五指放大光明遠照諸天大衆已集如來身往病比丘所即放頂光照病比丘比丘遇光苦痛即除於膿血中而起歸命稽首而形不隨如來即以右手從天帝釋受取寶瓶灌病比丘頂左手摩拭病比丘身身諸瘡病隨如來手尋得平復得平復已歡喜無量南無釋迦牟尼南无大慈悲父南无無上最勝醫王而我今日身病除愈唯有心病如來今者為憐愍故施我法藥除我身心所有重患尒時如來告病比丘如來今者念汝重恩如來今者欲報汝恩尒時病比丘歡喜無量佛即為宗教利喜比丘歡喜即得阿羅漢果三明六通具八解脫釋提桓因及諸眷屬無量餘天皆懷疑網如來云何枉屈神德洗病比丘瘡痍膿血云言報恩其事云何願為我等分別解說佛告釋提桓因及諸天人大衆汝等善聽當為汝說宿世之事釋提桓因乃往過去無量阿僧祇刧尒時有王惡逆無道非理壓伏遍奪取財尒時惡王與一伍伯深心相知密共要言若當有人犯官事者汝當苦治威恩隨我若得財賄與我共之尒時伍伯常行鞭杖得財多者便令不著若無財者或致失命以此為常時有優婆塞犯小官事將付伍伯應受鞭撻聞是優婆塞是好善人便令無著於楚毒中而得脫難以是因緣歡喜無量憍尸迦當知尒時伍伯者今病比丘是優婆塞者今我身是是故菩薩於無量阿僧祇刧輕恩重報乃至正覺心常不忘尒時釋提桓因及無量天衆歡喜無量有四万八千諸天發阿耨多羅三藐三菩提心發菩提心已作天伎樂各還所止佛告阿難若有善男子善女人知恩報恩當行四事一者親近善友二者至心聽法三者思惟其義四者如說修行復有四法一者隨法不隨人二者隨義不隨字三者隨智不隨識四者隨了義經不隨不了義經行此八法名為知恩復行八法是名報恩何等為八一者利二者衰三者毀四者譽五者稱六者譏七者苦八者樂復行四事是名知恩亦名報恩一者見惡衆生心生憐愍以慈因緣故二者見苦衆生目不暫捨起悲因緣故三者見師長父母有德之人心情歡悅起喜因緣故四者見怨家衆生心不瞋恚修捨因緣故尒時阿難即整衣服前白佛言世尊如來初發菩提心時知恩報恩行初四事其義云何佛告阿難乃往過去無量阿僧祇刧尒時有佛出世名毗婆尸如來應供正遍知明行足善逝世間解無上士調御丈夫天人師佛世尊出興于世誘導有緣有緣已盡遷神涅槃正法像法賊已有國名波羅奈人民熾盛國土豐熟其王常以正法治國不枉人民其國有山名仙聖山其山常有五百辟支佛止住其中多有五通神仙亦住其中尒時多有諸禽獸等而來依附有一師子名曰堅誓身毛金色有大威武力敵於千發聲哮乳飛鳥墮落走獸隱伏遊行山澤見一辟支佛沙門威儀清淨見已心喜日日親近常聞誦經說微妙法尒時有大獵師見是師子身毛金色心生歡喜而作是念我若得此師子剥取其皮奉上國王必褒賞祿七世無乏思惟是已復發是言堅誓師子獸中之王弓箭所不及羅網所不制我今復當更設異計堅誓師子所敬望者乃是沙門我今當作沙門之像密弓射之袈裟覆上細視徐行往詣樹下彼若見我必來親附以親近已便復挽弓藥箭射之万無不獲思惟是已即便還家而習是言祖先已來歷世相承常為獵師未曾聞獸身毛金色況復見之今欲獵取即剃鬚髮而披法服如所思惟還入山中坐一樹下尒時堅誓師子見是比丘心生歡喜騰躍親附舐比丘足尒時獵師即便射之既被毒箭崖柴哮乳欲前搏撮臨欲毀害復作是念此是沙門披壞色衣是三世佛賢聖標幟我今若害不足為難若棄其命便棄諸佛賢聖標相思惟是已歛氣忍苦復經少時毒藥轉深苦痛難忍思惟是已復欲搏齧復發是言不足為難若毀害者諸佛賢聖之所呵責又復世間

善惡不別此是惡人懷毒陰謀欲來害我我若不忍與彼惡人則無有異備忍之人一切愛敬不忍之人衆所憎惡增長煩惱長煩惱故生死增長長生死故生諸難處生難處故遠離善友遠善友故不聞正法不聞法故並習疑網以疑網故遠離阿耨多羅三藐三菩提是故我今不應起惡作是念已即說偈言

願自喪身命　終不起惡心　向於壞色服　願自喪身命
終不起惡心　向於出家人

說是偈已即便命終天地六反震動驚諸禽獸四散馳走無雲雨血日無精光尒時獵師即脫披服持刀剝之擔負還歸既至家已奉上國王王見歡喜問諸臣言我從生來未聞畜獸身毛金色如何今日親自眼見奇哉快哉徐問獵師以何方便而得是皮尒時獵師即前白王唯願大王賜我無畏當以上事向大王說王言聽汝所願尒時獵師具以上事向大王說王聞是語心生憂惱譬如人噎復不得咽又不得吐即出宣令一切大臣及諸小王大衆已集即自宣言諸君當知我曾從智者聞如是語若有畜獸身毛金色必是菩薩若一衆生發菩提心令一切衆生得大利益如何今日是惡獵師設是方便殺是菩薩我今若以官爵俸祿象馬七珍衣服飲食錢財報賞賜是惡人則與彼一道共為勞侶思惟是已即取獵師奪其命根持師子皮還入山中到屍骸所即以牛頭栴檀聚而成積火耶維之師子皮骨收取舍利起塔供養

佛告阿難諸善男子堅誓師子者今則我身釋迦文是菩薩如是親近善友乃至喪命終不起惡何以故為知恩報恩故所以者何菩薩得近善知識故能速成阿耨多羅三藐三菩提善男子菩薩常勤求善知識為聞佛法乃至一句一偈一義三界煩惱皆悉萎悴菩薩至心求佛語時渴法情重不惜身命設或熱鐵猛火之地不以為患菩薩為一偈故尚不惜命况十二部經為一偈故尚不惜命况餘財物聞法利故身得安樂緣生信心直心正見見說法者如見父母心無憍慢為衆生故志心聽法不為利養為衆生故不為自利為正法故不畏王難飢渴寒熱虎狼惡獸盜賊等事先自調伏煩惱諸根然後聽法非時不得聽至心聽法恭敬說者尊重於法是名菩薩知恩報恩云何菩薩至心聽法聽法有四一者至心二者一心三者一切心四者善心是名菩薩勤求十二部經所以者何念佛重恩為欲流布諸佛正法為欲增長諸佛法故為令世間信佛法故為令一切無量衆生悉得無上菩提故是故菩薩念十方無量諸衆生故為報諸佛恩故是故菩薩所以勤求十二部經菩薩何故勤求佛法欲令衆生生信心故是故求於因論為知諸過罪故為破外道惡邪論故為知方便調衆生故為欲分別如來諸義世語義故是故菩薩求於因論菩薩何故求於聲論為令言詞淨莊嚴故不淨之言不能宣說明了義故為欲解知一切義故

不壞正語憍慢心故破於邪見為知方便調衆生故是故菩薩求於聲論菩薩何故求諸醫方為令衆生離諸惡不善四百四病故為憐愍一切衆生為令生信心故既得離患心生歡喜故以得歡喜心常念諸佛大悲度衆生故是故菩薩求諸醫方菩薩何故求世方術為易得財利衆生故為衆生生信心故為知世事破憍慢故調伏衆生故知一切法調闇障故若有菩薩不能如是求五事者終不能得阿耨多羅三藐三菩提成一切智為得無上菩提故求於五事菩薩知恩報恩者為衆生說說何事為云何說說何事謂十二部經云何說成就五事為得阿耨多羅三藐三菩提故說有二事一者次第說二者清淨說次第說者初說檀波羅蜜次說尸波羅蜜乃至般若波羅蜜為知恩報恩故思惟其義如法而住是名次第說清淨說者聽者坐說者立不應為說若聽者求於法過求說者過不應為說若聽者依人不依法不依法者不應為說若聽者依字不依義不應為說乃至聽者不依了義經者不應為說何以故是人不能恭敬諸佛菩薩清淨法故若說法者尊重於法聽法之人亦生宗敬至心聽受不生輕慢是名清淨說次第說者一切說一切說者謂十二部經乃至一句一偈乃至半偈若詞若義若法於其法義示教利喜時或時呵責或時直說或時密說隨所應說或略或近說或易入說隨所樂聞是名菩薩知恩報恩次第說法清淨

說者菩薩摩訶薩於怨憎中修習慈心捨慈
心已於惡衆生及放逸人以諸方便而為說法
乃至愛樂其心憍慢及貧窮人方便開示而
為說法不為讚己毀他飲食利養名譽是
名菩薩知恩報恩清淨說法云何如法住身
口意業修習善法具足清淨知恩報恩為莊
嚴阿耨多羅三藐三菩提
復次菩薩摩訶薩知恩報恩思惟其義多
聞速得總持熾然法炬為利益一切衆生應
當修施戒多聞供養說者不求法過及說者
過無有害心施衆無畏是名知恩受人天樂
得道涅槃是名報恩菩薩復有四事修於忍
辱破壞不忍莊嚴菩提攝取衆生令修忍辱
若自忍若使他忍遠離怖畏是名知恩以忍
辱因緣無有瞋心眷屬不壞不受苦惱心無
悔恨捨是身已受人天樂得涅槃道是名報
恩善男子菩薩復有四事勤修精進破壞
懈怠莊嚴菩提攝取衆生為菩提道令修
精進卧安覺安離諸煩惱增長善法身受安
樂是名自利菩薩精進不惱衆生打擲呵罵
是名利他捨是身已受人天樂身得大力獲
菩提道是名大果是名菩薩精進四事菩
薩修定破壞亂心莊嚴菩提攝取衆生為
菩提道令修禪定現受世樂身心寂靜是名
知恩以身心寂靜故不惱衆生是名報恩
菩薩捨是身已受清淨身受隱快樂得大涅
槃是名菩薩禪定四事
復次菩薩知恩報恩成就智慧破壞無明莊
嚴菩提以四攝法攝取衆生為菩提道修行
智慧以知法界故受身安樂是名自利能發
衆生世間之事及出世事是名利他能壞煩
惱智慧二障是名大果是名知恩是名報恩
菩薩智慧四事不可思議復次菩薩非宿命
智憶宿世事為觀衆生善惡諸業同受苦
者為欲利益一切衆生故菩薩摩訶薩以大
方便處兜率天成就壽命有三事勝一者壽
勝二者色勝三者名稱勝初下之時放大光明
遍照十方自知始入母胞胎時住時出時於十
方面行七步時無人扶持作如是言我今此
身是最後身諸天鬼神乾闥婆阿修羅迦
樓羅緊那羅摩睺羅伽以諸花香微妙伎
樂幡蓋供養三十二相莊嚴其身無能勝者
以慈善力壞魔兵衆一一肢節同那羅延所
得大力童蒙之年不學世事而能知之無師
而學自然而得阿耨多羅三藐三菩提梵天
勸請為諸衆生轉正法輪正受三昧雷聲震吼
不能令動諸獸親附愛如父母畜生奉食佛
知心故雲神降雨洗浴其身樹隨曲枝蔭翳
其軀既成道已六年之中魔常伺求不得其短
常在禪定成就念心善能了知覺觀起滅是
名菩薩共生不可思議不共生者為欲利益
一切衆生如彼狂人緣見如來還得本心盲者
得眼倒產者得順聾者得聽貪瞋癡者悉
得除滅是名不共生不可思議又共生者如來
所行不可思議常右脇卧如師子王若其弟子
無有動亂旋嵐猛風不動衣服發足行步如
師子王白鵝王等若欲行時先發右足所行之
處高下皆平食無完過遺粒在口是名共生
不可思議復次共生不可思議一者足下平二
者足下千輻輪三者指纖長四者足跟傭滿
五者指網縵六者手足柔軟七者腨蹲腸如伊
尼延鹿王八者踝骨不現九者平立手摩於
膝十者陰藏相如象馬王十一者身圓滿足
如尼拘陀樹十二者身毛上靡十三者一一毛
右旋十四者身真金色十五者常光各一
尋十六者皮膚細軟塵垢不著十七者七處
滿十八者上身如師子十九者臂肘傭圓二
十者缺骨平滿二十一者得身傭相二十二
者口四十齒二十三者齒密不疎而齊平二十
四者齒色白二十五者頰車方如師子二十六
者味中得上味二十七者肉髻相二十八者廣
長舌二十九者梵音聲三十者目紺青色三
十一者眼如牛王三十二者眉間白毫如是八十
種不可思議相好一一相好復有無量百千種
微妙相好一一相好皆是菩薩從初發心堅固
菩提知恩報恩修是妙行是故今得無上菩提
佛言如來久於無量阿僧祇劫至心修持淨
戒故得足下平供養父母和尚師長有德之
人以是因緣得足下輪相於諸衆生不生害
心無劫盜想若見父母和尚師長有德之人遠
出奉迎安施牀座恭敬禮拜破除憍慢以是因
緣得纖長指具上三行得足跟傭滿以四攝法
攝取衆生以是因緣得指網縵以好酥油摩
洗父母和尚師長有德之人以是因緣得手

足柔軟修集善法不知厭足以是因緣得腨
腨臑聞法歡喜樂為人說為法走使以是因
緣得踝骨不現相三業清淨瞻病施藥破
除憍慢飲食知足以是因緣得平立手摩
膝相見分離者善言和合自修慚愧亦教人
修以是因緣得馬藏相自淨三業亦教人淨
若有眾生四大不調能為療治以是因緣得
身圓相聞法歡喜樂為人說以是因緣得身
毛上靡相思惟諸法甚深之義樂修善法供
養父母和尚師長有德之人若行道路除塔僧
房除去塼石荊棘不淨以是因緣得一一毛右
旋相若以飲食瓔珞施人除去瞋心以是因緣
獲得二相一者金色二者常光以何業緣得
一一毛相即此業緣得身細軟塵垢不著常
施眾生所須之物以是因緣得七處滿相自
破憍慢調柔其性隨眾生心如法而行為
除不善教以善法以是因緣得上身如師子
相得肩圓相缺骨平滿相以何業緣得纖長
相即此業緣得身傭相遠離兩舌和合鬭諍
以是因緣得四十齒相齒密不踈相齒齊平
相修欲界慈以是因緣得白齒相見有求者
歡喜迎送以是因緣得方頰車相等視眾生
猶如一子以是因緣得上味相常施眾生無上
法味見有忘者施其憶念自持五戒轉以教
人修集悲心能大法施以是因緣得肉髻相
廣長舌相實語法語軟語非時不語以
是因緣得梵音聲相修集悲心觀諸眾生
猶如父母以是因緣獲得二相一者目紺青色

二者眼如牛王見有德者稱實讚歎以是因
緣得白毫相三十二相雖復各各說其因緣
真因緣者持戒精進何以故若不持戒不能
修精進尚不得人身況得三十二相無見頂及
皮膚相等無差別復次凡所作事定心不悔
以是因緣得足下平相若至心作以是因緣得
千輻輪相第二第三指網縵相七處滿相細
軟有圓滿身直廣長舌相若常作者以
是因緣得長指相平住摩膝常光一尋相齒
密不踈相若淨作者以是因緣獲得餘相復
次若於眾生生淨善心以是因緣得手足柔
軟膚體細滑塵垢不著次第修集時節修
集以是因緣得第二第三第四相善修善法
心無悔退以是因緣得金色身常光齒白眉
間毫相若聞讚歎不生憍慢覆藏善法不
令人知以是因緣得馬藏相所修善法迴向
菩提以是因緣得一一孔一毛相身毛上靡口
四十齒寂上味相勤精進故以是因緣得方頰
車上身如師子相至心憶念一切眾生如視一子
以是因緣得齒齊平紺青目如牛王眼相修集
善法不知猒足以是因緣獲得餘相菩薩摩
訶薩住性行時修三十二相業住淨行時雖
有如是三十二相相不具足未得明淨住十三
行尒乃了了明顯具足一切佛法雖無量相眾
生不同有上中下不可思議是故佛說三十
二相一切眾生所有功德和合集聚正與如來
一毛相等一切毛孔所有功德和合集聚乃成
一好合集眾好所有功德增至百倍乃成一相

唯除白毫無見頂相合集其餘一切諸相增至
千倍成是二相和合集聚三十二相八十種好
所有功德增至十万億倍乃成如來深遠雷
音其聲聞於無量無邊不可思議微塵等
諸佛世界為眾生故行大慈悲知恩報恩修
集此不可思議甚深微妙不可思議如是相好
二相好能利益無量百千万億大地微塵等
眾生令發菩提心次第修集具足得成三十二
相好具相好已悉令往趣菩提樹降魔成佛
轉正法輪利益眾生渡滿愛海到大智岸成
就利益一切眾生佛告阿難一切大眾諸菩薩
摩訶薩等諸善男子汝等誰能常念佛恩
護持正法書寫讀誦微妙甚深大方便報恩
經典誰能於後惡世建大精進受持擁護阿
耨多羅三藐三菩提誰能護法流布此經於
一切眾生作無邊利益尒時大會中有万八千
大菩薩摩訶薩即從座起整理衣服偏袒右
肩右膝著地叉手長跪而白佛言世尊我等
能於後惡世之中受持擁護阿耨多羅三藐
三菩提能護正法教化眾生尒時師子菩薩
復作是言世尊我亦能以種種方便攝持眾
生金剛菩薩言世尊若有眾生當墮三惡道
我能遮持令不墮落文殊師利復作是言世
尊若有眾生凡所求索我悉能令一切具足
智幢菩薩復作是言我能惠施眾生大智
法幢菩薩復作是言世尊我能以法普施
眾生日光菩薩言世尊我願施於眾生
安樂月光菩薩言世尊我能教化一切眾生

令修福德善護菩薩言世尊我能教化一切衆生令不放逸無盡意菩薩言世尊我能教化一切衆生悉令見無盡界義月上菩薩言世尊我能惠施一切衆生無上安樂如是等諸菩薩各自立奇特妙願莊嚴菩薩利益一切衆生為念佛恩為報佛恩故即從座起胡跪合掌而白佛言願以此經付囑我等諸菩薩衆阿難白佛言世尊云何名此經云何奉行佛告阿難此經名攝衆善本亦名大方便亦名微密行亦名佛報恩佛告阿難及諸天菩薩摩訶薩衆汝等當如說修行說是囑累品時七万二千聲聞發無上菩提之心及餘一切諸天龍鬼神乹闥婆緊那羅摩睺羅伽人非人等及一切大衆聞佛所說歡喜奉行

大方便佛報恩經卷第七

大方便佛報恩經卷第七

校勘記

一　底本，金藏大寶集寺本。

一　六三四頁中一五行第七字「來」，資、磧、南、徑、清無。

一　六三四頁中一七行第一五字「語」，資、磧、南、徑、清作「諸」。

一　六三四頁下一行第一二字「衆」，麗作「是」。

一　六三四頁下二行第一六字「獄」，資、磧、南、徑、清作「獄苦」。

一　六三四頁下一一行第一五字「誠」，麗作「誠知」。

一　六三四頁下一五行第六字「語」，資、磧作「諸」。

一　六三四頁下二三行「菩提即是佛心」，諸本(不包括普，下同)無。

一　六三五頁上五行第一六字「鑵」，石、麗作「罐」；資、磧作「灌」。

一　六三五頁上二一行第一三字「餘」，石、資、磧、麗作「諸」。

一　六三五頁上二四行第一〇字「人」，資、磧、南、徑、清無。

一　六三五頁上二七行「與一」，南、徑、清作「臣名」。

一　六三五頁上二七行第一一字「伯」，資、磧、南、徑、清、麗作「百」，下同。

一　六三五頁下六行第一三字「孝」，資、磧、南、徑、清、麗作「哮」。

一　六三五頁下一二行第一七字及一三行第四字「不」，南、徑作「不能」。

一　六三五頁下一四行第五字「乃」，資、磧、南、徑、清作「逐」。

一　六三五頁下一九行末字「拔」，資、磧、南、徑、清、麗作「被」，下同。

一　六三五頁下二四行「慓幟」，石、麗作「幖幟」；資、磧、南、徑、清作「標式」。

一　六三六頁上五行第一三字「法」，資、磧、南、徑、清作「正法」。

一　六三六頁上二七行「火耶」，資、磧、南、徑、清作「火闍」；麗作「以火闍」。

一 六三六頁中七行第九字「渴」，資、磧作「得」。

一 六三六頁中九行第一七字「命」，麗作「身命」。

一 六三六頁中一四行第一六字「得」，資、磧、南、徑、清、麗無。

一 六三六頁中二一行第三字「提」，資、磧、南、徑、清、麗作「提道」。

一 六三六頁中二二行第六字「恩」，資、磧、南、徑、清作「重恩」；麗作「之重恩」。

一 六三六頁中二三行第一一字「欲」，資、磧、南、徑、清作「故欲」。

一 六三六頁中二四行第七字「論」，南、徑作「論菩薩何故求於因論」。

一 六三六頁中二四行第八字「爲」，南無。

一 六三六頁中二四行「過罪」，南、徑作「罪過」。

一 六三六頁中二六行第二字「諸」，諸本作「語」。

一 六三六頁下八行第一四字「知」，資、磧、南、徑、清作「破」。

一 六三六頁下八行第一八字「調」，資、磧、南、徑、清作「相諸」。

一 六三六頁下九行第二字「故」，南、徑作「故是故菩薩求世方術」。

一 六三六頁下一二行第六字「爲」，資、磧、南、徑、清、麗無。

一 六三六頁下一三行第二字「說」，麗作「說謂」。

一 六三六頁下二二行第一三字「法」，資、磧、南、徑、清無。

一 六三六頁下二三行第八字「宗」，資、磧、南、徑、清作「崇」。

一 六三六頁下二四行第五字「說」，資、磧、南、徑、清、麗作「說法」。

一 六三七頁上三行第七字「憍」，麗作「慢」。

一 六三七頁上七行末字「提」，資、磧、南、徑、清、麗作「提故」。

一 六三七頁上一一行第七字「衆」，麗作「衆生」。

一 六三七頁上一二行第一四字「事」，麗作「種」。

一 六三七頁上一六行第一一字「得」麗作「速得」。

一 六三七頁上一六行第一四字「道」，資、磧、南、徑、清、麗作「樂」。

一 六三七頁上二〇行末字「罵」，資、磧、南、徑、清作「責」。

一 六三七頁上二一行第一六字「力」，資、磧、南、徑、清作「安」。

一 六三七頁上二五行第一五字「報」，資、磧、南、徑、清作「知」。

一 六三七頁中五行第一五字「非」，資、磧、南、徑、清作「以」。

一 六三七頁中六行第二字「憶」，資、磧、南、徑、清、麗作「知」。

一 六三七頁中六行第五字「事」，麗作「之事」。

一 六三七頁中一二行第五字「身」，資、磧、南、徑、清、麗作「邊」。

一 六三七頁中二〇行第四字「雲」，資、磧、南、徑、清作「靈」。第一三字「隨」，資、磧、南、徑、清、麗作

「垂」。

一　六三七頁中二二行第七字「念」，資、磧、南、徑、清作「六念」。

一　六三七頁中二五行第五字「者」，資、磧、南、徑、清、麗無。

一　六三七頁中末行第六字「藍」，南、徑、清作「嵐」。

一　六三七頁下五行第一五字「蹲」，南、徑、清作「膊」。

一　六三七頁下六行第一四字「立」，資、磧、南、徑、清作「住」。

一　六三七頁下一二行「鈌骨」，石、資、磧、麗作「缺骨」，南、徑、清作「胷骨」，下同。

一　六三七頁下一三行第一四字「而」，資、磧、南、徑、清作「現而」。

一　六三七頁下一八行首字「種」，石作「種好」。

一　六三八頁上一行第五字「集」，資、磧、南、徑、清作「習」。

一　六三八頁上二行首字「膊」，石、麗作「蹲」。

一　六三八頁上一〇行第一六字「佛」，南、徑、清作「供」。

一　六三八頁上一八行「肩圓相」，資、磧、南、徑、清作「臂肘膞圓」。

一　六三八頁上二五行第四字「悲」，資、磧、南、徑、清作「慈」。

一　六三八頁上二六行第九字「語」，資、磧、南、徑、清、麗作「語法」。

一　六三八頁上二七行第一三字「觀」，資、磧、南、徑、清、麗作「視」。

一　六三八頁中三行首字「真」，南、徑、清作「其」。

一　六三八頁中三行第一六字「不」，資、磧、南、徑、清、麗無。

一　六三八頁中五行「皮髮」，資、磧、南、徑、清、麗作「肉髻」。

一　六三八頁中一八行末字「類」，諸本作「頰」。

一　六三八頁中二〇行第一二字「如」，麗無。

一　六三八頁中二二行第四字「性」，南、徑、清作「淨」。

一　六三八頁中二三行末字「三」，麗作「二」。

一　六三八頁下六行「相好」，南、徑、清作「好相」。

一　六三八頁下七行第四字「好」，資、磧、南、徑、清無。

一　六三八頁下九行第一一字「樹」，資、磧、南、徑、清作「樹下」。

一　六三八頁下一三行第一五字「使」，資、磧、南、徑、清作「便佛」。

一　六三八頁下一七行第一二字「理」，資、磧、南、徑、清、麗無。

一　六三八頁下二五行第二字「憧」，諸本作「憧」，下同。

一　六三八頁下二六行第五字「復」，麗作「乃」。

一　六三九頁上五行第一四字「薩」，資、磧、南、徑、清、麗作「提」。

佛說菩薩本行經卷上　　覆

失譯人名今附東晉錄

聞如是一時佛在舍衛國祇樹給孤獨園尒時世尊見諸沙門身心懈怠不勤精進告阿難言夫懈怠者衆行之累居家懈怠則衣食不供産業不舉出家懈怠不能出離生死之苦一切衆事皆由精進而得興起在家精進衣食豐饒居業益廣遠近稱歎出家精進行道皆成欲得具足三十七品諸禪三昧道法之藏截生死流至泥洹岸無為安樂當勤精進勤修為本欲得六度无極四等四恩如来十力四無所畏十八不共特異之法六通三達成一切智欲得具足三十二相八十種好嚴淨國土敎化衆生皆由精進而得成辦佛告阿難乃往過去无央數劫時有五百長者子設施大檀竪立大幡擊鼓宣令沙門婆羅門貧窮乞匄悉當惠與五百長者子各出珎寶象馬車乘衣被飲食各隨所乏悉皆與之時有一貧人周行諸國至此國中見五百長者子施立大檀賑窮濟乏周救一切无所匱惜而問之言汝等布施所作功德求何等願即便荅言持此功德欲求佛道尒時貧人重復問曰何謂佛道其法云何諸長者子而荅之言夫佛道者過於羅漢辟支佛上三界特尊天人之師无量大慈無極大哀普愍五道衆生之類猶如赤子敎化一切悉令為善斷絶衆生三塗之苦度生死海使至泥洹安樂之處所謂佛者諸惡永盡諸善普會无復衆垢諸欲都滅六度無極皆悉滿畢以權方便隨時敎化而无有極有十神力四無所畏十八不共奇特之法三十七品道法之藏而无有極身紫金色三十二相八十種好六通清徹無所罣㝵前知无窮却覩無極現在之事靡所不知三達遐鑒顯于十方有如此揔持故號為佛也諸長者子等各各歎佛无量德行悉皆如是於時貧人聞佛功德心自念言我今亦欲學習此願廣度一切加復貧窮无有財寶當用何等而行

布施意自念言當持已身而用惠施作是念已便行索蜜而用塗身卧於冢間便作願言令我以身施與一切若有須肉頭目髓腦我悉與之持是功德用求佛道廣度一切作是願已應時三千大千世界為大震動諸天宮殿岠峨踊沒時諸天人驚動惶懅釋提桓因即以天眼觀閻浮提見於菩薩在於冢間以身布施即便來下而欲試之化作衆狗飛鳥走獸欲來食之於是菩薩而見衆狗諸飛鳥輩來敢其身心便歡喜无有退轉傾動之意於時天帝還復釋身而讃歎言善哉善哉甚奇難及所作功德欲求何願天帝梵王轉輪王子於是菩薩便起荅言不求天帝轉輪王魔王梵王亦不願求三界之樂令我至意欲求佛道我既貧窮无有財寶可用布施以身惠施用求佛道廣度一切無量衆生尒時天帝釋无數諸天異口同音讃言善哉善哉奇特難及時天帝釋便說偈言

欲求最勝道　不惜其軀命　棄身如糞土
解了无吾我　雖用財寶施　此事不為難
勇猛如是者　精進得佛疾

時天帝釋語菩薩言𡙡勇猛精進難及過踰於此五百菩薩所施者上百千億倍不可計倍當先在前而得作佛帝釋諸天以天香花而散其上歡喜而去佛告阿難尒時貧人者今我身是五百長者子今此弥勒五百菩薩是我以精進勇猛之故超諸菩薩所作功德而先成佛精進勤修不可不逮也菩薩布施如是於是阿難及諸比丘聞佛所說莫不歡喜為佛作礼各各精進修建道行

聞如是一時佛在舍衛國祇樹給孤獨園有一居士財富无數所有珎寶多於王藏字摩訶男摩為人慳貪不敢衣食不知布施若行出時乘朽故車結草為蓋著弊故衣食麤陳穀未曽美食食便閉門時病困篤遂便喪亡又无子息所有財寶波斯匿王盡奪収去已身妻女不蒙其恩波斯匿王往至佛所稽首佛足却坐常位問世尊言國有居士名摩訶男摩為人慳貪不肯布施不知衣食今者已死生於何道佛告王曰墮於盧獦地獄之中數千万歲受衆苦痛從地獄中出當墮餓鬼晝夜飢渴身常火燃百千万歲初不曽聞水穀之名王聞佛說心驚毛竪悲泣哽咽不能自勝佛告王曰夫為智者能捨慳貪行於布施現世獲祐後世受福昔過去世此閻浮提有大國王名迦郷迦跋弥為人慈仁典閻浮提八万四千諸小國王有万大臣二万婇女一万夫人人民興盛時火星運現太史占之當旱不雨經十二年太史白王火星運變現舉閻浮提十二年中當旱不雨若不雨者則五穀不収人民飢餓國欲大荒當云何耶時王聞之大用愁憂即勑群臣告八万四千諸小國王盡来集會盡皆條疏人民口數又疏現穀多少斛斗不問男女豪貴貧賤大小計人并計日日與一升粟不得長食群臣諸王皆悉受教各還本國宣令所爲悉皆如是從是已後天旱不雨不耕不種无有米穀人民飢餓死者

甚多群臣白王人民飢困死者甚多王告群臣宣令諸國告勑人民各持十善雖復身死神得生天快樂自然諸臣受教咸各宣令人民大小皆持十善其有死者盡得生天時有一人聰明智慧端正无比見比舍家母與兒共通其人見之心便不樂意自念言雖得人身作畜生行色欲所惑子不識母母不識子顛倒上下不相分別生死之中甚大可畏即便剃頭而著袈裟詣於山澤坐禪思惟由有愚癡貪婬瞋恚致有諸行便受五道生死衆苦若无三毒則無諸行諸行已滅則不受身已無有身衆苦便滅思惟如是霍然意解諸欲永盡即時便得辟支佛道六通清徹无所罣㝵便自思惟我今當受何誰食耶觀閻浮提一切人民皆悉飢餓食不可得惟當往詣大王迦鄉迦跋弥所而乞食耳即便飛到大王宮内從王乞食王言我食齊此今日便盡王自念言今我自食會亦當死若我不食亦當死耳今得值此神人難遇我寧不食飯

此快士自持食分即便用飯此辟支佛辟支佛食飯已訖意自念言令此大王所施難及當使其王益加歡喜即於王前昇於虛空飛騰變化東踊西没西踊東没南踊北没北踊南没上方踊下方没下方踊上方没經行虛空或坐或卧身上出水身下出火身下出水身上出火自分一身作百作千作万乃至无數以無數身還合為一現變已竟從空來下住於王前而語王言汝今所施實為難及欲求何願必當與王王及群臣夫人婇女皆大歡喜頭面著地礼辟支佛足而求願言今我國土人民飢餓危困至甚命在且夕今我持此最後之食施此快士持此功德除我國中飢困惟求此願時辟支佛即荅王言當如所願言竟即便飛去應時四方即便雲起合於虛空便作大風吹地不淨瑕穢糞除悉令化去便雨自然百味飲食遍閻浮提復雨五穀次雨衣被次雨七寶閻浮提内八万四千諸王臣民皆大歡喜王告勑群臣宣令八万

四千諸王各勑所居一切人民皆持十善時閻浮提五穀豐盛人民歡喜行於十善慈心相向如父如母如兄如弟於時人民壽終之後盡得生天無有墮於三惡道者佛告王曰尒時迦鄉迦跋弥者我身是也而我尒時直以一食施辟支佛現世獲福功德如是因此功德自致成佛一切衆生諸有飢渴苦惱之者令獲道證安隱快樂使至无為時諸弟子帝王臣民皆大歡喜

潞州長子縣柳林村翟智　父翟玘　母陳氏　施

尒時世尊重告王曰一切衆生為慳索所縛慳蓋所覆不知布施獲其大報不可稱量自念曩昔過去世時此閻浮提有城名不流沙王名婆檀寧夫人字跋摩竭提時國穀貴人民飢餓加有疫病時王亦病夫人自出祠天街邊有一家夫行不在時婦產兒又无婿使產後飢虛復無有食飢餓欲死便自念言今死垂至更无餘計惟當還自噉其兒耳而用濟命即便取刀適欲煞兒心為悲感舉聲大哭尒時夫人欲還宮中聞此婦人悲聲

悕切愴然憐傷便往聽之而此婦人
適欲舉刀欲煞其子便自念言何忍
噉其子肉作是念已便復涕哭夫人
便入其舍就而問之何以涕哭欲作
何等婦即荅言無食食之加復產後身
倍虛羸欲自煞兒用濟其命夫人聞
之心為悼愍語言莫煞其子我到官
中當送食來婦人荅言夫人尊貴或
復稽遲或能忘之而我今日命在呼
吸不踰時節不如自噉其子以用濟
命夫人問言更得餘肉食之可不荅
言果得濟命不問好醜也於是夫人
即便取刀自割其乳便自願言今我
以乳持用布施濟此危厄不願作轉
輪聖王天帝魔王梵王也持此功德
用成无上正真之道即便持乳與此
婦人適欲舉刀更割一乳應時三千
大千世界為大震動諸天宮殿皆悉
動搖時天帝釋天眼觀之見夫人自
割其乳濟其危厄時天帝釋无數諸
天即時来下住虛空中皆為悲泣涙
如咸雨於時天帝住夫人前而便問
言汝今 所施甚為難及求何願耶夫

人荅言持此功德用求无上正真之
道度脫一切衆生苦厄天帝荅言汝
求此願以何為證於是夫人即立誓
言今我所施功德審諦成正覺者我
乳尋當平復如故其乳尋時平復如
故天帝讃言善哉善哉汝成佛不久
諸天歡喜即便現形歎夫人言汝今
所施得无悔恨以為痛耶荅言我無
悔恨不以為痛天復荅言若无悔恨
以何為證於是夫人便立誓言我今
所施用求佛道无悔恨者令我女身
變成男子立誓已訖應時女身變為
男子時諸天神讃言善哉善哉如汝
所願成佛不久王及臣民歎甚奇特
歡喜无量是時國中衆病消除穀米豊
賤人民安樂却後國王崩亡群臣共
議當更立王時天帝釋来下語群臣
言跋摩竭提變身化成男子加有福
德應得為王諸臣歡喜即拜為王人
民熾盛國遂興隆佛告王言尒時跋
摩竭提者今我身是而我尒時不惜
身命布施如是現世獲報即變其身成
於男子得紹王位因是功德今得成

佛普救一切菩薩行檀波羅蜜勇猛
如是諸弟子國王臣民皆大歡喜為
佛作礼而去
聞如是一時佛在舍衛國祇樹給孤
獨園城中有一婆羅門於城外與立
祠壇設施飲食請諸婆羅門祠祀已
訖便還入城時佛入城乞食来出道
中見佛光相巍巍歡喜踊躍遶佛一
匝作礼而去時佛便笑光從口出遍
照十方上至三十三天下至大地獄
諸畜生禽獸諸餓鬼五道境界莫不
蒙明病者皆愈牢獄繫閉悉得放解
諸天人民見佛光明歡喜无量来至
佛所以若干花香供養世尊阿難長
跪前白佛言今日世尊欣笑如是願
說笑意佛告阿難見此婆羅門遶佛
一匝者不對曰唯然見之佛告阿難
此婆羅門見佛歡喜清淨敬意遶佛
一匝以此功德從是以後二十五劫
不墮三塗天上人中所生之處快樂
无極竟二十五劫當得辟支佛名特
攔椰祇梨阿難及一切大衆聞佛所
說身心清淨有得須陁洹斯陁含阿

那含阿羅漢者或發无上正真道者衆會歡喜為佛作礼右遶而去

聞如是一時佛在欝單羅延國佛與千二百五十沙門俱行詣村落如來色相三十有二八十種好光明晃煜照曜天地莫不大明猶如日月星中特明時天盛熱無有蔭涼有一放羊人見佛光明心自念言如來世尊三界之師涉冒盛熱无有蔭涼即編草作蓋用覆佛上旋隨佛行去羊大遠放蓋擲地還趣羊邊佛便微笑金色光從口中出數千万岐岐出百千万光遍照十方上至三十三天下至十八地獄畜獸餓鬼莫不大明三界天人見佛光明應時皆來至於佛所一切人民及諸龍阿修倫无數衆會皆大歡喜持香花伎樂供養如來阿難長跪前白佛言佛不妄笑願說其意佛告阿難汝今見此放羊人不對曰唯然見之佛告阿難此放羊人以恭敬之心而以草蓋用覆佛上以此功德十三劫中天上世間生尊貴處常自然有七寶之蓋而在其上命終之後

不墮三惡道中竟十三劫出家為道成辟支佛名阿耨婆達一切大衆聞佛所說或得道迹往來不還无著之證成辟支佛或發无上正真道意者或得立不退轉地者衆會歡喜為佛作礼而去

聞如是一時佛在舍衛國祇樹給孤獨園佛尊弟子名舍利弗晝夜六時常以道眼觀於衆生應得度者輙往度之王波斯匿有一大臣名曰師質財富無量應時得度時舍利弗明日晨朝著衣持鉢往詣其家而從乞食於是師質見即作礼問訊請命入坐施設牀座飯食時舍利弗食訖澡手漱口為說經法富貴榮禄衆苦之本居家恩愛猶如牢獄之中一切所有皆悉非常三界尊貴猶如幻化五道生死轉貿身形无有吾我師質聞法心意踈然不慕榮貴不樂恩愛觀於居家猶如丘墓便以居業一切盡已以付其弟便剃鬚髮而著袈裟便入深山坐禪行道其婦愁憂思念前夫不順後夫後夫問言居家財產珍寶

甚多何所乏短常愁不樂其婦報言思念前夫是以愁耳其夫復問汝今與我共為夫婦何以晝夜思念前夫婦復荅言前夫心意甚好无比是以思念其弟見婦思念恐兄返戒還奪其業便語賊帥雇汝五百金錢斫彼沙門頭來賊帥受錢往到山中見彼沙門沙門語言我唯弊衣无有財產汝何以來賊即荅言汝弟雇我使來煞汝沙門恐怖便語賊言我新作道人又未見佛不解道法且莫煞我須我見佛少解經法煞我不遲賊語之言今必煞汝不得止也沙門即舉一辟而語賊言且斫一辟留我殘命使得見佛時賊便斫一辟持去與弟於是沙門便往見佛作礼却坐佛為說法汝无數劫久遠以來割奪其頭手脚之血多於四大海水積身之骨高於須弥涕泣之淚過於四海飲親之乳多於江海汝從无數劫以來不但今也一切有身皆受衆苦一切衆苦皆從習生由習恩愛有斯衆苦癡愛已斷不習衆行不習衆行便无有身已

無有身衆苦便滅惟當思惟八正之道於是沙門聞佛所說霍然意解即於佛前得阿羅漢道便放身命而般涅槃賊擔其辟往持與弟弟便持辟著於㛮前語其㛮言常去思念前背此是其辟其㛮悲泣哽咽不樂便往白王王即推校如實不虛便煞其弟諸比丘有疑問佛而此沙門前世之時作何惡行令見斫辟修何德本令值世尊得阿羅漢道佛告諸比丘乃昔過去世波羅柰國尒時有王名婆羅達出行遊獵馳逐走獸迷失徑路不知出處草木衆天餘无方計而得来出大用恐怖遂復前行見一辟支佛王問其言迷失徑路從何得出軍馬人衆在於何所時辟支佛辟有惡瘡不能擧手即便持脚示其道徑王〻便瞋恚此是我民見我不起反持其脚示我道徑王便拔刀斫斷其辟時辟支佛意自念言王若不自悔責以往當受重罪無有出期於是辟支佛即於王前飛昇虛空神足變現時王見之以身投地擧聲大哭悔過自謝

辟支佛惟願来下受我懺悔時辟支佛即便来下受其懺悔王持頭面著辟支佛足作礼自陳惟見矜愍受我懺悔願莫使我久受苦痛時辟支佛便放身入於无餘涅槃王便収取闍旬起塔花香供養常於塔前懺悔求願而得度脫佛言尒時王者此沙門是由斫辟支佛辟五百世中常見斫辟而死至于今日由懺悔故不墮地獄解了智慧而得度脫成阿羅漢道佛告諸比丘一切殃福終不朽敗諸比丘聞佛所說莫不驚悚頭面作礼

昔佛在阿耨達池告五百阿羅漢汝等各各自說前世宿行今得成道時諸阿羅漢承佛教誨各各自說宿行所作功德時有阿羅漢名婆多竭梨自說前世无央數劫時世有佛名曰定光如来至真等正覺明行成為善逝世間解无上士道法御天人師有大慈哀衆祐一切為於衆生作大依怙興出于世教化人天皆令成道乃取滅度分布舎利起於塔廟法欲末時我為貧人無餘方業窮行採薪還

見大澤中有塔寺甚為巍巍我時見之心用欣然踊躍難量即便行往到其塔所瞻覩形像歡喜作礼見諸狐狼飛鳥走獸在中止宿草木荊棘不淨滿中逈絶无人無人行跡无供養者而我覩見心用愴然不曉知如来威神功德之法但以歡喜誅伐草木及於掃除不淨盡去掃塔已訖一心歡喜遶之八匝叉手作礼而去持此功德壽終之後得生第十五光音天上以衆名寶用為宮殿光明晃煒於諸天中特為巍巍不可計量盡其天壽而復百返為轉輪聖王七寶自然典主四域復畢其壽常生國王大姓長者家財富无數顔容殊妙无有雙比人見歡喜莫不愛敬欲行之時道路自淨虛空之中雨散衆花用此恭敬生處自然一阿僧祇九十劫中迴流究轉常生天上及與人中尊榮豪貴封授自然不墮三塗我憶此事大自雅奇今我㝡後福願畢滿遭值釋師三界中雄入於尊法便成沙門六通清徹无不解達諸欲永盡得成羅

漢無復惱熱冷而无暖其心清淨獲於大安若有能於佛法及與衆僧所作如毛髮之善所生之處受報弘大無有窮極自念往古所作德行報應如是者乎婆多竭梨於佛前自說宿行已為佛作礼却住一面

昔佛初得道惟念衆生愚癡倒見剛强難化吾設當為說法者誰肯信受不如取般涅槃亦无有来請佛說法者梵天知佛意欲取涅槃即與无數梵衆如人屈伸臂頃来至佛所頭面作礼遶佛三匝長跪叉手前白佛言三界衆生盲冥甚久大聖出現惟願世尊以大慈大悲无量大哀願受我請必受我請開演法藏施慧光明佛告梵天衆生難寤迷惑倒見吾設當為說其經法誰肯信受吾不如早取泥洹於是梵天重復請曰三界衆生為久在幽冥億百千劫乃有佛耳猶優曇鉢花時時乃有佛亦難值惟願如来重加大哀開寤愚癡願說經法世尊往昔无數劫来放捨身命頭目髓腦肌肉骨血國城妻子施與一切

為衆生故起大弘撍當為衆生作大光明乃昔過去无央數劫時閻浮提有大國王名度闍鄁謝梨慈仁勇猛端正第一典主八万四千諸國其國豐盛人民安樂尒時國王處於正殿坐自思惟夫人右世尊榮豪貴富樂自然皆由先世施行衆善修習智慧以是之故今致自然已得自然迷惑色欲不惟非常不知更絽来世之福猶如畜生飽食終日无所用心夫為智者惟當修習智慧正法日新之益作是思惟已便告傍臣命請中有智慧者為吾說法我欲聞之群臣受教遣使四出諸國命請聰明大智慧者時有一婆羅門學問廣博智慧第一来應王命群臣白王今有婆羅門聰明博達来在門外王聞歡喜即出奉迎頭面作礼施設寶座供施甘饌食訖澡漱王語婆羅門言久聞有德故遠相屈惟願大仙為說經法荅言我學以来積年勤苦大王云何直尒欲聞王語婆羅門言欲須國城珎寶隨意所欲悉當相給荅言我亦不用珎寶

國城妻子象馬大王若能剜其身肉用作千燈若能尒者當為說法不能尒者經法難聞王自念言无數劫来喪身叵計未曾為法今為法故以身為燈甚為快善王大歡喜荅婆羅門言如汝所勑即當奉行不敢違命婆羅門言能尒者大善何時當為王復荅言却後七日乃當為之王勑群臣告下諸國大王却後七日為聞法故當於身上而燃千燈諸欲来見王者皆悉集於大國群臣受教同時遣使下八万四千諸國大王却後七日當於身上而燃千燈諸王臣民諸欲来見王者疾来馳至集於大國當是之時諸王臣民聞之驚愕如喪父母哀嗶涕泣動閻浮提諸王臣民悉来集會王勑語傍臣於大廣博平坦之地設施座席群臣奉命即時於廣博地設施床座時王飯已與諸夫人二万婇女一万大臣導從前後王於座所王處正座諸夫人婇女及諸王群臣人民皆悉同時腹拍王前同聲白王言唯願大王大慈大悲无量大哀以我

等故莫於身上而燃千燈王荅謝諸王臣民夫人婇女吾從无央數劫五道生死壞身无數未曾為法喪身命也今為法故以身作燈持是功德用求佛道普為十方無量衆生作大光明除去衆生三毒癡冥吾成佛時當為汝等施慧光明照除生死闇涅槃門入安隱法汝等莫却我无上道心時諸會者皆悉默然於是大王即便持刀授與左右勑令剜身作千燈處出其身肉深如大錢以酥油灌中而作千燈安燈已訖語婆羅門言先說經法然後燃燈而婆羅門為王惟說一偈言

常者皆盡　高者亦墮　合會有離
生者有死

王聞偈已歡喜踊躍告諸群臣夫人婇女皆悉受誦即便疏偈題著諸門街陌里巷勑諸人民皆令諷誦下閻浮提諸王臣民亦令諷誦於是大王告婆羅門今可燃燈王便立誓令為法故以身為燈我不求作聖王上至天帝及諸天正世界榮樂亦不求二

乘之證持是功德願求无上正真之道普為十方五道衆生作大法光明照於衆冥尒時國王發是願已即時三千大千世界六種震動上至首陁會天一切宫殿皆悉震動時諸天人甚大惶怖是何瑞應令地大動即以天眼觀閻浮提見於菩薩為於法故身燃千燈發於弘誓是使尒耳時諸天人皆悉來下而見菩薩身燃千燈无數諸天悲泣雨淚時天帝釋住於王前讚言善哉善哉為於法故不惜身命欲求何等菩薩荅言我亦不求轉輪聖王天帝魔王及梵天王色聲香味亦不求羅漢辟支佛持是功德用求無上正真之道普為十方无量衆生施慧光明照除衆生三毒癡冥令離衆苦至泥洹安時天帝釋復問王言身燃千燈得无痛惱而有悔耶王荅天帝不以為痛亦无悔恨天帝重問若无悔恨以何為證於是國王便自誓言而我今日為於法故身燃千燈持是功德用求無上正真之道審當成佛者千燈諸瘡即當除愈

身即平復无有瘡瘢作是語已身即平復无復瘡瘢端正姝好過踰於前時天帝釋無數諸天國王群臣夫人婇女無量臣民異口同音悉讚歎言善哉善哉歎未曾有歡喜踊躍皆奉行十善之教佛言尒時國王者則我身是時婆羅門者調達是菩薩求習智慧精進如是

佛說菩薩本行經卷上

潞州長子縣　鄒村　李璋　程妙成　張善明　李善會
刘處　李春　和潤　郭善通　書
共施一卷

佛說菩薩本行經卷上
校勘記

一　底本，金藏廣勝寺本。

一　六四二頁中一行「佛說」，石、磧、南、徑、清無。「卷上」，石作「卷下」。

一　六四二頁中二行譯者，石作「東晋失譯」；磧、南、徑、清作「失譯人名附東晋録」。

一　六四二頁中一九行「大檀」，麗作「大壇」，下同。

一　六四二頁下二行「匱惜」，石、磧、南、徑、清、麗作「遺惜」。

一　六四二頁下一九行「捴持」，磧、南、徑、清、麗作「德」。

一　六四二頁下二二行「廣度」，石、磧、南、徑、清作「度脱」。

一　六四三頁上七行「騷動」，麗作「馳動」。

一　六四三頁上一五行「王子」，磧、南、徑、清、麗作「王乎」。

一　六四三頁上一六行第一一字「王」，石、麗作「聖王」。

一　六四三頁中三行第一〇字「大」，磧、南、徑、清無。

一　六四三頁下一二行第五字「火」，南作「災」。

一　六四三頁下一三行第一一字「火」，磧、南、徑、清、麗無。

一　六四三頁下二二行第二字「宖」，磧、南、徑、清作「勅」。第九字「已」，南、徑作「曰」。

一　六四三頁下末行「不耕不種」，石、磧、南、徑、清作「而不耕種」。

一　六四四頁上一七行第八字「何」，磧、南、徑、清作「阿」。

一　六四四頁中三行第一一字「益」，磧、南、徑、清作「盡」。

一　六四四頁中八行「出水」，石、磧、南、徑、清作「出火」。「出火」，石、磧、南、徑、清作「出水」。

一　六四四頁中二一行「衣彼」，石、磧、南、徑、清、麗作「被」。

一　六四四頁下一行第八字「居」，磧、南、徑、清、麗作「局」。

一　六四四頁下九行第一二字「證」，磧、南、徑、清作「跡證」。

一　六四四頁下一一行夾註，石、磧、南、徑、清、麗無。

一　六四四頁下一五行第一三字「檀」，南作「禮」。

一　六四四頁下一八行首字「天」，南作「王」。

一　六四四頁下一八行第二字「街」，磧、南、徑、清作「階」。

一　六四四頁下二一行「還自」，石作「自還」。

一　六四五頁上一行第八字「往」，石、磧、南、徑、清、麗作「住」。

一　六四五頁中三行「即立」，石、磧、南、徑、清作「即時立」。

一　六四五頁中四行首字「言」，石、磧、南、徑、清無。

一　六四五頁下一〇行第一二字「大」，磧作「十八」；南、徑、清作「十八大」。

一　六四六頁上七行「放羊」，磧、南、徑、清作「牧羊」。

一　六四六頁上八行「光明」，石、麗作「光相」。

一　六四六頁上一〇行「上旋」，麗作「上捉」。

一　六四六頁上末行「自然有」，磧、南、徑、清作「有自然」。

一　六四六頁中二一行首字「以」，磧、南、徑、清作「用」。

一　六四六頁下一一行末字「須」至一二行第七字「法」，磧、南、徑、清作「我須見佛解少經法」。

一　六四六頁下一九行「四海」，石、磧、南、徑、清作「四江」。

一　六四七頁上五行末字「罕」，石、徑、清、麗作「婿」。

一　六四七頁上九行第六字「令」，磧、南、徑、清、麗作「今」。

一　六四七頁上一一行第三字「去」，石無。

一　六四七頁上一三行「餘无」，麗作「無餘」。

一　六四七頁中五行第三字「身」，麗作「身命」。末字「闍」，石、磧、南、徑、清、麗作「耶」。

一　六四七頁下三行第六字「形」，麗作「所」。

一　六四七頁下二〇行第三字「授」，磧、南、徑、清作「受」。

一　六四八頁上五行「者乎」，磧、南、徑、清作「耆年」。

一　六四八頁上二〇行第一〇字「亦」，磧、南、徑、清作「興」。

一　六四八頁中六行「在世」，石無。

一　六四八頁中九行第九字「紹」，磧、南、徑、清作「招」。

一　六四八頁中二一行「勤苦」，石作「苦行」。

一　六四八頁下末行「大王」，石、麗作「天王」。

一　六四九頁上一二行「安燈」，磧、南、徑、清、麗作「安炷」。

一　六四九頁中一七行第八字「安」，磧、南、徑、清、麗作「安樂」。

一　六四九頁中一八行「痛惱」，石、磧、南、徑、清作「爲痛頗」。

一　六四九頁下四行「臣民」，麗作「庶民」。

一　六四九頁下末行經名，石無；磧、南、徑、清作「菩薩本行經卷上」。麗於經名後有附注「丹藏以此卷爲下卷以中爲上以下爲中今詳始末丹藏錯耳」。

佛說菩薩本行經卷中 麗

失譯人名今附東晉錄

昔佛在舍衛國祇樹給孤獨園時有賢者名曰須達居家貧窮无有財產至信道德往至佛所頭面作礼稽首佛足却坐一面聽說經法佛問須達在家之士當行布施不布施也須達白佛當行布施多布施耶少布施也當以好意而布施耶以不好意而布施乎佛告須達夫於布施所施雖多而獲報少布施雖少而獲報多何謂施多而獲報少雖多布施而無至心無恭敬心不大歡喜貢高自大所施之人信邪倒見非是正見不得快士所施雖多而獲報少猶如耕田薄地之中下種雖多收實甚少何謂施少而獲大福所施雖少歡喜興淨潔心與恭敬與不望報與所施之人復得快士佛及辟支佛沙門四道應正見者所施雖少獲報弘大猶如良田所種雖少收實甚多佛告須達吾自憶念過去世時此閻浮提有轉輪王名波隆颰寧王有千子主四天下此閻浮提有八万四千國時有一婆羅門名曰比藍身體金色端正無比聰明智慧天地變運醫方鎮壓上知天文下察地理中知人情一切典籍靡不貫達為人仁愛慈愍一切王甚愛敬以為師主比藍大師是大王非是波隆颰寧何以故波隆颰寧王治國正民一一諮啓比藍大師尒乃教化諸王臣民莫不歡喜於時大王而從比藍啓受經典亦復宣告八万四千諸小國王群臣太子一切人民皆從比藍諮受經典習學智慧諸王臣民皆從比藍啓受經典莫不歡喜皆言此是梵天來化我等為於好事非是凡人於時八万四千諸王受學智慧心意開解皆大歡喜八万四千諸小王人持一白象金銀絞絡駿馬一疋亦金銀絞絡牛一頭亦金銀絞絡妙女一人亦端正无比七寶瓔珞服飾姝好金鉢盛銀粟銀鉢盛金粟琉璃鉢盛金粟頗梨鉢盛金粟金為車七寶

莊飾各各皆金有八万四千以用貢
上比藍大師尒時大王波陁飈寧聞
諸小王貢遺比藍大用歡喜我亦當
復貢上比藍大師財寶即時莊嚴八
万四千玉女之等七寶珠瓔服飾姝
妙瓔珞其身八万四千白象純金紱
絡飾八万四千疋馬亦金銀紱絡八
万四千頭牛盡金莊校八万四千金
鉢感銀粟八万四千銀鉢感金粟八
万四千琉璃鉢感金粟八万四千頗
梨鉢盡感金粟八万四千乘車盡金
紱飾用上比藍比藍受巳念此財寶
象馬車乘一切所有皆悉非常而不
堅固白大王言財產所有皆悉非常
摩滅之法我不用之意欲布施濟諸
窮乏王聞其言大用歡喜告勑群臣
擊鼓宣令閻浮提內貧窮孤老婆羅
門梵志皆悉來集比藍即設大檀人
民聞令雲興而集强弱相扶皆悉來
至於時比藍欲澡婆羅門手傾於軍
持而水不出大用愁憂今我大檀將
有何過意不清淨所施不好以何等
故而水不出即時天人於虛空中語

比藍言汝今布施大好無比其心淨
實无能過者汝之功德天下第一无
過上者但所施人盡是邪偽倒見之
徒非是清高俠士之輩而不堪任受
汝恭敬以是之故水不出耳於是比
藍聞天人語意便開解即作誓言今
我所施用成无上正真之道審如所
願者令我寫水當墮我手中作誓願
巳訖便傾澡瓶水即來出自墮掌中
諸天空中讚言善哉善哉如汝所願
成佛不久尒時比藍布施貧乏衣彼
飲食一切所須十二年中象馬珍寶
玉女之等盡用布施无所藏積佛告
須達尒時比藍婆羅門者今我身是
於我尒時所施亦好其心亦好受者
亦好所施雖多獲報甚少而今我法
深妙清淨弟子真正所施雖少獲報
甚多於是比藍十二年中所作布施
為閻浮提一切人民行於布施計其
功德不如布施一須陁洹人其福甚
多過出其上設施百須陁洹并前比
藍所施閻浮提人所得福報不如施
一斯陁含人其福甚多亦過其上正

使施百斯陁含百須陁洹及前比藍
施閻浮提人所得福報不如施一阿
那含人其福倍多過出其上施百阿
那含人百斯陁含百須陁洹并前比
藍閻浮提人所得福報不如施一阿
羅漢其福甚多過出其上正使施百
羅漢百阿那含百斯陁含百須陁洹
并前比藍閻浮提人所施功德不如
施一辟支佛其福甚多過出其上正
使布施百辟支佛百阿羅漢百阿那
含百斯陁含百須陁洹及前比藍施
閻浮提人所得功德不如起塔僧房
精舍衣被牀臥飯食供養過去當來
今現在四方衆僧沙門道士給其所
須計其功德過前所作功德者上雖
起塔僧房精舍施辟支佛阿羅漢阿
那含斯陁含須陁洹并前比藍閻浮
提人所作布施福德不如施佛一人
功德甚多不可復計雖供養佛起塔
僧房精舍及辟支佛阿羅漢阿那含
斯陁含須陁洹并前比藍閻浮提人
所施功德不如有人一日之中受三
自歸八關齋若持五戒所得功德踰

過於前所施福德百千万倍不可為喻復以持戒之福并合集前一切施佛功德及辟支佛四道之等合前比藍閻浮提人所施福德不如坐禪慈念衆生經一食之頃所得功德踰過於前百千万倍合前比藍閻浮提人所作布施施四道辟支佛起塔僧伽藍上至施佛持戒坐禪慈念衆生合集其德不如聞法執在心懷思惟四諦非常苦空非身之法泥洹寂滅比前所作一切功德㝡尊第一无有過上於是須達聞法踊躍无量身心清淨得阿郍含道惟有五金錢一日持一錢施佛一錢施法一錢施僧一錢自食一錢作本日日如是常有一錢在終無有盡即受五戒長跪白佛言我今日欲心已斷處在居家當去何也佛告須達如汝今日心意清淨无復愛欲汝還歸家問諸婦女今我欲心已滅汝等各從所樂須夫𦕈者恣從所好若欲在此當給衣食須達受教為佛作礼便還歸家問諸婦女我今愛欲都已永盡无復欲事汝等若欲

須夫𦕈者各隨所好欲在此者供給衣食令無乏少諸婦女等各各從意隨其所樂時有一婦人烟穀作麨有羖羝来撫烟麦不可柰何捉擲火杖用打羖羝杖頭有火著羊毛住羊得火熱用揩象廄象廄火然并燒王象象身爛破便煞獼猴用拍象身天於空中而說偈言

瞋恚鬪諍邊　不當於中止　羖羝共相羝
蠅蟻於中死　婢共羖羝鬪　獼猴而生死
智者遠嫌疑　莫與愚人止

波斯匿王勑臣作限自今以去夜不得燃火及於燈燭其有犯者罰金千兩尒時須達修道在家晝夜坐禪初人定時燃燈坐禪夜半休息鷄鳴復燃燈坐禪伺捕得之捉燈白王當輸罰負須達白王今我貧窮无百錢産當用何等輸王罰負王瞋勑使閇著獄中即將須達付獄執守四天王見須達被閇在獄初夜四天王来下語須達言我與汝錢用輸王罰可得来出須達荅言王自當歡喜意解不須用錢為四天王而說經竟天王便去

到中夜天帝釋復来下就而見之須達為說法竟帝釋便去次到後夜梵天復下見於須達便為說法梵天復去時王夜於觀上見獄上有火光時王明日即便遣人往語須達坐火被閇而无懃著續復燃火須達荅言我不燃火若燃火者當有烟灰表式復語須達初夜有四火中夜有一火倍大前火後夜復有一火逐倍於前言不燃火為是何等須達荅言此非是火也初夜四天王来下見我中夜第二天帝来下見我後夜第七梵天来下見我是天身上光明之焰非是火也使聞其語即往白王王聞如是心驚毛竪王言此人福德殊特乃尒我今云何而毀辱之即勑吏言促放出去勿使稽遲便放令去須達得出往至佛所頭面作礼却坐聽法波斯匿王即便嚴駕尋至佛所人民見王皆悉避坐而起惟有須達心存法味見王不起王心微怏此是我民懷於輕慢見我不起遂懷慍心佛知其意正不說法王白佛言願說經法佛告王

言今非是時為王說法去何非時人
起瞋恚忿結不解若起貪婬躭荒女
色憍貴自大无恭敬心其心垢濁闇
於妙法而不能解以是之故今非是
時為王說法王聞佛語意自念言坐
此人故令我今日有二折減又起瞋
恚不得聞法為佛作礼而去出到於
外勑語左右此人若出冝斫頭取作
是語已應時四面虎狼師子毒害之獸
悉来圍遶於王王見如是即大恐怖
還至佛所佛問大王何以来還王白
佛言見其如是恐怖来還佛告王曰
識此人不王曰不識佛言此人以得
阿那含道坐起惡意向此人故是使
尒耳若不還者王必當危不得全濟
王聞佛語即大恐怖即向須達懺悔
作礼羊皮四布於須達前王言此是
我民而向屈辱實為甚難須達復言
而我貧窮行於布施亦復甚難尸羅
師質為國平正為賊所捉賊語之曰
言不見我我當放汝不者煞汝尸羅
師質意自念言今作妄語為非法事
若墮地獄誰當放我作是思惟便語

賊言寧斫我頭終不妄語賊便放之
危害垂至不犯妄語慎行正法實為
甚難復有天名曰尸迦梨復自說我
受八關齋於高樓上卧有天玉女来
至我所以持禁戒而不受之實為甚
難於是四人各各自說如是即於佛
前而說頌曰

貧窮布施難　豪貴忍辱難　危嶮持戒難
少壯捨欲難

佛說偈已重說經法王及臣民皆大
歡喜為佛作礼而去

聞如是一時佛在羅閱祇比留畔迦
蘭陁尼波僧伽藍優連聚落有一泉
水中有毒龍名曰酸陁梨甚大兇惡
放於雹霜傷破五穀令不成熟人民
飢餓時有婆羅門呪龍伏之令不雹
霜五穀熟成經有年載此婆羅門遂
便老耄呪術不行尒時有壯婆羅門
呪術流利舉聲誦呪雲便解散令不
雹霜五穀豊熟人民歡喜語婆羅門
在此住止當共供給令不乏少婆羅
門言可便住於彼常共合斂輸婆羅
門不使有乏自佛来入國廣說經法

人民大小咸受道化得道甚多諸龍
鬼神皆悉為善不作惡害風雨時節
五穀豊賤更不供給婆羅門所須婆
羅門往從索之諸人民輩逆更唾罵
而不與之時婆羅門心起瞋恚蒙我
恩力而得飽滿反更調我欲得破滅
人民國土便問人言求心所願云何
得之人語之言飯佛四尊弟子必得
從願如心所欲時婆羅門即設飯食
請大迦葉舍利弗目連阿那律飯是
四尊至心作礼求心所願我今持此
所作福德願使我作大力毒龍破滅
此國必當使我得此所願時舍利弗
道眼觀之求何等願知婆羅門心中
所念願作毒龍欲滅此國時舍利弗
語婆羅門莫作此願用作龍虵害惡
身為若欲求作轉輪聖王若天帝釋魔
王梵王盡皆可得用此惡身不好願
為時婆羅門荅舍利弗言久求此願
適欲得此不用餘願時婆羅門舉手
五指水即流出時舍利弗見其意堅
固證現如此黙然而止時婆羅門及
婦二兒俱願作龍死受龍身有大神

力至為毒惡便煞酸陁梨龍奪集其處
住便放風雨大墮雹霜傷煞五穀惟
有草秸因名其龍阿波羅利婦名比
壽尼龍有二子一名璣都尼民飢餓
死者甚多加復疫病死者无數時阿
闍世王往至佛所頭面作礼長跪白
佛國界人民為惡龍疫鬼所見傷害
死者無數惟願世尊大慈大悲憐愍
一切惟見救護禳却災害佛即可之
尒時世尊明日晨朝著衣持鉢入城
乞食詣於龍泉食訖洗鉢洗鉢之水
澍於泉中龍大瞋恚即便出水吐於
毒氣吐火向佛佛身出水滅之復雨
大雹在於虛空化成天花復雨大石
化成綺飾復雨刀劒化成七寶化現
羅刹佛復化現毗沙門王羅刹便滅
龍復化作大象鼻捉利劒佛即化作
大師子王象便滅去適作龍像佛復
化作金翅鳥王龍便突走盡其神力
不能害佛突入泉中密迹力士舉金
剛杵打山山壞半墮泉中欲走來出
佛化泉水盡成大火急欲突走於是
世尊蹈龍頂上龍不得去龍乃降伏

長跪白佛言世尊今日特見苦酷佛
告龍曰何以懷惡苦惱衆生龍便頭
面作礼稽首佛足長跪白佛言願見
放捨世尊所勑我當奉受佛告龍曰
當受五戒為優婆塞龍及妻子盡受
五戒為優婆塞慈心行善不更霜雹
風雨時節五穀豊熟諸疫鬼輩盡皆
走去向毗舍離摩竭國中人民飽滿
衆病除愈遂便安樂毗舍離人民疫
病死者甚多聞摩竭國佛在其中降
伏惡龍疫病消滅毗舍離王即遣使
者往至佛所於是使者前至佛所稽
首佛足長跪白佛言王故遣我來稽
首問訊如來大聖我國疫死者甚多
惟願世尊大慈憐愍臨覆我國勞屈
光威望得全濟毗舍離國與摩竭國
素有怨嫌阿闍世王聞毗舍離國疫
鬼流行大用歡喜尒時世尊告毗舍
離使我以先受阿闍世王九十日請
而今未竟汝自往語阿闍世王使白
佛言二國素有怨嫌我今往到必當
見煞佛告使言汝但為佛作使煞无
有能煞汝者也佛重告使言語阿闍

世王煞父惡逆之罪用向如來改悔
故在地獄中當受世間五百日罪便
當得脫使即受教往詣王門王及群
臣聞毗舍離使在於門外咸共瞋恚
皆共議言當截其頭刓其耳鼻碎其
身骨當使如麵使入到殿前大唱聲
言世尊遣我到大王邊聞是佛使皆
各歡喜問使言佛遣汝來何所告勑
使便荅言佛謝大王所作惡逆煞父
之罪用向如來懺悔之故在於地獄
當受世間五百日罪便當得出惟當
自責改往修來莫用愁憂王聞是語
歡喜踊躍不能自勝我造逆罪在於
地獄為有出期即遣向佛稽首作礼
王語使言汝能為我致此消息使不
可言欲求何願恣當與汝使白王言
毗舍離國疫病流行欲得請佛光臨
國界望得全濟惟願大王聽佛使去
王即可之便報使言語汝大王我從
城門到恒水邊修治道路以花布地
羅列幢幡到恒水邊舉國兵衆侍送
世尊到恒水邊汝亦當從毗舍離城
平治道路而散花香羅列幢幡到恒

水邊舉毗舍離臣民兵衆盡來迎佛
到恒水邊若能尒者聽佛使去不能
尒者不放使去毗舍離使聞王所言
歡喜踊躍即便辞還到於佛所頭面
作礼白佛如是佛即可之使便辞佛
作礼而去還毗舍離白王如是王聞
所言大用歡喜我曹國中亦須種福
即便宣令平治道路從於城門到恒
水邊悉令清淨布散諸花燒衆名香
竪諸幢幡毗舍離王舉國臣民椎鍾
鳴鼓作衆伎樂到恒水邊迎佛世尊
持五百蓋貢上世尊摩竭國王亦復
宣令修治道路悉令清淨布散花香
竪諸幢幡到恒水邊與諸臣民舉國
兵衆椎鍾鳴鼓作衆伎樂震動天地
侍送世尊到恒水邊以五百蓋奉上
世尊四天王忉利天王上至化應聲
天王各各皆與无數諸天各賚天上
異妙琦璃雜種花香若干伎樂持五
百寶蓋來貢上世尊第七梵天王上
至首陁會天是諸天王各與无數諸
天子等各賚天上雜妙香花若干伎
樂持五百寶蓋貢上世尊毗摩毗羅

阿須倫王與无央數阿須倫民持於
衆寶雜種花香若干伎樂五百寶蓋
來奉上佛娑竭龍王與无數諸龍眷
屬各賚若干種香作衆伎樂五百寶
蓋來奉上世尊合三千蓋惟留一蓋
餘悉受之所留一蓋者持用覆護後
諸弟子令得供養當于尒時諸天人
民龍阿須倫不可稱計來至佛所毗
舍離王及諸臣民皆言今佛當渡恒
水我曹當共作五百船使佛渡水摩
竭國王及諸臣民亦言今日佛當渡
水我曹亦當作五百船令佛渡水諸
天亦各作五百寶船諸阿須倫亦復
共作五百寶船于時諸龍自共編身
作五百橋欲令世尊蹈上而渡尒時
世尊見於諸天一切人民龍阿須倫
各各歡喜有恭敬心欲使衆生普得
其福即便化身遍諸船上諸天人民
龍阿須倫皆各自見如來世尊獨在
我船不在餘船於是如來渡水已竟
无數諸天畟塞虛空散衆名花燒異
妙香作諸伎樂人及諸龍并阿須倫
皆亦如是散衆名花燒衆雜香作諸

伎樂娛樂世尊歡喜无量于時如來
觀於三界諸天人民心懷歡喜踊躍
無量供養如來世尊將欲說於前世
本所修行菩薩道時即便微笑五色
光明從口中出光有五分一一光明
出无數明一一光頭有寶蓮花一一
花上皆有化佛一分光明上照欲界
色界無色界三界諸天見其光明又
覩化佛皆悉歡喜各離欲樂來詣化
佛所聽說經法无量諸天聞說經法
歡喜踊躍皆各得道迹往來不還无
著證者發大道意入不退轉者一分
光明遍照三千大千世界在人道者
光明化佛弥滿世界一切人民見其
光明又覩化佛瞋恚盛者忿意消滅
皆發慈心婬火盛者欲心消除覩其
瑕穢愚癡盲冥皆悉醒寤解四非常
牢獄繫閉悉皆放解盲者得視聾者
得聽瘂者能語拘躄者得手足癃殘
百病皆悉除愈一切人民莫不歡喜
各離所樂來詣佛所時諸化佛各各
說法心意開解或得道迹往來不還
无著之果發於無上正真道意堅住

大乘不退轉者不可稱計一分光明照於一切餓鬼境界光明化佛悉遍餓鬼境界之處諸餓鬼等見佛光明自然飽滿無有飢渴身心清淨无諸惱熱聞其說法皆悉歡喜慳垢消滅壽終之後皆得生天一分光明照於大千畜生境界一切禽獸見佛光明皆悉歡喜善心自生虎狼師子龍虵毒惡之心皆悉消滅慈心相向不相傷害壽終之後皆生天上一分光明遍照大千地獄鐵圍山間幽冥之處莫不明徹一切地獄衆生之類見其光明又覩化佛歡喜踊躍火滅湯冷拷治酷毒皆得休息氷寒獄中自然煴煖地獄衆生既得休息歡喜踊躍諸化佛等各為說法心開意解即時壽終盡得生天當于是時光明化佛弥滿三千大千世界五道衆生皆得度脫凡於如来光明入處各有所應欲說地獄事光從足下入欲說畜生事光從足上入欲說餓鬼事光從脛踝入欲說人道事光從脞入欲說轉輪聖王事光從臍入欲說羅漢事光

從口入欲說辟支佛事光從眉間入欲說菩薩事光從頂入欲說過去事光從後入欲說當来今現在事光從前入介時世尊現大變化光明普照十方世界大千境界雨衆天花無量伎樂不鼓自鳴諸天人民一切大衆莫不歡喜倍加踊躍於是世尊還攝神足光明便還遶佛三匝光從後入無量諸天一切大衆異口同音讚歎如来功德巍巍難量不可思議乃如是乎於是阿難長跪叉手前白佛言佛不妄笑笑必有因今日世尊欣笑如是將欲自說先世宿行佛告阿難及諸大衆乃昔過去久遠无量無數世時此閻浮提有轉輪王名脩陁梨鄯寧王四天下此閻浮提八万四千諸小國王八万四千城王有七寶一金輪寶輪有千輻縱廣四十里周匝百二十里王欲行時輪在前導不賔伏者金輪自然在頭上旋自然降伏不用兵仗有二摩尼珠寶著於幢頭晝夜常照千六百里三白象寶其象身體優修姝好白如雪光王乘其上

自然飛行一食之頃周四天下四紺馬寶朱　髦尾王乘其上一食之頃遍四天下五典兵臣王意欲得百千万兵自然而至六典藏臣王意欲須金銀七寶衣被飲食披其兩手七寶財產一切所須隨意所欲從手中出而无有盡七玉女寶端正无比猶若天女無有女人瑕穢之垢身體香絜如優鉢花王意欲得清凉之時身自然冷欲得溫時身自然溫聲如梵聲常能使王歡喜踊躍名曰玉女寶王有千子勇猛無比王欲出時七寶大蓋常在其頭上七寶隨從群臣无數導從前後百千伎樂其音和雅巍巍堂堂不可稱計王千子中其最小者見王如是問其母言此何國王巍巍如是其母荅言此是脩陁梨鄯寧大轉輪王主四天下汝之父也不識之耶大子報言我當何時應得為王母復荅言王有千子汝第一小不應得王太子復言若不應得為王者何用在家作白衣為即便長跪白其母言願聽出家作沙門詣山澤中學於仙道母

即聽之其母告言若汝思惟所得智慧必還語我兒即許之即便剃頭而著袈裟詣於山澤精進坐禪思惟智慧內解五陰外了万物皆悉非常一切受身衆苦之器飛輪王帝豪雋世主三界尊榮猶若幻化空无吾我緣會則有緣離則无皆從癡愛因有諸行以有諸行受一切身五道之分便有衆苦若无癡愛則无諸行以无諸行則无五道以無五道則不受身以無有身衆苦便滅思惟如是霍然意解成辟支佛飛騰變化六通清徹无所罣㝵如其本捨便還見母現其神足身昇虛空經行坐卧身上出水身下出火身上出火身下出水分一身作百作千作万無數還合為一其母見之歡喜踊躍頭面作礼母復問言從何所而得飲食荅言乞匃自存母復白言莫更乞食當受我請從今以往在此園中住願當日日受我飲食亦當使我得其福德時辟支佛便受母請住於園中其母日日自往飯之於彼園中遲涉數年思惟身分叚穢不

淨身為苦器何用此為便捨身命入於泥洹而般泥洹其母即便耶旬起塔花香供養王於異時到此園中見此塔即問左右而此園中素无是塔誰起此塔辟支佛母即便白言是王太子之中第一小者見王出時而問我言是何大王巍巍如是我即荅言修陁梨鄯寧轉輪聖王是御之父復問我言我當何時應得為王我語之曰汝於千子第一最小不應得王其子便言若使不得應作王者何用在家作白衣為便辭我出家學道我便聽之我與共要若得道者必還見我剃除鬚髮著於袈裟詣山澤中精進坐禪成辟支佛道如其所捨便還見我我即請之在此園中日日供養飲食所須經歷數年便般泥洹在此耶旬起於塔廟是其塔也王聞此語且悲且喜荅夫人言何不語我我即當以轉輪王位而用與之我不得聞大有折減而今雖死我以王位而用與之即脫天冠七寶拂飾王者威服著於塔上王大七寶盖用覆塔上頭面

作礼花香供養伎樂娛樂

佛告阿難乃昔尒時修陁梨鄯寧轉輪王者今我身是而我尒時自我之子成辟支佛供養其塔而以王位而用施之大七寶盖覆於塔上因是功德無央數劫作轉輪王主四天下七寶隨從常有三千七寶之盖自然而至无央數劫或作天帝或作梵王至于今日若我不取佛者三千寶盖常自然至無有窮盡供養一辟支佛塔受其功德不可窮盡何况供養如来色身及滅度後舍利起塔作佛形像供養之者計其功德過踰於彼百千億倍不可計倍无以為喻於時大衆皆大歡喜心悅意解應時有得須陁洹者斯陁含者阿那含者阿羅漢者或發无上正真道意者或住立不退轉者不可稱計尒時大衆皆大歡喜遶佛三匝頭面作礼各還本所於是世尊進至毗舍離城到門閫上而說偈言

在地諸天神　虛空住諸天　諸来在此者
皆當發慈心　晝夜懷歡喜　當隨正法言

勿得懷害意　嬈惱諸人民　菩薩本行經卷中　第十四張　履字号

佛說菩薩本行經卷中

佛說菩薩本行經卷中 校勘記

一　底本，金藏廣勝寺本。

一　六五二頁中一行「佛說」，資、磧、南、徑、清無。「卷中」，石作「卷上」。

一　六五二頁中二行譯者，石作「東晋失譯」；資作「失譯附東晋録」；磧、南、徑、清作「失譯人名附東晋録」。

一　六五二頁中一六行第九字「甚」，資無。

一　六五二頁下四行第一〇字「墜」，磧、南、徑、清作「厭」。

一　六五二頁下八行第九字「是」，石、麗作「爲是」；資、磧、南、徑、清作「是爲」。

一　六五二頁下末行第一〇字「金」，資、磧、南、徑、清、麗作「以金」。

一　六五三頁上一行第六字「金」，磧、南、徑、清、麗作「爾」。

一　六五三頁上二行「大王」，磧、南、徑、清作「天王」。

一　六五三頁上七行首字「絡」，資、磧、南、徑、清無。

一　六五三頁中五行第二字「恭」，資、磧、南、清、麗作「澡」。

一　六五三頁中一一行末字「彼」，石、資、磧、南、徑、清、麗作「被」。

一　六五三頁中一五行首字「於」，資、磧、普、南、徑、清、麗作「而」。

一　六五三頁中一六行首字「亦」，資、磧、普、南、徑、清、麗作「不」。

一　六五三頁中一七行首字「深」，石、資、磧、南、清、麗作「真」。

一　六五三頁中一九行首字「爲」，資、磧、南、清、麗作「及」。

一　六五三頁下六行末字「百」，資、磧、南、徑、清作「百阿」。

一　六五三頁下一二行末字「房」，資、磧、南、徑、清作「坊」。

一　六五三頁下一三行第七字「飯」，清作「飲」。

一　六五四頁上六行第七字「合」，資、磧、南、徑、清、麗作「踰」。

一　六五四頁上七行「施施」，石、磧、南、徑、清、麗作「施及施」。

一　六五四頁上一六行第五字「即」，磧、南、徑、清作「耶」。

一　六五四頁中四行第一二字「擿」，麗作「捌」。

一　六五四頁中一〇行第二字「蟻」，石、麗作「蛾」。

一　六五四頁中一〇行「生死」，石、資

磧、南、徑、清、麗作「坐死」。

一　六五四頁中一四行第六字「修」，石、麗作「得」。

一　六五四頁下七行第一三字「式」，磧、南、徑、清作「識」。

一　六五四頁下一四行第二字「使」，石、資、磧、南、徑、清作「吏」。

一　六五四頁下二二行末字「正」，石、資、磧、南、徑、清、麗作「止」。

一　六五五頁上八行第一〇字「宜」，麗作「直」。

一　六五五頁上八行「頭取」，資、磧、南、徑、清作「取頭」。

一　六五五頁中二行第九字「慎」，資、磧、南、徑、清作「順」。

一　六五五頁下一七行第五字「求」，資、磧、南、徑、清無。

一　六五五頁下二二行首字「固」，石、麗無。

一　六五六頁上四行第一二字「民」，石、資、磧、南、徑、清、麗作「人民」。

一　六五六頁上九行第七字「禳」，資、磧、南、徑、清作「攘」。

一　六五六頁上一五行第三字「綺」，資、磧、南、徑、清、麗作「琦」。

一　六五六頁下八行第四字「問」，石、資、磧、南、徑、清、麗作「王問」。

一　六五七頁上三行末字「言」，資、磧、南、徑、清、麗作「使」。

一　六五七頁上一二行及一六行「五百蓋」，麗作「五百寶蓋」。

一　六五七頁上一七行第一二字「化」，資、磧、南、徑、清作「他化」。

一　六五七頁上末行第二字「持」，資、磧、南、徑、清作「時」。第一三字「毗」，磧、南、徑、清作「質多」。

一　六五七頁中六行第二字「悉」，麗作「蓋」。末字「後」，清作「從」。

一　六五七頁下五行末字「明」，資、磧、南、徑、清、麗作「頭」。

一　六五七頁下一八行第一〇字「者」，資作「看」。

一　六五七頁下一九行第一〇字「得」，磧、南、徑、清作「得伸」。

一　六五八頁上一二行「明徹」，石作「大明」。

一　六五八頁上一五行首字「熅」，資、磧、南、徑、清作「温」。

一　六五八頁中二一行第五字「有」，石、麗無。

一　六五八頁下二行第三字「朱」，資、磧、南、徑、清、麗作「朱色」。

一　六五八頁下一二行第一〇字「時」，石作「身」。

一　六五八頁下一七行第一〇字「梨」，資、磧、南、徑、清無。

一　六五九頁上末行第四字「逕」，資、磧、南、徑、清、麗作「經」。

一　六五九頁中末行第六字「七」，資、磧、南、徑、清無。

一　六六〇頁上末行「佛説」，資、磧、南、徑、清無。

佛說菩薩本行經卷下 霞

失譯人名今附東晉錄

尒時如來說是正真微妙語時諸疫
鬼輩皆走去向摩竭國毗舍離國病
盡除差時佛復還摩竭國中疫鬼復
還毗舍離國尒時世尊往来七返即
便說言我從无數劫以来所作功德
作大誓願我今以此正真之行除去
一切衆生身病并除意病佛言我為
尸毗王時為一鴿故割其身肉興立
誓願除去一切衆生危嶮摩訶薩埵
太子時為餓虎故放捨身命舍尸王
時自以身肉供養病人經十二年阿
弥陁加良王病自合藥而欲服之時
有辟支佛病與王同来從乞藥王自
不服即便持藥施辟支佛自作誓願
使一切病皆悉除愈修陁素弥王時
百王臨死而濟其命令迦摩沙颰王
使入正見十二年惡誓使得銷除須
大拏太子時二見及婦持用布施摩
休沙陁太子時以藥除衆生病復入
大海得摩尼珠復除衆生貧困摩訶
婆利王時二十四日自以身肉以供
病人羼提婆羅仙人時割截手足不
起恚意迦尸王時人民疫病王受八
關齋起大慈心念於衆生人民病者
皆悉除差毗婆浮為解呪即時人民
疫病以身血肉持用解除與鬼噉之
人民衆病皆悉除差梵天王時為一
偈故自剥身皮而用寫經毗楞竭梨
王時為一偈故於其身上而砯千釘
優多梨仙人時為一偈故剥身皮為
紙折骨為筆血用和墨跋弥王時國
中人民盡有癘病王自行見毒樹此
毒樹葉墮於水中人飲此水令人有
病即拔毒樹根株盡隨以火燒之人
民瘡病半得除差其中故有不差者
王問醫言衆生瘡病何以不差醫荅
王言此瘡病重當得魚肉食之乃差
王聞其言即到水邊上樹求願作魚
令我以身除衆生病持此功德用求
佛道普除一切衆生无量身病意病
審如所願其有衆生食我肉者病盡
除差即從樹上投身水中便化成魚
而有聲言其有病者来取我肉噉病

當除老人民聞聲皆来取魚肉食之病盡除愈於是世尊自説前世宿行所作結於誓願令皆得之令我以此正真之教除去一切衆生災禍時佛便自化身作兩頭一頭看維舍離國一頭看摩竭國疫鬼盡去還於大海人民衆病皆悉除老五穀豊熟人民安樂以法廣化并使意中諸欲之病悉得清淨立之於道一切人民皆大歡喜於是諸比丘異口同音讃歎如来无量功德甚奇甚特不可思議

佛告諸比丘我不但令除衆生病飢渴之患過去世時亦復如是乃往過去无數世時此閻浮提有大國王名日梵天典閻浮提八万四千諸小國王有二万夫人婇女一万無有太子晝夜愁憂禱祠神祇梵天天帝摩訶覇梨天諸大神日月天地因乃得兒時子生皆端正殊好有大人相名大自在天為人慈仁聰明智慧世之典籍星宿變運日月博蝕一切伎術莫不通達復學醫術和合諸藥宣令國中諸有病者悉来詣我當給醫藥飲

食占視人民聞令諸有病者盡詣太子國中大小皆悉歡喜莫不歎德更不向餘醫輕慢餘醫諸醫師輩盡皆瞋恚妬忌太子當于是時舉閻浮提人民疾病加復穀貴集諸醫藥不能令差人民死者日日甚多王大愁憂命占諸醫問其方藥時有一醫妬王太子者心自念言今此太子是我怨家今乃得便即白王言更有一方試盡推覓王便可之即便去明日乃還前白王言推得一方若使大王得服之者衆病必除王即告言須何等藥便試説之醫荅王言當得從生以来人慈愍衆生未曾起於瞋恚意者當用其血和藥服之得其兩眼用解遣鬼衆病乃差王即荅言從生以来不起瞋恚此實難有此事甚難不可得也太子聞之白父王言此事易耳不為難得太子白王言我是父王之子我從生以来不曾恚瞋加害於人常慈愍一切初无惡相我身非常而无堅固不久會亦當死惟願大王聽我為藥除衆生病王便荅言我无子息

禱祠諸天日月星辰四山五岳因乃得子今寧亡身失國終不聽汝太子便白父王言我求佛道令我以血施與衆生持此功德佛諸經法盡當解了我今以此肉眼施與衆生以此功德當得如来智慧之眼當為一切而作正導大王雖無太子故得為王若使國土無有人民為誰作王使諸人民衆病悉除亦使父王无有憂愁王復悲泣荅太子言今我寧棄國王位可哀之子實不能捨於是太子長跪叉手白父王言今求於无上正真之道若使愛惜臭穢之身去何得解如来智慧深妙之法去何當得一切慧眼惟願父王莫得却我无上道心父王默然更無所説醫白王言我試取血持用和藥與諸病人若便得差乃出其眼若不差者不須出眼於是太子刺臂出血作誓願言我以此血除衆生病持此功德用成无上正真之道審成佛者一切衆生服此藥者病當除差便以血和藥與諸病人病皆除愈醫便白王其有病人服此藥者

皆悉除差目前現事可不信也時閻浮提八万四千諸小王臣民聞大王太子自出其眼愍救一切莫不悲泣皆悉來集長跪叉手白太子言惟願大王太子我曹寧自放捨身命不使太子毀其眼目汝之慈愍一切衆生不久成佛願莫自毀壞其眼目於是太子諫謝諸王臣民令我以此血肉之眼除衆生病持此功德用求佛道我成佛時當除汝等身病意病莫得却我无上道心尒時諸王一切臣民聞是語已默然而住於是太子便勑左右設施解具欲挑其眼語左右人言誰能挑我眼者左右人民皆辭不能時醫姤太子者荅言我能太子歡喜報言甚快持刀授之語醫者言挑眼著我掌中便挑一眼著太子掌中於是太子便立誓言令我以此肉眼施與衆生不求轉輪聖王不求魔王不求梵王色聲香味細滑之樂持此功德用求无上正真之道使我得成一切智眼普為十方无量衆生作大醫王除去一切衆生身病意病施衆

生智慧之眼作是語已即便持眼著於案上審如我心所願者一切衆生病皆除愈父母見之即便悶絶良久乃穌諸王臣民舉聲啼哭動於天地死轉自撲或有迷悶絶者適欲舉刀更挑一眼應時三千大千世界為大震動三界諸天皆悉來下見於菩薩為衆生故自挑其眼而血流出无數諸天皆悉悲泣淚如盛雨時天帝釋到太子前問太子言汝今慈愍為衆生故不惜身命出其肉眼如是勤苦實為甚難所作功德欲求何等求轉輪王天帝魔王梵天王子求何等願耶太子荅言不求聖王天帝魔王梵天王也不求三界色聲香味細滑之樂持此功德用求无上正真之道為十方一切衆生作大醫王普除一切衆生身病意病施與衆生智慧之眼普離生死一切諸患時天帝釋一切諸天讚言善哉善哉甚快難及如汝所願成佛不久時天帝釋即取其眼還用持著太子眼中於時太子眼即平復絶更明好踰倍於前无量諸天

即以天花而散其上莫不歡喜父王及母夫人婇女諸王臣民皆大歡喜踊躍无量時天帝釋勑比婆晷摩大將軍逐諸疫鬼盡還大海一切病者皆悉除愈天帝便雨種種飲食次雨穀米次雨衣服次雨七寳一切衆生病盡除差皆悉飽滿无飢渴者人民歡喜國遂興隆却後數年父王命終便登王位坐於正殿七寳自至為轉輪王主四天下莫不蒙慶所作功德現世獲之佛告諸比丘尒時太子大自在天者則我身是尒時父王梵天者則今父王白淨是尒時母者今我母摩耶是尒時醫挑我眼者今調達是尒時閻浮提人民者今毗舍離國摩竭國人民是而我尒時亦除其病飢渴之困我今亦復除去衆生身病意病亦使衆生普得慧眼立於道證菩薩行檀波羅蜜勤苦如是時諸比丘聞佛所說皆大歡喜為佛作礼

聞如是一時佛在舍衛國祇樹給孤獨園佛與千二百五十沙門俱欲入城分衛其佛欲入城之時五百天人

先放香風吹於道路及諸里巷悉令清淨不淨瑕穢糞除臭處自然入地悉令道路淨潔五百天人雨於香汁道路街巷悉令潤澤而散天花國王臣民見其瑞應知佛當来悉捨所好諸事緣務皆悉馳走来迎世尊人民見佛中有掃地者散花者燒香者持衣布施者中有解髮布地欲令佛蹈上而過者以身投地四布令佛蹈上者有持幡蓋者有作伎樂者一心叉手以清淨意而視佛一切衆生各各種種恭敬世尊時有一婆羅門至為貧窮无有花香供養之調用自慙耻更無餘計惟當一心淨意視佛即便恭肅敬意以踊躍心叉手而住視於如来以偈歎佛而說頌曰

表容紫金耀　三十二相明　一切衆生類
覩者莫不歡　見佛心踊躍　憂愁皆銷除
永度生死海　稽首礼大安

尒時世尊欣然而笑五色光從口中出有千百奇一一光頭出无數明一一光端有七寶蓮花一一花上皆有化佛遍照十方下至諸大地獄上至

三十三天遍照五道幽冥之處極佛境界莫不大明三千世界諸天人民見佛光明莫不踊躍各離宫殿捨其所樂咸至佛所聽說經法而得度者見其光明而得度者咸聞化佛所說經法而得度者或有尋光来至佛所而得度者無量地獄拷治之處悉得休息壽終之後盡得生天一切畜生禽獸之處善心自生慈心相向不相傷害壽終之後亦得生天餓鬼之中都悉自然得百味食无有飢渴之想歡喜踊躍無復慳心壽終之後盡得生天無量衆生盲者得視聾者得聽瘂者能語僂者得伸拘躃能行癃殘百病皆悉除愈牢獄繫閉悉皆放解當尒之時大千世界諸天人民一切大衆莫不歡喜心皆清淨無復三垢其中或有得生天者得道迹者往来者不還者得羅漢者得辟支佛道者有發無上正真道意者或有堅住不退轉者各各如是不可稱計世尊光明照十方已還遶身三匝從眉間入於是阿難更整衣服長跪叉手前白

佛言世尊今笑必有所因惟願說之佛告阿難見此婆羅門不阿難對曰唯然已見佛告阿難此婆羅門以清淨心一偈歎佛從是以後十三劫中天上人中封授自然常得端正言辭辯慧人所讃歎不墮三塗八難之處却後皆當成辟支佛名曰歡悅一切衆會聞佛所說皆悉歡喜歌歎佛德阿難白佛言如来功德不可思議此婆羅門一偈歎佛所得功德不可限量怏乃如是佛告阿難此婆羅門非但今日而讃歎我而得善利乃往過去世波羅柰國王名婆摩達多而出遊獵象兵馬兵車兵導從前後遊獵於山得一白象身白如雪光澤可愛而有六牙王得此象大用歡喜即付象師令便調之于時象師即著枷鞅靽大杖閉之於時其象悲泣淚出不欲飲食經于七日象師怖懅以王家象若不飲食不久便死即白王言所得白象不肯飲食悲泣淚出王聞其言即往看之王問象言何以不食象便作人語而白王言我心愁憂惟願

大王當去我愁王復問言有何等愁
象荅王言我有父母年老朽邁不能
行来更无供養者惟我供養採取飲
食若我在此拘繫无供養者便當俱
歿用為悲愁大王若有大慈放我使
去供養父母畢其年命自當来還供
養大王不違此誓王聞其言愴然不
樂即讚歎言汝雖畜生脩於人行我
雖為人作畜生行王即長跪解象令
去時象便去供養父母經十二年父
母終亡即便来還詣於王宮王見象
還益加歡喜七寶莊嚴瓔珞其身王
欲出時象在前導王愛此象過踰太
子衆象中冣因名象幡時有貧婆羅
門欲詣王乞便問人言作何方便可
得財賄有人語之王有白象甚為敬
愛汝若能歎此象者乃可大得時婆
羅門伺王出時在路傍住即歎白象
而說偈言

汝身甚姝好　猶若天帝象　衆象相具足
福德甚巍巍　形影无雙比　猶若白雪光
身體甚難及　奇特不可量

尒時國王聞歎白象大用歡喜賜婆

羅門金錢五百便用致冨佛告阿難
尒時象幡者則我身是時婆羅門者
今此婆羅門是尒時歎我而得利益
用濟窮乏今我成佛而復歎我獲其
福報不可限量因得濟度生死之難
阿難長跪前白佛言若使有人四句
一頌讚歎如来當得幾許功徳之報
佛告阿難正使億百千那術无數衆
生皆得人身悉得成就辟支佛道設
使有人供養是等諸辟支佛衣被飲
食醫藥牀卧敷具滿百歲中其人功
德寧為多不阿難白佛言甚多甚多
不可計量若使有人四句一偈以歡
喜心讚歎如来所得功徳過於供養
諸辟支佛得福徳者上百千万倍億
億无數倍無以為喻賢者阿難一切
大會聞佛所說皆大歡喜遶佛三匝
頭面作礼

聞如是一時佛在波羅㮈國精舍中
止諸佛之法晝三時夜三時以正覺
眼觀於衆生誰應度者輙往度之時
波羅㮈王有輔相婆羅門新取婦甚
為愛敬其婦白夫與我一願輔相荅

日欲求何等恣隨汝意婦即報言聽
我施佛及比丘僧手自斟酌聽說經
法夫即可之從汝所欲尒時世尊知
其應度明旦晨朝著衣持鉢往詣其
家輔相夫婦聞佛在外歡喜踊躍即
出奉迎稽首佛足施設牀座請佛入
坐供施甘饌世尊食畢輔相夫婦手
自執水灌世尊手於是如来洗手漱
口已訖為說經法讚施之德持戒之
福天上人中封授自然尊榮豪貴富
樂无極雖復高尊諸欲自恣不能得
免三塗之苦地獄之中火燒湯煑刀
山劒樹火車爐炭刀鋸解析甚酷甚
痛不可具陳餓鬼中苦身瘦腹大咽
細如針孔骨節相敲共相切磨舉身
火然百千万歲不聞水穀之名飢渴
甚困不可具說畜生中苦虎狼師子
虵蟒蝮蚖更相殘害牙相噉食三塗
之中惡心熾盛无有善意大如毛髮
死轉苦毒无有出期惟捨諸欲思惟
正諦尒乃得離衆苦毒耳受三界身
悉皆有苦一切衆苦皆從習生由習
諸欲三毒之垢諸行之報便有衆苦

斷絕三毒銷然諸欲則无諸行衆行巳盡則不受身巳無有身衆苦便滅欲盡諸行一切縛者惟當思惟八正之道佛為輔相夫婦說此法巳應時夫婦歡喜踊躍入四正諦即於佛前得須陁洹道於是夫婦觀家如獄見欲如火不樂恩愛長跪白佛願為沙門佛即可之鬚髮自墮法衣在身其夫便成沙門婦即成比丘尼俱隨佛後到於精舍尒時世尊重為說法三十七品諸禪三昧思惟意解諸欲求盡俱成羅漢六通清徹時諸比丘讃歎如来神力智慧并復讃歎二阿羅漢甚奇甚特在於尊豪便能放捨尊貴榮禄其婦少壯棄欲捨樂甚為難及佛告諸比丘此阿羅漢乃前世時亦有好心今意亦好乃往過去无量世時波羅柰國婆羅摩達王王有輔相名比豆梨為人慈仁聡明博達靡所不通惟以十善而用教化王及臣民莫不諮受王愛敬愛時海龍王名波留尼王有夫人名靡揶斯王甚愛敬於時龍王欲至天上會於釋所龍

王持婦囑宮中五百婇女无得嬈惱觸誤其意龍王去後於時夫人坐自思惟宿命之事憶念前世為人之時毀失禁戒今墮龍中即便不樂悲泣淚出諸侍女輩見其不樂咸共問之何以不樂夫人荅言憶念先世本為人時坐犯禁戒令作龍身受此毒惡醜穢之形用為不樂問諸侍女作何方便得脫龍身生於天上諸侍女言以龍之形含毒熾盛求脫龍身生於天上甚難甚難求索人身尚不可得況生天上中有一女而便荅言我曾聞於閻浮提波羅柰國婆羅達王有一輔相至為慈仁智慧无比一切經典靡不通達生天人中五道所趣悉皆知之五戒十善而用教化能往問之乃知生天所行之法脫龍之行龍王来還見於夫人顏色不樂即便問言何以不樂夫人荅言閻浮提波羅柰國婆羅達王有一輔相名比豆梨至為慈仁憐愍衆生智慧无比一切經籍靡不通達欲得此心而用食之欲得其血而欲飲之若得此者我愁

乃除龍王荅言莫得憂愁我當求索於是龍王有親友夜叉名曰不揶奇語夜叉言而我夫人聞閻浮提波羅柰國王有輔相名比豆梨為人慈愍智慧第一一切經籍莫不通暢欲得此心并及其血而飲食之為我索来持兩明珠而用與之於是夜叉即便受教取明珠去到閻浮提化作賈客入波羅柰城捉摩尼珠行人問之言汝持此珠欲賣之不荅言不賣欲用博戲即便白王外有賈客持二明珠欲用博戲其王聞之大用歡喜王自恃巧博必足得勝王言將来即喚入宮時王問言欲願何等夜叉荅言我得勝者持比豆梨與我王若得勝此珠屬王王便可之諸臣左右咸皆難之王利明珠自恃巧博我必得勝不用臣語即便共博夜叉得勝得比豆梨於時夜叉捉比豆梨徑飛虛空王失比豆梨大用愁憂諸臣皆言王行五事亡國失位一者博戲二者嗜酒三者躭荒女色惑於音樂四者好出遊獵五者不用忠諫行此五事王不

得久於是夜叉擔比丘梨到於山閒便欲殺之時比丘梨問夜叉言何以殺我夜叉荅言龍王夫人聞汝聰明智慧第一為人慈仁欲得汝血并及其心是以殺汝比丘梨言汝之愚癡不解意趣聞我智慧欲得我血者欲得我法欲得我心者而欲得我心中智慧共徃見之欲須何等我盡與之時比丘梨即為夜叉說人作惡有五事一者作事倉卒而不審諦二者後常多悔三者多懷瞋恚无有慈心四者惡名遠聞人所憎嫉不欲見之五者死墮地獄畜生餓鬼脩善之人有五事好何等為五一者所作審諦以法自御而不卒暴後无所悔二者多慈愍心无所加害三者好名流布聲震四遠四者人皆敬愛猶若師父五者死生天上及與人中快樂无極於是夜叉聞其所說心即開解頭面作礼稽首其足即從比丘梨求受教誨時比丘梨為說十善生天之法夜叉聞法歡喜踊躍奉而行之即將比丘梨至龍王所夫人見比丘梨歡喜無

量頭面作礼稽首歸命設施寶座供百味饌於是比丘梨便為龍王及夫人說於五道所行罪福攝身三惡慈愍衆生无所傷害除捨慳貪義讓不盜觀欲瑕穢離於女色貞潔不婬言常至誠无有虛欺言常柔軟无麁獷辯和其間諍不訟彼此語則應律不加綺飾心常慈忍不起瞋恚見人快善代用歡喜无嫉妬心一心奉信佛法聖衆及至真戒明了罪福意无狐疑行此十善具足无缺便得生天七寶宮殿所欲自然不殺不盜不婬不欺絕酒不醉五事具足生於人中國王大姓長者之家尊榮豪貴富樂无極無有慈心殘害衆生強劫人財盜竊非道婬犯他妻愛欲情態无有猒足妄言兩舌惡口罵詈瞋恚嫉妬不孝父母不信三尊背正向邪行此諸惡死入地獄燒炙搒笞万毒皆更痛不可言負債不償借貸不歸觝突无信憍慢自大謗毀三寶死墮畜生驢馬駱駝猪羊狗犬師子虎狼蚖虵蝮蝎蜥蜴及餘禽獸更相殘害毒心熾

盛宛轉受苦无有出期慳貪嫉妬不肯布施不知衣食不信三尊慳火所燒死墮餓鬼形體羸瘦骨節相鼓舉身火然百千万歲无有解時晝夜飢渴初不曾聞水穀之名唯行十善攝身口意長得生天快樂无極於是龍王及與夫人一切諸龍悚然心驚毛竪皆奉十善攝身口意持八關齋諸龍歡喜當乎是時金翅鳥王欲來噉龍盡其神力而不能近於是諸龍甚白欣慶怪未曾有龍王夫人大海諸龍一切夜叉盡奉十善莫不歡喜作礼稽首龍王即問比丘梨言大師欲還閻浮提不荅言欲還於是龍王即以栴檀摩尼明珠及諸妙寶貢上菩薩夫人婇女一切諸龍及諸夜叉各各奉上異妙珎奇還送比丘梨至波羅奈稽首作礼歡喜辭去大海諸龍及諸夜叉毒心銷滅死皆生天婆羅達王及諸群臣一切人民還得覲見師比丘梨皆大歡喜頭面作礼問訊起居時比丘梨為王具說本末如是王及臣民莫不歡喜歎未曾有於是

比丘梨以摩尼珠舉著幢頭至心求願即雨七寶衣被飲食遍閻浮提无量臣民皆悉豐樂時天帝釋及與人王大海龍王迦留金翅鳥王各捨諸欲来在山澤持齋坐禪自守身心各各自言我得福多天王自言我捨天上諸欲之樂今来在此攝身口意我得福多人王復言我捨宮中諸欲之娛来在此間守身口意我得福多龍王復言我捨大海七寶宮殿諸欲之樂今来在此守身口意我得福多金翅鳥王亦復說言今此龍王是我之食我今持齋攝身口意无傷害心而不食之我得福多於是四王各自歎說意不決了便相謂言今當共往問師比丘梨即往比丘梨所頭面作礼各白如是誰得福多菩薩答言汝等各竪四幢幡青色白色黃色赤色即便受教竪四幢幡菩薩問言其影異也一種色乎四王答言幡色各異其影一色而无有異菩薩答言汝等四王各捨所欲而来在此持戒自守所得功德皆悉同等而无差特如四色

幡其影一類而无有異於時四王聞其所言各各意解歡喜踊躍時天帝釋即以天上劫波育衣奉上菩薩於時人王即以雜妙之寶上於菩薩大海龍王即以驪中摩尼寶珠以上菩薩金翅鳥王天金拂飾以貢菩薩於時四王皆大歡喜作礼而去時閻浮提一切民人龍及夜叉盡行十善當是之時世有壽終者盡皆生天无有墮於三塗中者佛告諸比丘尒時國師比丘梨者今我身是尒時龍王波留尼者今輔相是龍王夫人摩耶斯者今此輔相婦是昔為龍時從我聞法歡喜入心得脫龍身生於天上今我得佛從我聞法歡喜意解即便出家思惟智慧諸欲永盡俱得羅漢過去世時其心亦好至于今世其心亦好時諸比丘聞佛所說皆大歡喜為佛作礼

佛說菩薩本行經卷下

佛說菩薩本行經卷下

校勘記

一　底本，金藏廣勝寺本。

一　六六二頁中一行「佛說」，資、磧、南、徑、清無；「卷下」，石作「卷中」。

一　六六二頁中二行譯者，石作「東晋失譯」；資作「失譯附東晋録」；磧、南、徑、清作「失譯人名附東晋録」。

一　六六二頁中四行第三字「皆」，資、磧、南、徑、清作「悉皆」。

一　六六二頁中八行「作大」，資、磧、南、徑、清作「大作」。

一　六六二頁中一四行第五字「王」，石、資、磧、南、徑、清、麗作「王時」。

一　六六二頁下五行第一一字「即」，石、麗作「師」。

一　六六二頁下九行第一二字「豩」，資、磧、南、徑、清、麗作「啄」。

一　六六二頁下一四行第九字「隨」，

磧、南、徑、清作「墮」。

一　六六三頁上一二行第九字「今」，磧、南、徑、清作「令」。

一　六六三頁上一五行第四字「典」，磧、南、徑、清作「與」。

一　六六三頁中一行第二字「占」，磧、南、徑、清作「瞻」。

一　六六三頁中八行末字「怨」，資、磧、南、徑、清作「寃」。

一　六六三頁中一〇行第八字「即」，石、磧、南、徑、清、麗作「即時」。

一　六六三頁下一二行第七字「今」，資、磧、南、徑、清、麗作「今我」。

一　六六五頁上四行第九字「而」，石作「雨」。

一　六六五頁上八行第三字「施」，資、磧、南、徑、清、麗作「地」。

一　六六五頁上一六行第九字「頌」，磧、南、徑、清作「偈」。

一　六六五頁上一九行首字「永」，石作「求」。

一　六六五頁中五行第九字「咸」，麗作「或」。

一　六六五頁中一四行第三字「能」，資、磧、南、徑、清作「得」。

一　六六五頁下五行第六字「授」，資、磧、南、徑、清作「受」。

一　六六五頁下一八行第三字「杖」，磧、南、徑、清作「禁」。

一　六六六頁中一五行「倍億」，石作「億倍」。

一　六六六頁中二二行第一二字「取」，資、磧、南、徑、清作「娶」。

一　六六六頁下一〇行「封授」，磧、南、徑、清作「封受」。

一　六六六頁下一八行第三字「蝮」，石作「龍」。

一　六六六頁下二二行第一一字及末字「習」，磧、南、徑、清作「集」。

一　六六七頁上二一行「王受」，石、資、磧、南、徑、清、麗作「王甚」。

一　六六七頁上二二行「靡那斯」，石、資、磧、南、徑、清、麗作「摩那斯」。

一　六六七頁中二行第二字「誤」，南、徑、清作「忤」。第一〇字「時」，資、磧、南、徑、清作「是」。

一　六六七頁下一三行第五字「足」，麗作「定」。

一　六六八頁中七行第四字「間」，石、資、磧、南、徑、清、麗作「鬪」。

一　六六八頁中一〇行「真戒」，麗作「真式」。

一　六六八頁中二〇行第八字「借」，資作「供」。

一　六六八頁下二行第一一字「尊」，石作「寶」。

一　六六八頁下九行第五字「乎」，石、麗作「于」。

一　六六八頁下一七行第八字「還」，磧、南、徑、清作「遠」。

一　六六九頁中八行「民人」，資、磧、南、徑、清作「人民」。

一　六六九頁中九行第五字「有」，石作「其」。

一　六六九頁中一七行第九字「于」，資、磧、南、徑、清作「乎」。

一　六六九頁中末行「佛說」，資、磧、南、徑、清無。

金剛礼一本

通理大師集　作供梵嘆如常依慈氏礼聲

法身非相　應化非真　福智無比　無為福勝
一相無相　化無所化　無断無滅　法界通化
莊嚴淨土　如理實見　離色離見　一切佛寶
善現起請　尊重正教　無法可得　依法出生

志心歸命礼

一礼合相　法會因由　大乘正宗　無德無說
持經功德　如法受持　非說所說　一切法寶
妙行無住　正信希有　離相寂滅　能淨業障
一軆同觀　威儀寂靜　究竟無我　知見不生
淨心行善　不受不貪　無諍三昧　一切僧寶

志心普奉為　三十二分滿　一十八住圓　二十七疑遣　德海難思議
四恩并七趣　法界諸群生　罪障皆消滅　速圓般若海

志心懺悔

先身有報障　今日受持經　暫被人輕賤　轉重復還輕
唯願八金剛　清淨四菩薩　我今與衆生　速圓般若海

志心普懺願

唱歎世界

歎世界如虛空　如蓮花不著水　心清淨超於彼　稽首礼無上尊

吟迴向偈

我以普賢殊勝行　無邊勝福皆迴向
普願沈溺諸衆生　速往無量光佛所

志心普命　十身無礙佛　法報化三身
　　　　　十藏甚深法　戒定慧三乘　願共諸衆生
　　　　　十地聖賢僧　上中下三根　皆共成佛道

礼懺歸依竟　所集諸聖因　施一切群生　皆共成佛道

金剛禮一本　校勘記

一　底本，房山雲居寺石經本。

一　此經係[石]獨有，金藏及餘校本均無。

趙城縣廣勝寺

佛說法集經卷第一　器

元魏天竺三藏菩提流支譯

如是我聞一時婆伽婆在虛空界法界老別住處普皆嚴絜清淨无垢諸佛如來福智莊嚴如意所化起於三界有為數行過一切譬喻不可思議諸佛如來果報所生於最勝樓閣妙寶臺上與大比丘衆千二百五十人俱皆是阿羅漢具四無㝵得俱解脫與菩薩摩訶薩衆皆悉清淨得常无常三昧境界觀一切智智行處得無中无邊法界彼岸滿足一切菩薩所願具足一切菩薩自在得十無盡无量功德以自莊嚴具足一切菩薩陁羅尼三昧四無㝵智與大威德天龍夜叉乹闥婆阿修羅迦樓羅緊那羅摩睺羅伽釋提桓因梵天四天王其數百千万及眷屬亦百千万介時婆伽婆所說經名入一切修行次第法門所謂見諸賢聖能生信心得信心者成就欲心得善法欲心者成就不斷心得不斷心者成就義心得義心者成就增上心修行檀波羅蜜者成就大富故修行尸波羅蜜者成就人天果報故修行羼提波羅蜜者成就一切莊嚴故修行毗梨耶波羅蜜者成就一切佛法故修行禪波羅蜜者成就調柔心故修行波若波羅蜜者成就過一切世間智故修行方便波羅蜜者成就一切無障㝵故修行願波羅蜜者自然成就一切事故修行力波羅蜜者成就不可破壞故修行智波羅蜜者成就一切世間歸依處故出家者為成聖道故著染衣者遠離一切世間事故乞食者為破一切憍慢心故住阿蘭若處者成就无怖畏故處晏坐者成就神通無量等故聞法受持者成就四无㝵故修念方便者成就陁羅尼故修意方便者成就老別法智故修堅固行者成就无大衆畏故修樂說方便者成就記說不錯謬故修陰方便者成就般若老別故修界方便者成就微細般若老別故修入方便者成就遠離內外迷心故修諦方便者成就不誑一切衆生

法集經第一卷　第二張　器字號

故修念處方便者成就隨順一切佛
意故修舍摩他方便者成就寂靜心
故修毗婆舍那方便者成就調伏心
故修不高心者成就一切智智滿足
故修不憍慢者成就敬信心故修不
誑一切衆生者成就乃至能令一人
信故修行堅固般若者成就一切天
人行故修如說修行者成就滿足善
知識法故修行內思惟者成就自然
覺故修行降伏心者成就法王義故
修行不恡身者成就佛身故修行恭
敬三寶不壞心者成就是處非處智
力故修行善巧所作者成就業報智
力故修行不毀他智者成就諸根利
鈍智力故修行入微細因緣集智者
成就種種性智力故修行三寶中教
化衆生者成就信欲智力故修行一
切處不壞威儀為諸衆生平等說法
者成一切至處道智力故修行禪法
中教化衆生者成就禪定三昧三摩
跋提垢淨起智力故修行正道為失
正道衆生示正道者成就天眼智力
故修行與一切衆生正念者成就宿

命智力故修行與一切衆生白淨法
者成就漏盡智力故修行多聞教化
衆生者成就無大衆威德畏故如是
世尊說此名入一切修行次第法門
時彼大衆中有二菩薩一名无所發
二名奮迅慧與諸眷屬於別樓閣實
堂上坐此二菩薩於彼處坐起如是
心有諸菩薩摩訶薩廣大法集我等
應說作是語已奮迅慧菩薩語无所
發菩薩摩訶薩言善男子云何菩薩
摩訶薩知諸佛如来應供正遍知生
云何菩薩摩訶薩知諸佛如来真實
身云何知諸佛如来為他因緣故成
云何知諸佛如来真實常住云何菩
薩知諸佛如来大般涅槃云何菩薩
知諸佛如来行云何菩薩知辟喻相
應云何菩薩知幾種佛云何菩薩知
諸佛如来唯依言辞說法云何菩薩
知空義云何菩薩知空所對法云何
菩薩知說空者云何菩薩知法師義
云何菩薩知與法師相應辟喻云何
諸菩薩知不共住法云何諸菩薩知
應化事云何菩薩知諸善根勝妙果

報善男子云何菩薩知諸無漏善根
得勝妙果報
尒時无所發菩薩摩訶薩語奮迅慧
菩薩言善男子汝善能問此甚深法
集善男子此是勝妙廣大法集法門
善男子汝今諦聽我當承佛威神如
来加力而為汝說何者是廣大法集
法門
善男子菩薩入十種法行能知如来
應供正遍知生何者為十所謂遠離
一切所作分別心故而生轉離一切
心意意識身故而行寂靜一切生滅
故而示現生滅行依過去行起故而
行一切果報行得无障㝵法界所作
集故而集一切作業以十大願為首
滿足百千万阿僧祇願莊嚴故而為
莊嚴得一切諸佛如来所加加故名
諸佛加隨教化一切衆生善根所作
故而為一切作業集起大慈大悲故
而方便教化衆生隨時住持衆生善
根吹心故而得深心隨衆生心行差
別故而現種種生善男子是名菩薩
摩訶薩入十種法行能知如来應供

正遍知生
又善男子菩薩摩訶薩入十種法行能知如来真實身何者為十所謂真實為體以清淨无垢故法界為體以無老別故實際為體以遍至故空无相無願為體以真實寂靜故幻化焰響水中月乾闥婆城旋火輪為體以為化因緣而有故不生不滅為體以无物故一切法自性為體以自性鮮白故過去不來以無間故未来不去以無形故現在不住以過去未来无故善男子是名菩薩摩訶薩入十種法行能知如来應供正遍知真實身
又善男子菩薩摩訶薩入十種法行知如来為他因緣故成何者為十所謂以不放逸行為種子故而成善法果以智慧方便生故而无過失以尸波羅蜜行為足故而能善去以菩提心為命根故而不死滅以舍摩他毗婆舍那為手故而能善巧作業以信業果報為眼故而現見智慧成就修行一切諸波羅蜜故而善住无上處依四攝行住故而修行堅固修空慧為首故而无所分別修行不疲惓不驚不怖不畏故而不捨一切衆生所作事業善男子是名菩薩入十種法行能知諸佛如来應供正遍知為他因緣故成
善男子菩薩摩訶薩入十種法行知諸佛如来應供正遍知真實常住何者為十所謂遠離一切瞋恨過故不取我我所事常為一切衆生作善法依止故猶如良醫過去善願滿足故所得不退依彼衆生起大慈故善作諸業唯為他事起心故能利益一切衆生捨自利益故代他受苦遠離分別涅槃心故以世間涅槃為一味相不疲惓行故一切所作自然成就遠離一切所求事故無骨肉身无障㝵相故於一切處示現涅槃善男子是名菩薩入十種法行能知諸佛如来應供正遍知真實常住
善男子菩薩摩訶薩入十種法行知諸佛如来應供正遍知大般涅槃何等為十所謂畢竟離一切煩惱障智障故遍知我空法空无我故得具足轉離意生法身故於一切衆生作佛事自然不休息得具足智故得一切諸佛無老別法身故遠離世間涅槃二心故清淨一切法根本故得修行一切法不生不滅智故得真如法性實際平等智故得一切法自性涅槃性平等智故善男子是名菩薩摩訶薩入十種法行能知諸佛如来應供正遍知大般涅槃復次善男子菩薩摩訶薩入十種法行知諸佛如来應供正遍知得大般涅槃何者為十所謂一切煩惱求為根本因求而起諸佛無有彼求則離煩惱離煩惱故得大涅槃以不求故名為如来不取一法不取者不行不住以不取故名得涅槃云何如来不行不住離彼二法法身不滅不滅不生是故如来名得涅槃云何如来不生不滅彼佛如来無能說者不可說故是名如来得大涅槃无我無衆生唯是生滅法離彼依止法是故如来名得涅槃一切煩惱隨煩惱等唯是客塵法性寂靜不来不去是故法性非客非上法性平

等是故如来得大涅槃真如為實體非真如法即是虛妄實體即真如真如即如来是故如来名得涅槃實際不戲論餘法即戲論諸佛如来究竟實際是故如来名得涅槃不生為實餘生滅法即是顛倒虛誑妄語佛不妄語離於虛妄真實為體是故如来名得涅槃不實法可作實法不可作如来即實法身即無為是故如来名得涅槃善男子是名菩薩摩訶薩入十種法行能知諸佛如来應供正遍知大般涅槃復次善男子菩薩摩訶薩入十種法行知諸佛如来應供正遍知大般涅槃何者為十所謂布施及布施果報无我無我所如来善知布施及布施果報遠離分別心无有顛倒是故如来名得涅槃持戒及持戒果報無我无我所如来善知持戒及持戒果報遠離分別心無有顛倒是故如来名得涅槃忍辱及忍辱果報無我无我所如来善知忍辱及忍辱果報遠離分別心無有顛倒是故如来名得涅槃精進及精進果報

無我无我所如来善知精進及精進果報遠離分別心無有顛倒是故如来名得涅槃禪定及禪定果報无我無我所如来善知禪定及禪定果報遠離分別心无有顛倒是故如来名得涅槃般若及般若果報無我无我所如来善知般若及般若果報遠離分別心無有顛倒是故如来名得涅槃一切衆生非衆生一切法无我如来遠離一切顛倒相遠離一切顛倒法相是故如来名得涅槃有我相者則有所求以有求故有煩惱染離我相者無一切求以无求故離煩惱染以離煩惱染是故如来名得涅槃有為法可量無為法不可量如来遠離有為无為法故唯有無為法身不可限量是故如来名得涅槃如来若離於空不見衆生亦不見法空者即是法法者即是法身法身者即是如来是故如来名得涅槃善男子是名菩薩摩訶薩入十種法行能知諸佛如来應供正遍知大般涅槃又善男子菩薩摩訶薩入十種法行知諸佛如

来應供正遍知行何者為十所謂法持為持善清淨法故衆生持為持自願滿足故自利利他無有二相以同事行故如清淨摩尼无有分別以不分別法界清淨故得安隱處滅除一切衆苦剋故得無畏處永斷一切煩惱怨故得无大衆威德畏遠離一切法中疑故降伏一切諸魔怨敵得一切衆生平等心故能為無量百千万億應化等身得善清淨神通力故善巧示現一切色像無所障导得如虛空善清淨故善男子是名菩薩摩訶薩入十種法行能知諸佛如来應供正遍知行復次善男子菩薩摩訶薩入十種法行知諸佛如来應供正遍知行何者為十所謂如来不起是心世間之法多諸過失涅槃寂靜无量功德如来於世間涅槃得平等心不住世間不住涅槃而不棄捨利益一切諸衆生故善男子諸佛如来不起是心是諸衆生顛倒智慧種種煩惱隨煩惱染我能度脱如是衆生而諸如来依過去願行隨諸衆生根性信

等彼彼行中無所分別自然成故善男子諸佛如来不起是心我說如是修多羅如是祇夜如是和伽羅那如是伽陁如是優陁那如是尼陁那如是伊諦越多伽如是闍陁伽如是毗佛略善男子諸佛如来不起是心我說阿浮陁達摩而諸如来无所分別彼彼衆生隨所聞法自然成故善男子諸佛如来不起是心我為乞食入其國土大小城邑及諸聚落我至如是刹利婆羅門毗舍首陁國王王子大臣人民諸衆生所而諸如来智慧為首身口意業自然成故善男子諸佛如来无有飢渴大小便利身無羸損疲乏病苦為衆生故現行乞食然諸衆生謂如来食而諸如来實不食也示現教化諸衆生事於一切事无所分別自然成故善男子諸佛如来不起是心此諸衆生下中上根我為此等下中上根諸衆生類隨順宜說下中上法而諸如来無分別心所說之法自然而成不增不減隨器受故善男子諸佛如来不起是心若諸衆生不供養我不恭敬我毀罵於我如是衆生我不教化復有衆生供養恭敬尊重讃歎給侍於我如是衆生我應教化而諸如来寂靜三昧慈悲普覆於彼衆生自然住於平等法故善男子如来無高心无下心無憍慢心无愛心無貪心无瞋心無隨貪心无著心無身心无障心無雜心无煩惱心無隨煩惱心无瞋心無癡心无隨瞋心無隨癡心善男子而諸如来自然寂靜寂靜境界住於讃歎寂靜境界故善男子如来无有一法不知不解不覺於一切境界畢竟滿足現前悉知而諸如来見彼彼事彼彼衆生所作諸業自然成故善男子如来見諸衆生修行成就不以為憘見諸衆生不修行者亦不生憂而諸如来於修正行衆生无障大慈常現在前於邪行衆生無障大悲常現在前善男子是名菩薩摩訶薩入十種法行能知如来應供正遍知行善男子菩薩摩訶薩入十種法行知諸佛如来應供正遍知辟喻相應何者為十善男子辟如日出於上中下諸衆生等若信不信若恭敬不恭敬平等出現平等普照善男子如来應供正遍知亦復如是於上中下諸衆生等若信不信若恭敬不恭敬平等出現平等智慧光明普照善男子辟如虛空於一切衆生無有障身而彼虛空為諸煙雲塵霧等事之所曀障善男子諸佛如来亦復如是於一切衆生无有障身而為煙雲塵霧我見煩惱客塵所障不見如来不受如来功德利益善男子辟如樹木雖有火性以无因緣而不現用善男子諸佛如来亦復如是雖有无量神力自在以諸衆生遠離精進信等因緣不出於世不作佛事善男子辟如種種熏色置一器中熏種種衣復以衆雜涂色置一器中涂所熏衣隨其所熏受色不同而彼諸色不生分別差別之心善男子諸佛如来亦復如是種種善根功德莊嚴隨諸衆生信等熏異見佛如来所受功德差別不同而佛如来不生分別差別之相善男子辟如諸河流水

盈滿若人讃毀悉皆順流若逆流者無有是處善男子諸佛如来亦復如是若人讃毀悉皆常隨智慧而行若隨憍慢无有是處善男子辟如苷蔗若人割截若不割截不失甘味善男子諸佛如来亦復如是若人親近供養恭敬及不親近供養恭敬終不捨於解脫甘味善男子辟如大地其性安固於諸衆生无所分别有人欲得求其果實若能耕種隨時隨時芸除草穢彼人至時収獲果實若不耕種芸除草穢是人終不得其果實善男子諸佛如来亦復如是如彼大地寂然常住於諸衆生無所分别若有衆生求佛功德能生信心供養恭敬彼人成就功德果實若不生信供養恭敬則不能得功徳果實善男子辟如有人若於栴檀龍腦等香瞋謗毀罵然後塗身而彼栴檀龍腦等香終不為是而不出香善男子諸佛如来亦復如是若人瞋謗毀罵而復親近供養恭敬如說修行然諸如来常與衆生具足功德善男子辟如橋梁平坦王道於諸衆生上中下性有往来者平等而住與无障导遊行之樂善男子諸佛如来亦復如是於諸衆生上中下性有修行者平等而住無有高下與无障导修行之樂善男子辟如雪山有藥樹王名曰善見彼藥樹王其有見者即得遠離一切病苦善男子諸佛如来亦復如是衆生見者遠離一切煩惱病苦善男子是名菩薩摩訶薩入十種法行能知諸佛如来應供正遍知辟喻相應

善男子菩薩摩訶薩入十種法行能知諸佛何者為十所謂習氣佛果報佛三昧佛願佛心佛實佛同佛化佛供養佛形像佛善男子云何習氣佛習氣佛者諸波羅蜜所得果報諸波羅蜜能成彼法彼依諸波羅蜜而生是名習氣佛善男子云何果報佛果報佛者依彼習氣果報佛所生以彼果報成色身報佛依衆生住持依法力住持是名果報佛善男子云何三昧佛三昧佛者隨如来入何等三昧以彼所入三昧之力自然不復作心能現百千万佛依彼三昧住持力故而能示現是名三昧佛善男子云何願佛願佛者諸菩薩等作如是願隨何等何等衆生以何等法何等法示現種種色身度彼衆生彼衆生如是如是示現形色狀貌威儀去来隨彼衆生應以佛身得度者而現佛身化彼衆生是名願佛善男子云何心佛心佛者諸菩薩等得心自在是諸菩薩依心自在於種種法隨心成就此諸菩薩隨彼衆生應見佛身而可化者即自在心即成佛身是名心佛又善男子復有異義諸衆生等自心清淨能見於佛知佛信佛是名心佛善男子云何實佛實佛者遠離一切諸煩惱染不可思議無垢清淨種種形色三十二相八十種好大丈夫相畢竟成就佛微妙色而可現見是名實佛善男子云何同佛同佛者與一切衆生共其資業受用飲食行住去来威儀進止是名同佛善男子云何化佛化佛者諸佛如来及諸菩薩得示現一切色身三昧彼諸佛菩薩成就

自在大慈大悲皆能示現化佛色身度諸衆生是名化佛善男子云何供養佛供養佛者有人若師若和上如佛世尊當如是見彼人於師和上如佛世尊應如是見供養供給依彼受法滿足佛法成就佛法是名供養佛善男子云何形像佛形像佛者有人若他作佛像若自作佛像以一切供養恭敬等事而供養恭敬尊重讃歎親近給侍此人如是依彼形像滿足佛法成就佛法是名形像佛善男子是名菩薩摩訶薩入十種法行能知十種佛

善男子菩薩摩訶薩入十種法行知諸佛如來應供正遍知唯依言辭說法何者為十所謂說陰唯是言辭說界說入說衆生說業說生說老說死說死已更生為離彼事故說涅槃亦是言辭善男子云何說陰唯是言辭善男子第一義中無彼色陰若第一義中無色陰者捨彼色陰即是斷滅捨彼法者即是解脱若如是者第一義中則為有色及以解脱去住之處而義則不然是故說色陰唯是言辭善男子受想行識亦復如是善男子第一義中無彼識陰若第一義中有識陰者捨彼識法即是斷滅捨彼法者即是解脱若如是者第一義中則為有識及以解脱去住之處而義則不然是故說識唯是言辭善男子界入之義亦復如是善男子云何說衆生唯是言辭善男子唯是有為无有衆生若衆生實有者不應同陰盡滅若同陰盡滅應如虛空若不尒者應同五陰俱是有為而義則不然是故說衆生唯是言辭善男子云何說業唯是言辭善男子作業者非有非无若作業是有者作業之者無彼作者猶如虛空又如陰是有為作者亦復如是以是義故无彼作者亦無作業猶如虛空云何得有作者是故无有作業者離彼作者云何有業是故說業唯是言辭善男子云何說生唯是言辭善男子第一義中无生若第一義中有生者生即是常若如是者生則非生又復生能生生者生能惱者竟為是誰是故說生唯是言辭善男子云何說老唯是言辭善男子第一義中無老若第一義中有老者則无一人而有老者又復若有老者即是少時老若少時老非老時老以少者無老是故少時无老若離於老云何名老如是老不能老若言老能老者即是少時老是故說老唯是言辭善男子說死唯是言辭善男子第一義中无死若第一義中有死者即是死法可得若可得者唯應一人得餘不應死而更有死者是故第一義中無有死法又復死者无所從來去無所至而是死法體性空寂是故說死唯是言辭善男子云何說死已更生唯是言辭善男子第一義中死更不生若第一義中死更生者死即是生生即是死若如是者死生即是一法又復應是二身一者能託生二者已受生若有受生者必有五陰受生何以故以離五陰無彼識生以依色受想行等法識心得生以依止諸陰識緣彼住若離依止則彼識心一念不住

如彼法住如是受生如種生牙是故說死已更生唯是言辭善男子云何為離彼事說般涅槃唯是言辭善男子第一義中無彼涅槃涅槃者知世間寂滅名為涅槃而非即世間名為涅槃亦不離世間而有涅槃世間若如夢如幻非有非无亦非有無而是有法如是非有非無亦非有无如是名生如是非有非无亦非有無如是名滅而寂滅一切世間相名為涅槃如是想如陽焰受如泡沫如彼陽焰泡沫生滅不實世間涅槃亦復如是是故說世間涅槃唯是言辭善男子是名菩薩摩訶薩入十種法行能知諸佛如来應供正遍知唯依言辭說法

善男子菩薩摩訶薩入十種法行善能知空義何等為十所謂知无我空无衆生無命无壽者無造者无生無滅无作無教者无增上者善男子云何菩薩摩訶薩知無我空善男子空者非有非無善男子若空是有者空即有為如其實有應即是常善男子若空非无者空即非空是故彼空非有非無如是名為知无我空善男子云何知无衆生空善男子衆生非空非不空若衆生空者煞生之業應無有罪若衆生不空者即應是常是故如来說衆生非常非不常非有為非不有為如是名為知衆生空善男子云何知无命空善男子空者不生不死何以故善男子眼空離我我所云何眼空離我我所彼法不生不滅故如是耳鼻舌身空離我我所云何耳鼻等空離我我所彼法不生不滅故如是名為知无命空

善男子云何知無壽者空善男子空者不名壽者之數彼陰界入皆悉是空依彼陰界入等而有假名壽者以假名故彼有無相不可得說如是名為知无壽者空善男子云何菩薩知無造者空善男子若離於空无有一法名為造者又若空能有造者無有是處如是名為知无造者空善男子云何知不生空善男子空法不生若空可生即非是空如是空即非空若本無空則无空法又空始生者此即非空如是名為知无生空善男子云何知無滅空若法生者則有其滅空法不生云何有滅如是名為知無滅空善男子云何知无作空善男子空非他作亦非自作陰界入等皆悉是空依陰界入而有空法如是名為知无作空善男子云何知無教者空善男子無有一人教於空者造作如是種種等事如是名為知无教者空善男子云何知无增上者空善男子空無境界離於境界遠離心意意識如是為知无增上者空善男子是名菩薩摩訶薩入十種法行善能知空義

佛說法集經卷第一

佛說法集經卷第一

校勘記

一 底本，金藏廣勝寺本。

一 六七三頁中一行「佛說」，石、資、磧、普、南、徑、清無。以下各卷同。

一 六七三頁中二行譯者，資作「元魏三藏法師菩提流支譯」；磧、普、南、徑、清作「元魏三藏法師菩提留支譯」。以下各卷同。

一 六七三頁下六行第九字「波」，磧、普、南、徑、清、麗作「般」。

一 六七四頁上一九行第二字「成」，諸本作「成就」。

一 六七四頁下一七行「加加」，資、磧、普、南、徑、清作「加」。

一 六七五頁中一一行第五字「依」，資、磧、普、南、徑、清作「於」。

一 六七七頁上四行第三字「陁」，石作「陁那」。

一 六七七頁上一〇行首字「其」，石、資、磧、普、麗作「某」。

一 六七七頁中七行第八字「瞋」，資、磧、普、南、徑、清作「恨」。

一 六七七頁中八行第一〇字「雜」，資、磧、普、南、徑、清作「離」。

一 六七七頁中八行第一二字「无」，資、磧、普、南、徑、清無。

一 六七七頁下八行第八字「曀」，資、磧、普、南、徑、清作「翳」。

一 六七七頁下末行第五字「相」，資、磧、普、南、徑、清、麗作「想」。

一 六七八頁上一一行第八字「獲」，徑、清作「穫」。

一 六七八頁中二行第一二字及五行第九字「樂」，資、磧、普、南、徑、清作「業」。

一 六七八頁下四行第一〇字「法」，資、磧、普、南、徑、清、麗作「因」。

一 六七八頁下五行第一〇字「彼」，資、磧、普、南、徑、清、麗作「彼彼」。

一 六七九頁上二一行第三字「無」，諸本作「有」。

一 六七九頁下三行第一一字「老」，資、磧、普、南、徑、清、麗作「老老」。

一 六七九頁下九行第三字「說」，資、磧、普、南、徑、清作「云何說」。

一 六七九頁下一三行第二字「爲」，諸本作「名爲」。

佛說法集經卷第二

元魏天竺三藏菩提流支譯　器

善男子菩薩摩訶薩入十種法行能知空所對法何等為十所謂无明法愛法業法識法取法見法疑法邪取法慢法掉法善男子是名十種空所對法善男子無明有二種能四種因何者二能一者煩惱障二者是智障何者是四因所謂貪欲界因貪色界因貪無色界因貪无有因善男子愛有二種因四種求何者二種因一者有支根本二者資生根本何者是四種求一者欲愛二者色愛三者無色愛四者无有愛善男子業有一種起因三種相三種果報善男子何者一種起因所謂為心何者三種相所謂身口意業善男子何者三種果報所謂黑黑果報白白果報黑白黑白果報善男子何者是識所謂六種眼耳鼻舌身意等識是名六種識此識復有三種何者是三一顛倒念二不顛倒念三者無念善男子何者是顛倒念所謂念欲界念色界念无色界何者是不顛倒念謂念小乘涅槃何者是無念所謂離彼二念名為无念云何離彼二念謂念無上諸佛法故善男子取因有四種所謂欲取見取戒取我取善男子何者是見取見取有二種所謂邪智見智邪智者謂邪見智敬見智者謂阿羅漢妄見涅槃妄求涅槃是名見智如是見智諸佛所訶善男子何者是疑疑有二種一者障於大乘二者障於正位善男子云何名為障大乘疑謂聲聞等其心狹劣怖求速證小乘菩提何以故彼作是念佛道長遠無量諸行難可得成是故我當求聲聞乘速離諸苦以是義故退於大乘是名障大乘疑何者障正位疑以彼疑故不證正位不得菩薩大乘智地是名障正位疑善男子何者是邪取邪取者所謂種等諸行求有果報起如是心我修如是布施持戒等行取彼天人勝樂果報如是等一切邪求是名邪取善男子何者是慢起高下心名之為慢彼下於

我我高於彼如是高下勝負等心是名為慢善男子何者是掉掉有二種一者能生煩惱二者動乱生煩惱者妄想分別見色為淨以是因緣身口意業皆悉顛倒是故為諸聖人所訶何者是動乱動乱者彼於出世道中其心不住故是名為掉善男子是名對法善男子菩薩摩訶薩入十種法行知能說空者何等為十所謂不破壞者不擾動者不貪不厭者不修行非不修行者不諍不覓者不增不减者聞說一切有為諸行自性寂滅能忍辱者聞諸凡夫不生一法諸佛如來不滅一法不驚不怖者聞世間性涅槃性是二平等不生疑者聞諸佛如来常樂妙身无盡法身正信正入者善男子云何名不破壞能說空者善男子能說空者世間之法所不能壞何以故心不依止世八法故何者為八而不依止於利衰等事不生憂喜稱譏之音而无欣感毀譽二法心不高下於諸苦樂不貪不厭如是世

法不能破壞是故名為不破壞能說空者善男子是名菩薩不破壞能說空者善男子云何知不擾動能說空者善男子能說空者不取於法不捨於法於何等法而不取捨即知是法空即見是法空若能如是不取不捨名為心不擾動能說空者善男子云何名不貪不厭能說空者善男子能說空者無法可貪无法可厭於何等法而不貪厭即知是法空即見是法空若於諸法生貪厭者如是菩薩不名知空不名見空若能於法心無貪厭名不貪不厭能說空者善男子云何名不修行非不修行能說空者善男子能說空者不修行法非不修行法能說空者於何等法不修行非不修行即知是法空即見是法空非不修行助菩提法若能如是知空見空是名菩薩不修行非不修行能說空者善男子云何不諍不覺能說空者善男子其說空者若與衆生有所諍覺則不知空不見於空以是菩薩於諍覺者知見空故无所諍覺如是名

為不諍不覺能說空者善男子云何知不增不減能說空者善男子能說空者不知一法增不知一法減不見一法增不見一法減若於諸法見增減者如是菩薩則不知空不見於空若能知空見空即於諸法不見增減是名不增不減能說空者善男子云何聞說一切有為諸行自性寂滅其心安忍能說空者善男子能說空者不見一法生不見一法滅是名聞說一切有為諸行自性寂滅其心安忍能說空者善男子云何聞諸凡夫不生一法諸佛如來不滅一法不驚不怖能說空者善男子能說空者不生是心此是凡夫此是諸佛知佛如來及諸凡夫其相平等若見凡法是下佛法為勝如是菩薩不知見空若聞凡夫不生一法即是凡夫空若聞諸佛不滅一法即諸佛空如是聞說凡夫不生一法諸佛如來不滅一法不驚不怖是名不見一法生不見一法滅能說空者善男子云何知世間性涅槃性是二平等不生於疑知能說

空者善男子若見離世間性有涅槃性如是菩薩不知見空若見世間真如性涅槃真如性此二法性唯是一相所謂无為之性若見世間真如性涅槃真如性其相平等无有高下不生於疑不驚不怖是名知世間性涅槃性二法平等能說空者善男子云何聞說諸佛如來常樂妙身无盡法身正信正入能說空者善男子若生是心諸佛如來是盡滅身如是菩薩不知見空何以故諸佛如來身是真如空身非客塵煩惱隨煩惱身如是名為聞說如來常樂妙身无盡法身能說空者善男子是名菩薩知聞說諸佛如來常樂妙身無盡法身正信正入能說空者善男子是名菩薩摩訶薩入十種法行知能說空者

善男子菩薩摩訶薩入十種法行能知法師義何等為十所謂成就多聞成就總持成就聞慧海聚集聞慧藏而於此聞慧不生高心具足義无㝵法無㝵辞无㝵樂說無㝵而不休息悕求精進知世知時知節知法知衆生而不捨於修敬長德所修行知論知義

知可化衆生而不捨於諮問之事成
就少欲知足等行而不捨於供給尊
者之業成就妙靜寂靜柔軟心不怯
弱而不捨於慚愧正行成就甚深不
可稱量具足功德而能示現世間垢
行不得解脫為隨順衆生故成就自
性直心軟心安樂心而能現同一切
破戒等行成就布施持戒忍辱精進
禪定智慧而於一切處不生著心不
分別境界遠離一切貪等隨煩惱刺
而不捨為一切衆生斷煩惱精進之
行善男子是名菩薩摩訶薩入十種
法行能知法師義復次善男子菩薩
摩訶薩入十種法行能知法師義何
等為十所謂菩薩摩訶薩遠離一切
諸求而不捨一切菩薩摩訶薩功德
精進善知一切諸法寂滅不證菩提
而不捨一切布施精進現知諸法畢
竟無盡而不捨於忍辱安樂之行常
在三昧甚深境界而能不捨一切衆
生善根所作之事具足妙靜寂靜而
常不捨乱心顛倒心教化衆生之行
成就陁羅尼及四无㝵而常不捨求

於多聞智慧精進成就諸法秘藏而
能不捨為於一偈逕百千由旬求法
精進知一切法不由於他而常不捨
親近師尊敬重精進知一切法不生
不滅而常不捨護法精進不見衆生
及衆生名而常不捨化一切衆生得
大菩提精進善男子是名菩薩摩訶
薩入十種法行能知法師義復次善
男子菩薩摩訶薩入十種法行能知
法師義何等為十所謂成就攝受語
故能行布施愛語利益同事之行成
就柔軟語故能起大慈悲心成就隨
順語故則能隨順寂靜隨順離煩惱
隨順解脫成就隨順語故則能隨順
奢摩他隨順毗婆舍那隨順真如道
成就善巧語故則能具足顯了語無
譏嫌語无能奪語成就字義語故則
能離於惡語具足義語成就遠離諂
曲語故則能破衆生无明欺誑成就
無疑語故則能現見一切法相成就
遠離一切煩惱使語故則能滅諸煩
惱隨煩惱因成就不起根本語以無
垢无所發故善男子是名菩薩摩訶
薩入十種法行能知法師義復次善

男子菩薩摩訶薩入十種法行能知
法師義何等為十所謂菩薩摩訶薩
諸所說法皆依妙法所持而說不依
供養恭敬所持而說依一切諸佛所
持說法不依自心所持而說依大慈
大悲根本說法不依煩惱隨煩惱根
本而說依斷隨順凡夫使流說法不
依斷絕隨順佛法僧寶如法修行而
說依大慈悲利他說法不依受樂自
利而說夫說法者依彼甚深法說以
空无相無願畢竟故說法者依彼勝
人而說以能隨順轉大法輪故說法
者降伏一切魔怨而說以能降伏陰
魔死魔煩惱魔天魔故說法者隨順
道場而說以一切世間所應供養故
說法者隨順一切智智而說以畢竟
得十力四无所畏十八不共法故善
男子是名菩薩摩訶薩入十種法行
能知法師義復次善男子菩薩摩訶
薩入十種法行能知法師義何等為
十所謂樂於梵行資生之業不樂世
間資生之具樂於聖人所行之法而
能不捨教化衆生凡夫所作可訶之
事菩薩常樂法食不貪世味常樂阿

蘭若處不著城邑聚落常樂佛菩提不求聲聞辟支佛菩提常樂斷智障不樂斷煩惱障常樂三十二相八十種好成就色身不樂唯證法身常樂成就十力四無所畏十八不共法不樂唯證四諦之法常樂成就隨一切衆生善根不樂唯集自身善根常樂斷除一切煩惱及煩惱習氣非唯樂斷煩惱障法善男子是名菩薩摩訶薩入十種法行能知法師義善男子菩薩摩訶薩入十種法行能知法師相應辟喻何等為十所謂善男子辟如大地其性平等廣能荷負一切衆生而於衆生不求報恩善男子菩薩法師如彼大地其心平等普能荷負一切衆生而於衆生不求報恩善男子辟如大水其性普洽澤潤一切皆令滋茂而於彼物不求報恩菩薩法師亦復如是以巳功德利潤衆生悉令安隱而於衆生不求報恩善男子辟如大性力能成熟一切果實而於彼事无所悕望菩薩法師亦復如是以己功德智慧成熟一切衆生善根果實而於衆生不求恩惠

善男子辟如風性力能生長一切藥草諸種而於彼物不生分別无所悕望菩薩法師亦復如是力能增長一切衆生生身法身而於衆生不求報恩善男子辟如空界無量无邊體无障㝵容受一切而於彼物無所分別无所貪著菩薩法師亦復如是成就無量无邊諸善功德體無障㝵利益一切衆生而於衆生无所分別無所貪著善男子辟如明月顯處虛空清淨圓滿衆生見者無不愛樂光照世間一切群像而不為彼昏翳所汙菩薩法師亦復如是出現於世功德具足在在處處一切見者皆悉愛樂救度世間而不為彼世法所染善男子辟如日出光明普照破諸闇冥無有翳障一切衆生所作事業皆悉成就而彼日性於諸衆生无有分別悕報恩心菩薩法師亦復如是出現於世破諸衆生无明黑闇以智慧光普照衆生種種善根皆令增長而彼菩薩於諸衆生无有分別求少報恩善男子辟如舩舫堅厚善縛不破不壞能於大海渡諸衆生而於衆生不求價

直菩薩法師亦復如是以智慧為厚諸波羅蜜為堅大慈悲為善縛能於生死大海渡諸衆生而於衆生不求價直善男子辟如暴河漂流迅急嶮難可畏中有橋梁於諸衆生平等悉與濟渡之樂而无分別濟渡之想菩薩法師亦復如是於煩惱暴河駃流難渡嶮難可畏駃流惡道能於其中作大橋梁於諸衆生平等施與解脫之樂而無分別度脫之心善男子辟如闇室然大燈明於下中上一切衆生平等普照而彼燈明无我我所照了之想菩薩法師亦復如是於無明闇室然智慧燈於下中上一切衆生平等普照而彼菩薩無我我所能照之心善男子是名菩薩摩訶薩入十種法行能知法師相應辟喻

善男子菩薩摩訶薩入十種法行知不共住法何等為十所謂小心少求陋劣衆生皆不共住不起廣心不起大行懈怠衆生亦不共住依止慢心增上慢我慢猶如高幢如是衆生亦不共住慳疾破戒瞋恨懈怠乱心愚癡衆生皆不共住貪欲瞋恚惱害覺

觀等心亦不共住一切分別差異分別種種分別亦不共住一切蓋障隨煩惱使亦不共住一切聲聞辟支佛及世間念亦不共住一切悕求恭敬讚歎礼拜之念亦不共住一切我我所心亦不共住善男子是名菩薩摩訶薩入十種法行能知不共住法復次善男子菩薩摩訶薩於十種捨心皆不共住何等為十所謂捨於攝受妙法之心亦不共住捨於聽聞妙法之心亦不共住捨於教化衆生之心亦不共住捨於法施衆生之心亦不共住捨於一切尊重恭敬供養之心亦不共住捨於降伏魔等之心亦不共住捨於摧滅外道之心亦不共住捨於護持妙法之心亦不共住捨於諸波羅蜜修行之心亦不共住捨於三聚迴向之心亦不共住善男子是名菩薩摩訶薩於十種捨心皆不共住善男子菩薩摩訶薩入十種法行知應化事何等為十所謂轉輪王化帝釋王化梵王化聲聞化辟支佛化菩薩化諸佛化佛國土化道場化大衆化善男子此諸應化菩薩摩訶薩皆

依衆生諸根性欲又善男子若諸衆生其心尊重轉輪聖王持戒修行十善威儀彼時菩薩摩訶薩即現轉輪聖王莊嚴之事利益衆生又善男子轉輪聖王輪寶莊嚴者千輻具足純是閻浮檀金過於人天非人所為自顯如意功德所生觀者无厭餘凡輪王所不能有象寶者其身姝大鮮白充潔六牙具足衆相圓滿見者无厭乘空而行其去迅疾猶如堙羅婆鄉金翅鳥等殊勝善根福力所生餘凡輪王所不能有馬寶者其色紺青厥性良善猶若婆羅呵馬王飛空而行駿疾如風其猶如意寶珠隨王所念無不稱意餘凡輪王所不能有摩尼寶者楞相成就非工所造自然而有具足光明其色照曜能蔽日月星宿諸火明等隨其所須一切稱意餘凡輪王所不能有女寶者膚艷鮮絜妙相奇挺黑白長短肥瘦得所威儀動靜靡不具瞻世間技術五明論等无不通達言音和雅柔軟微妙辞韻善巧辯才成就如如意寶具足一切勝

妙之事心常安樂諸善法行餘凡輪王所不能有主藏臣寶者其身廣大志性堅固猶如金剛力士毗沙門王色貌端嚴言辞流澤其見聞者無不欣樂成就肉眼具足慈悲如如意寶所念皆得此藏臣寶同彼輪王善根所生餘凡輪王所不能有主兵臣寶者一切功德善根所生如摩尼寶鏡像義故王所未念先已成辦見相即知一切諸事所依殊勝无可譏嫌飛空而行自在无导隨王所念導前而去其所至處靡不摧伏餘凡輪王所不能有如是一切輪王七寶莊嚴化事皆是菩薩摩訶薩得心自在神力所為欲與一切衆生安隱樂事此人王寶及作業者一切殊勝无可譏嫌能以實心深心柔軟心隨順法心轉大法輪受持十善具足三十二相教化衆生是名菩薩摩訶薩轉輪聖王莊嚴大化善男子若諸衆生其心尊重忉利天王菩薩尒時化作帝釋身有百眼處三十三天說一切諸法皆悉無常汝等應當遠離放逸善男子

若諸衆生其心尊重大梵王菩薩尒
時化作梵王威儀殊勝為諸梵衆說
四禪等善男子若諸衆生應以聲聞
身得度者不以辟支佛身不以佛身
而可度者菩薩尒時化作聲聞身為
彼衆生說盡諸苦得无為樂
善男子若諸衆生應以辟支佛身得
度者不以聲聞身不以佛身而可度
者菩薩尒時化作辟支佛身為說辟
支佛道明一切諸法皆悉無常樂於
空閑寂靜之處說諸禪定解脫三昧
三摩拔提四如意足說辟支佛為大
福田說微妙法教化衆生令其正信
善男子若諸衆生應以菩薩身得度
者菩薩尒時以己微妙清淨色身說
六波羅蜜四種寂法大慈大悲及諸
自在諸忍諸地化彼衆生善男子若
諸衆生具上根性應以佛身而得度
者菩薩尒時化作佛身為說十力四
無所畏十八不共法示現諸佛殊勝
神通化彼衆生善男子若諸衆生應
以勝妙莊嚴清淨佛土而得度者菩
薩尒時即變三千大千世界平坦如

掌无有高下其地柔軟如迦隣陁草
其有觸者無不受樂或如琉璃頗梨
等色或出優羅伽栴檀之香无諸惡
趣亦無女人黃門之身或作種種莊
嚴七寶之山種種奇異華果香樹无
諸黑山垸坎堆阜沙礫荊棘雜穢草
木現此勝事化彼衆生善男子若諸
衆生應見勝妙莊嚴道場而得度者
菩薩尒時示現莊嚴道場之樹其形
高廣十二由旬根盤幽固不可傾動
以閻浮檀金為莖金銀琉璃頗梨馬
瑙種種諸寶以為枝葉又現无量天
女之身化彼衆生善男子若諸衆生
應見勝衆而得度者菩薩尒時即現
大威德天諸龍夜叉乾闥婆阿修羅
迦樓羅緊那羅摩睺羅伽釋提桓因
梵天王四天王或為聲聞得四无㝵
及俱解脫或為菩薩住第十地得首
楞嚴三昧化彼衆生善男子是名菩
薩摩訶薩入十種法行能知應化事
善男子菩薩摩訶薩入十種法行知
諸善根勝妙果報何等為十所謂善
男子辟如因彼虛空月形即見水中

種種月像而虛空月不至水中善男
子如是諸善根業行因緣而有種種
勝妙果報隨心所樂一切成就如虛
空月不至水中如是所作諸善因緣
不至於果雖不至果而依彼諸善根
因緣有勝妙果報差別不同善男子
辟如業行因緣於彼孔雀一毛輪中
見種種色如是菩薩摩訶薩依諸善
根業行因緣而有無量果報差別如
彼業行不至毛輪雖復不至而依彼
業因緣力故於毛輪中有種種色如
是所作諸善根業不至於果雖不至
果而依彼諸善根因緣有勝果報差
別不同善男子辟如依彼勝妙善根
於虛空中雨種種華如是諸華具足
妙好色香味觸而彼善根不至華中
以諸善根與虛空華相各異故如是
所作善根業行不至於果雖不至果
而依彼善業因緣有勝果報差別不
同善男子辟如依彼勝妙善行於虛
空中自然而作種種伎樂微妙音聲
歡娛之事以為供養然彼善行不至
伎樂音聲等中以此善行與諸伎樂

相各異故其相雖異而依彼業有虛空中種種伎樂如是依諸善根業行因緣有勝果報然彼善行不至於果雖不至果而依彼善根因緣有勝果報差別不同善男子辟如虛空雜色虹起依彼四大增上因緣而彼四大不至虹中雖不至虹以彼四大因緣力故生諸虹色種種不同地大因緣而生黃色水大因緣生於青色火大因緣生於赤色及諸綺色風大因緣生虹輪相如是依諸善根增上因緣而有勝妙果報具足善男子辟如輪王受持十善業道因緣得七寶具足及自然粳粮不假種殖而彼受持十善業道因緣不至七寶亦復不至自然粳粮以依受持十善業道因緣而有輪王勝妙果報如是善發勝心善起諸行善能受持善根力故有彼輪王勝妙果報然彼業因不至果中故說因果不相似善男子辟如諸天勝善因緣自然而有曷陁羅華諸妙天宮百味甘饍而彼善根不至果中非不依彼善根因緣而有諸天勝妙果報善男子辟如殊勝如意神通因緣力故

於彼石壁无所障㝵而彼神通因緣不至無障㝵中而依彼神通因有无障㝵如是不放逸善根因緣有彼勝妙果報善男子辟如依風生火離彼不生火既生已力能成熟光色明照而彼火性不從風來以彼明色熱觸風中無故如是一切善根果報從因緣生應知善男子辟如法行比丘得无漏善根功德自在隨念即成虛空處一切入地水火風青黃赤白自在成就無有障㝵而彼无障㝵心不至虛空无障㝵等雖不至彼而即念能成無障㝵事是故不離彼心能成地等无障㝵事如是一切無漏善根因緣而有果報勝事善男子是名菩薩摩訶薩入十種法行能知諸善根勝妙果報

佛說法集經卷第二

辛丑歲高麗國大藏都監奉
勑雕造

佛說法集經卷第二

校勘記

一　底本，麗藏本。

一　六八二頁上三行首字至次頁下一七行末字「善……者」，係麗藏本卷一末段經文（其他各校本皆同），爲了與以金藏廣勝寺本爲底本之卷一經文相銜接，茲移載於本卷。

一　六八四頁中二行第八字「遥」，資、磧、普、南、徑、清作「經」。

一　六八四頁中一九行第四字「則」，資、磧、普、南、徑、清無。

一　六八四頁下七行第一〇字「使」，磧、普、南、徑、清作「駛」。

一　六八五頁下二三行第五字「疾」，資、磧、普、南、徑、清作「嫉」。

一　六八六頁中九行首字「充」，資、磧、普、南、徑、清作「光」。

一　六八八頁上七行「虹以彼」，資、磧、普、南作「虹中以被」，徑、清作

「虹中以彼」。

一　六八八頁上一四行第三字及一六行首字「粮」，磧、普、南、徑、清作「梁」。

一　六八八頁中三行第二字「㝵」，石、資、磧、普、南、徑、清作「果」。

一　六八八頁中一七行末字「報」後，底本（以及其他校本）原有大段經文，由於分卷不同，此大段經文在以金藏廣勝寺本爲底本之卷三中已有反映，見卷三校勘記，故此處刪略」。

佛說法集經卷第三　器

元魏天竺三藏菩提流支譯

善男子菩薩摩訶薩入十種法行能知得无漏善根勝妙果報何等為十所謂六通三明八解脫八勝處十一切入十自在十諦九次弟定三摩拔提十力十智

善男子何者是六通所謂天眼天耳他心智宿命智如意通智漏盡智是名六通善男子菩薩摩訶薩者天眼具足一切善根功德無㝵无著無量无障無住无行無錯无謬能如是見無可譏嫌不與一切世間聲聞辟支佛共遠離一切煩惱及一切煩惱習氣不謬見不謬記菩薩摩訶薩天眼見諸衆生若生若死若好若醜若麁若妙隨彼衆生業行所造稱其因果能如實知菩薩摩訶薩天眼畢竟能得佛智畢竟成就佛智是名菩薩摩訶薩天眼

善男子菩薩摩訶薩天耳者无有障㝵具足一切善根功德過一切凡夫釋提桓因四天王天龍夜叉乾闥婆阿脩羅迦樓羅緊那羅摩睺羅伽聲聞辟支佛以此勝妙無所障㝵清淨天耳聞一切聲天龍夜叉乾闥婆阿脩羅迦樓羅緊那羅摩睺羅伽聲乃至蚊虻蠅蟻等聲聖人非聖人聲皆悉得聞而於聖人聲不起樂心於非聖人聲不起猒心聞凡夫聲不生下想聞聲聞辟支佛聲不生勝想聞非聖人聲聽不生猒聞聖人聲聽不生樂於一切聲不生美惡之想雖聞一切聲悉如響空離我我所寂靜空故不著耳入不著聲入是名菩薩摩訶薩天耳

善男子菩薩摩訶薩他心智者菩薩摩訶薩如實知自心以如實知自心故如實知一切衆生心所謂如實知貪心離貪心菩薩摩訶薩如實知貪心而不生瞋知離貪心而不生憙唯於貪心衆生生於大悲於離貪心衆生生於大慈如是如實知瞋心離瞋心癡心離癡心愛心離愛心取心離取心染心離染心思量心不思量心

三昧心離三昧心如實知解脱心不解脱心菩薩摩訶薩如是如實知衆生心於未得解脱衆生不生瞋心得解脱衆生不生憙心唯於得解脱衆生生大悲心未得解脱衆生生大慈心如實知一切法唯是一心而於彼心此心不生貪著菩薩摩訶薩彼知他心智如實知一切衆生心彼諸衆生若菩薩不與念力則不能知菩薩心乃至天眼亦不能知一切聲聞辟支佛亦不能知何況无智凡夫而能得知是名菩薩摩訶薩他心智

善男子菩薩摩訶薩宿命智者一切善根具足故能知自身過去无量宿命及一切衆生過去無量宿命能知一生二生百生千生百千万生乃至無量阿僧祇生无量百千億那由他生善知劫成善知劫壞乃至善知无量阿僧祇劫成劫壞乃至善知無量无邊百千億那由他劫數成壞善知大劫成善知大劫壞善知大劫百劫善知大劫千劫善知大劫百千劫百千万劫乃至善知大劫无量百千万

劫菩薩摩訶薩彼宿命智唯除諸佛如來及住地菩薩一切世間天人聲聞辟支佛之所迷悶菩薩如是知我於彼處如是生如是姓如是色如是名如是飲食如是命如是住如是長短如是闊狹如是好醜如是苦樂我於彼死生於某處於彼處死於此處生如是生如是姓如是色如是名如是飲食如是命如是住如是長短如是闊狹如是好醜如是苦樂如知已身知一切衆生身亦如是知乃至蚊虻蠅蟻等亦如是知菩薩摩訶薩彼宿命無㝵无著無住无障無滯不失時與大慈大悲相應甚深不可思量遠離使煩惱及習氣煩惱一切清淨功德智慧以為莊嚴是名菩薩摩訶薩宿命智

善男子何者是菩薩摩訶薩如意通智所謂一切福德智慧成就无障㝵自然無分別无量阿僧祇百千万億那由他劫修行布施持戒忍辱精進禪定三昧三摩拔提智慧增上自身力故如來淨天增上緣故是菩薩彼

如意現前自然无障㝵勝一切世間而作利益衆生是菩薩如是隨心欲住能如是住隨心欲示現如是境界能如是示現是菩薩一切處自在如意通示現無障㝵是菩薩應以一衆生形相現一切衆生形相而可化者是菩薩為彼現一衆生形色示現為一切衆生形色隨彼衆生應受道器現諸化身作種種事種種言語種種威儀而現在前是菩薩心念一切衆生色像欲作一切佛像即時能現一切衆生色像成一切佛像是菩薩心念一切佛色像欲作一切衆生色像即時能成一切佛色像成一切衆生色像是菩薩念欲令成劫壞即示成劫壞彼諸衆生即見成劫作壞劫是菩薩欲令壞劫作成劫即能示現壞劫作成劫彼諸衆生即見壞劫作成劫如是一切成壞而示現成壞是菩薩如是念欲令一劫示現一日初分即能示現彼諸衆生即見一劫為日初分是菩薩以日初分示現一劫彼即如是成彼諸衆生亦如是見是名

菩薩摩訶薩變化如意通菩薩摩訶薩現前如意通者是菩薩依不可思議功德智慧增上自然無心現前成就一切事不壞而能現前是名菩薩摩訶薩現前如意通善男子何者是菩薩摩訶薩自然如意通若諸衆生應如是信如是見種種形色種種威儀是菩薩不思量不分別自然而現色是名菩薩摩訶薩自然如意通是菩薩若干世界衆生應見諸佛出世而可度者即時示現介時世界佛出於世從兜率天退入胎出胎出家苦行詣道場降伏魔成正覺轉法輪現大涅槃如是教化彼諸衆生善男子菩薩摩訶薩如是如意通无量境界是名菩薩摩訶薩如意神通智善男子何者是菩薩摩訶薩漏盡智通善男子菩薩遠離四漏所謂欲漏有漏見漏无明漏菩薩摩訶薩遠離如是等漏不復受生是菩薩更不受生而能隨順可化衆生示現一切處生是名菩薩自然不休息行於菩薩道是名菩薩摩訶薩六通

善男子何者是菩薩摩訶薩三明所謂天眼智明宿命智明漏盡智明

善男子何者名為智有天眼智天眼明云何為天彼清淨天勝妙上天等天眼智菩薩摩訶薩畢竟得彼天眼智清淨天者謂聲聞辟支佛菩薩諸佛如來勝妙上天者謂諸佛如來於聲聞辟支佛天等為上是菩薩摩訶薩得彼諸佛如來天眼是名初明

善男子何者是菩薩摩訶薩宿命智明善男子諸佛如來過去未來現在无有境界不知不見不覺菩薩摩訶薩得彼境界彼宿命智明此明不同一切聲聞辟支佛是名第二明善男子何者是菩薩摩訶薩漏盡智明菩薩摩訶薩遠離四漏及煩惱習氣所謂欲漏有漏見漏無明漏菩薩摩訶薩證見道時即得遠離如是等煩惱及煩惱習氣非但證斷煩惱障法亦復不同聲聞辟支佛等得漏盡已於一切生處及教化一切衆生而无障㝵是名菩薩漏盡智明是名菩薩摩訶薩三明

善男子何者是菩薩摩訶薩八解脫所謂有色見色是名初解脫內有色相見外色是名第二解脫信淨是名第三解脫是菩薩過一切色相滅一切有對相不念一切異相知無邊虛空即入无邊虛空行是名第四解脫是菩薩過一切虛空無邊相知无邊識即入無邊識行是名第五解脫是菩薩過一切无邊識相知無所有即入无所有處行是名第六解脫是菩薩過一切無所有處知非有想非无想安隱即入非有想非無想處行是名第七解脫是菩薩過一切非有想非無想行滅一切受想入滅盡定行是名第八解脫

善男子云何有色見色有見者皆是因緣而生見空无壽者能如是見得脫於縛是名解脫云何內有色相見外色見空無壽者皆是因緣生能如是見得脫於縛名為解脫云何信淨淨者若分別淨不淨相名為邪見以信淨故得脫於縛名為解脫過一切色相滅一切有對相不念別異相知

無邊虛空即入无邊虛空行無量虛空虛空能如是知得脱於縛名為解脱過一切虛空知無邊識即入无邊識行無量識无邊識此無邊識即是空能如是知得脱於縛名為解脱過無邊識知无所有少即入无所有行所有者名為貪瞋癡煩惱入無所有行者滅彼煩惱能如是知得脱於縛名為解脱過无所有者知非有想非無想安隱即入非有想非无想行非有想者性空寂靜非無想者以依因緣而有能如是見得脱於縛名為解脱過一切非有想非無想滅一切受想入滅盡定行是菩薩如是見想如陽焰受如泡想即是受受即是想无知者無壽者能如是見得脱於縛名為解脱善男子何者是菩薩摩訶薩八勝處所謂有色無色彼色中得自在而知彼色中得自在而見是名初勝處內身有色想見外色若好若醜彼色中得自在而知彼色中得自在而見是名第二勝處內身有色相見外色无量若好若醜彼色中得自在

而知彼色中得自在而見是名第三勝處內身有色相見外色少若好若醜彼色中得自在而知彼色中得自在而見是名第四勝處內身有色相見外色青見青色青色青光辟如優摩歌華青見青色青色青光菩薩亦復如是內有色相見外色青見青色青色青光彼色中得自在而知彼色中得自在而見是名第五勝處內身有色相見外色黃見黃色黃色黃光辟如伽尼歌羅華黃見黃色黃色黃光菩薩摩訶薩亦如是內身有色相見外色黃見黃色黃色黃光彼色中得自在而知彼色中得自在而見是名第六勝處內身有色相見外色赤見赤色赤色赤光辟如槃頭視婆華赤見赤色赤色赤光菩薩摩訶薩亦如是內身有色相見外色赤見赤色赤色赤光彼色中得自在而知彼色中得自在而見是名第七勝處內身有色相見外色白見白色白色白光辟如優沙私多羅白見白色白色白光菩薩摩訶薩亦如是內身有色相

見外色白見白色白色白光彼色中得自在而知彼色中得自在而見是名第八勝處是名菩薩摩訶薩八勝處善男子何等是菩薩摩訶薩十一切入所謂地一切入水一切入火一切入風一切入虛空一切入青一切入黃一切入赤一切入白一切入識一切入是名十一切入是菩薩若欲以一切界入一界者即一切界入一界所謂入地界若欲以一切界入一界者即一切界入一界所謂入水界若欲以一切界入一界者即一切界入一界所謂入火界若欲以一切界入一界者即入一界所謂入風界若欲以一切界入一界者即入一界所謂入虛空界若欲以一切入入一入即入一入所謂青入若欲以一切入入一入即入一入所謂黃入若欲以一切入入一入即入一入所謂赤入若欲以一切入入一入即入一入所謂白入若欲以一切入入一入即入一入所謂識入若欲以一切地水火風空青黃赤白識入一入即入一入是故

名為一切入入一一入即成一切入是故名為一切入是名菩薩摩訶薩十一切入

善男子何者是菩薩摩訶薩十自在所謂命自在心自在物自在業自在生自在如意自在信自在願自在智自在法自在是名菩薩摩訶薩十自在善男子得上甘露名為命自在能知一切唯是一心名為心自在於其掌中出諸珎寶亦以虛空而為庫藏名為物自在遠離一切煩惱煩惱習氣及無明使名為業自在於禪定解脫三昧三摩跋提隨意迴轉名為生自在於一切行自然而行名為如意自在於一切入中得自在觀名為信自在即生心時現前成就一切諸事名為願自在一切身口意業以智為本名為智自在現得平等真如法界實際無垢智慧名為法自在復次善男子得命自在故對治一切世間死怖畏得心自在故對治一切世間煩惱怖畏得物自在故對治一切世間貧窮怖畏得業自在故對治一切世間惡行怖畏得生自在故對治一切世間惡道怖畏得如意自在故對治一切世間追求怖畏得信自在故對治一切世間謗法罪怖畏得願自在故對治一切世間心念縛怖畏得智自在故對治一切世間云何疑剌怖畏得法自在故對治一切世間大衆怖畏復次善男子遠離煞生之罪與一切衆生无瞋害心是命自在因於受樂衆生無障㝵大慈於受苦衆生无障㝵大悲是心自在因平等心捨一切事及迴向大菩提是物自在因入一切所作業所謂清淨身口意業是業自在因以菩提心為本攝取一切善根十善業道是生自在因以一切供養恭敬礼拜讚歎象馬車乘捨與衆生是如意自在因於三寶中教化一切衆生是信自在因與一切衆生清淨身口意業是願自在因遠離供養恭敬飲食貪心能施一切衆生法食是智自在因平等教化一切衆生說一切衆生平等法界說一切衆生諸佛如來以為法身非飲食身是法自在因是名諸菩薩摩訶薩得十自在

善男子何者是菩薩摩訶薩十諦所謂世諦第一義諦相諦差別諦觀諦事諦生諦盡无生智諦入道智諦集如來智諦是名十諦善男子世諦者所謂有限齊名數為他人說狭劣不廣是名世諦第一義諦者所謂甚深空相應法無有限齊不断絶處非他因緣平等一相无有高下不乱不静相一切法真如相是名第一義諦相諦者所謂逼惱者苦相生者集相淨者滅相乘者道相是名相諦復次善男子知一切法自性無我相證道相作證相是名相諦如是知一切法自性淨相知自性遠離相知自性空相知自性不生不滅相證道相作證道相是名相諦差別諦者一切法皆是一相依他因緣而差別說一相者所謂空相彼空依他差別而說又復一切法无相無願无行不生不滅彼一切差別皆是空相皆悉是空不相違相是名差別諦何者是觀諦觀

者徹觀故數見思惟知見覺證智於
彼境不相違背是名觀諦事諦者所
謂事智事者謂陰界入知彼陰界入
唯是因緣生无我無壽者能如是知
而證於道是名事諦何者是生諦所
謂依彼知斷煩惱依彼行斷煩惱依
彼道斷煩惱而得十力四无畏十八
不共法復證一切法得一切如來勝
自在法是名生諦盡無生智諦者說
一切有為法盡彼有為法盡不盡以
盡无盡若盡有盡者即有盡盡是故
盡不盡是故盡不生不滅是名盡无
生智諦何者是入道智諦以何等智
以何等道以何等功德聚集以何等
智聚集知一切法不生不滅依彼法
自入令他入是名入道智諦何者是
集如來智諦謂法雲地如來地中間
集如來智諦得彼自然道證如來智
是名集如來智諦是名菩薩摩訶薩
十諦
善男子何者是諸菩薩摩訶薩九次
第入三摩拔提菩薩摩訶薩離諸欲
諸惡不善法有覺有觀離生喜樂入

初禪行善男子離諸欲者謂初禪所
對愛染法遠離彼法名離諸欲離諸
惡不善法者謂因貪瞋癡起煞生偷
盜邪婬妄語兩舌惡口綺語貪瞋邪
見是名諸惡不善法遠離彼法是名
初禪有覺者謂共覺故何者是覺依
何境界隨順初禪是覺有種種異名
謂知覺思惟觀集定等是名為覺何
者是觀即彼隨順初禪覺行思惟觀
受欲定知覺是名為觀依於猒行共
彼有覺有觀而成初禪依於猒行共
彼有喜有樂而成初禪是名有喜有
樂入初禪行行者所謂受持護念喜
樂知等是名為行菩薩摩訶薩住初禪
中得无生法忍增上欲心是故入禪
求無生法忍是菩薩摩訶薩為得轉
勝无生法忍欲求心故於彼初禪中
生不堅固心是故菩薩捨彼初禪求
第二禪是菩薩離彼初禪有覺觀心
滅於彼心離於彼心淨於彼心寂靜
彼心為入第二禪為成就第二禪思
惟行是菩薩離彼覺觀內淨心一處
无覺無觀定生喜樂入第二禪行內

淨者謂對治障彼第二禪法菩薩寂
靜彼法清淨无濁是名內淨心一處
者謂滅彼初禪一切覺觀寂靜一味
猶如大海善男子辟如一切諸水入
於大海皆同一味所謂鹹味如是菩
薩摩訶薩入第二禪滅彼初禪一切
覺觀寂靜一味无覺無觀是名得无
覺無觀三昧是菩薩依彼三昧生喜
謂於佛法僧中生於喜心依彼喜心
諸善功德自然滿足是菩薩為彼無
生法忍增勝光明轉轉光明轉轉勝
妙轉轉柔軟得上欲心是菩薩依彼
无生法忍上欲心故於彼第二禪中
不住不樂更求勝上第三禪行是菩
薩生如是心知彼喜心障第三禪及
障無生法忍是故菩薩離喜行捨憶
念安慧身受樂是樂聖人亦說亦捨
遠離喜樂入三禪行是菩薩得三昧
樂猒於彼喜生如是心此无喜樂是
無常樂是盡滅法非常非恒非真實
樂非究竟樂是菩薩知如是巳轉轉
復得彼無生法忍增上欲心是菩薩
依彼无生法忍增上欲心不樂苦樂

是菩薩遠離苦樂先滅憂喜不苦不樂捨念清淨入四禪行是菩薩得第四禪三摩扶提柔軟心自在心寂靜心光明心正直心以彼一切樂事捨與一切衆生是菩薩與一切衆生現前安隱樂時即得无生法忍光明現前是菩薩得彼無生法忍光明現前故令行速疾是菩薩於彼第四禪勝妙樂中不生樂心遠離彼樂捨念清淨唯見虚空現前是菩薩過一切色相滅一切有對相不念種種相知无邊虚空即入無邊虚空行是菩薩如是觀色略有二種一者四大二者依四大四大者謂地水火風依四大者謂色香味觸如是廣有八種色離彼一切色相無彼色相滅彼色相故言過一切色相隨何等法有其色相彼法必有㝵相是故過一切色相滅一切有對相不念不行種種異相以過種種異相以不念種種異相故唯見虚空相是故菩薩知无量虚空即入無邊虚空行是菩薩入无邊虚空處三昧生如是心虚空無邊虚空无際虚空無崖隨何等法以无邊等故彼法无有前際中際後際如是觀一切法無前中後際是菩薩入如是三昧即於一切衆生起大慈心即於一切法得平等智而現在前是菩薩尒時於無生法忍中始得勝進光明現前是菩薩過一切無邊虚空相現前知无邊識相入無邊識處行是菩薩生如是心是无邊虚空相唯是識想分別是菩薩得如是心知一切唯是識相是識無量无邊是菩薩入如是三昧得无生法忍非究竟成就無生法忍是菩薩過一切无邊識相處現前知無所有處入无所有無少處行无所有者无彼所有何者是所有謂貪瞋癡分別種種分別虚妄分別一切有為法皆從虚妄分別心生无彼所有故言無所有无少者如向所說法中少相細相微相等名為少相無彼少相故言无分過彼一切麁細相故言無所有无少是菩薩住如是三昧得轉勝無生法忍光明現前是菩薩為得彼无生法忍不樂彼無所有无少三昧是菩薩更求增上三昧生勝欲心是菩薩轉求增上三昧勝行生如是心是無所有无少行想亦是細想虚妄分別故次觀非想非非想何等法是非想非非想非想者是空非非想者從因緣生菩薩尒時得非想非非想三昧現前是菩薩過一切無所有處少想入非想非非想處三昧行菩薩住於彼處生如是心彼非想非非想處无所可樂是菩薩遠離彼處是菩薩遠離彼處即時一切法不生不滅現前是菩薩知一切法不生不滅見一切法自性寂滅是菩薩不行不住菩薩尒時得勝上清淨无生法忍是菩薩自此以上得自然不休息菩薩道是名菩薩摩訶薩九種次第入三摩拔提

佛說法集經卷第三

佛說法集經卷第三

校勘記

一　底本，金藏廣勝寺本。六九四頁中至次頁上共三版，原版殘缺，以麗藏本換。

一　六九〇頁中三行首字至六九三頁下三行末字「善……處」，諸本均屬卷二經文(因分卷不同)。

一　六九〇頁中一〇行「者天眼」，石、磧、普、南、徑、清、麗作「天眼者」。

一　六九〇頁下一一行第一二字「雖」，資、磧、普、南、徑、清作「唯」。

一　六九一頁上四行第一一字「得」，麗作「未得」。

一　六九一頁上五行「大悲」，磧、普、南、徑、清作「大慈」。

一　六九一頁上五行第六字「未」，麗無。

一　六九一頁上五行「大慈」，麗作「大悲」。

一　六九一頁中一〇行第一二字「如」，南、徑、清作「如是」。

一　六九一頁中一八行末字「通」，資、磧、普、南、徑、清作「神通」。

一　六九一頁下一八行第一〇字「見」，資、磧、普、南、徑、清作「現」。

一　六九二頁上一一行「尒時」，諸本作「尒所」。

一　六九二頁下一六行「有見者」，諸本作「有色者」。

一　六九三頁上二行第三字「空」，南、徑、清、麗作「空空」。

一　六九三頁上一八行第八字「無」，資、磧、普、徑、清、麗作「見」。

一　六九三頁上二〇行第七字「想」，資、磧、普、南、徑、清作「相」。

一　六九三頁下四行第五字「等」，石、磧、南、徑、清、麗作「者」。

一　六九四頁中六行「云何」，磧、普、南、徑、清作「云何云何」。

一　六九四頁中一四行第八字「以」，石作「以緣」。

一　六九四頁下一〇行第六字「相」，資、磧、普、南、徑、清作「切」。

一　六九五頁上一行第五字「數」，石作「數數」。

一　六九五頁上一行第一三字「智」，資、磧、普、南、徑、清作「知」。

一　六九五頁上六行第四字「知」，磧、南、徑、清作「智」。

一　六九五頁上七行第一二字「畏」，資、磧、普、南、徑、清作「所畏」。

一　六九五頁上一六行第四字「他」，資、磧、普、南、徑、清作「他人」。

一　六九五頁中一七行「欲求心」，資、磧、普、南、徑、清作「欲心求心」。

一　六九五頁下二一行末字「轉」，資、磧、普、南、徑、清無。

一　六九六頁下三行第一一字及四行首字「想」，資、磧、普、南、徑、清、麗作「相」。

一　六九六頁下四行第一〇字「想」，麗作「相」，下同。

一　六九六頁下末行經名，諸本無。未換卷。

佛說法集經卷第四　　習

元魏天竺三藏菩提流支譯

善男子何者是菩薩摩訶薩十力所謂信力內力修行力忍辱力智力離力聞慧力樂說力功德力如實修行力

善男子何者是信力信力者菩薩摩訶薩信何等何等法彼彼法中隨心即成決定信力是菩薩於信力中一切世間天人諸魔不能擾動是名菩薩摩訶薩信力

善男子何者是菩薩摩訶薩內力菩薩起貪心時修不淨觀即滅貪心起瞋心時修行大慈即滅瞋心起癡心時修因緣行即滅癡心是菩薩若為他人呵罵打縛生如是心此聲如響呵罵等如夢菩薩尒時得平等智信知打罵繫閉等唯是自業能如是見即時消滅是菩薩知此身中有何等事所謂逼惱割截等事如水中月菩薩尒時得平等智能如是知即時消滅舉要言之菩薩能知諸煩惱門皆是清淨門是名菩薩摩訶薩內力

善男子何者是菩薩摩訶薩修行力　法集經第四卷　第二張　習字號

謂信行地力見道地力所有對治障法而彼障法所不能障是菩薩彼信行地中見道地中一切世間天人魔梵不能擾動是名菩薩摩訶薩修行力

善男子何者是菩薩摩訶薩忍辱力若菩薩為他所罵而不加報以得如響平等智力故若菩薩為他人所打而不加報以得鏡像平等智力故若菩薩為他所惱而不加報以得如幻平等智力故若菩薩為他所瞋而不加報以得內清淨平等智力故世間八法所不能染以得世法清淨平等智力故一切煩惱不能染不能勝以得集因緣平等智力故舉要言之是菩薩見一切染法門皆是清淨門是名菩薩摩訶薩忍辱力

善男子何者是菩薩摩訶薩智力謂菩薩摩訶薩知陰界入空不生不滅以何等智能集大菩提於彼智中一切諸魔外道邪見現作佛形所不能動亦不擾亂不能令疑是名菩薩摩

訶薩智力

善男子何者是菩薩摩訶薩離力若菩薩身住一處一切衆生到菩薩所惡口毀罵誹謗菩薩亦復毀罵佛法僧寶或撾菩薩若割若截菩薩尒時於彼衆生不生惱害及以瞋心亦復不起煩惱使心及習氣煩惱心若有衆生來化菩薩令起諸惡菩薩尒時化令從已於三寶中得堅固心是名菩薩摩訶薩離力善男子何者是菩薩摩訶薩聞慧力善男子菩薩摩訶薩多聞聞持聞慧海藏聞慧聚集是菩薩成就如是多聞慧力若三千大千世界衆生懷種種疑詣菩薩所一時發問各異不同菩薩尒時其心不動以一音荅斷一切疑如是百千万劫種種疑問菩薩一時一音而荅是名菩薩摩訶薩聞慧力

善男子何者是菩薩摩訶薩樂說力菩薩在於百千万那由他大衆中說法彼菩薩不思惟不分別何等何等衆生樂何等何等法菩薩隨彼衆生而為說法菩薩說法不失字義亦不重說不遲疾說不惡聲說不多少說是名菩薩摩訶薩樂說力

善男子何者是菩薩摩訶薩功德力菩薩若於樹下若在自舍若在空處一切諸魔及其眷屬詣彼菩薩為作破壞為欲擾乱然彼諸魔及其眷屬不能壞乱彼菩薩行彼諸魔衆而自驚怖破壞離散自見摧滅無有救者彼諸魔衆所持器仗刀劒鉾矟長鉤鉞斧闘輪羂索弓箭戈戟如是等事猶如雲雨以彼菩薩摩訶薩功德力故即時變成種種諸華所謂曼陁羅華摩訶曼陁羅華盧遮華摩訶盧遮華陁羅華摩訶陁羅華瞻婆華修摩那華優波羅華鉢頭摩華如是等種種諸華如雲雨下供養菩薩彼諸魔衆所有種種麁鑛言語聞者驚怖如是等聲以是菩薩功德力故即時變成種種讚歎微妙音聲是時菩薩於彼諸魔種種麁惡六塵境界以是菩薩功德力故彼惡境界即滅不現是時菩薩即隨心念而虛空中一切妙境即時現前是菩薩依自功德增上因緣以彼虛空而為庫藏於自掌中成就一切殊勝財寶而現在前悉令一切衆生受用是菩薩掌中勝妙珎寶皆由自力功德而成善男子若以劫壽說是菩薩功德之力不可得盡是名菩薩摩訶薩功德力善男子何者是菩薩摩訶薩如實修行力善男子菩薩摩訶薩有十種如實修行力何者為十所謂布施修行力持戒修行力忍辱修行力精進修行力禪定修行力般若修行力方便修行力願修行力力修行力智修行力是名菩薩摩訶薩波羅蜜相應十種如實修行力善男子諸菩薩摩訶薩其餘一切無量如實修行力皆悉攝在十種如實修行力善男子何者是菩薩摩訶薩布施修行力善男子菩薩摩訶薩無有一物慳而不捨唯除惱害諸衆生事菩薩隨何等心能行施者而彼施心唯除諸佛如來及得忍菩薩餘一切衆生不能得信何況能知是名菩薩布施修行力

善男子何者是菩薩持戒修行力善

男子菩薩持戒修行力有十種何者
為十所謂聲聞持戒修行辟支佛持
戒修行菩薩持戒修行攝受一切善
法持戒修行求善知識不捨持戒修
行護攝受妙法持戒修行常為利益
他持戒修行迴向大菩提持戒修行
常寂靜入三昧持戒修行斷煩惱及
煩惱習氣持戒修行善男子諸菩薩
等善能分別微密持戒以是義故彼
諸菩薩所修持戒非一切種智入不
能得知是名菩薩摩訶薩持戒修行
力善男子何者是菩薩忍辱修行力
菩薩摩訶薩有三種忍辱所謂諸苦
忍辱他所加惡不報忍辱知諸法无
生忍辱善男子諸苦忍辱者以知自
作業故不報惡忍辱者以於一切衆
生得一子心故諸法忍辱者以於一
切法得無生智故是名菩薩三種忍
辱善男子是名菩薩摩訶薩忍辱修
行力

善男子何者是菩薩摩訶薩精進修
行力善男子菩薩隨何等處隨何等
行為成就彼善法修行力故彼彼法

中生如是心我成就此善法為令一
切衆生同得故是名菩薩摩訶薩精
進修行力

善男子何者是菩薩摩訶薩禪定修
行力善男子菩薩不見一法而非寂
靜見一切法自性寂靜滅一切諸覺
遠離心意意識不生不滅不動不乱
是菩薩不見自心定他心乱不見離
自身不見離他身更有三昧而能修
習一切功德精進不息是名菩薩摩
訶薩禪定修行力

善男子何者是菩薩摩訶薩般若修
行力善男子菩薩不見一法離因緣
集不見一法離於空无相無作解脫
不見一法離虛空解脫而能修習助
菩提法精進不息亦化衆生而不休
息是名菩薩摩訶薩般若修行力

善男子何者是菩薩摩訶薩方便修
行力善男子菩薩摩訶薩不見自身
而常護自身密行不見衆生而常教
化衆生不息不見煩惱而常守護諸
情根行菩薩見一切色不離佛色而
常求見諸如來色菩薩聞一切聲不

離諸法聲而常求聞法无有猒足不
見世間而常猒離一切世間不見涅
槃而為得涅槃捨於一切內外之物
不見佛及菩提而恒為得佛及菩提
而常作百千万願現前修行是名菩
薩摩訶薩方便修行力

善男子何者是菩薩摩訶薩願修行
力善男子菩薩摩訶薩不見一法增
不見一法減而能隨喜一切衆生所
作善根迴向阿耨多羅三藐三菩提
亦以自已一切善根共諸衆生迴向
阿耨多羅三藐三菩提而作是言我
因此諸善根必成阿耨多羅三藐三
菩提我因此諸善根成就如是如是
佛國土我因此諸善根得如是如是
大衆菩薩如是大願成就不可破壞
是菩薩修持淨戒不破不漏不點不
汙智者讚歎是菩薩住彼如是淨持
戒中所作大願皆悉成就是名菩薩
摩訶薩願修行力

善男子何者是菩薩摩訶薩力修行
力若有衆生現作佛身詣菩薩所欲
退菩薩菩提之心而作是言何處當

有此菩提法廣說種種破壞之言然是菩薩不可得退轉不可破壞轉念菩提轉念道場念降伏魔念轉法輪念大慈悲於彼破壞衆生邪教衆生不生惡心而以慈悲還教彼人置於善法而是菩薩不失淨信精進正念三昧般若等力是菩薩依彼不退轉力念無量阿僧祇衆生得佛菩提入佛菩提是名菩薩摩訶薩力修行力善男子何者是菩薩摩訶薩智修行力善男子菩薩如實知一切法无有衆生不生不老不病不死唯見於法離我我所是菩薩依如是知諸法智力令無量阿僧祇衆生入彼智中是菩薩一切世間諸魔外道尚不能轉彼真如心何況迴置世間法中是名菩薩摩訶薩智修行力善男子是名菩薩摩訶薩十種修行力

善男子何者是菩薩摩訶薩十智所謂苦智集智滅智道智於苦中法智於集滅道中法智陰智界智入智過去未来智於道及果智是名諸菩薩十智善男子何者是苦智謂苦中苦智於苦中集智於苦中滅智於苦中道智復次善男子於苦空智空無相智苦无願智苦因緣生智唯是苦生如是苦中苦智復次善男子知无明智知愛智知取智名為苦智善男子何者是集智隨何等法集彼集彼智中集智彼集唯是苦是名集智復次善男子知愛是集智名為集智善男子何者是滅智謂過去無所從来智未来不生智現在不住智是名滅智復次善男子知過去法不滅知未来現在法不滅是名滅智善男子何者是道智謂苦智集智滅智道智中求道智知道智是名道智善男子何者是於苦中法智集滅道中法智菩薩生如是心此苦集滅道唯是法如是知於苦中法智於集滅道中法智是名苦中法智乃至道中法智善男子何者是陰智謂五陰中如幻夢智五陰一合智聚集智和合智是名陰智復次知色如聚沫知受如水泡知想如陽焰知行如芭蕉知識陰如幻是名陰智善男子何者是界智謂地界法界而法界非堅相如是水界法界而法界非濕相火界法界而法界非熱相風界法界而法界非動相如是知名為知界復次善男子知微細智是名性智知一切法根本名為界智復次善男子苦智集智滅智道智名為界智復次善男子有二界謂有為界無為界彼有為无為中智名為界智復次善男子眼界色界眼識界法界而法界非見相亦非可見相亦非可知相如是耳界聲界耳識界法界而法界非聞相亦非可聞相亦非可知相鼻界香界鼻識界法界而法界非聞相亦非可聞相亦非可知相舌界味界舌識界法界而法界非甞相亦非可甞相亦非可知相身界觸界身識界法界而法界非聚集和合相亦非觸相亦非陽焰相意界法界意識界法界而法界非生住滅相是名菩薩摩訶薩界智善男子何者是菩薩入智謂入中廣智深智普智縛智剌智怖智誑智无常智障㝵智是名菩薩摩訶薩入智復次善男子菩薩

知入如空聚落如彼空聚落而自不知是空聚落如是彼諸入自不知是空如空聚落菩薩若如是知是名入智復次善男子菩薩如是知十二入所謂眼入色入耳入聲入鼻入香入舌入味入身入觸入意入法入此諸入無我无我所菩薩若如是知名為入智善男子何者是過去未来智謂菩薩知過去知未来是名過去未来智復次善男子知未来无作者知過去滅盡是名菩薩摩訶薩過去未来智善男子何者是於道中及果中智謂於六波羅蜜中智是名道智謂十地中及如来地中智是名果智彼於道中及果中智是名菩薩摩訶薩於道中及果中智善男子是名菩薩摩訶薩十智說此法集法門時七万六千菩薩摩訶薩善聚集過去諸業得無生法忍尒時奮迅慧菩薩語无所發菩薩摩訶薩言善男子汝應當說菩薩摩訶薩諸波羅蜜相應法集何以故善男子此是最勝所說法集所謂說諸波羅蜜何者是諸波羅蜜何

者是波羅蜜法集尒時无所發菩薩語奮迅慧菩薩言善男子諸波羅蜜者謂檀波羅蜜尸波羅蜜羼提波羅蜜毗離耶波羅蜜禪波羅蜜般若波羅蜜方便波羅蜜願波羅蜜力波羅蜜智波羅蜜善男子是名諸波羅蜜何者是波羅蜜法集所謂不見布施名為檀波羅蜜而常捨一切内外之物不見持戒名為尸波羅蜜而常修持一切淨戒頭陁功德等不見忍辱名為羼提波羅蜜而常修行忍辱安樂之行不見精進名為毗離耶波羅蜜而常修習一切善根無有休息不見禪定名為禪波羅蜜而常尊重寂靜之心不見慧名為般若波羅蜜而常修習聞慧之法不見方便名為方便波羅蜜而常現同一切外道為諸衆生發起所念善根事故不見願名為願波羅蜜而常求一切善根共一切衆生迴向阿耨多羅三藐三菩提不見力名為力波羅蜜而常求那羅延身金剛力士為教化衆生降伏憍慢故不見智名為智波羅蜜而常修

行一切功巧技術五明論等善男子是名菩薩摩訶薩諸波羅蜜相應法集復次善男子菩薩不求一切果報而常不捨於心於一切時捨一切事不分別持戒而能捨於身命不毀淨戒一切諸法不能擾動而常遠離瞋宮之心不求一切法而常念一切善根不分別寂靜心而常修行禪定神通三昧於一切法中无有疑心而常求於聞思修慧不求一切法而心常念種種善根之法常住寂靜心而常修行一切諸願斷除一切憍慢高心而常修行成就堅固金剛之身善知一切諸經論等而常求於一切尊重諸善知識善男子是名菩薩摩訶薩諸波羅蜜相應法集復次善男子菩薩摩訶薩心常愛樂檀波羅蜜而現隨順慳嫉衆生心常愛樂修持淨戒而現隨順破戒衆生心常愛樂忍辱之事而現隨順不能忍辱顛倒衆生心常愛樂精進之行而現隨順懈怠懶惰顛倒衆生心常愛樂禪定三昧而現隨順多事散乱顛倒衆生心常

愛樂般若妙慧而現隨順信非善處癡瘂衆生心常愛樂方便善巧而現不求一切所作事心常愛樂大願善根而現隨順厭離世間衆生等行心常愛樂有力而現隨順無力衆生心常愛樂勝智而現隨順无智衆生善男子是名菩薩摩訶薩諸波羅蜜相應法集復次善男子菩薩摩訶薩修行檀波羅蜜者得如意寶手及以虛空而為庫藏修行尸羅波羅蜜者超過一切惡道而得生死自在及柔軟心隨自在心修行羼提波羅蜜者得如来色身莊嚴成就三十二相八十種好見者無猒修行毗離耶波羅蜜者得四無畏及四无㝵修行禪波羅蜜者得一切聲中自在及一切所作業中自在修行般若波羅蜜者得一切法中無所障㝵謂一切法菩提平等故修行方便波羅蜜者得所作業自然謂得身口意業自在故修行願波羅蜜者得於一切生中宿命自在及隨順行隨順所作事修行力波羅蜜者一切煩惱及一切諸魔外道不

能擾乱則得一切世間最高大身故修行智波羅蜜者謂能起過陰死煩惱天魔等故善男子是名菩薩摩訶薩諸波羅蜜相應法集復次善男子菩薩摩訶薩讃歎布施而不以彼布施為清淨讃歎持戒忍辱精進禪定般若方便願力讃歎智等而不以彼等為清淨何以故雖修如是一切法等以能捨故是一切法以分別心故有是故分別心及分別心所生法皆悉捨離是故菩薩分別心及分別一切法心所生法不與共住不生心以為清淨而是菩薩生如是心知无分別無戲論境界證阿耨多羅三藐三菩提心奮迅慧菩薩言善男子言菩提者於何法而說無所發菩薩言善男子言菩提者无分別無戲論法即其言也善男子見我者名為戲論此非菩提遠離我見無有戲論名為菩提善男子著我所著名為戲論此非菩提遠離我所无有戲論名為菩提隨順老病死者名為戲論此非菩提不隨順老病死寂靜無戲論名為菩

提慳嫉破戒瞋恨懈怠散乱愚癡无智戲論此非菩提布施持戒忍辱精進禪定智慧無戲論法名為菩提邪見惡覺觀惡願名為戲論此非菩提空無相无願無戲論法名為菩提復次善男子亦得言一切法是菩提亦得言一切法非為菩提問曰以何義故一切法名為菩提一切法非菩提荅曰於一切法著我我所此非菩提覺一切法平等知一切法真如名為菩提復次善男子言菩提者名為寂静寂靜者名為一切法真如問曰善男子所言真如真如者於何法說荅曰善男子言真如真如者名為空彼空不生不滅問曰若如是一切法空是故一切法不生不滅无所發菩薩言如是如是善男子如汝所知一切法不生不滅問曰若如是何故如来說有為法皆悉生滅佛說有為法皆生滅者此言何謂無所發菩薩言善男子為愚癡凡夫著生滅法故諸佛如来以大慈悲為護驚怖隨順世諦作如是說諸法生滅而一切諸法不

生不滅是故善男子菩薩摩訶薩應知諸佛應知諸佛法應知諸衆生應知諸法應知自身應知身法尒時无所發菩薩摩訶薩欲重宣此義而說偈言

佛及佛出世　諸佛法實體　菩薩如彼法
不放逸而知　諸善无漏聚　佛世智者寂
依衆生心成　修善行因緣　是能知諸法
是能覺諸法　是人到諸行　若能知諸佛
菩提无與者　亦無人取彼　實知自身法
名為覺覺者　若能知自身　唯是相无實
是能知如佛　及知菩提法　唯相諸衆生
虛妄分別說　菩薩如實知　如夢幻等相
妄覺實覺者　無能知此行　若調諸根馬
是能依定知　是人於慾親　及作不可作
亦無取捨法　是名真法集　能正知諸法
故說法集義　不正知諸法　是故說惡法
貪法及離貪　清淨平等見　見貪癡亦然
是名真法集　為利諸衆生　發大慈悲心
而不見衆生　若離於真空　若如是知法
平等无垢處　得妙洲覺處　彼默成正覺
如世間幻師　發心度幻人　彼幻不著幻
以來曾有故　知三界如幻　發大菩提心

為度諸衆生　實知彼衆生　自身如虛空
衆生自性空　一切處見法　得忍住勝洲
不行於諸法　亦不還諸法　以不行不還
得住淨行洲　若住如是實　平等法界心
即時諸佛記　是必成大覺　自身佛亦然
及得受佛記　見彼法平等　即時諸佛記
得無障界處　證滅行世間　一切處无過
以大悲為身　若菩薩有智　欲如是法集
修行是法行　必得是法集

無所發菩薩說此偈時六万二千菩薩得无生法忍八千天子遠塵離垢得法眼淨

復次無所發菩薩摩訶薩說奮迅慧菩薩言善男子菩薩修行實諦法集何以故諸菩薩以實諦智以為法集善男子何者是實諦　善男子菩薩發阿耨多羅三藐三菩提心乃至捨身命不捨彼心不捨諸衆生是名菩薩摩訶薩實諦善男子若菩薩發阿耨多羅三藐三菩提心又時捨心捨衆生者如是菩薩則為可呵是人名為寂上妄語問曰云何菩薩發阿耨多羅三藐三菩提心不復捨彼心不捨

諸衆生荅曰若菩薩知苦諦集諦滅諦道諦是菩薩不復捨彼心何以故是菩薩知實諦是故菩提心不退轉問曰何者是苦云何知苦荅曰於五陰愛不愛逼惱是名為苦菩薩知於彼苦空無壽者无我我所唯是因緣和合而生是名知苦菩薩見彼苦唯是集虛妄不堅固無壽者名為知集菩薩知彼苦從本際不來不至未來際不在現在際无始無終自體本来寂滅自體空自體寂靜如是知名為知滅問曰所言滅者此說何法荅曰善男子言滅者不可言問曰善男子若言滅者不可言何故言滅荅曰善男子說滅者謂客煩惱諸障不實虛妄分別法菩薩不分別彼不實法尒時得言名為滅滅而虛妄法本来无法可滅是故如来說一切法本来寂滅問曰善男子如来說菩薩不證滅若菩薩證滅是菩薩墮聲聞辟支佛地如来何故作如是說荅曰善男子言證者名為現見然滅法不可現見是故如来說滅法不可見若法不可

見彼法亦不可證是故如來說菩薩不見滅不證滅依此義故如來說菩薩不證滅聲聞取法相故證滅知以何等念何等觀何等行如是知如是見如是決定名為知道復次善男子言苦者名為我彼我有相若如是集名為知集菩薩見彼集不見一法能集如是知名為知滅若能如是觀若能如是求名為知道復次善男子隨所隨所法上心著名為苦何以故善男子如來常說隨所心著名為苦隨所心著處不實是故從心著生集名為集苦不著心苦名為滅以何等智不著彼智名為知道善男子我今依實諦智能說諸菩薩若一劫及无量劫說而不可得盡說此實諦智時六万菩薩依實諦熏脩智得不退轉地虛空中无量百千天女於諸法中遠塵離垢得法眼淨

佛說法集經卷第四

佛說法集經卷第四

校勘記

一　底本，金藏廣勝寺本。

一　六九八頁中一行經名及二行譯者，資、磧、普、南、徑、清無（未換卷）。

一　六九八頁下九行第一二字「人」，資、磧、普、南、徑、清無。

一　六九九頁中一七行第八字「鑛」，資、磧、普、南、徑、清作「獷」。

一　七〇〇頁上九行第五字「別」，磧、普作「則」。

一　七〇一頁上六行「不失」，資、磧、普作「不生」。

一　七〇一頁上八行第二字「念」，磧、南、徑、清、麗作「令」。

一　七〇一頁上末行第一二字「若」，磧、南、徑、清、麗作「苦」。

一　七〇二頁中一五行第六字「慧」，磧、普、南、徑、清作「智慧」。

一　七〇二頁下四行第五字「於」，諸本作「施」。

一　七〇三頁上二〇行「自在」，石、麗作「自然」。

一　七〇三頁下一七行「所知」，石、麗作「所說」。

一　七〇四頁上一四行第五字「者」，資作「知」。

一　七〇四頁上一五行第八字「於」，磧、普、南、徑、清、麗作「無」。

一　七〇四頁上二一行第三字「无」，石作「離」。

一　七〇四頁上二一行第一二字「默」，諸本作「黠」。

一　七〇四頁中七行第四字「界」，諸本作「礙」。

一　七〇四頁中一三行第一一字「說」，諸本作「語」。

一　七〇四頁中一四行第九字「修」，資、磧、普、南、徑、清、麗作「應修」。

一　七〇四頁下一一行首字「寂」，石無。

一　七〇五頁上三行第一三字「知」，

〔一〕 石、資、磧、普、南、徑、清作「知滅」。

〔一〕 七〇五頁上末行卷次「第四」，諸本作「第三」。

佛說法集經卷第五　器

元魏天竺三藏菩提流支譯

尒時奮迅慧菩薩語無所發菩薩言善男子何者是菩薩摩訶薩心念處智何者是念云何心念處尒時无所發菩薩摩訶薩語奮迅慧菩薩言善男子菩薩摩訶薩已於一切法中無生智為心念處智以无生智為寂勝諸菩薩彼無生智以无生智業得名一切處不乱一切處直一切處不動如大海水不可量一切聲聞辟支佛無能知以何等心念能聞持一切諸佛如來所說法而不散失是菩薩心念處諸佛如來現前知此是如是菩薩心念處彼菩薩心念處有十種處何等為十所謂身念處受念處心念處法念處念佛念處念法念僧念戒念捨念天心念處是名十種念處善男子何者是菩薩身念處菩薩如是安心此身來不從本際去不至後際不住本際未來際惟從虛妄分別心而生無作者无壽者無前中後際不

住無根本无教者無取者而但以客塵言語而說若身體形狀若質若入若如是觀身此身不堅固惟是父母赤白和合不淨而生臭穢以為體貪瞋癡怖以為賊乱破壞不住種種无量百千万病以為家宅復次善男子菩薩於身中如是安念是身從頭至足衆分聚集所謂足足指跟踝蹲脛髀膝寬骨腰脊胃脇腹肋髖手手指肘腕肩髀頰頷頸項髑髏眼耳如是等事積聚成身以業有為作者以種種煩惱隨煩惱虛妄分別百千万種為窟宅此身多有種種不淨所謂髮毛爪齒血肉皮骨肝膽腸胃生熟二藏脾腎心肺肪膏腦膜黃白痰癊涕唾目淚大小便利臭穢可惡是等无量不淨物聚集如是等中何者是身菩薩如是觀身作是思惟此身無實猶如虛空是名菩薩如虛空念處如是安心見一切法皆如虛空菩薩如是知身於諸法中无有動心不住心是菩薩不動不住名住念處如是住念中能如是知如菩提身亦如是此

中不可得生猒心何以故一切是邪念非正念於何等法中生厭心是名菩薩摩訶薩身念處

又善男子何者是菩薩受念處善男子菩薩生如是心言受者名為覺彼覺有三種謂顛倒不顛倒離彼二又顛倒受者謂一切凡夫散乱心顛倒心彼諸凡夫以无常受為常以苦受為樂以無我受為我以不淨受為淨是名顛倒不顛倒受受者受无常為無常受苦為苦受無我為无我受不淨為不淨此謂聲聞辟支佛受是名不顛倒受離彼二受者受無常非常非無常受苦非苦非无苦受無我非我非無我受不淨非淨非不淨是名菩薩受念處菩薩如是受而不見受者不見能受者亦不見所受菩薩作是思惟如來常說一切有為法以為受若以一切法為受者此中何等法以為受者非所受以為能受以彼所受非能受故而非無為法能受有為法離無為法有為法无受者菩薩如是彼所受不見能受復不見所受亦如是是名菩薩摩訶薩受念處

又善男子何者是菩薩心念處善男子菩薩作是思惟彼受惟是心而心不住不可取無形何等法不可取无形彼所受法為何所似非心非心知非心非心見復作是思惟隨何等心從因緣生見彼諸心皆由他力而有是菩薩不見離心而有菩提知此心法即是菩提菩薩尒時即得心自在以得心自在故即於大乘而得自在尒時即於一切衆生得平等心是菩薩尒時住於大乘中不依他力是名菩薩心念處

善男子何者是菩薩摩訶薩法念處善男子菩薩隨何等法而生正念若善法不善法若可訶法不可訶法若有漏無漏世間出世間法若聲聞辟支佛法若凡夫法非凡夫法是菩薩於彼彼法而生正念善巧能知善業柔軟善能修習善修畢竟善修自力善修自在知平等法不生不滅是菩薩不見一法離於不生不滅不見一法離於空无相無願菩薩作是思惟

一切諸法無有壽者以自性寂靜故一切法无我以自性不二故一切法無障导以自性如虛空故一切法无分別以遠離心意識故一切法寂靜以無煩惱性故一切法无言語以自性不可說故一切法不盡以無為性淨故一切法不可數以過一切數量故一切法正直以過一切戲論故一切法無根本以無種子故一切法无過失以根本自淨故一切法不来以無形故一切法不去以无住故一切法光明以自性空故一切法空以從因緣而有故一切法无諍以無分別故一切法依自智力以隨所念而覺故一切法菩提以智境界故一切法惟是名字以無實物故一切法離諸見以不可見故一切法不縛不脫以无形相故一切法不去以真如為體故一切法一界以不差別於真法界故一切法不差別以實諦平等故菩薩如是觀一切法修行一切法不見衆生差別不見法差別不見乘差別不見佛國土差別不見法差別不見

妙法差别不見縛不見脫不見世間不見涅槃不捨不取不行不住不受不捨而住於寂靜住於不動諸佛如来能見如是寂静解脫菩薩在彼諸佛國土即時諸佛為是菩薩授阿耨多羅三藐三菩提記是名菩薩摩訶薩法念處

又善男子何者是菩薩念佛善男子菩薩修行念佛念一切衆生我為一切衆生成就阿耨多羅三藐三菩提是菩薩安住如是念處念諸佛如来有十力四無畏十八不共法彼諸佛法我必成就復能念彼諸佛如来有如是念不可思議廣大清淨无垢光明離一切使煩惱及斷煩惱習氣以智慧為首智慧為增上以諸佛無為增上至一切所證增上法遠離一切智障煩惱一切聲聞辟支佛不能測量以無分别為體以自然无障㝵為无行無㝵不住照一切衆生心如虚空無分别諸佛如来有如是念菩薩念彼諸佛念實諸佛如来財寳諸佛如来庫藏念如是等法名為念佛善

男子諸佛不念亦非不念於一切處自然無分别諸佛如来有如是念菩薩念於彼念故名念佛諸佛於一切衆生一切法不差别相念於彼念故名念佛諸佛无分别亦非無分别不取亦非不取不去亦非不去不生不滅念如是念故名念佛復次善男子諸佛如来以大功德智慧莊嚴以大慈大悲為行以度衆生聚以為救者為大醫師拔煩惱刺於一切衆生起平等心常在寂静三昧境界不住離世間涅槃到一切煩惱障智障彼岸大衆生住持大衆生依止滅一切生身得法身住法境界一切處心无障㝵於一切時利益一切衆生身口無失不虚妄授記於一切事不可嬈身口意業遠離貪瞋癡等一切煩惱降伏一切諸魔外道不與一切世間諍訟深於一切世間大海重於一切須弥寳山不動不摇過於大地柔軟於水光明於火不著於風無垢於空去速於意如意踰於摩尼寳一切種智平等無二於一切衆生遠離一切著

處度一切衆生精進不休息无量色身無量音聲无量功德無量境界不可思議得畢竟不思議法身超過心意意識境界以明行心斷除三趣悪法大悲增上所有功德與一切衆生共於一切衆生猶如父母慈親平等於諸衆生香塗不生憂喜心住一切處有大光明不可限量究竟彼岸大心衆生大法賢財成就大明行成就大法師能說大法成大丈夫畢竟成就大丈夫相一切世間不能降伏能照一切世間光明大方便行大善境界畢竟大解脫畢竟大身以大衆生為眷屬大身衆生圍遶無障㝵見聞供養修行親近遠離自樂愛樂滅他苦愛樂正法以法為錢財以法為食以法為衣粮以法為根本以法為自在為大法王為法施主常樂捨法常不放逸常樂寂静一切衆生以為橋梁如大王道平坦無障大日光明破諸闇冥如大梵王大智金剛是大法箭清淨色身見无猒足諸佛如来有如是等無量功德菩薩念彼諸功德

已為成就彼功德故修行為成就彼功德故正念是故名為念佛是名菩薩摩訶薩念佛處善男子何者菩薩摩訶薩念法處善男子菩薩作是思惟諸佛如是无量功德皆從法生從法化從法得從法增上從法有從法境界從法依從法成就復作是思惟諸佛如来有相好莊嚴彼亦從法生從法化從法得從法成就諸佛如来有十力四無畏十八不共法亦從法生從法化從法得從法成就諸佛如来有十八不共法彼法亦從法生從法化從法得從法成就所有世間出世間樂彼諸樂事亦從法生從法化從法得從法成就是故我求諸佛菩提應尊重法依法境界依法修行依法畢竟依法堅固是名菩薩法念處復次善男子菩薩作是思惟法平等住於一切衆生法非見高下衆生而生老別我亦如法心無分別平等无異法非見面而起作業以法不朋黨故我亦如法其心平等法非見時而起作業以法無時来而知内心自解

故我亦如法其心平等法非於大衆生而起作業於下衆生不作業以法不高不下故我亦如法其心平等不生分別法非於淨衆生而作利益於不淨衆生不作利益以法遠離高下心故我亦如是其心平等不生分別法非於聖人作利益於非聖人不作利益以遠離福田非福田心故我亦如是其心平等不生分別法非晝作利益夜不作利益非晝不作利益夜作利益以法常不休息作利益故法亦如是其心平等不生分別法不過可化衆生時節我亦如是其心平等不生分別法非於瞋衆生不作利益於不瞋衆生欲作利益以一切處不著故我亦如是其心平等不生分別法不增不減法无量阿僧祇如虛空不盡不增長我亦如是其心平等不生分別衆生不護法不護衆生我亦如是其心平等不生分別法與一切世間作歸依我亦如是其心平等不生分別法无有處生瞋害心以无害相故我亦如是其心平等不生分別

法不住煩惱使以法遠離使煩惱故我亦如是其心平等不生分別法非怖世間求涅槃以法常無分別故我亦如是其心平等不生分別菩薩如是於法中正念是故名為念法善男子是名菩薩摩訶薩念法處善男子何者是菩薩摩訶薩念僧善男子菩薩作是思惟僧者名為如法語者名為法行者名為思法者名為福田法者名為住持法者名為依法者名為供養法者名為所作如法者名為如境界法者名為修行成就法者名為實法者名為直法者名為實清淨法者名為救衆生者名為大慈悲者名為常寂靜境界者名為常歸依法者名為常自淨行法者復次善男子菩薩作是思惟如来說僧非唯一種所謂世諦僧第一義諦僧慚愧僧无慚愧僧聖人僧調伏僧不退轉僧又善男子菩薩於世諦僧攝受修行於第一義諦僧供養修行慚愧僧令得解脫修行無慚愧僧訶責修行聖人僧供養恭敬親近修行調伏僧如佛如

是修行不退轉僧說法修行復次善男子菩薩依是思惟僧者名為不斷佛種以佛子故僧者能與所樂果報以其福田故僧者離煩惱以無畏故僧者捨一切所有以得解脫故僧者名為寂靜以調伏心故僧者名為不雜以無煩惱故僧者遠離惡法以有慚愧故僧者名為隨順語以可化故僧者名為知自身以無憍慢故僧者名為寂靜以無高心故僧者名為知足以无顛倒心故僧者名為斷絕分別以無病故僧者名為到妙洲渚以得无畏處故僧者名為見實以不放逸故僧者名為彼岸以能到彼妙洲彼岸故僧者名為不惡以行阿蘭若行故僧者名為快以畢竟趣道場故僧者名為知三學以修行弟子行故僧者名為行於四念境界以勝諸念修行者故僧者名為修行四正勤境界以修行精進故僧者名為修行四如意足境界以不疲倦故僧者名為修行五根境界以不破壞故僧者名為修行五力境界以降伏諸煩惱剌

故僧者名為修行七覺行以无障导故僧者名為修行八聖道境界以正見故僧者名為修行實諦境界以得師處故僧者名為修行諸禪境界以定心故僧者名為修行因緣集境界以能轉法輪故僧者名為大慈悲以不退轉處故僧者名為一切功德聚集以一生得大菩提故又善男子菩薩如是念僧已作是思惟僧者如是無量功德我皆欲得亦令一切衆生畢竟成就善男子是名菩薩摩訶薩念僧處

善男子何者是菩薩摩訶薩念戒善男子菩薩作是思惟所有世間出世間一切勝妙果報彼諸果報皆因持戒而得何以故依因淨戒根本力故善男子辟如一切草木藂林依地為根本如是一切世間出世間妙果依戒為根本菩薩摩訶薩住於持戒能與一切天人作大福田復能滿足施者功德善男子菩薩住於持戒生歡喜心心歡喜故不生憂惱不憂惱故心得踊悅得踊悅故得身心倚身心

倚故心得樂心心得樂心故而得三昧得三昧故得如實知以如實知菩薩於一切衆生生大悲菩薩作是思惟我令以此如實三昧法門如實知為令一切衆生成就是菩薩以大慈悲心勤修依彼大慈悲心修持增上戒增上三昧增上慧滿足得阿耨多羅三藐三菩提是故我今修持妙戒不動不放逸我憶念一切衆生而修持戒何以故若菩薩不憶念一切衆生持戒則非菩薩戒是故我今為令一切衆生得安隱樂修持淨戒復次善男子菩薩作是思惟菩薩出家修持淨戒則能遠離一切世務之事菩薩者於染衣則能滿足捨一切所愛之物菩薩受持淨戒則能滿足身口意清淨菩薩愛念持戒則能滿足六通菩薩宴坐持戒則能滿足菩提分法菩薩聞於妙法修持淨戒則能滿足四無导智菩薩推求多聞智慧修持淨戒則能滿足不自高心菩薩親近善知識修持淨戒則能滿足一切功德菩薩修持施波羅蜜戒則能滿

足一切智智菩薩如所聞法如說修持淨戒則能滿足為大法師菩薩如所聞法思惟持戒則能滿足得陁羅尼菩薩念菩提心修持淨戒則能超過一切諸惡得滿足戒菩薩不生害心修持淨戒則能滿足不失菩提心菩薩不失菩提心修持淨戒則能滿足不失三寶心菩薩作是思惟若有能護修持戒者世間所有可護之者皆悉能護是名菩薩摩訶薩念戒善男子何者是菩薩摩訶薩念捨善男子菩薩作是思惟所有一切可捨之法皆悉攝於二種捨中謂法捨財捨善男子菩薩資生施者悉能滿足三十二相八十種好淨佛國土教化衆生菩薩法捨者亦能滿足十力四無畏十八不共法能斷煩惱及以煩惱習氣復次善男子菩薩於資生能捨慳心捨法因緣能過聲聞辟支佛地復次捨財者能清淨生身捨法者能清淨法身復次捨財功德能捨父母生身何者有此捨力惟除初地菩薩一切世間所無捨法者能成就為意通

力誰有此力惟除諸佛如来及住地菩薩一切世間所無復次捨財能教化衆生施法能令得解脫復次捨財能得聚集功德施法能令到於彼岸復次捨財能施半施法一切捨復次施財能得斷煩惱解脫施法能成就離智障解脫復次捨者若能捨於虛妄分別此捨中㝡勝菩薩謂捨虛妄分別之心何以故菩薩捨於虛妄分別是故名為清淨菩薩問曰言虛妄者此說何法荅曰善男子言虛妄者說不實戲論法問曰云何名為不實戲論荅曰若人如是思惟我貪我瞋我癡我染我淨我不淨我行世間我入涅槃如是等一切皆是不實虛妄分別戲論之法何以故一切惟是因緣而為无我無我所无衆生無人无命無我无壽者無作者无教者彼諸因緣自性空寂遠離心心意識彼諸因緣不能思惟不能分別不能染不能淨不能行世間不能入涅槃是故菩薩能知如是虛妄法不能作是思惟是其實有捨如是心故名為捨善

薩若能念如是法名為念捨復次善男子菩薩摩訶薩有三種捨謂捨大捨增上捨何者是菩薩摩訶薩捨謂飲食穀米倉庫衣服騎乘燈明香熏華鬘塗香末香幡蓋幢帳車轝瓔珞帳首冠金銀珎寶諸如是等不為惱害衆生之具惟除能害衆生之事餘一切物無有不捨是名菩薩摩訶薩捨何者是諸菩薩摩訶薩大捨善男子菩薩摩訶薩成就捨已能捨所愛妻子男女大小奴婢僕使臣佐吏民舍宅園觀國土王位是名菩薩摩訶薩大捨何者是菩薩摩訶薩增上捨善男子菩薩成就於捨及以大捨故成就增上之捨所謂能捨手足耳鼻頭目髓腦血肉筋骨脣舌牙齒連膚爪髮如是一切悉皆能捨是名菩薩摩訶薩增上捨又善男子菩薩念如是捨大捨增上捨我當畢竟成就捨大捨增上捨尒時得名念捨菩薩善男子是名菩薩摩訶薩念捨

善男子何者是菩薩摩訶薩念天善男子菩薩念清淨天所謂念聲聞辟

支佛菩薩諸佛如来云何念彼修行念功德念不生念所受境界念始行念修行念成就是名念天復次善男子菩薩念諸天云何念諸天修善業行得勝果報何者是善業行所謂十善業道遠離不善業道以此善業因緣得彼諸天色妙樂清淨諸根勝妙果報又菩薩於彼勝妙果報起隨喜心而生大慈以彼妙樂果報共一切衆生迴向阿耨多羅三藐三菩提菩薩作是念欲令衆生得天妙樂復為成就彼諸善根發大精進於生惡道衆生起大悲心菩薩作是思惟我應教一切衆生修行善業令生天上即於天中得阿耨多羅三藐三菩提菩薩作是念已教諸衆生修善生天令不退失彼天妙果即從彼樂得无上樂所謂如来寂靜妙樂是名菩薩念天善男子是名菩薩摩訶薩十種念處尒時無所發菩薩摩訶薩欲重宣此義而說偈言

不見苦為苦　以見苦即空　若不離於苦
空法不可得　欲得見空者　應見於苦義

以苦為空義　彼空无為故　苦無有作者
以苦非作法　離苦誰作者　而亦无前後
無有實集者　若能實集苦　此中何處集
以苦非作者　苦无所從来　去無所至處
與何法共合　離苦何處有　說愛以為集
若能集於苦　愛實无有愛　離愛云何集
以苦無所来　是誰得未来　說滅以為定
離於去来法　諸法自性滅　根本清淨明
諸法同寂靜　以離前後際　法若是先生
後則應有滅　離滅云何生　離生無彼滅
如是求智慧　說名無漏道　說道如筏喻
以必捨筏喻　若聚集捨法　彼法何應樂
捨道住妙洲　是名得解脫　說得解脫相
不諍於諸法　以於一切法　證真如道故
髮毛及爪齒　脂膚血肉骨　涕唾大小便
肝膽以腦膜　心肺大小腸　聚積名為身
虛妄分別宅　智者如是觀　無有實作者
及離於受者　猶如空聚落　如是虛妄身
說受名為受　彼受誰能受　受者離於受
老別不可得　智者如是念　彼智者觀受
其相如菩提　寂滅清淨明　身中不見心
心中不見心　是人離熱惱　雖離而不喜
見法惟是心　遠離於分別　不捨真如行

以得无障境　諸法不自生　亦復非他生
離諸數盡相　平等如虛空　如實知此法
智者無去相　知法亦不住　以住於平等
若能如是念　於諸法不動　是人到彼岸
如諸佛福田　知諸法名佛　一切處无垢
聚集清白法　安隱諸衆生　念寂及妙色
亦念諸功德　菩薩滿諸法　必得無上道
是菩薩供養　三世諸如来　法中念不動
以常定境界　善縛堅固鎧　念妙法境界
得无上菩提　菩薩堅固行　如法我亦然
若作如是念　此念法應知　所謂諸菩薩
離我及我所　如法我亦然　若能如是念
名修妙法念　諸佛弟子僧　是無上福田
必得佛菩提　常念如是人　如海不可量
我念如是人　迴此諸功德　令一切成佛
善修不退戒　我念彼戒行　所有諸功德
盡欲與衆生　迴向无上道　令得畢竟樂
如是名念戒　能與衆生樂　捨資生及法
亦捨諸煩惱　有福為衆生　迴向無上道
如是成捨念　不住於二道　離相自然行
所在如日照　一切凡聖人　皆從善業得
以彼諸因果　大悲施一切　如是諸妙行
為與增上樂　即於彼天中　成無上正覺

尒時無所發菩薩摩訶薩奮迅慧菩薩摩訶薩是二大士及无量眷屬俱詣佛所到佛所已頭面礼足遶百千帀奉承尊意退坐一面并諸眷屬亦坐一面而白佛言世尊我等二人於勝樓閣妙寶臺上說法集時諸佛如来於一切法悉知見覺无有障导世尊我等二人所說法集隨順佛意不耶尒時佛告二菩薩言善男子如汝所說諸佛如来於一切法悉知見覺無有障导善男子汝等二人所說法集善順我意善男子一切菩薩所有言說皆是諸佛如来威神之力善哉善哉善男子汝今快說此妙法集若有諸菩薩欲說法集者應如汝等所說善男子汝等所說妙法集者則為已作諸佛如来所作之事善男子我於汝等二人所說法集生隨喜心尒時慧命舍利弗語无所發菩薩摩訶薩言善男子汝以何義名無所發无所發菩薩言大德舍利弗若有菩薩休息一切身口意業不著一切所作之事不求一法不離煩惱不欲得法

見過去未来諸法真如平等亦不見法有下中上是故名為無所發復次大德舍利弗一切諸法皆无所發以本無故舍利弗法若有始則有所發諸法无始無始云何言有所發慧命舍利弗言法若如是汝云何言說於法集無所發菩薩言大德舍利弗我无所發而說法集無所發菩薩謂舍利弗言舍利弗於意云何汝之問為有所發問為無所發問若言有所發問者依何因緣而有所發然不離於法而有法所發不離於法而有所問大德舍利弗若是無發問者則為入我所說法集慧命舍利弗言善男子我有所問汝亦有說云何而言无所發耶無所發菩薩言大德舍利弗汝之所問我之所說皆如幻說如是菩薩摩訶薩安住真如法界所說應知大德舍利弗夫幻人者無心无心數法一切衆生亦復如是无心無心數法若如是者云何有發大德舍利弗如因幻師幻有所說如是菩薩摩訶薩依真如法界能有所說應如是知

慧命舍利弗言善男子辟如幻師所作幻事非實非不實若如此者汝亦應尒非實非不實无所發菩薩言大德舍利弗諸佛如来覺一切法皆如幻相故說諸法虛妄如幻舍利弗言如是善男子諸佛如来覺一切法如幻說一切法如幻無所發菩薩言大德舍利弗猶如彼幻非實非不實一切諸法亦復如是非實非不實應如是知無所發菩薩言舍利弗若諸法有實不實者不應說言一切諸法猶如幻相慧命舍利弗言善男子汝何所為行菩薩行無所發菩薩言大德舍利弗我行菩薩行不為於義非不為義何以故若有菩薩為義行者如是菩薩則有所見而行於行若有所見而行其行如是菩薩則不隨順諸如来何以故若有所見而行其行者如是之人尚不能隨無生法忍何況即入无生法忍若離無生法忍則不隨順諸佛如来若不為義而行於行如是之人行於邪道行邪道者此則無實義慧命舍利弗言善男子若不

為義非不為義如是菩薩於何處行
無所發菩薩言大德舍利弗隨在何
處一切毛道凡夫所行菩薩即彼處
行舍利弗言善男子毛道頭凡夫於
何處行無所發菩薩言大德舍利弗
隨諸佛如来於何處行毛道凡天即
彼處行而毛道頭凡夫不知諸佛隨
處行我亦彼處行慧命舍利弗言善
男子若毛道頭凡夫不知諸佛所行
境界云何而言諸佛如来隨何處行
毛道凡夫即彼處行無所發菩薩言
慧命舍利弗汝今能知佛境界不舍
利弗言善男子我但如彼文字而取
云何能知諸佛境界善男子然諸聲
聞從於如来聞聲分別而言得知善
男子諸佛境界无量無邊而不離諸
佛境界更有凡夫境界無所發菩薩
言大德舍利弗若不離諸佛境界更
有凡夫境界者舍利弗向言諸毛道
凡夫不知佛境界此言云何慧命舍
利弗言善男子諸佛如来超過世間
毛道凡夫行於世間是故諸毛道凡
夫不知諸佛境界無所發菩薩言大

德舍利弗於意云何諸佛如来有所
得有所住有所利益不舍利弗言善
男子諸佛如来無法不知知一切法
覺一切法已能於有為法中利益衆
生無所發菩薩言若舍利弗如是知
何故言諸佛如来超過世間此是大
德舍利弗不思量而說舍利弗若如
来超過世間即如来無所得无所住
无所作利益舍利弗汝言已壞尒時
慧命舍利弗語无所發菩薩言善男子
我先已壞非適今也曾於過去退善
根及一切智智心故善男子我於仁
者樂說辯才深生隨喜願一切衆生
皆得是辯才說此法集時八万菩薩
得無生法忍六万天子遠塵離垢得
法眼淨五千比丘轉聲聞心發阿耨
多羅三藐三菩提心彼諸比丘佛為
授記各於種種佛國土中成阿耨多
羅三藐三菩提

尒時無所發菩薩摩訶薩白佛言世
尊世尊云何菩薩摩訶薩善知可取
能取法佛言善男子若菩薩知一切
法菩薩尒時善知可取能取法無所

發菩薩言世尊云何善知一切法佛
言見一切法如夢幻乹闥婆城陽焰
火輪水中月化鏡中像無所發菩薩
言世尊何者是一切法而見如夢幻
乹闥婆城陽焰火輪水中月化鏡中
像佛言善男子言一切法者謂眼色
耳聲鼻香舌味身觸意法善男子是
名一切法見如夢幻乹闥婆城陽焰
火輪化水中月鏡中像能取者謂眼耳
鼻舌身意可取者色聲香味觸法菩
薩摩訶薩悉見知覺能取可取諸法
亦能善說是故名為一切智者若一
切智者是人離使煩惱若能離使煩
惱是人無我無我所如虛空無分別
於一切衆生得平等心以得平等心
故得一切處寂静心得寂静心故名為
法行自然堅故者於一切衆生作上
首者一切法中無障礙者大慈大悲
者不可動轉者三藐三佛陁者無
所發菩薩言世尊菩薩欲得諸佛如
來妙法云何修行佛言菩薩欲得諸
佛如來如是法應生平等心猶如大
地以能忍受一切衆生諸不善行及

惡語言故又應生平等心猶如淨水
以能洗除身及衆生虛妄分別微塵
煩惱垢故又應生等心猶如猛火能以
智火焚燒自及諸衆生煩惱薪故又
應生等心其相如風以能遠離一切
着故又應生等心猶如虛空以一切
處無障礙故善男子如師子王菩薩
亦尒以一切處不驚不怖故譬如龍
爲菩薩亦尒以調伏心荷負一切衆
生諸重擔故譬如大雨菩薩亦尒以
其降澍妙雨故譬如日光菩薩亦尒
以智慧光照一切衆生故譬如明月
菩薩亦尒以一切衆生隨其所在見
者愛樂故譬如大賈主菩薩亦尒將
導衆生趣一切智大寶洲故譬如良
醫菩薩亦尒以能療治一切衆生煩
惱病故如拔刺者菩薩亦尒以能拔
出一切衆生於諸法中疑惑故譬如
海導師菩薩亦尒以能善知一切智
知諸方義故譬如船舫菩薩亦尒以
能善度諸世間衆生大海水故譬如
衆水河池等菩薩亦尒以能資潤一
切衆生故如王大道菩薩亦尒平等

能津通諸衆生故譬如寶洲菩薩亦
尒以能具足一切菩提分法故譬如如
意寶須者皆得菩薩亦尒能與衆生
無量利益所求法故譬如良馬菩薩
亦尒以能運伐疲苦衆生故譬如大海
菩薩亦尒智慧甚深難測量故譬如
須弥山菩薩亦尒於佛菩提不傾動
故譬如一切諸妙寶樹菩薩亦尒以
能具足勝莊嚴故譬如閻浮檀金菩
薩亦尒以希有難得故譬如帝釋王
菩薩亦尒於諸法中能得增上自在力
故譬如大梵王菩薩亦尒具足寂靜
諸威儀故譬如護世四天王等菩薩
亦尒以能護持勝妙法故譬如轉輪
王菩薩亦尒以能修行十善業故譬
如大臣菩薩亦尒以能守護諸佛如來
秘密法故菩薩應生出家心以善住
沙門法故菩薩住沙門法中以寂靜
身口意業故菩薩住阿蘭若處以成
就禪定三昧三摩跋提通明解脫故
菩薩住禪定中以得真如甚深空故
菩薩住寂靜處以能教化乾闥婆緊
那羅摩睺羅伽成就呪術妙藥聖人法

故菩薩安住明智以能具足成就三明
故菩薩住於勝寂以得殊妙六通法故
菩薩住多聞慧以能善知陰界入等差
別法故菩薩住於師處以能善知一切
諸論故菩薩住法師地以能離飲食
供養說法教化故菩薩善住毗尼法
中以能遠貪瞋癡等諸煩惱故菩薩
住於摩夷處以能一切處寂靜故菩薩
住於柔耎心以能遠離一切所求故菩
薩不住掉心以能遠離貪煩惱故菩
薩不住高心以能遠離瞋煩惱故菩
薩不住諸惡語言以能遠離癡心故
菩薩不住雜亂語言以能成就善護
言語故菩薩住於大師以能修行大
乘法故菩薩善住荷擔負重以能成
就大菩提心故譬如大水菩薩亦尒
以能利潤受用衆生故譬如大城菩薩
亦尒以能滿足一切智智功德故譬如
僮僕菩薩亦尒以大慈悲代諸衆生
勤苦事故復次善男子菩薩於惡衆
生生柔和心於憍慢衆生生恭敬心
於諂曲衆生生質直心於稠林行衆
生不生稠林行心於不修行衆生生

救度心於無慚衆生生於慚心於無
愧衆生生於愧心於邪論衆生生不
怯弱心處於大衆不生怖心世間之
法不能染汙一切諸魔不能破壞外
道邪論不能降伏於所尊者生敬重
心常於師長生供養心於多聞者生奇
特心於得禪定者生希有心於黠慧
者生深行心於諸法師生如愛敬佛
心於諸菩薩生歸依心於諸如來生
究竟心於如實修行者生堅固心於
一切煩惱不驚不怖不證涅槃起大
慈悲行世間行為度衆生不以染
心說法教化而常遠離一切供養恭
敬故遠離顛倒心以如實知無常苦
空無我不淨故具足解脫心以能遠離境
界故成就如實生以生聖人如實家故
成就如實智慧以常出家心故成就聖
行以如實知苦集滅道故成就大人相
以具足持戒多聞不放逸故成就一切
衆生平等心善知世間無我故成就不
顛倒法以聖印為印故成就道場心以
不退印為印故諸菩薩等常成就清
淨心行成就普莊嚴威儀行不樂說世

閒技術語言不樂近惡知識不樂供
養恭敬諸事不樂說世間雜語不樂說
諸國土事不樂說諸王事不樂說賊盜
事不樂說婦女事不樂說吉會事不樂
說征戰事不樂朋黨諍訟不樂諸惡國
城邑聚落邊地難處不樂近伎樂歌
儛戲笑等人復次善男子不樂與慳嫉
人俱不樂與破戒邪見多集諸惡放逸
輕法等人俱不樂與多瞋恨顛倒亂心
人俱不樂愚癡瘖瘂如是等人悉不
與俱菩薩摩訶薩常樂勇猛捨法資
生無畏等施斷除貪瞋癡煩惱大妙行
者樂離憒亂處樂於靜默常樂閑獨
所謂高山巖嶺蕭壑草木叢林凊
泉流水樂如是等清閑之處初夜後夜
捐於睡眠精勤修行發聞思修慧及諸
禪定三昧陀羅尼自在神通無量無邊
百千万億法門而現在前見無量百千万
億佛得百千万億三昧百千万億陀羅尼
門能教化百千万億衆生菩薩應成就
如是等心則能得彼如來妙法
尒時無所發菩薩摩訶薩白佛言世尊
若能如實修行者此大乘法故即是如說

修行者所乘之法若能不放逸者是人
名為如實修行世尊又如實修行者謂
發菩提願不放逸者謂滿足菩提願
復次如實修行者謂修行布施不放逸
者謂不求報復次如實修行者受持淨
戒不放逸者成就不退戒復次修行者
始修忍辱行不放逸者得無生法忍復
次修行者求一切善根而不疲倦不放逸
者捨一切所作事故復次修行者始修
禪定不放逸者不住禪定復次修行
者滿足智慧不放逸者不戲論諸法復
次修行者守護妙法不放逸者不見諸
法復次修行者令諸衆生得大菩提不
放逸者不見諸衆生復次如實修行者
聚集一切善根不放逸者迴向大菩提
復次如實修行者以菩提為實法不放
逸者如實知一切法如菩提相復次如實
修行者得無生法忍不放逸者願取有生
復次如實修行者住諸道場示現一切勝
莊嚴事不放逸者如實知阿僧祇劫復次
如實修行者如實知菩提不放逸者過
去諸業皆善修故復次如實修行者至
大涅槃不放逸者善知諸法本性寂滅

世尊菩薩摩訶薩善能如是修行及不放逸於得菩提不以為難世尊以是義故菩薩摩訶薩應當修習如實修行及不放逸世尊是則名微妙法集

法集經第五卷　三十三張　照字号

佘時慧命舍利弗白佛言世尊如我解佛所說義者若有菩薩摩訶薩於佛如來及諸菩薩所說法集聞而生信及能修行是諸菩薩有妙法集何以故若不信法者則無法集若不行精進者亦無法集若人能於諸聖所說法中生希有心生如實心是菩薩有妙法集世尊若人不自讚己亦不毀他是人有妙法集世尊若人於聖慈心於非聖攝受心若有人不見自勝不見他劣若人於平等法生於等心於不平等法亦生等心於等亦生等心於等不等亦生等心而不分別等以不等是人有妙法集若人但聞一句而能了知百千万句當知是人有妙法集若人聞法不静不亂若人聞法不縛不解若人聞法不行不住若人聞法不增不減若人聞法不喜不瞋若人聞法不住世間不入涅盤世尊若能如是入於法集當知是人有妙法集世尊我今所說法集為得隨順如來所說法集不耶

法集經第五卷　三十四　照

佛言如是舍利弗舍利弗汝之所說隨順佛意

法集經卷第五

佛說法集經卷第五上

校勘記

一　底本，金藏廣勝寺本。

一　七〇七頁中一行卷次「第五」，諸本作「第四」。由於分卷不同，出現以金藏廣勝寺本爲底本之本卷「卷第五」與以麗藏本爲底本之次卷「卷第五」情況。爲了予以區別，兹稱本卷爲「卷第五上」，次卷爲「卷第五下」，於目録中分別標出。

一　七〇七頁下六行第八字「家」，資、磧、普、南、徑、清作「窟」。

一　七〇七頁下九行首字「髀」，麗作「髀」。

一　七〇七頁下九行第三字「寛」，磧、普、南、徑、清、麗作「髖」。

一　七〇七頁下一〇行「頻頷」，石作「頰頤」；資、磧、普、南、徑、清作「頭頰」。

一　七〇七頁下一五行「澹䐑涕」，資、

作「澹陰洟」；磧、普、南、徑、清作「痰癊洟」；麗作「痰陰涕」。

一　七〇八頁上六行末字「又」，磧、普、南、徑、清作「受」。

一　七〇八頁上一〇行「不顛倒受」，資、磧、普、南、徑、清、麗作「受不顛倒」。

一　七〇八頁上末行末字「所」，石、資、磧、普、南、徑、清作「能」。

一　七〇八頁中一行首字「受」諸本作「受者能教彼所受者是菩薩見如菩提所能受」。

一　七〇八頁中五行第九字「似」，南、徑、清作「以」。

一　七〇九頁下三行第七字「不」，資、磧、普、南、徑、清作「不可」。

一　七〇九頁下七行第六字「塗」，磧、普、南、徑、清作「塗刀割」。

一　七〇九頁下九行第六字「賢」，磧、普、南、徑、清作「資」。

一　七〇九頁下二〇行第一〇字「大」，南、徑、清作「如」。

一　七一〇頁中一一行末字「法」，諸本作「我」。

一　七一〇頁中一九行第八字「法」，磧、南、徑、清作「法法」。

一　七一〇頁中末行首字「相」，石無。

一　七一〇頁下一三行第六字「直」，資、磧、普、南、徑、清作「真」。

一　七一〇頁下一六行第四字「自」，石、資、磧、普、南、徑、清作「白」。

一　七一一頁上一三行第一一字「實」，石、資、磧、普、南、徑、清作「實相」。

一　七一一頁上二〇行第一二字「修」，石無。

一　七一一頁中四行首字「師」，諸本作「歸」。

一　七一一頁中一二行三字「處」，石、資、磧、普、南、徑、清作「念處」。

一　七一一頁下二行第一三字「知」，諸本作「知故」。

一　七一一頁下三行第九字「悲」，資、磧、普、南、徑、清、麗作「慈悲」。

一　七一一頁下六行第三字「動」，諸本作「熏」。

一　七一二頁中八行「菩薩」，諸本作「第一」。

一　七一二頁下四行末字「嵐」，磧、南、徑、清、麗作「熏」。

一　七一二頁下六行首字「帳」，資、磧、普、南、徑、清無。

一　七一二頁下一六行第一一字「牙」，石、資、磧、普、南、徑、清作「斷」。

一　七一三頁上一行第一一字「念」，麗作「念念」。

一　七一三頁上二行「於苦」，石、資、磧、普、南、徑、清作「苦法」。

一　七一三頁下二〇行第五字「念」，資、磧、普、南、徑、清作「心」。

一　七一三頁下二一行第一〇字「人」，資、磧、普、南、徑、清作「天」。

一　七一四頁中九行第一三字「問」，資、磧、普、南、徑、清、麗作「所問」。

一　七一四頁中一二行第四字「法」，磧、普、南、徑、清無。

一　七一四頁下一七行末字「諸」，資、

磧、普、南、徑、清、麗作「諸佛」。

一七一五頁上四行第一一字、七行第七字、九行第六字「頭」，徑、清、麗無。

一七一五頁上六行「毛道凡天」，資、磧、普、南作「毛道頭凡夫」，徑、清作「毛道凡夫」。

一七一五頁上一一行、一九行、二二行「毛道」，資、磧、普、南作「毛道頭」。

一七一五頁上二二行「行於」，資、磧、普、南、徑、清作「於行」。

一七一五頁中一五行「天子」，石、資、磧、普、南、徑、清作「天子得」。

一七一五頁中二一行第二、三字「世尊」，麗無。

一七一五頁下二〇行第一二字「諸」，磧、普、南、徑、清、麗作「如諸」。

一七一六頁上一八行第一一字「惑」，資、磧、普、南、徑、清作「惑心」。

一七一六頁上二一行「世間」，資、磧、普、南、徑、清無。

一七一六頁中五行第六字「伐」，諸本作「代」。

一七一六頁中一二行第一三字「寂」，磧作「彼」。

一七一六頁下五行第一二字「離」，資、磧、普、南、徑、清作「遠離」。

一七一六頁下七行第四字「遠」，資、磧、普、南、徑、清作「遠離」。

一七一六頁下一〇行第一〇字「貧」，諸本作「貪」。

一七一六頁下一九行第八字「大」，資、磧、普、南、徑、清作「心」。

一七一七頁上八行「如愛敬」，資、磧、普、南、徑、清作「愛敬如」。

一七一七頁上二二行第二字「退」，資作「道」。

一七一七頁下一九行「住諸」，資、磧、普、南、徑、清、麗作「往詣」。

一七一八頁上四行第九字「名」，資、磧、普、南、徑、清作「名爲」。

一七一八頁中二行第八字至一〇字「舍利弗」，資、磧、普、南、徑、清無。

一七一八頁中末行卷次「第五」，諸本作「第四」。

佛說法集經卷第五　器

元魏天竺三藏菩提流支譯

尒時慧命大目揵連白佛言世尊若菩薩作是思惟我能說法集如是菩薩則不能說何以故有我見者生如是心我能說法彼人聽法若人遠離我相是人不見我能說法他能聞法不見彼二非不見二世尊一切有法皆非實有隨何等法生分別心謂是實有當知是法虛妄無實諸菩薩等於彼法中不生分別是法實有何以故不生分別謂是實有菩薩摩訶薩知一切法虛妄不實猶如幻人有所言說世尊夫虛妄者實無而似有如是之法隨順於空不違因緣隨順不生不滅是人不違空法及諸因緣隨順不生不滅捨離種種分別斷我我見遠離一切邪見諸菩薩摩訶薩知諸法虛妄而能隨順世間說名為有若能如是說虛妄法令他人知是名法集能說者說何等法以為法集說一切法法皆一相如是法集是名微妙法集世尊我今所說法集為得隨順如來所說法集不耶佛言如是目揵連如汝之所說隨順佛意

尒時慧命富樓那弥多羅尼子白佛言世尊世尊若人為求福故說於法集是人所說則為可可何以故以著我故若著我我所相是人所作罪行福行不動行不離邪見所作事當知是人不能自利亦不利他世尊若人不能知如是法集是人不起罪行福行及不動行若人能知法集是人不集五陰亦非不集不集十八界亦非不集不集十二入亦非不集是人不取衆生亦非不取法亦非不取不取實亦不取虛不取境界亦不離境界是人不取貪瞋癡亦不離貪瞋癡不取世間不取涅槃不取諍訟亦不取默然不取空亦不取邪見不取無相亦不取覺觀不取無顛亦非不取不取諸佛法亦不取凡夫法不取法亦不取非法不取聖僧亦不取外道僧世尊菩薩摩訶薩知一切法不求究竟處何以故是菩薩知一切法無非

法集經卷第五　第二張　器

究竟故是菩薩不求解脫一切諸法本性寂滅無非解脫是菩薩不樂一法亦不猒一法是菩薩知諸佛法非是自法亦非他法不取一法不捨一法若有取捨則為可可不行不住若有行住是亦可可不喜不憂若有憂喜是亦可可世尊如是所說名為法集世尊我今所說法集為得隨順如來所說不耶佛言富樓那汝之所說隨順佛意

尒時慧命摩訶迦旃延白佛言世尊若人有法相非法相依此二相說法者是人名為住無明中何以故若人見非法如實見則是真法世尊若菩薩如實見非法即是真如世尊夫真法者無所從來無所至去法不依人世尊法於人不遠不近法於衆所亦無遠近世尊法無是念我於上衆生行於下中衆生不行於下中衆生行於上衆生不行世尊法非相得名亦非非相得名何以故世尊聖人見所有相者皆是縛非相者亦是縛世尊法非離亦非修行世尊能知法者遠

法集經卷第五　第三張　器

難離作行世尊法不與他亦不自取而隨所欲利益不同以無作者故世尊法於諸佛不生親想毛道凡夫不起怨心世尊以無分別戲論想故世尊法不近佛不遠凡夫而隨所行得法不同世尊如是之法是名法集世尊我所說法集為得隨順如來所說法集不取佛言摩訶迦旃延汝之所說隨順佛意

爾時慧命大迦葉白佛言世尊若人求於寂靜而說法集如是之人則無法集世尊一切諸法不離寂靜以無二故夫二法者不知於二以其遠離心意意識智故一法者亦不求二以其遠離求欲法故一法者亦不二以無所造作故復次世尊夫寂靜者則不二法不二法者不離諸法世尊一切諸法不二相以自性空故自性無相自性無願自性無行自性不生不滅非清淨相而亦可得亦非不淨相而是可得非慳者得非能施者得非破戒者得非持戒者得非瞋恨者得非忍辱者得非懈怠者得非精進者

得非散亂者得非禪定者得非愚癡者得非智慧者得若能如是不得諸法是則名為真實得法若於諸法有所得者則不能得有所行境界者則不能得心行境界者行二法者見所有法者依止法者求證法者離煩惱者求究竟者見佛者見法僧者見世間者見涅槃者則不能得如是境界

復次世尊若人求法者於一切法應無所求世尊於一切法無所求者名真求法世尊正見菩薩不見於法及以非法而於諸法如是思惟遠離我所心無所著名為真法若遠離虛妄不實名為真法若遠離一切求名為真法若知一切法離戲論名為真法若有菩薩能如是說是則名為真實法集世尊我今所說妙法集為得隨順如來法集不取佛言迦葉汝之所說隨順佛意

爾時慧命須菩提白佛言世尊夫言法者名為不諍若能不諍是人有法世尊眼之與色無有諍競耳聲鼻香舌味身觸意法亦無所諍是名為法

又云何眼色二法無所諍競以不和合故以此二法不相到故耳聲鼻香舌味身觸意法亦不和合不相到故夫不到不合法皆無違諍世尊法無有二是故法不諍世尊諸法無二各不相知不知不分別離種種分別不生不滅不增不減不樂不猒不住世間不住涅槃夫真法者不言人能得法法為人得世尊諸法不猒不樂不染不淨世尊若人言我知我覺我說如是之言皆是虛妄分別十二入法世尊而此諸入無如是心我能分別若人能知如是之法當知是人不與物諍若能不與物諍是人隨順沙門道法若能隨順沙門行法是人不去不來不行不住不進不退見諸法則法行見諸法則解脫行見諸法則法界見諸法則究竟而不見有究竟之者諸所見法唯是名字唯是虛假唯是幻偽若能如是見虛假不實如是等人名為見法世尊見法者名為見佛見非法名為見佛見佛者名見諸衆生見非衆生名見因緣見非因緣名

為見空見非空名為不見世尊是名
正見諸法世尊若能如是正見諸法
當知是人能隨佛意隨順於法隨順
於僧世尊若諸菩薩得如是等無諍
法忍尚不與彼諸魔共諍況復與其
同行菩薩而生違諍若與違諍無有
是處何以故是菩薩見一切語言皆
能成就我行是故不應與彼諍訟以
無諍訟故菩薩畢竟得無諍法以畢
竟得無諍法故是菩薩名為得一切
畢竟法於一切法中得平等如見自
身平等見一切法亦復如是平等住
平等忍是故名為得畢竟諸法平等
無所去無所來是故名為得畢竟世
尊菩薩如是得諸法畢竟如是菩薩
所有言說皆是法集悲與衆生安隱
樂須菩提白佛言世尊我今所說法
集為得隨順如來法集不耶佛言須
菩提汝之所說隨順佛意須菩提汝
今說是法集時五千天子遠塵離垢
於諸法中得法眼淨五千天子發阿
耨多羅三藐三菩提心須菩提若有
菩薩聞汝所說微妙法集是菩薩即

知自身到大法海即知此身為不空
過必得妙樂須菩提是名諸佛如來
第一法集
尒時慧命阿那律白佛言世尊一切
法文字名為法集何以故文字之性
無有盡相無盡相者則是文字世尊
我說言語唯是文字世尊夫文字者
不從自身出不從他身出是諸名字
不作是念我出音聲世尊諸文字者
不增不減世尊菩薩知諸文字與一
切法其性平等世尊菩薩若能如是
畢竟知諸法音聲是故菩薩不為音
聲之所障导諸有所聞一切音聲皆
是佛聲皆是空聲是無相聲是無願
聲是法界聲是實際聲是菩薩無有
一法能為障导一切智是菩薩不見
有法離佛菩提是菩薩見一切法悉
無障导能見諸法同佛菩提不相違
背是菩薩不見諸法有進有退是菩
薩不見諸法而常利益一切衆生菩
薩如是於諸法中得畢竟忍得是忍
故成就甚深樂說辯才何者是甚深
樂說辯才隨諸菩薩所有辯才聲聞

辟支佛不能測量是菩薩得安隱樂
說辯才安隱辯才者隨以辯才能令
與一切衆生得安隱樂得應說辯才
應說辯才者隨諸衆生所應聞法稱
彼根性廣略說法是名應說辯才又
得捷疾辯才捷疾辯才者隨以辯才
言辭速疾教化一切衆生又得聰利
辯才聰利辯才者隨諸衆生上根利
智為其說法令得利疾解脫又得共
上樂說辯才共上辯才者所有說法
上與佛同又增長辯才增長辯才者
隨以辯才說一字句能生百千万億
上上辯才得輕樂說辯才何者是輕
樂說辯才隨何等辯才知相貌而說
法又得愛樂辯才愛樂辯才者隨以
辯才令聞法者無有猒足又得調順
辯才調順辯才者所有辯才不違佛
意又得柔耎辯才柔耎辯才者所有
辯才不生憍慢無放逸心又得寂靜
辯才寂靜辯才者隨以辯才能令自
他寂靜又得隨順音聲辯才隨順音
聲辯才者隨以辯才教化衆生入聲
聞乘又得遠離辯才遠離辯才者隨

以辯才教化衆生令得辟支佛乘又得最勝辯才最勝辯才者隨以辯才說辯才隨何等辯才教化衆生令入大乘又得不共辯才不共辯才者隨以辯才能說十力四無畏十八不共法又得寂滅辯才寂滅辯才者隨以辯才能說諸菩提分法又得無礙辯才無礙辯才者隨以辯才令衆生歡喜信樂又得諸力辯才諸力辯才者隨以辯才悉能降伏一切衆魔外道邪論又得善說辯才善說辯才者所有辯才為四衆說法不生畏懼世尊如是名妙法集世尊我今所說法集為得隨順如來所說不耶佛言阿那律汝之所說隨順佛意

爾時慧命羅睺羅白佛言世尊菩薩欲說法集應當推求受持法者何以故從受持者而得於法是故應求唯以專心求法為最何以故由於重法而能得法不由重食得正法利知捨身命必有來果非於所觀而得其報常求靜處不樂憒鬧近安隱者非破戒者近恭敬者非憍慢者近安樂行

者非剛獷者近柔軟心者非堅鞕者近寂靜心者非著心者近發露罪者非覆藏惡者近樂一切施者非慳嫉者近持戒者非破戒者近忍辱者非瞋恨者近精進者非懈怠者近禪定者非散心者近智慧者非愚癡者近多聞者非少聞者近正念者非邪念者近修善業者非行惡業者近愛樂佛法者非樂世法者近樂空者非於邪見退沒者近持戒者非自歸者復次世尊若人能持戒是人則有法何者是戒世尊一切諸戒悉皆攝在三種戒中何等為三所謂增上戒增上定增上慧世尊若菩薩能於此三種戒中學者當知是人已於一切大乘戒中學世尊何者是菩薩摩訶薩增上戒世尊菩薩能持波羅提木叉戒而不以波羅提木叉戒為清淨以依修持菩薩戒菩薩成就諸威儀境界而不以威儀為清淨以住菩薩威儀境界故乃至小罪心懷怖懼以依菩薩智慧故何者是菩薩智慧謂菩薩如實知一切法以其不畏諸業煩惱故是名菩薩智慧何者

是菩薩境界所謂為空非是種種分別境界知平等戒以學於戒知空平等而學於戒是故言知空平等而學於戒知無相平等知無願平等知無行平等知無生無滅平等而學於戒是故言知平等而學於戒復次世尊菩薩作是念我今以此波羅提木叉戒令一切衆生受持是名菩薩增上戒學世尊何者是菩薩增上定學所謂修習四禪四空三摩跋提菩薩又作是念我今以此增上定學成就一切衆生是名菩薩增上定學何者是菩薩增上慧學所謂菩薩學十八空菩薩又作是念我今以此十八空法令諸衆生發悉知見是名菩薩增上慧學世尊菩薩此三種學悉能攝取一切諸學復次世尊若有菩薩能護衆生如是菩薩能持淨戒若持淨戒而不著持戒如是菩薩依彼持戒滿足一切諸衆生心世尊出家持戒菩薩於一切物不生愛著寂靜持戒菩薩於一切言語不生樂心宴坐持戒菩薩於一切所說音聲不生樂心禪

定持戒菩薩於一切境界不生樂心
解脫持戒菩薩於一切生處不生樂
心聞法持戒菩薩於世間所說不生
樂心說法持戒菩薩乃至往詣百千
万億由旬說法而不疲倦護法持戒
菩薩於一切惱害逼切事中不生疲
倦菩提心持戒菩薩諸所修行悉為
安樂一切衆生不為自身深心持戒
菩薩欲令一切衆生先得菩提不求
自證增上深心持戒菩薩於利他事
多生歡喜不於已利而生喜心修行
持戒菩薩為一一菩提分法於無量
劫精勤修行能成彼法而不疲倦布
施持戒菩薩乃至能捨頭目髓腦利
益衆生尸羅持戒菩薩不捨破戒衆
生忍辱持戒菩薩不畏一切諸魔擾
乱精進持戒菩薩為諸衆生修習菩
提而不疲倦禪定持戒菩薩於一切
音聲及一切所作事不生染著般若
持戒菩薩見一切法其性平等如菩
提相空行持戒菩薩不行世間行大
悲持戒菩薩不入涅槃世尊如是持
戒名為法集世尊我今所說法集為

得隨順如來所說不耶佛言羅睺羅
汝之所說隨順佛意
尒時慧命優婆離白佛言世尊若菩
薩自遠離煩惱亦令衆生遠離煩惱
所有衆生界法界貪瞋癡界菩薩作
是念乃至衆生界盡法界盡貪瞋癡
界盡於尒所時教化衆生而不疲倦
菩薩又作是念一切諸法本性寂滅
而諸衆生不覺不知何以故諸法空
寂彼處不行所謂一切邪見及諸諍
訟皆悉不行一切法無相滅彼處一
切覺觀思惟等心皆悉不行一切法
無願滅彼處一切所求願欲等法皆
悉不行一切法無我滅彼處一切所
著皆悉不行一切法無衆生滅彼處
一切種種皆悉不行一切法無命滅
彼處一切生死皆悉不行一切法實
諦滅彼處一切虛妄皆悉不行一切
法因緣集滅彼處一切壽者皆悉不
行一切法四念處滅彼處一切諸念
諸行皆悉不行一切法四正勤滅彼
處一切諸法无取无捨不行一切法
四如意足滅彼處无去无來不行一

切法五根滅彼處一切高下不行一
切法五力滅彼處一切降伏不行一
切法七覺分滅彼處一切闇相不行
一切法八聖道滅彼處惡業邪思惟
皆悉不行一切法十力滅彼處一切
習氣不行一切法四無畏滅彼處一
切驚怖畏懼不行一切法十八不共
法滅彼處一切功用行不行一切法
智慧滅彼處一切无明不行一切法
无作者滅彼處一切行不行一切法
无念滅彼處一切智識不行一切法
无覺滅彼處一切名色不行一切法
无依滅彼處一切六入不行一切法
不盡滅彼處一切觸不行一切法不
智滅彼處一切受不行一切法无我
滅彼處一切愛不行一切法无所取
滅彼處一切取不行一切法无身滅
彼處一切有不行一切法不滅彼處
一切生不行一切諸法堅固滅彼處
一切老不行一切法不盡滅彼處一
切死不行世尊是名諸菩薩无障导
智門菩薩住此无障导智門一切諸
魔不能降伏外道論師不能破壞知

一切煩惱不能染汙一切諸佛常共讚歎一切諸天之所歸敬世尊菩薩摩訶薩能到如是畢竟智門名為得大法藏名為不貧窮名為守護諸佛如來密藏名為諸佛如來所可信者名為所應作已作所應辯已辯名為逮得已利猶如大海不可測量如須弥山不可傾動世尊如是名為勝妙法集世尊我今所說法集為得隨順如來所說不那佛言優波離汝今所說隨順佛意優波離諸菩薩摩訶薩依此法集而修行者能得阿耨多羅三藐三菩提

尒時慧命阿難白佛言世尊諸菩薩護持妙法於諸業中最為殊勝世尊菩薩若能修行護持妙法隨順菩提及諸佛如來何以故諸佛如來尊重法故世尊云何是護持妙法所謂菩薩能說諸佛一切甚深修多羅能讀能誦思惟修習是名菩薩護持妙法復次世尊若菩薩攝受修行名為護持妙法世尊何者是菩薩攝受修行世尊諸菩薩等所有身業口業意業

皆為利益一切衆生大悲為首大慈增上加護衆生得安隱樂護法菩薩如是深心作是思惟隨以何行能与衆生安隱樂事我應修行如是等行是故則成五陰中觀非作此觀而能不求捨離五陰觀界如毒虵以修於行而心不求捨十八界觀入如空聚落以修於行而心不求捨十二入如是觀色如聚沫以修於行而心不捨成就諸佛如來色身莊嚴觀受如泡以修於行而心不捨成就諸佛如來禪定三昧三摩跋提諸佛妙樂觀想如陽焰以修於行而心不捨成就諸佛如來智慧修行觀行如芭蕉以修於行而心不捨成就諸佛如來妙法修行觀識如幻以修於行而心不捨成就智慧為首身口意業清淨修行修行布施不求果報修行持戒救破戒衆生修行忍辱能調伏衆生修行精進成就一切善法修行禪定成就身心柔耎修行般若聡了一切法相修行四念處則身心无垢修行四正勤得无障导智修行五根能成進趣

行修行五力則不退菩提修行七覺分則无疑網修行八正道則无過失修行四梵行得如意自在復次世尊者菩薩知空則能攝受妙法又空者名无戲論世尊有戲論者則无攝受妙法世尊若知空无相是人名為攝受妙法若取相者則為无有攝受妙法世尊以諸法空无相故則无有顛无有顛者則能攝受妙法依止顛者則无攝受妙法世尊見諸法者則无攝受妙法依止我我所者則无攝受妙法有憍慢者則无攝受妙法依供養恭敬讚歎者則无攝受妙法依嫉妬慳悋者則无攝受妙法著欲害瞋恚者則无攝受妙法世尊攝受妙法者以菩薩於衆生不生差別相於法不生差別相故世尊如是菩薩攝受妙法世尊菩薩見諸法不生不滅是名菩薩攝受妙法菩薩見諸衆生不去不來是名菩薩攝受妙法見自身不染不淨是名菩薩攝受妙法於諸佛法不樂於外道法不猒是名菩薩攝受妙法受持八万四千法藏而不

起法相之心是名菩薩攝受妙法不共一切煩惱隨煩惱及住一切惡不善法而不起非法相是名菩薩攝受妙法得解脫心而不起心我得解脫是名菩薩攝受妙法於一切諸佛作弟子之業而不起身口意心以修於行是名菩薩攝受妙法於一切法皆覺自在而不起法非法想是名菩薩攝受妙法於一切諸法不取不捨而修於行是名菩薩攝受妙法不為得法亦不為證而修於行是名菩薩攝受妙法於一切物中不生著心是名菩薩攝受妙法若菩薩起非凡夫非學人非羅漢心无所依止而斷貪瞋癡結是名菩薩攝受妙法若菩薩於菩提得受記前而不求佛菩提是名菩薩攝受妙法若菩薩詣道場時於一切處皆見道場是名菩薩攝受妙法若能降伏諸魔而不見諸魔及魔眷屬是名菩薩攝受妙法若能成佛菩提而不證先所无法是名菩薩攝受妙法若能轉大法輪而不成衆生不壞衆生是名菩薩攝受妙法若能降伏諸魔外道而不鬪諍是名菩薩攝受妙法若能生而非新生而非故生是名菩薩攝受妙法若能死而不盡是名菩薩攝受妙法若能超過三界而无去處是名菩薩攝受妙法若能離諸言語音聲而无言語是名菩薩攝受妙法若能於一切法不貪於一切法不厭是名菩薩攝受妙法世尊是名勝妙法集世尊我今所說法集隨順如來所說法集不耶佛言阿難汝所說法集深得我意阿難說是妙法集時八万天子發阿耨多羅三藐三菩提心三万二千菩薩得无生法忍五百比丘遠離諸漏心得解脫

尒時昧勤菩薩摩訶薩白佛言世尊世尊譬如捨於糠糟取於米實世尊菩薩亦復如是捨於非法取於正法又菩薩捨於慳貪取於布施捨於破戒取於持戒捨於瞋恨取於忍辱捨於懈怠取於精進捨於散乱取於禪定捨於愚癡取於般若是名勝妙法集復次世尊有所求者則是非法若不求者則是不取若不取者則是不護若不護者則是不染若不染者則是不諍若不諍者則是不怯若不怯者則是不損若不損者則是不行若不行者則不退轉若菩薩不退轉者是菩薩諸佛如來為授阿耨多羅三藐三菩提記世尊是名為法是名勝妙法集復次世尊若菩薩生如是心我不退轉阿耨多羅三藐三菩提心是菩薩諸佛如來則不与授記何以故世尊一切煩惱以求為根本世尊遠離諸求名為離煩惱以離煩惱故諸佛如來為其授記復次世尊菩薩作是思惟受記者是世間虛妄言說何以故受記之人是无能授記者亦无若俱无者何處受記雖然世尊大悲隨順世間有是言說若菩薩能知如是諸法是名菩薩受記世尊譬如幻師為幻授記而彼幻化者无如是心我受記我成正覺世尊菩薩亦復如是如彼幻化无分別心而菩薩作是思惟菩提非可證相亦非可捨相菩提非是生相亦非滅相菩提非是身證亦非心證菩提不在內亦不在

外亦非中間菩提无如是心我是菩提菩薩能證於我世尊是名勝妙法集復次世尊菩薩於歡喜地中不慚愧不憂惱於離垢地中不增不減於明地中不闇不明於燄地中不取不捨於難勝地中无勝无負於現前地中不自覺不因他覺於遠行地中不去不住於不動地中不動不分別於善慧地中不成亦不欲成於法雲地中不自覺亦不他覺於佛地中能作一切事而亦不作一切事是故如來自然无戲論世尊是名菩薩摩訶薩勝妙法集世尊菩薩如是至隨順智於所說法中而得自在云何說法自在於一切言語不著故又得清淨自在云何清淨自在於一切處不染故又得樂說自在云何樂說自在謂依一法字句不暫休息於百千万劫說不可盡故又得智自在云何智自在於一一法字句能說爲百千万法門故又得生自在云何生自在隨所隨所利益衆生之處於彼彼處生故又得三昧自在云何三昧自在於念念

中者欲入三昧即能入三昧故又得住持自在云何住持自在隨所隨所住持加故所謂若塵若鹿若鳥獸若草木若石壁能說諸佛妙法故又得眷屬自在云何眷屬自在得无量眷屬不可壞眷屬故又得見自在云何見自在謂見妙色故又得聞自在云何聞自在謂聞妙聲故又得鼻自在云何鼻自在所聞一切香唯是妙法香故又得舌自在云何舌自在謂食法味不食食味故又得身自在云何身自在得成就法身非食身故又得心自在云何心自在乃至蚊虻蟻子知行知心故世尊是名勝妙法集

尒時見者愛樂菩薩白佛言世尊世尊菩薩如是如是行以是等行衆生見者即生歡喜何以故世尊菩薩餘无所作唯教化衆生世尊是名菩薩根本勝妙法集世尊是故菩薩應當修學樂法之行世尊何者爲愛樂法菩薩有四種愛樂法何者爲四所謂不求果報而施一切衆生平等之心以愛語防護一切衆生惡行利益成

就愛一切衆生猶如自身以同事故世尊是名菩薩四種愛樂法爲一切衆生之所愛樂復次菩薩摩訶薩有四種法能作愛樂事何者爲四謂多聞慧以无憍慢心故說法忘相以稱供饍心故於彼尊者生於尊重以求智慧故發行精進以教化一切衆生故是名菩薩四種法能作愛樂事復次菩薩有四種法能作愛樂事何等爲四所謂成就淨戒以法施施故成就知足以家靜處住故以住閑黑處故得於禪定善住城邑聚落以不破諸威儀境界故是名菩薩四種法能作愛樂事復有四法所謂實語者以樂說故法語者以說空故忍辱語者以平等心故寂滅語者以護諸根故是名菩薩四法能作愛樂事復次菩薩有四種法能作愛樂事何者爲四所謂先意問訊以善語故其意易滿以隨得少事而知足故成就不諂曲以如語如說行故无欺誑稠林行以不誑一切衆生故是名菩薩四種法能作愛樂事復次菩薩有四種法能

作愛樂事何者為四所謂不生惡心以內寂靜故不生癡心以外不顛倒故不生慳心以觀一切事无常故不生憍慢心以如實知諸法故是名菩薩四種法能作愛樂事復次菩薩有四種法能作愛樂事何者為四所謂得甚深心先意問訊故遠離愛深得柔濡愛語故捨離一切諸心而常不捨菩提心故深心第一義而隨順世諦故是名菩薩四種法能作愛樂事故世尊是名勝妙法集復次世尊菩薩得第一空得大通明得大自在善知說於法身愛樂甚深之法隨順諸衆生畢竟得不可思議希有法者得柔濡法者得大通者得大法師者得大法王者得大所作者作大衆生依者得大通奮迅者為教化衆生不退而生不生而死不死所作已成而成菩提得解脫心而發精進入於涅槃而行滿足而求不求而脩行一切智而問於他世尊一切諸海可以量知而彼菩薩摩訶薩大乘智海不可量知世尊虛空清淨可以塵垢而彼菩

薩摩訶薩心不可得深世尊風雖无形可以手執而彼菩薩摩訶薩心六塵境界所不能著世尊春陽之炎可以撮摩而彼菩薩摩訶薩我我所心不可而得世尊是名勝妙法集

尒時善目菩薩摩訶薩白佛言世尊世尊菩薩作一切諸法唯是發菩提心以為根本何以故世尊一切諸法皆是虛妄唯心分別體无諸物離一切物如幻无根本隨所求而成遠離作者受者其性不住離於諸住故世尊一切諸法无始无終以无二離二故世尊諸法无我无我所以无主故諸法平等如彼法界以非客故世尊諸法非主以遠離諸貪故諸法離於分別及種種分別以遠離可取及捨心故諸法不來不去唯是智境界故以其无知空主者故世尊是諸毛頭凡夫於无我法中而生我想於无衆生中而生衆生想菩薩作是思惟我以如是妙法令諸衆生而得解悟世尊是名菩提心一切衆生安隱心樂心无上心法界心光明心衆生住持

心依如是心而生名為發菩提心復次世尊脩行檀波羅蜜名為安靜心脩行尸波羅蜜名為不缺心脩行忍辱波羅蜜名為不損心脩行精進波羅蜜名為不退心脩行禪波羅蜜名為不亂心脩行般若波羅蜜名為不分別虛妄心脩行大慈名為柔濡心脩行大悲名為不退轉心脩行大喜名為无厭足心脩行大捨名為无垢心脩行大施名為不怯心脩行愛行名為不稠林心脩行利益行名為平等心脩行同事名為最上心脩行空慧名為无分別心脩行无相智名為无念心脩行无願名為不住心脩行菩提行名為三十七菩提分心脩行道趣行名為念佛心脩行不破壞行名為念法心脩行法界心名為念僧心脩行无量心名為念戒心脩行不取心名為念捨心脩行念天心名為念諸善根以為諸善根聚集莊嚴故以彼勝生為發菩提心聚集諸善根故世尊我依發菩提心說彼一劫若无量劫而不可盡如是諸菩薩聚集

无量因緣而發菩提心是故世尊菩
薩欲推求諸善法者應於發菩提心
中而知而求世尊是名勝妙法集
尒時善生菩薩白佛言世尊世尊諸
法善生以根本清淨故世尊何者是
諸法根本世尊諸法以空為根本以
彼處无諸見故諸法以无相為根本
以彼處无諸覺觀故諸法以无願為
根本以彼處无三界煩惱故諸法以
无行為根本以彼處无作者故諸法
以无我為根本以彼處不見我行故
諸法以離衆生為根本以彼處不見
衆生行故諸法以无命為根本以彼
處見命不行故諸法不生以彼處不
行常見故諸法不滅以彼處不行斷
見故諸法无物以彼處不行有見故
諸法如涅槃平等以彼處不行離有
見故諸法如菩提以彼處不行見佛
故諸法不作以彼處不行見法故諸
法不和合以彼處不行見僧故世尊
是名勝妙法集
尒時大導師菩薩白佛言世尊世尊
若菩薩欲先與一切衆生大菩提不

為自身證大菩提者菩薩諸所作業
為一切衆生不為自身而不見衆生
而不捨大慈大悲心是名菩薩世尊
何者是諸菩薩大慈大悲世尊若菩
薩不見衆生而不捨一切諸善根脩
行彼諸善根迴向大菩提是名大慈
若菩薩不捨諸衆生所作之事是名
大悲若菩薩見世間法則是涅槃而
不捨集道精進是名大慈若不捨衆
生是名大悲若自身發菩提心是名
大慈若教化諸衆生是名大悲若捨
內外一切諸物是名大慈若捨內外
善根為一切衆生得佛菩提迴向无
上道是名大悲若淨持諸戒不毀不
犯是名大慈若自持淨戒增長衆生
淨戒是名大悲若自脩行安隱忍辱
樂行是名大慈若以安隱樂與諸衆
生是名大悲若於自身常能脩行精
進之行為得諸佛无上菩提是名大
慈若以大精進行令諸衆生得此精
進是名大悲若於自身常行寂靜是
名大慈若以寂靜行令諸衆生得此
寂靜是名大悲若為自身脩滿智慧

是名大慈若以自智慧增長一切衆
生智慧是名大悲若不脩行非不脩
行是名大慈若不作亦非不作是名
大悲若生而不去是名大慈若去而
不動是名大悲若說而无言是名大
慈若著而不縛是名大悲若縛而不
得是名大慈若入涅槃而不滅是名
大悲若出自身舍利而无骨肉筋血
是名大慈若欲於身骨不增不減是
名大悲若捨施而不捨物是名大慈
若護諸護而不成就是名大慈若增
長而不高是名大悲世尊是名勝妙
法集
尒時光明幢菩薩白佛言世尊世尊
菩薩以寂靜定心為家上業何以故
菩薩住寂靜心中諸佛妙法自然現
前世尊菩薩尊重寂靜定心安隱樂
故而得菩提及得諸陀羅尼門世尊
何者是菩薩陀羅尼所謂隨所隨所
聞法能不忘失隨所隨所聞法而能受
持隨所隨所聞法而能了知及諸衆
生亦令了知是名陀羅尼隨何等陀
羅尼不增長不分別隨何等陀羅尼

能受持八万四千法門而不忘失而
不遺漏隨何等陁羅尼知諸衆生心
心所行以知諸衆生心故隨彼彼衆生
如是如是說法隨何等陁羅尼能聞
一切衆生語言以聞諸聲聞凡夫
聲得於大悲聞諸聖人聲得於大慈
隨何等陁羅尼聞取一句法能於无
量劫說如是菩薩樂說辯才不留不
盡亦无際畔隨何等陁羅尼如實知
諸言音隨何等陁羅尼知一切言說
皆是佛語隨何等陁羅尼於十方世
界諸佛菩薩所住之處說法音聲所
聞之者一切受持如是菩薩於一佛
所聞法如是於第二佛所說法无有
障㝵世尊是名菩薩受持陁羅尼世
尊菩薩得起陁羅尼隨何等陁羅尼
現前說一切法如說一法一字句如
是說一切法界然是菩薩不生憍慢
之心不起放逸之行得增上陁羅尼
隨何等陁羅尼能說一切世間現前
見法及一切世間現前見得集陁羅
尼隨何等陁羅尼能斷一切衆生疑
惑及斷一切煩惱得為增上及集陁

羅尼隨何等陁羅尼能令增長一切
白法能令盡一切煩惱得行陁羅尼
隨何等陁羅尼知一切法知一切法
光明是菩薩如實知諸法而不分別
修行諸法而自身心實不修行說於
諸法而不說諸字捨於諸法而亦不
失增長諸法而不增一物損減諸法
而不損一法說於諸法而无言說令
入涅槃而於世間不動令得聖人地
而不離於凡夫地降伏一切諸魔而
非身心意所起作業世尊是名諸菩
薩勝妙法集
尒時解脫月菩薩白佛言世尊一切
諸法以解脫為相世尊菩薩不分別
是縛是脫何以故世尊解脫非他
非解脫世尊解脫者不增一法亦非
不減一法世尊解脫无所從來世尊
縛亦无所至去世尊得解脫菩薩不生
如是心我得解脫其心唯知猶如解
脫一切諸法亦復如是世尊吾菩薩
起如是心世間是垢染法涅槃是清
淨法是菩薩不得解脫何以故有我
見者生如是心世尊若人起如是心我

猒陰界入求入涅槃是人不得解脫
何以故有我見有我見者生如是心
世尊得解脫心比丘作是思惟一切
諸法如解脫相而諸毛頭凡夫不識
不知生如是心我以如是法令一切
衆生知故世尊得解脫心比丘我得
解脫生如是心是諸凡夫於一切法
常解脫中而求解脫我於彼彼衆生生
大悲心何以故若人求解脫是人不
得解脫是故世尊比丘欲得解脫者
應觀能縛及所縛應知能縛及所縛
是人不分別解脫若不分別者是人
則得解脫世尊是名菩薩勝妙法集

法集經卷第五

壬寅歲高麗國大藏都監奉
勑雕造

佛說法集經卷第五下

校勘記

一 底本，麗藏本。

一 七二一頁中一四行第七字「取」，資、磧、南、徑、清作「取不取」。

一 七二一頁中一九行第九字「顛」，諸本作「願」。

一 七二一頁下一四行第七字「則」，諸本作「即」。以下「則」作「即」均同。

一 七二二頁上一行第二字「離」，資、磧、普、南、徑、清無。

一 七二二頁上一九行第九字「行」，資、磧、普、南、徑、清作「作」。

一 七二三頁上八行、九行「諍訟」，資、磧、普、南、徑、清作「諍法」。

一 七二三頁下二行「安隱」，徑、清作「安隱樂說」。

一 七二三頁下三行首字「與」，磧、普、南、徑、清無。

一 七二三頁下三行第一〇字「得」，徑、清作「又得」。

一 七二三頁下九行末字及一〇行第六字「共」，資、磧、普、南、徑、清作「同」。

一 七二三頁下一一行第五字「又」，徑、清作「又得」。

一 七二三頁下一三行第五字「得」，資、磧、普、南、徑、清作「又得」。

一 七二四頁中一〇行第四字「歸」，南作「師」。

一 七二四頁中二〇行首字「住」，資、磧、普、南、徑、清作「依」。

一 七二四頁下五行首字「行」，資、磧、普、南、徑、清作「作」。

一 七二四頁下二一行第九字「著」，磧作「苦」。

一 七二五頁上二一行首字「提」，磧作「薩」。

一 七二五頁中末行第一〇字「无」，資、磧、普、南、徑、清無。

一 七二五頁下一五行首字「智」，磧、普、南、徑、清作「知」。

一 七二六頁下八行末字、九行第三、一三字「顛」，諸本作「願」。

一 七二七頁上一行第三字及三行第八字「相」，資、磧、普、南、徑、清作「想」。

一 七二七頁上三行第二字「法」，資無。

一 七二七頁上八行第九字「想」，資作「相」。

一 七二七頁上一八行第四字「見」，磧作「是」。

一 七二七頁中七行第五字「若」，資、磧、普、南、徑、清無。

一 七二七頁中一六行「糠糟」，磧、普、南、徑、清作「穅糩」。

一 七二七頁下一五行第一一字「然」，石、磧、普、南、徑、清無。

一 七二八頁下五行第一一字「忘」，資作「亡」。

一 七二八頁下一一行第五字「家」，諸本作「寂」，下同。

一 七二八頁下一六行第七字「滅」，

石作「静」。

一 七二九頁上八行「柔濡」，資、磧、普、南、清作「柔輭」，下同。

一 七二九頁上一七行第四字「通」，資、磧、普、南、清作「神通」。

一 七二九頁中三行第一三字「炎」，磧、普、南、徑、清作「燄」。

一 七二九頁中九行第五字「唯」，資、磧、普、南、徑、清作「離」。

一 七二九頁中一八行「毛頭」，徑、清作「毛道」，下同。

一 七二九頁中一九行第一一字及二〇行第七字「想」，資、磧、普、南、徑、清作「相」。

一 七二九頁下一四行第七字「顛」，諸本作「願」。

一 七三〇頁上八行第一三字「顛」，諸本作「願」。

一 七三〇頁上一〇行第二字「行」，資、磧、普、南、清作「作」。

一 七三〇頁下八行第一三字「肋」，諸本作「筋」。

一 七三一頁上二一行第一二字及末行第一三字「集」，資、磧、普、南、徑、清作「奮」。

一 七三一頁中一六行末字「非」，資、磧、普、南、徑、清無。

佛說法集經卷第六　器

元魏天竺三藏菩提流支譯

尒時大海慧菩薩白佛言世尊世尊菩薩不應畏諸煩惱何以故以有煩惱隨何處有煩惱彼處有菩提斷煩惱者則無菩提世尊空及一切煩惱此二即一无差別世尊菩提及一切煩惱一切衆生此等諸法亦即是一無有差別但諸毛頭凡夫墮顛倒心分別我染我淨世尊正行菩薩不斷煩惱不取淨法而是菩薩觀諸煩惱門得諸三昧及諸陁羅尼門是故世尊菩薩知諸佛法以煩惱為性彼如是煩惱隨何等衆生具散乱心顛倒心彼毛頭凡夫衆生必入惡道受諸苦惱諸菩薩如是正觀能得諸佛菩提是故世尊諸菩薩則應修行隨順逆流不隨順順流世尊諸菩薩得解脫者於涅槃中非於世間中何以故諸菩薩應畏於涅槃不畏世間以觀世間得於大悲及證大菩提故若分別涅槃猒畏世間如是菩薩以猒世間故退於諸佛無上菩提世尊諸菩薩於世間衆生成大慈大悲非於得涅槃涅槃衆生世尊所言涅槃涅槃者是於寂滅虛妄分別不實之心世尊是故菩薩願見涅槃應觀虛妄分別寂滅之心如是之處得於涅槃世尊是名勝妙法集

尒時觀世音菩薩白佛言世尊菩薩不須修學多法世尊菩薩若受持一法善知一法餘一切諸佛法自然如在掌中世尊何者是一法所謂大悲菩薩若行大悲一切諸佛法如在掌中世尊譬如轉輪王所乘輪寶隨徃何處一切四兵隨順而去世尊菩薩摩訶薩亦復如是乘大悲心隨至何處彼諸佛法隨順大悲自然而去世尊譬如日出朗照万品一切衆生作業無難世尊菩薩摩訶薩亦復如是隨於何處大慈悲日照於世間彼處衆生於一切菩提分法修行則易世尊譬如諸根以意為本悉能隨意取於境界世尊菩薩摩訶薩亦復如是依於大悲住持一切菩提分法隨諸

分中隨可作事中自然修行世尊譬如依彼命根有餘諸根世尊菩薩摩訶薩亦復如是依於大悲有餘一切菩提分法世尊是名勝妙法集

尒時堅意菩薩白佛言世尊諸法直心深心以為根本世尊若菩薩无直心深心是菩薩則為遠離諸佛妙法世尊成就直心深心菩薩若無佛說法於上虛空及樹木石壁等中自然出於法聲世尊直心深心菩薩意自能念聞於法聲隨順一切諸佛妙法是故世尊菩薩摩訶薩應當修行直心深心世尊如人有足則能遊行如是世尊菩薩摩訶薩亦復如是有直心深心諸佛妙法自然修行世尊譬如有人具足上分則有壽命世尊菩薩摩訶薩亦復如是若有直心深心如是菩薩則有諸佛菩提世尊如人有命則得諸事世尊菩薩摩訶薩亦復如是若菩薩有直心深心是菩薩則得成就一切佛法世尊譬如有於可然故有能然離於可然則无能然世尊菩薩摩訶薩亦復如是若有直

心深心則能熾然諸佛妙法若離直心深心則不熾然諸佛妙法世尊辟如有雲則能有雨世尊菩薩摩訶薩亦復如是以有直心深心則有諸佛法雨世尊辟如樹根腐敗則不能生芽莖華果世尊菩薩摩訶薩亦復如是若無直心深心則一切諸佛善法不復生長是故世尊菩薩欲得諸佛菩提應自善取直心深心善自守護直心深心善自清淨直心深心世尊是名勝妙法集

尒時善護菩薩白佛言世尊菩薩不須守護諸法世尊若菩薩但能善護自心是菩薩善護自心故則能成就諸佛妙法世尊若菩薩守護諸法是菩薩則不能得無生法忍世尊若菩薩不護諸法而入禅定是菩薩則無過失亦不違於諸佛菩薩則能自心知諸佛法而不護自心見如是心依因緣生如是見一切諸法依因緣生見自心如幻如是見諸法如幻而心非內非外非二中間可得如是見一切諸法見即如心無於色相不可得示不

可得見無於形㝵不可執捉不照不住見一切諸法其相如是若能如是見者是菩薩則能得於平等之心以得平等心故如是菩薩不復更得於法是菩薩不復住不復行不取不捨及以不求以不求故而能不取以不取故而無所著以不著故而能不染以是菩薩不染一切法世尊是名勝妙法集

尒時虛空菩薩白佛言世尊菩薩不作如是言以何等言說能生他人瞋心菩薩不作如是言以何等言說能生他人惱心菩薩不作如是言以何等言說能令他人不知菩薩不作如是言以何等言說無義虛妄菩薩不作如是言以何等言說能令不生智慧光明菩薩不作如是言以何等言說能令其心不生歡喜亦不具足及以耳聞不生喜樂菩薩不作如是言以何等言說令破壞二處世尊菩薩不作如是言以何等言說令他不能解空何以故世尊一切言說彼如是言說最為堅固以何等言說令他能

知於空世尊若菩薩能知諸法空義无心無我其相不二遠離二相而不捨一切衆生所作事業是名菩薩无障㝵大悲若菩薩行無障㝵大悲是菩薩能學諸佛所學若學諸佛所學是菩薩能知諸法如虛空以知諸法如虛空故是菩薩得虛空藏是菩薩為欲捨者能捨諸捨而於捨及慳不生二心破戒持戒忍辱瞋恨精進懈怠散乱禅定愚癡智慧不生二想是菩薩不復求諸佛妙法不捨諸凡夫惡法世尊辟如一切諸水入於大海皆同一味所謂鹹味世尊菩薩亦復如是入於第一義大海所見一切諸法皆是一味所謂真解脫味世尊辟如日光等照一切衆生世尊菩薩智慧亦復如是等照一切諸法世尊一切諸法不違於空世尊若菩薩能如是知是菩薩能於一切法中見真菩提若菩薩於一切法中見真菩提是菩薩知所說言音皆是佛語是菩薩無所著而說於法是菩薩名為得无障㝵樂說辯才世尊是名勝妙法集

尒時文殊師利菩薩白佛言世尊世尊世間之人顛倒妄取若如是言依波羅蜜故菩薩得名此則不然何以故世尊依於菩薩諸波羅蜜得名故世尊若依波羅蜜菩薩得名者亦應依諸衆生名為菩薩此義不然何以故世尊菩薩生諸波羅蜜菩薩知諸波羅蜜以菩薩生諸波羅蜜為諸衆生說是故如来常說菩薩未曾生法而能生未曾成法而能成未曾說法而能說世尊諸波羅蜜不能護菩薩而菩薩能護諸波羅蜜是故說菩薩能護諸法世尊諸波羅蜜不能住持菩薩菩薩能住持諸波羅蜜是故說菩薩能受持法世尊一切諸法无病以自體無垢故世尊一切諸法不二以遠離衆生我身故一切諸法无心以遠離可取捨故一切諸法無意識以无始發故一切諸法無来相以无間故一切諸法無去以不動故一切諸法無死以无命故一切諸法不活以本来不食故一切諸法無物以不和合故一切諸法不栽以法界无老別

故一切諸法不可割截以无形故一切諸法如金剛以實際平等故世尊知如是諸法是菩薩能知諸法實體若知諸法實體是菩薩能知於空若能知空是菩薩不與他諍競若不與他諍競是菩薩能住沙門法中若能住沙門法中是菩薩則能不住若能不住是菩薩於諸漏境界不起於漏若於諸境界不起於漏是菩薩能无諸病若無諸病是菩薩名為如来若菩薩得名如来是菩薩不說二語若不說二語

是菩薩不捨世間不取涅槃唯為一切衆生而說遠離一切分別虛妄煩惱世尊是名勝妙法集不顛倒集名為空集无相無願无行不生不滅集無生法忍集大乘集轉大法輪集大波羅蜜集諸大地集一切諸法不顛倒集世尊諸菩薩依大法集修持受行或於國土作轉輪王受持十善業道能令衆生安住十善業道或作勝首教化衆生令得出世間勝事或作大長者能令衆生猒世間惡事或作

天帝釋能令諸天不起放逸或作梵王能令衆生住於禪定四无量等或作四天王能令衆生於諸法中不能染心或作沙門教化衆生令不聞惡法或作婆羅門教化衆生令知寂靜之處自身寂靜令諸眷屬亦住寂靜自身柔軟令諸眷屬亦得柔軟具足住於一切處以得大自在能作大法師以能斷一切衆生疑故於一切處不生怯弱以一切煩惱盡故世尊是名勝妙法集

尒時世尊告文殊師利菩薩摩訶薩文殊師利若有衆生聞說文殊師利如是勝妙法集及聞諸菩薩勝妙法集及諸聲聞勝妙法集而能知能信彼諸衆生深種善根非於一佛而修供養非於一佛二佛而種善根何以故文殊師利諸佛如来甚深菩提是黠慧者能知法者深妙境界文殊師利是妙法門微少善根衆生不能得聞假令得聞亦不能信若菩薩自身能證是菩薩能信復有諸善知識護故是人能信而能受持能得无生忍

文殊師利離此法行无有一人成佛
文殊師利過去恒河沙諸佛如来成
佛菩提彼諸佛行如是法行得阿耨
多羅三藐三菩提文殊師利若人遠
離此法行欲得菩提者是人如縛虛
空不能得法離此法行隨順法忍尚
不可得何況能得无生法忍而成阿
耨多羅三藐三菩提
文殊師利我諸聲聞得俱解脫得八
解脫及四無㝵彼諸聲聞亦不離此
法行而得解脫文殊師利寧聞此深
妙法門起謗生於惡道不能於餘淺
法門起信生於善道何以故謗此法
門者生於地獄因聞此法門現前得
於解脫非聞餘淺法門生於善道文
殊師利菩薩摩訶薩有四種法聞此
法門能生於信何者為四所謂是人
過去世曾聞此法門聞已隨喜有大
善根有大善根莊嚴諸善知識善護
成就受持聞慧之行文殊師利是名
菩薩四種法聞此法門能生於信復
次文殊師利菩薩更有四種法聞此
法門能生於信何者為四所謂常思

惟正念常畏諸不善業常作大菩提
願自性質直柔軟安隱樂修勝行文
殊師利是名菩薩成就四種法聞此
法門能生於信復次文殊師利菩薩
成就四種法聞此法門不生於謗何
者為四所謂畢竟成就菩提願得无
生法忍成就正見得不退阿耨多羅
三藐三菩提心文殊師利是名得畢
竟成就四種法聞此法門不生於謗
文殊師利菩薩復有四種法聞此法
門能生於信何等為四所謂成就聞
慧成就般若成就空以禪定得大陁
羅尼文殊師利是名菩薩有四種法
聞此法門能生於信文殊師利菩薩
復有四種法聞此法門而能了知何
等為四所謂成就功德莊嚴成就聞
慧莊嚴成就智莊嚴成就諸禪定柔
軟心莊嚴文殊師利是名菩薩四種
法聞此法門而能了知文殊師利菩
薩復有四法聞此法門得受阿耨多
羅三藐三菩提記何等為四所謂菩
薩見一切色佛色聞一切法佛法遠
離一切諸求乃至不求佛菩提不退

於大悲文殊師利是名菩薩有四種
法得受阿耨多羅三藐三菩提記是
故文殊師利諸菩薩常應求聞讀誦
此經文殊師利菩薩願速得菩提常
應勤求聞此法門菩薩願速得受記
常應勤求聞此法門菩薩願得斷於
業障願得斷於煩惱障願得斷於智
障是菩薩常應求聞此經菩薩願得
諸佛如来无上供養是菩薩常應求
聞此經願得常讃妙法是菩薩常應
聞受持讀誦此經文殊師利若人聞
此法門能信能忍不生於謗文殊師
利我授是人阿耨多羅三藐三菩提
記尒時無所發菩薩摩訶薩於頸上
脫八千万阿僧祇寶瓔珞奉散如
来作如是言世尊因此功德令一切
衆生成就諸佛如来應正遍知尒時
彼瓔珞於如来頂上住虛空中作種
種勝妙莊嚴大寶帳而住四角形量
過於天人妙相莊嚴彼諸聲聞及一
切菩薩釋提桓因梵天王四天王未
曾見聞是大寶帳隨如来去而去隨
如来住而住現如是妙事時无量諸

天人等皆生希有奇特之心合於頂
上合掌而住讚歎如来瞻仰如来目
不暫瞬尒時无所發菩薩摩訶薩生
於歡喜希有之心偏袒右肩礼如来
足合掌向佛以偈讚言
諸功德衆如来器　天人衆生唯佛救
佛於世間无勝者　無勝寂靜及平等
等心無諂行亦然　於世以悲牽縛心
如空平等心无染　安樂多人而說法
世尊無親无諸怨　無有諸憂无歡喜
能救世間如良醫　於世行慈無分別
修羅天人龍夜叉　歸依於佛得寂靜
佛於三界為最上　是故今者我歸命
善逝有為更无過　而於寂靜靡功德
捨於二道無分別　已得寂滅行世間
寂滅境界不可測　唯乃十力知如来
如地及空不可量　是故合掌而頂戴
不沉不浮大波浪　不漂不住无上人
有海彼岸唯佛到　無比智海我歸命
如蓮處水無能汙　佛行世間法不染
更无有能與佛等　以無等故我歸依
如来無法而不知　以有十力過一切
於衆奮迅无與比　是故名佛勇獨步

能受諸佛甘露法　是故遠離一切畏
无上醫師勝應供　是故歸命大悲者
尒時無所發菩薩摩訶薩白佛言世
尊世尊唯知我心我不為自身供養
如来世尊我奉瓔珞供養如来及讚
歎如来因此善根功德願令一切衆
生得於无上諸佛菩提世尊此是我
意尒時世尊熙怡而笑諸佛如来熙
怡而笑必不虛妄尒時如来從面門
放種種色無量光明辟如青黃赤白
紅紫頗梨金銀等无量種色普照十
方無量无邊世界滅除一切惡趣衆
生无量苦惱生諸天人無量喜樂已
還攝光明圍繞如来百千万帀於如
来頂上而没尒時彼諸大衆見是光
明心生歡喜踊躍安樂合掌向佛於
一面住而作是念如来何因熙怡而
笑尒時阿難從座而起偏袒右肩合
掌向佛以偈而問微笑因緣
無上第一尊　世間及天人　瞻仰如来住
疑於喜笑事　大師離煩惱　知法及化人
熙怡必不空　願佛為解說　面門放光明
清淨生喜悅　天人及惡道　光觸身安樂

大人放光明　於其面門出　是光為何義
唯願大慈說　齒出勝妙光　明艷甚鮮白
顯現最殊勝　隱蔽一切光　餘明闇不現
以是世間喜　佛悲何所為　何人功德起
願說慈所為　除斷我等疑　遠離煩惱人
非無因緣笑　妙光出面門　普照於十方
所作已還攝　入於如来頂　此光起佛意
為表聖心出　如電晝在空　普照而不停
尒時佛告阿難阿難此無所發菩薩
摩訶薩於未来世過十二劫當成阿
耨多羅三藐三菩提佛号大光明如
来應供正遍知明行足善逝世間解
无上士調御丈夫天人師佛世尊劫
名諸天讚歎世界名大歡喜阿難彼
大光明如来應供正遍知壽命住一
大劫彼國衆生壽命十二小劫阿難
辟如他化自在天所受妙樂彼佛國
土衆生所受妙樂亦復如是尒時慧
命須菩提語無所發菩薩言大士快
得善利如来今日授仁者記必得阿
耨多羅三藐三菩提无所發菩薩言
大德須菩提汝見何法名為成佛須
菩提言善男子我不見有法成阿耨

多羅三藐三菩提問曰若大德須菩提若不見有法得成佛何故誑我大士授於阿耨多羅三藐三菩提記須菩提言善男子如來與仁者授記必得成佛是故我作此說无所發菩薩言大德須菩提諸佛如來如實知法是故佛言汝當得阿耨多羅三藐三菩提云何如來如實知法須菩提若有菩薩求菩提者諸佛不與是人授記若有菩薩不求菩提者諸佛如來則與授記諸佛如來如實知法无授記相而為衆生種諸善根故作是記汝當成佛須菩提汝見何法而作是言大士必得阿耨多羅三藐三菩提須菩提言善男子諸佛如來依世俗文字而說授記我諸聲聞隨佛世尊故如是說無所發菩薩言大德須菩提夫文字者若依世俗名為文字若於聖人則非文字何以故聖人所說皆是真實世俗言語悉為虛妄是故大德須菩提不應以此世俗邪語聖法中說大德須菩提諸菩薩等為護衆生若聞甚深第一義諦驚怖不

信是故聖人以大悲心捨真實法而說世間虛妄之語為欲將護毛道凡夫終不為聖作如是說若為聖人則說實法以此實法聖所愛樂何等名為聖人實法大德須菩提聖實法者菩提之法本性常寂名為真實如菩提相本性清淨一切諸法亦如是相是則名為聖人實法須菩提言善男子有四真諦名為實諦何等為四苦諦集諦滅諦道諦無所發菩薩言大德須菩提汝不說苦是有為耶須菩提言如是善男子我常說苦是有為法无所發菩薩言大德須菩提如來常說一切有為皆是虛妄須菩提言如是善男子如來常說有為之法皆是虛妄無所發菩薩言若如是者汝云何言苦是實諦大德須菩提若言苦是有為法者即是虛妄須菩提言善男子苦是有為虛妄不實我說知苦以為實諦无所發菩薩言須菩提若苦是有為虛妄不實知彼苦智亦應虛妄非是真實須菩提言善男子如是如是知苦智者亦是虛妄无所

發菩薩言大德須菩提若如是者云何知苦是聖諦智須菩提言善男子滅諦是無為法若尒何故非聖諦无所發菩薩言大德須菩提滅何等法名為滅諦為即自滅故名為滅更有所滅稱為滅耶須菩提言善男子有為說者言滅盡諸苦名為滅諦無所發菩薩言須菩提汝不說苦是有為虛妄不實耶須菩提言如是善男子我向說言苦是有為法虛妄不實无所發菩薩言大德須菩提若法虛妄不實是法無滅若如是者云何而言滅盡諸苦名為滅諦尒時慧命須菩提白無所發菩薩摩訶薩言善男子我於大士如是无㝵樂說辯才生隨喜心善男子願諸衆生皆得是辯才須菩提言善男子何者是諸菩薩摩訶薩實諦證智無所發菩薩言須菩提一切諸法與實諦行不相違背是故證一切法名證實諦須菩提一切諸法從因緣生能如實知因緣生法名為實諦一切法空如實知空名實諦證空者名證實諦一切諸法不生

證諸法不生名為證實諦隨何法證於實諦於彼法中乃至无有一法可取一法可捨須菩提是名諸菩薩摩訶薩證實智須菩提言實諦者即是宣說無分別法何以故須菩提所有分別者皆是邪法須菩提汝向所言大士快得善利授阿耨多羅三藐三菩提記必得成佛須菩提若人自謂快得善利佛則不與是人授記若人遠離快得善利如是之人佛則授記若人於得利養不生歡喜若失利養亦不憂惱是人授記若人不離世間而得涅槃是人授記若人不捨凡法而證聖道是人授記若人聞得記不喜是人授記須菩提言善男子所向所知若如是知其義甚深无所發菩薩言須菩提若人不見有去来是人則知甚深須菩提言此甚深法難可得知无所發菩薩言須菩提若人欲見是甚深是人則不能見須菩提言如是知者難可了知無所發菩薩言須菩提无脩行者亦難了知須菩提言善男子何等衆生於甚深法能生信心

无所發菩薩言須菩提若人已曾供養過去無量佛是人能信須菩提若人不能種諸善根亦不脩行供養諸佛如是之人終不能得聞此法門須菩提言善男子云何得為供養諸佛无所發菩薩言若人能住如實脩行是人名為供養諸佛須菩提言善男子云何能住如實脩行无所發菩薩言若人能為諸衆生發心脩行須菩提言云何為諸衆生發心脩行无所發菩薩言若能不捨大慈大悲須菩提言何等名為菩薩大慈无所發菩薩言若有菩薩能捨身命及諸善根施與衆生而不求報恩是名大慈須菩提言何等名為菩薩大悲无所發菩薩言若菩薩先與衆生無上菩提然後自證是名大悲說此甚深法門時七万六千衆生發阿耨多羅三藐三菩提心二百比丘遠離諸漏心得解脫

尒時會中有一天子名善思惟白佛言世尊云何菩薩住佛菩提根本行處佛言天子菩薩若能成就深直之

心發無上意是名菩提根本住處善思惟天子言如是發心諸菩薩等以何等法而為境界佛言若能修行布施境界而不悕求報恩等門若能修行持戒境界而不分別持戒行門若能修行忍辱境界而不見盡滅法門若能修行精進境界而不發起修行等門常行禪境界而能現見一切法門修行般若境界而不見彼尤戲論門現前常求聞慧境界而不見於語言等門現前修行舍摩他境界而見諸法本来清淨寂靜法門修行毗婆舍那境界而一切法不可見門現前修行四念處境界而無念无思惟門現前修行四正勤境界而無所作門現前修行四如意足境界而斷一切願欲門現前修行五根境界而過諸根法門現前修行五力境界而不破壞法門現前修行七覺分境界而佛菩提門現前修行八聖道境界為救行邪道衆生故修行教化衆生境界而無衆生无度脫法門現前修行斷煩惱境界而見諸法本性離煩惱門

現前修行諸波羅蜜境界而不著於
此岸彼岸故修行世間境界而涅槃
門現前修行涅槃境界而不行諸行
門現前修行生境界而不生不滅門
現前修行陰境界而無煩惱門現前
修行界境界而无差別門現前修行
入境界而聖入門現前修行聞法境
界而寂靜禪定門現前修行說法境
界而無言說門現前修行成就色相
境界而法身門現前修行轉法輪境
界而不轉不說門現前修行聲聞境
界而諸佛法門現前修行辟支佛境
界而行諸菩薩勝行門現前天子是
名菩薩摩訶薩境界善思惟天子白
佛言世尊何等名為諸菩薩行佛言
天子自捨已樂能與一切衆生樂常
在世間而能持戒多聞心無放逸常
在涅槃而不捨大悲涅槃門現前而
不求證為化衆生故隨順世間行護
諸衆生能於衆生其心平等令一切
衆生得清淨心於一切衆生心無差
別所有之物與一切共為人說法不
為飲食畜清淨物而常知足常樂空

閑正念思惟常處大衆說法不懈入
城邑聚落慈悲現前不求讚歎供養
恭敬常能遠離世間雜語凡有言說
不違佛法廣略得所愛語柔軟一切
身分礼敬三寳先意問訊心常愛樂
第一義諦於一切法心無所著於諸
資生心不貪染常近聖人遠離非法
愛法如身重佛如命愛敬修行猶如
身首於一切衣服飲食卧具湯藥資
生之事得少為足敬重師長猶如世
尊乃至喪失身命然不捨於菩提之
心初夜後夜精勤修行禪定三昧常
現在前如所聞法思惟正觀以微妙
慧求於解脫若修習清淨無垢濁心
能捨一切所有之物觀於內身不隨
外身能捨所施遠離瞋恚能滅愚癡
增長般若能護於戒不違修行於一
切處生柔軟心於一切處智慧為首
不顛倒心無垢光明心常修諸波羅
蜜心不捨精進常求善根如所聞法
而不忘失如所聞法而為他說離諸
供養飲食等心常護諸根常在定心
常隨順涅槃心常不捨世間心得失

利衰毀譽稱譏苦樂不能動心於一
切處生如是心布施得大富持戒生
天人忍辱得端政精進捨煩惱禪定
三昧得心柔軟修習般若能知世間
出世間法修行四攝无諸過失修行
四無量心无憍慢修行諦捨滅慧得
寂靜調柔修行禪定得自在心修習
三昧得於深心修行於諦如實知諸
法修行於定遠離諸見修行无相得
無分別修行无願得無著心修行諸
波羅蜜得究竟大乘心修行方便波
羅蜜得一切智智處修行菩薩十地
滿足諸菩薩行親近善知識得一切
功德門敬順和上阿闍梨能得隨順
一切諸佛知自身心得一切種智習
无憍慢得大威勢恭敬礼拜一切衆
生得諸衆生无能見頂修行種種布
施得具足妙相身隨順諸衆生得具
足八十種好說大乘法得隨自在地
教衆生發菩提心得不退地說諸法
空能断煩惱及煩惱習以法布施得
四无㝵與衆生念得陁羅尼令衆生
知法得四無㝵與衆生樂說因得无

錯謬記於羸劣衆生起忍辱心得鄰羅延身於破戒衆生起忍辱心得諸衆生見者恭敬心能滅瞋根心衆生得常定心勤修精進得速證法修行以三昧施諸衆生得陰密藏相施與威儀得一切普莊嚴事令衆生近善知識得佛菩薩聲聞辟支佛常現在前捨於欲心常為一切世間所信捨於瞋心得一切世間之所愛樂捨慳嫉心得一切名聞利養能與衆生作依止處得一切世間之所歸依捨一切供養恭敬讃歎得法喜食得美名聞施先問訊得清淨言音施於愛語得梵音聲施柔軟語得迦陵頻伽聲遠離瞋恨得諸世間勝妙之身不誑衆生得悉為一切世間所信不説他過得不入胎遠離煞生得壽無量命遠離刼盜得以虛空而為庫藏捨所愛事得如意寶手迴向菩提得无盡資財遠離邪婬得大丈夫身遠離妄語得口業密遠離兩舌得不失菩提心遠離惡口得一切世間讃歎遠離綺語得不壞眷屬遠離貪心得无盡

藏遠離瞋心得與一切衆生而作橋梁遠離邪見得於正見教化衆生住於大乘得佛十力能施一切不求果報得十八不共法捨諸所著得四无畏天子若我廣説如是菩薩無量境界菩薩無量修行者乃至百千万億刼不能窮盡天子是名菩薩境界修行天子若菩薩如是成就境界如是修行於得菩提則為不難善思惟天子言世尊云何菩薩名為安隱佛言天子若菩薩常不捨離三昧而不依三昧生得三昧已隨有利益衆生之處彼彼處生天子菩薩如是名為安隱善思惟天子言世尊云何菩薩名為寂靜佛言天子若菩薩見一切真如法界實際是菩薩處於大衆而能寂靜應如是知天子是則名為菩薩寂靜天子若菩薩不起二處心名為菩薩寂靜天子言世尊菩薩云何名為常在三昧佛言天子若菩薩心常不求一切諸事不見一法可取不見一法可捨是菩薩隨所見法悉知空寂無有真實天子菩薩如是名為常

在三昧善思惟天子言世尊菩薩云何名為到一切處佛言天子若菩薩能見自身及諸衆生平等空寂天子菩薩如是名為到一切處善思惟天子言世尊云何菩薩名為調伏佛言天子若菩薩一切分別所不能動名為調伏天子言云何菩薩名為得滅佛言若菩薩不染不淨名為得滅善思惟天子言世尊如我解佛所説義者依止自心而得菩提世尊菩薩如是離諸煩惱如是如是取於佛法世尊諸佛法者無所從來去無所至世尊於諸法中清淨智名為菩提天子菩薩如是隨順忍辱名為菩提能如是知名為一切智者世尊若能入如是平等法界是菩薩名為成就檀波羅蜜若能如是知得成就平等法界是菩薩名為成就尸波羅蜜若能如是知忍平等法界名為成就忍辱波羅蜜若能於此法門修行聞思修慧名為成就毗離耶波羅蜜若能思惟是法平等法界名為成就禪波羅蜜若能了達如是法平等法界名為般

若波羅蜜世尊若人能信此法門者是人名為見法名為證法名降伏魔世尊若人能說此法門者是人於如来所轉法輪而得隨轉世尊若人能得此法門者是人名得冣上妙法尒時世尊於善思惟天子所說法門讃言善哉善哉天子如是如是如汝所說天子一切諸佛阿耨多羅三藐三菩提藏皆悉在此法門中攝天子一切諸佛所有意趣於此法門皆已示現天子若人聞此法門者當知是善薩快得善利天子若人手執此法門者當知是菩薩得大法藏天子若人攝受此法門者當知是菩薩名為可信者名為受持如来審藏者名為以冣上供養供養如来者名為攝受如来法門者天子若人聞此法門聞已能信者當知是菩薩名為報如来恩天子若人信此法門者當知是菩薩於十方界無有閡障尒時世尊告一切大衆唱如是言誰能於未来世護持此法門

尒時無所發菩薩即從座起偏袒右

肩右膝著地合掌向佛而作是言世尊我當能於未来世護持此法門世尊若菩薩有所發者不能護持此法是故我不發不起不受於一切衆生平等心能護持此甚深無生法忍法門我遠離飲食心不求一切供養恭敬讃歎何以故世尊若依供養恭敬者不能護持此法世尊於如来滅後若有人聞此法能受能持能書寫能讀誦書寫已乃至受持經卷者當知皆是無所發菩薩威神力故

尒時世尊讃無所發菩薩言善哉善哉善男子若有如是心者是人則能護持妙法觀世音菩薩言世尊若人不斷大悲是人則能護持妙法是故我今依大悲心護持此法門弥勒菩薩言世尊若人有大慈心是人能攝受妙法何以故若人多瞋恚是人不能攝受妙法是故我依慈心流通此法門見者愛樂菩薩言世尊若菩薩衆生見者无猒是人則能護持妙法世尊是故我於一切衆生不起瞋心護持此法門導師菩薩言世尊若菩

薩為一切衆生起心我拔一切衆生苦若一切衆生欲聚集佛菩提欲度一切衆生是菩薩能受持此法門是故世尊我為一切衆生成佛菩提世尊我先度一切衆生然後自度而不見能度可度者亦不見度衆生法是故世尊我畢竟起如是心護持此法門文殊師利菩薩言世尊世間人顛倒若人生如是心我護持妙法即是顛倒何以故世尊菩薩調柔自身寂靜自身是菩薩自調柔自寂靜實法身即是護持妙法是故世尊我自身柔軟自身寂靜自身法身即護持妙法尒時世尊讃彼護持妙法菩薩言善哉善哉善男子汝真是大士汝令能安樂一切衆生故護持妙法護法菩薩正應如是何以故此是諸菩薩寂妙勝業所謂護持妙法善男子是諸法相應法集法門若菩薩受持讀誦修行是菩薩於諸佛所得光明現前一切諸佛身不生不滅於法中得大光明現前知一切法非作非有為於僧中得光明現前如来弟子僧无

我无我所於菩薩修持戒得光明現前菩薩於諸學中大悲為根本得樂說光明現前一切語言樂説以無生為體善男子是法門多行於娑伽羅龍王世界多行帝釋住處多行於阿耨波達多龍王住處然後行於閻浮提中難行閻浮提常於諸佛所護衆生中行於直心不諂曲心衆生中行於能信深法者常在如是衆生心手中行如來說此法門時无所發菩薩奮迅慧菩薩及彼諸菩薩摩訶薩及大聲聞天龍夜叉乹闥婆阿修羅迦樓羅緊那羅摩睺羅伽人非人等一切大衆聞說此法門歡喜奉行

佛說法集經卷第六

辛丑歲高麗國大藏都監奉

勅雕造

佛說法集經卷第六

校勘記

一　底本，麗藏本。

一　七三四頁上七行第五字「无」，磧、普、南、徑、清作「無有」。

一　七三四頁上九行及一五行「毛頭」，徑、清作「毛道」。

一　七三四頁中三行第三、四字「涅槃」，石、資、磧、南、徑、清無。

一　七三四頁中一七行第六字「朗」，磧、普、南、徑、清作「明」。

一　七三四頁中末行第四字「悲」，石作「慈」。

一　七三五頁下四行第八字「行」，資、磧、普、南、徑、清作「行於」。

一　七三五頁下八行首字「爲」，資、磧、普、南、徑、清作「若」。

一　七三五頁下一〇行第一三字「想」，資、磧、普、南、徑、清作「相」。

一　七三六頁上九行第一三字「生」，資、磧、普、南、徑、清作「有」。

一　七三六頁中二行第四字「如」，磧作「是」。

一　七三六頁中四行首字「若」，諸本作「善」。

一　七三六頁中一九行「持受」，資、磧、普、南、徑、清作「受持」。

一　七三七頁下四行第九字、五行第一〇字及六行第一一字「願」，諸本作「欲願」。

一　七三八頁下八行第八字「晝」，石作「盡」。

一　七三八頁下九行第七、八字「阿難」，資、磧、普、南、徑、清無。

一　七三九頁上三行第二字及次頁上七行第七字、一二行第七字、一三行第七字、一四行第七字、一五行第四字「授」，諸本作「受」。

一　七三九頁上一〇行一〇字「者」，資、磧、普、南、徑、清無。

一　七三九頁上一三行首字「記」，資、磧、普、南、徑、清作「說」。

一　七三九頁中二二行第三字「妄」，

資、磧、普、南、徑、清作「妄不實」。

一七三九頁下一六行第一二字「是」，資、磧、普、南、徑、清無。

一七四〇頁上一三行首字「而」，磧作「真」。

一七四〇頁上一七行第八字「不」，資、磧、普、南、徑、清無。

一七四〇頁下八行第一〇字「現」，諸本作「現前」。

一七四一頁上七行第六字「入」，資、磧、普、南、徑、清作「人」。

一七四一頁上二〇行第五字「於」，資、磧、普、南、徑、清作「令」。

一七四一頁中三行第三字「常」，磧、普、南、徑、清作「當」。

一七四一頁下一行首字「利」，資作「如」。

一七四一頁下二行「如是」，資、磧、普、南、徑、清作「知足」。

一七四一頁下三行首字「天」，磧、普作「大」。

一七四一頁下一九行第一一字「墮」，諸本作「隨」。

一七四一頁下末行第一二字「因」，石作「因緣」。

一七四二頁上六行第一三字「近」，諸本作「得近」。

一七四二頁上九行首字「於」，石作「所」。

一七四二頁上一三行第三字「先」，磧、普、南、徑、清作「先意」。

一七四二頁上一八行末字「所」，資、磧、普、南、徑、清無。

一七四二頁上二一行第四字「業」，南、徑、清作「齒」。

一七四二頁下一七行第八字「得」，資、磧、普、南、徑、清作「淨」。

一七四三頁中二行第四字「能」，磧作「知」。

一七四三頁中九行第一三字及本頁下一九行末字「讀」，資、磧、普、徑、清作「讚」。

一七四三頁中二〇行第四字「者」，資、磧、普、南、徑、清無。

一七四四頁上一行第一一字「得」，資、磧、普、南、徑、清作「行」。

一七四四頁上三行第八字「語」，資、磧、普作「諸」。

一七四四頁上六行第七字「住」，資、磧、普無。

觀察諸法行經卷第一

隋天竺三藏闍那崛多譯

無邊善方便行品第一

尒時婆伽婆更遊王舍鷲鳥丘中共
大比丘衆滿千比丘共菩薩摩訶薩
有八十俱致菩薩摩訶薩種種佛刹
来集皆得陁羅尼忍三摩地一生補
處證得過去未来智道言說清淨不
作詐善不自稱讚无有貪婪外道不
勝過魔羅業得諸佛法具成無畏法
障已過業障已滅於法本性已得无
疑說歌頌句心無窮盡不可思劫願
鎧荘嚴笑顔先語面无嚬蹙辯才不
斷已得等忍三摩地陁羅尼具成無
邊辯才及勝无畏百千俱致那由多
劫善說一句信解諸法猶如幻燄水
月夢影響等無来无去無生无滅空
無相无願顯不可取無有障㝵善知
无邊智慧善覺諸衆生心行智如彼
衆生信解隨其信解善為說法禁攝
自心離法渴愛具無慢忍善巧勝妙
如本性法攝取佛刹功德荘嚴无邊

作願善能案行無數世界念佛三摩
地常現在前善勸請无量佛善知滅
纒順眠煩惱善知遊戲非一百千三
摩地海彼謂慈氏菩薩摩訶薩妙殊
尸利童真觀世自在菩薩摩訶薩大
勢至菩薩摩訶薩雲音菩薩摩訶薩
善百千開華智菩薩摩訶薩无邉攀
縁出意菩薩摩訶薩電荘嚴鳴音王
菩薩摩訶薩無數俱致劫普生智菩
薩摩訶薩師子吼王菩薩摩訶薩等
不等觀菩薩摩訶薩淨容金無疑王
菩薩摩訶薩寂觀菩薩摩訶薩智王
菩薩摩訶薩不空見菩薩摩訶薩賢
護為首十六大善丈夫象香手者菩
薩无邉實藏菩薩智積菩薩辯積菩
薩師子吼鳴音王菩薩珠荘嚴瓔珞
行菩薩師子行歩菩薩陁羅尼自在
王菩薩得无邉辯才无畏菩薩名稱
菩薩摩訶薩喜王菩薩摩訶薩如是
為首共八十俱致菩薩摩訶薩若此
三千大千世界大王或釋或梵或大
梵或天王或龍王或夜叉主阿修羅
伽留荼緊那羅摩睺羅伽人非人主

[illegible]

彼共眷屬圍繞執持華鬘塗香衣蓋
幢幡鼓樂詣於佛所到已頂礼佛足
作三匝繞隨所執持華鬘香塗香末
香衣蓋幡幢鼓樂於世尊所作供養
已尊重受教合掌而住
尒時喜王菩薩摩訶薩七日斷食已
若經行若立若坐不卧不睡精勤求
法何等三摩地令菩薩摩訶薩於无
上大乘轉取遍智大寶智等彼作此
因緣已即起於坐一肩整衣右膝著
地合掌向佛而白佛言大德世尊我
於如来應正遍知隨分欲問若婆伽
婆賜我空閑如我問已即為解說如
是語已佛告喜王菩薩摩訶薩言喜
王如来應正遍知常作空閑解說問
難喜王汝若如是欲問如来應正遍
知我即於汝彼彼所問如問解說當
令歡喜如是語已喜王菩薩摩訶薩
而白佛言世尊何等三摩地菩薩摩
訶薩具成三摩地故菩薩摩訶薩如
實知諸衆生心行能入諸佛世尊說
意所說無倒順入隨音實智能見現
在諸佛世尊无有障㝵順得無瞋諍

法於如聞如念法奉行而住雖於世
法中行而不為世法所染雖行遍智
定中而於彼自在不生雖行涅槃法
中而不於中間涅槃以未滿諸佛法
故雖行聲聞獨覺法中實行而不於
彼乘涅槃出无邊念心不忘失入諸
衆生種種界門無窮盡問辯說相續
攝取無邊功德莊嚴佛剎於別智中
得无餘智雖成熟衆生不依衆生想
而說法彼無有見住而將置涅槃亦
无一法可欲寂靜雖行菩提而不依
住大智具成捨離有無二邊故雖知
諸法緣生而於緣生法中不著速證
阿耨多羅三藐三菩提降伏摩羅及
與徒衆論他諸師以法屈伏當轉无
上法輪為天等世作法乳鳴世尊然
佛法不可思菩薩法不可思菩薩行
不可思甚善世尊我向問如来者世
尊以無數不可思諸種勝具佛智為
我演說若我於世尊邊聞已如實當
行如實行已當滿諸種勝具佛智喜
王菩薩摩訶薩如是語已復以歌頌
問佛此歌頌者所謂

我問論師月　世親人上者　若諸菩薩行
次第為解說
多衆等来无有邊　人天夜叉衆如信
聞勝功德佛法已　多百欲與覺相應
佛勝德中生信已　我問渡諸功德岸
名稱无邊知我心　他非我證除勝者
解散分別十力行　人天渴樂勝者德
菩提德行寂無比　百大方便說智行
如破黑親共力者　如速放出智光明
如動三千所有地　如菩薩行當為說
婆㐌勝覺樹　住此而斗藪　如放光照剎
俱致那由他　如大地震動　觸證寂勝智
善行於行者　如行當為說
如有當得開華相　如生无邊音住持
如得正定等迷留　如菩薩行當為辯
如有開華相无垢　如有善巧聞持意
如有不動似迷留　滿百功德如行說
無等无稱無諂詐　无我應供無三垢
智衆所讚勝沙門　我今問彼勝人行
善意行持開華言　勝言無錯无濁語
善夫牛王利除垢　如速作佛為我說
若有多人来集此　晝夜精勤无異心
彼等聞此勝行已　當住如實菩提行

此多人天樂佛德　晝夜決力勤不怠
彼聞此行當奉行　當得十力破他力
如當得於三摩地　如得通智及辯才
如佛光照无邊方　當問智慧无邊稱
笑顏如如說如是　善知如如諸法中
如得智通廣任持　見十方佛百无垢
云何當得無比智　善那由多俱致經
當於說時无有錯　如菩薩行當為辯
我不問有樂　去離有趣者　我不問小行
去離諸行者　如得最勝德　百種功德圓
為我如是說　顏容喜笑者
我今不問有樂道　我今不問境界依
勝者我欲生甘露　十力所行如實說
善逝云何當淨施　云何持戒振去塵
云何忍慈皆欲樂　如有精進彼當說
云何愛智樂斷惑　云何智度斷名言
當如智海不可動　如菩薩行當為說
若我不得問善逝　於中我智盡不起
得度遍智功德岸　為我皆說無邊德
如是語已佛告喜王菩薩摩訶薩言
甚善喜王甚善喜王汝今發行為多
人利益故為多人安樂故為憐愍世
故以義利益安樂天人故亦為此時

及未来菩薩摩訶薩不斷佛種性故
不斷法種性僧種性故汝於如來應
正遍知今問此義如汝於恒伽河沙
等佛世尊邊已曾問難出生解說喜
王彼宜善聽善作正念我當為說菩
薩因何三摩地得此及異功德知諸
衆生心行喜王菩薩摩訶薩言世尊
如是樂聞佛言喜王有三摩地說名
決定觀察諸法行菩薩摩訶薩若因
此三摩地得八十四千三摩地得八
十四千陁羅尼得八十四千波羅蜜
速證阿耨多羅三藐三菩提已轉无
上法輪為天人等世當作鳴吼喜王
彼何者是說名決定觀察諸法行三
摩地彼所謂如說如作如作如說身
淨語淨心淨求於利益作朋友心不
為求欲不捨於悲不為取法十一不失
於信自擔不動善入衆生言辭作調
順業順鍛於身捨離惡語心无欺誑
苦者令潤樂者教修十二放逸者覺察
發勤者令決合法悔者令出散不住
法想離衆生想不分別事想捨諸取
著觀知於相取戒不動十三常求於智

離世所言求出世語自進不忘順念
於法入如所作順作儀式於業必信
捨離不信十四多有信解於佛作念有
罪顯說於福隨喜勸請於佛應礼者
礼無有高慢不厭善根常勤相應不
捨勤合十五通出生句信因作業而受
其報於緣覺察不著虛實有所言說
十六不住欲界不同色界相不著无色
界於業報果隨之而信均與物分有
平等心不害法教合不合中無有瞋
恚他得利中亦不有嫉滿其所望十七
度於法擔不捨戒聚除慢離瞋普割
愚癡不生貪行隨得知足不求眷屬
得利不高無利不下十八法利喜分不
作貯積惡言不報自護口言顯明菩
提察發勤合顯明解脫問於智者不
放鍛攝不捨住阿蘭拏十九於頭多功
德及以減省普有喜樂信解於空不
著諸事聚中不依界中不念入中不
見境中不愛除滅顛倒心令念持智
慧發生廿一行於聖行順鍛於心隨順
到福田地除捨諸行施不求報戒中
不念不分別忍不覆精進不依定意

智知諸法一百一十入六度地不念自德不
悪他德不依諸行不稱量行於涅槃
中無有攀縁走避流轉於解脱中无
有怖想於受聚中有害者想愛於滅
度一百二十安住於忍顏容喜笑先言問訊
面無顰蹙敬老少中其心淨信不逼
惱他作主滅諍讃説寂靜勤教和合
一百三十愛憎等心求陁羅尼諸衆生中如
父母兄弟姊妹兒子親屬尊長朋友
平等愛念愛聖如父於近誦中如愛
尊重於菩薩中愛念如佛法中愛念
亦如自我於多聞中无有厭足行中
奉行供養如来一百四十上妙信解无有縮
小作三寶種忍不定言身中不惜命
中不惜清淨活命於乞食行而不捨
軛平等乞食以為愛美善住阿蘭拏
處一百五十捨離在衆心常憙樂不雜俗家
於出家者亦憙不雜不作詐善不自
稱讃説於愛語菩薩乘中教化衆生
入於方便常順念佛一百六十思惟於法常
尊重僧供養智者親近解者守護定
意者扶持勤合者説菩提道念修於
法信於福德於衆生所教以善根一百七十

愛念信者出散苦者淨於威儀慙而
有畏懼見慙悔離於惡人住如法行
向於除滅求於聖行熏修念處一百八十恒
住正斷普得神足取於諸根成就於
力觀菩提分道不顛倒入舍摩他察
發毗撥舍梛於心不喜法中普喜一百九十
起過攀縁地中而能不住不驚无見
生不慞想護菩薩行於佛行中作無
量想猒棄惡行捨先所作淨於自業
二百秘毗梛耶禁别解脱不毀法教以
時而行離於非時善巧入出知於頡
量活命事中足而等喜入諸智通修
三摩地入於所行二百一十入於妙寶如来
所説取不可得勤合者喜顯明佛子
令聲聞者聞行令獨覺者順知一道
菩薩財物聲聞遊處智者所行是調
順者所趣二百二十重説法者察多信者示
現佛道求財者藏求果者田三火熱
惱者園得三摩地者華池生白法者
母不信身者令止繫縁於相二百三十布置
諸好等住佛刹得陁羅尼出種種智
熏修勤合超摩羅境勇健鬪戰割斷
煩惱摧滅不善熾然於善二百四十勤作頡

者瓔珞摩羅所不能破所説无盡世
間不等外道不知已過聲聞法中已
出獨覺安住遍智中衆生入道之所
趣到善朋友言二百五十如實覺察是受報
者等喜欲飲者味欲憙樂者趣向涅
槃者乘趣岸者船欲度者筏生盲者
燈欲見者眼説法者炬二百六十不虚者誓
欲施者財欲解脱者方便求戲者喜
樂等喜者淨信歡喜者愛求聞者性
處得三摩地者迷留堅得眼者帝釋
入鬪戰者勇健欲住者窟自心行者
梵心勤合者喜樂二百七十不退轉者遊處
得無生法忍者淨心智行者念初業
者方便丈夫智者橦弩三摩地者弓
説无我者梛羅延遍智者道令解脱
者生平等智諸天所礼二百八十諸龍奉華
衆人供養學者所難作无學者向礼
菩薩所讃法主所念覆藏根者城善
方便者道勤合者利疑者令散二百九十欲
者令斷煩惱者吐欲渡者浮病者良
藥不顛倒見者治箭者拔出欲作淨
者自在欲作吼者无畏相欲聞者所
趣三百涅槃者道惡趣者遠離欲色无

色者超過嚴佛土者瓔珞金剛喻三摩地者生因寂後生者坐師子座令福德者不失求者令取之者榮進墮者令起懈怠者令發力三百一十發事者建立過發事者令止於定令入諸事令捨取鬭諍者令其棄除於遍知智令其滿足得出生無邊門說勝義者令其不失令說空者畢竟寂靜信无相者令滅分別信無願者止断急務三百二十令信捨者超過三世順至諸處善方便中於覺為燈於未學者心不輕賤於說法者無有所求其錯法中不生瞋恚於等乘者无有謗毀不塹其物而為說法於說法者諸事供養於聽法中心不散乱三百三十於徒衆所無有欺念於法施中無有断絶於純直者難可為問於瞋恨者住於忍心悔者令散於道不息求於智聚令依取者而得解脱惡者令調无住處者令捨三百四十欲順念者令其正念發起菩薩顯示諸佛令四衆喜味勝者美味欲戲者雷於甘露為門涅槃行者所趣令欲得不怖者有涼无熱是得道者解脱

繫縛三百五十於樂心所請與利益其心放息意樂身樂智者所取堅受不捨不轉如来方便道行熏諸善根害諸不善根是無智者所學入方便中者所成不誑者相順佛教者所行智聚者明示現佛刹礼拜俱致諸佛能作俱致問難断其所疑生長諸白淨法棄捨助黑不失諸福意福者愛生意樂者勇健欲說者辯說法者護令諸因者生愛於諸法中而有善巧知於生滅示現如如於徒衆中自心調伏合方便者令喜慢者令散方便成就者坐令思察者飽足四百覲視无恶法主者雷名稱丈夫者勇步煩惱垢者令止諸見行者令害聞者令持揔持於法令說法者无錯不轉善提善諸入門善根者聚不断佛眼熾然法眼攝於聖衆伏他論師善作法語菩薩所行等心者月求業者日欲學者師諸修多羅者護智者將導白法種子甘露熟果順念於生不染流轉癡凡業者猒棄如来功德者真實讚歎者得无邊報持者遍智因来讀者利得所

趣四百三十書寫者入無邊功德智說者无量福德是不来者渡津是不動者住處諸世欲受者為說諸佛已說稱揚過去佛衆滿未来佛所望是現在佛智藏諸衆生行入門聲聞乘者普燈獨覺乘者燈明佛乘者侍諸出生者不失示現佛手者印是不覆蔽者實得疾智者轉生能令問佛功德令欲作者无猒令煩惱火寂滅四百五十得方便智令解地界令入水界等入火界不住風界出生解脱虛空界淨於智界順入法界猒棄諸行遮断順眠散於瞋㝵除捨愛憎善巧自行善巧他行令欲說者辯才無盡諸出生中令不入著令相應者不可言說捨於我相除我所相遠離入著四百七十下心如犬寂妙入門善繫於定是乏者薩令渡於流外論所不能破於純直者不可說惡遠離睡眠親近說法者超過掉悔除滅於疑散於貪欲遠離懶墮不見於我顯明无我不建立命法中不觸說中不諍所辯合理善於思惟不作於行有調順體有不怯弱畢竟信解

入衆不縮自德不譽他德不嫉其心
常行遍智不取住處(五百)離不合言常
淨等行不愛其身斂攝其心於行善
巧思惟順念不毀不慢求於解脫欲
得無疑念修梵行於慈等心於悲順
攝於喜當念捨滅憎愛於戒順攝定
皆出生慧悲覺知所出生字言辭善
巧(五百二十)入諸說音不為財利廣演說法
不喜共衆一宿移行既不舉取亦不
下置其中覺知不著諸法顯明於如
不誑諸衆生不斷三寶種姓於法攝
取(五百三十)滿牢固願不羨小乘與定相應
晝夜不捨滿諸淨心智慧切德(依梵本合有五百三十五句其中分句長短離合无一定准樣少乃至二字為句樣多乃至五字始成一句此乃隨義分句故也不可一一句後記數宜好詳之也)　喜王此謂說
名決定觀察諸法行三摩地是菩薩
摩訶薩境界入衆生行取遍知智此
中法本說時九十二那由多菩薩无
生法中忍生五千衆生先未發生阿
耨多羅三藐三菩提心於今岦生三
十那由多畢竟淨心天及人等遠塵
離垢煩惱中出諸法中法眼生十百
千比丘不受故无漏心解脫此三千

大千世界六種振動大光遍世尒時
世尊復令此義無量顯明即說歌頌
所行清淨聖者道　其心解脫隨順法
菩提分眼辯法中　此三摩地善逝行
降伏摩羅遠離垢　除滅瞋障斷有愛
名稱及智善具德　此三摩地德智幢
於智為地及善道　諸聖者姓破摩羅
解脫於有善逝讚　此三摩地德智財
細入法行諸際門　順覺過惡已作斷
除滅於苦入勝樂　此三摩地善逝行
此是覺念覺分華　慙愧具足攝於善
菩提分驍善逝趣　勝三摩地此已說
菩提分埸解脫光　過彼星宿作明照
作於光明起三有　讚彼如是法勝月
三種方便埅得淨　親近解脫㝡勝王
捨知識利及詐善　此三摩地應成就
於他毀辱當遠離　莫因知識自讚譽
常行乞食但三衣　勿作貯積與此合
埅得諸聖等分戒　常應尊敬問智者
問已如實修行住　彼故當得寂靜定
若有戒美諸世中　遠衆欲憙舍摩他
勿作詐善莫慢生　彼故速當得勝定
於尊師所常恭敬　若老若中如初者

諸處如是常受教　欲求善逝所有財
勿作瞋面莫羞怯　見諸世人常共語
勿作貢高慢自在　彼故當得寂靜定
應當捨身莫愛惜　勿有嬾惰多睡眠
晝夜修念意相應　彼於勝定則當得
等心諸世憙於慈　以悲意行菩提行
喜捨平等稱量意　彼於勝定則當得
應常守護十力財　於法破盡苦世時
若常守護法財物　彼當得此寂靜定
意常不著三界中　隨順憶念流轉苦
欲求涅槃安隱處　速得㝡勝无比身
隨順憶念无我空　於諸相中普遠離
亦離三有所作願　彼即速得大悲者
行施自守若調伏　持戒及忍如精進
常憙於定解脫智　此三摩地彼速得
如我昔行數百劫　如我說此菩提行
如我得覺寂靜安　如是等行速已觸
我是遍智善牛王　學我諸勝所有行
若行如我往昔行　彼當得佛人勝者
衣藪及食解脫味　心信於定憙空閑
無我歌詠常愛作　云何他智當觸樂
擔負罵詈堪忍他　勿懷怨恨不供養
應於業報當普信　彼於勝定則當得

遠離有見及惡道　當親近空聖所趣
晝夜精進力發起　彼於此定則當得
遠離二邊不愛道　近平等道若實路
如此修行佛所愛　若觀不生不作法
取勝不求妙華香　妙衣及以幢蓋等
若於法空隨順行　此是取勝第一供

觀察諸法行經卷第一

觀察諸法行經卷第一
校勘記

一　底本，金藏廣勝寺本。
一　七四六頁中一行經名及三行品名，石并作「觀察諸法行經無邊善方便行品第一」。
一　七四六頁中二行首字「隋」，磧、普、南、徑、清作「隋北」；第五字「藏」，徑、清作「藏法師」；第九字「多」，石作「等多」。以下各卷同。
一　七四六頁中九行第二字「詐」，石作「誑」。
一　七四七頁上九行第八字「火」，麗作「財」。
一　七四七頁上二〇行第八字「故」，普無。
一　七四七頁中一二行首字「住」，資、磧、普、南、徑、清作「作」。
一　七四七頁中一五行「論他諸」，資、磧、普、南、徑、清、麗作「諸他論」。
一　七四七頁下一一行「斗藪」，磧、普、南、徑、清、麗作「抖擻」。
一　七四八頁上六行第六字「任」，資、普、南、徑、清、麗作「住」。
一　七四八頁上二二行末字「世」，資、磧、普、南、徑、清、麗作「世間」。
一　七四八頁中一七行夾註「十一」，石、資、磧、普、南、徑、麗作「十」，清作「一十」。
一　七四八頁下八行第一〇字「相」，資、磧、普、南、徑、清無。
一　七四八頁下一三行第五字「貪」，普、南作「貧」。
一　七四九頁上七行第九字「寂」，磧、普、南、徑、清作「取」。
一　七四九頁上一〇行第一一字「誦」，資、磧、南、徑、清作「親」。
一　七四九頁上一五行第六字「活」，磧、普、南、徑、清作「淨」。
一　七四九頁中六行第三字「撥」，石作「鉢」。
一　七四九頁中一八行第一一字「田」，磧、普、南、徑、清作「甲」。

一 七五〇頁上三行第一〇字「之」，磧、普、南、徑、清作「退」。

一 七五〇頁上六行「知智」，資、磧、普、南、徑、清作「智者」；麗作「知者」。

一 七五〇頁中一一行末字「合」，資、磧、普、南、徑、清作「令」。

一 七五〇頁下六行第五字「燈」，石、麗作「燭」。

一 七五〇頁下一二行第一一字「順」，磧、普、南、徑、清作「隨」。

一 七五〇頁下一三行第二字「㝵」，資、磧、普、南、徑、清作「癡」。

一 七五〇頁下一六行第一三字「犬」，資、磧、普、南、徑、清作「大」。

一 七五一頁中三行第二字「行」，徑、清作「有」。

一 七五一頁中五行第九字「滅」，磧、普、南、徑、清作「我」。

一 七五一頁中一九行第一三字「智」，磧、普、南、徑、清作「知」。

一 七五一頁下二二行第八字「忽」，資、磧、普、南、徑、清、麗作「勿」。

觀察諸法行經卷第二　器

隋天竺三藏闍那崛多譯

先世勤相應品第二

尒時世尊復告喜王菩薩摩訶薩言喜王又復菩薩應覺諸法不依應覺諸法不出不滅不作不生遠離輕虛自空不牢不取不捨應覺諸法无常苦無我寂靜應覺諸法空無相无願應覺諸法无我無衆生无命無冨伽羅十二應覺諸法不合不可作无自體無相无有應覺諸法離染不行離戲論不行到寂勝不種種十三无戲論離戲論不可取不持無住處不来不去不住无字不可說十四諸法不可言不可將来無業无報應覺諸法不分別無種種分別斷普分別諸想及念皆已除斷破天等世得度五趣度於衆生勝魔羅衆起過煩惱魔羅出聚魔羅斷死魔羅滿無著智攝取三世勝色為諸衆生所愛為智者所供養能於諸法見其法體得肉眼淨到天眼明到智眼行不動法眼具足佛眼如-

月顯照知諸衆生心行不勤合者當作覺察捨諸所取十二於三千大千世界中為諸天人作支帝相隨順得淨行地通無我際知於出界諸衆生所當作親尊離增上慢有於忍力起五障身能於名色知其本性順覺諸佛所說言辞順覺三十二相十三於得不得心有所取皆已起過於世間得而得世法不染於諸衆生當為作舍開涅槃門令諸衆生入无畏城與甘露味演說於法覺煩惱睡散衆生熱斷其所著諸見縛等六根不染而為衆生說法得十六字門所出陁羅尼何者是彼十六種陁羅尼所謂阿字不生義故波字寂勝義故遮字四實義故那字知名色生義故陁字調伏義故沙字起過者義故迦字不失業報義故娑字諸法平等義故伽字甚深義故他字勢力義故闍字起過生老死義故車字斷煩惱无餘義故𨀕字高出義故詫字住義故嗏字教化邊地弥棃車義故梵本亦少一字善家子此是得十六字所出陁羅尼名得陁羅尼

所出巧智解知諸法自空選擇諸衆生心出離諸煩惱吐諸凡夫所取通彼法相度流轉海善說令喜設法施會巧生諸字音智解知於空樂佛解脫捨愛不愛而無悋惜於諸外道他論如法降伏說師子吼得於佛智與於法施吐諸煩惱破怨惡義信諸佛轉法輪通達於如乃至知法瞋慢已離欲泥不染調御衆生除去於垢能以悲水洗於衆生統領徒衆順得勢力超過老死念千數劫摠持法藏通達寂界得空等智順覺盡法諸衆生等所應讚歎滿無障智得无熱惱熏習順行摧魔羅軍蔭覆三千大千世界順念前世招涅槃地作依止趣其在家者盡皆覆護知處非處不捨先誓於諸衆生以慈遍滿知聚无生所念聞意當作正直得栴檀郍戒香斷生死道順得涅槃知諸法如郍字觸住喜王彼如郍字已上无字彼亦無名亦不可說亦無有聲不施設名不知名說彼諸聲言辭中彼不過去不未来不現在彼諸佛不已說不令說

不當說不生不出如是等相諸法菩薩當知喜王復有十六字陁羅尼所入門所謂覺字行相說勝義法度於四流說無有名色法善巧布施自守住忍不倚六根行於六度令滅欲煩惱故而為衆生說法巧知諸法差別得深無疑說處非處知諸衆生所行忍麁惡言捨皮肉髓知念意行安住法界解知郍字盡入諸法喜王此是十六種字陁羅尼入門喜王若菩薩摩訶薩正覺如是十六種字陁羅尼入門如阿字無生義故波字寂勝義故遮字度四流義故郍字說名色義故陁字布施自守和合義故沙字六通智義故迦字不見業報義故沙字諸法平等義故伽字甚深義故他字示現勢力義故闍字示現生死義故叉字示現忍力義故車字吐拯惡煩惱義故娑摩字自大證覺義故娑他字說處非處義故多字說盡邊義故彼則得此說名决定觀察諸法行三摩地因此十六種字陁羅尼菩薩摩訶薩不為智者所訶棄欲瞋癡演說

到彼岸道得四无畏受郍羅延身利割欲枝得十力力值遇妙音得滅熱惱授聲聞獨覺記遠離左道得如来地如所言說如作即得高慢衆生當令解脫作佛事業順得聚智疑得衆生斷其疑惑以有和善共住安樂滿足大悲超摩羅境滿足美音除慢放逸而得於忍善入深定令度諸趣而為說法於諸法中令得淺處為住彼岸令到陸處知諸衆生所行知諸法方便行念無數劫持諸法體寂滅諸惡清淨諸疑得空等智順到滅煩惱處速践覺場天龍當讚順覺諸智巧滅燒熱說諸衆生自體食甘露食斷諸疑聯捨離隨著所有習氣以其大悲覆諸衆生念前宿世見於涅槃功德順覺凡夫所行得密大智害諸異念鳴於法螺令住佛智起種種相順覺出生知衆生處能使佛剎豊滿无彼熾然離於老病速能順覺方便密語斷生死道順到安隱涅槃於惡摩羅速能降伏於無量世界中見佛世尊離欲已而聽法亦不忘智如所希

望攝取佛刹巧知遊戲出生諸三摩地喜王菩薩摩訶薩若得第說決定觀察諸法行三摩地當知亦得薩婆若何以故然彼何時欲證阿耨多羅三藐三菩提若一生若二若三若四若五若十若二十若百生若千生若百千生若一刧若百刧若千刧若百千刧乃至欲於久時彼亦久乃證覺以願自在於流轉中盡後際刧何以故然彼於諸法中自在故又佛說此陁羅尼字門品法本時三十二千菩薩得忍彼時此三千大千世界六種振動尒時世尊說此歌頌

無錯无濁無穢雜　離非趣行到甘露
應天地供作無等　持此方便十力行
喜作離怨滅荒塵　面如開華人天樂
應勝者德度有流　持此方便十力行
除滅他衆善他行　人天愛重拂他意
分別他行善巧意　此道中行十力行
捨增有取不如行　覺察人天如意決
行顯亦如空中日　此有眼行智者行
人天常愛彼意者　不樂有趣境無錯
分別百行衆中吼　此智者行照諸方

得十二十復有二　諸相姸妙人天奉
得失不著離二取　彼得此行照諸方
甘露施主善行施　常與勝財世牛王
十力大力降他力　不久得此智者行
分別多德勝念意　寂滅多苦與多樂
多人尊重善奉事　憙佛功德智學此
降衆不久如牛王　滅百熱惱離諸熱
飛虛空道多百刹　行此方便照諸方
信處善巧諸世信　信慭意住念无等
振去百著作世香　持此方便百德聚
分別多德吐三垢　彼有潤膩美妙言
善說百分天地中　持此德財勝无等
度人天住無畏城　振去闇塵如言說
如行无惱行如行　持此方便十力行
甘露財勝名聞至　勝德無等如行得
如意人天如言說　智者學此甘露道
无塵至處照十方　脫慢衆生直無曲
至無畏城離荒慢　持此方便十力行
言說善合化人天　不憙樂欲憙樂法
說作作者說百行　學此方便善意者
等意等行淨衆生　善合善美善行說
諸法中巧常與樂　行此方便喜甘露
惡摩羅力不久降　振去荒垢散三垢

行於此地與大財　持此方便十力行
超過惡趣行勝趣　象馬獸主戲行者
讚德持德百德滿　不久得此智者行
善巧處行不住有　勢力示現決勝力
至陸住水離諸膩　若學此行十力行
捨城及與村落地　捨愛不愛不樂境
及捨勝樹捨怨衆　智者學此決進力
憶念過去多百刧　念諸世中生及死
及念已先所聞法　持此寂靜勝定意
法炬熾然常令有　憙法彼施於財法
及持十力所行者　持此寂靜勝定意
住舍摩他有慈意　寂靜止意寂靜根
淨戒甜美愛語音　當有持此三摩地
喻如犀行無我所　得到閑方與閑道
離八不閑隨處住　持此寂靜勝定意
於念覺知自性行　亦當善巧知盡法
示現寂勝堪忍力　於此中學勝義行
應得諸世所讚歎　多百數天當讚彼
作處作者作寂靜　於此智海親近住
鳥飛足跡當順行　於諸煩惱得寂滅
摩羅不行彼方便　此寂難見勤相應
說決定覺善逝行　拔斷有愛作无有
得彼世中常供奉　持此寂靜勝定意

所應斷者於此淨　斷煩惱已照三有
彼作蔭覆遍諸方　若持此勝三摩地
念他所行及自所　念已為說如順行
无慢行體勝者行　持此寂靜勝定意
有施捨已調伏意　善逝所趣速能行
施與無畏說无畏　此勝上定則便得
於諸世中當作親　錯誤已脫復令解
共集言議有善巧　若人修此三摩地
身等金剛全一合　速能破散魔羅軍
純白淨照无有垢　持此寂靜勝定意
是處而住處所應　於處不住上意得
於處非處有善巧　若此定意人能持
無著辯說佛功德　出生俱致多覺解
彼无欺惑不正意　此勝寂定有能持
於彼甘露速能信　亦常信於與樂者
得到果已護他世　此勝寂定有能持
解知於聚常自空　彼无錯誤無迷惑
諸行行到三有中　若人持此三摩地
當得捨離於老病　不被他降巧為直
其心相續意持戒　若此定意人能持
割斷生樹是聖道　涅槃寂靜速能觸
弥梨車地彼不多　若人持此三摩地
不自讚揚巧妙語　功德名稱上普德

端正顯現衆中入　如昴宿月月淨空
眷屬衆具家姓名　善逝親眷彼時得
彼所有辯如水王　謂當持此三摩地
法自性相無我行　於諸世中順覺已
速作三千勇健主　此經希有平等行
乃至三千世中林　人姓三種衆生行
於彼勝上得智門　此勤相應觸甘露
毒刀及火不行入　不畏枷縛諸逼惱
夜叉羅剎不生害　若淨信心此相應
財无所失財不離　無病无憂無業報
不盲不瘖亦不瘂　如是有持此四句
六十三億二足上　普念於此相應者
彼所若與捴持藏　此寂難見已相應
若於菩提欲疾觸　寂安隱德若欲取
應合此勝經典行　諸所希望則滿足
彼故聞已善喜樂　若人於中求菩提
彼勤相應若四日　彼當得此勝寂定
八十俱致二足上　餘勝六十那由多
普念與此相應者　轉誦作此三摩地
若聞於此善得利　聞已若有作信解
佛功德中彼无惑　如到菩提如是持
彼故聞已此實行　莫得嬾惰意无德
諸福決定到手中　若持此經若書寫

我念於先百數劫　有寂勝者名辯幢
彼說此勝三摩地　王子月妙聞彼已
疾捨王位而出家　彼聞一夜及一日
於後分中死時到　至餘剎土而復生
如恒伽沙復多彼　見已復見无邊勝
諸處聞此三摩地　於三劫中證勝覺
名曰寶炎寂勝者　勝者然燈為說記
如是大利由聞此　彼故聞已莫嬾惰
我今欲作告汝等　天人所有美妙音
我於此中開寶藏　十力財物汝當取

又喜王先過去世不可數劫過不可數廣遠無量不可思不可量於彼時節有佛名辯才瓔珞莊嚴雲鳴出吼顯音如来應正遍知出世明行具足善逝世間解無上調御丈夫天人教師佛婆伽婆其佛剎土名無邊寶功德莊嚴世界名无垢劫名愛見又喜王彼辯才瓔珞莊嚴雲鳴出吼顯音如来應供正遍知有无量聲聞有七十二俱致菩薩摩訶薩並皆得忍到灌頂地又喜王於彼菩薩衆中有菩薩說法者名無邊功德辯幢遊戲　鳴音彼有過量念行慗辯於陁羅尼中

遊步盡至得五通智彼白彼佛令其
觀已為四部衆廣說此說決定觀察
諸法行三摩地又喜王於彼時節有
王子名福報清淨多人所愛鳴聲自
在而彼妙形端正可觀最勝淨色成
滿具足於無上正覺中久已發行喜
王福報清淨多人所愛鳴聲自在王
子聞有無邊功德辯幢遊戲鳴音菩
薩說法者說此名決定觀察諸法行
三摩地若入村城聚邑王都中說時
彼王子於彼說法者邊聞此三摩地
聞已歡喜踊躍愛悅滿意善意更生
詣向彼說法者菩薩摩訶薩所到已
頂礼彼說法者足尊重愛敬合掌而
住於此三摩地中復過量喜欲聞此
三摩地彼說法者復知彼過量淨信
已彼時廣說此三摩地喜王如是彼
王子於彼說法者邊聞此三摩地已
又復過量歡喜踊躍愛悅滿意善意
更生隨所著衣而以奉覆說如是言
令諸衆生得此三摩地實如此說法
者菩薩摩訶薩彼以於彼說法者所
捨施善根於現法中承事八十恒伽

河沙等諸佛世尊於彼諸佛世尊邊
聞此三摩地彼諸佛世尊所皆作最
勝供養於彼諸佛世尊教法中出家
攝受正法諸所不聞百千俱致修多
羅而能辯說生念常滿受變化生得
五通智得陁羅尼無著辯才彼順次
第行諸助菩提法滿已於无邊功德
寶莊嚴佛刹中證覺阿耨多羅三藐
三菩提壽量無量聲聞衆无量菩薩
衆無量光明无量頗功德莊嚴無量
又喜王彼時節中有名无邊功德辯
幢遊戲鳴音說法者汝意莫作異見
何以故喜王彼大眼如來是也不動
如來為記菩提又彼王子名福報清
淨多人所愛鳴聲自在者彼无量壽
如來即是彼時王子也又喜王彼王
子聞此三摩地已七十千劫業障皆
悉滅盡即得分別諸法句品出无邊
門名陁羅尼及不遠離三摩地乃至
菩提場喜王彼因緣故如是當知此
三摩地於諸菩薩摩訶薩所如是多
作淨諸業障轉莊嚴淨刹功德轉速
滿佛法轉又喜王先過去世不可數

劫過不可數廣遠無量不可思不可
量於彼時節有名淨面无垢月妙威
藏如來應正遍知出世明行具足善
逝世解無上調御丈夫天人教師佛
婆伽婆又喜王彼淨面無垢月妙威
藏如來應正遍知所有佛刹功德莊
嚴我今不可一劫廣說乃有如是无
量功德莊嚴聚集佛刹清淨菩薩摩
訶薩衆於佛法中皆悉決定喜王於
彼時節有長者子名曰顯妙廣身彼
詣淨面无垢月妙威藏如來所到已
頂礼彼世尊足即以无量摩尼寶珠
瓔珞百千閘錯奉覆彼佛在前而住
以欲法故彼如來知彼淨信已於此
三摩地初中後廣說喜王如是彼長
者子於彼佛邊聞此三摩地已歡喜
踊躍愛悅滿意善意更生得大法力
得法力已不用求天人中彼七十千
婦女捨已普一踰闍那四大藏无邊
寶滿捨已八百園林捨已諸所受用
衆具捨已於彼世尊教中剃除鬚髮
著袈裟衣以信出家非家而行又喜
王彼長者子先在家時地不敷衣一不

曾足蹈既行出家已十千歲仍不敷
衣足不蹈地中不坐不卧唯除食受
用時十千歲中睡眠不入乃至於彈
指頃亦不曾分別欲分別瞋分別害
十千歲中異心不生唯於遍智相應
發行精進得諸辯聲攝諸佛語名陁
羅尼成就普音入門名陁羅尼彼如
是熾然精進具足乃有六十那由多
天於彼菩薩所勤行給侍起作相應
令其身心安樂精進堪能彼如是行
出家已熾然精進聞此三摩地故九
十九俱致百千劫流轉皆悉背捨現
在值遇七十千佛於諸處中行出家
已此三摩地持讀思惟為他廣說彼
發行精進故不放逸行故成就此三
摩地於八劫中證覺阿耨多羅三藐
三菩提還得如是佛刹功德莊嚴相
住如彼世尊淨面無垢月妙威藏如
來所有刹土我今見彼於南方分中
四十四百千佛刹過已名大莊嚴世
界彼中作佛有名善意意樂如來說
法无量菩薩摩訶薩衆集數不可盡
喜王彼故菩薩摩訶薩若欲速於諸

法隨順得自在者此三摩地當聞當
持當說當念尒時世尊復欲過量讚
說此三摩地功德令高出故即說歌頌
我念先世無邊劫　猶如恒伽沙无量
時有智者世間導　辯才鳴聲諸方聞
彼勝教中有比丘　持法智人說法者
此寂靜定彼說已　王子已於彼邊聞
即以自衣而奉覆　迴向寂勝菩提道
復見無邊諸導師　得道彼号无量命
彼先所有慧作業　皆盡無餘无報果
聞此大妙三摩地　有辯才者具功德
彼於後時中　若有欲求道　應當聞此定
諸惡自當除　又佛無垢月　說此三摩地
長者子聞已　即取行出家　彼於十千年
思惟三摩地　足不蹈无衣　亦不入眠寢
此得勝菩提　唯有共聽故　不愛於家中
亦无欲財物　彼至諸佛刹　於彼皆已聞
諸行所入門　順覺已不久　其心彼先滿
亦滿彼意車　彼速得菩提　此何不勤作
後時當來世　多有求菩提　無資財无樂
不欲行出家　瞋罵而叱責　毀辱說惡語
各各共聞已　而言當作佛　千數非一苦
忍受為欲故　為愛欲作奴　而言當作佛

夢中見佛已　彼暫得蘇息　於他當欺慢
菩提我不疑　此經彼聞已　言聲不會義
而蘇息自心　不久當作佛　彼等聞此實
若所聞此已　彼无有所者　亦如空中風
有此出家已　多有求菩提　為知識故瞋
各各而生起　彼貧窮少福　限聞即喜樂
於他有欺心　我到菩提岸　見光得界已
衆生而供養　以此少等喜　知當到菩提
彼菩提大遠　若嫉妬諂曲　我到智數數
大遠寂勝者　聞此經典已　知當得菩提
見无量壽刹　佛作當不久　大遠彼菩提
依止有得見　心若不相應　我當不記彼
及此長者子　財聚已捨離　於後出家已
後著乞食家　如此三摩地　於先然燈所
若聞好當作　不復渴愛生　彼剃鬚出家
繫縛知識利　海中取麻擔　而捨於珎寶
聞中非決淨　無戒非出家　修行菩提道
彼故莫放逸　後時若有處　說時當聽聞
彼為知識故　復行不讚說　在前當礼拜
及當與稱善　如是以衣散　復行不讚說
泣淚灑作已　奉施於自身　彼復在衆中
而說其惡行　不愛阿遮梨　不重近誦者
為少而相破　以家相嫉惡　唯信他福德

觀察諸法行經第二卷　第十八張

自德不思惟　當生猛毒惡　知他富供養
華香及末香　幢蓋幡懸等　鼓樂供養我
當言得菩提　此我實供養　聞此勝定已
當捨知識利　修行則相應　何供養色身
諸聚我已捨　應供養法身　亦如善實供
愛命捨離已　常宿阿蘭拏　念此修多羅
當盡於命世　喜王我告汝　修行此已聞
決莫共彼輩　諂曲作伴黨　於中我不讚
在衆中當言　此實此不實　於中莫欲信
不於境界所　有欲佛菩提　所有破諸行
彼菩提大遠　我所有神通　此見大體力
諸此有禁戒　修行我得已　愛戒作分者
衆中似野獸　已捨知識利　獨宿阿蘭拏
我无有是處　我不説無實　久後末世時
此經付囑汝　无量壽放光　及不動法王
六十三億佛　衆會皆已見　教師皆付彼
久後令護法　如此經智印　我普持在後
三千即震動　諸天稱善言　多有華雨落
聞此付囑故

觀察諸法行經卷第二

觀察諸法行經卷第二

校勘記

一　底本，金藏廣勝寺本。

一　七五四頁中一行經名卷次及三行品名，石并作「觀察諸法行經先世勤相應品第二之一卷二」。

一　七五四頁中三行末字「二」，資、磧、普、南、徑、清作「二之一」。

一　七五四頁中七行第八字「捨」下，磧、普、南、徑、清有夾註「一十」。

一　七五四頁下二行夾註「二十」，磧、普、南、徑、清作「五十」。

一　七五四頁下七行夾註「三十」，磧、普、南、徑、清作「六十」。

一　七五四頁下八行第一三字「得」，資、磧、普、南、徑、清作「行」。

一　七五五頁上一八行第七字「直」，資、磧、普、南、徑、清作「真」。

一　七五五頁中一五行第一三字「沙」，石、資、磧、普、南、徑、清作「娑」。

一　七五六頁上二行第一一字「第」，資、磧、普、南、徑、清、麗作「此」。

一　七五六頁上七行第五字「一」，資、磧、普、南、徑、清無。

一　七五六頁上一七行第七字「流」，石、資、磧、普、南、徑、清作「海」。

一　七五六頁上一八行「拂他」，磧、普、南、徑、清作「佛陀」。

一　七五六頁上二〇行第二字「增」，資、磧、普、南、徑、清作「憎」。

一　七五六頁上二〇行第四字「取」，石作「聚」。

一　七五六頁上二一行第三字「亦」，資、磧、普、南、徑、清作「示」。

一　七五六頁上二一行第七字「日」，諸本作「月」。

一　七五六頁下四行第八字「勢」，資作「熱」。

一　七五七頁上七行第一一字「脱」，資作「勝」。

一　七五七頁上一七行第四字「聚」，磧作「疑」。

一　七五七頁中五行第七字「主」，磧、

普、南、徑、清作「王」。

一　七五七頁中六行第六字「中」，資、磧、普、南、徑、清作「界」。

一　七五七頁中一〇行末字「報」，資、磧、普、南、徑、清作「執」。

一　七五七頁中一五行第二字「合」，麗作「令」。

一　七五七頁下四行第二字「後」，麗作「彼」。

一　七五七頁下一三行第三字「佛」，資、磧、普、南、徑、清無。

一　七五七頁下一五行第六字及次頁下四行第五字「上」，資、磧、普、南、徑、清作「上士」。

一　七五七頁下一九行第三字「供」，石、資、磧、普、南、徑、清無。

一　七五七頁下二〇行第九字「並」，資、磧、普、南、徑、清作「普」。

一　七五八頁上一四行「愛敬」，石、資、磧、普、南、徑、清作「受教」。

一　七五八頁中一三行第七字「大」，磧、普、南、徑、清作「天」。

一　七五八頁中一九行第九字「離」，石作「離彼」。

一　七五八頁下四行第二字「世」，資、磧、普、南、徑、清、麗作「世間」。

一　七五八頁下一五行第七字「廣」，資、磧、普、南、徑、清作「善」。

一　七五九頁上一行第一一字「歲」，資、磧、普、南、徑、清作「歲中」。

一　七五九頁上三行第一〇字「入」，資、磧、普、南、徑、清作「久」。

一　七五九頁上一七行第四字「還」，資、磧、普、南、徑、清、麗作「逮」。

一　七五九頁上末行第四字「故」，資、磧、普、南、徑、清、麗作「諸」。

一　七五九頁中一七行末字「聞」，資、磧、普、南、徑、清作「問」。

一　七五九頁下一行第一三字「當」，資、磧、普、南、徑、清作「常」。

一　七五九頁下一〇行「知當」，資作「當知」。

一　七五九頁下一一行「佛作」，諸本作「作佛」。

一　七六〇頁上一〇行第一三字「破」，石、麗作「彼」。

一　七六〇頁上一五行「囑汝」，石、資、磧、普、南、徑、清作「汝手」。

觀察諸法行經卷第三　器

隋天竺三藏闍那崛多譯

先世勤相應品第二之三

尒時喜王菩薩摩訶薩共三十千菩薩聞如此等久後末世五十年正法破滅淚出身動毛竪腋汗即起於坐一肩整理上衣右膝著地向佛合掌共一咽喉而白佛言世尊我等於久後末世五十年正法沒時後中大厄至時各各破時說法者遍切時遍智滅時白法散時空無命時正法教破滅時謗正法時少智言語現時共住雜話潰時惡求活命時各各行不讚譽時摩羅嚴仗幟威時彼中轉大逼惱時世尊我等捨自身命及棄諸知識樂如犀牛行若林若小林中離諸愛著於如此等修多羅所取如来智到大法體智藏種性不顛倒行所印攝受無量善根陁羅尼經所印破諸外論順覺遍智攝受正法示現諸衆生樂我等皆當寫讀持說世尊我等堪忍住泥羅耶為此三摩地寶故我

等亦復不捨如来法僧及不捨无上正覺尒時彼諸菩薩摩訶薩喜王為首一意一聲於佛及諸天等世前無上大法師子吼說已說此歌頌

應知我等心　如我欲求覺　無有異證明
唯除丈夫上
自然已知我等心　如我欲求勝佛智
我三有中无異證　如勝衆德到岸者
身命已棄捨　無餘兩足上　持此三摩地
於後大怖時
於身不愛及離命　諸親利樂捨无餘
行此無塵三摩地　後時中難有大惡
若劫无邊不可量　住泥羅耶惡苦畏
持此無塵三摩地　我當堪忍恒時中
如是苦惱无有邊　住泥羅耶因無護
持此無塵三摩地　我當堪忍惡害苦
於中我堪忍　不動卑精進　我請諸衆生
法施不求物　親利衆生利　供具諸所有
名聞及讚毀　我已忍捨離　我請諸衆生
實法不求物　我當廣說法　衆生法足飽
清淨既已有　當行菩提行　當作廣義利
為憐愍衆生　皮肉及以骨　髓血皆枯燥
我當不懈怠　以見苦衆生　皮肉與薄皮

及血我令燥　我令破此身　不生小精進
見此衆生苦　病觸大畏中　當令度苦海
陸處安无畏　我住阿蘭拏　捨離諸愛已
慈想已遍滿　與藥令无熱　閑林阿蘭拏
少聲我住止　捨離諸雜言　不共彼為愛
我當有慈意　與諸衆生樂　甘露勝樂與
病斷得樂性　彼所不順學　若彼離如言
我當脩行住　如此經中說　我等不復彼
順學其所行　若彼凡非行　不實離如道
我等當常住　實語自境中　如此經中說
我當有彼意　我當不放逸　如佛所知
於衆生與力　於中我前行
我當常有不放逸　如勝者知遍智見
諸衆生中我與力　我當前行佛智中
我當墮大聚　若當食毒食　不為知識供
不說佛菩提
我為法故墮火中　食於毒食我入苦
不復繫縛知識利　无上菩提不廣說
摩羅若无量　作身於我邊　已捨諸摩羅
當作世支帝
摩羅百千不可量　於中彼為我作身
我皆已離无煩惱　無上支帝世當生
又於中喜王菩薩摩訶薩以師子吼

說時此三千大千世界六種振動大
光遍世諸衆皆以散華奉散上虛空
中非一諸天乃有俱致那由多百千
出聲稱善復作无量無數俱致那由
多百千音樂說如是言此喜王菩薩
摩訶薩不久向菩提場當作如來師
子吼說如如來吼諸天世前尒時世
尊於喜王菩薩摩訶薩所與稱善言
甚善甚善喜王汝能攝受正法說此
無上大師子吼如汝已於恒伽河沙
等佛世尊邊如是師子吼說喜王善
聽善聽正念作意當為汝說所有菩
薩摩訶薩攝受正法所生福聚喜王
我今為汝作辟以此辟故於中有一
智者丈夫知所說義喜王如彼東方
分中恒伽河沙等佛剎如是南西北
方及下上方分中如是十方及不正
方中恒伽河沙等佛剎彼等皆作一
城垣牆圍繞然其牆量至有頂際彼
乃至尒許大縱廣大城蔓菁子滿夾
頭繫住不聚令平時有異丈夫出生
以分別故若彼諸蔓菁果右手取已
鄭於上空所擲无間彼大蔓菁子聚

乃至彼時如是風吹彼大蔓菁子聚
動散破已擲至十方一一剎中一一蔓
菁子墮終無有二乃至所有大蔓菁
子聚諸佛剎中一一蔓菁子墮喜王
於意云何彼佛剎數能得方便知邊
際不荅言不尒婆伽婆不尒脩伽多
唯有如來還如是知佛言喜王若復
有信解施菩薩乃至無量无數復不
可數佛剎以七寶滿作已而用施與
若有其餘尊重正法菩薩攝受正法
乃至一日夜中堪忍為令正法久住
故此如是於彼過多福生何以故喜
王於一如來所攝受正法已即於過
去未來現在佛世尊所而得攝受正
法喜王諸寶捨時共滿共取喜王又
法施時無漏无取諸苦轉滅喜王彼
故汝等當信解法施莫信解世財汝
等應以法供養供養於我莫以世財
供養以法恭敬恭敬於我莫以財物
恭敬何以故喜王諸佛世尊菩提從
法而出不由財出尒時喜王菩薩摩
訶薩而白佛言世尊我等亦當尊重
正法不尊重財何以故世尊必以法

故菩薩摩訶薩證覺阿耨多羅三藐三菩提不以財物又財令煩惱長故法令煩惱盡故而轉佛於喜王菩薩摩訶薩所與稱善言甚善甚善喜王善說此言法令煩惱滅故而轉又喜王善聽善聽正念作意當為汝說如先菩薩摩訶薩攝受正法勤與相應不惜身命捨離諸樂及以知識財利恭敬而於正法攝受喜王菩薩摩訶薩言如是世尊我甚樂聞佛言喜王於先過去世時不可數劫復過無數无量廣不可量不可思惟於彼時節有佛名廣淨厚金普無疑光威王如来出世應正遍知明行具足善逝世解無上調御丈夫天人教師佛婆伽婆又喜王彼廣淨厚金普无疑光威王如来應正遍知壽量無量及有无邊功德莊嚴佛剎及有七十俱致百千聲聞眷屬圍繞并无量菩薩衆悉已出無邊行順入法界喜王如是彼世尊廣淨厚金普無疑光威王如来過去滅已於久後時正法没時有說法者名無邊寶振聲淨行聚其說法

者盡到行處得五通智憋持自在不斷辯才順入法行彼入村城坊邑王都而為衆生說法所謂亦說此决定觀察諸法行三摩地以為發起彼隨次第建立六十俱致那由多百千衆生於无上正覺於彼時中多比丘出似下入道謂外道著富伽羅彼等不用此三摩地亦不能忍彼以妬慳所纏於彼說法者比丘所謂王治境諸處村城坊邑王都不聽知不令入不共言不比數喜王尒時彼說法者被驅出村無怯避心无小劣心無瞋動心无厚濁心無雜汙心唯於正法如是順護不惜身命捨諸財利恭敬已有大林王其名二生二生者鳥也初產卵一生也後出鷇二生也凡卵生者皆應二生以鳥卵生者多故獨得二生之号振聲散華而往趣彼到已入坐共三十千俱致菩薩彼於彼林王中遊行其四大王身天乃至色究竟天為聞法故来詣其所彼於大天衆中說法彼邊三踰闍那百千天人滿中顯現於彼林王中為四大王身天衆如是如是說法令九十九百千不退轉阿耨多羅三藐三

菩提及無量百千天子證見道智彼所四大王天三十三天主及梵天娑訶主勤来給侍隨其所為若彼說法者給侍亦有三十千俱致菩薩喜王於彼時節有王名多人无憂普欲喜音出閻浮洲法王以法於四洲中自在轉輪七寶具足喜王又彼多人無憂普欲喜音王滿足千子然悉化生加趺中出正念不失内宮婦女八十四千皆有梵行又彼多人无憂普欲喜音王常順梵行常入正定喜王尒時無邊功德寶振聲淨行聚說法者知彼王心已於先世相應成就决定發行阿耨多羅三藐三菩提彼於寂靜夜中變化自身作摩那婆象入月輪中彼王在殿諸内宮圍繞時從彼林王昇虛空中猶如鴈王而无所著詣彼多人無憂普欲喜音王所已出月輪中作梵色象於彼王前空中而住普遍宮殿作光明已即為彼王而說歌頌

莫非法行人地主　名聞稱譽必不增
以非法行不得樂　現在無樂人中主

地主汝先亦法行　四洲自在利令得
護法種性无令斷　人主順護於法行
於正法眼應順護　正法護已樂歡喜
多比丘出無禁行　誹謗善逝及菩提
我等發行佛菩提　如是衆生及見捨
若為此等行行時　如是衆生墮惡趣
此閻浮洲有比丘　無邊聚地振聲者
觀察於義說正定　无我無命富伽羅
彼說此寂三摩地　比丘諸世而駈遣
振聲淨妙林王中　於中宿住善護法
彼住彼林善喜樂　色究竟等天悉来
彼說此寂三摩地　多天俱致發行道
王象若汝何處欲　聞功德海三摩地
及為衆生多作利　令應詣彼說法者
如来出生甚難得　說正法友復甚難
求法衆生常寂難　護法人主寂難得
此閻浮洲汝自在　攝受正法汝應為
常與無畏說法者　如是說法城中到
若我所言王當作　當来多利必恒得
及為衆生當作利　復當得攝佛菩提
喜王如是彼說法者於彼王所覺察作已如是還虛空道入於月輪復詣彼林王所彼王聞此覺察已歡喜踊

躍愛悅滿意善意更生彼夜過已共滿千子及四分力衆并餘大多人衆詣彼二生振聲散華大林王到已向彼說法者所於彼時分彼說法者為彼丈夫衆及菩薩摩訶薩廣說此三摩地尒時彼王及子與人圍繞共見彼說法者及菩薩摩訶薩即得大愛淨信歡喜彼等以淨信心頂礼彼說法者足及頂礼彼菩薩摩訶薩足已於一邊坐彼隨坐已彼說法者為說此三摩地彼聞此三摩地已得大踊躍愛悅淨信尒時彼王即得此三摩地及彼大多人衆中八十四千衆生皆發無上正覺之心及彼千子皆亦順得不斷辯才喜王如是多人无憂普欲喜音王歡喜踊躍遍滿其意即起於座以得无價二衣奉覆彼比丘說法者王諸所有皆以與之及施無畏蘇息乃至盡壽給侍隨其所為請與衣食作如是言比丘汝宜下入村城坊邑王都我為侍者令諸衆生當得此智喜王彼王如是語已頂礼彼說法者及眷屬足已出還本宮喜王

尒時無邊功德寶振聲淨行聚說法者從彼林王中起出已入於村城坊邑王都中發起為衆生等說法彼王於諸人處宣教勑云莫有一人於此比丘不愛念不意憙不敬重不比數彼王千子隨彼說法者後相續擁護為於法利及餘三十千人王子眷屬亦為彼菩薩摩訶薩而作給侍隨其所為令觸諸樂行故喜王如是彼說法者為成熟衆生故自身命量持經半劫彼令无量衆生於三乘中皆已成熟彼王及子并衆眷屬若彼王子給使作彼菩薩給使者於中皆已發菩提心彼以聞此三摩地善根前行故皆共於八十劫中承事六十頻婆羅諸佛世尊諸處皆聞此三摩地如其所欲攝取佛刹於中或有到菩提者或有現行菩薩行者為成熟衆生故喜王如彼時節中有說法者名无邊功德寶振聲淨行聚汝意疑謂異耶莫如是見何以故無量壽如来是彼時節中說法也又喜王如彼時節中有王名多人無憂普欲喜音汝謂

異耶莫如是見何以故不動如来是
也又喜王彼時節中彼王千子汝謂
異耶莫如是見何以故此賢劫中菩
薩摩訶薩若於賢大劫中千佛當出
是也又喜王彼時節中彼无邊功德
寶振聲淨行聚說法者所有彼三十
千菩薩朋友隨彼後後相續圍繞汝
意疑謂異耶莫如是見何以故彼諸
菩薩摩訶薩於一劫中證覺无上正
覺喜王如是攝受正法勤與相應菩
薩摩訶薩為無量无數衆生而作義
利及速得此三摩地喜王彼故若我
現前若我滅度此三摩地應當受持
讀說思惟為他廣演速當破摩羅軍
尒時世尊欲令此義過量高出即復
說此歌頌
於諸衆生若與樂　千那由多不思歲
不得辟此福德量　若此心生菩提因
所有衆生十方中　彼等皆成勝獨覺
千俱致劫供養彼　淨心以樂常與之
若此菩提生欲已　云我當得二足上
此三摩地持一頌　此於彼福勝有餘
彼諸衆生得佛世　千俱致劫供養彼

彼亦不得諭此福　若一心生勝菩提
若於佛法守護者　此三摩地四句頌
非菩提心尒許福　如彼守護正法者
此世界中衆生等　若有化彼以菩提
於不受道若聞已　不生恐怖此福勝
若有菩薩行施與　如恒伽沙俱致劫
以諸珎寶滿於剎　亦不聞此三摩地
如是若有聞此定　四句歌頌智者持
過多取於福德聚　非多億劫而施與
若護菩提勝者可　此不可思无塵之
不可以言皆具說　若彼有福攝取者
於死時中見多佛　彼所有念未曾忘
於中所欲行剎土　此三摩地應書持
身所有樂如心樂　得生天上會聖者
當生未曾得苦惱　三摩地王隨喜故
千那由多所入門　無邊光明勝者許
我已住於勝力說　要由此定得菩提
如捴持門得辯才　得三摩地如神足
智所得者聖无流　若演說此三摩地
智者所生諸剎中　彼當現前見諸佛
及聞彼法弃受持　由於此定誦習轉
若得端正不少損　三十二種百福相
衆生見已得踊躍　由於此定誦習轉

智者美音悅意言　具六十分音岸到
攝取佛音淨衆生　由聞此定讚言善
彼當得慧而善利　彼亦得智而無濁
彼又知諸衆生心　若持此寂三摩地
无有一聲所入門　彼於其中不生辯
於諸聲中得善巧　由誦無塵三摩地
得不小心不畜怖　又得歡喜生踊躍
得所喜樂未曾减　由廣說此三摩地
我今所見如到手　汝等今應作正心
汝等是子順我教　發行此定當令得
此有尒許我能說　汝等淨心行相應
至我今住應勤作　莫於後時當熱惱

說諸法無邊行三摩地中攝受正法讚歎先世勤相應品分第二竟

觀察諸法行經授記品第三之一

尒時喜王菩薩摩訶薩白佛言希有
婆伽婆寂善希有修伽多乃至如来
此攝受正法菩薩摩訶薩所有功德
稱說讚歎世尊何法具足菩薩得此
三摩地佛言喜王一法具足菩薩得
此三摩地何者為一喜王於中菩薩
牢固擔頑住阿耨多羅三藐三菩提
中彼所若有破壞若對前調弄若向
他毀呰若違諍若瞋罵若訶責彼於

其中無忿无嬈無結根生於上觀察
自心而住我發菩提心時無人請我
若天若龍若夜叉阿修羅伽留荼揵
闥婆緊那羅摩睺羅伽及非人非非
人亦不有一世間他人請我唯我自
心思惟生阿耨多羅三藐三菩提心
然我彼心生時諸佛皆知我今不應
如此若我為他自在所破若他對前
調弄若瞋罵若訶責若輕欺若戲學
若害言若打欲令恐怖捨於菩提或
捨衆生若復我作小意或聲聞心或
獨覺心生我則欺誑諸佛世尊若此
心生菩提我今須住牢禁擔願彼心
生時終不放捨乃至未坐菩提場喜
王此是一法具足菩薩得此三摩地
尒時世尊欲令此義過量普明即復
說此歌頌
智者常生牢固擔　為求無上大菩提
我於中間不疲乏　以不疲心行菩提
若被調弄及違諍　瞋罵訶責不供養
自心如是順安慰　於中無有瞋破生
若我菩提心生時　非天龍等而請我
諸衆生中我生悲　生心緣於菩提故

若復我今作小意　我則欺誑諸世尊
我當牢進不作疲　守護擔願而作佛
如是行者大名稱　此三摩地有現前
根本住立菩提心　行法菩提不難得
喜王又別二法具足菩薩得此三摩
地何者為二如言如作諸白法行取
而不猒喜王於中何者如言如作此
菩薩聞有菩薩行聞有佛法普滿彼
則取此而作我亦行此菩薩行已因
此當覺無上佛法彼如所言即取而
作如行成就所行清淨此是如言如
作云何諸善行中不猒此菩薩作是
念遍智無量如是衆生无量我作義
利彼不可以少善根少行於無量遍
智而得普滿為無量衆生而作義利
彼若發起如是善時彼諸无量迴向
而以迴向當如大海求聞不猒喜王
此是二法具足菩薩得此三摩地於
中又說此言
如言即如作　彼无不如言　彼亦不言說
若有別異此
彼菩薩者如言說　如是相行聞已行
智者如說即如作　彼得此定佛功德

不猒足白法　彼等无有猒　彼無量菩提
無量功德性
又不猒足於白法　意常不足猶如海
无量無邊衆生界　不可小意而猒足
如所言說即如作　又不猒法於法求
於此二法順學時　彼得此定佛功德
喜王又別三法具足菩薩得此三摩
地何者為三此菩薩三種禁戒成就
何者為三彼謂身語意戒又无三種
煩惱燒熱何者為三彼謂貪欲燒熱
瞋恚燒熱愚癡燒熱及三界中不依
而行梵行此三法具足菩薩得此三
摩地於中又說此言
禁閉三種處　身語及意等　已寂三煩惱
不依三界中
禁閉身語及意等　三種煩惱意復寂
及三界中不依依　彼故速得三摩地
喜王又別四法具足菩薩得此三摩
地何者為四彼謂知因生法知彼因
已及知因生法已即捨其因及不著
因生法彼如是知具足菩薩不見有
一法非因生者彼如是念若彼法因
緣生者彼空本性不生又彼如是智

具足已不起無明令滅无明故為衆生說法不起諸行令知諸行故為衆生說法如是乃至不起老死令起老死故為衆生說法喜王此四法具足菩薩得此三摩地於中又說此言

既知於因緣　亦知因生者　彼則无有見
如斷及以常　及因亦普知　若相若自體
若法屬於因　於中智不著　因緣所生者
若有實是空　於中若智轉　彼得三摩地
普知无明已　諸行則不生　如知亦如說
利益衆生故　若有此四法　菩薩諸勝音
彼不難得此　佛讚三摩地

喜王又別五法具足菩薩得此三摩地何者為五喜王彼謂菩薩知作知合知門知行知道於中何者是作所言作者若於諸衆生中等心捨種種想諸衆生中以一味慈此名為作於中何者是合若知身中報熟所作善業迴向菩提於中不觸此名為合於中何者是門所言門者空門及甘露門（梵本名云不死晉來義名甘露）於中亦不由他此名為門於中何者是行彼謂空行獨行如行諸法本性普淨之行此名為行於中何者是道所謂離於我作及我所作聖正見者此名為道喜王此五法具足菩薩得此三摩地於中又說此言

等心衆生中　彼等作如是　亦信業報熟
則合此无上
非道小法普離已　求於善法不休廢
皆以迴向於菩提　而於菩提无所觸
知於解脫門　謂空及無相　亦不作於願
此是无上門
於諸法中有善巧　於諸法中常不依
獨自合於無生境　我及我所彼不生
智者所作合與行　及道四中恒住者
是合菩提不難得　況復此寂三摩地

喜王又別六法具足菩薩得此三摩地何者為六彼謂知眼及知眼自性彼知眼已及知眼自性已於意憙色不意憙色中无有著㝵到於等量此色眼根不燒如是知耳鼻舌身意及知意自性彼知意已知意自性已於意憙法不意憙法中无有著㝵到於等量此法意根不燒喜王此六法具足菩薩得此三摩地於中又說此言

知於眼自性　非自性自性　彼不㝵色中
若空若不淨　色中到等量　彼无有欲染
知本性體已　彼無有燒熱　如是耳鼻所
舌身及以意　知彼自性已　諸法中不著
禁六境界中　令不走於外　自性智成具
非欲非離欲　如是智等取　是菩薩勝者
彼不難得此　佛讚三摩地

喜王又別七法具足菩薩得此三摩地何者為七彼謂不諂故純直故欲法故求法故觀察法故開法故行法故喜王此七法具足菩薩得此三摩地於中又說此言

無有諂曲恒時直　及无異言意無異
如意所念如言說　智者自樂復與他
順法行法而住中　未曾以聲為㝡勝
如是勤合則得定　疾觸无上大菩提
彼有欲法大名稱　求聞未曾有厭足
如聞正念而觀察　彼還廣說為多人

喜王又別八法具足菩薩得此三摩地何者為八彼謂戒聚普淨故諸愛著遠離故常出家心故樂住寂靜處故不用諸利養故不惜身心故高大信解故於愛不愛等心故喜王此八

法具足菩薩得此三摩地於中又說
此言
普淨於戒聚　善淨中住止　已離諸愛著
勝教中出家　善逝教比丘　應捨於利養
而求住此寂　此定寂難見
若念修此寂上行　愛不愛中无有別
攝取八法而轉行　彼得此上三摩地
喜王又別九法具足菩薩得此三摩
地何者為九喜王彼謂此菩薩捨九
瞋事超九眾生住處成就九次第定
過八邪倒入八正中離八不閑證八
解脫知七識住修七覺分喜王此九
法具足菩薩得此三摩地於中又說
此言
眾生无住處　於中眾生依　斷離諸見故
彼无有依問　斷離八不閑　已解八解脫
於七識住處　以正念普知
智者修念七覺分　斷諸分別拔煩惱
如是勤合則得定　亦復疾觸勝菩提
喜王又別十法具足菩薩得此三摩
地何者為十彼謂捨諸所有故堪忍
純直攝取無量流轉故滿足出世智
故不得諸眾生而大慈故持諸所聞

以多聞故起諸施設而大悲故不用
諸樂方便善巧故普念諸佛故此十
善業道乃至夢中亦不忘失故說法
依菩提心不羨異乘故喜王此十法
具足菩薩得此三摩地於中又說此言
捨諸所有而歡喜　亦有忍語純直心
俱致劫行无有之　彼速得此三摩地
有智慧者無煩惱　有慈心者无希求
攝受諸聞不忘失　彼得此寂三摩地
悲諸眾生不戲論　諸巧方便不受樂
普念諸佛正念者　彼得此寂三摩地
護諸十善皆清淨　乃至夢中不曾失
心念到於菩提行　未曾羨慕小乘中
若有如此法最勝　於諸佛法不難得
速得破壞魔羅眾　當觸最勝淨菩提
又此法本世尊說時七十千眾生遠
塵離垢法中法眼清淨七十眾生皆
發无上正覺之心皆與不退轉記三
十千菩薩無生法中得忍彼於後時
欲護法城无量眾生善根成就此三
千大千世界六種震動大光遍世三
惡寂止諸眾生前皆見如來世尊從
身復放光明以此光故无量無數世

界大光遍滿彼等眾生光到身已彼
皆於佛隨順正念與樂相應去離熱
惱彼世尊光於十方中無邊珎寶莊
嚴非一百千種色俱致那由多百千
萘蓮華出生諸處蓮華中有似世尊
奢迦牟尼如來像然彼似如來像彼
蓮華中端坐顯現彼諸處蓮華中蓮
華臺上有似喜王菩薩摩訶薩右膝
住於蓮華臺已亦如是問此三摩地
彼諸如來亦如是廣說此三摩地一
一如來覺悟成熟無量俱致那由多
百千眾生
尒時世尊告喜王菩薩摩訶薩言喜
王汝見曾十方中如是無量无數如
來蓮華中坐及似喜王菩薩摩訶薩
者不喜言我見婆伽婆我見修伽多
而我不知數量佛言喜王能取恒河
沙等數量而不能知彼等諸佛世尊
數量所有如是諸佛世尊汝所見者
也如是彼等似汝菩薩摩訶薩亦復
不能知其數量
尒時世尊攝希有神力已告喜王菩
薩摩訶薩言喜王於意云何如來從

此佛土有處去耶於坐動耶汝亦有處去耶荅言不也婆伽婆不也修伽多佛言喜王以是因緣應知諸法皆如生作住相分別起出無來无去如所欲如所作以無主者故應見彼等皆空分離喜王是故汝於諸法應當信解見如焰夢影響水月電泡汝等應如是學何以故深深信解菩薩當得此三摩地

觀察諸法行經卷第三

觀察諸法行經卷第三

校勘記

一　底本，金藏廣勝寺本。

一　七六二頁中一行經名卷次及三行品名，石并作「觀察諸法行經先世勸相應品第二之二卷第三」。

一　七六二頁中九行第一一字「後」，諸本作「彼」。

一　七六二頁下一五行第一二字「因」，石、麗作「困」。

一　七六三頁上四行第七字「藥」，石、麗作「樂」。

一　七六三頁上一三行「遍智」，資作「智知」；磧、普、南、徑、清作「遍知」。

一　七六三頁上二二行第一三字「當」，資作「常」。

一　七六三頁下七行第五字「還」，資、磧、普、南、徑、清作「逮」。

一　七六三頁下一五行第九字「満」，諸本作「漏」。

一　七六四頁上三行第一〇字「於」，資、磧、普、南、徑、清作「告」。

一　七六四頁上一三行第二字「佛」，資、磧、普、南、徑、清無。

一　七六四頁上一四行末字「世」，石、資、磧、普、南、徑、清作「世間」。

一　七六四頁中九行第八字「謂」，資、磧、普、南、徑、清作「諸」。

一　七六四頁中一八行第一三字及二二行第四字「身」，資、磧、普、南、徑、清無。

一　七六四頁中二二行「如是如是」，資、磧、普、南、徑、清作「如是」。

一　七六四頁中末行第二字「九」，麗無。第四字「千」，資、磧、普、南、徑、清、麗作「千天」。

一　七六四頁下九行第一二字「女」，資、磧、普、南、徑、清作「人」。

一　七六五頁中二行第六字「分」，磧、普、南、徑、清作「兵」。

一　七六五頁中五行「丈夫」，諸本作「大天」。

一　七六五頁下九行第四字「觸」，麗作「解」。

一　七六六頁中一〇行末字「之」，諸本作「定」。

一　七六六頁下二行第一二字「讚」，磧、普、南、徑、清作「誦」。

一　七六六頁下八行首字「得」，諸本作「彼」。

一　七六六頁下一四行「觀察諸法行經」，石、資、磧、普、南、徑、清無。第七字「授」，資、磧、南、徑、清作「受」。

一　七六七頁下一七行第六字「依」，資、磧、普、南、徑、清、麗作「作」。

一　七六七頁下二一行第七字「知」，資、磧、普、南、徑、清作「智」。

一　七六八頁上一一行末字「音」，諸本作「者」。

一　七六八頁上二一行夾註末字「露」，磧、普、南、徑、清作「露門」。

一　七六八頁下五行末字「具」，磧、普、南、徑、清作「真」。

一　七六九頁上一六行第五字「問」，磧、普、南、徑、清作「間」。第一二字「解」，資、普、南、徑、清、麗作「觸」。

一　七六九頁中一七行第一一字「十」，諸本作「千」。

一　七六九頁中一九行第六字「生」，資、磧、普、南、徑、清作「上」。

一　七六九頁下一七行第一三字「恒」，石、資、磧、普、南、徑、清作「恒伽」。

觀察諸法行經卷第四

隋天竺三藏闍那崛多譯　四

授記品第三之二

於中世尊又告喜王菩薩摩訶薩言喜王若復菩薩依我衆生恒伽河沙等劫施與護戒念忍發進入定脩智若復菩薩信解諸法無我此過多彼福德聚生及速證覺无上正覺何以故喜王昔過去世不可數劫復過無數廣不可量無量不可思彼迦羅彼三摩耶有名寶光威輪王如来出世應正遍知明行具足善逝世間解无上調御丈夫天人教師佛婆伽婆世界名有寶劫名應住又喜王彼迦羅彼三摩耶彼世尊寶光威輪王如来有寶世界冨滿豊足甚可憙樂多人雜鬧平如手掌无有瓦礫多饒金銀如觸迦真隣泥迦衣八道交連紺青鞞琉璃夜及有閻浮那多金體蓮華天地分中自然出生量如車輪香色妙好彼世界寬廣有六十四俱致百千洲一一四洲中有六十四俱致百千城彼諸大城普廣三十二踰闍那皆有七寶垣墻有多俱致那由多百千衆生所住一一大城有十二千村戍坊邑圍繞彼諸大城一一有五百受用園種種諸華果香寶樹圍繞莊嚴彼諸園中一一有三十二華池八分具足水普滿其中金沙布散寶欄圍繞鞞琉璃夜別以間錯及有寶體優波羅波頭摩究牟陁奔茶利華而生其中彼優波羅波頭摩究牟陁奔茶利中鵝鴈鴝鵒孔雀鴛鴦迦羅頻迦命命鳥衆住已各各出音喜王彼迦羅彼三摩耶彼世尊寶光威輪王如来有園名愛見彼中世尊所遊王所治處名爲有月依止而住共七十二俱致聲聞八十四俱致菩薩皆不退轉喜王有月王所治處有七十二俱致衆生所住彼諸處中八道相通又喜王有月王所治處廣六十四踰闍那七重垣墻七寶欄楯種種諸寶門柱及行列多羅樹普掛鈴網又喜王彼迦羅彼三摩耶彼中有月王不治處有王名寶月於四千洲中轉輪

自在為法行法王又喜王彼寶月王於彼有月王所治處造立宮舍七寶所成普廣四踰闍那七重垣牆乃至七寶鈴網懸掛圍繞及摩尼網以覆其上彼宮舍中四方有四大園一名雜寶車二名常開華三名喜見四名正行樂彼大園中有種種樹生彼謂寶樹華樹香樹果樹瓔珞樹衣樹音樂樹冨沙樹月上樹日上炎樹彼大園中一一有四大華池栴檀那水普滿其中寶欄周匝閻浮那多金沙布散諸寶優波羅波頭摩究牟陁奔荼利華以覆其上鴛鴦和鳴又喜王彼寶月王有四十二千婦女類如諸天童女於中有一寂大天婦謂名有福其色明顯過於諸天又喜王彼寶月王有十二千子形色勝妙見者信愛寂上淨色圓滿具足有二十八大丈夫相普莊嚴身喜王時寶月王出詣意喜見園中遊戲行樂寂大天婦名有福者懷中忽有小兒化生加趺而住形色勝妙見者信愛有二十八大丈夫相具足彼於生時如是說言諸行无常無住无有安止顛倒向法彼順相續說此伽他

諸行無常无安止　無住无牢倒向法
凡小念此為常安　以欲放逸無正念
諸天及人隨有欲　皆是无常盡法體
於欲未曾有猒足　無牢欲苦是苦根
有名寶光人中上　彼說无垢無為法
諸根於中寂無餘　及善提樂聖无漏
尊今聽我此言語　如来出生好難得
宜共往詣善逝邊　天勝於天光明作

喜王尒時寶月王向彼童子復說伽他

汝是天龍夜叉神　童子為我說此義
汝生即說如是語　於佛法所讚歎言
汝何處死此間来　汝名何等向我說
光明皆遍此園中　勝德威神汝顯照

童子報言

東方有ゝ丈夫上　修迷留聚導師名
我於彼死此間来　欲見法王寶光者
我名法上如是知　我今發行勝佛智
尊若復欲聽聞法　宜共往詣善逝邊

喜王尒時寶月王共法上童子并諸婦女與諸王子及餘大多人衆圍繞在前詣愛見園向彼世尊寶光威輪王如来應正遍知所到已頂礼佛足三匝右繞一邊退住彼大多人衆亦頂礼彼世尊寶光威輪王如来應正遍知足已一邊退住法上童子礼彼世尊足已口嗚其足說如此言世尊修迷留聚如来致問世尊少病少惱起居輕利氣力樂觸行不法上童子說已於彼世尊寶光威輪王如来前住已向彼世尊而說伽他

思議應供無上尊　寂勝演說无諍行
度脫无量多衆生　人主在座我今礼
此三千界作数王　世尊能以法寶施
為他廣說法藏實　破摩羅王羅剎軍
衆中如月光普照　廣說行渡彼岸道
教師五根及五力　五眼善逝我歸命
教師離諸煩惱盡　行此地中轉輪王
除却三垢猶如眼　世間離垢眼普淨
摩睺羅伽衆生人　無有不向人上者
寂勝無高亦无下　我今敬礼諸世親
得與不得平等行　諸相華開丈夫月
不染世法如蓮華　世親能令愛枝斷
具足善調心已伏　施戒平等心无瞋
難伏衆生多已調　伏心善逝人中月

言語軟美善順意　說時能動於三千
大龍修羅及人等　彼各念此為我說
無衆生性此是空　无有於相願亦離
尊說此中無處去　亦无有來及無死
法界不動无住處　前際後際皆不著
於其中間如虛空　尊說此法無思念
世尊常說於實際　此中諸世迷乱轉
如盲煩惱瞋恚滿　彼等作念我及人
此法似如幻與雲　眼所見者空不動
若有得此勝妙忍　彼等教師常隨逐
猶如種種畫虛空　無處无有一處住
如是處住覺自然　故彼無有一處似
諸聲聽時無有實　亦不可見无住處
若聞若說亦復然　彼等本性空不動
勝者法體相亦無　當見如幻所示現
若見如體无分別　當見善逝亦如是
諸土平等上非土　諸佛平等佛功德
諸法平等法空寂　諸衆生等無衆生
不盡盡没於盡中　不盡盡没无盡中
其盡不盡盡不盡　此忍如是常隨順
分別分別起分別　諸法亦復无處起
若所起者常不起　此忍如是常隨順
見見常无有見體　若見不如如是觀

若其此等法空虛　此忍如是常隨順
未曾有能知前際　實際寂勝以不知
若知於際常无際　彼之前際則隨斷
於邊無邊中不依　此岸彼岸常不住
若三有中无住處　彼則住於實際中
若其住於實際中　彼三有中无住處
若三有中無住處　彼則常住實際中
若色似如水聚沫　知受亦如浮漚等
想念猶如於陽焰　若知則住實際中
諸聚非固是有為　若知似於芭蕉等
知意與彼幻相似　彼聚殺者則已滅
若於慈悲善修念　於自及他无依止
修念寂上清淨行　彼當作佛如淨天
若離普廣諸煩惱　彼則未曾有取著
捨諸所有無不捨　彼施善逝所讚歎
若身似如水中月　知語言道如山響
知心亦如空中電　彼戒殊勝三有中
若於忍調到彼岸　彼意外事不能損
能知六根如空村　彼忍善逝所讚歎
若樂閑獨无所畏　明智數行境界所
身心寂靜純直行　彼進殊勝三有中
若人煩惱本性滅　空無分別寂智者
若三有中想不轉　彼定善逝所讚歎

若知此中無有人　彼於上智則當得
應離戲論而寂靜　彼智殊勝三有中
若於有中无疲惓　俱致劫中行時苦
未曾羨慕下劣乘　彼摩羅衆皆恐怖
如於海中取滴水　我說寂勝尒許德
佛法寬廣无有邊　未曾得於彼邊際

喜王尒時法上童子於彼世尊寶光威輪王如來前說此伽他時遍諸三千大千世界六種震動百千俱致鄉由多音樂同時鼓作及雨諸香華𦶏塗香末香八千菩薩皆於无生法中忍生其王寶月與諸婦女及諸童子并彼大衆皆發无上正覺之心喜王尒時法上童子向彼世尊寶光威輪王如來如是白言世尊何等三摩地令菩薩摩訶薩當得攝取諸法故當得攝取佛土功德莊嚴故當得滿足聲聞菩薩衆故當得无上受用資財故當得超諸魔羅諸煩惱惡故當得滿足正念正意正趣慚愧住持智慧故當得攝取諸所聞故當得滿足五通勝智故當得无著樂說揔持故當得滿足辯才故當得滿足六波羅蜜

故當得滿足生家種姓形色受用故當得悅意言音作業故當得滿足諸功德故當得善知入起諸定解脫三摩地故當得滿足諸種功德智故未得普智恒作佛事為衆生故而住其前如是語已彼世尊寶光威輪王如来向彼法上童子如是告言童子善聽善聽善作意念當為演說若三摩地具足菩薩摩訶薩當得此及其餘无量無數不可量勝功德亦當速疾向菩提場童子有三摩地名說決定觀察諸法行若得三摩地已菩薩摩訶薩超諸魔羅境界當速證覺無上正覺時彼如来為彼童子以伽他音廣說此三摩地

如言如所作　作已不妄說　身口意清淨
利益有慈心　於悲不忘失　及猒諸欲行
為法常樂求　捨智亦不捨　善巧言辭中
下入衆生智　不惜於身業　身中亦不貪
當離麤惡語　於心不戲論　給濟苦衆生
常覺放逸者　勸者教相應　悔者令散出
不住衆生想　偈文梵本元少一句　事想不分別
遠離於攀取　諸相亦當滅　不動所受中

常當求智慧　遠離世事語　當求於出世
正念不忘失　順念於諸法　如是當善巧
所作行具足　及順世間行　應當信業報
遠離不信心　應當信諸佛　彼等宜順念
常應說罪過　福聚當隨喜　及勸請諸佛
礼拜復迴向　常降伏憍慢　作善无厭足
亦常勤相應　數作莫放捨　成就正修行
當知所作因　莫逐施設名　被訶勿起恚
莫著於言語　勿念此為實　不求住欲界
色無色諸種　如業所受報　應當信彼果
分施所用物　於教不毀傷　等心於衆生
一人亦不害　勤懈並勿瞋　莫妬他所得
當滿心所欲　如法護捨頼　於戒莫捨離
憍慢當滅除　背轉瞋恚過　愚癡亦拔斷
貪欲不發行　隨得便知足　捨離諸親知
無利心不下　得利亦不高　唯喜得法利
常作平等分　當離於藏積　所聞惡言辭
忍故能含受　常護於言語　當說善提乘
常勸勤相應　恒近精勤者　常應問智者
增修細正定　莫捨空閑宿　住少欲頭多
應當信解空　於事无觸者　聚中不依止
界中亦不貪　不見得内我　不愛著境界
滅諸顛到意　於心常住持　應當生智慧

常行正行業　其心不怯小　當念淨福田
諸行當放捨　施已無求望　亦不念持戒
於忍莫分別　不發起精進　定中亦不依
不忘失諸法　常應覺智慧
應當入諸波羅蜜　自功德中未曾念
聞他功德不瞋恶　有為無為心平等
恒時攀緣於涅槃　常於有為當遠離
解脫安隱恒時知　聚中想似於殺者
於涅槃處常生愛　恒時住於和忍中
笑面莫為顰戚顏　見於他人先問訊
於老宿中慈尊重　及心智慧常善續
於他亦未曾謫罰　諸有鬪諍令寂靜
於寂靜所常談讚　等和衆生常教合
愛不愛中心常等　常當求於總持門
如母愛於諸衆生　如父愛於諸聖衆
愛所尊重如近誦　愛於菩薩如佛陁
愛法亦如愛自身　及求所聞无猒足
既聞法已正修行　亦常供養於如来
於勝上法當信解　無著怯心无懈怠
常當供養於三寶　常當堪忍不正言
常不愛戀於自身　壽命亦復不貪惜
清淨活命常乞食　不捨頭多常次第
宿住空閑未曾離　當捨徒衆速復遠

莫樂共住在家者　莫作雜乱出家人
莫愛莫詐先善言　教化多人入佛智
說法時心無怯小　方便善入觀知他
於佛數數作意念　及常思法不放逸
亦於僧所常尊重　及於智者常供養
亦常親近巧便智　常作無諍於定者
於精勤者助好心　亦念修法信福事
教化衆生令作善　信者當愛心无曲
若觸苦事能開散　常依時行捨非時
常行恐畏及慚恥　彼罪惡中生慚怖
諸不正行遠離已　得正行者常親承
守護於滅為解脫　亦復當求於聖行
常當念修四念處　亦常親近四正斷
及當成就如意足　亦當出生於諸根
應當求力亦如定　於七覺分常觀察
常當修行八分道　亦求奢摩他
毗婆舍那常生諦　心所隨喜而觀察
法中歡喜復生喜　亦當起越諸攀緣
聞無住處不驚怖　不可得處莫放逸
常當求望善提行　佛行當作信稱量
應當猒棄境界行　先作行中亦當捨
自業清淨莫說他　律行不破恒時作
善學禁戒別解脫　常依時行捨非時

巧能籌量應来去　好物知量自禁止
及於聖種皆知足　亦復求入勝智通
三摩地中當攀緣　及於定行數知入
當入衆生心所欲　隨如導師所說言
亦應攝取無我說　若勤合者令歡喜
如寂勝體所念修　常當念此三摩地
聲聞正行聞已信　於獨覺道當順學
諸佛種性破魔羅　常當求此三摩地
發行勝覺由於施　不退轉者佛所行
多俱致劫智者行　是聞海者法行處
此境界法尊重者　若當信解是實財
此示現佛所住處　於此法藏求實者
於此田中彼求果　煩惱熱者憙園中
樂持法者此為苑　彼愛見者三摩地
欲求白法此母生　有所欲得无依者
勝妙諸相當繫取　隨相諸好亦布置
國土莊嚴此安住　此亦當得諸聞持
種種所出此順覺　清淨言說實聲語
亦能起越魔羅境　攝取久遠著鎧甲
殺害煩惱調伏依　此亦摧破諸不善
欲得諸善令熾盛　欲得求願作莊嚴
衆多魔羅不破斯　此於說時亦無盡
此求與等諸世間　外道論師不正說

此能越過聲聞法　獨覺勝者此為緣
一切智智此住持　衆生所趣亦此住
此能如實教誨他　此選時中善友語
無垢根者此天眼　及於法眼普欲求
求說法者此然炬　求真諦者此誠諦
求財施者此為捨　求脫見者此勤合
求憙定者此淨信　欲聞法海此正行
求迷留定此為力　欲求法道彼等主
為欲淨妙莊嚴者　自心調依彼是梵
方便求法此喜心　及不退者此所行
此是言說行所趣　常念智慧利根者
此是初業方便事　丈夫牛王彼智幢
欲求勝者彼等弓　求无我者鄔羅夜
若向普智此為路　求善勝者戒平等
此為天等常礼拜　此為龍等常散花
及為人等作供養　夜叉希有作讚美
百數羅漢亦作礼　菩提勝天亦稱歎
若如来等自所念　欲護根者彼等城
如法住者合方便　依止定者彼等得
諸有疑者令破散　有迷惑者悉令斷
高慢煩惱令滅除　欲渡彼岸能令渡
病纏逼者此良藥　其有病者此實治
煩惱毒箭能拔出　欲合理者作思念

衆中无畏師子吼　於善逝所求聞法
及為涅槃常此道　能斷所有諸惡趣
於三界所等超越　求功德土此莊嚴
金剛喻定彼於此　及寂後生師子座
所求福德此不失　諸所欲求此攝受
常疲乏者令渴仰　未有精進此發欲
依攀緣者令安立　別異發行遮令住
有平等體此成就　依物憍逸此棄除
倒取取物此放捨　普知諸種周遍智
求智慧者此出生　求福設會此不失
依三有者令斷頺　常无有相求菩提
三世空諸法　知已而不捨　方便智時時
為諸世間作　嗟慨佛種性　佛智是所由
莫求於錯失　於彼說法者　亦復莫欺陵
所見於未學　勿瞋說法者　當尊重近住
實聞當知實　莫毀謗智者　法施莫求物
說法亦勿慳　聞法恭尊重　心意莫散乱
盡心為說法　若見樂欲者　莫斷法施說
勿緣於餘事　堪忍純直問　若問為解說
若惡心見者　彼中忍常作　悔及於疑惑
彼皆汝為斷　若見未得道　以道為彼說
思惟此定時　易得於佛智　諸所作諸供
於說法者邊　求八分勝道　勿緣於餘事

若諍競惡心　難伏常令伏　無依彼等足
神足若欲求　念慧及行趣　彼等求法者
發起彼等說　若發行菩提　示現俱致佛
俱彼國土住　說化諸衆生　若彼說法者
此味是寂美　若彼蘭峯行　及求遊戲通
而作師子吼　彼等智者行　為讃於寂滅
斷熱有清凉　此是不墮句　脫縛利益說
喜樂發於身　其心亦驚喜　智者遊戲智
彼求周遍智　淨信是等法　住不退佛智
決定為菩提　白法順薰習　諸惡皆當捨
煞害於黑助　白法即自来　彼等學戒者
若欲求福德　彼等此成就　若求則相應
彼等於此得　身中端嚴相　此行佛順知
諸聖親近已　明照智智中　佛智普智得
住此已當見　俱致端嚴土　此中彼大力
智者問於疑　除斷此諸疑　諸惑皆捨滅
此中生佛法　勝人所讃歎　捨離諸惡世
所有煩惱涤　不失諸福德　於福若欲求
彼等智者緣　愛法為寂上　及喜此法眼
親近猛健人　辯藏法泉流　欲求巧言語
已說彼等護　所有說法人　及智諸因緣
愛見依倚者　巧應諸法中　和合不和合
智體方便分　說於諸法已　如是現諸法

真實智思惟　於中斷渴網　當捨諸愛著
無明於中散　當得明現前　於中普知數
彼所說无者　智意種種心　於此廣說已
攝取色與名　彼等於中說　觀察六根所
猶如見空村　於觸知外者　佛智當得見
若離三種言　彼等於中取　及滅三種愛
彼等於中說　於中說棄捨　若彼所生處
彼等斷於有　於此定中說　絶生與病合
及離死毒箭　諸苦於中寂　諸流分別者
諸憂令歡喜　惡意令解散　成就淨方便
若彼法行者　飽足所觀察　若所有求勝
瞋惡中作明　若所有迷眼　此中佛雷震
轉於法輪時　健行此稱揚　若彼世間智
此中普洗除　若濁乱煩惱　此中害諸見
若所有我依　受取及與持　此中皆已說
不錯佛智中　如是當得勝　常增長諸法
此是巧智道　白法常積聚　遠離諸惡業
佛法常念脩　說當无慳悋　莫斷佛種性
當住於彼中　熾然法種性　聖衆普能攝
應伏諸論師　外道欲起者　說法稱言善
彼等當與讃　常行菩提行　於彼无念心
如月諸衆生　常作朋友意　如日於諸法
恒持正思惟　常作教師想　於中思此定

此定猶如王　為衆生廣說　為智人導師
白法心正信　成熟甘露果　令念往昔生
愛胎无染汙　厭棄癡見法　大仙佛功德
讚時無邊者　持時佛智慧　善逝所說時
及智晝嘗時　說時當得福　遠離諸外道
此是不動處　所說世間受　諸佛之所說
過去佛功德　悕望於未来　現在住諸佛
此是諸寶藏　令衆生入行　為說聲聞乘
於智不忘失　佛法此為印　此出彼猛健
此寶無變改　及速得諸智　欲問佛功德
欲法无猒足　散諸煩惱火　當得方便智
地界別思惟　當入水界中　入於火界定
風界無住處　空界不迷惑　示現智界中
令入於法界　厭離於諸行　令散諸愛染
憎惡諸有海　除滅諸臓患　令捨於諸法
自分別巧知　亦巧知他行　欲說无有盡
方便中無濁　出處當順知　我當應當捨
我所亦遠離　染著當棄除　憍慢常應伏
為食行如狗　施中等无貪　所食應飽滿
訖已當知樂　在陰莫為乏　大水當急渡
諸論不能破　純直無攀緣　遠離於睡眠
親近說法者　超過於掉戲　亦應滅疑惑
及令散諸欲　嬾惰亦遠離　不見得我處

無我令明顯　不住於命者　法亦不應觸
不鬪諍法中　平等說合義　以心善思惟
諸行无所有　當親近智者　諸處無怯弱
彼中當信解　在衆莫怖畏　當說他功德
自身勿高舉　遍智所行處　恒時應須行
莫愛著住處　應去如飛鳥　莫行為利養
亦勿計我身　心亦不減劣　巧知經行處
當隨順念修　莫思亦莫憶　亦當求解脫
常應在靜地　常念修梵行　於定速當得
慈於平等心　悲者順攝受　以喜為樂法
捨處當捨之　以戒憐愍他　以定當覺法
以智作應作　於後无悔惱　當出無盡智
亦應善巧辞　我說入語言　說處莫求利
莫樂衆雜語　是住無疲乏　不捨亦不取
諸法是菩提　莫壞滅諸法　如是說明顯
於衆生不誑　於寶當歸依　應攝受正法
作願當牢固　莫羨於小乘　晝夜應勤合
為求諸法故　遍智所由来　諸佛此為庫
三摩地如海
喜王尒時寶光威輪王如来為彼法
上童子以伽他歌廣說此諸法行決
定觀察說三摩地彼說此三摩地時
寶月王及諸子眷屬得不退轉於无

上正覺滿足一千衆生發無上正覺
之心無量衆生學地增長喜王汝意
彼迦羅彼三摩耶名法上童子者謂
是異乎莫作如是異見何以故汝善
家子即是彼迦羅彼三摩耶名法上
童子也善家子彼迦羅彼三摩耶名
寶月王者今慈氏菩薩摩訶薩即是
彼迦羅彼三摩耶名寶月王也若復
彼諸王子即此菩薩摩訶薩衆集會
坐者是喜王尒時彼法上菩薩摩訶
薩與父母尊長及朋友知識滿足三
十六千俱致衆生共於世尊寶光威
輪王如来教中捨家出家喜王愛樂
彼世尊教作比丘比丘尼優婆娑迦
優波斯迦者甚多尒時世尊此義知
已復欲過量顯明即於此時說此伽他
我念昔多俱致劫　時有最勝名寶光
彼有僧衆亦廣多　諸漏已盡及菩薩
彼之國土淨可愛　自然莊嚴如天宮
城邑聚落園莊嚴　以華布散平如掌
彼中有王名寶月　自在王於多千洲
福慧具足是智者　無邊庫藏廣神足
彼於園林樂遊戲　天婦懷抱童子生

名為法上善可觀　金色勝相聚嚴飾
彼始生已說妙語　說於佛法而讚歎
及在家惡空閑德　諸欲罪過亦廣演
化彼父母及親知　智者念頃令淨信
彼王歡喜而踊躍　發向寂勝大仙邊
童子不復入家內　即於彼園與其父
共諸親知及大衆　三十六億詣佛邊
彼大象王詣到已　寶光法王彼已見
法上亦礼寂勝足　攝取十指而合掌
增踊躍心第一愛　礼其足已坐於前
如是敬重彼尊已　童子歌頌於伽他
彼於寂勝多讚說　導師實德諸法體
王及諸子并徒衆　緣於菩提而發心
法上諮問於世尊　說此寂靜離塵定
猛健住此三摩地　證覺菩提伏魔羅
二足上尊知請已　知童子心已淨信
即為說此難見定　大威德者歌伽他
彼尊說此三摩地　諸佛菩提離塵寂
王及諸子共臣民　即住佛智不退轉
彼處多住學无學　如是已聞於寂定
復餘衆生多俱致　緣於菩提而發心
王及諸子并徒衆　皆令厭離五欲福
彼時童子為上首　於此捨家行出家

所有愛樂於教師　諸天及人皆普滿
彼善逝所衆甚衆　於中數量不易得
喜王汝於往昔時　是彼童子名法上
若於彼中作父王　今此慈氏菩薩是
彼時所有諸王子　即是坐此諸會衆
衆生常在相續界　知已令淨行行中
是故聞此寂定已　應當受取常淨信
常為他說莫慳惜　當有佛智得不難
彼福之量不易得　說時多劫俱致數
若能持此勝上定　為衆當說莫放逸

尒時喜王菩薩摩訶薩白佛言希有世尊此三摩地多作利益乃能與諸菩薩諸功德法令其轉生世尊菩薩欲得此三摩地何等法應當親近應當念修應當多作何等法應當不親近應當不念修應當不多作甚善世尊有何等法无何等法婆伽婆願為廣說修伽多願為分別菩薩何法有何法無佛言喜王菩薩於流轉中无有疲倦菩薩於衆生中無有差別菩薩於資財中無有受取菩薩於施无不平等菩薩於學無不敬重持戒無有生處心无熱惱心無怯弱无有邪

覺无不思惟而有所作於衆生中无有殺害於他財中無有偷盜於他婦中無有愛著无語業惡無破壞言无有惡口無有綺語不貪他財无瞋眠恚无有見行稠林無有過菩提愛不毀謗法不欺慢僧於諸尊中無不敬重於解脫門无有恐怖於他作中無有疲倦不自稱譽不毀呰他流轉行中無有隨順非流轉行中无不隨順所發擔言終不移墮於已作事終不重毀他作知恩自作無求於无力中無有欺陵於未學中無有輕賤不戀妻子无有愛憎於教師中無有私密法中作師無有藏隱於諸法中无害破想於法施中無有疲倦於求法中无有懈厭不以利縛而有所說不以報施而作朋友不諂承事無有兩舌不以幻惑親近承事不惡於法无我我所不戀於身不愛於命無有我見無有作怨實不實中无有毀謗於墮法中無瞋發覺非少時愛不負朋友於親付所无有欺妄實不實中不舉墮犯不虛為證不非時遣他衆生中

无諍競想於發事中無有懈怠不損於忍不報惡言不縛於慾不欺罔下隨聲戲言無有羨慕於精妙中无有不捨於所食中无有不分於布施時不以惡物於婦女所無有非行於丈夫所無有染汙正信不捨學戒不緩无不慚愧無不羞恥无有少福無有少聞施已不悔於智不錯於三寶中無不敬重於世諦中不為牢固於勝義中无有入着無有見行稠林无有我取不忘正念於正斷中無有異作於神足中无有醉味根中不軟力中不羸於覺分中無有不知於道无倒三摩地中無有着相奢摩他中无有牢住於毗鉢舍那無有分別於明解脫無有觸證於諸諦中无有障㝵度彼岸中无不發起聚中不着界中不依非時不得於聲聞中無有見證一百於諸菩薩無非教師於諸入中无有意念於諸境界无有依止不以自業而生惡趣於住胎中無有苦惱於流轉中无有喜樂於流轉中無有苦想於諸生中無有驚怖於諸衆生无非

是田無少種子於所種處終不悕望於諸福田受者無有空闕於布施中不縛限量於持戒中不縛限量忍進定智亦不縛量流轉亦不縛量慈不分斷大悲無偏无有家慢無貧財慢无有色慢無自在慢无眷屬慢無多聞慢無持戒慢无有住空閑慢无有頭多功德少欲之慢無有慢慢无有瞋㝵無有隨眠愛於顛倒中不以為實淨不淨中不以為二不羨生天不憙樂欲非同業者終不親近無不勸合不持世論於外道中无不悲愍於事物中無有想縛於其自身不欲求樂无有詐愛不依魔羅喜王諸菩薩摩訶薩所發誓言終不移惰乃至竟菩提場一百五十喜王諸菩薩摩訶薩此等皆无自餘所有不得作者應當莫作於中何者有可作法喜王諸菩薩當不毀謗菩薩不毀謗他自得安定諸作事中不動不緩當負重擔於黑事中當不隨作於白事中當作利益少分行中當作超過无量行中亦當巳入愛瀾事中當作遠離於法量中當

不遠離於生死苦當得解脫於諸生中思惟故當不解脫不善業中當不攝取於諸善根當作攝取煩惱施中菩薩當慳於法施中菩薩當不慳悋外道學中當不修學諸佛所許學中當善修學不平等見忍中當作不忍懈怠善作業中當發精進於非想非非想生中當忘憶念於五通遊戲中當有定味於起屍蠱道可畏呪術中當作无智出世智中當作智慧當如於月於諸衆生等心白法增長故當如於日遠離黑暗作智光明故當如於地遠離於二於諸衆生等心故當如於水淨與不淨諸垢無惡故當如於火諸煩惱燒故當如於風於諸法無所著故當如虛空无量智故當如於海求善根無厭足故當如迷留山諸他論師不能降伏故當如蓮華世間八法不染著故當如於樹无分別故當如種性無盡法故諸煩惱不能蹴蹋故衆生行中當趣向故不著諸趣當向涅槃中故當作善田除去瞋

恨惡棘刺故當善選擇信為初行故當得大果說四諦故當得大利於佛法中故當得無障於智解脫三摩地三摩撥諦中故當得歡喜以法喜故當得已度於諸生死苦泥中故當墮相應巧方便故當作善業脫離不相應故當觀察善忍於證中故當作愛語以內淨信故當作牢固朋友乃至涅槃最勝朋友故當作淳厚无幻惑故當作質直無諂曲故當作柔軟易共住故當作可樂內潤信故當至諸處隨順轉故當作潤澤以大悲故當作渴仰於菩提場故當作不渴於諸欲中故當令飽足於諸聲聞故當作教化於諸緣覺故當作憶念於諸善根故當作發覺於不善中故當作守護於正法故當作不斷於三寶種故當作熾然於諸善法故喜王諸菩薩摩訶薩當寂滅諸惡業故喜王略說不善法諸菩薩無有也諸行諸善法應當說有也如是汝等當學我有如是教勑

佛說此時喜王菩薩摩訶薩歡喜及彼自餘諸方來集菩薩摩訶薩及諸大衆天人阿修羅揵闥婆等聞佛所說莫不隨喜歡喜踊躍不能自勝勤作供養於佛所說皆大歡喜

觀察諸法行經卷第四

觀察諸法行經卷第四

校勘記

一 底本，金藏廣勝寺本。

一 七七二頁中一行經名卷次及三行品名，石并作「觀察諸法行經授記品第三之下卷第四」。

一 七七二頁中三行首字「授」，資、磧、普、南、徑、清作「受」。

一 七七二頁中一三行首字「上」，資、磧、普、南、徑、清作「上士」。

一 七七二頁中一三行第八字「教」，資、磧、普、南、徑、清無。

一 七七二頁中二〇行首字「天」，諸本作「大」。

一 七七三頁上六行第二字「寶」，諸本作「晝」。

一 七七三頁上一一行第五字「欄」，資、磧、普、南、徑、清作「樹」。

一 七七三頁中一〇行末字「作」，麗作「行」。

一 七七三頁下一二行第七字「王」，資、磧、普、南、徑、清作「主」。

一 七七四頁上二行首字「大」，諸本作「天」。

一 七七四頁上一一行第五字「晝」，諸本作「晝」。

一 七七四頁上一七行第五字「上」，資、磧、普、南、徑、清、麗作「土」。

一 七七五頁上一八行第五字「求」，石作「救」。

一 七七五頁上二二行夾註，石無；資、磧、普、南、徑、清作「梵本少一句」。

一 七七五頁中一四行第六字「背」，磧、普、南、徑、清作「皆」。

一 七七五頁下七行第一三字「遠」，

資、磧、普、南、徑、清作「走」。

一七七五頁下一〇行第六字「威」，諸本作「蹙」。

一七七六頁上一二行第四字「滅」，資、磧、普、南、徑、清、麗作「戒」。

一七七六頁上一二行第一〇字及一四行第二字「當」，資、磧、普、南、徑、清作「常」。

一七七六頁上二一行首字「應」，資、磧、普、南、徑、清作「常」。

一七七六頁中七行末字「學」，資、磧、普、南、徑、清作「覺」。

一七七六頁下八行第一一字「道」，徑、清作「海」。

一七七六頁下九行第一一字「依」，磧、普、南、徑、清作「伏」。

一七七六頁下一四行第一〇字「勝」，資、磧、普、南、徑、清、麗作「脫」。

一七七七頁上二〇行第九字「常」，諸本作「當」。

一七七七頁中二行第一〇字「趣」，麗作「處」。

一七七七頁中二一行第一二字及同頁下一行第三字、三行第六字「智」，資、磧、普、南、徑、清作「知」。

一七七七頁下二一行第四字「與」，資、磧、普、南、徑、清、麗作「興」。

一七七七頁下二二行第一二字「日」，資、磧、普、南、徑、清作「目」。

一七七七頁下末行首字「怛」，諸本作「恒」。

一七七八頁上一〇行第二字「寶」，資、磧、普、南、徑、清作「實」。

一七七八頁上一七行第一二字「當」，資、磧、普、南、徑、清、麗作「見」。

一七七八頁上一八行第一〇字「除」，資、磧、普、南、徑、清作「捨」。

一七七九頁上九行第七字「愛」，磧作「受」。

一七七九頁上二一行首字「復」，資、磧、普、南、徑、清作「彼」。

一七七九頁中二行第七字「衆」，諸本作「多」。

一七七九頁中五行「會衆」，石、資、磧、普、南、徑、清作「衆會」。

一七七九頁下四行末字「眠」，資、磧、普、南、徑、清、麗作「瞑」。

一七七九頁下一七行首字「報」，石、麗作「布」。

一七八〇頁上六行末字「緵」，諸本作「緩」。

一七八〇頁上一六行第四字「觸」，資、磧、普、南、徑、清作「獨」。

一七八〇頁上末行第三字「生」，麗作「出」。

一七八〇頁中二行第二字「諸」，石無。

一七八〇頁中四行第六字及第一二字「量」，石、麗作「限量」。

一七八〇頁中九行第二字「导」，麗作「礙」。第四字「有」，資、磧、普、南、徑、清無。

一七八〇頁下二行第四字「故」，諸本作「故生」。

菩薩從兜術天降神母胎說廣普經卷第一　欲

姚秦涼州沙門竺佛念譯

天宮品第一

如是我聞一時佛在伽毗羅婆兜擢翅搜城北雙樹間欲捨身壽入涅槃二月八日夜半躬自襞僧伽梨欝多羅僧安陁羅咬薩各三條敷金銀寘襯身卧上脚脚相累以鉢錫杖手付阿難八大國王皆持五百張白疊擁櫃木蜜畫內金棺裹以五百張疊纏裹金棺復五百乘車載香酥油以灌白疊尒時大梵天王將諸梵衆在右面立釋提桓因將忉利諸天在左面立弥勒菩薩摩訶薩及十方諸神通菩薩當前立尒時世尊欲入金剛三昧碎身舍利善哉不思議法於娑婆世界轉此真實法尒時世尊作是念已十方世界皆六返震動尒時世尊從金棺裏出金色辟即問阿難迦葉比丘今來至不對曰未至世尊重問牛呞比丘來至未耶對曰於彼天上般涅門三衣鉢至佛告四衆吾今永

取滅度即復撿疊入金棺裹寂然不語如是再三出手須臾佛問阿難及諸四衆比丘比丘尼優婆塞優婆夷八大國王天龍鬼神阿修羅迦留羅緊陁羅摩睺羅伽乹闥婆人與非人云何阿難吾前後所出方等大乘摩訶衍經汝悉得不對曰唯佛知之如是再三佛告阿難吾於忉利天宮與母摩耶說法汝亦知不對曰不知云何阿難吾於龍宮與龍說法无數億千諸龍子等皆令得道留全身舍利百三十丈汝亦知不對曰不知云何阿難吾處母胎十月與諸菩薩說不退轉難有之法不思議行汝復知耶對曰不知佛告阿難諦聽諦聽善思念之吾今與汝一一分別菩薩大士難有之行阿難白佛言願樂欲聞佛告阿難去此東南方一億一万一千六十二恒河沙刹彼有世界名曰思樂佛名香焰如来應供正遍知明行足善逝世間解無上士調御丈夫天人師佛世尊於彼現般涅槃而来至忉利天宮經歷無數阿僧祇劫三十

六返作大梵天王三十六返作帝釋身三十六返作轉輪王所度衆生無墮二乘及諸惡趣何以故皆是諸佛神智所感云何阿難如来世尊有胎分耶无胎分耶阿難白佛如来之身无有胎分也佛告阿難若如来无胎分者云何如来十月處胎教化說法阿難白佛有胎分者此亦虚寂无胎分者亦復虚寂尒時世尊即以神足現母摩耶身中坐卧經行敷大高座縱廣八十由旬金銀梯陛天繒天蓋懸處虚空作唱娛樂不可稱計復以神足東方去此娑呵世界万八千土菩薩大士皆来雲集南方西方北方四維亦尒復有下方六十二億刹土諸神通菩薩亦来大會上方七十二億空界菩薩亦来雲集入胎舍中尒時文殊師利菩薩即從坐起白世尊曰此諸菩薩大士雲集欲聽世尊不思議法諸三昧門愍憐昆門一相三昧聞空三昧道性三昧真實三昧虚空王三昧逝習緒三昧受性三昧行跡三昧降魔三昧除穢汙三昧如是

三昧億千那由他如今如来入何三昧居於胎舍與諸大士說不思議法佛告文殊汝今觀察一住二住乃至十住一生補處諸方菩薩各當其位勿相雜錯所以者何吾今欲與諸大士說不思議法今此大衆清淨无雜寄生枝葉亦无穢惡尒時世尊以清淨音即說頌曰

昔来无數刧　成佛身無數　今復入胎舍
欲度諸衆生　身淨无惡行　口行无虚妄
意行常慈悲　清淨菩薩道　愍彼衆生類
恒處四駛河　計常及斷滅　迴向菩提道
勤苦獲此身　勿興穢汙想　計身如丘墓
野干之所伺　愚者深染著　躭愛不能捨
此身无反復　晝夜欲唼㖩　九苦為開進
如畫瓶盛糞　欲渴之所逼　何為生苦惱
如海吞衆流　愚者以為實　身非金鋌數
莫為衆惡行　受身要當殯　何不速行道
若人壽億刧　彼亦應捨欲　況壽不滿百
何不知止足　愚者恒自稱　宿福獲此身
應當快自恣　未樂便當終　此欲无牢固
非智而能守　夫人欲捨欲　十慧无想觀
欲非真實法　起滅如水泡　幻師之所造

變現若干像　愚者謂為實　求實无所得
空性本自空　終始无起滅　分別无想定
能盡衆生漏　文殊汝今知　十方无漏會
我入琉璃定　廣演方等法　十方恒沙佛
如我說无異　愍此群萠類　永處焰火舍
捨胎復受胎　往彼復来此　十方諸菩薩
積行恒河刧　雖處娑婆界　五苦五惱刧
如我十力界　方比於此土　周旋五道中
受罪此審劇　解空无定相　亦復无本際
究竟一相義　性自本虚寂　常想无起滅
有餘及无餘　昔我卬稽顙　遍受五道胎
化濕卵胎中　亦說難有法　染著五陰者
與說无所有　十二牽連法　癡行生死本
墜墮四顛倒　為說四真實　苦諦无有諦
習盡道亦尒　欲我戒見受　亦及於四愛
分別真實性　虚无寂寞要　雖度生死岸
不處於涅槃　今處於母胎　說法悟群生
娑婆國土中　无數恒河沙　處胎說法者
濟度阿僧祇　虚空无邊界　佛國亦如是
衆生受識神　真實性不同　明慧所教化
隨類而度之　或見身受度　聞聲得解脫
或復思惟苦　集諦盡道本　思惟四意止
斷意四神足　五根及五力　七覺以為花

賢聖八品道　以用瓔珞身　分別彼我空
无相寂滅慧　不願有所求　永處空无慧
初入有覺定　三十不淨觀　逆順知有覺
入定解无觀　九次入初定　分別无覺觀
又樂滅盡道　初定不行法　喜樂意已滅
安隱入四法　通慧諸大王　不以此為行
為諸煩惱故　應適前衆生　禪定經歷劫
形枯如槁木　三禪香氣熏　五枝不凋落
佛慧不可量　於有亦不有　无上取正覺
无生死亦無　吾從成佛来　遊觀於三禪
設當入四禪　无說而得度　我觀虛空界
衆生无有依　諸佛神力智　乃能盡原本
斷漏諸學人　未能悉分別　道品甚深妙
二乘所不及　吾以天眼觀　慧眼及佛眼
四識所受形　亦復於中化　亦无地水火
形色可觀見　唯佛大神力　皆令至彼岸
十方諸佛土　恒沙阿僧祇　亦以道慧本
遊處虛空界　設當以肉眼　觀空界衆生
欠口出入息　无數衆生入　尒時此等輩
各得成道跡　當知佛法身　真實不思議
佛為三界將　慈雨濟一切　欲色无色有
令受道慧證　彼亦无嫉怒　及癡眷屬衆
覩形即入道　豈須學无學　无量諸佛剎

成道各各異　或從有想成　或從无想成
不復修習此　真如四聖諦　菩薩清淨觀
入禪无閡道　羅漢辟支佛　入定各不同
生生不見生　豈當有生本　愚惑染著人
謂為生是我　吾我自稱我　不見有吾我
菩薩四禪行　緣覺亦不知　菩薩入初禪
三十无漏行　百七三昧定　出入息具足
二定七十二　自觀无我想　雖經累劫苦
不離於禪行　四住斷諸漏　乃逮此二禪
六住故猶豫　入定如水波　八万四千行
猶常不自制　我本於六住　十二劫退轉
常想起樂想　輪轉生死剎　大聖定光佛
記莂心堅固　立志不退轉　尒乃逮三禪
斷除七万垢　永滅无根本　無畏師子步
闡揚大法雨　廣遊諸佛剎　礼事常供敬
過去阿僧祇　諸佛世尊等　各各於本剎
誓願行佛事　心雖不退轉　常恐墮下劣
億千魔徒衆　不能動一毛　超越八住行
進入於菩提　可樂所戀者　永除无想念
除師尊父母　餘者不顧戀　方成一禪行
名施度无極　習觀无等倫　九地通慧本
不復入滅盡　移坐即成佛　為緣衆生故
往詣佛樹下　齎及阿僧祇　普集在道場

十方无量界　諸佛世尊等　各各舒右手
善哉大師子　十力无所畏　堅固入四禪
慈母群萌類　願速從禪覺　未度者使度
未脫者使脫　四識處幽冥　憑仰禪悅味
不違諸佛教　輒便自稱揚　復自内思念
用此身累為　畢取於涅槃　用度衆生為
諸佛各面現　善哉釋迦文　建立弘誓意
勿起退轉心　轉无上法輪　擊於大法鼓
聞者速解脫　不經劫數難　攝智无閡智
辯智通達智　道智明慧智　斷智无生智
不起盡滅智　消智九次智　無畏師子智
雷吼音響智　端坐不動智　大悲无㝵智
身相莊嚴智　拔苦慈護智　結解无縛智
受莂取證智　降魔破軍智　成无我慢智
意勇精進智　施不望報智　行忍受辱智
金剛十力智　住劫不動智　集衆和合智
最上導師智　慚愧法服智　菩薩攢頭智
神足變現智　境界无㝵智　斷意滅結智
清淨照明智　自識宿命智　玄鑒他心智
父母真淨智　分身剎土智　處胎无識智
識定不亂智　一向信受智　入定觀察智
分別身相智　三十不淨智　滅史除患智
菩薩次第智　超越教化智　滅十二緣智

緣覺時悟智　聞聲受化智　出十二入智
觀慧无㝵智　受道玄鑒智　一夜為劫智
以劫為日智　念佛佛現智　剎土清淨智
無有二乘智　獨步无畏智　悅可衆意智
所作已辦智　不造前後智　滅故无新智
入定除想智　觀内外身智　如来受慧智
賢聖默然智

尒時世尊說此偈時億百千衆无量衆生皆悉發趣立盡信地復有菩薩十二那由他在觀行地不住三住成就國土在右分中七万七千億衆生逮阿惟越致佛復告文殊今此坐上无有一人雜垢穢惡有退轉者所以者何皆是利根不處生死无縛無著無滅無生修道清淨受證成就願樂欲聞諸佛不可思議正法降伏衆魔除去憍慢外雖教化諸佛剎土阿僧祇衆生内心遊戲無量百千三昧其三昧者師子奮迅三昧超行登位三昧廣進超步三昧童真樂法三昧四道生滅三昧无想等行三昧徃詣不退道場三昧觀察衆心三昧念一生補處三昧无形像三昧地中踊出三

昧解縛戰鬪三昧頂受冣勝三昧衆生情見三昧入不思議三昧佛界不思議三昧法思除穢不思議三昧聖衆不思議三昧衆生起滅不思議三昧龍力典降不思議三昧在衆上中王不思議三昧勇猛降伏怨不思議三昧壽命无量不思議三昧在五道能受苦不思議三昧諸佛現在不思議三昧四事供養不思議三昧如是三昧一億一千莊嚴其身復有名速疾一日中出家行道徃詣樹下成佛教化衆生淨佛國土不思議三昧復有留住待緣不思議三昧如来緣是三昧住壽无量阿僧祇劫為有緣衆生得度於无餘涅槃界不取涅槃更造因緣行菩薩道復有佛力不思議三昧從一佛剎至一佛剎如人合掌彈指頃授无量無限恒河沙數衆生記莂亦復使彼一日成佛處胎菩薩神力如是也

菩薩處胎經遊步品第二

尒時弥勒菩薩即從坐起整衣服偏袒右臂右膝著地白世尊言善哉善

哉如来說不思議法今此衆中有踐跡者未踐跡者有住信地未住信地者或有菩薩從光音天盧天波剎陁天阿波魔那天阿會亘脩天道呵天須乹天須室祇禘天告那天乃至一究竟天化自在天他化自在天或有菩薩空處識處不用處乃至非想非非想處云何於彼入胎教化世尊告曰勿作斯問何以故如来終不說此義我今問汝汝當報我云何弥勒空有形質无形質耶對曰無也世尊告曰云何弥勒若空無形質云何衆生有生有老有病有死耶弥勒白佛言於第一義无生老病死以是故空無形質佛告弥勒若无形質此衆生等誰有授決誰有受決者云何菩薩徃詣樹下或時經行或時入定云何菩薩自觀身相觀他身相云何菩薩現行七步自稱成佛降伏衆魔云何菩薩修治道場請召十方諸衆生耶弥勒白佛言此亦空寂无形無質如来身相亦是假号乃至一究竟義悉空无所有佛復告弥勒行空菩薩云何遊

至十方剎土教化衆生弥勒白佛言行空菩薩不見剎土亦無有佛佛自無佛云何有佛地水火風識界我人壽命皆悉空寂以是之故无有胎分佛告弥勒汝在三十三天與諸天人說空行法於彼座中有踐跡耶无踐跡耶弥勒白佛言彼諸天人常想樂想淨想計我為我想以是无有踐跡无踐跡也佛復告弥勒彼諸天人有色行陰無色行陰有報應陰无報應陰有破有陰無破有陰有受入陰無受入陰有聲響陰无聲響陰有中間陰无中間陰有彼此陰无彼此陰有究竟陰无究竟陰有默然陰无默然陰云何弥勒汝在天宮與諸天人說真法言有此諸陰名号耶弥勒白佛言无也世尊言云何弥勒十方諸佛授汝記莂成无上正真道為有正真道為无正真道耶弥勒對曰無耶世尊言有道者斯亦假号言弥勒者亦是假号如自性本際亦是假号如来色身身自空相相自空本末本末空彼此空云何自知号弥勒決言性自

空言有自空言无無自空无自常住无能令不住言住住自空言自相自相空言陰陰自空言胎胎自空乃至道場言行行陰空以是故世尊无有踐跡无踐跡也佛復告弥勒有踐跡者无踐跡者有果證無果證耶是有為性非有為性耶是有為中无為性耶是无為中無為性耶是有漏中无漏性耶是无漏中无漏性耶是欲界中有盡性耶是欲界中无盡性耶是色無色界中有盡性耶是色无色界中無盡性耶是空界非滅識性耶是空界非滅識性耶乃至有為空无為空自性空有以有為空无以無為空大空取空一相無相空有餘涅槃空無餘涅槃空是踐性耶非踐性耶弥勒白佛言踐法非法非法亦非踐云何弥勒有為法非无為無為法非有為云何汝言有踐法無踐无踐法亦無踐弥勒白佛言寂第一義有相无相法中求有為非無為求無為非有為耶佛告弥勒吾今問汝真實根論非无根論有為無為從何而生有

何名号弥勒白世尊言虛空寂滅性字義名号皆非真實是无根論非有根論佛告弥勒根義云何生无根論弥勒白佛言於世俗義根為法性无根為證靜不動亦不不動一相无相乃至有為无為法有漏无漏法有對无對法色法無色法可見法不可見法不住亦不不住是無根義佛言善哉善哉弥勒空行菩薩曉了无根不生亦不不生未来无對現在不住過去已滅无著無断不住亦不不住介時座中有菩薩名分別身觀白佛言今聞如来說无根義說有身相說無身相說有自性空說无自性空說无根義者從如中来耶不從如中来耶无根義者有生滅耶无生滅耶有對法耶无對法耶有色法耶无色法耶有為法耶無為法耶有漏法耶無漏法耶有相法耶無相法耶有身觀耶无身觀耶佛告分別身觀菩薩曰何者是身何者是觀身誰為坐誰行此觀分別身觀菩薩白佛言地水火風身陰也識分別觀也佛告曰言地地自空

言水水自空言火火自空言風風自
空言識識自空言空空自空何者是
身言何是觀身觀菩薩白佛言如佛
所說虛空法界皆悉空寂无佛言佛
無法言法无僧言僧無今世後世無
罪无福將不與大師同耶佛告分別
身觀菩薩曰汝入滅盡定時頗見眼
觀色乃至意觀法不身觀菩薩白佛
言不也世尊所以者何滅盡定中无
生无滅佛告身觀菩薩如是如是如
汝所言眼觀色色非我色我非彼色
識非我識我非彼識乃至聲香味觸
法亦復如是法非我法我非彼法於
无根義無增无減根清淨道亦清淨
相空清淨乃至究竟空亦復清淨一
清淨而无二五陰淨行淨道亦清淨
有對淨无對淨色淨道亦清淨菩薩
觀淨六塵淨道亦清淨眷屬淨性淨
道亦清淨地淨住淨道亦清淨是為
菩薩摩訶薩无根義佛復告身觀菩
薩曰苦淨不苦不樂淨道亦清淨門
淨種淨生淨道亦清淨是為菩薩
摩訶薩无根義佛復告身觀菩薩曰

道場淨國土淨衆生淨道亦清淨
是為菩薩摩訶薩无根義根淨力淨覺意淨道品
淨道亦清淨云何身觀菩薩我今問汝當報我如
來修治道場坐樹王下云何分別衆生之類用有
記法耶无記法耶有記法者塵勞之
垢无記法者亦是塵勞之垢以何無
記而授衆生決身觀菩薩白佛言有
記之法非塵勞垢无記之法亦非塵
勞何以故塵勞垢者是卑賤法有記
无記法是上尊法无以無記對於塵
勞何以故塵勞法者如来種也佛告
身觀菩薩止止莫作此語汝言塵勞
是生死法今復言如来種耶身觀菩
薩白佛言如来身者為是化非衆生
耶若是化者无有塵勞衆生之趣設
從衆生有如来身者塵勞之垢非如
来種乎佛告身觀菩薩曰如是如是
如汝所言以假号名字而有塵勞第
一義中無有塵勞佛復告身觀菩薩
如来應供正遍知明行足善逝世間
解無上士調御丈夫天人師佛世尊
常以天眼觀十方世界阿僧祇衆生
意識生念有欲心多者無欲心多者

有恚心多者无恚心多者有癡心多
者无癡心多者有解脫心者无解脫
心者有增上慢者无增上慢者有易究
竟者難究竟者菩薩悉知悉觀而往
之云何菩薩以天眼觀知少欲者知
多欲者於是菩薩在彼衆中現婬女
形與說婬欲快樂難忘視无厭足使
彼好意倍生喜樂後漸與說身為穢
汙無常无我苦空非身欲為火坑燒
煑心識使令厭患令无婬欲此衆生
等即於胎中受无上記身觀菩薩汝
當知之如此衆生无瞋恚癡斷欲得
道或有菩薩在彼衆中共為善友與
說煞業快樂難忘快哉煞生滅沒壽
命增我壽命後漸漸與說煞生受罪
極重與說百八煞生重罪為苦為惱
引令入於得在道撿无有欲癡即於
胎中成無上道或有菩薩在彼衆中
共為朋友說十不善道遍身教口意
教不善以真為虛无常謂常空謂有
實无身謂有身苦謂有樂无世謂有
世漸漸與說廣大深智无量辯才燃
法熾法為竪法幢漸漸引入智慧藥

林諸人當知若有狐疑於我所者當以智慧火燒汝狐疑心若人布施手執財物有人受者解了三事空无所有即於胎中成无上道見入持戒戒品成就毫釐不犯解了虛寂无所有即於胎中成无上道或有衆生忍心不起若有人来煞害割截心无恚想頭目髓腦无所愛惜即於胎中成无上道若有衆生心若金鋼不可沮壞設當有人軟語誘導劫數難量流轉生死難可勉濟何不於此自度而已為彼衆生唐勞勤苦菩薩心進終不退轉墮落生死即於胎中成无上道若人行禪心識不移弊魔波旬在虛空中雷吼電烈不能令彼動於一毛何況使彼退於禪道即於胎中成无上道若有衆生分别諸行此則可行此不可行若人貪著愛樂身者即便為說四意止法一一分别諸法要藏暢達演說无量法界即於胎中成无上道或有菩薩入慈三昧遍滿東方无限無量阿僧祇恒河沙等剎衆生之類慈愍愛念欲令解脫辟如恒河

沙中取一沙過恒河沙國土下一沙如是盡恒河沙慈心不盡菩薩發願堅固難動設有人来取菩薩身臠臠割截即時弥滿三千大千國土血變為乳如母念子是為菩薩行慈三昧即於胎中成無上道或時菩薩入悲三昧遍滿南方无限無量阿僧祇恒河沙等剎衆生之類悲念欲令解脫以恒河中取一沙過恒河沙國土下一沙如是盡恒河沙悲心不盡堪任代彼衆生受苦皆是菩薩堅固誓願衆生見者以清淨心遠離衆惡妄想已斷即於胎中成无上道或時菩薩入喜三昧遍滿西方无限無量阿僧祇恒河沙等剎衆生之類喜念衆生欲令解脫以恒河沙中取一沙過恒河沙乃下一沙如是盡恒河沙喜心不盡若彼衆生入喜令自娛樂皆是菩薩發意堅固即於胎中成无上道或有菩薩入捨三昧遍滿北方無限无量阿僧祇恒河沙等剎衆生之類恐彼衆生有缺漏行將養擁護不令没溺取恒河沙中一沙過恒河　沙國土

下一沙如是盡恒河沙捨心不盡皆是菩薩誓願堅固即於胎中成無上道於時菩薩真實法明修大慈大悲非羅漢辟支佛所行遍滿四方欲令衆生一聞音聲尋聲即至皆是菩薩誓願堅固即於胎中成無上道

菩薩處胎經聖諦品第三

佛告菩薩摩訶薩比丘比丘尼優婆塞優婆夷天龍鬼神阿修羅迦留羅緊陁羅摩睺勒毗舍遮鳩槃茶富單那摩㝹舍阿摩㝹舍等吾今為汝說菩薩摩訶薩賢聖諦諦聽諦聽善思念之所以者何吾從無數阿僧祇劫修習道果此没生彼周流五道不捨菩薩賢聖諦云何菩薩修習聖諦或時菩薩從初發意乃至道場行无閡法不取禪證滅諸惡想或有菩薩入初禪地見清淨行聅而厭患捨而進趣欲登六住懇懃進業入二禪地心豁然悟如月雲除自觀身中心發誓願為堅固耶不堅固耶自以已心復觀衆生心易度難度皆悉知之時菩薩心極大歡喜吾將成佛審然不疑剎

土清淨除衆生垢降伏於魔轉於無
上賢聖法輪快哉福報所願知成尒
時菩薩入不乱定以心舉心以身舉
身即得成就神足聖道從一佛刹至
一佛刹礼事供養諸佛世尊聽受深
法不難不畏轉入三禪觀諸色像悉
空无所有住於三禪觀衆生類悉能
分別彼没生此此没生彼自識宿命
亦復知彼所從来處刹利種婆羅門
種居士種長者種斯應行人不應行
人應受果不應受果出入息非出入
息斯四意止四意斷根力神足覺意
八道斯人受決某國某處某衆生中
成佛皆悉知之是謂菩薩於三禪地
得清淨心復次菩薩摩訶薩於三禪
地上望八住雖望而不得晝夜勤精
進求清淨心入四禪中面自見十方
諸佛為說四禪不退轉法无导解脫
行四神足能分一身為无數身以無
數身合為一身入火光三昧遍滿三
千大千世界令彼衆生見火光三昧
心意恐懼衣毛皆竪自来帰依於菩
薩所因三昧力而得度脱尒時於四

諦禪中分別世界真如法性心退還
墮習六住行菩薩自念我今未得不
退轉地云何當得八住於四禪中懃
懃修習淨衆生行代其執苦雖行此
法不自稱譽除去憍慢无有吾我修
六思念雖復行道在九衆生居心不
染著戀慕生死心豁然悟逮不退轉
是謂菩薩摩訶薩於聖諦得清淨心
於是菩薩入空處三昧觀此三千大
千世界衆生之類心識修淨法離縛
著无所戀暮能自住壽一劫二劫至
无數劫於某劫中教化衆生生者滅
者漸漸將慕獲清淨道即於胎中成
无上道或時菩薩入識處三昧觀此
三千大千世界識神所趣天道人道
餓鬼道畜生道地獄道易度難度皆
悉知之即於胎中成无上道或時菩
薩入不用處三昧觀此三千大千世
界衆生之類青黃赤白有多有少即
自猒患不用久住即於胎中成無上
道或有菩薩入非想非不想處三昧
觀此三千大千世界衆生識神所趣
生者滅者青黃赤白有長有短令彼

衆生使知壽盡即於胎中成无上道
於是菩薩入大虛空大寂定三昧觀
此三千大千世界上至无邊無盡刹
土衆生之類識神所趣思惟分別空
無之法是謂菩薩摩訶薩即於胎中
成無上道於是菩薩入無形界三昧
普觀三千大千世界衆生之類心所
繫縛亦无有縛識神无形所觀識法
亦復无形於无形法即於胎中成无上道

菩薩從兜術天降神母胎說廣普經卷第一

菩薩從兜術天降神母胎說廣普經
卷第一
校勘記

一　底本，金藏廣勝寺本。
一　七八三頁中一行經名卷次，石、磧、普、南、徑、清作「菩薩處胎經卷第一」。

一　七八三頁中二行「涼州沙門」，磧、普、南、徑、清作「三藏法師」。以下各卷同。

一　七八三頁中五行第二字「搜」，麗作「授」。第一二字「入」，磧、普、南、徑、清作「入於」。

一　七八三頁中七行第一〇字「絛」，磧、普、南、徑、清作「條」；麗作「牒」。末二字「銀裹」，石、磧、南、徑、清、麗作「棺裹」。

一　七八三頁中九行第一三字「疊」，磧、普、南、徑、清、麗作「氎」，下同。

一　七八三頁中一〇行第三字「蜜」，磧、南、徑、清、麗作「樒」；普作「密」。

一　七八三頁中一一行第四字「復」，磧、普、南、徑、清作「復以」。

一　七八三頁中一五行第五字「立」，磧、普、南、徑、清作「而立」。

一　七八三頁中二一行第二字「呞」，石作「齝」。

一　七八三頁中末行第三字「門」，石、磧、普、南、徑、清、麗作「槃」。

一　七八三頁下七行第二字「衍」，麗作「行」。

一　七八三頁下一〇行第一三字「數」，清作「量」。

一　七八三頁下二二行末字「至」，磧、普、南、徑、清作「至此」。

一　七八三頁下末行第四字「官」，磧、普、南、徑、清、麗作「宮」。

一　七八四頁上一一行第一〇字「桎」，磧、普、南、徑、清作「陛」。

一　七八四頁上一二行「唱娱」，磧、普、南、徑、清作「倡娱」；麗作「唱妓」。

一　七八四頁上二〇行第九字「憐」，磧、普、南、徑、清作「隣」。

一　七八四頁上二一行第二字「聞」，磧、普、南、徑、清作「門」。

一　七八四頁中一五行「九苦爲開進」，磧、普、南、徑、清作「衆苦爲關揵」；麗作「九苦爲關揵」。

一　七八四頁中一七行第一〇字「寶」，磧、普、南、徑、清作「實」。第一四字「鋥」，磧、普、南、徑、清、麗作「剛」。

一　七八四頁中一八行第一〇字「殞」，磧、普、南、徑、清作「終」。

一　七八四頁中二一行第二字「當」，磧、普、南、徑、清作「常」。第一〇字「終」，石作「殞」。

一　七八四頁中二二行第三字「而」，磧、普、南、徑、清作「所」。

一　七八四頁下二行「終始」，磧作「如終」；普、南、徑、清作「始終」。

一　七八四頁下八行「十力」，磧、普、南、徑、清、麗作「十方」。

一　七八四頁下一五行首字「習」，磧、普、南、徑、清作「集」。

一　七八四頁下二〇行第一二字「慧」，清作「其」。

一　七八四頁下二一行第九字「受」，麗作「而」。

一　七八五頁上二行第二字「相」，磧、普、南、徑、清、麗作「想」。

一七八五頁上五行第八字「不」，磧、普、南、徑、清作「五」；麗於其後有夾註「丹五」。
一七八五頁上六行第一〇字「王」，石、磧、普、南、徑、清、麗作「士」。
一七八五頁上一〇行第三字「死」，磧、普、南、徑、清作「無」。
一七八五頁上二一行第七字「雨」，石、磧、普、麗作「而」；南、徑、清作「念」。
一七八五頁中一行第一〇字「成」，磧、普、南、徑、清作「定」。
一七八五頁中六行第八字「亦」，石、磧、普、南、徑、清作「所」。
一七八五頁中一一行第二字「常」，石、磧、普、南、徑、清、麗作「尚」。
一七八五頁中一三行第二字「荊」，麗作「别」，下同。
一七八五頁中一五行第五字「雨」，磧、普、南、徑、清、麗作「典」。第一四字「供」，磧、普、南、徑、清作「恭」。
一七八五頁下三行第二字「毋」，石作「悲」；磧、普、南、徑、清、麗作「愍」。
一七八五頁下四行第一一字「憑」，石、磧、普、南、徑、清、麗作「渴」。
一七八五頁下五行第二字「達」，石、麗作「達」。
一七八六頁上八行第八字「時」，石作「已」。
一七八六頁上末行第一二字「踊」，磧、普、南、徑、清作「涌」。
一七八六頁中二一行品名上經名「菩薩處胎經」，徑、清無。下同此例。
一七八六頁下三行第一三字「剎」，石、磧、普、南、徑、清作「利」。
一七八六頁下四行首字「阿」，麗作「陀」。「道呵」，磧作「首呵」；普作「首訶」；南、徑、清作「首阿」。
一七八六頁下五行第八字「告」，磧、普、南、徑、清作「吉」。
一七八六頁下一四行末字「形」，磧作「求無」；普、南、徑、清作「形無」。
一七八七頁上八行第一〇字「是」，磧、普、南、徑、清作「是故」。
一七八七頁上末行「彼此」，石、磧、普、南、徑、清、麗作「彼此彼此」。第一三字「性」，磧、普、南、徑、清、麗作「性性」。
一七八七頁中六行第二字「者」，磧、普、南、徑、清無。
一七八七頁中一二行第一〇字「非」，石、磧、普、南、徑、清、麗無。
一七八七頁中一五行第四字「取」，磧、普、南、徑、清作「最」。
一七八七頁下五行「證靜」，磧、普、南、徑、清作「澄靜」。第五字「不」，磧、普、南、徑、清作「而不」。
一七八七頁下二一行「主誰」，麗無。
一七八七頁下二二行第一三字「身」，磧、普、南、徑、清、麗作「名身」。
一七八七頁下末行第五字「觀」，磧、普、南、清、麗作「名觀」。
一七八七頁下末行第八字「告」，磧、

普、南、徑、清作「復告」。

一七八八頁上三行「言何」，磧、普、南、徑、清、麗作「云何」。

一七八八頁上六行第七字「大」，磧、普、南、徑、清作「六」。

一七八八頁中三行第一五字「汝」，磧、普、南、徑、清、麗作「汝汝」。

一七八八頁下四行第一一字「忩」，石無。末字「往」，磧、普、南、徑、清、麗作「往度」。

一七八八頁下八行第二字「好」，石、磧、普、南、徑、清、麗作「欲」。

一七八八頁下一九行第一〇字「逕」，石、麗作「亦」；磧、普、南、徑、清作「迹」。第一三字「口」，磧、普、南、徑、清作「口教」。

一七八八頁下二二行「漸漸」，石、磧、普、南、徑、清、麗作「後漸漸」。

一七八九頁上二行第九字「心」，磧、普、南、徑、清作「山」。

一七八九頁上五行第一〇字「虛」，磧、普、南、徑、清作「空」。第一二字「无」，磧、普、南、清、麗作「而无」。

一七八九頁上七行「熱害」，磧、普、南、徑、清作「段段」。

一七八九頁上九行「金鋼」，磧、普、南、徑、清作「金剛」。

一七八九頁上一一行第五字「勉」，磧、普、南、徑、清作「免」。

一七八九頁上一五行「電烈」，磧、普、南、徑、清作「震烈」。

一七八九頁中二行第八字「心」，磧、普、南、徑、清作「心故」。

一七八九頁中九行第一、二字「恒河」，石、磧、普、南、徑、清、麗作「恒河沙」。

一七八九頁中一七行首字「沙」，磧、普、南、徑、清作「沙等國」。

一七八九頁下一行首字「下」，磧、普、南、徑、清作「乃下」。

一七九〇頁上二行第一二字「知」，石、磧、南、徑、清作「皆」。

一七九〇頁上一三行首字「八」，徑、清作「入」。

一七九〇頁中一行首字「諦」，磧、普、南、徑、清、麗無。

一七九〇頁中五行「稱譽」，石作「稱舉」。

一七九〇頁中一〇行第一〇字「修」，磧、普、南、徑、清作「清」。

一七九〇頁中一二行第五字「某」，磧、普、南、徑、清作「其」。

一七九〇頁中一三行第五字「慕」，石、磧、普、南、徑、清、麗作「導」。

一七九〇頁下末行經名卷次，石、磧、普、南、徑、清無。未換卷。

菩薩處胎經卷第二　欲

姚秦涼州沙門竺佛念譯

佛樹品第四

介時世尊將欲入無餘涅槃界集諸神通大德菩薩神足變化說不思議法令我寧可化作七寶樹度此長流永在生死没溺者令得解脫即入琉璃定無形三昧東方去此忍界六十四億恒河沙刹化作七寶樹遍滿其中諸寶樹上莖節枝葉果實各各有七寶宮殿宮殿有佛諸佛各說四非常法後園浴池衆鳥聚集娛樂其中快樂難勝其池水中生優鉢蓮華須乹提花末乹提花於彼陸地生瞻蔔花須曼羅花牛頭栴檀擣香末香天繒幡蓋懸處虛空介時風神王名曰隨意放大香風吹七寶樹葉柔軟香熏枝葉相㩻皆出自然八種音響善哉出入光明如来八種音聲將欲度未度者誰現是瑞應昔我不聞此亦復不現覩見起滅無常相㩻非幻化耶介時樹葉上七寶宮殿中諸如来至真等正覺發大音聲闡揚不思議難有之法欲說八地中莊嚴諸佛刹猶如有人欲覩大水海去海百由旬不見諸生木遇見滂水甞之知海尚遠即自辦入海之具不見形想念定如空始至海岸以無畏心自莊嚴身善哉大聖我所求者今乃獲之欣之樂之心無疲惓即時捨所資盡入海中隨本所願皆悉在前菩薩摩訶薩亦復如是能斷一住至六住地盡衆生結使永盡無餘令我成佛必然不疑是謂菩薩摩訶薩於胎中莊嚴佛樹復次菩薩摩訶薩欲自莊嚴身相具足三十二大人之相為真實不從頂至足足有千輪輪有千輻輻有千相相有六度無極所成無見頂相者破憍慢山得成肉髻相吾從无數阿僧祇劫得不犯婬欲果報得陰馬藏相陰馬藏相者壞彼邪見放相光明遍滿十方恒河沙刹一一光明皆有化佛一一化佛皆坐寶高座發大音聲演說六度无極如諸如来常所說法苦集滅道施戒忍精進禪般若波

羅蜜善巧方便解了諸法空空大空
無量空内空外空寂空行空相空報
空滅三空三明報空三慧空三達空
三等空三世空三分法身空三界寂
滅空過去當来現在空自相空是謂
菩薩摩訶薩不犯婬報相吾從阿僧
祇劫常修口淨不從彼聞此說不從
此聞彼說得廣長舌相遍滿十方阿
僧祇恒河沙刹放舌相光明一一光
明皆有化佛一一化佛皆坐七寶座
上以清淨音聲演說无量口行清淨
報業真實所作成辦四事无畏曉了
諸法无来无去音響清淨以度生死
畏地无所罣㝵分別衆生一一音響演
說无量智慧辯才度五道渕法法成
就以九解脫而自瓔珞十力具足空
性無形不可沮壞其聞法者志皆信
解是謂菩薩摩訶薩口淨舌相果報
吾從无數阿僧祇劫得音響相遍滿
三千大千刹柔軟和雅所說不麁出
言成就不從彼受其聲音者无不悅
滿此音響中亦有无數清淨之所演
說如諸如来常所說法十二因緣癡

行生死自觀其身觀他身觀内外身
息長亦知息短亦知化彼衆生越次
取證亦不住證發聲響相光明一一
光明皆有化佛一一化佛皆坐七寶
高座上普與衆生說无量法門心趣
解脫空无相願觀了諸法悉无所有
常以四事慈悲喜捨四禪四諦衆智
法門得惣持法門摠疾法門應聲法
門辯才法門无量法門常現在前心
常遊戲无量百千三昧是謂菩薩摩
訶薩音響相吾從无數阿僧祇劫恒
修心清淨所念專正所行慚愧執心
一向无他異想悉无塵垢若有人毀
不生憂慼設當稱譽不以為歡心不
移易所行堅固難動如地從无數劫
承事諸佛與諸衆生說微妙法所行
不為一向趣道有佛法僧處輙身往
化講論无量揔持法門所謂論者施論
戒論生天之論欲是不淨涅槃是樂
引導衆生入定三昧分別苦諦去離
四縛斷除集法滅大分結道除雜貪
不起法忍住不退轉得清淨觀知彼
衆生心之所念隨類開化得成道果

猶如新成白疊易染為色自常攝心
不識彼闕常樂閑靜不處憒丙入比
丘衆威儀具足若入禪定係意在明
經行往来心无懈慢於大衆中能師
子吼分別空性悉无所有是謂菩薩
摩訶薩心清淨門吾從无數阿僧祇
劫修揔持法門不可沮壞聞一得百
聞百得千聞千得万諸佛所說句義
字義皆悉揔持而不忘失是謂菩薩
摩訶薩成就揔持法門吾從无數阿
僧祇劫常自修習无常觀行一切諸
法皆歸无常生者有滅在在處處興
隆法樂淨治佛土所說誠諦自識宿
命而所經處為說法化心識堅固神足
无畏不可思議從无數劫積諸苦行
所發誓願不違本行遊戲諸法自在無
㝵是謂菩薩摩訶薩成就揔持法門
吾從无數阿僧祇劫修眼神通遍知
十方衆生之類有應空行不應空行
有定意无定意者有乱意无乱意者
有金剛志無金剛志者有思惟定無思
惟定者天道人道餓鬼道畜生道地
獄道以天眼悉見悉知見此衆生趣

有餘涅槃无餘涅槃者亦知此衆生於中陰取涅槃亦悉知之知此衆生向須陁洹得須陁洹果向斯陁含得斯陁含果向阿那含得阿那含果向阿羅漢得阿羅漢果向辟支佛得辟支佛果亦觀衆生出家苦行捨本揩剃除鬚髮身被法服入師子遊步三昧在樹王下思惟觀樹或一日二日乃至七日或一歲二歲乃至七歲或一劫二劫乃至七劫是謂菩薩摩訶薩成就天眼通吾從无數阿僧祇劫修耳神通遍聞十方衆生行報黒有黒果報白有白果報不黒不白果報有漏有漏果報无漏无漏果報聞彼衆生清淨音響不男聲不女聲不男不女柔軟聲不長不短聲不非人聲梵聲清淨聲伽羅毗羅柔和聲不麁聲不細聲復以天耳聞彼衆生除垢斷縛不住有為相不住无為相不住過去當来現在相住亦不住不住亦不不住吾我不住不住亦不不住成佛不成佛者成道不成道者生天不生天者生人不生人者生餓鬼不生

餓鬼者生地獄不生地獄者生畜生不生畜生者分別五道以天耳聽悉聞知之是謂菩薩摩訶薩成就天耳通吾從无數阿僧祇劫修鼻神通遍嗅十方无量衆生悉知分別善香惡香麁香細香火香水香俗香道香乃至菩薩坐樹王下香戒香定香慧香解脫香解脫知見香教授衆生大慈无邊香悲愍衆生香喜悦和顔香放捨周遍香神足无畏香覺力根本香破慢貢高香自然普熏香莊嚴佛道香趣三解脫門香相相殊勝香明行果報香分別微塵香光明遠照香集衆和合香五聚清淨香持入不起香止滅衆垢香觀滅衆垢香聞戒布施香慚愧无慢香仙人法勝香說法無身香舍利流布香封印佛藏香七寶无盡香尒時世尊便說頌曰

摩伽山所出　花香及栴檀　三界所有香
不如戒香勝　戒香滅衆垢　往来入无間
菩薩不退轉　涅槃香第一　譬如善射人
仰射於虛空　箭勢不盡空　尋復墮于地
德香遠无際　終不有轉還　今說佛身香

戒定慧解度　於億百千劫　不能盡佛香
若於千万劫　佛讚佛功德　大聖不能盡
佛身皆德香　諸佛威儀法　授前補處莂
口中五色香　上至忉利天　還来至佛所
遶佛身七帀　諸天散花香　稱歎未曾有
定香遠流布　濟度阿僧祇

尒時世尊說此偈已於彼會中十二那由他衆生心識開悟皆悉發意願樂欲生香積佛刹是謂菩薩摩訶薩成就鼻通吾從无數阿僧祇劫修口神通言教往来終不中滯有所言說言則有光脣脣有光園園有光舌舌有光如来於大衆中說甚深法所有法者一名阿阿者无有千万義無有千万義中取一无義度无量衆生二名羅羅者除垢除垢有千万義千万義中取一除垢義除无量衆生垢三名波遮波遮名果熟果熟有千万義千万義中取一果熟義使无量衆生皆悉果熟四名那那者非常義非常義有千万義千万義中取一非常義使无量衆生悉解非常義五名荼荼者盡无名盡无名言有无有言無亦

無無無盡義有千万義千万義中取无盡義使无量衆生得解於盡是為荼盡義十方无量恒河沙諸佛受食威儀從閻浮提上至十八天皆見如来食從一住至四住菩薩見如来身琉璃咽喉不退轉菩薩乃至九地見健疾天子接如来食乃至他方施行佛事是為如来神口果報如来現食味次第味味不動味不啗咽不嚀噍世尊舉飯向口時心念十方諸五道衆生等同此味即如念皆悉飽滿猶如比丘得九次第禪心軟美飽是謂菩薩摩訶薩口通清淨吾昔无數阿僧祇刧脩身神通分別身中淨不淨想不淨淨想三十六物汙露不真髮毛爪齒骨血涕淚叉復思惟以已身法觀衆生身亦復如是自化其身膖脹臭爛膿血流出或復現身白骨灰色青瘀色燋黒色與地同無量衆生見此身者皆生苦空无常无我想復與衆生說身業報法此身非身何者是身一一分別從頭至足悉無所有以无有身則无有識衆生聞此自思

惟身穢悪不淨猶如光音清淨天下觀閻浮提臭穢悪氣上熏七千万里是以菩薩不生光音天身通菩薩入金剛三昧碎身如塵一一塵皆作化佛濟渡无量阿僧祇衆生之類現身色相身上出火身下出水身下出火身上出水東踊西没西踊東没現如来十八神變衆生之類見如来變尋時覺悟衆結永盡入无為道微塵化佛現身教化濟渡无量阿僧祇衆生是為如来身密教化而不說法吾從无數阿僧祇刧脩習意識成菩薩神通攝意入定遊至无量諸佛刹土猶如力人屈伸臂頃還来故處意識菩薩亦入化生胎生濕生卵生現不思議神變教化即於彼處成无為道意識菩薩於諸通中最上最勝非辟支佛阿羅漢所能思議何以故非彼境界

菩薩處胎經三世等品第五

尒時坐中有菩薩名曰喜見辯才无㝵登躡十住如来所行悉能揔持即從座起偏露右髀右膝着地叉手合掌前白佛言善哉世尊今聞此法至

未曾有過去无數恒沙如来有入涅槃不入涅槃若入涅槃欲界衆生云何得度若如来不入涅槃彼諸如来住何佛界佛告喜見菩薩善哉善哉乃能於如来前作師子吼諦聽諦聽善思念之吾今與汝一一分別說之喜見對曰如是世尊願樂欲聞佛言過去恒河沙諸佛世尊名字假号不可勝記亦如衆生生生不滅无邊无際亦無端緒諸佛要集心如空界涅槃者即衆生是也是故如来不入涅槃何以故為衆生故喜見菩薩白佛言過去多薩阿竭阿羅呵三耶三佛所度衆生有滅度无滅度耶佛告喜見菩薩云何喜見汝從无數阿僧祇刧承事諸佛礼事供養香花幡蓋頗見如来取般涅槃不對曰不也云何喜見我号釋迦文多薩阿竭阿羅呵三耶三佛今處母胎為涅槃為非涅槃對曰不也世尊云何喜見菩薩衆生受莂當成无上正真道是真實道非真實道對曰是道非真實道若真實道何以故有佛有說法見化衆生以

菩薩處胎經第二卷　第十二張　欲字号

是故是道非真實道緣緣衆生是道
緣緣盡衆生是真實道過去緣緣盡衆
生於現在非真實道現在緣緣盡衆
生於過去非真實道過去現在緣緣
盡衆生於未来非真實道未来緣緣
盡衆生於過去現在非真實道何以
故是道非真實道過去緣緣盡衆生
現在緣緣盡衆生未来緣緣盡衆生
是真實道菩薩摩訶薩知而見之不
處不入何以故猶如九行不盡所謂
九行者上上上中上下中上中中中
下下上下中下下下上緣盡上中緣不
盡非真實道上中緣盡上下緣不盡
非真實道上下緣盡中上緣不盡非
真實道中上緣盡中中緣不盡非真
實道中中緣盡中下緣不盡非真實
道中下緣盡下上緣不盡非真實道
下上緣盡下中緣不盡非真實道下
中緣盡下下緣不盡非真實道下下
緣盡是真實道菩薩摩訶薩於真實
性不取不捨不住不不住過去當来
現在等道等涅槃等一等无有二法
性等自然相等衆生等垢等五陰等

菩薩處胎經第二卷　第十三張　欲字

緣等癡行等道行清淨不一不二欲
行緣盡非色行緣盡色行緣盡非无色
行緣盡无色行緣盡色行緣盡欲界
行緣盡是謂菩薩等非一非二尒時
佛告喜見菩薩曰汝欲知過去諸佛
滅不滅剎土不耶尒時世尊即以神
力入無畏空界三昧使一切衆盡見
釋迦文身寂然无言身相具足菩薩
當知我過去身其數不可稱不可量
即以神足入濕生界衆相具足與无
數阿僧祇為濕識衆生說法令彼濕識
隨意所願各得解脫復以神足入化
生衆生現身色相與无央數阿僧祇
衆生說法令彼化識隨意所願各得
解脫尒時世尊即以神足入卵識衆
生現身色相與无央數阿僧祇衆生
說法令彼衆生隨意所願各得解脫
尒時世尊復以神足現當来世界入
四生中現身色相與无央數阿僧祇
衆生說法令彼四生衆生隨意所願
各得解脫如我今日在母胎中與諸
十方神通菩薩說不退轉難有之法
亦以神通入天四生入地獄四生餓

菩薩處胎經第二卷　第十四張　欲字号

鬼四生畜生四生於四生中胎化一
生盡漏疾濕生卵生盡漏遲化生胎
生是利根人濕生卵生是鈍根人尒
時世尊復以神足現寂寞世界使彼
大衆皆悉知見亦无言教苦集滅道
之名何以故彼土衆生皆是胎化利
根人佛復以神足現下方照光世界
視彼衆生稟受讀誦經歷劫數乃
成道果知此衆生濕生卵生鈍根人
佛復以神足現不死剎土使彼大衆
知彼衆生不聞死名知此衆生大慈
捨願利根中勝根佛復以神足現中
夭剎土使彼大衆皆悉知見見彼衆
生有中夭者由彼衆生自造苦本本
壽極長今壽轉短彼世界王名曰除
憂剥死人皮以用作鼓百歲一打使
彼衆生皆知死名壽命轉减至于百
歲時有出者吾今捨壽八十有四出
五濁世胎生化生是我利根分汝等
當知今不久存非佛神力所能留住
此身如泡勢不久立是身如霧常乱
人想是身如夢增益瞋恚是身如幻
誑惑世人是身如響求對无形是身

如影眼見不獲如是我身於此滅盡更不復生何者不於此閻浮提生復於十方三十二垓佛剎遍滿彼剎施行佛事此非過者以是之故緣緣盡緣緣不盡无有涅槃者

尒時弥勒菩薩摩訶薩即從坐起整衣服偏露右髀右膝著地前白佛言甚奇世尊世界若干衆生不同善惡行報各各別異如来說法空无寂寞不可思議入何三昧威神感動如是難測有識衆生咸可易化山河石壁生樹草木皆變人形為有識衆生无識衆生佛告弥勒汝昔與我共越山海見一惡獸應食十住菩薩肉耶弥勒白佛言對曰不也何以故正使三千大千剎土滿中惡獸欲食菩薩肉者是事不然吾昔勸汝誰能先進汝及文殊皆言不能當吾尒時即以神力以甘露味示彼飢獸執意堅固得成無上正真等正覺汝說權退在後悉是有識教化非无識教化佛告弥勒汝豈不憶古昔无數阿僧祇劫去此西北六十二恒河沙剎佛名平等其

剎名无形如今現在說法无有辟支佛聲聞乘无有日月時節劫數多少彼佛教化盡一佛界現界衆生盡得成佛更不移處他佛世界云何弥勒當名彼佛為過去未来現在耶弥勒白佛言亦過去現在未来何以故皆從諸剎往至彼土諸緣盡衆生盡得度脫故現有現在佛告弥勒汝今現在耶對曰不也世尊名雖現在行不現在前行過去後行未至識念思惟三事成就是故无現在佛即問弥勒心有所念幾念幾想幾識耶弥勒言拍手彈指之頃三十二億百千念念念成形形形皆有識識念極微細不可執持佛之威神入彼微識皆令得度此識教化非無識也復次微識極微細過於微塵此微塵識不可覩見如来威神入彼教化皆令得度弥勒當知未有狐疑此微塵識亦受四氣亦有四生何以故衆生无邊邊亦无邊如来亦无邊道亦无邊一切言有有亦无有無界无處無住亦无教授化衆生者此名道順三昧不住不不住一

相无相不著不縛亦无真際修治道場淨佛境界權變无數非下劣所及尒時世尊將欲解釋弥勒狐疑即現身色柔軟色无厭足色內外清淨无瑕穢色吾從无數阿僧祇劫修眼清淨內外无閡今獲色身身亦无身色亦无色知身空色空身色俱空知身色俱空者此空空空知无身空无色空知无身無色俱空知无身無色俱空者此空空空知過去身空知過去色空知過去身色俱空知過去身色俱空者此空空空知未来身空知未来色空知未来身色俱空知未来身色俱空者此空空空知現在身空知現在色空知現在身色俱空知現在身色俱空者此空空空知過去无身空知過去无色空知過去無身无色俱空知過去无身無色俱空者此空空空知未来无身空知未来无色空知未来无身無色俱空知未来无身无色俱空者此空空空知現在无身空知現在無色空知現在无身無色俱空知現在无身無色俱空者此空

空空知欲界身空知欲界色空知欲
界身色俱空知欲界身色俱空者此
空空空知色界身空知色界色空知
色界身色俱空知色界身色俱空者
此空空空知無色界身空知无色界
色空知无色界身色俱空知无色界
身色俱空者此空空空知欲界无身
空知欲界无色空知欲界无身无色
俱空知欲界无身無色俱空者此空
空空知色界无身空知色界无色空
知色界无身無色俱空知色界無身
无色俱空者此空空空知無色界无
身空知無色界无色空知无色界無
身無色俱空知无色界无身無色俱
空者此空空空知緣緣身空知緣緣
色空知緣緣身色俱空知緣緣身色
俱空者此空空空知緣緣无身空知
緣緣无色空知緣緣无身無色俱空
知緣緣無身无色俱空者此空空空
知胎生身空知胎生色空知胎生身
色俱空知胎生身色俱空者此空空
空知胎生无身空知胎生無色空知
胎生無身无色俱空知胎生無身無

色俱空者此空空空知化生身空知
化生色空知化生身色俱空知化生
身色俱空者此空空空知化生無身
空知化生無色空知化生無身无色
俱空知化生無身無色俱空者此空
空空知濕生身空知濕生色空知濕
生身色俱空知濕生身色俱空者此
空空空知濕生无身空知濕生无色
空知濕生無身无色俱空知濕生无
身無色俱空者此空空空知卵生身
空知卵生色空知卵生身色俱空知
卵生身色俱空者此空空空知卵生
无身空知卵生無色空知卵生无身
無色俱空知卵生无身無色俱空者
此空空空知未至禪身空知未至禪
色空知未至禪身色俱空知未至禪
身色俱空者此空空空知未至禪无
身空知未至禪无色空知未至禪無
身無色俱空知未至禪无身無色俱
空者此空空空知初禪身空知初禪
色空知初禪身色俱空知初禪身色
俱空者此空空空知初禪無身空知
初禪无色空知初禪无身無色俱空

知初禪无身無色俱空者此空空空
知中間禪身空知中間禪色空知中
間禪身色俱空知中間禪身色俱空
者此空空空知中間單無身空知中
間禪无色空知中間禪无身無色俱
空知中間禪无身無色俱空者此空
空空知二禪身空知二禪色空知二
禪身色俱空知二禪身色俱空者此
空空空知二禪无身空知二禪无色
空知二禪无身無色俱空知二禪無
身无色俱空者此空空空知三禪身
空知三禪色空知三禪身色俱空知
三禪身色俱空者此空空空知三禪
无身空知三禪無色空知三禪无身
無色俱空知三禪无身無色俱空者
此空空空知四禪身空知四禪色空
知四禪身色俱空知四禪身色俱空
者此空空空知四禪無身空知四禪
无色空知四禪無身无色俱空知四
禪无身無色俱空者此空空空知空
處身空知空處色空知空處身色俱
空知空處身色俱空者此空空空知
空處无身空知空處无色空知空處

無身无色俱空知空處无身无色俱空者此空空知識處身空知識處色空知識處身色俱空知識處身色俱空者此空空知識處无身空知識處无色空知識處无身無色俱空知識處无身無色俱空者此空空知不用處身空知不用處色空知不用處身色俱空知不用處身色俱空者此空空知不用處无身空知不用處无色空知不用處無身无色俱空知不用處无身無色俱空者此空空空知非想非不想處身空知非想非不想處色空知非想非不想處身色俱空知非想非不想處身色俱空者此空空知非想非不想處无身空知非想非不想處无色空知非想非不想處无身無色俱空知非想非不想處无身無色俱空者此空空佛告弥勒今當與汝說生義根義諦聽諦聽善思念之云何生義生者七九是也根者連著義也如来无所著已知未知無知已知根者過去當来現在未知根者結使障㝵无知根者

如来至真等正覺過去當来現在諸佛成就此根分別諸根无根亦不无根无說無義分別字義空无所有是根義也從初發意乃至坐樹王下轉无上法輪集諸法門行无行法門思議法門捴持根法門虛空法　藏法門此是諸佛要集三昧弥勒當知汝復受記五千六億七千万歲於此樹王下成無上等正覺我以右脅生汝弥勒從頂生如我壽百歲弥勒壽八万四千歲我國土汝國土今我國土苦汝國土樂尒時世尊即說頌曰

如来十力尊　虛空无邊際　忍慧福業力
揝頡力最勝　汝生快樂國　不如我界苦
汝說法甚易　我說法甚難　初說九十六
二說九十四　三說九十二　我初說十二
二說二十四　三說三十六　汝所三說人
是吾先所化　汝父梵摩淨　將八万四千
非我先所化　是汝所開度　九十六億人
受我五戒者　九十四億人　受持三歸者
九十二億人　一稱南无佛　初說千比丘
二十四億天　三三十六億　所度諸衆生
汝樂我勤苦　汝怠我清進

當佛說此偈時苦行衆生七十二億即於座上不動得不起法忍

菩薩處胎經卷第二

辛丑歲高麗國大藏都監奉
勅雕造

菩薩處胎經卷第二

校勘記

一　底本，金藏廣勝寺本。七九四頁上一行至七行及八〇一頁中一八行至下末行原版漫漶，以麗藏本換。

一　七九四頁中一行經名、二行譯者，石、資、磧、普、南、徑、清無。未換卷。

一　七九四頁中三行品名，石、資、磧、普、南冠以經名「菩薩處胎經」。

一　七九四頁中七行第五字「没」，資、磧、普、南、徑、清作「諸没」。

一　七九四頁中一〇行「柯枝葉」，資、磧、普、南、徑、清作「枝柯葉華」。

一　七九四頁中一一行首字「有」，資、磧、普、南、徑、清作「皆有」。

一　七九四頁中一四行第五字「末」，資、磧、普、南、徑、清作「末願」。

一　七九四頁中一七行第五字「大」，資作「犬」。

一　七九四頁中一八行第五字「槫」，石、磧、普、南、徑、清、麗作「棖」；資作「棠」。

一　七九四頁中一九行第三字「入」，諸本作「大」。

一　七九四頁中二一行第一〇字「相」，資、磧、普、南、徑、清作「之相」。

一　七九四頁下三行「水海」，諸本作「海水」。

一　七九四頁下四行第八字「澇」，資、磧、普、南、徑、清作「滎」。

一　七九四頁下五行第一二字「想」，資、磧、普、南、徑、清、麗作「相」。

一　七九四頁下六行第三字「始」，磧作「如」。

一　七九四頁下八行「疲惓」，資、磧、普、南、徑、清作「厭倦」。

一　七九四頁下八行第一一字「資」，資、磧、普、南、徑、清、麗作「資生」。

一　七九四頁下一二行第九字「於」，資、磧、普、南、徑、清、麗作「即於」。

一　七九四頁下二一行第九字「寶」，諸本作「七寶」。

一　七九五頁上一行第四字「巧」，資、磧、普、南、徑、清作「權」。

一　七九五頁上一七行第一二字「志」，資、磧、普、南、徑、清、麗作「悉」。

一　七九五頁上二〇行第五字「刹」，資、磧、普、南、徑、清、麗作「刹土」。

一　七九五頁上二一行第九字「聲」，資、磧、普、南、徑、清作「聞」。

一　七九五頁上二二行第一二字至末行首字「之所演說」，資、普、南、清作「之音」；磧作「之者」；麗作「所說」。

一　七九五頁中一行第六字「其」，石無。

一　七九五頁中一行第九字「他」，資、磧、普、南、徑、清作「他人」。

一　七九五頁中二行首字「息」，普、南作「意」。

一　七九五頁中六行第五字「相」，資作「想」。

一　七九五頁中九行第九字「門」，資、磧、普、南、徑、清作「藏」。

一七九五頁中一七行第二字「爲」，磧、普、南、徑、清、麗作「僞」。
一七九五頁中一七行第九字「法」，資、磧、普、南、徑、清作「有法」。
一七九五頁中二一行末字「貪」，資、磧、普、南、徑、清、麗作「糅」。
一七九五頁下一行第六字「疊」，磧、普、南、徑、清、麗作「氎」。
一七九五頁下二行第四字「闕」，資、磧、普、南、徑、清作「受」。
一七九五頁下五行第一二字「謂」，徑、清作「諸」。
一七九五頁下一四行「而所經處」，石、磧、普、南、徑、清、麗作「所經歷處」；資作「所經歷」。
一七九五頁下一六行第二字「發」，石作「有」。
一七九五頁下一七行首字「㝵」，資、磧、普、作「辯」；麗作「疑」。
一七九六頁上一三行第八字「報」，資、磧、普、南、清作「報不黑不白有」。
一七九六頁上一七行第二字「聲」，資、磧、普、南、徑、清無。
一七九六頁中六行「火香水香」，資、磧、普、南、清作「内香外香」。
一七九六頁中一三行第三字「香」，資、磧、普、南作「智」；徑、清作「香智」。
一七九六頁中二二行第一三字「墮」，資、磧、普、南、徑、清作「墜」。
一七九六頁下一行第五字「度」，南、徑、清作「脫」。
一七九六頁下二行第九字「功」，磧作「我」。
一七九六頁下四行末字「所」，資、磧、普、南、徑、清作「前」。
一七九六頁下一二行。「園園」，資、磧、普、南、徑、清、麗作「薗薗」。
一七九六頁下一四行第八字「无」，磧、普、南、徑、清作「無無」。
一七九六頁下一四行末二字「無有」，磧、普、南、徑、清無。
一七九六頁下末行首字「者」，資、磧、普、南、徑、清作「字者」。
一七九七頁上一行末字「取」，磧、普、南、徑、清、麗作「取一」。
一七九七頁上七行首字「健」，資、磧、普、南、徑、清作「捷」。
一七九七頁上九行「次第味味」，資、磧、普、南、徑、清作「味次第味」。
一七九七頁上九行第一〇字「喲」，諸本作「哊」。
一七九七頁上一七行末字「膸」，磧作「膪」；清作「胮」。
一七九七頁上一八行「臭爛」，資、磧、普、南、徑、清作「爛臭」。
一七九七頁上一九行第一〇字「同」，資、磧、普、南、徑、清、麗作「同色」。
一七九七頁中七行第五字「踊」，普、徑、清作「涌」，下同。
一七九七頁中一一行第一三字「從」，石、資、磧、普、南、徑、清作「昔」。
一七九七頁中一八行首字「阿」，資、磧、普、南、徑、清無。
一七九七頁中一八行後，石、資、磧、

普、南、徑、清換卷，爲卷第二。

一 七九七頁中一九行經名「菩薩處胎經」，資、磧、普、南、徑、清無。

一 七九七頁下九行第三字「記」，資、磧、普、南、徑、清作「説」。

一 七九七頁下一九行第四字「佛」，石、麗作「佛陀」。

一 七九七頁下一九行第九字「爲」，磧、普、南、徑、清作「爲是」。

一 七九七頁下末行第一一字「見」，徑作「是」。

一 七九八頁上一二行第八字「上」，麗作「上上」。

一 七九八頁上末行首字「往」，諸本作「性」。

一 七九八頁中一八行末字「入」，磧、作「一」；麗作「人」。

一 七九八頁下一行末字「一」，諸本作「二」。

一 七九八頁下七行第八字「現」，磧、普、南、徑、清作「亦現」。

一 七九八頁下九行第一二字「鈍」，資、磧、普、南、徑、清、麗作「是鈍」。

一 七九八頁下一〇行第一〇字「土」，資、磧、普作「生」。

一 七九八頁下二〇行第三字「今」，資、磧、普、南、徑、清、麗作「命」。

一 七九九頁上二行第六字「者」，資、磧、普、南、徑、清、麗作「者不生」。

一 七九九頁上四行第七字「者」，資、磧、普、南、清作「去」；麗作「去者」。

一 七九九頁上一〇行第一一字「感」，麗作「惑」。

一 七九九頁上一五行「對曰」，麗無。

一 七九九頁中二二行「無住」，徑作「無往」。

一 七九九頁下四行第五字「色」，資、磧、普、南、徑、清作「妙色」。

一 七九九頁下九行末字「俱」，磧、普、南、徑、清作「無」。

一 八〇〇頁中二〇行第五字「空」，資、磧、普作「無」。

一 八〇一頁中八行第五字「千」，資、磧、普、南、徑、清、麗作「十」。

一 八〇一頁中一一行第七字「土」，資、磧、普、南、徑、清、麗作「土土」。

一 八〇一頁中二二行第一三字「諸」，資作「説」。

一 八〇一頁中末行第九字「清」，資、磧、普、南、徑、清作「精」。

一 八〇一頁下末行經名卷次，石、資、磧、普、南、徑、清無。未換卷。

菩薩處胎經卷第三　欲

姚秦涼州沙門竺佛念譯

想無想品第六

介時世尊告弥勒菩薩今此座中無有異類純一生補處今當說識想受無識无想無受是時菩薩云何說識想受於是菩薩分別說識想受識非想非受受非識非想想非受非識想非過去非未来非現在受非過去非未来非現在識非過去非未来非現在非識非過去非未来非現在非想非過去非未来非現在非受非過去非未来非現在云何識非過去未来現在於是菩薩入無閡定化受識衆生從有住地至無住地此識非過去非未来非現在復次菩薩摩訶薩化想衆生從住地至無住地菩薩化受衆生從住地至無住地尒時尊者大迦葉即從坐起偏露右髆右膝著地前白佛言世尊意心識受想有何差別佛告迦葉知身即知差別為衆生故從足至頭支節各各別名如樹喻

經說根皮莖節枝葉故名為樹心意識受想亦復如是大迦葉白佛言想是外法受是內法云何為一佛告大迦葉想從外来從內出也迦葉白佛言想從外来何以故知若外无形內想何由得生若外物不害內何由知痛佛告迦葉此事不然何以故此識非外非內非兩中間識住處非識住處外想外受即是內法非外法也菩薩摩訶薩信解甚深內外中間法乃能解了識所住處此是衆生此非衆生乃至有无法非此非彼便入无导獨步三昧迦葉白佛言今聞說法增益狐疑何以故如佛所說想亦是受受亦是想識法分別識亦是想亦是受想想自空受受自空識識自空想空非識空識空非受空受空非想空如樹喻者是事不然佛告迦葉我當與汝說喻智者以喻得解往昔有王王名持興王有四子一名喜悅二名長壽三名百歲四名無畏彼長壽子不滿月數即便命終喜悅子者身生瘡痍見者偬賤父母猒患常无歡心

百歲子者不滿百日復取命終无畏子者脣騫鼻崨反齒攢牙人見恐畏此亦如是想受識无若干差别佛告迦葉吾今與汝說識想受一一分別過去九十一劫有王名智慧專行十善以法治化無有煩惱察衆生意行知彼衆生所念不同即遣侍臣案行國界諸有盲人盡仰来集宮庭臣受王教即出巡行國界得五百盲人將詣庭内王復以五百白象羅列殿前一一令諸盲人自在捉象是時盲人或捉象鼻或捉象耳或捉象頭或捉象脚或捉象腹或捉象尾王問諸盲人曰象何所像類盲人荅曰捉鼻者言如角捉頭者言如甕捉耳者言如簸箕捉腹者言如簟捉脚者言如柱捉尾者言如栓時傍觀有目之士笑彼盲者不得象具相盲人屏處自共論說各言已是而共諍竟此衆生類亦復如是識想受法各各不同佛告迦葉猶如有人設百味食粳米豆麦大小麻子當其所得得粳米者不知有餘豆麦之屬迦葉此亦如是識想

受法各各不同觀諸法性无異無別

尒時世尊即與迦葉而說頌曰

見領知有頭　視烟知有火　覩雲知有雨
觀行知體性　空无兩足尊　水影不可捉
言識盡法師　結使盡湼槃　想盡无在想
受滅亦无受　識滅无有識　梵行无上道
吾從无數劫　常為識所惑　今世及後世
不遇安樂處　我今現在胎　分別諸法相
不見想受名　況當有識法

尒時世尊說此偈時五百比丘得不起法忍有千衆生心樂空行於无餘湼槃界心得自在

菩薩處胎經住不住品第七

尒時座中有菩薩名曰無住法行即從坐起偏露右髀右膝著地叉手前白佛言善哉善哉此諸大會快得善利得聞如来無量法義昔所捨願今乃得聞即於佛前以偈歎曰

虛空无邊界　演出无量義　有无不生滅
惔怕無受想　過去諸佛等　修施戒忍辱
入定心不乱　慧光照世間　其德不可量
非有亦非無　音響極清妙　无等无酬疋
一音報万億　由是得成佛　法鼓聲遠聞

聲聲各各别　猶如轉輪王　念則兩七寶
佛聲極遠振　兩七覺意寶　修治佛道場
莊嚴道樹果　不住不不住　慈悲護衆生
心念身相具　不辭劫數難　十方諸如来
發印開法藏　我等今得聞　得住无為岸
善哉如来力　曠人无崖底　解縛不處有
真際實相法　欲界煩惱世　教化諸愚癡
佛秘深藏義　布現示衆生　壃界无邊際
皆得无上道

尒時無住菩薩說此偈讚佛已前白佛言過去當来現在五陰清淨不住不不住乃至三十七品梵行不住不不住前後中間境界究竟淨不淨空不住不不住我不造不造非梵行非不梵行惟願世尊說住不住佛告无住菩薩曰色相不住不不住受相不住不不住想相不住不不住行相不住不不住識相不住不不住内法清淨不住不不住外法清淨不住不不住内外法清淨不住不不住從初發意乃至道場斷除諸想淨一切智不住不不住除衆生垢清淨不住不不住莊嚴佛土清淨不住不不住入金

剛三昧堅固其志清淨不住不不住
碎身舍利清淨不住不不住遊戲百
千三昧清淨不住不不住不在凡夫
地不入賢聖室清淨不住不不住不
自稱已我成道果清淨不住不不住
三十二大人之相放大光明遠照十
方無量世界一切衆生尋光来至得
聞如来深奥之法隨彼所念上中下
語悉令充足分别諸法住亦不住不
住亦不不住色受想行識十二因縁
四无閡慧空無想願四禪四无量慧
清淨不住不不住以神足力入于五
道清淨不住不不住入解脱門戒身
定身慧身解脱身解脱知見身清淨
不住不不住佛告迦葉今當說八清
淨甘露法味池何等為八如我今日
坐自在講堂東視清淨浴池周帀欄
楯七寶所成當於尒時亦不與衆生
說苦集滅道飲此池水皆成道果是
謂菩薩神力所作在南西北方亦復
如是我本成佛四方以右不徙四維
成佛四維成佛者示現成佛不實何
以故從無數阿僧祇刧成就八味法

何謂為八一為喜味二為盡味三為
定味四為到味五為靜味六為相味
七為不動味八為不究竟味是為浴
池八味若菩薩摩訶薩飲此甘露漿
者不入地獄餓鬼畜生成無上道從
初發心乃至道樹洗除心垢永盡无
餘何者七覺意池八解脱水初心解
脱未至中間已至已至中間住二地
尒乃得名菩薩若復菩薩從八池水
分别氣味此味非味此道非道耳不
别聲鼻不别香舌不别味一一分别
无所有諸法韻故是為菩薩摩訶薩
淨脩清淨行

菩薩處胎經八種身品第八

佛告諸来會菩薩摩訶薩學无學及
四部衆比丘比丘尼優婆塞優婆夷
一切衆生所可供養或有衆生見地
薄地淨地如来地辟支佛地不退轉
地道場地說法地由此八地成無上
等正覺云何見地菩薩發意趣向阿
耨多羅三藐三菩提復有菩薩摩訶
薩從初發意乃至坐道樹自伏其心
欲降伏諸魔即於坐上入三昧定三

昧者去嫉妬三昧心勝三昧秘藏三
昧除癡三昧威神伏三昧如諸佛世
尊无言教三昧示現變化三昧是時
弊魔波旬来擾佛者非自已力所能
来至皆是如来威神之所感致所以
者何欲現世法為劣第一義勝何以
故如弊魔波旬起怒害心聲響振地
佛以忍三昧不動不揺使无央數弊
魔衆等顛倒躄地猶如蛣蟦蟻子蠅
不能動弊魔波旬亦復如是若魔来
者不能動我一毛尒時世尊即以威
神入三昧定感動一佛境界滿中弊
魔令此諸魔惡聲流布拘曇沙門報
心慊弱無丈夫意在此大畏之處欲
求佛道佛告大衆弊魔波旬是我所
作彼魔心者為是惡心為是善心尒
時有天子名曰拘睒白佛言佛降伏
魔非是魔力是佛神力何以故彼衆
生類不解俗法及以道法以是欲化
衆生故降致魔来其有衆生見諸魔
者心不顧樂如千眼比數千万衆心
立不退轉地

復次菩薩摩訶薩從忉利天生十方

剎不因濕生卵生化生胎生教化衆
生此菩薩等成就无記根所化衆生
亦成无記根何者是阿閦佛境界是
或有菩薩摩訶薩從忍世界生北方
光影佛土成就有記無記根教化衆
生皆成就有記無記根欲樂世界妙
光佛土衆生是也或有菩薩摩訶薩
從初發意乃至成佛執心一向無若
千想无瞋無慈願樂欲生无量壽佛
國一切衆生其生彼者四部衆比丘
比丘尼優婆塞優婆夷皆同一金色
西方去此閻浮提十二億那由他有
懈慢界國土快樂作倡伎樂衣被服
飾香花莊嚴七寶轉關牀舉目東視
寶牀隨轉北視西視南視亦如是轉
前發意衆生欲生阿弥陁佛國者皆
深著懈慢國土不能前進生阿弥陁
佛國億千万衆時有一人能生阿弥
陁佛國何以故皆由懈慢執心不牢
固斯等衆生自不煞生亦教他不煞
有此福報生无量壽國或有菩薩摩
訶薩具足六度施戒忍精進禪定解
脫智慧生南方踊躍佛剎去此閻浮

提一億佛國彼衆生等无有癡愛婬
欲之想何以故皆從欲界斷三十六
種婬欲行滅種性成就所行清淨如
日光明無有塵翳彼土衆生行十三
苦行云何十三晝夜三時不失時節
經行坐禪或在樹下或在塚間或在
空地或在巖石無人之處或依泉源
或時一食或不用食法服齊整不失
威儀或時說法或不說法周旋經行
知足知滿所可說法少欲真道多欲
非道息心定意解空無相不願之法
是謂踊躍世界菩薩所行彼土衆生
純一乘學无有羅漢辟支佛乘相好
具足稱譽正法解空無我尒時世尊
即說頌曰

一切行已滅　識為是外法　生者都歸盡
涅槃寂為樂　歸命踊躍佛　法王寂第一
坐閻浮樹下　寂初破欲網　說法度人民
供養諸福田　樹下坐思惟　梵王來勸請
願尊從禪覺　愍念愚惑人　時大梵天王
手執琉璃琴　歎說佛功德　柔軟和雅音
於億百千劫　時有發道心　道心菩薩本
億劫時乃有　願速從禪定　轉无上法輪

如優曇鉢花　時時乃一有　佛出照世間
除諸塵勞冥　踊躍佛世界　聞戒施清淨
乎似能忍土　剛強難可化　思惟禪定道
滅身不受證　三轉五㝵法　十二牽連縛
道業三十二　十六慈哀心　古昔无量劫
擔願金剛志　演放大光明　遍照諸佛剎

尒時佛說偈已語諸會者東北方去
此能忍世界五百恒河沙剎土國名
果熟佛名花英如来應供正遍知明
行足善逝世間解无上士調御丈夫
天人師佛世尊今現在說法上語亦
善中語亦善下語亦善義味深邃等
同梵行彼土衆生無有胎生化生濕
生卵生從蓮花生慈悲喜捨百七難
有神足定意皆共修習三昧王三昧
所有三昧者首楞嚴三昧覺道三昧
威儀禁戒三昧除衆生苦本三昧自
照光明三昧覺三昧衆生三昧如此
等百七三昧內觀身外觀身內外觀
身內法外法內外法內定外定內外
定思惟分別觀了无形無想无念菩
薩摩訶薩入解脫門觀一切法空寂
無形尒時世尊即說偈白

虛空无邊際　音響說妙法　果熟剎土人
花英最勝尊　不由四胞胎　自然蓮花生
无我無彼想　壽命不可量　國土七寶成
亦如閻浮提　輪轉七寶王　爲馬玉女寶
典藏四種兵　摩尼金輪寶　所至无罣㝵
彼界摩尼寶　普照一佛剎　彼无日月照
星宿及光明　分別四妙諦　無常苦空道
令彼衆生類　死生斷滅想

尒時佛說偈已告諸會者西北方去此閻浮提七万恒河沙剎國名寶琢璃佛名慧成就如来應供正遍知明行足善逝世間解无上士調御丈夫天人師佛世尊今現在說法初語善中語善竟語善彼土衆生受性柔軟觀道无常去離三惡無婬怒癡无三惡道地獄餓鬼畜生尒時世尊與諸大衆而說偈曰

諸入煩惱道　及與四顛倒　一切永除盡
如空无形像　壽命无央數　无有中夭者
行四无畏法　成果不動揺　其生彼土者
行慈三昧報　如我釋迦文　勇猛超劫數
國財妻子施　去想无所戀　汝等諸佛子
發願得生彼　亦无聲聞法　因緣各佛道

於此百千劫　勤苦修道德　於此十六分
未能獲其一　法性觀諸法　通達慧无㝵
盡滅吾我心　即住無生地　彼土諸衆生
建志堅固法　破有不住有　補處之所學
汝等諸佛子　曉了无所行　捨禪入初禪
始知衆生苦　中間九无㝵　禪相不可量
衆生心清淨　各各念不同　己離五道燃
佛日照三界　善哉獲大利　感動諸天宮
童真一切智　開化而無惓　衆生得慈心
戀慕无上道　從无央數劫　捨身復受身
輪轉生死中　於縛得離縛　四諦栴檀香
木蜜細擣香　三昧智慧力　破壞魔兵衆
過去一念結　以何三昧斷　未来二念結
何定何道除　現在三念結　除盡要有本
過去一念結　九万億塵垢　以空清淨定
得至空无岸　未来无九結　定意无想念
寂然至佛道　永處无所住　現在三九結
頓法无罣閡　蠲除心意識　漸住至无㝵

佛說此偈已告諸大衆西南方去此能忍世界三十二恒河沙剎名無想佛名一住如来應供正遍知明行足善逝世間解無上士調御丈夫天人師佛世尊今現在說法初善中善竟

善義味深邃分別五陰色受想行識六情六塵修無常想係意在前初法思惟壞破身感此身非有四虵爲家此身如毒壞人禪道是身如烏心無滿足是身如龍樂住深淵佛道无爲清淨无瑕如水蓮花塵垢不染日照天地蔽翳熒火衆山岳峙須弥爲上衆星微光明月爲最如来出世法燈第一尒時世尊而說偈言

斷垢滅除想　縛著心得離　意念寂然定
淨行得具足　一意一念中　斷滅結使跡
除去永劫苦　令盡无復生　空寂无上道
如有如不有　彼我及諸識　如夢影幻想
菩薩積苦行　劫數難可量　欲說盡根本
非一非二形　若有智慧人　口演无量義
一義有億句　句句各各異　虛空可填滿
其義不可盡　吾昔從本来　行六度无極
布施除貪想　禪定亦如是　劫燒心不動
不到餘佛剎　神力之所感　住劫而教化

尒時世尊說此偈已即以定意自莊嚴身告衆會者東南方去此能忍世界三十三恒河沙其剎名琉璃佛名信解如来應供正遍知明行足善逝

世間解無上士調御丈夫天人師佛
世尊今現在說法初善中善竟善分
別四道吉祥之行七生更三不復往
來即於現法般涅槃斷苦集滅取道
成證時有天子名曰眼淨在彼衆中
心懷狐疑今我寧可問如來義及我
同類悉得開悟尒時天子即從坐起
長跪叉手前白佛言惟願世尊與我
等說平等大乘婬怒癡業何等過去
未來現在癡冥衆生入解脫門佛告
眼淨菩薩曰善哉善哉乃為一切開
示眼目汝今諦聽諦聽善思念之吾
當與汝一一分別云何眼是色耶荅
曰非也又問非色耶對曰非也又問
是色非色也對曰色無住處也佛告
眼淨菩薩如卿所說是色非色色非
色无住處者云何立字名曰色眼淨
菩薩白佛言色性久敗現滅不住過
去不現此世後世永盡無餘故曰無
餘涅槃佛問眼淨此識從本已來為
從何生今日四衆滅三世垢去至何
處眼淨白佛言從空來今還於空佛
言前空後空復有何異也對曰无也

當知諸法實相前不可窮後不可盡
佛告眼淨菩薩吾從无數阿僧祇刧
積行福業普念一切沉溺衆生悲念
衆苦欲令度脫所以者何吾今處胎
所欲滅者都已滅盡界願成報今日
已獲彼土衆生不以成佛不成佛以
此為累所以者何彼土衆生建意勇
猛不處有胎不處无胎不處化生功
德成就非覺非不覺何者是覺云何
非覺一切衆生愚癡者我悉覺之是
覺一切覺人斷結使者是非覺尒時
世尊即說偈言

覺佛出世間　遠放大光明　苦集滅結使
獨立无敢近　正使地振動　三界猶若塵
執心入定意　衆相各不異　如來至真念
除想不入定　還入衆生中　因造更造緣
精進勇慧智　化導愚癡人　導引衆生類
可度不可者

菩薩處胎經全身舍利品第九

尒時世尊告諸來會者念我古者所
行功德捨身受身非一非三今當為
汝說一形法云何名一形法此大地
種厚八十四万億里乃有利風厚八

十四万億里風下有水厚八十四万
億里水下有火厚八十四万億里火
下有沙厚八十四万億里沙下有金
鋌剎厚八十四万億里諸佛全身舍
利盡在彼金鋌剎中金鋌剎復厚八
十四万億里下有諸佛碎身舍利盡
在彼剎彼有佛剎名曰妙香佛名不
住如來十号具足今現在說法初善
中善竟善脩梵行國土成就彼佛舍
利極小微細能現佛身弟子眷屬周
旋教化如我今日處胎說法彼衆生
不見我我此衆生不見彼破有至无
永寂寞性住無疑處是謂一舍利之
所感也佛復告諸來會者碎身舍利
下厚八十四万億里國土名清淨佛
名遍光十号具足彼佛今現在說法
初中竟善淨脩梵行彼佛光明色色
各異一一光明皆成就佛一一諸佛
盡說六度無極何謂六度布施持戒
忍辱精進禪定智慧善權方便降伏
心識不生愚癡无婬無欲曉了觀法
如月除雲復自觀身彼我无異心得
空定皆悉成就端坐道場稱揚正法

無怯弱心去此下方光明佛刹八十
四万億里有土名曰施无盡蔵佛号
勸助如来十号具足今現在說法初
中竟善常修梵行所施惠物有人執
持便得道果是謂如来一未曾有施
无量世界下有法鼓世界厚八十四
万億里佛名善見十号具足今現在
說法彼土衆生盡同一姓一字无若
干名聞法則解不重思惟彼土乃有
全身舍利過去億千万佛皆留舍利
彼士舍利我亦有分非一非二彼佛
舍利不住一處非不住周旋徃来恒
河沙刹土光相具足隨衆人化无懈
怠者三十一億結使断滅妄想纒連
二万二千十八持勝不共之法示現
教化受无畏證尒時世尊即說偈言
吾從无數刧　徃来生死道　捨身復受身
不離胞胎生　計我所經歷　記一不記餘
從作白狗形　積骨億須弥　以針刺地種
无不值我體　何况餘色狗　其數不可量
吾故攝其心　不令道放逸　如人立須弥
執不死藥瓶　下人以瓶承　注藥不遺落
中間諸艱難　隨嵐風所吹　凡夫身如塵

唯除入徃人　此二持瓶人　何者為㝡妙
下人執心正　恒恐東西波　受藥不失義
故名神足道　上有大慈心　一說不尋究
意識各各異　成道亦如是　我此苦忍界
成佛由下人　積行阿僧祇　乃能成佛道
從刹至一刹　如是數千億　如針投於海
舒手便得之　无慧抒水求　積刧不能得
世閒愚惑人　不別善悪行　須弥四寶山
謂為灰埳聚　金翅飛鳥王　謂呼蚊蚋是
夏熱牛跡虫　不覩海廣大　日光實野馬
愚者謂大焰　彼法非我造　愚惑行自成
出入識无閒　練精道術成
尒時世尊即說呪曰
伊祢魔祢荼辟荼離辟　淳同翅離翅
尒時毗沙門大天王即從坐起頭面
礼佛足我當擁護行法善人善男子
善女人擁護其身三光三影何等為
三光三影如我今日領羅刹衆身影身
身影影何等為身影何等為身身影
何等為影影尒時世尊即以偈說曰
身為四大聚　地水火風成　来作周旋處
住亦不見住　身及身身者　周生年蛻身
影影三句義　如佛留神光　白疊衆衣襯

香去處故香　諸佛此要法　清淨无瑕穢
身身影教化　魔不得度脫　或見身相法
入定身身念　影影无狐疑　悉成无上道
尒時提頭賴吒欲得擁護諸法師即
說呪曰
伊醢　魔醢　閻浮　閻嵐浮突突勒翅
我當擁護法師億千百万由旬内令
無嬈乱者毗樓天王即從坐起前自
佛言我亦擁護真實法師即說呪曰
伽梨　伽羅梨　尸稚　究槃雜
令億百万由旬内无有觸嬈者毗樓
勒叉王即從坐起頭面礼足前白佛
言世尊我當擁護真實法師即說呪曰
舍弥　舍弥　鉢婆大磨樓醢
令百億由旬内無有觸嬈者尒時世
尊即說偈曰
花香色極妙　感動諸佛國　佛從无想念
成佛一向道　忍力无彊界　破有无二乘
全身舍利相　及與微細塵　拯濟恒沙等
不墮三悪趣　佛出勤苦刧　覆護行大慈
衆生无邊際　令成无上道
尒時座中三十二億衆生即發無上
平等道意

菩薩處胎經常无常品第十

尒時座中有菩薩名曰觀見無常即從坐起偏露右髀右膝著地叉手合掌前白佛言善哉善哉世尊快說斯義諸佛正法不可思議非羅漢辟支佛所能及本無真性不可窮盡如来降形出一入一變化無方或碎身舍利或全身舍利或隱沒不現或流布世間或現一佛境界或現若干諸佛境界神足變化道力自在甚奇甚特如虛空界常亦无常无常亦无常住亦无住無住亦无住變易非一願從如来聞說常无常義如我今日在於九地為是常耶為是无常耶尒時世尊告常无常菩薩曰我今問汝汝當以真性報我云何族姓子色為常耶對曰非也世尊色無常耶對曰非也色常无常耶對曰非也色非常非无常耶對曰非也云何族姓子色有餘耶對曰非也色无餘耶對曰非也色有餘无餘耶對曰非也佛告族姓子受想行識常耶對曰非也受想行識无常耶對曰非也受想行識常无常

也對曰非也受想行識非常非无常耶對曰非也受想行識有餘耶對曰非也受想行識无餘耶對曰非也受想行識有餘无餘耶對曰非也受想行識非有餘非无餘也對曰非也佛問常无常菩薩曰涅槃淨耶對曰非也涅槃不淨耶對曰非也涅槃淨不淨耶對曰非也佛告常无常菩薩曰涅槃實性正何所立對曰立無所立又問非有衆生非無衆生耶對曰非耶緣未斷從五聚性乃至三十七品空无相 無願緣未斷无離无不離無生無不生故曰立無所立何以故性自然空此空彼空內外空涅槃空如来出現於五濁世不見有生滅著斷不見有定有乱不見持戒犯戒不見有忍有瞋不見精進懈怠不見有煩惱定意不見有愚癡智慧不見有意識思想不見是道是俗波羅蜜不見佛土清淨不見淨脩道場不見有斷垢衆生是謂菩薩立无所立尒時世尊即說偈曰

梵行心清淨　破壞魔境界　忍力无上道

寂定不思議　吾從无數劫　常處立无立
一向入空慧　躬想莊嚴身　當来族姓子
及餘現在者　悉當立无立　解常无常性
塵垢諸障㝵　壞我善業行　蠲除塵垢盡
如金无瑕穢　慧為世間將　示道開无目
乃令愚惑人　深解真如法　无為因緣道
開進六神通　无盡大法藏　給施下劣人
貪愛三解脫　三世无所著　現在一切法
垢盡入佛定　如来大慧光　斷除狐疑法
癡相澄然淨　解空无常道　一切計常人
貪著在生死　不離有為法　煩惱所係著
六度三慧法　珎寶及妻子　割愛无所惜
出家道得成　人有善惡念　初中下品等
輪轉五道中　生滅无真性　苦本无央數
生生不休息　法鼓振大千　動彼魔境界
汝等群生類　依憑六神通　心念身則隨
所至无罣㝵　歲月脩行道　晝夜不失時
積德如須弥　成就佛果證　生滅如幻化
亦如鏡影像　受入三十六　入定乃成道
如来真實法　无染无所著　行慈起七度
衆寶自瓔珞　三十二億結　縛著難可解
要以智慧劒　割除无所有　復以八解脫
甘露法味槳　令彼渴愛者　充滿无思想

菩薩處胎經卷第三　第三張　從字号

昔我未行禪　恒處愚癡聚　連著四顛倒
求解難可獲　逮四无旱禪　自在无怯弱
定意心堅固　盡生受不受
介時世尊說此偈巳八十四億衆生
發无上真道意立信行不復退轉

菩薩處胎經卷第三

菩薩處胎經卷第三

校勘記

一　底本，金藏廣勝寺本。
一　八〇五頁中一行經名、二行譯者，石、資、磧、普、南、徑、清無。未換卷。
一　八〇五頁中三行品名，資、磧、普、南冠以經名「菩薩處胎經」。
一　八〇五頁下四行第七字「從」，資、磧、普、南、徑、清作「受從」。
一　八〇五頁下一九行首字「興」，資、磧、普、南、徑、清、麗作「與」。
一　八〇五頁下二〇行第三字「持」，資、磧、普、南、徑、清、麗作「特」。
一　八〇六頁上一行第九字「復」，資、磧、普、南、徑、清作「便」。
一　八〇六頁上二行第六字「嵺」，磧、普、南、徑、清作「仰」。
一　八〇六頁上一六行第八字「篳」，磧、普、南、徑、清作「篙」。
一　八〇六頁上一七行「栓時」，資、作「篕時」；磧、普、南、徑、清作「篕特」；麗作「橛時」。
一　八〇六頁上一九行第九字「竫」，諸本作「諍」。
一　八〇六頁中四行「空无兩足尊」，石、麗作「空兩無兩足」；資、磧、普、南、清作「空無兩足跡」。
一　八〇六頁中五行「无在」，石、資、普、徑、麗作「在無」；磧、南、清作「再無」。
一　八〇六頁中一三行品名上經名「菩薩處胎經」，徑、清無。下同此例。
一　八〇六頁中二二行第四字「非」，資、磧、普、南、徑、清作「不」。
一　八〇六頁中二二行第一四字「酬」，石、麗作「儔」；資、磧、普、南、徑、清作「疇」。
一　八〇六頁下二行第一二字「治」，普作「洽」。
一　八〇六頁下一四行「不造不造」，諸本作「不造非不造」。

一　八〇六頁下一六行第一三字「相」，資、磧、普作「想」。

一　八〇七頁上四行第六字「室」，麗作「空」。

一　八〇七頁上一〇行「不不」，麗作「不」。

一　八〇七頁上一一行第七字「想」，磧、普、南、徑、清作「相」，下同。

一　八〇七頁中末行末字「三」，磧、普、南、清、麗作「其三」。

一　八〇七頁下二行第六字「威」，清作「感」。

一　八〇七頁下九行末字「蠅」，資、磧、普、南、清、麗作「及蠅」。

一　八〇七頁下一〇行第二字「能」，資、磧、普、南、徑、清、麗作「能得」。

一　八〇七頁下一一行第三字「能」，資、磧、普、南、徑、清作「能得」。

一　八〇七頁下一一行第七字「毛」，資、磧、普、南、徑、清作「毛也」。

一　八〇七頁下一三行末字「報」，資、磧、普、南、徑、清、麗作「執」。

一　八〇七頁下一四行第二字「懦」，資、磧、普、南、徑、清作「軟」。

一　八〇七頁下二〇行首字「衆」，資、磧、普、南、徑、清作「諸衆」。

一　八〇八頁上九行首字「千」，諸本作「干」。

一　八〇八頁上一六行首字「前」，諸本作「前後」。

一　八〇八頁上一六行末字「皆」，磧、普、南、徑、清作「而皆」。

一　八〇八頁中四行及五行「十三」，磧、普、南、徑、清作「十二」。

一　八〇八頁中五行第一〇字「時」，資、磧、普、南、徑、清作「昧」。

一　八〇八頁中一一行第一〇字「相」，資、麗作「想」。

一　八〇八頁中末行第一〇字「定」，諸本作「起」。

一　八〇八頁下五行第五字「二」，普作「一」。

一　八〇八頁下七行第七字「語」，諸本作「告」。

一　八〇八頁下一八行第七、八字「三昧」，資、磧、普、南、徑、清、麗作「味」。

一　八〇八頁下一九行第三字「七」，磧作「十」。

一　八〇九頁上二行第五字「尊」，徑作「身」。

一　八〇九頁上四行「輪轉」，資、磧、普、南、徑、清、麗作「轉輪」。

一　八〇九頁上六行第一〇字「刹」，磧、普、南、徑、清作「刹無邊照亦然」。

一　八〇九頁上七行「光明」，諸本作「火光」。

一　八〇九頁上八行「死生」，資、磧、普、南、徑、清、麗作「無生」。

一　八〇九頁上一〇行第一〇字「刹」，石作「佛刹」。

一　八〇九頁上二二行第二字「財」，石作「城」。

一　八〇九頁上末行第一三字「各」，資、磧、普、南、徑、清作「覺」。

一八〇九頁中四行末字「學」，資作「覺」；磧、普、南、徑、清作「尊」。

一八〇九頁中六行第一二字「相」，資、磧、普、南、徑、清作「想」。

一八〇九頁中一二行第二字「蜜」，石、磧、普、南、徑、清、麗作「榼」。

一八〇九頁中一四行第五字「除」，資、磧、普、南作「際」。

一八〇九頁中二〇行第一一字「刹」，石、資、磧、普、南、徑、清作「刹國」。

一八〇九頁下三行第五字「身」，資、磧、普、南、徑、清作「於身」。

一八〇九頁下四行第一二字「烏」，徑、清作「象」。

一八〇九頁下一二行第八字「无」，資、磧、普、南、徑、清作「不」。

一八〇九頁下二二行「三十三」，資、磧、普、南、徑、清作「三十二」。

一八一〇頁上四行第六字「般」，磧、普、南、清作「入般」。

一八一〇頁上一二行第八、九字「諦聽」，資、磧、普、南、徑、清無。

一八一〇頁上一五行第五字「也」，麗作「耶」。

一八一〇頁上一七行第一二字「色」，資、磧、普、南、徑、清作「爲色」。

一八一〇頁上一八行第八字「久」，磧、普、南、徑、清作「腐」。

一八一〇頁上二〇行第五字「問」，麗作「告」。

一八一〇頁上二二行第七字「從」，資、磧、普、南、徑、清、麗作「本從」。

一八一〇頁中五行第九字「界」，資、磧、普、南、徑、清、麗作「果」。

一八一〇頁中一一行首字「覺」，磧、普、南、徑、清作「名覺也」。

一八一〇頁中一一行「覺人」，麗作「學人」。

一八一〇頁中一一行第一〇字「是」，磧、普、南、徑、清作「是名」。

一八一〇頁中一八行第四字「可」，資、磧、普、南、徑、清、麗作「度」。

一八一〇頁中二〇行「古者」，資、磧、普、南、徑、清、麗作「古昔」。

一八一〇頁中二一行第一一字「三」，資、磧、普、南、徑、清、麗作「二」。

一八一〇頁下三行末字至四行首字「金鋌」，資、磧、普、南、徑、清作「金剛」；麗作「金鋼」，下同。

一八一〇頁下七行「妙香」，麗作「妙音」並有夾註「丹本香」。

一八一〇頁下八行至九行「初善中善竟善」，資、磧、普、南、徑、清作「初中竟善」。

一八一〇頁下九行第五字「修」，資作「善修」；磧、普、南、徑、清、麗作「淨修」。

一八一〇頁下一一行第二字「教」，麗作「授」。

一八一〇頁下一一行「衆生」，資、磧、普、南、徑、清、麗作「諸衆生」。

一八一〇頁下一二行第二及第九字「見」，磧、普、南、徑、清作「見於」。

一八一〇頁下一三行第三字「寠」，資、磧、普、南、徑、清作「真」。

一八一〇頁下一八行第九字「就」，

資、磧、普、南、徑、清作「諸」。

一八一一頁上二行末字「号」，資、磧、普、南、徑、清作「名」。

一八一一頁上三行首字「勸」，麗作「觀」，並有夾註「丹鄉勸」。

一八一一頁上六行「无量」，諸本作「無盡」。

一八一一頁上六行末字「四」，資無。

一八一一頁上一二行第七字「非」，磧、普、南、徑、清作「亦非」。

一八一一頁上一三行「衆人」，石作「衆生」。

一八一一頁上一五行第七字「持」，石、資、磧、普、南、徑、清作「特」。

一八一一頁上一八行第一四字「記」，麗作「説」。

一八一一頁上二一行第八字「道」，資、磧、普、南、徑、清作「隮」。

一八一一頁上二二行第五字「瓶」，麗作「執」。

一八一一頁中一行第三字「入」，徑、清作「八」。

一八一一頁中二行第一〇字「波」，資、磧、普、南、徑、清作「没」。

一八一一頁中八行第一四字「寶」，清作「實」。

一八一一頁中九行第四字「垍」，資、磧、普、南、徑、清作「塠」；麗作「堆」。

一八一一頁中一一行第四字「大」，諸本作「火」。

一八一一頁中一二行第九字「術」，資、磧、普、南、徑、清作「行」。

一八一一頁中一九行第三字「影」，石、磧、普、南、清、麗作「影影」。

一八一一頁中二一行第一二字「作」，資、磧、普、南、徑、清、麗作「往」。

一八一一頁中二二行第一三字「年」，磧、普、南、徑、清作「卒」。

一八一一頁中末行第一二字「疊」，磧、普、南、徑、清、麗作「氎」。

一八一一頁下二行第六字「魔」，資、磧、普、南、徑、清作「靡」；麗作「度」。

一八一一頁下四行一三字「師」，資、磧、普、南、徑、清作「故即」。

一八一一頁下八行第六字「樓」，石、麗作「樓勒叉」。

一八一一頁下八行末字「自」，資、磧、普、南、徑、清、麗作「白」。

一八一一頁下一二行首字「勒」，石、資、磧、普、南、清作「簸」，麗作「摶」。

一八一一頁下一二行第三字「王」，麗作「天王」。

一八一一頁下一八行第一四字「二」，資、磧、普、南、徑、清作「三」。

一八一二頁上六行首字「佛」，資、磧、普、南、清作「佛之」。

一八一二頁上八行第三字「全」，磧作「金」；普作「今」。

一八一二頁上一八行第一一字「非」，資、磧、普、南、清作「是」。

一八一二頁上一八行末字「无」，資、磧、普、南、徑、清無。

一八一二頁上二一行「佛告」，麗作「色非有餘非無餘耶對曰非也佛告」。

一八一二頁中一行首字「也」，資、磧、普、南、徑、清、麗作「耶」。

一八一二頁中五行第九字「也」，資、磧、普、徑、清、麗作「耶」。

一八一二頁中一一行首字「耶」，資、磧、普、南、徑、清、麗作「也」。

一八一二頁中一二行第三字「相」，麗作「想」。

一八一二頁中一四行「內外空」，麗作「內空外空」。

一八一二頁中一八行第六字「有」，資、磧、普、南、徑、清無。

一八一二頁下二行第七字「想」，石、資、磧、普、南、徑、清作「相」。

一八一二頁下三行第二字「餘」，諸本作「諸」。

一八一二頁下五行第一二字「道」，資、磧、普、南、徑、清作「導」。

一八一二頁下七行第二字「進」，資、磧、普、南、徑、清作「違」。

一八一二頁下二〇行第一三字「起」，資、磧、普、南、徑、清作「超」。

一八一二頁下二一行「三十二」，資、磧、普、南、清作「二十二」。

一八一三頁上二行第五字「獲」，徑作「護」。

一八一三頁上三行第八字「受」，資、磧、普、南、徑、清作「更」。

一八一三頁上五行第四字「真」，資、磧、普、南、徑、清、麗作「正真」。

一八一三頁上五行第七字「立」，資、磧、普、南、徑、清作「立於」。

一八一三頁上末行卷次「第三」，石、資、磧、普、南、徑、清作「第二」。

菩薩處胎經卷第四　欲

姚秦涼州沙門竺佛念譯

隨喜品第十一

尒時會中有菩薩名曰頂王將二万五千人從東方安住世界來至佛所頭面礼足在一面坐須臾退坐前白佛言吾聞如來應供正遍知明行足善逝世間解无上士調御丈夫天人師佛世尊無量神變在胎教化七寶宮殿衆寶成就諸佛世尊宗奉恭敬過去諸佛世尊及當來現在未曾說此難有之法真際法相不可窮盡從无數劫積行勤苦於其中間有生有滅願樂欲聞如來神德所化多少國土差別衆行平等入無為道八解童真清淨梵行使我等永无猶豫佛言善哉善哉頂王大士汝所問者甚深難量多所利益濟度愚惑福不可盡尒時世尊即以三昧禪定之力舒金體辟下方過二十二億佛剎抄舉式棄如來七寶神塔縱廣一万八千由旬外郭繞塔七寶欄楯池水園果皆七寶成後園浴池金銀梯陛池波水中自然八味甘露水鳧鴈鴛鴦奇類衆鳥數千百種鳥聲悲鳴共相娛樂極樂難勝尒時世尊即與頂王菩薩而說偈曰

過去式棄佛　神塔七寶成　花樹若干色
金花銀為莖　浴池水八味　充飽飢渴者
供福獲果報　在胎功德成　次復佛滅度
隨我本元尊　彼佛七寶塔　遍滿恒沙剎
衆寶相雜廁　快樂亦難勝　次佛取滅度
最尊第一勝　亦有七寶塔　遍滿虛空界
明眼有識人　恭奉心恭敬　除慢不貢高
不貪著利養　七寶池水果　相斷无所著
亦現處胎化　流布无數劫　次佛般涅槃
拘鄰舍牟尼　神德大通達　所度倍三佛
教化諸弟子　三乘不斷絕　去此東方剎
在胎現變化　勸恤後來者　將導入閑靜
次佛迦葉尊　端坐億百劫　諸天為眷屬
寂靜不移動　亦有七寶塔　在金剛佛剎
救護諸墮落　不使墮邪道　我今釋迦文
勇猛獨特出　一向執意志　不著生死道
佛土雖弊惡　所度不可量　今處母胞胎
神變自娛樂　欲界衆生等　墮落入鑊湯

將導引令出　如蛾投火焰
尒時世尊即以神力變此三千大千
世界晃然金色使令衆會見樂世界
彼諸菩薩皆坐七寶蓮花上弟子眷
屬斯皆金色所噉飲食禪定解脱戒
律威儀未常違失云何頂王菩薩向
所現國刹土佛所遊化供養承事其
福寧多不耶頂王菩薩白佛言甚多
甚多世尊何以故供養一佛刹其福
難量况尒所佛刹佛言若有菩薩過
不退轉在一生補處令在胎中現神
變化敬此菩薩者其德㝡勝何以故
此菩薩者即行佛事不可思議佛復
告頂王菩薩吾今與汝說八正道去
八顛倒滿十方恒沙諸佛刹土滿中
七寶塔不如此供養八正道菩薩衣
被飲食牀卧具病瘦醫藥擣香雜香
栴檀末香繒綵花盖便身之具其福
㝡多若有菩薩摩訶薩能於胎化濕
卵分別四意止一日二日乃至七日
一月二月乃至七月一歲二歲乃至
七歲一刧二刧乃至七刧若有衆生
承事供養前七寶塔乃至八正道菩
薩不如此人供養四意止菩薩其福
㝡多若一生補處菩薩在母胎中轉
无上法輪色容一切變易无數神德
大士周旋往来無有障导還合為一
無覺知者若有衆生供養承事便身
之具無所愛惜如我今日從三阿僧
祇刧斷除滅想令㝡後身一入胎舍
教化果證神通悉令得解脱猶如果
熟變易不住佛身空无戒定慧解而
自香熏道德威儀不失十二頭陁之
行此一分苦是我境界尒時頂王菩
薩即從如来前而讚頌曰
識是生死本　亦為涅槃徑　中息在胞胎
遊戲无量界　四生成佛土　十六神足降
本无一相道　揞頹各各同　以衆生縛著
現有優劣人　無形不可見　今乃得觀察
過去諸佛身　遺教无邊際　八道无上法
一向度群萌　經法舍利形　神通流布世
我今所將從　得聞不思議　六佛神寶塔
寶藏七寶臺　一一深分別　義味不可量
佛本所行道　如空无所者　今處神母胎
受化非一類　得佛真如性　亦如實相住
除去憍慢心　令於空元性　一一舍利光
遍照諸佛刹　受化如恒沙　是佛神得感
刹土去此遠　受佛甘露道　今欲還本國
宣揚如来法
尒時頂王菩薩說此偈讚佛已右繞
三帀礼佛而去

菩薩處胎經五道尋識品第十二

尒時世尊將欲示現識所趣向道識
俗識有為識无為識有漏識无漏識
花識果識報識无報識天識龍識鬼神
阿修羅迦留羅緊那羅摩睺羅伽人
非人識上至二十八天識下至無救
獄識尒時世尊即於胎中現鈎鏁胎
骨遍滿三千大千世界佛告阿私陁
汝能別此骸骨識耶對曰不別何以
故未得通徹行力未至佛告弥勒菩
薩汝此天中未得神通耶弥勒白佛
言有成就者有不成就者佛告弥勒
汝觀鈎鏁體骨令一切衆生知識所
趣分別決了令无疑滯尒時弥勒菩
薩即從坐起手執金錍七寶神杖敲
鈎鏁體骨聽彼骨聲即白佛言此人
命終瞋恚結多識墮龍中次復敲骨
此人前身十跡行具得生天上次復

敲骨此人前身破戒犯律生地獄中如是敲骨有漏无漏有為无為上從二十八天下至無救地獄知識所趣善惡果報白黒行報有一全身舍利无有缺減介時弥勒以杖敲之推尋此識了不知識處如是三敲前白佛言此人神識了不可知將非如来入涅槃耶佛告弥勒汝紹佛位於當来世當作佛成无上道何以敲舍利而不知識處耶弥勒白佛言佛不思議不可限量非我等境界所能籌量今有狐疑惟願世尊當解說之五道神識盡能得知彼善惡所趣不敢有疑於如来所今此舍利无有缺減願說此識令我等知佛告弥勒過去未来現在諸佛舍利流布非汝等境界所能分別何以故此舍利即是吾舍利何能尋究如来神識今當與汝分別如来上中下識至菩薩然各各不同初住菩薩未立根徳力雖得神通二住菩薩以天眼觀知識所趣退不退地亦復觀見欲界色界无色界者或復觀見生東方無數恒河沙佛刹供養諸

佛奉律无㝵亦復知彼受記劫數一劫乃至百千億劫或有菩薩於三住地觀見舍利知識所趣於餘涅槃无餘涅槃然復不見四住所行識所趣向四住菩薩見一見二三住識法然復不見五住舍利識法所趣佛告弥勒五地菩薩分別下品於六住分或見或不見識法所趣不退轉菩薩上至一生補處不見如来上足下足心識所向次第菩薩見八七六然復不見一生補處舉足下足況欲敲鈎鏁骸骨欲分別之此事不然佛告弥勒汝當知之十号如来應供正遍知明行足善逝世間解无上士調御丈夫天人師佛世尊唯佛知佛神識所念介時世尊與諸大衆而說頌曰

周旋五道㵊　唐勞其識神　耳鼻身心垢
不能自去離　識想結重垢　剋以智慧刀
慧能照愚冥　得至无畏塲　佛識悉遍見
舍利鈎鏁骨　正使碎如塵　微細不可見
如来一一別　報應善惡法　佛識甚微妙
非為非不為　一說度万億　阿僧祇衆生
弥勒復成佛　亦當捨舍利　於本所生母

胎法亦如今

介時弥勒菩薩聞佛所說遶佛七帀頭面礼足還就本位

菩薩處胎經諸佛行齊无差別品第十三

介時世尊即復示現竒特變一切菩薩盡作佛身光相具足皆共異口同音說法分別无常生生歸盡其徳難量手相敬奉威儀禮節雖說妙法無有揖讓屈申位頭却各坐七寶極妙高座羅縏帳幔初一說法度于无數純男无女第二說法純女无男第三說法純度正見人第四說法純度邪見人第五說法男女正等第六說法邪正亦等當介之時法法成就而無吾我道果成熟諸佛常法法說議說神足第三八万四千空行法門八万四千无想法門八万四千無願法門一一法門有無量義猶如黠慧之人身有千頭頭有千舌舌有千義欲得究盡三法門義於百千分未獲其一此是諸佛秘要之藏皆由前身宿學成就介時諸佛異口同音說偈頌曰

我等本所願　今者已果成　金體柔軟響

衆相悉具足　欲求無極慧　畢竟无有疑
善哉三界尊　㝡勝无能過　吾昔兜術天
選擇受生處　来降入母胎　集諸如来等
外无緣衆生　謂吾不成道　因胎化衆生
倍於成佛時　前後所說經　八十四億爲
爲力及人力　荷載不能勝　令我歡喜子
强說不漏失　遺法不成道　流布胎正法
佛行无差別　平等无若干　唯佛能知佛
功德多少義　欲得思議佛　所行竒特事
從劫无數劫　不能得毫分

尒時諸佛說此頌已初一說法純男无女者即於座上立不退轉信心不可沮壞尒時釋迦牟尼還攝威神如前无異即說頌曰

八正道果證　无師自然悟　獨步三界將
自得涅槃道　本無一相法　捷疾辯才義
我今已果獲　无愛無所染　五陰法性本
不見有善惡　神力拔濟苦　坦然寂滅道
汝等諸會者　所願已成辦　未得今已得
快哉此利業　因緣縛著身　永除无處所
吾我羅網法　自然得毀壞　愚惑不見瞋
自墮四色緣　未得審諦觀　分別苦相本
如我今成道　功夫不足言　後佛師子孔

熾焰惡劒劫　宰治苦衆生　隨色染其素
忍辱受其宮　對至終不報　執心如虛空
變易不久住　當於尒時世　五逆苦惱罪
難化不可度　諸佛所不救　尋爲現緣本
將示无爲處　破彼剛强心　專一得解脫
初說一法教　无生無起滅　皆趣向佛道
不令有遺落

尒時世尊說此頌已男衆女衆正衆邪衆皆得盡信得不退轉地佛復告菩薩摩訶薩汝等欲見如来神力化不思議道法純熟无男無女善權義說受女人身无佛記莂魔釋梵王无真實相汝等欲知此四衆者受別成佛乎尒時有菩薩名曰無盡意即從坐起偏露右髀右膝着地叉手合掌前白佛言未曾聞如来說法此四種人得成佛者今日乃能開演大義即重白佛捨身受身即身成佛耶佛告无盡意諦聽善思念之今當與汝一一分別過去九十一劫有梵天王名大辯才分別古今常樂閑居坐天宮内今我寧可化此宮女及諸梵天我得成佛諸天翼從剃鬚髮着法服一

時成道不亦快乎作是念已即於天宮詣畫度樹端坐思惟一意一心繫念在前无他異想即得成佛三十二大人相八十種隨形好諸天眷屬修行比丘正法得阿羅漢皆是利根彼天女衆有得須陁洹斯陁含阿那含不往還此間即於彼般涅槃是謂梵天王不捨身受身現身得成佛道佛告无盡意菩薩過去七十六劫有第六天王典領三千大千世界名曰宮惡從六天以下自在无閡在彼天宮經歷无數久久思惟悔本所作謗毀三尊遮截道果設我受報墜墮三塗不離惡道我今寧可改心惡行并此天宮諸天眷屬共修梵行求无上道進前成佛不亦樂乎復自思惟所典境界无量无限天女娛樂樂豈過是故我成佛與此國界正等无異漸漸懈慢復更劫數魔有知識行登十住說佛功德出家修道衆相具足魔心開解改心入定无若干相利根捷疾即於天宮三明通達莊嚴佛土不更受身便成無上至真等正覺放大光

明普照魔界莫不眼見見魔成佛有三億天子心自生念謂魔幻化非真實佛盡退還宫十六億天子皆来影附承事供養如佛无異尋於坐上皆成四果是為害悪大天王不捨身受身而成佛道佛復告无盡意菩薩過去六十一刧東方有釋天子脩天眼淨心樂禪定常欲求出家進向佛道彼諸天法有衰瑞應不久命終諸天翼從轉轉減少貪者睡眠身體塵垢花自萎枯不樂寶座所食不甘即出到後園中沐浴澡洗令我天身眼能徹視何方有佛當往礼省恭奉供養受佛禁戒即以此身得成佛道作是念已端坐思惟以天眼視上方有佛名无量空行世界名清淨今現在說法初中竟善即以神力如人屈申辟項到彼佛所頭面礼足在一面立即以此偈讚歎佛德

光相照十方　降伏衆魔怨　為說道徑路
斷疑永无惑　梵行清淨人　皆蒙最勝行
隨類說真法　不違本行法　我為諸天出
欲脩清淨道　唯佛垂愍念　得至安隱處

尒時世尊即告釋曰善哉善哉發心廣大欲得拔濟衆生之苦未得者得未獲者獲未成者欲令成就欲令盲者見明聾者聞聲僂者得申无手足者令得手足汝還本宫坐道樹下分別衆行聚法散法釋聞語已即前礼佛於彼不見還至天宫諸天眷屬皆来歸附功德轉盛衰耗之相永滅无餘端坐攝身心意不動得成无上至真等正覺所將天女九十三億成四道果證是謂天帝釋不捨身受身而成佛道佛告无盡意菩薩過去五十四億恒河沙刧有世界名曰火焰佛名无欲如来應供正遍知明行足善逝世間解無上士調御丈夫天人師佛世尊說法度人善脩梵行四審諦法施恵一切彼土人民悉受女身解了无常苦空非身分別受入无諸煩惱厭患身苦齊同一願發大弘誓著无畏鎧欲度衆生淨佛國土蠲除穢悪立志堅固樂不退轉時有七十万二千億女在大曠野非人行處齊同一行解空无相無願之法一日一時三等通達即成佛道衆相具足存亡自在以小受大以大入小即於彼日度阿僧祇无量衆生於无餘涅槃化度衆生是謂不捨身受身而成佛道

尒時世尊欲重宣此義而說頌曰

法性如大海　不記有是非　凡夫賢聖人
平等无高下　唯在心垢滅　取證如反常
道成王三界　闡揚師子吼　分別本无法
无有男女行　今在五濁世　現有受身分
斷滅計常者　障閡經刧數

尒時世尊說此偈時八万四千億衆生立志堅固皆願成佛不經後身

菩薩處胎經行定不定品第十四

尒時座中有菩薩名曰常笑六通玄鑒德力自在辯才无畏盡生死分四无所著所說信用解諸法空如化如夢如熱時焰如赤葉在水愚戇謂肉水盡不獲如山中響解了諸法不起不滅欲斷一切衆生狐疑即從坐起偏露右肩右膝著地叉手合掌前白佛言唯然世尊有少疑滯若見聽者乃敢宣白如来大聖神智无㝵前知過去因緣繫縛衆行集聚後明未來

菩薩處胎經第四卷　第十五張　欲字号

成敗所趣因緣合散善惡行業發心
不同令聞如来胎化衆生行有差别
有對无對有報無報有黒白行无黒
白行復有衆生從初發意經歷劫數
不得成就或有衆生朝發道心即得
成佛願樂欲聞唯世尊說尒時世尊
告常笑菩薩汝所問義皆是如来威
神所感欲成就諸法不斷前後如来
實性何以故如来法性不可護持亦
非羅漢辟支佛所知尒時世尊即以
神力出廣長舌舌相光明照東方無
極阿僧祇佛刹土使五道衆生見光
明者尋光来至到如来所尒時世尊
復以眉間出白毫相光明上照八十
四億恒河沙刹土衆生至如来所尒
時世尊即告常笑菩薩而說頌曰
三十一音響　業報有清白　四十八塵垢
天行五十五　菩薩七寶錢　發起衆生心
四種道果樹　心識定不亂　斯智无福人
口業獲報多　於食知止足　行步威儀法
等心慈一切　乃稱菩薩道　三有五濁世
顛倒著魔界　破壊善業根　如影不相離
根性有利鈍　進退念不定　發願度衆生

菩薩處胎經第四卷　第十六張　欲字号

功德充足滿　十力成就身　世俗有為法
思惟難可量　一滅一復生　如火焚山林
心念然熾法　廣及阿僧祇　身被僧鄁鎧
勇猛伏難化　人身諸毛孔　六十有四万
慧能辯分别　諸毛行報業　閻浮提利人
受形極醜陋　孔孔毛毛生　踈漏不密緻
如来金剛身　孔毛三十七　密齊不踈漏
不為火所燒　魔及魔天等　沙門婆羅門
梵天及釋衆　神力鬼神等　欲斷佛毛錢
欲斷佛毛錢　此事終不然　此是俗法業
此事終不能　虚空為地界　日月可墮落
非是無為相　受行報業果　衆相各不同
佛身金剛體　外相業報行　亦是世俗報
去離无為遠　佛相真實法　終不露現外
欲知佛内相　神足感動是
尒時世尊說此頌已告常笑菩薩緣
報緣緣報至道无㝵報三寶真性報
行趣涅槃報世俗無著報一向究竟
報是謂菩薩摩訶薩審第一義无
染无著不可護持不著欲界亦不離
欲界過有當有現有非過有非當有
非現有報无生無滅菩薩摩訶薩從
百千刧通達不障㝵令等分衆生解

菩薩處胎經第四卷　第十七張　欲字号

空本報口業成就音響通達或有菩
薩摩訶薩一時之頃能令三千大千
刹土即為水界猶如得禪比丘觀无
量水界水性之巫黿鼉龜鼈无所觸
嬈積刧功勲不敗不朽是謂菩薩摩
訶薩入水界三昧或有衆生見菩薩
入定謂為是水或持瓦石草木投水
入定菩薩心如虚空不覺有觸嬈者
是謂菩薩摩訶薩入水界之力或有
菩薩摩訶薩禪定攝意入火界三昧
令此三千大千刹土烔然為火愚惑
衆生謂為菩薩遭火刧燒奔馳四方
不離火光清淨無熱是謂菩薩摩訶
薩入火光三昧三昧威神難可測度
亦非羅漢辟支佛所能尋究復有菩
薩摩訶薩入五分法身難動定意亦
使三千大千刹土蜎飛蠕動之類下
至蟻虫以威神接不遭煩惱七日安
隱後壽終時皆生天上如我今日在
在說法處處現化其有覩見如来神
德諸塵垢盡隨願所生或生他方諸
佛刹土是為菩薩摩訶薩五分、身
定意所感復次菩薩摩訶薩入　動

師子奮迅三昧能令三千大千刹土
六反振動其中衆生感悲帰附脩清
淨行披懃愧衣除去憍慢引致衆生
至八正道去吾我想七十七心塵累
渁垢一時除盡是謂菩薩摩訶薩奮
迅无畏之所感動復次菩薩摩訶薩
入散身定意分別識聚為從何来去
至何所一一分別空无寂然前後中
間无有端緒是謂菩薩摩訶薩入散
身定意之所感動復次菩薩摩訶薩
入忍頂三昧能令此身无手脚垂遍
滿三千大千刹土衆生見者不能名
字謂為肉聚其取食者味若甘露悉
能充飽衆生飢渴是謂菩薩摩訶薩
入忍頂三昧之所感動或有菩薩摩
訶薩以三昧力令此三千大千刹土
山河石壁化為甘露状如石蜜食无
厭足令彼衆生四使重病永除无餘
衆生發願願樂欲生无盡世界是謂
菩薩摩訶薩神力之所感動復次菩
薩摩訶薩入獨步三昧使此三千大
千世界一切衆生見菩薩行舉足下
足其見菩薩見行歩者能制罪人不

入地獄餓鬼畜生皆由菩薩身口意
淨發願濟度要至究竟終不退還是
謂菩薩摩訶薩无量善福心願所感
復次菩薩摩訶薩以神通定入樂法
三昧令此三千大千世界諸衆生類
皆来帰趣到菩薩所求請出家脩无
上梵行發意齊同剃除鬚髮被法服
如諸佛常法威儀禁戒教授法則能
一時在明慧地明慧地者八住菩薩
之所行法非是二乘所能脩習是謂
菩薩摩訶薩神力所感復次菩薩摩
訶薩以佛大慈入无㝵定令此三千
大千刹土羣萌之類與作父母兄弟
朋友種族知識无財與財給施所須
乃至國財妻子烏馬金銀珎寶車𤦲
瑪瑙白珠虎魄水精琉璃碧石雜珎
衣被飯食牀卧具病瘦醫藥香花芬
熏皆令充足於中教化各令滿足發
起衆生在樂法之地云何樂法之地
導引彼衆應須陁洹道與說真要斷
三見法應斯陁含者與說七生久久
道應阿那含者與說善法无五陰覆
蔽應阿羅漢者與說涅槃受證无疑

應菩薩道者與說六度頂忍之決發
意進趣向佛道者與說究竟淨一切
智脩治佛土教化衆生從一佛國至
一佛國供養礼事諸佛世尊得六神
通眼能徹視耳能徹聽自識宿命知
他人心身能飛行諸塵垢盡不復狐
疑於佛法衆是謂菩薩摩訶薩入樂
法三昧神力所感復次菩薩摩訶薩
入金剛三昧能令三千大千刹土變
為七寶周窮濟乏求漿與漿求食與
食即便與說慳貪之果夫人貪著死
入惡道餓鬼畜生貧窮裸跣衣不蓋
形為人所憎或為奴婢為人走使或
墮畜生荷負重檐或時菩薩為說生
天不婬之行婬為穢惡死入惡道刀
山劒樹火車爐炭鐵䤻地獄黑繩地
獄沸屎地獄氷山碓臼受苦无量或
入蓮花優鉢獄中風吹火炙骨節分
離菩薩於中與說无常身非久居琢
石見火雷電過日幻化非一何為受
苦精神腐爛求出无期如是菩薩為
說真要令受罪人盡得拔苦至無苦
地是謂菩薩摩訶薩以佛大慈三昧

定意之所感動尒時世尊即説頌曰

衆生欲出離　三界五道閡　精進不懈怠
安住无為道　如人起屋舍　非材木得成
要先脩治地　起立墻壁柱　佛道如大空
不由一行成　執志要堅固　放心无戀慕
過佛如恒沙　来者不可盡　或有次第成
亦有超越者　我今悟未悟　今至八正道
聞輙不再受　此法由誰造　昔吾捨身想
刼數不以難　无師而自覺　得為一切導
導師出現世　非縁不降神　要度未度者
亦現无為城

尒時世尊説此頌時五十六億恒河沙衆生妄斷想盡不復願樂在俗家業同時發願求無上道

菩薩處胎經卷第四

菩薩處胎經卷第四

校勘記

一　底本，金藏廣勝寺本。

一　八一八頁中一行卷次「第四」，資、磧、普、南、徑、清作「第三」。

一　八一八頁中一二行第九字「相」，資作「想」。

一　八一八頁中二〇行「下方」，資作「下」；磧、普、南、徑、清作「垂過下方」。

一　八一八頁下一行第一一字「梐」，資、磧、普、南、徑、清作「陛」。

一　八一八頁下一行「池波」，資、磧、普、南、徑、清、麗作「彼池」。

一　八一八頁下二行第八字「水」，資、磧、普、南、徑、清作「之水」；麗作「水邊」。

一　八一八頁下六行「若千」，資作「若千」。

一　八一八頁下七行第一三字「餓」，石、資、磧、普、南、徑、清作「飢」。

一　八一八頁下九行第二字「我」，資、磧、普、南、徑、清、麗作「式」。

一　八一八頁下一二行「恭奉」，資、磧、普、南、徑、清作「供奉」。

一　八一八頁下一三行第一一字「相」，資、磧、普、南、徑、清、麗作「想」。

一　八一九頁上三行第一二字「樂」，資、磧、普、南、清作「安樂」。

一　八一九頁上一六行第九字「八」，磧、普、南作「入」。

一　八一九頁上一七行第四字「牀」，石、麗作「牀敷」；資、磧、普、南、徑、清作「牀褥」。

一　八一九頁中三行第五字「色」，資、磧、普、南、徑、清、麗作「包」。

一　八一九頁中七行第一一字「一」，資、磧、普、南、徑、清無。

一　八一九頁中八行第一一字「脱」，資、磧、普、南、徑、清無。

一　八一九頁中一二行第三字「從」，資、磧、普、南、徑、清無。

一　八一九頁中一六行第三字「優」，

磧、普、南作「憂」。

一　八一九頁中一九行「我今」，資、磧、普、南、徑、清、麗作「今我」。

一　八一九頁中末行「令於」，資、磧、普、南、徑、清、麗作「今禮」。

一　八一九頁下三行第二字「揚」，資、磧、普、南、清作「暢」。

一　八一九頁下六行品名上經名「菩薩處胎經」，徑、清無。下同此例。

一　八一九頁下九行「天龍識龍」，資、磧、普、南、徑、清作「天識龍識」；麗作「天龍識」。

一　八一九頁下一〇行第五字「畱」，諸本作「留」。

一　八一九頁下一二行首字「獄」，資、磧、普、南、徑、清作「地獄」。

一　八一九頁下一二行末字「胎」，資、磧、普、南、徑、清作「骸」。

一　八一九頁下一三行第一三字「私」，磧、普、南、徑、清作「祁」。

一　八一九頁下一五行第八字「未」，資作「來」。

一　八一九頁下一八行及二一行「體骨」，資、磧、普、南、徑、清、麗作「骸骨」。

一　八一九頁下一八行第一一字「生」，資、磧、普、南、徑、清無。

一　八一九頁下二〇行「金鋞」，資、磧、普、南、徑、清作「金剛」；麗作「金鋼」。

一　八一九頁下末行第六字「跡」，清作「善」。

一　八二〇頁上二行第一三字「上」，資、磧、普、南、徑、清無。

一　八二〇頁上六行第四字「識」，資、磧、普、南、徑、清無。

一　八二〇頁上八行末字「當」，資、磧、普、南、徑、清、麗作「當得」。

一　八二〇頁上一九行「菩薩」，石、磧、普、南、徑、清、麗作「薩芸」。

一　八二〇頁中首行末字至二行首字「一劫」，資、磧、普、南、清作「一劫二劫」。

一　八二〇頁中三行第一一字「餘」，資、磧、普、南、清作「有餘」。

一　八二〇頁中七行第一一字「六」，磧、普、南作「有」。

一　八二〇頁中一八行末字「刀」，資、磧、普、南、徑、清作「力」。

一　八二〇頁下一行第五字「今」，石作「是」。

一　八二〇頁下九行「伍頭却」，石作「伍仰却」；資、磧、普、南、徑、清作「俯仰」；麗作「低仰」。

一　八二〇頁下一四行第八字「之」，資、磧、普、南、徑、清無。

一　八二〇頁下一五行第一二字「議」，磧、普、南、徑、清作「法義」。

一　八二〇頁下一七行第三字「想」，石、磧、普、南、徑、清作「相」。

一　八二〇頁下二二行「說偈頌曰」，石作「而說偈言」；資、磧、普、南、徑、清作「而說頌曰」。

一　八二一頁上六行第一一字「令」，石、資、磧、普、南、徑、清作「今」。

一　八二一頁上七行第二字「說」，資、

磧、普、南、徑、清、麗作「記」。

一　八二一頁上二一行末字「瞋」，諸本作「真」。

一　八二一頁上二二行第八字「密」，石、資、磧、普、南、徑、清作「審」。

一　八二一頁中一行「窯治」，石作「窯治」；資、磧、普、南、徑、清、麗作「陶冶」。

一　八二一頁中五行第六字「破」，資、磧、普、南、徑、清作「彼」。

一　八二一頁中一一行第五字「法」，諸本作「法性」。

一　八二一頁中一九行「諦聽」，資、磧、普、南、清作「諦聽諦聽」。

一　八二一頁中末行第八字「剃」，石作「剃除」。

一　八二一頁中末行第一三字「服」，石作「服衣」。

一　八二一頁下一八行首字「故」，諸本作「設」。

一　八二一頁下二一行第一〇字「相」，資、磧、普、南、徑、清、麗作「想」。

一　八二一頁下二一行第一二字「根」，磧、普、南、徑、清作「想」。

一　八二二頁上七行「天子」，資、磧、普、南、徑、清作「天主」。

一　八二二頁上二二行末字「出」，石、資、南、徑、清、麗作「主」；磧、普作「王」。

一　八二二頁中三行第六字「成」，資、磧、普、南、徑、清作「成就」。

一　八二二頁中七行第五字「見」，資、磧、普、南、徑、清作「現」。

一　八二二頁下六行第七字「記」，磧、普、南作「說」；徑、清作「計」。

一　八二二頁下七行末字「常」，諸本作「掌」。

一　八二三頁上六行第七字「唯」，資、磧、普、南、徑、清作「惟願」。

一　八二三頁上九行「護持」，麗作「獲持」。

一　八二三頁上一六行第五字「告」，資、磧、普、南、徑、清作「與」。

一　八二三頁上一八行第一〇字「髮」，資、磧、普、南、徑、清作「鬘」。

一　八二三頁上一九行第一一字「斯」，資、磧、普、南、徑、清作「尠」。

一　八二三頁中四行第五字「化」，資、磧、普、南、徑、清作「化摧滅魔軍衆」。

一　八二三頁中七行第一二字「齊」，諸本作「緻」。

一　八二三頁下四行「黿鮀龜鼈」，石作「龜鮀魚鼈」；資、磧、普、南、徑、清作「黿鼉魚鱉」。

一　八二三頁下五行第五字「勳」，石作「德」。

一　八二三頁下一二行第四字「爲」，資、磧、普、南、徑、清作「是」。

一　八二三頁下一九行第三字「壽」，資、磧、普、南、徑、清作「命」。

一　八二四頁上一一行第一〇字「无」，資、磧、普、南、徑、清、麗作「作無」。

一　八二四頁上末行第三字「見」，諸本作「遇」。

一　八二四頁中七行第一二字「被」，

石作「身被」，資、磧、普、南、徑、清、麗作「被著」。

一　八二四頁中一五行第四字「財」，石作「城」。

一　八二四頁中一六行「虎魄」，石、麗作「琥珀」。

一　八二四頁中一七行第三字「飯」，諸本作「飲」。

一　八二四頁中一七行第五字「牀」，石、麗作「牀褥」；資、磧、普、南、徑、清作「牀敷」。

一　八二四頁中二一行第二字「見」，資、磧、普、南、徑、清作「結」。

一　八二四頁中二一行第一一字「七」，普、南作「一」。

一　八二四頁中二二行首字「道」，諸本作「成道」。

一　八二四頁下一一行「貪著」，資、磧、普、南、徑、清作「慳貪」。

一　八二四頁下一七行「碓臼」，石、作「地獄」。

一　八二四頁下二〇行第七字「日」，徑、清作「目」。

一　八二五頁上四行第六字「起」，麗作「次」。

一　八二五頁上五行第七字「志」，資、磧、普、南、徑、清作「意」。

一　八二五頁上一三行第四字「妄」，資、磧、普、南、徑、清作「望」。

一　八二五頁上一四行第二字「同」，磧、普、南、徑、清作「向」。

一　八二五頁上末行經名，資、磧、普、南、徑、清無。未換卷。

菩薩處胎經卷第五　欲

姚秦涼州沙門竺佛念譯

入六道衆生品第十五

尒時世尊入無量遍觀定意觀察衆會心懷猶豫將欲決疑現以真實即出右脚指蹈此地界使六趣衆生各各覆行羅列踦立尒時世尊告衆會者汝等見此六趣衆生不乎對曰唯然見之時彼會中有菩薩名曰自在得虛空藏无盡法門神智辯才應對无閡此賢劫中十六聖子寂大者是遊十方刹施行佛事即從坐起偏露右髀右膝著地叉手合掌前白佛言今如來應供正遍知明行足善逝世間解无上士調御丈夫天人師佛世尊願欲聞說六趣衆生行業果報所問微淺願時發遣尒時世尊於大衆中和顏悅笑諸佛如來常法佛不妄笑笑有因緣若有衆生生梵天者尒時佛微笑有應作轉輪聖王者佛復微笑有作獄率者閻羅王者時佛亦笑有受餓鬼身者佛即時笑有作畜生王者佛即亦笑尒時世尊面門出五色光普照三千大千刹土即還攝光從頂上入即告自在菩薩汝所問者乃是如來威神所接亦是十方諸佛所護能發此問今當與汝一一分別說六趣衆生行業因緣諦聽諦聽善思念之唯然世尊願樂欲聞佛告自在菩薩汝今舉目觀東方梵天大梵天清淨梵天乃至色究竟天此諸天人先修梵行皆是佛種修諸功德以貪福報深著五樂因緣道果皆受天身計梵天福稱量測度今當與汝一一說之滿此三千大千刹土轉輪聖王七寶導從所謂七寶者一者爲寶三十二牙毛色純白脚躡蓮花身能飛行二者馬寶身紺青色毛獵朱色身能飛行所至无㝵知人心念三者珠寶光明徹照遍滿虛空及四天下皆悉遍照四者輪寶輪有千輻雕文刻鏤視之无厭此第四无識五者玉女寶女中殊妙性行柔和端正殊妙世之希有不長不短不白不黑身作優鉢羅蓮花香口作牛頭栴檀香

恭肅謙下知聖王志趣六者典藏寶臣王須寶時手執神器用以鑿空窟則成寶取止隨王七者典兵寶聖王出遊須四種兵王告之曰吾今欲出巡遊國界速集兵衆集我殿前勿令影移即受王教迴身東顧為兵已集行列在東迴身南盻馬兵已集行列在南迴身西顧車兵已集行列在西迴身北望步兵已集行列在北轉輪聖王隨意所乘或馬或象或至弗于提欝單曰提拘耶尼提遊行四方足不蹈地或百歲千歲數千百歲食福自然計轉輪聖王身滿四天下不如帝釋身何以故帝釋所領七寶宮殿王女眷屬坐七寶殿堂天樂自娱視東忘西視南忘北快樂不可言如彼釋身不如第六天王身有三十相神德自在隨形變化心念則成所將兵衆不可稱數功德福業布施无身如六天王等滿四天下不如一大梵天功德廣大典領三千大千刹土諸梵天衆无量無限不可稱數壽命極長過一賢劫其命乃終尒時世尊告自

在菩薩汝今舉目南看見无央數轉輪聖王列住南方轉輪聖王功德多少如上所說五戒十善恭奉賢聖持仙人戒八清淨齋根相連屬為人慈愍无傷害心受業果報其福難量故得紹係轉輪王位佛告自在菩薩曰汝今舉目西看見師子王列住西面以常六事踦立不動毛色純白胸臆方正皆由先身德行福報雖受畜身分別善惡足蹈蓮花塵垢不染終不煞生食肉飲血師子一吼飛落走伏斯亦五戒不犯三過故獲斯報雖墮畜生轉身成道佛告自在王菩薩汝迴目北顧示餓鬼七寶宮殿左右眷屬皆食自然甘露法味雖名在餓鬼皆緣人中積善擁護亦有神足到諸佛刹礼敬諸佛稟受正要可行知行可住知住感動隨時不守常法遊此忍界衆善普會轉則成道亦復不久佛告自在菩薩汝迴目下顧見閻羅王以五事治化无有阿曲云何為五罪人在前即面詰問汝在人間知有佛有法有比丘僧有父有母耶罪人

報曰實有大王尒時聖王以偈問曰

杻械鐵鏁靽　鏈湯熱銅柱　洋銅熱鉗叉
償對今不久　自造因緣本　報業无人作
非父母兄弟　誰能代受苦　我願出家學
守戒不忘犯　行正法平等　猶尚日三責

尒時閻羅王以五事問即勑獄卒隨罪輕重付令治之彼罪人中聞佛法聲罪滅福生還復人身修治清淨行是謂菩薩六趣衆生報應如是自在菩薩礼佛足已還在本位時彼會中有八千億衆生不樂處菩薩墮六趣道盡發无上寂滅空无去離生死

菩薩處胎經轉法輪品第十六

尒時世尊將欲示現諸佛无量遺體報應令一切會神通菩薩學无學等比丘比丘尼優婆塞優婆夷四衆圍繞現生受報轉大法輪非沙門婆羅門魔若魔天所能轉者即以神足定力放諸身節毛孔光明遠照十方諸佛刹土一一光明皆有三千大千佛國一一佛國皆有化佛一一化佛皆有三千大千衆生之類一一諸佛與彼諸會者說无盡法藏无量奇特無

與等法真除甚深所說法者初中竟
善除婬怒癡以八解水洗除心垢尒
時諸佛於池水中化作七寶高臺去
池七仞彼寶臺上敷寶高座於四角
頭皆懸金鈴衆寶雜廁其間懸繒旛
蓋五色赤黄快樂不可言尒時衆生
在座聞法无盡之藏端坐思惟心不
錯乱皆願欲聞如来秘要尒時世尊
如諸佛常法復放肉髻光明上至无
數億佛剎土空界佛剎佛名寶如来
應供正遍知明行足善逝世間解无
上士調御丈夫天人師佛世尊見釋
迦文尼肉髻光明即告彼土諸會菩
薩下方有佛釋迦文尼如来應供正
遍知明行足善逝世間解無上士調
御丈夫天人師佛世尊今在母胎廣
說深要无上法藏引致十方諸神通
菩薩汝等可往礼敬問訊并持我名
問訊釋迦文尼德化日進遊步康强
也彼土衆生易受化耶汝等詣彼攝
持威儀彼土衆生多諸惱害憍慢熾
盛尒時彼土菩薩齊整法服五千七
万二億菩薩礼彼佛足忽然不現来

至忍土釋迦文尼佛復以定意神力
令彼来菩薩不見釋迦文尼說法道
場周障四面從閻浮提遍三千大千
剎土推求忍土釋迦文尼佛彼佛諸
菩薩各各自相謂言上虛空界我等
剎土去此極遠向所見光將无釋迦
文尼佛取般涅槃放斯光耶我得无
失天眼通耶何以故遊至十方遍諸
世界不知所在各各發心內自思惟
我等寧可還至本界作是念巳各各
不能至本佛剎各懷恐懼衣毛皆竪
謂失神足疲厭心生不能究盡无盡
法藏所以者何皆是釋迦文尼威神
使然佛悉知彼諸菩薩心即以神足
接諸菩薩在母胎中尒時諸菩薩等
加敬作礼兼以佛遺問訊各一面坐
尒時釋迦文尼名怛薩阿竭復以神
足之力放大光明照東方炎世界國
名奇特佛名深義如来應供正遍知
明行足善逝世間解無上士調御丈
夫天人師佛世尊現在說法初中竟
善見大光明告諸菩薩汝等莊嚴詣
忍世界釋迦文尼佛所聽无盡法藏

多所饒益何以故彼土菩薩皆一生
補處必有奇特難思議法諸菩薩等
敬承佛教礼彼佛足忽然不現来至
忍界釋迦文尼佛所頭面礼足各坐
一面佛以神德召魔波旬將有所感
動故致魔来尒時世尊知衆坐集諸
天作樂讚頌如来无量福業佛告文
殊師利止諸天樂吾欲說法佛告諸
来會者佛出於世億千万劫時時乃
有如優曇鉢花菩薩摩訶薩漏盡神
通根本法者除想去念是謂有盡不
見漏盡无想法者是謂无盡菩薩摩
訶薩計身縛著不至彼岸是謂有盡
能去身想不在彼此是謂无盡菩薩
摩訶薩縛結巳解不住真際是謂有
盡不見縛結空无我想是謂无盡菩
薩摩訶薩入出入息觀諸世界了无
所有是謂有盡分別虛无不見有度
無度國界无若干是謂无盡菩薩摩
訶薩修行十六殊勝之法濟度阿僧
祇衆生是謂有盡十六殊勝自性空
寂不見度不見不度是謂无盡菩薩
摩訶薩廣修剎土為衆生執苦不以

為勞是謂有盡不見衆生刹土清淨不一不二是謂无盡菩薩摩訶薩奉戒修法入三脫門是謂有盡不見衆生缺戒全戒是謂无盡菩薩摩訶薩曉了分別句義字義應適无方是謂有盡不見句義分別字義是謂无盡菩薩摩訶薩分別天道人道畜生餓鬼地獄於中拔濟使得解脫是謂有盡雖處五濁不染无所染亦無所著是謂无盡菩薩摩訶薩除貪貢高无增上慢亦不自下修清淨行是謂有盡法性空寂无自大心不見慢墮於法有失不見精勤受道果證是謂无盡菩薩摩訶薩莊嚴佛樹演暢无數音聲清淨普聞十方破壞貪著使行布施是謂有盡不見世界成敗起滅有貪著者是謂无盡菩薩摩訶薩以金剛心破三界結從初發意至不退轉不見斷滅有㝵衆生是謂有盡吾我貪著無吾无我云何我我自無我亦无有我是謂無盡菩薩摩訶薩滅種姓名不著俗法言是我所非我所是父是母是兄是弟我姓最勝彼姓

不如我族姓子彼非是族姓子計名號者是謂有盡從初發意乃至成佛不見有成亦不見佛假號名字悉皆空寂不見有空云何為空誰造此空空自无空云何言空是謂无盡菩薩摩訶薩法說義說句說字說從无明至行乃至生死無明愛取法因緣不盡迷惑顛倒无明所繫從冥入冥能拔濟出是謂有盡无明緣行行緣識識緣名色名色緣六入六入緣觸觸緣受受緣愛愛緣取取緣有有緣生生緣老死憂悲苦惱縛著繫戀蠲除无所著无明滅无明滅則行滅行滅則識滅識滅則名色滅名色滅則六入滅六入滅則觸滅觸滅則受滅受滅則愛滅愛滅則取滅取滅則有滅有滅則生滅生滅則老死憂悲苦惱滅老死憂悲苦惱緣生生緣有有緣取取緣愛愛緣受受緣觸觸緣六入六入緣名色名色緣識識緣行行緣无明老死是憂悲苦惱則生滅生滅則有滅有滅則取滅取滅則愛滅愛滅則受滅受滅則觸滅觸滅則六入

滅六入滅則名色滅名色滅則識滅識滅則行滅行滅則无明滅解了法性種種滅不滅亦不見滅亦不見不滅云何為滅滅无滅是謂无盡菩薩摩訶薩分別曉了起法盡法起不知所從來盡何知所從去起亦无起盡亦无盡是謂无盡曉了起盡悉无處所如空無著云何无著不見无著無著无此無著是謂无盡菩薩摩訶薩欲得惣持三昧四无㝵慧晝夜經行擧身輕重初習法觀去地初如阿摩勒果漸如鞞醯勒果轉如呵梨勒果去地如指影等漸漸去地七人影等此是俗禪凡夫仙學菩薩於是學而不住是謂有盡心通无㝵不住五通非不住通解了諸法法性自然无明真際皆悉自滅然亦无自然云何自然不見自然無自然是謂无盡菩薩摩訶薩以空滅想於色無受等分衆生不見差降在閑靖處思惟識念不見造色不見无造色一向究竟向涅槃門是謂有盡念身非常施戒定意不畏墮落没溺生死雖處生死如鳥

飛空不見形影悉知无所有是謂為
火滅灰聚无有熱氣求火主質无人
无我無壽無命觀察分別誰所造作
識亦无識十八界入推尋无本百八
愛著悉無所有通達往来不見不可
見不可護持不見有持者去何為持
持无所持是謂无盡尒時座中有菩
薩名日金色六通清徹深解佛慧功
德无量權變非一欲問如来无盡之
義即從坐起偏露右髀右膝著地叉
手合掌前白佛言齊何名為无盡義
耶佛告金色菩薩摩訶薩无盡者无
言无說去何見問說无盡尒時世尊
即與金色菩薩而說頌曰

虛空无色像　壽生亦无本　胎分无有量
如河注乎海　無盡法寶藏　三世佛父母
欲得求盡本　正可生惑心　解了法相空
塵垢滅无餘　成佛金剛身　莊嚴衆相具
分別佛身空　內外无所著　雖演无盡寶
億万不說一

尒時如来說无盡寶時見坐菩薩學
无學等發意趣向無盡法藏諸天龍
神人與非人皆發无上立不退轉

菩薩處胎經五神通品第十七

尒時座中菩薩名日妙勝具足六度
善權方便所在教化靡不周遍處處
入衆見靡不喜正觀定意為世福田
若善男子善女人遭此菩薩摩訶薩
諸惡除盡普發福處思惟平等不二
法門恒以如幻如化如夢法濟渡群
生修治佛道无有彼我尒時妙勝菩
薩即從坐起叉手合掌前白佛言善
哉世尊五神通菩薩去何得知分別
其行修習何法得神通道佛告妙勝
諦聽諦聽善思念之吾當為汝分別
通慧唯然世尊願樂欲聞佛言妙勝
此欲界中善男子善女人不須眼通
生便徹見一閻浮內衆生之類麁細
好醜青黃赤白城墎屋舍山巖樹木
或有善男子善女人眼能觀二天下
三天下四天下不須眼通生便觀見
或有善男子善女人不須眼通耳通
清徹聞一天下男聲女聲馬聲車聲
所聞聲響即能別知不修耳通一一
曉了或有善男子善女人不習不學
自識宿命吾從某處来生此間父姓

某母姓某兄弟姉妹名姓種族盡能
別知或有善男子善女人不修習神
通知他人心行善行惡斯趣惡道斯
趣善道此生天上此生人中此生餓
鬼此生地獄此生畜生此是有緣衆
生此是无緣衆生或有善男子善女
人身能飛行周旋往来不修身通身
便能飛无所罣㝵履空如地履地如
虛佛告妙勝此五種人非實神通退
法衆生或有善男子善女人修眼聖
通除色断垢念不移易究竟道門何
謂道門三空定是便能得見千天下
二千天下三千大千天下或有善男
子善女人修耳聖通寂然入定清淨
聞一天下千天下二千天下三千大
千天下男聲女聲烏聲馬聲車乘鍾
鼓之聲一一分別知聲好惡此聲生
天知聲生人知聲生餓鬼知聲生畜
生知聲生地獄知聲有緣衆生知聲
无緣衆生皆悉分別一一曉了或有
善男子善女人清淨修道除去識垢
內外无瑕得意聖通自識宿命一生
二生三生四生乃至无數阿僧祇劫

所從來處父母兄弟國土清淨悉能識知或有善男子善女人修六神通解知法性强記不忘意止覺道分別三明定意不亂便能得知他人心念一生二生三生四生乃至无數阿僧祇劫所從來處皆悉知之父母兄弟國土清淨名姓種族皆悉知之或有善男子善女人思惟法觀以心持身以身持心食知止足睡眠覺寤意想如空於婬怒癡亦不懃懃計身无我心法清淨意識以定便能舉身一鼓二鼓乃至七鼓漸漸習定遊一天下二天下乃至三千大千刹土入地如空山河石壁无所罣㝵或有善男子善女人臨當成佛以智慧力除衆生垢坐樹王下端坐思惟自發誓願吾不成佛不起于坐如我曩昔坐閻浮樹下三十八日觀樹思惟發此誓時感動天地六返震動弊魔波旬將諸兵衆雨沙礫石雷電霹吼不能令吾動於一毛何以故慈潤普遍愍衆生故得成作佛六通清徹尒時世尊即說頌曰

凡夫所得通　猶如諸飛鳥　有近亦有遠
不離生死道　佛通无㝵法　真實无垢穢
念則到十方　往反不疲惓　以慈念衆生
得通无罣㝵　仙人五通慧　轉退不成就
我通堅固法　要入涅槃門

尒時世尊與妙勝菩薩說此法時有百七十億衆生捨俗五通得六通慧

菩薩處胎經識住處品第十八

尒時座中有菩薩名曰普光大慈大悲神足自在好樂深奧功德成就從无央數阿僧祇劫拯濟衆生拔苦根本得六神通所經過處佛事不斷即從坐起偏露右臂右膝著地叉手合掌前白佛言既聞如來分別六通无所罣閡遍滿十方諸佛世界假令諸佛正法平等无有差別令此識法住無所住六通識法識是一法為若干若識是一法如來金色神足道場得遊諸佛刹土為識致身為身致識若身致識則无六通若識致身此名一法无身無識惟願世尊報我此義佛告普光菩薩汝所問義為第一義問為世俗義問若俗義問識法若干无有定相第一義問則无身无識何以故分別識法自性空寂无來無去亦無染著汝問金色此有為法五陰成就非自然法非第一義佛色身法於第一義有失我今為汝說識相法菩薩行六通身識共俱非識先身後非身先識後何以故相法自然識不離身身不離識猶如二牛共一軛若黑牛前白牛後則種不成就若白牛前黑牛後種亦不成就非黑牛前白牛後非白牛前黑牛後則種成就神足道果亦復如是身識共俱无有前後中間如來色身有前有後有中間此世俗法非第一義於虛寂法无有若干尒時世尊即說頌曰

如來金色體　三世所奉敬　為人作重任
無上無極尊　忉利諸天人　晝夜散花香
梵天及營從　作樂而娛樂　於百由旬內
遍滿虛空界　高聲稱善哉　佛識不可見
無內外中間　為世愚惑故　現有六通法
過去無數佛　光相亦如今　欲求識法本
寂滅不可見　菩薩六通道　現盡无有盡
出息入息念　不著三界有　觀身內外淨

金色空无者　識法亦如是　无去来現在
五陰性清淨　無令身後身　一一分別相
永到安隱處　識相有六事　亦名六障法
六識所住處　生滅不可盡　猶如水上泡
一滅已復生　識法自然空　流馳滿諸方
我本所造行　身識二事俱　獨步无等侶
說法无上道　諸法識為本　所向隨身相
雖住亦不住　教化苦惱者　眼見前色法
識在中間障　非色来入眼　亦不眼就色
分別此彼法　由識知善惡　識自无識法
耳聲鼻香別　六業自生緣　故造善惡行
聲不来就耳　鼻口意亦尒　法法相因緣
无著空无法　賢聖八品道　三十七行觀
虛空寂然界　无相無有願　行有白黒報
受對識分別　欲求識實相　不見有住處
莊嚴佛剎土　四等无所畏　解了諸法空
識滅行亦滅　菩薩成道果　无去来今法
識如幻化道　不住於彼此　識滅歸虛空
假号无真實　初入四空定　除想无係着
竪顯高法幢　演暢識相法　前識非後識
亦不離於識　三界第一尊　乃能究識性
如人在山頂　通達見四遠　分別善惡行
天眼通第一　遠見十方界　有黠智慧人

如掌觀明珠
尒時世尊說此頌時八十四億衆生欲得速離六識法相不樂生死流轉五道發弘誓心住无識地

菩薩處胎經善權品第十九

尒時座中有菩薩名曰舉手前白佛言世尊頗聞菩薩摩訶薩權變无數不可稱計佛言菩薩摩訶薩常行善權非此彼非兩中間隨前適化義說句說思惟義趣莊嚴佛土六度无極乃至相知滅方便導引无所罣閡不自貢高亦无憍慢容貌端正法服齊整受前信施非度不捨光相端嚴言說清淨為一衆生住壽億劫留形在後餘方教化如是分身難可思量所可進化無覺知者在鬼神界現大神力亦使彼鬼度化衆生展轉相教不失道教復次權變作佛形像光相炳然其有覩見及聞所說法初中竟語安隱快樂禪定覺道明慧解脫契經偈經記經授決經處經出要經廣長經聚經生經廣普經未曾有經現經轉經辟喻經因緣經隨所趣向與說

深法解空无我衆生所念各各不同能令一切人解脫辟如衆源陂池五河駛流各各有名忠歸于海便无本名亦如須弥峙立難動雜色衆鳥往依附止皆同一色便无本色菩薩摩訶薩教化衆生淨佛國土亦復如是衆生心識所念不同若干思想能念一切至解脫門想定意滅便无本念同一解脫是謂菩薩摩訶薩權變適化不可測量尒時世尊即說頌曰
辟如田農夫　選擇良美地　下種不失時
溉灌以時節　長養苗成就　不霜雹蟥灾
究竟獲果實　収藏无憂畏　菩薩真實法
六度无極田　消除慳貪心　溉以甘露水
善權方便道　明了去就法　導引衆生類
得至不滅處　生老病煩惱　燒諸心善根
善權方便護　解了去就法　夫人欲出家
禁戒以為首　不著飾好法　行權菩薩道
畢命不背身　不犯如毫釐　身如草土糞
隨人所割割　忍如安明山　堅固不可沮
護戒方便道　毀譽无增減　出冥在明處
菩薩善權道　現身在人間　哀愍一切故
或現微細形　出入无罣导　道場諸佛坐

滅結更不生　其有至道場　結盡永无餘
亦如大導師　將諸商賈等　入海採珎琦
珊瑚虎魄珠　明月隨意寶　安隱還本國
父母諸兄弟　眷屬奴婢使　和悅心歡喜
如定除去想　行權菩薩等　搜求无盡藏
了別珎琦妙　自用瓔珞身　善權道師長
六度為妻息　四等心覆盖　塵垢不著心
世多愚惑人　守慳不布施　積財千万億
稱言是我有　臨欲壽終時　眼見惡鬼神
刀風解其形　无復出入息　貪識墮諸惡
受報甚苦辛　將至受罪處　變悔无所及
佛以權智度　就彼而說法　利根自省罪
悔心不藏匿　聞法得度脫　菩薩善權道
如人生便盲　不識玄黃色　遭遇聖巧匠
療治以法藥　昔聞有五色　青黃赤白黑
既得明眼識　不別青黃赤　菩薩善權道
分別至究竟　蕩除八難法　不生亦不滅
介時世尊說此頌已有百億居士行
善權道畢竟无為住無住地

菩薩處胎經卷第五

菩薩處胎經卷第五

校勘記

一　底本，金藏廣勝寺本。
一　八二九頁中一行經名、二行譯者，石、資、磧、普、南、徑、清無。未換卷。
一　八二九頁中三行品名，石、資、磧、普、南冠以經名「菩薩處胎經」。
一　八二九頁中七行第二字「覆」，資、磧、普、南、徑、清作「履」；麗作「顯」。
一　八二九頁下五行第五字「發」，磧、普、南作「護」。
一　八二九頁下六行第二字「說」，麗作「諸」。
一　八二九頁下一一行第五字「染」，石作「深」。
一　八二九頁下一六行「毛犢」，石、麗作「髦鬣」；磧、普、南、徑、清作「毛鬣」。
一　八二九頁下二〇行「无識」，資、磧、普、南、清作「寶無有識者」。
一　八二九頁下二一行第六字「殊」，石作「姝」。
一　八三〇頁上二行第一二字「辮」，資作「捲」。
一　八三〇頁上一一行第四字「曰」，石作「越」。
一　八三〇頁上一七行首字「釋」，資、磧、普、南、徑、清作「帝釋」。
一　八三〇頁中一行第一〇字「見」，麗作「是」。
一　八三〇頁中六行「紹係」，石、麗作「紹繼」。
一　八三〇頁中一一行「煞生」，諸本作「殺生」。
一　八三〇頁中一四行第五字「示」，諸本作「視」。
一　八三〇頁中一四行第七字「鬼」，磧、普、南、徑、清作「鬼道」。
一　八三〇頁中一七行「正要」，石作「正法」；磧、普、南、徑、清作「正法要」。

一八三〇頁下三行第四字「不」，資、磧、普、南、徑、清作「非」。

一八三〇頁下五行第四字「忘」，資、磧、普、南、徑、清、麗作「妄」。

一八三〇頁下八行第一一字「治」，石、資、磧、普、南、徑、清無。

一八三〇頁下一一行「菩薩」，資、磧、普、南、徑、清、麗作「苦」。

一八三〇頁下一三行品名上經名「菩薩處胎經」，徑、清無。下同此例。

一八三一頁上四行首字「池」，石、資、磧、普、南、徑、清作「地」。

一八三一頁上六行第四字「赤」，石、資、磧、普、南、徑、清作「玄」。

一八三一頁上一三行及本頁中二行、一三行「文尼」，資、磧、普、南作「文尼佛」；清作「牟尼佛」。

一八三一頁上一四行、本頁中一行、四行、七行、一七行、末行及本頁下四行「文尼」，清作「牟尼」。

一八三一頁上一九行第六字「尼」，資、磧、普、南、清作「佛」。

一八三一頁上二二行「五千」，資、磧、普、南、徑、清作「五十」。

一八三一頁中四行「忍土」，資、磧、普、南、徑、清無。

一八三一頁中四行「彼佛諸」，諸本作「彼諸」。

一八三一頁中七行第一二字「我」，石、麗作「我等」。

一八三一頁中九行「各各」，資、磧、普、南、清作「各悉」。

一八三一頁中一八行「東方」，資、磧、普、南、清作「東南方」。

一八三一頁下六行第一二字「坐」，磧、普、南、徑、清、麗作「生」。

一八三二頁上九行第七字「染」，資、磧、普、南、徑、清作「染於濁」。

一八三二頁上一二行第一三字「墮」，石、麗作「惰」。

一八三二頁上二〇行第三字「著」，磧、普、南、徑、清作「者」。

一八三二頁中七行「愛取法」，資作「取愛妄法」；磧、普、南、徑、清作「愛取妄法」。

一八三二頁中一三行第四字「无」，資、磧、普、南、徑、清作「則無」。

一八三二頁中二一行第五字「是」，諸本無。

一八三二頁中二一行第九字「惱」，資、磧、普、南、徑、清、麗作「惱滅」。

一八三二頁下六行第五字「何」，資、磧、普、南、徑、清作「不」。

一八三二頁下一七行第六字「滅」，諸本無。

一八三二頁下二〇行第八字「請」，石、資、磧、普、南、徑、清作「靜」。

一八三三頁上一行末字「爲」，資、磧、普、南、徑、清作「爲盡」。

一八三三頁上一二行第一三字「者」，資、磧、普、南、徑、清、麗作「法者」。

一八三三頁上一三行第三字「説」，石作「語」。

一八三三頁上一三行第七字「問」，資、磧、普、南、徑、清作「聞」。

一八三三頁上一三行第一〇字「盡」，

石、麗作「盡義」；資、磧、普、南、徑、清作「盡法」。

一 八三三頁上一六行「如河注乎」，石作「如何澍乎」；資作「如何注于」；磧、普、南、清作「如河注于」。

一 八三三頁上二一行第一〇字「見」，諸本作「現」。

一 八三三頁中二行第四字「中」，諸本作「中有」。

一 八三三頁中四行第七字「正」，磧、普、南、徑、清作「止」。

一 八三三頁中六行第六字「發」，石、資、磧、普、南、徑、清作「蒙」。

一 八三三頁中一三行第一二字「言」，石、資、磧、普、南、徑、清作「告」。

一 八三三頁中一五行第七字「浮」，石、資、磧、普、南、徑、清作「浮提」。

一 八三三頁中一九行「眼通耳通」，資、磧、普、南、徑、清作「耳通耳根」。

一 八三三頁中末行第一〇字「生」，資、磧、普、南、徑、清作「至」。

一 八三三頁下九行首字「虛」，資、磧、普、南、徑、清作「空」。

一 八三三頁下一二行第一二字「千」，石作「一千」。

一 八三三頁下一七行第一二字「此」，磧、普、南、徑、清作「知」。

一 八三三頁下二一行「清淨修」，石、磧、普、南、徑、清作「修清淨」。

一 八三四頁上一行「所從」，資、磧、普、南、徑、清作「從所」。

一 八三四頁上二行「六神通」，資、磧、普、南、清作「十神通」。

一 八三四頁中七行「六通慧」後，石、資、磧、普、南、徑、清換卷，爲卷第四。

一 八三四頁中八行「菩薩處胎經」，資、磧、普、南、徑、清無。

一 八三四頁中一六行第一〇字「令」，資、磧、普、南、徑、清、麗作「今」。

一 八三四頁下五行第四字「有」，資、磧、普、南、徑、清、麗作「則爲有」。

一 八三五頁上六行第二字「本」，資、磧、普、南、徑、清作「今」。

一 八三五頁上一一行「香別」，資作「香味」；磧、普、南、徑、清作「別香」。

一 八三五頁上一四行「白黑」，石、資、磧、普、南、徑、清作「黑白」。

一 八三五頁上一六行「諸法空」，資、磧、普、南、徑、清作「識空法」。

一 八三五頁中九行第四字「彼」，資、磧、普、南、徑、清、麗作「非彼」。

一 八三五頁中一一行第三字「相」，資、磧、普、南、徑、清作「想」。

一 八三五頁中一八行第八字「作」，資、磧、普、南、徑、清作「化」。

一 八三五頁下二行第五字「人解脫」，諸本作「入解脫門」。

一 八三五頁下二行「衆源」，資、磧、普、南、徑、清作「泉源」。

一 八三五頁下五行第三字「止」，磧、普、南、徑、清作「山」。

一 八三五頁下七行末字「念」，諸本作「令」。

一　八三五頁下八行「便無本念」，資作「更無本意」。

一　八三五頁下一二行第一二字「霜」，磧、普、南、徑、清作「傷」。

一　八三五頁下一二行第一四字「蟥」，石、清作「蝗」。

一　八三五頁下一九行第四字「背」，諸本作「惜」。

一　八三五頁下二〇行第四字「剸」，石、麗作「⿰國爪」；資作「圖」；磧、普、南、徑、清作「剬」。

一　八三六頁上二行末字「琦」，石作「寶」。

一　八三六頁上八行第一三字「千」，磧作「十」。

一　八三六頁上九行「終時」，資、磧、普、南、徑、清作「命終」。

一　八三六頁上一〇行「墮諸惡」，資、磧、普、南、徑、清作「隨善惡」；麗作「隨諸惡」。

一　八三六頁上一一行第四字「苦」，磧作「不」。

一　八三六頁上一七行末字「滅」，石作「死」。

一　八三六頁上末行經名，資、磧、普、南、清無。未換卷。

菩薩處胎經卷第六　欲

姚秦涼州沙門竺佛念譯

無明品第二十

尒時座中有菩薩名曰智清淨分別空無生老病死婬怒癡多者婬怒癡少者分別衆生三品差別於等分中何病最重所謂重者邪見是智清淨菩薩即從坐起偏袒右肩右膝著地長跪叉手前白佛言如來无所著等正覺无所不知无所不見過去當來今現在致行喘息人物之類心所念法口所言說身行善惡甚深禁法威儀戒律知多知少知重知輕今我所問非空非不空非有非不有非有空非有有三聚衆生何者為輕何者為重何者現報何者生報何者後報云何想知滅云何涅槃云何无餘佛告智清淨菩薩善哉善哉快問斯義愍諸一切多所饒益乃能於佛前問乎等法汝還復坐吾當與汝解說句義初中竟品黑業受黑報白業受白報一一分別今汝知之尒時世尊即說頌曰

如人種果樹　子苦果亦苦　為罪得果報
經歷劫數苦　種甘得甘果　還受甘果報
香潔甚香美　得受清白報　如人在池水
內外清淨徹　无風无塵穢　香美得清涼
其有衆生見　娛樂不能離　佛道清淨行
與彼无有異　果報受生等　墜墮三塗難
高下隨使水　漂流厄難處　當時煩惱苦
獨受无人代　破骨入髓腦　燒煮不可量
已至无救獄　意悟求解脫　无明所覆蓋
不見慧光明　如人行路迷　舉南以為北
終日心不悟　雖聞亦不信　受罪重苦惱
毒痛加其身　久後罪雖畢　世人所僁賤
形體腥臊醜　如睹卧深溷　死轉入鑊湯
死而復更生　愚癡本所造　受報如影響
善惡二俱等　等分衆生義　无道无偏黨
行亦有高下　持戒生天人　不施福最少
揣食畏人見　慚愧不露出　雖有天女衆
音樂不和雅　時時出遊觀　畏逢神妙天
若戒布施具　甘露衣食至　前後伎樂繞
如月星中明　久久出遊觀　營從自莊嚴
天樂自然作　斯由此人間　持戒布施具
福報如影隨　諸天雖受福　亦有劫數難

臨欲命終時　乃知衰耗法　善念轉欲微
當復更受身　輪轉五道中　經歷无數劫
善惡受對時　不避豪貴賤　於中能獨拔
如我釋迦文
尒時世尊說此偈已於大衆中諸天及人七万七千億那由他皆發无上正真道心尒時世尊告智清淨菩薩曰一生補處菩薩大士以權方便在卑賤家生欲得示現除无明結十月在胎臨生之日現無手足父母覩見謂為是鬼捐棄曠野不使人見所以者何菩薩權化欲令愚癡父母眷屬覩見道明其後數月毋復懷身具滿十月生一男兒端正姝妙世之希有晝生夜死父母號哭椎胷向天山神樹神何不憐我先生一子而无手足捐棄曠野今生一子端正无比狀如天神今復晝生夜死心肝斷絶當復奈何復經數月母繫懷妊十月具滿生一男兒三頭八脚四眼八臂覩者毛竪父母眷屬捨而欲去菩薩權現不令得去父母問曰為是天耶為是龍鬼神阿修羅乹闥婆伽樓羅緊那

羅摩睺羅伽人與非人耶尒時所生男兒即以偈報父母曰
非天夜叉鬼　須倫迦樓羅　為母除愚闇
權生父母家　先無手足子　亦復是我身
朝生若暮死　八住无上尊　我今受形分
三頭八手脚　何為捨我去　經向地獄門
地獄衆苦備　十八鑊湯沸　一一鑊湯者
十六隔子園　受苦无量劫　求出甚為難
謂當說苦難　如火焰熾盛　益以乹薪草
父母愚惑人　不識真性性　邪見禱神祠
焚燒善根本　求滅亦欲難　今我還復體
現本端正形　道本心堅固　修習三通慧
從阿僧祇劫　捨度不度者　守戒不失願
託生父母處　前後捨身命　其數如微塵
所可經歷處　靡不蒙福祐　群品若干種
行跡各不同　應與歡悅度　亦以恐畏化
隨彼衆生念　令復心所願　衆生病非一
投以甘露藥　趣使入道險　不令入邪徑
諸天受福樂　甘露除病痛　不違聖教樂
解脫涅槃樂
尒時菩薩說此偈時父母宗族及諸来會者皆發无上平等度意

菩薩處胎經苦行品第二十

尒時諸會菩薩天龍鬼神阿修羅乹闥婆迦留羅伽緊那羅人非人學无學及四部衆比丘比丘尼優婆塞優婆夷如来觀察知衆生心之所念欲使如来說充意成就苦行无量齊何發意得成佛道佛知彼心即與說本勤苦之行佛告諸来會菩薩摩訶薩聽我所說真實法相亦不由俗數得道亦不離俗數得道不從真道亦不離真道何以故黒中白妙俗中道妙苦樂甘勝所以者何吾昔學道直信不疑作日月王日宮殿者縱廣五十一由旬月宮殿者縱廣四十九由旬日放光明一億一千光明月放光明一億光明吾為日月天子謂為常住不朽不敗經歷恒河沙億千万國土作日天子作月天子命盡乃知非實非真後壽轉減作日月大臣名曰荷伽羅宮殿縱廣二十五由旬次復作毗梨呵波提宮殿縱廣二十由旬次復作鴦伽羅宮殿縱廣十九由旬次復作舍尼宮殿縱廣十五由旬此五大臣日

月左右於无央數百千刧作此五星壽盡墮落亦不真實其壽轉減吾曾為昴宿同伴六人度數三十吾曾作畢宿朋黨五人度數四十五吾曾為觜宿朋黨三人度數三十吾曾為參宿單獨一已度數十五吾曾為井宿朋黨二人度數四十五吾曾為鬼宿朋黨三人度數四十吾曾為柳宿朋黨四人度數十五菩薩當知七宿者跱立東方吾曾為星宿朋黨五人度數三十吾曾為張宿朋友二人度數三十吾曾為翼宿朋友二人度數三十五吾曾為軫宿朋友五人度數三十吾曾為角宿單獨一已度數三十吾曾為亢宿亦一已度數十五吾曾為五宿朋友二人度數三十五菩薩當知此七宿者跱立南方吾曾為房宿朋友四人度數三十吾曾為心宿朋友三人度數十五吾曾為尾宿朋友三人度數三十吾曾為箕宿朋友四人度數三十吾曾為斗宿朋友四人度數三十五吾曾為牛宿朋友三人度數十六吾曾為女宿朋友三

人度數三十菩薩當知此七宿者跱立西方吾曾為虛宿朋友四人度數三十吾曾為危宿單獨一已度數十五吾曾為室宿朋黨二人度數三十吾曾為辟宿朋友二人度數三十五吾曾為奎宿朋友二人度數三十吾曾為胃宿朋友三人度數三十吾曾為婁宿朋友二人度數三十菩薩當知此七宿者跱立北方吾從无數阿僧祇刧或為日月王或為臣佐周旋往來形骸朽敗无真實道後來入間或為轉輪聖王雜散小王或為長者居士求清淨道謂聖王雜散小王或為長者居士求清淨道為真實皆是虛行不合真道吾昔一時入山求道見諸仙學五千人俱集在一處或翹一足叉手合掌隨日轉身或有事月叉手合掌隨月轉身或卧棘刺或服沙石或持秃梟牛馬鹿戒或在山頂投身深谿或抱石自沉入於深水或五火自炙求生梵天或解身支節求神所在或發頭頂以脳燃燈持供養天或投身沸油酥或江右煞无量衆

生或江左燒香令命過衆生盡得生天或自念言曷我今在先度父母即以父母擲於火中唱生梵天或食牛糞或食果蓏或七日一食或時不食形體枯燥或編樹葉以為衣服或連髑髏以為衣服或以髑髏以為食器或服刺針刺心持心令住或時聚會一處手相破腹洗腸去垢唱生梵天吾昔苦行不可稱計於樹王下六年學道日食一麻一米青鴿䳄雀頂上生卵蝕䖝纏身牧牛獵師瓦石撩擲或時斫刺破壞形體或時以杖拄腹乃至於臍遭此百千万痛不以為苦何以故吾當於尒時謂為是道實非真道於虛空有天叉手白菩薩言忍力寂大破碎結使今垂成佛慎勿退轉過去恒河沙諸佛世尊不如菩薩斷食求道天神所感使弥家女奉上乳糜食巳氣力充足七日思惟降伏魔怨梵天下請得成為佛闡揚大法可謂真道无過涅槃涅槃无生老病死吾昔所更苦行如是尒時衆會菩薩歎未曾有皆發无上平等道心

菩薩處胎經四道和合品第二十二

尒時座中有菩薩名曰遍光神智通達住不退轉弘誓之心不可沮壞諸佛所稱非一非二乃至恒河沙佛功德无量積行无量恒遊行无量諸佛世界同學八人一名不邪見菩薩二名直意菩薩三名衆相菩薩四名屈申菩薩五名解脫菩薩六名解縛菩薩七名印可菩薩八名得誓願菩薩從无央數劫已住盡地得不退轉尒時遍光菩薩白佛言云何菩薩摩訶薩入四種道无有前後得成无上等正覺道於是菩薩晝夜思惟見欲火想知念盡顛倒行法見初利法授阿那含即彼天宮取道明證如是不久或時菩薩在上分地下觀欲界猶如聚沫斷三結使遠離三惡於有无有或有菩薩得根得力立志自在破有滅无無四等心等彼此无我想非去来今亦非等正覺今此衆生於无上道有何差別佛言善哉斯問吾當與汝具分別之云何菩薩因緣因緣云何名因緣因緣兩辟釧相振故名為

因緣因緣彼教我受承聲受化是謂聲聞無師无智不因彼此故名覺佛復次菩薩摩訶薩此道彼道共相授決處證无證周流五道是謂為覺亦不見覺亦不見不覺不一不二是不二入菩薩摩訶薩本行習盡解了緣覺有餘无餘結使永盡是不二入等分衆生解了无常身非我有內外盡空是不二入佛恩流布廣普无邊以苦集道得至无為是不二入大慈四等覆蓋一切愚惑衆生得至真實是不二入尒時世尊即說頌曰

聲聞辟支佛　假号音響名　猶彼大戰師
勝怨乃為上　佛為无等倫　獨步三界尊
服心降魔兵　忍力至涅槃　輪轉生死苦
命如琢石火　經歷億百千　求脫无有期
佛本无号字　隨人所尊重　羅漢辟支佛
本一无有二　如彼定光佛　授我无上決
却後九十一　於此賢劫中　第四最勝尊
号曰釋迦文　五濁鼎沸世　不孝順父母
煞害阿羅漢　不奉二尊教　我所經歷處
非一非二道　六趣煩惱中　經歷无央數
初中後不寐　經行修道德　敬心自覺悟

去離三有著　昔佛所行願　不捨取滅度
一身一識神　與已无別異　勤苦數劫中
精神腐朽敗　為彼不自已　故得成佛道
我為一切智　遍教不教者　通慧无所著
一音除狐疑　三生須陁洹　得至无為道
況復弟一者　取佛无有疑　我今諸弟子
有學及无學　四等拔濟苦　无起无生滅
本從思想生　還從思想滅　非我思想生
非我思想滅　行本自有根　流馳非一端
根斷无思想　无復根本念

尒時世尊說此頌時十二那由他衆生皆發無上平等道心

菩薩處胎經意品第二十三

尒時座上有菩薩名曰根蓮花惠施无身行四等心堅固難沮進止行来不失威儀於節從无數劫来常修梵行禪定不乱分別善惡觀察衆生有婬怒癡心无婬怒癡心若多若少皆悉知之遊諸佛國供養承事諸佛世尊善權方便示現无常無我无身無命無人可行知行可住知住慈愍一切時根蓮花菩薩即從坐起偏露右辟右膝著地叉手合掌前白佛言善

哉世尊四道所趣意何所在為有意
耶為无意耶意是果耶為非果耶意
是有對无對耶意可見不可見耶意
是過去未来現在耶非過去未来現
在耶意是仙人法非仙人法耶意是
有為法耶无為法耶意是有漏法无
漏法耶於三法報意何所在耶意在
黑黑報耶意在白白報耶意在不黑
不白不白不黑報耶意在不麁行法
細行法耶尒時世尊告根蓮花菩薩
言善哉善哉根蓮花菩薩汝所問義
愍念一切開化衆生心意識法為盲
冥者示現光明汝今諦聽諦聽善思
念之尒時世尊即說頌曰
寂勝无等倫　清淨无瑕穢　眼淨如蓮花
不為塵所汙　處世有為法　隊墮三有難
我空彼亦无　意寂无心識　如水在器中
規矩隨前物　過去非本有　現在善惡行
未来當壞敗　此意非本意　菩薩行大慈
亦現對无對　洗除垢穢病　汝處究竟道
人道五蓋蔽　令心有障㝵　如日照天下
恒有五事蔽　須倫烟雾塵　閉塞根門法
意本无善惡　隨行之所造　寂滅空无法

如果繁折枝　辟如芭蕉樹　葉葉空无實
四大成人身　求意无意根　意在去来今
去来今无意　分別識心法　求實无所有
意法无形貟　不可言是意　心念若干事
生滅不斷緣　過念善惡事　未来當受對
現在行已滿　意造非他為　一念九十億
有善有惡行　一念之所造　斷除不可盡
況復日月刼　所造善惡行　智者將護身
堅固不傾動　如彼犯罪人　擎持滿鉢油
若棄油一渧　罪交入大辟　左右作衆伎
懼死不顧視　菩薩脩淨觀　執意如金剛
毀譽及惱乱　心意不傾動　解空本求淨
无彼此中間　真如四諦法　趣向涅槃門
本我所造行　牽連身根本　非等師弟子
所可能籌量　无數億千刼　以身償罪對
為馬六畜形　除人不在次　雖得為人身
聾盲瘖瘂僂　佛出照世間　邊地不見佛
苦惱五鼎沸　純惡不聞善　顛倒邪法興
真性中道衰　我於无數刼　持行如油鉢
受身自將護　引致無畏處　九十六種興
如夜見螢火　佛日照世間　除去諸闇冥
佛出世人樂　醫出病人樂　寶出貧人樂
得佛涅槃樂　苦行忍辱樂　我不著色樂

慳貪布施樂　持戒不犯樂　面受聖教樂
思惟禪定樂　有无平等樂　難遭值遇樂
地獄八難苦　无救第一苦　種子腐敗苦
生苗不成苦　生天入罪苦　正見顛倒苦
難陁拔難陁　繞著須弥苦　刼燒火燒苦
心悔求佛苦　一行向一道　一心意不迴
一身脩道德　終意成一寶　脩一不離一
端嚴一識一　守一不離一　故名獨一步
當其世尊說此頌時十六那由他衆
生初行道跡除去塵垢得法眼淨於
无所著入空三昧

菩薩處胎經定意品第二十四

尒時座中有菩薩名曰持空相好具
足入四法門辯才第一脩持佛土一
一佛土留身教化現生現滅隨人高
下言語音響有甜有苦說去知来現
在明了前人問一報以万億義味深
邃難可思量尒時持空菩薩即從坐
起偏袒右臂右膝著地前白佛言去
何菩薩度苦衆生佛告持空菩薩能
使衆生聞苦聲響苦行菩薩斷苦滅
苦不見苦本一道推苦由恩愛而生
集結恩愛縛著人心以藥療治二十

菩薩處胎經第六卷　第十五張　欲字号

八行無從苦本積行累劫滅以復生
邪見衆生稱言真道轉入清淨三昧
定意清淨无瑕無彼无此心識開悟
暫得定意善哉我利安隱快樂无過
此勝意識心結當時漸解謂是真道
此非真實何以故虛偽詐法非佛本
行古昔諸佛所行真實非我非過佛
所行法真實四不思議何謂為四持
意菩薩能令佛土三千大千刹土盡
為七寶還復如故是一不思議如我
今日處母胞胎引及无量阿僧祇衆
生不度者度不到者到除垢至无垢
是二不思議我本擔頤要度苦人到
無苦處一苦不度吾終不取涅槃是
三不思議佛身无量非東西南北方
之所能受獨一無侶自性法空觀别
衆生自觀已性此好醜此淨此不淨
此地水火風於我所此非我所此苦
此非苦此樂此非樂此常此非常此
今世此後世作福得福作罪得罪尒
時世尊即說頌曰

身如灰土糞　四大和合成　无風水莊嚴
地大各自離　火滅在斯須　識无住處所

菩薩處胎經第六卷　第十六張　欲字

多罪積苦本　此是識所為　我今知識本
捨汝不有汝　五色玄黄緑　壞敗人心意
如人出入息　行法不久停　觧知非常苦
无我彼中間　一音報万億　興顯第一教
無常苦空身　曉了諸法相　一還住六淨
解空无相願　了身非我有　如佛教化衆
留心身識離　若佛无此神　去何分身化
隨前罪福報　各令充足願　今受後不受
現在亦如是　煞害父母罪　亦現亦不現
猶如拍毱報　神識之所染　或逆或變悔
一意向清淨　无為大道師　捨身去俗累
本无因緣法　其報如影響　如有亦不有
邪見言真實　疑網所纏褁　從黑還入黑
不别清白法　戒忍有五行　无畏无所懼
定力動大千　降魔如使兵　人求無上道
有退有進者　如河趣大海　往多達者少
遭遇大悲緣　善權渡彼岸　佛為一切智
無染无所著　我本行苦業　捨國城妻子
除父母師長　不惜身體命　如人行曠野
渴乏須漿水　遇可泉池井　自濟无渴乏
人受四大身　有定不定處　况識无善惡
受報識明白　持戒七寶堂　天女數百万
天樂自娱樂　念念无愁想　佛力一切智

菩薩處胎經第六卷　第十七張　欲字号

遍潤一切人　先進五神通　甘露法自潤
耕揚四句義　无前後中間　法法然熾法
法性内外通　如我本所造　愛使之所縛
展轉五道中　以為屋舍堂　天道琢石光
尋究无有盡　盲龜浮木孔　時時猶可值
八一失命根　億劫復難是　海水深廣大
二百三十六　一針投海中　求之尚可得
失人身命　難得過於是　奉律持戒人
處世難可值　於億千万劫　如佛優曇花
有緣衆生等　受化於佛道　斷滅除結使永盡无想著
當佛說此頌時十二那由他衆生信
根堅立无有傾邪發无上正真之道意

菩薩處胎經光影品第二十五

尒時世尊於母胎中廣說大乘不可
思議將欲滅度示現光影神德令諸
會皆同一色如佛金色無若干差别
諸天龍神阿修羅迦留羅緊那羅摩
睺羅伽人與非人及四部衆比丘比
丘尼優婆塞優婆夷或有向或有得
果悉令同色欲聞如來光影定意建
立功德解脱无导四辯才智應對捷
疾想知滅盡所可救濟為人重擔行
來進止不失威儀如諸佛法常所講
說苦集滅道導引衆生入四意止法

成就斷意覺力師子无畏賢聖八道
空无相願時會中有菩薩名曰賢光
即從坐起偏露右髀右膝著地叉手
合掌前白佛言如来應供正遍知明
行足善逝世間解无上士調御丈夫
天人師佛世尊放此光明普照三千
大千世界此光明所化如佛化不佛
力功德非一非二光明所接不可窮
盡此二德行有何差別惟願世尊解
釋疑結使未信人永无狐疑尒時世
尊告賢光菩薩曰汝所問者皆是如
来神力何以故如来神光濟度衆生
无所罣导從閻浮提上至果實天光
明遠照演說六度无極布施持戒忍
辱精進禪定智慧如佛神口度脫衆
生无彼無此濟度无數阿僧祇衆生
皆是佛光蔭涼覆蓋尒時光明有自
然音響而說頌曰

過去无數佛　靡不放光明　一一諸光明
說六度无極　戒忍解脫門　樂法以自娛
初說三空定　以次成就道　三毒等分人
無縛无所著　結結四十八　无救罪門閡
非真行道人　所可經歷處　三活歡喜門

神人跡可貴　上勝所經過　得至无為岸
立行不退轉　无畏初力成　神光所接度
非百億万倍　如彼一光明　分為微塵數
一塵作諸刹　无數不可稱　佛力不可量
非有亦非无　一光演說法　度脫阿僧祇
法身自然空　内外清淨行　煩惱八万四
定意不起乱　昔吾九十二　劫數難可盡
端坐樹王下　行道不中退　无天須倫鬼
勸請問我義　神光遠接度　度脫无央數
過去式棄佛　留光後教化　得入彼兇裏
消滅三毒患　次佛惟衛尊　神德不可量
亦復留光明　拯濟苦惱人　拘鄰舍牟尼
特出三界尊　今在仙人山　光影炳然著
句樓天中天　無著无所染　寂滅入涅槃
留光在後化　迦葉本无尊　所度不可量
亦以光明德　令度不度者　我釋迦牟尼
處胎而說法　身此光明彼　遍滿諸佛刹
此非小節人　所可能籌量　惟佛能量佛
功德无差別　常来諸佛等　皆以光明化
現可度衆生　先光而後法

尒時世尊說此頌已當其座上百七
十億衆生聞佛說此光明神德皆發
無上平等度意

菩薩處胎經卷第六

菩薩處胎經卷第六　校勘記

一　底本，金藏廣勝寺本。八四〇頁中殘缺，以麗藏本換。

一　八四〇頁中一行經名、二行譯者，石、資、磧、普、南、徑、清無。未換卷。

一　八四〇頁中三行品名，資、磧、普、南冠以經名「菩薩處胎經」。

一　八四〇頁中八行第一〇字「肩」，資、磧、普、南、徑、清作「臂」。

一　八四〇頁下二行及七行「果報」，諸本作「黒報」。

一八四〇頁下五行「清涼」，資、磧、普、南、徑、清作「清淨」。

一八四〇頁下七行「受生」，資、磧、普、南、徑、清、麗作「衆生」。

一八四〇頁下八行第四字「使」，石、資、磧、普、南、徑、清作「駛」；麗作「駃」。

一八四〇頁下一四行第七字「賭」，諸本作「猪」。

一八四〇頁下一四行第一一字「苑」，石作「夗」，資、磧、普、南、徑、清、麗作「宛」。

一八四一頁上五行第七字「偈」，石、資、磧、普、南、徑、清作「頌」。

一八四一頁上七行第四字「心」，資、磧、普、南、徑、清作「意」。

一八四一頁上一三行第一二字「身」，石、麗作「娠」。

一八四一頁上一四行第九字「姝」，石作「殊」。

一八四一頁上一九行第八字「繫」，石、資、磧、普、南、徑、清作「漸」。

一八四一頁中六行第一一字「經」，磧、普、南、徑、清作「徑」。

一八四一頁中九行第五字「人」，資、磧、普、南、徑、清作「久」。

一八四一頁中九行「性性」，資、磧、普、南、徑、清、麗作「法性」。

一八四一頁中一〇行第三字「説」，資、磧、普、南、徑、清、麗作「脱」。

一八四一頁中一〇行第一〇字「盛」，資、磧、普、南、徑、清作「然」。

一八四一頁中一四行第五字「處」，資、磧、普、南、徑、清、麗作「家」。

一八四一頁中一八行第一〇字「險」，資、麗作「撿」；磧、普、南、徑、清作「檢」。

一八四一頁中一九行第一〇字「痛」，諸本作「樂」。

一八四一頁中末行品名上經名「菩薩處胎經」，徑、清無。下同此例。

一八四一頁下二行「留羅伽」，石作「樓羅摩睺伽」；資、磧、普、南、徑、清、麗作「留羅摩睺羅伽」。

一八四一頁下四行「衆生」，資、磧、普、南、徑、清、麗作「諸衆生」。

一八四一頁下五行「充意」，石作「究意」；資、磧、普、南、徑、清、麗作「究竟」。

一八四二頁上五行末字至六行第二字「条宿單」，資作「單条宿」。

一八四二頁上九行第二字「四」，資、普、南、徑、清作「五」；磧作「三」。

一八四二頁上九行「七宿」，諸本作「此七宿」。

一八四二頁上一五行第八字「一」，資、磧、普、南、徑、清、麗作「獨一」。

一八四二頁上一六行「五宿」，石、資作「互宿」；磧、普、南、徑、清、麗作「氐宿」。

一八四二頁中五行「辟宿」，南作「壁宿」；清作「壁宿」。

一八四二頁中六行「奎宿」，諸本作「奎宿」。

一八四二頁中七行「胃宿」，諸本作「婁宿」。

一　八四二頁中七行「三人」，石、麗作「二人」。

一　八四二頁中八行「婁宿」，諸本作「胃宿」。

一　八四二頁中八行「二人」，石、麗作「三人」。

一　八四二頁中一三行第八字至一四行第九字「聖王……清淨道」，諸本無。

一　八四二頁中一八行第一一字「棶」，諸本作「棘」。

一　八四二頁中一八行末字「服」，資、普、南、徑、清作「眠」；磧作「眼」。

一　八四二頁中一九行「或持」，資、磧、普、南、清作「中持」。

一　八四二頁中一九行第五字「禿」，石、麗作「土」。

一　八四二頁中二〇行第四字「谿」，資作「鑒」；磧、普、南、徑、清、麗作「壑」。

一　八四二頁中末行第五字「沸」，資、磧、普、南、徑、清作「熱沸」。

一　八四二頁下三行末字「牛」，磧作「以」。

一　八四二頁下五行第二字「體」，資、磧、普、南、徑、清、麗作「骸」。

一　八四二頁下八行第八字「腸」；石作「腹」。

一　八四二頁下一〇行第一一字「䶵」，諸本作「飛」。

一　八四二頁下一一行第二字「夘」，資、磧、普、南、徑、清作「乳」；麗作「乳」，並有夾註「丹本卵」。

一　八四二頁下一二行第一三字「柱」，石、資作「拄」；磧、普、南、徑、清作「拄」。

一　八四二頁下一三行第四字「臍」，資、磧、普、南、徑、清作「脊」。

一　八四三頁上五行第七字「量」，資、磧、普、南、徑、清、麗作「畏」。

一　八四三頁上一九行第六字「心」，資、磧、普、南、徑、清作「心心」。

一　八四三頁中一三行第五字「佛」，資、磧、普、南、徑、清作「道」。

一　八四三頁中一五行首字「服」，資、磧、普、南、徑、清作「伏」。

一　八四三頁中一八行末字「決」，徑、清作「訣」。

一　八四三頁中二一行第八字「二」，資、磧、普、南、徑、清作「三」。

一　八四三頁下一行第三字「三」，磧、普、南、徑、清作「二」。

一　八四三頁下一四行第四字「上」，資、磧、普、南、清作「中」。

一　八四三頁下一六行「於節」，諸本作「禮節」。

一　八四三頁下二二行第一一字「起」，石作「趣」。

一　八四四頁上七行第七字「報」，資、磧、普、南、徑、清作「報耶」。

一　八四四頁上九行末字「法」，石作「法耶」。

一　八四四頁上一六行第四字「所」，資、磧、普、南、徑、清作「垢」。

一　八四四頁上一九行第五字「敗」，麗作「法」。

一八四四頁上二〇行首字「亦」，資、磧、普、南、徑、清作「示」。

一八四四頁上三〇行「垢穢」，資、磧、普、南、徑、清作「塵垢」。

一八四四頁上二〇行第一一字「汝」，諸本作「安」。

一八四四頁上二一行「道五蓋」，石、資、麗作「有五蓋」；磧、普、南、徑、清作「有五事」。

一八四四頁中三行第一二字「實」，資、磧、普、南、徑、清作「神」。

一八四四頁中五行第五字「緣」，資、磧、普、南、徑、清、麗作「絶」。

一八四四頁中五行第一〇字「事」，資、磧、普、南、徑、清作「行」。

一八四四頁中一〇行「大辟」，資作「火僻」。

一八四四頁中一〇行「衆伎」，石作「衆妓」；磧、普、南、徑、清作「妓樂」。

一八四四頁中二〇行首字「受」，資、磧、普、南、徑、清、麗作「愛」。

一八四四頁中末行首字「得」，磧、普、南、徑、清作「持」。

一八四四頁下五行第五字「陁」，石作「龍」。

一八四四頁下五行第一四字「燒」，資、磧、普、南、徑、清、麗作「熾」。

一八四四頁下六行末字「迴」，石、資、磧、普、南、徑、清作「搖」。

一八四四頁下七行第七字「意」，諸本作「竟」。

一八四四頁下七行第一〇字「寶」，資、磧、普、南、徑、清作「實」。

一八四四頁下一一行第五字「空」，資、磧、普、南、徑、清作「定」。

一八四四頁下一五行第三字「土」，磧作「刹」。

一八四四頁下一九行第三字「祖」，石、資、磧、普、南、徑、清作「露」。

一八四四頁下二二行第八字「惟」，資、磧、普、南、徑、清、麗作「推」。

一八四五頁上五行第九字「漸」，磧、普、南、徑、清作「暫」。

一八四五頁上一一行第八字「及」，磧、普、南、徑、清作「汲」。

一八四五頁上一三行第九字「願」，清作「顧」。

一八四五頁上一七行第九字「醜」，資、磧、普、南、徑、清作「此醜」。

一八四五頁上一八行第六字「於」，諸本作「此」。

一八四五頁中一行第一三字「知」，清作「如」。

一八四五頁中七行「心身」，石、磧、普、南、徑、清、麗作「身心」；資作「心心」。

一八四五頁中八行第一四字「不」，磧、普、南、徑、清作「亦」。

一八四五頁中一一行「道師」，資、磧、普、南、徑、清、麗作「導師」。

一八四五頁中一三行第六字「疑」，諸本作「癡」。

一八四五頁中一六行第七字「河」，資、磧、普、南、徑、清作「何」。

一八四五頁中一七行第五字「緣」，

資、磧、普、南、徑、清作「船」。

一 八四五頁中一九行第九字「體」，資、磧、普、南、徑、清作「軀」。

一 八四五頁中二〇行第三字「須」，資、磧、普、南、徑、清作「諸」。

一 八四五頁中二一行第一三字「无」，資、磧、普、南、徑、清作「有」。

一 八四五頁下九行「如佛」，磧、普、南、徑、清、麗作「佛如」。

一 八四五頁下一〇行小字「斷滅……想著」，資、磧、普、南、徑、清、麗作正文；其中「想著」，資、磧、普、南、徑、清作「所著」。

一 八四五頁下一二行第二字「堅」，資作「竪」；磧、普、南、徑、清作「豎」。

一 八四五頁下一二行第八字「發」，資、磧、普、南、徑、清作「尋發」；麗作「皆發」。

一 八四五頁下一二行第一三字「之」，資、磧、普、南、徑、清、麗無。

一 八四五頁下一六行首字「會」，諸本作「會者」。

一 八四五頁下一九行第一一字「向」，磧、普、南、徑、清作「向果」。

一 八四五頁下二二行第八字「救」，石、資、磧、普、南、徑、清作「拔」。

一 八四五頁下末行「止法」，磧、普、南、清作「止觀法」。

一 八四六頁上二行「相願」，麗作「想願」。

一 八四六頁上七行末字「佛」，石作「化」。

一 八四六頁上一四行第五字「說」，石、資、磧、普、南、徑、清作「暢」。

一 八四六頁上一五行第一一字「口」，南、徑、清作「力」。

一 八四六頁上二一行「三空」，磧作「空空」。

一 八四六頁上二二行「門閾」，資、磧、普、南、徑、清作「門闕」；麗作「門無」。

一 八四六頁中二行「初力成」，資、磧、普、南、徑、清作「神力成」；麗作「神力威」。

一 八四六頁中八行「无天」，資、磧、普、南、徑、清、麗作「人天」。

一 八四六頁中一〇行第三字「式」，石作「尸」。

一 八四六頁中一〇行「光裏」，資、磧、普、南、徑、清作「無畏」。

一 八四六頁中一二行第六字「拯」，資、磧、普、南、徑、清作「救」。

一 八四六頁中一九行第六字「常」，資、磧、普、南、徑、清、麗作「當」。

一 八四六頁下卷末經名，石、資、磧、普、南、徑、清無。未換卷。

菩薩處胎經卷第七　欲

姚秦涼州沙門竺佛念譯

破邪見品第二十六

尒時世尊入正定三昧分身變化放大光明欲令菩薩摩訶薩及四部衆比丘比丘尼優婆塞優婆夷破魔境界住於正地告諸會者吾念過去九十一劫在清明城北雪山南界師宗五千人山中苦行我於彼衆最小弟子諷誦經典筭數伎術天文地理靡不綜練彼衆常法其有弟子所學已成當報師恩時我一已亦無財物寶貨可奉上師即跪拜謝欲下山人中乞索師不見聽如是再三求哀乞索師復不聽何以故以我明曉經典衆中最勝師告我言吾有秘要寶藏經典卿未諷誦何為捨吾人間乞求尒時師即以秘要一句五百言使我諷誦未經數日誦習已訖即前白師見聽下山乞求欲報師恩師復不聽而告我言汝當學問秘讖文書日月星辰灾恠禍福山移地動汝亦未知何

為欲捨我人間乞求復更出經一句千言勑教我誦讀又未經幾日復得成就白師求乞欲報師恩師復不聽吾更有經一句万言經中衆寶卿亦未誦讀何由欲捨吾乞求即復出經使誦讀未經幾日已復通達伎術灾恠衆星運度皆悉明了時師慇懃欲得留住更无異經可以學者即辭師下山詣村乞求見異學梵志衆五千餘人於大聚落而共祠天彼祠天法煞五百牸牛五百羖羊五百駱驢五百疋馬為中精健六牙成就五百女人金杖一枚金澡罐一枚白疊千張金銀錢各五万此諸寶物祠天訖當入於師時我下去衣裳塵垢先在山中苦行積年披麤皮衣閒彼聚中異學梵志師宗五千人設大檀會我即過之時彼師長問吾經典伎術多者得為上座經典少者乃處下座彼師所知不能通達秘要讖記以我為上座彼師瞋恚此為何人珎寶雜物今應屬我此人見奪若當更生共相值遇要當報怨如今奪我无異時我即

說邪見顛倒非真非實分別有无為說涅槃无生老病死無彼无此中間自相法觀清淨四无所畏為福生天為罪地獄慳貪餓鬼拉債畜生善惡之報如影隨形時五千人心識開悟即請我為師時為馬牛羊駱馳盡應煞之而我不煞金杖澡鑵我應取之我即以與上座瞋者五百女人還寄祠祀之主五万金錢吾取五百五万銀錢吾取五百餘寄祠主吾從村至村從國至國漸漸至清明城至東門外見五百梵志耆年宿德學道日久日暴火炙形貌醜檝吾即以五百金錢各與一枚辭別入城見城中人香水灑地除去塵穢懸繒幡蓋行列端嚴皆欲出城我小前行見一女人持花七枚我時左右顧視求香覓花了不能得即問此女汝花可得者吾欲買之女報我言此花王花佛當入城將用上佛不可得也菩薩復以善權方便更告語女吾有寶錢五百枚一花百錢者見與者出錢相付女貪得寶即以五花與之行數十步女自念言

此人顏貌端正身披鹿皮衣貪我五枚花不惜銀錢此必有以迴頭喚言男子卿用花為報言上佛時女聞佛名即以二花持用寄我我即出城遥見佛来諸天人民填塞道路无有空缺地可礼拜佛有一洸水可受一人吾即解髮布髮水中即以此偈而讚歎佛

破愛憍慢心　能滅欲怒癡　第一光相足
惟佛照我心　昔我所求願　今日得見佛
今散五莖花　願得不退轉　餘二非我花
王女寄上佛　无上大導師　見慜蹈我髮

時光明如来見我心發大弘誓不可沮壞即以偈而讚我言

摩納發大心　曠濟无數人　弘誓不自為
殖衆功德本　却後无數劫　五鼎五濁世
成佛度衆生　号字釋迦文　光相三十二
奇特人中尊　受慧稱佛竟　地六反震動
諸天世人民　見我得記莂　常相衆結滅
皆願生我世

尒時光明如来即以足蹈我髮上過佛以神力接我五花及以我身即在虛空餘有二花在佛左右肩上吾昔

所行破五千梵志祠天事火之具使行正見八平等法坐卧經行步步饒益度脫衆生從此以来未曾墜墮三塗八難世智辯聡邊地佛後尒時座上魔界衆生計常断滅言苦有樂无常謂有常謂无身謂有身習四顛倒不識明慧五蓋自覆貪著利養尒時世尊欲度斯等邪見之人重說頌曰

邪見非真道　如彼鐵觜虫　破骨入髓腦
苦痛无央數　利養壞道德　智者所不習
躬行堅固心　淨除无明法

尒時世尊說此邪見句義味義字義說真實法无央數百千衆生皆發无上正真道意

菩薩處胎經文殊身變化品第二十七

尒時世尊無所著等正覺入上尊定意三昧觀察過去當来今現在菩薩摩訶薩劫數多少應從一劫二劫乃至百千數億劫應取般涅槃者或有菩薩摩訶薩供養諸佛功德成就教化衆生淨佛國土或有菩薩摩訶薩行八住童真不取妻息除婬欲想自住其地无父母兄弟得成無上正真

等正覺佛告文殊師利現汝古昔土十九劫共花界世界在胎說法全身舍利其土人民身長千由旬佛身万由旬東西南北四維上下无量無限不可稱計非筭師筭師弟子所能籌量根本清淨汝本在彼佛見光相示現神足令此大會得一覩見於如来種利益衆生尒時世尊即說頌曰

文殊本成佛　在胎現變化　方身万由旬
光明相炳著　目如青蓮花　脣口珠火明
方白四十齒　眼眴上下迎　諸天龍鬼神
香花歸命礼　今我處此胎　比方汝彼剎
於十六分中　不得如毫釐　如来神德化
道達无所㝵　禁戒香遠布　諸佛悉歎譽
此今諸來會　欲問難有法　軟首現汝力
蠲除疑網結

尒時文殊師利菩薩摩訶薩不離本座即以神足定力猶大力人屈申臂頃接華世界內娑呵世界釋迦牟尼母胎中二佛世界不相障㝵現身佛相衆好具足坐樹王下敷演深奧寂勝之法彼土菩薩亦來親近釋迦文佛供養承事香花幡蓋釋迦文尼菩

薩弟子亦復至彼礼事供養彼此音響說甚深妙法共相聞通无有罣㝵彼說无生此亦如是我說意止彼亦如是意斷根力覺道彼此無異彼說苦空非身此亦如是尒時文殊師利即說頌曰

觀內外清淨　緣滅想亦然　十方諸佛剎
神德无有異　皆由衆生根　現有妙不妙
計我成佛身　此剎為寂小　座中有疑故
於胎現變化　我身如微塵　今在他佛國
三十二相明　在在无不現　本為能人師
今乃為弟子　佛道極廣大　清淨无增減
或欲見佛身　二尊不並立　此界現受教
我剎見佛身　此剎有劫燒　我土无壞敗
佛力悉周遍　衆生心非一　衆會聽我說
除此更有餘　佛剎名无閡　佛名廾仙尊
國土倍復倍　清淨无瑕穢　國城皆七寶
水精琉璃地　八解甘露池　洗浴去塵垢
令住无㝵處　燿然觀大明　彼廾仙佛者
勿謂為異人　衆會欲知者　我身軟首是
置此更有餘　剎土名究竟　佛名大智慧
過諸菩薩量　彼无二乘學　辟支聲聞等
菩薩摩訶薩　无有欲怒癡　根敗萎不生

況復有果實　大人相具足　先救彼自濟
命如五河流　五使五纏結　五盛陰嘍嗽
輪轉五道中　七使勲堅著　不離七生處
无為八正道　除去八邪業　八慧清淨觀
洗以八解水　八住八除入　有為八法道
苦法有九分　六趣衆生行　究竟九无閡
莊嚴佛道樹　十力无畏法　被慈弘誓鎧
手執智慧劍　芟除結使林　此界諸衆生
貪著生貢高　重病離良醫　療治方更劇
猶如野火熾　焚燒山林澤　隨嵐大風吹
焰熾何時滅　今我等世界　廣演大智慧
我如今日身　大智如来是

尒時文殊師利說此頌已無量阿僧祇衆生皆悉願樂生花剎土時文殊師利還復神足現釋迦文佛菩薩弟子國土多少還復如故

菩薩處胎經八賢聖齋品第二十八

尒時座中有菩薩名曰智積於過去佛造衆德本降伏魔怨善權變化莊嚴佛土於无央數修行忍辱忍心不闕禪行不廢於大衆中為師子吼獨步三界〻隨時上下靡所不入應適无方能使山河石壁皆為七寶給施貧

窮四事不乏解了空觀法性清淨分別三世威儀法則如幻如化如鏡中像如熱時發焰如空中響所將眷屬根本成就奉持禁戒不犯毫氂即從坐起偏露右髀右膝著地叉手合掌前白佛言快哉世尊如來所化無不周遍天龍人鬼皆至道場空界衆生及以胎化所可濟度不可稱量惟願世尊分別六趣善惡之行威儀禁戒初中竟善一一分別使未學者學未知者知佛告智積菩薩善哉善哉能問如來甚深之義今當與汝分別善惡禁戒所趣諦聽諦聽善思念之吾昔一時无央數劫為金翅鳥王七寶宮殿後園浴池皆七寶成遊戲園觀心得自在所行法則如轉輪聖王內宮婇女狀如天人於百千万劫時乃入海求龍為食時彼海中有化生龍子八日十四日十五日受如來齋八禁戒法不煞不盜不婬不妄言綺語不勸飲酒不聽作倡伎樂香花脂粉高廣牀非時不食奉持賢聖八法時金翅鳥王身長八千由旬左右翅各各

長四千由旬大海縱廣三百三十六万里金翅鳥以翅斫水取龍水未合頃銜龍飛出金翅鳥法欲食龍時先從尾而吞到須弥山北有大緣鐵樹高下六万里銜龍至彼欲得食噉求龍尾不知處以經日夜明日龍出尾語金翅鳥化生龍者我身是也我不持八關齋法者汝即灰滅我金翅鳥聞之悔過自責佛之威神甚深難量我有宮殿去此不遠共我至彼以相娛樂龍即隨金翅鳥至宮殿觀看今此眷屬不聞如來八關齋法惟願指授禁戒威儀若壽終後得生人中尒時龍子具以禁戒法使讀誦即於鳥王宮而說頌曰

七寶宮殿舍　莊嚴極快樂　行滿戒不具
受此金翅身　我是龍王子　修道七万劫
以針刺樹葉　犯戒作龍身　我非胎生龍
濕生及卵生　轉身不退轉　興顯佛法衆
汝今受八齋　化汝眷屬等　奉禁无所犯
必得生善處　我宮在海水　亦以七寶成
摩尼頗梨珠　明月珠金銀　可隨我到彼
觀看脩佛事　復益善根本　滋潤悉周遍

尒時金翅鳥聞龍子所說受八關齋法口自發言自今以後盡形壽不煞如諸佛教金翅鳥眷屬受三自歸已即從龍子到海宮殿彼宮殿中有七寶塔諸佛所說法深藏別有七寶塔滿中佛經十二因緣惣持三昧見彼龍王及諸龍女香花供養礼拜承事猶如天上難檀婆那羅金殿无異龍子語金翅鳥我受龍身劫壽未盡未曾煞生嬈乱水性尒時龍子復與金翅鳥而說頌曰

煞是不善行　減壽命中夭　身如朝露垂
見光則命終　持戒奉佛語　得生長壽天
累劫積福德　不墮畜生道　今身為龍身
戒得清明行　雖墮六畜中　必望自濟度

是時龍子說此頌時龍子龍女心開意解壽終之後皆當生阿弥陁佛國佛告智積菩薩我宿命所行戒德充具得成菩薩化現自在无所不入亦入於金翅鳥亦入於龍子亦入於魚鼈龜鼉所化如是

菩薩處胎經五樂品第二十九

尒時世尊觀察衆生心識所念欲知

如来所經歷處曾生金翅鳥中受龍子教誠所度无量不可稱計齊是更有餘碩聞其意佛知衆座心中所念將欲示現本所造行身口意法諸族姓子族姓女聽我所說昔有天帝釋去世已来經无數劫天福自然於三千大千諸釋之中最尊第一羅睺羅阿脩羅王生女端正具足女法六十四能行步進止不失儀則面如桃花色口出言氣如優鉢蓮花香身作牛頭栴檀香不長不短不白不黑不肥不瘦具足女法時釋提桓因內自思惟我今此天女衆多顏貌端正諸天中勝然不如彼阿須倫女令我寧可集諸兵衆與彼共鬪可得彼女給我使令作是念已即召諸天論說鬪事諸天白帝釋諸天鬪戰必不如彼權可遣執樂神等手執琉璃九十九絃及一絃琴歌歎我天受福快樂无量功德諸天稱善此語可從即勅執樂天子般遮翼等嚴辦樂具即於天上忽然不現如有力士屈申臂頃已至阿須倫王婆呵前立彈琴出聲作如

是頌

我是天帝釋　絕妙彈琴師　歌曲音相和
清淨聲極妙　如我彼天樂　无有憂畏想
我則衣食至　七寶甘露珎　金銀牀玉机
轉關身過旋　視樂无厭足　天中尊第一
今遣我等来　欲說无諍行　并獻甘露食
求欲作昏姻　我主彼宮殿　琦珎不可量
天女為眷屬　非千万億數　知婆呵有女
應與我給使　若不見與者　正尒兵衆攻
須倫聞此語　瞋恚極熾威　小物興大意
乃欲有所為　我雖无甘露　豫以自充飽
亦有大兵衆　足得相距逆

尒時般遮翼等聞此語已即還以此語具向天帝釋說時婆呵阿須倫王即勅左右促集兵衆吾有所伐正尒令辦各勿有疑即以此偈向所勅說

豪貴天帝釋　遣使般遮翼　歌頌出五音
求我為昏姻　及彼未集兵　我宜先集衆
仰攻不用力　万得不一失

時彼阿須倫臣佐聞此教已即集四兵往詣須弥山腹壞曲脚天宮次壞風天宮次壞馬天宮次壞莊嚴天宮時有天子名曰大力詣釋提桓因所

天王當知阿須倫婆呵集諸兵衆已壞四門天子天王今欲如何時天帝釋憶本所誦口說頌曰

諸佛威神等　救護我今厄　忍慧破恚怒
解脫安隱處　昔我无睡眠　昨日忽眠寐
此睡非吉祥　須倫侵我境

尒時天帝釋憶佛功德須倫兵衆漸漸却退從四門後園入池水中藕莖糸孔中藏時釋提桓因即勅大臣汝速集兵衆吾欲逐阿須倫兵衆尒時帝釋諸臣受天王教即集天衆從四門求覓但見刀鎧弓箭在地不見須倫衆轉前進直入阿須倫宮殿見婆呵阿須倫女數千万衆不見阿須倫身將諸女衆歸詣忉利天宮時諸阿須倫等求哀歸命向釋提桓因我等愚惑不知佛弟子神力巍巍如是我等先祖信奉如來聞佛有戒不取他物今天王釋將我眷屬盡塡天宮非佛弟子所行法則帝釋聞之悵然不樂須倫先語謟我犯不與取戒我寧當奉禁不犯偷盜即還諸女尒時阿須倫王即以最所敬女與天帝釋天

菩薩處胎經第七卷　第十五張　欲字号

帝釋即以美甘露與須倫須倫天和
合共修行善不煞不盜不婬不欺不
飲酒不香花脂粉非時不食奉持如
来三歸依法吾昔所行無數生中作
轉輪聖王无數生中作天帝釋无數
生中作梵天王奉持賢聖八關齋法
度難救厄設四天下滿中火焰辟如
刧燒一心歸命稱如来名持八關齋
法投身入火焰不能燒若滿中水水
不能溺八關齋者諸佛父母

菩薩處胎經緊陁羅品第三十

尒時座中有菩薩名曰信解脱過去
無央數阿僧祇刧為緊陁羅王須弥
山北過琉璃山琉璃山北過小鐵圍
山鐵圍山北有大黒山緊陁羅王緊
陁羅王在中治化過去無數恒沙諸
佛亦不覩見亦不聞法亦无有聖衆教
化无日月星辰光明所照由昔積福
一施之報居在七寶宮殿壽命極長
何以故本在人間值遇良田有大長
者造佛塔廟此緊陁羅布施一刹柱
成辦廟寺復以淨食施彼工匠壽終
命盡作胃臆神王在兩山中間自然

菩薩處胎經第七卷　第十六張　欲字号

七寶宮殿屋舍昔在人間居財无量
有一沙門中時持鉢乞食婦見沙門
在門乞食即擎飯施與長者見婦與
沙門食即便瞋恚此何乞人瞻視我
婦當令此人手脚破壊壽終之後受
此醜形八十四刧恒無手足在人間
時學仙人法在深山中誦習呪術能
移動日月以夜為晝以晝為夜呼吸
之頃能吐出金銀七寶能使枯樹悉
生枝葉花果能使海水消竭在火不
燒身能飛行眼能徹視自識宿命知
他人心耳遠聞聲眷屬弟子五百人
聞佛出世佛名清淨光如来應供正
遍知明行足善逝世間解无上士調
御丈夫天人師佛世尊說微妙法初
中竟善大慈平等功勳難量我將諸
弟子從深山出飛行經過王宮後園
浴池見諸采女在池洗浴我及弟子
下見婦女生染愛心皆失神足即墮
園中時我瞋恚故来求佛失我神足
時采女衆見五百丈夫盡在園中尋
入白王王勑左右將彼人来我欲問
之尋將詣王王問言御等何人荅曰

菩薩處胎經第七卷　第十七張　欲字号

我等在山學仙道人山中誦習呪術
能移動日月以夜為晝以晝為夜乃
至耳遠聞聲眷屬弟子五百人聞佛
出世佛名清淨光我將諸弟子從深
山出飛行經過王宮後園浴池見諸
采女在池洗浴我及弟子下見婦女
生染愛心皆失神足即墮園中時王
告之曰汝等在深山學仙道来為久
近耶荅曰二十二小刧王復問曰積
刧學道心如死灰不動不揺云何欲
心而失神足荅曰本謂真道神靈第
一踊沒自在所念皆成不啚今日忽
然失道慚愧聖王隨王刑罰王告之
曰汝本學道二十二小刧形枯心疲
所習不真如愚惑人空中求寶於真
際法不獲寶相汝所求師如来等正
覺者近在岳跱山中我當將汝等往
至佛所若佛有所說當奉行之尒時
大王即嚴駕羽寶之車具五威儀將
諸眷屬及五百仙學人等往詣岳跱
山王即下車解劒去蓋却五威儀步
至佛所頭面礼足在一面坐尒時國
王須臾退坐前白佛言此五百人在

山學仙二十二小刧聞佛出世欲来見佛飛過後宫貪著欲愛即失神足惟願世尊與説微妙之法當令還復五神通道佛告大王此五百人所行善根成便壞敗終不究竟本為長者比丘乞食瞋言使汝無足无數刧中作會臆神王在大鐵圍黒山中間雖復受報日月所不照先在人間以剎拄施人以一施之恵與辟支佛後得人身於山中學仙欲心熾盛還失神足此緣久有非適今也五百人於今世命終皆當生无怒佛所彼佛與説生老病死十二因緣苦无苦本集滅道果亦復如是佛説是時王意開解亦樂欲生无怒佛所尒時國王及五百仙人即從坐起礼佛而去

菩薩處胎經香音神品第三十一

尒時世尊知諸衆會心中所念便入定意无形三昧隨衆生意而濟度之昔我人間為香音神王一閻浮提二閻浮提及至无數恒沙閻浮提男女眷屬以香為食衣被服飾皆悉香熏或生北方欝單日土拘耶尼弗于逺在在所生為香音王或壽一刧二刧三刧乃至无數阿僧祇刧知有佛有法有比丘僧心常逺離而不親近何以故貪著五樂以香為樂於善香中不聞餘音但聞五笑歌歎戲樂終日竟夜不知厭足有善知識昔修善根從地踊出半身人現而告我言此處樂耶何為貪著此非真實清淨之行除去香熏可得安隱處此香為灾為幻為化今佛在世可往受教得清淨香遍滿諸方香音神王聞之極大歡喜善哉善哉善知識欲導引我尒清淨香今正是時佛為所在共往礼拜尒時踊出地神即以偈告香音神曰

如来无所著　今在南方界　在胎清淨觀
眷屬无央數　燒諸衆妙香　懸繒花蓋幡
供養如恒沙　戒德甚深香　遍滿十方世
其有聞香者　盡得无上道　汝可將眷屬
往到閻浮提　一心歸依尊　當自面見佛
佛德无邊岸　各隨本所行　一聞三句義
成道不移坐　三空慧定力　十八不共法
大人相好具　汝後必獲之　紫磨金色體
軟細不受塵　法身智慧定　汝當悉具得

到彼勿懷懼　正心莫生疑　勇猛不怯弱
便逮師子步　分別身心觀　悉解空自然
眼識无色本　除對不造垢　當行三法門
現後及中間　獲淨三通慧　揔持无㝵法
无常无樂想　刧數造不善　慧火彈指燒
金銀寶琉璃　須弥四寶成　刧燒火所焚
行報不可滅　如来在世化　愍彼不為已
處處在在生　盡緣縛著人　如人射虚空
箭窮還到地　供養諸福田　不選必遇聖
亦如服毒藥　處處求解具　毒氣轉隆盛
命終亦不久　宿有善知識　授以解藥具
次第不選擇　會值解藥法　行施作福業
不選擇高下　此神聖所譽　㝡尊為第一

時香音神王聞踊出地神語心開意解五體投地汝為我師化我童曚我今愚惑不別真偽受我悔過如癡如愚尒時地神即從地踊出現佛色身三十二相放大光明以神足力接香音神至於胎觀彼諸會衆无覺知者佛告諸来會者吾從无數阿僧祇刧能大能小入細无㝵或在天上刧數教化或在人中代彼受苦或在畜生餓鬼地獄分身教化無所不入時沓

音神王及七十二億眷屬尋發无上
住不退地

菩薩處胎經地神品第三十二

尒時座中有菩薩名曰善業即從坐
起偏露右髆右膝著地叉手合掌前
白佛言欲問所疑聽者敢說佛告善
業恣汝所問吾當為汝一一分別善
業白佛言云何世尊六大衆神何者
為妙地水火風空識耶尒時世尊即
以神足令彼地神從地踊出在地界
立水神從水踊出水中立火神從火
踊出火中立風神從風踊出風中立
空神從空踊出空中立識神從識踊
出識中立佛告善業此六識神汝自問
之善業菩薩即問地神於六大中汝
為妙不地神報言於六神中我為冣
勝所以者何所生万物山河石壁樹
木花果皆依我住一切衆生有形之
類依而得存以是義故我為冣妙
尒時善業菩薩問水神曰汝於六神
為冣妙不水神報言於六神中我為
冣勝所以者何若无水者地為枯乾
无有滋潤草木花果皆為枯燥衆生

之類有形之屬皆當渴死以是義故
我為冣勝尒時善業菩薩次問火神
六神之中汝為冣勝不火神報言於
六神中我為冣勝所以者何若无火
者万物滋長云何成熟若遇霜雹氷
寒雷電一切衆生有形之類皆當凍
死以是義故我為冣勝尒時善業菩
薩次問風神六神之中汝為妙不風
神荅曰於六神中我為冣妙所以者
何若无風者樹木花果根牙莖節不
得成熟一切衆生有形之類進止動
搖皆是我風以是義故我為冣妙尒
時善業菩薩次問空神於六神中汝
為妙不空神報言於六神中我為冣
妙所以者何山河石壁樹木花果一
切万物有形之類行来進止我能含
容使得調暢通達往来以是義故我
為冣妙尒時善業菩薩次問識神於
六神中汝為妙不識神荅曰於六神
中我為冣妙所以者何此五大神是
我僕從我是其王行来進止若好若
醜可避知避可就知就彼皆盲冥我
為眼目以是義故我為冣妙尒時地

神白善業菩薩言此事不然何以故
恒為識神之所誑惑不示徑路我欲
得堅鞕反與柔軟時復須軟反與我
鞕我欲詣南反將至北賊中之賊不
過識神自稱為王此事不然尒時水
神白善業菩薩言識神所說是事不
然何以故水能潤漬成長万物我性
須冷反與我熱燒炙滋盡永无冷性
為識所誑以是義故識言非也尒時
火神白善業菩薩言識言非也何以
故火能熟物亦為光明樹木華果隨
時成長若无火者識何所依以是義
故識言非也尒時風神白善業菩薩
言識言非也何以故万物成長行来
進止動搖識制止於我不令動轉以
是義故識言非也尒時空神白善業
菩薩言識言非也何以故我空法无
物不舍含容万品進止行来通達无
閡皆是我空若非空者識何所依以
是義故識言非也尒時世尊問善業
菩薩此六大所論有句義耶无句義
耶有味義耶无味義耶有字義耶无
字義耶善業菩薩白佛言世尊如五

大性各均等何以故地界多者水界少者則不成就水界多者火界少者則不成就火界多者風界少者則不成就風界多者空界少者則不成就空界多者識界少者則不成就五界等者識不分別則不成就尒時善業菩薩即說頌曰

識神无形法　五大以為家　分別善惡行
去就別真偽　識示善道處　永到安隱道
識為弟六王　餘大冣不如

佛告善業汝所問者皆是如來威神力故尒時座上百七十億衆生解識深法悉發無上正真道意

菩薩處胎經人品第三十三

尒時座中有菩薩名曰法印聞如来說六大衆生受五陰形分別內外解了空无內心生疑識為乱想非真實法何者是人去何是人人從何生佛告法印菩薩善哉善哉汝所問者皆是諸佛威神所接所以者何過去無數阿僧祇恒河沙諸佛及當来无數阿僧祇恒河沙諸佛分別人本假号名字不可思議非彼二乘羅漢辟支

所能籌量汝今諦聽諦聽善思念之吾當與汝具分別說猶如此閻浮提恒河沙世界出衆生種此事不然何以故非真實性故非人種東弗于逮亦非人種比欝單曰亦非人種西拘耶尼亦非人種除无量壽佛及阿閦佛國除莊嚴剎土虛空際佛除我今日諸坐菩薩餘諸盡非人種何以故從無本已來乃至成佛於其中間初不為惡此是人種猶如有人修身口業於不修者是謂人種受三依法於不受者是謂人種奉持五戒於不奉者是謂人種修行十善於不行者是謂人種向須陁洹於不向者是謂人種得須陁洹於不得者是謂人種向斯陁舍於不向者是謂人種得斯陁舍於不得者是謂人種向阿那舍於不向者是謂人種得阿那舍於不得者是謂人種向阿羅漢於不向者是謂人種得阿羅漢於不得者是謂人種向辟支佛於不向者是謂人種得辟支佛於不得者是謂人種向佛道者於不向者是謂人種得佛道者於

不得者是謂人種故号八尊如來應供正遍知明行足善逝世間解无上士調御丈夫天人師佛世尊是謂人種佛告法印菩薩汝今善聽過去諸佛於現在未来是謂人種現在於未来是謂人種未來於過去現在是謂人種於三世法現在於過去未来冣為第一何以故如来於現在中能行過去未来法何以故勝過去已滅未来未至法性自然非過去能滅現在未来非未来能滅過去現在尒時世尊即說頌曰

過去等正覺　遺教度衆生　分別人根本
上中下微妙　現在冣勝佛　明過知未来
除滅前後結　獨照如日明　皆行衆生華
兩足及四足　為說甘露法　充滿除衆想
諸天十善行　從一二十二　上天下非天
功德之差降　如来衆相具　行善无瑕穢
積德如安明　清淨行无垢　若人生誹謗
言佛非真道　死入阿鼻獄　諸佛不能救
口氣腥臊臭　支節煩惱熱　惡念遂熾盛
斯由誹謗罪　行善修功德　識神向善處
如人入池洗　清淨无塵垢　羅漢辟支佛

斷滅永不生　不念吾我身　去離五道苦
佛本所行法　得諸佛印可　今得為人尊
故号天中天

世尊說此頌已語法印菩薩是謂人種尒時法印菩薩即從坐起偏露右髀右膝著地叉手合掌前白佛言善哉世尊快說斯義我等衆會於如来所則非人種云何示現得為人種佛告法印菩薩解知諸法空无所有無彼无此不見彼此者是謂人種觀察法性无去来今解知法性空寂無二是謂人種於四道果有成就者无成就者不見有一亦不見二是謂人種於衆相法不見莊嚴亦不見不莊嚴解了空寂非一非二是謂人種佛國清淨除欲怒癡亦不見淨亦不見不淨二事虛空是謂人種分別道性三十七品有成有敗不見俗界有入無入是謂人種發意弘誓不自為已安處衆生住在无畏不見有住不見无住二事平等是謂人種分別禪定心無染著執意如空无能移動亦不見定亦不見不定是謂人種衆生邪見

導示善處以八正法洗除心垢亦不見正亦不見不正是謂人種於四部衆比丘比丘尼優婆塞優婆夷道心堅固无所戀著不見戒行有犯不犯是謂人種如是法印於如来法則為饒益利益衆生於佛有反復修諸功德不唐捐棄尒時座上百七十億衆生皆發无上真正道意修於人種不退轉行

菩薩處胎經行品第三十四

尒時座中有菩薩名曰造行即從坐起偏露右髀右膝著地叉手合掌前白佛言善哉世尊快說人種非前非後非兩中間行業果報以何得知或過去身非今現在或未来身非過去或現在身非過去未来或內作行受外報或外作行受內報或凡夫身作行須陁洹身受報或須陁洹身作行斯陁含受報或斯陁含身作行阿那含受報或阿那含身作行阿羅漢身受報或有衆生得慈三昧无悲喜捨或有衆生得悲无慈喜捨或有衆生得喜无慈悲捨或有衆生得捨无慈

悲喜或有衆生從凡夫地不向信地法地取須陁洹或有衆生不向信地法地須陁洹取斯陁含或有衆生不向信地法地須陁洹斯陁含取阿那含或有衆生不向信地法地須陁洹斯陁含阿那含取阿羅漢或有衆生不向信地法地須陁洹斯陁含阿那含阿羅漢取彼此阿羅漢或有衆生向辟支佛還自墜落墮凡夫地或有衆生向阿羅漢還自墜落墮凡夫地或有衆生向阿那含還自墜落墮凡夫地或有衆生向斯陁含還自墜落墮凡夫地或有衆生向須陁洹還自墜落墮凡夫地或有衆生於法地退墮凡夫地或有衆生於信地退墮凡夫地此諸衆生於如来所皆有狐疑惟願世尊一一分別令諸會者爜然開悟尒時世尊告造行菩薩曰善哉善哉汝所問義皆為當来過去現在亦是諸佛行業果報吾今一一分別諦聽諦聽善思念之云何造行菩薩欲使如来說過去无量阿僧祇刧行業果報耶欲使如来說未来无量阿

僧祇劫行業果報耶欲使如来說現在无量阿僧祇劫行業果報耶尒時造行菩薩白佛言世尊且置過去未来行業果報欲聞如来現身行業果報佛告造行菩薩過去无數阿僧祇劫行業果報亦是現在作未来无數阿僧祇劫行業果報亦是現在作現在所作行業果報亦是過去未来受對因緣今當與汝說之昔我所更苦行无數或修淨行或修不淨行或修天行或修人行初求佛道諸漏已盡神通變化爗然大悟三界都苦唯我為樂於尼連水邊六年苦行日食一麻一米斯由曩者向一緣覺犯口四過斷絕一施令受輕報我既成佛為五百摩納子惡聲誹謗罵詈在諸街巷稱言佛道非真時諸國人民有信不信信者信地法地不信者外凡夫如此人等根力成就不可沮壞佛出於世光明普照地獄休息餓鬼飽滿在畜生者不復荷負重擔如我弟提婆達兜以石打佛脚指出血吾時避走東至弗于逮北至欝單曰西至拘

耶尼吾復避之從忉利天上至三十三天此石故隨逐吾吾復避之還至故處為石所傷吾在摩竭國界晝闇園中閑居經行時有長者名尸利掘請我供養我即受請將阿難一人尋從我行彼長者舍有七重門門各有守者過去未来現在諸佛常法默然受請不受餘請凡我弟子出家為道行亦應尒我至彼門尸利掘長者於內作倡伎樂自恣忘我在外已經日夜佛語阿難汝行乞食我住此處時馬將從佛邊過佛從乞食馬將言我无食唯有熟麦當持相與即持熟麦施與佛佛即受食之時彼馬將謂為佛食尒時有天子名曰練精即接食去諸人見者謂為佛食然佛不食為度彼故現受食如是九十日在門裏住阿難亦九十日乞食如来威神不令國王及羣臣長者知佛住此何以故恐彼生憍興誹謗心佛无威神餘人何望尒時尸利掘長者有小因緣出外遊戲見佛在門方問佛言何時至此佛告長者卿前請我我即来

此汝在內快自娛樂今已經九十日欲還晝闇園中得君供養食馬熟麦時尸利掘長者極懷慚愧五體投地惟願世尊垂恕不及聽我悔過佛告長者此緣久有非適今也尒時長者請佛入宮舍四事供養佛為說法諸塵垢盡得法眼淨吾昔一時在毗舍離城初成佛道未久六師興盛吾有弟子千二百五十人一千一人皆得羅漢六通清徹時有旃遮摩那耆女是阿闍羅翅舍欽婆羅弟子受師明教日来佛所外現清信女法內受邪師教来往周旋欲令人見以草作腹日漸令大後以木杅繫腹狀如臨產婦女時邪師問言汝郝得此身報言我曰往瞿曇沙門所故有此身師便瞋言誣我弟子垂當生梵天毀辱我弟子乃至於此時邪師將諸弟子并此女人往至佛所當於尒時如来與无央數眾而為說法梵志至佛所高聲唱言此沙門瞿曇犯於婬欲實不得道自稱言得道所作變化皆是幻術非真實道怕此女人言眾人皆見

不也愛我此女使令有娠發此語已時天帝釋化作一黄鼠在女裙裹齧杅繩索令杅墮地衆人皆見呵責罵言汝等師徒謗毀聖人促出國去吾昔一時在錦眦梨國在一樹下禪定行道九十日不移處所時彼六師名金鄉金離有女弟子酸陁難提與嫉妬心欲障佛功德自顯師道女言我能使人不供養佛令師名聲流布天外時彼女人懷此謀心日往佛所經數日中煞身埋精舍後園中後来出死屍言佛煞之謗名流布國人皆知吾昔一時左脅患風使耆域令治耆域言當須牛乳為扇舍利沙畢鉢尸利沙胡椒煑以為湯服之則差吾昔一時在他村中遊行教化吾為馬搶刺脚孔上下徹疼痛无量復使耆域治之吾昔一時患頭痛猶如兩須弥山碑頭疼痛痛不可處今雖成佛諸漏已盡諸善普集行本不朽從无數刧脩清淨行業果報難可得離佛身如是何況阿羅漢辟支佛能免行報耶尒時世尊與造行菩薩而說頌曰

寂勝四禪足　住壽无數刧　天地悉壞敗
須弥如灰塵　行業追逐身　无處可隱藏
我成寂正覺　三界无等倫　故受九報對
宿行牽連縛　我有三昧力　金剛不可沮
不能避報業　捨而不受對　我今生緣盡
齊是更无分　永與生死别　更不造彼行
人多貪五欲　不對愼放逸　今世亦後世
常隨有憂慼　涅槃无所著　示現有為法
設復不現化　衆生難可度　八等无為道
賢聖所行路　去離諸縛著　无有生滅法
道從无常觀　思惟不淨法　一心不移動
成就諸相好　羅漢辟支佛　償對復甚我
行業所追逐　何處可得免　智慧舍利弗
常行佛功德　下腸取滅度　此是明白證
神足目揵連　步步登須弥　執杖梵志打
骨碎如芥子　婆竭阿羅漢　降伏難陁龍
臨取滅度時　眼睛墮无數　金花比丘尼
神徳難可量　化作轉輪王　統領四天下
捨壽入无為　支節刀劍解　辟支名光相
无佛法出世　隨世盡其壽　鑊湯取滅度
我今說現在　此等諸業報　設當說過去
阿僧祇佛行　以刧數至刧　業報不可盡
當来復有佛　令在此座上　亦當說業報

如今无有異　菩薩摩訶薩　精進不懈怠
常急離業報　不與彼共俱

尒時造行菩薩聞此偈已衣毛皆竪不樂生死周旋五道皆發无上住不退轉地

菩薩處胎經法住品第三十五

尒時世尊見衆會寂然清淨純一无雜出廣長舌左右䑛耳放大光明上至无量阿僧祇刹土衆生見光欣然踊躍歎未曾有尒時世尊還攝光明佛告弥勒菩薩摩訶薩吾從无數阿僧祇刧已来身口意淨无有瑕穢得此實相光明之報斯由不欺妄故佛復告弥勒菩薩摩訶薩我今囑累於汝菩薩胎化經典汝當宣傳廣宣布之若有善男子善女人諷誦此經香花供養擣香末香繒綵花蓋作倡伎樂其功德福甚多甚多若有善男子善女人不能究竟且暮諷誦彈指之頃心念此經者其功德福不可稱量何以故此胎經者諸佛之父母衆經中長過去當来諸現在佛要在母胎經中所化度衆生過於色身百倍千

倍巨億万倍不可稱量佛復告弥勒菩薩摩訶薩若有善男子善女人礼事供養此經典者欲得面見十方諸佛一心帰命无他異想即時得見十方諸佛若有善男子善女人發大誓願我今欲使地獄休息餓鬼畜生无煩惱病一心帰命諷誦此經諸苦惱衆生皆得解脱佛復告弥勒菩薩摩訶薩我今緣盡无教化處此經留住或千年或至二千年或至三千年令分為三分一分付與阿難度我遺法弟子一分與難陁優鉢羅龍王餘一分者弥勒與我宣傳使一切衆生普得聞知無得中断弥勒汝作佛時汝當宣布此經十方天下衆生蝡動喘息蚑行人物之類皆蒙此經悉得解脱弥勒汝般涅槃後此經二十一劫流布在世然後乃断若有善男子善女人諷誦此經心不錯乱發大弘誓欲令衆生悉同我願同時俱生清淨國土承事礼敬諸佛世尊如願得之而无罣导佛復告弥勒菩薩摩訶薩汝當承受我教當念佛恩欲報佛恩

者當一心奉持供養胎化經典此功德福无能宣暢何以故此胎化經典諸法寶藏諸佛封印唯有如来應供正遍知明行足善逝世間解无上士調御丈夫天人師佛世尊能開發此即封示現衆生弥勒當知我前後所說三昧惣持甚深經典汝忘一字一句此過少耳若於此胎化經典忘失一字一句其過甚多何以故此諸佛世尊之父母也尒時世尊說是語時普地六反震動時座菩薩各各自相謂言釋迦文佛離法性不久必當還現如本色相時座上有八十四億姟衆生皆發无上住不退轉時諸菩薩忽然不現各離胎化供養釋迦文佛金棺舍利

菩薩處胎經復本形品第三十六

尒時世尊還攝威神在金棺裏寂然无聲諸天燒香散花供養時大迦葉將五百弟子從摩伽提國来至佛所聞佛今日當取滅度悲啼嘷泣不能自勝尒時世尊以天耳聞迦葉来至即從棺裏雙出兩足迦葉見之手捉

摩捫啼泣不能自勝尒時迦葉普說頌曰

一切行无常　生者必有死　无生亦無死
此滅為寂樂　佛所教化人　所度已周遍
我行道迴絶　深恨不見佛　法界悉皆空
色身亦當尒　无有老病死　無為无所生
住壽百恒沙　亦當歸滅度　况我天尊師
處世者穢汙

尒時迦葉及五百弟子皆遶金棺七帀在一面立尒時阿難捉棺西北角難陁捉東北角諸天在後侍直北出去雙樹四十九步安厝金棺隨沙門以牛頭栴檀香積金棺上諸梵天王釋提桓因將諸天衆在虚空中散花供養尒時尊者迦葉手執火然栴檀薪而耶維之八大國王爭分舍利隨力多少各持歸供養

菩薩處胎經起塔品第三十七

尒時八大國王優填王頂生王惡生王阿闍世王四大兵馬主寂象兵馬主容頹兵馬主熾盛兵馬主金鉦兵馬主此八大王共爭舍利各領兵衆列住一面八大王各各言佛舍利我

應獨得之有一大臣名優波吉諫言諸王莫諍佛舍利應當分之普共供養何為興兵共相征罰尒時釋提桓因即現為人語諸王言我等諸天亦當有分若共諍力則有勝負幸可見與勿足為難尒時阿耨達龍王文隣龍王伊那鉢龍王語八王言我等亦應有舍利分若不見與力足相伏時優波吉言諸君且止舍利宜共分之即分為三分一分與諸天一分與龍王一分與八王金瓮受石餘此臣盔以蜜塗瓮裏以瓮量即分舍利諸天得舍利還於天上即起七寶塔偷婆龍得舍利還於龍宮亦起七寶塔偷婆八王得舍利各還本國亦起七寶塔偷婆臣優波吉得著金瓮舍利三廾并瓮亦起七寶塔偷婆灰及土四十九斛起四十九七寶塔偷婆當耶維處亦起七寶塔偷婆高四十九刃香花供養懸繒幡盖終日竟夜音樂聲不斷佛之威神令諸七寶塔各各有光明或夜放光明與晝无異或晝放光明與夜无異諸護塔善神各各

来營護不令惡人有觸犯者

菩薩處胎經出經品第三十八

尒時佛取滅度已經七日七夜時大迦葉告五百阿羅漢打揵椎集衆卿五百人盡詣十方諸佛世界諸有得阿羅漢六通清徹者盡集此閻浮提詣雙樹間釋迦文尼佛今以捨壽取般涅槃耶維已訖起七寶塔今集衆欲得演出真性法身汝等速集聽採微妙之言尒時五百阿羅漢受大迦葉教以神足力如人屈申臂頃即到十方恒河沙刹土集諸羅漢得八億四千衆来集到忍界聽受法言尒時迦葉見衆已集語優波離卿為維那唱阿難下即受教唱下阿難卿是佛侍者今有大過於我等所卿自知不也阿難白大迦葉言不審有何大過於聖衆所迦葉告阿難言云何阿難佛所說經若有得道羅漢六通清徹者修四神足多修多行能住壽一劫有餘卿何故默然而不報佛時阿那律將阿難出在外須臾復喚阿難前還舊事具責阿難尒時阿難心意荒

乱內自念言佛滅度未久耻我乃尒即思惟四意止四意斷四神足五根五力七覺八道分別苦本集滅道果即於衆前成阿羅漢諸塵垢滅朗然大悟聖衆稱善諸天歌歎當於尒時地六反震動諸天散花作唱伎樂色身滅度法身出世利益衆生多所潤及即使阿難昇七寶高座迦葉告阿難言佛所說法一言一字汝勿使有缺漏菩薩藏者集著一處聲聞藏者亦集著一處律戒藏者亦著一處尒時阿難發聲唱言我聞如是一時說佛所居處迦葉及一切聖衆皆墮淚悲泣不能自勝咄嗟老死如幻如化昨日見佛今日已稱言滅為聞衆初出經胎化藏為第一中陰藏第二摩訶衍方等藏第三戒律藏第四十住菩薩藏第五雜藏第六金剛藏第七佛藏第八是為釋迦文佛經法具足矣二月八日成佛二月八日轉法輪二月八日降魔二月八日般涅槃

菩薩處胎經卷第七

菩薩處胎經卷第七

校勘記

一　底本，金藏廣勝寺本。
一　八五一頁中一行經名及二行譯者，石、資、磧、普、南、徑、清無。未換卷。
一　八五一頁中三行品名，資、磧、普、南冠以經名「菩薩處胎經」。
一　八五一頁中一三行第一二字「山」，磧、普、南、徑、清作「彼山」。
一　八五一頁下二行第四字「教」，資、磧、普、南、徑、清無。
一　八五一頁下八行第一○字「學」，資、磧、普、南、徑、清作「與」。
一　八五一頁下一一行第八字「羯」，資作「羖」；磧、普、南、徑、清作「羝」。
一　八五一頁下一三行第一二字「疊」，磧、普、南、徑、清作「氎」。
一　八五一頁下一四行第一三字「訖」，資、磧、普、南、徑、清作「訖竟」。
一　八五一頁下一五行第七字「去」，資、磧、普、南、徑、清作「山」。
一　八五一頁下二○行第一一字「以」，資、磧、普、南、清作「即以」。
一　八五二頁上三行「法觀」，資、磧、普、南、徑、清作「觀法」。
一　八五二頁上六行末字「煞」，諸本作「殺」，下同。
一　八五二頁上一一行第一一字「至」，石、麗無。
一　八五二頁上一九行第一三字「將」，石、資、磧、普、南、徑、清作「持」。
一　八五二頁中二行第一二字「頭」，石、資、磧、普、南、徑、清作「顱」。
一　八五二頁中六行第六字「佛」，石、磧、普、南、徑、清、麗作「佛前」。
一　八五二頁中六行第九字「洸」，石、磧、普、南、徑、清作「汪」。
一　八五二頁中九行第五字「心」，石、資、磧、普、南、徑、清作「山」。
一　八五二頁中一三行第八字「心」，磧、普、南、徑、清作「淨心」。
一　八五二頁中一九行第一二字「相」，資、磧、普、南、徑、清、麗作「想」。
一　八五二頁下六行第五字「謂」，諸本無。
一　八五二頁下一一行第九字「明」，資、磧、普、南、徑、清作「想」。
一　八五二頁下一五行品名上經名「菩薩處胎經」，徑、清無。下同此例。
一　八五二頁下一九行第四字「數」，諸本作「無數」。
一　八五二頁下一九行第八字「取」，磧、普、南、徑、清作「即」。
一　八五三頁上二行「共花界」，諸本作「於花光」。
一　八五三頁上二行第九字「在」，石作「佛」。
一　八五三頁上六行第一一字「見」，資、磧、普、南、徑、清、麗作「身」。
一　八五三頁上一○行「光明相炳」，石、資、磧、普、南、徑、清作「光相炳然」。
一　八五三頁上一二行第一一字「比」，

磧、南、徑、清作「此」。
— 八五三頁上一四行首字「道」，資、磧、普、南、徑、清、麗作「通」。
— 八五三頁上一四行第一四字「歎」，磧、普、南、徑、清作「歎」。
— 八五三頁上一八行第八字「猶」，資、磧、普、南、徑、清作「猶如」。
— 八五三頁上一九行第三字「華」，資、磧、普、南、徑、清作「華光」。
— 八五三頁上一九行第八字「呵」，石作「婆」。
— 八五三頁上二〇行第二字「胎」，資、磧、普、南、徑、麗作「胎會」。
— 八五三頁中九行第一〇字「小」，資作「上」。
— 八五三頁中一〇行「佛國」，資、磧、普、南、徑、清作「國土」。
— 八五三頁中一二行第九字「廣」，資、磧、普、南、徑、清作「曠」。
— 八五三頁中一三行首字「或」，資、磧、普、南、徑、清作「我」。
— 八五三頁中一三行第三字「見」，石、資、磧、普、南、徑、清作「現」。
— 八五三頁中一九行第六字「燿」，資、磧、普、南、徑、清作「霍」。
— 八五三頁下三行第八字「動」，資作「動」；磧、普、南、徑、清作「熏」。
— 八五三頁下三行「生處」，資作「處生」。
— 八五三頁下八行第六字「芟」，資作「釤」。
— 八五三頁下九行第一四字「叓」，資作「便」。
— 八五三頁下一二行「我如」，資、磧、普、南、徑、清作「如我」。
— 八五三頁下一五行第四字「復」，諸本作「攝」。
— 八五三頁下二〇行第九字「行」，資、磧、普、南、徑、清無。
— 八五三頁下二一行「不廢」，資無。
— 八五三頁下二二行第六字「上」，資、磧、普、南、清作「高」。
— 八五四頁上三行第五字「發」，資、磧、普、南、徑、清、麗無。
— 八五四頁上三行第八字「空」，資、磧、普、南、徑、清作「谷」。
— 八五四頁上二一行首字「勸」，石、資、磧、普、南、徑、清無。
— 八五四頁中四行第九字「北」，磧作「此」。
— 八五四頁中四行第一二字「緣」，資、磧、普、南、徑、清無。
— 八五四頁中五行第二字「下」，資、磧、普、南、徑、清、麗作「十」。
— 八五四頁中五行末字「求」，磧、普、南、徑、清作「即求」。
— 八五四頁中六行第三字「不」，磧、普、南、徑、清作「了不」。
— 八五四頁中七行第一三字「我」，磧、普、南、徑、清作「若我」。
— 八五四頁中八行第三字「閙」，石作「閙」；資、磧、普、南、徑、清、麗作「関」。
— 八五四頁中一八行第五字「萊」，資、磧、普、南、徑、清作「菓」。

一八五四頁中末行第一一字「滋」，資、磧、普、南、徑、清作「慈」。

一八五四頁下五行「說法」，諸本作「說諸法」。

一八五四頁下五行末字「塔」，諸本作「函」。

一八五四頁下六行第四字「經」，資、磧、普、南、徑、清作「說」。

一八五四頁下七行第二字「王」，諸本作「子」。

一八五四頁下八行第九字「羅」，資、磧、普、南、徑、清無。

一八五四頁下一〇行第五字「乱」，石、資、磧、普、南、徑、清作「觸」。

一八五四頁下一二行第一〇字「犬」，石、資、南、徑、清、麗作「夭」；磧、普作「犮」。

一八五四頁下一四行第一二字「身」，資、磧、普、南、徑、清作「我」。

一八五四頁下一六行末字至一七行首字「開意」，資、磧、普、南、徑、清作「意開」。

一八五四頁下一八行末字「充」，諸本作「完」。

一八五四頁下一九行「菩薩化現」，石、資、磧、普、南、徑、清作「佛身變化」。

一八五四頁下二〇行末字至二一行第二字「鼈龜鮀」，石、磧、普、南、徑、清作「鱉黿鼉」；麗作「鼈黿鼉」。

一八五四頁下二一行後，石、資、磧、普、南、徑、清換卷，爲卷第五。

一八五四頁下二二行「菩薩處胎經」，資、磧、普、南、徑、清無。

一八五五頁上一行第一一字「鳥」，石作「鳥王」。

一八五五頁上三行第六字「意」，磧、普、南、徑、清作「意解」。

一八五五頁上三行「衆座」，清、麗作「衆生」。

一八五五頁上六行第一一字「自」，石無。

一八五五頁上一三行第四字「此」，諸本作「此宮」。

一八五五頁上一八行末字「絃」，諸本作「絃琴」。

一八五五頁上二二行第四字「現」，資、磧、普、南、徑、清作「見」。

一八五五頁中四行首字「我」，諸本作「念」。

一八五五頁中五行第四字「過」，諸本作「迴」。

一八五五頁中九行末字「攻」，石、麗作「征」。

一八五五頁中一二行第九字「距」，磧、普、南、徑、清作「拒」。

一八五五頁中一三行第一三字「以」，磧、普、南、徑、清作「以其」。

一八五五頁中一九行「仰攻」，資作「仰功」；磧、普作「往功」，南、徑、清、麗作「往攻」。

一八五五頁中二一行第七字「腹」，石作「裹」。

一八五五頁下四行第五字「等」，石、麗作「力」。

一 八五五頁下六行第二字「睡」，資、磧、普、南、徑、清作「瑞」。
一 八五五頁下一〇行第七字「逐」，磧、普、南、徑、清作「急逐」。
一 八五五頁下一三行第三字「轉」，諸本作「轉轉」。
一 八五五頁下二一行第四字「先」，石、麗作「此」。
一 八五五頁下二一行第八字「犯」，磧、普、南、徑、清作「犯於」。
一 八五五頁下末行第一〇字「與」，石、麗作「奉」。
一 八五五頁下末行末字「天」，資、磧、普、南、徑、清無。
一 八五六頁上一行第五字「美」，資、磧、普、南、徑、清作「美好」。
一 八五六頁上一一行第一三字「天」，資、磧、普、南、徑、清、麗作「與天」。
一 八五六頁上三行第七字「粉」，磧、普、南、徑、清作「粉作倡妓樂上高廣牀」。
一 八五六頁上八行第五字「歸」，石作「皈」。
一 八五六頁上九行第六字「焰」，資、磧、普、南、徑、清作「火」。
一 八五六頁上一一行品名上經名「菩薩處胎經」，徑、清無。下同此例。
一 八五六頁上一五行「緊陁羅王」，石、麗無。
一 八五六頁上二一行第一〇字「布」，資、磧、普、南、徑、清作「王」。
一 八五六頁中五行「手脚破壞」，石、磧、普、南、清作「手脚段段斷壞」；資作「手脚段段壞」。
一 八五六頁中六行首字「此」，磧、普、南作「斷」。
一 八五六頁中一二行及本頁下三行「五百」，磧、普、南、徑、清作「有五百」。
一 八五六頁下一二行第二字「踊」，徑、清作「涌」，下同。
一 八五六頁下一五行第一二字「寶」，資、磧、普、南、徑、清作「實」。
一 八五六頁下一七行「岳峙山」，磧、普、南、徑、清作「岳峙山」，下同。
一 八五六頁下一九行第三字「即」，磧、普、南、徑、清作「即時」。
一 八五七頁上六行「瞋言」，石、資、麗作「瞋恚言」；磧、普、南、徑、清作「瞋恚詈言」。
一 八五七頁上六行「無足」，石、資、麗作「無手足」；磧、普、南、徑、清作「無手無足」。
一 八五七頁上一一行「五百」，諸本作「此五百」。
一 八五七頁上一二行第五字「生」，磧、普、南、徑、清作「往生」。
一 八五七頁上一八行「衆會」，資、磧、普、南、徑、清作「會者」。
一 八五七頁上一九行第九字「意」，麗作「音」。
一 八五七頁上二一行第三字「及」，諸本作「乃」。
一 八五七頁中五行「五笑歌歎」，石、資、磧、普、南、徑、清作「五欲歌笑」；麗作「五欲歌歎」。

一八五七頁中一二行第一三字「尒」，諸本作「示」。

一八五七頁中一七行末字「世」，石、麗作「界」。

一八五七頁中二〇行第五字「岸」，資、磧、普、南、徑、清作「涯」。

一八五七頁中末行第一〇字「定」，資、磧、普、南、徑、清作「足」。

一八五七頁中末行末字「得」，資作「德」。

一八五七頁下八行第一一字「如」，磧、普、南、徑、清作「是」。

一八五七頁下九行「遇聖」，麗作「賢聖」。

一八五七頁下一三行第七字「神」，資、磧、普、南、徑、清、麗作「福」。

一八五七頁下一五行第一三字「曚」，磧、普、南、清作「蒙」；麗作「矇」。

一八五七頁下一七行「色身」，石、磧、普、南、徑、清、麗作「金色身」。

一八五七頁下一九行第二字「神」，石作「神王」。

一八五八頁上二行末字「地」，資、磧、普、南、徑、清作「轉」。

一八五八頁上一〇行「踊出」，資、磧、普、南作「踊出在」；徑、清作「涌出在」。磧、普、南、徑、清，下同。

一八五八頁上一四行第一一字「識」，石、麗作「諸」。

一八五八頁中一一行「成熟」，石、資、磧、普、南、徑、清作「就」。

一八五八頁下三行第三字及四行首字「鞞」，石、資、磧、普、南、徑、清作「鞭」。

一八五八頁下八行第九字「溢」，石、麗作「消」；資、磧、普、南、徑、清作「濕」。

一八五九頁上末行末字「支」，石作「支佛」。

一八五九頁中二行第一二字至三行第三字「閻浮提恒河沙」，石、麗作「婆呵世界閻浮提」；資、磧、普、南、徑、清作「閻浮提沙訶世界」。

一八五九頁中五行第五字「比」，諸本作「北」。

一八五九頁中九行第二字「無」，麗無。

一八五九頁中一二行末字「奉」，石作「持」。

一八五九頁下一七行第八字「二」，資、磧、普、南、徑、清作「三」。

一八六〇頁上一行第三字「永」，資作「求」。

一八六〇頁上二行第四字「行」，資、磧、普、南、徑、清作「生」。

一八六〇頁上一七行「虛空」，資、磧、普、南、徑、清作「虛寂」。

一八六〇頁上一八行「俗界」，石、資、磧、普、南、徑、清作「俗累」。

一八六〇頁上一八行第一三字及一九行首字「入」，石、麗作「人」。

一八六〇頁中八行「真正」，資、磧、普、南、徑、清、麗作「正真」。

一八六〇頁中一九行第三字及二〇行首字「含」，石、資、磧、普、南、徑、清作「含身」。

一　八六〇頁下一七行「燿然」，石作「霍然」，下同。
一　八六一頁上一四行第七字「者」，諸本作「昔」。
一　八六一頁上一五行第八字「輕」，石、麗作「斯」。
一　八六一頁上一七行第九字「諸」，石、資、磧、普、南、徑、清無。
一　八六一頁上一八行末字「夫」，磧、普、南、徑、清作「夫人」。
一　八六一頁上二二行第六字「打」，徑、清作「擲」。
一　八六一頁中二行首字「三」，資、磧、普、南、徑、清、麗作「二」。
一　八六一頁中一二行首字「馬」，資、磧、普、南、徑、清作「彼馬」。
一　八六一頁中一二行「言我」，磧、普作「答言我令」；南、徑、清作「答言我今」。
一　八六一頁中一三行第一二字「持」，石作「將」。
一　八六一頁下一行第三字「在」，資、磧、普、南、徑、清作「在於」。
一　八六一頁下六行第五字「舍」，磧、普、南、徑、清無。
一　八六一頁下一一行第三字「閙」，徑、清作「鬧」。
一　八六一頁下一二行第一二字「内」，資、磧、普、南、徑、清作「内心」。
一　八六一頁下一四行第八字「杅」，石作「盉」；磧、普、南、徑、清、麗作「盂」，下同。
一　八六一頁下一五行及一六行「此身」，石、麗作「此娠」。
一　八六一頁下一六行第二字「日」，磧、普、南、徑、清作「日日」。
一　八六一頁下一七行第六字「子」，磧、普、南、徑、清作「子我此弟子」。
一　八六一頁下一八行第七字「時」，磧、普、南、徑、清作「是時」。
一　八六一頁下末行第六字「怕」，諸本作「指」。
一　八六二頁上一行第一〇字「娠」，資作「身」。
一　八六二頁上四行第一〇字「促」，石作「徒」。
一　八六二頁上六行第三字「九」，磧、普、南、徑、清作「經九」。
一　八六二頁上七行第一〇字「陁」，資、磧、普、南、徑、清作「陁羅」。
一　八六二頁上九行末字「天」，資、磧、普、南、徑、清作「於」，麗作「無」。
一　八六二頁上一二行第六字「之」，石、麗作「人」。
一　八六二頁上一六行末字「槍」，石作「鏘」。
一　八六二頁上一八行第七字「患」，磧、普、南、徑、清作「忽患」。
一　八六二頁上一九行第二字「砷」，資、磧、普、南、徑、清作「夾」；麗作「壓」。
一　八六二頁上一九行第六字「痛」，石無。
一　八六二頁上二〇行「行本」，石、麗作「本行」。

一　八六二頁中一行第四字「禪」，諸本作「神」。
一　八六二頁中七行第七字「對」，諸本作「謹」。
一　八六二頁中一四行第七字「腸」，石、資作「傷」。
一　八六二頁中一四行第一四字「白」，石作「目」。
一　八六二頁中一七行第七字「睛」，資、磧、普、南、徑、清作「精」。
一　八六二頁中一九行末字「相」，麗作「明」。
一　八六二頁下二行首字「常」，石、麗作「當」。
一　八六二頁下一三行「欺妄」，石作「妄語」。
一　八六二頁下一九行第八字「且」，石、資、磧、普、南、清作「朝」；麗作「旦」。
一　八六二頁下二二行第一三字「毋」，石、資、磧、普、南、徑、清無。
一　八六三頁上一〇行第二字「千」，磧、普、南、徑、清作「一千」。
一　八六三頁上一〇行末字「令」，資、磧、普、南、徑、清作「今」。
一　八六三頁中六行第二字「即」，諸本作「印」。
一　八六三頁中七行第一二字及八行末字「忘」，資作「妄」。
一　八六三頁中二一行第一一字「嘷」，資、磧、普、南、徑、清作「號」。
一　八六三頁下一行第一三字「普」，資、磧、普、南、徑、清作「並」。
一　八六三頁下一二行末字「門」，石、磧、普、南、徑、清、麗作「門法」。
一　八六三頁下二一行第一三字「𨨏」，諸本作「剛」。
一　八六三頁下二二行第八字「[口+争]」，石、資、磧、普、南、徑、清作「諍」，下同。
一　八六四頁上三行第九字「罰」，磧、普、南、徑、清作「伐」。
一　八六四頁上一一行第一〇字「石」，、石作「一碩」；麗作「一石」。
一　八六四頁上一二行第八字「量」，磧、普、南、徑、清作「爲量」。
一　八六四頁上一六行首字「塔」，資無。
一　八六四頁上一六行第八字「得」，資、磧、普、南、徑、清無。
一　八六四頁上一七行首字「升」，資、磧、普、南、徑、清、麗作「斗」。
一　八六四頁中四行第一一字「椎」，資、磧、普、南、徑作「稚」。
一　八六四頁中七行第七字「文」，清作「年」。
一　八六四頁中八行末字「衆」，磧、普、南、徑、清作「大衆」。
一　八六四頁中九行第四字「出」，資、磧、普、南、徑、清作「佛」。
一　八六四頁中一二行第四字「河」，資、磧、普、南、徑、清無。
一　八六四頁中末行首字「還」，磧、普、南、徑、清作「還以」。
一　八六四頁下九行第一一字「汝」，磧、普、南、徑、清作「汝慎」。

一　八六四頁下一〇行第二字「漏」，磧、普、南、徑、清作「漏也」。

一　八六四頁下一一行「律戒」，資、磧、普、南、徑、清、麗作「戒律」。

一　八六四頁下一二行第一四字「説」，資、磧、普、南、徑、清作「及説」。

一　八六四頁下一五行「滅爲」，資、磧、普、南、徑、清作「爲我」。

一　八六四頁下二一行第一〇字「般」，磧、普、南、徑、清作「入般」。

一　八六四頁下末行卷次「第七」，石、資、磧、普、南、徑、清作「第五」。

佛說弘道廣顯三昧經卷第一 一名入金剛問定意經　欲

西晉月氏三藏竺法護譯

得普智心品第一

聞如是一時佛遊王舍國鷲山之頂與大比丘衆二百五十人諸菩薩八千人俱于時世尊廣爲無數百千諸衆而所圍繞敷演說法

尒時有龍王名阿耨達晉言无熱宿造德本尊修菩薩堅住大乘行六度無極以具滿相勸救衆生化道无極曾事九十六億諸佛積累功德不可稱數執權方便普見五道拔諸愚冥便修菩薩无欲之行懷慈四等濟度一切傷愍罪類故現爲龍化龍億數使免殃行自處于池率諸眷屬八千万衆又將婇女十四万人周帀導從調作倡伎其音和雅乘龍感動協懷威德神變自由賚衆雜花奉宬妙香擎持幡蓋而詣世尊至輙稽首敬問如來尋以所持香華雜寶繒綵幡蓋重調音樂欣心敬意與衆眷屬及諸婇女俱進詣佛則前長跪肅然叉手

而白佛言欲問如來無著平等宬正覺菩薩所應行道當云何唯蒙聽許乃能敢問尒時世尊告龍王曰恣汝所問疑勿難所欲如來至眞等正覺當隨敷散解釋汝心

時阿耨達得爲神尊所聽質疑心益欣悅而白佛言天師宬尊人中聖導猛如師子感變无量吾問如來普及衆生亦爲菩薩大士之故爲世師者拔過俗法志行清淨明畫因緣濟度群生作无請友心普安救誘育立之執持无畏十種力進伏衆魔降諸外道心无穢行被堅金剛大德之鎧志不有惓積德因緣不可計量施戒忍進定智已備心等一切蠲除雜相棄捐二見以越智度解因緣法已入深奧難極之要去離聲聞緣一覺念不捨大乘一切智心意行堅彊常得自在身淨无垢暉曜明徹志若虛空无數諸劫意不惓者逮獲捴持降除貪穢自大貢高等如逝者空无相願以過如住夢幻影響野馬水月於斯諸法等解不動重三寶教奉而敬之轉

其法輪而无所㝵欣悅信樂皆自得
之如優曇花億世希出志靜安獨普
有具相宿樹恭恪明賢大士尊脩上
義法住若此為彼正士故問如来
惟願如来至真等正覺解說菩薩大
士所行得遊法門入金剛德果達深
妙使其脩應獲揔持場以四諦行順
化聲聞使解要真導衆緣覺靜起因
緣辯以一心使等正覺欲達諸法當
入大乘曉入大乘能伏魔場散棄疑
結過度罪惱普知衆生意志所行積
寂辯達布演諸法隨一切願化所欲
善哉示世尊如来无著平等正覺廣
為賢明大士之故普弘演說使諸菩
薩得致智力降已自大得法上力曉
解央行不有所造使得施力所有無
惜惠不望報使得戒力等除衆罪而
過諸願使得忍力於諸苦法受生之
處身命无惜得精進力積衆德本志
常无惓使得定力善寂居靜解定要
行使得慧力而過邪見疑冥昧昧曉
權方便濟度衆生明了勸助具達五
通天眼无限徹聽知心神足明宿以

此遊樂果大辯才辯才句義无盡不
斷便得揔持志無恍忽令逮海印三
昧正定進隨普智果同一味得佛志
定習樂通行永常奉尊而无障蔽逮
法志定勉進定意長久聞法都无限
㝵崇衆志定普令一切奉不退衆得
施志定俗貨法施不有遺惜具足於
戒行念靜定使逮得佛心而无忘昇
天志定常念兜述一生補處志樂菩
薩清高之行尒時龍王質疑畢訖悅
心怡懌重以讚頌啓問世尊
大仁願說現世義　菩薩德行所當入
內性志操所應脩　興發何道行云何
順導以慈行入悲　意以度衆護濟念
弘化定智使清淨　願垂哀傷而普說
誘衆止意及意斷　根力神足行如是
演道七覺散示衆　願說彼德所應奉
施調撿戒德具足　忍力普行及精進
慧志因緣轉无量　云何度彼蒙說之
辯才通達勉愚冥　志行詳審常清淨
諸起生者即覺知　唯願為諸菩薩說
欣悅之德有歡豫　聖種七財是行寂
樂遊閑居及脩靜　唯蒙慈尊廣度說

辯才行具云何得　深致揔持永安住
弘法要說常无斷　聞輙奉行終不忘
寂滅清淨而行觀　覺意深邃智廣博
其慧難究德无邊　解行云何應菩薩
制持魔力與怒意　毀壞外道衆邪類
勇德難動若大山　月明至遊弘說之
曉空無想性所在　解了野馬及幻法
夢想體像計皆无　惟願世尊音示說
於是世尊告龍王曰善哉善哉快甚
无比乃自發心啓疑如来今汝所問
承宿功德巳顯大悲為衆志友不勞
生死弗斷三寶王之質疑用是故也
聞以諦聽受而思惟吾當廣說菩薩
大士應所脩行彼此無限果寂要法
時龍王言大善世尊願樂思聽聞輙
受行宣布十方勸進无惓
於是世尊荅龍王曰有一法行菩薩
應著相好備具得諸佛法何謂為一
造起道意不捨衆生是謂一行致諸
佛法又有三十二事得普智心當勤
樂行專意守習何謂三十二御脩內
性執上寂志昇行大慈堅固大悲志
慕无猒友於精進仂具猛厲而德殭

力又踰踊勢安静无煩為衆忍任習
近善友専行法事執御權化施備忍
行樂於撿戒諂想已无滅断偽佞言
行相應志存反復常有愧色内自慚
恥已調怡悦根行至信意而制御得
特切德志遠小道樂弘大乗行觀一
切三寳之事使其不断謂龍王三十
二法菩薩應此逮普智心
又復龍王有十六事進增普智顯力
弘執何謂十六進普智耶施行衆濟
具戒无缺忍應調忍果上精進致定
諸行已具智慧信行悲足供事如来
遊静樂閑備六堅法有寂十善飾身
口意德具操行知足樂静身三勸彼
脩昇定觀諸德得備是謂十六行法
之事應相祥福演大智心顯持佛世
流化自由
又復龍王其普智心以二十二事而
除邪徑以其大乗志脩普智何謂二十
二行過聲聞縁一覺意已下貢高无
我自大消去諂事抑俗雜言遠棄非
戒拔恚怒根免却魔事除去憋辱不
章師訓搏滅罪除省已切惻不論彼

非習離悪友遠逆良善去非六度又
逝貪惜戒无不消已棄諍訟而離懈
怠於迷自正捨諸无知断去無便却
去悪行是謂菩薩普知釋除二十二
邪軌速應權慧永无懈退
又復龍王二十二踊事進順隨行得
普智心而不可當諸魔波旬及魔官
屬并與外道降而却之何謂二十二
踊過戒事踊過於定亦踊過智而過
慧行踊過權化亦過大慈踊過大悲
以要言之過空想願我人壽命過離
衆現及發因縁過心自淨承覺神聖
過於識念應不應見過大金剛堅固
之行是謂龍王菩薩所行二十二踊
法致普智心一切衆魔及諸魔身并
邪外道不得自在无敢當者悉降却之
又復龍王其普智心依二行處致普
智心何謂為二如其所言脩應行處
諸功德本觀道行處是謂二事普智
行處復有二事其普智心而不可毀
何謂二事在於衆生无增異心於諸
殃行濟以大悲是謂二事普智无毀
又復龍王其普智心有二重法而無

過者生死之黨及衆聲聞并諸縁覺
九能勝踰何謂為二執權方便深行
智慧是為二事普智重法
又有二事休普智心何謂為二處毀
无疑滞結之心在在不安樂俗欲諸
樂是謂二事休普智心
復有二事護普智心何謂為二不忘
聲聞縁覺行地觀覩大乗至美之德
是謂二事護普智心
復有二事妨普智心何謂為二志常
多佞内性懐諂是即二事妨普智心
復有二事不妨普智何謂為二專脩
直信行于无諂是謂二事不妨普智
又有四事盖普智心何謂為四數乱
正法於諸菩薩賢明達士亦不奉敬
常无恭恪不覺魔事是為四事盖普
智心
復有四事於普智心而无其盖何謂
為四護持正法謙恭受聽尊重菩薩
視若世尊常覺魔事是為四事普智
无盖
又有五事致普智心何謂為五所行
无望於生無漏用戒德故不捨一切以

大悲故增愛無二身命施故財利問
惠供事法故是為五事得致普智
復有五事進普智心何謂為五習善
知識不惠生死志遠無益去非時心
求諸佛智是為五事進普智心
復有五事在普智心過諸聲聞緣覺
一覺念何謂為五過聲聞脫過緣覺
脫過衆智心過諸吾我又過習緒是
為五事過諸行法
復有五事於普智心而有其悅何謂
為五悅過惡道悅審普智悅具覺慧
悅戒无猒悅解衆行是為五事普智
之悅
復有五事發普智心得五力助不溺
生死何謂為五無其怒恨用忍力故
能滿諸願用德力故降已自大以智
力故勤勢廣聞用慧力故過衆恐怯
无畏力故是為五事致諸助力
復有五事在普智心得五清淨何謂
為五體衆穢行淨諸墮者因緣諸根
无感淨之隨順諸時以觀淨之行治
於等權道淨之一切諸法化轉淨之
是為五事普智清淨

復有五事得普智明何謂為五明解
无欲明已彼心明於五句明達慧行
明眼无㝵是為五事致普智明
復有五事廣普智心何謂為五以其
五種五根五莖五枝五葉五花五果
何謂為五種曰脩志脩而淨內性等
觀人物求習脫行弘於權變是為五
種何謂五根以大慈悲德本无猒勸
進衆生使免小乘不忘餘道是為五
根何謂五莖曉權方便慧度无極示
導人民護持正法等觀喜怒是為五
莖何謂五枝施度无極戒度无極忍
度无極進度无極定度无極是為五
枝何謂五葉樂進聞戒求處空靜常
志出家心安佛種所遊无㝵是為五
葉何謂五花得文相具積滿德故衆
好繡備種種施故七覺財具心無雜
故致有顯辯不蔽法故深達摠持聞
无忘故是為五花何謂五果昇致戒
果已得度果達緣覺果又得菩薩不
退轉果獲佛法果是曰五果斯謂龍
王菩薩七五三十五事廣普智樹道
實行也脩應之者得佛不難

佛告龍王其有菩薩欲受持此普智
心樹深妙明顯要行句者當勤加習
普智寶樹如是龍王吾視一切諸法
功德莫不由斯寶樹與義諸發无上
正真道意悉皆因是普智寶樹至要
句也辟如龍王選植樹種知此已致
樹之根莖枝葉花果而甚盛茂也如
是龍王其有能受普智心種斯已得
致諸佛賢聖㝡上慧法三十七品是
故龍王欲入普智所行功德欲轉法
輪當受持此精脩誦讀專心習心廣
為一切演傳布演如是龍王勤受學
此當佛說斯普智心法語之時諸龍
衆中七万二千皆發无上正真道意
龍王太子及諸婇女万四千人悉皆
逮得柔順法忍五千菩薩承宿德本
悉得法忍時阿耨達并餘龍王及諸
眷屬自乘神力踊昇虛空興香之雲
忽便普布調和美香及末栴檀微雨
如来及衆會上又化琦妙珠交露蓋
遍覆王舍一國境界而悉歡悅於上
歌詠至真如来積祚巍巍聖德无量
烈住雲曰各現半身光文虛空一切

衆會莫不見者也
清淨道品第二
於是龍王復白佛言甚未曾有唯然世尊乃若如来慱為衆生說道俗及心普智心行德所應又唯世尊如来无著平等正覺頗演散說菩薩之行脩應清純明賢所由得道清淨使其終已長久无垢不中有懈无惓弗退至得十力四無所畏而得具足諸佛之法尒時世尊告阿耨達善哉龍王勤思念行吾當廣說菩薩大士清淨道品阿耨達曰其善世尊幸蒙授教惟願說之於時聖尊告龍王曰菩薩行有八直正道當勤受持何謂為八六度无極道恩行之道得五通道行四等道及八正道等衆生道三脫門道入法忍道如此龍王是為菩薩八正行道何謂菩薩度無極道度无極道者諸所布施勸彼普智何則然者不以无勸施成普智其行勸助於德本者斯得施度无極名目又及行戒忍進定智亦以勸助彼普智心乃得慧度无極名目是曰菩薩度無極道

恩行道者含受衆生何則然者以彼菩薩演示法度菩薩行恩含受一切覆以四恩廣為說法而使衆生順受戒化是四恩道神足道者覩諸佛土天眼徹視見衆一切生者終者又見十方諸佛世尊弟子圍繞悉見如是於諸佛土以其天眼應當所採而採受之又其天耳聽諸佛言聞輙受行在於衆生及諸類人而皆明曉悉了知盡為隨說法得識宿命不忘前世所作功德又具神足遊過无數諸佛國土應以神足當得度者輙弘神足而度脫之是神足應道又何謂為四等行道其隨脩淨梵志中者并及諸餘色像天子知彼意行隨順化曰斯則慈悲是為喜護建立以道使彼應度此謂菩薩四等行道其八正道普悉行之聲聞所由緣覺依因大乘亦然是謂賢聖八直正道何謂心等諸衆生道當為此興不為是興為斯可說為此不應是有賢德此非福人斯為盡應此復不應行等菩薩盡除此意是謂心等諸衆生道何謂菩薩三

脫門道得致以空斷諸妄見以其無想除衆念想應與不應以其无願永離三界是謂菩薩三脫門道何謂得致法忍之道受辯菩薩菩薩自覺行應於忍得為諸佛世尊所決授者無上正真道意是謂菩薩不起忍道菩薩致此八直正道弘化流布權導無量時佛說是八正道已二万四千天龍及人悉逮應此八道行也
若是龍王菩薩以此八真正道等塗一歸用無等故莫有能與菩薩比者亦无其侶獨步三界靜一心時脩致慧行應當所得已自畀之明達諸法而如本無斯謂如来是曰龍王八正之道為彼一切凡諸若干衆生所行與種種說而此要說等同一同以无望說歸未至說也云何於此道清淨耶曰道无垢用無塵故是道无瑕本無念故是道无冥慧照明故是道无著本清淨故道常无生無所滅故道如氷无本無有故道无漏織三界淨故是道寂然過凡行故道无可奎無有去故道无所来無從来故道恒无住

過諸欲故道无所屢過衆見故道无
勝者過諸魔故道夭弭覆外道不及
故道永離妄自大者故道无所容不
修入故是道極遠用希望故道為永
離過愚夫行故道可果致修行者故
是道夷易樂勤行故道極平坦住正
見故是道无妨修無毀故是道无导
等正行故是道无垢三毒淨故是道
清淨終无著故是謂菩薩道之清淨
若是菩薩於清淨道務進勤修又應
行者彼於法性巳悉清淨得淨我性
亦以而過法性淨故則數界淨數性
淨故无數性淨无數淨故得三界淨
三界淨故眼識性淨眼識淨故意識
性淨意識淨故得空性淨空性淨故諸法性
淨用是淨故則諸法等等淨如空空
等淨故得衆生淨以諸淨故便无其
二亦不著二無二淨故則道清淨以
斯言之清淨道也彼无衆念亦不念
道諸念悉淨若如泹洹於彼永無是
謂无念應無所念无念道者亦无識
念其道都无心意識行以此言之清
淨道也説是清淨道品法時二万天

人皆得法忍
時阿耨達復白佛言云何世尊菩薩
大士修是清淨而應向道聖尊告曰
如是龍王菩薩大士欲行斯清淨道
意者當曉淨行亦使其身口意清淨
何謂身淨巳身以空解諸身空身之
寂靜解諸身寂身之巳脱解諸身脱
身之急惕解諸身急身之如影解諸
身影是謂菩薩清淨道也
又六身淨身行无生其有生死觀於
無生彼以無生而等生死則其知身
亦曉身行何謂身行去来生法来無
盡法見在景法終無盡法其无盡者
是謂身行
又復身法因緣合會其因緣者則空
无相淡然无念若此龍王是像法觀
斯謂身淨又若如来身之无漏不墮
三界觀身無漏如如本無以无漏身
不墮三界彼无漏身能入生死其無
漏際無無惓捨退以无漏身示現色
身如此現巳亦不念滅身之法本如
如来身淨衆生身淨巳身亦淨等如
本無是謂菩薩行應清淨

何謂口言為應清淨一切賢愚言皆
清淨所以者何用等相故凡夫劣勢
著於音聲善信不諦憂喜无常樂於
顛倒觀察衆生无本都無婬怒癡欲
何則然者以諸字説聲出皆淨无欲
恚愚亦无其著以此謂之一切言淨
以言言之何者為言以欲恚癡而為
言耶諸垢為言乎言者無著不著眼
耳鼻口身心所言風像風動聲出因
緣合會使有聲耳所言如響賢愚所
言皆同如響所可言者不住於內亦
不出外於其中間而不可得住本所
念及其所行出於言者弁所念想无
住无想是謂龍王如来所言及其衆
生一切音聲皆空非眞損斯法耳曰
唯世尊如来所言斯不諦耶曰是龍
王如来審諦所以者何如来諦故解
知諸法非眞非諦又復龍王如来所
言隨字音聲皆荅衆生一切音聲尒
故衆生亦轉法輪而亦不知法之義
順以此報應使其行之随如等滅衆
苦之事曉解諸法行了如是衆生音
聲巳無所信住在諸煩憒而常閑靜

現出欲言於著無著聲出所言講論談語其如法者不有違錯是謂菩薩口言清淨

何謂菩薩心為清淨其心本者不可染汙所以者何心本淨故其所可謂客欲垢蔽菩薩於斯不有所著了解以權於本自淨又其心行不撰德本彼德本者了識心本以此心行慈及衆生識了知彼空無我人其心德本助勸於道知等彼道觀如是者斯謂心淨以此淨心與諸婬恚愚行者俱而永不受欲怒癡垢與操行俱不著諸穢是謂菩薩身三清淨說斯清淨道品法時三万菩薩逮補生處

道無習品第三

又復龍王其菩薩者秉是淨心生於欲界而在形界與諸天俱處衆梵中詳安靜然在中進止無勝動者又斯菩薩能降諸天化道以權或生形界而在欲界現如有家與諸衆生周旋坐起不與有勞弗憍衆生亦无自輕彼以斯淨諸定正受盡自為定不隨正定而有所生何則然者以彼菩薩

執權方便心應淨故若此龍王菩薩曉解清淨行者當修清淨已而習道如是龍王菩薩不習以求道習不習無習以想道習亦不習於望道之習亦不求習了解道習不習所生異向道習不習行滅而為道習亦不求習以為道習不習无習為道之習不習執捨以習道習不我人壽不身无常不身性苦不身有我不身夢幻野馬影響亦不身空无相無願不身无欲法身習道以要言旨身性諸情亦不興有十二因緣乃至老死無欲之法不數无數道無二習不俗无俗不漏無漏不犯無犯不二之習以求道習

又復諸法無習无習是道无習斯謂道習不習之習如空无習亦不無習當如此習是道无習無相无願彼不作習亦非无習當作是習无耦不耦諸法无住勤習如此乃應道習當佛世尊說是清淨行无所習道品法時三万二千天及世人悉皆逮得無所從生法樂之忍五万天人宿不發心於菩薩者皆發無上正真道意七万

菩薩逮得法忍尒時一切同聲而言世尊其有族姓之子及族姓女逮聞說是清淨道品无習法者其值聞已心无驚恐不捨退者是皆受習如来無上正真道意得轉諸佛所轉法輪又唯世尊是輩菩薩悉獲无上正真道意為无量人分布斯法亦復當坐師子之座當於天上天下人中極師子吼由若如今如来之吼悉降魔衆伏摧外道顯樹法幡熾法燀明震雷法鼓已鳴能降法雨尒時世尊見諸天龍神之衆人與非人又及四輩聞其至說莫不恱懌於是如来為阿耨達重復弘演而說頌云

道非習可得　无乃與習想　其道行如此
棄離習念行　不望求習道　蕩除衆異想
其道都无習　清淨像明月　若有起習想
无處亦不習　已過无習處　得致寂上道
道為无我念　亦不與空習　是道无有二
安快而无上　命壽亦如此　无人及與言
其道不有人　无命亦无住　諸有習道者
而欲住於空　斯去聖路遠　是不應道習
道亦无有空　以捨於有習　如本同一相

永空空於空　道為无起相　亦不有滅相
不起亦无滅　彼悉為道習　吾音辟如幻
解想當如此　持想行所習　道當何從生
道為都過俗　彼不有身習　亦无滅身行
可得致於習　是身根之家　本无所演廣
彼不有餘求　本无不可得　其習是道者
當如如本無　如本知本無　是謂應道習
諸法之本无　所覺若如幻　解行而致此
乃應道之習　若其不至道　所作如不住
无能止其行　佛法不由道　若如所習道
并及與无習　所演為如此　以住於本无
有限餘道者　劣乘之所依　是者无上道
本乘所因由　諸興此道者　以致而无住
斯則顯行德　可致應道習　道正而无嶮
端直且平坦　勤親行此道　永離衆邪迹
若如卿龍王　自住其宮室　不動於所處
降雨充大海　大士亦如是　習道如所行
法身而不動　能滿於智海　又如仁龍王
在於大地上　以雨遍充之　其不有身者
菩薩德如斯　行此之所習　用法滿衆生
其內无所著　若如阿耨達　龍王大神變
昇道德如是　感動普十方　衆生墮邪徑
諸隨受著見　其住是道者　將順度无為

已住於斯道　菩薩果大稱　能降魔波旬
并及邪外行　得道如其如　如道无能動
踊過諸俗法　其行辟蓮花　道心无有愚
是行為住止　千數諸衆生　化度立以道
以常住斯道　得致於五句　神足諸感動
為衆廣說法　諸事悉清淨　身口及與意
當願賢聖道　人性不可識　忍行為无著
其徑所可至　斯得如來處　示道諸衆生
生死於至歸　斯處則如來　其往似若至
此為无所至　衆生所可至　當念彼上處
學寂佛之道　遊樂以幻法　其作是習道
如道之所習　彼衆德儀行　諸佛所稱歎
其德无有邊　終不極可盡　如此習道者
不習亦无住　彼處不各魔　衆都不著行
其順此道者　不起亦无數　已得意志行
捴持弘大辯　施惠及戒忍　遂增進若海
身口穢以无　心潔乃清淨　垢消永无瑕
修應此道者　得昇於知達　所行習深妙
難動惠无限　守習是道者　其諸寂正覺
過去與當來　現在亦如是　致道世所歸
彼已離衆難　值世遭難遇　永為諸佛子
其聞此法者　快哉諸衆生　至善聞斯法
真應奉如來　其樂是經者　有曉此道者

能斷諸情態　郘德具衆相　得應三界將

佛說弘道廣顯三昧經卷第一

佛說弘道廣顯三昧經卷第一

校勘記

一　底本，金藏廣勝寺本。

一　八七三頁中一行經名，石、磧作「佛說弘道廣顯三昧經」；資作「弘道廣顯定意經」；南、徑、清作「三昧弘道廣顯定意經」。以下各卷同。

一　八七三頁中一行夾註「一名……經」，石作「一名阿耨達龍王經一名金剛問定意經」。

一　八七三頁中一行夾註末字「經」，徑、清無。

一八七三頁中二行「月氏三藏」，資作「永嘉年三藏法師」；磧作「三藏」；南、徑、清作「三藏法師」。以下各卷同。

一八七三頁中五行「二百」，石、資、磧、南、徑、清、麗作「千二百」。

一八七三頁中七行第二字「而」，資、磧、南、徑、清作「之」。

一八七三頁中八行正文「昏言无熱」，石、資、磧、南、徑、清、麗作夾注。

一八七三頁中九行及次頁上三行「尊修」，石、資、磧、南、徑、清作「遵修」。

一八七三頁中一〇行第一二字「道」，石、資、磧、南、徑、清作「導」。

一八七三頁中一二行第八字「見」，石、麗作「現」。

一八七三頁中一五行第一〇字「諸」，徑作「衆」。

一八七三頁下四行第三字「疑」，石、磧、南、徑、清、麗作「勿疑」；資無。

一八七三頁下一五行「雜相」，資、磧、南、徑、清作「雜想」。

一八七三頁下一七行第五字「要」，資、磧、南、徑、清作「法要」。

一八七三頁下一九行第一〇字「志」，石作「心」。

一八七四頁上一二行第一二字「化」，石、資、磧、南、徑、清、麗作「化示」。

一八七四頁上一三行第三字「示」，石、資、磧、南、徑、清、麗無。

一八七四頁上一六行第二字「央」，石、資、磧、南、徑、清作「殃」。

一八七四頁中九行「兜述」，石、資、磧、南、徑、清作「兜術」。

一八七四頁中一四行第八字「意」，資、磧、南、徑、清作「喜」。

一八七四頁中二〇行第五字「勉」，資、磧、南、徑、清作「免」。

一八七四頁中末行第一三字「度」，資、磧、南、徑、清作「數」。

一八七四頁下六行第一一字「遊」，資、磧、南、徑、清作「極」。

一八七四頁下七行第四字「想」，資、磧、南、徑、清作「相」。

一八七四頁下八行第一二字「旨」，資、南、徑、清作「指」。

一八七四頁下末行第四字「友」，石、資、磧、南、徑、清、麗作「發」。

一八七四頁下末行第八字「仂」，石作「力」。

一八七四頁下末行第一三字「德」，磧、南、徑、清作「得」。

一八七五頁上一行第一三字「任」，磧、南、徑、清作「住」。

一八七五頁上三行第一三字「佞」，磧、南、清作「侫」，下同。

一八七五頁上四行第一二字「内」，資無。

一八七五頁上五行第三字「調」，資、磧、南、徑、清作「調忍」。

一八七五頁上五行末字「得」，南、徑、清作「行」。

一八七五頁上六行首字「特」，資、磧、南、徑、清、麗作「持」。

一八七五頁上七行第一〇字「謂」，

資、磧、南、徑、清作「斯謂」；麗作「是謂」。

一　八七五頁上一〇行第二字「軌」，資、磧、南、徑、清作「執」；麗作「軏」。

一　八七五頁上一三行第一一字「十」，磧、南、徑、清作「七」。

一　八七五頁上一五行第二字「昇」，資、磧、南、徑、清、麗作「勝」。

一　八七五頁上一九行第六字「大」，資、磧、南、徑、清作「所」。

一　八七五頁上二〇行首字「二」，資、磧、南、徑、清、麗作「二事」。

一　八七五頁上二二行第六字「免」，資、磧、南、徑、清作「挽」。

一　八七五頁上末行第四字「嫥」，石、資、磧、南、徑、清、麗作「耗」。

一　八七五頁中二行第七字「消」，資、磧、南、徑、清作「淨」。

一　八七五頁中四行第九字「知」，石、資、磧、南、徑、清、麗作「智」。

一　八七五頁中一一行第七字「想」，石、資、磧、南、徑、清、麗作「相」。

一　八七五頁中一二行第二字「現」，石、資、磧、南、清、麗作「見」。

一　八七五頁下四行末字「毀」，磧、南、徑、清作「事」。

一　八七五頁下五行第一三字「欲」，石、麗無。

一　八七五頁下末行第五字「無」，石、麗作「死」。

一　八七六頁上一行第四字「增」，石、資、磧、南、徑、清、麗作「憎」。

一　八七六頁上一行末字「問」，石、資、磧、南、徑、清、麗作「周」。

一　八七六頁上四行第一〇字「益」，資、磧、南、徑、清作「蓋」。

一　八七六頁上六行末字「覺」，資、磧、南、徑、清無。

一　八七六頁上八行第一三字「緒」，石、資、磧、南、徑、清、麗作「結」。

一　八七六頁上一七行第四字「勢」，磧、南、徑、清作「習」。

一　八七六頁上一七行第一一字「過」，磧、南、徑、清作「四」。

一　八七六頁上二〇行第三字「體」，資、磧、南、徑、清作「離」。

一　八七六頁下三行第九字「吾」，資、磧、南、徑、清作「善」。

一　八七六頁下七行第一〇字「甚」，資作「其」。

一　八七六頁下一一行「習心」，石、資、磧、南、徑、清、麗作「習行」。

一　八七六頁下一二行「演傳」，石、資、磧、南、徑、清、麗作「宣傳」。

一　八七六頁下一三行第九字「法」，石、資、磧、南、徑、清、麗作「品法」。

一　八七六頁下一三行末字「龍」，資、磧、南、徑、清作「龍王」。

一　八七六頁下二〇行第九字「琦」，徑、清作「奇」。

一　八七六頁下末行首字「烈」，石、資、磧、南、徑、清、麗作「列」。

一　八七七頁上二行品名，資、磧、南冠以經名「弘道廣顯定意經」。下同此例。

一八七七頁上四行末字至五行首字「及心」，資、磧、南、徑、清作「心及」。

一八七七頁上九行首字「至」，資作「一切」。

一八七七頁上一二行第一三字「授」，資、磧、南、徑、清作「受」。

一八七七頁中一三行第五字「是」，資、磧、南、徑、清作「是曰」。

一八七七頁中一五行第一三字「日」，資作「曰」；磧、南、清作「者」。

一八七七頁下二行首字「想」，石、資、磧、南、徑、清、麗作「相」。

一八七七頁下四行第七字「辯」，資、磧、南、徑、清、麗作「拜」。

一八七七頁下五行第一三字「者」，石、資、磧、南、徑、清作「署」。

一八七七頁下七行第五字「直」，石作「真」。

一八七七頁下一〇行第一〇字「真」，資、磧、南、徑、清、麗作「直」。

一八七七頁下一二行第一二字「時」，石、磧、南、徑、清作「持」。

一八七七頁下一二行末字「致」，資、磧、南、徑、清作「智」。

一八七七頁下一四行第二字「如」，資、磧、南、徑、清作「知」。

一八七七頁下一六行第一二字「同」，石、麗作「向」。

一八七七頁下一六行末字「望」，石、資、磧、南、徑、清作「妄」。

一八七七頁下一七行第四字「至」，資、磧、南、徑、清作「生」。

一八七八頁上三行第五字「妄」，資、磧、南、徑、清作「望」。

一八七八頁上四行末字至五行第二字「永離過」，資、磧、南、徑、清作「乖難」。

一八七八頁上一二行第一一字「界」，資、麗作「性」。

一八七八頁上一四行第一一字「淨」，資作「性淨」。

一八七八頁上一五行第一一至一三字「空性淨」，資無。

一八七八頁中一〇行「身淨」，石無。

一八七八頁中一一行「其知」，資、磧、南、徑、清作「知其」。

一八七八頁中一二行「去來」，資、磧、南、徑、清作「去未」。

一八七八頁中一三行「景法」，資、磧、南、徑、清作「量法」。

一八七八頁中二〇行「無無」，石、資、磧、南、徑、清、麗作「無」。

一八七八頁中二一行第七字「不」，資、磧、南、徑、清作「無」。

一八七八頁下三行第五字「善」，石、資、磧、南、徑、清、麗作「若」。

一八七八頁下九行第三字「口」，石作「舌」。

一八七八頁下一五行第一〇字「損」，磧、南、徑、清作「捐」。

一八七八頁下一六行第八字「斯」，石作「豈」。

一八七八頁下末行第五字「信」，石、麗無。

一八七八頁下末行第一〇字「憒」，

麗作「惱」。
一八七九頁上六行首字「客」，資、磧、南、徑、清作「容」。
一八七九頁上七行首字「以」，資、磧、南、徑、清作「心」。
一八七九頁上一八行「詳安」，資、磧、南、徑、清作「安詳」。
一八七九頁上一九行第八字及次頁中八行第一二字「道」，資、磧、南、徑、清作「導」。
一八七九頁中一一行「法身」，資、磧、南、徑、清作「法行」。
一八七九頁中一五行第七字「无」，石、資、資、磧、南、徑、清、麗作「之」。
一八七九頁中一八行第一二字及第一四字「禍」，資、磧、南、徑、清作「偶」。
一八七九頁下四行「是皆」，資、磧、南、徑、清作「皆是」。
一八七九頁下一〇行第二字「摧」，資、磧、南、徑、清作「進」。
一八七九頁下一二行首字「天」，資、磧、南、徑、清作「天衆」。
一八七九頁下一三行第六字「悦」，資、磧、南、徑、清作「怡」。
一八七九頁下一五行「无乃」，徑作「乃無」。
一八八〇頁上一三行首字「本」，資、磧、南、徑、清作「大」。
一八八〇頁上一九行第一〇字「之」，石、麗作「足」。
一八八〇頁上二二行首字「昇」，麗作「勝」。
一八八〇頁上末行第二字「隨」，石、麗作「墮」。
一八八〇頁中七行第一〇字「識」，資、磧、南、徑、清作「議」。
一八八〇頁中八行第二字「徑」，資、磧、南、徑、清、麗作「往」。
一八八〇頁中一二行首字「如」，石、麗作「弘」。
一八八〇頁中一三行「極可」，石、資、磧、南、徑、清、麗作「可極」。
一八八〇頁中一五行第一〇字「數」，資、磧、南、徑、清、麗作「滅」。
一八八〇頁中一八行第九字「知」，資、磧、南、徑、清作「智」。
一八八〇頁中一九行第五字「限」，資、磧、南、徑、清、麗作「即」。
一八八〇頁中末行末字「者」，資、磧、南、徑、清作「習」。
一八八〇頁下一行第六字「邵」，石、資、磧、南、徑、清、麗作「紹」。

佛説弘道廣顯三昧經卷第二　欲

西晉月氏三藏竺法護譯

請如來品第四

時阿耨達自與其眾諸眷屬俱稽首世尊跪膝叉手而白佛言願請天尊徊屈神光徫詣無熱之大池中盡其三月吾等志樂供養聖尊并諸神通果辯菩薩及上弟子蒙愍納許願受其請所以然者吾等供事至真正覺豈能應於如来儀耶眞蒙遠聞寂静上化唯以此法應供養也思願重聞如是像法令常歡悅此乃應奉於三寶耳尒時世尊不受其請重啓二月如来不然垂聽一月世尊不可願納半月世尊默然而已受之於是龍王自與其眾諸將從俱見尊受請忻喜悅懌善心遂生遶佛三帀興震雲雷而降微雨普遍天下忽然之頃還帰宫中時阿耨達到坐正殿輙召諸五

百長子其名善牙善施善意善明能滅寂相感動大威甘威甘權甘徳普稱威勇持蜜忍力行祥如是比等五百長子宿樹无上正真道巳王告之曰又諸子等吾今以請如来无著平等正覺及衆菩薩諸弟子俱盡其半月世尊正覺垂大慈哀與有弘愍而尋受請汝等當共同一其心廣相勉勵加敬世尊至真如来勤念无常當各寂静謙恪恭肅住待如来儀應棄捐淫心欲意及龍戲樂除貪怒宮離欲色聲香味細滑所以者何世尊无欲而且詳安仁雅審諦順調寂静顯備諸徳侍從圍衛儀容无量皆承諸佛真正要戒以是之故汝等半月無得入宫當除婬恚愚癡之念又復如来宜講法故必有他方神通菩薩釋梵持世宿淨天子當普来會汝等勤念廣施姝妙光顯嚴飾填刎中艇令諸會衆觀變踊躍此乃真應供養如来時阿耨達都約勑訖輙為如来於雪山下无熱池中為世尊故化其無瑕淨琉璃座而使縱廣七百由旬乃殊異妙周帀列置八万四千雜實琦樹挍以衆琉諸寶鮮飾蔚有光精花躍百色中出美香諸樹間化八万四

千七寶之堂衆珎光綵極好无雙施
置十万交露綺帳乃垂異妙赤真珠
貫在諸堂上有師子座八万四千皆
大高廣而布无價妙好雜疊牀座寶
分施諸交露校以衆寶所在堂上有
龍綵女各二千人其色姝妙姿美无
量顔像數華口出熏香擎持雜花末
香塗香調作諸妓以詠佛德興悅衆
會於上虛空化大寶蓋周千由旬遍
覆會上琦珎綵鏤其寶蓋中衆色无
數懸好繒幡於幡綵閒垂諸寶鈴景
風和降音踰諸樂施饌百味備辦都
訖為此變已與其眷屬恭捡叉手向
佛跪膝而遥啓尊以其請意歎詠頌曰

慧藏知富積辦德　慧達无著明導衆
慧弘普至不有身　慧上寂力降神光
慧解心行唯大仁　當觀十方衆生類
寂上神尊受吾請　念啓慈愍唯時屈
知足无貪而易養　祥福審諦聖道師
善行貿信知衆意　時節以至可屈尊
其德普稱行等王　造无諸友興普念
至仁清淨踰若空　所設辦訖枉神尊
威御十方猛持世　佛事十八而等有

度衆寂首悲踊行　願與其衆時蒙至
色妙端正相綵身　琦好種種花繡文
志樂歡悅惠法施　大仁上導願察時
梵聲清淨若雷震　鸞鳳哀鳴師子步
妙音具足悅諸土　衆心忻望願時顧
佛土三千无等倫　弗有能知如來心
聖尊明覩衆生行　所修常應時降此
知時普應懷權化　了達衆生有聖哲
詳審之行目明好　神威揄足願迴光
衆生甚多普渴仰　十力持勢威无懾
大仁德峻勇而果　聖性尒枉屏遊此
懃祥備足德寂上　寧救濟育遍无極
師友无雙恊懷衆　化能億百興有悲
於世威猛普慈救　達知衆行應如意
開布散示唯天尊　輕舉神足願時至

尒時世尊知阿耨達請時已到告諸
比丘著衣持器差應留守无熱龍王
遥跪啓時應受半月宜便即就於時
八万四千菩薩皆大神通德具果辦
弟子二千亦上神足侍違世尊周帀
而導至真如來從鷲山頂忽昇虛空
神力而進如其色像身放无數百千
之光遍照三千大千境界普悉晃明

諸欲色天皆見世尊揚光无數飛過
虛空自相謂言神尊致彼无熱王所
將興法化演奥无極及使如來為衆
圍遶即彼半月中多諸天數百千衆
得見世尊又聞法說緣復觀覩无熱
所設莊嚴感變而令世尊故遊到彼
時諸天子各各發念供養如來或願
散花或雨名香或施天樂以歌佛德
或復懸幢幡蓋繒綵率隨如來世尊
身光炤耀煒煒明踰日月宿淨色淨及
諸天光佛之聖威神耀无量根定寂
靜行遊詳安釋梵四天感變種種奉
敬追侍隨從如來於時聖尊到雪山
下住止右面便告賢者大目連言汝
到无熱王所處宮當宣告之如來已
至時可應入於是賢者大目揵連承
佛神旨忽遷无熱大池之中現於虛
空去地七丈化身像者若金翅鳥王
住阿耨達龍王宮上便告王言如來
至也彼諸龍衆及姝女等无不愕然
驚恐怖悸衣毛為竪四走藏竄展轉
相謂此池自初无金翅鳥斯從何來
時阿耨達告諸宮人太子眷屬而慰

之白且各安心勿恐勿怖此為賢者
大目連耳承如来使興神足變賢者
目連到彼告訖還詣世尊時阿耨達
便與其衆諸子后民夫人婇女舉宮
大小便而圍遶各奉名花及美末香
并衆塗香幢蓋繒幡倡伎種種調作
相應進仰正覺于時世尊為諸菩薩
及衆弟子天龍尊神所共圍遶俱而
前至无熱所設廣博座塲如来到巳
尋就高顯師子之座菩薩相次然後
弟子諸衆坐訖尒時龍王觀視世尊
及諸菩薩弟子衆會坐悉而定興心
无量内懷怡悦輙與其衆手執斟酌
所設饌具踰世甘肥延有天味餚饍
百種以用供佛菩薩弟子并諸衆會
使皆充足世尊菩薩及諸弟子飯畢
輙各洗蕩應器察衆都訖時阿耨達
即啓如来願聞法說於是世尊日昃
時後便從定起端坐說法諸来會衆
滿千由旬從地至上中无空缺天龍
鬼神及人非人周帀衛遶至真正覺
一切會者各懷踊躍

無欲行品第五

尒時龍王悦預進前跪重白佛惟願
世尊為斯衆會如應說法令諸一切
免離生死精除相着五陰諸苦穢垢
昧昧勞塵之行使永无三毒意結蒙
及龍衆得棄邪冥伏其心意弘致至
善使有悦豫深行菩薩後若如来現
有存亡當使吾等所在國邑護持正
法於是世尊讚龍王曰善哉善哉阿
耨達王諦聽其義勤思念之以宣布
示吾當廣說令此會衆多免罪痛根
拔離想意識志疑使解普智昇遊三
界時龍王言善哉世尊願樂廣說當
頂受行

是時聖尊告龍王曰有一法行菩薩
應者為天世人甚所敬重何謂為一
志脩深法以行无欲何曰深法法行
无欲乎如是龍王菩薩依順因緣之
無離二見際知有无者斯見諸法依
著因緣不見有法不由緣生彼作此
念其依因緣斯无依緣彼不依魔其
依緣者彼不言吾亦不言我又其依
緣中无我我依緣无主亦无執守其
依順緣了解起生速易得致四依之

念何謂為四依於至義而不文飾依
於慧行不為識念依順義經不依攀
緣依念於法而不為人彼何謂義何
等為慧云何順義何謂念法義謂空
義不受妄見无相之義不著念識无
願之義不著三界無數之義不著於
數又復義者於法非法而无其二音
聲无得念想无念法處无住用無人
故命壽言聲偽无所有又復為義其
法義者為无欲義何謂菩薩為法義
其無眼色耳聲鼻香舌味身更心法
之義不生色義不滅色義不為痛想
行識之義亦不生滅識行之義亦不
欲色无色之義不生滅欲色无色義
亦不我義亦无我見著人之義不有
人義亦不著人見入之義亦不著入
有佛身義亦不法字著入之義不數
計會有著入義亦復不有施戒忍進
定智者義曉入一切諸法之義是謂
菩薩為法義也其從是義而不有退
是謂為義

彼何謂慧曰若无生慧習无念慧盡
部盡慧道无志慧於陰幻法諸性法

性而无毀慧在於諸情空取為慧解入諸法明了衆生根滿具慧志念无忘於諸止意不意无念於諸斷意等善不善於其神足身心建慧又於諸根了輕重慧於諸覺意覺諸法慧而於諸力巳降調慧道為无數於滅寂慧觀别法慧始不生慧来不至慧中无住慧於身像慧言以響慧心法幻慧是謂菩薩明達智慧又何謂為順導義經從是因緣而起然者滅於愚癡滅於老死无我而然於無人及與命壽深解諸物若如来我皆非真法而然於三脫之門也等於三世求三无著所謂諸法見都无生視了知者而得等滅離俗情態菩薩来智慧度无極於諸意念而无疑惑應入是行斯謂順義无所去至亦无從来泯洹无為不有去至是謂順義何謂如法若諸如来與與不興法身常住是謂如来如如本無而无增減不二無二真際法性謂之如法不毀行報无行報法斯謂如法大乘者由六度无極緣一覺乘從因緣脫聲聞之乘衣青

聲脫是謂如法施致大福戒得生天愽聞多智定念致脫斯謂如法從行不修興有生死行之純至而立无為如法之謂愚以欲力智則慧力斯謂如法其一切法悉依法性如此龍王其依因緣而起生者斯則應得四依之念其依因緣彼則不依斷者有无是謂其見因緣起者斯見諸法其見法者斯見如来所以者何因緣乎龍王等起无起於法非非等而无著又如来者亦為无著因緣之起亦无有起法不可得覺其法者斯則如来於因緣起慧眼見之慧眼見者斯則諸法見諸法者斯則如来是謂其見因緣起者斯則見法其見法者斯見如来又如来者以法見法如是龍王若以此法行應脫者斯謂菩薩而无欲行又呼龍王无欲菩薩不作欲習恍樂賢聖捨非賢聖勤慕與護於賢聖種廣合諸慧為法作護修於愽聞志樹无志不捨戒身智身無傾定身不動於其慧身得善堅住脫慧見身強固難轉脫慧見故又復龍王無欲菩

薩得無數佛正法度義亦具无數諸佛要慧又果无盡諸佛之辯得通无量諸佛神足因致無數諸佛擁翳普入无量衆生之行逰過无數諸佛國土因見無數百千如来緣得聽聞无數諸法得无數義達无數慧曉无數行度无數衆

若是龍王無欲菩薩常應清淨消盡衆穢德不可量三界自由不有所著何則然者以其無欲自從心生有三事從心出生何謂為三從其欲生又從愛生亦由起生復有三生觀於起生又觀起生又觀所行觀心无處又復三生滅寂專一曉解於觀如法隨行又復三生得備仁調以為寂靜從行勤生又復三事從於行直而无有諂仁慈調忍復有三事无沉吟疑順善不廣志足易養又復三事從其空生又復无想亦由無願又復三事心之所生諸法无常從其心生諸法皆苦亦由心生諸法无我從心生復有三事而從心生諸法無常諸法无我滅盡無為皆從心生如其龍王菩薩等滅

亦由心生謂其不捨普智心行等一

切以大慈故不捨衆生大悲心故不猒生死用大喜故等離喜慼以大護故所有慧施不望報故衆戒學行德義備故內勉已過不論彼短能忍衆生諸不善行欲令彼人心固金剛合集衆善諸德之本身命无惜得致一切諸定正受心無勞倦不以正受而有所生曉智以權順隨衆生以其諦慧度諸志脫欲達聲聞緣覺乘者顯念佛法求諸佛法心能忍苦廣宣法故衆利教養篋而棄之志具諸相德行无猒充滿智慧博勤多聞習善友故值善知識用謙敬故得應謙行降自大故以降自大志行備故具滿意行用无諂故以離諂者言行應故以其无欺修誠信故以住信言離衆欺故滅除妄語生誠信故降心於信如是龍王其有菩薩而生是心斯謂无欲又復龍王无欲菩薩魔不能得其限便也所以者何以彼菩薩應无限故而亦不行有限之法彼何謂為是限法乎欲婬恚癡斯皆有限菩薩於是不有所著以此謂之為无限也聲聞

緣覺其乘有限菩薩住於普智心者魔終不能得其限便有念无念念想有限菩薩以離衆念之應如此菩薩魔不能得其限便也如是龍王有二魔事而是菩薩當深覺之亦當遠離何謂二事於其師友無恪敬心而自處大貢高箋人是謂為二又二魔事捨菩薩六度无極藏心返喜樂雜行聲聞及緣覺法復有二事何等為二无其智慧而欲行權與諸墮著望見衆生樂相狎習復有二事寡聞少智自以慧達雖有通博於中自大又復二事於德甚少妄生尊貴若修德行而樂小乘復有二事正法不護不度衆生復有二事志不樂習於諸菩薩及衆通達明智者俱專行誹謗清高菩薩生為法師數興蔽身又障師訓而多諛諂又二魔事捨諸德本心存不德復有二事雖在閑居懷想三毒志常憒肉若遊國邑有會利心復有二事為非其人說深要法應當為說而反不說復有二事不覺魔事遠離普智音數錯亂如是龍王其諸魔事

色像若斯无欲菩薩而來无此又復龍王若有菩薩修於清淨行應无欲當致菩薩十六大力以此神力降調已志以化衆生何謂菩薩十六力耶曰得志力意力行力慙力强力持力慧力德力辯力色力身力財力心力神力弘法之力伏諸魔力无欲菩薩得是菩薩十六大力何謂菩薩為志力耶如是龍王菩薩志力能賢諸佛一切所說物而持之是謂志力斯菩薩意應諸佛行於諸衆生如无斷身是謂意力能達一切音聲所說解了諸義是謂行力離諸罪行與衆德法是則慙力一切諸難不為非行斯則强力億千魔兵不敢而當是則智力通達持法宣示等學而无遺忘斯則持力无普不忘於百千劫其所可說无身不斷隨解諸法是則辯力若諸釋梵及四天王往詣菩薩黯然無色是端正力以其寶首所可念願應意即至是則財力過諸外道在中獨尊是則身力衆生之心能一其心知

衆生心順行化之是則心力衆生應以神足度者為現神變使衆覩見是神足力若所說法使衆聞之而无中斷彼受順行等除苦盡是弘法力若其禪定正受之時得承佛盲賢聖行法是降魔力斯謂菩薩十六大力其有行者志慕願此十六之力而欲得者當脩无欲辟如龍王一切河流歸於大海道法諸行三十七品悉歸无欲又若龍王諸藥草木依因於地諸善行法皆由无欲辟如龍王轉輪聖王衆生所樂若此其有无欲菩薩乃為諸天龍鬼世間人之所愛樂也尒時世尊為阿耨達弁諸太子而說頌曰

欲為慧菩薩　志願佛道者　彼當離穢法
常勤行无欲　慧解因緣法　不猗於見際
觀法以因緣　无緣不有法　緣生彼無生
是不與自然　善緣斯亦空　知空彼无欲
著緣而无相　脫願寂復寂　澹泊像大愚
其處魔不審　見法无著緣　於其无吾我
彼不有我人　知是則无欲　无主不守護
不獲亦弗捨　本脫无取捨　離欲常了法
觀義不為飾　慧行常脫識　曉了順義經

依法不為人　空義是佛法　及脫无相願
不猗造見念　是義其无欲　於法不有二
音聲无可得　處法難可動　不入義无欲
法義无欲我　眼耳不色聽　鼻口離香味
身心无更法　不色生威儀　又不離痛想
亦无識住我　達是應法義　不住三界義
亦无吾我義　世尊无色身　无字法說義
計數非法義　至要不以施　非戒忍進定
慧无我世尊　諸法解无義　智謂是法要
於義永非義　无欲則佛法　无生曉苦慧
不起无有滅　不生亦无終　如是應尊習
五音解若幻　知其如法性　曉内如空聚
了是為无欲　知法至趣向　明達衆生情
逝念以止意　無欲得是慧　意斷无有二
神足心輕騰　以力而无惕　諸根知止足
覺定解以智　明了八直道　慧觀於滅行
解法所至歸　本法不有生　當来而未至
現在无住法　不欲知如是　身像无堅固
語空辟如響　心幻若如風　无欲解如是
知說順義經　了達於因緣　本癡生死滅
无欲是慧義　无我人命壽　解了法非法
以脫於三門　所說空无者　无生見滅道
習慧喻俗行　不從心意生　無欲覺是行

法性常如住　佛興及滅度　无二覺不覺
無欲知是法　其積如本際　彼積悉諸法
空積及人際　无欲達是智　法性常以住
覺起而滅度　不識知其二　无欲法如是
不央善不善　知法无罪報　佛法不從他
從行度无極　以離因緣覺　音脫聲聞行
恵施致大富　彼見戒生天　博聞得智慧
守意化衆生　至聖都守意　无欲法如是
識智因緣起　而致四德行　知義及與法
順義知无欲　觀緣彼見法　以法見世尊
等於起滅法　无欲了尊法　因緣跡无得
音聲法无字　斯法得本无　是聖謂如来
以慧見因緣　无見不見法　明慧了因緣
是謂見世尊　彼求无欲行　悅性諸賢聖
法性毀不捨　而護聖賢種　常護佛正法
无欲聞不忘　戒根不捨離　於定達難動
知身慧不動　常住於脫身　及脫慧所見
无欲常安住　解入諸佛法　无量衆聖道
得佛神足具　辯達一切行　知衆情意行
忽然遊諸土　得見諸如来　受彼所說法
聞守解達義　宣示无量人　知彼億數行
志得向无數　无數當自在　降心入切德
伏意使无欲　終不遷是世　諸陰心以脫

廣顯三昧經第二卷　第十八張　欲字号

了知起滅處　觀滅无所有　所習以而无
聲性心所行　不諂常端直　无佞調仁善
无欲德如斯　以脫空相願　解苦知生死
無我法常寂　无欲從心行　普知心等慈
以悲濟衆生　喜不厭生死　行護无有邊
所施无望報　省已立諸行　忍耐善不善
念脫彼衆生　勤精強修德　不計有身命
以次知諸定　亦不隨於定　慧定大精進
於數不隨數　以諦化聲聞　智不志滅度
无欲值佛世　彼有此諸法　魔不知其行
安住法了是　无欲不有限　曉是貪姤根
離欲彼無想　魔不知其處　其想吾我應
彼自起魔事　是悉度諸行　衆魔而不審
无欲志不忘　所行常清淨　無欲不意志
慙行而不毀　以聞无欲者　悅慧敬如來
其住如法住　彼應如世尊　諸佛十方者
菩薩欲奉事　聞斯无欲行　勤意當受持
其聞此无欲　悅信廣奉行　彼常致无欲
得佛是不久　无欲聖所由　而致寂清淨
无欲得成佛　以化无有邊　去來現在佛
諸得衆相好　悉從斯无欲　及行是法故
尒時世尊說是无欲法品之時諸在會者四万二千天龍鬼神人與非人

廣顯三昧經第二卷　第十九張　欲字号

皆發先上正真道意万二千人得不起忍又八千人逮柔順忍三万二千天子神龍得離塵垢悉生法眼又八千人而離欲行八千比丘漏盡无餘當尒之時三千大千世界六反震動普遍十方熀然大明於雪山下无熱池中周帀現有所未見聞光耀妙花皆至于膝其池水中普生乃異鮮飾蓮花大如車輪中出美香花色无數百千諸種皆是佛之威神所致亦為是法與其供養以悅无熱龍王意故

佛說弘道廣顯三昧經卷第二

佛說弘道廣顯三昧經卷第二

校勘記

一　底本，金藏廣勝寺本。

一　八八五頁中一行經名，普作「三昧弘道廣顯定意經」。卷四同。

一　八八五頁中二行譯者，普作「西晉三藏竺法護譯」。以下各卷同。

一　八八五頁中六行首字「佪」，資、磧、普、南、徑、清、麗作「迴」。

一　八八五頁中一四行「世尊」，資、磧、普、南、徑、清作「天尊」。

一　八八五頁中一七行「興震雲電」，石作「興震雲雷」；資作「興雲震電」；磧、普、南、徑、清作「興雲震雷」。

一　八八五頁中一九行第一一字「飄」，石、資、磧、普、南、徑、清作「尋飄」。

一　八八五頁中二一行第三字「相」，資、磧、普、南、徑、清作「根」。

一　八八五頁中末行第五字「蜜」，資、磧、普、南、徑、清作「密」。

一　八八五頁下四行第一一字「有」，資、磧、普、南、徑、清作「於」。

一　八八五頁下七行「待」，資、磧、普、南、徑、清作「住持」。

一　八八五頁下八行首字「捐」，磧、普作「損」。

一　八八五頁下一四行「宣講」，普作「宣演」。

一　八八五頁下二一行末字及次頁上一〇行第四字「琦」，石、資、磧、普、南、徑、清作「奇」。

一　八八五頁下二二行第五字「琉」，諸本作「珍」。

一　八八五頁下二二行第一二字至末行首字「光精花躍」，諸本作「光華精耀」。

一　八八六頁上二行末字「珠」，資、磧、普、南、徑、清作「珠寶」。

一　八八六頁上四行第一一字「叠」，諸本作「氎」。

一　八八六頁上七行第四字「敷」，資作「蔍」；磧、普、南、徑、清作「葪」；麗作「蓙」。

一　八八六頁上一五行第三字「知」，資、磧、普、南、徑、清作「智」。

一　八八六頁上一五行第六字「辦」，諸本作「辯」。

一　八八六頁上一七行第九字「觀」，資作「靚」。

一　八八六頁上一九行「道師」，資、磧、普、南、徑、清作「導師」。

一　八八六頁上二二行第五字「踰」，資、磧、普、南、徑、清作「喻」。

一　八八六頁中五行第七字「土」，諸本作「士」。

一　八八六頁中九行「神威」，資、磧、南、徑、清作「威神」。

一　八八六頁中一〇行「十力」，徑作「十方」。

一　八八六頁下三行第九字「及」，資、磧、普、南、徑、清作「乃」。

一　八八六頁下五行及次頁上一八行「法說」，資、磧、普、南、徑、清作「說法」。

一　八八六頁下一〇行「炤耀」，資、磧、普、南、徑、清作「神照」。

一　八八六頁下一〇行第一〇字「月」，資、磧、普、南、徑、清作「月星」。

一　八八六頁下一〇行第一四字「淨」，資、磧、普、南、徑、清無。

一　八八六頁下一八行第九字「者」，資、磧、普、南、徑、清無。

一　八八六頁下二一行第一〇字「走」，麗作「之」。

一　八八七頁上五行第三字「便」，資、磧、普、南、徑、清、麗作「俱」。

一　八八七頁上七行第四字「仰」，資、磧、普、南、徑、清、麗作「迎」。

一　八八七頁上九行第九字「座」，磧、普、南、徑、清作「道」。

一　八八七頁上一八行末字「昃」，徑、清、麗作「昃」。

一　八八七頁上二一行第九字「衞」，資、磧、普、南、徑、清作「圍」。

一　八八七頁上末行品名，資、磧、普、南冠以經名。

一八八七頁中三行「精除相著」，資、磧、普、南、徑、清作「精除想著」；磧、普、南、徑、清作「永除想著」。

一八八七頁中四行第七字「使」，磧、普、南、徑、清、麗作「使其」。

一八八七頁中五行「龍衆」，資、磧、普、南、徑、清作「諸龍衆」。

一八八七頁中一一行首字「拔」，資、磧、普、南、徑、清作「枝」。

一八八七頁中一六行第一三字「法」，資、磧、普、南、徑、清無。

一八八七頁中二二行第五字「我」，資作「所」；磧、普、南、徑、清作「我所」。

一八八七頁下九行「命壽」，資、磧、普、南、徑、清作「壽命」。

一八八七頁下九行第六字「僞」，磧、普、南、徑、清作「爲」。

一八八七頁下一〇行末字「義」，資、磧、普、南、徑、清作「義者」。

一八八七頁下一四行第七字「不」，資、磧、普、南、徑、清、麗作「亦不」。

一八八七頁下一四行末字「義」，資、磧、普、南、徑、清作「之義」。

一八八七頁下一五行第一〇字、一六行首字「人」，磧、普、南、徑、清作「入」。

一八八七頁下一八行第二字「會」，資作「貪」。

一八八七頁下二〇行末字「退」，磧作「道」。

一八八七頁下二二行「日苦」，資、磧、普、南、徑、清作「日光」。

一八八七頁下末行第六字「志」，資、磧、普、南、徑、清作「去」。

一八八八頁上一行第一一字「取」，資、磧、普、南、徑、清作「聚」。

一八八八頁上二行第一二字「志」，資、磧、普、南、徑、清作「至」。

一八八八頁上一一行第一二字「人」，資、磧、普、南、徑、清、麗作「我人」。

一八八八頁上一四行第一一字「視」，資、磧、普、南、徑、清作「覩」。

一八八八頁上一九行第二字「諸」，徑作「謂」。

一八八八頁上一九行「與興不興」，諸本作「興與不興」。

一八八八頁中一〇行「於法非非」，資、磧、普、南、徑、清作「於法非法」；麗作「法於非法」。

一八八八頁中一八行「又呼」，磧、普、南、徑、清作「呼又」。

一八八八頁中二二行第七字「善」，資作「普」；磧、普作「菩」。

一八八八頁下一五行「寂静」，資、磧、普、南、徑、清作「静寂」。

一八八八頁下一九行第三字「想」，石、資、磧、普、南、徑、清作「相」。

一八八八頁下一九行第五字「由」，資、磧、普、南、徑、清作「曰」。

一八八八頁下二一行第八字「從」，諸本作「亦從」。

一八八九頁上一行第一三字「等」，資、磧、普、南、徑、清作「平等」。

一八八九頁上五行第五字「勉」，資、磧、普、南、徑、清作「尅」。

一 八八九頁上六行第七字「令」，資、磧、普、南、徑、清作「度」。

一 八八九頁上七行第四字「諸」，資作「之」。

一 八八九頁上一一行「心能忍苦」，石、資、磧、普、南、徑、清作「能忍衆苦」。

一 八八九頁上一四行第一二字「行」，資作「行行」。

一 八八九頁中九行第一三字「雜」，麗作「親」。

一 八八九頁中一一行「望見」，資、磧、普、南、徑、清作「妄見」。

一 八八九頁中一四行「妄生」，資、磧、普、南、徑、清作「望生」。

一 八八九頁中一八行第三字「生」，諸本作「主」。

一 八八九頁中二一行第一〇字「會」，資、磧、普、南、徑、清、麗作「貪」。

一 八八九頁下一行「音數」，諸本作「意數」。

一 八八九頁下四行「神力」，諸本作「諸力」。

一 八八九頁下一〇行第一二字「賢」，資、磧、普、南、徑、清、麗作「覽」。

一 八八九頁下一二行第一一字「如」，資、磧、普、南、徑、清、麗作「而」。

一 八八九頁下一四行第一一字「與」，資、磧、普、南、徑、清作「興」。

一 八八九頁下一八行第五字「普」，資、磧、普、南、徑、清、麗作「著」。

一 八九〇頁上一八行第六字「善」，磧、普、南、徑、清作「著」。

一 八九〇頁中三行第一二字「人」，磧、普、南、徑、清作「入」。

一 八九〇頁中四行第五字，中六行第五字「我」，資、磧、普、南、徑、清作「義」。

一 八九〇頁中五行「威儀」，磧、普、南、徑、清作「滅義」。

一 八九〇頁中九行首字「慧」，磧作「悲」。

一 八九〇頁中一〇行第一三字「曉」，磧作「時」。

一 八九〇頁中一〇行第一四字「苦」，徑、清作「若」。

一 八九〇頁中一一行「无終如是」，資、磧、普、南、徑、清作「不終知是」。

一 八九〇頁中一二行「五音」，磧、普、南、徑、清作「五陰」。

一 八九〇頁中一四行「逝念」，資、磧、普、南、徑、清作「斷念」。

一 八九〇頁下六行第一〇字「覺」，資、磧、普、南、徑、清作「聲」。

一 八九〇頁下八行「无欲法如是」，與九行「識智因緣起」之間，諸本有「力常轉諸欲　智慧智存法　等念是諸法　法性常無得」。

一 八九〇頁下一四行第七字「求」，資、磧、普、南、徑、清作「永」。

一 八九〇頁下一四行第一二字「性」，資、磧、普、南、徑、清作「情」。

一 八九〇頁下一八行第七字「人」，資、磧、南、徑、清作「入」。

一　八九〇頁下二二行第七字「數」，磧、普、南、徑、清作「欲」。

一　八九一頁上二行第一二字「倿」，磧、普、南、清、麗作「佞」。

一　八九一頁上三行第九字「相」，麗作「想」。

一　八九一頁上四行第一二字「知」，資、磧、普、南、徑、清作「智」。

一　八九一頁上一〇行第一一字「魔」，資作「應」。

一　八九一頁上一一行「茹根」，資、磧、普、南、徑、清作「垢限」。

一　八九一頁上一六行「十方」，資、磧、普、南、徑、清、麗作「十力」。

一　八九一頁中三行「天子」，石、資、磧、普、南、徑、清作「天人」。

一　八九一頁中六行第五字「焜」，石、資、磧、普、南、徑、清作「晃」。

一　八九一頁中九行第八字「出」，資、磧、普、南、徑、清作「生出」。

一　八九一頁中末行「佛說」，石、磧無；資、普、南、徑、清作「三昧」。

一　八九一頁中末行「三昧」，資、南、徑、清作「定意」；普無。

佛說弘道廣顯三昧經卷第三　欲

西晉月氏三藏竺法護譯

信值法品第六

尒時阿耨達龍王心甚悅豫又及龍王五百太子宿發無上正真道意聞佛說是尋即皆得柔順法忍忻心無量各樂供養輙為如來施飾寶蓋進上世尊同時白佛言聖師如來至真正覺為吾等故出現生世何則然者令吾等聞普信道品得聞是以意而無惓不有懈退亦无驚恐聞以加重專心習行樂聽无猒如是像法也又惟如來解說菩薩云何得值諸佛世尊如來告曰諸賢者等勤念受聽吾當廣說諸太子言唯思樂聞彼諸上士受世尊教如來告曰樹信賢者興值有佛何謂為信信謂正士修諸明法奉之為先何謂明法曰依行應不離德本習求樂賢慕隨聖衆勤心樹信志无勞疲思僥聞法拔棄陰蓋順習於道得法利養以施周慧戒與不戒濟接等與在諸恚怒而常有悅勤樂普智心無應退信佛不休未曾乱法悅心聖衆志道勤動喜樂正真而離貢高於衆自昇常有等心諸處无著終捨身命不造惡行修立質信言行相應等過於者心無垢穢身口意行順隨聖化明了諸事得為清淨知足无貪所行應淨曉入智幻習求慧根依順七財修念誠信根力以備而行正見所受師友謙恪礼敬安足易養數詣法會心无退猒有患生死示无為德勤心精進求昇普智以弘道化於如來法志樂出家脩諸无數梵清淨行造立慈悲救彼衆生志存反復其有報恩及不報者等護之心无適莫不自念利常悅彼恭恐調之行以忠備足目見無惡不借說人內性以寂志於閑居心常樂靜專念習法而无諍訟等已彼過求備戒具集合定行勤謹於道斯謂賢者行應俗信樹信如是此謂興值佛世者也又賢者等其於世俗造信无忘是謂與信值佛世也又賢者等何謂俗信其有信者信諸法空以離妄見信知諸

法以為無想而離念應信知諸法悉
皆无願不有去来信知諸法無識無
念静身口意寂无有識信知諸法以
為離欲无我人壽命信知諸法信知
本无去来自然信知諸法真際无跡
如本無跡信知諸法巳皆自然等若
空跡信知諸法而依法性信知諸法
等過三世信知諸法欲處邪見而皆
悉盡信法无著以離本癡本无清淨
信知諸法心常清淨亦不興起客欲
之垢信知諸法无所觀見信諸法護
等斷衆行信法无我以過喜怒信諸
法无心無形像而不可護信諸法偽
如握空拳誘調小兒信法无欺不有
上下无所捨置信諸法虚若芭蕉樹
信法自由如常寂靖信法无審不信
三處信法求无不有所生信法若空
以等无數信知諸法若如泥洹常自
寂静如是賢者其於世俗興起是信
斯謂造信而值佛法又復賢者其有
信值佛法名者此則名曰諸法都无
起之謂也所以者何不色生故不色
無生化轉之習不痛想行識无識起

不以眼耳鼻舌身意無起轉習不身
起轉不癡有无不生老死有无起故
如值佛世不起有生亦不起滅又復
無起習於无滅不以正意无志意習
而值佛世揔要言之亦不以三十七
道品法起无起習亦不以道无生之
習不以起慧亦不滅慧不慧无慧無
二之習如值佛世當說值信佛品世
時无熱龍王五百太子皆悉逮得柔
順法忍於是世尊復說頌曰

興信值佛世　而習於不生　其无向信者
斯不值佛世　修信謂最上　從致清淨法
行質有報應　不違報所修　信習諸賢聖
勤隨常礼敬　心不有懈退　此信之所行
勤行聽法說　陰蓋不能動　從信得致道
行逮於柔順　以法所得財　轉惠普周濟
護戒與毀戒　行信而等施　能悦諸恚怒
道心不懈惓　勤求大乘法　有信悦向衆
永離大貢高　志常自卑下　所在无所著
立信相如是　志信不惜身　終不造惡行
守善无妄語　言行常相應　悦信以過界
樂行於无心　身口意清淨　習隨聖所護
有信行內淨　常為慧所將　知身之要本

求問宣所聞　等念於七財　得力根以足
長離衆邪見　志常習等行　礼恪有悦心
敬事如其師　心宿善虔恭　知足无所遺
其心常無念　所志唯道法　有猒生死者
引示无為德　脫之所當行　唯常求悦心
速離於是世　修梵行无惓　懐受諸衆生
救彼無利望　當報所受恩　悦信當勤求
巳利不以悦　亦不嫉彼供　仁忍而悲備
无諂調質直　行信目所見　不背說人短
根寂性安敏　志悦樂閑居　其心无憒丙
自勵備恩行　光順不有諍　內省尅巳過
勤求具戒行　専習於定道　悦信慕樂行
信者相如是　其過欲信者　彼行而解此
興法不有諍　深妙佛所說　誠信信於空
彼都无衆見　諸法无有想　不意離衆念
當除斷諸念　覺了去来事　法求无著作
不有於身心　信為无欲法　離我人壽命
信者解无本　得至不二處　其本无有積
體无若虚空　諸法信亦然　便與法性同
等過於三世　諸法无有漏　欲處及與貪
樂信无受見　諸法不有著　其本明清淨
客欲无能蔽　不處心有住　諸法不可見
因緣而无起　常觀於高行　不受所住短

無合不有離　脫者无合同　信悅於空法
愚之所可惑　湛泊意无起　欺偽如芭蕉
口言而自然　無去亦不有　諸法无所有
所見皆不要　其法若虛空　等緣无有數
諸法如泥洹　本無不可見　信悅而行此
解了身虛空　其有如是信　菩薩及凡人
彼則值奉佛　所處无有惡　不以造色行
得應值佛世　无色不有處　不來亦不去
於色无有生　不滅亦无住　當来无所至
值佛廣演說　五陰亦如是　化習轉无生
值佛當敢說　慧達諸菩薩　其身及諸情
亦習以无生　佛興以無生　常救諸隋坴
癡本无有生　生死亦如斯　是緣如本无
從法而有佛　無起不有生　不滅无有住
是以知无處　處亦不可見　斯亦不自生
興佛而傳演　无志不有住　是亦佛所轉
諸種亦如是　佛種順如法　斯類亦起无
如佛而等與　其行如是者　佛興為若此
悅信斯大處　其限不可量

轉法輪品第七

介時世尊告太子等又諸賢者何謂菩薩得轉法輪其有布露如是像法樂悅句義受持不忘修而行之諸有

不發大悲意者為興普智隨順衆願而為說之廣宣布示志不有惓忽棄利養勸念順時受持護行斯謂菩薩應轉法輪又若如来所轉法輪而其法輪行像入德當粗剖說不以起法亦不滅法不以凡夫下劣行法亦復不以賢聖法故而轉法輪又其法輪不中斷絶等斷善惡彼以是故為无斷輪又其法輪因緣之起不起無起而有其轉以斯之故為无起輪又其法輪不以眼色耳聲鼻香舌味身更心法諸情轉隨有轉以此之故彼无二輪若有二者則非法輪又其法輪亦不過去當来現在所著而轉是无著輪又其法輪不我見轉非人命壽所住而轉是為空輪又其法輪不識行想滅念之轉是无相輪又其法輪不於欲界形无形界所望而轉是无願輪又其法輪不計衆生有異而轉不處二法是凡人法是聖戒法是聲聞法是緣覺法是菩薩法是為佛法彼以是故為无異輪又其法輪不以有住法輪而轉以斯之故為无住輪

也法輪名乎諸賢者等真諦正輪常无毀故要義之輪等三世故无處輪諸習見處以等過故寂寞靜輪身心無著不可見轉意識離故无樔之輪五道不處審諦之輪无諦現故行信之輪等化衆生用无欺故不可盡輪字無字故法性之輪以其諸法依法性故本積諦輪本無積故本无之輪如本无故無所造輪无念漏故无數之輪導至聖故如空之輪明見內故无相之輪無外念故無願之輪无內外故不可得輪修過度故又諸賢者其如来者以此法輪轉之衆生之意行也其轉不轉彼不可得法无所捨於時世尊說是轉法輪品之時天龍鬼人諸種神欣心踊躍顯光讚揚如来斯法皆同聲曰善哉世尊甚為難值如来示說轉此法輪聞者奉行則應法輪是法名轉空虛之輪諸已過佛及興當来并諸現在悉由是法有信者斯則已度諸行此法吾等世尊代其勸助彼諸衆生其興是心常欲聞斯法輪品者聞當發求是道要行

廣顯三昧經第三卷　第九張　欲字号

彼亦不久得轉法輪於是衆中聞是説者有万天人皆發無上正真道意五千菩薩逮得法忍

於是世尊告諸賢曰又正士等其護正法受持正法管護正法是謂護法所以者何於永无滅應是行者天及人終不能當於時无憂前白佛言又唯世尊若斯正士以如是法而得寂覺於其夲无不有惑者又如是像諸正士等當共擁護所以護者令諸正士使其速應於此大乗彼皆行已得轉法輪又能與識法之大明是故世尊以斯等教要法正護使發大乗以護法師安救敬礼順聽禁戒是時世尊讃歎无憂龍王子曰善哉善哉无憂正士諸發大乗為法師故安救擁護是謂護法為諸法師管護正法護持正法又復无憂護正法者得十功德何謂為十无其自大降下貢高又行恭敬亦无諂行勤思樂法志慕習㳂專意隨法行觀於法樂宣説法脩修行法隨所志乗順如脫之是為十行以護正法又復无憂有十事行

廣顯三昧經第三卷　第十張　欲字号

護得正法何謂為十若族姓子及於族姓女所聞法師遥礼其處思樂得奉来輙敬愛供給所欲衣被飲食護以諸事往詣謙敬順聽所説以宣同學障其説非常樂稱歎使譽流布是為十事得護正法又復無憂有四施行得護正法何謂為四筆墨素施給與法師衣被飲食牀卧醫藥供養衆所着從法師聞所説法以無諂心而讃善之所聞受持廣為人説是為四施得持正法又復无憂有四精進得持正法何謂為四求法精進勤廣説法敬礼法師若毀法人正法降之亦以精進是四精進得持正法時阿耨達五百太子聞佛説是悅懌欣喜歡樂无量同聲言如来所説甚善无比解諸狐疑各以宮室及其官屬盡上佛奉給所應以敬順心而重言曰從今世尊當勤受化永常无惓至於如来无為之後佛之所説是像寶法當共敬受是經要品求索通達勸進脩行斯則世尊吾等至願又若如来无為之後吾等聖尊在所國邑當共同

廣顯三昧經第三卷　十一張　欲字号

心供養舍利護奉礼敬至於現滅也於是賢者耆年迦葉謂諸太子又賢日等如仁輩言獨欲全完供養如来神身舍利汝等是言多斷衆生諸德之本障蔽明淨賢道至化使興是言何則然者又若如来本始造願使留舍利布如芥子為諸衆生降大悲故何得全皃而獨供養耶彼正士等即荅賢者大迦葉曰唯然迦葉勿以聲聞所有智限而限如来深邃無極明達之慧所以者何若如来者有普智心一切之見處以神足感動變化若其興念能使三千大千世界天龍鬼神各於宮殿普令完全安置舍利使各念言吾獨供養如来舍利其餘者不又復迦葉若如世尊無為之後隨衆生心應置舍利又復迦葉若如来德至阿迦膩吒天上立置舍利其如芥子能普明炤一天地内是佛世尊神威變化感動力也

決諸疑難品第八

尒時賢者須菩提曰諸族姓子又如来者為滅度耶曰須菩提於起生處

當有其滅須菩提曰諸族姓子如来有生乎曰如来者如其本無无生而生須菩提曰如如本无無生不生彼都無生也荅曰是者須菩提則佛所生如其本無而不有生須菩提曰佛生如是滅復云何荅曰亦復如如本無生於無生無為滅度亦尒本无唯須菩提不起而生滅度亦尒如是其滅亦尒本無也說是語時无熱淵池現大蓮花若如車輪蘆有无量積種種之色以名衆寶而用光飾於諸花間有大蓮色寂暉明現琦異好特獨踊高賢者阿難在於无熱大池之中覩其變化所見若斯尋啓世尊今此變化為何瑞應與其感動乃如此耶如来告曰且忍阿難自當見之說適未久忽從下方乃於寶英如来佛土寶飾世界六万菩薩與濡首俱忽然踊出遷能仁界彔於无熱大池之中各現妙大蓮花座上濡首童子即就蓮花高廣顯座是時衆會皆悉見之愕然而驚時阿耨達及諸菩薩釋梵持世来會諸衆悉各又十稽首敬礼濡

首童子退住虛空共持珠寶交露之蓋時濡首與諸菩薩俱并蓮花座亦踊虛空去地乃遠於上而雨未曾所見寂妙蓮花供養如来從諸花中有聲出曰寶英如来問訊世尊起居无量體祚康强神力安和乎聲復言曰濡首童子與諸菩薩六万人俱往詣忍土至於無熱龍王淵池觀彼感變又志樂聽龍王所問莊飾道品入法要說為世尊廣勸法言便有權悅於是濡首及諸菩薩從虛空下悉詣正覺稽首如来欣心肅敬住世尊前尒時天師告濡首曰童子来乎為何志故與諸菩薩俱至此耶濡首白佛吾等世尊在彼寶英如来佛土寶飾世界承聞至真能仁如来垂慈十方演說斯要聞是法故尋從彼土彔遊詣此奉礼天師緣聞如来所講法也迦葉白佛近如世尊寶英佛土寶飾世界而諸大志忽至此耶濡首荅曰唯如迦葉坐一定時極其神足飛行之力盡其壽命於中滅度而由不能達到彼土其國境界弥遠乃尒佛告迦

葉其土去此過於六十恒沙佛剎乃至寶英如来佛土曰其来久而到此乎荅曰久如耆年漏盡意得解也大迦葉曰甚未曾有唯然濡首是諸正士神足若斯濡首又曰耆年漏盡意解又如耶荅曰如其轉意之頃又曰耆年意以解乎荅曰以解濡首復曰其誰縛心而有解乎荅曰濡首以心結解非脫有解致慧見也由唯迦葉其无縛心以何解乎迦葉荅曰知心無縛斯則為解曰唯迦葉以何等心云何知心過去知耶當来現在乎去者滅盡當来未至現在无住以何等心而知其心曰心已滅是者濡首即無身心之計數也曰賢者心知其滅耶曰心滅者不可得知曰其得致都滅心者彼永无有身體之得曰大辯哉濡首童子吾等微劣豈能應荅上辯之辯濡首又曰云何迦葉響寧有辯耶曰無童子因緣起耳曰不云乎唯大迦葉一切音聲若響耶曰尒濡首又曰響辯可致不乎曰不可致又曰如是唯大迦葉菩薩協懷權辯之

才不可思議亦無其斷若耆年問從劫至劫菩薩機辯難可究盡尒時迦葉而白佛言惟願世尊加勸濡首為此大衆引講法說令諸會衆長夜致安普使一切得明法要於是衆中有大菩薩其名智積問濡首曰何故童子長老迦葉年耆極舊所言怯弱微劣乃尒為以何故名之耆年濡首荅曰是聲聞耳故不果辯智積復曰斯不知發大乘志耶曰永不矣唯以聲聞乘之脫也曰又濡首何故名為聲聞之乘濡首荅曰是族姓子世尊能仁隨諸衆生興三乘教敷以說法有聲聞乘緣一覺乘及大乘行所以然者由此衆生意多懷貪志劣弱故說三行耳智積又曰云何濡首如空想願都无其限何故限之有三乘乎曰族姓子是諸如來報權之行空无想願不有其限為諸著限而諸有限終不限於無限行也曰又濡首吾等可退使永莫與劣志衆生得有會也濡首荅曰諸族姓子且忍當從无熱龍王聞其智辯及无量法耆年迦葉謂

智積曰云何正士如彼寶英如来佛土云何說法智積荅曰惟一法味從其一法演出无量法義之音但論菩薩不退轉法諸佛奥藏要行之論從已取脫不由衆雜依於普智永无餘脫恒講菩薩清純之談其土都无怯弱之行也

時阿耨達問濡首曰仁尊濡首来奉如来為何等像觀於如来以色觀耶痛想行識觀如来乎荅曰不也以約言之色苦觀耶痛想行識苦觀之乎滅色痛想行識觀耶為以空无相願行觀如来乎荅曰不也又問云何去来現在相好肉眼天眼慧眼觀如来乎荅曰不也云何濡首以何等相觀如来耶荅曰龍王觀於如来當如如来又曰軟首如来云何乎曰如来者无等之等等不可見用无雙故故妙矣龍王如来極尊无偶無雙无比無喻无儔无等無疋无倫亦无色相為欺无像無形无影無名无字無說无受也如是龍王如来若此當作是觀觀於如来亦不肉眼天眼慧眼而觀

如来所以者何其肉眼者以見明故如如来者無寘无明故不可以肉眼而觀又天眼者有作之相若如来者等過无住故不可以天眼而觀又其慧眼知本無相又如来者衆都永无故不可以慧眼而觀去何軟首觀其如来得為清淨曰若龍王其知眼識心不有起又知色識心無起滅其作是觀觀於如来為應清淨尒時其從寶英如来寶飾佛土菩薩来者得未曾有而皆歎曰甚快妙哉斯諸衆生善值如来逮聞如是龍王所問決拯疑品聞已悅信不恐不怖又无驚怪加復受持諷誦宣布如是正士應在慧著吾等世尊不空至此值聞是要无極像法又若世尊斯法所至聚落國邑當知其處如来常在終不滅度正法无毀道化興隆何則然者以此法品能降魔場伏諸外道也時阿耨達謂軟首曰善修行者軟首童子斯之菩薩逮聞是法得佛不難進已勸人勤道无惓也

何謂菩薩應修善行軟首荅曰若是

龍王如貪行空施行亦空等解於此是謂善行以約言之不戒與戒懷恚及忍懈退精進亂意一心如其愚空智慧亦空於是等行斯謂善行又復龍王如其婬欲恚怒愚癡為之空者無其婬欲恚癡亦空如彖行空无離亦空於其等行是謂善行又復龍王如其八万四千行空賢聖正脫亦悉為空於斯等行是謂善行又復龍王若有明賢脩菩薩行无行无不行亦不見行不有或行亦無念行又不知於是等行是謂善行无熱龍王謂軟首曰云何童子菩薩行於无所行乎答曰龍王若初發意行菩薩道至得佛坐所行功德悉由初行不生之行无受處行無獲捨行无攝之行又無著行亦无諦行无有限行亦无惑行又无婬行無所作行亦無特行无審之行亦無底行是謂菩薩无行之行若菩薩以不生之行無行不行得三十七品无所造作以慧而脫永脫於脫不過二際明了本際而不取證菩薩作是此謂菩薩得不起忍如斯之

行此謂善行說是語時三万四千天龍鬼神菩薩行者逮无從生法樂之忍

佛說弘道廣顯三昧經卷第三

佛說弘道廣顯三昧經卷第三

校勘記

一　底本，金藏廣勝寺本。

一　八九六頁中一行經名，普作「佛說弘道廣顯定意經」。

一　八九六頁下一行「應退」，諸本作「懈退」。

一　八九六頁下二行「勤動」，諸本作「難動」。

一　八九六頁下一三行第一三字「存」，資、磧、普、南、徑、清作「在」。

一　八九六頁下一五行第一一字「恭」，資、磧、普、南、徑、清作「供」。

一　八九六頁下一六行第六字「目」，徑、清作「自」。

一　八九六頁下一七行首字「性」，資、磧、普、南、徑、清作「情」。

一　八九七頁上一行第五字、下一五行第一〇字，八九八頁中一七行第二字「想」，石、資、磧、普、南、徑、清作「相」。

一　八九七頁上四行末字「知」，石作「如」。

一　八九七頁上一三行第一〇字「護」，諸本作「獲」。

一　八九七頁上一六行「寂靖」，諸本作「寂静」。

一　八九七頁上一六行末字「信」，諸本作「住」。

一　八九七頁上末行第一二字「无」，石、麗作「已无」。

一　八九七頁中首行第六字「舌」，資、磧、普、南、徑、清作「口」。

一　八九七頁中六行第四字「起」，資無；普、南、徑、清作「習」。

一　八九七頁中八行第四字「如」，資、磧、普、南、徑、清作「而」。
一　八九七頁中八行「值信佛品世」，資、磧、普、南、徑、清作「信值佛世品」。
一　八九七頁中一一行首字「與」，諸本作「興」。
一　八九七頁中一三行第八字「報」，諸本作「厭」。
一　八九七頁中一四行第二字「隨」，資、磧、普、南、徑、清作「修」。
一　八九七頁中一五行「法說」，資、磧、普、南、徑、清作「說法」。
一　八九七頁下三行「如其」，資、磧、普、南、徑、清作「其如」。
一　八九七頁下三行「心宿」，資作「止宿」，磧、普、南、徑、清作「心肅」。
一　八九七頁下七行第一三字「當」，資作「常」。
一　八九七頁下九行第八字「目」，資作「自」。
一　八九七頁下一一行第六字「光」，諸本作「先」。
一　八九七頁下一三行第八字「欲」，石、資、磧、普、南、徑、清作「俗」。
一　八九七頁下一四行首字「興」，資、磧、普、南、徑、清作「與」。
一　八九七頁下一六行「除斷諸念」，石作「除斷諸願」；資、磧、普、南、徑、清作「斷除諸願」。
一　八九七頁下一六行第一二字「求」，資、磧、普、南、徑、清作「永」。
一　八九七頁下一八行「无本」，石、資、磧、普、南、徑、清作「本無」。
一　八九八頁上二行「湛泊」，石作「澹泊」；資、磧、普、南、徑、清作「憺怕」。
一　八九八頁上三行第九字「不」，資、磧、普、南、徑、清作「無」。
一　八九八頁上一一行第四字「敢」，資、磧、普、南、徑、清作「散」。
一　八九八頁上一二行第七字「與」，資、磧、普、南、徑、清、麗作「興」。
一　八九八頁上一六行首字及一八行第五字「與」，資、磧、普、南、徑、清作「興」。
一　八九八頁上一九行「大處」，資、磧、普、南、徑、清作「大衆」。
一　八九八頁上一九行末字「量」，資、磧、普、南、徑、清作「得」。
一　八九八頁上二〇行品名，資、磧、普、南冠以經名。下同此例。
一　八九八頁上末行「樂悅」，諸本作「樂說」。
一　八九八頁中一行「不發」，資作「不廢」。
一　八九八頁中一一行末字「更」，石、資作「觸」。
一　八九八頁中一七行第九字「相」，麗作「想」。
一　八九八頁中末行末字至下一行首字「輪也」，資、磧、普、南、徑、清作「轉」。
一　八九八頁下二行末字「輪」，諸本作「之輪」。
一　八九八頁下四行第六字「轉」，資、

磧、普、南、徑、清作「輪」。

一 八九八頁下四行「无㯹」，資、磧、普、南、徑、清作「無隙」，下同。

一 八九八頁下五行第四字「處」，資、磧、普、南、徑、清作「處故」。

一 八九八頁下一三行第一三字「之」，資、磧、普、南、徑、清、麗作「諸」。

一 八九八頁下一六行「鬼人」，資、磧、普、南、徑、清、麗作「鬼人及」。

一 八九八頁下一九行第一一字「輪」，石作「轉」。

一 八九八頁下二〇行末字「有」，資、磧、普、南、徑、清、麗作「其有」。

一 八九九頁上二行「天人」，資、磧、普、南、徑、清作「天子」。

一 八九九頁上七行首字「人」，諸本作「世人」。

一 八九九頁上一九行第九字「大」，石、麗作「本」。

一 八九九頁上二一行末字「修」，資、磧、普、南、徑、清、麗作「樂」。

一 八九九頁上二二行第六字「志」，資、磧、普、南、徑、清作「至」。

一 八九九頁上二二行「如脫」，石、麗作「如說」；資、磧、普、南、徑、清作「而說」。

一 八九九頁中一行「護得」，資、磧、普、南、徑、清作「得護」。

一 八九九頁中八行第六字「飲」，資、磧、普、南、徑、清作「飯」。

一 八九九頁中一六行第六字「言」，資、磧、普、南、徑、清作「言曰」。

一 八九九頁中一七行末字「上」，資、磧、普、南、徑、清、麗作「以上」。

一 八九九頁下八行第四字「皃」，諸本作「完」。

一 八九九頁下一四行「完全」，資、磧、普、南、徑、清作「全完」。

一 八九九頁下一八行第二字「至」，資、磧、普、南、徑、清作「至於」。

一 九〇〇頁上六行「如如」，資、磧、普、南、徑、清作「如是如」。

一 九〇〇頁上一〇行第八字「蓙」，石、麗作「藪」；資作「蔗」；磧、普、南、徑、清作「荂」。

一 九〇〇頁上一〇行第一二字「積」，資、磧、普、南、徑、清、麗無。

一 九〇〇頁上一二行第三字「蓮」，諸本作「蓮華」。

一 九〇〇頁上一二行「琦異」，資、磧、普、南、徑、清、麗作「奇異」。

一 九〇〇頁上一五行第六字「㒷」，諸本作「興」。

一 九〇〇頁上一七行第七字「於」，資作「至」。

一 九〇〇頁上末行「叉十」，諸本作「叉手」。

一 九〇〇頁中一〇行第三字「爲」，石、資、磧、普、南、徑、清作「爲其」。

一 九〇〇頁中一〇行「便有」，石、作「使有」；磧、普、南、徑、清作「使其」。

一 九〇〇頁中一三行末字「志」，資、磧、普、南、徑、清作「至」。

一 九〇〇頁中二〇行「大志」，資、磧、普、南、徑、清作「大士」。

一　九〇〇頁中末行第八字「弥」，麗作「弘」。

一　九〇〇頁下二行第一二字「而」，資、磧、普、南、徑、清、麗作「如而」。

一　九〇〇頁下五行首字「士」，麗作「上」。

一　九〇〇頁下六行第二字「又」，資、磧、普、南、徑、清、麗作「久」。

一　九〇〇頁下八行第五字「而」，資、磧、普、南、徑、清作「如」。

一　九〇〇頁下一二行末字「去」，資、磧、普、南、徑、清作「過去」。

一　九〇〇頁下一四行「是者」，資、磧、普、南、徑、清、麗作「者是」。

一　九〇〇頁下一四行第一三字「首」，資、磧、普、南、徑、清作「首曰」。

一　九〇〇頁下一七行首字「滅」，資、磧、普、南、徑、清作「滅之」。

一　九〇〇頁下一七行「身體」，資、磧、普、南、徑、清、麗作「身識」。

一　九〇〇頁下二〇行首字「辭」，資、磧、普、南、徑、清作「辯」。

一　九〇〇頁下二一行第九字「若」，石、資、磧、普、南、徑、清作「若如」。

一　九〇〇頁下末行第一〇字「協」，資、磧、普、南、徑、清作「挾」；麗作「協」。

一　九〇一頁上二行第一一字「盡」，石、資、磧、普、南、徑、清作「盡也」。

一　九〇一頁上四行「法説」，資、磧、普、南、徑、清作「説法」。

一　九〇一頁上五行第七字「明」，石作「聞」。

一　九〇一頁上一六行末字「想」，石、資、磧、普、南、徑、清作「無相」。

一　九〇一頁上一八行「報權」，資、磧、普、南、徑、清、麗作「執權」。

一　九〇一頁上一八行末字「想」，石、資、磧、普、南、徑、清作「相」。

一　九〇一頁上一九行「諸有」，資、磧、普、南、徑、清作「有諸」。

一　九〇一頁上二一行第三字「永」，磧作「求」。

一　九〇一頁中一二行末字「願」，資、磧、普、南、徑、清作「無願」。

一　九〇一頁中一八行第一三字「故」，資、磧、普、南、徑、清無。

一　九〇一頁中二一行首字「欺」，資、磧、普、南、徑、清、麗作「其」。

一　九〇一頁下一一行第七字「甚」，資作「其」。

一　九〇二頁上六行末字「離」，諸本作「雜」。

一　九〇二頁上一一行末字「知」，石、麗作「知行」。

一　九〇二頁上一六行第一〇字「樔」，資、磧、普、南、徑、清作「隟」。

一　九〇二頁上一八行第一一字「特」，石、資、磧、普、南、徑、清作「持」。

佛說弘道廣顯三昧經卷第四　欲

西晉月氏三藏竺法護譯

不起法忍品第九

時阿耨達謂軟首曰不起法忍當云何得乎軟首荅曰忍不生色痛想行識是謂菩薩得不起忍又復龍王菩薩所得不起法忍等見衆生以致是忍等彼衆生如其所生等見衆生亦無有生等見衆生以如自然等見一切若如其相亦不與等而見其等是謂菩薩等見忍空去何為空眼以色識耳之聲識鼻而香識口之味識身所更識心受法識如諸情空其忍亦空過忍亦空現忍亦空如其忍空衆生亦空何用為空以欲為空恚怒癡空如衆生空顛倒亦空欲垢起滅亦恚為空作是智行斯謂菩薩行應不起法忍之者其等衆生已應向脱何則如是又彼菩薩而作是念如其以空至於我垢及諸衆生空无所有御欲如此是欲已脱於本自無一切衆生如此之忍於欲自在以脱是欲根寂无處其永不滅无脱不脱亦无有得至脱者也若斯永脱則彼是故住處自然又此龍王若有菩薩行應忍者拔度一切不有其勞所以者何見諸衆生本都无縛於本自脱彼作此念是諸衆生恚者一欲行者不著而脱本法一切衆生著其不諦妄想之念菩薩了此終始無著已脱法本又復龍王得不起法忍菩薩者雖未得達佛要行處然是菩薩不住凡夫學无學處普入諸處習度无惓不於欲處有其婬行恚處不怒癡處不愚不於處所以无欲住離衆欲際御持諸婬導化衆生自无欲垢貪著穢行彼於魔界及與佛界并自然相而无疑惑亦不念其法性之處普現於彼衆生之界了知識處法非法處曉入行處以慧而觀於行之處及生死處亦不生死入隨生死所在諸處為造德本守靜不衰解知生死如無生死不以賢聖修應而脱時阿耨達謂軟首曰如仁軟首而作是言菩薩不以修應向脱其曉是學斯則菩薩修應向脱

何謂菩薩修應向脱軟首荅曰得不退轉是謂菩薩修應向脱又復龍王菩薩曉知有念未脱為諸隨念衆生等故建立精進化轉無念言有吾我亦為未脱又復龍王其菩薩者已無吾我向諸縛著衆生類故為起大悲而以度之彼見生死都无生死生諸所生以其无生衆生無生而皆等見為諸倚著衆生之故現生受身永无其生亦不有終是慧菩薩應修向脱執權而還還住生死現在所生受身之處濟化愚冥導以智慧得免罪苦菩薩以空故應寂向脱以權而還及于生死為諸衆生興發大慈菩薩无相修應向脱弘權而還還遊生死向諸隨念衆生之故為起大悲菩薩无願修應向脱執權而還還住生死為諸隨願衆生之類向發大悲化行無願脱乎龍王菩薩解入无所有法不捨衆生入於无我及人命壽不忘道場曉入无量果致大人三十二相終寂靜寞无寂不寂亦無其亂等過諸行無心意識不違本願昇普智心等離

衆念權曉衆生種種意行得賢聖者
及非賢聖勤以精進立正聖法無婬
泆行建志不捨寂與不寂等皆濟度
无念不念其不整者佛土莊飾嚴整
立之過俗向脫脫不離俗如是龍王
以執智權有賢聖定是為菩薩修應
向脫
辟如龍王聲聞之行修應向脫名曰
往還以成其道不能前進發於无上
建立大悲而化衆生如其菩薩亦應
修脫无復動搖成不退轉往還乎龍
王修應向脫无疑會當得至道果又
如菩薩修應向脫都不忘於聲聞之
果受菩薩道以是聲聞修應向脫為
有其限如菩薩者永无其限辟如龍
王有二疋夫在峻山頂而欲自投其
一人者力贔勇悍權策通捷宿習機
宜曉了諸變无事不貫從其峻山而
已自投忽尒復還住彼山頂由其勇
勢爽健猛達身昇寂力輕翾翻疾强
慄所致而使无墮亦不所住如其一
人志怯意弱亦无權謀於其山上不
能自投如是龍王其菩薩者於空無相

願觀諸法无所作念如是觀訖又
復能以權慧之力為衆生故住普智
心其峻山者謂是无數其慧愽達顯
大力者辟執權慧行菩薩也其修權
慧菩薩行者不處生死不住无為是
謂菩薩披普智鎧如入死生抽拔衆
生令發菩薩大乘之行其劣弱者住
彼山上不能返還辟之聲聞不入生
死无益衆生若是龍王其有菩薩聞
是脫慧要行品者斯輩世尊皆得堅
固於无上正真道意疾近佛坐濟度
三界說是法時會中菩薩七千人得
不退轉

衆要法品第十

時阿耨達龍王太子其名感動前白
佛言今吾世尊以无貪心自歸三尊
願使是經久住於世護正法故唯世
尊志發无上正真道意願造斯行樂
興達之得了心本明曉道本及諸法
本自致成佛寂正之覺當廣宣道化
潤衆生又唯世尊其諸菩薩聞此清
淨大道法品而不信樂不奉行者當
知斯輩菩薩之類為魔所魔亦不得

疾近普智心行所以者何從斯世尊
法品要義出生菩薩自致成佛伏魔
外道去来現在諸佛正覺皆由是法
尒時賢者須菩提謂太子感動如仁
賢者了解心本明盡道本及諸法本
若得成其覺諸法者此何心本而得
了耶曰其本者唯須菩提是之本者
以心本也須菩提曰心為何本曰本
乎婬怒癡也曰婬怒癡為何本耶
曰以念无念為本也須菩提曰云何
賢者婬怒癡本為從其无念興起生
耶曰須菩提婬怒癡本不念無念亦
不生也又其本者不起為本又須菩
提所可言者此何心本為心本者其
本清淨斯謂心本如本清淨彼无婬
欲恚怒癡垢曰族姓子欲生起生彼
從何生而常生生如无斷耶曰須菩
提其欲當生而已生生於心本者不
有著生唯須菩提若彼心本有其著
者則終无致至清淨者是故心本都
无著也由是知欲亦為清淨須菩提
曰云何族姓子了知欲耶曰以因緣
之起生也其無因緣為不有生唯須

菩提修淨念者了欲無也須菩提曰又云何乎族姓子菩薩為應修淨念耶曰須菩提菩薩於行而修諸行是謂菩薩修淨行者也唯須菩提其有菩薩都為衆生被大德鎧化至泥洹等見衆生本如泥洹是則菩薩修淨念行唯須菩提其菩薩者為諸聲聞及緣一覺隨應說法不隨是化斯謂菩薩修淨念行唯須菩提又彼菩薩自寂其欲靜衆生欲是謂菩薩為修淨行又須菩提其菩薩者在於淨念而見不修又於不淨而見修淨是謂菩薩修淨行者尒時須菩提謂王太子感動曰又云何乎族姓之子菩薩於淨而見不修於其不修見淨修念曰須菩提修淨念者謂修眼色耳聲鼻香舌味身更心所受法見恚不修法性无二謂修三界不著是菩薩住住以善權斯曰修念菩薩作此行須菩提則謂修淨念行者也於是世尊歎太子曰善哉善哉如若正士感動所言修淨如斯是為菩薩應修淨行今若所說皆佛威神其有菩薩修行

如此是乃應興大乘之行當知斯華堅固普智於是太子感動白佛云何世尊菩薩得以无欲之心應自歸佛曰族姓子若有菩薩了知諸法无我人壽无色无想亦无法相不於法性而見如來如是菩薩為應无欲自歸命佛如如來法彼則法性如其法性為普所至有得致是法性之法則知諸法斯謂菩薩以无欲心應自歸法其法性者彼為无數習無數者即是聲聞又如菩薩等見无數於其无數而不有數亦不二者斯謂菩薩以无欲心應自歸依說是語時太子感動得柔順忍來會色欲諸天龍人聞此法品等二万衆皆發无上正真道意

受封拜品第十一

尒時龍王阿耨達與宮夫人太子眷屬俱而圍繞自歸三尊都以宮室并池所有供奉世尊及比丘僧以為精舍又復言曰吾今世尊興發是願從斯大池出流四河充于四海從其世尊四河之流若龍鬼人飛鳥走獸二足四足有含命類飲此流者願其一

切皆發無上正真道意宿不發者飲此水已使成其行逮在佛座降却魔衆伏諸外道時世尊笑諸佛笑法口出五色奮耀弈弈光焰无數震焰十方无量佛世明踰日月須弥珠寶諸天魔宮及釋梵殿一切天光盡翳无明是時无數億千天衆莫不懷悅發願聖覺光徹阿鼻諸大地獄有被明者尋免衆苦皆志无上正真道意還繞世尊乃无數帀忽從頂入尒時賢者名曰披書晉言辯作也見其光明輙從坐起整著衣服偏袒右辟向佛跪膝恭捡又言歎頌世尊而以偈曰

其色無量見者悅　人雄至寂獨世尊
滅除衆冥興大明　執持威神說笑意
百福所詠德七滿　得智光明演慧行
為法上講惟法王　世尊今笑何瑞應
具見誠諦常樂信　根定寂靜衆權敬
化度一切以寂然　德過无極說笑故
梵聲清徹甚軟和　鸞音商雅踰諸樂
衆音備足无缺減　解散笑故宣布示
智脫之明應慧度　行常清淨樂淡然
權曉衆行普智具　賢聖導王說笑義

智辯通達慧无極　現力無量神足備
十力已具普感動　天師現笑用何故
身光无數照杳冥　大千衆明不能蔽
踰越日月及珠火　威聖之光无等倫
功德滿足若如海　順化菩薩以智明
懷慧无限散衆疑　興發何故而有笑
尊度三界无有極　擢道衆生除諸穢
能淨欲垢化无餘　天顏含笑為誰興
如来所由普感動　震動天龍諸鬼神
稽首受礼於法王　蒙說笑意決衆疑
是時佛告耆年辯辞賢者汝見阿耨
達不供如来故造此嚴飾曰然世尊
已而見之曰是龍王以於九十六億
諸佛施種德本今受封拜如吾前世
為定光佛世尊所決汝當来世得致
為佛号名能仁如来無著平等正覺
通行備足為寂衆祐无上法御天人
之師号佛世尊是時龍王為長者子
其号名曰比守陁来（来丹本来　晉言淨意）聞吾
受決尋轉興願使吾来世得其拜署
若斯梵志為是定光佛所決也介時
淨意長者子者阿耨達是又斯龍王
當於賢劫中在此池中莊飾種種鮮

廣顯三昧經第四卷　第十張　欲

交衆寶若天宮室當悉進奉賢劫千
佛斯諸如来盡知王意率皆說此清
淨法品悉坐是處等亦如今又及如
前拘樓秦佛文尸迦葉同共坐此師
子之座及其寂後樓至如来亦當轉
此法品要義无熱龍王當供養賢劫
千佛從聞是法諸佛衆會悉同如今
是阿耨達後无數世奉諸如来事衆
正覺修梵淨行常護正法勸進菩薩
然後七百无數劫已當得作佛号阿
耨達如来无著平等正覺通行備足
无上法御天人之師為佛世尊如是
賢者无熱如来得為佛時其土人民
都无貪婬恚怒愚癡永无相侵不相
論短何則然者以彼衆生志行備故
如是賢者阿耨達佛至真如来乃當
應壽八十億載弟子之衆亦八十億
如其始會之為清淨從始至終无異
缺減如此之比數百千會當有通辯
受決菩薩四千億人都悉集會又諸
發意菩薩行者不可計數无熱如来
當為佛時其土清淨紺琉璃為地天
金分錯飾用諸寶以衆明珠造作樓

廣顯三昧經第四卷　第十一張　欲

閣及經行地彼土衆生若興食想應
輒百味悉得五通其國處所人民居止
但以珍琦被服飲食娛樂自由悉如
第四兜術天上彼不二念又無貪欲
婬行之心而諸衆生法樂自娛其土
人民都無欲垢若彼如来敷雨法說
不有勞想神變无數以演洪化宣示
經法永无其難方適說法衆生輙度
何則然者以彼一切志純熟故又其
如来自於三千大千世界唯一法化
无外異道又若如来欲會衆時輙放
身光盡明其界彼土人民尋皆有念
世尊覺来將演法化故揚光耳各承
佛聖神足飛来詣佛聽法又彼如来
終无不定乘大聖神忽昇空中去地
七丈就其自然師子之座廣為衆會
進講法說普土見之辟如觀其日月
宮殿明盛滿時衆生種德故生彼土
其國人民觀於世尊師子之座懸在
虛空而无所著尋解諸法亦空无著
當介之時悉得法忍其如来者但說
金剛定入之門不有聲聞緣覺雜言
所以唯演金剛定者辟如金剛所可

廣顯三昧經第四卷　第十二張　欲

著處靡不降徹而攽如来所可說法
亦如金剛鑚砕岭疑住著諸見如是
賢者阿耨達佛若現滅度而其世界
有尊菩薩名曰持願當授其決然後
現滅其佛方滅持願菩薩即得无上
寂正之覺尋補佛處号曰等世如来
無著平等正覺其土所有神通菩薩
及上弟子衆會多少如阿耨達時阿
耨達王之太子名曰當丹常信敬心悅欣
以寶明珠交露飾蓋進奉如来叉手
白佛誰當於時得為持願菩薩者耶
是時世尊知王太子當信意向告阿
難曰其時持願菩薩大士當補佛處
者今龍王子當丹常信是也時阿耨達如
来方滅持願菩薩尋昇佛座又其等
世如来无著平等正覺方適得佛亦
便轉此法品正要當佛說是封拜品
時四萬菩薩得无從生忍十方世界
来會菩薩釋梵持世天龍鬼神聞佛
說此封拜法已悉皆喜悅懽心踊躍
信樂遂生五體稽首各還宮殿阿耨
達王與諸太子眷屬圍遶勑伊羅鑾
龍象王曰為如来故造作交露琦珎

寶車使其廣慱殊妙无極當以奉送
至真正覺尋應受教輙為如来化作
七寶珠交露車令極高大廣慱嚴飾
世尊菩薩及諸弟子悉就車坐无熱
龍王太子眷屬心懐恭恪手共挽車
從其宮中出于大池如来神旨忽昇
鷲山

囑累法藏品第十二

於是世尊到鷲山已即告慈氏軟首
童子并衆菩薩曰諸族姓子以阿耨
達所問道品宜重宣廣使諸未聞而
得聞之慈氏軟首而俱白佛唯願如
来垂慈當說於時世尊尋輙揚光光
色無數天地震動至于六反光明鑠
鑠乃曜十方十方佛土諸尊菩薩神
通備者尋明飛来到皆稽首各便就
坐王阿闍世夫人姝女太子眷屬擧
國臣民長者居士梵志學者見是光
明又聞如来從无熱還各捨其事悉
詣鷲山到世尊前肅然加敬叉手為
礼問訊如来景福无量乎即退還坐
觀佛无厭如来身光明悉普至无極
世界〻諸大地獄衆窈冥處靡不降徹

諸在地獄無不被明又其光明而出
聲曰能仁如来於无熱池引說清淨
道品要法今還鷲山而重演化又其
音聲徹諸地獄十方地獄衆生之類
所受苦痛應時得免悉還見佛及諸
衆會皆自悲嗟嗚呼世尊吾等受此
苦痛无數地獄之酸六火圍遶燒炙
苦毒鋒鑪萬端鑊湯之難諸變種種
更斯衆痛日月弥遠善哉世人值奉
如来稟佛道化得離三苦吾等宿世
雖遇諸佛不受法化使被衆痛蒙賴
如来所說法品令諸殃罪而輙微輕
當尒之時十方地獄一切衆生得万
有億千悉發无上正真道意還承佛
聖皆同聲曰一切苦痛本為清淨其
了本者則无顛倒吾等但坐不了之
故更諸地獄衆苦无數願使一切速
解正真

尒時佛告慈氏菩薩軟首童子及阿
難曰諸族姓等當勤受此是經要說
持諷誦讀以宣流布廣為學者演說
斯法使諸四輩加心専習是慧要行
積辯句義若族姓子及族姓女發心

怡悅向樂是經當為斯華解此奧藏深邃諸義道之无府衆經所帰諸佛積要微妙无量若所授者當令字句了了分明使无增減又諸族姓若賢男女在於過去恒沙諸佛所作功德施行種種受持諸佛所可說法一一專習勤心奉行若復施戒忍進定智行是六度億百千劫奉是諸佛并衆弟子衣被飯食牀卧醫藥香華伎樂進諸所欲又造精舍經行之地奉敬如是不可稱計至諸世尊般泥洹已為諸如来起七寶塔一一供養諸如来塔香花伎樂繒綵幡蓋進然香燈又懸夜光明月諸寶供養如是極多无數斯所行德集會計之都不如是族姓男女逮得一聞此阿耨達龍王所問決諸狐疑法品義也所以者何以斯法藏出生諸佛菩薩要行慧之宬故何況奉持執卷誦讀以无疑心體解深妙復以所聞宣示流布斯諸功德不可測量也

是時慈氏軟首童子賢者阿難俱白佛言甚未曾有唯然世尊又若如来

慈降一切興有大悲乃為十方去来現在菩薩行者天龍鬼神諸衆生故弘說是法无極清淨道品之義又復世尊若族姓子及族姓女聞阿耨達龍王所問決狐疑經不即受持樂習誦讀又不廣博布示等學亦不興心勸助之者當知是輩族姓男女以為衆魔及魔官屬并邪外道之所得便常在羅網結疑中也時佛歎曰快哉所言誘進一切使習斯法令行應之如来又曰當以是經數為四輩宣廣說之介時慈氏軟首菩薩賢者阿難皆白佛言唯願世尊輙當受持布演是法又復世尊此經名何當云何奉世尊告曰斯乎族姓名阿耨達龍王所問決諸狐疑清淨法品亦名弘道廣顯定意當勤受持斯經之要又族姓等是道品者珎護諸法經之淵海也慈氏菩薩軟首童子及諸來會神通菩薩釋梵持世天龍鬼神同聲白佛甚善如来快說是法吾等世尊在所聚落國界縣邑有行是法當共躬身營護斯輩其聞此者令无邪便吾

等亦當受持是經使普流布而常无斷佛歎慈氏軟首童子并衆菩薩曰善哉諸族姓子卿等所言勸樂將来諸學菩薩快甚乃介佛說此已十方来會神通菩薩七万二千忠逮顯定五万四千天龍鬼人皆發无上正真道意五千天人得生法眼阿耨達龍王慈氏菩薩軟首童子一切菩薩賢者阿難来會四輩及諸天龍種種鬼神人與非人聞佛說是莫不歡喜稽首佛足各便而退

佛說弘道廣顯三昧經卷第四

壬寅歲高麗國大藏都監奉
勅雕造

佛説弘道廣顯三昧經卷第四

校勘記

一 底本，麗藏本。

一 九〇六頁上一〇行第五字「相」，資、磧、普、南、徑、清作「想」。

一 九〇六頁上一七行第九字「謂」，徑作「爲」。

一 九〇六頁中一四行首字「姓」，資、磧、普、南、徑、清作「性」。

一 九〇六頁中一七行第五字「識」，資、磧、普、南、徑、清作「諸」。

一 九〇六頁中二〇行第九字「如」，資、磧、普、南、徑、清作「而」。

一 九〇七頁上三行末字「度」，資、磧、普、南、徑、清作「護」。

一 九〇七頁上二一行首字「倮」，石、資、磧、普、南、徑、清作「果」。

一 九〇七頁上末行第一四字「無」，石無。

一 九〇七頁中三行第一二字「愽」，諸本作「博」，下同。

一 九〇七頁中四行第一二字「其」，資、磧、普、南、徑、清作「字」。

一 九〇七頁中六行「如入死生」，資、磧、普、南、徑、清作「而入生死」。

一 九〇七頁中一二行「菩薩」，石、資、磧、普、南、徑、清作「菩薩等」。

一 九〇七頁中一四行品名，資、磧、普、南冠以經名。下同此例。

一 九〇七頁中一九行第二字「逹」，資、磧、普、南、徑、清作「建」。

一 九〇七頁中末行第一一字「魔」，石、資、磧、普、南、徑、清作「厭」。

一 九〇七頁中末行末字「得」，資、磧、普、南、徑、清無。

一 九〇七頁下八行末字「本」，石、資、磧、普、南、徑、清作「本者」。

一 九〇七頁下一三行首字「不」，資、磧、普、南、徑、清作「無」。下末行第一〇字同。

一 九〇八頁上一九行首字「住」，資無。

一 九〇八頁中一三行第六字「依」，資、磧、普、南、徑、清作「衆」。

一 九〇八頁下一一行第五字「者」，資作「者」。

一 九〇八頁下一三行「叉言」，資、磧、普、南、徑、清作「叉指」。

一 九〇八頁下一三行第一二字「偈」，資、磧、普、南、徑、清作「問」。

一 九〇八頁下一五行第五字「與」，資、磧、普、南、徑、清作「興」。

一 九〇八頁下一八行第五字「常」，資、磧、普、南、徑、清作「當」。

一 九〇八頁下一八行第一三字「權」，資作「推」；磧、普、南、徑、清作「惟」。

一 九〇九頁上三行第六字「杳」，石、資、磧、普、南、徑、清作「窈」。

一 九〇九頁上六行首字「懷」，磧、普、南、徑、清作「壞」。

一 九〇九頁上七行第九字「道」，資、磧、普、南、徑、清作「導」。

一 九〇九頁上八行第七字「餘」，資、磧、普、南、徑、清作「欲」。

一　九〇九頁上一〇行第三字「受」，資、磧、普、南、徑、清作「虔」。
一　九〇九頁上一五行「所決」，磧、普、南、徑、清作「之所授決」。
一　九〇九頁上一九行第八字「來」，石、資、磧、普、南、徑、清作「末」。
一　九〇九頁上一九行夾註「來丹本末晉言淨意」，石無；資、磧、普、南、徑、清作「晉言淨意」。
一　九〇九頁上末行第五字「中」，石、資、磧、普、南、徑、清無。
一　九〇九頁中一行首字「交」，資、磧、普、南、徑、清作「文」。
一　九〇九頁中四行第四字「秦」，清作「奉」。
一　九〇九頁中一〇行第一一字「作」，資、磧、普、南、徑、清作「爲」。
一　九〇九頁中二〇行「四千」，資、磧、普、南、徑、清作「四十」。
一　九〇九頁中二二行第一二字「爲」，資、磧、普、南、徑、清無。
一　九〇九頁下三行第四字「琦」，資、磧、普、南、徑、清作「奇」，下同。
一　九〇九頁下五行第五字「而」，資、磧、普、南、徑、清作「如」。
一　九〇九頁下一三行「覺來」，資、磧、普、南、徑、清作「聖覺」。
一　九〇九頁下一八行首字「殿」，諸本作「宮殿」。
一　九〇九頁下一九行第六字「於」，資、磧、普、南、徑、清作「其」。
一　九一〇頁上九行第九字及一四行第六字「當」，石作「常」。
一　九一〇頁上九行及一四行夾註「丹常」，石、資、磧、普、南、徑、清無。
一　九一〇頁上一一行「爲持」，資作「此特」。
一　九一〇頁上一二行「信意」，資、磧、普、南、徑、清作「意信」。
一　九一〇頁上一四行正文第九字「也」，資、磧、普、南、徑、清作「尒」。
一　九一〇頁上一五行第四字「持」，資作「特」。
一　九一〇頁中一三行第一一字「輙」，石作「轉」。
一　九一〇頁中一四行第九字「于」，磧、普、南、徑、清作「十」。
一　九一〇頁中一四行末字至一五行首字「鑠鑠」，資作「皇爍」；磧、普、南、徑、清作「昱爚」。
一　九一〇頁中二一行「退還」，資、磧、普、南、徑、清作「便退」。
一　九一〇頁下六行第四字「自」，資、磧、普、南、徑、清作「悉」。
一　九一〇頁下八行第四字「瘡」，資、磧、普、南、徑、清作「創」。
一　九一〇頁下一〇行第五字「道」，石作「導」。
一　九一〇頁下一〇行第八字「離」，資、磧、普、南、徑、清作「脫」。
一　九一〇頁下一一行第一二字「痛」，資、磧、普、南、徑、清作「苦痛」。
一　九一〇頁下一二行第一二字「輙」，石、資、磧、普、南、徑、清作「轉」。
一　九一〇頁下一三行末字「万」，資、磧、普、南、徑、清作「等」。

一九一一頁上二行「无府」，資作「元府」；磧、普、南、徑、清作「淵府」。

一九一一頁上八行第一三字「衆」，徑作「諸」。

一九一一頁上九行第四字「飯」，資、磧、普、南、徑、清作「飲」。

一九一一頁上一五行「行德」，資、磧、普、南、徑、清作「德行」。

一九一一頁上末行第三字「甚」，資、磧、普、南、徑、清作「是」。

一九一一頁中六行第六字「愽」，資、磧、普、南、徑、清作「傳」。

一九一一頁中一一行「如來」，資、磧、普、南、徑、清作「如如」。

一九一一頁中一一行「宣廣」，資、磧、普、南、徑、清作「廣宣」。

一九一一頁中一三行「唯願」，資、磧、普、南、徑、清作「唯然」。

一九一一頁中一四行末字「奉」，磧、普、南、徑、清作「奉持」。

一九一一頁中二二行首字「所」，資、磧、普、南、徑、清無。

一九一一頁下四行第五字「快」，資作「恒」。

一九一一頁下七行「法眼」，石作「法忍」。

佛說施燈功德經　欲

高齊天竺三藏那連提耶舍譯

如是我聞一時佛在舍衛國祇樹給孤獨園尒時世尊告舍利弗言舍利弗佛有四種勝妙善法能令衆生得无量果無量光明无量妙色无量福藏無量樂藏无量戒定智慧解脫解脫知見辯才之藏一切无著無漏之法舍利弗何等為四一者謂如来應正遍知得尸波羅蜜具无量戒二者得禪波羅蜜具无量定三者得波若波羅蜜具无量慧及廣智慧觀達慧如性慧无數慧決定慧畢定知見四者得無濁心善勝作心具妙解脫第一解脫是為四種勝妙善法舍利弗是佛如来應正遍知於一切惡皆悉遠離一切善法皆悉成就衆行備滿具如實見遠離闇冥能為光曜具足無量福智資粮隱蔽世間不為世間之所映奪獲得戒定智慧解脫解脫知見具足十力四無所畏得一切諸佛法力能具諸佛法力得具諸佛大

慈悲力及辯才力本願方便皆悉滿足善修本業具智慧實精進无量終不休息離諸憂感无有逼惱无有取著能善調伏為大龍王无有餘習為一切衆生無上福田舍利弗若比丘比丘尼沙弥沙弥尼優婆塞優婆夷清淨心為求福故為愛樂福故思念如来无上方便本行滿足盡未来際一切生死於現在世成就无量無著戒定智慧解脫解脫知見乃至念佛一種功德念功德巳於无量億那由他百千劫中所習善根三明福田所清淨戒所无等等戒所无量真實功德所或於塔廟諸形像前而設供養故奉施燈明乃至以少燈炷或酥油塗然持以奉施其明惟照道之一階舍利弗如此福德非是一切聲聞緣覺所能了知惟佛如来乃能知也舍利弗求世報者福德尚尒何況以清淨深樂心不求果報安住恭敬相續无間念佛功德善男子善女人等所生福德舍利弗照道一階福德尚尒何況全照一階道也二階道或三階

道或四階道或及塔身一級二級乃至多級一面二面乃至四面及佛形像舍利弗彼所燃燈或時速滅或風吹滅或油盡滅或炷盡滅或俱盡滅辟如諸龍以瞋恚故出雲垂布於中起電起已尋滅舍利弗如是少時於佛塔廟奉施燈時若彼比丘比丘尼沙弥沙弥尼優婆塞優婆夷若復能人不受戒者為樂善故護已身故信佛法僧如是少燈奉施福田所得果報福德之聚惟佛能知一切世間天人魔梵沙門婆羅門乃至聲聞辟支佛等所不能知如是然少燈明所受福報不可得說舍利弗諸佛境界不可思議惟有如来乃知此義舍利弗彼施燈者所得福聚无量无邊不可筭數惟有如来乃能了知舍利弗然少燈明福德尚尒不可筭數况我滅後於佛塔寺若自作若教他作或然一燈二燈乃至多燈香花瓔珞寶幢幡蓋及餘種種勝妙供養舍利弗有四種法應當信受何等為四一者佛法无量應當信受二者少修善根獲

无量報應當信受三者若於三寶深生敬信善修業行所得福報汝等聲聞現見我尚不能淨具足知之亦復不能思惟測度况我滅後聲聞弟子遠離我者能得現知及能測度若有能知及測度者无有是處應當信受四者是諸聲聞不能得知及能測量一切衆生所有作業及業果報舍利弗汝等聲聞於此事中不須思量何以故舍利弗如來常說一切衆生業行果報不可思量過去諸佛應正遍知已如是說衆生業報不可思量未来諸佛應正遍知當如是說衆生業報不可思量衆生心信及心自性亦不可知不可思量如是之義應當信受舍利弗汝等聲聞住聖種者於一切衆生業報之中无有實眼及巧方便况餘輕微薄劣心者離戒定慧解脫解脫知見者失正念者无明闇冥厚翳目者於自已身内外諸法而不能知我竟是誰我是誰許我住何處我之功德為大為小我當云何為與戒相應為與戒不相應我為正念戒我

為失念戒我所作業為作智人業為作愚人業為從何来為何處去舍利弗諸凡夫人顛倒見者於自已身如是等事尚自不知况能得知一切衆生種種業報若能知者无有是處舍利弗如来應正遍知戒无减定無减智无减解脫无减解脫知見无减相无减舍利弗如来應正遍知无量戒無量戒不思議戒无等戒究竟戒清淨戒彼如来於一切衆生若業若業報皆如實知舍利弗云何如来於一切衆生業報得如實知舍利弗佛如是知或有衆生善業盡不善業增或有衆生不善業盡善業增或有衆生善業當生不善業當滅或有衆生不善當生善業當滅舍利弗如来如是入一切衆生業及業報種種差別皆如實知彼彼衆生或有无知或有愚闇或有善者或不善者舍利弗我有如是智者如是善巧於諸衆生不可思議種種業報皆能記說舍利弗若有衆生成就信心彼能信我若復衆生无有信心遠離我法不信我語誹

謗於我彼於長夜无義无利墜墮苦惱舍利弗若彼衆生於佛塔廟奉施燈明以此奉施所作善業能獲安樂可樂之果彼施燈明作善業時欣喜相應從信心起於現在世得三種淨心何等為三彼諸善男子善女人作是念我於如來已設供養知身不堅攝堅身想知財過患攝堅財想舍利弗是名供養佛塔第一淨心復次舍利弗彼諸善男子善女人起如是心我於如來无上福田最勝福田能受最勝供養者所已作供養我今不畏墮於地獄畜生餓鬼我此善根已作人天善道之因得於妙色資生衆具又得智慧安隱快樂乃至能得菩提之果舍利弗是名供養佛塔第二淨心復次舍利弗彼諸善男子善女人作如是想我於諸佛已作捨施已作福德已捨慳貪已除慳過作是念已施心无慳施心增長舍利弗是名供養佛塔第三淨心復次舍利弗若善男子善女人於佛塔廟施燈明已臨命終時得三種明何等為三一者彼

善男子善女人臨命終時先所作福悉皆現前憶念善法而不忘失舍利弗是為一明因此便能念知自已先於佛所殖諸善業復次舍利弗彼善男子善女人於命終時得如是念我於佛像塔廟等前已曾供養作是念已心生踊悅舍利弗是為二明因此便能起念佛覺復次舍利弗彼善男子善女人於命終時見餘衆生奉行布施見他作已起如是念我亦曾於佛支提所奉施燈明我今亦當復行布施念於布施得欣喜心得喜心已無有死苦舍利弗是為三明因此便得念法之心復次舍利弗佛塔廟中布施燈者彼善男子善女人於臨終時更復得見四種光明何等為四一者於臨終時見於日輪圓滿涌出二者見淨月輪圓滿涌出三者見諸天衆一處而坐四者見於如來應正遍知坐菩提樹垂得菩提自見已身尊重如來合十指掌恭敬而住舍利弗是名於佛塔廟布施燈已臨命終時得見如是四種光明尒時世尊說此

義已復說偈言

天上法王大仙人　若人奉施彼塔廟
彼智慧者作業已　獲得无邊最勝樂
臨命終時不失念　能見自昔布施燈
得四種喜離諸罪　於彼死時不惑亂
臨死時見十方明　現覩日月從地出
見天千万那由他　為彼天衆說佛法
父母妻子及親屬　皆悉圍繞大悲啼
死者不念亦不視　彼人正命常不亂
現前得覩天宮殿　對諸天女心安隱
復見莊嚴諸園林　是中具足勝五欲
又見佛坐菩提樹　天人脩羅悉圍繞
自見合掌住佛前　於勝牟尼脩供養
既見導師深敬重　其心欣喜請如來
世尊見彼心欣喜　於是不違受彼請
是人稱願喜充遍　於捨命時无苦惱
彼於佛所心喜已　無有臨終大怖畏
臨命終時不失念　彼覩十方皆大明
見未曾有勝妙色　此是施燈之果報
死已必得生天上　自見已身坐天床
有諸天女圍繞之　供養佛故得此果

復次舍利弗於佛塔廟施燈明已死便生於三十三天生彼天已於五種

事而得清淨舍利弗云何彼天於五種事而得清淨一者得清淨身二者於諸天中得殊勝威德三者常得清淨念慧四者常得聞於稱意之聲五者所得眷屬常稱彼意心得欣喜舍利弗是名彼天於五種事而得清淨尒時世尊欲重宣此義而說偈言

彼天獲得光明身　具足功德他尊重
與千天子為上首　以燈施佛支提故
所聞天聲常稱意　哀美殊妙勝餘天
具足第一勝念慧　復得冣上勝眷屬
隨彼天子所行處　一切諸天皆欽仰
本昔修習何等業　今得如是熾然身
有樹皆名上歡喜　周帀光照猶如月
彼天感得是妙樹　持此莊飾天宮園
无量諸天皆驚怪　今此樹花名何等
猶如燈明光照曜　普出如意妙熏香
彼天所有諸眷屬　以彼樹花莊嚴身
彼於无量億天中　光明照曜猶如日

復次舍利弗於佛塔廟布施燈明生三十三天已彼天自知如是時中我住於此如是時中我當命終彼勝天子臨命終時於其眷屬及餘天衆說

法勸化令其欣喜於彼天宮捨壽命已不墮惡趣生於人中冣上種種信佛法家是時世間若无佛者亦復不在輕取吉凶邪見家生尒時世尊欲重宣此義而說偈言

彼天生得如是智　知尒許時天中住
彼天亦復能自知　我今未幾當命盡
五種死相出現時　彼天壽命臨欲絕
即為億天衆說法　遠離愚癡心不憂
於天衆中作是言　諸有无常亦无樂
或有生者或有死　不念將死說是法
彼諸眷屬皆悲惱　无量天衆亦復然
雖復見已五種相　自念功德不憂愁
在彼天宮命絕已　尋即下來人間生
住胎出胎念不亂　常受快樂无苦惱
生已便得宿命通　悉能憶念本來處
念人中苦不貪樂　須臾死來見逼切
彼念天中果報已　於此人間不為樂
天中尚苦況復人　諸有不堅常流動
彼人及其成立已　必當捨家而出家
心常不行惡覺觀　彼當獲得如是果
世世恒得宿命通　亦常不作諸惡業
必定出家持淨戒　此是彼施燈明果

恒常不盲及攣躄　眼一切時不闇昧
身亦无病无惡聲　心常黠慧不愚惑
又復恒常无眼患　所在受生眼不眇
不无一眼及瞎眼　彼眼亦常不濁乱
眼目脩長黑白分　猶如淨妙青蓮葉
眼淨能見微細物　如彼明徹摩尼珠
无量阿僧祇劫中　得淨肉眼不失壞
彼亦常無眼諸病　此是奉施燈明果
善即善根善諸論　於諸工巧悉究了
善觀諸有不自在　妙慧能見第一義
彼有智人善觀察　於佛法中得照明
若見一切佛世尊　見已恭敬修供養
生生得勝端正色　親戚眷屬皆敬愛
得大財寶力自在　及得不壞諸眷屬
如彼燈明能破闇　熾燃照曜遍諸方
彼人光明亦如是　不為闇冥所隱蔽
若於佛塔起信心　施勝燈鬘及瓔珞
施燈明時心清淨　獲得人中冣勝尊
端正殊妙甚可愛　一切世間所喜樂
心不輕取於吉凶　亦不樂於世左道
世間所有諸惡見　及邪道等不信受
若為國王恒知足　不貪他土興戰諍
常无苦惱亦无憂　亦復无有諸惱熱

彼无一切諸退失　復无惡名無衰惱
若為王臣所發言　王及國人無不信
身常无有羸瘠病　不作黃門不非道
身相具足安樂住　患苦不能著其身
亦復不見諸惡夢　卧覺一切常安隱
生生能得諸伏藏　供養一切佛支提
諸佛功德无有邊　彼人所得亦如是

舍利弗若有衆生於佛塔廟施燈明者得於四種可樂之法何等為四一者色身二者資財三者大善四者智慧舍利弗若有衆生於佛支提施燈明者得如是等可樂之法尒時如來欲重宣此義復說偈言

身體圓滿具大力　不與他人共戰諍
遍遊諸方无惱者　由燈奉施佛支提
生於大富上族家　具足功德人所敬
生生恒得宿命智　由燈奉施佛支提
於諸衆生常悲念　發言眷屬皆敬受
心无損害恒調柔　常不造作惡道業

復次舍利弗若有衆生供養佛塔得四種清淨何等為四一者身業清淨二者口業清淨三者意業清淨四者善友清淨舍利弗云何得於身業清

淨若善男子善女人於彼彼生處遠離煞生無煞害意亦常遠離偷盜邪婬於已妻所尚不邪行況餘人妻亦不飲酒放逸自縱不以刀杖及餘苦具加逼衆生離不善法及諸惡業舍利弗遠離是等是名身業清淨舍利弗云何口業清淨是人世世常不妄語若不見聞終不妄說若見若聞合時諮問然後乃語為利自他不作異說設若有人教令妄語為護實語終不妄言不以此語向彼人說不持彼事向此人道二朋先壞不令增長有所發言能善和諍若痛心語若麁語若苦惡語不喜語不樂語不愛語不入心語惱他語結怨語悉皆遠離有所發言潤語濡語意樂語不麁語悅耳語美妙語入心語多人愛語多人樂語可愛語可樂語能除怨語恒作如是種種美妙語復離綺語不作異想異語不作異印異期覆障實事不煩廣說不非時語恒究竟語舍利弗如是遠離不清淨口業成就清淨口業舍利弗是名口業清淨舍利弗云

何意業清淨於他所有珍寶資財不起貪著不起瞋心遠離害心又離邪見无諸惡見舍利弗遠離是等是名意業清淨舍利弗云何得善友清淨若諸善友遠離妄語亦不飲酒離諸麁獷調伏正見住詣其所親近諮受又詣諸佛菩薩緣覺聲聞等所親近供養諮受未聞舍利弗是名第四善友清淨舍利弗若善男子善女人於佛支提施燈明已得如是等四種清淨尒時世尊欲重宣此義而說偈言

為欲照塔故然燈　身口意業善調伏
遠離邪見具淨戒　由是獲得如意眼
猶如淨日照十方　速能獲得於漏盡
彼大智慧具威德　得淨天眼離塵漏
智者能了衆生意　亦得通明及辯才
求二乘道得不難　由施佛燈獲是報
若求无上佛菩提　天眼智慧及財物
於此三事恒无減　由燈奉施佛支提

舍利弗若善男子善女人住於大乘於佛塔廟施燈明已彼世世中得於八種可樂勝法何等為八一者獲勝肉眼二者得於勝念无能惻量三者

得於勝上達分天眼四者為於滿足修集道故得不缺戒五者得智滿足證於涅槃六者先所作善得无難處七者所作善業得值諸佛能為一切衆生之明八者若善男子善女人以彼善根得轉輪王所得輪寶不為他障其身端正或為帝釋得大威力具足千眼或為梵王善知梵事得大禪定舍利弗以其迴向菩提善根得是八種可樂勝法復次舍利弗住於大乘善男子善女人復得八種无量勝法一者得於无量佛眼二者得於无量如来神通三者得於无量佛戒四者得於无量如来三昧五者得於无量如来智慧六者得於无量如来解脫七者得佛无量解脫知見八者得入一切衆生心所樂欲舍利弗善男子善女人於佛塔廟奉施燈明能攝如是无量勝報復次舍利弗若有衆生見說法者作如是念云何令彼常得宣說顯示佛法以燈施彼施油燈故令說法者得施法燈作是念已持燈奉施以此布施燈明善根得於八

種无量資粮何等為八一者得於无量正念資粮二者得於无量大智資粮三者得於无量信心資粮四者得於无量精進資粮五者得於无量大慧資粮六者得於无量三昧資粮七者得於无量辯才資粮八者得於无量福德資粮舍利弗是名施燈八種資粮亦復得於四无㝵辯乃至次第得一切種智復次舍利弗若有善男子善女人於如来前見他施燈信心清淨合十指掌起隨喜心以此善根得於八種增上之法何等為八一者得增上色二者得增上眷屬三者得增上戒四者於人天中得增上生五者得增上信六者得增上辯七者得增上聖道八者得阿耨多羅三藐三菩提舍利弗是名八種增上之法舍利弗何故能得此等八種增上勝法舍利弗佛有无量戒定智慧解脫解脫知見故供養彼者所得果報所得利益亦復无量尒時世尊欲重宣此義而說偈言

造作出離行　勤修於佛法　棄捨死軍衆

如為碎花林

尒時佛告慧命舍利弗有五種法㝡為難得一者得人身難二者於佛正法得信樂難三者樂於佛法得出家難四者具淨戒難五者得漏盡難舍利弗一切衆生於是五法㝡為難得汝等已得尒時世尊重宣前義勸舍利弗等而說偈言

如来支提修布施　為利衆生求菩提
智者造作此勝因　生生常得㝡勝報
於天人中受勝生　為人天等修供養
辟如須弥安不動　光明普遍照十方
彼天衆見皆恭敬　亦復愛樂生信心
彼興供養亦讚美　一切皆喜數數見
奇哉是天福德相　猶梵天光照梵宮
此天曾作何等業　身光明炎得如是
見是誰不修習善　誰不修學聖種戒
誰見卒及生厭心　誰聞妙法而放逸
彼昔在於人間時　常以燈施如来塔
曾佛法中設供養　善得福利生天中
願我恒得於人身　於佛法中生淨信
常不放逸住佛道　寧棄身命不捨法
獲得人身㝡為難　愚人云何不為福

徒費資財不為法　死已便墮大嶮坑
天見无垢威德已　心自悔責發願言
願我常得人間生　精勤修習於梵行
願我冣後臨終時　於佛法中得淨信
願得正念不忘失　得見无量諸如來
為千億天所供養　與諸天女相娛樂
諸天女衆皆敬愛　天女莊嚴戲園林
諸方天香皆來熏　耳聞一切妙音聲
是天隨所遊行處　恒得覩見上妙色
所可見色皆可愛　彼常不覩諸惡色
亦復常得勝妙觸　皆由持燈施支提
從彼沒已生人道　正念處於父母胎
生已憶彼天中事　智慧之力不退失
彼人造作如是業　得於大力轉輪王
其王形貌極端嚴　施燈獲得如是報
由彼業故得命長　一向清淨安樂器
其身无有諸患痛　然燈獲得如是果
无有王難怨賊難　他人不敢侵其妻
不為惡人之所惱　由持燈明施佛故
安隱豐足无所畏　豪富自在饒財寶
得勝瓔珞及園林　斯由然燈奉施佛
當得覩見佛世尊　見已心便生敬信
以欣喜心供養佛　棄捨王位而出家

佛无量智究竟智　具可歎德能化人
於此佛塔施燈已　其人身光如燈照
牟尼牛王清淨眼　以好燈明然彼塔
得於无漏无上道　其身光明照十方
見四真諦具十力　不共之法亦究竟
具大威德見實義　此果皆由布施燈
得遍見眼成善逝　昔曾供養无量佛
設令一切諸衆生　億劫來成緣覺道
十方所有諸世界　悉布燈鬘无有餘
以是世界諸燈鬘　若人信心供養彼
是人如是修供養　於无量劫常不斷
若人一燈奉施佛　得福過前无有量
燈油譬如大海水　其炷猶如須弥山
有人能然如是燈　遍照一切諸世界
是人深心懷敬信　其志惟求緣覺道
十方遍置如是燈　一心恭敬而供養
若人發於菩提心　手執草炬暫奉佛
是人得福過於彼　我見實義作是說
十方一切諸衆生　一一供具皆如上
然經无量恒沙劫　其心唯求緣覺道
若有人於佛塔廟　然於一燈或一礼
難見難思佛境界　此福過前无有量
无信心者聞不樂　彼愚癡魔壞正法

證淨法界甚為難　一切世間獨善逝
是故汝等應欣喜　於佛功德當願求

介時世尊說此法已，慧命舍利弗等无量天人阿修羅乾闥婆緊那羅摩睺羅伽人非人等聞佛所說皆發无上菩提之心欣喜无量作礼而去

佛說施燈功德經

佛說施燈功德經

校勘記

一 底本，金藏廣勝寺本。

一 九一五頁中二行譯者，資作「高齊天竺三藏法師那連提黎那舍譯」；磧、普、南、徑、清作「高齊北天竺三藏法師那連提黎耶舍譯」。

一 九一五頁中一一行第一三字「波」，石、資、磧、普、南、徑、清作「般」。

一 九一五頁中末行第四字「能」，石作「得」。

一 九一五頁下七行首字「清」，石、麗作「發清」。

一 九一五頁下一三行末字「功」，磧、普、南、徑、清作「大功」。

一 九一五頁下一五行首字「故」，磧、普、南、徑、清作「爲供養故」。

一 九一五頁下末行第五字「一」，磧、普、南、徑、清作「諸」。

一 九一五頁下末行第九字「二」，石、磧、普、南、徑、清、麗作「或二」。

一 九一五頁下末行第一三字「三」，麗作「二」。

一 九一六頁上七行第七字「時」，石、麗作「明」。

一 九一六頁上八行末字「能」，石、磧、普、南、徑、清、麗作「餘」。

一 九一六頁上一八行第七字「尒」，石作「多」。

一 九一六頁上二〇行「瓔鬘」，資、磧、普、南、徑、清作「瓔珞」。

一 九一六頁中三行第三字「見」，石、磧、普、南、徑、清、麗作「得見」。

一 九一六頁中三行第八字「淨」，石、磧、普、南、徑、清、麗作「得」。

一 九一六頁中五行第七字「現」，磧、普、南、徑、清作「見」。

一 九一六頁下一二行第一三字「佛」，資無。

一 九一六頁下一三行首字「是」，磧、普、南、徑、清作「實」。

一 九一六頁下一六行首字「善」，磧、普、南、徑、清作「善業」。

一 九一六頁下一六行第七字「滅」，石、資、磧作「減」。

一 九一六頁下二〇行第四字「者」，石、磧、普、南、徑、清無；麗作「有」。

一 九一七頁上一九行第一二字「是」，資、磧、普、南、徑、清作「如是」。

一 九一七頁上二〇行第四字「慳」，石作「惱」。

一 九一七頁上二二行第一〇字「施」，石作「於」。

一 九一七頁中一四行第五字「心」，磧、普、南作「日心」。

一 九一七頁中一五行第四字「者」，石、麗作「明」。

一 九一七頁中末行第一〇字「時」，石無。

一 九一七頁下二行「天上」，諸本作「無上」。

一 九一七頁下九行「正命」，諸本作「正念」。

一 九一七頁下一一行第二字「見」，

資作「現」。

一　九一八頁中二行「種種」，諸本作「種姓」。

一　九一八頁中四行「輕取」，磧、普、南、徑、清作「輙取」，下同。

一　九一八頁中一四行第六字「絶」，石作「終」。

一　九一八頁下一行第六字「攣」，磧、普、南、徑、清作「戀」。

一　九一八頁下九行第四字「根」，磧、普、南、徑、清作「相」。

一　九一八頁下一二行首字「若」，諸本作「普」。

一　九一八頁下末行第七字「憂」，磧、普、南、徑、清作「愛」。

一　九一九頁上一七行第七字「智」，石作「通」。

一　九一九頁中二行第二字「煞」，諸本作「殺」，下同。

一　九一九頁中二一行第三字「説」，石、資、磧、普、南、徑、清作「語」。

一　九一九頁下末行第一一字「惻」，諸本作「測」。

一　九二〇頁上五行第四字「明」，石、磧、普、南、徑、清、麗作「眼」。

一　九二〇頁上二一行第四字「顯」，磧、普、南、徑、清作「願」。

一　九二〇頁下一行第四字「花」，磧、普、南、徑、清作「華」。

一　九二〇頁下七行第九字「重」，石、麗作「欲重」。

一　九二一頁上二行第一一字「責」，資作「嘖」。

一　九二一頁中二行第二字「此」，石作「彼」。

一　九二一頁中一九行第一一字「具」，石作「養」。

一　九二一頁中二二行「難見難思佛境界」，諸本作「求無上道爲衆生」。

一　九二一頁中二二行末字「量」，諸本作「量難見難思佛境界智者聞即生欣喜」。

一　九二一頁下四行第一二字「那」，石作「陁」。

一　九二一頁下末行經名「功德」，石無。

中華大藏經（漢文部分）

校勘凡例

一　《中華大藏經（漢文部分）》的底本以《趙城金藏》爲主；《趙城金藏》缺佚，則以《高麗藏》等作底本。各卷所用底本的名稱及涉及底本的其他問題，均在校勘記的第一條中説明。

一　《中華大藏經（漢文部分）》選用的參校本共八種，即《房山雲居寺石經》（石）、宋《資福藏》（資）、《影印宋磧砂藏》（磧）、元《普寧藏》（普）、明《永樂南藏》（南）、明《徑山藏》（徑）、《清藏》（清）、《高麗藏》（麗）。

一　校勘記中的「諸本」，若底本爲金藏，即包括石、資、磧、普、南、徑、清、麗全部八種校本；若底本爲麗藏，則包括石、資、磧、普、南、徑、清全部七種校本。其他情况若用「諸本」，校勘記中則另加説明。

一　校勘採用底本與校本逐字對校的办法，只勘出經文中的異同及字句錯落，一般不加評注。參校本若有缺卷，或有殘缺、漫漶等字迹無可辨認者，則略去不校，校勘記亦不作記録。

一　一經多卷，經名、譯者、品名出現同樣性質的問題，一般只在第一卷出校，並注明以下各卷同；分卷不同時，以底本爲主出校。

一　古今字、異體字、正俗字、通假字及同義字，一般不出校。如：

古今字：宍（肉）；猗（倚）；距（跛）；鉾（矛）；誼（義）等。

異體字：⿰月呆（槃）；剎（刹）；皃（貌）；悩（惱）；㝵（碍、礙、閡）等。

正俗字：怪（恠）；滴（渧）；體（躰）；刺（刾）；閉（閇）等。

通假字：惟（唯）；嫉（疾）；頻（嚬、顰）；揣（摶）；尠（鮮）等。

同義字：言（曰）；如（若）；弗（不）等。